藏书票（周汝昌自画像）

借玉通灵存翰墨　为芹辛苦见平生

周汝昌先生百年诞辰纪念

红楼梦引子

开辟鸿濛，谁为情种？都只为风月情浓。
趁着这奈何天，伤怀日，寂寞时，试遣愚衷。
因此上，演出这怀金悼玉的《红楼梦》。

周汝昌校订批点本 石頭記 上

曹雪芹 著 脂砚斋 评

周汝昌 校批 周丽苓 周伦玲整理

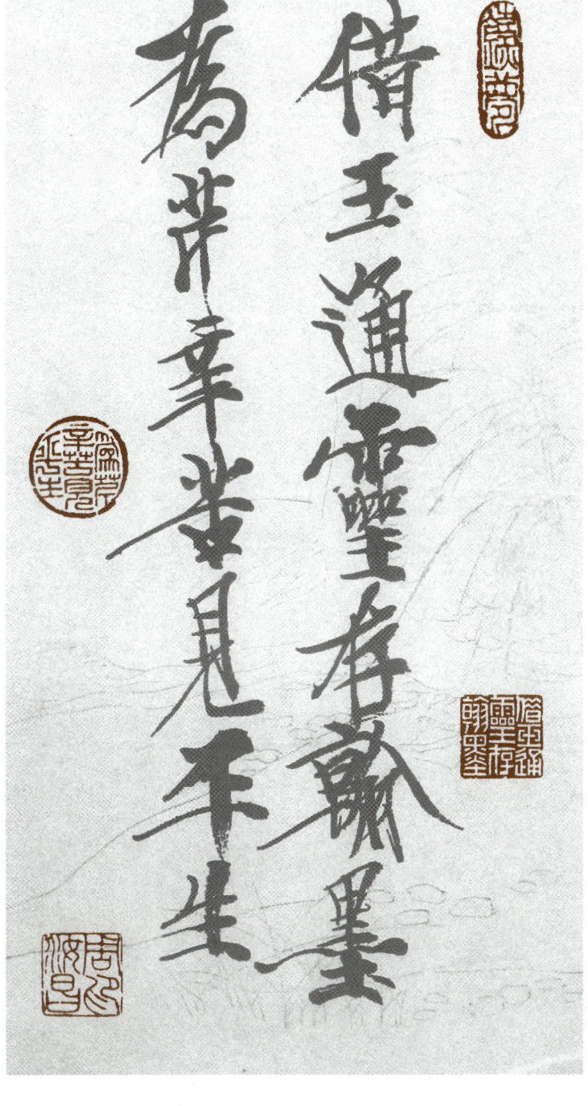

译林出版社

目　录

序　言

这部《周汝昌校订批点本石头记》自二零零五年起，经过长达三个多春秋的艰苦奋斗，今天终于印行面世，我感到十分欣慰。本书标明“校订批点本”，共分三大部分，其校订包括了《石头记》小说正文与脂砚斋评语两部分，批点则是我个人的尝试撰作。本书将正文、脂评与拙批三大部分连成一体，构成一部《石头记》三新版本，提供于读者以资读赏玩索。如果说这部三新本是我经历六十年努力的心力结晶，确是真实不虚，但并不等于是已经做得尽善尽美了，只是表明这是一份来之不易的工作报告和虔诚的献礼。

全书的正文沿用《石头记会真》选定的文字，然又经过逐字逐句重新细加校订，反复核正达四次之多，解决修正了不少疏误遗留问题。而脂砚斋评语从未正式伴随我写定的普及性读本披露过，本书汇集各钞本所有脂评，在文句上作出识辨和梳理，只选择其中较为可读的一条或两条作为代表。批点则是我本人读《红》研《红》的心得感悟，这些看法想法一部分是自白，记下来以备日后再加探究，一部分提供给读者以便交流切磋、匡谬补缺。

书籍有评点本，是中华文化的一个独创的形式与体裁，具有浓郁的中国特色。评点之产生与中国书册的格式密切相关，中国汉字书籍一律竖写，行与行之间留有空隙，而版框的上方也留有相应的空白，这就给读书者提供了校勘札记和书写读书心得感想的地位。在经书典籍上，札记内容当然是严肃的，而发展到小说野史上，就形成了一种十分特殊而又有意趣的评点文字。因此，评点者固然也有严肃、感慨、沉痛的笔墨，但更多的是轻松、愉快乃至诙谐调侃的笔调，这就使得读评者在书籍原文之外同时又获得了相随、相伴、相辅、相成之文字的享受。

严肃的评点者多是自述感受，通俗小说的评点则变为灵活生动，独白之外又有了对白。例如：他可以与小说作者交流，也可以与书中角色人物对话，这就更为四面机锋、左右逢源、妙趣横生。所以通俗小说的读者札记到了明清时代便发展成为专门的而非偶然的、零碎的评点派文章。如《三国》《水浒》《金瓶》等都有了著名的评点专刊本。

曹雪芹的不朽名著《红楼梦》也有评点本，《红楼梦》本来定名为《脂砚斋重评石头记》，可见它又与《三国》《水浒》等书不尽相同。《石头记》是从一开始传钞行世时就带有脂砚斋的多次评点，而不是后世读者所加。换言之，脂砚斋的评语是小说的一个不可或缺的组成部分，而不同于后人的附加物。甚至可以说脂砚斋其人实为曹雪芹的合作者，这是大大不同于明清其他小说评点本的最重要标志。雪芹、脂砚独创的这个新体例，为中国小说史增添了异样色彩光辉。

本书的批点虽与旧时评点不尽相同，但也不能脱离评点文字的基调与风格：评点是零散的、即兴的、偶然的、信笔成文的，因此它不是有章法安排的、系统的、全面的、学术论文式的那样行笔有条有理。正如脂砚说过的：作批是非止一次的，是偶然翻阅、偶有欲言便加数语的。因此，本人所加批点的地位有时先后次序不尽合理，甚至也有重复，这些都请读者理解、谅解。

如上文所言，评点之所以发生与中国汉字书册格式密切相关，故本书批语也只能写在很有限的若干空白地位，其篇幅不能太长，行文也多是简略粗率。更要者，批语只能利用我们自古相承的所谓文言来表达意见。因为若改用现今流行的“白话”，势难容纳，也是不得已而变通的办法。然虽以文言称之，实与古文不同，仍为十分浅显的传统文体。

本书校订《石头记》正文的根本目的是寻求雪芹原稿文词包括书写方法的本来面貌，这与通常的校订整理的用意和方法都不尽相同。一般的校订整理除了改正明显的错字讹句以外，总是想要为读者提供方便，于是就尽量把文字弄得规范化，稍微少见难认的字就会设法避免或改用目今大家所习惯的用法和写法。这样的用意虽好，却带来了难以避免的缺点和弊病。如今大家已然尽知文学艺术最大的魅力在于它的个性和特色，如果校订一味偏重于按照现行办法来规范化，那必然就会把《石头记》真本原貌的特殊字法句法都拉向了一般化，这个问题值得特别注意。我们的想法是要尽量尊重著书人曹雪芹的文笔和书写特点，只要不伤害不改变原来的含义，哪怕明知是创稿的笔误，我们也不主张改正。例如，第二回标题诗首句云“一局输赢料不真”,从众多古钞本来看,输赢的“赢”沿用“嬴”字，这就表明此“嬴”字是雪芹笔下当日的原貌。然而既然“输赢”是个成词，那么“赢”字不管从“女”还是从“贝”，都不会影响雪芹创稿的本意，我们也就不必再把“嬴”改作“赢”。又如此诗的第四句“须问傍观冷眼人”,这个“傍”,其实在雪芹时代的读者都会知道，“傍”“旁”带不带立人偏旁是不必严格区分的,他们都会读作“旁观”的,因此我们在本书中仍然尊重那个“傍”字。诸如此类的例子很多，性质也不尽相同，但如细讲罗列太觉繁琐，只能略举一二。

我们这样说这样做，如果有读者仍然觉得不能同意接受，那么我再举一二经书古例，请您再加思考。例一:《论语》开头就说:“学而时习之,不亦说乎。”无人不晓这个“说”是“悦”的古写通用字，所以谁也不会主张再版《论语》新本就干脆改作“不亦悦乎”。例二:《诗经》中“鞠有黄华”句，又是同一道理，谁也不会主张必须将它改成今天的“菊有黄花”。再如《诗经》中的“一苇杭之”句，谁也不会硬行把“杭”字改为“航”字。不必再举，读者谅已理解了我们校订《石头记》的体例原则了。总之希望读者能理解本书的用意及求真的苦心，举一反三，而不把这些当作失误，实为幸甚。

在本书校订的一般体例之外，试举少数个别特例以供参考：一种是雪芹有意特用特写的字、词、句，二百数十年前的书写习惯或与今日有同有异，如写黛玉的眉眼，原文作“两湾似蹙非蹙罥烟眉，一双似泣非泣含露目”。对此有人以为“湾”是误字,应作“弯”。又,“含露目”不可解，应作“含情目”，如此等等。殊不知，“湾”字在十几个古钞本中完全一致，绝非钞手之误。盖雪芹用字另有深意，若用“弯”,不过仅仅表一曲线而已,而用“湾”,兼含眉下是一湾秋水,是故，“湾”字之三点水绝不能省去，此与误字岂能混为一谈。至于

"含露目"，乃暗用唐代诗人李贺诗《李凭箜篌引》，有"昆山玉碎凤凰叫，芙蓉泣露香兰笑"之句。黛玉正以芙蓉花为其象征，其所掣花名签正是"莫怨东风当自嗟"，出唐高蟾句"芙蓉生在秋江上，莫向东风怨未开"，此皆雪芹之文心匠意，他人不可及。

上文刚刚说到我们的校订是尽力尊重雪芹原著的真貌，如不可得，也要寻求一个比较最接近真本原貌的文本，所举诸例道理已明。可是事情是复杂的，有的笔误，我们是从其原貌而不加改动。而另外有的笔误或原系钞误，我们又主张应该变通作法，容许酌加改正。这是否自相矛盾呢？从行迹现象上来看，似乎自相矛盾，而从事情的实质来看，则我们仍然是尽力寻求雪芹原著真貌的本意，并无二致。举一二小例作为说明：一个是开卷不久的七言绝句"无材可去补苍天"，凡是《红楼梦》的热心读者或许早已倒背如流，而我们这个校本却偏偏定为"无材可与补苍天"，这就引起了读者的疑问，并且以为如此轻改钞本原文是治学态度太不严谨。我们心怀歉意，然而又必须加以解释：从传统格律诗的严格规定来讲，一个短短的七言绝句，二十八个字中是不允许有重复的字出现。如今通行本此处的"无材可去"正与同篇的第四句"倩谁寄去"紧连，而两"去"相重，不仅字重，而且都在第四个字上相重，地位又同，这是不应该发生在雪芹笔下的怪异现象。于是我们推断两个"去"字必有一误，初步假设"去""与"二字的讹混是由其草书形似所致。因为草书的"去"和"与"的横划只相差了一小截儿，或许钞书人误将草书的"与"认作了"去"。这样的假设能成立吗？及至我们从现藏于俄国的那一部《石头记》古钞本中发现，正好有一处是"去""与"二字互讹的例子（请参看《石头记会真》校勘记），这就证明了我们假设的合理性，也坚定了信心，我们才敢于在本书此处定为"无材可与补苍天"。与，即参与之义也。其草书作，去字草书作，此二字形似致钞者误认，正和开卷不久石头自怨自悼，"独自己无材不堪入选"的"入选"二字紧密呼应。若作"去"字，即是去不去的问题，已非雪芹用字之本意了。

无论是《石头记》之正文还是脂砚之评语，内中虽发生的文字讹错问题很多，而又多是由于作者手稿书写和传世清钞过录间的致误，但从中可窥见雪芹亦是位书法家，他对真草隶篆无所不能，上文已然举过因草书字形而钞误的例子。又如把“梅”钞成“楼”，把“诉”钞成“近”。又如“悲”“想”二字相混，“如”、“为”二字相混等等之例。稍通书法之人或一望可知或略加思索也就恍然，但对书法无缘的评论者就会产生很多不解甚至质疑。今于脂评中也可见到十分有趣的例证：如书中叙到宝玉第一次见到小红时，因别人不在屋，独她进来伺候，于此处有一条评语，表示小红的言词和表现也有“白写”之意。这是什么话？实在难解。遇到这样的情况，我便改从书法的角度来寻求解答，终于悟到所谓“白写”者乃“自荐”二字之钞误，这全是由于草书的外形相近似而造成的有趣而可笑的讹错。

雪芹创稿时，口语中若干常用字尚无划一规范之书写法，又因其写作时间先后不一，同一用字却又出现不同字体或书写法，如旷、矌、曠，即今之逛，到茶与倒茶，嬷与嫫，狠与很等词字的同时存在，其例不少。本书宗旨为存雪芹原稿本貌，均不强加统一，盖历史之真实不应以目今流行之整理办法而使其一般化，尽失其原著特点矣。

批点不同于论文，然而也绝非笺注的体例性质，其主要内容总不脱离批点者的一些欣赏和体会，对于原文若干字句、词语、典故、暗示、比喻等文笔之巧妙而独特的地方，有时略加疏通讲解。在我批点时所感到的困难点总是对于雪芹的笔法用意领会得不够。例如：脂砚所强调的“草蛇灰线、伏脉千里”，这听起来也能懂得，但领会起来却不容易。最明显的是书中很多的诗、词、曲、酒令、谜语等非散文的文字，读起来常常是当作讲故事时的增加情趣色彩的装饰而已。久而久之，方悟这些诗、词、酒令的设置并无一字闲文，更非情节的点缀，处处隐含着对后文的预示伏笔，这样的诗词要批点起来就困难更大了，书册中是无法容纳的。因此在本书中，对于这些诗词韵语处反而所加批点最少，这都需要另有专著方可。

批点本不同于笺注本，但这并非说批点、笺注绝对无有沟通贯连，也不等于说《石头记》不需要笺注，但在本书批点时，不拟多涉笺注的范围，其原因：一是那将又要增加巨量的篇幅，过于臃肿。二是为《石头记》作笺注，其复杂性又超过一般的笺注，掌握起来十分困难。试举一例，如大荒山，人皆以为是荒唐言而已，实则也有来历。一是辽东之北部从古即有大荒之称，见于《辽志》。有人见过古地图，在铁岭与抚顺之间即有一大荒镇。二是晋代石崇的爱妾绿珠，原籍古越郡，其地即有山，名曰大荒。其地产珠，生美女，多以珠为名。而《石头记》中之绛珠，其取名原即是暗与绿珠相为对仗的一个重要标记。因为书中贾家后来由于政局的变化势败惨遭祸变，而石崇家之破败恰亦政局祸变之所致，其爱妾绿珠正是不愿为仇家所得,坠楼而亡。这对了解《石头记》后来的大结局异常之重要。林黛玉题大观园诗,已然暗用了石崇金谷园的典故。富察明义在《题红楼梦》诗中又特别强调了《石头记》与石崇的某种关联："青娥红粉归何处？惭愧当年石季伦。"请读者一思，这样的内容要不要注？若说不要，我们能真读懂《石头记》吗？若说要，那末必须另有笺注的专书,而这批点本中是无法详细说明的,这一点务请理解和谅解,并非我有意避繁或以为我没有理解透彻。

世间曾有脂砚斋其人，曾为《石头记》作评点。这在一九二七年胡适先生得到“甲戌本”以前罕有人知。清代虽然也有人见过带评的钞本，但“脂砚斋”三字之名始终未现。直至一九四八年在连续获得胡适先生惠借的“甲戌本”“有正书局戚序大字本”以及陶心如先生惠借的“庚辰照相本”后，我才从这三个真本的评语中悟到了脂砚斋的真消息。脂砚斋（或简称脂砚、脂斋）是个化名，其人本是位女性，从她大量的评语中所流露透露的女性口吻和心态，可以充分看清这一点，而且她与作书人曹雪芹的关系非同一般。雪芹著书未完而逝，她因痛悼而流泪殆尽。她说："能解者，方有辛酸之泪哭成此书…… 书未成,芹为泪尽而逝。余尝哭芹,泪亦殆尽。"又说："今而后，惟愿造化主再出一芹一脂，是书何幸。余二人亦大快遂心于九泉矣。"我所以判明他们是夫妻协力合作，亦创作亦评点，合作完成《脂砚斋重评石头记》一书，因此才敢于说脂评实为《石头记》的一个组成部分。一九四九年十二月我发表了《真本石头记之脂砚斋评》一文，自此红学的一个重要分支学科“脂学”方始诞生。既然如此，我在本书又为什么只对雪芹小说正文加以批点，而不多涉脂评呢？简单地说，只是因为头绪太繁、内容太富了，在这样的书里想要包容全部内容太困难、太拥挤，如果对这部分再加批点就成了床上支床、屋上架屋，太累赘了，此点尚希鉴谅。

数十年来考芹解梦相依相辅、并轨而行，不曾有分离割裂之想。盖拙见以为，若欲解梦，先须考芹，考芹非梦外之事，解梦即考芹之情。而论者于此或多有不解，欲将二者割而离之，反疑拙说有时涉及芹脂二人之情事似与小说无关，未免有本末倒置之嫌。又，读《石头记》时有所得，已多散见于各拙著中，今次批点不欲尽数累陈，读者欲览全豹，不难随手检寻。

记得一九八一年在山东名城济南举行红学研讨会时，我首次提出一个建议：自开国以来，大家大多研讨《石头记》的思想内容，这是最重要的课题，但在研讨其思想性的同时分明还存在一个艺术性的课题，这么多年来，对于艺术性的研究和认识相对来说是太薄弱了，今后应当加强和补充这方面的缺失。这个建议获得了与会诸多人士的赞同。同时我还提出曹雪芹最了不起的文才是他笔法之多变、之灵活，我尝试用两句话来概括，就是："多笔一用"和"一笔多用"。这八个字是雪芹著书之艺术手法的最大特点，是他人万不可及的。这一拙论也获得了与会者的热情赞许。其中这个"多笔一用"，实际上牵连着一个用笔之"整"与"散"的问题。如果曹雪芹只会平铺直叙、简单呆板，所有文义读者可以一眼望到底，那么又何必需要我们的批点再来聒噪。这就可以明白我们作批点的一个方面或层次，就是把雪芹的多笔一用，即分散的写法，把他许许多多的暗示伏线都联系起来，前前后后贯穿联络，初步看出一条脉络，我把这姑且叫做"整合"的功夫。

至于"一笔多用"，那就更加难以表达说明。因为很多伏线——所谓"草蛇灰线、伏脉千里"者，却是分布于全书的前半部，那后面大量情节的曲折变化尚未为读者所见，要想评论那前面的"一笔多用"，又怎么可能呢？也就是说，雪芹和脂砚心里明白这一奥妙，而我们今日的读者却很难像他们那样胸有成竹，这是一。其次，在前面既然无法批及后面所未见、未知的情节，那么只能看到后面这才可以返回来，回顾前面的“伏线千里”的手法。如此一来，一切都明白了之后，又追加许多所谓“一笔多用”的评语，这又有多大意味可言呢？因而拙批既要顾后，又要瞻前，理想中愿望中应有个左右逢源、活泼精彩的批点境界，但是这终究是理想是愿望，如今自量才力年龄都已离这太远了。还有一点更应该说明：此次作批，目已不能见笔，只好口述由女儿协助笔录整理，这样的工作方式，不仅增加了辛苦，而其效果却无法与自己一人运笔写作、心手相应那样十分自如的行文方法相比。由于这些困难，我这拙批仅能粗表愚见，能有多少可读性可供玩味涵咏，那就太觉自愧了。

近年来，在西方文学领域流行的有接受美学，有抠字细读（Close Reading）的方法论，这二者都和我们古老的评点有了相通交感的脉络渠道，尤其对《石头记》的读者来说更是如此，Close Reading 的那个 Close，如果翻译起来，就是紧抠文本、逐字逐句、细细咀嚼消化，这似乎就是我们常常带有诙谐或讽刺意味的那句话：咬文嚼字。切莫轻看这四个大字，对于汉字文学，若没有咬、嚼的功夫，就谈不到玩味涵咏，也根本不能有什么心得体会，那就会把一部空前绝后的《石头记》读成了十分简单浅显的所谓婚姻爱情悲剧故事。从这一点来看，我这拙批够得上 Close Reading 那样的精神意志吗？读者自会有所品评。

《石头记》作者自云，“此书大旨谈情”。他所谓的“情”是倾注于“千红一窟（哭）、万艳同杯（悲）”的不幸命运的同情、真情。故《石头记》并非索隐派所解之政治小说，然而此“千红”“万艳”之所以同遭不幸命运者，却又与政治暗中关联。试看书中有诗云：好知运败金无彩，堪叹时乖玉不光。白骨如山忘姓氏，无非公子与红妆。如山之白骨岂皆个别之遭遇，明系政局巨大变故之结果。拙批中于此一义略加提引不能详述，而其关系并非微小，举一反三，细心读者自当触处豁然贯通。

《石头记》一书不是爱情故事，也不是婚姻悲剧，甚至也不是像作者自云的悲欢离合、炎凉世态那一个层面的事情和意义，这部书所包含的中华文化乃至宇宙精华的一层一面，细究起来，其博大精深早已超越了个别人物、个别事件、个别经历、个别感受的狭隘范围了。这一点也是近年来若干有识之士开始领悟而不再以为是张皇夸大了。对这些方面，在我今次批点中却是不想、也无法包容进去的。

《石头记》一书之伟大意义究竟何在？论者多以为此乃旧时代、旧社会、旧礼法、旧意识之挽歌。余意：若果如此单一浅显，又何以为伟？何足谓大？试读中秋深夜联句至“寒塘”“冷月”之后，妙玉出而勒止前文续延结句，有云“赑□朝光透，罘罳晓露屯”。有云“振林千树鸟，啼谷一声猿”。有云“钟鸣拢翠寺，鸡唱稻香村”等诸多新句，此为全书大局预示，岂是挽歌一义所能限其洪蕴渊思者乎？拙批不多讲诗，今只举此一例，读者定能晓悟之。

雪芹之《石头记》并非挽歌，上文已略论之。其实，雪芹著书之“大旨谈情”原即包含真善美三者而总括之言。盖雪芹之情专指真情、至情，情至极处，即所谓情痴、情种。能以此种真情、至情以待人者，即为至善，而此种至善者即为至美者。是故书中之诸钗群芳皆具有真善美之质素，却惨遭命运之涂炭、毁灭。请读《芙蓉女儿诔》，其中对于涂炭、毁灭真善美之假恶丑以不同于前文之含蓄委婉而变为激烈斥责，痛加挞伐。若明此意便悟，以《石头记》为消极虚无挽歌之见解，非雪芹之原旨矣。

雪芹传世钞本止于八十回，如“戚序本”第七十八回“芙蓉诔”后并无一字回尾结文。又“杨藏”“梦稿”本亦于此回之末记有“兰墅阅过”字样，合证得知：最早钞本实至七十八回即中止，其第七十九、八十两回出于另手后补，用以凑成八十整数便于传售，由此亦可以推知脂评所言“后之三十回”与“百十回大书”等语应解为 78+30=108 回，而 108 回加以开卷楔子与终卷之“情榜”，即符“百十回”之总计数。

“情榜”似应为十二钗之排名：由正钗、副钗、又副钗三排而拓增为九排，而 9×12 仍归于 108 之总数。“情榜”以“大旨谈情”作呼应作注解，也为全书作结，每一名下附注“情某”等语，如黛玉为“情情”，宝钗为“情时”，晴雯为“情屈”，金钏为“情烈”，鸳鸯为“情冤”，紫鹃为“情慧”，袭人为“情贤”，探春为“情敏”，香菱为“情怜”等等，是其中略可揣知之例。至于芳官，回目中有“斩情归水月”之词，纯属芳情被迫斩断，为庵主老尼骗去作使唤丫头而已。此为程高伪续所谓“焚稿断痴情”之愤怨而自绝于情者，二者本质迥异——伪续卷末结束之教示，则谓“大凡世人不独淫字不可犯，即情字亦不可犯，犯者必无好下场”云云，此正与雪芹作对，力图贬斥之要害，亦即程高续书之反芹大旨，愿读者详辨真假，勿为所惑。

雪芹真书七十八回后之情节梗概轮廓，我于一九四九年之《燕京学报》刊发《真本石头记之脂砚斋评》一文中初有专论，首次倡立“探佚学”之途径，以窥雪芹思想艺术之全豹，回首六十年矣。

本书参与校订的版本有：《胡适藏乾隆甲戌脂砚斋重评石头记》，简称甲。《蒙古王府本石头记》，简称蒙。《戚蓼生序本石头记》，简称戚。《乾隆己卯四阅评本脂砚斋重评石头记》，简称己。《乾隆庚辰四阅评本脂砚斋重评石头记》，简称庚。《杨继振藏红楼梦稿本》，简称杨。《原苏联列宁格勒藏本》，简称苏。《舒元炜乾隆己酉序本》，简称舒。《梦觉主人乾隆甲辰序本》，简称觉。《郑振铎藏本》，简称郑。

本书中，脂砚斋评语以其所在位置不同，共分为行侧批、双行、眉批夹批、回前批、回后批五种，分别以侧、双、眉、回前批、回后批简称之。例如以［蒙侧］、［己双］、［甲眉］、［戚回前］、［庚回后］等字样来表示。

本人在小说正文中的批点，称［周按］，于每回末有［回后评］，每九回有［总评］，还有［全书八十回后总评］四种形式。

本书校订脂砚斋评语时使用的符号有三种：表示钞本原文显有讹误，当作某字为宜时使用〔 〕。表示原钞文句不全，有所脱落，试为补字、仅备参考时使用（ ）。表示此处文字有原非正文的文句窜入，应予删去时使用〈 〉。

处理时尽量适合二三百年前古典文学名著的版面清爽和行文顺畅的风格。

周汝昌　丁亥十月初十

脂砚斋重评石头记

［周按］此书名八字，甲戌本冠于第一回、第五回、第十三回、第二十五回之首行，乃四回为每册开端之标志。至已卯本、庚辰本冠于每回之首行，蒙、戚、苏三本但署《石头记》，杨、舒、觉、程四本则署《红楼梦》。

凡　例

［周按］此凡例共五条，独存于甲戌本卷首，其他钞本俱无此标目，亦无条文。但第五条“此书开卷第一回也”等文字却割离凡例而混为第一回正文之开端，此一错误形式一直沿袭至今日之普及版本。今将凡例全文补入，仍将旧日混文还归为第五条。

（又题《红楼梦》旨义）

《红楼梦》旨义　是书题名极□□□□□梦，是总其全部之名也。又曰《风月宝鉴》，是戒妄动风月之情。又曰《石头记》，是自譬石头所记之事也。［周按］注意，开门见山，大书“自譬”二字。“自譬”何义，盖谓作者自云：我托名为石头，石头即我，石头所记即我之经历也。此三名皆书中曾已点晴矣。如宝玉作梦，梦中有曲，名曰《红楼梦十二支》。此则《红楼梦》之点晴。又如贾瑞病，跛道人持一镜来，上面即錾“风月宝鉴”四字，此则《风月宝鉴》之点晴。又如道人亲眼见石上大书一篇故事，则系石头所记之往来，此则《石头记》之点晴处。然此书又名曰《金陵十二钗》，审其名，则必系金陵十二女子也，然通部细搜检去，上中下女子岂止十二人哉？若云其中自有十二个，则又未尝指明白系某某。及至《红楼梦》一回中，亦曾翻出金陵十二钗之薄藉，又有十二支曲可考。［周按］以上凡例第一条。据一九四八年所见甲戌原本，“点睛”均作“点晴”，“簿籍”作“薄藉”。书中凡写长安，在文人笔墨之间，则从古之称。凡愚夫妇儿女子家常口角，则曰中京，是不欲著迹于方向也。盖天子之邦，亦当以中为尊，特避其东南西北四字样也。此书只是著意于闺中，故叙闺中之事切，略涉于外事者则简，不得谓其不均也。

此书不敢干涉朝廷，凡有不得不用朝政者，只略用一笔带出，盖实不敢以写儿女之笔墨，唐突朝廷之上也，又不得谓其不备。［周按］以上凡例第二、三、四条，以下凡例第五条。此书开卷第一回也。［周按］凡例前四条分别以“是书”“书中”“此书”开端，故第五条仍以“此书”开端。以后前四条既亡，第五条“此书”字样即不复存，变为正书开端：此开卷第一回也。作者自云：［周按］第五回侧批云：盖作者自云“所历不过红楼一梦耳”，运气全同。因曾历过一番梦幻之后，故将真事隐去，而借通灵之说，撰此《石头记》一书也。［周按］借通灵者，借大石下凡为人，经历悲欢离合、炎凉世态，即隐喻通灵之说，假托之真事，即作者自身历世做人，种种情事，写为小说体裁。开宗明义，自述甚明。故曰“甄士隐梦幻识通灵”。但书中所记何事？又因何而撰是书哉？自又云：今风尘碌碌，一事无成。忽念及当年所有之女子，一一细推了去，觉其行止见识皆出于我之上，何我堂堂须眉，曾不若彼裙钗哉！［蒙侧］何非梦幻？何不通灵？作者托言，原当有自。受气清浊本无男女别。［周按］此凡例中第一条批，点出梦幻与通灵二者，是全书大关目。实愧则有馀悔又无益之大无可奈何之日也！［周按］此处为一长句，截而为二为三，失其真也。当此时，则自欲将已往所赖，上赖天恩、下承祖德，锦衣纨袴之时，饫甘厌肥之日，［周按］此是自责之辞。背父母教育之恩，负师兄规训之德，［周按］已往所有下包括三联，“上赖天恩，下承祖德”居第一。已致今日一事无成、半生潦倒之罪，［周按］半生，指三十岁。古时以花甲六十年为人寿之基数。潦倒有二义：一谓贫困坎坷，二谓不务正业，放浪形骸。［蒙侧］明告看者。［周按］此凡例中第二条批，珍重指点，作者当时实况如此。编述一记，［周按］是《石头记》，故曰一记。若称一集，则文集耶，诗集耶，什么集也？不可通矣。以告普天下人。［周按］此作者、批者口头语，屡屡用之，当是从金圣叹来。我之罪固不免，然闺阁中本自历历有人，万不可因我之不肖，自护其短，则一并使其泯灭也。［蒙侧］因为传他，并可传我。［周按］此凡例中之第三批，三批系凡例已化为书头以后之作。批上又批，乃芹脂晚期生活实录。虽今日之茆椽蓬牖、瓦灶绳床，其风晨月夕、阶柳庭花，亦未有伤于我之襟怀笔墨者。虽我未学，下笔无文，何为不用假语村言敷演出一段故事来，［周按］敷演，有铺展、增饰、发挥、渲染、点缀等义。即今之所谓由素材而达于文学艺术之创作过程也。记得颜真卿所书《颜氏碑》中即有“敷演家声、发挥门第”之语。敷演与发挥正是对文互义。◎中国小说，多称“演义”，演有引申延展之意，即文学艺术之渲染笔法，谓有史实，有“本事”，有素材，而加以“表演”也。敷，是铺叙义，与演为同类词义。◎段，实即今之段字，自古碑刻，写本、刊本皆如此。此应来自雪芹原笔。以悦人之耳目哉。［周按］他本多用“闺阁昭传”。闺阁昭传，未免有涉俗腐气味，况下即接“悦世之目”，则闺阁者仍不脱悦世之资矣，岂不亵渎。非芹本意可知。故以甲戌本文字为高。今不取后来诸本俗文，若必欲辩他本优劣，则苏本最佳。盖为女人传照乃传神写照，方是此书本怀。此则绝不同于昭题旌式之俗意。其间分际，最宜细审。故曰“风尘怀闺秀”，［周按］上文出“梦幻识通灵”，此处出“风尘怀闺秀”，明白晓畅。乃是第一回提纲正义也。开卷即云“风尘怀闺秀”，则知作者本意，原为记述当日闺友闺情，并非怨世骂时之书矣。虽一时有涉于世态，然亦不得不叙者，但非其本旨耳。阅者切记之。［周按］此处承“风尘怀闺秀”一语而有，谆谆致意与凡例三四条略同，旋归淘汰。诗曰：

浮生着甚苦奔忙，盛席华筵终散场。

悲喜千般同幻渺，古今一梦尽荒唐。

谩言红袖啼痕重，更有情痴抱恨长。

字字看来皆是血，十年辛苦不寻常！［周按］此处款式，以甲戌本为准，所以保存当时真面。

此回中凡用“梦”用“幻”等字，是提醒阅者眼目，亦是此书立意本旨。

第一回

甄士隐梦幻识通灵　贾雨村风尘怀闺秀

列位看官，［周按］看官是面对面直接对话之敬称，语气亲切。你道此书从何而来？说起根由虽近荒唐，［甲侧］自占地步。［甲侧］自首荒唐。妙！［周按］须看雪芹下字精练处：近者似而非是也，谓似荒唐而实不荒唐。深者，非粗阅字句表面所能领悟也。虽近荒唐，即实不荒唐。然则读此书须细须深，要识得雪芹下字十分考究，文心密意。要涵咏玩味，善于感悟。细谙则深有趣味，待在下将此来历注明，方使闻者了然不惑。原来，当年女娲氏炼石补天之时，［甲侧］补天济世，勿认真用常言。于大荒山［甲侧］荒唐也。无稽崖［甲侧］无稽也。炼成高经十二丈，［甲侧］总应十二钗。［周按］作“经”者是。“经”就是“尺度”的“度”字之义。方经二十四丈［甲侧］照应副十二钗。［周按］原是 24×24×12 方丈之扁形立方体。大石尺寸，照应正副诸钗。顽石三万六千五百零一块。［周按］魂是雪芹原如此写法，写石则从石不从土。今姑且从俗用块。娲皇氏只用了三万六千五百块，［甲侧］合周天之数。只单单的剩下了一块未用，［甲侧］剩了这一块，便生出这许多故事。使当日虽不以此补天，就该去补地之坑陷，使地平坦，而不得有此一部鬼话。［蒙侧］数足，偏遗我，不堪入选句中透出心眼。便弃在此山青埂峰下。［甲眉］妙！自谓落堕情根，故无补天之用。谁知此石自经煅炼之后，灵性已通，［甲侧］煅炼后，性方通。甚哉，人生不能学也。因见众石俱得补天，独自己无材不堪入选，遂自怨自嗟，日夜悲号惭愧。［周按］女娲与伏羲是中华文化之起源圣哲。伏羲画卦。女娲是生育智慧之神，所谓炼石，即创造制陶工艺神话传说。女娲以水和黄土作人，赋以生命，实即烧陶作俑之古史话。作者曹雪芹托石自寓，谓经娲皇之炼灵性乃通，是雪芹自许身为特异天才，自负非同庸常之辈，言外之音可以意领也。一日，正当嗟悼之馀，俄见一僧一道远远而来，生得气骨不凡、丰神迥异，说说笑笑［蒙戚双］这是真像，非幻像也。来至峰下，坐于石边高谈快论。先是说些云山雾海、神仙玄幻之事，后便说到红尘中荣华富贵。此石听了，不觉打动凡心，也想要到人间去享一享这荣华富贵，但自恨粗蠢，不得已，便口吐人言，［甲侧］竟有人问：口生于何处？其无心肝，可笑可恨之极。向那僧道说道：“大师！弟子蠢物，不能见礼了。［甲侧］岂敢，岂敢。［周按］蠢物，全书主脑，石之别称，见明人《东维子集》。蠢物专指石头，盖因石头形巨体重不能动转也。此处特言不能见礼了，虽是自惭之语，然正可见大石自被娲皇弃于此处，直到此刻即在此处，未曾稍动。另有神瑛遨游四方，西至灵河，与此石全不相干，莫混为一。◎“岂敢”谓不敢当，代作者答言，开作者顽笑。对蠢物之称，只好承认而已。适闻二位谈那人世间荣耀繁华，心切慕之。弟子质虽粗蠢，［甲侧］岂敢，岂敢。性却稍通。［周按］所谓灵性已通也。况见二师仙形道体，定非凡品，必有补天济世之材，利物济人之德。如蒙发一点慈心，携带弟子得入红尘，在那富贵场中、温柔乡里受享几年，自当永佩洪恩，万劫不忘也。”［周按］石头初心只是为向人世繁华受享快乐，是为欲望。欲是自利之私心。及其入世，经历见闻，方知俗世所缺者只是真情互待。故其终生以情反欲，此即作书之大旨也。二仙师听毕，齐憨笑道：“善哉，善哉！那红尘中有却有些乐事，但不能永远依恃。况又有‘美中不足，好事多魔’八个字紧相连属。［周按］用今日之语言表达，即对真、善、美的糟蹋与破坏，人世惯于以假乱真，以恶欺善，以丑代美。作者于此有浩叹，有深悲，是以《石头记》特主以情拯救之。盖情者施于人，其情必真必善，而美在其中矣。◎书中写甄士隐“只是一件不足，如今年已半百，膝下无儿”，有侧批云“所谓美中不足也”。曲子第二支“叹人间，美中不足今方信”。写冯渊有眉批云“所谓美中不足，好事多魔，先用冯渊作一开路之人”等处，俱源于此。瞬息间则又乐极悲生，人非物换。究竟是到头一梦，万境归空。［甲侧］四句乃一部之总纲。到不如不去的好。”这石凡心已炽，那里听得进这话去，乃复苦求再四。二仙知不可强制，乃叹道：“此亦静极思动、无中生有之数也！既如此，我们便携你去受享受享。［周按］观此一段，石头苦求下凡享一享者，乃是人世之荣华富贵，此乃只为一己之享受，纯属凡心欲望。石头下凡以后，由追求享受而转为以情济人，是欲与情二者之分合变化。若识此义，便悟全书“大旨谈情”之真意。◎今日用享受一词，雪芹时则用受享。如清代旗人文艺八角鼓曲词《风雨归舟》中即云：卸职入深山，隐云峰受享清闲。即是佳例。只是到不得意时，切莫后悔。”石道：“自然，自然。”那僧又道：“若说你性灵，却又如此质蠢，并更无奇贵之处。如此，也只好踮脚而已。［甲侧］煅炼过，尚与人踮脚，不学者又当如何。也罢，我如今大施佛法助你助，待劫终之日，复还本质，［周按］本质，即由人身复还石质。以了此案。你道好否？”［甲侧］妙！佛法亦须偿还，况世人之偿乎。近之赖债者来看此句。所谓游戏笔墨也。石头听了，感谢不尽。那僧便念咒书符，大展幻术，［甲侧］明点幻字，好。［周按］甲本独存。补天顽石一出便是一块美玉，失掉《石头记》本意，说变后还是石头，更属别有用心。有了这段曲折，才像个书头，才像是说书，这是作者真笔，别人造假不来。将一块大石，登时变成一块鲜明莹洁的美玉，且又缩成扇坠［周按］扇坠，团扇摺扇，两端皆有彩绦，打吉祥结子，下拴小玉饰，名曰扇坠。大小的可佩可拿。［甲侧］奇诡险怪之文，有如髯苏《石钟》《赤壁》用幻处。那僧乃托于掌上，笑道：“形体到也是个宝物了，［甲侧］自愧之语。［蒙侧］世上人原自据看得见处为凭。还只没有实在的好处。[甲侧]妙极！(今)之金玉其外，败絮其中者，见此大不欢喜。得再镌上数字，使人一见便知是奇物方妙。[甲侧]世上原宜假不宜真也。○谚云：一日卖了三千假，三日卖不出一个真。信哉！然后好携你到那昌明隆盛之邦，[甲侧]伏长安大都。[周按]昌明隆盛，似已是"乾隆"二字之隐语。诗礼簪缨之族，[甲侧]伏荣国府。[周按]据池州宋代曹氏谱、樊尹二序皆明用诗礼、簪缨二词特表世代文武全才之义，知雪芹此处为暗用家世典故。花锦繁华之地，[甲侧]伏大观园。[周按]花锦繁华、锦上添花、花团锦簇，是开卷本题。秦可卿托梦之语，亦可为证。◎他本有花柳用法。书中亦有，皆是园亭景色，下面都接不得繁华二字。若与此二字连用，则意味大变，即花街柳巷之属矣。试思雪芹一部大书，若以此等尘语俗词领起，则成何事理境界乎？柳字锦字，草书致讹。俗意之见花柳而不惯于花锦，故讹每夺正。温柔富贵之乡，[甲侧]伏紫芸轩。去安身乐业。"[周按]雪芹自言甚明：富贵不知乐业，贫穷难耐凄凉。此种精神，全与一般世俗观念不同。[甲侧]何不再添一句云：择个绝世情痴作主人。[甲眉]昔子房后谒黄石公，惟见一石，子房当时恨不随此石去。余亦恨不随此石而去也。聊供阅者一笑。石头听了，喜不能禁，乃问："不知弟子那几件奇处，[甲侧]可知若果有奇贵之处，自己亦不知者。若自以奇贵而居，究竟是无真奇贵之人。又不知携了弟子到何处？望乞明示，使弟子不惑。"那僧笑道："你且莫问，日后自然明白的。"说着便袖了那石，同那道人飘然而去，竟不知投奔何方何舍去了。

后来，不知又过了几世几劫。[周按]劫，道家以三十年为一劫。因有个空空道人访道求仙，忽从这大荒山无稽崖青埂峰下经过，忽见一大石上字迹分明，编述历历。[周按]编述，与凡例中"敷演"一词合看，措语不同，大旨无异。于书头中云编述一记，于楔子中云编述历历，全是呼应。可知石头、作者不可分也。编者排次也，述者陈说也。编是已有之文，述是已有之事，故孔子有述而不作之言。编述二字是雪芹自标撰书旨义。又于书头中云历历有人，于楔子中云编述历历，全是呼应。历历者分明也真切也。断乎不同于影影绰绰、模模糊糊也。《晋书》云：历历相次，不可得而乱也。空空道人从头一看，原来就是无材补天，幻形入世，[甲侧]八字便是作者一生惭恨。蒙茫茫大士、渺渺真人携入红尘，历尽一番离合悲欢、炎凉世态的一段故事。[周按]看官着眼：雪芹原文为全书提纲挈领之宗旨。程本将一部芹书彻底变质，成为宣扬败子回头观念的说教劝善书。此乃第一紧要眼目，轻轻看过，便被它骗得好苦。后面有一首偈云：

> 无材可与补苍天，[周按]补天无份，是身前之事。入世无功，是身后之事。此身即石头投胎下世后而称为贾宝玉者。身前是未入世时之大石。身后是入世经历之后将所历编述于石上的原委，即此书之来由与主题。换言之，石头记者，即石头之自叙，了然无误。其实，亦即作者自云之"一事无成，半生潦倒"，因而撰写亲见耳闻之故事也。故以此诗为首回标题诗。[甲侧]书之本旨。[周按]此全书第一首诗，重要无比。仅四句二十八字，便复一去字，实大可疑。与，今曰参与、参加之义也。其草书作与，去字草书作去，此钞者误认与为去字之故。枉入红尘若许年。[甲侧]惭愧之言，呜咽如闻。

此系身前身后事，倩谁寄去［周按］原书既名《石头记》，是石头所记，又言“编述一记”，如何又说“倩谁记去”？故知以寄字为正。寄者，托付传布之义。故空空道人只是钞录，只是改名《情僧录》，而不得为《情僧记》也。细思便知。作神传？［周按］传神写照，是晋代大画家顾恺之最高理论，芹书写人，全以此义为准则，故与常书俗笔不同。

诗后便是此石堕落之乡，投胎之处，亲自经历的一段陈迹故事。［周按］亲自经历四字于此又大书一笔，总是料想读者或难相信耳。其中家庭闺阁琐事，以及闲情诗词，到还全备，或可适情解闷，［甲侧］或字谦得好。然朝代年纪，地舆邦国，却反失落无考。［甲侧］若用此套者，胸中必无好文字，手中断无新笔墨。○据余说却大有考证。［蒙侧］沙〔妙〕在无考！空空道人遂向石头说道：“石兄，你这一段故事，据你自己说有些趣味，故编写在此，意欲问世传奇。据我看来，第一件，无朝代年纪可考。［甲侧］先驳得妙！第二件，并无大贤大忠，理朝廷、治风俗的善政，［甲侧］将世人欲驳之腐言，预先代人驳尽。妙！其中只不过几个异样的女子，或情或痴，或小才微善，亦无班姑、［周按］班家，家与姑古音相同，亦可用。蔡女之德能，［周按］此三句总括了十二正钗以及诸多副钗之全部人物，亦即一部《石头记》之总内涵。或情或痴、或小才微善，正对上文石头之初心是受享荣华富贵，情欲二者壁垒分明。我總抄去，［周按］我總抄去，總即今纵字，全书多见。恐世人不爱看呢！”［周按］篡笔不承认这是什么奇书，透露他们的心思话。石头笑答道：“我师何太痴也！若云无朝代可考，今我师竟假借汉、唐等年纪添缀，［甲侧］所以答的好。又何难也。但我想历代野史皆蹈一辙，莫如我不借此套者反到别致新奇，不过只取其事体情理罢了，又何必拘拘于朝代年纪哉！再者市井俗人，喜看理治之书者甚少，爱看适趣闲文者特多。历代野史，或讪谤君相，或败人妻女，［甲侧］先批其大端。［周按］细玩其辞义，败者，败坏妇女之名节，犹言今日糟蹋之义。但非败坏含有恶毒下流语义，旧时如坊间淫秽小说是也，雪芹意在于此。奸淫凶恶，不可胜数。更有一种风月笔墨，其淫秽污臭，涂毒笔墨，坏人子弟又不可胜数。至若佳人才子等书，则又千部共出一套，且其中终不能不涉于淫滥，以致满纸潘安、子建、西子、文君，不过作者要写出自己那两首情诗艳赋来，［蒙侧］放笔以情趣世人，并评倒多少传奇，文气淋漓，字句切实。故假拟出男女二人之名姓，又必傍出一小人其间拨乱，亦如戏中小丑然。且嬛婢开口即者也之乎，非文即理。故逐一看去，悉皆自相矛盾大不近情理之说。竟不如我半世亲睹亲闻的这几个女子，［周按］半世即前文之半生，亲睹亲闻又即前文亲自经历。何等珍重，何等明白！虽不敢说强似前代所有书中之人，但事迹原委，亦可以消愁破闷，也有几首歪诗熟话，可以喷饭供酒。至若离合悲欢，兴衰际遇，则又追踪摄迹，不敢少加穿凿，徒为供人之目而反失其真传也。［甲眉］事则实事，然亦叙得有间架，有曲折，有顺逆，有映带，有隐有见，有正有闰。以至草蛇灰线、空谷传声、一击两鸣、明修栈道、暗度陈仓、云龙雾雨、两山对峙、烘云托月、背面传〔傅〕粉、千皴万染，诸奇书中之秘法，亦不复少。余亦干〔于〕逐回中搜剔刳剖，明白注释，以待高明再批示误谬。［甲眉］开卷一篇立意，真打破历来小说窠臼。阅其笔则是《庄子》《离骚》之亚。［甲眉］斯亦太过！［周按］真传，才说事迹原委，又说追踪摄迹，三说真传，何等珍重，何等明白。今之人，贫者日为衣食所累，富者又怀不足之心。总一时少闲，又有贪淫恋色，好货寻愁之事，那里去有工夫看那理治之书。所以我这一段事，也不愿世人称奇道妙，也不定要世人喜悦检读，［甲侧］转得更好。只愿他们当那醉淫饱卧之时，或避世去愁之际，把此一玩，岂不省了些寿命筋力？就比那谋虚逐妄，却也省了口舌是非之害，腿脚奔忙之苦。再者，亦令世人换新眼目，不比那些胡拉乱扯，忽离忽遇，满纸才人、淑女，子建、文君、红娘、小玉等通共熟套之旧稿。我师意为何如？"［甲侧］余代空空道人答曰：不独破愁醒盹，且有大益。空空道人听如此说，思忖了半晌，将这《石头记》［甲侧］本名。再检阅一遍。［甲侧］这空空道人也太小心了，想亦世之一腐儒耳。因见上面虽有些指奸责佞、贬恶诛邪之语，［甲侧］亦断不可少。亦非伤时骂世之旨。［甲侧］要紧句。及至君仁臣良，父慈子孝，凡伦常所关之处，皆是称功颂德，眷眷无穷，实非别书之可比。虽其中大旨谈情，［周按］记清，除谈情外皆非大旨。亦不过实录其事，［周按］实录其事，又即追踪摄迹，不敢失其真传。何等珍重，何等明白。又非假拟妄称，［甲侧］要紧句。一味的淫邀艳约、私讨偷盟之可比。因毫不干涉时世，［甲侧］要紧句。方从头至尾抄录回来问世传奇。因空见色，由色生情，传情入色，自色悟空，［周按］请看四字四句十六字，两端是空字，中心是情字。是故情为真意旨，而说空道假乃是故意迷惑人之耳目耳。空空道人遂易名为情僧，［周按］作者托言空空道人改名情僧，是既以情反欲，又以情反空。盖空是佛道，而非人道。雪芹一生舍己为人，从不佞佛，亦绝无所谓"色空观念"。改名《石头记》为《情僧录》。［周按］道人，谓修道之人，相对于世俗常人而言，与"道士"有别。如六朝高僧支道林，即自称"道人"。空空道人者，初时认定人生万相由空到空，而后悟“两空”之间，情是核心真实。此书大旨谈情，故于悟后自改名号。此一部书之根本宗旨。至吴玉峰题曰《红楼梦》。东鲁孔梅溪则题曰《风月宝鉴》。［甲眉］雪芹旧有《风月宝鉴》之书，乃其弟棠村序也。今棠村已逝，余睹新怀旧，故仍因之。后因曹雪芹于悼红轩中披阅十载，增删五次，纂成目录，分出章回，则题曰《金陵十二钗》。［甲眉］若云雪芹批阅增删，然后开卷至此，这一篇楔子又系谁撰？足见作者之笔，狡猾之甚。后文如此处者不少。这正是作者用画家烟云模糊处，观者万不可被作者瞒弊〔蔽〕了去，方是巨眼。［周按］楔子之起讫，批语分明，名目虽未标题而实体具在。楔子似无关重要，而交待重重关系，是全书之咽喉要路。并题一绝云：

满纸荒唐言，一把辛酸泪。［周按］若真荒唐，又何辛酸之有？以辛酸之泪著此书，绝不荒唐可知矣。叹解味者少，正因不能“细”谙而难得“深”味。处处呼应。

都云作者痴，谁解其中味？［甲侧］此是第一首标题诗。［周按］此处点明标题诗，楔子终了，正书开始，脉络分明。［甲眉］能解者，方有辛酸之泪哭成此书。壬午除夕，书未成，芹为泪尽而逝。余尝哭芹，泪亦待尽。每意觅青埂峰再问石兄，余〔奈〕不遇獭〔癞〕头和尚何！怅怅！［周按］此批之前一条，哭芹泪尽，即还泪之真谛也。［甲眉］今而后，惟愿造化主再出一芹一脂，是书何本〔幸〕！余二人亦大快遂心于九泉矣！甲午八月泪笔。［周按］请君掩卷一思，是谁在写批。其既是女性，则唯有妻子方能沉痛而又亲昵如此。◎读者常欲求答：雪芹慨叹无人解得之“味”，究为何味？其实即为作小说，不得不以“荒唐”之言词故事而表达内心的辛酸悲愤，在两者之间而写成一部可骇可愕、可歌可泣的“石头”之“记”——编述人生之“实录”。◎脂砚作批，历年零散积累，此处数条数处数语，反复、颠倒，并非从头至尾，反而顺序紊乱之读书札记甲午泪笔，是雪芹逝后十二年之痕迹，疑是绝命遗言矣。八日或谓是八月之讹。按重阳节古称重九日，此八日或为重阳前一日之省称，亦未可知。◎书未成，芹为泪尽而逝，余尝哭芹，泪亦殆尽。此绝命词之语气，可体会而知之。此书不独金玉姻缘有真假金玉。宝玉有甄假二姓，即还泪之说，亦有真假二格局。但须待细心人参悟，方得作者真谛。此正如《西游记》猴王有真假、如来佛有真假，即芭蕉扇亦有真假也。◎甲午八月泪笔乃绝命词。署脂砚之批语终于己卯，至此已历十五年，是壬午初署畸笏后十二年，丁亥后七年，犹以“一芹一脂”相称。人书俱老，期之来生。其与书与芹之关系为何如耶？

至脂砚斋甲戌钞阅再评，仍用《石头记》。［周按］此十五字即脂砚斋甲戌钞阅再评当时痕迹。因标题诗与作者相连，故此十五字出在标题诗之后，此后，批者隐名，此十五字遂归绝迹，仅存于甲戌本中，成为纪里巨石。出则既明，且看石上是何故事。［周按］书中屡用故事二字，指过去的旧事。按那石上书云：［甲侧］以石上所记之文。［周按］据脂砚斋批语所示，第一回开头自“列位看官”至按那石上书云一大段为楔子，自当日地陷东南句起，方为正文。此盖作者布局章法之原意，今依此分截，眉目方见清楚。

当日地陷东南，［周按］当日地陷东南一句，隐隐与楔子开头女娲炼石呼应，最是雪芹笔法细处。女娲之炼补，即缘“天倾西北”也。这东南一隅有处曰姑苏，［甲侧］是金陵。有城曰阊门者，最是红尘中一二等富贵风流之地。［甲侧］妙极，是石头口气。惜米颠不遇此石。这阊门外有个十里街，［甲侧］开口先云势利，是伏甄封二姓之事。街内有个仁清巷，［甲侧］又言人情，总为士隐火后伏笔。巷内有个古庙，因地方窄狭，［甲侧］世路宽平者甚少。亦凿。人皆呼作葫芦庙。［甲侧］糊涂也，［蒙侧］尽〔画〕的虽故假语从此具焉。不依样，却是葫芦。庙傍住着一家乡宦，［甲侧］不出荣国大族，先写乡宦小家。从小至大，是此书章法。姓甄［甲眉］真。〇后之甄宝玉亦借此音，后不注。名费［甲侧］废。字士隐。［甲侧］托言将真事隐去也。［周按］《礼·中庸》：君子之道费而隐。《礼疏》云：遭值乱世，道德违费，则隐而不仕。是则"真废物""真事隐去"言外意也。嫡妻封氏，［甲侧］风。因风俗来。情性贤淑，深明礼义。［甲侧］八字正是写日后之香菱，见其根源不凡。家中虽无甚富贵，然本地便也推他为望族了。［甲侧］本地推为望族，宁荣则天下推为望族。叙事有层落。只因这甄士隐禀性恬淡，不以功名为念，［甲侧］自是羲皇上人，便可作是书之时代年纪矣。总写香菱根基，原与正十二钗无异。［蒙侧］伏笔。每日只以观花修竹、酌酒吟诗为乐，到是神仙一流人品。只是一件不足，如今年纪半百，膝下无儿，［甲侧］所谓美中不足也。［周按］美中不足与楔子逸文四百字遥遥相应。只有一女，乳名英莲，年方三岁。［甲侧］设云应伶〔怜〕也。

一日炎夏永昼，［甲侧］热日无多。士隐于书房闲坐，至手倦抛书［周按］攏书是原笔。伏几少憩，不觉朦胧睡去。梦至一处，不辨是何地方。忽见那厢来了一僧一道，［甲侧］是方从青埂峰袖石而来也。接得无痕。［周按］于士隐梦中出现僧道送石下凡，是表明石头下世之时间。且行且谈。只听那道人问道："你携了这蠢物，意欲何往？"那僧笑道："你放心。如今现有一段风流公案正该了结，这一干风流冤家尚未投入人世。趁此机会，就将此蠢物夹带于中，使他去经历经历。"那道人道："原来近日风流冤孽又将造劫历世去不成？［蒙侧］苦恼是造劫历世，又不能不造劫历世，悲夫。但不知落于何方何处？"那僧笑道："此事说来好笑，竟是千古未闻的罕事。只因西方灵河岸上、三生石畔，［甲侧］妙！所谓三生石上旧精魂也。［甲眉］全用幻，情之至莫如此。今采来压巷〔卷〕，其后可知。有绛珠草一株。［甲侧］点红字。〇细思绛珠二字，岂非血泪乎？时有赤瑕宫［甲眉］按瑕字本注：玉，小赤也。又，玉有病也。以此命名，恰极。［甲侧］点红字、玉字二。［周按］赤瑕，出司马相如之《上林赋》。神瑛侍者，［甲侧］单点玉字二。［周按］雪芹原意绛珠草感激神瑛灌溉之恩，故曰：我亦随之下凡，以泪还债。此还泪一案情事甚明，而石头只是"夹带"于此案中而一同下凡者，与神瑛为两人两事。而绛珠误认貌同之假玉为真（甄宝玉），此本书精神奇幻之原旨。程高之流全不识此，妄改而混瑛石为一，至今犹能欺世惑人也。日以甘露灌溉，这绛珠草始得久延岁月。［周按］雪芹祖父楝亭咏樱桃诗，瑛盘捧出绛宫珠，用汉武帝故事。故湘云酒令云"樱桃九熟"，九点全红也。绛珠，与"黛玉""绿玉"正为反字对仗。瑛，赤玉也，故为赤瑕宫侍者。"赤瑕驳荦"，出司马相如赋。后来既受天地精华，复得雨露滋养，遂得脱却草胎木质，得化人形，竟修成个女体，［甲眉］以顽石、草木为偶，实历尽风月波澜，尝遍情缘滋味至无可如何，始结此木石因果，以泄胸中悒郁。古人之“一花一石如有意，不语不笑能留人”。此之谓耶。［蒙侧］点体处清雅。［周按］点体指修成女体，而曰清雅，未脱清浊之论。终日游于离恨天外，饥则食密青果为膳，渴则饮灌愁海水为汤。［甲侧］饮食之名奇甚！出身履历更奇甚！写黛玉来历，自与别个不同。［周按］天将离恨补，海把怨愁填。出《长生殿》。只因尚未酬报灌溉之德，故甚至五内便郁结成一段缠绵不尽之意。［甲侧］妙极！恩怨不清，西方尚如此，况世之人乎。趣甚，警甚！恰近日，神瑛侍者凡心偶炽，［甲侧］总悔轻举妄动之意。乘此昌明太平朝世，意欲下凡造历幻缘，［甲侧］点幻字。已在警幻仙子案前挂了号。［甲侧］又出一警幻，皆大关键处。警幻亦曾问及‘灌溉之情未偿，趁此到可了结的’？那绛珠仙子道，‘他是甘露之惠，我并无此水可还。他既下世为人，我也去下世为人，但把我一生所有的眼泪还他，也偿还得过他了。’［甲侧］观者至此，请掩卷思想：历来小说，可曾有此句千古未闻之奇文？［甲眉］知眼泪还债，大都作者一人耳。余亦知此意，但不能说得出。［周按］读脂砚之批，须善体会语气口吻。试看批云：余亦知此意，但不会说得出。请问表达这种唯有自谙的心情，此非女子焉能说出这等话来。明明一女子之感情与口吻，又复何疑？后又云：脂、余二人，其亲密关系更非一般友谊，非夫妻而又何解乎？［蒙侧］恩情山海偿［债］，惟有泪堪还。因此一事，就勾出多少风流冤家来，陪他们去了结此案。”［甲侧］余不及一人者，盖全部之主，惟二玉二人也。那道人道：“果真是罕闻，实未闻有还眼泪之说。［蒙侧］作想得奇。想来，这一段故事比历来风月事故，更为琐碎细腻了。”那僧道：“历来几个风流人物，不过传其大概，以及诗酒篇章而已，至家庭闺阁中一饮一食，总未述记。再者，大半风月故事，不过偷香窃玉，暗约私奔而已，并未曾将儿女真情发泄其一二。［蒙侧］所以别致。想这一干人入世，其情痴色鬼、贤愚不肖者，悉与前人传述不同矣。”那道人道：“趁此，你我何不也去下世度脱几个，［蒙侧］度脱，请问是幻不是幻。岂不是一场功德？”那僧道：“正合吾意。你且同我到警幻仙子宫中，将这蠢物交割清楚，待这一干风流孽鬼［周按］谓神瑛、绛珠等，是“还泪”一案真主角，而石则是“夹带”其中，托形幻化而假冒者，故宝玉有甄真贾假之分。下世已完，你我再去。如今虽已有一半落尘，［甲侧］若从头逐个写去，成何文字？《石头记》得力处在此。丁亥春。［周按］此甲戌本侧批中惟一署年月之批，风格语气与庚辰本畸笏眉批相同。［蒙侧］幻中幻，何不可幻？情中情，谁又无情？不觉僧道亦入幻中矣。然犹未全集。”道人道：“既如此，便随你去来。”［周按］注意，此处叙述明白，以甘露灌溉绛珠草之神瑛，因凡心偶炽，意欲下凡造劫，今已在警幻仙子处挂了号。而大石只是于大荒山青埂峰下偶遇二仙，方央求携他下凡。故甄士隐梦中闻说二仙欲将此石夹带于神瑛、绛珠一段公案中，也到警幻仙子处挂号，随同下凡历世。是则神瑛、绛珠先去挂号，二仙为了夹带大石，方才再到警幻处挂号。两件事原委先后，了不相涉。故于大石特用“夹带”二字，以示分明。上文云神瑛、绛珠一段公案是“下世为人”，可知大石之“下世”亦是“为人”，方能“夹带”于中，方能受享人世之快乐。却说甄士隐俱听明白，但不知所云蠢物系何东西。遂近前施礼，笑问道：“二位仙师请了！”那僧道也答礼相问。士隐因说道：“适闻仙师所谈因果，实人罕闻者。但弟子愚浊，不能洞悉明白，若蒙大开痴顽，备细一闻，［周按］备细，当日常用语。公私皆然，略如今之“全面”“详细”。闻，在此为传达。则洗耳谛听，犹能警省，亦可免沉沦之苦。”二仙笑道：“此乃玄机不可预泄者。［周按］玄字避康熙讳，或避末笔，或改用元字。到那时，只不要忘了我二人，便可跳出火坑矣。”士隐听了，不便再问，因笑道：“玄机不可预泄。但适云蠢物，不知为何者，或可一见否？”那僧道：“若问此物，倒有一面之缘。”说着取出递与士隐。士隐接了看时，原来是块鲜明美玉，上面字迹分明，镌着“通灵宝玉”四字，［甲侧］凡三四次，始出明玉形，隐屈之至。后面还有几行小字。正欲细看时，那僧便说已到幻境，［甲侧］又点幻字，云书已入幻境矣。［蒙侧］幻中言幻，何等法门！便强从手中夺了去，与道人竟过一大石牌坊，上大书四字，乃是“太虚幻境”。［甲侧］四字可思。［周按］首出太虚幻境四字。两边又有一副对联，写道是：［蒙戚双］无极太极之轮转，色空之相生，四季之随行，皆不过如此。

假作真时真亦假，无为有处有还无。［甲侧］叠用真、假、有、无字，妙！

士隐意欲也跟了过去，方举步时，忽听得一声霹雳，有若山崩地陷。士隐大叫一声，［蒙侧］真是大警觉大转身。定睛一看，只见烈日炎炎，芭蕉冉冉，［甲侧］醒得无痕，不落旧套。［周按］此批与上文士隐入梦时之批“接得无痕”照应。烈日炎炎，似即由《水浒》“赤日炎炎似火烧”来。此时石头下凡，即雪芹降生，系雍正二年闰四月二十六未时。雍正夺位后，大旱。友人云：此暗写其景象。真得文心者。◎烈日炎炎，芭蕉冉冉，是孟夏午后景象。此即石头幻人降生之时日，应后回践花会在四月二十六芒种节未时一段要义，未时即今之下午一点至三点钟之间。梦中之事便忘了对半。［甲侧］妙极！若记得便是俗笔了。［周按］此段梦中见闻，交待石头本非“还泪”一案主角，只是趁一干“情鬼”下凡之际，夹带其中，一同混人尘世。故石头本与神瑛、绛珠无涉，不可错会。“夹带”二字是眼目，是关键。又见奶姆正抱了英莲步来。士隐见女儿一发生的粉粧玉琢，［周按］粧是原笔，化妆、嫁妆、假装、装样等。乖觉可喜，便伸手接来，抱在怀中逗他顽耍一回，又带至街门前看那过会的热闹。方欲进来时，只见从那边来了一僧一道。[甲侧]所谓万境都如梦境看也。那僧则癞头跣足，那道则跛足蓬头，[甲侧]此门是幻像。[觉双]此则是幻缘。疯疯颠颠，挥霍谈笑而至。及至到了他门前，看见士隐抱着英莲，那僧便大哭起来，[甲侧]奇怪，所谓情僧也。又面向士隐道："施主，你把这有命无运，累及爹娘之物抱在怀内作甚？"[甲眉]八个字屈死多少英雄，屈死多少忠臣孝子，屈死多少仁人志士，屈死多少词客骚人。今又被作者将此一把眼泪洒与闺阁之中，见得裙钗尚遭逢此数，况天下之男子乎！[甲眉]看他所写开卷之第一个女子，便用此二语以订终身，则知托言寓意之旨，谁谓独寄兴于一情字耶。[甲眉]武侯之三分，武穆之二帝，二矣〔贤〕之恨，及今不尽，况今之草芥乎！[甲眉]家国君父，事有大小之殊，其理其运其数，则略无差异。知运知数者，则必谅而后叹也。士隐听了，知是疯话，也不去採他。[周按]雪芹用採，凡睬字皆后改。那僧还说："舍我罢，舍我罢。"[蒙侧]如果舍出，则不成幻境矣。行文至此，又不得不有此一语。士隐不奈烦，[周按]奈烦，芹之原笔。便抱着女儿撤身要进去。那僧乃指着他大笑，口内念了四句言词，道是：

> 惯养娇生笑你痴，[甲侧]为天下父母痴心一哭。菱花空对雪澌澌。[甲侧]生不遇时，遇又非偶。[周按]澌是原笔。王建《宫词》：月冷江清近腊时，玉阶金瓦雪澌澌。
>
> 好防佳节元宵后，[甲侧]前后一样，不直云前而云后，是讳知者。便是烟消火灭时。[甲侧]伏后文。[周按]此指八十回后香菱结局，应在元宵节前，非仅指本回英莲失踪也。

士隐听得明白，心下犹豫，意欲问他们来历。只听得道人说道："你我不必同往，[周按]同往者，同到警幻处交割石头下凡一事也。就此分手，各干营生去罢。三劫后，[甲眉]佛以世谓劫。凡三十年为一世。三劫者，想以九十春光寓言也。[周按]三劫为九十年，其意略如俗言百年光景，即人之一生。作者自云之"半生潦倒"，正值三十岁之际，已历一劫。我在北邙山等你，[周按]北邙山，古都洛阳城北坟墓聚葬之地。会齐了，同往太虚幻境消号去。"那僧道："妙妙妙！"[周按]评书《疯僧扫秦》即用妙妙妙三字。说毕二人已去，再不见个踪迹了。士隐心中此时自忖：这两个人必有来历，该试一问，如今悔却晚也。这士隐正痴想间，忽见隔壁[甲侧]隔壁二字，极细极险，记清！葫芦庙内寄居的一个穷儒走了出来，这个人姓贾名化，[甲侧]假话，妙！字表时飞，[甲侧]实非，妙！别号雨村者，[甲侧]雨村者，村言粗语也。[周按]贾化号雨村，言以村粗之言，演出一段假话也。《孟子·尽心》：君子所以教者五，有如时雨化之者。与甄士隐，名费，皆巧洽之至，而又另有双关谐音妙谛。由此可知作者学识与文笔之高超灵慧。本是胡州人氏，[甲侧]胡诌也。[周按]胡，原稿如此。原系诗书仕宦之族，因他出于末世，[甲侧]又写一末世男子。父母祖宗根基一尽，人口衰丧，只剩得他一身一口，［蒙侧］形容落破〔魄〕诗书子弟，逼真！在家乡无益，因进京求取功名，再整基业。自前岁来此，又淹蹇住了，暂寄庙中安身，每日卖字作文为生，［蒙侧］庙中安身，卖字为生，想是过午不食的了。［周按］正文卖字作文，批语卖字为生，下文卖字撰文，足证。批中云云，乃作者生活实录。故士隐常与他交接。［甲侧］又夹写士隐实是翰林文苑，非守钱虏也。直灌入"慕雅女雅集苦吟诗"一回。当下雨村见了士隐，忙施礼陪笑道："老先生倚门伫望，敢是街市上有甚新文否？"［周按］新文是原笔，指政局消息、官场升降等动态。士隐笑道："非也。适因小女啼哭，引他出来作耍，正是无聊之甚。兄来得正妙，请入小斋一谈，彼此皆可消此永昼。"［周按］再点永昼，四月下旬，端阳节之前也。说着，便令人送女儿进去，自携了雨村来至书房中。小童献茶。

方谈得三五句话，忽家人飞报："严老爷来拜！"［甲侧］炎也。炎既来，火将至矣。士隐忙的起身谢罪道："恕诳驾之罪，略坐弟即来陪。"雨村忙躬身亦让道："老先生请便，［蒙侧］世态人情，如闻其声。晚生乃常造之客，稍候何妨。"说着，士隐已出前厅去了。这里雨村且翻弄书籍解闷。忽听窗外有女子嗽声，雨村遂起身往窗外一看，原来是个丫嬛，在那里撷花，生得仪容不俗，眉目清明，［甲侧］八字足矣。虽无十分姿色，却亦有动人之处。［甲眉］更好。这便是真正情理之文。可笑近之小说中，满纸"羞花闭月"等字。这是雨村目中，又不与后之人相似。雨村不觉看得呆了。［甲侧］今古穷酸，色心最重。那甄家丫嬛撷了花方欲走时，猛抬头见窗内有人，敝巾旧服，虽是贫穷，然生得腰圆膀厚，面阔口方，更兼剑眉星眼，直鼻权腮。［甲侧］是莽、操遗容。［甲眉］最可笑世之小说中，凡写奸人，则用"鼠耳鹰腮"等语。这丫嬛忙转身回避，［周按］娇杏回避，昔时妇女不许与外姓陌生男子睹面，故必藏形掩影。心下乃想："这人生得这样雄壮，却又这等褴褛，想他定是我家主人常说的什么贾雨村了，每有意帮助周济，只是没甚机会。我家并无这样贫穷亲友，想来定是此人无疑了。怪道又说他必非久困之人。"［甲眉］这方是女儿心中意中正文。又最恨近之小说中满纸红拂、紫烟。如此想来，不免又回头两次。［蒙侧］如此忖度，岂得为无情？雨村见他回了头，便自为这女子心中有意于他，［甲侧］今古穷酸皆会替女妇心中取中自己。更狂喜不禁，自为此女子必是个巨眼英雄，［周按］雪芹用自为一语，为字去声，即后世自以为，自谓之意，此是古语音义。◎英雄是原笔，雪芹称女流，特用英雄一词。风尘中之知己也。［蒙侧］在此处已把種〔总〕点出。［周按］疑把種为揽总。一时小童进来，雨村打听得前面留饭，不可久待，遂从夹道中自便出门去了。士隐待客散，既知雨村自便，［周按］自便二字承上句。也不去再邀。

一日，早又中秋佳节。士隐家晏已毕，［周按］晏代宴是原笔。乃另具一席于书房中，却自己步月至庙中来邀雨村。［甲侧］写士隐爱才好客。原来雨村自那日见了甄家之婢，曾回头顾他两次，自为是个知己，［蒙侧］也是不得不留心。不独因好色，多半感知音。便时刻放在心上。今又正值中秋，不免对月有怀，因而口占五言一律云：［甲侧］这是第一首诗。后文香奁、闺情皆不落空。余谓雪芹撰此书，中亦为传诗之意。

未卜三生愿，频添一段愁。

闷来时敛额，行去几回头。

自顾风前影，谁堪月下俦？

蟾光如有意，先照玉人楼。［周按］贾雨村中秋第一首诗，原不是五律，四句见意而已。此非雪芹用力处。

雨村吟罢，因又思及平生抱负，苦未逢时，乃又搔首对天长叹，复高吟一联云：

玉在匮中求善价，钗于奁内待时飞。［甲侧］表过黛玉，［甲侧］则紧接上宝钗。前用二玉合传，今用二宝合传，自是书中正眼。［蒙侧］偏有些脂气。［周按］贾雨村一联，上句自拟，用《论语》常义，儒士心情。下句暗指娇杏。钗乃女子代词，金陵十二钗已表示明白。雨村此际一是渴望脱颖而出，二是暗以娇杏为“有意”于己，不过如此，其他穿凿附会，悉不可混入其中。

恰被士隐走来听见，笑道：“雨村兄真抱负不浅也！”雨村忙笑道：“岂敢！不过是偶吟前人之事，何敢狂诞至此？”因问：“老先生何兴至此？”士隐笑道：“今夜中秋，俗谓团圆之节，［周按］楝亭诗题有此称。想尊兄旅寄僧房，不无寂寞之感，［周按］曲子第一支，寂寞时。故特具小酌，邀兄到敝斋一饮，不知可纳芹意否？”［周按］芹意，乃自谦之语，用古典野人献芹、献曝之意也。雨村听了，并不推辞，［蒙侧］不推辞，语便不入估〔俗〕套。便笑道：“既蒙谬爱，何敢拂此盛情。”［甲侧］写雨村豁达，气象不俗。说着，便同了士隐复过这边书院中来。［觉双］写雨村豁达，气象不俗。须臾茶毕，早已设下杯盘。那美酒佳肴自不必说。二人归坐，先是款斟漫饮，［周按］漫饮是。次渐谈至兴浓，不觉飞觥限斝起来。当时街坊上家家箫管，户户歌弦，［周按］歌弦是原笔。上下句管弦为对。当头一轮明月，飞彩凝辉，二人愈添豪兴，酒到杯干。雨村此时，已有七八分酒意，狂兴不禁，乃对月寓怀口号一绝云：

> 时逢三五便团圆，［甲侧］是将发之机。满把晴光［周按］满把，把字去声。晴光，后文第七十六回中秋联句再见，此亦雪芹字法。唐人韦庄《题淮阴侯庙》诗"满把椒浆奠楚祠"句法正同。护玉盘。［甲侧］奸雄心事，不觉露出。［周按］东坡名句《中秋月》云：暮云收尽溢清寒，银汉无声转玉盘。此生此夜不长好，明月明年何处看？其韵脚正是盘、看。雨村之七绝暗从东坡脱化，而有意翻用其韵也。王世贞《玉兰》诗：霓裳夜色团瑶殿，露气晴辉散玉盘。可为参证。参看第四十八回香菱学诗第二首"试看晴空护玉盘"，最是良证。
>
> 天上一轮才捧出，人间万姓仰头看。［周按］按旧日评者多谓雨村此篇"人间万姓仰头看"之句为气象不凡，又有举古帝王有类似之句例者，皆谓得其要害。实则此诗暗指雍正末期已有与之争夺帝位之新局势，而民间皆寄希望于此新君也。［甲眉］这首诗非本旨，不过欲出雨村，不得不有者。［甲眉］用中秋诗起，用中秋诗收，又用起诗社于秋日。所叹者，三春也，却用三秋作关键。［周按］三秋作关键必有重大情节与之关合，如非宝湘会合，则又何以处此团圆之节。

士隐听了，大叫："妙哉！吾每谓兄必非久居人下者，今所吟之句，飞腾之兆已见，不日可得接获履于云霓之上矣。可贺，可贺！"［蒙侧］伏笔，作巨眼语。妙！乃亲斟一斗为贺。［甲侧］这个斗字，莫作升斗之斗看，可笑！雨村因干过，叹道："非晚生酒后狂言，若论时尚之学，［甲侧］四字新，而含蓄最广。若必指明，则又落套矣。晚生也或可去充数沽名，只是目今行囊路费一概无措，神京路远，非赖卖字撰文可能到者。"士隐不待说完，便道："兄何不早言。愚每有此心，但每遇兄时，兄并未谈及，愚故未敢唐突。今既及此，愚虽不才，'义利'二字却还识得，［蒙侧］义利二字，时人故自不识。［周按］乾隆元年五月上谕"严义利之界"时雪芹年十三，盖隐时事。且喜明岁正当大比，兄宜作速入都，春闱一战，方不负兄之所学也。其盘费余事，弟自代为处置，亦不枉兄之谬识矣。"当下即命小童进去，速封五十两白银并两套冬衣，又云："十九日乃黄道之期，兄可即买舟西上，［周按］西上者，有意瞒蔽读者。然自苏州行船，确是先西而后方能折而北上（长江、运河之分），亦无混含之意。待雄飞高举，明冬再晤，岂非大快之事也！”［甲眉］写士隐如此豪爽，又全无一些粘皮带骨之气相。愧杀近之读书假道学矣。雨村收了银衣，不过略谢一语，［蒙侧］托大处，即〔既〕遇此等人，又不得太索〔琐〕细。并不介意，仍是吃酒谈笑。［甲侧］写雨村真是个英雄。那天已交三鼓，二人方散。士隐送雨村去后，回房一觉，直至红日三竿方醒。［甲侧］是宿酒。因思昨夜之事，意欲写两封荐书与雨村带至京都，使雨村投谒个仕宦之家，为寄足之地。［甲侧］又周到如此。因使人过去请时，那家人去了回来说：“和尚说，贾爷今日五鼓已进京去了，也曾留下话与和尚转达老爷说，读书人不在黄道黑道，总以事理为要，不及面辞了。”［甲侧］写雨村真令人爽快。士隐听了，也只得罢了。

真是闲处光阴易过，倏忽又是元宵佳节矣。因士隐命家人霍启［甲侧］妙！祸起也。此因事而命名。抱了英莲，去看放社火花灯。［周按］社火即上文所云过会的热闹。民间于节日或庙期自行演出之各种歌舞，按次排列，巡行街巷。北方谓之过会，南方谓之花会或称为社火。半路中，霍启因要小解，便将英莲放在一家门槛上坐着。待他小解完了来抱时，那有英莲的踪影。急得霍启直寻了半夜，至天明不见。那霍启也就不敢回来见主人，便逃往他乡去了。那士隐夫妇见女儿一夜不归，便知有些不妥，再使几个人去寻找，回来皆云，连音响皆无。［周按］音响是原笔。夫妻二人半世只生此女，一旦失落，岂不思想。因此昼夜啼哭，几乎不曾寻死。［甲眉］喝醒天下父母之痴心。［蒙侧］天下作子弟的看了想去。看看一月，士隐先得了一病。当时封氏孺人也因思女构疾，日日请医疗治。

不料这日三月十五，葫芦庙中炸供，［周按］寺庙凡初一、十五为开庙常例。但此处特指写三月十五炸供之时，盖三月十八日乃老皇帝康熙之生辰，俗名万寿节，故于十五日炸供，预备三日后之万寿节也。此暗写民心怀念康熙而怨恨雍正。那些和尚不加小心，致使油锅火起，［周按］从火起，与霍启之名暗应也。便烧着窗纸。南方人家都用竹篱木壁者甚多。［甲侧］土俗人风。［蒙侧］交竹滑溜婉转。［周按］壁，原稿痕迹。大抵也因劫数，［甲眉］写出南直召祸之实病。于是接二连三牵五挂四，将一条街烧得如火焰山一般。彼时虽有军民来救，那火已成了势，如何救得下。直烧了一夜，方渐渐的熄下去，也不知烧了几家。只可怜甄家在隔壁，烧成一片瓦砾场了。只有他夫妻并几个家人的性命不曾伤了。急得士隐惟跌足长叹而已。只得与妻子商议，且到田庄上去安身。偏值近年水旱不收，鼠盗蜂起，无非抢田夺地，［周按］此处抢夺之对象，似乎钱米合理，田地费解。不知此乃隐写雍正即位后，土地租赋之丈量升科，虚夸冒报等弊政。不可只以通顺观也。鼠窃狗偷，民不安生，［周按］此正雍正新皇夺位后之年荒岁恶情景。因此官兵剿捕，难以安身。［周按］此暗写雍正年间各种饥荒叛乱之实况。士隐只得将田庄都折变了，［周按］折变是原笔。便携着妻子与两个丫嬛投他岳丈。此人名唤封肃，［蒙戚双］风俗。本贯大如州人氏，［甲眉］托言大概如此之风俗也。虽是务农，家中却还殷实。今见女婿这等狼狈而来，心中便有些不乐。［甲侧］所以大概之人情如是，风俗如是也。［蒙侧］大都不过如此。幸而士隐还有折变地的银子［蒙侧］若非幸而，则有不留之意。未曾用完，拿出来托他随分就价，薄置些须房地，为后日衣食之计。那封肃便半哄半赚，些须与他些薄田朽屋。士隐乃读书之人，不惯生理稼穑等事，勉强支持了一二年，越发穷了下去。封肃每见面时，便说些现成话，且人前人后，又怨他们不善过活，只一味好吃懒动等语。［甲侧］此等人何多之极。士隐知投人不着，心中未免悔恨，再兼上年惊唬，急忿悲痛已伤，暮年之人，贫病交攻，竟渐渐的露出那下世的光景来。［蒙侧］几几乎，世人则不能止于几几乎，可悲。观至此不（下有缺文）。可巧，这日拄了拐杖挣挫到街前散散心时，忽见那边来了一个跛足道人，疯颠落脱，［周按］落脱，即落拓，落魄。六朝时又作乐托。麻屣鹑衣，口内念着几句言词，道是：

世人都晓神仙好，惟有功名忘不了。

古今将相在何方，荒冢一堆草没了。

世人都晓神仙好，只有金银忘不了。

终朝只恨聚无多，及到多时眼闭了。

世人都晓神仙好，只有姣妻忘不了。

夫妻日日说恩情，夫死又随人去了。［周按］《好了歌》凡四条目，暗寓世俗妻财子禄四关，痴迷难破。此四者与真情无干。皆客观概说，并无当面尔汝相质之词。

世人都晓神仙好，只有儿孙忘不了。

痴心父母古来多，孝顺儿孙谁见了？［周按］此四条实即妻财子禄四者，其首条只言古今将相，而避去帝王，乃有意之暗笔也。论者或谓此乃对雍正之讽词，似不无道理。

士隐听了，便迎上前来道：“你满口里说些什么？只听见‘好了’‘好了’。”那道人道：“你若果听见‘好了’二字，还算你明白。可知世人万状，了便是好，好便是了，若不了，便不好。若要好，须是了。我这歌儿，便名《好了歌》。”士隐本是宿慧的，一闻此言，心中早已彻悟，因笑道：“且住。待我将你这《好了歌》解出了何如？”道人笑道：“你解，你解。”士隐乃说道：［蒙戚双］要写情，要写幻境，偏先写出一篇奇人奇境来。

陋室空堂，当年笏满床。［甲侧］宁荣未有〔败〕之先。衰草枯杨，曾为歌舞场。［甲侧］宁荣既败之后。蛛丝儿结满雕梁，［甲侧］潇湘馆、紫芸轩等处。绿纱今又糊在蓬窗上。［甲侧］雨村等一干新荣暴发之家。［甲眉］先说场面，忽新忽败，忽丽忽朽，已见得反覆不了。说什么脂正浓，粉正香，［甲侧］宝钗、湘云一干人。如何两鬓又成霜？［甲侧］贷〔黛〕玉、晴雯一干人。昨日黄土陇头送白骨，今宵红灯帐底卧鸳鸯。［甲侧］熙凤一干人。［甲眉］一段妻妾迎新送死，倏恩倏爱，倏痛倏悲，缠绵不了。［周按］此一段与《好了歌》中姣妻一节相当。批中出钗、湘、黛、晴四人，则宝湘配合当行落实。金满箱，银满箱，展眼乞丐人皆谤。［甲侧］甄玉、贾玉一干人。正叹他人命不长，那知自己归来丧。［甲眉］一段石火光阴，悲喜不了。风露草霜，富贵嗜欲，贪婪不了。［周按］此一段相当于《好了歌》金银一节。训有方，保不定日后作强梁。［甲侧］言父母死后之日。〇柳湘莲一干人。择膏粱，［周按］梁，当是原稿书写习惯。谁承望流落在烟花巷？［甲眉］一段儿女死后无凭，生前空为筹划计算，痴心不了。［周按］此一段相当于《好了歌》儿孙一节。自嫌纱帽小，致使锁枷扛。［甲侧］贾赦、雨村一干人。昨怜破袄冷，今嫌紫蟒长。［甲侧］贾蘭、贾菌一干人。［甲眉］一段功名升黜无时，强夺苦争，喜惧不了。［周按］此一段相当于《好了歌》功名一节。乱烘烘，你方唱罢我登场，［甲侧］总收。反认他乡是故乡。［甲侧］太虚幻境、青埂峰一并结住。甚荒唐，到头来都是为他人作嫁衣裳。［甲侧］语虽旧句，用于此妥极是极。［甲侧］苟能如此，便能了得。［蒙戚双］谁不解得世事如此。有龙象力者方能放得下。［甲侧］总收。古今亿兆痴人，共历幻场。此幻事扰扰纷纷，无日可了。［甲眉］此等歌谣，原不宜太雅，恐其不能通俗，故只此便妙极！其说得痛切处，又非一味俗语可到。

那疯跛道人听了，指掌笑道：［周按］指掌是，正写当作抵掌（非抵也）。“解得切，解得切！”

士隐便说一声："走罢！"［甲侧］如闻如见。［甲眉］走罢二字，真悬崖撒手，若个能行？［蒙侧］一转念间蹬〔登〕彼岸。将道人肩上搭连抢了过来背着，竟不回头，同了疯道人飘飘而去。当下烘动了街坊，众人当作一件新文传说。封氏闻得此信，哭了个死去活来。只得与父亲商议，遣人各处访寻，那讨音信。无奈何，少不得依靠着他父母过日。幸而身边还有两个旧日的丫嬛伏侍，主仆三人日夜做些个针线发卖，帮着父亲用度。那封肃虽然日日报怨，也无可奈何了。这日，那甄家的大丫嬛在门前买线，忽听得街上喝道之声。众人都说："新太爷到任了。"丫嬛于是隐在门内看时，只见军牢快手一对一对的过去，俄而大轿内抬着一个乌帽猩袍的官府过去了。［甲侧］雨村别来无恙否。可贺，可贺。［甲眉］所谓乱烘烘你方唱罢我登场，是也。丫嬛到发个怔，自思："这官好面善，到像在那里见过的。"［蒙侧］起初到底有心乎，无心乎？于是进入房中，也就丢过不在心上。［甲侧］是无儿女之情，故有夫人之分。至晚间，正该歇息之时，忽听一片声打的门响，［蒙侧］不忘情的先写出头一位来了。许多人乱嚷说："本府太爷的差人来传人问话！"封肃听了，唬得目瞪口呆，不知有何祸事。

［蒙戚回后］出口神奇，幻中不幻，文势跳跃，情里生情，借幻说法，而幻中更自多情，因情捉笔，而情里偏成痴幻。试问君家识得否？色空空色两无干。

［回后评］如此一部大书，却以女娲炼石说起，是奇思，亦是椽笔。此中涵义多个层次，意味深长。女娲炼石是陶文化创造者（炼石即烧土为人造石之划时代大创造），又是生育婚姻女神。雪芹重女轻男之大旨，亦开卷了然，无复疑义。

首回回目是双关语，说明作者是用假语而写真事，真事不便明言，故须隐去。而假语似假，实又传真。此点本不难懂，但又将真事隐与假语存分配于甄贾二人为姓名，是由虚而落实。令人难懂者，甄士隐与贾雨村是两个截然不同的人物角色，他们并不成为并列相依的关系。况且贾雨村后来在全书中所起的影响作用十分之恶劣，以至平儿骂他为“饿不死的野杂种”。这样一种安排遂使读者有紊乱迷离之感，加以《好了歌》及解注杂于其间，更觉纷纭难以琢磨。此等笔墨在全书中并非雪芹之最上乘，读者须耐心循读，愈入后文愈见精彩，所谓引人入胜、渐入佳境皆非虚语。

甄士隐梦幻识通灵，贾雨村风尘怀闺秀，一写烈日，一咏晴光，日月双悬遥射湘云牙牌令“双悬日月照乾坤”，是通部书之大脉络，重要无比。甄士隐、贾雨村二人之情事，皆发生于姑苏阊门之地，下回冷子兴与贾雨村闲谈于酒肆之内，则又在维扬郊外，此时雨村正在扬州鹾政林家做西宾，亦即林黛玉之塾师，皆非今南京之事，而雪芹于悼红轩中披阅增删后，乃题为《金陵十二钗》。何也？以予揣度，雪芹之所谓金陵，实际范围所包甚广，不宜拘看。

程高伪篡，偷改雪芹原著，自首回为始，亦以首回为重。一是将全书宗旨精神改变。二是将大石与神瑛混淆。三是将原文次序大肆移窜。大石得僧道施展幻术，化为一块鲜明莹洁的美玉，此乃幻相。其居处原在青埂峰下，乃娲皇所弃之蠢物。蠢物者，一言其巨大笨重，二言其冥顽不灵，自得娲炼，方具知觉情感。故谓通灵，其义在此。但并非俗常所谓神通，不能自行自动。神瑛侍者则居在赤瑕宫，能在西方灵河岸上灌溉仙草，是行动自如，神通不小。两者悬殊迥异。况且僧道交谈中，明言神瑛侍者与绛珠一段风流公案，一干风流冤孽将下凡历世，了结此案，已在警幻处挂了号。而蠢物者尚在僧之袖中，此石（假玉）之下凡，只是乘此机会夹带于中，且此际正在行途中，方将赴警幻宫中云交割清楚。交割者，即是去注册挂号，交代手续之义。是则一个早挂完了号，一个方待办理，二者也绝非一事，甚是清楚，无可混搅。既然雪芹原文叙得如此其分明了当，程本却悍然造出妄文，强加于雪芹头上，混瑛石为一，以伪窜真。本书会真，不独字字句句辩假析真，要旨大节，更要斥伪返本。

贾雨村高吟一联，已有按语，甲戌本独存之侧批与句下单行批二条，实属可疑。盖此二条，一以为上句指黛，下句指钗。一以为上句指宝玉，下句指宝钗。本身即自相矛盾。可知皆是胡揣，断非一人手笔，是他人之批混入者。此等谬解，为后来一切穿凿猜谜之假红学开端肇绪，流毒无穷，断不可信。盖此时之贾雨村，一心只有两事：一是叹恨于淹蹇之境，一是觊觎于人家之婢，总不脱妻财子禄极庸极俗之精神境界也。故二诗一联，总不脱于此两义。五律者，男女之思。七绝者，功名之念。一联者，则上下分属，配搭匀称，是以士隐赞其抱负，雨村谦为狂诞。试问此与黛也钗也何涉哉？无论黛玉、宝玉谁是怀有“唯我是美玉，善价以待沽”之人，岂不丑煞。以此种眼光来读《石头记》，石头岂不哭煞！故须取其真义，亦非全是琐琐字句间事。

真假有无一联，是全书文心笔法之总纲目，真假为对，兼真事假语一义与真假二宝玉而言。至有无为对，可参看《女仙外史》第九十八回刘廷玑之批语。今引于此。

在园曰：《女史》之妙，妙在有无相因，虚实相生。历览全部，如神乐观王昇曾梦太皇祖命救太孙，而遂演出青田。半道人曾在金陵唱出燕歌，而遂演出榆木。永乐时曾有道人化鹤转衙栋，而遂演出太孛夫人。此无之根因于有也。

又如连蕊姑之虚也，而引以实在郧阳连氏。储福妻范氏拒聘是实也，而引出公孙大娘拔刀相助。刘超仰天一呼，捆索尽断，是实也，而引出聂隐娘之劫法场。景星之谋一椎，虚也，而出之以实在之力士，此以虚为根而实为苗者。今成祖崩于榆木川，秘不发丧，皆实也，野史之言亦所有也，作者乃以鬼母一剑实之，即有苏张之辩，奚以措词？故其行文，在乎虚虚实实，有有无无，似虚似实之间，非有非无之际，盖此老所独得。

第二回
贾夫人仙逝扬州城　冷子兴演说荣国府

［戚回前］以百回之大文，先以此回作两大笔以冒之，诚是大观。世态人情，尽盘旋于其间，而一线不乱，非具龙象力者其孰能哉。

［甲回前］此回亦非正文，本旨只在冷子兴一人，即俗谓冷中出热、无中生有也。其演说荣府一篇者，盖因族大人多，若从作者笔下一一叙出，尽一二回不能得明，则成何文字。故借用冷字一人，略出其大半，使阅者心中已有一荣府隐隐在心。然后用黛玉、宝钗等两三次皴染，则耀然于心中眼中矣。此即画家三染法也。［周按］以上第二回回前总批第一节。

未写荣府正人，先写外戚，是由远及近，由小至大也。若使先叙出荣府，然后一一叙及外戚，又一一至朋友，至奴仆，其死板拮据之笔，岂作十二钗人手中之物也。今先写外戚者，正是〔先〕写荣国一府也。故又怕闲文赘累，开笔即（先）写贾夫人已死，是特使黛玉入荣之速也。［周按］以上为回前总批第二节。通灵宝玉于士隐梦中一出，今（又）于子兴口中一出，阅者已洞然矣。然后于黛玉、宝钗二人目中，极精极细一描，则是文章锁合处。盖不肯一笔直下，有若放闸之水，然信［周按］然信不误。之爆，使其精华一泄而无馀也。究竟此玉原应出自钗、黛目中，方有照应。今预从子兴口中说出，实虽写而却未写。观其后文可知，此一回（文）则是虚敲傍击之文，笔则是反逆隐回〔曲〕之笔。［周按］以上为回前总批第三节。

诗云：

一局输赢料不真，［周按］雪芹原稿实作赢。香销茶尽尚逡巡。

欲知目下兴衰兆，须问傍观冷眼人。［周按］傍旁无别，雪芹习用傍。［甲侧］只此一诗便妙极！此等才情，自是雪芹平生所长。[甲眉]故用[己夹条]此回亦非正文，至[周按]余自谓评书，非关评诗也。　冷子兴演说。诗云一节是楔子，须低二格写。第一首标题诗，要紧之至：内涵笼罩了全部书的情节故事。一局者，字面似棋局，所寓者却是政局。书中荣府贾氏的兴衰，系于一种特定政局的成败输赢，如在"政治赌注"中也。观第五回判词等处自明。文词隐约窥见，感叹唏歔。◎此全书第一篇标题诗，所咏实涵盖一部书的情节故事，荣府贾氏兴衰实因那一"局"的"输赢"而决定其命运。此"局"者，字面似棋局，实际指政局，杜诗所谓"闻道长安似弈棋"也。盖其时作者家世正处在"政治赌注"之中：原康熙太子胤礽一系势力正与夺位篡权的雍正新"局"作殊死搏斗。◎这首标题诗咏叹第二回人情世态，实际涵盖了全书全局，重要之至。诗句"眼目"似在"兴衰"二字，而真正原由又实在"输赢"一义。以棋局之输赢暗寓政治局之成败，而荣府贾氏之兴衰命运正在此"局"的"赌注"之中。盖其时正值雍正既夺位成功，而原太子胤礽一系力图"反正"，而荣府者，两方权势争夺中之牺牲品"家生子"奴隶也。

却说封肃因听见公差传唤，忙出来陪笑启问。那些人只嚷："快请出甄爷来。"[甲侧]一丝不乱。封肃忙陪笑道："小人姓封，并不姓甄。只有当日小婿姓甄，今已出家一二年了，不知可是问他？"那些公人道："我们也不知什么真假，[甲侧]点睛〔睛〕妙笔。因奉太爷之命来问他，既是你女婿，便带了你去亲见太爷面禀，省得乱跑。"说着不容封肃多言，大家推拥他去了。封家人各各惊慌，不知何兆。那天约有二更时分，只见封肃方回来，欢天喜地，[甲侧]出自封肃口内便省却多少闲文。众人忙问端的。他乃说道："原来本府新升的太爷，姓贾名化，本胡州人氏，[周按]作胡，恐是原稿如此，不必胶柱鼓瑟，死扣真地名湖州。曾与女婿旧日相交。[蒙侧]世态精神，叠露于数语间。方才在咱家门前过去，因看见娇杏那丫头买线，[甲侧]侥幸也。○托言当日丫头回顾，故有今日，亦不过偶然侥幸耳。非真实得尘中英杰也。非近日小说中满纸红拂、紫烟之可[甲眉]余批重出。余阅此书偶有所得即笔录之，非从首至尾阅过，复从首加批者，故比。　偶有复处。且诸公之批，自是诸公眼界，脂斋之批，亦有脂斋取乐处。后每一阅，亦必有一语半言重加批评于侧，故又有于前后照应之说等批。所以他只当女婿移住于此。我一一将原故回明，那太爷到伤感叹息了一回，[周按]本书倒字作到。又问外孙女儿，[甲侧]细。我说看灯丢了。太爷说不妨，我自使番役务必采访回来。[甲侧]为葫芦案伏线。说了一回话，临走到送了我二两银子。"[蒙侧]此事最要紧。甄家娘子听了，不免心中伤感，[甲侧]所谓旧事凄凉不可闻也。一宿无话。

至次日，早有雨村遣人送了两封银子，四匹锦缎，答谢甄家娘子。[甲侧]雨村已是下流人物，看此〔如〕今之如雨村者，亦未有矣。又寄一封密书与封肃，转托他向甄家娘子要那娇杏作二房。［甲侧］谢礼却为此。险哉，人之心也。封肃喜的屁滚尿流，［周按］屁滚尿流，雪芹嬉笑怒骂皆文章，本生花之妙笔。巴不得去奉承，便在女儿前一力撺掇成了，［甲侧］一语道尽。乘夜只用一乘小轿，便把娇杏送进去了。雨村欢喜自不必说，［蒙侧］知己相逢，得遂平生，一大快事。乃封百金赠封肃，外又谢甄家娘子许多物事，令其好生养赡，以待寻访女儿下落。［甲侧］找前伏后。封肃回家无话。［甲侧］士隐家一段小荣枯至此结住。所谓真不去假焉来也。

却说娇杏这丫嬛，便是那年回顾雨村者。［蒙侧］点出情事。因偶然一顾，便弄出这段事来，亦是自己意料不到之奇缘。［甲侧］注明一笔更妥当。谁想他命运两济，［周按］命运两济，与香菱之有命无运针锋相对，寓至深之慨叹。旧日子平学，生辰八字为命，自月份（术语曰提纲）排出之干支曰运，命之格局好，而运不为助，也是徒然。在雪芹，并非迷信，是［甲眉］好极。与英莲有命无运四字遥遥相映。莲，主也。杏，仆也。今借指雍正朝之厄运也。莲反无运，而杏则两全，可知世人原在运数，不在眼下之高低也。此则大有深［觉双］妙！与英莲有意存焉。命无运四字遥相对照。不承望自到雨村身边只一年，便生了一子。又半载，雨村嫡妻忽染疾下世，雨村便将他扶册作正室夫人了。正是：

偶因一着错，［甲侧］妙极！盖女儿原不应私顾外人之谓。［周按］见第七十二回司棋云“如今我虽一着走错”。雪芹之笔，各有所指，容易致祸。便为人上人。［甲侧］更妙！可知守礼俟命者终为饿莩。其调侃寓意不小。［甲眉］从来只见集古、集唐等句，未见集俗语者。此又更奇之至。

原来雨村因那年士隐赠银之后，他于十六日便起身入都。至大比之期，不料他十分得意，已会了进士，选入外班，今已升了本府知府。虽才干优长，未免有些贪酷之弊，［周按］贪酷之弊等语，正指雍正朝得宠者之为吏作风，而美其名曰匡正康熙朝弊政，不知为害更酷。雪芹文意亦不肯尽言，在似明不明之间。且又恃才侮上，那些官员皆侧目而视。［甲侧］此亦奸雄必有之理。不上一年，便被上司寻了一个空隙，作成一本，参他生性狡滑，［周按］狡滑是原笔。擅纂礼仪，且沽清正之名，而暗结虎狼之属，致使地方多事，民命不堪等语。［甲侧］此亦奸雄必有之事。龙颜大怒，即批革职。［蒙侧］罪重而法轻，何其幸也。该部文书一到，本府官员无不大悦。那雨村心中虽十分惭恨，却面上全无一点怒色，仍是喜笑自若。［甲侧］此亦奸雄必有之态。交代过公事，将历年做官积的些资本并家小人属，送至原籍安插妥协，[甲侧] 先云根基已尽，故今用此四字，细甚。却又自己担风袖月，游览天下胜迹。[甲侧] 已伏下至金陵一节矣。那日，偶又游至维扬地面，因闻得今岁鹾政点的是林如海。这林如海姓林名海，字表如海，[甲侧] 盖云学海文林也。总是暗写黛玉。[周按] 北宋秦少游（观 guàn）词“飞红万点愁如海”，隐三春已逝，落红成阵，杜诗所咏“一片花飞减却春，风飘万点正愁人”也，此实一部书的主题要旨。此同唐后主词“林花谢了春红，太匆匆，无奈朝来寒雨晚来风”，亦用杜句“林花著雨胭脂湿”，故后主又谓“胭脂泪，留人醉……”。雪芹用笔，文心匠意，往往如是，曲折而有其深味。乃是前科的探花，今已升至兰台寺大人，[周按] 兰台寺，下接大夫者，似顺理成章，接大人，必多以为讹。不知清初内务府称大人衙门，内府官员称大人，此雪芹真假烟云之惯笔，虚中有[甲眉] 官制半遵古名，亦好。余最喜此等半有半无、半实，一以贯之。古半今、事之所无、理之必有，极玄极幻，荒唐不经之处。本贯姑苏人氏，[甲侧] 十二钗正出之地，故用真。今钦点出为巡盐御史，到任方一月有余。原来这林如海之祖，曾袭过列侯，今到如海，业经五世。起初时，只封袭三世。因当今隆恩盛德，远迈前代，[甲眉] 可笑近之小说中，无故极力称扬浪子淫女，临收结时，还必致感动朝廷，使君父同入其情欲之界，明遂其意。何无人心之至。不知被〔彼〕作者有何好处，有何谢报到朝廷廊庙之上？真将半生淫朽〔污〕秽渎睿聪，又苦拉君父作一干证护身符，强媒硬保，得遂其淫欲哉！额外加恩。至如海之父，又袭了一代。至如海，便从科第出身。虽系钟鼎之家，却亦是书香之族，[甲侧] 要紧二字，盖钟鼎亦必有书香方至美。[周按] 阅批语，可知钟鼎为原文。只可惜这林家支庶不盛，子孙有限，虽有几门，却与如海俱是堂族而矣，[周按] 而矣，存芹笔之真。没甚亲枝嫡派的。[甲侧] 总为黛玉极力一写。今如海年已四十，只有一个三岁之子，偏又于去岁死了。虽有几房姬妾，[甲侧] 带写矣〔贤〕妻。奈他命中无子，亦无可如何之事。今只有嫡妻贾氏生得一女，名黛玉，[蒙侧] 绛珠初见。年方五岁。夫妻无子，故爱女如珍。[周按] 程本改为掌上明珠，其胸中见识总不离陈词滥调，处处糟蹋雪芹高笔。且又见他聪明清秀，[甲侧] 看他写黛玉，只用此四字。可笑近来小说中，满纸天下无二，古今无双等字。[周按] 清字要紧，故非俊字所能代也。便也欲使他读书识得几个字，不过假充养子之意，聊解膝下荒凉之叹。[甲眉] 如此叙法，方是至情至理之妙文，最可笑者，近小说中满纸班昭、蔡琰、文君、道韫。

且说雨村正值偶感风寒，病在旅店，将一月光景方渐愈。一因身体劳倦，二因盘费不继，也正欲寻个合式之处暂且歇下。幸而两个旧友亦在此境住居，[甲侧] 写雨村自得意后之交识也。〇又为冷子兴作引。因闻得鹾政欲聘一西宾，雨村便仗托友力，谋了进去，且作安身之计。妙在只一个女学生，两个伴读丫嬛，这女学生年又极小，身体又极怯弱，工课不限多寡，故十分省力。

堪堪又是一载的光景，谁知女学生之母贾氏夫人一疾而终，女学生侍汤奉药，守丧尽哀，［蒙侧］先要使黛玉哭起。遂又将要辞馆别图。林如海意欲令女守制读书，故又将他留下。只因女学生哀痛过伤，本自怯弱多病的，［甲侧］又一染。触犯旧症，遂连日不曾上学。［甲眉］上半回已终。写仙逝，正为黛玉也，故一句带过，恐闲文有防［妨］正笔。雨村闲居无聊，每当风日晴和，饭后便出来闲步。这日偶至郭外，意欲赏鉴那村野风光。［甲眉］大都世人意料此，终不能此，不及彼者，而反及彼。故特书意在村野风光，却忽遇见子兴一篇荣国繁华气象。忽信步至一山环水旋，［周按］旋，去声。茂林深竹之处，隐隐有座庙宇，门巷倾颓，墙垣朽败。门前有额，题着“智通寺”三字。［甲侧］谁为智者，又谁能通，一叹！［周按］唐太宗《圣教序》：智通无累，神测未形。此原是称赞玄奘法师的极高评价，雪芹借来，以反托旁衬寺内“聋肿老僧”，趣甚。无累，译成日常语，即心无挂虑，亦正即《山门》剧中鲁智深唱《寄生草》“赤条条来去无牵挂”也。参看后文第二十二回。寺门对联“忘缩手”“想回头”，亦皆有累之讽语。门傍又有一副旧破的对联，曰：［周按］凡出一题辞，一联文，大抵引出的一句话（只二三字），必定异态纷纭（其词曰，其文云，题曰，写的是，道是等）。此为何故，盖雪芹属草时，集中力量于要害处，此等套语处皆空而不顾，以待脂砚等助者缀补之。故呈此状，此义当识。

身后有馀忘缩手，眼前无路想回头。［甲侧］先为宁荣诸人当头一喝。却是为余一喝。

雨村看了，因想到：“这两句话，文虽浅近，其意则深。［甲侧］一部书之总批。我也曾游过些名山大刹，到不曾见过这话头，其中想来必有个翻过觔斗来的，［周按］翻觔斗，谓历尽尘累而彻悟，此处专讽贾雨村之痴执宦场俗缘，难识老僧为何如人也。［甲侧］随笔带出禅机，又为后文多少语录不落空。也未可知。何不进去试试。”想着，走入看时，只有一个聋肿老僧在那里煮粥。［周按］聋肿，是否即龙钟老态一词之误写，未可遽断，疑雪芹特用此词，别有寓意。［甲侧］是雨村火气。雨村见了，便不在意。［甲侧］火气。及至问他两句话，那老僧既聋且昏，［甲侧］是翻过来的。齿落舌钝，［甲侧］是翻过来的。［蒙侧］欲写冷子兴，偏闲闲有许多着力语。所答非所问。雨村不耐烦，便仍出来，［甲眉］毕竟雨村还是俗眼，只能识得阿凤、宝玉、黛玉等未觉之先，却不识得既证之后。意欲到那边村肆中沽饮三杯，以助野兴。于是款步行来，方入肆门，只见座上吃酒之客，有一人起身大笑，接了出来，口内说：“奇遇，奇遇！”［甲眉］未出宁荣繁华盛处，却先写一荒凉小境。

未写通部入世迷人，却先写一出世醒人。回风舞雪，倒峡逆波，别小说中所无之法。［周按］回风舞雪见第五回警幻上场赋中。雨村忙看时，此人是都中古董行中贸易的号冷子兴者。［甲侧］此人不过借为引绳，不必细写。旧日在都中相识，雨村最赞这冷子兴是个有作为大本领的人，［蒙戚双］不赞出则文不灵活，而冷子兴之谈吐似觉唐突矣。这子兴又借雨村斯文之名，故二人说话投机，最相契合。雨村忙亦笑问道："老兄何日到此，竟不知。［周按］此处无弟字，是原笔。今日偶遇，真奇缘也。"子兴道："去年岁底到家，今因还要入都，从此顺路，找个敝友说一句话，承他之情，留我多住两日。我也无甚紧事，且盘桓两日，待月半时也就起身了。今日敝友有事，我因闲步至此，且歇歇脚，不期这样巧遇。"一面说，雨村同席坐了，另整上酒肴来。二人闲谈慢饮，叙些别后之事。［甲侧］好，若多谈则累赘。［蒙侧］又抛一笔。雨村因问："近日都中可有新文没有？"［甲侧］不突然，亦常问常答之言。［周按］雪芹祖上友辈大文家周亮工，于书影中自纪其先人家教，第一条即宾客落座，不许问有无新文，可见当时风习。雪芹写雨村开口便问都中新文，可谓入木三分，形容尽致。子兴道："到无有什么新文。到是老先生你贵同宗家，［甲侧］雨村已无族中矣，何及此耶，看他下文。出了一件小小的异事。"雨村笑道："弟族中无人在都，何谈及此？"子兴笑道："你们同姓，实非同宗一族？"雨村问是谁家。子兴道："荣国府贾府中，可也不玷辱了先生的门楣了。"［周按］上回奇闻异事曲曲折折，许多层次，看似纷繁热闹，然不过只在叙写石头落凡一事而已。自此回此句，方才表出荣国府贾府一语。这两回两处乃为全书之根本主题，主角的点睛之处。［甲侧］刳小人之心肺，闻小人之口角。雨村笑道："原来是他家。若论起来，寒族人丁却不少，自东汉贾复以来，［甲侧］此话纵真，亦必谓是雨村欺人语。［蒙侧］如闻其声。［周按］贾复以影曹家，系出东汉，言此话纵真，人必不信，盖真话当假话说之意也。支派繁盛，各省皆有，谁能逐细考查！若论荣国一支，却是同谱。但他那等荣耀，我们不便去攀扯，至今故越发生疏难认了。"子兴叹道：［甲侧］叹得怪。"老先生休如此说。如今这荣国两门也都消疏了，［周按］二人话题，以荣国为始，亦为主，直至雨村答言，方又点出宁字，此乃渐进皴染法，自有层次。故"荣国两门"非误非疏。如以今之"科学"观念绳古来文字，则尽忘笔意所在矣。不比先时的光景。"［甲侧］记清此句，可知书中之荣府，已是末世了。雨村道："当日宁荣两门的人口极多，如何就消疏了？"［甲侧］作者之意，原只写末世。［甲侧］此已是贾府之末世了。［周按］疑消疏更近原始。冷子兴道："正是说来也话长。"雨村道："去岁我到金陵地界，因游六朝遗迹，那日进了石头城，[甲侧]点睛[睛]神妙。从他老宅门前经过。街东是宁国府，街西是荣国府，二宅相连，竟将大半条街占了。大门前虽冷落无人，[甲侧]好！写出空宅。隔着园墙一望，里面厅殿楼阁，也还都峥嵘轩峻，就是后一带花园子里，[甲侧]后字何不直用西字，恐先生堕泪，故不敢用[周按]批中透露书中西字。用字，有批书人笔迹。树木山石也都还有蓊蔚洇润之气，那里像个衰败之家。”冷子兴笑道：“亏你是个进士出身，原来不通！古人有云，百足之虫，死而不僵。如今虽说不似先年那样兴盛，较之平常仕宦之家，到底气象不同。如今生齿日繁，事务日盛，主仆上下，安富尊荣者尽多，运筹谋画者无一，[甲侧]二语乃今古富贵世家之大病。其日用排场费用又不能将就省俭。如今外面的架子虽未甚倒，[甲侧]甚字好，盖已半倒矣。内囊却也尽上来了。这还是小事，更有一件大事，谁知这样钟鸣鼎食之家，翰墨诗书之族，[甲侧]两句写出荣府。如今的儿孙，竟一代不如一代了！”[甲眉]文是极好之文，理是必有之理，话则极痛极悲之话。[蒙侧]世家兴败，寄口与人，诚可悲夫。雨村听了，也罕道：[周按]罕，雪芹用为动词。“这样诗书之家，岂有不善教育之理！别家不知，只说这宁荣两宅，是最教子有方的。”子兴叹道：[甲侧]一转有力。“正说的是这两门呢！待我告诉你，当日宁国公[甲侧]演。与荣国公，[甲侧]源。是一母同胞弟兄两个。宁公居长，生了四个儿子。[甲侧]贾蔷、贾菌之祖，不言可知矣。宁公死后，长子贾代化袭了官，[甲侧]第二代。也养了两个儿子。长子贾敷，至八九岁上便死了。只剩了次子贾敬袭了官，[甲侧]第三代。如今一味好道，只爱烧丹炼汞，[甲侧]亦是大族末世常有之事，叹叹！[蒙侧]偏先从好神仙的苦处说来。馀者一概不在心上。幸而早年留下一子，名唤贾珍，[甲侧]第四代。因他父亲一心想作神仙，把官到让他袭了。他父亲又不肯回原籍来，只在都中城外和道士们胡羼。这位珍爷也到生了一个儿子，今年才十六岁，名唤贾蓉。[甲侧]至蓉五代。[觉双]至此五代。如今敬老爹一概不管。[周按]老爹，称年高位尊者，表亲切，与官称有别。这珍爷那里肯读书，只一味高乐不了，把宁国府竟翻了过来，也没有敢来管他的。[甲侧]伏后文。再说荣府你听，方才所说的异事就出在这里。自荣公死后，长子贾代善袭了官，［甲侧］第二代。娶的是金陵世勋史侯家的小姐为妻。［甲侧］因湘云故及之。生了两个儿子，长子名贾赦，次子名贾政。［甲侧］第三代。［周按］下文有长子次子分述。如今代善早已去世，太夫人尚在，［甲侧］记真，湘云祖姑史氏太君也。［周按］此种批特笔表出湘云，关系后半部大节目，极重要。依拙说，脂砚即书中湘云，今所谓原型也。故珍重落笔如此，非等闲常语也。长子贾赦袭着官。［觉双］伏下贾琏、凤姐当家之文。次子贾政，自幼好喜读书，［周按］好，指自己之好。喜，指别人之能读。二者不偏废，得芹之文意。祖父最疼，原要以科甲出身的，不料代善临终时遗本一上，皇上因恤先臣，即时令长子袭官外，问还有几子，立刻引见，遂额外赐了这政老爹一个主事之衔，［周按］政老爹，是满俗。汉人忌直称本名，极不恭敬，故有字有号。满人则以本名作领称，以代姓氏，于此亦可见曹家多依满俗矣。［甲侧］嫡真实事，非妄拥〔拟〕也。令其入部习学，如今现已升了员外郎了。［甲侧］总是称功颂德。这政老爹的夫人王氏，［甲侧］记清。头胎生的公子名唤贾珠，十四岁上进了学，不到二十岁就娶了妻生了一子，［甲侧］此即贾蘭也，至蘭第五代。一病死了。［甲眉］略可望者即死，叹叹！第二胎生了一位小姐，生在大年初一，这就奇了。不想次年又生了一位公子，［周按］元春长宝玉非止一岁，用“次年”以见冷子兴放言不实之处。所谓次年者，不过是酒后闲谈之言词，并非实指第二年。改“后来”的不解此意，正见其为后笔。“五四”年代胡适等人曾经辨析，同意后笔，失其旨矣。说来更奇，一落胎胞，嘴里便衔下一块五彩晶莹的美玉来，上面还有许多字迹，［甲侧］青埂顽石已得下落。就取名叫作宝玉。［周按］此点睛之笔。你道是新奇异事不是。”［甲眉］一部书中第一人，却如此淡淡带出，故不见后来玉兄文字繁难。［觉双］正是宁荣二处支谱。雨村笑道：“果然奇异，只怕这人来历不小。”子兴冷笑道：“万人皆如此说，［周按］万人、凡人，南音之混。因而乃祖母便先爱如珍宝。那年周岁时，政老爹便要试他将来的志向，便将那世上所有之物件，摆了无数与他抓取，谁知他一概不取，伸手只把那些脂粉钗环抓来。政老爹便大怒了，说，将来酒色之徒耳！因此便大不喜悦，独那史老太君还是命根一样。说来又大奇了，如今长了七八岁，虽然淘气异常，但其聪明乖觉处，百个不及他一个。他说起孩子话来也奇怪，他说，女儿是水作的骨肉，男人是泥作的骨肉。［周按］暗承女娲以水抟土创造人类之寓言。见《淮南子・览冥训》。［甲侧］真千古奇文奇情。我见个女儿，我便清爽。

见了男人，便觉浊臭逼人。你道好笑不好笑。将来色鬼无移了！”［甲侧］没有这一句，雨村如何罕然厉色，并后奇奇怪怪之论。雨村罕然厉色忙止道：［周按］罕，雪芹用为动词。“非也！可惜你们不知道这人来历。大约政老爷前辈也错以淫魔色鬼看待了。若非多读书识事，加以致知格物之功、悟道参玄之力者，［周按］玄、玄、元三个阶段，或许雪芹原稿本不暇计虑此等俗事。不能知也。”子兴见他说得这样重大，忙请教其端的。雨村道：“天地生人，除大仁大恶两种，馀者皆无大异。若大仁者，则应运而生。大恶者，则应劫而生。运生世治，劫生世危。尧、舜、禹、汤、文、武、周、召、孔、孟、董、韩、周、程、张、朱，皆应运而生者。蚩尤、共工、桀、纣、始皇、王莽、曹操、桓温、安禄山、秦桧等，［甲侧］此亦略举大概几人而言。皆应劫而生者。大仁者，修治天下。大恶者，挠乱天下。清明灵秀，天地之正气，仁者之所秉也。残忍乖僻，天地之邪气，恶者之所秉也。今当运隆祚永之朝，太平无为之世，清明灵秀之气所秉者，上至朝廷，下及草野，比比皆是。所馀之秀气，漫无所归，遂为甘露，为和风，洽然溉及四海。彼残忍乖僻之邪气，不能荡溢于光天化日之中，遂凝结充塞于深沟大壑之内，偶因风荡，忽被云摧，略有摇动感发之意，一丝半缕，误而泄出者，偶值灵秀之气适过，正不容邪，邪复妒正，［甲侧］譬得好。两不相下，亦如风水雷电。地中既遇，既不能消，又不能让，必致搏击掀发后始尽。故其气亦必赋人，发泄一尽始散。使男女偶秉此气而生者，上则不能成仁人君子，下则亦不能为大凶大恶。［甲侧］恰极，是确论。置之于万万人之中，其聪明灵秀之气，则在万万人之上。其乖僻邪谬不近人情之态，又在万万人之下。若生于公侯富贵之家，则为情痴情种。若生于诗书清贫之族，［蒙侧］巧笔奇言，另开（生）面。但此数语恐误尽聪明后生者。则为逸士高人。纵再偶生于薄祚寒门，断不能为走卒健仆，甘遭庸人驱制驾驭，亦必为奇优名娼。如前代之许由、陶潜、阮籍、嵇康、刘伶、王谢二族、顾虎头、陈后主、唐明皇、宋徽宗、刘庭芝、温飞卿、米南宫、石曼卿、柳耆卿、秦少游，近日之倪云林、唐伯虎、祝枝山，再如李龟年、黄旛绰、敬新磨、卓文君、红拂、薛涛、崔莺、朝云之流，此皆易地相同之人也。”子兴道：“依你说，成则王侯败则贼了。”［周按］王侯是原笔，公侯是修饰掩盖。［甲侧］《女仙外史》中论魔道已奇，此又非外史之立意，故觉愈奇。雨村道：“正是这意。你还不知，我自革职以来，这两年遍游名省，也曾遇见两个异样孩子，［甲侧］先虚陪一个。所以方才你一说宝玉，我就猜着了八九，亦是这一派人物。不用远说，只这金陵城内钦差金陵省体仁院总裁［甲侧］此衔无考，亦因寓怀而设，置而勿论。甄家，［甲眉］又一个真正之家，持〔特〕与假家遥对，故写假则知真。［周按］钦差体仁院总裁，隐语，即指织造监督。凡总裁，皆临时差遣职任，异于常设禄位。体仁阁，在宫中，专贮织造署所进诸品。你可知么？”子兴道：“谁人不知，这甄府和贾府就是老亲，又系世交，两家来往极其亲热的。便在下也和他家来往非止一日了。”［甲侧］说大话之走狗，毕真。雨村笑道：“去年我在金陵，也曾有人荐我到甄家处馆。我进去看其光景，谁知他家那等显贵，却是个富而好礼之家，［甲侧］如闻其声。［甲眉］只一句便一篇家传，与子兴口中是两样。到是个难得之馆。但这一个学生，虽是启蒙，却比一个举业的学生还劳神。说起来更可笑，他说，必得两个女儿伴着我读书，我方能认得字，心里也明白，不然我心里糊涂。［甲侧］甄家之宝玉，乃上半部不写者，故此处极力表明，以遥照贾家之宝玉。凡写贾宝玉之文，则正为真宝玉传影。又常对跟他的小厮们说，这女儿两个字极尊贵极清净的，比那阿弥陀佛、元始天尊的这两个宝号还更尊荣无对的呢！［甲眉］如何只以释、老二号为譬，略不敢及我先师儒圣等人，余则不敢以顽劣目之。你们这等浊口臭舌，［蒙侧］固〔故〕作险笔，以为后文之伏线。万不可唐突了这两个字，要紧的很呢，但凡要说时，必须先用清水香茶漱了口才可。［甲侧］恭敬。设若失错，［甲侧］罪过。便要凿牙穿腮等事。其暴虐浮躁顽劣憨痴种种异常。只一放了学，进去见了那些女儿们，其温厚和平聪敏文雅，［甲侧］与前八个字嫡对。［周按］批语明言与前八字（暴虐浮躁顽劣憨痴）相对，可知删省之谬。◎全书布局特设甄贾二宝玉，互相映照，互相渗透。然甄宝玉皆用暗场侧笔，于贾宝玉方用明场正笔。此处所评甄宝玉之一段话，皆可于贾宝玉之言谈行动中得到互证。竟又变了一个人了。［周按］重在人字，须细玩雪芹原意。人即人材，第一要文。因此，他尊人也曾下死的笞楚过几次，无奈竟不能改悔。打的吃疼不过时，他便姐姐妹妹乱叫起来。后来听得里头女儿们拿他取笑说，因何打急了只管唤姐妹作甚，莫不是求姐妹去讨情讨饶，你岂不愧些！他回答的最妙，他说，疼急之时，想叫姐姐妹妹字样，或可解疼也未可知。因叫了一声，便果觉不疼了。［蒙侧］闲闲阘〔逗〕出无穷奇语，都只为下文。遂得了秘方，每疼痛之极，便连叫姐妹起来了。你说可笑不可笑。［甲眉］以自古未闻之奇语，故写成自古未有之奇文。此是一部书中大调侃寓意处，盖作者实因鹡鸰之悲、棠棣之威，故撰此闺阁庭帏之传。也因他祖母溺爱不明，每因孙辱师责子，因此我就辞了馆出来，如今在巡盐林家坐了馆。你看这等子弟，必不能守祖父之根基，从师友之规谏的。只可惜他家几个好姊妹，都是少有的。”［甲侧］实点一笔，余谓作者必有。子兴道：“便是贾府中现有三个亦不错。政老爹之长女名元春，［甲侧］原也。现因贤孝才德选入宫中作女史去了。［甲侧］因汉以前例，妙。二小姐乃赦老爹前妻所出，名迎春。［甲侧］应也。［周按］迎春早失生母，无怪书中邢夫人如此冷漠。三小姐乃政老爹之庶出，名探春。［甲侧］叹也。四小姐乃宁府珍爷之胞妹，名唤惜春。［甲侧］息也。［觉双］贾敬之女。［周按］原应叹息四批，作者心声，批者透露，而后出之本不复存。推此四批落笔时应在早，无后加之理。因史老太夫人极爱孙女，都跟在祖母这边一处读书，听得个个不错。”［觉双］复续前文未及，正词源三叠。雨村道：“更妙在甄家之风俗，女儿之名，亦皆从男子之名命字，不似别家另外用这些春、红、香、玉等艳字的。何得贾府亦落此俗套？”子兴道：“不然。只因现今大小姐是正月初一所生，故名元春。馀者方从了春字。上一辈的，却也是从弟兄而来的。现有对证，目今你贵东家林公之夫人，即荣府中赦政二公之胞妹，［蒙侧］黛玉之入宁〔荣〕国府的根源，却借他二人之口，下文便不废〔费〕力。他在家时名唤贾敏。不信时，你回去细访可知。”雨村拍案笑道：“怪道这女学生读至凡书中有敏字，他皆念作密字，每每如是。写字时若遇着敏字，又减一二笔，我心中就有些疑惑。今听你说，是为此无疑矣。怪道我这女学生言语举止另是一样，不与近日女子相同。度是其母必不凡，方得其女。今知为荣府之外孙，又不足罕矣。可伤其母上月竟亡故了。”子兴叹道：“老姊妹四个，这一个是极小的，又没了。长一辈的姊妹，一个也没了。只看这少一辈的将来之东床何如呢！”雨村道：“正是。方才说这政公，已有了一个衔玉之儿，［蒙侧］灵玉却只一块，而宝玉有两个，情性如一，亦如之〔六〕耳误〔悟〕空之意耶。又有长男所遗一个弱孙，这赦老竟无一个不成？”子兴道：“政公既有玉儿之后，其妾后又生了一个，［甲侧］带出贾环。到不知其好歹。只眼前现有二子一孙，却不知将来如何。若问那赦公，也有二子，长子名贾琏，［蒙侧］本家族谱，记不清者甚多，偏是旁人说来，一丝不乱。［周按］据此，琏是长子，其称二爷，因排行珠为大哥，琏居次也，非谓是赦之第二子。今已二十来往了，亲上作亲，［甲侧］另出熙凤一人。娶的就是政老爹夫人王氏之内侄女，今已娶了二年。这位琏爷身上现捐的是个同知，也是不喜读书，于世路上好机变言谈去的。所以如今只在乃叔政老爷家住着，帮着料理些家务。谁知自娶了他令夫人之后，到上下无一人不称颂他夫人的，琏爷到退了一射之地。说模样又极标致，言谈又爽利，心机又极深细，竟是男人万不及一的！”［甲侧］未见其人，先已有照。雨村听了笑道：“可知我前言不谬。［甲侧］略一总住。你我方才所说的这几个人，都只怕是那正邪两赋而来一路之人，未可知也！”［甲眉］非警幻案下而来为谁！子兴道：“邪也罢，正也罢，只顾算别人家的账，［蒙侧］笔转如流，毫无沾滞。你也吃一杯才好。”雨村道：“正是，只顾说话，竟多吃了几杯。”子兴笑道：“说着别人家闲话，正好下酒，［甲侧］盖云此一段话，亦为世人茶酒之笑谈耳。即多几杯何妨。”雨村向窗外看道：［甲侧］画。“天也晚了，仔细关了城，［周按］疑外城是，扬州本有重郭，未遑遍考图经，暂记于此。我们慢慢进城再谈，未为不可。”于是二人起身，算还了酒账。［甲侧］不得谓此处收得索然，盖原非正文也。方欲走时，又听得后面有人叫道：“雨村兄，恭喜了！特来报个喜信的。”［甲侧］此等套头，亦不得不用。雨村听说，忙回头看时——

［戚回后］先自写幸遇之情于前，而叙借口谈幻境之情于后，世上不平事，道路口如碑，虽作者之苦心，亦人情之必有。

雨村之遇姣杏，是此文之总冒，故在前。冷子兴之谈，是事迹之总冒，故叙写于后。冷暖世情，比比如画。

有情原比无情苦，生死相关总在心。也是前缘天作合，何妨黛玉泪淋淋。

［回后评］本回标题诗首句开宗明义即云一局输赢，此局明似棋局而实指政局。冷子兴演说荣国府，其间却突出成者王侯败者贼之语，令人惊讶。此则雪芹用特笔表明荣府此时正在卷入一场输赢未定之政局中。复次，即百足之虫死而不僵一语，明指荣府，实则亦暗指荣府所依附之皇室势力之一方也。

出冷子兴其人，笔法略与出贾雨村其人相似。又，只言号冷子兴者，而不出其真名，此一异也。冷子兴不过一古董商耳，而贾雨村却赞他为有作为大本领之人，此二异也。予谓冷子兴其人与荣国府日后之命运大有关系。又，冷子兴之兴字是兴衰之兴，抑或兴致之兴，其读音与意义亦模糊不清。总之，无论兴盛与兴致遇此一冷，皆非吉兆可知。

雪芹原稿回末本不用欲知后事如何，且听下回分解等套语，即戛然而止。今之读者或以为异，总览全书后，或可习惯之。

士隐做梦时正为僧道携往警幻处挂号，亦即混入石头随同下凡入世之际。此乃雨村与冷子兴演说荣国府，正即所谓诗礼簪缨之族，温柔富贵之乡。过渡无痕。而宝玉含玉而生，正表玉石幻人，人玉一体。不可错会作者妙笔本意（盖读者中亦有被伪续影响，误以为贾宝玉即神瑛项上所挂之玉）。试看雪芹作此一部大书，如何构思全局，呼应首尾。若非特异之才，大椽之笔，如何能膺服得众，而且千古流传不朽。

此回借二人酒肆闲谈，冷眼旁观，议论他人短长，感叹兴衰隆替，貌似仅在荣府一家，实则暗牵绝大政局变故。所谓“百足之虫”，“成则公侯败则贼”，皆指雍正、乾隆之际，废太子胤礽与长子弘皙密谋夺回继位皇统之争，而贾、冷二人者亦即日后贾家命运生死攸关之重要人物也。悟后思之，方觉二人对语内涵之惊心动魄！

第三回

金陵城起复贾雨村　荣国府收养〔甲侧〕二字触目凄凉之至。林黛玉

〔戚回前〕我为你持戒，我为你吃斋，我为你百行百计不舒怀，我为你泪眼愁眉难解。无人处，自疑猜，生怕那慧性灵心偷改。

宝玉通灵可爱，天生有眼堪穿。万年幸一遇仙缘，从此春光美满。随时喜怒哀乐，远却离合悲欢。地久天长香影连，可意方舒心眼。

宝玉衔来，是补天之馀，落地已久，得地气收藏，因人而现，其性质内阳外阴，其形体光白温润，天生有眼可穿，故名曰宝玉。将欲得者尽皆宝爱此玉之意也。

天地循环秋复春，生生死死旧重新。君家著笔描风月，宝玉颦颦解爱人。

却说雨村忙回头看时，不是别人，乃是当日同僚一案参革的号张如圭者。〔甲侧〕盖言如鬼如蜮也，亦非正人正言。他本系此地人，革职后家居，今打听得都中奏准起复旧员之信，他便四下里寻情找门路，〔蒙侧〕此〔仕〕途宦境，描写的当。忽遇见雨村，故忙道喜。二人见了礼，张如圭便将此信告诉雨村，雨村自是欢喜，忙忙的叙了两句，〔甲侧〕画出心事。遂作别各自回家。冷子兴听得此言，便忙献计，〔甲侧〕毕肖，赶热灶者。令雨村央烦林如海，〔周按〕作者笔下用令字大略相当于今日之叫、使、让等一般语义，与尊长对于低职，晚辈者强迫，命令之令，并无相干。转向都中去央烦贾政。雨村领其意作别，回至馆中，忙寻邸报，看真确了。〔甲侧〕细。

次日面谋之如海。如海道：“天缘凑巧！因贱荆去世，都中家岳母念及小女无人依傍教育，前已遣了男女船只来接，〔周按〕男女，旧时统称仆役，家下人之用语，与性别之分毫无关系。因小女未曾大痊，故未及行。此刻正思向蒙训教之恩，未经酬报，遇此机会，岂有不尽心图报之礼？但请放心，弟已预为

筹画至此，已修下荐书一封，转托内兄务为周全协佐，方可稍尽弟之鄙诚。［蒙侧］要说正文，故以此作引，且黛玉路中实无可托之人，文笔逼切得宜。即有所费用之例，弟于内兄信中已注明白，亦不劳尊兄多虑矣。”雨村一面打躬，谢不释口，一面又问：“不知令亲大人现居何职？［甲侧］奸险小人欺人语。只怕晚生草率，不敢骤然入都干渎。”［甲侧］全是［蒙侧］借雨村细密心思之语，容容易易转假，全是诈。入正文。亦是宦途人之口头心头。最妙！如海笑道：“若论舍亲，与尊兄犹系同谱，乃荣公之孙。大内兄现袭一等将军之职，名赦字恩侯。二内兄名政字存周，［甲侧］二名二字，皆颂德而来，与子兴口中作证。现任工部员外郎，其为人谦恭厚道，有祖父遗风，非膏粱轻薄仕宦，［觉双］复醒一笔。故弟方致书烦托。否则不但有污尊兄之清操，即弟亦不屑为矣。”［甲侧］写如海实不［亦］写政［蒙侧］作弊者老，所谓此书有不写之写是也。每每偏能如此说。雨村听了，心下方信了昨日子兴之言，于是又谢了林如海。如海乃说：“已择了出月初二日小女入都，尊兄即同路而往，岂不两便！”雨村唯唯听命，心中十分得意。如海遂打点礼物并饯行之事，雨村一一领了。那女学生黛玉身体方愈，原不忍弃父而往，无奈他外祖母致意务去，且兼如海说：“汝父年将半百，再无续室之意，且汝多病，年又极小，上无亲母教养，下无姊妹兄弟扶持，［甲侧］可怜！○一句一滴血，一句一滴血之文。今依傍外祖母及舅氏姊妹去，正好减我顾盼之忧，何反云不往？”［蒙侧］此一段是不肯使黛玉作弃父乐为远游者。以此可见作者之心，保爱黛玉如己。黛玉听了，方洒泪拜别，［甲侧］实写黛玉。遂同奶娘及荣府中几个老妇人登舟而去。雨村另有一只船，带两个小童，依附黛玉而行。［甲侧］老师依附门生，怪道今时［蒙侧］细密如以收纳门生为幸。此，是大家风范。

有日到了都中，［甲侧］繁中减笔。进入神京，雨村先整了衣冠，［甲侧］且按下黛玉，以待细写，今故先将雨村安置过一边，方起荣府中之正文也。带了小童，拿着宗侄的名帖［甲侧］至此［甲侧］渐渐好看起来。此帖妙极！可知雨村的品行矣。至荣府门前投了。彼时贾政已看了妹丈之书，即忙请入会见。雨村相貌魁伟，言谈不俗。且这贾政最喜读书人，［甲侧］君子可欺其方也。况雨村正在王莽谦恭下士之时，虽政老亦为所惑，在作者系指东说西也。礼贤下士，拯溺济危，大有祖风。况又系妹丈致意，因此优待雨村，更有不同。便竭力内中协助，题奏之日，轻轻谋了个复职候缺。[甲侧]春秋字法。不上两个月，金陵应天府缺出，[周按]金陵，南京之古称。应天府，南京明代地方官制。此作者特借前朝之名目以写清代之南京。当时北京之地方官制名曰顺天府，东北满洲又曾设置奉天府，此三者皆称王作帝者建立朝廷，自谓顺应天命之意。便谋补了此缺，[甲侧]春秋字法。拜辞了贾政，择日上任去了，此是后话。[甲侧]因宝钗故及之。○一语过至下回。[蒙侧]了结雨村。[周按]此是后话，遥引下文。

且说黛玉，自那日弃舟登岸时，[甲侧]这方是正文起头处，此后笔墨，与前两回不同。便有荣国府打发了轿子，并拉行李的车辆久候了。这黛玉常听得[甲侧]三字细。[蒙侧]以常听见等字，省下多少笔墨。母亲说过，他外祖母家与别家不同。他近日所见的这几个三等的仆妇，已是不凡了，[周按]盖不凡者，指其气派礼数之与众不同，不是奢华豪纵之俗义。何况今至其家。因此步步留心，时时在意，不肯轻意多说一句话，多行一步路，[蒙侧]颦颦故[固]自不凡。生恐被人耻笑了他去。[周按]此是初来，人地两生，畏人讥评议论也。所谓处处留心，以见其聪明灵慧。然本来性情，正亦相反，观下文第七回送宫花，第八回梨花院等情事，便知真相。[甲侧]写黛玉自幼之心机。[觉双]黛玉自忖之语。自上了轿，进入城中，从纱窗内往外瞧了一瞧，其街市之繁华，人烟之阜盛，[甲侧]先从街市写来。自与别处不同。又行半日，忽见街北蹲着两个大石狮子，三间兽头大门，门前列坐着十来个华冠丽服之人。正门却不开，只有东西两角门有人出入。正门之上有一匾，[蒙侧]以下写宁国府第，总借黛玉一双俊眼中传来。非黛玉之眼，也不得如此细密周详。匾上大书"敕造宁国府"五个大字。[甲侧]先写宁府，这是由东向西而来。黛玉想到："这是外祖之长房了。"想着，又往西行不多远，[周按]可见黛玉入都是由东向西而行，所进城门乃是北京正东朝阳门。明清俗称齐化门，齐化门又是沿称元代之名。照样也是三间大门，方是荣国府了。却也不进正门，只进了西边角门。那轿夫抬进去，走了一射之地，将转湾时，便歇下退出去了。后面婆子们已都下了轿，赶上前来，另换了三四个衣帽周全的十七八岁的小厮上来，复抬起轿子。众婆子步下围随，至一垂花门前落下。众小厮退出，众婆子上来打起轿帘，扶黛玉下轿。黛玉扶着婆子的手，[周按]扶着婆子的手，是清代旗家主妇或少女行路时由仆妇在前引路之姿态，名曰扶着。进了垂花门，见两边是超手游廊，当中是穿堂，当地放着一个紫檀架子大理石的大插屏。转过了插屏，小小三间内厅，厅后就是后面的正房大院。正面五间上房，皆是雕梁画栋，两边穿山游廊，厢房挂着各色鹦鹉、画眉等鸟雀。台矶之上坐着几个穿红着绿的丫嬛，一见他们来了，便忙都笑迎上来，说：［甲侧］如见如闻，活现于纸上之笔，好看煞。“才刚老太太还念诵呢，可巧就来了。”［觉双］有层次。于是三四个争着打起帘栊，［甲侧］真有是事，真有是事。一面听得人回话说：“林姑娘到了。”黛玉方进入房时，只见两个人搀着一位鬓发如霜的老母迎上来，［甲眉］此书得力处，全是此等地方，所谓颊上三毫也。黛玉便知是他外祖母。方欲拜见时，早被他外祖母一把搂入怀中，心肝儿肉叫着［蒙戚双］写尽天下疼女儿的神理。大哭起来。［甲侧］几千斤力量，写此一笔。［蒙侧］此一段文字，是天性中流出，我读时不觉泪盈双袖。当下地下扶侍之人，无不掩面涕泣，［甲侧］傍写一笔更妙！黛玉也哭个不住。［甲侧］自然顺写一笔。［蒙侧］逼真。一时众人慢慢的解劝住了，黛玉方拜见了外祖母。此即冷子兴所云之史氏太君，贾赦、贾政之母也。［甲侧］书中人目太繁，故明注一笔，使观者省眼。［甲眉］书中正文之人，却如此写出，却是天生地设章法，不见一丝勉强。当下贾母一一的指与黛玉：“这是你大舅母，［甲墨侧］赦老夫人。［觉双］邢氏。这是你二舅母，［甲墨侧］政老夫人。这是你先珠大哥的媳妇珠大嫂子。”［觉双］李纨。黛玉一一的拜见过了。贾母又说：“请姑娘们来，今日远客才来，可以不必上学去了。”众人答应了一声，便去了两个。不一时，只见三个奶嬷嬷并五六个丫嬛，［甲侧］声势如现纸上。撮拥着三个姊妹来了。［甲眉］从黛玉眼中写三人。第一个肌肤微丰，［甲侧］不犯宝钗。［甲墨侧］迎春。合中身材，腮凝新荔，鼻腻鹅脂，温柔沉默，观之可亲。［甲侧］为迎春写照。第二个削肩细腰，［甲墨侧］探春。［甲侧］《洛神赋》中云，肩若削成是也。长挑身材，鸭蛋脸面，俊眼修眉，顾盼神飞，文彩精华，见之忘俗。［甲侧］为探春写照。［周按］可见三姑娘与众不同，在此一笔点出。第三个身未长足，形容尚小。［甲墨侧］惜春。［甲眉］浑写一笔，更妙。必个个写去则板矣。可笑近之小说中，有一百个女子，皆是如花似玉一付脸面。其钗环裙袄，三人皆是一样的妆饰。［甲侧］是极。［甲侧］［蒙侧］欲画天尊，先画纵〔从〕神如毕肖。此，其天尊自当另有一番高山世外的景象。黛玉忙起身迎上来见礼，互相厮认过，［甲侧］此笔亦不可少。大家归坐。丫嬛们斟上茶来，不过说些个黛玉之母如何得病，如何请医服药，如何送死发丧。[蒙侧]层层不露〔漏〕，周密之至。不免贾母又伤感起来，[甲侧]妙！因说："我这些儿女，所疼者偏有你母亲一人，今日一旦先舍我而去，连面也不能一见。今见了你，我怎么不伤心？"说着，搂了黛玉在怀，又呜咽起来。[蒙侧]不禁我也跟他哭起。众人忙都宽慰解释，方略略止住。[甲侧]为黛玉自此不能别往。众人见黛玉年纪虽小，[甲眉]从众人目中写黛玉。其举止言谈不俗。身体面庞虽怯弱不胜，[甲侧]写美人是如此笔仗，看官怎得不叫绝称赏！却有一段自然风流体度。[甲侧]为黛玉写照，众人目中，只此一句足矣。[甲眉]草胎卉质，岂能胜物耶！想其衣裙，皆不得不免〔勉〕强支持者也。便知他有不足之症。因问："常服何药，如何不急为疗治？"黛玉笑道："我自来是如此，从会吃饭食时便吃药，到今未断，请了多少名医修方配药，皆不见效。那一年我才三岁时，[甲侧]文字细如牛毛。听得说来了一个癞头和尚，[甲墨侧]三岁上，尚未能甚记事，故云听说，莫以为亲闻亲见。[甲眉]奇奇怪怪一至于此，通部中假借癞僧、跛道二人，点明迷情幻海中有数之人也，非袭《西游》中一味无稽，至不能处，便用观世音可比。说要化我去出家，我父母固是不从。他又说，既舍不得他，只怕他的病一生也不能好的。若要好时，除非从此已后总不许见哭声。[蒙戚双]爱哭的偏写出有人不教哭。[蒙侧]作者既以黛玉为绛珠化生，是要哭的了，反要使人先叫他不许哭。妙！除父母之外，凡外姓亲友之人[甲墨侧]惟宝玉是更不可见之人。一概不见，方可平安了此一世。疯疯颠颠说了这些不经之谈，[甲侧]是作书者自注。[甲眉]甄英莲乃付〔副〕十二钗之首，却明写癞僧一点。今黛玉为正十二钗之贯〔冠〕，反用暗笔，盖正十二钗，人或洞悉可知，副十二钗或恐观者惑〔忽〕略，故写极力一提，使观者万勿稍加玩忽之意耳。也没人理他。如今还是吃人参养荣丸。"[甲侧]人生自当自养荣卫。贾母道："这正好，我这里正配丸药呢，[甲侧]为后菖菱伏脉。叫他们多配一料就是了。"一语未了，[甲墨侧]接笱甚便，史公之笔力。只听得后院中有人笑声说：[甲侧]懦笔庸笔何能及此。"我来迟了，不曾迎接远客。"[甲眉]另磨新墨，搦锐笔，特独出熙凤一人。未写其形，先使闻声，所谓"绣幡开遥见英雄俺"也。已被作者拘定了，后文焉得不活挑〔跳〕纸上，此等非仙助即非神助，从何而得此机括耶？[甲侧]第一笔，阿凤三魂六魄[周按]绣幡开语出《西厢记》。雪芹写人，首重神采，其余容貌衣饰，非无关系，然已是第二义矣。黛玉纳罕道："这里人个个皆敛声屏气，恭肃严整如此，这来者系谁，这样放诞无礼？"[甲侧]原有此一想。[蒙侧]天下事不可一盖〔概〕而论。[周按]一般看来似无礼，在荣府则另有说，是庇护阿凤也。心下正想时，只见一群媳妇丫头围拥着一个人，[周按]丫嬛、丫头、婆娘、婆子，其差别约在细微间。作者叙述人物之口语，呼者之地位身份，区以分焉。从后房门进来。这个人打扮与众姊妹不同，彩绣辉煌，恍如神妃仙子。头上带着金丝八宝攒珠髻，绾着朝阳五凤挂珠钗，［甲侧］头。［周按］挂珠钗是，他本做挂误。“挂珠”原不成名色，若是凤口衔珠一串（如舞台俗式），亦不能叫做挂珠，细思便悟其可笑矣。项上带着赤金盘螭璎珞圈，［甲侧］颈。裙边系着豆绿宫绦双衡比目玫瑰佩，［甲侧］腰。身上穿着［蒙侧］大凡能事者，多是尚奇好异，不肯泛泛同流。缕金百蝶穿花大红洋缎［甲眉］试问诸公，从来小说中，可有写形追像至此者？窄裉袄，外罩五彩刻丝石青银鼠褂，下着翡翠撒花洋绉裙。一双丹凤三角眼，两湾柳叶掉梢眉。［蒙侧］非如此眼，非如此眉，不得为熙凤，作者读过麻衣相法。身材窈窕，体格风骚，粉面含春威不露，丹唇未启笑先开。［甲侧］为阿凤写照。［蒙侧］英豪本等。［周按］含与露，启与开，楔得极紧。闻字形讹，积非成是。实际未开口而闻笑声者妄笔也。黛玉连忙起身接见。贾母笑道：“你不认得他，［甲侧］阿凤一至，贾母方笑，与后文多少笑字作偶。他是我们这里有名的一个泼皮破落户儿，［周按］破落户，市井口语，常见于古小说中，意与泼皮相联。程本竟妄改泼辣货，粗俗不堪，尽失原文本旨。此一妄改流行，熙凤遂被错认，从此各戏曲中乃专门“突出”发挥熙凤之泼辣，以为非此不足以演其“性格”。此咱陋见，牢不可破。南省俗谓作辣子，你只叫他凤辣子就是。”［甲侧］阿凤笑声进来，老太君打诨，虽是空口传声，却是补出一向晨昏起居，阿凤于太君处承欢应候，一刻不可少之人。看官勿以闲文淡文也。黛玉正不知以何称呼，［蒙侧］想黛玉此时神情，含浑可爱。［周按］批中于黛玉无限友情，谓黛玉此时神态可爱，真是于无文字处独得文外神髓，倘不是局内人，谁能体会到此。只见众姊妹都忙告诉他道：“这是琏二嫂子。”黛玉虽不识，亦曾听见母亲说过，大舅舅贾赦之子贾琏，娶的就是二舅母王氏之内侄女，自幼假充男儿教养的，学名叫王熙凤。［蒙戚双］奇想奇文。以女子曰学名固奇，然此偏有学名的反到不识字，不曰学名者反若彼。黛玉忙陪笑见礼，以嫂呼之。这熙凤携着黛玉的手，上下细细的打谅了一回，［甲侧］写阿凤全部转〔传〕神第一笔也。［周按］打谅，心中揣料事势义多。打量，观察物貌义多，但亦有互用之例。便仍送至贾母身边坐下。因笑道：“天下真有这样标致人物，［甲眉］真有这样标致人物出自凤口，黛玉丰姿可知，宜作史笔看。［甲侧］这方是阿凤言语，若一味浮词套语，岂复为阿凤哉。我今儿才算见了！况且这通身的气派，竟不像老祖宗的外孙女儿，［甲侧］仍归太君，方不失《石头记》文字，且是阿凤身心之至文。竟是个嫡亲的孙女。怨不得老祖宗天天口头心头一时不忘。［甲侧］却是极淡之语，偏能恰投贾母之意。［蒙侧］以真有，愿〔怨〕不得五字，写熙凤之口头，真是机巧异常，愿〔怨〕不得三字，愚弄了多少聪明特达者。只可怜我妹妹是这样命苦，［甲侧］这是阿凤见黛玉正文。怎么姑姑偏就去世了！”［甲侧］若无这几句，便不是贾府媳妇。说着，便用手帕拭泪。贾母笑道：“我才好了，你又来招我。［甲侧］文字好看之极！况你妹妹远路才来，身子又弱，也才劝住了，你快再休提前话！”［甲侧］反用贾母劝，看阿凤之术亦甚矣！这熙凤听了，忙转悲为喜道：“正是呢，我一见了妹妹，一心都在他身上，又是欢喜又是伤心，竟忘了老祖宗。该打，该打！”又忙携黛玉之手，问妹妹几岁了，［周按］贾雨村入林家馆，黛玉年方五岁，又堪堪一载光景之后，黛玉最多六七岁。上过学？现吃什么药？在这里不要想家，想要什么吃的，什么顽的，只管告诉我。丫头、老婆们不好了，也只管告诉我。一面又问婆子们：林姑娘的行李东西可搬进来了？［甲侧］当家的人车〔事〕如此，毕肖！带几个人来？［蒙侧］三句话不离本行。职任在兹也。你们赶早儿打扫两间下房，让他去歇歇。说话间，已摆了茶果上来，亲为捧茶捧果。［甲侧］总为黛玉眼中写出。［蒙侧］熙凤后到，为有事，写其势能，先为筹画，写其机巧。摇前映后之笔。又见二舅母问他：“月钱放完了不曾？”［甲侧］不见后文，不见此笔之妙。熙凤道：“月钱也放完了。才刚带着人到后楼上找缎子，［甲侧］接闲文，是本意避繁也。找了这半日，［甲侧］却是日用家常实事。也并没有见昨日太太说的那样真，［周按］此真即真切确凿之意。想是太太记错了。”［蒙侧］陪笔用得灵活，兼能形容熙凤之为人，妙心妙手，故有妙文妙口。王夫人道：“有没有什么要紧？”又说道：“该随手拿出两个来，给你这妹妹去裁衣裳的。等晚上想着，叫人再去拿罢，［甲侧］仍归前文，妙妙！可别忘了。”熙凤道：“这到是我先料着了，知道妹妹不过这两日到的，我已预备下了，［甲眉］余知此缎阿凤并未拿出，此借王夫人之语，机变欺人处耳。若信彼果拿出预备，不独被阿凤瞒过，亦且被石头瞒过了。［周按］此一小段已写出凤姐为当家主妇，百般事务皆需由她安排处置，繁忙不已。而其才能干练，举重若轻，又出众人之上。等太太回去过了目，好送来。”［甲侧］试看他心机。王夫人一笑，点头不语。［甲侧］深取之意。［觉双］狠漏凤姐是个当家人。当下茶果已撤。贾母命两个老嬷嬷带了黛玉去见两个母舅。时贾赦之妻邢氏忙亦起身，笑道：“我带了外甥女过去，［蒙侧］以黛玉之来去候安之便，便将荣宁二府的势排〔派〕描写尽矣。到也便宜。”贾母笑道：“正是呢，你也去罢，不必过来了。”那邢夫人答应一个是字，遂带了黛玉与王夫人作辞，大家送至穿堂前，出了垂花门，早有众小厮们拉过一辆翠幄青绸车来。那邢夫人携了黛玉坐上，[觉双] 未识黛卿能乘此否？众婆娘放下车帘，方命小厮们抬起至宽处，方驾上驯骡，亦出了西角门，往东过了荣府正门，便入一黑油大门中，至仪门前方下来。众小厮退出，方打起车帘，邢夫人搀了黛玉的手，进入院中。黛玉度其房屋院宇，必是荣府中之花园隔断过来的。[甲侧] 黛玉之心机眼力。进入三层仪门，果见正房厢庑游廊，[蒙侧] 分别得沥沥 [历历] 可想如见。悉皆小巧别致，不似方才那边轩峻壮丽，且院中随处之树木山石皆在，[甲侧] 为大观园伏脉。○试思荣府园今在西，后之大观园偏写在东，何不畏难之若此？[觉双] 为大观园伏脉。[周按] 皆在，谓此院落虽已改为住宅，原是花园之痕迹大抵依旧，并未拆除。再一时进入正室，早有许多盛妆丽服之姬妾、丫嬛迎着。[甲侧] 这一句都是写贾赦，妙在全是指东击西、打草惊蛇之笔，若看其写一人即作一人看，先生便呆了。邢夫人让黛玉坐了，一面命人到外面书房中请贾赦。[甲眉] 余久不作此语矣，见此语未免一醒。[周按] 此批之"不作此语"，与下批"赦老亦能作此语叹叹"，所指盖同。一时人来回说："老爷说了，连日身上不好，[蒙侧] 作者绣口锦心，见有见的亲切，不见有不见的亲切，直说横讲，一毫不爽。见了姑娘彼此到要伤心，[甲侧] 追魂摄魄。暂且不忍相见。[甲侧] 若一见时，不独死板，且亦大失情理，亦不能有此等妙文矣。劝姑娘不要伤心想家，[蒙侧] 亦在情理之内。跟着老太太和舅母，是同家里一样。姊妹们虽拙，大家一处伴着，[甲侧] 赦老亦能作此语，叹叹！[周按] 批中两云此语者，特指姊妹们虽拙，大家一处伴着，亦可以解些烦闷。此不啻代传女儿口吻，女儿心境，故批书人赞叹赦老居然能解此意，正见批者是一女流，处处关切女儿心事境遇。尽见芹之妙笔，脂之真情。亦可以解些烦闷。或有委屈之处，只管说得，不要外道才是。"黛玉忙站起来，一一听了。再坐一刻，便告辞。那邢夫人苦留吃过晚饭去。黛玉笑回道："舅母爱恤，吃饭原不应辞，[蒙侧] 黛玉之为人，必当有如此身分。只是还要过去拜见二舅舅，恐领赐去不恭，[甲侧] 得体。异日再领，未为不可，望舅母容谅。"邢夫人听说，笑道："这到是了。"遂命两三个嬷嬷用方才的车好生送了姑娘过去。于是黛玉告辞，邢夫人送至仪门前，又嘱咐了众人几句，[蒙侧] 又嘱咐了几句，方是舅母的本等。眼看着上车去了，方回来。

一时黛玉进入荣府，下了车，众嬷嬷引着，便往东转湾，穿过一个东西的穿堂，[甲侧] 这一个穿堂，是贾母正房之南者，凤姐处所通者，则是贾母正房之北。向南大厅之后，仪门内大院落，上面五间大正房，两边厢房鹿顶耳房钻山，四通八达，轩昂壮丽，比贾母处不同。黛玉便知这方是正紧正内室，[周按] 正紧，口语，北音读如正景，第二字亦上声，与正经并不混同。一条大甬路直接出大门的。[周按] 此是官府大宅院之制度，非重要典礼或尊贵者驾临，皆不得随意行走于甬路之上。进入堂屋中，抬头迎面先看见一个赤金九龙青地大匾，上写着斗大的三个大字是“荣禧堂”。[周按] 荣禧堂，隐萱瑞堂。[蒙侧] 真是荣国府。后有一行小字，“某年月日书赐荣国公贾源”，又有“万几宸翰之宝”。大紫檀雕螭案上，[周按] 雕，芹稿原字，此种痕迹最可宝贵。设着三尺来高青绿古铜鼎，悬着待漏随朝墨龙大画，一边是金蜼彝，[甲侧] 蜼，音垒，周器也。一边是玻璃盒。[甲侧] 盒，音海，盛酒之大器也。地下两溜十六张楠木交椅。又有一副对联，乃是乌木联牌，[甲侧] 雅而丽，富而文。厢着凿银的字迹，[周按] 正中大匾赤金九龙乃老皇帝御笔，是则堪配大匾之对联，其品位之高不问可知。联牌之字曰凿银，正与上文“赤金”相连相比。俗语云：金銮殿，银安殿乃皇帝与太子之分。正可印证此联乃太子所书。道是：

座上珠玑昭日月，堂前黼黻焕云霞。[甲侧] 实贴。[蒙戚双] 实衬。[周按] 联语批，一曰实贴，一曰实衬。此联实指内务府保母织造家世。

下面一行小字道是：同乡世教弟勋袭东安郡王穆莳[周按] 穆莳，隐纳尔苏。拜手书。[甲侧] 先虚陪一笔。[周按] 下款曰世教弟，乃是历代世交之谊，又曰勋袭东安郡王。按此东安郡王与后文之东平郡王显系不同之二王。故知此东安者实际暗指东宫太子也。◎联文上句曰珠玑昭日月，珠玑比喻字迹，书法之美好。大者曰珠，小者曰玑。珠指日，玑指月，再次比喻皇帝与太子所书匾联并存于座上。下句则明白告知读者，此贾府者实为皇家之织造官员也。盖南京驰名之织锦正名曰云锦，与联文中之云霞暗为呼应。原来王夫人时常居坐宴息，亦不在这正堂，[甲侧] 黛玉由正室一段而来，是为拜见政老耳，故进东房。只在这正室东边的三间耳房内。[周按] 正堂，正室，皆一排大正房，但堂居中，室在两端，并不等同。于是老嬷嬷引黛玉进东房门来。[甲侧] 若见王夫人，直写引到东廊小正室内矣。[周按] 此批原分两处，今为合并。临窗大炕上猩红洋罽，[周按] 始出炕字，极要紧，大正房内亦有炕，客来先让上炕，皆北地风俗，其源甚古。金人（满族）尤重此制。正面设着大红金钱蟒靠背，石青金钱蟒引枕，秋香色金钱蟒大条褥。[周按] 北方富家炕上或木榻上必设之靠背、引枕、条褥，三者为一套俱全，不可或缺之物。靠背、条褥，名称不解自明。引枕则是左右两个大长枕头为手臂之置放处。两边设一对梅花式洋漆小几。左边几上文王鼎匙箸香盒。右边几上汝窑美人觚内插着时新花卉，[周按] 时新，亦宋元古语。并茗碗、唾壶等物。地下面西一溜四张椅上，都搭着银红撒花椅搭，底下四付脚踏。椅子两边也有一对高几，几上茗椀瓶花俱备。其馀陈设，自不必细说。［甲侧］此不过略叙荣府家常之礼数，特使黛玉一识阶级座次耳，余则繁。老嬷嬷们让黛玉炕上坐，炕沿上却也有两个锦褥对设。［周按］炕沿，沿去声，乃专名。通常以窄长之良木制成，镶于炕之外缘，可坐。黛玉度其位次，便不上炕，只向东边椅子上坐了。［甲侧］写黛玉心意。本房内的丫嬛忙捧上茶来。黛玉一面吃茶，一面打量那些丫嬛们，［蒙侧］借黛玉眼写三等使婢。妆饰衣裙，举止行动，果亦与别家不同。茶未吃了，只见穿红绫袄青缎掐牙背心的一个丫嬛走来，［甲侧］金乎，玉乎？笑说道："太太说，请姑娘到那边屋里坐罢。"［蒙侧］唤去见，方是舅母，方是大家风范。老嬷嬷听了，于是又引黛玉出来，到了东廊三间小正房内。正面炕上横设一张炕桌，桌上磊着书籍、茶具。［甲侧］伤心笔，堕泪笔。靠东壁面西，设着半旧青缎靠背引枕。王夫人却坐在西边下首，亦是半旧青缎靠背坐褥。见黛玉来了，便往东让。黛玉心中料定这是贾政之位。［甲侧］写黛玉心到眼到，伧夫但云为贾府叙坐位，岂不可笑！因见挨炕一溜三张椅子上，也搭着半旧的［甲侧］三字有神。○此处则一色旧的，可知前正室中，亦非家常之用度也。可笑近之小说中，不论何处则曰商彝、周鼎、绣幙、珠帘、孔雀屏、芙蓉褥等样字眼。弹墨椅袱，［甲眉］近阅一俗笑语云：一庄农人进京，回家众人问曰，你进京去，可见些个世面否。庄人曰，连皇帝老爷都见了。众人罕然问曰，皇帝如何景况？庄人曰，皇帝左手拿一金元宝，右手拿一银元宝，马上稍着一口袋人参，行动人参不离口。一时要屙屎了，连擦屁股都用的是鹅黄缎子。所以京中掏茅厮的人都富贵无比。试思凡稗官写富贵字眼者，悉皆庄农进京之一流也。盖此时彼实未身经目睹，所言皆在情理之外焉。［甲眉］又如人嘲作诗者，亦往往爱说富丽话，故有"胫骨变成金玳瑁，眼睛嵌作碧璃琉"之诮。余自是评《石头记》，非鄙薄前人也。黛玉便向椅上坐了。王夫人再四携他上炕，他方挨王夫人坐了。王夫人因说："你舅舅今日斋戒去了，［甲侧］点缀官途。再见罢。［甲侧］赦老不见，又写政老，政老又不能见，是重不见重，犯不见犯，作者惯用此等章法。只是有一句话嘱咐你，你三个姊妹到都极好，以后一处念书认字学针线，或是偶一顽笑，都有尽让的。但我不放心的最是一件，［蒙侧］王夫人嘱咐与邢夫人嘱咐似同的〔而〕迥异。儿女累心，我欲代伊哭诉一面〔回〕愁苦。我有一个孽根祸胎，［甲侧］四字是血泪盈面，不得已，无奈何而下，四字是作者痛哭。是这家里的混世魔王，［甲侧］占〔与〕绛洞花王为对看。［周按］混世魔王，乃是《水浒传》中樊瑞之绰号。此处借来非为取笑，乃令人费解而深思之沉痛语也。◎绛洞花王，非花主，此批可证。今日因庙里还愿去了，［甲侧］是富贵公子。尚未回来，晚间你看见便知。你只以后不用采他，你这些姊妹都不敢沾惹他的。"黛玉亦常听得母亲说过，[蒙侧]有〔幼〕曾听得，所以闻言便知，不必用心搜求了。二舅母生的有个表兄，乃衔玉而诞，顽劣异常，[甲侧]与[甲眉]这是一段反衬章法。黛玉心用猜度蠢物等句对着〔看〕去，方不失作者本旨。甄家子恰对。极恶读书，[甲侧]是极恶每日诗云子曰的读书。最喜在内帏厮混。外祖母又极溺爱，无人敢管。今见王夫人如此说，便知说的是这表兄了。因陪笑道："舅母说的，可是衔玉所生的这位哥哥？在家时亦曾听见母亲常说，这位哥哥比我大一岁，小名就唤宝玉，虽极憨顽，[甲侧]以黛玉道宝玉名，方不失正文，虽字是有情字宿根而发，勿得泛泛看过。说在姊妹情中极好的。[蒙侧]黛玉口中心中早中〔如〕此。况我来了，自然和姊妹同处，[蒙侧]用黛玉反衬一句，更有深味。兄弟们自是别院另室的，[甲侧]又登开一笔。妙妙！岂得去沾惹之礼？"王夫人笑道："你不知原故。他与别人不同，自幼老太太疼爱，原系同姊妹一处，[甲侧]此笔一收回，是明通部同处原委也。娇养惯了的。若姊妹们有日不理他，他到还安静些，总然他没趣，不过出了二门，背地里拿着他的两三个小幺儿出气，咕唧一会子就完了。[甲侧]这可是宝玉本性真情，前四十九字迴异之批，今始方知。盖小人口碑累累如是，是是非非，任尔口角，大都皆然。若这一日姊妹们和他多说一句话，他心里一乐，便生出多少事来。所以嘱咐你别采他。他嘴里一时甜言蜜语，一时有天无日，一时疯疯傻傻，只休信他。"黛玉一一的都答应着。[甲眉]不写黛玉眼中之宝玉，却先写黛玉心中已毕有一宝玉矣。幻妙之至，只冷子兴口中之后，余已极思欲一见，及今尚未得见，狡猾之至。[蒙侧]客居之苦，在有意无意中写来。[周按]宝玉是本书唯一男主角，第一回先写他如何投胎入世。第二回又写他在冷子兴眼中口中之与众不同之处，然此皆楔子与引子而已。至此，方写他即将正式出场。但出场之前，又加王夫人与黛玉二人各自所知所闻之异常情状。此种手法，何等珍重，不可以累赘重复之笔而观之。只见一个丫嬛来回话说："老太太那里传晚饭了。"王夫人忙携了黛玉，从后房门[甲侧]后房门。由后廊往西，[甲侧]是正房后廊也。出了角门，[甲侧]这是正房后西界墙角门。是一条南北宽夹道。南边是倒座三间小小抱厦厅，北边立着一个粉油大影壁，后有一半大门儿，小小一所房宇。王夫人笑指向黛玉道："这是你凤姐姐的屋子，[蒙侧]灵活。无一漏空。回来你好往这里来找他来。少什么东西，你只管和他说就是了。"这院门上也有[甲侧]二字是他处不写之写也。四五个才总角的小厮，[周按]总角，指幼童初蓄髮至可以束挽成双角形发髻之年龄段，以有别于十五六岁之成童。都垂手侍立。都垂手侍立。王夫人遂携黛玉穿过一个东西穿堂，［甲眉］这正贾母正室后之穿堂也，与前穿堂是一带之屋。中一带乃贾母之下室也。记清。便是贾母的后院了。［甲侧］写得清，一丝不错。于是进入后房门，已有多少人在此伺候，见王夫人来了，方安设桌椅。［甲侧］不是待王夫人用膳，是恐使王夫人有失侍膳之理耳。贾珠之妻李氏捧饭，［蒙侧］大人家规矩礼法。熙凤安箸，王夫人进羹。贾母正面榻上独坐，两傍四张空椅。熙凤忙拉了黛玉在左边第一张椅上坐了，［周按］左边俗谓上首。黛玉十分推让。贾母笑道："你舅母和你嫂子们不在这里吃饭，你是客，原应如此坐的。"黛玉方告了座，坐了。贾母命王夫人坐了。迎春姊妹三个告了座，方上来。迎春便坐了右手第一，探春左第二，惜春右第二。傍边丫嬛执着拂尘、漱盂、巾帕。李凤二人立于案傍布让。［周按］布让，布菜请吃。外间伺候之媳妇、丫嬛虽多，却连一声咳嗽不闻。寂然饭毕，［蒙侧］作者非身履其境过，不能如此细密完足。各有丫嬛用小茶盘捧上茶来。当日林如海教女以惜福养身，云饭后务待饭粒咽尽，过一时再吃茶，方不伤脾胃。［甲侧］夹写如海一派书气。最妙！今黛玉见了这里许多事情不合家中之式，不得不随的，少不得一一的改过来，［蒙侧］幼而学，壮而行者，常情。有不得已，行权达变，多至于失守者。亦千古用〔同〕慨，诚可悲夫！因而接了茶。早见人又捧过漱盂来，黛玉也照样漱了口。然后盥手毕，又捧上茶来，这方是吃的茶。［甲侧］总写黛玉以后之事，故只以此一件小事略为一表也。［甲眉］今看至此，故想日后以阅王敦初尚公主，登厕时不知塞鼻用枣，敦辄取而啖之。早为宫人鄙诮多矣。今黛玉若不漱此茶，或饮一口，不无荣婢所诮乎？观此则知黛玉平生之心思过人。［周按］此一小段文字不多，却有一波三折之妙。先说林如海教示家人饭后不可立即吃茶，正与今日之科学卫生道理相合，故黛玉所知仅此一层而已。她见荣府中饭后立即奉茶，误以为此茶即饮用者，方忖度与自家习惯不合，此二折也。幸未及饮用，早见又送过漱盂来，这才悟及贾府饭后之漱口考究又胜于自己家中一层，此三折也。贾母便说："你们去罢，让我们自在说话儿。"王夫人听了，忙起身又说了几句闲话，方引李凤二人去了。

贾母因问黛玉念何书，黛玉道："只刚念了四书。"［甲侧］好极。稗官耑用腹隐五车书者来看。黛玉又问："姊妹们读何书？"贾母道："读的是什么书？不过是认得两个字，不是睁眼的瞎子就罢了！"［周按］就罢了，谓原不拟深造。一语未了，只听院外一阵脚步响，［甲侧］与阿凤之来相映，而不相犯。丫嬛进来笑道："宝玉来了！”［甲侧］余为一乐。［蒙侧］刑〔形〕容出姣〔娇〕养神（情）。黛玉心中正疑惑着：“这个宝玉不知是怎生个惫懒人物，［甲侧］文字不反，不见正文之妙，似此应从国策得来。懵懂顽童，到不见那蠢物也罢了。”［甲侧］这蠢物不是那蠢物，却有个极蠢之物相待。妙极！［蒙侧］从林黛玉口中故反一句，则不〔下〕文更觉生色。心下正想着，忽见丫嬛话未报完，已进来了一个轻年公子。头上带着束髮嵌宝紫金冠，齐眉勒着二龙抢珠金抹额，穿一件二色金百蝶穿花大红箭袖袍，束着五彩丝攒花结长穗宫绦，外罩石青起花八团倭缎排穗褂，登着青缎粉底小朝靴。面若中秋之月，［甲眉］此非套满月，盖人生有面扁而青白色者，则皆可谓之秋月也。用满月者不知此意。色如春晓之花，［甲眉］少年色嫩不坚劳，以及非夭即贫之语，余犹在心，今阅至此，放声一哭。［周按］批中所引乃相法语也。参看作者读过麻衣相法之批。鬓若刀裁，眉如墨画，脸若桃瓣，［周按］不解芹文每每自创妙文，自铸伟辞，必定以鼻为“悬胆”滥调代之，抹去真文可叹。睛若秋波。虽怒时而若笑，即嗔视而有情。［甲侧］真真写杀。［周按］嗔，怒也，出《史记·项羽本纪》。项上金螭璎珞，又有一根五色丝绦系着一块美玉。黛玉一见，便吃一大惊，［甲侧］怪甚。［蒙戚双］写宝玉只是宝玉，写黛玉只是黛玉，从中用黛玉一惊，宝玉之面善等字，文气自然笼就，要分开不得了。［蒙侧］此一惊方（见）下文之留连缠绵，不为猛〔孟〕浪，不是淫邪。心下想道：“好生奇怪，到像在那里见过的一般，何等眼熟到如此！”［甲侧］正是，想必在灵河岸上、三生石畔曾见过。只见这宝玉向贾母请了安，贾母便命：“去见你娘来。”［周按］试看以上这段文字如何来写初次上场之宝玉，浓墨重彩与别处不同，真是好看煞人。◎所云轻年公子，不可以词害义。盖作者所谓轻年即幼童之意，与今日之青年不能混解。◎虽怒时而若笑，即嗔视而有情，此二句说尽宝玉之神情意态，有情二字尤为点睛之要笔。宝玉即转身去了。一时回来再看，已换了冠带，头上周围一转的短发都结成了小辫，红丝结束，共攒至顶中胎发，总编一根大辫，黑亮如漆。从顶至稍，一串四颗大珠，用金八宝坠角。［周按］四大珠，远伏第二十一回湘云梳辫文字，坠角未必误。上穿着银红撒花半旧大袄，仍就带着项圈、宝玉、寄名锁、护身符等物。下面半露松花绿撒花绫裤腿，锦厢边弹墨袜，厚底大红鞋。越显得面如团粉，唇似施脂，转盼多情，语言常笑。天然一段风骚，全在眉梢。［蒙侧］总是写宝玉，总是为下文留地步。平生万种情思，悉堆眼角。［周按］未料在前文细写宝玉神情意态之后，作者意犹未尽，又增此数句。而其中以情字，以笑字皆有意重复前文，其重要性可知也。看其外貌最是极好，却难知其底细。后人有《西江月》二词，批这宝玉极恰。［甲眉］二词更妙。最可厌野史貌如潘安，才如子建等语。其词曰：

无故寻愁觅恨，有时似傻如狂。总然生得好皮囊，腹内原来草莽。　潦倒不通世务，愚顽怕读文章。［周按］文章，专指八股文，科举时亦名为“时艺”，与今日“文章”词义迥异。行为偏僻性乖张，那管世人诽谤。

富贵不知乐业，贫穷那耐凄凉。可怜辜负好韶光，于国于家无望。　天下无能第一，古今不肖无双。寄言纨袴与膏粱，莫效此儿形状。［甲眉］末二语最要紧。只是纨袴膏粱，亦未必不见笑我玉卿，可知能效一二者，亦必不是蠢然纨袴矣。［蒙戚双］纨袴膏粱，此儿形状，有意思。当设想其像，合宝玉之来历同看，方不被作者愚弄。［周按］观此二词嘲贬宝玉至矣尽矣，无以复加矣。然读者可曾念及凡世上作小说者，第一必选一正面人物作全书主角。第二对此主角人物，他必竭力赞赏夸奖之，焉有全相悖反之奇例若此者。故我谓若非作者自嘲自贬，又当何解乎。

贾母因笑道：“外客未见，就脱了衣裳，还不去见你妹妹！”宝玉早已看见多了一个姊妹，便料定是林姑母之女，忙来作揖，厮见毕归坐，细看形容，与众各别：［甲眉］又从宝玉目中细写一黛玉，直画一美人图。

两湾似蹙非蹙罥烟眉，［甲侧］奇眉妙眉，奇想妙想！［周按］罥烟，形容柳色之词，雪芹好友敦敏咏柳五言诗，即首用之。一双似泣非泣含露目。［甲侧］奇目妙目，奇想妙想！态生两靥之愁，娇袭一身之病。泪光点点，娇喘微微，闲静时如名花照水，［周按］名花照水，写黛玉总不离水，与八十回后结局有关，最须留意。行动处似弱柳扶风。［甲侧］至此八句，是宝玉眼中。心较比干多一窍，［甲侧］此一句，是宝玉心中。［甲眉］更奇妙之至，多一窍固是好事，然未免偏辟了，所谓过犹不及也。［蒙侧］写黛玉，也是为下文留地步。病如西子胜三分。［甲侧］此十句定评，直抵一赋。［甲眉］不写衣裙妆饰，正是宝玉眼中不屑之物，故不曾看见。黛玉之居止容貌，亦是宝玉眼中看心中评。若不是宝玉，断不能知黛玉终是何等品貌。［周按］试看此段初出黛玉之赞词，比曹子建《洛神赋》之写宓妃，又孰为高下？◎雪芹凡写女儿眉目必用湾而不用弯字，何也？岂是大才如雪芹者竟不能辨识此二字有别乎？盖眉目相连，目如一湾秋水，此方是作者之文心。若用弯字，只是说出眉目之弯曲度，又有何意味可言乎？

宝玉看罢，因笑道：［甲眉］黛玉见宝玉，写一惊字。宝玉见黛玉，写一笑字。一存于中，一发乎外。可见文子〔字〕下笔，必推敲的准稳，方才用字。［甲侧］看他第一句是何话。“这个妹妹我曾见过的。”［甲侧］疯话。与黛玉同心，却是两样笔墨。观此则知玉卿心中，有则说出，一毫宿滞皆无。贾母笑道：“可又是胡说，你又何曾见过他。”宝玉笑道：“虽然未曾见过他，然我看着面善，［甲侧］一见便作如是语。宜乎王夫人谓之疯疯傻傻也。心里就算是就相认识，［周按］宝黛初会面时，各有似曾相识之感觉。论者因此即谓神瑛与绛珠之前缘与今世也。其实情则是在还泪一案中之神瑛与绛珠先来警幻案前挂号，尚未及发落，石头遂又由二仙携到警幻处，也来挂号，欲夹带于案中混同一干情鬼下世。故石头曾见神瑛与绛珠之面貌。而石头本无形貌，既欲下世为人，遂暗中假借了神瑛的面貌，此亦石头即贾宝玉之本义。如今黛玉一见宝玉，因有面熟之感，遂则误以为贾宝玉为甄宝玉，即误认石头为神瑛也。今日只作远别重逢，［蒙侧］世人得遇相好者，每日〔曰〕一见如故，与此一意。未为不可。”［甲侧］妙极奇语，全作如是等语，（焉）怪人谓曰痴狂。贾母笑道：“更好，更好！若如此，便相和睦了。”［甲侧］作小儿语瞒过世人亦可。［甲侧］亦是真话。宝玉便走近黛玉身边坐下，又细细打谅一番，［甲侧］与黛玉两次打谅一对。［蒙侧］姣〔娇〕惯处如画。如此亲近，而黛玉之灵心巧性，能不被其缚住，反不是性〔情〕理。文从宽缓中写来，妙！因问：“妹妹可曾读书？”［甲侧］自己不读书，却问到人。妙！黛玉道：“不曾读书，只上了一年学，些须认得几个字。”宝玉又道：“妹妹尊名，是那两个字？”黛玉便说了名字。宝玉又问表字，黛玉说：“无字。”宝玉笑道：“我送妹妹一个妙字，莫若颦颦二字极妙！”探春便问何出。［甲侧］［蒙侧］借问难，写探春。说探春，以足后文。［周按］三姊妹中独有探春首先发言质疑，是作者有意之笔法。宝玉道：“《古今人物通考》上说，西方有石名黛，可代画眉之墨，况这林妹妹眉尖若蹙，［蒙侧］黛玉泪因宝玉，而宝玉赠曰颦颦，初见时亦〔已〕定盟矣。用取这两个字，岂不两妙！”探春笑道：“只恐又是你杜撰。”宝玉笑道：“除四书外，杜撰的甚多，偏只我是杜撰不成？”［甲侧］如此等语，焉得怪彼世人谓之怪。只瞒不过批书者。又问黛玉：“可也有玉没有？”［甲侧］奇极，怪极，痴极，愚极！焉得怪人目为痴哉？众人不解其语。黛玉便忖度着：因他有玉，故问我也有无。［甲眉］奇之至，怪之至，又忽将黛玉亦写成一极痴女子，观此初会二人之心，则可知以后之事矣。因答道：“我没有那个，想来那玉亦是一件神物，［周按］神物谓通灵也，下文呼应。岂能人人有的？”宝玉听了，登时发作起痴狂病来，摘下那玉，就恨命摔去，［甲侧］试问石兄，此一摔比在青峰〔埂〕峰下萧然坦卧何如？［周按］宝玉初会黛玉，即问有玉无玉，闻答无玉，又即狠摔自己所佩之玉。凡此种种，人多以为是乃暗示将来之“金玉姻缘”一案致成纠葛云云，不思宝玉明言家里姊妹亦皆无玉，只此一语，已明证佩玉与婚配之事并无关涉。盖宝玉凡遇好女儿，必自惭形秽，谓己身不配佩玉而自谓其异殊也。总是自卑之意而世人难解其本怀也。◎若云摔玉与宝黛婚配有关，然则“玉配玉”之说，终不见于八书中。况此时宝钗尚未入府，“金玉”云云更是无从说起，宝玉之摔玉，纯属重视女儿，以为只有女儿方有配玉之资格，亦即自惭形秽，不敢与女儿为伍也。识此方知宝玉之为人心性。骂道：“什么罕物！连人之高低不择，还说通灵不通灵呢！我也不要这劳什子了！”吓的地下众人一拥争去拾玉。贾母急的搂了宝玉道：“业障！［甲侧］如闻其声。恨极语，却是疼极语。你生气，要打骂人容易，何苦摔那个命根子！”［甲侧］一字一千斤重。宝玉满眼泪痕，泣道：［甲侧］千奇百怪，不写黛玉泣，却反先写宝玉泣。［周按］泣道，批语中明明呼应。“家里姐姐妹妹都没有，［蒙侧］不是写宝玉狂，下〔亦〕不是写贾母疼，总是要下种在黛玉心里，则下文写黛玉之近宝玉之由。作者苦心，妙妙！单我有，我就没趣。如今来了这么一个神仙似的妹妹也没有，［甲眉］不是冤家不聚头，第一场也。可知这不是个好东西。”贾母忙哄他道：“你这妹妹原有这个来着，因你姑妈去世时舍不得你妹妹，无法可处，遂将他的玉带了去了。一则权当殉葬之礼，进你妹妹之孝心。［周按］此进字是进供、进鲜之进，谓进献你妹妹之孝心也。二则你姑妈之灵，亦可权作见了女儿之意。因此，他只说没有这个，不便自己夸张之意。［蒙侧］不如此说，则不为姣〔娇〕养。文（笔）灵活之至。你如今怎比得他？还不好生慎重带上？仔细你娘知道了！”说着，便向丫嬛手中接来，亲与他带上。宝玉听如此说，想了一想，竟大有情礼，［周按］写小儿容易为长者安慰语所编信，由此可见宝玉之摔玉，本因家中姊妹无一有玉者，如今黛玉亦无，故此摔玉。是则明以黛玉与诸姊妹相提并论，其摔玉又与婚姻爱情何干。也就不生别论了。［甲侧］所谓小儿易哄，余则谓君子可欺以其方云。

当下，奶娘来请问黛玉之房舍。贾母便说：“今将宝玉挪出来，同我在套间煖阁里，把你林姑娘暂安置碧纱厨里。［蒙侧］女死，外孙女来，不得不令其近己。移疼女之心疼外孙女者，当然。等过了残冬，春天再与他们收拾房屋，另作一番安置罢。”宝玉道：“好祖宗，我说在碧纱厨外的床上［甲侧］跳出一小儿。很妥当，何必又出来，闹的老祖宗不得安静。”贾母想了一想说：“也罢了。每人一个奶娘并一个丫头照管，［蒙侧］小儿不禁，情事无违。下笔运用有法。馀者皆在外间上夜听唤。”一面早有熙凤命人送了一顶藕合色花帐，［周按］花青胭脂调合之色，宝玉曾着此色纱衫，盖作者所喜。并几件锦被缎褥之类。黛玉只带了两个人来，一个自幼奶娘王嬷嬷。［周按］《称谓录》引《夷坚志》，妈妈在宋时已为称母之常语。又引《字汇》：嬷，忙果切，俗呼母为嬷嬷。又引王念孙《广雅疏证补》妈字云，俗称母曰阿妈或作姥。苏人又曰末末，盖即妈妈之转音。清宗室永忠《延芬室集李太公像赞并序》记其祖父恂郡王胤祯之“嬷嬷爹”官桂（一品封赠）云：康熙三十年传旨，嬷嬷妈官桂，着随阿哥在内里行走，钦此。可证清初满制书作“嬷”。一个是十岁的小丫头，亦是自幼随身的，［周按］二人皆着重自幼二字。名唤雪雁。［甲侧］杂雅不落套，是黛玉之文章也。贾母见雪雁甚小，一团孩气，王嬷嬷又极老，料黛玉皆不遂心省力的，便将自己身边一个二等的丫头名唤鹦哥者，［甲眉］妙极！此等名号，方是贾母之文章。最厌近之小说中，不论何处，满纸皆是红娘、小玉、嫣红、香翠等俗字。与了黛玉。外亦如迎春等例，每人除自幼乳母外，另有四个教引嬷嬷。［周按］教引嬷嬷，此即清代满族之保母。保母是汉人语，雪芹曾祖母孙氏夫人，即康熙小皇帝之教引嬷嬷。芹书凡写子女既有乳母、奶娘，又有“众嬷嬷”，即乳保之别也。除贴身掌管钗钏盥沐两个丫嬛外，另有五六个洒扫房屋、来往使役的小丫头。当下，王嬷嬷与鹦哥陪侍黛玉在碧纱厨内。宝玉之乳母李嬷嬷并大丫嬛名唤袭人者，［甲侧］奇名新名，必有所出。陪侍在外大床上。原来这袭人亦是贾母之婢，本名珍珠。［蒙戚双］亦是贾母之文章。前鹦哥已伏下一鸳鸯，今珍珠又伏下一琥珀矣，以下乃宝玉之文章。［蒙侧］袭人之情性，不得不点染明白者，为后日归案。贾母因溺爱宝玉，［蒙侧］贾母爱孙，锡以善人，此诚为能爱人者，非世俗之爱也。生恐宝玉之婢无竭力尽忠之人，素喜袭人心地纯良，克尽职任，遂与了宝玉。宝玉因他本姓花，又曾见旧人诗句上有“花气袭人”之句，遂回明贾母，即更名袭人。这袭人亦有些痴处：［甲侧］只如此写又好极。最厌近之小说中，满纸千伶百俐，这妮子亦通文墨等语。［蒙侧］世人有职任的，能如袭人，则天下幸甚。伏侍贾母时，心中眼中只有一个贾母，今与了宝玉，心中眼中又只有一个宝玉。只因宝玉性情乖僻，每每规谏宝玉不听，［蒙侧］我读至此，不觉得放声大哭。心中着实忧郁。是晚，宝玉、李嬷嬷已睡了。他见里面黛玉和鹦哥犹未安歇，他自卸了妆，悄悄进来，笑问：“姑娘怎还不安歇？”黛玉忙笑让：“姐姐请坐。”袭人在炕沿上坐了。鹦哥笑道：“林姑娘正在这里伤心，［甲侧］可知前批不谬？自己淌眼抹泪的，［甲侧］黛玉第一次哭，却如此写来。［甲眉］前文反明写宝玉之哭，今却反如此写黛玉。几被作者瞒过。这是第一次算还，不知下剩还该多少？说今日才见了，就惹出你家哥儿狂病，倘若摔坏那玉，［蒙侧］我也心疼，岂独颦颦。岂不是因我之故！［甲侧］所谓宝玉知己，全用体贴工夫。因此便伤心起来，我好容易劝好了。”袭人道：“姑娘快休如此，将来只怕比这个更奇怪的笑话儿还有呢。若为他这种行止，你多心伤感，只怕你伤感不了呢！［蒙侧］后百十回黛玉之泪，总不能出此二语。［周按］第二回前云“以百回之大文”，此又云“后百十回”，知非百廿回。快别多心！”［蒙侧］月上窗纱人到堦，窗上影儿先进来。笔未到而竟〔意〕先到矣。［觉双］应如此训伤感，来还甘露水也。黛玉道：“姐姐们说的，我记着就是了。究竟不知那玉，是怎么个来历？上头还有字迹？”袭人道：“连一家子也不知来历。听得说落草时，从他口里掏出来的，［蒙侧］天生带来美玉，有现成可穿之眼，岂不可爱，岂不可惜！上头有现成的穿眼。［甲侧］癞僧幻术亦太奇矣！让我拿来，你看便知。”黛玉忙止道：“罢了，此刻夜深，［蒙侧］他天生带来的美玉，他自己不爱惜，遇知己替他爱惜，连我看书的人，也着实心疼不了，不觉背人一哭，以谢作者。明日再看不迟。”［甲侧］总是体贴，不肯多事。大家又叙了一回，方才安歇。

次日起来，省过贾母，因往王夫人处来，正值王夫人与熙凤在一处拆金陵来的书信看。又有王夫人之兄嫂处遣了两个媳妇来说话的。黛玉虽不知原委，探春等却都晓得，是议论金陵城中所居的薛家姨母之子姨表兄薛蟠，倚财仗势［蒙侧］作者每用牵前摇后之笔。打死人命，现在应天府案下审理。如今母舅王子腾得了信息，故遣人来告诉这边，意欲唤取进京之意。［蒙侧］拥下文。

［蒙戚回后］补不完的是离恨天，所余之石岂非离恨石乎？而绛珠之泪偏不因离恨而落，为惜其石而落。可见惜其石必惜其人，其人不自惜，而知己能不千方百计为之惜乎。所以绛珠之泪至死不干，万苦不怨，所谓求仁而得仁，又何怨。悲夫！

［回后评］本回是楔子，引子之后正文之开端，着重于黛玉、贾母、凤姐、宝玉四人上场亮相之情景。看他笔法便与俗常小说大有不同，于宝黛二人出场时，各有一段小小骈文对句，文体新颖，词意清奇，此即作者之文意创造，总在推陈出新，化腐朽为神奇，令人耳目一新，精神振爽。

本回细写贾母用饭时之座次排场，一人不漏，一字不差，令人如身临其境。此后特写更大的宴会场面不止一次，既不雷同，又有变换，也是座次，礼数一笔不走。可见作者于此种场合特为注重，深感兴趣。论者谓雪芹著书意在抗世俗，反礼法。我则谓抗世俗有之，反礼法则未必然，归根结底雪芹之主张不在废礼，而在情真。

在本回邢夫人让黛玉坐了，一面命人到外面书房中请贾赦句后，甲戌本有眉批云：余久不作此语矣，见此语未免一醒。“余久不作此语矣”之“作”字，本是“聆”字行草体与“作”字古草书形近而混，钞者误认致讹。此批原意概谓，批者幼年有时听到此种委婉推辞语，年长以后不复有此种情景。今于批书时忽见此语，不觉如梦乍醒，亦即伤今念旧之悲怀也。因“聆”字讹为“作”字，于是此批变成贾赦口吻之文笔。殊不知即使真为贾赦，又会有几个来住之外甥女而让他总在作此语乎？

本书开卷以后不过两三回书，因行草致讹之例便有许多，如孔梅溪讹为孔楼溪，如诗书讹为讨书，如汝窑讹为海窑等皆其著例。至于如、为、好，岂、定、实等，三字互讹之例亦非仅见。然于行草书毫无知识者见此诸例犹不能悟，亦无可奈何矣。

上回冷子兴演说，是表现人之传述。本回之黛玉入府，是当事人亲践躬临。其一切见识行止而黛玉目中心中称言，年轻中又有三人最关紧要：一凤姐，二宝玉，三探春。此外者于第二流。宝玉之为人，书中处处贬诮，唯上回贾雨村为之辩护。本回黛玉为之留神，几句勾画其人之俊秀多情，超群过众，令人暗暗舒怀。为语即不肯落俗套致收之僵死刻板相也。

第四回
薄命女偏逢薄命郎　葫芦僧乱判葫芦案

［周按］正文有“胡乱判断了此案”，批语有“是以故意用葫芦僧非乱判等语”，自以乱判二字为正。

［蒙戚回前］阴阳交结变无伦，幻境生时即是真。秋月春花谁不见，朝晴暮雨自何因。心肝一点劳牵恋，可意偏长遇喜嗔。我爱世缘随分定，至诚相感作痴人。

请君着眼护官符，把笔悲伤说世途。作者泪痕同我泪，燕山仍旧窦公无。［周按］绝句透露身份，乃脂砚后重要批家，意出佟氏。

题曰：

捐躯报国恩，未报躯犹在。

眼底物多情，君恩或可待。［周按］此诗杨苏本独存。◎此诗至关紧要，疑又出芹脂二人外方能有此感悟痴诚的境界。

却说黛玉同姊妹们至王夫人处，见王夫人与兄嫂处来人计议家务，又说姨母家遭了人命官司等语。［蒙侧］又来一位，宝钗将出现矣。因见王夫人事情冗杂，姊妹们遂出来，至寡嫂子李氏房中来了。［蒙侧］慢慢度入法。原来这李氏，乃贾珠之妻。［甲侧］起笔写薛家事，他偏写宫裁，是结黛玉，明李纨本末。又在人意料之外。虽然亡夫，幸存一子，取名贾蘭，今已五岁，已入学攻书。这李氏亦系金陵名宦之女，父名李守中，［甲侧］妙！盖云人能以理自守，安得为情所陷哉。曾为国子监祭酒。族中男女，无有不诵诗读书者。［甲侧］未出李纨，先伏下文李纹、李绮。［周按］可知清代妇女读书风气。此读书，并非一般识字之义，今之所谓文化程度与修养都是很高的。至李守中承继以来，便说女儿无才便有德，［甲侧］有字改的好。［蒙侧］确论。［周按］按古来成语“女子无才便是德”，今特换一字，变成女子无才便有德，使女子之才与德更加对立，此即作者感叹当世一味宣扬女子伪道德而竭力泯没其才华之特笔，语似新巧，意则沉痛。故生了李氏时，便不十分令其读书，只不过将些《女四书》《烈女传》《贤媛集》等三四种书，使他认得几个字，记得前朝这几个贤女传罢了，［周按］雪芹《石头记》一书，乃是十二钗列传，即他自己独创的贤女传是也。却只以纺绩针指为要。因取名为李纨，字宫裁。[周按]纨之取名，亦即纺绩女工上的事情。[甲侧]一洗小说巢〔窠〕臼俱尽，且命名字，亦不见红香翠玉恶俗。[周按]贾珠之妻名纨字宫裁，此盖暗用宫中以齐（古齐国，今山东）纨（最轻、最薄之高级绢类织品）做团扇之典故，故字宫裁。是李纨于皇家选秀女之事曾有某种经历，隐约透露于字句间。因此这李纨虽青春丧偶，[蒙侧]反有此等文章。且身处于膏粱锦绣之境，[甲侧]此时处此境，最能越理生事，彼竟不然，实罕见者。竟如槁木死灰一般。一概无见无闻，惟知侍亲养子，[蒙侧]此中不得不有如此又〔人〕。天地覆载，何物不有，而才子手中，亦何物不有！外则陪侍小姑等针绣诵读而已。[甲侧]一段叙出李纨，不犯熙凤。今黛玉虽萍寄于斯，日有这般姑嫂相伴，除老父外，馀者也就无庸虑及了。[甲侧]仍是从黛玉身上写来。以上了结住黛玉，复找前文。

如今且说贾雨村，因补授了应天府，一下马就有一件人命官司详至案下。[蒙侧]非雨村难以了结此案。乃是两家争买一婢，各不相让，以致殴伤人命。彼时雨村即问原告，那原告道："被殴死者，乃小人之主人。因那日买了一个丫头，不想系拐子所拐来卖的。[周按]拐卖幼女，以供富家选婢女作妾。一部《石头记》，专写旗家宦室女儿不幸命运，而拐子则当时以婢妾争胜风气之产物也。由此同见端倪。这拐子先已得了我家银子，我家小爷原说第三日方是好日子，再接入门。[甲侧]所谓迟则有变，往往世人因不经之谈，误却大事。这拐子便又悄悄的卖与了薛家，被我们知道了，去找那卖主夺取丫头。无奈薛家原系金陵一霸，倚财仗势，[蒙侧]一派世境恶习，活现。众豪奴将小人的主人竟打死了。凶身主仆已皆逃走，无影无踪，只剩了几个局外之人。小人告了一年的状，竟无人作主，[蒙侧]悲夫。千古世情，不过如此。望太老爷拘拿凶犯，剪恶除凶，以救孤寡，先主感戴天地之恩不尽。"雨村听了大怒道：[蒙侧]偏能用反叠〔跌〕法。"岂有这样放屁的事！打死人命，就白白的走了，再拿不来？"因发签差公人，立刻将凶犯族中人拿来拷问，令他们实供藏在何处。一面再动海捕文书。未发签时，只见案边立的一个门子使眼色，不令他发签之意。[周按]君主专制时代，凡富贵之家犯案，审案官并非先审主家主犯，而是先审其家管事之重要仆人。且仆人亦可代主伸冤报案。不止如此，更有官府不便严处主犯而以奴仆为替罪羊者。◎门子即地方官衙中之一种差役。而书文竟言门子不令知府太爷如何如何，此"令"字可与第二回冷子兴"令"贾雨村如何如何合看。既门子可以"令"府太爷，则熙凤自可"命"贾琏，参看后文便知。故脂砚也可"命"芹溪，见十三回批语。雨村心中甚是疑怪，[甲侧]原可疑怪，余亦疑怪。[蒙侧]请看见〔衍〕文字递出第〔递〕转，闲中皆是要笔。[周按]疑怪是原文。只得停了手，即时退堂至密室，使从者皆退去，只留下门子一人伏侍。这门子忙上来请安，笑问："老爷一向加官进禄，八九年来就忘了我了？"［甲侧］语气傲慢，怪甚。［蒙侧］似闲语，是要人。雨村道："却十分面善得紧，只是一时想不起来。"那门子笑道："老爷真是贵人多忘事，把出身之地竟忘了，［甲侧］刹［刺］心语，自招其祸，亦因夸能恃才也。不记当年葫芦庙里之事了？"雨村听了，如雷震一惊，［甲侧］余亦一惊，但不知门子何知，尤为怪甚。方想起往事。原来这门子，本是葫芦庙内一个小沙弥。因被火之后无处安身，欲投别庙去修行，又耐不得清凉景况，因想这件生意到还轻省热闹，［甲侧］新鲜字眼。遂趁年纪蓄了发，充了门子。［甲侧］一路奇奇怪怪调侃世人，总在人意臆之外。［周按］着墨不多，调侃雨村，调侃葫芦庙假僧人，可知作者于书中多次谤僧骂道，意在揭示假出家修道人，而非真于释道两家有所不然也。清凉景况，轻省热闹皆是调侃事态，嬉笑文章。雨村那里料得是他，便忙携手笑道："原来是故人。"［甲侧］妙称，全是假态。又让坐了好谈。［甲侧］假极。他道："门子不敢坐。"雨村笑道："贫贱之交不可忘，你我故人也。［甲侧］全是奸险小人态度，活现活跳。二则此系私室，［蒙侧］如此亲近，其先必有故事。既欲长谈，岂有不坐之理！"这门子听说，方告了座，斜签着坐了。雨村因问："方才何故不令发签？"门子道："老爷既荣任到这一省，难道就没有抄一张本省的护官符来不成？"［甲侧］可对聚宝盆，一笑！［甲侧］三字从来未见，奇之至。雨村忙问："何为护官符？我竟不知。"［甲侧］余亦欲问。门子道："这还了得！连这个不知，怎能作得长远！［甲侧］骂得爽快。［蒙侧］真是警世之言。使我看之，不知要哭要笑。如今凡作地方官者，皆有一个私单，上面写的是本省最有权有势、极富极贵的大乡绅名姓，各省皆然。倘若不知，一时触犯了这样的人家，不但官爵，只怕连性命还保不成呢！［甲侧］可怜可叹，可恨可气，变作一把眼泪也。［蒙侧］快论！请问其言是乎否乎？所以绰号叫作护官符。［甲侧］奇甚趣甚。如何想来。方才所说的这薛家，老爷如何惹得他！他这一件官司并无难断之处，皆因都碍着情分脸面，所以如此。"一面说，一面从顺袋中取出一张抄写的护官符来，递与雨村看时，上面皆是大族名宦之家的谚俗口碑。其口碑抄写的明白，下面皆注着始祖官爵并房次，［甲侧］忙中闲笔用得［蒙侧］可怜伊等始祖。石头亦曾照样抄写一张，今据石上所抄云：［蒙戚双］此等人家，岂必欺霸方始成名耶。总因子弟不肖，招接匪人，一朝生事，则百计营求，父为子隐，群小迎合，虽暂时不沾祸纲，而从此放胆，非破家灭族不已。哀哉！

贾不假，白玉为堂金作马。宁国、荣国二公之后，共二十房分，除宁荣亲派八房在都外，现原籍住者十二房。

阿房宫，三百里，住不下金陵一个史。保龄侯尚书令史公之后，房分共十八。都中现住者十房。原籍现居八房。

丰年好大雪，［甲侧］隐薛字。珍珠如土金如铁。紫微〔薇〕舍人薛公之后，现领内府帑银行商。共八房分。

东海缺少白玉床，龙王来请金陵王。都太尉统制县伯玉〔王〕公之后。共十二房，都中二房，馀在籍。［周按］护官符四家次序流行本皆作贾史王薛，今以甲戌本之次序为正。

雨村犹未看完，忽闻传点人报："王老爷来拜。"［甲眉］妙极！若只有此四家，则死板不活。若再有两家，又觉累赘，故如此断法。雨村听说，忙整衣冠出去迎接。有顿饭工夫方回来。［甲侧］横云断岭法，是板定大章法。细问这门子，"这四家皆连络有亲，［蒙侧］此四家不相为结亲，则无门当户对者，亦理势之必然。既结亲之后，岂不照应，又人情之不可无。一损皆损，一荣俱荣，扶持遮饰，皆有照应的。［甲侧］是为下半部伏根。今告打死人之薛，就系'丰年大雪'之'薛'也。不单靠这三家，他的世交亲友，在都在外者本亦不少。老爷如今拿谁去？"雨村听如此说，便笑问门子道："如系这样说来，却怎么了结此案？你大约也深知这凶犯躲的方向了？"门子笑道："不瞒老爷说，不但这凶犯躲的方向我知道，一并这拐卖之人我也知道，［甲侧］斯何人也！死鬼买主，也深知道。［蒙侧］放胆一说，毫无避忌。世态人情，被门子惨〔参〕透了。待我细说与老爷听。这个被打之死鬼，乃是本地一个小乡宦之子，名唤冯渊，［甲侧］真真是冤孽相逢。自幼父母早亡，又无兄弟，只他一个人守着些薄产过日。［蒙侧］我为幼而失父母者一哭。［周按］冯渊乃序幕中人物，本非正文，其幼失父母，亦非情节中要点。而批书人一见此文，即便触动深悲大痛，何也？若知脂砚者即是书中湘云，则恍然而悟，豁然贯通。长到十八九岁上，酷爱男风，最厌女子。［甲侧］最厌女子，仍为女子丧生，是何等大笔！不是写冯渊，正是写英莲。这也是前生冤孽，可巧遇见这拐子卖的丫头，［甲侧］善善恶恶，多从可巧而来，可畏可怕。偏偏一眼看上了，立意买来作妾，立誓再不接交男子，［甲侧］谚云：人若改常，非病即亡。信有之乎？也再不娶第二个了，［甲侧］虚写一个情种。［蒙侧］也是幻中情魔。所以三日后方过门。谁晓这拐子又偷卖与了薛家，［蒙侧］一定情即了结，请问是幻不是？点醒幻字，人皆不醒。我今日看了，［周按］梦幻情缘，知而未醒，正所谓"我爱世缘随分定，至诚相感作痴批了，仍也是不醒。人"（见第四回蒙戚总批）。此乃是书中后文宝湘二人一段大心事、大经历，亦即历史真事中芹脂二人一段大心事、大经历。他意欲要卷了两家的银子，再逃往他省去。谁知道又不曾走脱，两家拿住，打了个臭死，都不肯收银，只要领人。那薛家公子岂是让人的，便喝着手下人一打，将冯公子打了个稀烂，［蒙侧］有情反是无情。抬回家去，三日死了。这薛公子原是早已择定日子上京去的，头起身两日前，就偶然遇见了这丫头，意欲买了就进京的，谁知闹出这事来，既打了冯公子，夺了丫头，他便没事人一般，只管带了家眷走他的路，他这里自有兄弟奴仆在此料理，也并不为此些些小事值得他一逃走的。［甲侧］妙极！人命视为些些小事，总是刻画阿呆耳。［周按］以上五条是春秋笔法。是讽刺时事。这且别说，老爷，你当被卖之丫头是谁？"［甲侧］问得又怪。雨村笑道："我如何得知？"门子冷笑道："这人算来还是老爷的大恩人呢！［蒙侧］当心一脚！请看后文，并无蹴动。他就是葫芦庙傍住的甄老爷的小姐，小名唤英莲的。"［甲侧］至此一醒。雨村罕然道：［周按］雪芹用罕字，作动词。罕是纳罕惊奇之意。"原来就是他！闻得养至五岁被人拐去，［蒙侧］闻得只说一曾〔层〕，并无言及要姣杏自道子〔之〕语。非作者忘怀，欲写世态，故作幻笔。却如今才来卖呢？"门子道："这一种拐子，单管偷拐五六岁的女儿，养在一个僻静之处，到十一二岁时，度其容貌，带至他乡转卖。当日这英莲，我们天天哄他顽耍，［周按］顽、玩二字有别，玩是玩赏、玩味义，不与顽耍、顽笑同，书中尚存此别。虽隔了七八年，如今十二三岁的光景，其模样虽然出脱得齐整了好些，然大概相貌自是不改，熟人易认。况且他眉心中原有米粒大小的一点胭脂痦，［甲侧］宝钗之热，黛玉之怯，悉从胎中带来。今英连〔莲〕有痣，其人可知矣。［周按］痦，口语如此。从胎里带来的，所以我却认得。偏生这拐子又租了我的房舍居住。［戚双］作者要说容貌势力，要说情，要说幻，又要说小人之居心，豪强之脱大，了结前文旧案，铺设后文根基，点明英莲，收叙宝钗等项诸事，只借先之沙弥，今日门子之口，层层叙来。真是大悲菩萨，千手千眼一时转动，毫无遗露。可见具大光明者，故无难事，诚然。那日拐子不在家，我也曾问他。他是被拐子打怕了的，［甲侧］可怜！万不敢说，［蒙侧］世家子女至此。可想见其先世亦必有如薛公子者。只说拐子系他亲爹，因无钱偿债，故卖他。我又哄之再四，他就哭了，只说我原不记得小时之事。［蒙侧］写其心机，总为后文。这可无疑了。那日冯公子相看了，［周按］相看，第二字轻读，特指议婚双方设法亲见男女本人，观其容止，以定可否。兑了银子，拐子醉了，他自叹道，'我今日罪孽可满了！'［蒙侧］天下英雄，失足匪人，偶得机会可以跳出者，与英莲同声一哭。［周按］试思此一批语，何等心情，何等抱负。英雄，异于世俗庸常之谓，乃是自许，所遭所遇，巨痛深悲，触文即发。后又听得冯公子三日后才娶过门，他又转有忧愁之态。我又不忍其形，等拐子出去，又命内人去解释他道，'这冯公子必待好日期来接，可知必不以丫嬛相看。况他是绝风流之人品，家里颇过得，素习最又厌恶堂客，今竟破价买你，后事不言可知。只耐得三两日，［蒙侧］良人者所望而终身也。何必忧闷。'他听如此说，方才略解忧闷，自为从此得所。［甲侧］可怜，真可怜。谁料天下竟有这等不如意的事，［甲侧］一篇《薄命赋》，特出英莲。［蒙侧］天下同患难者，同来一哭。第二日，他偏又卖与了薛家。若卖与第二个人还好，这薛公子的混名，人称呆霸王，最是天下第一个弄性尚气的人，而且使钱如土。［甲侧］世路难行钱作马。［蒙侧］使钱如土，方能称霸王。遂打了个落花流水，生拖死拽，把个英莲拖去，如今也不知死活。［甲侧］为英莲留后步。这冯公子空喜一场，一念未遂，反花了钱送了命，岂不可叹！"［甲眉］又一首《薄命叹》，英、冯二人一段小悲欢幻景，从葫芦僧口中补出，省却闲文之法也。所谓美中不足，好事多魔，先用冯渊作一开路之人。［周按］美中不足，好事多魔，楔子四百字逸文中语也。既明批语所指，亦证逸文之真。雨村听了亦叹道："这也是他们的孽障，遭遇亦非偶然。不然冯渊如何偏只看准了这英莲？这英莲受了拐子这几年折磨，才得了个头路，且又是个多情的，［周按］此处多情，指的男子，可与标题诗"眼底物多情"对看。若能聚合了，到是一件美事，偏又生出这段事来。［蒙侧］冯渊之事之人，是英莲之幼〔幻〕景中之痴情人。这薛家总比冯家富贵，想其为人，自然姬妾众多，淫佚无度，未必及冯渊定情于一人者。这正是，梦幻情缘，［蒙侧］点明白了，直入本题。恰遇见一对薄命儿女。且不要议论他，只目今这官司如何剖断才好？"［甲眉］使雨村一评，方补足上半回之题目，所谓此书有繁处愈繁，省中愈〈中〉省，又有不怕繁中繁，只要繁中虚，不畏省中省，只要省中实，此则省中实也。[周按] 此批于了解作者笔法至关紧要。写黛玉繁中愈繁，令人相对不厌，观之不足，岂所谓繁中虚乎？迟至二十回后始出湘云，大片空白，省中愈省，却如其人早至，如逢故人，岂所谓省中实乎？门子笑道："老爷当年何其明决，今日何翻成个没主意的人了？[蒙侧] 利欲薰心，必致如此。小的闻得老爷补升此任，亦系贾府、王府之力，此薛蟠即贾府之老亲，老爷何不顺水行舟，做个整人情，将此案了结，日后也好见贾王二公之面。"雨村道："你说的何尝不是，但事关人命，[甲侧] 可发一长叹，这一句已见奸雄全是假。蒙皇上隆恩起复委用，[甲侧] 奸雄！实是重生再造，正当殚心竭力图报之时，[甲侧] 奸雄。岂可因私而废法。[甲侧] 奸雄！[蒙侧] 良明不昧势难当。是我实不能忍为者。"[甲侧] 全是假。门子听了，冷笑道："老爷说的何尝不是大道，[周按] 大道，意味深厚，此门子是佛门出身，其口中恰合身份见识。但只是如今世上是行不去的。岂不闻古人有云，大丈夫相时而动。[蒙侧] 误尽多少苍生。又曰，趋吉避凶者为君子。[甲侧] 近时错会书意者，多多如此。依老爷这一说，不但不能报效朝廷，亦且自身不保，还要三思为妥！"[蒙侧] 说了来也是一团道理。雨村低了半日头，[甲侧] 奸雄欺人。方说道："依你怎么样？"门子道："小人已想了个极好的主意在此，老爷明日坐堂，只管虚张声势，动文书发签拿人。原凶是自然拿不来的，原告固是定要。自然将薛家族中及奴仆人等拿几个来拷问。小的在暗中调停，令他们报个暴病身亡，合族中及地方上共递一张保呈。老爷只说善能扶鸾请仙，堂上设了乩坛，令军民人等只管来看。老爷就说乩仙批了，死者冯渊与薛蟠原因夙孽相逢，今狭路既遇，原应了结。薛蟠今已得无名之症，[甲侧] 无名之症，却是病之名，而反曰无。妙极！[周按] 无名之症，批语明文呼应。被冯魂追索已死。其祸皆由拐子某人而起，拐□之人[周按] 依句法，原失一字，今以符号志之。原系某乡某姓人氏，按法处治，馀不累及等语。小人暗中嘱托拐子，令其实招。众人见乩仙批语与拐子相符，馀者自然也都不虚了。薛家有的是钱，老爷断一千也可，五百也可，与冯家作烧埋之费。[周按] 烧埋之费，乃雍正时新制。那冯家也无甚要紧的人，不过为的是钱，见了这个银子，想也就无话了。老爷细想，此计如何？"雨村笑道："不妥不妥，等我再斟酌斟酌，或可压伏口声。”[蒙侧] 一张口就是了结，(何) 其腐臭！以再斟酌收结，真是不凡之笔。二人计议，天色已晚，别无说话。

至次日坐堂，勾取一应有名人犯，雨村详加审问，果见冯家人口稀疏，不过赖此欲多得些烧埋之费。薛家仗势倚情，偏不相让，故致颠倒未决。[甲侧] 因此三四语收住，妙极！此则重重写来，轻轻抹去也。雨村便徇情罔法，胡乱判断了此案。[甲侧] 实注一笔，更好！不过是如此等事，又何用细写？可谓此书不敢干涉廊庙者，即此等处也，莫谓写之不到。盖作者立意写闺阁尚不暇，何能又及此等哉！ [甲眉] 盖宝钗一家，不得不细写者。若另起头绪，则文字死板，故仍只借雨村一人，穿插出阿呆兄人命一事。且又带叙出英莲一向之行踪，并以后之归结。是以故意戏用葫芦僧乱判等字样撰成半回，略一解颐，略一叹世，盖非有意讥刺仕途，实亦出人之闲文耳。冯家得了许多烧埋银子，也就无甚说话了。[甲眉] 又注冯家一笔，更妥。可见冯家正不为人命，实赖此获利耳，故用乱判二字为题。虽曰不涉世事，或亦有征〔微〕辞耳。但其意实欲出宝钗，不得不做此穿插。故云此等皆非《石头记》之正文。雨村断了此案，急忙作书信二封，与贾政并京营节度使王子腾，[甲侧] 随笔带出王家。不过说令甥之事已完，不必过虑等语。此事皆由葫芦庙内之沙弥新门子所知，雨村又恐他对人说出当日贫贱时的事来，因此心中大不乐业。[甲侧] 瞧他写雨村如此，可知雨村终不是大英雄。[周按] 乐业，是原用词语。后来到底寻了个不是，远远的充发了才罢。[甲侧] 至此了结葫芦庙文字。[甲侧] 又伏下千里伏线。[甲侧] 起用葫芦字样，收用葫芦字样，盖云一部书皆系葫芦提之意也，此亦系寓意处。[蒙侧] 口如悬河者，当于出言时小心。[周按] 充发，即俗言“充军发配”之遣发犯人至极边远处服役，饥寒困苦不可胜言，盖仅次于处决之重刑也。观脂批，可悟原书后文此门子尚有报信情节。

当下言不着雨村。且说那买了英莲打死冯渊的那薛公子，[甲侧] 本是立意写此，却不肯特起头绪，故意设出乱判一段戏文其中穿插。至此却淡淡写来。亦系金陵人氏，本是书香继世之家。[蒙侧] 为书香人家一叹！只是如今这薛公子幼年丧父，寡母又怜他是个独根孤种，未免溺爱纵容些，[蒙侧] 爱〔受〕病处。富而且孤，自多溺爱。孟母三迁〔迁〕，故难再见。遂致老大无成。且家有百万之富，现领着内帑钱粮，采办杂料。这薛公子学名薛蟠，字表文龙，今年方十有五岁，性情奢侈，言语傲慢。虽也上过学，不过略识几字，[甲侧] 这句加于老兄，却是实写。终日惟有斗鸡走马、游山玩景而已。虽是皇商，一应经纪世事全然不知，不过赖祖父旧日的情分，户部挂虚名支领钱粮，其馀事体，自有旧伙计、老家人等措办。寡母王氏，乃现任京营节度王子腾之妹，与荣国府贾政的夫人王氏是一母所生的姊妹，今年方四十上下年纪，只有薛蟠一子，［蒙侧］非母溺爱，非家道殷实，非节度，荣国之至亲，则不能到如此强霸。富贵者其思之。还有一女，比薛蟠小两岁，乳名宝钗，生得肌骨莹润，举止娴雅。［甲侧］写宝钗只如此，更妙！当日有他父亲在日，酷爱此女，令其读书识字，较之乃兄，竟高过十倍。［甲侧］又只如此写来，更妙！自他父亲死后，见哥哥不能体贴母怀，他便不以书字为事，只留心针黹家计等事，好为母亲分忧解劳。近因今上崇诗尚礼，征采才能，降不世出之隆恩，除聘选妃嫔外，凡世宦名家之女皆报名达部，［周按］此世宦，实指皇室包衣籍，世代为奴仆，非一般仕宦义。以备选择，为宫主、郡主之入学陪侍，［周按］书中明文言及宝钗此来原为待选，而后文绝未再提一字。论者蓄疑久矣。按此事之关系重点在于宫主、郡主四字。盖宫主与公主不同。公主者只指在位皇帝之女，而宫主者是指皇帝之后妃等人。盖皇帝之妻妾有皇后、皇贵妃、贵妃、庶妃、嫔妃、贵人等级别，而宫中太监口中却统称主儿、主位。郡主则为皇家同宗诸王之女。故为宫主选秀女者是皇帝宫中之事，为郡主选秀女者则是诸王府之事。如是，则宝钗之待选者究为皇帝之秀女，抑或王府之秀女尚不可知，此中即隐藏许多不便明言之事故，遂成疑案。后文湘云酒令中有“双悬日月照乾坤”之句，与此大有关联。充为才人赞善之职。［甲侧］一段称功颂德，千古小说中所无。二则自薛蟠父亲死后，各省中所有的买卖承局、总管、伙计人等，见薛蟠年轻不识世事，便趁时拐骗起来，［蒙侧］我为创家立业者一哭！京都中几处生意，渐亦消耗。［蒙侧］有制〔治〕人，无制〔治〕法。薛蟠素闻得都中乃第一繁华之地，正思一游，便趁此机会，一为送妹待选，二为望亲，三因亲自入部销算旧账再计新支，其实则为游览上国风光之意。因此早已打点下行装细软以及馈送亲友各色土物人情等类，正择日已定起身，不想偏遇见了那拐子重卖英莲。薛蟠见英莲生得不俗，［甲侧］阿呆兄亦知不俗，英莲人品可知矣。立意买了，又遇冯家来夺人，因恃强喝令家下豪奴将冯渊打死，他便将家中事务一一托嘱了族中人并几个老家人，他便同了母妹等竟自起身长行去了。［蒙侧］破销不顾业已之事，业已如此，到〔倒〕是走的妙。人命官司一事，他却视为儿戏，自为花上几个臭铜，［周按］臭铜，造语极妙。没有不了的。［甲侧］是极！人谓薛蟠为呆，余则谓是大彻悟。在路不记其日。［甲侧］更妙！必云程限，则又有落套。岂暇又记路程单哉！［周按］此批与后批之年表如此写亦妙，异曲同工。那日已将入都时，却又闻得母舅王子腾升了九省统制，奉旨出都查边。［蒙侧］天下之母舅，再无不教外甥以正途者。必使其升任出京，亦是留下文地步。薛蟠心中暗喜道："我正愁进京去有个嫡亲的母舅管辖着，不能任意挥霍挥霍，偏如今又升出去了，可知天从人愿。"［甲侧］写尽五陵心意。［蒙侧］写不肖子弟如画。因和母亲商议道："咱们京中虽有几处房舍，只是这十来年没人进京居住，那看守的人未免偷着租赁与人，须得先着几人去打扫收拾才好。"他母亲道："何必如此招摇？咱们这一进京，原是先拜望亲友，或是在你舅舅家，［甲侧］陪笔。或是你姨爹家。［甲侧］正笔。他两家的房舍，极是方便的，咱们先能着住下，［周按］能着住下，权且简便安置。参看第三十二回且在别处能着使罢，有将就省俭之意。再慢慢的着人去收拾，岂不消停些。"薛蟠道："如今舅舅正升了外省去，家里自然忙乱起身。［蒙侧］好游荡不要管束的子弟，每惯会说此等语。咱们这工夫反一窝一块的奔了去，［周按］一窝一块，俗语。岂不没眼色些。"他母亲道："你舅舅家虽升了去，还有你姨爹家。况这几年来，你舅舅、姨娘两处，每每带信稍书接咱们来。如今既来了，你舅舅虽忙着起身，你贾家的姨娘未必不苦留我们。咱们且忙忙收拾房舍，岂不使人见怪？［甲侧］闲语中补出许多前文。此画家之云罩峰尖法也。你的意思我却知道，［甲侧］知子莫如父。守着舅舅、姨爹住着，未免拘紧了你，［蒙侧］用为子（弟）不得放荡一逼，再收入本意。不如你各自住着，好任意施为的。［甲侧］寡母孤儿一段，写得毕肖，毕真！你既如此，你自己去挑所宅子去住，我和你姨娘姊妹们别了这几年，却要厮守几日。我带了你妹子去投你姨娘家去，你道好不好？"［甲侧］薛母亦善训子。薛蟠见母亲如此说，情知扭不过的，［蒙侧］情理如真。只得吩咐人夫一路奔荣国府来。

那时王夫人已知薛蟠官司一事，亏贾雨村就中维持了结，才放下了心。又见哥哥升了边缺，正愁又少了娘家亲戚来往，［甲侧］大家尚义，人情大都（如）是也。略加寂寞。过了几日，忽家人传报，姨太太带了哥儿姐儿合家进京，正在门外下车。［蒙侧］开留住之根。喜的王夫人忙带了媳妇女儿人等接出大厅，将薛姨妈等接了进来。姊妹们暮年相见，自不必说，悲喜交集，泣笑叙阔一番。忙又引了拜见贾母，将人情土物各种酬献了。合家俱厮见了，忙又治席接风。薛蟠已拜见过贾政，贾琏又引着拜见了贾赦、贾珍等。贾政便使人上来对王夫人说："姨太太已有了春秋，外甥年轻不知世路，在外住着恐有人生事。咱们东北角上梨香院，［甲侧］好香色。一所十来间白空闲，赶着打扫了，请姨太太和哥儿姐儿住了甚好。"［甲眉］用政老一段，不但王夫人得体，且薛母亦免靠亲之嫌。王夫人未及留，贾母也就遣人来说，请姨太太就在这里住下，［甲侧］老太君口气，得情。大家亲密些等语。［甲侧］偏不写王夫人留，方不死板。薛姨妈正欲同居一处，方可拘束些儿子，若另住在外，恐他纵性惹祸，遂连忙道谢应允。［蒙侧］父母为子弟处每每如此。又私与王夫人说明："一应日用供给，一概都免却，方是处长之法。"［甲侧］作者题清，犹恐看官误认，今之靠亲投友者一例。［蒙侧］补足。真是一丝不漏。王夫人知他家不难于此，遂任从其愿。从此后薛家母子就在梨香院中住了。

原来这梨香院乃当日荣公暮年养静之所，小小巧巧，约有十余间房舍，前厅后舍俱全。另有一门通街，薛蟠家人就走此门出入。西南有一角门，通一夹道，出了夹道，便是王夫人正房的东院了。每日或饭后或晚间，薛姨妈便过来，或与贾母闲谈，或和王夫人相叙。宝钗日与黛玉、迎春姊妹等一处，或看书着棋，或做针黹，到也十分乐业。［甲侧］这一句，衬出后文黛玉之不能乐业。细甚，妙甚！［甲眉］金玉如见，却如此写。虚虚实实，总不相犯。只是薛蟠起初之心，原不欲在贾宅中居住者，生恐姨父管约拘紧，料必不自在的。无奈母亲执意在此，且贾宅中又十分殷勤苦留，只得暂且住下，一面使人打扫出自家的房屋，再作移居之计。［甲侧］交代结构，曲曲折折，笔墨尽矣。谁知自在此间住了不上一月的日期，贾宅族中凡有的子侄，俱已认熟了一半，凡是那些纨袴气习者，莫不喜他来往。今日会酒，明日观花，甚至聚赌嫖娼，［蒙侧］膏粱〔粱〕子弟每习成的风化，处（处）皆然，诚为可叹。渐渐无所不至，到引诱的薛蟠比当日还坏了一倍。［甲侧］虽说为纨袴设鉴，其意原只罪贾宅，故用此等句法写来。虽说贾政训子有方，治家有法，［甲侧］八字特洗出政老来，又是作者隐意。一则族大人多，照管不到这些。二则现任族长乃是贾珍，彼乃宁府长孙，又现袭职，凡族中大小事体，自有他掌管。三则公私冗杂，且素性潇洒，不以俗务为要。每公暇之时，不过看书下棋而已，［戚双］其用笔墨何等灵活，能足前摇后，即境生文，真到不期然而然，所谓水到渠成，不劳着力者也。余事多不介意。况且这梨香院相隔两层房舍，又另有街门别开，任意可以出入，［蒙侧］即（给）作姨父的开一条生路。若无此段，则姨父非木偶即不仁，则不成为姨父矣。所以这些子弟们竟可以放意畅怀的闹。因此遂将移居之念渐渐打灭了。

［戚回后］看他写一宝钗之来，先以英莲事逼其进京，及以舅氏官出，惟姨可倚，辗转相逼来，且加以世态人情隐跃其间，如人饮醇酒，不期然而已醉矣。

［回后评］雪芹著书以通部旨意而言，是大旨谈情。以情节故事而论，则是悲欢离合，炎凉世态。是故《石头记》一书原非有意干涉政治。但东西两府群钗众女家亡人散，缘由何在，又不能不令读者略窥其真相，是即开卷所谓“将真事隐去”是本意。今观护官符四家之姓氏曰：贾、史、薛、王。如以雪芹惯用谐音手法推论之，似即假史血王。殆指雍正篡位后，将康熙皇帝实录全部删改，六十年间之丰富史迹致成有清一代卷数最少的皇帝实录，故谓之假史。而雍正之得以夺位，全凭杀戮诸王之残酷手段，此又“血王”之谐音本义也。

贾不假指历史素材中之曹家，史指历史素材中之李家，雪指年羹尧家，丰年之年即年姓本字，王指佟家，证据有三：一，原注都太尉统制指其文义为武职最高官位，在清代相当于此职者为步兵统领九门提督，而此职即隆科多（佟姓，雍正之舅舅，人称国舅）。二，龙王之龙谐音隆。三，东海缺少白玉床此句首尾二字为东床，即贵婿之别称，而佟家正是世代与皇帝互为儿女亲家。由此三证，书中的王家与隆科多当时职位正相吻合。

以文笔论，本回实非作者出色之篇章，因其内容之鄙俗，故亦无高雅之笔墨可求，但叙事之际终觉不免有过于琐碎累赘之处。

贾雨村原非端人正士，而关系于贾府之兴衰聚散者最为重要。开卷以后，林、薛、甄三女儿之入府，全由他一人之线索而贯串之构成，因缘之奇致，已可想矣。日后种种不难推想。如陷害石呆子而献媚于贾赦，其行为人品可知。如他又是宝玉的第一赏识知音重者，入府必请见宝玉亦为讨好贾政。雨村讨得了恩人甄士隐之丫鬟娇杏，满意之。此后从未见他关注于恩人之爱女英莲（香菱）哪怕一字一句也好。则此人之忘恩负义又可知矣。写好人即一切皆好，坏人即一切皆坏。人间万象远非如此也。再如他又是黛玉的启蒙世师，然则他给黛玉的影响又是什么？应如何置评？吾辈读者，敢自封且信全读懂了雪芹之本意乎！故鲁迅先生谓雪芹打破历来小说写法。

第五回
开生面梦演红楼梦　立新场情传幻境情

［戚回前］万种豪华原是幻，何尝造孽，何是风流？曲终人散有谁留。为甚营求，只爱蝇头。一番遭遇几多愁，点水根由，泉涌难酬。

题曰：

春困葳蕤拥绣衾，恍随仙子别红尘。

问谁幻入华胥境，千古风流造业人。

却说薛家母子在荣国府中寄居等事略已表明，此回则暂不能写矣。［甲侧］此等处实又非别部小说之熟套起法。如今且说林黛玉，［甲眉］不叙宝钗反仍叙黛玉，盖前回只不过欲出宝钗，非实写之文耳。此回若仍绪写，则将二玉高搁矣。故急转笔仍归至黛玉，使荣府正文方不至于冷落也。自在荣府以来，贾母万般怜爱，寝食起居，一如宝玉，［甲侧］妙极！所谓一击两鸣法，宝玉身分可知。迎春、探春、惜春三个亲孙女，到且靠后。［甲侧］此句写贾母。［甲眉］今写黛玉，神妙之至。何也？因写黛玉实是写宝钗，非真有意去写黛玉，几乎又被作者瞒过。便是宝玉和黛玉二人之亲密友爱处，亦自较别个不同，［甲侧］此句妙。细思有多少文章。日则同行同坐，夜则同息同止，真是言和意顺，略无参商。不想如今忽然来了一个薛宝钗，［甲侧］总是奇峻之笔。写来健跋，似新出之一人耳。［甲眉］此处如此写宝钗，前回中略不一写，可知前回迥非十二钗之正文也。［甲眉］欲出宝钗，便不肯从宝钗身上写来，却先款款叙出二玉，陡然转出宝钗，三人方可鼎立。行文之法，又亦变体。年岁虽大不多，然品格端方，容貌丰美，人多谓黛玉之所不及。［甲侧］此句定评，想世人目中各有所取也。［甲侧］按黛玉、宝钗二人，一如姣花，一如纤柳，各极其妙者，然世人性分甘苦不同之故耳。而且宝钗行为豁达，随分从时，不比黛玉孤高自许，目下无尘，［甲侧］将两个行止摄总一写，实是难写，亦实系千部小说中未敢说写者。［周按］目无下尘，容不得污秽，高洁之至，意味转深。◎将钗黛二人性情表现并列评比，令阅者自加忖度，真假虚实，唯此褒贬，究竟如何，定又有一番仁佞之分，抑扬之辩。故比黛玉大得下人之心。便是那些小丫头们，亦多喜与宝钗去顽笑。因此黛玉心中便有些悒郁不忿之意，［甲侧］此一句，是今古才人同病。如人人皆如我黛玉之为人，方许他妒。○此是黛玉缺处。宝钗却浑然不觉。[甲侧]这还是天性，后文中则是又加学力了。那宝玉亦在孩提之间，况自天性所禀来的一片愚拙偏僻，[甲侧]四字是极不好，却是极妙。只不要被作者瞒过。[周按]偏僻是原文。视姊妹弟兄皆出一体，并无亲疏远近之别。[甲侧]如此反谓愚痴，正从世人意中写也。其中因与黛玉同随贾母一处坐卧，故略与别个姊妹熟惯些。既熟惯，则更觉亲密。既亲密，则不免一时有求全之毁、不虞之隙。[甲侧]八字定评有趣，不独黛玉、宝玉二人，亦可为古今天下亲密人当头一喝。[甲眉]八字为二玉一生文字之纲。这一日不知为何，他二人言语有些不合起来，黛玉又气的独在房中垂泪，[甲眉]又字妙极，补出近日无限垂泪之事矣。此仍淡淡写来，使后文来得不突然。宝玉又自悔语言冒撞，[周按]冒，疑是雪芹原稿痕迹，记供研考。前去俯就，[甲侧]又字妙极，凡用二又字，如双峰对峙，总补二玉正文。那黛玉方渐渐的回转来。

因东边宁府中花园内梅花盛开，[甲侧]元春消息动矣。贾珍之妻尤氏乃治酒，请贾母、邢夫人、王夫人等赏花。是日，先携了贾蓉之妻，二人来面请。贾母等于早饭后过来，就在会芳园游玩。[甲侧]随笔带出，妙！字义可思。先茶后酒，不过皆是宁荣二府女眷家宴小集，并无别样新文趣事可记。[周按]一部书，荣府是主题，大事却偏偏出在宁府，是要紧笔法。[甲侧]这是第一家宴，偏如此草草写。此如晋人倒食甘蔗，渐入佳境一样。一时宝玉倦怠，欲睡中觉，贾母命人好生哄着他，歇息一回再来。贾蓉之妻秦氏便忙笑回道："我们这里有给宝叔收拾下的房子，老祖宗放心，只管交与我就是了。"又向宝玉的奶娘丫嬛等道："嬷嬷姐姐们，请宝叔随我这里来。"贾母素知秦氏是个极安妥的人，[甲侧]借贾母心中定评。而且又生得袅娜纤巧，行事又温柔和平，乃重孙媳中第一个得意之人。[周按]本回秦氏出场，尚不知其名字，先云她最得老太太之称赏。此似闲笔，实有内涵。见他去安置宝玉，自是安稳的。[甲侧]又夹写出秦氏来。当下秦氏引了一簇人来至上房内间。宝玉抬头先见一付画贴在上面，画的人物固好，其故事乃是《燃藜图》，[周按]古代读书的典故，燃藜是燃烧藜木杖以代光亮的意思。也不看系何人所画，心中便有些不快。又有一副对联写的是：

世事洞明皆学问，人情练达即文章。[甲眉]如此画联，焉能入梦？[甲侧]看此联极俗，用于此则极妙。盖作正因古今王孙公子，劈头先下金针。是反面落笔。［周按］雪芹著书，如此精彩，处处得力于“世事洞明，人情练达”，却偏写宝玉极恶此等文义。全

既看了这两句，总然室宇精美，［周按］总然是原文，雪芹时多如此用字。铺陈华丽，亦断断不肯在这里了。忙说：“出去出去！”［周按］出去出去，极得神，简断果决之声如闻。秦氏听了笑道：“这里还不好，可往那里去呢？不然到我屋里去罢。”宝玉点头微笑。有一嬷嬷说道：“那里有个叔叔往侄儿房里去睡觉的礼？”［周按］雪芹喜用礼字，亦重礼仪，是其思想性情中之另一面。论事论人，皆不可简单肤浅，一语了之，此义甚长。秦氏笑道：“嗳哟哟！不怕他恼，他能多大了，就忌讳这些个！上月你没看见我那兄弟来了，虽然与宝叔同年，两个站在一处，只怕那一个还高些呢！”［甲眉］伏下秦锺〔钟〕。妙！［甲侧］又伏下一人。随笔便出，得隙便入，精细之极！宝玉道：“我怎么没见过？［甲侧］侯门少年纨袴，活跳下来。你带他来我瞧瞧。”众人笑道：“隔这二三十里，［周按］今又云秦氏有弟，其家却在二三十里外，文内又有重要内涵。那里带去？见的日子有呢。”说着，大家来至秦氏房中。刚至房门，便有一股细细的甜香袭人而来。［甲眉］此香名引梦香。［周按］袭人而来是原笔。宝玉便愈觉得眼饧骨软，连说好香！［甲侧］刻骨吸髓之情景，如何想得来，又如何写得来？［觉双］进房如梦境。进入房向壁上看时，有唐伯虎画的《海棠春睡图》，［甲侧］妙图！两边有宋学士秦太虚写的一副对联，是：［周按］此处是宝玉眼中见是。

嫩寒锁梦因春冷，［甲侧］艳极，淫极！芳气笼人是酒香。［甲侧］已入梦境矣！

［蒙戚双］艳极淫极，已入梦境矣！［周按］秦太虚之对联又实又虚。盖宋代名词人秦观，字少游，号太虚。今作者雪芹巧借秦观之姓氏与别号运用于秦氏房中，令人乍看不觉而忘其文心匠意之妙。秦观之秦，不难理解，至于太虚，则更加奇妙。因本回之主题正是太虚幻境之经历也。

案上设着武则天当日镜室中设的宝镜，［甲侧］设譬调侃耳。若真以为然，则又被作者瞒过。一边摆着飞燕立着舞过的金盘，盘内盛着安禄山掷过伤了太真乳的木瓜。上面设着寿昌公主于含章殿下卧的榻，悬的是同昌公主制的联珠帐。宝玉含笑连说：“这里好！”［觉双］摆设就合着他的意。秦氏笑道：“我这房子，大约神仙也可以住得了。”说着，亲自展开了西子浣过的纱衾，移了红娘抱过的鸳枕。［甲侧］一路设譬之文，迥非《石头记》大笔所屑。别有他属，余所不知。于是，众奶母伏侍宝玉卧

好，款款散去，只留下袭人、［甲侧］一个再见。媚人、［甲侧］二新出。晴雯、［甲侧］三新出，名妙而文。［觉双］三个新出。麝月［甲侧］四新出。尤妙！〇看此四婢之名，则知历来小说难与并肩。［觉双］四个新出。四个丫嬛为伴。秦氏便吩咐小丫嬛们，好生在廊檐下看着猫儿狗儿打架。［甲侧］细极。［甲眉］文至此，不知从何处想来！

那宝玉刚合上眼，便惚惚的睡去，犹似秦氏在前，遂悠悠荡荡随了秦氏至一所在。［甲侧］此梦文情固佳，然必用秦氏引梦，又用秦氏出梦，竟不知立意何属。惟批书人知之。［蒙戚双］此梦文情固佳，然必用秦氏引梦，又用秦氏出梦，竟不知立意何属。［觉双］此梦用秦氏引梦，又用秦氏出梦，妙！［周按］此批之著录似分三个次第，钞录愈晚者，字句愈减。但见朱栏白石，绿树清溪，真是人迹希逢，飞尘不到之处。［甲侧］一篇《蓬莱赋》。［周按］康熙太子胤礽咏雪月诗有句云：蓬海三千皆种玉，绛楼十二不飞尘。此“不飞尘”与“飞尘不到”似有关联。宝玉在梦中欢喜，想道：“这个去处有趣，我就在此处过一生，总然失了家也愿意，［周按］失了家，虽摹拟小儿语态，实伏后文有家亡人散之境，总非闲笔。强如天天被父母、师傅打去。”［甲侧］一句忙里点出小儿心性。正胡思之间，忽听山后有人作歌曰：

春梦随云散，［甲侧］开口拿春字，最紧要。飞花逐水流。［甲侧］二句比也。［周按］春梦随云，隐谓湘云。飞花逐水，则黛玉之结局。皆非泛文闲句。

寄言众儿女，何必觅闲愁。［甲侧］将通部人一喝。［周按］暗用《西厢记》莺莺出场所唱赏花时：可正是人值残春蒲郡东，门掩重关萧寺中。花落水流红，闲愁万种，无语怨东风。闲愁，特指女儿于闺中寂寞孤独之情怀。

宝玉听了，是个女子的声音。［甲侧］写出终日与女儿厮混最熟。正待寻觅，早见那边走出一个人来，蹁跹袅娜，端的与人不同。有赋为证：

方离柳坞，乍出桃房。但行处，鸟惊庭树。［周按］鸟惊匝树，用魏武句：月明星稀，乌鹊南飞。绕树三匝，何枝可依。将到时，月度回廊。［周按］月度回廊，此与上句暗用落雁沉鱼，羞花闭月之意，以写警幻之美。月度，即月羞而避之之意。仙袂乍飘兮，闻麝兰之馥郁。荷衣欲动兮，听环佩之铿锵。靥笑春桃兮，云堆翠髻。唇含樱颗兮，榴吐娇香。纤腰之楚楚兮，回风舞雪。［周按］第二回出冷子兴，眉批中曾用“回风舞雪”四字。珠翠之辉辉兮，满额鹅黄。出没花间兮，宜嗔宜喜。徘徊池上兮，若飞若扬。蛾眉颦笑兮，将言而未语。莲步乍移兮，欲止而仍行。羡彼之良质兮，冰清玉润。慕彼之华服兮，烂灼文章。爱彼之貌容兮，香培玉琢。美彼之态度兮，凤翥龙翔。其素若何？春梅绽雪。其洁若何？秋兰披霜。其静若何？松生空谷。其艳若何？霞映澄塘。其文若何？龙游曲沼。其神若何？月射寒江。［周按］以上素、洁、静、艳、文、神六者，俱备者其谁乎？应惭西子，实愧王嫱。吁！奇矣哉，生于孰地，出自何方？信矣乎，瑶池不二，紫府无双，果何人哉？如斯之美也！［甲眉］按此书凡例，本无赞赋闲文。前有宝玉二词，今复见此一赋，何也？盖此二人，乃通部大纲，不得不用此套。前词，却是作者别有深意，故见其妙。此赋则不见长，然亦不可无者也。［周按］此一段赞语略仿曹子建《洛神赋》，痕迹不难窥见。

宝玉见是一个仙姑，喜的忙上来作揖，笑问道："神仙姐姐［甲侧］千古未闻之奇称，写来竟成千古未闻之奇语，故是千古未有之奇文。不知从那里来，如今要往那里去？我也不知这是何处，望乞携带携带。"那仙姑笑道："吾居离恨天之上，灌愁海之中，乃放春山还香洞，［周按］还香洞，有深意，一放一还，一离一合。太虚幻境警幻仙姑是也。［甲侧］与首回中甄士隐梦景一照。司人间之风情月债，掌尘世之女怨男痴。因近来风流冤孽［甲侧］四字可畏。绵缠于此处，是以前来核察机会，布散相思。今忽与尔相逢，亦非偶然。此离吾境不远，别无他物，仅有自采仙茗一盏，亲酿美酒一瓮，素练霓舞歌姬数人，［周按］霓舞暗用唐明皇《霓裳羽衣曲》之典故，惟杨藏本与后出之下藏本作霓舞，是雪芹原笔。新填《红楼梦》曲十二只。［甲侧］点题，盖作者自云，所历不过红楼一梦耳。试随吾一游否？"宝玉听了，喜跃非常，便忘了秦氏在何处了，［甲侧］细极。竟随了仙姑至一所在，有石牌横建，上书"太虚幻境"四个大字。两边一副对联乃是：［周按］对联称副不称幅。

假作真时真亦假，无为有处有还无。［甲侧］正恐观者忘却首回，故特将甄士隐梦景重一渲染。［觉双］士隐曾见此匾对，而僧道不能领入，留此回警幻邀宝玉后文。

转过牌坊，便是一座宫门，也横书四个大字，道是：孽海情天。又有一副对联，大书云：

厚地高天堪叹古今情不尽，痴男怨女可怜风月债难偿。

宝玉看了，心下自思道："原来如此。但不知何为古今之情，又何为风月之债，从今到要领略领略。"宝玉只顾如此一想，不料早把那些邪魔招入膏肓了。[甲侧]奇极，妙文！当下随了仙姑，进入二层门内，只见两边配殿，皆有匾额、对联，一时看不尽许多，惟见有处写的是：痴情司、结怨司、朝啼司、夜怨司、春感司、秋悲司。[甲侧]虚陪六个。[甲眉]菩萨天尊，皆因僧道而有，以点俗人。独不许幻造太虚幻境，以警情者乎？观者恶其荒唐，余则喜其新鲜。[甲眉]有修庙造塔祈福者，余今意欲起太虚幻境，以较修七十二司更有功德。[周按]此批因太虚幻境诸司之名，即想及七十二司者，实因雪芹此处之文思，乃巧用北京朝阳门外东岳天齐庙中著名之阴府七十二司变而反用之。天齐庙前有石牌坊，其联想构思之迹甚为明显。以上系友人之见，觉有理，因记之。宝玉看了，因问仙姑道："敢烦仙姑引我到那各司中游玩游玩，不知可使得否？"仙姑道："此各司中，皆贮的是普天下之所有的女子过去未来的簿册，尔凡眼尘躯，未便先知的。"宝玉听了，那里肯依，复央之再四。仙姑无奈说："也罢，就在此司内略随喜随喜罢了。"宝玉喜不自胜，抬头看这司的匾上，乃是"薄命司"三字。[甲侧]正文。两边对联写道是：

春怨秋悲皆自惹，花容月貌为谁妍？

宝玉看了，便知感叹。[甲侧]便知二字，是字法，最为紧要之至。进入门来，只见有数十个大厨，皆用封条封着，看那封条上，皆是各省地名。宝玉一心只拣自己的家乡的封条看，遂无心看别省的了。只见那边厨上封条上，大书七字云：金陵十二钗正册。[甲侧]正文题。[蒙戚双]正文点题。宝玉因问："何为金陵十二钗正册？"警幻道："即贵省中十二冠首女子之册，故为正册。"宝玉道："常听人说，[甲侧]常听二字，神理极妙！金陵极大的地方，怎么只有十二个女子？如今单我们家里，上上下下就有几百女孩子呢。"[甲侧]贵公子口声。警幻冷笑道："贵省女子固多，不过择其善者录之。[周按]善为全书主眼之一，与前文小才微善呼应。◎如拘看警幻之言似乎正册、副册、又副册等最居上选，余者并未明言若干。据脂批所言，副钗层次尚多，不止此数。俟后文再加详论细考。下边二厨，则又次之。馀者庸愚之辈，则无册可录矣。"宝玉听说再看下首二厨上，果然一个写着"金陵十二钗副册"，又一个写着"金陵十二钗又副册"。

宝玉便伸手先将“又副册”厨门开了，拿出一本册来，揭开一看，只见这首页上画着一幅画，又非人物，亦无山水，不过水墨滃染的满纸乌云浊雾而矣。后有几行字写着：

霁月难逢，彩云易散。心比天高，身为下贱。［周按］白居易诗云：世间好物不坚牢，彩云易散琉璃脆。雪芹写晴雯判词正用白氏诗句。◎心比天高，身为下贱八个字，兼含雪芹感叹自身为包衣奴隶之家世，语意悲痛，非只为晴雯一人也。风流灵巧招人怨。寿夭多因毁谤生，多情公子空牵念。［甲侧］恰极之至。“病补雀金裘”回中，与此合看。

宝玉看了，又见后面画着一簇鲜花，一床破席，也有几句言词写着：

枉自温柔和顺，空云似桂如兰。

堪羡优伶有福，谁知公子无缘。［甲侧］骂死宝玉，却是自悔。

宝玉看了不解，遂掷下了这个，又去开了那“副册”厨门。拿起一本册来，揭开看时，只见画着一株桂花，下面有一池沼，其中水涸泥干，莲枯藕败。画后书云：

根并荷花一水香，［甲侧］却是咏菱妙句。［周按］一水香，多本做一茎香，平仄失调，非是。况此句恐系后文结局，非泛语也。平生遭际实堪伤！

自从两地生孤木，［甲侧］折［拆］字法。致使香魂返故乡。

宝玉看了仍不解，他又掷下，再去取“正册”看。只见头上一页便画着四株枯木，木上悬着一围玉带。又有一堆雪，雪下一股金钗。也有四句言词道：

可叹停机德，［甲侧］此句薛。堪怜咏絮才。［甲侧］此句林。

玉带林中挂，［蒙双］此句林。金簪雪里埋。［甲侧］寓意深远，皆非生其地之意。

宝玉看了仍不解，待要问时，情知他必不肯泄漏，待要丢下又不舍。遂又往后看时，只见画着一张弓，弓上挂一香橼。也有一首歌词云：［甲眉］世之好事者，争传《推背图》之说。想前人断不肯煽惑愚迷，即有此说，亦非常人供谈之物。此回悉借其法，为儿女子数运之机，无可以供茶酒之物，亦无干涉政事。真奇想奇笔。［周按］全是烟幕。

二十年来辨是谁，［周按］谁字令人瞩目，今选杨藏本、己卯本作“辨是谁”。榴花开处照宫闱。

［周按］榴花开处照宫闱，此句似又与太子胤礽有所关联。盖胤礽有专咏宫中榴花诗，兼有自寓之意。又按，胤礽生于五月初三，而元春偏偏又曾特命于五月初一至初三在清虚观打平安醮三天，其中必有隐藏之事故，大可令人瞩目，尚待史家细考。◎韩退之咏榴诗“五月榴花照眼明”，此“照”字来历。“明”字与“座上珠玑照日月”呼应（此“照”或作“昭”，恐不足为据）。盖康熙太子胤礽实生于五月初三日。

三春争及初春景，［甲侧］显极。虎兕相逢大梦归。［周按］虎兕为二有力者相争之象，暗喻政局之变。虎兕，老子、孔子皆曾用过。

后面又画着两人放风筝，一片大海，一只大船，船中有一女子，掩面泣涕。也有四句云：

才自精明志自高，生于末世运偏消。［甲侧］感叹句，自寓。

清明涕送江边艦，［周按］艦是原笔，且写实景，必有本事隐去。◎图绘大船，有二人泣别。一为探春，另一疑是宝琴。千里东风一望遥。［甲侧］好句。

后面又画几缕飞云，一湾逝水。其词曰：

富贵又何为？襁褓之间父母违。

展眼吊斜晖，湘江水逝楚云飞。［周按］此写湘云，其所谓展眼吊斜晖者，乃是针对首句富贵而言。富贵指其家境，非指本人，应加分别。

后面又画着一块美玉落在泥垢之中。其断语云：

欲洁何曾洁，云空未必空！

可怜金玉质，落陷污泥中。

后面忽见画着一个恶狼，追扑一美女，欲啖之意。其书云：

子系中山狼，得志更猖狂。［甲侧］好句。

金闺花柳质，一载赴黄粱。［周按］黄梁，不从粱，亦是原笔。或谓暗隐梁木自悬之义。

后面便是一座古庙，里面有一美人在内看经独坐。其判云：

勘破三春景不长，［周按］三春，一向解者皆以为是指孟春、仲春、季春三个月九十日，即九十春光之意。而友人则解为三春乃三年之义。盖全书所写实自乾隆元年至乾隆三年，此段时间为贾府复兴之时日，过此三年，则大厦忽倾，家亡人散。余以为友人之说有理。缁衣顿改昔年妆。

可怜绣户侯门女，独卧青灯古佛傍。[甲侧]好句。

后面便是一片冰山，上有一只雌凤。其判曰：

凡鸟偏从末世来，都知爱慕此身才。

一从二令三人木，[甲侧]折〔拆〕字法。[周按]此写凤姐。画中云有一片冰山，冰山暗用明代权相严嵩家之典故。盖谓其权势盛时不可一世，而忽然势败，却如冰山一片，涣然消融。◎一从二令三人木，此句解者纷纭，已有十数家之多，各出新意。余则以为此句所言并无难解之处：一从者谓初婚阶段，妻必从夫。过此以后，凤姐掌权，可以左右丈夫，即二令之阶段也。最后因凤姐暗害尤二姐，并致男胎早坠，以至贾琏无后，被视为大罪，故终遭休弃。三人木者，即暗拆“休”字也。哭向金陵事更哀。

后面又有一座荒村野店，有一美人在那里纺绩。其判曰：

事败休云贵，[周按]可证贾府之兴盛，乃因依附于另一权势之家，即此家势败，则株连遭祸，同归败亡。须与第一回“一局输赢料不真”合看。家亡莫论亲。[甲侧]非经历过者，此二句则云纸上谈兵。过来人那得不哭！

偶因济刘氏，巧得遇恩人。

诗后又画一盆茂兰，傍有一凤冠霞帔的美人。也有判云：

桃李春风结子完，到头谁似一盆兰？

为冰为水空相妒，[周按]盖用荀子“青，取之于蓝而青于蓝；冰，水为之，而寒于水。”其意盖谓水之与冰，本是一物，既化之后，冰自诩我寒胜你，水则不服曰，你本系我之所出。二者争相攻讦，即相妒之所指，此谓自家人反生嫉恨。枉与他人作话谈！[甲侧]真心实话。[周按]作话谈，非美事也，语婉有味。

后面又画着高楼大厦，有一美人悬梁自缢。其判云：

情天情海幻情身，情既相逢必主淫。

谩言不肖皆荣出，造衅开端实在宁。

宝玉还欲看时，那仙姑知他天分高明，性情颖慧，[甲眉]通部中笔笔贬宝玉，人人嘲宝玉，语语谤宝玉，今却于警幻意中忽写出此八字来，真是意外之意。此法，亦别书中所无。恐他把仙机泄露，遂掩了卷册，笑向宝玉道：“且随我去游玩游玩奇景，[甲侧]是哄小儿语，细甚！何必在此打这闷葫芦！”[甲侧]为前文葫芦庙一点。[觉双]点醒。宝玉恍恍惚惚，不觉弃了卷册，[甲侧]是梦中景况，细极！又随了警幻来至后面。但见珠帘绣幙，画栋雕檐，说不尽那光摇朱户金铺地，雪照琼窗玉作宫。更见仙花馥郁，异草芬芳，真好个所在！［甲侧］已为省亲别墅画下图式矣！宝玉正在观之不尽，忽听警幻笑呼道：“你们快出来迎接贵客！”一语未了，只见房中又走出几个女子来，皆是荷袂蹁跹，羽衣飘舞，姣若春花，媚如秋月。一见了宝玉，都怨谤警幻道：“我们不知系何贵客，忙的接了出来！姐姐曾说，今日今时，必有绛珠妹子的生魂前来游玩旧景，［甲侧］绛珠为谁氏？请观者细思首回。［周按］此绛珠指谁？俗常皆为伪续所蔽，以为是指黛玉，黛玉岂有此时此境来临之理？下文复又有“兼美”一义，合看皆不可通。盖作者文笔狡狯，读者未之深思耳。故我等久待，何故反引了这浊物来污染这清净女儿之境？”［甲眉］奇笔摅奇文。作书者视女儿珍贵之至，不知今时女儿可知？余为作者痴心一哭，又为近之自弃自败之女儿一恨！［蒙戚双］奇笔奇文。［周按］此为女性批者的心思语言最为明显，细心读者当能领会。宝玉听如此说，便唬得欲退不能退，［周按］唬字，当时读音如“夏”，即今之“吓”字。果觉自形污秽不堪。［甲侧］贵公子不怒而反退，却是宝玉天外中一段情痴。［蒙双］贵公子岂容人如此厌弃，反不怒而反欲退，实实写尽宝玉天分中一断情痴来。若是薛阿呆至此，闻是语，则警幻之辈共成齑粉矣。一笑！［周按］据此种批而观之，蒙府本为全，似乎甲戌本是初文。蒙府本是又经增补，二者显有先后，未必是钞者缺漏。警幻忙携住宝玉的手，［甲侧］妙。警幻自是个多情种子。向众姊妹笑道：“你等不知原委，今日原欲往荣府去接绛珠，适从宁府所过，偶遇宁荣二公之灵，［周按］警幻者，即秦氏化身。警幻教诲宝玉，云是宁荣二公之灵特来嘱托。按，二公所托，贾氏家运、子孙之宗族大事也。贾氏子孙由有敬、赦政乃至珍、琏等人在，不告诫于彼，而独诉于彼孙少妇，有此理乎？即此可悟，可卿身份。另有内在人所未知耳。◎贾氏宗祠在宁府，亦非“偶遇”，总是托词。嘱吾云：吾家自国朝定鼎已来，［周按］鼎，原抄如是，避讳书法也。已来是当时写法。功名奕世，富贵传流，虽历百年，奈运终数尽不可挽回者。故近之子孙虽多，竟无一可以继业者。［甲侧］这是作者真正一把眼泪。其中惟嫡孙宝玉一人，［周按］庚本做保玉。细思之，宝玉原谐保育之音义。故此处偶然逗露文心隐秘处，非是一般误笔可比。禀性乖张，生情诡谲，［周按］生情是原笔。虽聪明灵慧略可玉成，无奈吾家运数合终，恐无人规引入道。正幸仙姑偶来，万望先以情欲声色等事，警其痴顽，或能使彼跳出迷人圈子，然后入于正路，亦吾弟兄之幸矣。［甲侧］二公真无可奈何，开一觉世觉人之路也。如此嘱吾，故发慈心引彼至此。先以彼家中上中下三等女子之终身册籍，令彼熟玩，尚未觉悟。故引彼再至此处，令其再历饮馔声色之幻，或冀将来一悟，亦未可知也。”［甲侧］一段叙出宁荣二公，足见作者深意。说毕，携了宝玉入室。但闻一缕幽香，竟不知所焚何物，宝玉遂不禁相问。

警幻冷笑道："此香尘世中既无，尔何能知？此香乃系诸名山胜境内初生异卉之精，合各种宝林珠树之油所制，[觉双]细玩此句。名为群芳髓。"[甲侧]好香。[甲眉]"群芳髓"可对"冷香丸"。宝玉听了，自是羡慕。已而大家入座，小嬛捧上茶来。宝玉自觉香清味异，纯美非常，因又问何名。警幻道："此茶出在放春山遣香洞，又以仙花灵叶上所带之宿露而烹，此茶名曰'千红一窟'。"[甲侧]隐哭字。宝玉听了，点头称赏。因看房内瑶琴、宝鼎、古画、新诗，无所不有，更喜窗下亦有唾绒，奁间时渍粉污。[蒙戚双]是宝玉心事。壁上亦有一副对联，书云：

幽微灵秀地，[甲侧]女儿之心，女儿之境。无可奈何天。[甲侧]两句尽矣。撰通部大书不难，最难是此等处。可知皆从无可奈何而有。[蒙戚双]女儿之境，两句尽矣。

宝玉看毕，无不羡慕。因又请问众仙姑姓名。一名痴梦仙姑，一名钟情大士，[周按]种情，由情种转化活用而来，词新而味长。一名引愁金女，一名度恨菩提，各各道号不一。[周按]友人指出：大士，湘也。仙姑，黛也。金女，钗也。菩提，妙也。此隐全书四大女主角。此论颇有思致。少刻，有小嬛上来调桌安椅，设摆酒馔，真是琼浆满泛玻璃盏，玉液浓斟琥珀杯。更不用再说那肴馔之胜。宝玉因闻得此酒清香甘冽，异乎寻常，又不禁相问。警幻道："此酒乃是百花之蕤，万木之汁，加以麟髓之醅，凤乳之曲酿成。因名为'万艳同杯'。"[甲侧]与千红一窟一对。隐悲字。宝玉称赏不迭。饮酒之间，又有十二个舞女上来，请问演何词曲。警幻道："就将新制的《红楼梦》十二支演上来。"舞女们答应了，便轻敲檀板，款按银筝，听他歌道是：

开辟鸿濛……[甲侧]故作顿挫摇摆。

方歌了一句，警幻便说道："此曲不比尘世中所填传奇之曲，[甲墨眉]此语乃是作者自负之辞，然亦不为过谈。[周按]以上正文十三字加墨点，与墨批出一手。必有生旦净末之别，又有南北九宫之限。此或咏叹一人，或感怀一事，偶成一曲即可谱入管弦。若非个中人[甲侧]三字要紧，不知谁是个中人？宝玉即个中人乎？然则石头亦个中人乎？作者亦系个中人乎？观者亦个中人乎？不知其中之妙。料尔亦未必深明此调。若不先阅其稿，后听其歌，翻成嚼蜡矣。”［甲眉］警幻是个极会看戏人。近之大老观戏，必先翻阅角本，目睹其词，彼听彼歌，却从警幻处学来。说毕，回头命小嬛取了《红楼梦》的原稿来递与宝玉。宝玉揭开，一面目视其文，一面耳聆其歌曰：［甲眉］作者能处，惯于自站地步，又惯于擅起波澜，又惯于故为曲折，最是行文秘诀。

第一支，《红楼梦》引子　开辟鸿濛，谁为情种？［甲侧］非作者为谁？余又曰：亦非作者，乃石头耳？都只为风月情浓。趁着这［周按］曲子款式相近，衬句三字乃曲子精华所在。参看第二十二回论《山门》“一任俺”三字之批。奈何天，伤怀日，寂寞时，［周按］寂寞时三字于此千斤力量，形音义都胜改寂寥时。后笔连三个三字名皆平出，避与下“寂寞林”相重也。试遣愚衷。［甲侧］愚字自谦得妙！因此上，演出这［周按］程本为那。一这一那，一真一伪，宗旨意度，区以别矣。怀金悼玉的《红楼梦》。［甲眉］怀金悼玉，大有深意。［甲双］读此几句，翻厌近之传奇中，必用开场付末等套，累赘太甚。［周按］此是甲戌本首次出现双行夹注批。◎全是托词。警幻，却是作者自咏。

第二支，终身悮［周按］悮，雪芹原字，着重自悮耽搁之意。都道是金玉良姻，俺只念木石前盟。［周按］“金玉”“木石”之真解，须待第三十一回之后方可逐步得明。空对着，山中高士晶莹雪。终不忘，世外仙姝寂寞林。叹人间，美中不足今方信，［周按］美中不足，直与楔子四百字逸文相呼应。纵然是齐眉举案，到底意难平。［甲眉］语句泼撒，不负自创北曲。

第三支，枉凝眉［周按］凝眉，伫望期待之义，人多误为颦眉以至扣实为黛玉一人，大失原旨。一个是阆苑仙葩，一个是美玉无瑕。若说没奇缘，今生偏又遇着他。若说有奇缘，如何心事终须化？［周按］须化二字据甲戌本原书原笔，后遭浓墨笔描改为虚话。心事者即乐中悲曲之儿女私情。旧时男女私心爱慕而不敢宣言者也，如何又有虚话之可云，此妄改绝不可从。盖此种暗怀于内心之私愿，曾遭变故与阻力而难于遂心之谓也。一个枉自嗟呀，一个空劳牵挂。［周按］以一个是……一个是对举，俗习误认此乃一男一女之谓，不知引子早言“怀金悼玉”是一部大纲。此种笔法，可参看第二十八回唱曲，“两个冤家，都难丢下”等之佳例，自然可悟。一个是水中月，一个是镜中花。想眼中能有多少泪珠儿，怎禁得秋流到冬尽，春流到夏！［周按］依曲律，此为七字平起句，秋流冬尽春流夏，加两个到为衬字也。此“尽”字应溯源《绣襦记》，郑元和《莲花落》：一年冬尽，不觉又是一年家春啦也么咳咳。当时妇孺皆能歌之。

宝玉听了此曲，散漫无稽，不见得好处。［甲批］自批驳，妙极！但其声韵凄惋，竟能消魂醉魄。因此也不察其原委，问其来历，就暂以此释闷而已。［甲眉］妙！设言世人亦应如此法，看此《红楼梦》一书，更不必追究其隐寓。［甲墨侧］此结是读“红楼”之要法。因又听下面唱道：

第四支，恨无常　喜荣华正好，恨无常又到。眼睁睁，把万事全抛。荡悠悠，把芳魂消耗。望家乡，路远山遥。故向爹娘梦里相寻告：儿命已入黄泉，天伦呵，须要退步抽身早！［甲侧］悲险之至。

第五支，分骨肉　一帆风雨路三千，把骨肉家园齐抛闪。恐哭损残年。告爹娘，莫把儿悬念。自古穷通皆有命，［周按］穷通皆有命，命字是眼，即英莲有命无运之命。离合岂无缘？从今分两地，各自保平安。奴去也，莫牵连。［蒙戚双］探乡［卿］声口如闻。

第六支，乐中悲　襁褓中，父母叹双亡。［甲侧］意真辞切。过来人见之，不免失声！［周按］这是夫子自道，不可含浑读过。纵居那绮罗丛，谁知娇养？幸生来，英雄阔大宽宏量，从未将儿女私情略萦心上。好一似，霁月光风耀玉堂！［蒙戚双］堪与湘乡［卿］作照。斯配得才貌仙郎，博得个地久天长，准折得幼年时坎坷形状。终久时云散高唐，水涸湘江。这是尘寰中消长数应当，何必枉悲伤？［甲眉］悲壮之极，北曲中不能多得。

第七支，世难容　气质美如兰，［甲侧］妙卿实当得起。才华阜比仙。［周按］阜，富也。天生成孤癖人皆罕。你道是啖肉食腥膻？［甲侧］绝妙曲文，填词中不能多见。视绮罗俗厌。却不知太高人愈妒，［甲侧］至语！过洁世同嫌。可叹这，青灯古殿人将老，辜负了，红粉朱楼春色阑。到头来，依旧是风尘骯髒违心愿。［周按］雪芹令祖楝亭诗，屡用骯髒与风尘字，最佳之例即诗集卷一《咏次山藏剑》，其全篇云：琉璃匣内泊无形，屈蟠龙身自杳冥。徒手力萧余骯髒，明眸相顾益娉婷。一挥举世头俱白，留待吾徒鬓尚青。澒洞风尘少年事，好将宝气护文星。骯髒俱仄声，读如“慷莽”，义即不屈。风尘，行路飘泊之词。好一似，无瑕美玉遭泥陷。［周按］美玉是原笔。又何须，王孙公子叹无缘！

第八支，喜冤家［蒙戚双］冤家上加一喜字，真新，真奇！中山狼，无情兽，全不念当日的根由。一味的，骄奢淫荡贪还构。［周按］原语是说后文孙绍祖贪婪构陷，诬害贾家，所以为中山狼者在此。岂一淫徒而已哉。觑着那，侯门艳质同蒲柳。作践的，公府千金似下流。叹芳魂艳魄，一载荡悠悠。［甲侧］题只十二钗，却无人不有，无事不备。

第九支，虚花悟　将那三春看破，桃红柳绿待如何。把这韶华打灭，觅那清淡天和。说什么，天上夭桃盛，［蒙戚双］此休〔比〕恰甚。云中杏蕊多！到头来，谁见把秋挨过？则看那，白杨村里人呜咽，青枫林下鬼吟哦。更兼着，连天衰草遮坟墓。这的是，昨贫今富人劳碌，春荣秋谢花折磨。似这般，生关死劫谁能躲？闻说道，西方宝树唤婆娑，上结着，长生果。［甲侧］末句开句收句。［蒙双］喝醒大重〔众〕，是极。

第十支，聪明累　机关算尽太聪明，反算了卿卿性命。［甲侧］警拔之句。生前心已碎，死后性灵空。家富人宁，终有个，家亡人散各奔腾。枉费了，意嘫嘫半世心。［周按］"意嘫嘫"，嘫就是愁字。义为忧也伤也。诸本作"意悬悬"，今独取杨藏、己卯本作"意嘫嘫"，理由有二：第一，杨藏本抄写年代最早，若本来也作"悬悬"，则杨本之抄手岂能去另换这个罕见的僻字，绝无此理。第二，嘫，还有一义为强也。"嘫嘫"为倔强貌。按，此强应读去声，即"犟"，乃倔强之意也。如以现代语译之，即不服气、不认错、不退让、不服输等意。据脂砚斋批语中透露，曹雪芹真本八十回后有"王熙凤知命强英雄"这一回目，此"强"正合"嘫嘫"之本意。合而观之，方知"嘫"字十分冷僻，识者甚少。又因形草书字形讹变，抄手遂误以为是"悬"字了。此语正写凤姐平生好胜要强，不肯认输之性情，其为家事竭力支撑，实有知其不可为而与命争之意志。雪芹满怀叹惜，用字精极。好一似，荡悠悠三更梦。忽喇喇如大厦倾，昏惨惨似灯将尽。呀！一场欢喜忽悲辛。叹人世，终难定！［甲侧］见得到。［甲眉］过来人睹此，宁不放声一哭！［戚双］见得到，是极，过来人睹此，能不放声一哭！

第十一支，留余庆　留余庆，留余庆，忽遇恩人。幸娘亲，幸娘亲，积得阴功。劝人生，济困扶穷。休似俺那银钱上，忘骨肉的狠舅奸兄！正是乘除加减，上有苍穹。

第十二支，晚韶华　镜里恩情，［甲侧］起得妙！更那堪梦里功名！那美韶华去之何迅！再休提绣帐鸳衾。只这带珠冠，披凤袄，也抵不了无常性命。虽说是，人生莫受老来贫，也须要阴骘积儿孙。气昂昂头带簪缨，气昂昂头带簪缨，光灿灿腰悬金印。威赫赫爵位高登，威赫赫爵位高登，昏惨惨黄泉路近。问古来将相可还存？也只是虚名儿与后人钦敬。

第十三支，好事终　画梁春尽落香尘。［甲侧］六朝妙句。擅风情，秉月貌，便是败家的根本。箕裘颓堕皆荣玉，［甲侧］深意他人不解。［周按］荣玉，指荣府之宝玉，脂砚最爱惜宝玉，处处为之回护。家事消亡首罪宁。宿孽总因情！［甲侧］是作者具菩萨之心，秉刀斧之笔，撰成此书。一字不可更，一语不可少。

第十四支，收尾，飞鸟各投林［甲侧］收尾愈觉悲惨可畏。为官的，家业凋零。富贵的，金银散尽。［甲侧］二句先总宁荣。［戚双］二句总宁荣，与树倒猢狲散作反照。有恩的，死里逃生。无情的，分明照应。［周按］照应，非因果报应之迷信俗义，宜细玩，此句疑指妙玉。欠命的，命已还。欠泪的，泪已尽。冤冤相报实非轻，分离合聚皆前定。［周按］分离合聚，早伏下后文有二人重逢复合之事迹。欲知命短问前生，老来富贵也真侥幸。看破的，遁入空门。痴迷的，枉送了性命。［甲侧］将通部女子一总。好一似食尽鸟投林，落了片白茫茫大地真干净！［甲侧］又照看葫芦庙。与树倒猢狲散反照。

歌毕，还又歌别曲。［甲侧］是极，香菱、晴雯辈岂可无，亦不必再。［周按］警幻明言新制《红楼梦》十二支，亦无正曲之名，故以别曲为是。警幻见宝玉甚无趣味，［蒙戚双］自站地步。因叹道："痴儿竟尚未悟！"那宝玉忙止歌姬不必再唱，自觉朦胧恍惚，告醉求卧。警幻便命撤去残席，送宝玉至一香闺绣阁之中。其间铺陈之盛，乃素所未见之物。更可骇者，早有一位女子在内，其鲜妍妩媚，有似乎宝钗。风流袅娜，则又如黛玉。［甲侧］难得双兼，妙极！正不知何意，忽警幻道："尘世中多少富贵之家，那些绿窗风月、绣阁烟霞皆被淫物纨袴与那些流荡女子悉皆玷污。［甲侧］真极。更可恨者，自古来多少轻薄浪子，皆以好色不淫为饰。

又以情而不淫作案，［蒙戚双］色而不淫四字，已滥熟于各小说中，今却特贬其说，批驳出矫饰之非，可谓至切至当，亦可以唤醒众人，勿谓前人之矫词所惑也。此皆饰非掩丑之语也。好色即淫，知情更淫。是以巫山之会，云雨之欢，皆由既悦其色，复恋其情之所致也。［甲侧］色而不淫，今翻案。奇甚。吾所爱汝者，乃天下古今第一淫人也。”［甲侧］多大胆量，敢作如此之文。［蒙戚双］不见下文，使人一惊，多大胆量，敢如此作文。［甲眉］绛芸轩中诸事情景，由此而生。宝玉听了，唬的忙答道：“仙姑差矣，我因懒于诗书，家父母尚每垂训饬，岂敢再冒淫字？况且年纪尚小，不知淫字为何物。”警幻道：“非也。淫虽一理，意则有别。如世之好淫者，不过悦容貌，喜歌舞，调笑无厌、云雨无时，恨不能尽天下之美女，供我片时之趣兴，此皆皮肤滥淫之蠢物耳！［甲侧］说得恳切恰当之至。如尔则天分中生成一段痴情，吾辈推之为意淫。［甲侧］二字新雅。意淫二字，惟心会而不可口传，可神通而不能语达。［甲侧］按宝玉一生心性，只不过是体贴二字，故曰意淫。汝今独得此二字，在闺阁中固可为良友，然于世道中未免迂阔怪诡，百口嘲谤、万目睚眦。今既遇令祖宁荣二公剖腹深嘱，吾不忍君独为我闺阁增光，见弃于世道。故特引前来，醉以灵酒，沁以仙茗，警以妙曲，再将吾妹一人，乳名兼美［甲侧］妙，盖指薛林而言也。［周按］谁是能兼钗黛二人之美者，假拟乎？隐有实指乎？令人遐思。字可卿者，许配与汝。今夕良时，即可成姻。不过领汝领略此仙闺幻境之风光尚然如此，何况尘境之情哉？今而后万万解释，改悟前情，将谨勤有用的工夫，置身于经济之道。”［蒙戚双］说出此二句，警幻亦腐矣，然亦不得不然耳。说毕，便秘授以云雨之事，［蒙戚双］这是情之末了一着，不得不说破。推宝玉入帐。那宝玉恍恍惚惚，依警幻所嘱之言，未免有阳台巫峡之会。［蒙戚双］如此方免累赘。数日来柔情缱绻，软语温存，与可卿难解难分。那日警幻携宝玉、可卿闲游至一个所在，但见荆榛遍地，［蒙戚双］略露心迹。狼虎同群，［蒙戚双］凶极！试问观者此系何处？忽尔大河阻路，黑水淌洋，又无桥梁可通，［甲侧］若有桥梁可通，则世路人情犹不算艰难。［蒙戚双］若有桥梁可通，则世路人情犹不算艰难，特用形如槁木、心如死灰句以消其念，可谓善于读矣。宝玉正自彷徨，只听警幻道：“宝玉，再休前进，作速回头要紧！”［甲侧］机锋。［觉双］点醒世人。宝玉忙止步问道："此系何处。"警幻道："此即迷津也！深有万丈，遥亘千里，中无舟楫可通，［蒙戚双］可思。只有一个木筏，乃木居士掌柁，灰侍者撑篙，不受金银之谢，但遇有缘者渡之。尔今偶游至此，如堕落其中，则深负我从前一番以情悟道，守理衷情之言。"［蒙戚双］看他忽转笔作此语，则知此后皆是自悔。宝玉方欲回言，只听迷津内水响如雷，竟有一夜叉般怪物撺出，直扑而来。唬得宝玉汗如雨下，一面失声喊叫："可卿救我！可卿救我！"慌得袭人、媚人等上来扶起，拉手说："宝玉别怕，我们在这里！"［蒙戚双］接得无痕迹，历来小说中之梦，未见此一醒。秦氏在外听见，连忙进来，一面说丫嬛们好生看着猫儿狗儿打架，［蒙戚双］细，又是照应前文。又闻宝玉口中连叫"可卿救我"，［甲侧］云龙作雨，不知何为龙？何为云？何为雨？［戚双］奇奇怪怪之文，令人摸头不着，云龙作雨？不知何为龙？何为云？又何为雨矣？因纳闷道："我的小名，这里没人知道，他如何从梦里叫出来？"［周按］甲戌本至此句止。程本此句下有：正在不解，且听下回分解。正是：

一场幽梦同谁诉？千古情人独我知。［周按］一场，符平仄音律，独我知极佳。

［戚回后］将一部全盘点出几个，以陪衬宝玉，使宝玉从此倍偏，倍痴，倍聪明，倍潇洒，亦非突如其来。作者真妙心妙口，妙笔妙人。

［回后评］上文第四回本意只为交待薛家宝钗、香菱二人如何入都入府之缘由，并引出一个护官符，如此而已。只因事涉官场，笔墨未免陈俗，境界平平。作者似有自觉，故于本回全力挽转，出以特奇之大笔撰此《石头记》一回奇文。

雪芹之书定名本是《石头记》，世人却多称之《红楼梦》一名。《红楼梦》何义？原来也只是宝玉在秦氏房中做梦之隐语。是故《红楼梦》曲文十二支先已总括全书的重要内容，预为十二钗之命运结局设下伏笔，而用其曲文之名《红楼梦》以代全书之称，亦无不可。

《红楼梦》曲文正题十二支加以引子与结尾，共十四支。观其引子，实乃作者之自述，道出在何等处境与心情之下，不得已而撰此一书。曰奈何、曰伤怀、曰寂寞，明明白白，毫无掩饰。作者自表之后，方是正文。正文中又分人物角色之自云与作者代言两种身份、口吻。如元春之曲文，自云也。如凤姐之曲文，代言也。代言者，即包含评论、褒贬，如《乐中悲》之隐湘云，如《世难容》之隐妙玉，皆其良例。读者自可寻辨。

警幻云她原是欲到荣府去迎接绛珠，却遇宁荣二公之灵，引出一大段文字。然此处却有三疑：一，路遇宁荣二公之灵与去接绛珠两者毫不矛盾，即与二公谈话之后，毕竟是否将绛珠接来，此一要点，书中却无只字交待，此一大疑点也。二，若谓绛珠即指黛玉，则何以又特出兼美之人与宝玉梦中相会。兼美即钗黛二人而非绛珠也。此第二可疑之点也。三，宝玉进入秦氏房中，首先入目者即《海棠春睡图》。按海棠春睡本是杨贵妃之典故。今书中海棠与湘云相关，杨贵妃又与宝钗相关，二者却与黛玉无涉。是则警幻所迎来者究是何人，仍不可解。此可疑者三也。

细玩警幻对宝玉之言，全为引出"意淫"二字，而她对"意淫"之解释又全为呼应《红楼梦》引子中第一句：开辟鸿濛，谁为情种？后云宝玉之为人与皮肤滥淫之辈不同，天生一段痴情，吾辈推之为意淫。故批书人点明，此种痴情即以情体贴他人之意，亦即全书大旨谈情之本义也。

通部书写宝玉之为人，讥贬嘲谤是其主调。观其用语即愚顽蠢劣，全不离此等字样。然于第二回贾雨村口中已谓不然，他首先揭示其"聪明灵秀之气在万万人之上"。是则，聪明灵秀四字正与愚顽蠢劣为对。至本回忽又言警幻知他"天分高明，性情颖慧"，此八个字全出读者之意表，令人一惊。我谓若是作者欲写他人张三李四，或赞或贬，不妨开门见山，单刀直入，又何必作此曲曲折折，层层次次之特笔乎。即此可知，此书全是自况、自寓、自叙之本旨也。其实所谓自传说者，具眼读者一望可悟，本不待考证琐琐然后方可知耳。但世人具眼通灵者却未必甚多，于是横生别论，纷纷滋扰，若是作者见之，定发一笑耳。

若谓作者是写梦境，故文词迷离恍惚，似觉有理。然宝玉忽于梦中喊出可卿一名，而秦氏闻之，心中诧异，我的小名，从无人知，他却如何得晓。请看，明明白白，确确凿凿，岂是迷离恍惚之可比。既如此，此一难猜之谜又当何解。昔日我已疑之，今忽偶得一悟，贾母旧年大丫嬛中本有可人一名，至第四十六回鸳鸯回忆时说及已死去的可人，然则此可卿莫非即可人之敬称或爱称耶。

“飞鸟各投林”应与后回秦可卿托梦中惊人之语合看，方能得其意味。盖飞鸟因食尽方各自投于有食之林，即“树倒猢狲散”之另一比喻也。其关键总在一个各字上。试看秦氏之言词“三春去后诸芳尽，各自须寻各自门”，即可悟此“各”字之重要为何如矣。然后再看曲文“家亡人散各奔腾”之“各”字，又如小红亦说：不过三五年，各自干各自的去了。再次重复了“各”字。请看作者讲这各字是如何再三再四地点破不已。此即雪芹用以突出全书后半部悲欢离合、炎凉世态之大悲剧结局的重要笔法。

观此回凡叙至看联、看册、看曲文，其引出正文之语句，原甚简单之事，而竟百般变化，无一本相同，可谓奇极。试思同一作者，意匠经营，岂有在此等最琐屑无关处大费周章之理。更奇者竟连出“其云”之语，则中间又实空一字，此皆万不可通之文理也。因悟雪芹属稿时，情势各有不同，诗联曲判之类，他只指撰韵正文，至于其他琐屑，空而不遑书，皆留待脂砚斋等助者联缀之，故成此异相耳。

读书至此，方知《红楼梦》原是诗联曲词并称，红楼一梦借为全书之异称。红楼，本富家绣阁琼闺之代词，原不必拘看红字与楼字。即如此时宝玉入梦处，只是秦氏所居精美卧室，既非红色，亦无层楼。也仅是取之花落水流，诗意画境而已。此即中华文化传统之特殊表现方式也。《红楼梦》

曲联赋于文笔称妙绝，词意悲险胜于书内诗词诸作。

欲觅求大概，只可凭各人之学力悟力感受领会，正因如此，方有红学之学科出现于民国时期，与一般小说文艺理论评赏之事，混为一谈，而昧者往往不知区别，于是纠结争执，不可罢休矣。正如作者祖父曹楝亭自评：吾曲第一，词次之，诗又次之。然文化素养不足者难辨。于此道中小说其既是幻境梦境，判词曲文等俱是半隐半显，有其之神秘性。又非一时能解，须待读至卷尽方知。而不幸后半佚毁，遂多揣测难定之。

刘姥姥一进荣国府

朝扣富儿门，富儿犹未足。虽无千金酬，嗟彼胜骨肉。

一亩薄田足可度日的姥姥，忍耻扣响了富儿门。甲戌本此处有一眉批：老妪有忍耻之心，故后有招大姐之事。作者关非泛写，且为求亲靠友下一棒喝！

此回经典语：我又没有收税的亲戚，做官的朋友。每一句之后脂砚斋皆评一句：骂死！

黛玉

一个是阆苑仙葩，一个是美玉无瑕。若说没奇缘，今生偏又遇着他。若说有奇缘，如何心事终须化？一个枉自嗟呀，一个空劳牵挂。一个是水中月，一个是镜中花。想眼中能有多少泪珠儿，怎禁得秋流到冬尽，春流到夏！

第六回
贾宝玉初试雨云情　刘姥姥一进荣国府

［戚回前］风流真假一般看，借贷亲疏触眼酸。总是幻情无了处，银灯挑尽泪漫漫。［周按］借贷乃当时实景。银灯是女子口气。

［甲回前］宝玉、袭人，亦大家常事耳，写得是已全领警幻意淫之训。此回借刘妪，却是写阿凤正传，并非泛文。且伏二递三递〔二进三进〕及巧姐之归着。

此刘妪一进荣国府，用周瑞家的，又过下回无痕，是无一笔写一人文字之笔。

题曰：

朝叩富儿门，富儿犹未足。

虽无千金酬，嗟彼胜骨肉。［周按］此诗起用杜句，敦诚诗云：劝君莫弹食客铗，劝君莫叩富儿门。残羹冷炙有德色，不如著书黄叶村。正可参看。

却说秦氏因听见宝玉从梦中唤他的乳名，心中自是纳闷，又不好细问。彼时宝玉迷迷惑惑，若有所失。众人忙端上桂圆汤来，呷了两口，遂起身整衣。袭人伸手与他系裤带时，不觉伸手至大腿处，只觉冰凉一片粘湿，唬的忙退出手来，问是怎么了。宝玉红涨了脸，把他手一捻。袭人本是个聪明女子，年纪本又比宝玉大两岁，近来也渐通人事。今见宝玉如此光景，心中便觉察了一半，不觉也羞的红涨了脸面，［蒙侧］存身分。遂不敢再问。［蒙侧］既少通人事，无心者则再不复问矣。既问，则无限幽思，皆在于伏身之一笑，所以必当有偷试之一番。行文轻巧，皆出于自然，毫无一些勉强。妙极！［周按］通人事，批语呼应，可证。仍旧理好衣裳，随至贾母处来，胡乱吃毕晚饭，过来这边。袭人忙趁众奶娘丫嬛不在旁时，另取出一件中衣来，与宝玉换上。宝玉含羞央告道："好姐姐，千万别告诉人！"［周按］别是北语，为勿义。鲁迅即曾言，初到北方不懂这个别的用法。袭人亦含羞笑问道："你梦见什么故事了？是那里流出来的那些臜东西！"［周按］今时所谓脏者，雪芹书中写作臜、贓，本是贪臜纳贿，故有不洁一义。［蒙侧］是必当问者，若不问则下文涉于唐突。宝玉道："一言难尽。"说着，便把梦中之事，细细说与袭人听了。然后说至警幻所授云雨之情，羞的袭人掩面伏身而笑。［蒙侧］试想。宝玉亦素喜袭人柔媚姣俏，遂强袭人同领警幻所训云雨之事。［甲侧］数句文，完一回题纲文字。袭人素知贾母已将自己与了宝玉的，今便如此，亦不为越理，［甲双］写出袭人身分。遂和宝玉偷试一番，幸得无人撞见。自此，宝玉视袭人更与别个不同，［甲双］伏下晴雯。袭人侍宝玉更为尽职，［甲双］一段小儿女之态，可谓追魂摄魄之笔。暂且别无话说。［甲双］一句接住上回《红楼梦》大篇文字，另起本回正文。

按荣府一宅中合算起来，人口虽不多，从上至下，也有三四百丁。事虽不多，一天也有一二十件，竟如乱麻一般，并没个头绪可作纲领。正寻思从那一件事，自那一个人写起方妙，恰好忽从千里之外，芥豆之微，小小一个人家，因与荣府略有些瓜葛，［甲侧］略有些瓜葛，是数十回后之正脉也，真千里伏线。这日正往荣府中来，因此便就此一家说来，到还是头绪。你道这一家姓甚名谁，又与荣府有甚瓜葛。诸公若嫌琐碎粗鄙呢，则快掷下此书，另觅好书去醒目。［蒙侧］加〔夹〕杂世态，巧伏下文。若谓聊可破闷时，待蠢物逐细言来。［甲双］妙，谦是石头口角。［周按］此乃假拟《石头记》作者石头之口吻，前与开端后与第十八回省亲处石头语气联络呼应。方才所说这小小一家，姓王，乃本地人氏，祖上曾作过小小的一个京官，昔年曾与凤姐之祖、王夫人之父识认，因贪王家的势利，［蒙侧］可怜！便连了宗，认作侄子。［甲双］与贾雨村遥遥相对。那时只有王夫人之大兄、凤姐之父，［甲双］两呼两起，不过欲观者自醒。与王夫人随在京中的，知有此一门连宗之族，馀者皆不识认。［蒙侧］强认亲的榜样。目今其祖已故，只有一个儿子，名唤王成。因家业消条，仍搬出城外原乡中住去了。王成新近亦因病故，只有其子小名狗儿，亦生一子，小名板儿。嫡妻刘氏，又生一女，名唤青儿。一家四口，仍以务农为业。〔甲双〕《石头记》中公勋世宦之家以及草莽庸俗之族，无所不有，自能各得其妙。因狗儿白日间又作些生计，刘氏又操井臼等事，青板姊弟两个无人看管，狗儿遂将岳母刘姥姥〔甲双〕音老，出《偕声字笺》，称呼毕肖。接来一处过活。〔蒙侧〕总是用过〔逼〕近〔进〕法。这刘姥姥乃是个久经世代的老寡妇，〔周按〕姥姥、老老、嫽嫽杂出，是此种北语当时尚无定字之证。膝下又无儿女，只靠两亩薄田地度日，如今女婿接来养活，岂不愿意。遂一心一计，帮趁着女儿女婿过活起来。

因这年秋尽冬初，天气冷将上来，家中冬事未办，狗儿未免心中烦虑。〔蒙侧〕贫苦人多有此等景象。吃了几杯闷酒，在家闲寻气恼，〔甲双〕病此病人不少，请来看狗儿。〔甲眉〕自《红楼梦》一回至此，则珍馐中之虀耳，好看煞！刘氏也不敢顶撞。因此刘姥姥看不过，乃劝道："姑夫，你别嗔着我多嘴。咱们村庄人，那一个不是老老诚诚的，守着多大碗儿，吃多大碗的饭。〔甲侧〕能两亩薄田度日，方说的出来。〔周按〕俗语，复一"碗"字始通顺，始有神。你皆因年小时，托着你那老家的福〔甲双〕妙称，何肖之至！〔周按〕老家，京语也。吃喝惯了，如今所以把持不住。有了钱，就顾头不顾尾，没了钱，就瞎生气，成个什么男子汉大丈夫了！〔甲侧〕此口气自何处得来？〔甲双〕为纨袴下针，却先从此等小处写来。〔蒙侧〕英雄失足，千古同慨，笑〔哭〕煞天下一切。（下缺）如今咱们虽离城住着，终是天子脚下，这长安城中遍地都是钱，只可惜没人会去拿去罢了。在家跳蹋坑也不中用的。"〔周按〕跳蹋坑，恐坑字不能少。狗儿听说，便急道："你老只会炕头儿上混说，〔周按〕炕头儿上，北语。难道叫我打劫、偷去不成？"〔蒙侧〕古人有错用盗字之说，的的是此句章〔张〕本。刘姥姥道："谁叫你偷去呢？到底大家想方法儿裁度。不然，那银子钱自己跑到咱家来不成？"狗儿冷笑道："有法儿还等到这会子呢？我又没有收税的亲戚，〔甲双〕骂死。作官的朋友，〔甲双〕骂死。有什么法子可想的？便有，也只怕他们未必来理我们呢。"刘姥姥道："这到不然。谋事在人，成事在天。咱们谋到了，看菩萨的保佑，有些机会，也未可知。我到替你们想出一个机会来，当日你们原是和金陵王家〔甲双〕四字便抵一篇世家传。连过宗的，二十年前他们看承你们还好。如今，自然是你们拉硬屎不肯去俯就他，故疏远起来。[蒙侧] 天下事无有不可为者。总因打不破，若打破时何事不能。请看刘姥姥一篇议论，便应解得些个才是。想当初，我和女儿还去过一遭。[甲双] 补前文之未到处。他家的二小姐着实响快会待人的，到不拿大。如今现是荣国府贾二老爷的夫人，听得说，如今上了年纪，越发怜贫恤老，最爱斋僧敬道，舍米舍钱的。如今王府虽升了边任，只怕这二姑太太还认得咱们。你何不去走动走动，或者他念旧，有些好处，也未可定，只要他发一点好心，拔一根寒毛比咱们的腰还粗呢！"[周按] 粗与细对，北语指直径圆周的大小，非粗糙义。刘氏一傍接口道："你老虽说得是，但只你我这样个嘴脸，怎么好到他门上去的。先不先，他们那些门上人也未必肯去通信，[周按] 见后文周瑞家的口中用通信语，有按。没的去打嘴现世。"[蒙侧] 打嘴现世等字，误尽多少苍生，也能成全多少事体。谁知狗儿名利心甚重，[甲双] 调侃语。听如此一说，心下便又活动起来。又听他妻子这番话，便笑接道："姥姥既如此说，况且当年你又见过这姑太太一次，何不你老人家明日就走一趟，先试试风头再说？"刘姥姥道："嗳哟哟！[甲侧] 口声如闻。可是说的侯门深似海，我是个什么爱物儿，他家人又不认得我，我去了也是白去的。"狗儿笑道："不妨，我教你老人家一个法子。你竟带了外孙子小板儿，先去找陪房周瑞，若见了他，就有些意思了。这周瑞先时曾和我父亲交过一桩事，[蒙侧] 画初〔出〕当日品行。我们极好的。"[甲双] 欲赴豪门，必先交其仆，写来一叹！刘姥姥道："我也知道他的，只是许多时不走，知道他如今是怎么样，这也说不得了。你又是个男人，又这样个嘴脸，自然去不得。我们姑娘，年轻媳妇子也难卖头卖脚去，到还是舍着我这付老脸去碰一碰。[周按] 碰，即今之"碰"字。果然有些好处，大家都有益。便是没银子来，我也到那公府侯门见一见世面，也不枉我一生。"说毕，大家笑了一回，当晚计议已定。

次日天未明，刘姥姥便起来梳洗了，又将板儿教训了几句。那板儿才亦五六岁的孩子，一无所知，听见带他进城徆去，[甲双] 音光，去声，游也，出《俗声字笺》。便喜的无不应承。于是刘姥姥带他进城，找至宁荣街，[甲双] 街名，本地风光，妙！来至荣府大门石狮子前，只见簇簇的轿马。刘姥姥便不敢过去，且弹弹衣服，[周按] 弹，在此处应读掸。掸，上声，音胆，拂也。又教了板儿几句话，然后蹭到角门前。[甲侧] 蹭字神理。[周按] 蹭是正字，走也，是雪芹原笔。此字后世不再可见，也是雍正避嫌讳之所致。只见几个挺胸叠肚、指手画脚的人，[蒙侧] 世家奴仆，个个皆然，形容逼真。坐在大櫈上说东谈西呢。[甲双] 不知如何想来？又为侯门三等豪奴写照。刘姥姥只得蹭上来问："太爷们纳福。"众人打谅了他一会，便问那里来的。刘姥姥陪笑道："我找太太的陪房周大爷的，烦那位太爷替我请他老出来。"那些人听了，都不揪采，半日方说道："你远远的那墙角下等着，[蒙侧] 故套。一会子他们家有人就出来的。"内中有一年老的说道："不要误他的事，何苦耍他！"因向刘姥姥道："那周大爷已往南边去了。他在后一带住着，他娘子却在家。你要找时，从这边绕到后街上，[蒙侧] 转换法。写门上豪奴，不能尽是规矩，故用转换法，则不强硬而笔气自顺。后门上问就是了。"[甲双] 有年纪人诚厚，亦是自然之理。刘姥姥听了谢过，遂携了板儿绕到后门上。只见门前歇着些生意担子，也有卖吃的，也有卖顽意物件的，闹烘烘三二十个孩子，在那里厮闹。[甲双] 如何想来，合眼如见。刘姥姥便拉住了一个道："我问哥儿一声，有个周大娘，可在家么？"孩子道："那个周大娘，我们这里周大娘有三个呢！还有两个周奶奶，不知是那一行当上的？"刘姥姥道："是太太的陪房周瑞。"孩子道："这个容易，你跟我来。"说着跳跳蹿蹿引着刘姥姥进了后门。[甲侧] 因女眷又是后门，故容易引入。至一院墙边，指与刘姥姥道："这就是他家。"又叫道："周大妈，有个老奶奶来找你呢！"周瑞家的在内听说，忙迎了出来，问是那位。刘姥姥忙迎上来问道："好呀，周嫂子。"周瑞家的认了半日，方笑道："刘姥姥，你好呀。你说说，能几年，我就忘了。[甲侧] 如此口角，从何处出来。请家里来坐罢。"刘姥姥一壁走，一壁笑说道："你老是贵人多忘事，那里还记得我们了。"说着，来至房中。周瑞家的命雇的小丫头到上茶来吃着，周瑞家的又问板儿："长的这么大了！"又问些别后闲话。再问刘姥姥："今日还是路过，还是特来的？”〔甲侧〕问〔蒙侧〕刘姥姥此时一团要紧事在心，有的有情理。问，不得不答。递转递进，不敢陟〔陡〕然。看之令人可怜。而大英雄亦有若此者，所谓欲图大事，不据〔拘〕小节。刘姥姥便说：“原是特来瞧瞧你嫂子。二则，也请请姑太太的安。若可以领我见一见更好。若不能，便借重嫂子转致意罢了。”〔甲双〕刘婆亦善于权变应酬矣。周瑞家的听了，便猜着几分意思。只因昔年他丈夫周瑞争买田地一事，其中多得狗儿之力。今见刘姥姥如此而来，心中难却其意。〔甲双〕在今世周瑞妇算是个怀情不忘的正人。二则，也要现弄自己体面，〔甲眉〕也要显弄句为后文作〔蒙侧〕实地步也，陪房本心本意实事。有此等情理。听如此说，便笑说道：“姥姥你放心，〔甲侧〕自是有宠人声口。大远的诚心诚意的来了，岂有个不教你见个真佛去的！〔甲双〕好口角。论理，人来客至回话，却不与我们相干。我们这里都是各占一枝儿，〔甲侧〕略将荣府中带一带。我们男的他只管春秋两季地租子，闲时只带着小爷们出门就完了。我只管跟太太奶奶们出门的事。皆因你原是太太的亲戚，又拿我当个人，投奔了我来，我竟破个例给你通个信去。〔周按〕周瑞家的口中用通信语，可知前文刘姥姥初登府门求人时也是通信，不是通报。但只一件，姥姥有所不知，我们这里又不是五年前了。如今太太竟不大管事了，都是琏二奶奶当家。你道这琏二奶奶是谁，就是太太的内侄女，当日大舅爷的女儿，小名凤哥的。”刘姥姥听了，罕问道：“原来是他。怪道呢，我当日就说他不错呢。〔甲双〕我亦说不错。这等说来，我今儿还得见他了。”周瑞家的道：“这个自然的。如今太太事多心烦，有客来了，略可推得去的，也就推过去了，都是这凤姑娘周旋迎待。今儿宁可不会太太，〔蒙侧〕礼势必然。到要见他一面，才不枉这里来一遭。”刘姥姥道：“阿弥陀佛，这全仗嫂子方便了。”周瑞家的道：“说那里话。俗语说的，与人方便，自己方便。不过用我说一句话罢了，害着我什么。”说着，便唤小丫头子到倒厅上，〔甲双〕一丝不乱。悄悄的打听打听，老太太屋里摆了饭了没有。小丫头去了，这里二人又说些闲话。〔蒙侧〕急忙中偏不就进去，又添一番议论，从中又伏下多少线索，方见得大家势派，出入不易，方见得周瑞家的处事详细，即至后文，放笔写凤姐，亦不唐突，仍用冷子兴说荣宁旧笔法。刘姥姥因说：“这位凤姑娘今年大不过二十岁罢了，就这等有本事，当这样的家可是难得的。”周瑞家的听了道：“嗐，我的姥姥，告诉不得你呢。这位凤姑娘年纪虽小，行事却比世人都大呢。如今出挑的美人一样的模样儿，少说些有一万个心眼子。再要赌口齿，十个会说话的男人也说他不过，回来你见了就信了。就只一件，待下人未免太严了些。”［甲双］略点一句，伏下后文。说着，只见小丫头回来说：“老太太屋里已摆完了饭，二奶奶在太太屋里呢。”周瑞家的听了，连忙起身催着刘姥姥说：“快走，快走。这一下来，他吃饭是一个空子，咱们先等着去，［蒙侧］非身临其境者不知。若迟一步，回事的人也多了，难说话。［蒙侧］有曰：富贵不还乡，如衣锦夜行。今日周瑞家的得遇刘姥姥，实可谓锦衣不夜行者。再歇了中觉，越发没了时候了。”［甲双］写出阿凤勤劳冗杂，并骄矜珍贵等事来。［甲眉］写阿凤勤劳等事，然却是虚笔，故于后文不犯。说着，一齐下了炕，［周按］北方旧日礼俗，女客来，先让上炕坐，为尊客之常礼（客如上炕，只坐于炕沿上）。故此处有下炕之语。打扫打扫衣服，又教了板儿几句话，随着周瑞家的，逶迤往贾琏的住宅来。

先到了倒厅，周瑞家的将刘姥姥安插在那里略等一等，自己先过影壁进了院门，知凤姐未下来，先找着了凤姐的一个心腹，通房大丫头［甲双］着眼，这也是书中一要紧人。《红楼梦》内虽未见有名，想亦在“副册”内者也。名唤平儿的。［甲双］名字真极，文雅则假。［蒙侧］三等奴仆，第次不乱。周瑞家的先将刘姥姥起初来历说明，［甲双］细，盖平儿原不知此一人耳。又说：“今日大远的特来请安。当日太太是常会的，今儿不可不见，所以我带了他进来了。等奶奶下来，我细细回明，奶奶想也不责备我莽撞的。”平儿听了，便作了主意：［蒙侧］各自（有）各自的身分。“叫他们进来，［甲双］暗透平儿身分。先在这里坐着就是了。”周瑞家的听了，忙出去领他两个进入院来，［周按］忙字，一则表周瑞家的之殷勤，二则说明欲见凤姐须抓紧午刻前之暇隙，迟则不复可为。故“忙”字最得神理。上了正房台矶，小丫头子打起了猩红毡帘，［甲双］是冬日。才入堂屋，只闻一阵香扑了脸来，竟不辨是何香味，［甲双］是刘姥姥鼻中。身子如在云端里一般。［甲双］是刘姥姥身子。满屋里之物都是耀眼争光，使人头悬目眩。［甲双］是刘姥姥头目。［觉双］俱从刘姥姥目中看出。

刘姥姥斯时，惟点头咂嘴念佛而已。[甲双]六字尽矣，如何想来？[蒙侧]是写府第奢华，还是写刘姥姥粗夯。大抵村舍人家见此等气象，未有不破胆惊心，迷魄醉魂者。刘姥姥犹能念佛，已自出人头地矣。于是来至东边这间屋内，乃是贾琏的女儿大姐儿睡觉之所。[甲双]记清。[蒙侧]不知不觉，先到大姐寝室，岂非有缘。平儿站在炕沿边，[周按]处处写炕，观者着眼。打量了刘姥姥两眼，[甲双]写豪门侍儿。只得[甲双]字法。问个好，让坐。刘姥姥见平儿遍身绫罗，插金带银，花容玉貌的，[甲双]从刘姥姥心目中略一写，非平儿正传。便当是凤姐儿了。[甲双]毕肖。[蒙侧]的真有是情理。才要称姑奶奶，忽听周瑞家的称他是平姑娘，又见平儿赶着周瑞家的称周大嫂，方知不过是个有些体面的丫头。于是让刘姥姥和板儿上了炕，平儿和周瑞家的对面坐在炕沿上，小丫头子斟上茶来吃茶。刘姥姥只听见咯当咯当的响声，大有似乎打箩柜簏麺的一般，[周按]簏，雪芹原字。[甲双]从刘姥姥心中意中，幻拟出奇怪文字。[杨双]批：小家气象，不免东张西望。不免东瞧西望的。忽见堂屋中柱子上挂着一个匣子，底下又坠着一个秤它般的一物，[周按]它，雪芹原字。却不住的乱恍。[甲双]从刘姥姥心中目中设譬拟想，真是镜花水月。刘姥姥心中想着："这是个什么爱物儿，有煞用呢？"[周按]煞，即今写作啥者。正獃时，[甲双]三字有劲。[周按]正獃时，批语明点是三字。陡听得当的一声，又若金钟铜磬一般，不防到唬的展眼，[甲侧]写得出。接着又是一连八九下。[甲双]细，是巳时。[周按]钟共响十下，是今之十点，即当时的早饭（非今之早点）。方欲问时，[蒙侧]刘姥姥不认得，偏不令问明。只见小丫头子们一齐乱跑说："奶奶下来了。"[蒙侧]即以奶奶下来之结局，是画云龙妙手。平儿与周瑞家的忙起身，命刘姥姥只管坐着，等是时候我们来请你呢。说着都迎出去了。

刘姥姥屏声侧耳默候。只听远远有人笑声，约有一二十妇人，衣裙悉率，[甲侧]写得侍仆妇。渐入堂屋，往那边屋内去了。又见两三个妇人，都捧着大漆捧盒，进这东边来等候。听见那边说了一声摆饭，渐渐人才都散出，只有伺候端菜的几人。半日鸦雀不闻之后，忽见两个人抬了一张炕桌来，放在这边炕上。桌上碗盘森列，仍是满满的鱼肉在内，不过略动了几样。[蒙侧]白描入神。板儿一见了，便吵着要肉吃，刘姥姥一扒掌打下他去，忽见周瑞家的笑嘻嘻走过来，招手儿他。刘姥姥会意，于是携了板儿下炕，至堂屋中，周瑞家的又和他唧唧了一会，方蹭到这边屋内来。只见门外鏨铜钩上悬着大红撒花软帘，［甲侧］从门外写来。南窗下是炕，［周按］南窗下是炕，此句要紧。凤姐回自己屋吃饭，以至接见下人回禀事务，皆在炕上，故姥姥来，也是在炕上。炕上大红毡条，［周按］毡条，北语。靠东边板壁，立着一个锁子锦靠背与一个引枕，铺着金心绿闪缎大坐褥，傍边有银唾沫盒。那凤姐儿家常代着秋板貂鼠昭君套，围着攒珠勒子，穿着桃红撒花袄，石青刻丝灰鼠披风，大红洋绉银鼠皮裙，粉光脂艳，端端正正坐在那里。［甲双］一段阿凤房室起居器皿家常正传，奢侈珍贵好奇贷〔货〕注脚，写来真是好看。手内拿着小铜火箸儿，拨手炉内的灰。［甲双］这一句是天然地设，非别文杜撰妄拟者。［甲侧］至平，实至奇，稗官中未见此笔。平儿站在炕沿边，捧着一个小小的填漆茶盘，盘内一小盖钟。凤姐儿也不接茶，也不抬头，［甲侧］神情宛肖。只管拨手炉内的灰，［甲侧］此等笔墨，真可谓追魂摄魄。漫漫的问道："怎么还不请进来？"［蒙侧］还不请进来五字，写尽天下富贵人代〔待〕穷亲戚的态度。一面说，一面抬身要茶时，只见周瑞家的已带了两个人在地下站着了，这才忙欲起身。犹未起身时，满面春风的问好，又嗔着周瑞家的怎么不早说。［周按］嗔着，北语责备之义。刘姥姥在地下已是拜了数拜，问姑奶奶安。［周按］请安问好，显示了满汉妇女礼式。凤姐忙说："周姐姐，快搀住不拜罢，请坐。我年轻，不大认得，可也不知是什么辈数，不敢称呼。"［甲侧］凡三四句一气读下，方是凤姐声口。周瑞家的忙回道："这就是我才回的那个姥姥了。"［甲侧］凤姐云，不敢称呼。周瑞家的云，那个姥姥。凤姐点头。刘姥姥已在炕沿上坐下，板儿便躲在背后，百端的哄他出来作揖，他死也不肯。凤姐笑道：［甲侧］一笑。"亲戚们不大走动，都疏远了。知道的呢，说你们弃厌我们，［甲侧］阿凤真真可畏可恶。不肯常来。不知道的那起小人，还只当我们眼里没人是的。"［蒙侧］偏会如此写来，教人爱煞。［周按］是的，屡见，当时不用似的。刘姥姥忙念佛道：［甲侧］如闻。"我们家道艰难，走不起。来了这里没的给姑奶奶打嘴，就是管家爷们看着也不像。"凤姐笑道：［甲侧］三笑。"这话叫人没的恶心。不过借赖着祖父虚名,作个穷官儿罢了。谁家有什么?不过是个旧日的空架子。俗语说,朝廷还有三门子穷亲呢,何况你我。”[蒙侧]点醒多少势利鬼。说着,又问周瑞家的:“回了太太了没有?”[甲侧]一笔不肯落空,的是阿凤。周瑞家的道:“如今等奶奶的示下。”凤姐儿道:“你去瞧瞧,要是有人有事就罢,得闲呢,就回,看怎么说?”[蒙侧]看之一字细极。周瑞家的答应着去了。这里,凤姐叫人抓些果子与板儿吃。刚问些闲话时,就有家下许多媳妇管事的来回话。[甲侧]不落空,家务事却不实写,妙极,妙极!平儿回了,凤姐道:“我这里陪着客呢,晚上再回。若有狠要紧的,你就带进来现办。”平儿出去了一会进来说:“我都问了,没有什么紧事,我就叫他们散了。”凤姐儿点头。[蒙侧]能事者故自不凡。只见周瑞家的回来,向凤姐道:“太太说了,今日不得闲,二奶奶陪着便是一样。多谢费心想着。白来逛逛呢便罢。若有甚说的,只管告诉二奶奶,都是一样。”刘姥姥道:“也没甚说的,不过是来瞧瞧姑太太,姑奶奶,[周按]姑太太、姑奶奶皆姥姥以板儿之辈数定称呼,此为习俗之常礼。也是亲戚们的情分。”周瑞家的道:[甲侧]周妇系真心为老妪也,可谓得方便。“没甚说的便罢,若有话回二奶奶,是和太太一样的。”一面说,一面递眼色儿与刘姥姥。[甲侧]何如,余批不谬。刘姥姥会意,未语先飞红的脸,[蒙侧]开口告人难。欲待不说,今日又所为何来。只得忍耻说道:[甲眉]老妪有忍耻之心,故后有招大姐之事,作者并非泛写。且为求亲靠友下一棒喝。[周按]此批可证大姐即巧姐,原是一人。“论理,今儿初次见姑奶奶,却不该说的,只是大远的奔了你老这里来,也少不的说了。”刚说到这里,只听得二门上小厮们回说:“东府里小大爷进来了。”凤姐忙止刘姥姥不必说了。一面便问:“你蓉大爷在那里呢?”[甲侧]惯用此等横云断山法。只听一路靴子脚响,进来了一个十七八岁的少年,面目清秀,身材夭矫,轻裘宝带,美服华冠。[甲侧]如〔为〕纨袴写照。刘姥姥此时坐不是,立不是,藏没处藏。凤姐笑道:[周按]此处当为凤姐之第四笑。“你只管坐着,这是我侄儿。”刘姥姥方扭扭捏捏,在炕沿上坐了。贾蓉笑道:“我父亲打发我来求婶子,说上回老舅太太给婶子的那架玻璃炕屏，明日请一个要紧的客，借了略摆一摆［甲侧］夹写凤姐好奖誉。就送过来的。”凤姐儿道：“说迟了一日，昨儿已经给了人了。”贾蓉听说，嘻嘻的笑着，在炕沿下半跪道：“婶子若不借，又说我不会说话了，又挨了一顿好打呢。婶子只当可怜侄儿罢！”凤姐笑道：［甲侧］又一笑，凡五。“也没见我们王家的东西都是好的不成。一般你们那里放着那些东西，只是看不见，偏我的就是好的。”贾蓉笑道：“那里有这个好呢。只求开恩罢。”凤姐道：“磞一点儿，你可仔细你的皮。”因命平儿拿了楼门钥匙，传几个妥当人来抬去。贾蓉喜的眉开眼笑，忙说：“我亲自带了人拿去，别由他们乱磞。”说着便起身出去了。这里凤姐忽又想起一事来，便向窗外叫：“蓉哥回来。”外面几个人接声说：“蓉大爷快回来。”贾蓉忙复身转来，垂手侍立，听阿凤示下。［周按］听阿凤示下，又是石头语气。那凤姐只管漫漫的吃茶，出了半日的神，［甲眉］传神之笔，写阿凤跃跃纸上。又笑道：“罢了，你且去罢，［蒙侧］试想且去以前的丰态，其心思用意，作者无一笔不巧，无一事不丽。晚饭后你来再说罢。这会子有人，我也没精神了。”贾蓉应了一声，方慢慢的退去。这里刘姥姥心身方安，［甲侧］妙，却是从刘姥姥身边目中写来。○度至下回。方又说道：“今日我带了你侄儿来，［周按］板儿应是凤姐之侄孙辈，前文姑太太可证，姥姥与凤姐同辈，今姥姥开口便是你侄儿，大约一是惊忙中紧张错乱，二则适因贾蓉忽至，姥姥耳中连闻侄儿之称，于是便给弄糊涂了，下文即点明。也不为别的，只因为他老子娘在家里连吃的都没有，如今天又冷了，越想没个派头儿，只得带了你侄儿奔了你老来。”说着又推板儿道：“你那爹在家怎么教你了，打发偺们作煞事来。只顾吃果子咧！”凤姐早已明白了，听他不会说话，因笑止道：［甲双］又一笑，凡六。自刘姥姥来，凡笑五次，写得阿凤乖滑伶俐，合眼如立在前。○若会说话之人，便听他说了，阿凤利害处正在此。○问看官：常有将挪移借贷，已说明白了，彼仍推聋妆哑，这人为〔比〕阿凤若何。呵呵，一叹！“不必说了，我知道了。”因问周瑞家的道：“这刘姥姥不知可用过饭没有呢？”刘姥姥忙道：“一早就往这里赶咧，那里还有吃饭的工夫咧！”凤姐听说，忙命快传饭来。一时周瑞家的传了一桌客馔来，摆在东边屋内，过来带了刘姥姥和板儿过去吃饭。凤姐说道："周姐姐，好生让着些儿，我不能陪了。"于是过东边房里来。凤姐又叫过周瑞家的去，问他："方才回了太太，说了些什么？"周瑞家的道："太太说，他们家原不是一家子，不过因出一姓，当年又与太老爷在一处作官，偶然连了宗的，这几年来也不大走动。当时他们来一遭，却也没空了他们。［周按］空了，谓白来一趟也，如下文"怎好教你空回去呢"。今儿既来了，瞧瞧我们，是他的好意思，［甲侧］穷亲戚来看，是好意思。余又自《石头记》中见了，叹叹！也不可简慢了他。［甲眉］王夫人数语，令余几哭出。便是有什么说的，叫二奶奶裁度着就是了。"凤姐听了说道："我说呢，既是一家子，我如何连影儿也不知道。"说话时，刘姥姥已吃毕饭，拉了板儿过来，舔舌咂嘴的道谢。［周按］舔舌咂嘴不误，雪芹炼字工夫在此。凤姐笑道："且请坐下，听我告诉你老人家。方才意思，我已知道了。若论亲戚之间，原该不待上门来就该有照应才是。［甲侧］点不待上门就该有照应数语，此亦于《石头记》再见话头。但如今家里杂事太烦，太太渐上了年纪，一时想不到也是有的。况是我进来接着管些事，都不大知道这些个亲戚们。二则外头看着这里虽是烈烈轰轰的，殊不知大有大的艰难去处，说与人也未必信罢了。今儿你既老远的来了，又是头一次见我张口，怎好教你空回去呢。［甲侧］也是《石头记》再见了，叹叹！可巧昨儿太太给我的丫头们作衣裳的二十两银子，我还没动呢，你们不嫌少就暂且先拿了去罢。"［蒙侧］凤姐能事，在能体王夫人的心，托故周全，无过不及之蔽〔弊〕。那刘姥姥先听见告艰难，只当是没有，心里便突突的。［甲侧］可怜，可叹！［周按］心里便突突的，另有批语照应甚明。后来听见给他二十两，喜的又浑身发痒起来，说道：［甲侧］可怜，可叹！"嗳！我也是知道艰难的，但俗语说瘦死的骆驼比马还大。凭他怎么样，你老拔根寒毛，［周按］寒毛读如汗毛，言其细微。比我们的腰还粗呢！"周瑞家的在旁听他说的粗鄙，只管使眼色止他。凤姐看见，笑而不采，只命平儿把昨儿那包银子拿来，再拿一串钱来，［甲侧］这样常例亦再见。［周按］指赠送见面礼之常例，不在银内计。又，一串，正如古谓一贯之贯，乃口中常语，非误字。都送至刘姥姥跟前。凤姐乃道："这是二十两银子，暂且给这孩子做件冬衣罢。若不拿着，可真是怪我了。这串钱，雇了车子坐罢。改日无事，只管来逛逛，方是亲戚间的意思。天也晚了，也不虚留你们了。到家里该问好的问个好儿罢！”［蒙侧］口角春风，如闻其声。一面说，一面就站起来了。刘姥姥只管千恩万谢，拿了银子钱，随周瑞家的来至外厢。周瑞家的方道：“我的娘，你见了他，怎么到不会说话了，开口就是你侄儿。我说句不怕你恼的话，便是亲侄儿，也要说和柔些，［蒙侧］不自量者每每有之，而能不露圭角，形诸无事，凤姐亦可谓人豪矣。那蓉大爷，才是他的正紧侄儿呢。他怎么又跑出这么个侄儿来了！”［甲双］与前眼色真〔针〕对，可见文章中无一个闲字。○为财势一哭。刘姥姥笑道：“我的嫂子，［甲侧］赧颜如见。我见了他，心眼儿里爱还爱不过来，那里还说上话来。”二人说着，又至周瑞家。坐了片时，刘姥姥便要留下一块银子与周瑞家的儿女买菓子吃。周瑞家的如何放在眼里，执意不肯，刘姥姥感谢不尽，仍从后门去了。正是：

得意浓时易接济，受恩深处胜亲朋。

［甲回后］一进荣府一回，曲折顿挫，笔如游龙，且将豪华举止令观者已得大概。想作者应是心花欲开之候。

借刘妪入阿凤正文，送宫花写金玉初聚为引，作者真笔似游龙，变幻难测，非细究至再三再四，不记数，那能领会也。叹叹！［周按］此甲戌本回后批两条，系为回前批两条再作补充者。

［戚回后］梦里风流，醒后风流，试问何真何假？刘姆乞谋，蓉儿借求，多少颠倒相酬？英雄反正用机筹，不是死生看守。

［回后评］《石头记》开卷前七回是七层大引子，前五层已多是不同境界之变换，上至神仙，下至官吏，无所不有。至本回方放笔写荣府本身，府外府内府上府下无所不备，而出自一村姥姥之心中目中，其笔境令人惊奇，令人感叹。作者用笔之灵活跳跃，生龙活虎，难以预测。而又周详细致，

纤毫不遗，此两种最难兼擅也。若简而言之，我谓雪芹最擅长者是一笔多用法。

开卷前五回，悉是序幕，故淡淡写来，并不着力。至此回方是全书正文开始，始以重笔展开畅叙，精彩乃出，作者得意文笔也。此回写境：大门，后门，倒厅，内室……处处到，处处如见。写人自以凤姐为主，然写姥姥，写周瑞家的，笔力丝毫不肯放轻，令人深感人情世态虽夷险不同，毕竟有仁厚人，有热心肠，与人为善，非作者有此心怀，安能摹写如是动人。不禁感叹久之。

第七回

送宫花周瑞叹英莲　谈肄业秦钟结宝玉

［周按］通行本“送宫花”下以“贾琏戏熙凤”为主眼，便觉俗甚。“周瑞（家的）叹英莲（香菱）”，气味高明何止倍蓰。◎“宫花”何自来？分送何义？隐隐约约，中有涵义待详，疑此“宫”并非雍正，恐与太子胤礽、弘皙一系有关。而分送者或寓“宫”中待选之意耶？姑妄言之，以俟再考。◎迎、探二人接“宫花”时，正值对弈，此与第二回标题诗“一局输赢”合看。而“须问旁观人”冷子兴，亦正在此回中复加叙及，且惹事故。无限隐约，俱伏后文大事，惜芹书原稿已佚，遂皆成有首无尾、只呼不应之缺文，令人叹惋。◎周瑞家的送宫花之路线：先至抱厦即王夫人正房后院，迎探惜姊妹、李纨，皆在此处。凤姐所住，是贾母后院，与迎纨皆相隔一处穿堂。黛玉则随贾母在荣府西院正房，故与宝玉不离左右。

［蒙回前］苦尽甘来递转，正强忽弱谁明。惺惺自古惜惺惺，世运文章摇动。无缝机关难见，多才笔墨偏精。有情情处特无情，何是人人不醒。

题曰：

十二花容色最新，不知谁是惜花人？

相逢若问名何氏，家住江南姓本秦。

话说周瑞家的送了刘姥姥去后，便上来回王夫人话，［甲侧］不回凤姐，却回王夫人，不交代处正交代得清趣。谁知王夫人不在上房，问丫嬛们时，方知往薛姨妈那边闲话去了。［甲侧］文章只是随笔写来，便有流离生动之妙。周瑞家的听说，便转东角门出至东院，往梨香院来。刚至院门前，只见王夫人的丫嬛名金钏儿者，［甲侧］金钏、宝钗，互相映射。妙！和一个才留了头的小女孩儿站在台阶坡儿上顽。［周按］大户房宇之地基起台，高出庭院地面，是为台矶〔基〕。设石级以登上台矶处曰台阶。台阶两旁设竖条石，上下斜承，是为台阶坡儿。［甲侧］莲卿别来无恙否？见周瑞家的来了，便知有话回，因向内掬嘴儿。［周按］掬，读作努，牵引也。［甲侧］画。周瑞家的轻轻掀帘进去，只见王夫人和薛姨妈长篇大套的说些家务、人情的话。［蒙侧］非此等事，不能长篇大套。周瑞家的不敢惊动，遂进里间来。［甲双］总用双岐岔路之笔，令人估料不到之文。只见薛宝钗［甲侧］自入梨香，至此方写。穿着家常衣服，［甲双］好，写一人换一付笔墨，另出一花样。［甲眉］家常爱着旧衣常〔裳〕是也。头上只散挽着鬌儿，坐在炕里边，［周按］炕是妇女之常坐处，宝钗是例。伏在小炕几上，同丫嬛莺儿正描花样子呢。［甲侧］一幅《绣窗仕女图》。亏想得周到！见他进来，宝钗才放下笔转过身来，满面堆笑让周姐姐坐。周瑞家的也忙陪笑问姑娘好，一面炕沿边坐了。因说："这有两三天也没见姑娘到那边逛逛去，只怕是你宝玉兄弟冲撞了你不成？"［甲侧］一人不漏，一笔不板。宝钗笑道："那里的话。只因我那种病又发了，［甲眉］那种病，那字，与前二玉不知因何二叉字，皆得天成地设之体，且省却多少闲文。所谓惜墨如金是也。所以这两天没出屋子。"［甲侧］得空便入。周瑞家的道："正是呢，姑娘到底有什么病根儿，也该趁早儿请个大夫来，好生开个方子，认真吃几剂药，一势儿除了根才好。小小的年纪，到坐下个病根儿，［周按］坐下病根儿，坐是植下埋定之意。也不是顽的。"宝钗听说，便笑道："再不要提吃药。为这病请大夫吃药，也不知白花了多少银子钱呢！凭你什么名医、仙药，总不见一点儿效。后来还亏了一个秃头和尚，［甲侧］奇奇怪怪，真如云龙作雨，忽隐忽见，使人逆料不到。说专治无名之症，因请他看了。他说我这是从胎里带来的一股热毒，［周按］胎里带，北方口语。［甲侧］凡心偶炽，是以孽火齐攻。［蒙戚双］热毒二字，画出富家夫妇，图一时，遗害于子女，而可不谨慎。幸而先天壮，［甲侧］浑厚故也。假使颦、凤辈，不知又何如治之？还不相干。若吃寻常药，是不中用的。他就说了一个海上方，又给了一包药末子作引子，异香异气的，不知是那里弄了来的。他说发了时，吃一丸就好。到也奇怪，吃他的药到效验些。"［甲双］卿不知从那里弄来，余则深知。是从放春山采来，以灌愁海水和成，烦广寒玉兔捣碎，在太虚幻境空灵殿上炮制配合者也。周瑞家的因问道："不知是个什么海上方儿？姑娘说了，我们也记着，说与人知道，倘遇见这样的病，也是行好的事。"宝钗见问乃笑道："不用这方儿还好，若用了这药方儿的病症，真真把人锁碎死了。东西药料一概都有现易得的，［周按］有现当是现成，易得之意。只难得这可巧二字，要春天开的白牡丹花蕊十二两，［甲侧］凡用十二字样，皆照应十二钗。［蒙侧］周岁十二月之象。夏天开的白荷花蕊十二两，秋天开的白芙蓉花蕊十二两，冬天开的白梅花蕊十二两。将这四样蕊，于次年春分这日晒干，和在药末子一处，一齐研好。又要雨水这日的雨水十二钱……"周瑞家的忙道："嗳哟！这样说来这就得一二年的工夫。倘或这日雨水不下雨水，可又怎处呢？"宝钗笑道："所以了，那里有这样可巧的雨？便没雨，也只好再等罢了。还要白露这日的露水十二钱，霜降这日的霜十二钱，小雪这日的雪十二钱。把这四样水调匀，和了丸药，再加蜂蜜十二钱，白糖十二钱，丸了龙眼大的丸子，盛在旧磁罐内，埋在花根底下。若发了病时，拿出来吃一丸，用十二分黄柏［蒙戚双］历着炎凉，知着甘苦，虽离别亦自能安，故名曰冷香丸。又以为香可冷得，天下一切无不可冷者。煎汤送下。"［甲双］末用黄柏，更妙！可知甘苦二字，不独十二钗，世皆同有者。周瑞家的听了笑道："阿弥陀佛，真坑死人的事儿！等十年未必都这样巧呢！"宝钗道："竟好，自他说了去后一二年间，可巧都得了，好容易配成一料。如今从南带至北，［周按］从南带至北，雪芹首次明点北京，仍是出北字时不出京字，出京字时不出北字，总令人容易滑过不觉，却又的的实实，不曾半点含浑。现就埋在这院内梨花树下。"［甲侧］梨香二字有着落，并未白白虚设。周瑞家的又道："这药可有名子没有呢？"宝钗道："有。［甲侧］一字句。这也是那癞头和尚说下的，叫作冷香丸。"［甲侧］新雅奇甚。周瑞家的听了点头儿，因又说："这病发了时，到底觉怎么着？"宝钗道："也不觉什么，只不过喘嗽些，吃一丸下去也就好些了。"［甲双］以花为药，可是吃烟火人想得出者？诸公且不必问其事之有无，只据此新奇妙文，悦我等心目，便当浮一大白。

周瑞家的还欲说话时，［蒙侧］了结得齐整。忽听王夫人那边问："是谁在里头？"周瑞家的忙出去答应了，趁便回了刘姥姥之事。略待半刻，见王夫人无话，方欲退出，［甲双］行文原只在一二字，便有许多省力处。不得此窍者，便在窗下百般扭捏。薛姨妈忽又笑道：［甲双］忽字，又字，与"方欲"二字对射。"你且站住，我有一宗东西，你带了去罢！"说着便叫香菱。［甲双］二字仍从莲上起来。盖英莲者，应怜也。香菱者，亦相怜之意。○此是改名之英莲也。只听帘栊响处，方才和金钏儿顽的那个小女孩子进来了，问："奶奶叫我做什么？"［甲双］这是英莲天生成的口气。妙甚！薛姨妈道："把那匣子里的花儿拿来。"香菱答应了，向那边捧了个小锦匣来。薛姨妈乃道："这是宫里头做的新鲜样法，堆纱花十二枝。昨儿我想起来，白放着可惜了儿的，何不给他们姊妹们带去。昨儿原要送去的，偏又忘了。你今儿来的巧，就带了去罢。你家的三位姑娘，每人两枝。下剩六枝，送林姑娘两枝，那四枝给了凤哥儿罢。”[甲侧]妙文！今古小说中，可有如此口吻者！[周按]批谓妙者，全在凤哥儿用乳名本称，一改凤姐儿便索然乏味矣。王夫人道：“留着给宝丫头带罢了，又想着他们。”薛姨妈道：“姨娘不知，宝丫头古怪着呢，[甲侧]古怪二字，正是宝卿身分。[周按]宝钗之古怪是她主要一面，不如此，作者不屑写矣。宝丫头之称呼法是满俗，若林黛玉总是林姑娘，绝不称之为黛丫头，黛姑娘，从汉俗也。他从来不爱这些花儿粉儿的。”[甲双]可知周瑞一回，正为宝菱二人所有，正《石头记》得力处也。[周按]上回称陪房周瑞，本回回目周瑞叹英莲，今批中又称周瑞一回，皆以周瑞二字代周瑞家的之例，盖夫以妇著者。

说着，周瑞家的拿了匣子走出房门，见金钏儿仍在那里晒日阳儿呢。周瑞家的因问他道：“那香菱小丫头子，可就是时常说，临上京时买的，为他打人命官司的那个小丫头子？”[蒙侧]点醒从来。金钏道：“可不就是。”[甲侧]出名英莲。正说着，只见香菱笑嘻嘻的走来。周瑞家的便拉了他的手，细细的看了一回，因向金钏儿笑道：“到好个模样儿，竟有些像咱们东府里蓉大奶奶的品格。”[甲双]一击两鸣法，二人之美，并可知矣。再忽然想到秦可卿，何玄幻之极。假使说像荣府中所有之人，则死板之至。故远远以可卿之貌为譬，似极扯淡，然却是天下必有之情事。金钏儿笑道：“我也是这么说呢！”周瑞家的又问香菱：“你几岁投身到这里？”又问：“你父母今在何处？今年十几岁了？本处是那里人？”香菱听问，都摇头说：“不记得了。”[甲双]伤痛之极。必亦如此收住方妙。不然则又将作出香菱作思乡一段文字矣。[蒙侧]西施心疼之态，其时自己也还耐得，到是旁人留〔替〕伊为多少思虑不禁，无穷痛楚之香菱，其是乎否乎？周瑞家的和金钏听了，到反为他叹息伤感了一回。

一时周瑞家的携花至王夫人正房后头来。[周按]后头，北语。原来近日贾母说，孙女们太多了，一处挤着到不便，只留宝玉、黛玉二人在这边解闷，却将迎、探、惜三人移到王夫人这边房后三间小抱厦内居住，令李纨陪伴照管。[甲侧]不作一笔逸安之板矣。如今周瑞家的故顺路先往这里来。只见几个小丫头子都在抱厦内听呼唤，默坐。迎春的丫嬛司棋与探春的丫嬛待书，[甲双]妙名！贾家四钗之环，暗以琴、棋、书、画四字列名，省力之甚，醒目之甚，却是俗中不俗处。[周按]待书，与入画为对仗，一已入丹青，一则尚待书写。二人正掀帘出来，手里都捧着茶盘、茶钟。周瑞家的便知他姊妹在一处坐着，遂进入内房，只见迎春、探春二人正在窗下下棋。周瑞家的将花送上，说明原故，他二人忙住了棋，都欠身道谢，命丫嬛们收了。周瑞家的答应了，因说："四姑娘不在屋里，只怕在老太太那边呢。"丫嬛们道："在这屋里不是？"［甲双］用画家三五聚散法，写来方不死板。［周按］在这屋里不是，以反问代答之家常对话，极得神。周瑞家的听了，便往这边屋内来。只见惜春正同水月庵的小姑子［苏双］即馒头庵。智能儿两个一处顽笑，［甲双］总是得空便入，百忙又带出王夫人喜施舍等事，可知一只笔作千百只用。［甲眉］闲二〔闲〕一笔，○又伏后文。却将后半部线索提动。见周瑞家的进来，惜春便问他何事。周瑞家的便将花匣打开，说明原故。惜春笑道："我这里正和能儿说，［周按］能儿，不加智字，是亲切称呼。智能有师姐智通，既排智字，故不可单称智儿。我明儿也剃了头同他作姑子去呢，可巧又送了花儿来。若剃了头，把这花可带在那里！"［蒙侧］触景生情，透漏身分。说着，大家取笑一回。惜春命丫嬛入画来收了。［甲双］曰司棋，曰待书，曰入画，后文补抱琴。琴、棋、书、画四字最俗，上添一虚字，则觉新雅。周瑞家的因问智能儿："你是什么时候来的？你师傅那秃歪剌［周按］歪剌，京语，具言为歪剌骨，称坏女人用之。到往那里去了？"［周按］你师傅到往那里去了，是说他为何不同在此处。智能儿道："我们一早就来了，我师傅见过太太就往于老爷府里去了，叫我在这里等他呢。"［甲双］又虚贴一个于老爷。可知所尚僧尼者，悉愚人也。周瑞家的又道："十五的月例香供银子可得了没有？"智能儿摇头儿说："不知道。"［甲双］妙，年轻未任事也。一应骗布施、哄斋供诸恶，皆是老秃贼设局。写一种人，一种人活像。惜春听了，便问周瑞家的："如今各庙月例银子，都是谁管着？"周瑞家的道："是余信管着。"［甲侧］明点愚性二字。［蒙侧］写家奴每相妬毒，人前有意倾陷。惜春听了笑道："这就是了。怪道他师傅一来了，余信家的就赶上来，和他师傅咕唧了半日，想是就为这一事了。"［蒙戚双］一人不落，一事不忽，伏下多少后文，岂真为送花哉？那周瑞家的又和智能儿劳叨了一回，方往凤姐处来。穿夹道从李纨后窗下过，［甲双］细极！李纨虽无花，岂可失而不写者。故用此顺笔便墨，间三带四，使观者不忽。越西花墙出西角门，进入凤姐院中。走至堂屋，只见小丫头丰儿坐在凤姐房门槛上，见周瑞家的来了，连忙［甲侧］二字着紧。摆手儿，叫他往东屋里去。周瑞家的会意，慌的蹑手蹑脚的往东边房里来，［周按］凤姐住正房两间，大姐睡觉在正房东间，前称东屋里，此称东边房里，口语变通，不必强求一致。只见奶子正拍着大姐儿睡觉呢。［甲侧］总不重犯，写一次有一次的新样文法。周瑞家的悄问奶子道："奶奶睡中觉呢？［周按］中觉，是主子成年人的生活用语。其时大姐儿只系幼婴，时醒时睡，以睡为多，岂有用中觉一语之理。也该请醒了。”奶子摇头儿。［甲侧］有神理。正问着，只听那边一阵笑声，却有贾琏的声音。接着房门响处，平儿拿着大铜盆出来，［周按］大铜盆，昔时家常用具，铜制者占极大比例。故中华民族的生活自以铜为标志，今世之人已难想见其情景矣。叫丰儿舀水进去。［甲双］妙文，奇想！阿凤之为人，岂有不着意于风月二字之理哉。若直以明笔为之，不但唐突阿凤声价，亦且无妙文可赏。若不写之，又万万不可。故只用“柳藏鹦鹉语方知”之法，［甲眉］略一皴染，不独文字有隐微，亦且不至污渎阿凤之英风俊骨。所谓此书无一不妙。　余素所藏仇十洲《幽窗听莺暗春图》，其心思笔墨已是无双。今见此阿凤一传，则觉画工太板。平儿便进这边来，［周按］这边来，仍以荣府为主也。一见了周瑞家的，［周按］一见了，特写意外惊喜，缺了一字，神情顿减。便问：“你老人家又跑了来作什么？”周瑞家的忙起身拿匣子与他，说送花一事。平儿听了，便打开匣子拿出四支，转身去了。半刻工夫手里又拿出两枝来，［甲侧］攒花簇锦文字，故使人耳目眩乱。先叫彩明来，吩咐他送到那边府里，给小蓉大奶奶带去。［甲侧］忙中更忙，又曰，密处不容针，此等处是也。次后，方命周瑞家的回去道谢。

周瑞家的这才往贾母这边来。穿过了穿堂，顶头忽见他女儿打扮着才从他婆家来。周瑞家的忙问：“你这会子跑来作什么？”他女儿笑道：“妈一向身上好？我在家等了这半日，妈竟不出去，什么事情这样忙的不回家？我等烦了，自己先到了老太太跟前请了安了。这会子请请太太的安去。妈还有什么不了的差事，手里是什么东西？”周瑞家的笑道：“嗳！今儿偏偏的来了个刘姥姥，我自己多事，为他跑了半日。这会子又被姨太太看见了，送这几支花儿与姑娘奶奶们，这会子还没送清白呢！你这会子跑来，［周按］跑来，俗语，犹言奔了来，费事过来。一定有什么事情的。”他女儿笑道：“你老人家到会猜。实对你老人家说，你女婿前儿因多吃了两杯酒，和人分争起来，不知怎的被人放了一把邪火，说他来历不明，告到衙门里，要递解还乡。所以我来和你老人家商议商议，这个情分求那一个可了事？”周瑞家听了道：“我就知道的，这有什么大不了的。你且家去，等我送了林姑娘的花儿，去了就回家来。此时太太、二奶奶都不得闲儿，你回去等我，这没有什么忙的。”

他女儿听如此说，便回去了，还说："妈，你好歹快来！"周瑞家的道："是了，小人家没经过什么事情，就急的你这样子。"说着，便到黛玉房中去了。［甲双］又生出一小段来，是荣宁中常事，亦是阿凤正文。若不如此穿插，直用一送花到底，亦太死板，不是《石头记》笔墨矣。谁知此时黛玉不在自己房中，却在宝玉房中，大家解九连环作戏。［甲侧］妙极，又一花样。此时二玉已隔房矣。周瑞家的进来笑道："林姑娘，姨太太着我送花来与姑娘带！"宝玉听说，先便说："什么花？拿来给我看看。"一面早伸手接过来了。［甲侧］瞧他夹写宝玉。开匣看时，原来是两支宫制堆纱新巧的假花。［甲侧］此处方一细写花形。黛玉只就宝玉手中看了一看，［周按］只就宝玉手中，意谓不换手，不另移动，就字即此义。［甲侧］妙，看他写黛玉。便问道："还是单送我一个人的，还是别的姑娘们都有？"［甲双］在黛玉心中，不知有何丘壑。［周按］邱字直作丘，不避孔讳，与不避玄、禛等字大讳，同一精神。周瑞家的道："各位都有了，这两支是姑娘的了。"黛玉再看了一看，冷笑道："我就知道，别人不挑剩下的，也不给我。"［甲侧］吾实不知黛卿脑中有何丘壑，再看一看上仿神。周瑞家的听了，一声儿不言语。［甲眉］余问送花一回，薛姨妈云，宝丫头不喜这些花儿粉儿的，则谓是宝钗正传。又主〔至〕阿凤、惜春一段，则又知是阿凤正传。今又到颦儿一段，却又将阿颦之天性从骨中一写，方知亦系颦儿正传。小说中一笔作两三笔者有之，一事启两事者有之，未有如此恒河沙数之笔也。宝玉便问道："周姐姐你作什么到那边去了？"周瑞家的因说："太太在那里，因回话去了，姨太太就顺便叫我带来了。"宝玉道："宝姐姐在家作什么呢，怎么这几日也不过这边来？"周瑞家的道："身上不大好呢。"宝玉听了便和丫头们说："谁去瞧瞧？就说我和林姑娘打发来［甲侧］和林姑娘四字着眼。问姨娘、姐姐安。问姐姐是什么病，现吃什么药，论理我该亲自来的，就说才从学里回来，也着了些凉，异日再亲来。"说着，茜雪便答应着去了。周瑞家的自去无话。［甲眉］余观"才从学里来"几句，忽追思昔日形景，可叹。想纨袴小儿，自开口云学里，亦如市俗人开口便云有些小事。然何常真有事哉。此掩饰推托之词耳。宝玉若不云从学房里来凉着，然则便云因憨顽时凉着者哉。写来一笑，继之一叹。

原来这周瑞家的女婿，便是雨村的好友冷子兴，［甲侧］着眼。近因买古董和人打官司，［周按］冷子兴卖古董，何官司之可生。必买古董，方引起纠纷。且为后文贾赦强买古董、贾雨村害人之罪恶遥遥呼应。故遣女人来讨情分。周瑞家的仗着主子的势利，把这些事也不放在心上，晚间只求求凤姐儿便完了。［周按］只求求凤姐，便至完了，亦伏后事，甚有关系。

至掌灯时分，凤姐已卸了妆，来见王夫人回说："今儿甄家［甲侧］又提甄家。［蒙戚双］又是甄家。送了来的东西，我已收了。［甲侧］不必细说方妙。咱们送他的，趁着他家有年下进鲜的船去，［周按］进鲜，当时向皇宫进献新鲜食物之特用语。一并都交给他们带去了。"王夫人点头。凤姐又道："临安伯老太太千秋的礼，已经打点了，太太派谁送去？"［甲侧］阿凤一生尖处。王夫人道："你瞧谁闲着，不管打发两个女人去就完了，又来当什么正紧事问我。"［甲双］虚描二事，真真千头万绪。纸上虽一回两回中，或有不能写到阿凤之事，然亦有阿凤在彼处手忙心忙矣。观此回可知。［蒙侧］各自（有）各自心计，在问答之间渺茫欲露。凤姐又笑道："今日珍大嫂子来请我明日过去逛逛，我想明日又没有什么事。"王夫人道："没事有事都害不着什么。每常他来请，有我们，你自然不便意，他既不请我们，单请你，可知是他诚心叫你散淡散淡，别辜负了他的心。便是有事，也该过去才是。"［蒙侧］用人刀〔力〕者，当有此段心想。凤姐答应了。当下李纨、迎、探等姊妹们亦曾定省毕，各自归房无话。

次日，凤姐儿梳洗了，先回王夫人毕，方来辞贾母。宝玉听了，又要跟了逛去。［周按］又字是雪芹笔法，一个字即写出宝玉上次已曾跟去，直接第五回。凤姐只得答应着，立等换了衣服，姐儿两个坐了车，一时进入宁府。早有贾珍之妻尤氏，与贾蓉之妻秦氏，婆媳两个引了多少姬妾、丫嬛、媳妇等接出仪门。那尤氏一见了凤姐，必先笑嘲一阵，一手携了宝玉，入上房来归坐。秦氏献茶毕，凤姐因说："你们请我来作什么？有什么东西来孝敬就献上来，我还有事呢。"［蒙侧］口头心头，惟恐人不知。尤氏、秦氏未及答话，地下几个姬妾先就笑说："二奶奶今儿不来就罢，［蒙侧］非把世态熟于胸中者，不能有如此妙文。既来了，就依不得二奶奶了。"正说着，只见贾蓉进来请安。宝玉因问："大哥哥今日不在家？"尤氏道："出城请老爷安去了。"［周按］老爷，是尤氏答宝玉问，故以宝玉为辈数起点。不加儿老爷字样，是本府人口气，须辨。又道："可是你怪闷的，也坐在这里作什么。何不去逛逛！"秦氏笑道："今日巧，上回宝叔立刻要见见我兄弟，他今儿也不在这里做什么，想在书房里，宝叔叔何不去瞧一瞧？”宝玉听了，即便下炕要走。尤氏、凤姐都忙说：“好生着，忙什么！”［甲眉］欲出鲸卿，却先小妯娌闲闲一聚，随笔带出，不见一丝作造。［周按］好生着，俗语，好字重读，生着轻音，义为好好地，郑重地，认真地，小心地，莫胡乱而为。一面便吩咐人：“好生小心跟着他，别委屈着他，到比不得跟了老太太来，就罢了。”［甲双］委屈二字极不通，都是至情，写愚妇至矣。凤姐儿道：“既这么着，何不请进这秦小爷来，［周按］秦小爷、薛大爷，皆称外姓人之语式。我也瞧瞧。难道我就见不得他不成？”尤氏笑道：“罢罢！可以不必见他。比不得咱们家的孩子们，［蒙侧］偏会反衬，方显尊重。胡打海摔的惯了，［甲双］卿家胡打海摔，不知谁家方珍怜珠惜？此极相矛盾，却极入情。盖大家妇人口吻如此。［周按］胡打海摔，乃比喻词，义为不知娇养尊贵，非真打真摔也。人家的孩子，都是斯斯文文惯了的。乍见了你这破落户，还被人笑话死了呢！”凤姐笑道：“普天下的人，［周按］作者、批者好作此语，阅之如见其人。由金批《水浒》来。我不笑话就罢，［甲侧］自负得起。到叫这小孩子笑话不成？”贾蓉笑道：“不是这话，他生的腼腆，没见过大阵仗儿，婶子见了没的生气。”凤姐啐道：［甲眉］此等处，写阿凤之放纵，是为后回伏线。“他是哪吒，我也要见一见，别放你娘的屁了，再不带去，看给你一顿好嘴巴子！”贾蓉笑嘻嘻的说：“我不敢强，［周按］强，去声，读绛，亦作犟。就带他来。”说着，果然出去带进一个小后生来，较宝玉略瘦巧些，清眉秀目，粉面朱唇，身材俊俏，举止风流，似在宝玉之上，只是怯怯羞羞，有女儿之态，腼腆含糊的［甲侧］伏笔也，不可不知。向凤姐作揖问好。［周按］秦钟作揖问好，是明写汉俗。凤姐喜的先推宝玉，笑道：“比下去了！”［甲侧］不知从何处想来？便探身一把携了这孩子的手，就命他身旁坐了，慢慢问他年纪、读书等事，［甲侧］分明写宝玉，却先偏写阿凤。方知他学名唤秦钟。［周按］秦钟一名，由本人答问点出，最是。又，作钟为正，其表字鲸卿，正用击钟典故。［甲双］设云秦钟。古诗云：未嫁先名玉，来时本姓秦。二语便是此书大纲目、大比托、大讽刺处。早有凤姐的丫嬛媳妇们见凤姐初会秦钟，并未备得表礼来，遂忙过那边去告诉平儿。平儿素知凤姐与秦氏厚密，虽是小后生家，亦不可太俭，遂自作了主意，拿了一匹尺头、两个状元及第的小金锞子，交付与来人送过去。凤姐犹笑说太简薄等语，秦氏等谢毕。一时吃过饭，尤氏、凤姐、秦氏等抹骨牌，不在话下。[甲双]一人不落。又带出强将手下无弱兵。[周按]骨牌，闺阁中消遣玩具，与真赌博有别。

宝玉、秦钟二人随便起坐说话。[甲侧]淡淡写来。那宝玉只一见秦钟人品，心中便如有所失，痴了半日。自己心中又起了呆意，乃自思道："天下竟有这等人物！如今看来，我就成了泥猪癞狗了。[周按]就字有神情。可恨我为什么生在这侯门公府之家？若也生在寒儒薄宦之家，[周按]此处写公侯寒儒，全与第二回借雨村口中，论正邪两赋之人生于贫富不同之家诸语呼应。早得与他交结，也不枉人生一世。若既如此比他尊贵，[周按]若既如此者，今既已生于富家，遂无可如何之意也。[甲双]这一句不是宝玉本意中语，却是古今历来膏粱纨袴之意。可知绫锦纱罗，也不过裹了我这根死木。美酒羊羔，也只不过填了我这粪窟泥沟。富贵二字，不料遭我荼毒了。"[甲双]一段痴情，翻㚇㚇〔贤贤〕易色一句筋斗。使此后朋友中，无复再敢假谈道义，虚论情常。[蒙侧]此是作者一大发泄处。秦钟自见了宝玉形容出众，举止不浮，[甲双]不浮二字妙！秦卿目中所取，止在此。[周按]不浮极好，批语呼应，可证。更兼金冠绣服，骄婢侈童，[甲双]这二句是贬不是奖。此八字遮饰过多少魑魅纨绮，秦卿目中所鄙者。[周按]他本把骄侈改娇艳等字，俗气十足，总是不懂雪芹笔法。秦钟心中亦自思道："果然这宝玉，怨不得人溺爱他。可恨我偏生于清寒之家，不能与他耳鬓交结。可知贫富二字限人，亦世间之大不快事。"[甲双]贫富二字中，失却多少英雄朋友。[蒙侧]总是作者大发泄处，借此以伸多少不乐。二人一样的胡思乱想。[蒙戚双]作者又欲瞒过众人。忽又[甲双]二字写小儿，得神。有宝玉问他读什么书。[甲双]宝玉问读书，亦想不到之大奇事。秦钟见问，便因实而答。[甲双]四字普天下朋友来看。二人你言我语，十来句后越觉亲密起来。一时摆上茶果吃茶，宝玉便说："我们两个又不吃酒，把果子摆在里间小炕上，[周按]处处写炕。我们那里坐着去，省的闹你们。"[甲双]眼见得二人一身一体矣。于是二人进里间来吃茶。秦氏一面张罗与凤姐摆酒果，一面忙又进来，嘱宝玉道："宝叔叔，你侄儿年小，倘或言语不防头，你千万看着我，[周按]看着我，极好京语。不要理他。他虽腼腆，却性子左强，不大随和，此是有的。"[蒙戚双]实写秦钟，双映宝玉。[蒙侧]伏后文。宝玉笑道："你去罢，我知道了。"秦氏又嘱了他兄弟一回，方去陪凤姐。一时凤姐、尤氏又打发人来问宝玉要吃什么，外面有，只管要去。

宝玉只答应着，也无心在饮食上，只问秦钟近日家务等事。［甲双］宝玉问读书已奇，今又问家务，岂不更奇。秦钟因说："业师于去年病故，家父又年纪老迈，贱疾在身，公务繁冗，因此尚未议及延师一事。目下不过在家温习旧课而已，再读书一事，也必须有一二知己为伴，［蒙侧］伏线。时常大家讨论，才能进益。"宝玉不待说完，便答道："正是呢。我们家却有个家塾，合族中有不能延师的，便可入塾读书，子弟们中亦有亲戚在内，可以附读。我因业师又回家去了，也现荒废着。家父之意，亦欲暂送我去，且温习着旧书，待明年业师上来，再各自在家读书亦可。［周按］各自，北语，即单个的，独自的，另行的。又如各自着，谓不与众人混同。◎若上年回家，明年上来，是此师返里二三年之久方才复馆，恐无是理。家祖母因说，一则家学里子弟太多，生恐大家淘气，反为不好。二则也因我病了几日，遂暂且担搁着。如此说来，尊翁如今也为此事悬心，今日回去何不禀明，就往我们这敝塾中来，我亦相伴，彼此有益，岂不是好事！"秦钟笑道："家父前日在家提起延师一事，也曾提起这里的义学到好，［甲眉］真是可儿之弟。原要来和这里亲翁商议引荐，因这里事忙，不便为这点小事来聒絮的。宝叔果然度小侄或可磨墨涤砚，何不速速作成，［甲眉］真是可卿之弟。又彼此不致荒废，又可以常相谈聚，又可以慰父母之心，又可以得朋友之乐，岂不是美事！"［蒙侧］痛快淋漓，以至于此。宝玉笑道："放心，放心！咱们回来先告诉你姐夫、姐姐和琏二嫂子，［周按］回来二字表示语气间隔。你今日回家就禀明令尊，我回去再回明家祖母，再无不速成之理的。"二人计议一定，那天气已是掌灯时候，出来又看他们顽了一回牌。算账时，却又是秦氏、尤氏二人输了戏酒的东道，［甲侧］自然是二人输。言定后日吃这东道，一面又说了回话。

晚饭毕，因天黑了，尤氏因说："先派两个小子送了这秦相公去。"媳妇们传了出去半日，秦钟告辞起身。尤氏问派了谁送去。媳妇们回说："外头派了焦大，[蒙侧] 恶恶而不能去，善善而不能用，所以流毒无穷。可胜叹哉！谁知焦大醉了，又骂呢！"[甲双] 可见骂非一次矣。尤氏、秦氏都道："偏又派他作什么！放着这些小子们，那一个派不得，偏又惹他去。"[甲侧] 便奇。凤姐道："我成日家说你太软弱了，[周按] 成日家，家是虚字助词。纵的家里人这样，还了得呢！"尤氏叹道："你难道不知这焦大的？连老爷都不理他的，[周按] 尤氏不称太爷，总以凤宝二人之辈数为基点而言，下文焦大另有太爷之语，不可混也。你珍大哥哥也不理他。只因他从小儿跟着太爷们出过三四回兵，从死人堆里把太爷背了出来，得了命，自己挨着饿，却偷了东西来给主子吃，两日没得水，得了半碗水给主子吃，他自己喝马溺。不过仗着这些功劳情分，有祖宗时都另眼相待，如今谁肯难为他去。他自己又老了，又不顾体面，一味的吣酒。一吃醉了，无人不骂。我常说给管事的，不要派他事，全当一个死的就完了，今儿又派了他。"凤姐道："我何常不知这焦大！到是你们没主意，有这样，何不打发他远远的庄子上去就完了。"[甲眉] 这是为后协理宁国伏线。说着因问："我们的车可备齐了？"地下众人都应："伺候齐了。"[周按] 齐了，犹言好了。凤姐亦起身告辞，和宝玉携手同行。尤氏等送至大厅，只见灯烛辉煌，众小厮都在丹墀下侍立。那焦大又恃贾珍不在家，即在家亦不好怎样，更可以恣意的洒落洒落。因趁着酒兴，先骂大总管赖二，[甲侧] 来了！[甲双] 记清，荣府中则是赖大，又故意综错的妙。说他，"不公道，欺软怕硬，有了好差使就派别人，[周按] 差使是正写。像这样黑更半夜送人的事，就派着我了。没良心的忘八羔子，瞎充管家！你也不想想，焦大太爷跷起一只脚，比你头还高呢！二十年头里的焦大太爷眼里有谁？别说你们这一把子杂种忘八羔子们！"[蒙侧] 有此功劳，寔不可轻易推〔摧〕折，亦当处之（以）道，厚其瞻仰〔赡养〕，尊其等次。送人回家，原作〔非〕酬功之事。所谓叹〔汉〕之功臣不得保其首领者，我知之矣。正骂的兴头上，贾蓉送凤姐的车出去，众人喝他不听，贾蓉忍不得便骂了他两句，使人捆起来："等明日醒了酒，问他还寻死不寻死了！"[蒙侧] 可怜。天下每每如此。那焦大那里把贾蓉放在眼里，反大叫起来，赶着贾蓉叫："蓉哥儿，［甲侧］来了。你别在焦大跟前使主子性儿。别说你这样儿的，就是你爹，你爷爷，也不敢和焦大挺腰子呢！不是焦大一个人，你们作官儿享荣华受富贵？你祖宗九死一生，挣下这个家业，到如今不报我的恩，反和我充起主子来了！不和我说别的还可，若再说别的，咱们白刀子进去，红刀子出来！"［甲侧］忽接此焦大一段，真可惊心骇目。一字化一泪，一泪化一血珠。［甲双］是醉人口中文法。〇一段借醉奴口角，闲闲补出宁荣往事近故，特为天下世家一笑。凤姐在车上说与贾蓉："以后还不早打发了这没王法的东西！留在这里岂不是祸害？倘或亲友知道了，岂不笑话咱们这样的人家连个王法规矩都没有？"贾蓉答应："是。"众小厮见他太撒野不堪了，只得上来几个，揪翻捆倒，拖往马圈里去。焦大亦发连贾珍都说出来，［甲眉］不如意事常八九，可与人言无二三。以二句批是假，聊慰石兄。乱嚷乱叫："我要往祠堂里哭太爷去。那里承望到如今生下这些畜牲来，［周按］从畜牲，比畜生更妙。每日家偷狗戏鸡，［周按］每日家，家是助词又一例。爬灰的爬灰，养小叔子的养小叔子，［蒙侧］放笔痛骂一回，富贵之家，每掠〔罹〕此祸。我什么不知道？咱们胳膊折了往袖子里藏！"众小厮听他说出这些没天日的话来，唬的魂飞魄丧。也不顾别的了，便把他捆起来，用土和马粪满满的填了他一嘴。凤姐、贾蓉等也遥遥的闻得，便都粧作听不见。宝玉在车上，见这般醉闹到也有趣，［周按］到也有趣，写宝玉之特笔。因问凤姐儿道："姐姐，你听他爬灰的爬灰，什么是爬灰？"［蒙侧］暗伏起〔后〕来史湘云之问。［周按］此批极重要，隐约八十回后宝湘无限情事，惜已不可得见其妙文，疑与秦可卿房中一梦有涉。凤姐听了，连忙立眉嗔目断喝道：［周按］立眉，是凤姐特有之严色威神。第十回又有众人见凤姐眉立一语，正相呼应。"少胡说！那都是醉汉嘴里混唚，你是什么样的人？不说不听见，还到细问。等我回去回了太太，仔细捶你不捶你！"［蒙侧］熙凤能事。唬的宝玉连忙央告："好姐姐，我再不敢说这话了。"凤姐亦忙回色哄道：［周按］回色，甲戌本独有，其义略如霁色和颜，恢复好脸色也。"好兄弟，这才是呢。等回去咱们回了老太太，打发人往家学里说明白了，请了秦钟家学里念书去要紧。"说着，自回荣府而来。要知端的，且听下回分解。正是：

不因俊俏难为友，正为风流始读书。［甲侧］原来不读书即蠢物矣。

［蒙戚回后］焦大之醉，伏可卿之病至死。周妇之谈，势利之害真凶。作者具菩提心，于世人说法。

［回后评］本回为全书开卷七层大引子之末一层，借周瑞家的送宫花，写清全府内各院落之位置，是为交待荣府内景之总括。而同时即又带出钗、黛、惜春、香菱等几位正副钗人物之出场，就中分写钗黛二人之神情，言词尤为重要。写宝钗是稳重和平，写黛玉是尖酸猜忌，二人之性格与作风着墨不多，却已跃然纸上。由此再看下回钗黛聚于梨香院中之言谈意趣便不突然。故至本回为止，皆是引子之性质。至下回方是真正的书文情节开端。

冷香丸一段文字出于宝钗之口，是真是假，是实是虚，令人难以琢磨。若谓是假是虚，则宝钗初次与周瑞家的对话即满口荒唐言，是为何理，难以解说。若谓是真是实，则世间岂有如此之药方？况开头写宝钗即先出此段文情，用意何在，也难分晓。我自愧不敢妄揣，只于药方中看出药味之份量皆以十二为基数。十二为偶数（即阴数）之最多代表数，于此亦可悟知全书所写以女性为主。

十二支宫花分送六人，然此六人中真正受花者却归于东府秦可卿一人，用意甚深。我谓妇女簪花乃古今之常情，分送纱花而特出宫字，令人瞩目，另有深意。

杨藏本此回尚无回目，可知“纂成目录，分出章回”的系后补。回目之文字多变不同，亦缘此故。

第七回看似一派闲文，实则最是精心结撰，处处有用意，笔笔设伏线，全为后文铺下大小巨细脉络，重要丫嬛、副册人物，在此逐一点出。甄家年下进鲜，写出内务府籍人家在江南之差使身份。临安伯一门独在本回先出特笔，亦非漫笔，当是后来有事，所系不轻。冷子兴又一现，不但照应前文，也是暗伏日后贾府罪发之一引线，读不懂这一回书，莫看《石头记》。冷子兴原籍何地，不肯明文预示。前又言周瑞往南方去了，所办何事，亦不多云，总是无限烟云，以俟后文渐展。

读本回书，须看他文字四照玲珑，八方埋伏，笔笔写目下，而笔又隐射后文。金钏、香菱、待书、入画、平儿、丰儿、彩明，一时俱出，而毫无拘滞牵强之态，可谓运笔入化。写周瑞家的，毕竟是一个好心人。写林黛玉，自入府后，至此方露口角尖刻，性情猜嫉本面。

第八回
薛宝钗小恙梨香院　贾宝玉大醉绛芸轩

［蒙戚回前］幻情浓处故多嗔，岂独顰儿爱妒人。莫把心思劳展转，百年事业总非真。

题曰：

古鼎新烹凤髓香，那堪翠斝贮琼浆。

莫言绮縠无风韵，试看金娃对玉郎。［周按］此标题诗四句，甲本独存。第五回麟髓之醅，凤乳之麹，第二十八回批金姑玉郎，是这样写法，可似合参。

话说凤姐和宝玉回家见过众人，宝玉先便回明贾母，秦钟要上家塾之事，自己也有了个伴读的朋友，正好发奋。［甲侧］未必。［周按］发奋是原笔。又着实的称赞秦钟的人品行事，最使人怜爱。［蒙侧］怜爱二字，写出宝玉真神。若是别个，断不肯透露。凤姐又在一傍帮着说，［蒙侧］凤姐帮话，是为秦氏。用意屈〔曲〕尽人情。过日他还来拜老祖宗等语，说的贾母喜悦起来。［甲侧］止此便十成了，不必繁文再表，故妙。偷度金针法。凤姐又趁势请贾母后日过去看戏。贾母虽年高，却极有兴头。［甲侧］为贾母写传。至后日，又有尤氏来请，遂携了王夫人、林黛玉、宝玉等过去看戏。至晌午，贾母便回来歇息了。［甲双］叙事有法。若只管写看戏，便是一无见世面之暴发贫婆矣。写随便二字，兴高则往，兴败则回，方是世代封君正传。且高兴二字，又可生出多少文章来。王夫人本是好清静的，［甲双］偏与邢夫人相犯，然却是各有各传。见贾母回来，也就回来了。然后凤姐坐了首席，尽欢至晚无话。［甲侧］细甚，交代毕。

却说宝玉因送贾母回来，待贾母歇了中觉，意欲还去看戏取乐，又恐扰的秦氏等人不便。［甲侧］全是体贴工夫。因想起近日薛宝钗在家养病，未去亲候，意欲去望他一望。若从上房后角门过去，又恐遇见别事缠绕，再或可巧遇见他父亲，［甲侧］本意正传，实是曩时苦恼。叹叹！更为不妥，［甲侧］细甚。宁可绕远路罢了。当下众嬷嬷、丫嬛伺候他换衣服，见他不换，仍出二门去了，众嬷嬷、小丫嬛只得跟随出去。还只当他去那府中看戏，谁知到了穿堂，便往东向北，绕厅后而去。偏顶头遇见了门下清客相公詹光、〔甲侧〕妙，盖沾光之意。单聘仁〔甲侧〕更妙，盖善于骗人之意。二人走来。一见了宝玉，便都笑着赶上来，一个抱住腰，一个携着手，都道："我的菩萨哥儿！〔甲侧〕没理没伦，口气毕肖。我说作了好梦了呢，好容易得遇见了你。"说着，请了安又问好，〔周按〕请了安又问好，此写满汉二礼互用之例，亦是内务府家世情景。劳叨了半日，方才走开。这老嬷嬷又叫住问："你二位爷，是在老爷跟前来的不是？"〔甲侧〕为玉兄一人，却人人俱有心事。细致。他二人点头道："〔甲侧〕使人起遐思。"老爷在梦坡斋小书房里歇中觉呢，〔甲侧〕妙，梦遇坡之处也。不妨事的。"〔甲侧〕玉兄知己。一笑！〔周按〕第八回主题本是宝玉与钗黛三人首次谈会之文字，却于开端一小段中，一再着重点出宝玉于其父亲十分敬畏之关系，不可视为等闲文字。一面说一面走了，说的宝玉也笑了。〔甲眉〕一路用淡三色烘染行云流水之法，写出贵公子家常不迹不离气致。经历过者，则喜其写真。未经者，恐不免嫌繁。于是转湾向北，〔周按〕湾字是原笔。奔梨香院来。〔蒙侧〕吃冷香丸，往〔住〕梨香院。有趣。可巧银库房的总领名唤吴新登，〔甲侧〕妙，盖云无星戥也。与仓上的头目名唤戴良，〔甲侧〕妙，盖云大量也。还有几个管事的头目共有七八个人，从账房里出来。一见了宝玉，赶过来都一齐垂手站立。〔周按〕赶过来，迎上来之意。独有一个买办名唤钱华的，〔甲双〕亦钱开花之意。随事生情，因情得文。因他多日未见宝玉，忙上来打千儿请安，宝玉忙含笑携他起来。众人都笑说："前儿在一处看见二爷写的斗方儿，字法越发好了，多早晚赏我们几张贴贴。"宝玉笑道："在那里看见了？"众人道："好几处都有，夸的了不得，〔蒙侧〕侍奉上人者，无此等见识，无此等迎奉者，难乎免于厌弃。呜呼哀哉。还和我们寻呢！"〔甲眉〕余亦受过此骗。今阅至此，赧然一笑。此时有三十年前向余作此语之人在侧，观其形，已皓首驼腰矣。乃使彼亦细听此数语，彼则潸〔潸〕然泣下，余亦为之败兴。〔周按〕本回开头先提宝玉的字，是为结束宝玉写匾伏脉，以见宝玉在习字上早有特长，早见功夫，笔笔精神贯注。宝玉笑道："不值什么，你们说给我的小么儿们就是了。"一面说，一面前走。众人待他过去，方都各自散了。〔甲双〕未入梨香院，先故作若许波澜曲折。瞧他无意中又写出宝玉写字来。固是愚弄公子之闲文，然亦是暗逗宝玉历来文课事，不然后文岂不太突。〔周按〕此一小段不独写出府中诸般差役人等对于公子宝玉小主人之奉承，而且又带笔点明宝玉自幼于书画艺术之天分与功夫，此等亦非闲笔。于此可证，雪芹笔法是见缝插针，一笔多用，如不悟此理，而以琐碎杂乱之俗眼读《石头记》，则中华文史岂复有可观者乎？

闲言少述，［周按］并非闲言，他偏说闲言少述，本书妙趣皆在此等处。［甲双］此处用此句最当。且说宝玉来至梨香院中，先入薛姨妈室中来，正见薛姨妈打点针黹与丫嬛们。［周按］打点针黹与丫嬛，总写女儿日常生活女红为重，不以贫富为别。宝玉忙请了安。［周按］又写宝玉请安，总点满人旗家礼数。薛姨妈忙一把拉了他，抱入怀内，笑说："这么冷天，我的儿，难为你想着我！快上炕来坐着罢。"［周按］快上炕来，今之读《石头记》者，不知此实写北京风物，室中必有炕，客来必先让上炕坐，是最尊之礼，此皆北俗。命人到滚滚的茶来。宝玉因问："哥哥不在家？"薛姨妈叹道："他是没笼头的马，天天徃不了，那里肯在家一日。"宝玉道："姐姐可大安了？"薛姨妈道："可是呢，［周按］可是呢，即正是，恰是之意，可恰古音之转。你前儿又想着打发人来瞧他。他在里间不是？［周按］他在里间不是，以反问为答，又一例。与第七回周瑞家的问惜春时，丫嬛答语语式正同。你去瞧他，里间比这里煖和，那里坐着。［蒙侧］作者何等笔法，里间里三字，恐文气不足，又贯之以比这里和缓〔暖〕，其笔真是神龙云中弄影，是必当进去的神理。我收拾收拾就进去和你说话儿。"宝玉听说，忙下了炕，［周按］宝玉下外间炕入里间，里间又有炕，钗之坐处也。来至里间门前，只见吊着半旧的红紬软帘。［甲侧］从门外看起，有层次。宝玉掀帘一跨步进去，先就看见薛宝钗坐在炕上做针线。头上挽着漆黑油光的鬟儿，［周按］民间谜语云：莺莺得病挽着个鬟儿。是家居随便，非正式梳妆之态。蜜合色绵袄，玫瑰紫二色金银鼠比肩褂，葱黄绫绵裙，一色半新不旧，看来不觉奢华。唇不点而红，眉不画而翠，脸若银盆，眼如水杏。［周按］此是宝钗入府后第一次于宝玉眼中心中显露其容貌风度。罕言寡语，人谓藏愚。安分随时，自云守拙。［甲双］这方是宝卿正传。与前写代〔黛〕玉之传一齐参看，各极其妙，各不相犯，使其人难其左右于毫末。［甲眉］画神鬼易，画人物难。写宝卿，正是写人之笔。若与黛玉并写更难。今作者写得一毫难处不见，且得二人真体实传，非神助而何。宝玉一面看，一面口内问："姐姐可大愈了？"宝钗抬头，［甲侧］与宝玉迈步针对。只见宝玉进来，［甲双］此则神情尽在烟飞水逝之间，一展眼便失于千里矣。连忙起身含笑答说：［周按］起身者，正写原在炕上坐着也，与在地下立起身来不同。"已经大好了，到多谢你记挂着。"说着，让他在炕沿上坐了。［周按］礼节上只能让宝玉炕沿上坐，因主人又不能不让上炕坐，客人又不能同一炕上坐（男女亲疏之别），此乃从权之礼。即命莺儿斟茶来，一面又问老太太、姨娘安，别的姊妹们都好！［甲侧］这是口中如此。一面看宝玉：头上带着累丝嵌宝紫金冠，［甲侧］一面二，口中、眼中，神情俱到。额上勒着二龙抢珠金抹额，身上穿着秋香色立蟒白狐腋箭袖，［周按］蟒是四爪龙，坐蟒为尊，但此乃小儿衣饰，原非真官服，不必拘看呆考。系着五色蝴蝶鸾绦，项上挂着长命锁，记名符，另外有那一块落草时衔下来的宝玉。［周按］此又写宝钗首次心中眼中所见宝玉之形容，与上段宝玉见宝钗之文字正为一对。宝钗因笑说道："成日家说你的这玉，［周按］成日家，屡见，家乃助词。究竟未曾细细的赏鉴，我今儿到要瞧瞧。"［甲双］自首回至此，回回说有通灵玉一物，余亦未曾细细赏鉴，今亦欲一见。说着，便挪近前来。宝玉亦凑了上去，从头上摘了下来，递与宝钗手内。宝钗托于掌上，［甲双］试问石兄，此一托，比在青埂峰下猿啼虎啸之声何如？［甲眉］余代答曰：遂心如意。只见大如雀卵，［甲侧］体。灿若明霞，［甲侧］色。莹润如酥，［甲侧］质。五色花纹缠护。［甲侧］文。这就是大荒山中青埂峰下的那块补天剩下的石头幻相。［甲侧］注明。后人曾有诗嘲云：

女娲炼石已荒唐，又向荒唐说大唐。

失去幽灵真境界，［周按］幽灵真境界即幽微灵秀地。幻来亲就假皮囊。［甲侧］二语可入道，故前引庄叟秘诀。［周按］亲就，见《歧路灯》第二回"尊敬亲就"。"真境界""假皮囊"，真假为对。

好知运败金无彩，堪叹时乖玉不光。［甲侧］又夹入宝钗，不是虚图对的工。［甲侧］二语虽粗，本是真情，然此等诗只宜如此。为天下儿女一哭。

白骨如山忘姓氏，无非公子与红妆！［甲侧］批得好，末二句似与题不切，然正是极贴切语。

那顽石亦曾记下他这幻相，并癞僧所镌的篆文。今亦按图画于后，但其真体最小，方能从胎中小儿口中衔下。今若按其体画，恐字迹过于微细，使观者大废眼光，亦非畅事。故今只按其形式，无非略展放些规矩，［周按］此规矩，即今之所谓比例尺。使观者便于灯下醉中可阅。今注明此故，方无胎中之儿口有多大，怎得衔此狼犺蠢大之物等语谤余之谈。［周按］谤余之谈，真是石头口气，不解者奋笔抹去了。［甲眉］又忽作此数语，以幻弄成真，以真弄成幻，真真假假，姿意游戏于笔墨之中。可谓狡滑之至。○作人要老诚，作文要狡滑。

通灵宝玉正面图式

音注云
莫失莫忘
仙寿恒昌

通灵宝玉反面图式

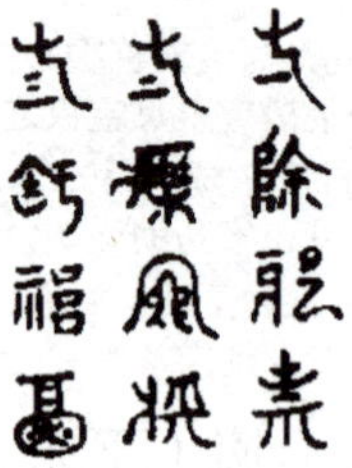

音注云
一除邪祟
二疗冤疾
三知祸福

宝钗看毕，[甲双] 余亦想见其物矣，前回中总用草蛇灰线写法，至此方细细写出，正是大关节处。又从翻过[甲侧] 可谓真奇之至。正面来细看，口内念道：“莫失莫忘，[周按] 忘字应念平声，“亡”音，这本是常识，但今世连这些汉语基本知识也没有了。仙寿恒昌。”[周按] 石头幻化为美玉，先于甄士隐梦中一现，至此方又于宝钗目中加细一写，亦可见钗玉关系之非比寻常。尤奇者于此即特出七律一篇，远远引向全书后文结局，真如神龙见首，伏线远在千里之外。其第二联两句“失去幽灵真境界，幻来亲就假皮囊”，表明假皮囊是指石头一幻而美玉，再化为贾公子，故谓之假皮囊。皮囊指人之躯体、外形，与上句“失去幽灵真境界”之内心精神相对仗。须知只有人方能称皮囊。故此句所点明者是石化玉、玉化人三层关系。念了两遍，[甲侧] 是心中沉音神理。乃回头向莺儿笑道：[甲眉]《石头记》立誓一笔不写一家文字。“你不去到茶，也在这里发獃作什么？”[周按] 獃、呆本是不同的二字，呆在元曲中还读作“泥也切”，本不互混。[甲双] 请诸公掩卷合目想其神理，想其坐立之势，想宝钗面上口中。真妙！莺儿嘻嘻笑道：“我听这两句话，到像和姑娘的项圈上的两句话是一对儿。”[甲双] 又引出一个金项圈来。莺儿口中说出方妙。宝玉听了，忙笑说道：“原来姐姐那项圈上也有八个字，[甲双] 补出素日眼中虽见，而实未留心。我也赏鉴赏鉴。”[甲眉] 恨颦儿不早来听此数语。若使彼闻之，不知又有何等妙文趣语，以悦我等心臆。宝钗道：“你别信他的话，没有什么字。”宝玉笑央：“好姐姐，你怎么瞧我的了呢？”宝钗被他缠不过，因说道：“也是个人给了两句吉利话儿，[周按] 也是个人，此语甚奇。此人为谁何？若僧道二仙，口吻岂能如此轻薄！若非二仙，又是何人？迷离扑朔，隐隐约约，总不明言。[蒙侧] 也是个等字，移换得巧妙。其雅量尊重，在不言之表。所以勒在金上了，叫天天带着，不然沉甸甸的有什么趣儿。”[甲双] 一句骂死天下浓妆艳饰，富贵中之脂妖粉怪。一面说，一面解排扣，[甲侧] 细。[蒙侧] 打开。

好看煞人。从里面大红袄上，将那珠宝晶莹、黄金灿烂的璎珞掏将出来。［甲双］按璎珞者，头饰也。想近俗即呼为项圈者是矣。宝玉忙托了锁看时，果然一面有四个篆字，两面八个，共成两句吉谶。亦曾按式画下形相：

［己正面图式下］不离不弃，与［己反面图式下］芳龄永继，又与仙寿恒昌一对，请合而读之。问诸公历来小说中，可有如此可巧奇妙之文，以换新眼目。莫失莫忘相对，所谓愈出愈奇。

璎络正面图式　　　　缨络反面图式

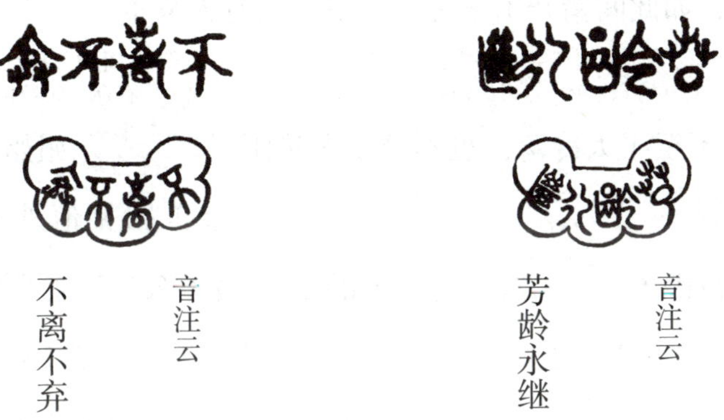

［甲侧］合前读之，岂非一对？宝玉看了他的，也念了两遍，又念自己的两遍，因笑问："姐姐这八个字，到真与我的是一对。"［甲双］余亦谓是一对，不知干支中四注〔柱〕八字，可与卿亦对否？［甲眉］花看平〔半〕开，酒饮微醉，此文字是也。莺儿笑道："是个癞头和尚送的。他说必须錾在金器上。"［蒙侧］和尚在幻境中作如此勾当，亦属多事。宝钗不待说完，便嗔他［蒙侧］嗔字一劫〔截〕，劫〔截〕得妙！不去到茶。一面又问宝玉从那里来。［甲侧］妙神，妙理，请观者自思。宝玉与宝钗相近，只闻一阵阵凉森森、甜丝丝的幽香，［蒙侧］这方是花香袭人正意。竟不知从何处来的。遂问："姐姐熏的是什么香？我竟从未闻见过这味儿。"［甲侧］不知比群芳髓又何如。宝钗笑道："我最怕熏香，好好的衣服，熏的烟燎火气的。"［甲侧］真真骂死一干浓妆艳饰鬼怪。宝玉道："既如此，这是什么香？"宝钗想了一想，笑道："是了。是我早起吃了丸药的香气未散呢。"［甲侧］点冷香丸。宝玉笑道："什么丸药这么香得好闻？好姐姐，给我一丸尝尝。"［甲双］仍是小儿语气。究竟不知别个小儿只宝玉如此。宝钗笑道："又混闹了，一个药也是混吃的！"［周按］一个药，道地北语。一个，表示重大之语意。

一语未了，［蒙侧］每善用此等转换法。忽听外面人说："林姑娘来了！"［甲侧］紧处愈紧，密不容针之文。话犹未了，林黛玉已摇摇的［甲侧］二字画出身。走了进来。一见了宝玉，便笑道："嗳哟，我来的不巧了！"［甲侧］奇文，我实不知颦儿心中是何丘壑？［蒙侧］［周按］出怪急语。口便惊人。宝玉等忙起身笑让坐。宝钗因笑道："这话怎么说？"［蒙侧］不得不问。黛玉笑道："早知他来，我就不来了。"［蒙侧］更叫人急煞。宝钗道："我更不解这意。"黛玉笑道："要来时一群都来，要不来一个也不来。今儿他来了，明儿我再来，如此间错开了来着，岂不天天有人来了。［甲侧］强词夺理。［蒙侧］又一转换。若无此，则必有宝玉之穷究、而宝钗之重复，加长无味。此等文章是《西游记》的请观世音菩萨，菩萨一到，无不扫地完结者。［周按］伶牙俐齿，字字有理，句句机锋，令人可喜可疼，可怜可爱。也不至于太冷落，也不至于太热闹了。［甲侧］好点缀。姐姐如何反不解这意思？"［甲双］吾不知颦儿以何物为心、为齿、为口、为舌。实不知胸中有何丘壑？宝玉因见他外面罩着大红羽缎对衿褂子，［甲侧］岔开文字。繁章法，妙极，妙极！因问："下雪了么？"地下婆娘们道："下了这半日雪珠儿了。"宝玉道："取了我的斗篷来了不曾？"黛玉便道："是不是我来了，他就该去了？"［甲侧］实不知有何丘壑？宝玉笑道："我多早晚说要去了？不过是拿来预备着。"宝玉的奶母李嬷嬷因说道："天又下雪，也好早晚的了，［周按］好早晚，犹言时候不早了。就在这里同姐姐妹妹一处顽顽罢，姨娘那里摆茶果子呢。我叫丫头去取了斗篷来，说给小么儿们散了罢！"宝玉应允。李嬷出去命小厮们都各散去不提。［蒙侧］极力写嬷嬷周旋，是反衬下文。

这里，薛姨妈已摆了几样细巧茶果，留他们吃茶。［甲侧］是溺爱，非势力。宝玉因夸前日在那府里珍大嫂子弄的好鹅掌鸭信，［甲双］为前日秦钟之事，恐观者忘却，故忙中闲笔，重一渲染。薛姨妈听了，忙也把自己的糟的取了些来与他尝。［甲侧］是溺爱，非夸富。［蒙侧］不写酒，先写糟，将糟引酒。宝玉笑道："这个须得就酒才好。"［周按］就酒，北语。就酒喝，就饭吃，皆指下酒下饭之菜肴而言。就着吃，犹言伴食。薛姨妈便命人去灌了些上等的酒来。［周按］由鹅、鸭引出酒来，酒是主题。读至此，我不禁想起作者雪芹当日即特喜吃烧鸭和南酒。［甲侧］愈见溺爱。［甲眉］余最恨无调教之家，任其子侄肆行哺啜。观此则知大家风范。李嬷嬷便上来道："姨太太，酒到罢了。"宝玉笑央道："好妈妈，我只吃一钟。"李嬷嬷道："不中用。当着老太太、太太，那怕叫你吃一坛呢。想那日我眼错不见一会，［周按］眼错不见，北地俗语。不知是那一个没调教的，只图讨你的好儿，不管人的死活，给了你一口酒吃，葬送的我挨了两日骂。姨太太不知道，他性子又可恶，［甲侧］补出素日。吃了酒更弄性。有一日老太太高兴了，又尽着他吃，什么日子又不许他吃。何苦我白赔在里面。”［甲侧］浪酒闲茶，原不相宜。［蒙侧］嬷嬷口气。薛姨妈笑道：“老货，［周按］老货，称老妇人之戏语。［甲侧］二字如闻。你只放心吃你的去！你们哥儿吃多了，回去老太太问时，有我呢。”一面说，便命小丫嬛来：“让你妈妈们去，也吃一杯搪搪雪气。”那李嬷嬷听如此说，只得和众人且去吃些酒水。这里宝玉又说：“不必烫热了，我只爱吃冷的。”薛姨妈忙道：“这可使不得！［周按］这可使不得，谓这却不能行。吃了冷酒写字，手要打飐儿的。”［周按］飐，原笔。前用门下相公等人提斗方儿，至此中间又一点题，说写字手打颤儿，后幅方归到写绛芸轩三大字。笔如常山之蛇，信然。［甲侧］酷肖。［蒙侧］点石成金。宝钗笑道：“宝兄弟，亏你每日家杂学傍收的，［甲侧］着眼，若不是宝卿说出，竟不知玉卿日就何业。［甲眉］在宝卿口中说出玉兄学业，是作微露卸春挂之萌耳。是书勿看正面为幸。［周按］对“卸春挂”的理解，向来众说不一。拙见以为，“春”乃“香”字之讹。挂即串之变称，一挂与一串可以互用，故“卸春挂”即指“麝香串”之情节，非有二事也。难道就不知道酒性最热？若热吃下去，发散的就快。若冷吃下去，便凝结在内，以五脏去煖他，岂不受害！从此还不快不要吃那冷的呢。”［周按］还不快不要吃那冷的呢，还不快，北地常语，犹言还不赶快。［甲双］知命知身，识理识性，博学不杂，庶可称为佳人。可笑别小说中一首歪诗，几句淫曲，便自佳人相许，岂不丑杀。宝玉听这话说得有情理，［甲双］宝玉亦听的出有情理的话来，与前问读书家务，并皆大奇之事。便放下冷的，命人煖来方饮。黛玉磕着瓜子儿，只抿着嘴笑。［甲侧］实不知其丘壑，自何处设想而来。［蒙侧］笑的毒。可巧，［甲侧］又用此二字。黛玉的小丫嬛雪雁儿走来，与黛玉送小手炉来。黛玉因含笑问他说：“谁叫你送来的？难为他费心，那里就冻死我了！”［甲侧］吾实不知何为心，何为齿、口、舌？雪雁道：“紫鹃姐姐［甲侧］鹦哥改名已。［甲双］又顺笔带出一个妙名来，洗尽春花、腊梅等套。怕姑娘冷，使我送来的。”黛玉一面接了，抱在怀中，笑道：“也亏你到听他说，我平日和你说的全当耳傍风，怎么他说了你就依，比圣旨还信些！”［周按］圣旨用信字，言其依从不疑。［甲双］要知尤物方如此，莫作世俗中一味酸妒，狮吼辈看去。［蒙侧］句句尖刺，可恨可爱，而句意毫无滞碍。［周按］如何？字字有理，句句机锋！宝玉听这话，知黛玉借此奚落他，也无回护之词，只嘻嘻的笑了两阵罢了。［甲侧］这才好，这才是宝玉。宝钗素知黛玉是如此惯了的，也不去採他。［周按］採字，原笔。［甲侧］浑厚天成，这才是宝钗。薛姨妈因道："你素日身子弱，禁不得冷的，他们记挂着你到不好？"黛玉笑道："姨娘不知道。［蒙侧］又转出此等言语，令人疼煞黛玉，敬煞作者。［周按］疼字无限爱慕，同病相怜，非男子语也。◎以上两则批语疑原钞者钞错位置而断为两截，现合为一条。幸亏是姨娘这里，倘或在别人家里，人家岂不要恼？好说就看的人家连个手炉也没有，爬爬的从家里送个来。不说丫头们太小心过余，［周按］过余，北语。还只当我素日是这等轻狂惯了呢。"［甲双］用此一解，真可拍案叫绝。足见其以兰为心，以玉为骨，以莲为舌，以冰为神。真真绝倒天下之裙钗矣！［周按］如何？字字有理，句句机锋！薛姨妈道："你是个多心的，有这想，我就没这心了。"说话时，宝玉已是三杯过去了。李嬷嬷又上来拦阻。宝玉正在高兴之时，和宝黛姊妹说说笑笑的，［甲双］试问石兄，皆〔比〕当日青埂峰猿啼虎啸之声何如？那肯不吃？宝玉只得屈意央告："好妈妈，［周按］称呼用"妈"，叙事用"嬷"。我再吃两钟就不吃了。"李嬷嬷道："你可仔细，老爷今儿在家呢，隄防问你的书。"［甲侧］不入耳之言是也。［甲双］不合提此话。这是李嬷嬷激醉了的，无怪乎后文。一笑。宝玉听了此话，便心中大不自在，慢慢的放下酒，垂了头。［甲双］画出小儿愁蹙之状，楔紧后文。黛玉先忙就说："别扫大家的兴，舅舅［甲侧］二字指贾政也。若叫你，只说姨娘留着呢。这个妈妈他吃了酒，又拿我们来醒脾了。"［甲侧］这方是阿颦真意对玉卿之文。一面悄推宝玉使他赌气，一面悄悄的咕哝说："别理那老货，咱们只管乐咱们的。"那李嬷也素知黛玉的，因说道："林姐儿，［甲侧］如此之称，似不通，却是老妪真心道出。［周按］姐儿之称，乃怒语也，在李嬷为失礼，由黛玉背呼老货引起。你不要助着他了，你到劝劝他，只怕他还听些。"林黛玉冷笑道："我为什么助着他？我也犯不着劝他！你这个妈妈也太小心了，往常老太太又给他酒吃，如今在姨妈这里多吃一口，料也不妨事。必定姨妈这里是外人，不当在这里的也未可知！"李嬷嬷听了，又是急，又是笑，说道："真真这林姑娘［周按］上文李嬷嬷突以姐儿相称，此处仍称姑娘为是。说出一句话来，比刀子还尖，这算了什么呢！"［甲侧］是认不的真，是不忍认真，是爱极颦儿、疼煞颦儿之意。宝钗也忍不住，笑着把黛玉腮上一拧，［甲侧］我也欲拧。说道："真真这个颦丫头的一张嘴，叫人恼不是，喜又不是。”[甲双]可知余前批不谬。[周按]余前批，指是“认不的真”一批。[蒙侧]恨不是，喜不是，写尽一晌含容之量。薛姨妈一面又说：“别怕，别怕！[甲侧]是接前老爷问书之语。我的儿，来了这里，没好的你吃，别把这点子东西吓的存在心里，到叫我不安。只管放心吃，都有我呢！越发吃了晚饭去，便醉了，便跟着我睡罢。”因命：“再烫热酒来，姨妈陪你吃两杯，可就吃饭罢。”[甲侧]二语不失长上之体，且收拾若干文，千斤力量。宝玉听了，方又鼓起兴来。李嬷嬷因吩咐小丫头子们：“你们在这里小心着，我家去换了衣服就来。[周按]家去，北方常语，即回家之义。悄悄的回姨太太，[蒙侧]家去换衣服，是含酸欲怒，悄悄回的光景，是不露怒。别由他的性多给他吃。”说着便家去了。这里虽还有三四个婆子，都是不关痛痒的，[甲侧]写的到。见李嬷嬷走了，也都悄悄的自寻方便去了。只剩了两个小丫头子，乐得讨宝玉的欢喜。幸而薛姨千哄万哄的，只容他吃了两杯，就忙收过了。作了酸笋鸡皮汤来，宝玉痛喝了两碗汤，吃了半碗碧粳粥。[甲侧]美粥名。一时薛林二人也吃完了饭，又酽酽的瀹上茶来，大家吃了，薛姨妈方放下心。雪雁等三四个丫头已吃了饭进来伺候，黛玉因问宝玉道：“你走不走？”[甲侧]妙问。[蒙侧]走不走，语言真是黛玉。宝玉乜斜倦眼道：[周按]四个字已写尽醉态。[甲侧]醉意。“你要走，我和你一同走。”[甲侧]妙答。此等话，阿颦心中最乐。黛玉听说，遂起身道：“咱们来了这一日，也该回去了。还不知那边怎么找咱们呢！”说着，二人便告辞。小丫头忙捧过那一件斗笠来，[甲侧]不漏。宝玉便把头略低一低，命他带上。那丫头便将这大红猩毡斗笠一抖，才往宝玉头上一合，宝玉便说：“罢，罢！好蠢东西，你也轻些儿，难道没见过别人带过的？[甲侧]别人者，袭人、晴雯之辈也。让我自己带罢。”黛玉站在炕沿上道：“啰唆什么，过来我瞧瞧罢。”[蒙侧]知己最难逢，相逢意自同。花新水上香，花下水含红。[周按]花下水含红，总是沁芳本意，亦即花落水流红也。宝玉忙就近前来，黛玉用手整理，轻轻笼住束发冠，将笠沿拽在抹额之上，将那一颗核桃大的绛绒簪缨扶起，颤巍巍露于笠外。整理已毕，端像了端像，说道：“好了，披上斗篷罢。”[甲双]若使宝钗整理，颦卿又不知有多少文章。宝玉听了，方接了斗篷披上。薛姨妈忙道："跟你们的妈妈都还没来呢，且略等等不是。"宝玉道："我们到去等他们，有丫头们跟着也勾了。"［蒙侧］伏笔。薛姨妈不放心，足的命两个妇人跟随他兄妹方罢。［周按］足的，本回始见，至三十九回复见。实近于终究、毕竟、到底还是如何……方罢之语意。他二人道了扰，一迳回至贾母房中。

贾母尚未用晚饭，知是薛姨妈处来，更加欢喜。［甲侧］收的好极。正是写薛家母女。因见宝玉吃了酒，遂命他自回房去歇着，不许再出来了。因命人好生看侍着，忽想起跟宝玉的人来，遂问众人："李奶子怎么不见？"［周按］奶子乃口语，北京街名有奶子府。［甲侧］细。［蒙侧］逼迫。众人不敢直说家去了，［甲侧］有是事，大有是事。只说："才进来的，想是有事出去了。"宝玉踉跄回顾道："他比老太太还受用呢，问他作什么！没有他，只怕我还多活两日。"一面说，一面来至自己卧室，只见笔砚在案。晴雯先接出来，笑说道：［甲侧］如此找前文最妙，且无逗笋之迹。"好，好，要我！研了那些墨，早起高兴，只写了三个字，丢了笔就走了，哄的我们等了一日。快来给我写完这些墨才罢。"［甲侧］憨，活现！余双圈不及。［甲侧］补前文之未到。［蒙侧］姣〔娇〕痴婉转，自是不凡。引后文。宝玉忽然想起早起的事来，因笑道："我写的那三个字在那里呢？"晴雯笑道："这个人可醉了！你头过那府里去，［周按］头过那府里去，即在过那府去之先，此纯北语。如言头三日就来了，谓早在三天前即到了。嘱咐我贴在这门斗上的，这会子又这么问我。生怕［周按］生怕，芹笔也。别人贴坏了，［甲侧］全是体贴一人。我亲自爬高上梯的贴上，［甲侧］可儿，可儿！这会子还冻的手冰冷的呢。"［甲侧］可儿，可儿。［甲双］写晴雯是晴雯走下来，断断不是袭人、平儿、莺儿等语气。宝玉听了笑道：［甲侧］是醉笑。"我忘了你的手，我替你渥着。"［周按］渥，音悟，以物温暖之。如云渥被，原谓铺好了被，以温水器置其中以暖之，后则虽无温器，亦曰渥被，实即铺被之泛词了。说着，便伸手携了晴雯的手，同仰首看那门斗上新书的三个字。［甲侧］究竟不知是三个什么字。妙！［甲眉］是不作词幻〔开门〕见山文字。［蒙侧］何等景象！真是一付〔幅〕教歌图。

一时黛玉来了，宝玉便笑道："好妹妹，［周按］本回下半笔笔写宝玉之醉。你别撒谎，你看这三个字那一个好？"黛玉仰头看里间门斗上新贴了三个字，写着"绛芸轩"。［周按］好，绛芸轩三大字特由黛玉目中点醒。［甲侧］出题妙！原来是这三字。［蒙侧］照应绛珠。［周按］疑绛云轩是初笔，芸是掩笔，云即隐与湘云日后重会一段重大结局。绛芸则改隐小红、贾芸二人日后救助宝湘会合者，虽掩笔，却成巧笔。雪芹笔法总是开头即点睛直贯全身，但粗心人难悟耳。黛玉笑道："个个都好，怎么写的这么好了？明儿也替我写一个匾。"〔甲侧〕滑贼。宝玉嘻嘻的笑道："又哄我呢！"说着又问："袭人姐姐呢？"〔甲侧〕断不可少。晴雯向里间炕上努嘴。〔甲侧〕画。宝玉一看，只见袭人合衣睡着在那里。宝玉笑道："好！太渥早了些。"〔周按〕渥早了些，谓衾被铺早了些。渥字如此用法，参看〔甲侧〕绛芸轩中事。前条。因又问晴雯道："今儿我那府里吃早饭，有一碟子豆腐皮的包子，我想着你爱吃，和珍大奶奶说了，只说我留着晚上吃，叫人送过来的，你可吃了？"晴雯道："快别提，〔蒙侧〕与颦儿抿着嘴儿笑的文字一样葫芦。一送了来，我就知道是我的，偏我才吃了饭，就搁在那里。后来李奶奶来了，看见说，宝玉未必吃了，〔蒙侧〕嬷嬷们脱文〔托大〕处，每每如此。拿来给我孙子吃去罢。他就叫人拿了家去了。"〔甲双〕奶母之倚势，亦是常情。奶母之昏愦，亦是常情。然特于此处细写一回，与后文袭卿之酥酪遥遥一对。足见晴卿不及袭卿远矣。余谓晴有林风，袭乃钗副，真真不错。接着茜雪捧上茶来，宝玉让林妹妹吃茶。众人笑说："林妹妹早走了，〔周按〕又写醉态。〔甲侧〕三字（指林妹妹三字）是接上文口气而来，非众人之称。○醉态逼真。〔甲眉〕写颦儿去，如此章法，从何设想。奇笔，奇文！还让呢。"宝玉吃了半碗茶，忽又想起早起茶来，〔甲双〕偏是醉人搜寻的出。细事，亦是真情。因问茜雪道："早起潗了一碗枫露茶，〔周按〕枫露，细思亦红泪之化身也。〔甲侧〕与千红一窟遥映。我说过那茶是三四次后才出色的，这会子怎么又潗了这个来？"〔甲侧〕所谓闲茶是也。与前浪酒一般起落。茜雪道：〔周按〕茜雪一开头即与宝钗打交道，其取名亦即用雪字。早早被撵亦是宝钗不吉之兆。茜雪日后乃狱神庙慰宝玉之重要人物。"我原是留着的，那会子李奶奶来了，他要尝尝，就给他吃了。"〔甲侧〕又是李嬷，事有凑巧，如此类是。宝玉听了，将手中的茶杯只顺手〔甲侧〕是醉后，故用二字。非有心动气也。往地下一掷，"豁琅"一声，打了个齑粉，泼了茜雪一裙子的茶，又跳起来问着茜雪道："他是你那一门子的奶奶，你们这么孝敬他？不过是仗着我小时候吃过他几日奶罢了。〔甲侧〕真醉了。如今逞的他比祖宗还大了。如今我又吃不着奶了，白白的养着这个祖宗作什么。快撵了出去，大家干净。"〔甲侧〕真真大醉了。说着，立刻便要去回贾母撵他乳母。〔周按〕实在大醉了。原来袭人实未睡着，不过故意粧睡，引宝玉来沤他顽耍。［周按］沤字是原字。［蒙侧］只须〔许〕郎看不进〔近〕郎。真是妙法。先闻得说字、问包子等事，也还可不必起来。后来摔了茶钟，动了气，遂连忙起来［甲侧］断不可少之文。解释劝阻。早有贾母遣人来问是怎么了，袭人忙道："我才到茶来，被雪滑倒了，失了手，砸了钟子。"［甲侧］现成之至。瞧他写袭卿为［蒙侧］袭人另有一人。段居心，一番行止。一面又安慰宝玉道："你立意要撵他也好，［甲侧］二字奇，使人一惊。我们也都愿意出去，［蒙侧］先主取西川，方得立基业，而偏不肯取，大与此意同。不如趁势连我们一齐撵了。我们也好，你也不愁再有好的来伏侍你。"宝玉听了这话，方无得言语，［甲眉］按警幻情讲〔榜〕：宝玉系情不情。凡世间之无知无识，彼俱有一痴情去体贴。今加大醉二字于石兄，是因问包子，问茶，顺手掷杯。问茜雪，撵李嬷，乃一部中未有第二次事也。袭人数语，无言而止，石兄真大醉也。余亦云：实实大醉也。难辞碎闹，非薛蟠纨袴辈可比。被袭人等扶至炕上，脱换了衣服。不知宝玉口内还说些什么，只觉口齿绵缠，眉眼愈加饧涩，［甲侧］二字带出平素形像。［周按］书文写他眉眼愈加饧涩，批便说此是玉兄平素形像。试问假使批者未见过此人，从何知其平素形像耶！忙伏侍他睡下。袭人伸手从他头上摘下那通灵玉来，［周按］通灵玉天生有眼，穿以丝线细绦，戴于项下，取时必从头上褪卸，因为不是活扣儿，可解可拴之比。用自己的手帕包好塞在褥下，次日带时，便冰不着脖子。［甲双］试问石兄，此一渥比青埂峰下松风明月如何？那宝玉就枕就睡着了。彼时李嬷嬷等已进来了。听见醉了，不敢前来再加触犯，只等着打听睡了，［周按］等着打听睡了，是李嬷已进来些时，不敢上前，惟有等候丫嬛打点他睡下，方敢离去。方放心散去。［甲双］交代清楚塞玉一段，又为误窃一回伏线。晴雯、茜雪二婢，又为后文先作一引。

次日醒来，［甲双］以上已完正题。以下是后文引子，前文之余波。此回收法，与前数不同矣。就有人回："那边小蓉大爷带了秦相公来拜。"［甲眉］偷度金针法。最巧！宝玉忙接了出来，领了拜见贾母。贾母见秦钟形容缥致，［周按］秦钟谐情钟情种之音。举止温柔，堪陪宝玉读书，［甲侧］骄大如此，溺爱如此。心中十分欢喜，便留茶留饭。又命人带去见王夫人等。众人因素爱秦氏，今见了秦钟是这般的人品，也都欢喜，临去时都有表礼。贾母又与了一个荷包，并一个金魁星，［甲眉］作者今尚记金魁星之事乎？抚今思昔，肠断心摧。命文星和合之意。［周按］文星和合，有深意。命，是命名命义之命。［蒙侧］雅致。又嘱咐他道："你家住的远，或一时寒热饥饱不便，只管住在我这里，不必限定了。只和你宝叔在一处，别跟着那起不长进的东西学。"［甲侧］总伏后文。秦钟一一答应，回去禀知他父亲秦业。［甲双］妙名！业者，孽也。盖云情因孽而生也。

这秦业系现任工部营缮司郎中，［周按］秦业职衔，全是内务府所属一类，其称工部，正如康熙时名流题诗称曹寅楝亭为工部一理。［甲双］官职更妙！设云皆隐婉之词。因情孽而缮此一书之意。年近七十，夫人早亡。因当年无儿女，便向养生堂抱了一个儿子并一个女儿。［甲眉］写可儿出身自养生堂，是褒中贬。后死封袭〔龙〕禁尉，是贬中褒。灵巧一至于此。谁知儿子又死了，［甲侧］一顿。只剩女儿，小名唤可儿，［甲双］出名。秦氏究竟不知系出何氏，所谓寓褒贬别善恶是也。秉刀斧之笔，具菩萨之心，亦甚难矣！如此写出，可见来历亦甚苦矣。又知作者是欲天下人共来哭此情字。长大时，生得形容袅娜，性格风流。［甲侧］四字便有隐意。春秋字法。因素与贾家有些瓜葛，故结了亲，许与贾蓉为妻。那秦业五旬之上方得了秦钟。因去岁业师亡故，未暇延请高明之士，只暂在家温习旧课。正思要和亲家去商议，［甲侧］指贾珍。送往他家塾中去，暂且不致荒废，可巧遇见了宝玉这个机会。又知贾家塾中现今司塾的是贾代儒，乃当今之老儒，［甲侧］随笔命名省事。秦钟此去，学业料必进益，成名可望，［周按］成名，考中科名，非今世所谓之“成了名家”语义。因此十分欢喜。只是宦囊羞涩，那贾府上上下下都是一双富贵眼睛，［甲侧］为天下读书人一哭，寒素人一哭！容易拿不出来。［周按］容易，即今言轻易，如后回写宝钗之麝香串曰“容易褪不下来”，用法与此同。容易拿不出，犹言不是轻松、随意、等闲、漫忽就能办得到。然［周按］然字是。儿子的终身大事，［甲侧］原来读书是终身大事。说不得东拼西凑的，［蒙侧］父母之恩，昊天罔极。恭恭敬敬［甲侧］四字可思，近之鄙薄师傅者来看。封了二十四两贽见礼，［甲双］可知宦囊羞涩，与东拼西凑等样，是特为近日守钱虏而不使子弟读书之辈一大哭。亲自带了秦钟来代儒家拜见了。然后听宝玉上学之日，好一同入塾。［甲双］不想浪酒闲茶，一段金玉旖旎之文后，忽用此等寒瘦古拙之词收住，亦行文之大变体处。《石头记》多用此法，历观后文便知。正是：

早知日后闲争气，岂肯今朝错读书。

［甲回末］这是隐语微词，岂独指此一事哉。余则为读书正为争气，但此争气与彼争气不同。写来一笑。

［蒙回后］一是先天含来之玉，一是后天造就之金。金水相含，是成万物之象，再遇水而过寒，虽有酒浆，岂能助火。因生出黛玉之讽刺，李嬷嬷之唠叨，晴雯、茜雪之嗔恼，故不得不收功静息，含养性天，以待再举。

识丹道者，当解吾意。

［回后评］上回送宫花，已写冷香丸，即是宝钗小恙。故宝玉闻知便令茜雪往候。此又写亲往，便不突然。

黛玉之来，并非无故，实因已知宝玉亲往宝钗处问病，特来探察二人情景，不放心也。其与薛姨妈之交谈词令，全是机巧，无一诚语。

手炉铜制，椭圆形，有盖有腹，有提浆，内贮炭火，盖上密布小孔，以透暖气，可置于怀中。观黛玉对雪雁所发诸语，又另是一番性情意态。此为继送宫花后再描一笔。

茜雪只叙及一二事，前遣问疾，后因枫露茶，随遭撵逐，亦后文一段公案，非闲笔也。

晴雯之出场，乃是研墨付砚，登梯张贴“绛云轩”，不独身份高雅，了无俗态，亦且是轩中主要人物，异色女儿。珍重之笔可思。

第八回章法，笔法皆不寻常，须细加玩味。如只看主题是金玉会合之文章，却不知由此而引向“绛芸轩”三字，此匾名方是全书更为重要之点睛处。

开端处特写众人夸奖宝玉所写斗方儿，不知者以为闲文而已，读至回末，方知全为突出“绛芸轩”三字。连黛玉也赞云：怎么写得这么好了？故我谓雪芹无闲文，无赘笔，此等处亦可参悟。

此回末幅渐渐引向秦可卿，后文直贯至天香楼事件。似为全书章法上一大关键。

批书者脂砚斋为何如人也，自胡适之先生为始，说者不一。我曾考论此人乃是一位女性批书者。请看此回宝钗笑着把黛玉腮上一拧处，批曰：我也欲拧。此种声口分明是一闺中伴侣，相熟相悉，跃然纸上。倘是一男人而作此批语，则恶俗不堪，近于下流矣。雪芹之书中岂能容此玷污佳著。不但如此，我更谓此女实即书中之湘云。她最喜戏谑，顽皮之态可从书中领略分明，后文佳例不少。请留意联系思索，当悟拙解并非妄言。

第九回
恋风流情友入家塾　起嫌疑顽童闹学堂

［戚回前］君子爱人以道，不能减牵恋之情。小人图谋以霸，何可逃侮慢之辱。幻境幻情，又造出一番晓妆新样。

话说秦业父子专候贾家的人来送上学择日之信。原来宝玉急于要和秦钟相与，［蒙戚双］妙，不知是怎样相遇。［周按］相与，口语，上字重读，下字轻音，略如相于。相遇在此无所取义，批语从遇，亦后笔改动。却顾不得别的，遂择了后日上学。后日，请秦相公一早到我家里来，会齐了一同前去。打发了人送信去。

至日一早，宝玉未起，袭人早已把书笔文物包好，收拾得停停妥妥，坐在炕沿上发闷。［蒙戚双］神理可思，忽又写小儿学堂中一篇文字，亦别书中之未有。［蒙侧］此等神理，方是此书的正文。见宝玉醒来，只得伏侍他梳洗。宝玉见他闷闷的，因笑问道："好姐姐，［蒙双］开口断不可少之三字。你怎么又不自在了？难道怪我上学了丢的你们冷清了？"袭人笑道："这是那里的话。读书是极好的事，不然就潦倒一辈子，终究怎么样呢？［蒙侧］袭人方才的闷闷，此时的正论，请教诸公，设身处地，亦必是如此方是。真是屈〔曲〕尽情理，一字也不可少者。但只一件，读书之时，只想着书，不读书之时，想着家里些。［蒙侧］长亭之嘱，不过如是。别合他们一处顽，碰见老爷不是顽的。虽然是奋志要强，那工课宁可少些，一则贪多嚼不烂，二则身子也要保重。这就是我的意思，你可要体量。"［蒙双］书正语细嘱一番，盖袭卿心中明知宝玉他并非真心奋志之意，袭人自别有说不出来之语。袭人说一句，宝玉应一句。袭人又道："大毛衣服我已包好了，交出给小子们去了。学里冷，好歹想着添换，比不得家里有人照看。脚炉手炉的炭也交出去了，你可着他们添。那一起懒贼，你不说，他们乐得不动了。"宝玉道："我都知道，自己都会调停，你放心。［蒙侧］无人体贴，自己扶持。但你们可也别闷死在屋里，也合林妹妹处去顽笑才好。”说着，俱已穿带明白，［周按］穿带明白，是说入学该穿带之衣物明白无误，一一合乎学童身份，非整齐与否之事也。袭人催他去见贾母。宝玉又嘱咐了晴雯、麝月等人几句，［蒙侧］这才是宝玉的本来面目。方出来见贾母，贾母也未免有几句嘱咐。然后又去见王夫人，出来书房见贾政。［周按］三处院子，顺路之序井然。偏生这日贾政回家的早，［蒙戚双］若俗笔则又云不在家矣，试思若再不见，则成何文字哉？所谓不敢作安逸苟且塞责文字。正在书房中与相公清客们闲话，忽见宝玉进来请安，回说上学里去，贾政冷笑道：“如果再提上学连我也羞死了。［蒙戚双］这一句才补出已往许多文字，是严父之声。依我说，你竟是顽你的是正理。仔细站脏了我这地，靠脏了我的门！”［蒙戚双］画出宝玉的俯首挨壁之形像来。［周按］批云画出宝玉云云，试问倘不曾真见过此形景者，如何体会得出，又如何必加此语。众清客相公们都立起身笑道：［周按］众相公们立起身来者，写不容再说，马上解围，破此僵局，立携宝玉出屋之笔也。“老世翁何必又如此！今日世兄一去，三二年可以显身求名的了，［周按］求名，谓由此可引上科考之初阶。断不似往年仍作小儿之态了。天也将饭时了，世兄快请罢。”说着，竟有两个年老的携了宝玉的手，走出去了。贾政因问：“跟宝玉是谁？”只听那边答应了两声，早进来了三四个大汉，打千儿请安。贾政看时，认得是宝玉的奶姆之子，名唤李贵。向他说道：“你们连日跟他上学，他到底念了些什么书！到念了些湖言混语在肚里，学了些精致的淘气。等我闲一闲，先揭了你的皮，［蒙侧］此等话似觉无味无理，然而作父母的到无可如何处，每多用此等法术，所谓百计经营，心力俱碎〔瘁〕者。再和那不长进的算账！”吓的李贵双膝跪地，摘了帽子，碰头有声，答应是。又道：“哥儿已念到第三本《诗经》，什么‘呦呦鹿鸣，荷叶浮萍’，小的不敢撒谎。”说的满座哄然大笑起来。贾政也掌不住笑了。因说道：“那怕再念三十本《诗经》，也是掩耳偷铃，哄人耳目。你去请学里师老爷安，［周按］师老爷，以学中用语为主，最得体，最符实事。就说我说了，什么《诗经》古文，一概不用虚应故事，先把四书讲明背熟，是要紧的。”李贵答应是，见贾政无话，方退出了。

此时宝玉独站在院外屏气静候，待他们出来，便忙忙的走了。

李贵等一面弹了衣服，一面说道："哥儿可听见了不曾？先要揭我们的皮呢！人家跟主人赚些体面，我们这等奴才白赔着挨打受骂。从此后可怜见些才好。"［蒙侧］可以谓能达主人之意，不辱君命。宝玉笑道："好哥哥，你别委曲，我明儿请你。"李贵道："小祖宗，谁敢望你请，只求听一半句话就有了。"说着，又至贾母这边，秦钟早已来等候了，贾母正合他说话儿。［周按］说话儿，指亲戚情话，天伦乐事，此儿化音必不可免者。［蒙戚双］此处便写贾母爱秦钟一如其孙，至后文方不突然。于是二人见过，辞了贾母。［周按］此处写宝玉之忙。方到贾母这里，又去辞黛玉，就把秦钟撂在贾母处不动。盖此时黛玉来府后即依贾母处居住，宝玉与之作辞，转身即到，非如日后园居之相距也。宝玉忽然要来辞黛玉，［蒙双］妙极！何顿挫之至，余已忘却。至此心神一畅，一丝不漏。因又忙至黛玉房中来作辞。彼时黛玉才在窗下对镜理妆，听宝玉说上学去，因笑道："好，这一去可定是蟾宫折桂了。［蒙侧］此写黛玉，差强人意。西厢双文，能不抱愧。我不能送你了。"宝玉道："好妹妹，等我下了学再吃晚饭。和胭脂膏子也等我来制。"劳叨了半日，方起身要出去。［蒙戚双］如此总一句更妙。黛玉又叫住问道："你怎么不去辞你宝姐姐？"［蒙戚双］必有是语，方是黛玉。此又系黛玉平生之病。宝玉笑而不答，［蒙侧］黛玉之问，宝玉之笑，两心一照，何等神工鬼斧文章！一径同秦钟上学去了。

原来这贾家之义学离此不远，不过一里之遥，原先始祖所立，恐族中子弟有贫穷不能请师爷者，即入此学。凡族中有官之人，皆有供给银，多寡不同，为学中之费。特请年高有德之人为塾堂，［周按］塾堂，应是当时原语。可参看部院长官尚书侍郎称堂之例。专为训课子弟。［蒙侧］创立者之用必〔心〕，可谓至矣！如今宝玉、秦钟二人，都相见拜过先生，读起书来。自此后，二人同来同往，同坐同起，愈加亲密。又兼贾母爱惜，也时常的留下秦钟住上三天五天，和自己的重孙一般疼爱。因见秦钟家中不甚宽厚，［周按］宽厚，非仁厚义，宽是"宽裕"，厚是相对"薄祚寒门"之"薄"字而言者。更又助些衣履等事。不上一月之工，［周按］一月之工，即一月时间，此乃雪芹语式。秦钟在荣府便熟了。［蒙双］交代的徹。宝玉总是不守分的人，［蒙戚双］写宝玉总作如此笔。一味随心所欲，因此又发了癖性，又特向秦钟悄说：［蒙侧］悄说之时何时。舍尊就卑何心，随心所欲何癖，相亲爱密何情。"咱们二人一样年纪，又是同学，以后不必论外姓，［周按］外姓，疏远之词，非辈份义也，此深浅之分，最宜审辨。只论兄弟朋友就是了。”先是秦钟不肯，当不得宝玉不依，只叫他兄弟，或叫表字鲸卿，秦钟只得也混着乱叫起来。

原来这学中虽都是本族之人丁与亲戚的子弟，俗语说的好，一龙九种，种种各别。未免人多了，就有龙蛇混杂，下流人物在内。［蒙戚双］伏一笔。自宝秦二人来了，都生的花朵一般模样，又见秦钟腼腆温柔，未语面先红，作女儿之态，宝玉又是天生来惯能小心伏低，［周按］小心伏低，极是用心体贴之意。赔身下气，情性体贴，话语绵缠，［蒙戚双］凡四语十六字，上用天生成三字，真正写尽古今情种人也。因此二人更加亲厚，怨不得那些同窗之人起疑心，背地里你言我语，满布书房。［戚双］伏下文阿呆争风一回。原来薛蟠自来王夫人处住后，便知有一家学，学中广有青年子弟，不免动了龙阳之兴，假来上学读书，不过是三日打鱼，五日晒网，白送些束修礼物与贾代儒，却不曾有一些进益，只图结交些契弟。谁想这学内就有好几个小学生，图了薛蟠的银子吃穿，被他哄上了手，［蒙戚双］先虚写几个淫浪蠢物，以陪下文，方不孤不板。［觉双］伏下金荣。更又有两个多情的小学生，［蒙戚双］此处用多情二字方妙。亦不知是那一房亲眷，未知其名姓，［蒙戚双］一并隐其姓名，所谓具菩提之心，秉刀斧之笔。只因生得娇媚风流，满学堂中都给他两个起了外号，一个香怜，一个玉爱。虽都有窃慕之意，将不利于孺子之心，［蒙戚双］诙谐得妙，又似李笠翁书中之趣语。只是都惧薛蟠的威势，不敢兴心。如今宝玉、秦钟二人一来，见了他两个，也不免缱绻羡慕，亦知系薛蟠相知，故未敢轻举妄动。香玉二人心中，也一般的留情与宝玉、秦钟。因此四人心中虽有情意，只未敢发迹。每日一入学中，四处各坐，或设言托意，或咏桑寓柳，总以心照，外面自为避人眼目。［蒙双］小儿之态活现，掩耳偷铃者亦然，世之亦复不少。不意偏又有几个滑贼看出形景，都背地里挤眉弄眼，或咳嗽扬声，［蒙戚双］又画出历来学中一群顽皮来。［蒙侧］才子辈偏无不解之事。这也不止一日。

可巧这日代儒有事，早已回家去了，又留下一句七言对联命学生对，明日再来上书。将学中之事，又命贾瑞管理。［蒙戚双］又出一贾瑞。妙在薛蟠如今不大来学中应卯了，因此秦钟趁此和香怜挤眉弄眼，递暗号，二人假粧出小恭，走至后院。秦钟先问他："家里有大人可管你交朋友不管？"［蒙戚双］妙问！真真活跳出两个小儿来。一语未了，只听背后咳嗽了一声，［蒙双］太急了些，该再细听他二人如何结局，正所谓小儿之态也。酷肖之极！二人唬的忙回头看时，原来是窗友名金荣者。［戚双］妙名，盖云有金自荣，廉耻何益哉。香怜本有些性急，羞怒相激，问道："咳嗽什么？难道不许人说话不成？"金荣笑道："你们说话，难道不许我咳嗽不成？只问你们有话不明说，鬼鬼祟祟的干什么故事？我可也拿住了，还硬什么！先得让我抽个头儿，咱们不言语一声儿，不然就大家奋起来。"秦香二人急的飞红的脸，便问："拿住什么了？"金荣笑道："我现拿住了是真的。"说着，又拍手笑道："贴的好烧饼！你们都不买一个么？"秦香二人又气又急，进来向贾瑞前告金荣无故说坏别人。原来这贾瑞最是个图便易没行止之人，每在学中以公报私，勒索子弟们请他，［蒙侧］学中亦自有此辈，可为痛哭！后又附助着薛蟠，图些银子酒肉，一任薛蟠横行霸道，他不但不去管约，反助纣为虐讨好。偏那薛生是浮藻心性，今日东，明日西，因近日又有了新朋友了，把香玉二人都丢开了。就是金荣亦是当日的朋友，自有了香玉二人，渐弃了金荣。近日连香玉二人亦渐弃了。连贾瑞也无了提携帮衬之人，不说薛生得新弃旧，只怨香玉二人不在薛生根前提携帮补他，［蒙戚双］无耻小人，真有此心。因此贾瑞、金荣等一干人，也在醋妒那两个。今见秦香二人来告金荣，贾瑞更不自在起来，虽不好呵叱秦钟，却拿着香怜作法，反说他多事，着实的抢白了几句。香怜反讨了没趣，连秦钟也讪讪的各归坐位去了。金荣越发得了意，摇头咂嘴的，口内还说许多闲话，玉爱偏又听了不忿，两个人隔着桌子咕咕唧唧的角起口来。金荣只一口咬定说："方才明明的他两个亲嘴摸屁股，两个商议定了，一对一肏，撅草棍大抽长短，谁长谁干。”［蒙侧］怎长么〔么长〕短四字何等韵雅，何等浑含。俚语得文人提来，便觉有金玉为声之象。金荣只顾任意乱说，却不防还有别人。谁知早又触怒了一个，你道这一个是谁？原来此人名唤贾蔷，［蒙戚双］新而艳，得空便入。亦系宁府中之正派玄孙，父母亡之后，从小儿跟着贾珍过活，如今长了十六岁，比贾蓉生的还风流俊俏。他弟兄二人最相契厚，常相共处。宁府中人多口杂，那些不得志的奴仆们，耑能造言诽谤主人，因此不知又有什么小人诟谇谣诼之词。贾珍想亦闻得此口声不大好，自己也要避些嫌疑，如今竟分与房舍，命贾蔷搬出宁府，自去立门户过活去了。［蒙侧］此等嫌疑不敢认真搜查，悄为分计，皆以含而不露为文，真是灵活至极之笔。这贾蔷外相既美，［蒙戚双］亦不免招谤，难怪小人之口。内性又聪明，总然应名来上学，亦不过虚掩眼目而已，仍是斗鸡走狗，赏花顽柳。从事上有贾珍溺爱，［蒙戚双］贬贾珍最重。下有贾蓉匡助，［蒙戚双］贬贾蓉次之。因此族中人谁敢触逆于他？他既和贾蓉最好，今见有人欺负秦钟，如何肯依？自己要挺身出来报不平，心中且忖度一番，想道：［蒙双］这一忖夺方是聪明人之心机，写得最好看，最细致。“金荣、贾瑞一干人，都是薛大叔的相知，向日我又与薛大叔相好，倘若我一出头，他们告诉老薛，［蒙双］先曰薛大叔，次曰老薛，写尽骄侈纨袴。我们岂不伤了和气？待要不管，如此谣言，说的大家无趣。如今何不用计制伏，又止息口声，不伤了体面。”想毕，也粧作出恭至外面，悄悄的把跟宝玉的书僮名唤茗烟［蒙戚双］又出一茗烟。唤到身边，如此这般，调拨他几句。［蒙戚双］如此便好，不必细述。这茗烟乃是宝玉第一得用的，又且年轻不晓世事，如今听贾蔷说有人欺负宝玉、秦钟，心中大怒。一想若不给他个利害，下回越发狂纵难制了。这茗烟无故就要欺压人的，如今听了这个信，又有贾蔷助着，便一头进来找金荣，也不叫金相公了，只叫说：“姓金的，你是什么东西！”贾蔷遂跺一跺靴子，故意整整衣服，看看日影儿说：“是时候了。”遂先向贾瑞说，有事要早走一步。贾瑞不敢强他，只得随他去了。

这里茗烟先一把揪住金荣，问道："我们肏屁股不肏，管你毦耙相干，横竖没肏你爹去就罢了！你是好小子，出来动动你茗大爷！"［蒙侧］豪奴辈，虽系主人亲故亦随便欺慢，即有一二不伏气者，而豪家多是偏护家人。理之所无，而事之尽有，不知是何心思，实非凡常可能测略〔料〕。唬的满屋中子弟都怔怔的痴望。此刻贾瑞连忙吆喝："茗烟不许撒野！"金荣气黄了脸说："反了，反了！奴才小子都敢如此，我只和你主子说。"便夺手要去抓打宝玉、秦钟。［蒙戚双］好看之极。尚未去时，从脑后嗖的一声，早见一方砚瓦飞来，［蒙戚双］好看好笑之极！［周按］砚瓦，当时习语。并不知是何人打来，幸而未打着，却又打了傍人的座上，这座上乃是贾蘭、贾菌。［周按］菌，桂之一种，有香气，故与蘭并列，用字最精。这贾菌亦系荣府近派的子孙，［蒙戚双］先写一宁派，又写一荣派，互相错综得妙。其母亦少寡，独守着贾菌。这贾菌与贾蘭最好，所以二人同桌。谁知贾菌年纪虽小，志气最大，极是淘气不怕人的。［蒙戚双］要知没志气小儿，必不会淘气。他在座上冷眼看见有人暗助金荣打茗烟，偏没打着茗烟，都打在他桌上，正打在面前，将一个磁砚水壶打了个粉碎，溅了一书黑水。［蒙戚双］这等忙，有此闲处用笔。贾菌如何依得，便骂："好囚攮的，你们打起我来了么！"［蒙戚双］好听煞！骂着，便抓起砚台要打回去。［蒙双］先瓦砚，次砖砚，转换得妙！［周按］瓦砚、砖砚不过是泛指瓷制的，石制的，不必拘看。贾蘭是个省事的，忙按住砚瓦，极口的劝道："好兄弟，不与咱们相干。"［蒙戚双］是贾蘭口气。贾菌如何忍得住，便两手执起书匣子来，照那边打了去。［蒙戚双］先飞后抡，用字得神，好看之极。终是身小力薄，却打不到那里，刚到宝玉桌案上就落下来了。只听嘟唧唧一声响，砸在桌上，书本纸片笔墨等物撒了一桌，又把宝玉的一碗茶也砸碎了。［蒙戚双］好看之极，不打着别个，偏打着二人，亦想不到文章也。此书此等笔法与后文踢着袭人误打平儿是一样章法。贾菌便起来，要打那一个飞砚的人。金荣随手抓了毛竹大板在手，地狭人多，乱打乱舞一阵。茗烟早吃一下，乱嚷道："你们还不动手！"宝玉还有三个小厮，一名锄药，一名扫红，一名墨雨。这三个岂有不淘气的，一齐乱嚷："小妇养的，动了兵器了！"［蒙戚双］好听之极，好看之极！大家挺起门闩，并马鞭子，蜂拥进来。贾瑞急了，拦一回这个，劝一回那个，那些人谁听他的话，肆行大闹。

众顽童也有趁势帮着打太平拳助乐的，也有胆小的藏在后院静听外边喧闹，也有胆大的，站在桌边喝着声儿叫打的。登时间鼎沸起来。[蒙侧]燕青打擂台，也不过如此。外边李贵等几个大汉听见里边作反起来，忙都进来一齐喝住。问是何故，众声不一，这一个如此说，那一个人如此说。[蒙戚双]妙，如闻其声。李贵且喝骂了茗烟四个一顿，[蒙戚双]处治的好。撵了出去。秦钟的头上早撞在金荣的板子上，被打去了一层油皮，宝玉正拿褂襟子替他揉呢，见喝住众人，便命："李贵，收拾书匣，快拉马来！我回师太爷去！我们被人欺负了，不敢说别的，守礼来告诉瑞大爷，瑞大爷反派我们的不是，听着人家骂我们，还调拨他们打我们，茗烟见人欺负我，他岂有不为我的，他们反打伙儿打了茗烟，连秦相公的头也打破了。还在这里念什么书！"李贵劝道："哥儿不要性急。太爷既有事回家去了，这会子为这点子事去聒噪他老人家，到显的咱们无礼。依我的主意，那里的事那里结，何必惊动老人家。[蒙侧]劝的心思，有个太爷得知，未必然之。故巧为展转，以结其局，而不失其体。这都是瑞大爷的不是，太爷不在这里，你老人家就是这学里的头脑了，众人看你行事。众人有了不是，该打的打，该罚的罚，如何等闹到这步田地还不管？"贾瑞道："吆喝着都不听。"[蒙戚双]如闻。李贵笑道："不怕你老人家恼我，素日你老人家到底有些不正经，所以这些兄弟才不听。就闹到太爷跟前去，连你老人家也脱不过。还不快作主意，撕罗开了罢。"宝玉道："撕罗什么？我是必回家去的！"秦生哭道："有金荣，我是不在这里念书的。"宝玉道："这是为什么？难道有人家来，偺们来不得？我必回明白众人，撵了金荣去。"又问李贵："金荣是那一房的？"李贵想道："也不用问了，说起那一房的，便伤了弟兄们的和气。"茗烟在窗外道："他是东边衚衕子里璜大奶奶的侄儿。［周按］衚衕，北京语，字书谓亦作衙衕，衙仍读"吾"也。那是什么硬正仗腰子，也来吓我们。璜大奶奶是他姑娘。你那姑妈只会打旋磨子，向我们琏二奶奶跪着借当头。［蒙侧］可怜开口告人，终身是玷。我就看不起他那主子奶奶！"李贵忙断喝不止，说道："偏你这小㕭［周按］㕭，音日，北地秽语，与从肉者非一字。的知道，有这些蛆嚼！"宝玉冷笑道："我只当是谁的亲戚，原来是璜嫂子的侄儿，我就去问问他来！"说着便要走，叫茗烟进来包书。茗烟来包着书，又得意道："爷也不用自去，等我到他家，就说老太太有话问他，僱上一辆车拉进去，当着老太太问他，岂不省事？"［蒙戚双］又以贾母欺压，更妙！李贵忙喝道："你要死！仔细家去我好不好先捶了你，然后回老爷、太太，就说宝玉全是你调唆的。我这里好容易劝哄的好了一半，你又来生个新法子。你闹了学堂，不说变法儿压息了才是，到往大里奋！"［周按］奋，北地常语，往大里奋，即把事情鼓动开来，使之扩大发展也。茗烟才不敢作声了。此时贾瑞也生恐闹大了，自己也不干净，只得委屈着来央告秦钟，又央告宝玉。先是他二人不肯，后来宝玉说："不回去也罢，［周按］不回去，即不诉告去。只叫金荣赔不是便罢了。"金荣先是不肯，后来禁不得贾瑞也来逼他去赔不是，李贵等只得好劝金荣说："原是你起的祸端，你不这样，怎得了局？"金荣强不过，只得与秦钟作了个揖。宝玉还不依，偏定要磕头。贾瑞只要暂息此事，又悄悄的劝金荣磕头，金荣无奈何，俗语云：在他门下过，怎敢不低头。［周按］此回之结式，在苏本独存其真，可贵之至。

［蒙戚回后］此篇写贾氏学中，非亲即族，且学乃大众之规范，人伦之根本，首先悖乱，以至于此极，其贾家之气数，即此可知。挟用袭人之风流，群小之恶逆，一扬一抑，作者自必有所取。

［回后评］此等文字不必细加评注，作者本意无非崇女贬男，借男童

之顽劣以反衬女儿之可贵。况全书中凡写男性笔墨皆非雪芹之用心，用力处，平平而已。若多加评注，反觉累赘。

［第一回至第九回总评］此九回是引子序幕性质，诸如背景的介绍，人物的出场，各种后来事故的伏线，皆属于此。以贾雨村为线，引起林薛之进京。以刘姥姥为线，展出凤琏之家政。以会芳小宴为线，始入东府秦尤婆媳。以家塾闹学为线，牵动亲戚金荣母子。以梨香院为线，既写黛钗，又传晴袭。从意义讲，以护官符为贾、史、薛、王四家兴衰之提纲，以神游幻境为人物命运之预示。以刘姥姥一进为全部归结之远源。以顽童闹学为不肖种种之提引。一句话，这头九回在故事上都只是春云乍展，初看竟似散漫无稽，杂乱无致，实则用笔上却是极紧凑、极细密地逐一为后文筑基铺路。此九回以闹家塾截住，下回即另起秦氏病重一大波澜，似连而实断，首尾判然。闹学是总写男子之浊秽。以后即专写女儿了。此亦头九之关节处。

潇湘馆春困发幽情

宝玉顺脚来到一个院门前，只见凤尾森森，龙吟细细。举目望门上一看，只见匾上写着“潇湘馆”三个字。此处甲戌本有一双行批：与后文落叶萧萧，寒烟漠漠一对，可伤可叹！

此回经典语：每日家情思睡昏昏。当从艳曲警芳心上来。

宝钗

都道是金玉良姻，俺只念木石前盟。空对着，山中高士晶莹雪。终不忘，世外仙姝寂寞林。叹人间，美中不足今方信，纵然是齐眉举案，到底意难平。

第十回
金寡妇贪利权受辱　张太医论病细穷源

［戚回前］新样幻情欲收拾，可卿从此世无缘。和肝益气浑闲事，谁识今朝寻病源。

话说金荣因人多势重，又兼贾瑞勒令，陪了不是，［周按］陪是，雪芹此处原用字，不必统一。给秦钟磕了头，宝玉方才不炒鬧了。［周按］炒鬧，是原笔，盖形容喧晌如锅炒，正与鼎沸略同。大家散了学，金荣回到家中，越想越气，说："秦钟奴才是贾蓉的小舅子，［周按］奴才是原文，此清代旗制，汉人方用小人、小底，改为小人者，有意避时忌也。又不是贾家的子孙，附学读书，也不过和我一样。他因仗着宝玉和他好，他就目中无人。他既是这样，就该行些正经事，人也没的说。他素日又和宝玉鬼鬼祟祟的，只当人都是瞎子，看不见。［蒙侧］偏是鬼鬼祟祟者多，以为人不见其行，不知其心。今日他又勾搭人，偏偏撞在我眼里。［周按］用字简捷，是北语风格。就是闹出事来，我还怕什么不成？"他母亲胡氏，听见他咕咕嘟嘟的说，因问道："你又要增［周按］增是原笔。什么闲事，好容易我望你姑妈说了，［蒙侧］好容易三字，写尽天下迎逢要便宜苦恼。你姑妈又千方百计的向他们西府里的琏二奶奶跟前说了，你才得了这个念书的地方，若不是仗着人家，偺们家里还有力量请的起先生？况且人家学里，茶也是现成的，饭也是现成的。［周按］连用两"也"字，口语神情毕肖。你这二年在那里念书，家里也省好大的搅用呢！省出来的，你又爱穿件鲜明衣裳。［周按］衣裳，北方口语也。再者不是因你在那里念书，你就认得什么薛大爷了？那薛大爷一年不给不给，这二年也帮了咱们也有七八十两银子。［蒙侧］可怜妇人爱子，每每如此。自知所得者多，而不知所失者大，可胜叹者？你如今要闹出了这个学房，再要找这么个地方，我告诉你说罢，比登天的还难呢！你给我老老实实的顽一会子，睡你的觉去，好多着呢！”于是金荣忍气吞声，不多一时，他自去睡了。次日仍就上学去了。不在话下。

且说他姑娘原聘给的是贾家玉字辈的嫡派，名唤贾璜。但其族人众，那里皆能像宁荣二府的富势，原不用细说。这贾璜夫妻守着些小小的产业，又时常到宁荣二府里去请请安，又会奉承凤姐儿并尤氏，所以凤姐儿、尤氏也时常资助资助他，方能如此度日。［蒙侧］原来根由如此，大与秦钟不同。今日正遇天气晴明，又值家中无事，遂带了一个婆子，坐上车来家里走走，瞧瞧寡嫂、侄儿。闲话之间，金荣的母亲偏提起昨日贾家学房里的那事，从头至尾，一五一十，都向他小姑子说了。这璜大奶奶不听则已，听了一时怒从心上起，说道：“这秦钟小崽子是贾门的亲戚，难道荣儿不是贾门的亲戚？人都别忒势狠了。［周按］势狠，谓以势欺之甚。况且都作的是什么有脸的好事！［蒙侧］狗伏〔仗〕人势者，开〔开〕口便有多少必胜之谈。事要三思，勉〔免〕劳后悔。就是宝玉，也不犯向着他到这个田地。等我去到东府瞧瞧我们珍大奶奶，再向秦钟他姐姐说说，叫他评评这个理。”这金荣的母亲听了这话，急的了不得，忙说道：“这都是我的嘴快，告诉了姑奶奶了，求姑奶奶快别去说去，［蒙侧］胡氏可为善战。别管他们谁是谁非。倘或闹起来，怎么在那里站得住？若是站不住，家里不但不能请先生，反到在他身上添出许多搅用来呢。”璜大奶奶听了，说道：“那里管得许多，你等我说了，看是怎么样！”也不容他嫂子劝，一面叫老婆子瞧了车，就坐上望宁府里来。［周按］望，口语中最常用，即朝、向义。［蒙侧］何等气派，何等声势，真有射石饮羽之力，动天摇地，如项羽喑咤。［周按］此种批可参看“庚本”第二十一回，回前有“失名”七律诗，“情机转得情天破，情不情兮奈我何”之文字风格，颇有豪迈气度，疑是一人手笔。

到了宁府，进了车门，到了东边小角门前下了车，进来见了贾珍之妻尤氏，［周按］金氏到府下车以前，是作书人旁叙外叙。下车以后，即变移场合与立足点，成为作书者身为府中一员之身份口吻，是内叙。境界意味俱不同，宜细领略。也未敢气高，殷殷勤勤叙过寒温，说了些闲话，［蒙侧］何故性自索然？方问道:“今日怎么不见蓉大奶奶?”尤氏说道:“他这些日子不知是怎么,经期有两个多月没来。叫大夫瞧了,又说并不是喜。那两日,到了下半天就懒待动,话也懒待说,眼神也发眩。我说他,你且不必拘礼,早晚不用照例上来,你竟好生养养罢。就是有亲戚一家儿来,有我呢。就有长辈们怪你,等我替你告诉。连蓉哥儿我都嘱咐了,我说,‘你不许累掯他,［周按］累掯,有作难、难为之意。乾隆旧曲《双五更》有“累掯他个难”之语。不许招他生气,叫他净净的养养就好了。［蒙侧］只一丝不露。他要想什么吃,只管到我这里取来。倘或我这里无有,只管望你琏二婶子那里要去。倘或他有个好合歹,你再要娶这么个媳妇,这么个模样儿,这么个情性的人儿,打灯笼也无处寻去!’他这个为人行事,那个亲戚,那个一家儿的长辈不欢喜他?所以我这两日好不心烦,焦的我了不得。偏偏今儿早辰［周按］早辰是原笔。他兄弟来瞧他,谁知那小孩子家不知好歹,看见姐姐身上不大爽快,就有事也不当告诉他,别说是这么一点子小事,就是你受了一万分的委曲,也不该向他说才是。［蒙侧］文笔之妙,妙至于此!本是璜大奶奶不愤〔忿〕来告,又偏从尤氏口中先出,却是秦钟之语,且是情理必然,形势逼近。孙悟空七十二变,未有如此灵巧活跳。谁知他们昨儿学房里打了降,［周按］打降,是本字。不知是那里附学来的一个人欺负了他了,里头还有些不干不净的话,都告诉了他姐姐。婶子,你是知道那媳妇的,虽则见了人有说有笑,会行事儿,他可心细,心又重,不拘听见个什么话儿,都要度量个三日并五夜才罢。这病就是打这个秉性上头思虑出来的。今听见了有人欺负了兄弟,［周按］今者,如今也,非“今天”之谓。又是恼,又是气。恼的是那群混账狐朋狗友的扯事搬非、调三惑四的那些人。［周按］俗语中此类四字句原以“事”字为主眼,配以“非”字,是为对仗整齐。此乃汉语一大特点。气的是他兄弟不学好,不上心读书,以致如此学里炒闹。他听了这一番事,［周按］听了这一番事,似欠通顺,实为雪芹原笔,盖此“事”更有斤两,内涵更丰富重大也。今日索性连早饭也不吃。我听见了,我方到他那边安慰了他一会子,又劝解了他兄弟一会子。我叫他兄弟到那边府里找宝玉去了，我才瞧着［周按］瞧，犹言“盯着”，语重于看。他吃了半盅燕窝粥，［周按］病人未进早餐，故补以佳粥。我才过来了。婶子，你说我心焦不心焦？况且如今又没个好大夫，我为他这病上，我心里到像刀扎似的。你们知道有什么好大夫没有？”［蒙侧］这会子金氏听了这话，心里当如何料理？实在令人悔杀从前高兴。天下事不得不豫为三思，先为防渐。○作无意相间〔问〕语，是逼近一分。非有此一句，则金氏尤〔犹〕不免当为分诉，一逼之下，实无可赘之间〔词〕。［周按］尤氏对不常来府之金氏，客套而又郑重，心事重重，故语言不尽同于自己家常随便，颇有几分文言词字，此乃当时礼数使然，亦为写尤氏其人之才具，并非一般庸劣妇人。金氏听了这半日话，把方才在嫂子家里那一团要向秦氏理论的盛气，早吓的丢在爪洼国去了。［周按］俗论以为秦可卿与贾珍有暧昧关系，倘如此，尤氏对秦可卿必有忌怨之心，言词之间也会流露。今观尤氏对金寡妇的一篇恳切长谈，其焦虑之真情令人感动。故金寡妇之不敢再言其他，非无故也。然则所谓秦与珍之关系，究竟是否如俗论所言，岂非尚是一大疑案乎。听见尤氏问他有知道的好大夫的话，连忙答应道：“我们这么听着，实在也没见人说有个好大夫。［周按］见，并非与听见同义，须细辨。如今听起大奶奶这个来，定不得还是喜呢，嫂子到别叫人混治。倘或认错了，这可是了不得的。”尤氏道：“可不是呢。”正说话之间，贾珍从外进来，见了金氏，便向尤氏问道：“这不是璜大奶奶么？”金氏向前给贾珍请了安，贾珍向着尤氏说道：“让这大妹妹吃了饭去。”贾珍说着话就望屋里去了。金氏此来，原要向秦氏说说秦钟欺负了他侄儿的一事，听见秦氏病，不但不能说，抑且不敢提了。况且贾珍、尤氏又待的狠好，反转怒为喜的又说了一会子话儿，方家去了。［蒙侧］金氏何面目再见江东父老？然而如金氏者，世不乏其人。［周按］家去，即回家，北方口语，《石头记》中常见。

金氏去后，贾珍方过来坐下，问尤氏道：“今日他来，有什么说的事情么？”尤氏答道：“到没说么，一进来的时候，脸上到像有些着恼的气色似的，及至说了半天话，又提起媳妇这病，他到渐渐的气平静了，你又让他吃饭，他听见媳妇这么病，也不好意思只管坐着，又说了几句儿就去了，到没有求什么事。如今且说这媳妇，［周按］如今且说这媳妇，相对方才来客金氏而言也。这媳妇包括她的病、她的事，不言自明。到那儿寻一个好大夫来，给他瞧瞧要紧，可别耽误了。现在咱们家走的这群大夫，那儿要得一个呢？［蒙侧］医毒，非止近世，从古有之。都是听着人口气儿，人怎么说，他也添几句文话儿说一片。［周按］说一片，谓说一大段言辞，非重复一遍之简单义。可到殷勤的狠，三四个人一日轮流着到有四五遍看脉来。他们大家商量着立个方子，吃了也不见效，到弄的一日换四五遍的衣裳，坐起来见大夫，其实于病人无益。”贾珍说道：“可是！这孩子也糊涂，何必脱脱换换的，倘或又着了凉，更添一层病，那还了的。衣裳任凭什么好的，可又值什么呢？孩子的身子要紧，就是一天一套新的也不值什么。我正进来要告诉你，方才冯紫英来看我，他见我有些抑郁之色，问我是怎么了，我才告诉他说，媳妇忽然身子有好大的不爽快，因为不得个好太医，断不透是喜是病，又不知有妨碍无妨碍，所以我心里这两日着实急。冯紫英因说起他有个幼时从学的先生，姓张名友士，学问最渊博，更兼医理极深，且断人生死。［蒙侧］举荐人的通套，多是如此说。［周按］断人生死，预伏下文秦可卿病情之非同一般。今年是上京给他儿子捐官，现在他家住着呢。这么看来，竟是合该媳妇的病在他手里除灾亦未可知。［蒙侧］父母之心，昊天罔极。我即刻差人拿我的名帖请去了。今日倘或天晚了不能来，想来明日一定来。况且冯紫英又即刻回家亲自去求他，务必叫他来瞧瞧。等这个张先生来瞧了再说罢。”尤氏听了，心中甚喜，因说道：“后日是太爷的寿日，到底怎么办？”贾珍说道：“我方才到了太爷那里去请安，兼请太爷来家受一受一家子的礼。太爷说，‘我是清净惯了的，我不愿意望你们那空排场热闹处去。你们必定说是我的生日，要叫我去受众人些头，［周按］长辈生辰，子侄小辈等必来祝寿行礼，其礼式即叩头，故受此叩头礼谓之受头。所谓受礼，其义相同，并非今日之接受礼品。莫过你把我从前注的《阴骘文》你给我叫人好好的写出来刻了，比叫我无故受众人的头还强百倍呢！倘或后日这两日一家子要来，［周按］一家子，不指“我们自家”，特指同宗，亦即指西边荣府，所以方有款待的话。你就在家里好好的款待他们就是了。也不必给我送什么东西来，连你后日也不必来。你要心中不安，你今日就给我磕了头去。倘或你后日要来，又跟随多少人来闹我，我必和你不依。’［蒙侧］将写可卿之好事多虑。至于天生之文中转出好清静之一番议论，清新醒目，立见不凡。既如此说了，后日我是断不敢去了。且叫来升来，吩咐他预备两日的筵席，要丰丰富富的。你再亲自到西府里去请老太太、大太太、二太太和你琏二婶子来逛逛。”正说着，贾蓉上来请安，尤氏便把上项的话一一交代了，并说：［周按］贾珍一段吩咐，全是向尤氏交待，贾蓉后至，尤方转述，层次分明。“再你父亲今日又听见一个好大夫，［周按］有一“再”字，点明以尊长寿日为主题，而儿媳秦氏之病为居次之事项。再，层次词，宾主不紊。业已打发人请去了，想必明日必来。你可将他这些日子的病症细细的告诉他。”贾蓉一一的答应了出去，［周按］卑幼聆听尊长吩咐，必须全部完结，敬应是是、嗻嗻，然后行礼退步，方能转身外出。正遇着方才冯紫英家去请那张先生的小子回来了。因回道：“奴才方才到了冯大爷家，拿了老爷的名帖请那张先生去。那张先生说道，‘方才这里大爷也向我说了，但是今日拜了一天的客，才回到家，此时精神实在不能支持，就是去到府上也不能看脉，’他说，‘等调息一夜，明日务必到府。’［蒙侧］医生多是推三阻四，拿腔作调。他又说他‘医学浅薄，本不敢当此重荐，因我们冯大爷和府上的大人既已如此说了，［周按］此汉人称旗家官员为大人，清初内务府名曰大人衙门。又不得不去，你先代我回明大人就是了。大人的名帖，着实不敢当’。仍叫奴才拿回来了。哥儿替奴才回一声儿罢。”贾蓉复转身进去回了贾珍、尤氏的话，方出来叫了来升来，吩咐他预备两日的筵席的话。来升听毕自去照例料理，不在话下。［周按］夹写贾敬生日是为了请西府女眷过来，由此又引向凤姐探慰秦可卿之种种下文。

且说次日午间，人回道：“请那张先生来了。”贾珍遂延入大厅坐下。茶毕，方开言道：“昨承冯大爷示知老先生人品学问，又兼深通医学，小弟不胜钦仰之至。”张先生道：“晚生粗鄙下士，不知自身浅陋，［周按］不知自身浅陋，即不自揣量之意，语气最好。昨因冯大爷示知，大人家第谦恭下士，又承呼唤，敢不依命。但毫无实学，倍增颜汗。”［周按］张友士似乎谐音有事，不敢领受贾珍之名帖，中有深意。贾珍道：“先生何必过谦。就请先生进去看看儿妇，仰仗高明，以释下怀。”于是贾蓉同了先生进来，到贾蓉的居室，见了秦氏，向贾蓉说道：“这就是尊夫人了？”贾蓉道：“正是。请先生坐下，让我把贱内的病症说一说，再看脉如何？”那先生道：“依小弟的意思，竟先看过脉，再说的为是。我是初造尊府的，本也不晓得什么，但是我们冯大爷务必叫小弟过来看看，小弟所以不得不来。如今看看脉息，看小弟说的是不是，再将这些日子的病势讲一讲，大家斟酌一个好方儿，可用不可用，那时大爷再定夺。”贾蓉道：“先生实在高明，如今恨相见之晚，就请先生看一看脉息，可治不可治，以便使家父母放心。”于是家下媳妇们捧过大迎枕来，一面给秦氏拉着袖口，露出脉来，先生方伸手按在右手脉上，调息了至数，宁神细诊了有半刻的工夫，方换过左手，亦复如是。诊毕脉息，说道：“我们外边坐罢。”贾蓉于是同先生到外间房里床上坐下，一个婆子端了茶来。贾蓉道：“先生请茶。”于是陪先生吃了茶，遂问道：“先生看这脉息，还治得治不得？”先生道：“看得尊夫人这脉息，左寸沉数，左关沉伏。右寸细而无力，右关需而无神。［周按］需，弱也，脉学专用语。其左寸沉数者，乃心气虚而生火。左关沉伏者，乃肝家气滞血亏。右寸细而无力者，乃肺经气分太虚。右关需而无神者，乃脾土被肝木克制。心气虚而生火者，应现经期不调，夜间不寐。肝家血亏气滞者，必然胁下疼胀，月信过期，心中发热。肺经气分太虚者，头目不时眩晕，寅卯间必然自汗，如坐舟中。脾土被肝木克制者，必然不思饮食，精神倦怠，四肢酸软。据我看这脉息，应当有这些症候才对。或以这个脉为喜脉，则小弟不敢从其教也。”傍边一个贴身扶侍的婆子道：［周按］扶侍，指诊脉时在旁扶坐捧枕代捋衣袖等之贴身人。故特用一扶字得神，非一般化的“伏侍”“服侍”也。“何尝不是这样呢！真正先生说的如神，到不用我们告诉了。如今我们家里，现有好几位太医老爷瞧着呢，都不能说的这么真切。有一位说是喜，有一位说是病，这位说不相干，那位说怕冬至，总没有个真着话儿。［周按］真着话，谓真切中肯之语。求老爷明白指示指示。”那先生笑说道：［蒙侧］说是了，不觉笑，描出神情跳跃，如见其人。“大奶奶这个症候，可是那众位耽搁了。要在初次行经的日期就用药治起来，不但断无今日之患，而且此时已全愈了。如今既是把病耽误到这个田地，也是应有此灾。实在依我看来，这病还有三分治得。吃了我的药看，若是夜间睡得着觉，那时又添了二分拿手了。据我看这脉息，大奶奶是个心性高强、聪明不过的人。聪明特过，则不如意事常有。不如意事常有，则思虑太过。此病是忧虑伤脾，肝木特旺，［蒙侧］恐不合其方，又加一番议论，一为合方药，一为夭亡证，无一字一句不前后照应者。经血所以不能按时而至。大奶奶从前的行经的日子问一问，断不是常缩，必是常长的，是不是？”这婆子答道：“可不是，从没有缩过，或是长两日三日，以至十日都长过。”先生听了道：“妙阿，这就是病源了。从前若能以养心调经之药服之，何至于此！这如今明显出一个水亏木旺的虚症候来。待用药看看。”于是写了方子，递与贾蓉，上写的是：

益气养荣补脾和肝汤

人参二钱　白术二钱土炒　云苓三钱　熟地四钱　归身二钱酒洗

白芍二钱炒　川芎钱半　黄芪三钱　香附米二钱制　醋柴胡八分

怀山药二钱炒　真阿胶二钱蛤粉炒　延胡索钱半酒炒　炙甘草八分

引用建莲子七粒去心　红枣二枚

贾蓉看了说：“高明的狠！还要请教先生，这病与性命终久有妨无妨？”先生笑道：“大爷最高明的人，［周按］原话神采。人病到这个地位，非一朝一夕的症候，吃了这药也要看医缘了。依小弟看来，今年一冬是不相干的。总是过了春分，就可望全愈了。”贾蓉也是个聪明人，也不往下细问了。于是贾蓉送了先生去了，方将这药方子并脉案都给贾珍看了，说的话也都回了贾珍并尤氏了。于是尤氏向贾珍说道：［周按］加于是，笔势一收，示以总结之势，是文家章法。中华传统笔墨精神，常在此等地方显示。“从来大夫不像他说的这么痛快，想必用药也不错。”［周按］“用药”好，特指处方之高明得当，是医家的一大方面。比如医理深，经验富，望闻问切俱精，还得加上用药处方高明。贾珍道：“人家原不是混饭吃久惯行医的人，因为冯紫英我们好，他好容易求来了。既有这个人，媳妇的病或者就能好。他那方子上有人参二钱，可用前日买的那一斤好的罢。”［周按］可用，语气得体。贾蓉听毕话，方出来叫人打药去，煎给秦氏吃。不知秦氏服了此药病势如何，下回分解。

［戚回后］欲速可卿之死，故先有恶奴之凶顽，而后及以秦钟来告，层层克入，点露其用心过当，种种文章逼之，虽贫女得居富室，诸凡遂心，终有不能不夭亡之道，我不知作者于着笔时何等妙心绣口，能道此无碍法语，令人不禁眼花缭乱。

［回后评］张太医之出场突如其来，他之进京原本“有事”，所因何事，不得而知。但特由冯紫英引出，便知绝非等闲之笔。尤可注目者，在此短短一段文字中，无论作者抑或书中贾府人口中特点冯紫英之名，不下四五次之多，何也，此中大有文章事故。

第十一回

庆寿辰宁府排家宴　见熙凤贾瑞起淫心

［戚回前］幻景无端换境生，玉楼春暖述乖情。闹中寻静浑闲事，运得灵机属凤卿。

话说是日贾敬的寿辰，贾珍先将上等可吃的东西，稀奇些的果品，装了十六大捧盒，着贾蓉带领家下人等与贾敬送去。向贾蓉说道："你留神看太爷喜欢不喜欢，你就行了礼来。你说，'我父亲遵太爷的话未敢来，在家里率领合家都朝上行了礼了。'"贾蓉听罢，率领家人去了。这里渐渐的就有人来了。先是贾琏、贾蔷到来，先看了各处的坐位，［周按］原笔如此，并非不通，不必修饰。并问有什么顽意儿没有。家人答道："我们爷原算计请太爷今日来家来，所以并未敢预备顽意儿。前日听见太爷又不来了，现叫奴才们找了一班小戏儿并一档子打十番的，都在园子里戏台上预备着呢。"次后邢夫人、王夫人、凤姐儿、宝玉都来了，贾珍并尤氏接了进去。尤氏的母亲已先在这里呢。大家见过了，彼此让了坐。贾珍、尤氏二人亲自递了茶，因笑说道："老太太原是老祖宗，我父亲又是侄儿，这样日子原不敢请他老人家。但只是这个时候天气正凉爽，满园子的菊花又盛开，请老祖宗过来散散闷，看着众儿孙热闹热闹，是这个意思。谁知老祖宗又不肯赏脸。"凤姐儿未等王夫人开口，先说道："老太太昨日还说要来着呢，因为晚上忽然看见宝玉兄弟他们吃桃儿，老人家又嘴馋了，［周按］贾母见宝玉吃新鲜物九月晚桃，也想尝尝。"老人家又嘴馋了"，是凤姐趣语。吃了有大半个，［蒙侧］此一问一答，即景生情，请教是真假？非身经其事者，想不到，写不出。五更天明时候就一连起来了两次，［周按］五更天明，犹言刚将天亮，约度之词。今日早辰略觉身子倦些。因叫我回大爷，今日断不能来了，说有好吃的要几样，还要狠烂的。”［蒙侧］是。贾珍听了笑道：“我说老祖宗是爱热闹的，今日不来，必定有个原故，若是这么着就是了。”王夫人道：“前日听见你大妹妹说，蓉哥儿媳妇身上有些不大好，到底是怎么样？”尤氏道：“他这个病，病的也奇。上月中秋还跟着老太太、太太顽了半夜，回家来好好的。到了二十后，一日比一日觉懒，也懒待吃东西，这将就有半个多月了。［周按］将就，日将月就，谓时日推延拖宕，即俗语“挨时候”的“挨”字义。经期又有两个月没来。”邢夫人接着说道：“别是喜罢？”［蒙侧］此书总是一副〔幅〕《云龙图》。正说着，外头人回道：“大老爷、二老爷并一家子爷们都来了，在厅上呢。”贾珍连忙出去了。

这里尤氏方说道：“从前大夫也有说是喜的。昨日冯紫英荐了他从过学的一个先生，医道狠好，瞧了说不是喜，竟是狠大的一个症候。昨日开了方子，吃了一剂药，今日头眩的略好些，别的仍是不大怎么样见效。”凤姐儿道：“我说他不是十分支持不住，今日这样的日子，他再也不肯不扎挣着上来。”尤氏道：“你是初三日在这里见他的，他还扎挣了半日，也是因你们娘儿两个好的上头，他才恋恋不舍得去。”［蒙侧］揣摩得极平常言语，来写无涯之幻景幻情，反作了悟之意。且又转至别处，真是月下梨花，几不能变〔辨〕。［周按］运用成语“恋恋不舍”，拆散而又颠倒者谬。凤姐儿听了，眼圈儿红了半日，半天方说道：“真是天有不测的风云，人有旦夕的祸福。这个年纪倘或就因这个病上怎么样了，人还活着有什么趣儿！”［蒙侧］大英雄多在此等处悟得，每能超凡入圣。正说话间，贾蓉进来，给邢夫人、王夫人、凤姐儿前都请了安，方回尤氏道：“方才我去给太爷送吃食去，并回说我父亲在家中伺候老爷们，款待一家子的爷们，遵太爷的话并未敢来。太爷听了甚喜欢，说，‘这个才是。’叫告诉父亲母亲好生伺候太爷、太太们，叫我们好生伺候叔叔、婶子并哥哥们。还说那《阴骘文》，叫急急的刻出来，印一万张散人。我将此话都回了我父亲了。我回来得快出去，[周按] 回来，俗语，有然后、跟即之义，与“返回”“归来”无涉。打发太爷们并合家爷们吃饭。”凤姐儿说道：[周按] 单用“说”，应是转述他人话时所用，直叙时不单用，皆作“说道”或“道”。此差别日本学者小山澄夫指明，甚是。“蓉哥儿，你且站住。你媳妇今日到底是怎么着？”贾蓉皱皱眉说道：“不好么，婶子回来瞧瞧去就知道了。”[周按] 瞒是原笔。[蒙侧] 伏线自然。于是贾蓉出去了。这里尤氏向邢夫人、王夫人道：“太太们在这里吃饭呢，还是在园子里吃去好。小戏儿现预备在园子里呢！”王夫人向邢夫人道：“我们索性吃了饭再过去罢，也省好些事。”邢夫人道：“狠好。”于是尤氏就吩咐媳妇婆子们快送饭来。门外一齐答应了一声，都各人端各人的去了。不多一时，摆上了饭。尤氏让邢夫人、王夫人并他母亲都上坐，他与凤姐儿并宝玉都侧席坐了。邢夫人、王夫人道：“我们来原为给大老爷拜寿，[周按] 大家庭中长辈口语称呼自家或亲戚诸人，皆以小辈语气为代称。贾敬为贾蓉之祖父，或邢王二夫人称之为太老爷，贾珍亦称太爷。这不是我们竟来过生日来了么！”凤姐儿说道：“大老爷原是好养静的，已经修炼的成了，也算得是神仙了。太太们这么一说，这就叫作心到神知了。”[蒙侧] 此等趣语，亦不肯无着落。[周按] 如云拜寿，只言行礼一义。过生日则指盛筵佳肴娱乐等享受，甚不相同。凤姐随言“心到神知”，则又是运用“心到神知，上供人吃”之俗谚，暗合王夫人语意。其精微巧妙，常笔所难及。一句话说的满屋的人都笑起来。

一时尤氏的母亲并邢夫人、王夫人、凤姐儿都吃毕饭，漱了口，净了手，才说要往园子里去，只见贾蓉进来向尤氏说道：“老爷们并众位叔叔、哥哥兄弟们也都吃了饭了。大老爷说家里有事，二老爷是不爱听戏的，又怕人闹的慌，都才去了。别的一家子爷们都被琏二叔并蔷兄弟都让过去听戏去了。方才南安郡王、东平郡王、西宁郡王、北静郡王四家王爷，并镇国公牛府等六家、中靖侯史府等八家，都着人持了名帖送寿礼来，俱回了我父亲，先收在账房里了，礼单都上了档子了。老爷领谢的名帖都交给各来人了，各家来人也都照旧例赏了，众来人都让吃了饭才去了。母亲该请二位太太、老娘、婶子都过园子里坐着罢。”［蒙侧］人送寿礼，是为园子。回人去的去了，在的在，是为可以过园子里坐。园子里坐可以转入正文中之幻情。幻情里有乖情，而乖情初写偏不乖，真是慧心神手！［周按］此回放笔写贾蓉，盖惜其才不能入于正也。尤氏道：“也是才吃完了饭，就要过去了。”凤姐儿说：“我回太太，我先瞧瞧蓉哥儿媳妇，我再过来。”王夫人道：“狠是。我们都要去瞧瞧他，到怕他嫌闹的慌，［蒙侧］为下文留地步。说我们问他好罢。”尤氏道：“好妹妹，媳妇听你的话，你去开导开导他，我也放心。你就快些过园子里来。”宝玉也要跟了凤姐儿去瞧秦氏去，王夫人道：“你看看就过去罢，［周按］过去，指往园子里去，下文可证。那是侄儿媳妇。”于是尤氏请了邢夫人、王夫人并他母亲都先过会芳园去了。

凤姐儿、宝玉方和贾蓉到秦氏这边来。进了房门，悄悄的走到里间房门口，秦氏见了，就要站起来，凤姐儿说：“快别起来，看起猛了头晕。”［蒙侧］知心每每如此。于是凤姐儿就紧走了两步，拉住秦氏的手，说道：“我的奶奶，怎么几日不见，就瘦的这么着了！”于是就坐在秦氏坐的褥子上。宝玉也问了好,坐在对面椅子上。贾蓉叫:“快到茶来，婶子和宝叔在上房还未喝茶呢！”秦氏拉着凤姐儿的手强笑道：“这都是我无福。这样人家，公公婆婆当自己的女孩儿似的待。［蒙侧］正写幻情，偏作锥心刺骨语。呼渡河者三，是一意。婶娘的侄儿虽说年轻，却是他敬我，我敬他，从来没有红过脸。就是一家子的长辈同辈之中，除了婶子到不用说了，别人也从无不疼我的，也无不和我好的。这于今得了这个病，把我那要强的心一分也无有了。［周按］无有了是，病家忌讳。公婆跟前未得孝顺一天，就是婶娘这样疼我,我就有十分孝顺的心,如今也不能彀了。我自想着，未必熬的过年去呢！”宝玉正然瞅着那《海棠春睡图》并那秦太虚写的“嫩寒锁梦因春冷，芳气笼人是酒香”的对联，不觉想起在这里睡晌觉梦到太虚幻境的事来。正自出神，听见秦氏说了这些话，如万箭攒心，那眼泪不知不觉就流下来了。凤姐儿虽心中十分难过，但只怕病人见了众人这个样子又添心酸，到不是来开导劝解的意思了。见宝玉这个样子，因说道："宝兄弟，你特婆婆妈妈的了？他病人不过是这么说，那里就到得这步田地了。况且能多大年纪的人，略病一病儿就这么想那么想的，这不是自己到给自己添了病么？"贾蓉道："他这病也不用别的，只是吃得些饮食就不怕了。"［蒙侧］各人是各人伎俩，一丝不乱，一毫不遗。凤姐儿道："宝兄弟，太太叫你快过去呢。你别在这里只管这么着，到招的媳妇也心里不好，太太那里又惦着你。"因向贾蓉说道："你先同你宝叔过去罢，［蒙侧］为本。我还略坐一坐儿。"贾蓉听说，即同宝玉过会芳园来了。这里凤姐儿又劝解了秦氏一番，又低低说了多少衷肠的话儿。尤氏打发人请了两三遍，凤姐儿才望秦氏说道："你好生养着罢，我再来看你。合该你这病要好，所以前日就有人荐了这个好大夫来，再也是不怕的了。"秦氏笑道："任凭是神仙也自能治得病治不得命。婶子，我知道我这病不过是挨日子罢了。"凤姐儿说道："你只管这么想，病那里能好呢。总要想开了才是。况且听得大夫说，若是不治，怕的是春天不好。如今才九月半，还有四五个月的工夫，什么病治不好呢？咱们若是不能吃人参的人家，这也难说了，你公公婆婆听见治得好你，别说一日二钱人参，就是一日二两也能彀吃的起。好生养着罢，我过园子里去了。"秦氏又道："婶子，恕我不能跟过去了，闲了的时候还求婶子常过来瞧瞧我，咱们娘儿们坐坐，多说几遭话儿。"凤姐儿听了，不觉又眼圈儿一红，遂说道："我得了闲儿必常来看你。"于是凤姐儿带领跟随来的婆子、丫头并宁府的媳妇婆子们，从里头绕进园子的便门来。［蒙侧］偏不独行，用此等反克文字。但见：

黄花满地，白柳横坡。小桥通若耶之溪，曲径接天台之路。［蒙侧］点明题目。石中清流激湍，篱落飘香。树头红叶翩翻，疏林如画。西风乍紧，初罢莺啼。［周按］初罢，谓秋日已无莺语。煖日当暄，又添蛩语。

遥望东南，建几处依山之榭。纵观西北，结数间临水之轩。笙簧盈耳，别有幽情。罗绮穿林，倍添韵致。

凤姐儿正是看园中的景致，一步步行来赞赏。猛然从假山石后走过一个人来，向前对着凤姐儿说道："请嫂子安。"凤姐儿猛然见了，将身子望后一退，说道："这是瑞大爷不是？"贾瑞说道："嫂子连我也不认得了。不是我是谁！"凤姐儿道："不是不认得，猛然一见，不想到是大爷到这里来。"贾瑞道："也是合该我与嫂子有缘。［蒙侧］作者何等心思，能在此等事想到如此出言。渐入之妙，无过于此。我方才偷出了席，在这个清净地方略散一散，不想就遇见嫂子也从这里来。这不是有缘么？"［蒙侧］重点有缘二字，方是笔力。一面说着，一面拿眼睛不住的觑着凤姐儿。凤姐儿是个聪明人，见他这个光景，如何不猜透八九分呢！因向贾瑞假意含笑道："怨不得你哥哥时常提你，说你狠好。今日见了，听你说这几句话儿，就知道你是个聪明和气的人了。这会子我要到太太们那里去，不得和你说话儿，等闲了咱们再说话儿罢。"贾瑞道："我要到嫂子家里去请安，又恐怕嫂子年轻，不肯轻易见人。"凤姐儿假意含笑道："一家子骨肉，说什么年轻不年轻的话。"贾瑞听了这话，再不想到今日得这个奇遇，那神情光景亦发不堪难看了。凤姐儿说道："你快去入席去罢，看他们拿住罚你酒。"［周按］戚本眉批：看他们拿住罚你酒。极好京语，说得极得神，写得凤姐荡态如画。贾瑞听了，身上已木了半截，慢慢一面步着，［周按］步着，缓缓挪步也。一面回过头来看。凤姐儿故意的把脚步放迟了些，见他去远了，心里暗忖道："这才是知人知面不知心呢，［蒙侧］大英雄气概。作者以此命凤，其有为耶。［周按］这种批关系批者为人处事之心态，不可轻易放过，非男子所能为。那里有这样禽兽样的人呢。他如果如此，几时叫他死在我的手里，他才知道我的手段！"于是凤姐儿方移步前来。将转过一重山坡，见两三个婆子慌慌张张的走来，见了凤姐儿，笑说道：［蒙侧］别者必将遇贾瑞的（事）声张一番，以表清节。此文偏若无事，一则可以见熙凤非凡，一则可以见熙凤包含广大。［周按］此批为上一批注脚，看批者视凤姐极重，亦是作者本意。"我们奶奶见二奶奶只是不来，急的了不得，叫奴才们又请奶奶来了。”凤姐儿说道：“你们奶奶就是这么急脚鬼似的。”于是凤姐儿慢慢的走着，问：“戏唱了有几出了？”那婆子回道：“有八九出了。”

说话之间，已到了天香楼的后门，见宝玉正合一群丫头子们那里顽呢。［周按］参看戚本眉批：今本作合一群丫头小子们那里顽，只加入一小字，便将宝玉身份与丫头身份一齐拖下，吾不为著者叫屈，吾不能不为宝玉与丫头等叫屈也。凤姐儿说道：“宝兄弟，别特淘气了。”［蒙侧］照应前文。一个丫头说道：“太太们都在楼上坐着呢，请奶奶就从这门上去罢。”凤姐儿听了，方款步提衣上了楼来，见尤氏已在楼梯口等着呢。尤氏便笑道：“你娘儿两个特好了，见了面总舍不的来了。你明日搬来合他住着罢。你坐下，我先敬你一钟。”于是凤姐儿在邢夫人、王夫人前告了坐，尤氏的母亲前周全了一遍，方同尤氏坐一桌上吃酒听戏。尤氏叫拿戏单来，让凤姐儿点戏，凤姐儿说道：“亲家太太和太太们在这里，我如何敢点。”邢夫人、王夫人说道：“亲家太太同我们都点了好几出了，你点两出好的我们听。”凤姐儿立起身来答应了一声，方接过了戏单，从头一看，点了一出《还魂》，一出谈词，［周按］谈词，是雪芹原笔。递过戏单去说：“现在唱《双官诰》，［蒙侧］点下文。唱完了再唱这两出，也就是时候了。”王夫人道：“可不是呢，也该趁早叫你哥哥嫂子歇歇，他们又心里不静。”尤氏说道：“太太们又不常过来，娘儿们多坐一会子去才有趣儿，天还早呢。”凤姐儿立起身来，望楼下一看，说：“爷们都往那去了？”傍边一个婆子道：“爷们才到凝曦轩，带了打十番的那里吃酒去了。”凤姐儿说道：“在这里不便易，背地里又不知干什么去了！”［蒙侧］偏是爱吃酸醋。尤氏笑道：“那里都像你这么正经人呢！”于是说说笑笑，点的戏都唱完了，方才撤下酒席，摆上饭来。吃毕，大家才出园子来到上房，坐下吃了茶，方才叫预备车，向尤氏的母亲告了辞。尤氏率同众姬妾并家下婆子媳妇们方送出来，贾珍率领众子侄都在车旁侍立等候着呢，见了邢王二夫人说道："二位婶子明日还过来旷旷。"王夫人道："罢了，我们今日整坐了一日，也乏了，明日歇歇罢。"于是都上了车去了。贾瑞犹不时拿眼觑着凤姐儿。[蒙侧] 无有不足不尽处。贾珍等进去后，李贵才拿过马来，宝玉骑上，随了王夫人去了。这里贾珍同一家子的兄弟子侄吃过晚饭，方大家散了。

次日，仍是众族人等闹了一日，不必细说。此后凤姐儿不时亲自来看秦氏。秦氏有几日好些，几日仍是那样。尤氏、贾珍、贾蓉好不焦心。[蒙侧] 陪衬补足。

且说贾瑞到荣府来了几次，偏都遇见凤姐儿往宁府那边去了。这年正是十一月三十日冬至。[周按] 检雍正朝年历，无十一月三十日冬至者。十二年十一月二十八日冬至，最相近，或系指此。到交节的那几日，贾母、王夫人、凤姐儿日日差人去看秦氏，回来的人都说："这几日也未见添病，也不见甚好。"王夫人向贾母说："这个症候，遇着这样大节不添病，就有好大的指望了。"贾母说："可是呢，好个孩子，要是有些原故，可不叫人疼死。"说着，一阵心酸，叫凤姐儿说道："你们娘儿两个也好了一场，明日又是大初一，过了明日，你后日再去看看他去。你细细的瞧瞧他那光景，倘或好些儿，你回来可告诉我，我也喜欢喜欢。那孩子素日爱吃的，你也常叫人做些与他送过去。"凤姐儿一一的答应了。

到了初二日，吃了早饭，来到宁府，看见秦氏的光景，虽未甚添病，但是那脸上身上的肉全瘦干了。于是合秦氏坐了半日，说了些闲话儿，又将这病无妨的话开导了一番。秦氏说道："好不好，春天就知道了。如今现过了冬至，又没怎么样，或者好的了，也未可知，婶子回老太太放心罢。[蒙侧] 文字一变。人于将死时，也应有一变。那日老太太赏的那枣泥馅的山药糕，我到吃了两块，到像克化的动似的。"凤姐儿说道："明日再给你送过来。我到你婆婆那里瞧瞧，就要赶着回去回老太太的话去。”秦氏道：“婶子替我请老太太、太太安罢。”凤姐儿答应着就出来了，到了尤氏的上房坐下。尤氏道：“你冷眼瞧媳妇是怎么样？”凤姐儿低了半日头，说道：“这实在的没法了。你也该将他一应的后事用的东西也该料理料理，冲一冲也好。”［蒙侧］伏下文代办理丧事。尤氏道：“我也暗暗的叫人预备了。就是那件东西不得好木头，暂且慢慢的办罢。”于是凤姐儿吃了茶，说了一会子话儿，说道：“我要快回去回老太太的话去呢。”尤氏道：“你可缓缓的说，别吓着老人家。”凤姐儿道：“我知道。”于是凤姐儿回来，到了家中，见了贾母，说：“蓉哥儿媳妇请老太太安，给老太太磕头，说他好了些了，求老祖宗放心，他再略好些，还要给老祖宗磕头请安来呢。”贾母道：“你看他是怎么样？”凤姐说道：“暂且无妨，精神还好呢。”［蒙侧］精神还好呢五字，写得出神入化。贾母听了，沉音了半日，［周按］沉音，是原笔，参看第三十八回菊花诗：绕篱欹石自沉音。因向凤姐儿说：“你换换衣服，歇歇去罢。”

凤姐儿答应着出来，看过了王夫人，到了家中，平儿将烘下的家常衣服给凤姐儿换了。凤姐儿方坐下，问道：“家里有什么事么？”平儿方端了茶来，递了过去，说道：“没有什么事。就是那三百银子的利银，旺儿媳妇送进来，［蒙侧］陪。我收了。再还有瑞大爷［蒙侧］正。使人来打听奶奶在家无有，［蒙侧］没他。他要来请安说话。”凤姐儿听了，哼了一声，说道：“这畜生合该作死，看他来了怎么样！”平儿因问道：“这瑞大爷是因为什么只管来？”凤姐儿遂将九月里在宁府园子里遇见他的光景，他说的话，都告诉了平儿。平儿说道：“癞蛤蟆想天鹅肉吃，没人伦的混账东西，起这个念头，叫他不得好死！”凤姐儿道：“等他来了，我自有道理。”不知贾瑞来时作何光景。且听下回分解。

［戚回后］将可卿之病将死作幻情一劫，又将贾瑞之遇唐突作幻情一变。下回同归幻境，真风马牛不相及之谈，同范并趋，毫无滞碍，灵活之至，飘飘欲仙。默思作者其人之心，其人之形，其人之神，其人之文，必宋玉、子建一般心性，一流人物。

第十二回

王熙凤毒设相思局　贾天祥正照风月鉴

［蒙回前］反正从来总一心，镜光至意两相寻。有朝敲破蒙头瓮，绿水青山任好春。

诗曰：

一步行来错，回头已百年。

古今风月鉴，多少泣黄泉。［周按］此诗庚辰本仅存，在第十回总目背后。

话说凤姐正与平儿说话，忽见有人回说："瑞大爷来了。"凤姐忙令快请进来。［庚侧］立意追命。贾瑞见请进里边，心中喜出望外，急忙进来，见了凤姐，满面陪笑，［庚侧］如蛇。连连问好。凤姐也假意殷勤，让茶让坐。贾瑞见凤姐如此打扮，亦发酥倒，因饧了眼问道："二哥哥怎么还不回来？"凤姐道："不知什么原故。"贾瑞笑道："别是在路上有人绊住了脚，［蒙侧］旁敲远引。舍不得回来。"凤姐道："也未可知。男人家见一个爱一个也是有的。"［蒙侧］［庚眉］勿作正面这是钩。看为幸。畸笏。［周按］畸笏之名始见于此。或谓畸笏非脂砚，系另一个人。然若为另一批者，何以不由首回批起而迟至第十二回批起，此不合情理。盖畸笏实脂砚之变名，非二人也。贾瑞笑道：［蒙戚双］如闻其声。"嫂子这话说错了，我就不这样。"［蒙戚双］［蒙侧］游鱼虽有入釜之志，无钩不渐渐入港。能上岸。一上钩来，欲去亦不可得。凤姐笑道："像你这样的人能有几个呢。十个里也挑不出一个来。"贾瑞听了，喜的抓耳挠腮，又道："嫂子天天也闷的狠。"凤姐道："正是呢，只盼个人来说话解解闷儿。"贾瑞笑道："我到天天闲着，天天过来替嫂子解解闷可好不好？"凤姐笑道："你哄我呢，你那里肯往我这里来。"贾瑞道："我在嫂子跟前若有一点谎话，天打雷劈！只因素日闻得人说，嫂子是个利害人，在你跟前一点也不敢错，所以唬住我。

如今见嫂子最是有说有笑，极疼人的，［蒙戚双］奇妙。我怎么不来？死了我也愿意。”［庚侧］倒不假。凤姐笑道：“果然你是明白人，比贾蔷、贾蓉两个强远了。［周按］苏本存贾蔷蓉之式，是原稿遗痕，大有趣味。我看他那样清秀，只当他们心里明白，谁知竟是两个糊涂虫，［庚侧］反文着眼。一点不知人心。”贾瑞听了这话，越发撞在心坎上，由不得又往前凑了一凑，［蒙侧］写呆人痴性活现。觑着眼看凤姐带着荷包，然后又问带着什么戒指。凤姐悄悄道：“放尊重着，别叫丫头们看见笑话。”贾瑞如听了觀音佛一般忙往后退。［周按］觀音佛，是雪芹原笔，旗家之常语也，最为得神。凤姐笑道：“你该去了。”［蒙戚双］叫去正是叫来也。贾瑞道：“我再坐一坐儿，好狠心的嫂子。”凤姐又悄悄的道：“大天白日，人来人往，你就在这里也不方便，你且去，等着晚上起了更你来，悄悄的在西边穿堂儿里等我。”［庚眉］先写穿堂，只知房舍之大，岂料有许多用处。［蒙侧］凡人在平静时，物来言至，无不照见。若迷于一事一物，虽风雷交作，有所不闻。即穿堂儿等之一语，府第非比凡常，关般〔启〕门户，必要查看，且更夫扑〔仆〕妇势必往来，岂容人藏过于其间。只因色迷，闻声连诺，不能有回思之暇，信可悲夫。贾瑞听了，如得珍宝，忙问道：“你别哄我，但只是那里人过的多，怎么好躲的？”凤姐道：“你只管放心。我把上夜的小厮们都放了假，两边门一关，再没别人了。”贾瑞听了喜之不禁，忙忙的告辞而去，心内已为得手。［庚侧］未必。

盼到晚上，果然黑地里摸入荣府，趁掩门时，钻入穿堂。果见魆黑无人，往贾母那边去的门户早已关锁，到只有向东的门还未关。贾瑞侧耳听着，半日不见人来，忽听咯噔一声，东边的门也倒关了。［庚侧］平平略施小计。贾瑞急的也不敢则声，只得悄悄的出来，将门撼了撼，关的铁桶一般。［蒙侧］此大底〔抵〕是凤姐调遣，不先为点明者，可以少许多事故，又可以藏拙。此时要求出去，亦不能勾。南北皆是大房墙，要跳亦无攀援。这屋内又是过门风，空落落的。现是腊月天气，夜又长，朔风凛凛，侵肌裂骨，一夜几乎不曾冻死。［蒙侧］教导之法，慈悲之心尽矣，无奈迷徒〔途〕不悟何！［庚眉］可为偷情一戒。好容易盼到早晨，只见一个老婆子先将东边门开了，进来去叫西门。贾瑞瞅他背着脸，一溜烟抱着肩竟跑了出来。幸而天气尚早，人都未起，从后门一迳跑回家去。

原来贾瑞父母早亡，只有他祖父代儒教养。那代儒素日教训最严，[庚眉]教训最严，奈其心何。一叹！不许贾瑞多走一步，生怕他在外吃酒耍钱，有误学业。今忽见他一夜不归，只料定他在外非饮即赌，嫖娼宿妓，[庚侧]展转灵活，一人不放，一笔不肖。那里想到这段公案！[庚侧]世人万万想不到，况老学究乎？因此气了一夜。贾瑞也捻着一把汗，少不得回来撒谎，只说："往舅舅家去了，天黑了，留我住了一夜。"代儒道："自来出门，非禀我不敢擅出，如何昨日私自去了一夜。据此亦该打，何况是撒谎。"[庚眉]处处点父母痴心，子孙不肖。此书系自愧而成。因此发恨，到底打了三四十板，[蒙侧]教令何尝不好，业种故此不同。还不许吃饭，令他跪在院内读文章，定要补出十天的工课来方罢。贾瑞直冻了一夜，今又遭了苦打，且饿着肚子跪在风地里读文章，[庚双]祸福无门，惟人自召。[庚眉]苦海无边，回头是岸。若个能回头也。叹叹！壬午春，畸笏。其苦万状。此时贾瑞前心犹是未改，再不想到是凤姐捉弄他的。[庚侧]四字是寻死之根。[周按]再不想到，写其人之痴意至于至极，不作他想，不疑人之欺己，含有赞惜之心。

过后两日空闲，便仍来找寻凤姐。凤姐故意抱怨他失信，贾瑞急的赌神罚咒。凤姐因见他自投罗网，[庚侧]可谓因人而使。少不得再寻别计令他知改，[庚侧]四字是作者明阿凤身分，勿得轻轻看过。故又约他道："今日晚上，你别在那里了。你在我这房后小过道子里那间空屋子里等我，可别冒失了。"[蒙戚双]伏的妙！贾瑞道："果然？"凤姐道："谁可哄你，你不信就别来。"[庚侧]紧一句。[蒙侧]大士心肠。贾瑞道："来来来，就死也要来！"[蒙戚双]不差。凤姐道："这会子你先去罢。"贾瑞料定晚间必妥，[庚侧]未必。此时便先去了。凤姐这会子自然要点兵派将，[庚侧]四字用得新，必有新文字好看。[蒙侧]剩文最妙。设下圈套。

那贾瑞只盼不到晚上，偏生家里又有亲戚来了，[蒙戚双]专能忙中写闲，狡猾之极。直吃了晚饭才去，那天已有掌灯时分。只等他祖父安歇了，方溜进荣府，直往那夹道中屋子里来等着，就像那热焗上的蚂蚁一般，［周按］熅，是原笔。［蒙侧］有心人记着，其实苦恼。只是干转。左等不见人影，右等不见声响，心下自思道："别是又不来了，又冻我一夜不成？"［蒙侧］似醒非醒语。正自胡猜，只见黑魆魆的来了一个人，［庚侧］真到了。贾瑞便意定是凤姐，不管皂白，饿虎一般，等那人刚至门前，便如猫捕鼠的一般抱住，叫道："我的亲嫂子，等死我了。"说着抱到屋里炕上，就亲嘴扯裤子，满口里亲娘亲爹的乱叫起来。［蒙侧］丑态可笑。那人只不作声，［庚侧］好极。贾瑞拉了自己裤子，硬帮帮将要顶入。［庚侧］将到矣。忽见灯光一闪，只见贾蔷举着个火纸捻子照道："谁在这屋里？"只见炕上那人笑道："瑞大叔要臊我呢！"贾瑞一见，却是贾蓉，［蒙戚双］奇绝。真燥的无地可入，［庚侧］亦未必真。不知要怎么样才好，回身就要跑，被贾蔷一把揪住道："别走！如今琏二婶已经告到太太跟前了，［庚侧］好题目。说你无故调戏他。［庚眉］调戏还有有故，一笑！他暂用了个脱身计，哄你在这边等着，太太气死过去，［庚侧］好大题目！因此叫我来拿你。刚才你又拦住他，没的说，跟我去见太太罢！"贾瑞听了，魂不附体，只说："好侄儿，只说没有见我，明日我重重谢你。"贾蔷道："你若谢我，放你不值什么，只不知你谢我多少？况且口说无凭，须得写一文契来。"贾瑞道："这如何落纸呢？"［庚侧］也知写不得，一叹！贾蔷道："这也不妨，写一个赌钱输了外人的账目，借头家银若干两便罢。"贾瑞道："这也容易，只是此时无纸笔。"贾蔷道："这也容易。"说罢，翻身出来，纸笔现成，［庚侧］二字妙。拿来命贾瑞写。他两个作好作歹，只写了五十两，然后画了押，［蒙侧］可怜至此。好事者当自度。贾蔷收起来，然后撕逻贾蓉。贾蓉先咬定牙不依，只说明日先告诉族中人评评理。贾瑞急的至于叩头。［蒙侧］此是加一陪〔倍〕法。贾蔷作好作歹的，也写了五十两的一张欠契才罢。贾蔷又道："如今要放你，我就担着若干不是。［蒙戚双］又生波澜。老太太那门早已关了，老爷正在厅上看南京的东西，那一路定难过去。如今只好走后门。若这一走，倘或遇见了人，连我们也完了。等我先去哨探了，再来领你。这屋里你还藏不得，少时就来堆东西，等我寻个地方。”说毕，拉着贾瑞，仍息了灯，［蒙戚双］细。出至院外，摸着大台矶底下，说道：“这窝儿里好，你只蹲着，别哼一声，等我们来再动。”［庚侧］未必如此收场。说毕，二人去了。贾瑞此时身不由己，只得蹲在那里。心下正盘算时，只听头顶上一声响，嗗拉拉，一净桶尿粪从上面直泼下来，可巧浇了他一头一身。［蒙侧］这也未必不是预为埋伏者。总是慈悲设教，遇难教者不得不现三头六臂，并吃人心喝人血之象，以警戒之耳。贾瑞掌不住嗳哟了一声，忙又掩住口，［蒙戚双］更奇。不敢声张，满头满脸浑身皆是尿屎，冰冷打战。［庚侧］余料必新奇改〔解〕恨文字收场，方是《石头记》笔力。［庚眉］瑞奴实当如是报之，此一节可入《西厢记》批评内十大快中。畸笏。只见贾蔷跑来，叫：“快走，快走！”贾瑞如得了命一般，三步两步从后门跑到家里。天已三更，只得叫开门。开门人见他这般景况，便问是怎么的了？少不得扯谎说：“黑了，失足掉在毛厮里了。”［周按］厮，厕形似而音同，异写而通用。一面到了自己房中，更衣洗濯，心下方想到是凤姐顽他，因此发一回恨。再想一想那凤姐的模样儿，［庚侧］欲根未断。［庚眉］此刻还不回头，真自寻死路矣。又恨不得一时搂在怀内，一夜竟不曾合眼。［蒙侧］孙行者非有紧箍〔箍〕儿，虽老君之炉，太〔五〕行之山，河常〔何尝〕屈其一二。

自此满心想凤姐，只不敢往荣府去了。贾蔷、贾蓉两个常常的来索银子，他又怕祖父知道，正是相思尚且难禁，更又添了债务，日间工课又紧，他二十来岁之人，尚未娶过亲，迩来想着凤姐，未免有那指头儿告了消乏等事，更兼两回冻恼奔波，［蒙戚双］写得历历病源，如何不死呢。因此三五下里夹攻，［庚侧］所谓步步紧。不觉就得了一病，心内发膨胀，口中无滋味，脚下如绵，眼中似醋，黑夜作烧，白昼常倦，下溺连精，嗽痰带血。诸如此症，不上一年，［庚侧］简捷之至。都添全了。于是不能支持，一头失倒，合上眼还只梦魂颠倒，满口说胡话，惊怖异常。百般请医调治，诸如肉桂、附子、鳖甲、麦冬、玉竹等药，吃了有几十觔下去，也不见个动静。［蒙戚双］说得有趣。［周按］吃药何以批为“有趣”？正谓其语夸张调侃。

倏忽又腊尽春回，这病更又沉重。代儒也着了忙，各处请医疗治，皆不见效。因后来吃独参汤，代儒如何有这力量？只得往荣府来寻。王夫人命凤姐秤二两给他。［蒙戚双］王夫人之心慈若是。凤姐回说："前儿新近都替老太太配了药，那整的太太又说留着送杨提督的太太配药，偏生昨儿我已送了去了。"王夫人道："就是咱们这边没了，你打发个人往你婆婆那边问问，或是你珍大哥哥那府里再寻些来，凑着给人家。吃好了，救人一命，也是你的好处。"［蒙戚双］夹写王夫人。凤姐听了，也不遣人去寻，只得将些渣末泡须，凑了几钱命人送去，只说太太送来的，［蒙侧］只说。再也没了。然后回王夫人，只说："都寻了来，共凑了有二两去。"［庚双］然便有二两独参汤，贾瑞固亦不能微好。又岂能望好？但凤姐之毒何如，是瑞之自失也。再说那贾瑞此时要命心胜，无药不吃，只是白花钱，不见效。

忽然这日有个跛足道人［蒙戚双］自甄士隐随君一去，别来无恙否？来化斋，口称专治一切冤业之症。贾瑞偏生在内就听见了，直着声叫喊［蒙戚双］如闻其声，吾不忍听了。说："快请进那位菩萨来救命！"一面叫，一面在枕上叩首。［己庚双］如见其形，吾不忍看了。众人只得带了那道士进来。贾瑞一把拉住，连叫："菩萨救我！"［己庚双］人之将死，其言也哀。作者如何下笔？那道士叹道："你这病非药可医，我有个宝贝与你，你天天看时，此命可保矣。"说毕，从搭连中［蒙戚双］妙极，此搭连犹是士隐所抢背者乎？取出一面镜子来，［己双］凡看书者，从此细心体贴，方许你看，否则此书哭矣。两面皆可照人，［蒙戚双］此书表里皆有喻也。镜把上面錾着"风月宝鉴"四字。［蒙戚双］明点。［庚眉］与《红楼梦》呼应。递与贾瑞道："这鉴出自太虚幻境空灵殿上，警幻仙子所制，［蒙戚双］言此书原系空虚幻设。专治邪思妄动之症，［蒙双］毕真。有济世保生之功。［己双］毕真。所以带他到世上，单与那些聪明杰俊、风雅王孙等看照。［蒙戚双］所谓无能纨袴是也。千万不可照正面，［蒙戚双］观者记之，不要看这书正面，方是会看。［庚侧］谁人识得此句？只照他的背面，［蒙戚双］记之。要紧，要紧！三日后吾来收取，管教他好了。"［周按］管教他好了，他字指病症情状，即如今写作"它"者是。说毕佯常而去，众人挽留不住。贾瑞收了镜子，想道："这道士到有些意思，我何不照一照试试？”想毕，拿起风月鉴来，向反面一照，只见一个骷髅立在里面，[蒙双]所谓“好知青塚骷髅骨，就是红楼掩面人”是也。作者好苦心思。[周按]此批所引，乃唐寅《落花诗》之一联，切“红楼”字样。唬得贾瑞连忙掩了，骂道士混账，如何唬我！[周按]唬、吓，古亦通用互代，在口语中亦读作吓字。我到再照照正面是什么。想着，又将正面一照，只见凤姐站在里面招手叫他。[蒙戚双]奇绝。[庚侧]可怕是招手二字。贾瑞心中一喜，荡悠悠的觉得进了镜子，[蒙戚双]写得奇峭，真好笔墨。与凤姐云雨一番，凤姐仍送他出来。到了床上，嗳哟了一声，一睁眼，镜子从手内掉过来，仍是反面立着一个骷髅。[蒙侧]此一句力如龙象，意谓，正面你方才已自领略了，你也当思想反面才是。贾瑞自觉汗津津的，底下已遗了一滩精。心中到底不足，又翻过正面来，只见凤姐还招手叫他，他又进去。如此三四次。到了这次，刚要出镜子来，只见两个人走来，拿了铁锁把他套住，拉了就走。[己双]所谓醉生梦死也。贾瑞叫道：“让我拿了镜子再走！”[蒙戚双]可怜。大众齐来看此。[蒙侧]这是作书者之立意要写惜〔情〕种，故于此试一深写之。在贾瑞则是求仁而得人〔仁〕，未尝不含笑九泉，虽死后亦不解脱者。悲矣！只说得这句，就不能再说话了。傍边伏侍贾瑞众人，只见他先还拿着镜子照，落下来，仍睁开眼拾在手内，末后镜子落下来，便不动了。众人上来看时，已没了气了，身子底下冰凉渍湿一大滩精，这才忙着穿衣抬床。代儒夫妇哭的死去活来，大骂道士：“是何妖镜，[蒙戚双]此书不免腐儒一谤。若不早毁此物，[蒙戚双]凡野史俱可毁，独此书不可毁。遗害于世不小！”[蒙戚双]腐儒。遂命驾火来烧，只听镜内哭道：“谁叫你们瞧正面了！你们自己以假为真，何苦却来烧我？”[蒙戚双]观者记之。正哭着，只见那跛足道人从外面跑来，喊道：“谁毁风月鉴，吾来救也！”说着直入中堂，抢入手内，飘然去了。

当下代儒料理丧事，各处去报丧。三日起经，七日发引，寄灵于铁槛寺，[蒙戚双]所谓铁门限是也，先安一开路之人，以备秦氏仙柩有方也。[觉双]所谓铁门限是也。为秦氏停柩作引子。日后带回原籍。当下贾家众人齐来吊问，荣国府贾赦赠银二十两，贾政亦是二十两，宁国府贾珍亦有二十两，别者族中贫富不一，或三两或五两，

滴翠亭杨妃戏彩蝶

宝钗刚要寻别的姊妹去，忽见前面一双出色的蝴蝶，大如团扇，一下一下，迎风翩跹，十分有趣。宝钗意欲扑了下来顽耍，遂向袖中取出扇子来，向草地上扑。

此处有一庚侧批曰：可是一味知书识理女夫子行止？写宝钗无不相宜。若玉兄在此，必有许多张罗。

湘云

襁褓中，父母叹双亡。纵居那绮罗丛，谁知娇养？幸生来，英雄阔大宽宏量，从未将儿女私情略萦心上。好一似，霁月光风耀玉堂！厮配得才貌仙郎，博得个地久天长，准折得幼年时坎坷形状。终久时云散高唐，水涸湘江。这是尘寰中消长数应当，何必枉悲伤？

不可胜数。外另有各同窗家分资，也凑有二三十两。代儒家道虽然淡薄，到也丰丰富富完了此事，家中狠可度日。

再讲这年冬底，两淮林如海的书信寄来，却为身染重疾，写书特来接林黛玉回去。［蒙侧］头〔须〕要林黛玉长住，偏要暂离。［周按］苏本回尾残缺，是稿本原貌，最为可贵。贾母听了，未免又加忧闷，只得忙忙的打点黛玉起身。宝玉大不自在，争奈父女之情，也不好拦劝。于是贾母定要贾琏送他去，仍叫带回来。一应土仪盘缠，不消烦说，自然要妥贴。作速择了日期，贾琏与林黛玉辞别了贾母等，带领仆从，登舟往扬州去了。要知端的，且听下回分解。

［庚回后］此回忽遣代〔黛〕玉去者，正为下回可儿之文也。若不遣去，只写可儿、阿凤等人，却置代〔黛〕玉于荣府，成何文哉！固必遣去方好。放笔写秦，方不脱发，况代〔黛〕玉乃书中正人，秦为陪客，岂因陪而失正耶！后大观园方是宝玉、宝钗、代〔黛〕玉等正紧文字，前皆系陪衬之文也。

［戚回后］儒家正心，道者炼心，释辈戒心，可见此心无有不到，无不能入者，独畏其入于邪而不反，故用心炼戒以缚之。请看贾瑞一起念，及至于死，专诚不二，虽经两次警教，毫无翻悔，可谓痴子，可谓愚情。相乃可思，不能相而独欲思，岂逃倾颓。作者以此作一新样情种，以助解者生笑，以为痴者设一棒喝耳。

［回后评］第十一、十二两回写贾瑞与熙凤一段公案，用意仍在揭示男人之丑态。然其症结却是情欲之分，耽于欲者常寡于情，深于情者多淡于欲。此亦警幻仙姑所示于宝玉之根本大旨也。我于此等文字并无加批之兴趣，在此略作数语，非偷懒也。

第十三回
秦可卿死封龙禁尉　王熙凤协理宁国府

［戚回前］生死穷通何处真，英明难遏是精神。微密久藏偏自露，幻中梦里语惊人。

［甲回前］贾珍尚奢，岂有不请父命之理。因敬□□□要紧，不问家事，故得姿〔恣〕意放为。□□□□□若明指一州名，似落西逰□□□□□□□地，不待言可知，是光天□□□□□□□□矣。不云国名，更妙！□□□□□□□□□□义之乡也。直与□□□□□□□□□□今秦可卿托□□□□□□□□□□□□理宁府，亦□□□□□□□□□□□□□凡□□□□□□□□□□□□□□□□□□□□□□□□□□□□□□在封龙禁尉写，乃褒中之贬。隐去天香楼一节，是不忍下笔也。

［庚回前］此回可卿梦阿凤，盖作者大有深意存焉。可惜生不逢时，奈何，奈何！必写出自可卿之意也，则又有他意寓焉。

荣宁世家，未有不尊家训者，虽贾珍当〔尚〕奢，岂明逆父哉。故写敬老不管，然后姿意，方见笔笔周到。［周按］以上批语二则，庚辰本录于第十回总目背后，与甲回前同批异文。

诗云：

话说凤姐自贾琏送黛玉往扬州去后，心中实在无趣。每到晚间，不过和平儿说笑一回，就胡乱睡了。［甲侧］胡乱二字奇。这日夜间，正和平儿灯下拥炉倦绣，早命浓薰绣被，二人睡下，屈指算行程该到何处，［甲侧］所谓“计程今日到梁州”是也。［周按］计程今日到梁州，出白居易诗。不知不觉已交三鼓。平儿已睡熟了，凤姐方觉星眼微朦，［周按］星眼，写人之目神晶亮。恍惚只见秦氏从外走了进来，含笑说道："婶婶好睡，我今日回去，你也不送我一程！因娘儿们素日相好，我舍不得婶婶，故来别你一别。还有一件心愿未了，非告诉婶婶，别人未必中用。"［甲侧］一语贬尽贾家一族空顶冠束带者。凤姐听了，恍惚问道："有何心愿，你只管托我就是了。"秦氏道："婶婶，你是个脂粉队内的英雄，［庚侧］称得起！［周按］脂粉英雄是全书眼目，作者笔大如椽，创造古今未有之伟词，令我叫绝！连那些束带顶冠的男子也不能过你，你如何连两句俗语也不晓得？常言月满则亏，水满则溢。又道是，登高必跌重。如今咱们家赫赫扬扬，已将百载，一旦倘或乐极悲生，［甲侧］倘或二字，酷肖妇女口气。［周按］"乐极悲生"四字，系由楔子中语"瞬息间则又乐极悲生"而来。若应了那句树倒猢狲散的俗语，［甲眉］树倒猢狲散之语，全犹在耳，曲指三十五年矣。〇伤哉，宁不恸杀！［周按］"那句"二字，是有实指。盖雪芹祖父楝亭先生常对门下座客吟诵树倒猢狲散者，本系宋人词赋之题目。楝亭引来，则指其官职荣耀是依附于另一大树，大树一倒，则家亡人散。其语似为笑谈，实则沉痛，已预知日后必有变故而家遭灾难耳。岂不虚称了一世的诗书旧族了！"凤姐听了此话，心胸大快，［周按］心胸大快，谓凤姐聆此深思远虑，有心有识之言，正合己意。以见秦氏异材，亦非庸品。二人相契，根源在此。又以写贾府男子无人，词意沉痛。十分敬畏，忙问道："这话虑的极是，但有何法可以永保无虞？"［甲侧］非阿凤不明，盖今古名利场中患失之同意也。秦氏冷笑道："婶婶你好痴也！丕极泰来，［周按］丕极，不做否极，应是原笔如此。荣辱自古周而复始，岂是人力能可保常的？但如今能于荣时筹画下将来衰时的世业，亦可谓常保永全也。即如今日诸事都妥，只有两件未妥，若把此事如此以行，则日后可保永全。"凤姐但问何事，秦氏道："目今祖茔虽四时祭祀，只是无一定钱粮。第二件，家塾虽立，无一定工给。［周按］工给，是原笔。犹言工作之资给。依我想来，如今盛时固不缺祭祀工给，但将来败落之时，此二项有何出处？莫若依我定见，趁今日富贵，将祖茔附近多置田庄房舍地亩，以备祭祀、工给之费，皆出自此处。将家塾亦设于此，会同族中长幼大小定了则例，日后按房掌管这一年的地亩、钱粮、祭祀、工给之事。如此周流，又无争竞，亦不能有典卖诸弊。便是有了罪，凡物皆可入官，这祭祀产业连官也不入的。便败落下来，子孙回家读书务农，也有个退步，［戚双］幻情文字中，忽入此等警句，提醒多少热心人。祭祀又可永继。［甲眉］语语见道，字字伤心，读此一段，几不知此身为何物矣！松斋。若目今以为荣华不绝，不思日后，终非长策。眼见不日又有一件非常喜事，真是烈火烹油，鲜花着锦之盛。要知道也不过是瞬息的繁华，一时的欢乐，［蒙侧］瞬息繁华，一时欢乐二语，可供天下有志事业功名者同来一哭。但天生人非无所为，遇机会成事业，留名于后世者，亦必有奇传奇遇，方能成不世之功。此亦皆苍天暗中扶助，虽有波澜，而无甚害，反觉其铮铮有声。其不成也，亦由天命。其奸人倾险〔陷〕之计，亦非天命不能行。其繁华欢乐，亦自天命。人于其间，知天命而存好生之心，尽己力以周旋其间，不计其功之成于〔与〕否，所谓心安而理尽，又何患乎一时瞬息。随缘遇缘，乌乎不可？万不可忘了那盛筵必散的俗语。此时若不早为虑后，临期只恐后悔无益矣。"凤姐忙问："有何喜事？"秦氏道："天机不可泄漏，［甲侧］伏的妙。只是我与婶子好了一场，［周按］婶婶较正式，婶子较亲昵，二者间用，划一则非。临别赠你两句话，须要记着。"因念道："三春去后诸芳尽，各自须寻各自门。"［甲侧］此句令批书人哭死。［甲眉］不必看完，见此二句即欲堕泪！梅溪。［庚眉］可从此批。凤姐还欲问时，只听得二门上传事云牌连叩四下，［周按］云牌，铁制乐器类，其形略呈长方形，但两端皆作云纹形，击之清脆悠扬，悬于空处，用以传递消息。因将凤姐惊醒，人回："东府蓉大奶奶没了。"凤姐闻听，吓了一身冷汗，［周按］秦氏一夕话惊心动魄，字字清楚，句句确凿，试问这岂是梦中之语言？故我谓秦凤二人素日常有互谈心事，虑及日后成败荣辱之大计。此处写来特托词于梦境，即所谓荒唐言用以瞒蔽读者耳。◎我读书文至此，不禁感叹，自问秦氏何如人？其言词、思虑如此典雅周详。若以今日之词语而言之，即秦氏之文化水平何以达到如此高度？再问，读者曾见书中有一字写及秦氏之读书、识字、学习文化乎。是故秦氏之出身来历是否真从养生堂中抱来。恐大是一段疑案。出了一回神，只得忙忙的穿衣往王夫人处来。彼时合家皆知，无不赞叹，［周按］秦氏之处境至难，末后竟不惜一死了结，大仁大勇，故家人无不赞叹。实则下文疑心方是写其死因可疑，是两重意义。都有些疑心。［甲眉］九个字写尽天香楼事，是不写之写。［庚眉］松斋云：好笔力，此方是文字佳处。那长一辈的，想他素日孝顺。平一辈的，想他平日和暖。下一辈的，想他素日慈爱。以及家中仆从老小，想他素日怜贫恤贱，慈老爱幼之恩，［庚侧］八字乃为上人之当铭于五里。莫不悲嚎痛哭者。［庚侧］老健。［周按］盖秦氏之为人行止见识，上文并未一字叙及。在此一连几句皆是补笔，虽是笔法新鲜，终觉不免有惊讶之感。试想在全部书中所写女子甚多，却未见作者加以如此赞美之重笔者。
秦氏何人？掩卷思之，实费索解。

闲言少叙。［周按］又曰闲言，闲言总不闲。前已有批，今再点醒。读者莫嫌我之絮絮也。却说宝玉因近日林黛玉回去，剩得自己孤恓，也不和人顽耍，［甲侧］与凤姐反对。○淡淡写来，方是二人自幼气味相投，可知后文皆非实然文字。［周按］与凤姐反对，谓凤与琏暂别是女思男，今宝黛则是男念女，两人成相反的对照，与今日所用反对一词全异。到晚间，便索然睡了。如今从梦中听见说秦氏死了，连忙翻身爬起来，只觉心中似戳了一刀的不忍，［周按］不忍，心中难忍其痛切，非忍不住之义。哇的一声，直喷出一口血来。［周按］喷是原笔。［甲侧］宝玉早已看定，可继家务事者，可卿也。今闻死了，大失所望，急火攻心，焉得不有此血。为玉一叹！［庚眉］如在。总是淡描轻写，全无痕迹，方见得有生一来天分中自然所赋之性如此，非因色所感也。袭人等慌了，忙上来搊扶，［周按］搊音抽，托后背扶起也。问是怎么样了，又要回贾母来请大夫。宝玉笑道：［周按］此处有笑字，不误。意盖谓宝玉故做镇静，以解众人惊慌也。“不用忙，不相干，这是急火攻心，血不归经。”［甲侧］如何自己说出来［庚侧］又淡淡抹去。［周按］先是批者批出急火攻心，今宝玉方自己说出。批者之知宝玉深矣。说着便爬起来，要衣服穿了来见贾母，即时要过去。袭人见他如此，心中虽放不下，又不敢拦，只得由他罢了。贾母见他要去，因说：“才咽气的，那里不干净，二则夜里风大，明早再去不迟。”宝玉那里肯依。贾母命人预备车，多派跟从人役，拥护前来。

一直到了宁国府前，只见府门洞开，两边灯笼照如白昼，乱烘烘人来人往，里面哭声摇山震岳。［周按］哭声而可以摇山震岳，何等份量！别书未见如此铸词。［甲侧］写大族之丧，如此起绪。宝玉下了车，忙忙奔至停灵之室，痛哭一番。然后见过尤氏。谁知尤氏正犯了胃气疼旧疾，［庚侧］紧处愈紧，密处愈密。［庚眉］所谓曾〔层〕峦叠翠之法也。野史中从无此法，即观者到此，亦为写秦氏未必全到，岂料更又写一尤氏哉！睡在床上。［甲侧］妙，非此何以出阿凤！然后又出来见了贾珍。彼时贾代儒、贾代修、贾敕、贾效、贾敦、贾赦、贾政、贾琮、贾㻞、贾珖、贾珩、贾琛、贾琼、贾璘、贾蔷、贾菖、贾菱、贾芸、贾芹、贾蓁、贾萍、贾藻、贾蘅、贾芬、贾芳、贾蓝、贾菌、贾芝等都来了。［周按］贾蓝非贾蘭，见第九回按语。［庚侧］将贾族约略一总，观者方不惑。贾珍哭的泪人一般，［甲侧］可笑！如丧考妣，此作者刺心笔也。正和贾代儒等说道：“合家大小，远亲近友，谁不知我这媳妇比儿子还强十倍。如今伸腿去了，可见这长房内绝灭无人了。”说着又哭起来。众人忙劝道：“人已辞世，哭也无益，且商议如何料理要紧。”［庚侧］淡淡一句，勾出贾珍多少文字来。贾珍拍手道：“如何料理。尽我所有罢了。”［周按］为一儿媳治丧竟欲尽其所有，此事何语。难怪闻者震惊。然其中究为何等缘故，未可妄揣。还望读者细加寻究，勿为旧批所误引。［戚双］尽我所有，为媳妇是非礼之谈，父母又将何以待之。故前此有恶奴酒后狂言，及今复见此语，含而不露，吾不能为贾珍隐讳。正说着，只见秦业、秦钟并尤氏的几个眷属，［甲侧］伏后文。尤氏姊妹也都来了。贾珍便命贾琼、贾琛、贾璘、贾蔷四个人去陪客，一面吩咐去请钦天监阴阳司来择日，推准停灵七七四十九日，三日后开丧送讣闻。这四十九日，单请一百单八众禅僧在大厅上拜大悲忏，超度前亡后化诸魂，［周按］此时此刻亡者只系秦氏一人，忽又特加前亡后化诸魂六字，难道也是闲笔乎？以免亡者之罪。另设一坛于天香楼上，［甲侧］删，却是未删之笔。是九十九位全真道士，打四十九日解冤洗业醮。然后停灵于会芳园中，灵前另有五十众高僧、五十位高道，对坛按七作好事。

那贾敬闻得长孙媳妇死了，［庚侧］可笑可叹！古今之儒，中途多惑老佛。王隐梅云：若能再加东坡十年寿，亦能跳出这圈子来。斯言信矣！［周按］此批与第十八回批引“王梅隐云，咏物体又难双承双落”合看，批者疑是一人。因自为早晚就要飞升，［周按］自为之为字，读去声。雪芹于为谓往往互用不分。［蒙侧］就要飞升的要，用得的当。凡要者，则身心急切，急切之者，百事无成。正为后文作引绵〔线〕。如何肯又回家染了红尘，将前功尽弃呢？因此并不在意，只凭贾珍料理。贾珍见父亲不管，亦发恣意奢华，看板时，几副杉木板皆不中用。可巧薛蟠来吊问，因见贾珍寻好板，便说道：“我们木店里有一副板，［周按］板，指制作棺材之木料。叫作什么樯木，［甲眉］樯者，舟具也。所谓人生若泛舟而已。宁不可叹。出在潢海铁网山上，［甲侧］所谓迷津易堕，尘网难逃也。［周按］潢海，即辽海之变词，盖大辽河古名潢水。铁网山又即辽东铁岭之变称。铁岭所产之楸梓木年久不朽，堪作佳板。作了棺材，万年不坏。这还是当年先父带来，原系义忠亲王老千岁要的，［周按］薛蟠所云其父实系义忠亲王门下之专司采购物料者。义忠亲王老千岁明明白白是康熙太子胤礽之变词。所谓“坏了事”，是指他为雍正所诬陷而遭废黜，此乃三百年清史中一大公案。胤礽势败所遗之板无人敢买，而秦氏却独得享用，事似离奇，实则另有缘由。因他坏了事，［蒙侧］坏了事等字，毒极。写尽势力场中故套。就不曾拿去。现今还封在店里，也没人出价敢买。你若要，就抬来罢了。”贾珍听了，喜之不尽，即命人抬来。大家看时，只见帮底皆厚八寸，纹如槟榔，味若檀麝，以手扣之，玎当如金玉。大家都奇异称赏。贾珍笑问：“价值几何？”薛蟠笑道：“拿一千两银子来，只怕也没处买去。什么价不价，［甲侧］的是阿呆兄口气。赏他们几两工银就是了。”贾珍听说，忙谢不尽，即命解锯糊漆。贾政因劝道：［甲眉］写个个皆知，全无安逸之笔，深得“金瓶”壶〔壸〕奥。［庚眉］写个个皆到，全无安逸之笔，深得“金瓶”壶〔壸〕奥。［周按］以上二批中

“皆知”“皆到”，疑亦草书形讹。“此物恐非常人可享者，［周按］贾政之言若正面观之，似无深意，若从反面观之，却明指秦氏之非常人也。［甲侧］政老有深意存焉。捡上一等杉木也就是了。”［甲侧］夹写贾政。［周按］原谓只挑选上等杉板，也就满可以了。此时贾珍恨不得代秦氏之死，这话如何肯听。［蒙侧］代秦氏死等句，总是填实前文。

因忽又听得秦氏之丫嬛名唤瑞珠者，见秦氏死了，［甲侧］补天香楼未删之文。他也触柱而亡。此事可罕，合族中人也都称叹。贾珍遂以孙女之理殓殡，［周按］之理，是原笔。八旗人书写习惯往往如此。一并停灵于会芳园之登仙阁内。小丫嬛名宝珠者，因见秦氏身无所出，乃甘心愿为义女，承摔丧驾灵之任。贾珍喜之不禁，即时传下从此皆呼宝珠为小姐。那宝珠按未嫁女之丧，在灵前哀哀欲绝。［甲侧］非恩惠爱人，那能如是。惜哉可卿，惜哉可卿！［周按］秦氏之丫嬛前有触柱而亡之瑞珠，后有愿为义女之宝珠，二嬛皆以珠为名，吾读至此不禁生疑。贾政之长子、宝玉之长兄即名贾珠，若秦氏本为贾蓉之妻，即是贾珠之侄媳。试问岂有侄媳之二嬛取名竟直犯伯父名讳者乎？故秦氏与其丫嬛之来历另有别情，尚非吾人所得而知者也。于是合族人丁并家下诸人都各遵旧制行事，自不得紊乱。［甲侧］两句写尽大家。［觉双］转叠法，叙前文未及。

贾珍因想着贾蓉不过是个黉门监生，［庚侧］又起波澜，却不突然。灵旛经榜上写时不好看，便是执事也不多，因此心下甚不自在。［甲侧］善起波澜。可巧这日正是首七第四日，早有大明宫掌宫内相戴权，［甲侧］妙，大权也。先备了祭礼遣人抬来，次后坐了大轿，打伞鸣锣，亲来上祭。［周按］先是备了祭礼，然后亲自乘轿而来，是一回事。乘轿而来并不稀奇，但特加“打伞鸣锣”四字却至关重要。盖此是公开正式隆重之礼数，试思秦氏何人，竟能享受如此礼遇乎？贾珍忙接着，让至逗蜂轩献茶。［甲侧］轩名可思。贾珍心中打算定了主意，因而趁便就说要与贾蓉鬻个前程的话，戴权会意，因笑道：“想是为丧礼上风光些。”［甲侧］得内相机括之快如此。贾珍忙笑道：“老内相所见不差。”戴权道：“事到凑巧，正有个美缺。如今三百员龙禁尉短了两员，昨儿襄阳侯的兄弟老三来求我，现拿了一千五百两银子送到我家里。你知道，咱们都是老相与，不拘怎么样，看着他爷爷的分上，胡乱应了。［甲侧］忙中写闲。还剩了一个缺，谁知永平节度使冯胖子来求我，要与他孩子鬻，我就没工夫应他。既是咱们孩子要鬻，［甲侧］奇谈。画尽阉官口吻。快写个履历来。”贾珍听说，忙吩咐："快命书房里人恭敬写了大爷的履历来。"小厮不敢怠慢，去了一刻，便拿了一张红纸来与贾珍。贾珍看了，忙送与戴权。戴权看时，上面写道：

> 江南江宁府江宁县监生贾蓉，年二十岁。曾祖，原任京营节度使，世袭一等神威将军贾代化。祖，乙卯科进士贾敬。父，世袭三品爵威烈将军贾珍。

戴权看了，回手便递与一个贴身的小厮收了，说道："回来送与户部堂官老赵，说我拜上他，起一张五品龙禁尉的票，再给个执照，就把这履历填上，明儿我来兑银子送去。"小厮答应了，戴权也就告辞了。贾珍十分款留不住，只得送出府门。临上轿时，贾珍因问："银子还是我到部兑，还是一并送上老内相府中？"戴权道："若到部里，你又吃亏了，不如平准一千二百银子，送到我家里就完了。"贾珍感谢不尽，只说，待服满后，亲带小犬到府叩谢。于是作别而去。

接着，又听喝道之声，原来是忠靖侯史鼎的夫人来了，［甲侧］史小姐湘云消息也。［蒙戚双］伏史湘云一笔。［己庚］伏史湘云。［觉双］伏下文。［周按］按忠靖侯史鼎，其原型即李煦之子李鼎，直用真名，而多数钞本鼎字皆写作鼎，乃避讳之义也。李鼎即作者雪芹之表叔伯，而书中之湘云，即其侄女辈也。◎在秦氏之重大丧礼中，前来吊祭者，史家为第一家至亲，特笔点出。那王夫人、邢夫人、凤姐等刚迎入上房，又见锦乡侯、川宁侯、寿山伯三家的祭礼摆在灵前。少时，三家下轿，贾政等忙接上大厅。如此亲朋你来我去，也不能胜数。只这四十九日，宁国府街上一条白漫漫人来人往，［甲侧］是有服亲友并家下人丁之盛。［庚侧］就简去繁。花簇簇官去官来。［甲侧］是来往祭吊之盛。［周按］试看此处钞本各批用语不同，或谓亲友之多，或谓官员之盛，总不肯明言其真正原因。贾珍命贾蓉次日换了吉服，领凭回来，灵前供用执事等物，俱按五品职分例。灵牌疏上皆写"天朝诰封贾门秦氏恭人之灵位"。会芳园的临街大门洞开，旋在两边起了鼓乐厅，［周按］旋是原字，读去声。口语犹分明。两班青衣按时奏乐，一对对执事摆的刀斩斧齐。更有两面朱红销金大字牌竖在门外，上面大书：［周按］大牌图样及书写行款，皆存原貌。极可贵。

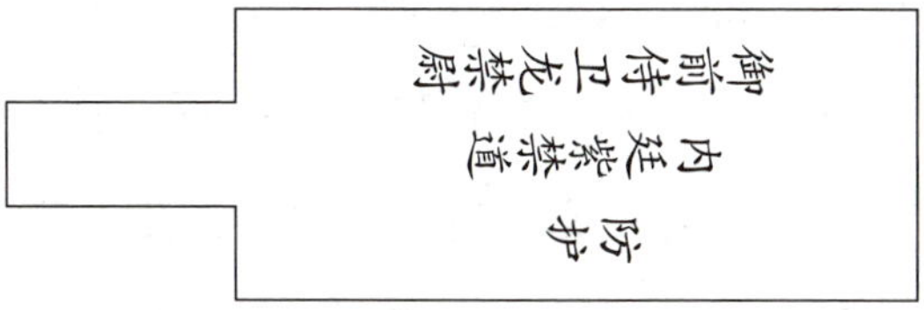

防护
内廷紫禁道
御前侍卫龙禁尉

对面高起着宣坛，僧道对坛榜文。榜上大书：世袭宁国公冢孙媳防护内庭御前侍卫龙禁尉贾门秦氏恭人之丧。［周按］旧俗，为丧礼风光，常将应封品级夸张提高一级书写。作恭人为作者原旨。［庚眉］贾珍是乱费，可卿却实如此。四大部州至中之地，奉天永运太平之国，［庚眉］奇文，若明指一州名，似若“西遊”之套，故曰至中之地，不待言可知是光天化日仁风德雨之下矣。不亡〔云〕国名更妙，可知是尧街舜巷衣冠礼义之乡矣。直与第一回呼应相接。总理虚无寂静教门僧录司正堂万虚，总理元始三一教门道录司正堂叶生等，敬谨修斋，朝天叩佛，以及“恭请诸伽蓝、揭谛、功曹等神，圣恩普锡，神威远镇，四十九日消灾洗孽平安水陆道场”等语，亦不消烦记。

只是贾珍虽然此时心意满足，［蒙侧］可笑。但里头尤氏又反了旧疾，［周按］反了，犹言复发，又重犯了旧病。不能料理事务，惟恐各诰命来往，亏了礼数怕人笑话，因此心中不得自在。当下正忧虑时，因宝玉在侧问道：［甲侧］余正思如何高搁起玉兄了。“事事都算安贴了，大哥哥还愁什么？”贾珍见问，便将里面无人的话说了出来。宝玉听说笑道：“这有何难，我荐一个人与你，［甲侧］荐凤姐须得宝玉，俱龙华会上人也。权理这一个月的事，管必妥当。”贾珍忙问：“是谁？”宝玉见坐间还有许多亲友，不便明言，走至贾珍耳边说了两句。贾珍听了喜不自禁，连忙起身笑道：“果然妥贴，如今就去。”说着拉了宝玉，辞了众人，便往上房里来。可巧这日非正经日期，亲友来的少，里面不过几位近亲堂客，邢夫人、王夫人、凤姐并合族中的内眷陪坐。有人报说：“大爷进来了。”唬的众婆娘唿的一声，往后藏之不迭，［甲侧］数日行止可知，作者自是笔笔不空，批者亦字字留神之至矣。［庚侧］素日行止可知。独凤姐款款站了起来。［庚侧］又写凤姐。贾珍此时也有些病症在身上，二则过于悲痛了，因拄了拐踱了进来。邢夫人等因说道："你身上不好，又连日事多，该歇歇才是，又进来作什么？"贾珍一面扶拐，扎挣着要蹲身跪下请安道乏。［庚侧］一丝不乱。邢夫人等忙叫宝玉搀住，命人挪椅子来与他坐。贾珍断不肯坐，因免强陪笑道："侄儿进来有一件事要恳求二位婶婶并大妹妹。"邢夫人等忙问："什么事？"贾珍忙笑道："婶婶自然知道，如今孙子媳妇没了，侄儿媳妇偏又病倒，我看里头着实不成个体统。怎么屈尊大妹妹一个月，［庚侧］不见突然。在这里料理料理，［庚侧］阿凤此刻心痒矣。我就放心了。"邢夫人笑道："原来为这个。你大妹妹现在你二婶婶家，只和你二婶婶说就是了。"王夫人忙道："他一个小孩子家，［庚侧］三字愈令人可爱可怜。何曾经过这些事？倘或料理不清，反叫人笑话，到是再烦别人好。"贾珍笑道："婶婶的意思侄儿猜着了，是怕大妹妹劳苦了。若说料理不开，我包管必料理的开，便是错一点儿，别人看着还是不错的。从小儿大妹妹顽笑着就有杀法决断，［庚侧］阿凤身分。如今出了阁，又在那府里办事，越发历练老成了。我想了这几日，除了大妹妹再无人了。婶婶不看侄儿侄儿媳妇的分上，只看死了的分上罢。"说着滚下泪来。［庚侧］有笔力。王夫人心中怕的是凤姐儿未经过丧事，怕他料理不清，惹人耻笑。今见贾珍苦苦的说到这步田地，心中已活了几分，却又眼看着凤姐出神。那凤姐素日最喜揽事办，好卖弄才干，虽然当家妥当，也因未办过婚丧大事，恐人还不服，爬不得遇见这事。今日见贾珍如此一来，他心中早已欢喜。先见王夫人不允，后见贾珍说的情真，王夫人有活动之意，便向王夫人道："大哥哥说的这么恳切，太太就依了罢。"王夫人悄悄的道："你可能么？"凤姐道："有什么不能的？［庚侧］王夫人是悄言，凤姐是响应，故称大哥哥。外面的大事大哥哥已经料理清了，［庚侧］已得三昧矣。不过是里头管管，便是我有不知道的，问问太太就是了。"［甲侧］胸中成见已有之语。王夫人见说的有理，便不则声。贾珍见凤姐允了，又陪笑道："也管不得许多了，横竖要求大妹妹辛苦辛苦。我这里先与妹妹行礼，等事完了，我再到那府里去谢。"说着，就作揖下去，凤姐儿还礼不迭。贾珍便忙向袖中取了宁国府对牌出来，命宝玉递于凤姐，又说："妹妹爱怎样就怎样，要什么只管拿这个取去，也不必问我。只求别存心替我省钱，只要好看为上。二则也要同那府里待人一样才好，不要存心怕人抱怨。只这两件外，我再没不放心的了。"凤姐不敢就接对牌，〔蒙戚双〕凡有本领者，断不越礼。接牌小事，而必待命于王夫人者，诚家道之规范，亦天下之规范也。看是书者，不可草草从事。只看着王夫人。王夫人道："儞哥哥既这么说，〔周按〕儞是原笔。你就照看照看罢了。只是别自作主意，有了事，打发人问你哥哥、嫂子要紧。"宝玉早向贾珍手内接过对牌来强递与凤姐了。又问："妹妹住了这里，还是天天来呢？若是天天来，越发辛苦了。不如我这里赶着收拾出一个院落来，妹妹住过这几日，到安稳。"凤姐笑道："不用。〔甲侧〕二字句有神。那边也离不得我，到是天天来的好。"贾珍听说，只得罢了。然后又说了一回闲话，方才出去。

一时女眷散后，王夫人因问凤姐："你今儿怎么样？"凤姐儿道："太太只管请回去，我须得先理一个头绪出来，才回去得呢。"王夫人听说，便先同邢夫人等回去，不在话下。这里凤姐来至三间一所抱厦内坐了，因想："头一件是人口混杂，遗失东西。第二件，事无专执，临期推委。第三件，需用过废，〔周按〕过废是原笔。滥支冒领。第四件，任无大小，苦乐不均。第五件，家人豪纵，有脸者不服黔束，〔周按〕黔束是原笔。无脸者不能上进。此五件实是宁国府中风俗。"〔甲眉〕旧族后辈，受此五病者颇多，余家更甚。三十年前事见书于三十年后，今余想〔悲〕恸血泪盈（面）。不知凤姐如何处治，且听下回分解。正是：〔蒙戚双〕五件事若能如法整理得当，岂独家庭，国家天下治之不难。〔庚眉〕读五件事未完，余不禁失声大哭，三十年前作书人在何处耶？〔甲眉〕此回只十页，因删去天香楼一节，少却四五页也。

金紫万千谁治国，裙钗一二可齐家。

［甲回后］秦可卿淫丧天香楼，作者用史笔也。老朽因有魂托凤姐贾家后事二件，嫡是安富尊荣坐享人能想得到处？其事虽未漏，其言其意则令人悲切感服，故赦之，因命芹溪删去。

［庚回后］通回将可卿如何死故隐去，是大发慈悲心也。叹叹！壬午春。

［戚回后］借可卿之死，又写出情之变态，上下大小，男女老少，无非情感而生情。且又借凤姐之梦，更化就幻空中一片贴切之情。所谓寂然不动，感而遂通，所感之象，所动之萌，深浅诚伪，随种必报。所谓幻者此也，情者亦此也。何非幻，何非情，情即是幻，幻即是情，明眼者自见。

［回后评］本回回目大书曰"秦可卿死封龙禁尉"，此乃不通之文句。封龙禁尉者是贾蓉，又是生封，何得曰死封？若为死封者是秦氏，则女人岂可官称龙禁尉！而回目却偏偏作此不通之语，且各本并无异文。虽说回目是受了字数的限制，但大才如雪芹者岂无变通之方。如今却执定此词，我谓必另有含意。试看贾蓉官衔之全文曰：防护内廷紫禁道御前侍卫龙禁尉。其本身即虚实揉合之荒唐言。如紫禁一词有紫禁城，未闻有紫禁道者，此又实又虚也。又如御前侍卫是正式官名，而龙禁尉则全属虚拟，此又虚实相间也。细加玩味，禁字是一大眼目。一曰紫禁，二曰龙禁，暗示秦氏本系受禁之人。以今言言之，即政治上不得公开之人也。其次，其尉字也费思索。我忽联想古来皇家公主所嫁之人泛称驸马都尉，如此则特用尉字点醒秦氏本来之身份。又如用"防护"，不用"守护"，又是虚实合揉。盖守皇城者确为护军，未闻有防护军之名目。

合此而观，受禁人秦氏隐藏于宁府，本涉政治大事。今皇家见她已死，特加赦令，所派大明宫戴权前往公祭，即是此意。不然者，一名太监岂有出宫私祭某家某妇之礼乎！

一部《石头记》，全以宝玉为中心人物，不拘事之大小轻重，人物之悲欢离合，皆无脱离宝玉之理。准此而言，如作者只顾叙写秦氏丧礼之繁忙纷乱而忘记宝玉，即不成《红楼》文章矣。如今自秦氏未死以前，既死以后皆有宝玉随同凤姐前来探望吊祭，然后又特写宝玉推荐凤姐协理丧事之重要文章。悟此道理，方知全书章法结构自有其特定规律。

本回末幅五件事，只是凤姐心下思量，既五件之后，便无一语。而下回一起突然接宁府大总管来升，不合雪芹分回体例，可知回尾原已残缺，“不知凤姐如何处治”二语是配笔后加。回后收联则是原拟衔填者，参看四十三回回尾联误入总评之痕迹。

第十四回

林如海捐馆扬州城　贾宝玉路谒北静王

［蒙戚回前］家书一纸千金重，勾引难防嘱下人。任你无双肝胆烈，多情念起自眉颦。

［甲回前］凤姐用彩明，因自识字不多，且彩明系未冠之童。

［甲回前］写凤姐之珍贵。写凤姐之英气。写凤姐之声势。写凤姐之心机。写凤姐之骄大。

昭儿回，并非林文琏文，是黛玉正文。

牛，丑也。清属水，子也。柳折〔拆〕卯字，彪折〔拆〕虎子〔字〕，寅字寓焉。陈即辰，翼火为蛇，巳字寓焉。马，午也。魁折〔拆〕鬼，鬼金羊，未字寓焉。侯猴同音，申也。晓鸣，鸡也，酉字寓焉。石即豕，亥字寓焉。其祖回〔曰〕守业，即守夜也，犬字寓焉。此所谓十二支寓焉。

路谒北静王，是宝玉正文。

诗云：

话说宁国府中都总管来升闻得里面委请了凤姐，因传齐了同事人等说道："如今请了西府里琏二奶奶管理内事，倘或他来支取东西或是说话，我们须要比往日小心些。每日大家早来晚散，宁可辛苦这一个月，过后再歇着，不要把老脸丢了。［庚侧］此是都总管的话头。那是个有名的烈货，脸酸心硬，一时恼了，不认得人的。"众人都道："有理。"又有一个笑道："论理，我们里面也须得他来整治整治，［庚侧］伏线在二十板之误差妇人。都特不像了。"正说着，只见来旺媳妇拿了对牌来领取呈文京榜纸札，票上批着数目。众人连忙让坐到茶，一面命人按数取纸来抱着，[周按]程本改取纸来旺抱着。来旺夫妇各有差使，岂能跟他老婆来搬纸乎。同来旺媳妇一路行来，至仪门口，方交与来旺媳妇自己抱着进去了。凤姐即命彩明定造簿册。[甲眉]宁府如此大家，阿凤如此身分，岂有使贴身丫头与家里男人答话交事之理呢？此作者忽略之处。[庚眉]彩明系未冠小童，阿凤便于出入使令者，老兄并未前后看明是男是女，乱加批驳，可笑！[庚眉]且明写阿凤不识字之故。壬午春。即时传来升媳妇进来，兼要家口花名册来查看，又限于明日一早传齐家人，媳妇进来听差等语。大概点了一点数目单册，[甲侧]已有成见。问了来升媳妇几句话，便坐了车回家。

一宿无话。至次日，卯正二刻便过来了。那宁国府中婆娘媳妇闻得到齐，只见凤姐正与来升媳妇分派，众人不敢擅入，只在窗外听觑。[庚侧]传神之笔。只听凤姐和来升媳妇说道："既托了我，我就说不得要讨你们嫌了。[甲侧]先站地步。我可比不得你们奶奶好性儿，由着你们去。再不要说你们这府里原是这样的话，[甲侧]此话听熟了，一叹！[蒙侧]"不要说，原是这样的说〔话〕"，破尽固蔽[痼弊]根底。这如今可要依着我行，[甲侧]宛转得妙。错我半点儿，管不得谁是有脸的，谁是没脸的，一例现清白处治。"说着，便吩咐彩明念花名册，按名一个一个的唤进来看视。[庚侧]量才而用之意。一时看完，便又吩咐道："这二十个分作两班，一班十个，每日在里头单管人来客往倒茶，别的事不用他们管。这二十个也分作两班，每日单管本家亲戚茶饭，别的事也不用他们管。这四十个人也分作两班，单在灵前上香添油，挂幔守灵，供饭供茶，随起举哀，别的事也不与他们相干。这四个人单在内茶房收管杯碟茶器，若少一件，便叫他四个描赔。这四个人单管酒饭器皿，少一件也是他四个描赔。这八个人单管监收祭礼。这八个人单管各处灯油、蜡烛、纸札，我总支了来，交与你八个，然后按我的定数再往各处去分派。这三十个每日轮流各处上夜，照管门户，监察火烛，打扫地方。这下剩的按着房屋分开，某人守某处，某处所有桌椅古董起，至于痰盒掸帚，一草一苗，或丢或坏，就和守这处的人算账描赔。来升家的每日揽总查看，或有偷懒处，赌钱吃酒处，打架辦嘴等事，［周按］辦嘴是原笔。立刻来回我。你若徇情，经我查出，三四辈子的老脸，就顾不成了。如今都有了定规，以后那一行乱了，只和那一行说话。素日跟我的人，随身自有钟表，不论大小事，我是皆有一定的时辰。横竖你们上房里也有时辰钟，卯正二刻我来点卯，巳正吃早饭，凡有领牌回事者，只在午初刻。戌初烧过黄昏纸，我亲到各处查一遍，回来上夜的交明钥匙。第二日仍是卯正二刻过来。说不得咱们大家辛苦这几日罢，［甲侧］是协理口气，好听之至！［庚侧］所谓先礼而后宾〔兵〕是也。事完了，你们家大爷自然赏你们。"［庚侧］滑贼，好收煞！说毕，又吩咐按数发与茶叶、油烛、鸡毛掸子、笤箒等物。一面又搬取家伙，桌围、椅搭、坐褥、毡席、痰盒、脚踏之类。一面交发，一面提笔登记，某人管某处，某人领某物，开得十分清楚。众人领了去，也都有了投奔，不似先时只拣便宜的作，剩下苦差没个招揽。各房中也不能趁乱失迷东西，便是人来客往，也都安静了，不比先前一个正摆茶，又去端饭，正陪举哀，又顾接客。如这些无头绪、荒乱推托、偷闲、窃取等弊，次日一概都蠲了。

凤姐儿见自己威重令行，心中十分得意。因见尤氏犯病，贾珍又过于悲哀，不大进饮食，自己每日从那府里煎了各样细粥，精致小菜，命人送来劝食。贾珍也另外吩咐每日送上等菜到抱厦内，单与凤姐。那凤姐不畏勤劳，［蒙戚双］不畏勤劳者，一则任专而易办，一则技痒而莫遏。士为知己者死，不过勤劳，有何可畏。天天于卯正二刻就过来点卯理事，独在抱厦内起坐，不与众妯娌合群，便有堂客来往，也不迎会。［庚眉］写凤之心机。写凤之珍贵。写凤之英勇。写凤之骄大。这日乃五七正五日上，那应佛僧正开方破狱，传灯照亡，参阎君，拘都鬼，筵请地藏王，开金桥，引幢幡。那道士们正伏章申表，朝三清，叩玉帝。禅僧们行香，放焰口，拜水忏。［庚眉］如此写得可叹可笑！又有十三众青年尼僧搭绣衣，靸红鞋，在灵前默诵接引诸咒，十分热闹。

那凤姐必知今日人客不少，在家中歇息一夜，至寅正平儿便请起来梳洗。及收拾完备，更衣盥香，吃了两口奶子糖粳米粥，漱口已毕,已是卯正二刻了。来旺媳妇率领诸人伺候已久。凤姐出至厅前，上了车，前面打了一对明角灯，大书“荣国府”三个大字，款款来至宁国府。大门上，只见门灯朗挂，两边一色戳灯照如白昼，白汪汪穿孝仆从两边侍立。请车至正门上，小厮等退去，众媳妇上来揭起车帘。凤姐下了车，一手扶着丰儿，两个媳妇执着手把灯前引，簇拥着凤姐进来。宁府诸媳妇迎出来请安接待。凤姐缓缓走入会芳园中登仙阁灵前，一见了棺材，那眼泪恰似断线之珠，滚将下来。院中许多小厮垂手侍候烧纸。凤姐吩咐得一声：“供茶烧纸。”只听一棒锣鸣，诸乐齐奏。早有人端过一张大圈椅来，［庚侧］谁家行事，宁不堕泪。放在灵前，凤姐坐了，放声大哭。于是里外男妇上下，见凤姐出声，都忙接声嚎哭。一时贾珍、尤氏遣人来劝，凤姐方才止住。来旺媳妇献茶漱口毕，凤姐方起身别过族中之诸人，自入抱厦内。按名查点各项人数，都已到齐，只有迎送亲客上的一人未到。［庚侧］须得如此，方见文章妙用。余前批非［周按］前批当谬。指先礼后兵之语。即命传到，那人已张惶愧惧。凤姐冷笑道：［甲侧］凡凤姐恼时，偏偏用笑字，是章法。“我说是谁误了，原来是你！［庚侧］四字有神，是有名姓上等人口气。你原比他们有体面，所以不听我的话。”那人道：“小的天天来的早，只有今日，醒了觉得早些，因又睡迷了，来迟了一步。求奶奶饶过这次。”正说着，只见荣国府中的王兴媳妇来了，［庚侧］偏用这等闲文闲注。在前探头。［甲侧］惯起波澜，惯能忙中写闲，又惯用曲笔，又惯综错。真妙！凤姐且不发放这人，却先问：“王兴媳妇作什么？”［庚侧］的是凤姐作伤。王兴媳妇爬不得先问他完了事，连忙进来说：“领牌取线，打车轿上网络。”［庚侧］是丧事中用物，闲闲写却。说着，将个帖儿递上去。凤姐命彩明念道：“大轿两顶，小轿四顶，车四辆，共用大小络子若干根，用珠儿线若干斤。”凤姐听了，数目相合，便命彩明登记，取荣国府对牌掷下。王兴家的拿了去了。凤姐方欲说话时，只见荣国府的四个执事人进来，都是要支领东西领牌来的。凤姐向他们要了帖子念过听了，共四件。因指两件说道："这两件开销错了，［庚侧］好看煞，这等文字。再算清了来取。"说着掷下帖子来，那二人扫兴而去。凤姐因见张材家的在旁，［庚侧］又一顿挫。因问道："你为什么？"张材家的忙取帖儿回说道："就是方才车轿围做成，领取裁缝工银若干两。"凤姐听了，便收了帖子，命彩明登记。待王兴家的交过牌，得了买办的回押相符，然后方与张材家的去领。一面又命念那一个，是为宝玉外书房完竣，［庚侧］却从闲中又引出一件关系文字乎。支买纸料糊裱。凤姐听了，即命收帖子登记，待张材家的缴清，又发与这人去了。凤姐便说道："明儿他也睡迷了，后儿我也睡迷了，［甲侧］接上文，一点痕迹俱无，且是仍与方才诸人说话神色口角。［庚侧］接得紧，且无痕迹，是山断云连法也。将来都没有人了。本来要饶你，只是我头一次宽了你，下次就难管人了，不如开发的好。"登时放下脸来，喝命："带出去，打二十板子！"一面又掷下宁国府对牌去，说与来升："革他一月银米！"众人听了，又见凤姐眉立，［庚侧］二字如神。知是恼了，不敢怠慢，拖人的出去拖人，执牌传谕的忙去传谕。那人身不由己，已拖出挨二十大板，还要进来叩谢。凤姐道："明日再有误的打四十，后日的六十，有爱挨打的只管误！"说着吩咐："散了罢！"窗外众人听说，方各自执事去了。彼时荣国、宁国两处执事领牌交牌的，来往不绝，那抱愧被打之人含羞去了，［甲侧］又伏下文，非独为阿凤之威势，费此一段笔墨。这才知道凤姐的利害。众人不敢偷安，自此兢兢业业，执事保全，［庚侧］收什得好！不在话下。

如今且说宝玉因见今日人众，［庚侧］忙中闲笔。恐秦钟受了委曲，因默与他商议，要同他往凤姐处来坐。秦钟道："他的事多，况且不喜人去，偺们去了，他岂不烦腻。"［甲侧］纯是体贴人情。宝玉道："他怎好腻我们！不相干，只管跟我来。"说着，便拉了秦钟，直至抱厦内。凤姐才吃饭，见他们来了，便笑道："好长腿子，［庚侧］家常戏言，毕肖之至！快上来罢。"宝玉道："我们偏了。"凤姐道："在这边外头吃的，还是那边吃的？"宝玉道："这边同那些浑人吃什么！［甲侧］奇称，试问谁是清人？原是那边，我两个同老太太吃了来的。"一面归坐。凤姐吃毕饭，就有宁国府中的一个媳妇来领牌，为支取香灯事。凤姐笑道："我算着你们今日该来支取，总不见来，想是忘了，这会子到底来取。要忘了，自然是你们包出来，都便宜了我。"那媳妇笑道："何尝不是忘了！［甲侧］此妇亦善迎合。［庚侧］下人迎合凑趣必真。方才想起来，再迟一步，也领不成了。"说毕，领牌而去。一时登记交牌。秦钟因笑道："你们两府里都是这牌，倘或别人私弄一个，［庚侧］小人语。支了银子跑了怎样？"凤姐笑道："依你说都没王法了！"宝玉因道："怎么咱们家没人来领牌子作东西？"［庚侧］写不理家务公子之语。凤姐道："人家来领的时候，你还做梦呢！［庚侧］言其是也。我且问你，你们这夜书多早晚才念呢？"［庚侧］补前文之未到。宝玉道："爬不得这如今就念才好，他们只是不快收拾出书房来，这也无法。"凤姐笑道："你请我一请，包管就快了。"宝玉道："你要快也不中用，他们赶该你到那里的时候，［周按］赶该你到那里的时候，赶，略如等到，及至之义，北方口语极普通之用法。自然就有了。"凤姐笑道："便是他们作，也得要东西，搁不住我不给对牌是难的。"宝玉听说，便猴向凤姐身上立刻要牌，说：［庚侧］诗中知有炼字一法，不期于《石头记》中多得其妙。"好姐姐，给出牌子来，叫他们要东西去。"凤姐道："我乏的身子上生疼，还搁的住你揉搓！你放心罢，今儿才领了纸裱糊去了，他们该要的还等叫去呢，可不傻了？"宝玉不信，凤姐便叫彩明查册子与宝玉看了。

正闹着，人回："苏州去的人照儿回来了。"［周按］照儿是原文。［甲侧］接得好。凤姐急命唤进来。照儿打千请安。凤姐便问："回来作什么？"照儿道："二爷打发回来的。林姑老爷是九月初三巳时没的。二爷带了林姑娘同送林姑老爷的灵到苏州去，［庚侧］暗写代〔黛〕玉。大约赶年底就回来了。［甲眉］颦儿方可长居荣府之文。二爷打发小的来报个信请安，讨老太太的示下，还瞧瞧奶奶家里好，叫把大毛衣服带几件去。”凤姐道：“你见过别人了没有？”照儿道：“都见过了。”说毕，连忙退出。凤姐向宝玉笑道：［庚侧］此系无意中之有意，妙！“你林妹妹可在咱们家住长了。”宝玉道：“了不得，想来这几日他不知哭的怎么样呢！”说着，蹙眉长叹。凤姐见照儿回来，因当着人未及细问贾琏，心中自是记挂，待要回去，争奈事情繁杂，一时去了，恐有延迟失误，惹人笑话。少不得奈到晚上，复令照儿进来，细问一路平安信息。连夜打点大毛衣服，和平儿亲自检点包裹，再细细追想所需何物，［蒙侧］追想所需四字，写尽能事者之所以能事者之的〔底〕蕴。一并包藏交付。又细细吩咐照儿：在外好生小心伏侍，不要惹你二爷生气。时时劝他少吃酒，别勾引他认得混账女人，［甲侧］切心事耶。回来打折你的腿等语。［甲侧］此一句最要紧。赶乱完了，［周按］赶乱完了，赶，正是“等到”义，可证前文。天已四更将尽，［庚侧］此为病源伏线。总睡下又走了困，［庚侧］后文方不突然。不觉又是天明鸡唱，忙梳洗过宁府中来。

那贾珍因见发引日近，亲自坐了车，带了阴阳司吏，往铁槛寺来，踏看安灵所在。［周按］踏是原笔。又一一嘱咐住持色空：“好生预备新鲜陈设，多请名僧，以备接灵使用。”色空忙看晚斋。贾珍也无心茶饭，因天晚不得进城，就在净空房中胡乱歇了一夜。次日一早便进城料理出殡之事，一面又派先往铁槛寺连夜另外修饰停灵之处，并厨茶等项接灵人口。里面凤姐见日期在限，也预先逐细分派料理，一面又派荣府中车轿人从跟王夫人送殡，又顾自己送殡去占下处。目今正值缮国公诰命亡故，王、邢二夫人又去打祭送殡。西安郡王妃华诞送寿礼。镇国公诰命生了长男，预备贺礼。又有胞兄王仁连家眷回南，一面写家信禀叩父母，并带之物。又有迎春染疾，每日请医服药，看医生启帖、症源、药按等事，亦言难尽述。又兼发引在迩，因此忙的凤姐茶饭也无工夫吃得，坐卧不能清净。刚到了荣府，宁府的人又跟到荣府。［庚眉］总得好。既回到宁府，荣府的人又找到宁府。凤姐见如此，心中到十分欢喜，并不偷安推托，恐落人褒贬，因此日夜不暇，筹画得十分的整肃，于是合族上下无不称叹者。

这日伴宿之夕，里面两班小戏并耍百戏的，与亲朋堂客伴宿，尤氏犹卧于内寝。一夜张罗款待，［周按］一夜，专指伴宿之夜，重要节目。都是凤姐一人周全承应。合族中并有许多妯娌，［周按］“并有”略如“还有”。但或有羞口，或有羞脚的，或有不惯见人的，或有惧贵怯官的，种种之类，俱不如凤姐举止舒徐，言语慷慨，珍贵宽大，因此也不把众人放在眼内，挥喝指示，［周按］挥喝，谓指挥喝令，是雪芹原词。任其所为，目若无人。［甲侧］写秦氏之丧，却只为凤姐一人。一夜中灯明火彩，客送官迎，那百般热闹自不用说。

至天明，吉时已到，一般六十四名青衣请灵，前面铭旌上大书：奉天洪建兆年不易之朝［庚眉］兆年不易之朝，永治太平之国，奇甚，妙甚！诰封一等宁国公冢孙妇防护内庭紫禁道御前侍值龙禁尉享强寿贾门秦氏恭人之灵柩。那一应执事陈设，皆系现赶着新作出来的，一色光艳夺目。宝珠自行未嫁女之礼外，摔丧驾灵，十分哀苦。那时官客送殡的有：镇国公牛清之孙，现袭一等伯牛继宗。理国公柳彪之孙，现袭一等子柳芳。齐国公陈翼之孙，世袭三品威镇将军陈瑞文。治国公马魁之孙，世袭三品威远将军马尚。修国公侯晓明之孙，世袭一等子侯孝康。缮国公诰命亡故，其孙石光珠守孝，不曾来得。这六家与宁荣二家，当日所称八公的便是。余者更有南安郡王之孙。西宁郡王之孙。忠靖侯史鼎。平原侯之孙，世袭二等男蒋子宁。定城侯之孙，世袭二等男兼京营游击谢鲸。襄阳侯之孙，世袭二等男戚建辉。景田侯之孙，五城兵马司裘良。余者锦乡伯公子韩奇、神武将军公子冯紫英、陈也俊、卫若兰等诸王孙公子，不可胜数。堂客算来亦共有十来顶大轿，三四十顶小轿，连家下大小轿车辆不下百十余乘，连前面各色执事、陈设、百耍，浩浩荡荡，一带摆三四里远。

走不多时，路傍彩棚高搭，设席张筵，和音奏乐，俱是各家路祭。第一座是东平王府祭棚，第二座是南安郡王祭棚，第三座是西宁郡王祭棚，第四座便是北静郡王祭棚。原来这四王，当日惟北静王功高，及今子孙犹袭王爵。现今北静王水溶年未弱冠，生得形容秀美，情性谦和。近闻宁国公冢孙妇告殂，因想当日彼此祖父相与之情，同难同荣，未以异姓相视，因此不以王位自居，上日也曾探丧上祭，如今又设路奠，命麾下各官在此伺候。自己五更入朝，公事已毕，便换了素服，坐大轿鸣锣张伞而来，［周按］请看上文于太监戴权之来特写“打伞鸣锣”，如今于北静王之来又特写“鸣锣张伞”，前呼后应，岂是无心之文乎？至棚前落轿。手下各官两傍拥侍，军民人众不得往还。一时只见宁府大殡浩浩荡荡，压地银山一般从北而至。［庚眉］数字道尽声势。壬午春，畸笏老人。早有宁府开路传事人看见，连忙回去报与贾珍。贾珍急命前面驻扎，同贾赦、贾政三人连忙迎来，以国礼相见。水溶在轿内欠身含笑答礼，仍以世交称呼接待，并不妄自尊大。贾珍道：“犬妇之丧，累蒙郡驾下临，荫生辈何以克当！”水溶笑道：“世交之谊，何出此言！”遂回头命长府官主祭代奠，贾赦等一傍还礼毕，复身又来谢恩。

水溶十分谦逊，因问贾政道：“那一位是衔宝而诞者？［庚眉］忙中闲笔，点缀玉兄，方不失正文中之正人，作者良苦。壬午春，畸笏。几次要见一见，都为杂冗所阻，想今日是来的，何不请来一会？”贾政听说，忙退回去，急命宝玉脱去孝服，领他前来。那宝玉素日就曾听得父兄亲友人等说闲话时，常赞水溶是个贤王，［蒙侧］宝玉见北静王水溶，是为后文之伏线。且生得才貌双全，风流潇洒，每不以官俗国体所缚。每思相见，只是父亲拘束严密，无由得会，今见反来叫他，自是欢喜。一面走，一面早瞥见那水溶坐在轿内，好个仪表人材。不知近看时又是怎样，下回便知。

［庚回后］此回将大家丧事详细剔尽，如见其气概，如闻其声音，丝毫不错，作者不负大家后裔。

写秦死之盛，贾珍之奢，实是却写得一个凤姐。

［蒙回后］大抵事之不理，法之不行，多因偏于爱恶，幽柔不断。请看凤姐无私，犹能整齐丧事，况丈夫辈受职于庙堂之上，倘能奉公守法，一毫不苟，承上率下，何有不行。

［回后评］两回文字写秦可卿丧殡大礼已毕，乃于发殡之途中又特出宝玉一人。故我谓宝玉是全书中心人物，处处不能脱离，岂虚言乎？

明文特写大殡浩浩荡荡，压地银山一般自北而来，可知宁荣二府在京师之北城，大殡自北而南行，须绕过皇城然后折而东行，出朝阳门走向东郊墓地。一个北字，却有许多内容，总在读者细心玩味。

第十五回

王凤姐弄权铁槛寺　秦鲸卿得趣馒头庵

［周按］凤姐与鲸卿，对仗甚工，动物名在第二字，且皆为别称表字，考究之笔。

［戚回前］欲显铮铮不避嫌，英雄每入小人缘。鲸卿些子风流事，胆落魂销已可怜。

［甲回前］宝玉谒北静王，辞对神色，方露出本来面目，迥非在闺阁中之形景。

北静王问玉上字果验否，政老对以未曾试过，是隐却多少捕风捉影闲文。

北静王论聪明伶俐，又年幼时为溺爱所累，亦大得病源之语。

凤姐中火，写纺线村姑，是宝玉闲花野景一得情趣。

凤姐另住，明明系秦、玉、智能幽事，却是为净虚攒营凤姐大大一件事作引。

秦智幽情，忽写宝秦事云：不知算何账目，未见真切，不曾记得，此系疑案蓁〔纂〕创。是不落套中，且省却多少累赘笔墨。

昔安南国使有题一丈红句云：五尺墙头遮不得，留将一半与人看。

诗云：

话说宝玉举目见北静郡王水溶，头上带着洁白簪缨，［周按］带是原笔。银翅王帽，穿着江牙海水五爪坐龙白蟒袍，［周按］自幼习文，帝王绣服五爪为龙四爪曰蟒，等级分明不可逾越。今北静王所服却是五爪坐龙。雪芹乃织造世家，岂有错乱之理！（清朝皇帝之下封王者，最高级曰和硕亲王，次者曰多罗郡王，而北静王者至多是多罗郡王而已。）余意雪芹特表五爪龙者于一郡王之位应另有寓意，非常人所能知。妄揣如此，俱俟识者论之。系着碧玉红鞓带，面如美玉，目似明星，真好秀丽人物！宝玉忙蹌上来参见，［周按］蹌是原笔。《诗经》云"巧趋跄兮"，即古礼见尊上时须小步疾行。水溶连忙从轿内伸出手来挽住。见宝玉带着束发银冠，勒着双龙出海抹额，穿着白蟒箭袖，围着攒珠银带，面若春花，目如点漆。［周按］作者写宝玉，北静王见面时，同是写面写目，而又各不相同。美玉与春花，明星与〔甲侧〕又换此一点漆，同中有异，异中有同。须合看互参，方是善读书者。句，如见其形。水溶笑道："名不虚传，果然如宝似玉。"因问："衔的那宝贝在那里？"宝玉见问，连忙从衣内取了出来，递将过去。水溶细细的看了，又念了那上头的字，因问："果灵验否？"贾政忙道："虽如此说，只是未曾试过。"水溶一面极口称奇道异，一面理好彩绦，亲自与宝玉带上。〔甲侧〕钟爱之至。又携手问宝玉几岁了，读何书。宝玉一一的答应。水溶见他语言清楚，谈吐有致，〔庚眉〕八字道尽玉兄，如此等方是玉兄正文写照。王文〔壬午〕季春。一面又向贾政笑道："令郎真乃龙驹凤雏，非小王在世翁前唐突，将来雏凤清于老凤声，〔周按〕北静王索看通灵玉，此文不奇，奇者在于连玉上文字也细细读了，又问灵验否，可知关系八十回后重大情节。◎雏凤清于老凤声，是晚唐李商隐（玉谿）之名句也。脂砚谓之西昆体乃是借称。盖北宋时诗家争学玉谿体，时人谓之西昆体。脂砚信笔无须细加分别。北静王称赞宝玉为雏凤，可也。但又特称"龙驹凤雏"，"龙驹"二字岂能滥用乎，此中亦似藏有缘故。未可谅也。"〔甲侧〕妙极！开口便是西昆体，宝玉闻之，宁不刮目哉！〔周按〕脂批既云西昆体，原文自是七言诗。贾政忙陪笑道："犬子岂敢谬承金奖。赖藩郡馀祯，〔周按〕祯，是雍乾时犯忌之字。胤禛（雍正）谋夺胤祯之太子位，改胤祯为胤禵。祯禛遂为极重要之忌讳字。果如是言，〔庚侧〕谦的得体。亦荫生辈之幸矣。"水溶又道："只是一件，令郎如是资致，想老太夫人、夫人辈自然钟爱极矣，但吾辈后生，甚不宜钟溺，钟溺则未免荒失学业。昔小王曾陷此辙，想令郎未必不如是也。若令郎在家难以用攻，〔周按〕用攻是原笔，攻有攻读一义。不妨常到寒第。小王虽不才，却多蒙海上众名士〔周按〕海上，有特殊政治涵义。凡至都者，未有不另垂青眼。因是以寒第高人顿聚。〔周按〕顿，停宿供食之处。略如"居停"文义。令郎若常去谈会谈会，则学问可不日进矣。"〔周按〕不日，犹言不用多久。贾政忙躬身答应。水溶又将腕上一串念珠卸了下来，递与宝玉道："今日初会，仓猝间竟无敬贺之物，此系前日圣上亲赐蓿苓〔周按〕蓿是原笔，蓿，草名。香念珠一串，权为贺敬之礼。"宝玉连忙接了，回身奉与贾政。〔庚侧〕转出没〔有〕调教。贾政与宝玉一齐谢过。于是贾赦、贾珍等一齐上来请回舆。水溶道："逝者已登仙界，非碌碌你我尘寰中之人也。小王虽上叨天恩，虚邀郡袭，岂可越仙輀而进也？"〔周按〕两用仙字，大可注意。贾赦等见执意不从，只得告辞，谢恩回来。命手下掩乐停音，［庚侧］有层次，好看煞！滔滔然将殡过完，方让水溶回舆去了。不在话下。［周按］交代过宝玉初会北静王一段文字，有趣者，脂砚云宝玉一闻北静王出口便是玉溪诗，方知其人品学问超逸不群，故而刮目。可证宝玉之重人尤在重诗。

且说宁府送殡，一路热闹非常，刚至城门前，又有贾赦、贾政、贾珍等诸同僚属下各家祭棚接祭，一一谢过，然后出城，竟奔铁槛寺大路行来。彼时贾珍带贾蓉来到诸长辈前，让坐轿上马，因而贾赦一辈的各自上了车轿，贾珍一辈的也将要上马。凤姐因记挂着宝玉，［甲侧］千百件［庚侧］细心人自忙事内不漏一丝。因〔应〕如是。怕他在郊外纵性逞强，不服家人的话，贾政也管不着这些小事，惟恐有个闪失，难见贾母。因此便命小厮来唤他，宝玉只得来到他车前。凤姐笑道："好兄弟，你是个尊贵人，女孩儿一样的人品，［甲侧］非此一句，宝玉必不依，阿凤真好才情。别学他们猴在马上。下来，咱们姐儿两个坐车岂不好！"宝玉听说，便忙下了马，爬入凤姐车上，二人说笑前来。

不一时，只见从那边两骑马压地飞来，［周按］两骑马，骑音寄，是原笔。离凤姐车不远，一齐蹿下来，［庚侧］有气有声，有形有影。扶车回话："这里有下处，奶奶请歇歇更衣。"凤姐急命请邢夫人、王夫人的示下。［庚侧］有次序。那人回来说："太太们说不用歇了，叫奶奶自便罢。"凤姐听了，便命歇歇再走。众小厮听了，一带辕马，岔出人群，往北飞走。［周按］凤姐之车辆，随同人等由东行而岔往路北，此北字又已点醒实际之处。揣其地点，应在朝阳门外稍北六里屯一带。清初之八王坟即应亲王阿济格之墓，距此不远。阿济格者乃作者雪芹好友敦敏、敦诚之祖宗也。宝玉在车内急命请秦相公。那时秦钟正骑马随着他父亲的轿，忽见宝玉的小厮跑来，请他去打尖。秦钟看时，只见凤姐的车往北而去，后面拉着宝玉的马，搭着鞍笼，便知宝玉同凤姐坐车，自己也便带马赶上来，同入一庄门内。早有家人将众庄汉撵尽。那庄村人家无多房舍，婆娘们无处回避，只得由他们去了。那些村姑庄妇见了凤姐、宝玉、秦钟的人品衣服，礼数款段，岂有不爱看的？一时凤姐进入茅堂，因命宝玉等先出去顽顽，宝玉等会意，因同秦钟出来，带着小厮们各处游玩。凡庄农动用之物，皆不曾见过。［庚侧］真毕真。宝玉一见了锹、镢、锄、犁等物，皆以为奇，不知何项所使，其名为何。［甲侧］凡膏粱子弟齐来着眼。小厮在傍一一的告诉了名色，说明原委。宝玉听了，［甲侧］也盖因未见之故也。因点头叹道：“怪道古人诗云说，‘谁知盘中餐，粒粒皆辛苦。’正为此也。”［甲侧］聪明人自是一喝即悟。［庚眉］写玉兄正文，总于此等处，作者良苦。壬午季春。一面说，一面又至一棡房前，［周按］棡，是雪芹原笔，即“间”字，此处从木，盖特写村屋依树架木而成之景色。只见炕上有个纺车，宝玉又问小厮们：“这又是什么？”小厮们又告诉他原委。宝玉听说，便上来搬转作耍，自为有趣。只见一个约有十七八岁的村庄丫头，跑了来乱嚷：“别动坏了！”［庚侧］天生地设之文。众小厮忙断喝拦阻。宝玉忙丢开了手，陪笑说道：［庚眉］一忙字，二陪笑字，写玉兄是在女儿分上。壬午季春。“我因为没有见过这个，所以试他一试。”那丫头道：“你们那里会弄这个，站开了，［甲侧］如闻其声见其形。［庚侧］三字如闻。我纺与你瞧。”［蒙侧］这丫头是技痒，是多情，是自己生活恐至损坏。宝玉此时一片心神，另有主张。秦钟暗拉宝玉，笑道：“此卿大有意趣。”［庚侧］忙中闲笔，却伏下文。宝玉一把推开，笑道：“该死的，［甲侧］的是宝玉性生之言。［庚侧］玉兄身分本心如此。再胡说我就打了。”说着，只见那丫头纺起线来。宝玉正要说话时，［庚眉］若说话，便不是《石头记》中文字也。只见那边老婆子叫道：“二丫头，快来！”那丫头听叫，忙丢了纺车，一迳去了。宝玉怅然无趣。［甲侧］处处点情，又伏下一段后文。［觉双］伏下文。

只见凤姐打发人来，叫他两个进去。凤姐洗了手，换衣服抖灰土，问他换不换。宝玉说不换，只得罢了。家下仆妇们将带着行路的茶壶茶杯、十锦屉盒各样小食端来，凤姐等吃过茶，待他们收拾完备，便起身上车。外面旺儿预备下赏封，赏了本村主人。庄妇等来叩赏，凤姐并不在意，宝玉却留心看时，内中并无纺线的二丫头。［庚侧］妙在不见。一时上了车，出来走不多远，只见迎面那二丫头怀里抱着他小兄弟，同着几个小女孩说笑而来。［庚侧］妙在此时方见，错综之妙如此。宝玉恨不得下车跟了他去，料是众人不依的，少不得以目相送，争奈车轻马快，［甲侧］四字有文章。人生离聚，亦未尝不如此也。一时展眼无踪。

走不多时，仍又跟上了大殡。早又见前面法鼓金铙、幢幡宝盖，铁槛寺接灵众僧齐至。少时到入寺中，另演佛事，重设香坛，安灵于内殿偏室之中。宝珠安理寝室相伴。外面贾珍款待一应亲友，也有扰饭的，也有不吃饭而辞的，一应谢过乏，从公、侯、伯、子、男，一起一起的散去，至未末时分方散尽了。里面的堂客皆是凤姐张罗接待，先从显官诰命散起，也到晌午大错时方散尽了。只有几个亲戚是至近的，等作过三日安灵道场方去。那时邢王二夫人知凤姐必不能回家，也便就要进城。王夫人要带宝玉去，宝玉乍到郊外，那里肯回去，只要跟凤姐住着。王夫人无法，只得交与凤姐便回来了。

原来这铁槛寺原是宁荣二公当日修造，现今还是有香火地亩布施，以备京中老了人口，在此便宜寄放。其中阴阳两宅俱已预备妥贴，［甲双］大凡创业之人，无有不为子孙深谋至细。今后辈仗一时之荣显，犹自不足，另生枝叶，虽华丽过先，奈不常保，亦足可叹。争及先人之常保其朴哉，近世浮华子弟来着眼。好为送灵人口寄居。［甲侧］祖宗为子孙之心，细到如此。不想如今后辈人口繁盛，［庚眉］《石头记》总于没要紧处闲三二笔写正文筋骨，看官当用巨眼，不为彼瞒过方好。壬午季春。其中贫富不一，或性情参商。［甲双］所谓源远水则浊，枝繁果则稀。余为天下痴心祖宗为子孙谋千年业者痛哭。有那家业艰难安分的，［甲侧］妙在艰难就安分，富贵则不安分矣。便住在这里了。有那上排场有钱势的，只说这里不方便，一定另外或村庄或尼庵寻个下处，为事毕晏退之所。［甲侧］真真辜负祖宗体贴子孙之心。即今秦氏之丧，族中诸人皆权在铁槛寺下榻，独有凤姐嫌不方便，［甲侧］不用说，阿凤自然不肯将就一刻的。因而早遣人来和馒头庵的姑子净虚说了，腾出两间房子来作下处。原来这馒头庵就是水月寺，因他庵内作的馒头好，就出了这个浑号，离铁槛寺不远。［甲双］前人诗云：纵有千年铁门限，终须一个土馒头。是此意。故“不远”二字有文章。［觉双］所谓纵有十年铁门限，终须一个土馒头。此意可会。

当下和尚工课已完，奠过了晚茶，贾珍便命贾蓉请凤姐歇息。凤姐见还有几个妯娌陪着女亲，自便辞了众人，带了宝玉、秦钟往水月庵来。原来秦业年迈多病，［甲侧］伏一笔。不能在此，只命秦钟等待安灵罢了。那秦钟便只跟着凤姐、宝玉，一时到了水月庵，净虚带领智善、智能两个徒弟出来迎接，大家见过。凤姐等来至净室更衣净手毕，因见智能儿越发长高了，模样儿越发出息了，因说道："你们师徒怎么这些日子也不往我们那里去？"净虚道："可是，这几天都没工夫，因胡老爷府里产了公子，太太送了十两银子来这里，叫请几位师傅念三日血盆经，忙的没个空儿，就无来请太太的安。"［甲侧］虚陪一个胡姓，妙！言是糊涂人之所为也。

不言老尼陪着凤姐。且说秦宝二人正在殿上顽耍，因见智能过来，宝玉笑道："能儿来了。"秦钟道："理那个东西作什么？"宝玉笑道："你别弄鬼，那一日在老太太屋里，一个人没有，你搂着他作什么来？这会子还哄我？"［蒙戚双］补出前文未到处。细思秦钟近日在荣府所为可知矣。秦钟笑道："这可是没有的话。"宝玉笑道："有没有我也不管你，你只叫住他到碗茶来我吃，就丢开手。"秦钟笑道："这又奇了，你叫他到去，还怕他不到？何必要我说呢。"宝玉道："我叫他到的茶是无情意的，不及你叫他到的是有情意的。"［甲侧］总作如是等奇语。秦钟只得说道："能儿到碗茶来给我。"那智能儿自幼在荣府走动，无人不识，因常与宝玉、秦钟顽耍。他如今大了，渐知风月，便看上了秦钟人物风流，那秦钟也极爱他妍媚，二人虽未上手，却已情投意合了。［甲侧］不爱宝玉，却爱秦钟，亦是各有情孽。今智能见了秦钟，心眼俱开，走去到了茶来。秦钟笑说："给我。"［甲侧］如闻其声。宝玉说："给我！"智能儿抿嘴笑道："一碗茶也来争，我难道手里有蜜！"［甲侧］一语毕肖，如闻其语，观者已自酥倒。不知作者从何着想？宝玉先抢得了，吃着，方要问话，只见智善来叫智能去摆茶碟子，一时来请他两个去吃茶果点心。他两个那里吃这些东西，坐一坐仍出来顽笑。

凤姐也略坐片时，便回至净室歇息，老尼相送。此时众婆娘媳妇见无事，皆陆续散了，自去歇息。跟前不过几个心腹常侍小婢，老尼便趁机说道："我正有一事，要到府里来求太太，先请奶奶一个示下。"凤姐因问何事。老尼道："阿弥陀佛！［甲侧］开口称佛毕有〔肖〕，可叹可笑！只因当日我先在长安县内善才庵内［甲侧］才字妙！出家的时节，那时有个施主姓张，是个大财主。［甲侧］俱从财一字上发生。他有个女儿，小名金哥，那年都往我庙里来进香，不想遇见了长安府府太爷的小舅子李衙内。那李衙内看上金哥，一心要娶，打发人来求亲，不想金哥已受了原任长安守备的公子聘定。张家意欲退亲，又怕守备不依，因此说已有了人家。谁知李衙内执意不依，定要娶他女儿。张家正无计策，两处为难。不想守备家听见此信，也不管青红皂白，便来作践辱骂，说一个女儿许几家，偏不许退定礼，就要打官司告状起来。［甲双］守备一闻便问，断无此理。此不过张家惧府尹之势，必先退定礼，守备方不从或有之。此时老尼只欲与张家完事，故将此言遮饰，以便退亲，受张家之贿也。那张家急了，［甲双］如何便急了，话无头绪，可知张家礼缺。此系作者巧摹老尼无头绪之语，莫认作者无头绪，正是神处奇处。摹一人，一人必到纸上活见。只得着人上京来寻门路，赌气偏要退定礼。［甲侧］如何？的是张家要与府尹攀亲。我想如今长安节度云老爷与府上最契，可以求太太与老爷说声，打发一封书去，求云老爷和那守备说一声，不怕那守备不依。若是肯行，张家连倾家孝敬也就情愿。"［甲双］坏极妙极！若与府尹攀了亲，何惜张财不能再得。小人之心如此，良民遭害如此。凤姐听了笑道："这事到不大，［甲侧］五字是阿凤心迹。只是太太再不管这样的事。"老尼道："太太不管，奶奶也可以主张了。"凤姐听说笑道："我也不等这银子使，［庚侧］口是心非，如闻已见。也不作这样的事。"净虚听了，打去妄想，半晌叹道："虽如此说，［庚侧］一叹转出多少至恶不畏之文来。只是张家已知我来咱们府里，如今不管这事，张家不知道没工夫管这事，不希罕他的谢礼，倒像咱们府里连这点子手段也无有的一般。"［庚眉］闺阁营谋说事，往往被此等语惑了。凤姐听了这话，便发了兴头，说道："你是素日知道我的，从来不信什么是阴骘司地狱报应的，［庚侧］批书人深知卿有是心，叹叹！［周按］阴骘司，七十二司之一。凭你什么事，我说要行就行，你叫他拿三千银子来，我就替他出这口气。”老尼听说，喜之不禁，忙说：“有有！这个不难。”凤姐又道：“我比不得他们，拉篷扯纤的图银子。〔庚侧〕欺人太甚。这三千银子〔庚眉〕对如是之奸妮〔尼〕，阿凤不得不如是语。不过是给他打发说去的小厮作盘缠，便使他挣几个辛苦钱，我一个钱也不要他的。便是三万两，我此刻也还拿得出来。”〔甲侧〕阿凤欺人如此。老尼连忙答应，又说道：“既如此，奶奶明日就开恩也罢了。”凤姐道：“你瞧瞧我忙的，那一处少了我？既应了你，自然快快的了结。”老尼道：“这点子事，在别人跟前就忙的不知怎么样了，若是奶奶跟前，〔蒙侧〕“若是奶奶”等语，陷害杀无穷英明豪烈者。誉而不喜，毁而不怒，或可逃此等术法。再添上些也不彀奶奶一发挥的。只是俗语说的好，能者多劳。太太因大小事见奶奶妥贴，越性都推给奶奶了，奶奶也要保重金体才是。”一路话奉承的凤姐越发受用了，也不顾劳乏，更攀谈起来。〔甲侧〕总写阿凤聪明中的痴人。

谁想秦钟趁黑无人，来寻智能。刚至后面房中，只见智能独在房中洗茶碗，秦钟跑来便搂着亲嘴。智能急的跺脚说：“这算什么！再这么我就叫唤了。”秦钟求道：“好人，〔庚眉〕实表奸淫尼庵之事如此。壬午季春。我已急死了。你今日再不依，我就死在这里。”智能道：“你想怎么样？除非我出了这牢坑，离了这些人，才依你。”秦钟道：“这也容易，只是远水救不得近渴。”说着，一口吹了灯，满屋漆黑，将智能抱到炕上，〔庚侧〕此处写小小风波事，亦在人意外，谁知为小秦伏线，大有根处。就云雨起来。那智能百般挣挫不起，〔蒙侧〕请问此等光景，是强是顺？一片儿女之态，自与凡常不同。细极，妙极！又不好叫唤的，〔庚侧〕还是不肯叫。少不得依他了。正在得趣之时，只觉一人进来，将他二人按住，也不则声。二人不知是谁，唬的不敢动一动。〔庚侧〕请掩卷细思，此刻形景真可喷饭。历来风月文字，可有如此趣味者？只听那人嗤的一声，掌不住笑了。二人听声，方知是宝玉。秦钟连忙起身抱怨道：“这算什么？”宝玉笑道：“你到不依。〔庚眉〕若历写完，则不是《石头记》文字了。壬午季春。咱们就叫喊起来。”羞的智能趁黑影里跑了。宝玉拉了秦钟出来道："你可还和我强？"［周按］"强"与"强嘴"义不同。秦钟笑道："好人，［庚侧］前以二字称智能，今又称玉兄，看官细思。你只别嚷的众人知道，你要怎样我都依。"宝玉笑道："这会子也不用说，等一会睡下，再细细的算账。"一时宽衣安歇的时节，凤姐在里间，秦钟、宝玉在外间，满地下皆是家下婆子打铺坐更。凤姐因怕通灵玉失落，便等宝玉睡下，命人拿来摞在自己枕边。宝玉不知与秦钟算何账目，未见真切，未曾记得，此系疑案，不敢纂创，［甲双］忽又作如此评断，似自相矛盾，却是最妙之文。若不如此隐去，则又有何妙文可写哉。这方是世人意料不到之大奇笔。若通部中万万件细微之事俱备，《石头记》真亦太觉死板矣。故特用此二三件隐事，借石之未见真切，淡淡隐去，越觉得云烟渺茫之中，无限丘壑在焉。一宿无话。至次日一早，便有贾母、王夫人打发了人来看宝玉，又命多穿两件衣服，无事宁可回去。宝玉那里肯回去，又有秦钟恋着智能，调唆宝玉求凤姐再住一天。凤姐想了一想，［甲侧］一想便有许多好处，真好阿凤！凡丧仪大事虽妥，还有一半点小事未曾安插，可以指此再住一日，岂不又在贾珍跟前送了满情。二则又可以完净虚的那事。三则顺了宝玉的心，贾母听见，岂不欢喜。因有此三益，［甲侧］世人只云一举两得，独阿凤一举更添一。便向宝玉道："我的事都完了，你要在这里瞒，少不得越性辛苦一日罢了，明日可是定要走的了。"宝玉听说，千姐姐万姐姐的央求："只再住一日，明日必回去的。"于是又住了一夜。凤姐便命悄悄将昨日老尼姑之事说与来旺。来旺心中俱已明白，急忙进城找着主文的相公，假托贾琏所嘱，修一封书，［甲侧］不细。连夜往长安县来。不过一日路程，两日工夫俱已妥协。那节度使名唤云光，久受贾府之情，这一点小事岂有不允之理，给了回书，来旺儿回来，且不在话下。［甲侧］一语过下。

且说凤姐等又过了一日，次日方别了老尼，令他三日后往府里去讨信。［甲侧］过至下回。那秦钟与智能百般不忍分离，背地里多少幽期密约，不用细述，只得含泪而别。凤姐又至铁槛寺中照望一番。宝珠坚意不肯回家，贾珍只得派妇女相伴。

埋香冢飞燕泣残红

花谢花飞花满天，红消香断有谁怜？游丝软系飘春榭，落絮轻沾扑绣帘……试看春残花渐落，便是红颜老死时。一朝春尽红颜老，花落人亡两不知。

甲戌本此处有一条回后批：余读《葬花吟》至再三四，其凄楚感慨，令人身世两主忘。举笔再四，不能加批，有客曰，先生身非宝玉，何得下笔？即字字双圈，批词通仙，料难遂颦儿之意，俟看过玉兄后文再批，噫唏，阻余者，想亦《石头记》来的，故停笔以待。

凤姐

机关算尽太聪明，反算了卿卿性命。生前心已碎，死后性灵空。家富人宁，终有个，家亡人散各奔腾。枉费了，意悬悬半世心。好一似，荡悠悠三更梦。忽喇喇如大厦倾，昏惨惨似灯将尽。呀！一场欢喜忽悲辛。叹人世，终难定！

［蒙回后］请看作者写势利之情，亦必因激动。写儿女之情，偏生唐吐不解。密缝直如细述说的事，见其言语形迹，无不逼真，圣手神文，敢不熏沐拜读。

［回后评］前文刘姥姥以一村妪入府而写出贫富悬殊之对照。本回宝玉进入村舍种种见闻，又是特写贫富悬殊之对比，道理虽同，笔法各别，非有意呼应，却有呼应之趣。

二丫头一段奇文绝妙难得，此种文字方是雪芹独绝，他人万不能及。我读至此，见脂批点明又伏下一段文字，不知何指，常蓄于胸，而作种种遐想，以为八十回后宝玉尚有重见二丫头之精彩文字。

第十六回
贾元春才选凤藻宫　秦鲸卿夭逝黄泉路

［蒙戚回前］请看财势与情根，万物难逃造化门。旷典传来空好听，那如知己解温存。

［甲回前］幼儿小女之死，得情之正气，又为痴贪辈一针疚。凤姐恶迹多端，莫大于此件者，受赃婚以致人命。贾府连日闹热非常，宝玉无见无闻，却是宝玉正文。夹写秦智数句，下半回方不突然。

黛玉回，方解宝玉为秦锺〔钟〕之忧闷，是天然之章法。平儿借香菱答话，是补菱姐近来着落。

赵妪讨情闲文，却引出通部脉络。所谓由小及大，譬如登高必自卑之意。细思大观园一事，若从如何奉旨起造，又如何分派众人，从头细细直写将来，几千样细事如何能顺笔一气写清。又将落于死板拮据之乡。故只用琏、凤夫妻二人一问一答，上用赵妪讨情作引，下文蓉蔷来说事作收，馀者随笔顺笔略一点染，则耀然洞彻矣。此是避难法。

大观园用省亲事出题，是大关健〔键〕处，方见大手笔行文之立意。

借省亲事写南巡，出脱心中多少忆惜〔昔〕感今。

极热闹极忙中写秦锺〔钟〕夭逝，可知除情字俱非宝玉正文。

大鬼小（鬼）论势利兴衰，骂尽攒炎附势之辈。

诗曰：

话说宝玉见收拾了外书房，［周按］此回开端，又突接外书房，可知上回回尾亦系小残。约定与秦钟读夜书。偏那秦钟秉赋最弱，因在郊外受了些风霜，又与智能儿偷期绻缱，［庚侧］勿笑这样无能，却是写与人看。未免失于调养，回来时，便咳嗽伤风，懒进饮食，大有不胜之态。遂不敢出门，只在家中养息。［甲侧］为下文伏线。宝玉便扫了兴头，只得付于无可奈何，且自候静养待大愈时再约。［甲侧］所谓好事多磨也。脂研。［周按］好事多魔，又与楔子僧道语呼应。

那凤姐儿已是得了云光的回信，俱已妥协。老尼达知张家，果然那守备忍气吞声的收了前聘之物。谁知那个张财主虽如此爱势贪财，却养了一个知义多情的女儿，［庚侧］所谓老鸦窝里出凤凰。此女是在十二钗之外付〔副〕者。［周按］外副册者，指全书卷末列有“情榜”，榜中正副诸钗为九品十二钗，共百零八人。此外与贾府无关附录者亦有十二名，是为“外副钗”也。闻得父母退了前夫，他便一条麻绳悄悄的自缢了。那守备之子闻得金哥自缢，他也是个极多情的，遂也投河而死，不负妻义。［庚侧］不双美满夫妻。只落得张李两家没趣，真是人财两失。这里凤姐坐享了三千两，［庚侧］如何消缴，造业者不知，自有知者。王夫人等连一点消息也不知道。自此凤姐胆识愈壮，有了这样的事，便恣意作为起来。也不消多记。［甲双］一段收拾过阿凤心机胆量，真与雨村是对乱世之奸雄。后文不必细写其事，则知其平生之作为。回首时无怪乎其惨痛之态，使天下痴心人同来一警，或可期共入于恬然自得之乡矣。

一日正是贾政生辰，宁荣二处人丁都齐集庆贺，闹热非常。忽有门上人忙忙来至席前报说：［周按］书中从未写荣府有门吏之名色，非王公大臣家，亦无门吏之制，以门上人为是。“有六宫都太监夏老爷来降旨。”唬的贾赦、贾政等一干人不知是何消息，忙令止了戏文，撤开酒席，摆了香案，启中门跪接。早见六宫都太监夏守忠乘马而至，前后左右又有许多内监跟从。那夏守忠也并不曾负诏捧敕，至檐前下马，满面笑容走至厅上，南面而立，口内说：“特旨，立刻宣贾政入朝，［庚眉］泼天喜事，却如此开宗，出人意料外之文也。壬午季春。在临敬殿陛见。”说毕，也不及吃茶，便乘马去了。贾赦等不知是何兆头，只得急忙忙去更衣入朝。［周按］急忙忙，文义俱好，增一字改“急急忙忙”转俗气，省一字改“急忙”则神味顿减。方知原笔之可宝贵。贾母等合家人等心中皆惶惶不定，不住的使飞马来回报信。有约计两个时辰工夫，忽见赖大等三四个管家喘吁吁跑至仪门报喜，［周按］男仆绝不得入仪门。仪门俗呼二门，即男女出入之大界限，下文贾母特唤其进入，最为明白。又说“奉老爷之命，速请老太太带领夫人等进朝谢恩”等语。那时贾母正心神不定，在大厅廊下伫立。［庚侧］慈母爱子写尽，回廊下伫立，与“日暮倚芦仍怅望”对景。余掩卷而泣。［庚眉］日暮倚庐仍怅望，南汉先生句也。邢夫人、王夫人、尤氏、李纨、凤姐、迎春姊妹以及薛姨妈等皆在一处，听知此信，贾母便命人唤进赖大来细问端的。赖大禀道：“小的们只在临敬门外伺候，里头的信息一概不能得知。后还是夏太监出来说道，［周按］临敬门外，只有家下人祇候探讯，六宫都太监如何特意出来向仆辈道喜，恐不可通。当是讹改。咱们家大小姐晋封为凤藻宫尚书，加封贤德妃。后来老爷出来，亦如此吩咐小的。如今老爷又往东宫去了，速请老太太领着太太们去谢恩。”贾母等听了方心神安定，不免又都洋洋喜气盈腮，于是都按品大妆起来。［周按］按品大妆，见金寄水（睿王后裔）所著《王府生活实录》中，确有此种情事。贾母带领邢夫人、王夫人、尤氏一共四乘大轿入朝。贾赦、贾珍亦换了朝服，带领贾蓉、贾蔷奉侍贾母大轿前往。于是宁荣二处上下内外，莫不欣然踊跃，［觉双］秦氏生魂，先告凤姐矣。个个面上皆有得意之状，言笑鼎沸不绝。

谁知近日馒头庵的智能私游进城，［甲侧］好笔仗，好机轴！［甲眉］忽然接水月庵，似大脱泄，及读至后，方知紧收此大段，有如歌急调迫之际，忽闻戛然檀板截断，真见其大力量处，却便于写宝玉之文。找至秦钟家下看视秦钟，不意被秦业知觉，将智能逐出，将秦钟打了一顿，自己气的老病发作，三五日光景呜呼死了。秦钟本自怯弱，又值带病未愈受了笞打，今见老父气死，此时悔痛无及，更又添了许多的症候。因此宝玉心中怅然如有所失，［庚眉］凡用宝玉收什，俱是大关键。虽闻得元春晋封之事，亦未解得愁闷。［甲双］眼前多少文字不写，却从外人意外撰出一段悲伤，是别人不屑写者，亦别人之不能处。贾母等如何谢恩，如何回家，亲朋如何来庆贺，宁荣两处近日如何热闹，众人如何得意，独他一个皆视有如无，毫不曾介意。［庚侧］的的真真宝玉。因此众人嘲他越发呆了。［庚侧］欲发呆了。［甲双］大奇至妙之文，却用宝玉一人，连用五如何，隐过多少繁华势利等文。试思若不如此，必至种种写到，其死板拮据，锁碎杂乱，何不胜哉！故只借宝玉一人如此一写，省却多少闲文，却有无限烟波。

且喜贾琏与黛玉回来，先遣人报信，明日就可到家，宝玉听了，方才有些喜意。[甲双]不如此，后文秦钟死去，将何以慰宝玉？细问原由，方知贾雨村亦进京陛见，皆由王子腾累上保本，此来候补京缺，与贾琏是同宗弟兄，又与黛玉有师徒之谊，故同路作伴而来。林如海已葬入祖坟了，诸事停妥，贾琏方进京的。本该出月到家，因闻得元春喜信，遂昼夜兼程而进，一路俱各平安。宝玉只闻得黛玉平安二字，馀者也就不在意了。[甲双]又从天外写出一段离合来，总为掩过宁荣二处许多琐细闲笔，处处交代清处，方好起大观园也。好容易[庚侧]三字是宝玉心中。盼至明日午错，果报琏二爷和林姑娘进府了。见面时彼此悲喜交加，未免又大哭一阵，后又致喜庆之词。[甲双]世界上亦如此，不独书中瞬息，观此便可省悟。宝玉心中品度，黛玉越发出落的超逸了。黛玉又带了许多书籍来，忙着打扫卧室，安插器具，又将纸笔等物分送宝钗、迎春、宝玉等人。宝玉又将北静王所赠鹡鸰香串珍重取出来，转赠黛玉。黛玉说："什么臭男人拿过的，我不要他！"遂掷而不取。宝玉只得收回，暂且无话。[甲双]略一点黛玉性情，赶忙收住，正留为后文地步。

且说贾琏自回家参见过众人，回至房中，正值凤姐近日多事之时，无片刻闲暇之工，[甲双]补阿凤二句，最不可少。见贾琏远路归来，少不得拨冗接待。[庚侧]写得尖利刻薄。房内无外人，便笑道："国舅老爷大喜！国舅老爷一路风尘辛苦。[甲侧]娇音如闻，俏态如见，少年夫妻常事，的确有之。[庚侧]娇音好闻，俏态如见，少年好夫妻有是事。小的听见昨日的头报马来说，今日大驾归府，略备了一杯水酒掸尘，[庚侧]却是为下文作引。不知肯赐光谬领否？"贾琏笑道："岂敢，岂敢！多承，多承！"[庚侧]一言答不上，蠢才，蠢才！一面平儿与众丫嬛参见毕，献茶。贾琏遂问别后家中的诸事，又谢凤姐的操持劳碌。凤姐道："我那里照管得这些事！见识又浅，口角又笨，心肠又直率，人家给个棒槌，我就认作针。脸又软，搁不住人给两句好话，心里就慈悲了。况且又没经过大事，胆子又小，太太略有些不自在，我就唬的连觉也睡不着了。我苦辞了几回，太太又不允，到反说我图受用了，不肯习学了。殊不知我是捻着一把汗儿呢。一句也不敢多说，一步也不敢多走。［甲眉］此等文字，作者尽力写来，欲诸公认识阿凤，好看后文，勿为泛泛看过。你是知道的，咱们家所有的这些管家奶奶们，那一位是好缠的。［甲侧］独这一句不假。［周按］批中署名署年多有后加。错一点儿，他们就笑话打趣，偏一点儿，他们就指桑说槐的报怨。坐山观虎斗，借剑杀人，引风吹火，站干岸儿，推倒油瓶不扶，都是全挂子武艺。况且我年轻，头等不压众，怨不得人不放我在眼里。更可笑［庚侧］三字是得意口气。那府里忽然蓉儿媳妇没了，［周按］更可笑，设言贾珍之不识人，误委于她，与丧事无关涉。珍大哥又再三再四的在太太跟前跪着讨情，只要求我帮他几日。我是再四推辞，太太断不依，只得从命。依旧被我闹了个马仰人翻，更不成个体统。［庚侧］得意之至口气。至今珍大哥哥还报怨后悔呢！你这一来了，明儿你见了他，好歹描补描补，就说我年纪小，原没见过世面，谁叫大爷错委了他呢。”［甲眉］阿凤之带〔待〕琏兄，如弄小儿，可思之至。［庚侧］阿凤之弄琏兄，如弄小儿，可怕可畏，若生于小户，落在贫家，琏兄死矣。正说着，［甲双］又用断法方妙。盖此等文断不可无，亦不可太多。只听外间有人说话，凤姐便问：“是谁？”平儿进来回道：“姨太太打发香菱妹子来问我一句话，我已经说了，打发他回去了。”贾琏笑道：“正是呢，方才我见姨妈去，不防和一个年轻的小媳妇子撞了个对面，生的好齐整模样。［庚侧］酒色之徒。［周按］此批为第二回政老语，原说宝玉，今转琏兄。我疑惑咱们家并无此人，说话时因问姨妈，谁知就是上京来买的那小丫头，名叫香菱的，竟与薛大傻子作了房里人，开了脸，越发出挑的标致了。那薛大傻子真玷辱了他。”［甲双］垂涎如见。试问兄宁有不玷平儿乎？凤姐道：“嗳，［庚侧］如闻。往苏杭去了一淌回来，［甲眉］用平儿口头谎言，写补菱卿一项实事，并无一丝痕迹，而有作者有多少机括。也该见些世面了，［甲侧］这世面二字，单指女色也。还是这么眼馋肚饱的。你要爱他，不值什么，我去拿平儿换了他来如何？［甲双］奇谈，是阿凤口中有此等语句。那薛老大［甲侧］又一样称呼，各得神理。也是吃着碗里的看着锅里的，［周按］吾乡乾隆旧曲《渔家乐》有《双五更》，其中有词云：吃着碗来看着个锅。这一年来的光景，他为要香菱不能到手，［甲侧］补前文之未到，且并将香菱身分写。和姨妈不知打了多少饥荒。也因姨妈看着香菱的模样儿好还是末则，其为人行事，却又比别的女孩儿不同，温柔安静，差不多的主子姑娘也跟他不上呢。[甲双]何曾不是主子姑娘，盖卿不知来历也。作者必用阿凤一赞，方知莲卿尊重不虚。故此摆酒请客的費事，[周按]廢事，此原笔。明堂正道的与他作偏房了。过了没半月，也看的马棚风一般了，我到心里可惜了的。”[周按]可惜了的，了音重读，北语也。[甲双]一段纳宠之文，偏于阿凤口中补出，亦奸猾幻妙之至！一语未了，二门上小厮传报：“老爷在大书房等二爷呢。”贾琏听了，忙忙整衣出去。这里凤姐乃问平儿：“方才姨妈有什么事，巴巴的打发了香菱来？”[甲侧]必有此一问。平儿笑道：“那里来的香菱，是我借他暂撒了个谎。[甲侧]卿何尝谎言，的是补菱姐正文。奶奶说说，旺儿嫂子越发连个承算也没了。”[觉双]此处系平儿倒鬼。说着，又走至凤姐身边，[庚侧]如闻如见。悄悄说道：“奶奶那利钱银子，迟不送来，早不送来，这会子二爷在家，他且送这个来了。[甲侧]总是补遗。幸亏我在堂屋里撞见，不然他走了来回奶奶，二爷倘或问奶奶是什么利钱，奶奶自然不肯瞒二爷的，少不得照实告诉二爷。[甲侧]平姐看欺[欺看]书人了。[庚侧]可儿可儿，凤姐竟被他哄了。[周按]本回侧批，一曰菱姐，再曰平姐，又称贾琏单用一“兄”字，皆示批书人是一女子，且与宝玉平辈之显证。我们二爷那脾气，油锅里钱还要找出来呢，听见奶奶有了这个梯希，[周按]梯希，恰符北语口音，是原笔偶存之痕迹。他还不放心的花了呢！所以我赶着接了过来，叫我说了他两句，谁知奶奶偏听见了问，我就撒谎说香菱了。”[甲双]一段平儿的见识作用，不枉阿凤生平刮目，又伏下多少后文，补尽前文未到。凤姐听了笑道：“我说呢！[周按]我说呢，略同“怪不得，我原生疑”呢。姨妈知道你二爷来了，忽喇巴的反打发个房里人来了，[周按]忽喇巴，北语，《长安客话》有所著录，大意为无缘无故、无端的、突然的。原来你这蹄子肏鬼！”[庚侧]疼极反骂。

说话时贾琏已进来，凤姐便命摆上酒馔来，夫妻对坐。凤姐虽善饮，却不敢任兴，[甲双]百忙中又点出大家规范，所谓无不周详，无不贴切。只陪侍着贾琏。一时贾琏的乳母赵嬷嬷走来，贾琏与凤姐忙让他一同吃酒，令其上炕去。赵嬷嬷致意不肯。平儿等早已炕沿下设下一杌，又有一小脚踏，赵嬷嬷在脚踏上坐了。贾琏向桌上拣两色肴馔，与他放在杌上自吃。

凤姐又道："妈妈狠嚼不动那个，到没的矼了他的牙。"[庚侧]何处着想？却是自然有的。因向平儿道："早起我说那一碗火腿炖的狠烂，正好给妈妈吃，你怎么不拿了去热了来？"又道："妈妈，你尝尝你儿子带了来的好惠泉酒。"[庚侧]补点不到之文，像极！赵嬷嬷道："我喝呢，奶奶也喝一钟，怕什么？只不要过多了就是了。[甲双]宝玉之李嬷，此处偏又写一李嬷，特犯不犯。先有梨香院一回，今又写此一回，两两遥对，却无一笔相重，一事合掌。我这会子跑了来，到也不为饮酒，到有一件正紧事，奶奶好歹记在心里，疼顾我些罢。我们这爷，只是口里说的好听，到了跟前就忘了我们。幸亏我从小儿奶了你这么大。我也老了，有的是那两个儿子，你就另眼照看他们些，别人也不敢龇牙儿的。[庚侧]为蔷、蓉作引。我还再四的求了你几遍，你答应的到好，到如今还是燥屎。[庚侧]有是乎？这如今又从天上跑出这样一件大喜事来，那里用不着人？所以到是合奶奶说是正紧。靠着我们爷，只怕我还要饿死了呢。"凤姐笑道："妈妈你放心，[周按]嬷嬷、嬷嬷是身份称谓，大抵他人背称用时为多。此种嬷嬷所带领抚育之儿女直接称呼，则用妈妈，以此为别。两个奶哥哥都交给我。你从小儿奶的儿子，你还有什么不知他那脾气的？拿着皮肉到往那不相干的外人身上贴。可是现放着嬷嬷哥哥，[周按]嬷嬷哥哥，满俗称呼法具存于古本，此例至为可贵。那一个不比人强。你疼顾照看他们，谁敢说个不字儿？没的白便宜了外人。[庚侧]会送情。我这话也说错了，我们看着是外人，他都是看着内人一样呢！"[庚侧]可儿，可儿。说的满屋里人都笑了。赵嬷嬷也笑个不住，[周按]嬷嬷，满俗写法。又念佛道："可是屋子里跑出青天来了。若说内人、外人这些混账原故，我们爷是没有的，[甲侧]千真万真是没有，一笑！[庚侧]有是语，像极，毕肖乳母护子。不过是脸软心慈，搁不住人求两句就依了。"凤姐笑道："可不是呢，有内人求的，他才慈软呢，他在咱们娘儿们跟前才是硬着呢！"赵嬷嬷笑道："奶奶说的太尽情了，我也乐了，再吃一杯好酒，从此我们奶奶作主了，我就没的愁了。"贾琏此时没好意思，只是讪笑吃酒，说"胡说"二字："快盛饭来吃，吃完了，还要往珍大哥那边去商议事呢！”凤姐道：“可是，别误了正经事。才刚老爷叫你说什么？”〔己双〕一段赵妪讨情闲〔闲〕文，却引出道部脉络。所谓由小及大，譬如登高必自卑之意。细思大观园一事，若从如何奉旨起造，又如何分派众人，从头细细直写将来，几千样细事，如何能顺笔一气写清，又将落于死板拮据之乡。故只用琏凤夫妻二人一问一答，上用赵妪讨情作引，下用蓉、蔷来说事作收，馀者随笔顺笔略一点染，则耀然洞彻矣。此是避难法。〔周按〕此批系甲回前批。贾琏道：“就为省亲的事。”〔甲双〕二字醒眼之极，却只如此写来。凤姐忙问道：〔甲双〕忙字最要紧，特于阿凤口中出此字，可知是关巨要，是书中正眼矣。“省亲的事準竟了不成？”〔周按〕竟準了，是原文。因古无问句符号，恐不明白，方又后笔加不成二字。〔甲双〕问得珍重，可知是万人意外之事。〔庚眉〕大观园用省亲事出题，是大关键事，方见大手笔行文之立意。畸笏。贾琏笑道：“虽不十分准，也有八分成了。”〔甲双〕如此故顿一笔更妙，见得事关重大，非一语可了者，亦是大篇文章，抑扬顿挫之至。〔周按〕十分准，八分成，是对仗语。凤姐笑道：“可见当今的隆恩，历来听书看戏，从古至今未有的。”〔甲双〕于闺阁中作此语，直与击壤同声。赵嬷嬷又接口道：“可是呢，我也老糊涂了。我听见上上下下吵嚷了这些日子，什么省亲不省亲的，我也不理论他去，如今又说省亲，到底是怎么个原故？”〔甲侧〕补近日之事，启下回之文。〔甲眉〕赵嬷一问，是文章家进一步门庭法则。贾琏道：“如今当今体贴万人之心，世上至大莫如孝字，想来父母儿女之情皆是一理，不是贵贱上分别的。〔甲侧〕大观园一篇大文，千头万绪，从何处写起。今故用贾琏夫妻问答之间闲闲叙出，观者已省大半，后再用蓉、蔷二人重一渲染，便省却多少□□□□□赘瘤笔墨。此是避难法。当今自为日夜侍奉太上皇、皇太后，〔庚眉〕自政老生日用降旨截住，贾母等进朝如此热闹，用秦业死岔开，只写几个如何，将泼天喜事交代完了。紧接代〔黛〕玉回，琏凤闲话，以老妪勾出省亲事来，其千头万绪合笋贯连，无一毫痕迹。如此等，是书多多，不能枚举。想兄在青硬〔埂〕峰上经煅炼后，参透重关，至恒河沙数，如否？余曰：万不能有此机括，有此笔力，恨不得面问果否。叹叹！丁亥夏，畸笏叟。尚不能略尽孝意，因见宫里嫔妃才人等皆是入宫多年，以致抛离父母音容，岂有不思想之理？在儿女思想父母，是分所当。想父母在家，若自管思念儿女，竟不能一见，倘因此成疾致病，甚至死亡，皆由朕躬禁錮，〔周按〕禁錮是原笔，系当时政治用语。不能使其遂天伦之愿，亦大伤天和之事。故启奏上皇太后，每月逢二六日期，准其椒房眷属入宫，请候看视。于是太上皇、皇太后大喜，深赞当今至孝纯仁，体天格物。因此二位老圣人又下旨意说：椒房眷属入宫，未免有国体仪制，母女尚不能惬怀。竟大开天地之恩，特降谕诸椒房贵戚，除二六日入宫之恩外，凡有重宇别院之家，可以驻跸关防之处，不妨启请内廷鸾舆入其私第，庶可略尽骨肉私情，天伦中之至性。此旨一下，谁不踊跃感戴？今周贵人的父亲已在家里动了工了，修盖省亲别院呢。又有吴贵人的父亲吴天佑家，也往城外踏看地方去了。［甲侧］又一樣布置。这岂不有八九分了？”赵嬷嬷道：“阿弥陀佛！原来如此。这样说，咱们家也要预备接咱们大小姐了？”［庚侧］文忠公之嬷。［周按］按此条批系后人之文混入，与脂批无干。贾琏道：“这何用说呢！不然，这会子忙的是什么？”［甲侧］一段闲谈中补出多少文章，真是费长房壶中天地也！凤姐笑道：“若果如此，我可也见见大世面了。可恨我小几岁年纪，若早生二三十年，如今这些老人家也不薄我没见世面了。［甲侧］忽接入此句，不知何意，似属无谓。说起当年太祖皇帝访舜巡狩的故事，比一部书还热闹，［庚侧］既知舜巡，而又说热闹，此妇人女子口头也。我偏没造化赶上。”［庚侧］不用忙，往后看。老赵嬷嬷道：“嗳哟哟，那可是千载希逢的！那时候我才记事儿，咱们贾府正在姑苏、扬州一带监造海舫，修理海塘，只预备接驾一次，［庚侧］又要瞒人。把银子都花的淌海水似的！说起来——”［甲侧］又截得好。凤姐忙接道：［甲侧］忙字妙！上文说起来必未完，粗心看去，则说疑阙，殊不知正传神处。“我们王府也预备过一次。那时老爷爷单管各国进贡朝贺的事，凡有外国人来，都是我们家养活。［甲侧］点出阿凤所有外国奇玩等物。粤、闽、滇、浙所有的洋船货物，都是我们家的。”赵嬷嬷道：“那是谁不知道的？如今还有个口号儿呢，说，东海少了白玉床，龙王来请江南王，［周按］少了白玉床，来请江南王，是摹老妪口吻也。这说的就是奶奶府上了。［庚侧］应前葫芦案。［觉双］照应葫芦案前文。还有如今现在江南的甄家，［甲侧］甄家正是大关键，大节目，勿作泛泛口头语看。嗳哟哟，［庚侧］口气如闻。好势派！独他家接驾四次，［庚侧］点正题正文。若不是我们亲眼看见，告诉谁谁也不信。别讲银子成了土泥，［庚侧］极力一写，非夸也，可想而知。［周按］参看张符骧《竹西词》之“金钱滥用比泥沙”。凭你世上所有的，没有不是堆山塞海的，那罪过可惜四个字［庚侧］真有是事，经过见过。竟顾不得了。”［周按］真有是事，指康熙南巡之实况。此等批语与金圣叹之批《水浒》，性质全然不同，岂可只以语式皮相论之。凤姐道：“我常听见我们大爷们也是这等说，［周按］此大爷是伯父义。岂有不信的。［庚侧］对证。只纳罕他家怎么就这么富贵呢？”赵嬷嬷道：“告诉奶奶一句话，也不过是拿着皇帝家的银子往皇帝身上使罢了！［甲侧］是不忘本之言。谁家有这些银子去买这个虚热闹呢？”［甲侧］最要紧语。人若不自知，能作是语者，吾未尝见。

正说的热闹，王夫人又打发人来瞧凤姐吃了饭不曾。凤姐便知有事等着，忙忙的吃了半碗饭，漱口要走。［庚侧］好顿挫。又有二门上小厮回：“东府蓉、蔷二位哥儿来了。”贾琏才漱口，平儿捧着盆洗手，见他二人来了，便问：“什么话？快说。”凤姐闻得便止步，听他二人回些个什么。贾蓉先回道：“我父亲打发我来回叔叔，老爷们已经议定了，从东边一带借着东府里的花园起［蒙侧］简净之至。园基乃一部之主，必当如此写清。转至北边，一共丈量准了三里半大，可以盖造省亲别院了。已经传人画图样去了，［庚侧］后一图伏线，大观园系玉兄与十二钗之太虚玄境，岂不草索。明日就得。叔叔才回家，未免劳乏，不用过我们那边去了，［庚侧］应前贾琏口中。有话明日一早再请过去说罢。”贾琏笑着忙说道：“多谢大爷费心体量，我就从命不过去了。正紧是这个主意省事，盖的也容易，若采置别处地方去，那更费事，且到不成体统。你回去说，这样狠好，若老爷们再要改时，全仗大爷谏阻，万不可另寻地方。明日一早，我给大爷去请安去，再细说罢。”贾蓉忙应了几个“是”。［蒙侧］园已定矣。贾蔷又近前回说：“下姑苏割聘教习，［庚侧］画蔷一回伏线。采买女孩子，置办乐器行头等事，大爷派了侄子［庚侧］凡各物事，工价重大，兼伏隐着情字者，莫如此件。故园定后便先写此一件，余便不必细写矣。带领着来管家两个儿子，还有单聘仁、卜固修两个清客相公一同前往，所以命我来见叔叔。”贾琏听了，将贾蔷打谅了打谅，［庚侧］有神。笑道：“你能在这一行么？［庚侧］勾下文。这个事虽不算甚大，里头大有藏掖的。”［甲侧］射利人微露心迹。［庚侧］射利语，可叹是亲侄。贾蔷笑道：“只好习学着办罢了。”贾蓉在身后灯影下悄拉凤姐衣襟，凤姐会意，因笑道：“你也太操心，难道大爷比咱们还不会用人？偏你又怕他不在行了，谁都是在行的？孩子们已长的这么大了，没吃过猪肉，也看见过猪走。大爷派他去，原不过是个坐纛旗儿，难道认真叫他去讲价钱会经纪去呢！依我说就狠好。”贾琏道：“自然是这样，并不是我驳回，少不得替他筹算筹算。”因问：“这一项银子动那一处的？”贾蔷道：“才也议到这里。赖爷爷说，［甲侧］此等称呼，令人酸鼻。［庚侧］好称呼。竟不用从京里带下去，江南甄家还收着我们五万银子。明日写一封书信会票我们带去，先支三万，下剩二万存着，等置办花烛彩灯并各色帘栊帐幔的使费。”贾琏点头道：“这个主意好。”［庚眉］《石头记》中多作心传神会之文，不必道明，一道明白，便入庸俗之套。凤姐忙向贾蔷道：［甲侧］再不略让一步，正是阿凤一生短处。“既这样，我有两个在行妥当人，你就带了他们办，这个便宜了你呢。”贾蔷忙陪笑道：“正要和婶子讨两个人呢，［甲侧］写贾蔷乖处。［蒙戚双］写贾蔷乖处如见。这可巧了。”因问名子，凤姐便问赵嬷嬷。彼时赵嬷嬷已听呆了话，平儿忙笑推他，他才醒悟过来，［蒙侧］真是强将手下无弱兵，至精至细。忙说：“一个叫赵天梁，一个叫赵天栋。”凤姐道：“可别忘了，我可干我的去了。”说着便出去了。贾蓉忙送出来，悄悄向凤姐道：“婶子要带什么东西，吩咐开了账，给蔷兄弟拿了去，叫他按账置办了来。”凤姐笑道：［庚侧］有神。“放你娘的屁，我这里的东西还无处撂呢，［庚侧］像极，的是阿凤。［庚眉］从头至尾，细看阿凤之待蓉、蔷，可为一体壹党，然尚作如此语欺蓉，其待他人可知矣。希罕你们那鬼鬼祟祟的？”说着，已经去了。［甲侧］阿凤欺人处如此。忽又写到利弊，真令人一叹！这里贾蔷也悄问贾琏要什么东西，顺便好带来孝敬叔叔。贾琏笑道：“你别兴头，才学着办事，到先学会这把戏。我短了什么少不得写信去告诉你，［蒙侧］又作此语，不犯阿凤。且不要论到这里。”说毕，打发他二人去了。接着回事的人来不止三四次，贾琏害乏，便传与二门上，一应不许传报，俱等明日料理。凤姐至三更时分方下来安歇，一宿无话。［庚侧］好文章，一句内隐两处若许事情。

次日早贾琏起来，见过贾赦、贾政，便往宁府中来，合同老管事的人等，并几位世交门下清客相公，审察两府地方，缮画省亲殿宇，一面参度办理人丁。自此后各行匠役齐集，[蒙侧]一总。金银铜锡以及土木砖瓦之物，搬运移送不歇。先令匠役拆宁府会芳园墙垣楼门，直接入荣府东大院中。荣府东边所有下人一带群房尽皆拆去。当日宁荣二宅虽有一小巷界断不通，然这小巷亦系私地，并非官道，故可以连属。[甲侧]补明，使观者如身临足到。会芳园本是从北拐角墙下引来一股活水，今亦无烦再引。[甲侧]园中诸景，最要紧是水，亦必写明方妙。[甲侧]余最鄙近之修造园亭者，徒以顽石土堆为佳，不知引泉一道，甚至丹青，惟知乱作山石树木，不知画泉之法，亦是恨事。其山石树木虽不敷用，东边住的乃是荣府旧园，其中竹树山石以及亭榭栏杆等物，皆可挪就前来。如此两处又甚近，凑来一处，省得许多财力，纵亦不敷，所添亦有限。全亏一个老明公号山子野者，[甲侧]妙号。随事生名。一一筹画起造。贾政不惯于俗务，[庚侧]这也少不得的一节文字，省下笔来好作别样。只凭贾赦、贾珍、贾琏、赖大、来升、林之孝、吴新登、詹光、程日兴等几人安插摆布，凡堆山凿池，起楼阁，种花竹，一应点景之事，又有山子野制度。贾政下朝闲暇，不过各处看望看望，最好要紧处合贾赦商议便罢了。只在家高卧，有芥豆之事，贾珍等或自去回明，或写略节。或有话说，便传呼贾琏、赖大等来领命。贾蓉单管打造金银器皿。[蒙侧]好差。贾蔷已起身往姑苏去了。贾珍、赖大等又点人丁，开册籍，监工等事，一笔不能写到，不过是喧阗热闹非常而已，暂且无话。

且说宝玉近因家中有这等大事，贾政不来问他的书，心中是件畅事。[庚侧]一笔不漏。无奈秦钟之病日重一日，也着实悬挂，不能乐业。[甲侧]天下本无事，庸人自扰之。世上人各各如此，又非此情钟意功。[甲眉]偏于大热闹处写大不得意之文，却无丝毫牵强，且有许多令人笑不了、哭不（了）、叹不了、悔不了，惟以大白酬我作者。这日一早起来才梳洗完毕，意欲回了贾母去望候秦钟。忽见茗烟在二门照壁前探头缩脑，宝玉忙出来问他作什么。茗烟道："秦相公不中用了！"[甲侧]从茗烟口中写出，省却多少闲文。宝玉听说，唬了一跳，忙问道："我昨日才瞧了他来，[庚侧]点常去。还明明白白，怎么今日就不中用了？"茗烟道：

"我也不知道，才刚是他家的老头子来特告诉我的。"宝玉听了，忙转身回明贾母。贾母吩咐："好生派妥当人跟去，那里去望望秦钟，尽一尽同窗之情就回来，不许多耽搁。"宝玉听说，忙忙的更衣出来，车犹未备，［甲侧］顿一笔，方不板。急的满地乱转。一时催促的车到，忙忙上了车，李贵、茗烟等跟随，来至秦钟门首，悄无一人，［甲侧］目睹萧条景况。遂蜂拥至内室，唬的秦钟两个远房的婶母并几个弟兄都藏之不及。［甲侧］妙！这婶母兄弟是特来等分绝户家私的。不表可知。此时秦钟已发过两三次昏了，移床易箦多时矣。［甲侧］余亦欲哭。宝玉一见，便不禁失声。李贵忙劝道："不可，不可，秦相公乃是弱症，未免炕上挺矼的骨头不受用，［庚侧］李贵亦能道此等语。所以暂且挪下床松散些。哥儿如此，岂不添他的病症？"宝玉听了方忍住。近前看见秦钟，面如白腊，合目呼吸于枕上。宝玉忙叫道："鲸兄！宝玉来了。"连叫了两三声，秦钟不采。宝玉又道："宝玉来了！"那秦钟早已魂魄离身，只剩得一口悠悠的馀气在胸，正见许多鬼判持牌提索来捉他。［甲双］看至此一句令人失望，再看至后面数语，方知作者故意借世俗愚谈愚论，设譬喝醒天下迷人，翻成千古未见之奇文奇笔。［庚眉］《石头记》一部中，皆是近情近理必有之事，必有之言，又如此等荒唐不经之谈间亦有之。是作者故意游戏之笔耶，以破色取笑，非如别书认真说鬼话也。那秦钟魂魄那里肯就去，又记念着家中无人掌管家务，［甲侧］扯淡之极，令人发一大笑。余谓诸公莫笑，且请再思。又记挂着父亲还有留积下的三四千两银子，［甲双］更属可笑，更可痛哭。又记挂着智能尚无下落，［甲双］忽从死人心中补出活人原由，更奇，更奇！因此百般求告鬼判。无奈这些鬼判都不肯徇私，反叱咤秦钟道："亏你还是读过书的人，［庚眉］可想鬼不读书，信已哉。岂不知俗语说的，'阎王叫你三更死，谁敢留人到五更。'我们阴司上下都是铁面无私的，不比你们阳间［庚侧］写杀了。瞻情顾意，有许多的关碍处。"正闹着，那秦钟的魂魄忽听见"宝玉来了"四字，便忙又央求道："列位神差，略发慈悲，让我回去，合这个好朋友说一句话就来。"众鬼道："又是什么好朋友？"秦钟道："不瞒列位说，就是荣国公的孙子，小名宝玉的。"都判官听了，先就唬慌起来，忙喝骂鬼使道："我说你们放了他回去走走，你们断不肯依我的话，如今只等他请出个运旺时盛的人来才罢。"［甲双］如闻其声，试问谁曾见都判来？观此则又见一都判跳出来，调侃世情固深，然游戏笔墨一至于此，真可压倒古今小说。○这才算是小说。众鬼见都判如此，也都忙了手脚，一面又报怨道："你老人家先是那等雷霆电雹，原来见不的宝玉二字。［甲侧］调侃宝玉二字极妙！［觉双］大可发笑。［甲眉］世人见宝玉而不动心者为谁。依我们的见识，他是阳，我们是阴，怕他也无益。"［甲侧］神鬼也讲有益无益。都判道："放屁！俗语说的好，天下官管天下民，阴阳并无二理。［己双］更妙。愈不通愈妙，愈错会意愈奇。脂砚。别管他阴，也别管他阳，敬着点没错了的。"众鬼听说，只得将他魂放回。哼了一声，微开双目，见宝玉在侧，乃勉强叹道："怎么不肯早来？［庚侧］千言万语，只此一句。再迟一步，也不能见了。"宝玉忙携手垂泪道："有什么话留下两句。"［蒙戚双］只此句便足矣。秦钟道："并无别话。以前你我见识，自为高过世人，我今日才知自误了。［蒙戚双］谁不悔迟。以后还该立志功名，以荣耀显达为是。"［庚侧］此刻无此二语，亦非玉兄之知己。［庚眉］观者至此，必料秦钟另有异样奇语，然却只以此二语为嘱，试思若不如此为嘱，不但不近人情，亦且太露穿凿，读此则知全是悔迟之根。说毕，便长叹一声，萧然长逝了。下回分解。［周按］己卯本、庚辰本截止于此。［蒙戚双］若是细述一番，则不成《石头记》之文矣。

［戚回后］大凡有势者，未尝有意欺人，奈群小蜂起，浸润左右，伏首下气，奴颜婢膝，或激或顺，不计事之可否，以要一时之利。有势者自任豪爽，斗露才华，未审利害，高下其手，偶有成就，一试再试，习以为常，则物理人情皆所不惜。其不知排场已立，收敛实难，从此勉强，至成蹇窘。时衰运败，百计颠翻，昔年豪爽，今朝指背。此千古英雄同一慨叹者。大抵作者发大慈大悲愿，欲诸公开巨眼，得见毫微，塞本穷源，以成无碍极乐之至意也。

［回后评］观贾政生日忽闻宫中夏太监来传旨，吓得急忙停戏撤筵，而贾母等也伫立廊下，心神不定。读者或以为此皆闲笔，殊不知作者于此有亲历之痛切感受。盖若真是受宠之家，宫中有讯皆为喜事，而曾获罪之

家一闻传旨必无好事，是故本回所写皆实情也。

元春晋封之事，题曰才选，又曰晋封凤藻宫尚书，尚书者即掌管书册，文墨之侍者也。可知元春之封，本由文采，与政事无关。书中明写贾政闻命又往东宫去了，东宫者太子所居也。下文又一再点明上皇（太上皇），可知其时正当雍正之末年，乾隆即将继位之时也。

回前批云：借省亲事写南巡，出脱心中多少忆昔感今。意谓因写目前之省亲，遂联想及老皇帝康熙时之南巡盛事，正所谓双管齐下，一击两鸣。又即我所谓一笔而多用者也。然每有论者以为写省亲即是写南巡，此实为误读批者原意矣。盖雪芹正文明言凤姐恨不早生二三十年。赵嬷嬷也说，那时候我才记事儿。可证昔年之南巡距目前之省亲相隔已三十年矣，又何得谓写省亲即是写南巡，此不可通也。况南巡盛典由京至杭百般情状，波及大江南北数省之官民事业，笔难尽述。而所谓省亲者不过由皇室至荣府，一辆凤辇，两行仪仗，简单之至。既到园中，又不过元宵之夜几刻时光而已，试问两者有何相同相似之处乎。

北静王赠送宝玉之香串，诸本用字不同，异文纷乱，实难取决。至于此香究属何物，亦愧未能考释。当从不知为不知之古训，暂依原钞，以俟识者教示。

第十七回
会芳园试才题对额　贾宝玉机敏动诸宾

［周按］回目二句，会芳园三字尤佳，应是原笔。盖此时园工方竣，初次察验，一切草创待定之时，省亲尚未有期，又何得先有大观、怡红之赐名？无以称之，故仍以会芳代之。

［己回前］此回宜分二回方妥。

宝玉系诸艳之贯〔冠〕，故大观园对额必得玉兄题跋，且暂题灯匾联上，再请赐题，此千妥万当之章法。

诗曰：豪华虽足羡，离别却难堪。博得虚名在，谁人识苦甘？

好诗，全是讽刺。近之谚云：又要马儿好，又要马儿不吃草。真骂尽无厌贪痴之辈。

话说秦钟既死，宝玉痛哭不已，李贵等好容易劝解半日方住，归时犹是凄恻哀恸。贾母帮了十两银子，外又另备奠仪，宝玉去吊纸。七日后便送殡掩埋了，别无述记。只有宝玉日日思慕感悼，然亦无可如何了。［蒙戚双］每于此等文后，便用此语作结，是板定大章法，亦是此书大旨。

又不知历过几日何时，［蒙戚双］年［蒙庚侧］惯表如此写亦妙。用此等章法。这日贾珍等来回贾政："园内工程俱已告竣，大老爷已瞧过了，只等老爷瞧了，或有不妥之处再行改造，好题匾额对联。"贾政听了，沉思一回，说道："这匾额对联到是一件难事。论理该请贵妃赐题才是，然贵妃若不亲睹其景，大约亦必不肯妄拟。若直待贵妃游幸过再请赐题，偌大景致，若干亭榭，无一字标题，也觉寥落无趣，纵有花柳山水，也断不能生色。"［周按］政老此论，在他口中随意道出，看似闲言，却是中华汉字文化中之一大特色文体。无诗文深厚修养者即难体会。众清客在傍笑答道："老世翁所见极是。如今我们有个愚见，各处匾额对联断不可少，亦断不可定名，如今且按其景致，或两字，三字，四字，虚合其意，且拟了出来，暂做灯匾对联悬了。待贵妃游幸时，再请定名，岂不两全？”贾政听了笑道：“所见不差。我们今日且看看去，只管题了，若妥当便用，不妥当时，然后将雨村请来，令他再拟。”［蒙戚双］点雨村，照应前文。众清客笑道：“老世翁今日一拟定佳，何必又待雨村？”贾政笑道：“你们不知，我自幼于山水花鸟上题咏就平平，［庚侧］是纱帽头口气。如今上了年纪，且案牍劳烦，于这怡情悦性文章上更生疏，［庚眉］政老情字如此写。壬午季春，畸笏。纵拟了出来，未免迂腐古板，［周按］可知迂腐古板之人之文断不能怡情悦性，能怡情悦性者必须文采风流、才华洋溢，准此而言，即谓迂腐古板者不知情性为何物，亦无不可。反不能使花柳园亭生色，倘不妥协，反没意思。”众清客笑道：“这也无妨。我们大家看了公拟，各举其长，优则存之，劣则删之，未为不可。”贾政道：“此论极是。且喜今日天气和暖，大家去旷旷。”［戚双］音光字，去声，出《谐声字笺》。说着起身，引众人前往。贾珍先去园中知会众人。

可巧近日宝玉因思念秦钟，忧戚不尽，贾母常命人带他到新园中来戏耍，［蒙侧］现成榫〔榫〕楔，一丝不费力，若特唤出宝玉来，则成何文字？此时亦才进来，忽见贾珍走来向他笑道：“你还不出去，老爷一会就来了。”宝玉听了，带着奶娘小厮们，一溜烟就出园来。［庚侧］不肖子弟来看形容，余初看之，不觉怒焉。盖谓作者形容余幼年往事，因思彼亦自写其照，何独余哉！信笔书之，供诸大众同一发笑。方转过湾，顶头贾政引着众清客来了，躲之不及，只得一边站了。贾政近因闻得塾掌称赞宝玉耑能对对联，虽不喜读书，偏到有些歪才情似的，［蒙侧］如此顺〈写〉笔间写来，然却是宝玉正传。今日偶然撞见这机会，便命他跟来。［戚双］如此偶然方妙，若特特唤来题额，真不成文矣。宝玉只得随往，尚不知何意。贾政刚至园门前，只见贾珍带领许多执事人一傍侍立。贾政道：“你且把园门都关上，我们先瞧了外面再进去。”［蒙侧］是行家看法。贾珍听说，命人将门关了。贾政先秉正看门。只见正门五间，上面桶瓦泥鳅脊，那门栏窗隔皆是细雕新鲜花样，并无朱粉涂饰，一色水磨群墙，［蒙戚双］门雅墙雅，不落俗套。下面白石台矶凿成西番莲花样。左右一望，皆雪白粉墙，下面虎皮石随势砌去，果然不落富丽俗套，自是欢喜。遂命开门，只见迎面一带翠嶂挡在面前。［庚双］掩隐好极。众清客都道："好山，好山！"贾政道："非有此一山，一进来园中所有之景，悉入目中，则有何趣？"众人都道："极是。非胸中大有邱壑，焉想及此！"说着，往前一望，见白石崚嶒，［己双］想入其中，一时难变方向，用前、后、这边、那边等字，正是不辨东西。或如鬼怪，或如猛兽，纵横拱立，上面苔藓成斑，藤萝掩映，［蒙戚双］曾用两处旧有之园所改，故如此写方可，细极！其中微露羊肠小径。［戚双］好景界，山子野精于此技。此是小迳，非行车辇通道，今贾政原欲游览其景，故指此等处写之，想其通路大道，自是堂堂冠冕气象，无庸细写者也，后于省亲之时，已知得矣。贾政道："我们就从此小径过去，回来由那一边出去，方可遍览。"说毕，命贾珍道引，自己扶了宝玉，逶迤进入山口。［戚双］此回乃一部之纲绪，不得不细写，尤不可不细批注。盖后文十二钗书出入来往之境方不能错落，观者亦如身临足到矣。今贾政虽进的是正门，却行的是僻路，按此一大园，羊肠鸟道，不止几百十条穿东度西，临山过水，万勿以今日贾政所行之迳，［庚侧］宝玉考其方向基址。故正殿反于末路写之，足见未由大道而往，乃逶迤转折而经也。此刻已料定吉多凶少。抬头忽见山上有镜面白石一块，［庚侧］新奇。正是迎面留题处。［蒙戚双］留题处便精，不必限定凿金缕银一色恶俗，赖及枣梨之力。贾政回头笑道："诸公请看此处，题以何名方妙？"众人听说，也有说该题"叠翠"二字妙的，也有说该题"锦嶂"的，又有说"赛香炉"的，又有说"小终南"的，种种名色，不知几十个。原来众客心中早知贾政要试宝玉的功业进益何如，只将些俗套来敷衍。宝玉亦料定此意。［蒙戚双］补明，好！贾政听了，回头便命宝玉拟来。宝玉道："尝闻古人有云，编新不如述旧，刻古终胜雕今。［蒙戚双］未闻古人说此两句，却又似有者。况此处并非主山正景，原无可题之处，不过是探景一进步耳。［蒙戚双］此论却是。莫若直书'曲径通幽处'，这句旧诗在上，到还大方气派。"众人听了都赞道："极是！二世兄天分高，才情远，不似我们读腐了书的。"贾政笑道："不当谬奖，他年小，不过以一知充十用，取笑罢了，再俟选拟。"说着进入石洞来，只见佳木茏葱，奇花烂灼，一带清流从花木深处曲折泻于石隙之中。［蒙戚双］这水是人力引来做的。再进数步，渐向北边，［蒙戚双］细极！后文所以云进贾母卧房后之角门，是诸钗日相来往之境也。后文又云诸钗所居之处，只在西北一带，最近贾母卧室之后，皆从此北字而来。平坦宽豁，两边飞楼插空。［周按］一个北字，写清此园之方向，园门坐北向南，入门之后即是土山翠嶂，穿过翠嶂再向北行，逐步引向园中正景。其所谓平坦宽豁，实写一条甬道，直通省亲别墅之正殿。两边之飞楼插空，即后文之含芳阁、缀锦阁。雕甍绣槛，皆隐于山坳树杪之间。俯而视之，则清溪泻雪，石磴穿云，［苏双］前已写山至宽处，此则由低处至高处，各景皆遍。白石为栏，环抱池沼，石桥三港，兽面衔吐，桥上有亭。［蒙戚双］前已写山写石，今则写池写楼，各景皆遍。贾政与诸人上了亭子，倚栏坐了，［蒙戚双］此亭大抵四通八达，为诸小迳之咽喉要路。因问："诸公以何题此？"诸人都道："当日欧阳公《醉翁亭记》有云有亭翼然，就名翼然。"贾政笑道："翼然虽佳，但此亭压水而成，还须偏于水题方称。依我拙裁，欧阳公之泻出于两峰之间，竟用他这一个泻字。"有一客道："是极，是极。竟是泻玉二字妙！"贾政拈髯寻思，因抬头见宝玉侍侧，便笑命他也拟一个来。宝玉听说，连忙回道："老爷方才所议已是。［周按］贾政只议未拟，以议为是。但是如今追究了去，似乎当日欧阳公题酿泉，用一泻字则妥，今日此泉若亦用泻字，则觉不甚妥。况此处虽云省亲驻跸别墅，亦当入于应制之例，用此等字眼，亦觉粗陋不雅，求再拟较此蕴藉含蓄者。"贾政笑道："诸公听此论若何，方才众人编新，你又说不如述古。我们如今述古，你又说粗陋不妥。你且说你的来我听。"宝玉道："有用'泻玉'二字，则莫若'沁芳'二字，［周按］沁芳是宝玉第一次开口题名，仅仅二字却将全园之精神命脉囊括其中。既不粗陋，更显风流，不愧文采二字。然细思之，沁芳何义？我谓实即《西厢记》中"花落水流红"之变词也。岂不新雅。"［蒙戚双］果然。［庚侧］真新雅。贾政拈髯点头不语。［庚眉］六字是严父大露悦容也。壬午春。众人都忙迎合，赞宝玉才情不凡。贾政道："匾上二字容易，再作一付七言对联来。"宝玉听说，立于亭上，四顾一望，便机上心来，乃念道：

> 绕堤柳借三篙翠，［蒙戚双］要紧，贴切水字。隔岸花分一脉香。［蒙戚双］恰极工极，绮靡秀媚，香奁正体。［周按］此联清新典雅、明丽风华，当之无愧。而又字字扣紧水景，才情双至。

贾政听了，点头微笑。众人咸称赞不已。［周按］贾政见宝玉所拟匾联，一曰拈髯点头不语，二曰点头微笑，须知点头与微笑一字不加，却是满心欢喜，赞叹佩服。而因严父当众不能轻许其子，故只作此态，不言而言尽矣。于是出亭过池，所有一山一石，一花一木，莫不着意观览。［蒙戚双］浑写两句，已见经行处愈远，更至北一路矣。忽抬头看见面前一带粉垣，里面数楹修舍，有千百竿翠竹遮映。众人都道："好个所在！"于是大家进来，［庚侧］此方可为颦儿之居。只见入门便是曲折游廊，［蒙戚双］不犯超手游廊。阶下石子幔成甬路。上面小小三间房舍，一明两暗，里面都是合着地步打就的床杌椅案。从里间房内又得一小门，出去则是后院，有大茉梨花兼着芭蕉。又有两间小小退步。后院墙下忽开一隙，得泉一派，开沟仅尺许，灌水入墙内，绕阶缘屋至前院，盘旋竹下而出。贾政笑道："这一处到还罢了，［庚侧］一处。若能月夜坐此窗下读书，不枉虚生一世。"说毕，看着宝玉，唬的宝玉忙垂了头。［蒙戚双］点一笔。众客忙用话开释，［蒙戚双］客不可不有。又说道："此处的匾，该题四个字。"贾政笑问："那四字？"一个道是"淇水遗风"。贾政道："俗。"［蒙戚双］余亦如此。又一个说是"睢园雅迹"。贾政道："也俗。"贾珍笑道：［庚眉］又换一章法。壬午春。"还是宝玉兄弟拟一个来。"贾政道："他未曾作，［庚侧］知子者莫如父。先就要议论人家好歹，可见就是个轻薄人。"众客道："议论的极是，其奈他何？"贾政忙道："休如此纵了他。"因命他道："今日任你狂言乱道，先设议论来，然后方许你作。［庚眉］于作诗文时，虽政老亦有如此令旨，可知严父亦无可奈何也，不学纨袴来看。畸笏。［蒙戚双］又一格式，不然不独死板，且亦大失严父素体。方才众人可有使得的么？"宝玉见问，便答道："都似不妥。"［戚双］明知是故意要他盘驳议论，乐得肆行施展。贾政冷笑道："怎么不妥？"宝玉道："这里乃是第一处行幸之处，必须颂圣方可。若用四字的匾，又有古人现成的，何必再作？"贾政道："难道淇水、睢园不是古人的事？"［周按］古人的事，犹言古人的典故，不宜缺字。宝玉道："这太板腐了。莫若'有凤来仪'四字。"［蒙戚双］果然，妙在双关暗合。众人都哄然叫妙。贾政点头道："畜生，畜生，可谓管窥蠡测矣。"因命再题一联来。宝玉便念道：

宝鼎茶闲烟尚绿，［戚双］尚字妙极，不必说竹，然恰恰是竹中精舍。幽窗棋罢指犹凉。［蒙戚双］犹字妙，尚绿犹凉四字，便如置身于森森万竿之中。

贾政摇头说道："也未见长。"［周按］政老此评却不委屈了宝玉，我也曾谓此联并无大精彩处。◎贾政才入此处，便提出月夜读书之大主题，又目视宝玉，意谓宝玉应于此处读书，然直至八十回末，亦未见一字回应贾政此语。我蓄疑已久，终不能释，留待方家解惑。说毕引人出来。方欲走时，忽又想起一事来，因问贾珍道："这些院落房宇［庚侧］此一顿少不得。并几案桌椅都算有了，还有那些帐幔帘子并陈设玩器古董，可也都是一处处合式配就的？"［戚双］大篇长文，不如此顿，则成何说话。贾珍回道："那陈设的东西早已添了许多，临期自然合式陈设，帐幔帘子，昨日听见琏兄弟说还不全。那原是一起工程之时，就画了各处的图样，量准尺寸，就打发了人办去的。想必昨日得了一半。"［蒙戚双］补出近日忙冗，千头万绪景况。贾政听了，便知此事不是贾珍的首尾，便命人去唤贾琏。一时贾琏赶来，［蒙戚双］写出忙冗景况。贾政问他共有几种，现今得了几种，尚欠几种。贾琏见问，忙向靴桶内取靴掖内装的一个纸折略节来，［蒙戚双］细极！从头至尾，誓不作一笔逸安苟且之笔。看了一看，回道："粧、［蒙戚双］一字一句。蟒、绣、堆、刻丝、弹墨，［蒙戚双］二字一句。并各色绸绫大小幔子一百二十架，昨日得了八十架，下欠四十架。帘子二百挂，昨日俱得了。外有猩猩毡帘二百挂，金丝藤红漆竹帘二百挂，墨漆竹帘二百挂，五彩线络盘花帘二百挂，每样得了一半，也不过秋天就完了。［周按］也不过，口语常用，犹言"也只是"。椅搭、桌围、床裙、杌套，每分一千二百件，也有了。"一面走，一面说，［蒙戚双］是极。正走之间，见前面倏尔青山斜阻，［己双］斜字细，不必拘定方向。诸钗所居之处，若稻香村、潇湘馆、怡红院、秋爽斋、蘅芜苑等，都相隔不远，究竟只在一隅，然处置得巧妙，使人见其千邱万壑，恍然不知所穷。所谓会心处不在乎远大，一山一水、一木一石，全在人之穿插布置耳。转过山怀中，隐隐露出一带黄泥筑就矮墙，墙头皆用稻茎掩护。［蒙戚双］配的甚好。有几百株杏花，开的如喷火蒸霞一般。里面数间茅屋。外面却是桑、榆、槿、柘各色树稚新条，随其曲折，编就两溜青篱。篱外山坡之下，有一土井，傍有桔槔辘轳之属。下面分畦列亩，佳蔬菜花，一望漫然无际。［己双］阅至此，又笑别部小说中一万个花园中，皆是牡丹亭、芍药圃，雕澜画栋、琼榭朱楼，略不差别。贾政笑道："到是此处有些道理，固然系人力穿凿，此时一见，未免勾引起我归农之意。［蒙戚双］极热中偏以冷笔点之，所以为妙。我们且进去歇息歇息。"说毕，方欲进篱门去，忽见路傍有一石碣，[庚侧]真妙真新。亦为留题之备。[己双]更恰当，若有悬额之处，或再用镜面石，岂复成文哉？忽想到石碣二字，又托出许多郊野气色来，一度〔肚〕皮千秋〔邱〕万壑，只在这石碣上。众人笑道："更妙！更妙！此处若悬匾待题，则田舍佳风一洗尽矣。立此一碣，又觉生色许多，[庚侧]赞得是。这个篾翁有些意思。非范石湖田家之咏不足以尽其妙。"[蒙戚双]客不可不养。贾政道："诸公请题。"众人道："方才世兄有云，编新不如述旧，此处古人已道尽矣，莫若直书杏花村妙极！"贾政听了，笑向贾珍道："正亏提醒了我。此处都妙极，只是少一个酒幌。明日竟作一个，不必华丽，就依外面庄村的式样作来，用竹竿挑在树梢。"贾珍答应了，又回道："此处竟还不可养雀鸟，只是买些鹅鸭鸡之类，才都相称。"[周按]称，读去声，南音同趁。贾政与众人都道："更妙。"贾政又向众人道："杏花村固佳，只是犯了正名村名，直待请名方可。"众客都道："是呀！如今虚的便是什么字样好？"大家想着，宝玉却等不得了，[蒙戚双]又换一格方不板。也不等贾政的命，[蒙戚双]忘情有趣。便说道："旧诗有云，红杏梢头挂酒旗。如今莫若用杏帘在望四字。"[蒙戚双]妙在一"在"字。众人都道："好个在望！又暗合杏花村的意。"宝玉冷笑道：[蒙戚双]忘情最妙。"村名若用杏花二字，则俗陋不堪了。又有古人诗云，柴门临水稻花香，何不就用稻香村的妙？"众人听了，亦发哄声拍手道："妙！"贾政一声断喝："无知的业障！你能知道几个古人，[庚眉]爱之至，喜之至，故作此语。能记得几首熟诗？也敢在老先生跟前卖弄！你方才那些胡说的，不过是试你清浊，[庚眉]作者至此，宁不笑杀？壬午春。[周按]壬午春，芹脂心情尚好。至壬午九月，有索书甚迫之批，即有变故矣。取笑而已，你就认真了！"说着引人步入茆堂，里面纸窗木榻，富贵气象一洗皆尽。贾政心中自是欢喜，却瞅宝玉道："此处如何？"众人见问，都忙悄悄的推宝玉，教他说好。宝玉不听人言，便应声道："不及有凤来仪多矣。"[戚双]公然自定名，妙！贾政听了道："无知的蠢物，你只知朱楼画栋，恶赖繁华为佳，那里知道这清幽气象，终是不读书之过！"宝玉忙答道："老爷教训的固是，但古人常云天然二字，不知何意？”众人见宝玉牛心，都怪他呆痴不改。今见问“天然”二字，众人忙道：“别的都明白，如何连天然二字不知。天然者，天之自然而然，非人力之所能成也。”宝玉道：“却又来此处置一田庄，分明见得人力穿凿扭捏而成。远无邻村，近不负郭，背山山无脉，临水水无源，高无隐寺之塔，下无通市之桥，峭然孤出，看去觉得无味，似非大观。争似先处有自然之理，得自然之气，虽种竹引泉，亦不伤于穿凿。古人云天然图画四字，正畏非其地而强为地，非其山而强为山，虽百般精巧终不相宜。”未及说完，贾政气的喝命：“叉出去！”刚出去，又喝命回来：“命再题一联，若不通一并打嘴。”宝玉只得念道：［庚眉］所谓奈何他不得也，呵呵。畸笏。

新涨绿添浣葛处，［蒙戚双］采诗颂圣，最恰当。好云香护采芹人。［戚双］采风采雅都恰当，然冠冕中又不失香奁格调。

贾政听了摇头说：“更不好。”一面引众人出来，转过山坡，穿花度柳，抚石依泉，过了荼蘼架，再入木香棚，越牡丹亭，度芍药圃，入蔷薇院，出芭蕉坞，盘旋曲折。［蒙戚双］略用套语一束，与前顿破格不板。忽闻水声潺湲，泻出石洞，上则萝薜倒垂，下则落花浮荡。［蒙戚双］仍是沁芳溪矣。究竟基址不大，全是曲折掩映之巧可知。众人都道：“好景，好景！”贾政道：“诸公题以何名？”众人道：“再不必拟了，恰恰乎是‘武陵源’三个字。”贾政笑道：“又落实了，而且陈旧。”众人笑道：“不然就用‘秦人旧舍’四字也罢了。”宝玉道：“这越发过露了，‘秦人旧舍’说避乱之意，如何使得？莫若‘蓼汀花溆’四字。”贾政听了，更批胡说。于是要进港洞时，又想起有船无船。贾珍道：“采莲船共四只，座船一只，如今尚未造成。”贾政笑道：“可惜不得入了。”贾珍道：“从上盘道亦可以进去。”说毕，在前道引，大家攀藤抚树过去。只见水上落花愈多，其水愈清，溶溶荡荡，曲折萦迂。池边两行垂柳杂着桃杏，遮天蔽日，真无一些尘土，忽见桃柳中又露出一条折带朱栏板桥来，［戚双］此处才见一朱粉字样，绿柳红桥，此等点缀亦不可少。后文写芦雪广则曰蜂腰板桥，都施之得宜，非一幅死稿也。度过桥去，诸路可通，［己双］补四字细极，不然后文宝钗来往则将日日爬山越岭矣。记清［清］此处，则知后文宝玉所行常径非此处也。便见一所清凉瓦舍，一色水磨砖墙，清瓦花堵，那大主山所分之脉，［蒙戚双］两见大主山稻香村，又云怀中不写主山，而主山处处映带，连络不断可知矣。皆穿墙而过。［蒙戚双］好想。贾政道："此处这所房子无味的狠。"［己双］故先顿此一笔，使后文愈觉生色。未扬先抑之法，盖钗颦对峙，有甚难写者。因而步入门时，忽迎面突出插天的大玲珑山石来，四面群绕各式石块，竟把里面所有房屋悉皆遮住，且一株花木也无，［蒙戚双］更奇妙。只见许多异草，或有牵藤的，或有引蔓的，或垂山巅，或穿石隙，甚至垂檐绕柱，萦砌盘阶，［蒙戚双］更妙！或如翠带飘，或如金绳盘屈，或实若丹砂，或花如金桂，味芬气馥，非花香之可比。［己双］前三处皆还在人意之中，此一处则今古书中未见之工程也。连用几或字，是从昌黎南山诗中学得。贾政不禁笑道："有趣！［蒙戚双］前有无味二字，及云有趣二字，更觉生色，更觉重大。只是不大认识。"有的说是薜荔藤萝。贾政道："薜荔藤萝不得如此异香。"宝玉道："果然不是。这些之中也有藤萝薜荔，那香的是杜若蘅芜。那一种大约是茝兰，这一种大约是清葛，那一种是金䔲草，这一种是玉蕗藤，红的自然是紫芸，绿的定是青芷。［蒙双］金䔲草见《字汇》，玉蕗见《楚辞》，茝蕗杂于蘼蒸，茝葛芸芷皆不必注，见者太多。此书中异物太多，有人生之未闻未见者，然实系所有之物，或名差理同者亦有之。想来《离骚》《文选》等书上所有的那些异草，也有叫作什么藿蒳姜荨的，也有叫作什么纶组紫绛的，还有石帆、水松、扶留等样，［蒙戚双］左太冲《吴都赋》。又有叫什么绿荑的，还有什么丹椒、蘼芜、风连。［蒙戚双］以上《蜀都赋》。如今年深岁改，人不能识，故皆像形夺名，渐渐的唤差了，也是有的。"［蒙戚双］自实注一笔，妙！未及说完，贾政喝道："谁问你来！"［蒙戚双］又一样止法。唬的宝玉倒退，不敢再说。贾政因见两边俱是超手游廊，便顺着游廊步入，只见上面五间清厦连着卷棚，四面出廊，绿窗油壁，更比前几处清雅不同。贾政叹道："此轩中煮茶操琴，亦不必再焚名香矣。［蒙双］前二处，一曰月下读书，一曰勾起归农之意，此则曰操琴煮茶，断语皆妙。此造已出意外，诸公必有佳作新题，以颜其额，方不负此。”众客笑道：“再莫若‘兰风蕙露’贴切了。”贾政道：“也只好用这四字。其联若何？”一人答道：“我到想了一对，大家批削改正。”念道是：

麝兰芳霭斜阳院，杜若香飘明月洲。

众人道：“妙则妙矣，只是斜阳二字不妥。”那客道：“古人诗云，蘼芜满手泣斜晖。”[周按]友人云：据宋刻本《唐女郎鱼玄机诗集》，“满”字作“盈”字。众人道：“颓丧，颓丧。”又一客道：“我也有一联，诸公评阅评阅。”因念道：

三径香风飘玉蕙，一庭明月照金兰。[戚双]此二联皆不过为钓宝玉之饵，不必认真批评。

贾政拈髯沉音，意欲也题一联。忽抬头见宝玉在旁，不敢啧声，因喝道：“怎么你应说话时，又不说了？还要等人请教你不成！”宝玉听说，便回道：“此处并无什么兰麝、明月、洲渚之类，若要这样著迹起来，就题二百联也不能完。”贾政道：“谁按着你的头，教你必定说这些字样呢？”宝玉道：“如此说匾上则莫若‘蘅芷清芬’。”对联则是：

吟成豆蔻才犹艳，睡足酴醾梦也香。[蒙戚双]实佳。

贾政笑道：“这是套的‘书成蕉叶文犹绿’，不足为奇。”众客道：“李太白凤凰台之作，全套黄鹤楼，只要套得妙。[庚侧]这一位蔑翁更有意思。如今细评起来，方才这一联，竟比书成蕉叶犹觉幽娴活泼。视书成之句，竟似套此而来。”贾政笑道：“岂有此理！”说着，大家出来。行不多远，则见巍巍峩峩，层楼高起，面面琳宫合抱，迢迢复道萦纡，青松拂檐，玉栏绕砌，金辉兽瓦，[周按]兽瓦是原文。彩焕螭头。贾政道：“这是正殿了，[蒙戚双]想来此殿在园之正中，按园不是殿方之基，西北一带通贾母卧室后，可知西北一带是多宽出一带来的，诸钗始便于行也。只是太富丽了些。”众人都道：“要如此方是，虽然贵妃崇节尚俭，天性恶繁悦朴，[庚侧]写出贾妃身分天性。然今日之尊，礼宜如此，不为过也。”一面说，一面走，只见正面[蒙戚双]正面，细。现出一座玉石牌坊来，上面龙蟠螭护，玲珑凿就。贾政道：“此处书以何文？”众人道：“必是‘蓬莱仙境’方妙。”贾政摇头不语。宝玉见了这个所在，心中忽有所动，寻思起来，倒像那里曾见过的一般，〔庚眉〕路顺顺逆逆，已成千邱万壑之景，若不有此一段大江截住，直成一盆景矣。作者从何落笔着想？却一时想不起那年月日的事了。〔蒙双〕仍归于葫芦一梦之太虚玄境。贾政又命他作题，宝玉只顾细思前景，全无心于此了。众人不知其意，只当他受了这半日的折磨，精神耗散，才尽词穷了。再要考难逼迫，着了急，或生出事来到不便。遂忙都劝贾政："罢罢，明日再题罢了。"贾政心中也怕贾母不放心，〔蒙戚双〕一笔不漏。遂冷笑道："你这畜生，也竟有不能之时了。也罢，限你一日，明日若再不成，我定不饶。这是要紧之处，更要好生作来。"说着，引众人出来，再一观望，原来自门所行至此，才游了十之五六。〔己双〕总住，妙！伏下后文所补等处，若都入此回写完，不独太繁，使后文冷落，亦且非《石头记》之笔。

又值人回，有雨村处遣人来回话。〔蒙戚双〕又一紧，故不能终局也。此处渐渐写雨村亲切，正为后文地步，伏脉千里，横云断岭法。贾政笑道："此数处不能游也。虽如此，只得从那边出去，纵不能细观，也可稍览。"说着引客行来，至一大桥前，见水如晶帘一般奔入。原来这桥便是通外河之闸，引泉而入者。〔己双〕写出水源，要紧之极。近之画家着意于山，若不讲水，又造园囿者，惟知弄莽憨顽石壅笨冢，辄谓之景，皆不知水为先着，此园大概一描，处处未尝离水，盖又未写明水之从来，今终补出，精细之至。贾政因问："此闸何名？"宝玉道："此乃沁芳泉之正源，就名沁芳闸。"〔己双〕究竟只一脉，赖人力引道之功，园不易造，景非泛写。贾政道："胡说，偏不用'沁芳'二字。"〔蒙戚双〕此以下皆系文终之馀波，收的方不突。于是一路行来，或清堂，或茅舍，或堆石为垣，或编花为牖，或山下得幽尼佛寺，或林中藏女道丹房，或长廊曲洞，或方厦圆亭，贾政皆不及进去，〔己双〕伏下栊翠庵、芦雪广、凸碧山庄、凹晶溪馆、暖香坞等诸处，于后文一断一断补之，方得云龙作雨之势。因说半日腿酸，未尝歇息，忽又见前面又露出一所院落来了，〔庚眉〕词〔向〕卿此居比大荒山若何？贾政笑道："到此可要进去歇息歇息了。"说着，一迳引人绕着碧桃花，〔蒙戚双〕怡红院如此写来，用无意之笔，却是极精细文字。穿过一层竹篱花障编就的月洞门，〔蒙戚双〕未写其居，先写其境。俄见粉墙环护，绿柳周垂。〔蒙戚双〕与万竿修竹遥映。贾政与众人进去，一入门，两边俱是游廊相接。院中点衬几块山石，一边种着数本芭蕉，［周按］蕉，原作焦，梦觉本凡数见，当有来历，疑原笔如此，盖古书通用。那一边乃是一颗西府海棠，［周按］颗是原笔。其势若伞，丝垂翠缕，葩吐丹砂。众人赞道："好花，好花！从来也见过许多海棠，那里有这样妙的。"贾政道："这叫作女儿海棠，［蒙戚双］妙名！乃是外国之种，俗传系出女儿国中，［庚侧］出自政老口中，奇特之至。云彼国此种最盛，亦荒唐不经之说罢了。"［庚侧］政老应如此语。众人笑道："然虽不经，如何此名竟传久了。"宝玉道："大约骚人咏士以此花之色红晕若施脂，轻弱似扶病，［蒙戚双］体贴的切，故形容的妙！［庚眉］十字，若海棠有知，必深深谢之。大近乎闺阁风度，所以以女儿命名。想因被世间俗恶听了，他便以野史纂入为证，以俗传俗，以讹传讹，都认真了。"［蒙戚双］不独此花，近之谬传者不少，不能悉道，只借此花数语驳尽。众人都摇身赞妙。［周按］摇身，乃上身摇动，神态妙绝。一面说话，一面都在廊外抱厦下打就的榻上坐了。［蒙戚双］至阶又至檐，不肯轻意写过。贾政因问："想几个什么新鲜字来题此？"一客道："蕉鹤二字最妙。"又一客道："崇光泛彩方妙。"贾政与众人都道："好个崇光泛彩！"宝玉也道："妙极了！"又叹："只是可惜了。"众人问："如何可惜？"宝玉道："此处蕉棠两植，其意暗蓄红绿二字在内。若只说蕉，则棠无着落。若只说棠，蕉亦无着落。固有蕉无棠不可，有棠无蕉更不可。"贾政道："依你如何？"宝玉道："依我题'红香绿玉'四字，方两全其妙。"贾政摇头道："不好，不好。"说着引人进入房内，只见这几间房内收拾的与别处不同，［庚侧］特为青埂峰下凄凉，与别处不同耳。竟分不出间隔来的。［周按］隔是原笔。［戚双］新奇希见之法式。原来四面皆是雕空玲珑木板，或流云百蝠，或岁寒三友，或山水人物，或翎毛花卉，或集锦，或博古，［庚双］花样周全之极，然必用下文者，正是作者无聊，撰出新异笔墨，使观者眼目一新。所谓集小说之大成，游戏笔墨，雕虫之技，无所不备。可谓善戏者矣。又供诸人同同一戏，妙极！或卍福卍寿（万福万寿），［蒙双］前金玉篆文，是可考正篆，今则从俗花样，真是醒睡魔，其中诗词雅谜以及各种风俗学文一概不必究，只据此等处，便是一绝。各种花样皆是名手雕镂，五彩销金嵌宝的。［己双］至此方见一朱彩之处，亦必如此式方可。可笑近之园〔园〕庭，行动便以粉油从事。一隔一隔，或有贮书处，或有设鼎处，或安置笔砚处，或供花设瓶，安放盆景处。其隔各式各样，或天圆地方，或葵花蕉叶，或连环半璧。真是花团锦簇，剔透玲珑。倏尔五色纱糊就竟系小窗。倏尔五彩绡轻覆竟系幽户。［蒙戚双］精工之极！且满墙满壁，皆系随依古董玩器之形抠成的槽子，诸如琴、剑、悬瓶、［蒙戚双］悬于壁上之瓶也。桌屏之类，虽悬于壁，却都是与壁相平的。［戚双］皆系人意想不到目所未见之文。若云拟编虚想出来，焉能如此。〇一段极清极细，后文鸳鸯瓶、紫玛瑙碟、西洋酒令、自行船等处，不必细表。［周按］此云"鸳鸯瓶"，后文曰"联珠瓶"。此云"紫玛瑙碟"，后文曰"白玛瑙缠丝碟子"。此云"西洋酒令自行船"，后文曰"西洋自行船"。细玩批语，似批书人曾见实物如此。而小说中所写却微以变化而出之者。故貌似细节有异，而实无不同也。众人都赞："好精致想头！难为怎么想来。"［蒙戚双］谁不如此赞。原来贾政等走了进来，未进两层，便都迷了旧路，左瞧也有门可通，右瞧又有窗暂隔，及到了跟前，又被一架书挡住。回头再走，又有窗纱明透，门径可行。及至门前，忽见迎面也进来了一群人，都与自己形相一样，却是一架玻璃大镜相照。及转过大镜去，［庚侧］石兄迷否？越发见门多了。［庚侧］所谓投投是道是也。贾珍笑道："老爷随我来，从这门出去便是后院。从后院出去，到比先近了。"说着又转了两层纱厨锦槅，果得一门出去。［庚侧］此方便门也。院中满架蔷薇、宝相，［周按］宝相是花名。转过花障，则见清溪前阻。［蒙戚双］又写水。众人诧异："这股水又是从何而来？"贾珍遥指道："原从那闸起流至那洞口，从东北山坳里引到那村庄里，又开一道岔口引到西南上，共总流到这里，仍旧合在一处，从那墙下出去。"众人听了都道："神妙之极。"［庚侧］于怡红总一园之看，是书中大立意。［周按］引水本在宁府西侧后墙拐角处，改建新园，故入水闸反为东北，园之正身全向西北扩展，故溪流又引向西南，方向最清。说着，忽见大山阻路，众人都道："迷了路了。"贾珍笑道："随我来。"乃在前道引。众人随他直由山脚边忽一转，便是平坦宽阔大路，［庚侧］众善归缘，自然有平坦大道。豁然大门前见。［蒙戚双］可见前进来是小路径，此云忽一转，便是平坦宽阔之正甬路也。细极。［庚眉］以上可当大观园记。众人都道："有趣，有趣。真搜神夺巧以至于是！"大家出来。那宝玉一心只记挂着里边，又不见贾政吩咐，少不得跟到书房。贾政忽想起他来，方喝道："你还不去？难道还逛不足！［庚侧］冤哉，冤哉！也不想逛了这半日，老太太必悬挂着，还不快进去，疼你也白疼了。”［蒙戚双］如此去法，大家严父风范，无家法者不知。宝玉听说，方退了出来。

［戚回后］好将富贵回头看，总有文章如意难。零落机缘君记去，黄金万斗大观摊。

［回后评］若欲学古人行文用笔之法来看此回，细心玩索，可尽悟其妙。写此新园原为展示全局，却又不能尽显尽露。故有详有略，有隐有现，有穿插，有曲折。又要交待大方向，又要叙写小细节。游园之时，一步一景，随景变换，边行边赏，边题边议，种种情趣错落交织，尽显于一尺幅之中，不独胸中丘壑，亦需笔力如椽。

宝玉之议论见解自有主张，不因受赞、被斥而转移，即今日所谓之原则性是也。宝玉评武陵源与秦人旧舍，而一言点破“这越发过露了”，此语重要至极。一是说明前文已有过露之处，二是强调至此过露又胜于前文。试问何为过露？所过露者何事？作者不言，读者能悟乎？所谓过露者即已将真事隐去，而如今偏又微露端倪，本不宜明言，而如今偏又稍稍暗示。

按，宋末谢枋得诗句云：寻得桃源好避秦，桃红又见一年春。花飞莫遣随流水，怕有渔郎来问津。盖改朝换代之际，隐抱痛怀之文字也。今一清客忽云“秦人旧舍”，则可知园虽新筑，实为某家王爷之旧居。总览全园布局，写水之源流分合最为清楚，由西北引入至东南流出，出入之处各有一闸。而且大主山则隐现突兀，既不连缀，也不分明。此笔法之有意避同也。写水只是一条沁芳溪，偶有小小聚水之处，曰池曰塘，绝无湖泊之称。今之仿盖大观园者，首须认清此点。

第十八回
林黛玉误剪香囊袋　贾元春归省庆元宵

［蒙戚回前］一物珍藏见至情，豪华每向闹中争。黛林宝薛传佳句，豪宴仙缘留趣名。为剪荷包绾两意，屈从优女结三生。可怜转眼皆虚话，云自飘飘月自明。

话说宝玉来至院外，就有跟贾政的几个小厮上来拦腰抱住，都说："今日亏了你，我们老爷才喜欢，老太太打发人出来问了几遍，都亏我们回说喜欢，［庚侧］下人口气毕肖。不然，若老太太叫你进去，就不得展你的才了。人人都说你那些对比是人都强，［周按］是人，谓所有的人，非谓世人。今日得了这样的彩头，该赏我们了。"宝玉笑道："每人一吊钱。"众人道："谁没见那一吊钱！［庚侧］钱亦有没用处。把这荷包赏了罢。"［周按］罢，结束决断语，与现今语尾词吧不可混解。说着，一个上来解荷包，那一个就解扇囊，不容分说，将宝玉所佩之物尽行解去。又道："好生送上去罢。"一个抱了起来，几个围绕，［庚侧］好收煞！送宝玉至贾母二门前。那时贾母已命人看了几次，［周按］小厮只能到贾母二门，再由众奶娘丫嬛接进去。众奶娘丫嬛跟上来见过贾母，知不曾难为着他，心中自是喜欢。少时袭人到了茶来，见他身边所佩之物一个无存，［庚侧］袭人在玉兄一身，无时不照察到。因笑道："带的东西又是那个没脸面的东西解去了。"林黛玉听说，走过来瞧瞧，果然一件无存，因向宝玉道："我给你的那个荷包［庚侧］又起楼阁。也给了他们了。你明儿再想要我的东西，可不能勾了！"说毕，赌气回房，将前日宝玉所烦他作的那个香袋儿，才做了一半，赌气拿过来就铰。宝玉见他生气，便知不妥，忙赶过来，早剪破了。宝玉已见过这香囊，虽尚未完，却十分精巧，费了许多工夫。今见无故剪了，却也可气。因忙把衣领解开，从里红袄襟上将黛玉所给的那个荷包解下来，递与黛玉瞧道："你瞧瞧这是什么？我是那一回把你的东西给人了？"林黛玉见他如此珍重，带在里面，［己双］按理论之，则是天下本无事，庸人自扰之。若以儿女子之情论之，则事必有之事，必有之理。又系今古小说中不能写到写得，谈情者亦不能说出讲出，情痴之至文也。可知是怕人拿去之意，因又自悔莽撞，未见皂白就剪了香袋，［己双］情痴之至，若无此悔，便是一庸俗小性之女子矣。因此又愧又气，低头一言不发。宝玉道："你也不用剪，我知道你是懒待给我东西。我连这荷包奉还，如何？"说着，掷在他怀中便走。［蒙戚双］这却难怪。黛玉见如此说，越发气起来，声咽气堵，又汪汪的滚下泪来，［蒙戚双］怒之极，正是情之极。拿起荷包又剪。宝玉见他如此，忙回身抢住，笑道："好妹妹，饶了他罢！"［蒙戚双］这方是宝玉。黛玉将剪子一摔，拭泪说道："你不用同我好一阵歹一阵的，要恼，就撂开手。这当了什么呢！"说着，赌气上床，面向里倒下拭泪。禁不住宝玉上来好妹妹长、好妹妹短赔不是。前面贾母一片声找宝玉，众奶娘丫嬛们忙回说："在林姑娘房里呢。"贾母听说道："好好好！让他们姊妹们一处顽顽罢。才他老子拘了他这半天，让他开心一会子罢。只别叫他们办嘴，不许牛了他。"［周按］牛，读去声，犹言"违拗"。众人答应着。黛玉被宝玉缠不过，只得起来道："你的意思不叫我安生，我就离了你。"说着往外就走。宝玉笑道："你到那里，我跟到那里。"一面仍拿了荷包来带上。黛玉伸手抢道："你说不要了，这会子又带上，我也替你怪燥的！"说着，嗤的一声又笑了。宝玉道："好妹妹，明儿另替我作个香袋儿罢！"黛玉道："那也只瞧我高兴罢了。"一面说，一面二人出来，到王夫人上房中去了，［蒙戚双］一段点过二玉公案，不可少。可巧宝钗亦在那里。

此时王夫人那边热闹非常，［蒙戚双］四字特补近日千忙万冗，多少花团锦簇文字。原来贾蔷已从姑苏采买了十二个女孩子，并聘了教习，以及行头等物来了。那时薛姨妈另迁于东北上一所幽静房舍居住，将梨香院早已腾挪出来，另行修理了，就令教习在此教演女戏。又另派家中旧有曾演学过歌唱的女人们，如今皆已皤然老妪矣，［蒙戚双］又补出当日宁荣在世之事，所谓此是末世之事也。着他们带领管理。就令贾蔷总理其日用出入银钱等事，以及诸凡大小所需之物料账目。［蒙戚双］补出女戏一段，又伏一案。又有秦之孝来回：［周按］秦之孝，诸要本皆同。“采访聘买得十个小尼姑，小道姑也是十个，都有了，连新作的二十分道袍也有了。外有一个带发修行的，本是苏州人氏，祖上也是读书仕宦之家，因生了这位姑娘自小多病，买了许多替生儿皆不中用，足的这位姑娘亲自入了空门，方才好了，所以带发修行，今年才十八岁，法名妙玉。［己双］妙卿出现。至此细数十二钗，以贾家四艳再加薛林二冠有六，去秦可卿有七，再凤有八，李纨有九，今又加妙玉，仅得十人矣。后有史湘云与熙凤〔凤〕之女巧姐儿者共十二人。雪芹题曰《金陵十二钗》，盖本宗《红楼梦》十二曲之义。后宝琴、岫烟、李纹、李绮皆陪客也，《红楼梦》中所谓副十二钗是也。又有又副删〔册〕三断词，乃晴雯、袭人、香菱三人而已。馀未多及，想为金玔、玉玔、鸳央〔鸳［庚眉］妙玉，世鸯〕、茜云〔茜雪〕、平儿等人无疑矣。观者不待言可知，故不必多费笔墨。外人也。故笔笔带写，妙极，［庚眉］树〔橱〕处引十二钗，总未的确，皆系漫拟也，至末妥极！畸笏。回警幻情榜，方知正副再副及三四副芳讳。壬午季春，畸笏。如今父母俱已亡故，身边只有两个老嬷嬷，一个小丫头伏侍。文墨也极通，经文也不用学了，模样儿又极好。因听见长安都中有观音遗像并贝叶遗文，去岁随了师父上来，［蒙戚双］因此方使妙卿入都。现在西门外牟尼院住着。他师父极精演先天神数，于去冬圆寂了。妙玉本要扶灵回乡的，他师父临寂遗言，说他衣食起居不宜还乡，在此净居，后来自然有你的结果，所以他竟未回去。”王夫人不等回完便说：“既这样，我们何不接了他来？”秦之孝回道：“请他，他说，‘侯门公府必以贵势压人，我再不去的。’”［蒙双］补出妙卿身世不凡，心情高洁。王夫人笑道：“他既是官宦小姐，自然骄傲些，就下个帖子请他何妨？”秦之孝答应了出去，命书启相公写请帖去请妙玉。次日遣人备车轿去接等后话暂且搁过，此时不能表白。［蒙戚双］补尼道一段，又伏一案。当下又有人回，工程上等着糊东西的纱绫，请凤姐去开楼拣纱绫。又有人来回请凤姐开库，收金银器皿。连王夫人并上房丫嬛等众皆一时不得闲的。宝钗便说：“咱们别在这里碍手碍脚，找探丫头去。”说着，同宝玉、黛玉往迎春等房中来闲顽，无话。

王夫人等日日忙乱，直到十月将尽，幸皆全备。各处监管都交清账目。各处古董文玩皆已陈设齐备。采办鸟雀的，自仙鹤、孔雀以及鹿、兔、鸡、鹅等类，悉已买全，交与园中各处按景饲养。贾蔷那边也演出二十出杂戏来，小尼姑、道姑也都学念会了念几卷经咒。贾政方略觉心意宽畅，［蒙双］好极，可见智者居心，无一时弛怠。又请贾母等进园，色色斟酌，点缀妥当，再无一些遗漏不当之处了，于是贾政方择日题本。［己双］至此方完大观园工程公案，观者则为大观园废尽精神，余则为若许笔墨，却只因一个葬花冢。本上之日，奉硃批准奏：“次年正月十五上元之日，恩准贾妃省亲。”贾府领了此恩旨，亦发昼夜不闲，年也不曾好生过的。［己双］一语带过，是以岁首祭宗祀元宵开家宴一回，留在后文细写。

转眼元宵在迩。自正月初八日，就有太监出来先看方向，何处更衣，何处燕坐，何处受礼，何处开宴，何处退息。又有巡察地方总理关防太监等带了许多小太监出来，各处关防挡围幙，指示贾宅人员何处退，何处跪，何处进膳，何处启事，种种仪注不一。外面又有工部官员并五城兵备道打扫街道，撵逐闲人。贾赦等督率匠人扎花灯烟火之类，至十四日，俱已停妥。这一夜上下通不曾睡。

至十五日五鼓，自贾母等有爵者，按品服大妆。园内各处帐舞蟠龙，帘飞彩凤，金银焕彩，珠宝争辉，［戚双］是元宵之夕，不写灯月，而灯光月色满纸矣。鼎焚百合之香，瓶插长春之蕊，［己双］抵一篇大赋。静悄无人咳嗽。［蒙戚双］有此句方足。贾赦等在西街门外，贾母等在荣府大门外。街头巷口，俱系围幙挡严。正等的不奈烦，忽一太监坐大马而来，［蒙戚双］有是礼。［周按］坐大马，当是形容不善骑或非急务之宽跨双腿（不紧夹马腹）缓态，有调侃之意，疑是当时旗人习语。贾母忙接入，问其消息。太监道：“早多着呢。未初刻用过晚膳，未正二刻还到宝灵宫拜佛，［蒙戚双］暗贴王夫人，细！酉初刻进太明宫领宴看灯，［周按］前回有大明宫，此处又见太明宫，疑为一处而两见。钞手只有省笔而无妄加增笔之理。此太字似为原笔。◎领宴看灯是元宵正题，不可省。贾妃元夜出宫省亲，即符元宵“金吾不禁”之古意。方请旨，只怕戌初才起身呢。”［周按］太监所叙时刻，自未初刻始，即今之下午一点以后，戌初乃傍晚七点以后。至丑正三刻，即今之次日凌晨将近三点前后。凤姐听了道：“既是如此，老太太、太太且请回房，［庚侧］自然当家人先说话。等候是时候再来也不迟。”于是贾母等暂且自便，园中悉赖凤姐照理。又命各执事人，带领太监们用酒饭。一时传人一担一担的挑进蜡烛来，各处点灯。方点完时，忽听外面马蹄之声。［蒙双］净极故闻之，细极。一时，有十来个太监都喘吁吁跑来拍手儿。［蒙戚双］神异，画出内家风范，《石头记》最难之处，别书中摸不着。这些太监会意，［庚侧］雅得他的［周按］出，是经至之人也。此批当作：难得他写的出，是经过之人也。都知道说来了来了，各按方向站住。贾赦领合族子侄在西街门外，贾母领合族女眷在大门外迎接。半日静悄悄的，忽见一对红衣太监骑马缓缓的走来，［蒙戚双］形容毕肖。至西门西街门下了马，将马赶出围幙之外，便垂手面西站住。［蒙戚双］形容毕肖。半日又是一对，亦是如此。少时，便来了十来对，方闻得隐隐细乐之声。一对对龙旌凤翣，雉羽夔头，又有金销提炉焚着御香。然后一把曲柄七凤金黄伞过来，便是冠袍带履。又有值事太监捧着香珠、绣帕、漱盂、拂尘等类。一队队过完，后面方是八个太监抬着一顶金顶金黄绣凤版舆缓缓而来。贾母等连忙路傍跪下，［庚侧］一丝不乱。早飞跑过几个太监来扶起贾母、王夫人、邢夫人来。那版舆抬进大门，入仪门往东去，到一所院落门前，有执拂太监跪请下舆更衣。于是抬舆入门，太监等散去，只有昭容、彩嫔等引入领元春下舆。只见院内各色花灯烂灼，［庚侧］元春月中。皆系纱绫扎成，精致非常。上面有一匾灯，写着“体仁沐德”四字。元春入室更衣毕，复出上舆进园。只见园中香烟缭绕，花彩缤纷，处处灯花相映，时时细乐声喧。说不尽这太平气象，富贵风流。此时自己回想当初在大荒山中，青埂峰下，那等凄凉寂寞，若不亏癞僧跛道二人携来到此，又安得能见这般世面。本该作一篇《灯月赋》《省亲颂》，以志今日之事，但又恐入了别书的俗套。按此时之景，即作一赋一赞，也不能形容得尽其妙，即不作赋赞其豪华富丽，观者诸公亦可想而知矣。所以到是省了这工夫纸墨，且说正紧的为是。［蒙戚双］自“此时”以下，皆石头之语，真是千奇百怪［庚眉］如此繁华盛极，花团锦簇之文，忽用石兄自语截住，是何之文。 笔力！令人安得不拍案叫绝。是阅历来诸小说中，有如此章法乎？

且说贾妃在轿内看此园内外如此豪华，因默默叹息奢华过费。忽又见执拂太监跪请登舟，贾妃乃下舆。只见清流一带，势如游龙，两边石栏上皆系水晶玻璃各色风灯，点的如银光雪浪。上面柳杏诸树虽无花叶，然皆用通草、绸绫、纸绢依势作成，粘于枝上的，每一株悬灯数盏。更兼池中荷荇凫鹭之属，亦皆系螺蚌、羽毛之类作就的。诸灯上下争辉，真系玻璃世界，珠宝乾坤。船上亦系各种精致盆景诸灯，珠帘绣幙，桂楫兰桡，自不必说。已而入一石港，港上一面匾灯，明现着“蓼汀花溆”四字。按此四字并“有凤来仪”等处，皆系上回贾政偶然一试宝玉之课艺才情耳，何今日认真用此匾联？［庚眉］驳得好。况贾政世代诗书，来往诸客屏侍座陪者悉皆才技之流，岂无一名手题撰，竟用小儿一戏之辞苟且搪塞。直似暴发新荣之家，滥使银钱，一味抹油涂朱毕，则大书前门绿柳垂金锁，后户青山列锦屏之类，则以为大雅可观，［庚眉］《石头记》贯用特犯不犯之笔，真令人惊心骇目读之。岂《石头记》中通部所表之宁荣贾府所为哉！据此论之，竟大相矛盾了。诸公不知，待蠢物将原委说明，大家方知。［蒙戚双］石兄自谦妙，可代答云，岂敢。当日这贾妃未入宫时，自幼亦系贾母教养，后来添了宝玉，贾妃乃长姊，宝玉为弱弟，贾妃之心上念母年将迈始得此弟，是以怜爱宝玉，与诸弟待之不同。且同随祖母，刻未暂离。那宝玉未入学堂之先，三四岁时，已得贾妃手引口传，［庚侧］批书人领至〔过〕此教，故批至此竟放声大哭，俺先姊先逝太早，不然余何得为废人耶！教授了几本书，数千字在腹内了，其名分虽系姊弟，其情状有如母子。自入宫后，时时带信出来与父母说：“千万好生扶养，不严不能成器，过严又恐生不虞，且致祖母之忧。”念切之心，刻未能忘。前日贾政闻塾师背后赞宝玉偏才尽有，贾政未信，适巧遇园已落成，令其题撰，聊一试其情思之清浊。其所拟之匾联虽非妙句，在幼童为之，亦或可取。即另使名公大笔为之，固不废难，然想来到不如这本家风味有趣。［庚侧］转得好！更使贾妃见之知系其爱弟所为，亦或不负其素日切望之意。［蒙戚双］一驳一解，跌宕摇曳之至，且写得父母兄弟体贴恋爱之情，淋漓痛切，真是天伦至情。因有这段原委，故此竟用了宝玉所题之联额。那日虽未曾题完，后日亦曾补拟。［蒙戚双］一句补前文之不暇，启文之苗裔，至后文凹晶馆黛玉口中又一补。所谓一击空谷，八方皆应。

闲文少述，且说贾妃看了四字，笑道："花溆二字便妥，何必蓼汀？"侍座太监听了，忙下小舟登岸，飞传与贾政。贾政听了，即忙移换。［己双］每的周到可悦。一时舟临内岸，复弃舟上舆，便见琳宫绰约，桂殿巍峨。石牌坊上明显"天仙宝境"四个大字，［蒙戚双］不得不用俗。贾妃忙命换"省亲别墅"四字。［蒙戚双］妙，是特留此四字与彼自命。于是进入行宫，但见庭燎烧空，［己双］庭燎最恰。香屑布地，火树琪花，金窗玉槛。说不尽帘卷虾须，毯铺鱼獭，鼎飘麝脑之香，屏列雉尾之扇。真是：

金门玉户神仙府，桂殿兰宫妃子家。

贾妃乃问："此殿何无匾额？"随侍太监跪启曰："此系正殿，外臣未敢擅拟。"贾妃点头不语。礼仪太监跪请升座受礼，两陛乐起。礼仪太监二人引贾赦、贾政等于月台下排班，殿上昭容传谕曰："免。"太监引贾赦等退出。又有太监引荣国太君及女眷等自东阶升月台上排班，［蒙戚双］一丝不乱，精致大方，有如欧阳公九九。昭容再谕曰："免。"于是引退。茶已三献，贾妃降座。乐止，退入侧殿更衣，方备省亲车驾出园。至贾母正室叙行家礼，贾母等俱跪止不迭。［周按］叙行家礼，是已行，故贾母等方跪止。贾妃满眼垂泪，方彼此上前厮见，一手搀贾母，一手搀王夫人，三个人满心里皆有许多话，只是俱说不出，只管呜咽对泪。［蒙双］《石头记》得力擅长，全是此等地方。［庚眉］非经历过如何写得出！壬午春。邢夫人、李纨、王熙凤，迎、探、惜三姊妹，俱在傍围绕，垂泪无言。半日，贾妃方忍悲强笑，安慰贾母、王夫人道："当日既送我到那不得见人的去处，好容易今日回家，娘儿们一会，不说说笑笑，反到哭起来！一会子我去了，又不知多咱晚才来。”［周按］多咱晚，是原笔。纯属北音口语纪实之写法。多早晚乃口语异音之转。早晚，即何时，古诗中常见。急言则说成咱、儹。说到这句，不禁又哽咽起来。［蒙戚双］追魂摄魄，《石头记》传神摸影，全在此等地方，他书中不得有此见识。邢夫人等忙上来解劝，［己双］说完不可，不先说不可，说之不痛不可，最难说者是此时贾妃口中之语，只如此一说，万〔方〕千贴万妥，一字不可更改，一字不可增减，入情入神之至。贾母等让贾妃归座，又逐次一一见过，又不免哭泣一番。然后东西两府管家执事人丁在庭外行礼，及两府掌管执事媳妇领丫嬛等行礼毕。贾妃因问："薛姨妈、宝钗、黛玉因何不见？”［觉双］谅前信息皆知，故有此问。王夫人启曰："外眷无职，未敢擅入。”［戚双］所谓诗书世家，守礼如此，偏是暴发，骄妄自大。贾妃听了，忙命快请。［蒙戚双］又谦之如此，真是世界好人物。一时薛姨妈等进来，欲行国礼，亦命免过，上前各叙阔别寒温。又有贾妃原带进宫去的丫嬛抱琴等上来叩见，［己双］前所谓贾家四钗之环，暗以琴棋书画排行，至此始全。贾母等连忙扶起，命人别室款待。执事太监及彩嫔、昭容各侍从人等，宁国府及贾赦那宅两处自有人款待，只留三四个小太监答应。母女姊妹深叙些离别情景及家务私情。［蒙戚双］深字妙。又有贾政至帘外问安，贾妃垂帘行参等事。又隔帘含泪谓其父曰："田舍之家，虽齑盐布帛，终能叙天伦之乐。今虽富贵已极，骨肉各方，然终无意趣！”贾政亦含泪启道："臣草莽寒门，鸠群雅属之中，［周按］雅，古“鸦”字。是雪芹原笔。岂意得征凤鸾之瑞。［庚侧］此语犹在耳。今贵人上锡天恩，下昭祖德，此皆山川日月之精奇，祖宗之远德钟于一人，幸及政夫妇。且今上启天地生物之大德，垂古今未有之旷恩，虽肝脑涂地，臣子岂能得报于万一！惟朝乾夕惕，忠于厥职外，愿吾君万寿千秋，乃天下苍生之同幸也。贵妃切勿以政夫妇残犁为念，懑愤金怀，［周按］残犁，懑愤，至可注意。残犁指难后幸存之余生，犁即黎民。《左传》公羊谷梁皆用此字。懑愤，谓元春对家遭祸变之往事暗怀怨恨。此皆雪芹隐笔，所关重大。伪本此处悉皆改削者，以掩痕迹，适可佐证。又元春之死，亦与懑愤大有干连。更祈自加珍爱，惟业业兢兢，勤慎恭肃以侍上殿，庶不负上体贴眷爱如此之隆恩也。”贾妃亦嘱“只以国事为重，暇时保养，切勿记念”等语。贾政又启：“园中所有亭台轩馆，皆系宝玉所题。如果有一二稍可寓目者，请别赐名为幸。”元妃听了宝玉能题，便含笑说：“果然进益了。”贾政退出。贾妃见宝钗、黛玉二人亦发比别姊妹不同，真是姣花软玉一般。因问：“宝玉为何不进见？”［蒙戚双］至此方出宝玉。贾母乃启：“无谕，外男不敢擅入。”元妃命快引进来。小太监出去，引宝玉进来。先行国礼毕，元妃命他进前，携手拦于怀内，［庚侧］作书人将批书人哭坏了。又抚其头颈笑道：“比先竟长了好些。”一语未终，泪如雨下。［己双］只此一句，便补足前面许多文字。尤氏、凤姐等上来启道：“筵宴齐备，请贵妃游幸。”元妃等起身，命宝玉道引，遂同诸人步至园门前。早见灯光火树之中，诸般罗列非常。进园来先从“有凤来仪”“红香绿玉”“杏帘在望”“蘅芷清芬”等处登楼步阁，涉水缘山，百般眺览徘徊。一处处铺陈不一，一桩桩点缀新奇。贾妃极加奖赞，又劝：“以后不可太奢，此皆过分之极。”已而至正殿，谕免礼，归座，大开筵宴。贾母等在下相陪，尤氏、李纨、凤姐等亲捧羹把盏。元妃［周按］己庚本做元姐，极可注意，当是原稿遗痕，雪芹偶然笔下失露本真也。乃命传笔砚伺候，亲搦湘管，择其几处最喜者赐名。按其书云：

顾恩思义（额匾）

天地启宏慈，赤子苍头同感戴。

古今垂旷典，九州万国被恩荣。

此一匾一联书于正殿。［己庚］是贾妃口气。

大观园　园之名

有凤来仪　赐名曰潇湘馆

红香绿玉改作怡红快绿　即名曰怡红院

蘅芷清芬　赐名曰蘅芜苑

杏帘在望　赐名曰浣葛山庄

正楼曰“大观楼”，东面飞楼曰“缀锦阁”，西面斜数楼曰“含芳阁”，［周按］斜数楼，从古本，未敢妄改。更有“蓼风轩”“藕香榭”［蒙戚双］雅而新。“紫菱洲”“荇叶渚”等名。又有四字的匾额十数个，诸如：“梨花春雨”“桐剪秋风”“荻芦夜雪”等名，此时悉难全记。［蒙双］故意留下秋爽斋、凸碧山堂、凹晶溪馆、嫒香坞等处，为后文另换眼目之地步。又命旧有匾联者，俱不必摘去。于是先题一绝云：

衔山抱水建来精，多少工夫筑始成。

天上人间诸景备，芳园应锡大观名。［己双］诗却平平，盖彼不长于此也。故只如此。

写毕，向诸姊妹笑道：“我素乏捷才，且不长于吟咏，妹辈素所深知。今夜聊以塞责，不负斯景而已。异日少暇，必补撰《大观园记》，并《省亲颂》等文，以记今日之事。妹辈亦各题一匾一诗，随才之长短，亦暂吟成，不可因我微才所缚。且喜宝玉竟知题咏，是我意外之想。此中潇湘馆、蘅芜苑二处，我所极爱，次之怡红院、浣葛山庄，此四处必得别有章句题咏方妙。前所题之联虽佳，如今再各赋五言律一首，使我当面试过，方不负我自幼教授之苦心。”宝玉只得答应了，下来自去构思。迎、探、惜三人之中，要算探春又出于众姊妹之上，然自忖亦难与薛林争衡，［己双］只一语便写出宝代〔黛〕二人，又写出探卿知己知彼，伏下后文多少地步。只得勉强随众塞责而已。李纨也勉强凑成一律。［蒙戚双］不表薛林可知。贾妃先挨次看姊妹们的写道是：

旷性怡情（匾额）　迎春

园成景备特精奇，奉命羞题额旷怡。

谁信世间有此境，游来宁不畅神思。

万象争辉（匾额）　探春

名园筑出势巍巍，奉命何惭学浅微。

精妙一时言不出，果然万物有光辉。

文章造化（匾额）　惜春

山水横拖千里外，楼台高起五云中。

园修日月光辉里，景夺文章造化功。［蒙戚双］便牵强，三首之中，还算探卿略有作意，故后又写出许多意外妙文。

文采风流（匾额）　李纨

秀水明山抱复迴，风流文采胜蓬莱。［蒙双］起妙。

绿裁歌扇迷芳草，红衬湘裙舞落梅。［蒙戚双］凑成。

珠玉自应传盛世，神仙何意下瑶台。

名园一自邀游幸，未许凡人到此来。［蒙戚双］此四诗列于前，正为滃托下韵也。

凝晖钟瑞（匾额）　薛宝钗［己双］便有含蓄。

芳园筑向帝城西，华日祥云笼罩奇。

高柳喜迁莺出谷，修篁时待凤来仪。［蒙双］恰极。

文风已著宸游夕，孝化应隆归省时。

睿藻仙才盈彩笔，自惭何敢再为辞。［己双］好诗，此不过颂圣应酬耳，犹未见长，以后渐知。

世外仙源（匾额）　林黛玉［己双］落想便不与人同。

名园筑何处，仙境别红尘。

借得山川秀，添来景物新。［蒙戚双］所谓信手拈来无不是，阿颦自是一种心思。

香融金谷酒，花媚玉堂人。

何幸邀恩宠，宫车过往频。［戚双］末二首是应制诗。余谓宝黛此作未见长，何也。盖后文别有惊人之句也。在宝卿有生不屑为此，在黛卿实不足一为。

贾妃看毕，称赏一番。又笑道："终是薛林二妹之作与众不同，非愚姊妹可同列者。"原来林黛玉安心今夜大展奇才，要压倒群芳，［蒙戚双］这却何必，然尤物方如此。不想贾妃只命一匾一咏，到不好违谕多作，只胡乱作一首五言律应景罢了。［蒙戚双］请看前诗，却云是胡乱应景。彼时宝玉尚未作完，只刚作了"潇湘馆"与"蘅芜苑"二首，正作"怡红院"一首起草，内有"绿玉春犹倦"之句。宝钗转眼瞥见，便趁众人不理论，急忙回身悄推他道："他因不喜红香绿玉［蒙戚双］此"他"字指贾妃。才改了怡红快绿。［庚眉］这样章法，又是不曾见过的。你这会子偏用绿玉二字，岂不是有意和他争驰了？况且蕉叶之说也颇多，再想一个字改了罢。”宝玉见宝钗如此说，便拭汗道：［己双］想见其构思之苦，方是至情，最厌近之小说中满纸神童天分等语。“我这会子总想不出什么典故来。”宝钗笑道：“你只把绿玉的玉字改作蜡字就是了。”宝玉道：“绿蜡可有出处？”［庚侧］好极！宝钗见问，悄悄的咂嘴点头笑道：［庚侧］媚极，韵极！“亏你今夜不过如此，将来金殿对策你大约连赵钱孙李都忘了呢！［戚双］有得宝卿奚落，但就谓宝卿无情，只是较阿颦施之特正耳。［庚眉］如此穿插，安得不令人拍案叫绝！壬午季春。唐钱翊咏芭蕉诗头一句‘冷烛无烟绿蜡干’，你都忘了不成？”［戚双］此等处便用硬证实处，最是大力量，但不知是何心思，是从何落想，穿插到如此玲珑锦绣地步！［觉双］乃翁前何多敏捷，今见乃姐，何反迟钝，未免怯才，拘紧人所必有耳。宝玉听了，不觉洞开心臆，笑道：“该死，该死！现成眼前之物，偏到想不起来了，真可谓一字师了。从此后我只叫你师父，再不叫你姐姐了。”宝钗亦悄悄的笑道：“还不快作上去，只管姐姐妹妹的。谁是你姐姐，那上头穿黄袍的才是你姐姐，你又认我这姐姐来了。”一面说笑，因又怕他耽延工夫，遂抽身走开了。［蒙戚双］一段忙中闲文，已是好看之极，出人意外。宝玉只得续成，共有了三首。此时林黛玉未得展其抱负，自是不快。因见宝玉独作四律，大废精神，何不代他作两首，也省他些精神不到之处。［蒙戚双］写黛卿之情思，待宝玉却又如此，是与前文特犯不犯之处。［庚眉］偏又写一样，是何心意构思而得？畸笏。想着，便也走至宝玉案傍悄问：“可都有了？”宝玉道：“才有了三首，只少《杏帘在望》一首了。”黛玉道：“既如此，你只钞录前三首罢，赶你写完那三首，我也替你作出这首来了。”说毕，低头一想，早已吟成一律，［庚双］瞧他写阿颦只如此，便妙极！便写在纸条上，搓成个团子，掷在他跟前。［庚眉］纸团送迭，系应童生秘诀，［黛］卿自何处学得，一笑！丁亥春。［觉双］姐姐做试官，尚用枪手，难怪世间之代倩多耳。宝玉打开一看，只觉此首比自己所作的三首高过十倍，真是喜出望外，［蒙戚双］这等文字，亦是观书者望外之想。遂忙恭楷呈上。贾妃看道：

有凤来仪　臣宝玉谨题

秀玉初成实，堪宜待凤凰。［己双］起便拿得住。

竿竿青欲滴，个个绿生凉。

迸砌防阶水，[蒙戚双]妙句，古云：竹密何妨水过。今偏翻案。穿帘碍鼎香。

莫摇清碎影，好梦昼初长。

蘅芷清芬

蘅芜满静苑，萝薜助芬芳。[蒙戚双]助字妙，通部书所以皆善练字。

软衬三春草，柔拖一缕香。[戚双]刻画入妙。

轻烟迷曲径，冷翠滴回廊。[蒙戚双]甜脆满颊。

谁谓池塘曲，谢家幽梦长。

怡红快绿

深庭长日静，两两出婵娟。[庚双]双起双敲，读此首始信前云有蕉无棠不可，有棠无蕉更不可等批。非泛泛妄批驳他人，到自己身上则无能为之论也。

绿蜡春犹卷，[己双]本是玉字，此遵宝卿改，似较玉字佳。是蕉。[蒙戚双]红妆夜未眠。[蒙戚双]是海棠。

凭栏垂绛袖，[蒙戚双]是海棠之情。倚石护青烟。[己双]是芭蕉之神，何得如此工恰自然，直是好诗，却是好书。

对立东风里，[蒙双]双收。主人应自怜。[己双]归到主人，方不落空。王梅隐云：咏物体又难双承双落，一味双拿，则不免牵强。此首可谓诗题两称，极工极切，极流离妩媚。

杏帘在望

杏帘招客饮，在望有山庄。[戚双]分题作，一气呵成，格调熟练，自是阿颦口气。

菱荇鹅儿水，桑榆燕子梁。[蒙戚双]阿颦之心臆才情，原与人别，亦不是从读书中得来。

一畦春韭绿，十里稻花香。

盛世无饥馁，何须耕种忙！[戚双]以幻入幻，顺水推舟，且不失应制，所以称阿颦。

贾妃看毕，喜之不尽，说："果然进益了！"又指"杏帘"一首为前三首之冠，遂将"浣葛山庄"改为"稻香村"。[蒙戚双]如[庚眉]仍用此服善，妙。玉兄前拟稻香村，却如此幻笔幻体，文章之格式至矣，尽矣。壬午春。又命探春另以彩笺誊录出方才一共十数首诗，出令太监传与外厢。贾政等看了，都称颂不已。贾政又进归省颂。元春又命以琼酥金脍等物赐与宝玉并贾蘭。[己双]百忙中点出贾蘭，一人不落。此时贾蘭极幼，未达诸事，只不过随母依叔行礼，故无别传。贾环从年内染病未痊，自有闲处调养，故亦无传。［蒙戚双］补明方不遗失。那时贾蔷带领十二个女戏在楼下正等的不耐烦，只见一个小太监飞跑来说："作完了诗了，快拿角本来！"贾蔷急将锦册呈上，并十二人花名单子。少时，太监出来，只点了四出戏：第一出，《豪宴》。［蒙戚双］《一捧雪》中，伏贾家之败。第二出，《乞巧》。［戚双］《长生殿》中，伏元妃之死。第三出，《仙缘》。［蒙戚双］《邯郸梦》中，伏甄宝玉送玉。第四出，《离魂》。［戚双］《牡丹亭》中，伏黛玉死。［己双］所点之戏剧伏四事，乃通部书之大过节大关键。贾蔷忙张逻扮演起来。一个个歌欺裂石之音，舞有天魔之态。虽是妆演的形容，却作尽悲欢的情状。［蒙戚双］二句毕矣。刚演完了，一太监执一金盘糕点之属来问："谁是龄官？"贾蔷便知是赐龄官之物，喜的忙接了，［蒙戚双］何喜之有？伏下后面许多文字，只用一喜字。命龄官叩头。太监又道："贵妃有谕，说龄官极好，再作两出戏，不拘那两出就是了。"贾蔷忙答应了，因命龄官作《游园》《惊梦》二出。龄官自为此二出原非本角之戏，执意不作，定要作《相约》《相骂》二出。［蒙戚双］《钗钏记》中，总隐后文不尽风月等文。○按近之俗语云：能养千军，不养一戏。盖甚言优伶之不可养之意也。大抵一班之中，此一人技业稍优出众，此一人则拿腔作势，辖众特〔恃〕强，种种可恶。使主逐之不舍，责之不可。虽欲不怜，实不能不怜。虽欲不爱，实不能不爱。余历梨园子弟广矣，各各皆然。亦曾与惯养梨园诸世家兄弟谈议及此，众皆知其事，而皆不能言。今阅《石头记》至"原非本角之戏，执意不作"二语，便见其恃能压众，乔酸姣妒，淋漓满纸矣。复至情悟梨花〔香〕院一回，更将和盘托出，与余三十年前目睹身亲之人现形于纸上。便言《石头记》之为书，情之至极，言之至恬，然非领略过乃事，迷陷过乃情，即观此茫然嚼蜡，亦不知其神妙也。贾蔷扭他不过，［己双］如何反扭他不过，其中便隐许多文字。只得依他作了。贾妃甚喜，命不可难为了这女孩子，好生教习，［蒙戚双］可知尤物了。额外赏了两疋宫缎，两个荷包并金银锞子、食物之类。［蒙戚双］又伏下一个尤物，一段新文。

然后撤筵，将未到之处复又游玩。忽见山怀里佛寺，忙另盥手进去，焚香拜佛，又题一匾云：苦海慈航。［蒙戚双］寓通部人事，一篇热文，却如此冷收。又额外加恩与一班幽尼女道。少时，太监跪启："赐物俱齐，请验等例。"乃呈上略节。贾妃从头看了，俱甚妥协，即命照此遵行。太监听了，下来一一发放。原来贾母的是金玉如意各一柄，沉香拐拄一根，茄楠念珠一串，富贵长春宫缎四匹，福寿绵长宫绸四匹，紫金笔锭如意锞十锭，吉庆有鱼银锞十锭。邢夫人、王夫人二分，只减了如意拐珠四样。贾敬、贾赦、贾政等每分御制新书二部，宝墨二匣，金银爵各二只，表礼按前。宝钗、黛玉诸姊妹等每人新书一部，宝砚一方，新样格势金银锞二对。宝玉亦同此。［己双］此中忽夹上宝玉，可思。贾蘭则是金银项圈二个，金银锞二对。［周按］两者皆赏小儿之物，可知贾蘭年岁尚幼。尤氏、李纨、凤姐等皆金银锞四锭，表礼四端。薛姨妈亦同此。外表礼二十四端，青钱一百串，是赐与贾母、王夫人及诸姊妹房中奶娘众丫嬛的。贾珍、贾琏、贾环、贾蓉等皆是表礼一分，金锞一双。其馀彩缎百端，金银千两，御酒华筵，是赐东西两府凡园中管理工程、陈设、答应并司戏、掌灯诸人的。外有青钱五百串，是赐厨役、优伶、百戏、杂行人丁的。众人谢恩已毕。执事太监启道："时已丑正三刻，请驾回銮。"［庚眉］一回离合悲欢夹写之文，真如山阴道上，令人应接不暇，尚有许多忙中闲、闲中忙小波澜，一丝不漏，一笔不苟。贾妃听了，不由的满眼又滚下泪来，却又勉强堆笑，拉住贾母、王夫人的手，紧紧的不忍释放，［蒙戚双］使人鼻酸。再四叮咛："不须记挂，好生自养。如今天恩浩荡，一月许进内省视二次，见面是尽有的，何必伤惨。倘明岁天恩仍许归省，万不可如此奢华靡费了！"［庚双］妙极之谶，试看别书中专能故用一不祥之语为谶，今偏不然，只有如此现成一语，便是不再之谶，只看他用一倘字，便隐讳，自然之至。贾母等已哭的哽噎难言了。贾妃虽不忍别，怎奈皇家规范，违错不得，只得忍心上舆去了。这里诸人好容易将贾母、王夫人安慰解劝，搀扶出园去了。

［戚回后］此回铺排，非身经历，开巨眼，伸大笔，则必有所滞窒牵强，岂能如此触处成趣！立后文之根，足本文之情者，且借象说法，学我佛阐经，代天女散花，以成此奇文妙趣，惟不得与四才子书之作者同时讨论臧否，为可恨耳。

［回后评］宝玉题《怡红快绿》之五律，第三句云“绿玉春犹倦”是初稿，后得宝钗提醒，方改“绿玉”为“绿蜡”，既改“绿蜡”，方又将“倦”改“捲”。盖宝玉之初稿“春犹倦”本与下句“夜未眠”为工整之对仗。试思玉岂能有捲字之义，而书中正文所录出者，实乃宝玉之改定稿。彼时宝钗已建议改绿蜡也。循此理而言，小说正文只能是“绿蜡春犹捲”，他者皆误也。

黛玉所作《世外仙源》一首，第五句“香融金谷酒”暗用晋石崇金谷园之典故。石崇日后因政局而遭杀害，其爱妾绿珠坠楼以殉，是为千古悲剧之尤为感人者，今诗中用词寓意甚深。可与明义《题红楼梦》绝句“惭愧当年石季伦”合看。

第五回曲文有云“终不忘，世外仙姝寂寞林”隐指黛玉，而今黛玉所作之应制诗恰为《世外仙源》。“世外”二字与一“仙”字皆暗合。此中有无深意，我常思之而未敢断言。

大观园题咏诸篇，贾氏迎探惜三姊妹皆泛泛应酬，无甚精彩可言。惟惜春一首以画理融入其间，略有作意。首句“千里”是横观，次句“五云”是纵观。第三句“园修日月光辉里”，此“日月”似与“双悬日月照乾坤”不无微妙关系，可资探讨。第四句“文章造化”却是中华文化艺术的一大根本原理。盖谓艺术家之创造，实与宇宙造化主之创造并无不同也。李纨、宝钗各作七律一篇。李纨于篇首特表山水之位置，曰“秀水明山抱复迴”，此惟与京城什刹海水路特点相符。又曰“风流文采胜蓬莱”，首次特用杜甫《丹青引》点醒曹家典故。“胜蓬莱”者又写“明秀水明山抱复迴”，正是一处蓬莱仙岛。再看宝钗之篇首云，“芳园筑向帝城西”，帝城明指北京。西，谓园在京城之偏西处，不可解为是京城以外之西郊。例如纳兰性德之诗有云，“我家凤城北”。凤城即北京之别称，而北，正指其家在京城之最北边，而非城外之北郊也。

宝玉一人独作四首五律，其自题怡红院一篇，全是分咏棠红蕉绿，只此方是全书一大主眼。故宝玉特曰，蕉棠二者须双管齐下，不可偏缺。又宝玉特赞一清客相公所题“崇光泛彩”，是暗用东坡海棠诗“东风嫋嫋泛崇光”也。

［第十回至第十八回总评］“头九”回既为全部书敷妥伏线，略开序幕。此第“二九”即正式启展大文。以秦可卿之丧殡与贾元春之归省为两大主题，皆是弘阔繁难局面，而雪芹巨笔如椽，锐意经营，而如不费力，游行自在，实为奇观。但宜识此第“二九”者，实为先后集中写凤姐与宝玉。而此二人者，即是全部书两大主角，冠领三大主线之全局，章法尤见雄奇。

此“二九”主要写了极尽挥霍的两件排场大事，一是可卿之丧殡，一是元妃之归省。前者又实为正写熙凤之才干与过恶，后者又实为烘染贾府之盛势与衰根。两件事虽分属宁荣，似不相涉，实质关联。故秦氏托梦，凤姐憬然，主眼在点明盛衰之理，将倾之势。此九回以归省事毕截住。下回即另起“情切切”另一副笔墨，首尾判然。

记得旧日有一批点家略云：贾政二老爷本无文才，于入园题对额一回中，被其令郎宝玉驳后，无言可对。不想于此处隔帘向女儿启奏时，却做出了如此一篇古文，盖似赞而实嘲也。殊不知此段话中，无限忧危恐惧，一片哀辞泪雨。因其家族正处于日月两派政团殊死搏斗之大漩涡中，正所谓“一局输赢料不真者”是矣。是故元春亦于梦中告诫父亲云：儿命已入黄泉，天伦呵，须要退步抽身早。此皆生死关头之哀鸣密诉。此古文（应制体也）乃字字看来皆是血之痕迹也，实关系后半部贾家败落的重要情节。而不解其中味者却以取乐好玩的心情态度去读雪芹之书，岂非中华文化史上的最大悲剧乎！

第十九回
情切切良宵花解语　意绵绵静日玉生香

［蒙回前］彩笔辉光若转环，情心魔态几千般。写成浓淡兼深浅，活现痴人恋恋间。

话说贾妃回宫，次日见驾谢恩，并回奏归省之事，龙颜甚悦，又发内帑彩缎金银等物，以赐贾政及各椒房等员，［蒙戚双］补还一句细，方见省亲不独贾家一门也。不必细说。

且说荣宁二府中因连日用尽心力，真是人人力倦，各各神疲，又将园中一应陈设动用之物，收拾了两三天方完。第一个凤姐事多任重，别人或可偷安躲静，独他是不得脱得的。二则本性要强不肯落人褒贬，只挣着与无事的人一般。［蒙戚双］伏下病源。第一个宝玉是极无事最闲暇的。偏这日一早，袭人的母亲又亲来回过贾母，接袭人家去吃年茶，晚间才得回来。［蒙戚双］一回一回各生机轴，总在人意想之外。因此，宝玉只和众丫头们掷骰子赶围棋作戏。［蒙戚双］写出正月光景。正在房内顽的没兴头，忽见丫头们来回说："东府里珍大爷来请过去看戏，放花灯。"宝玉听了，便命换衣裳。才要去时，忽又有元妃赐出糖蒸酥酪来。［蒙戚双］总是新正妙景。宝玉想上次袭人喜吃此物，便命留与袭人了，自己回过贾母，过去看戏。

谁想贾珍这边唱的是《丁郎认父》《黄伯央大摆阴魂阵》，更有《孙行者大闹天宫》《姜子牙斩将封神》等类的戏文。［蒙戚双］真真热闹。倏尔神鬼乱出，忽又妖魔毕露。甚至于扬旛过会，号佛行香，锣鼓喊叫之声远闻巷外。［己双］形容克剥之至，弋扬腔能事毕矣。○阅至此则有如耳内喧哗，目中撩乱，后文至隔墙闻袅晴丝数曲，则有如魂随笛转，魄逐歌销，形容一事一事毕真，石头是第一能手矣。满街之人个个都赞好热闹戏，别人家断不能有的。［蒙戚双］必有之言。宝玉见繁华热闹到如此不堪的田地，只略坐了一坐，便走开各处闲耍。先是进内去和尤氏和丫嬛姬妾说笑了一回，便出二门来。尤氏等仍料他出来看戏，遂也不曾照管。贾珍、贾琏、薛蟠等只顾猜枚行令，百般作乐，也不理论，纵一时不见他在座，只道在里边去了，故也不问。至于跟宝玉的小厮们，那年纪大些的，知宝玉这一来了，必是晚间才散，因此得空也有会赌去的，也有往亲友家去吃年茶的，更有或嫖或饮的，［周按］嫖是原笔。嫖字本系后起字，彼时或尚未定型。都私自散了，待晚间再来，那些小的都钻在戏房里瞧热闹去了。

宝玉见一个人没有，因想："那日来这里，见小书房名□□□□□，内堂挂着一轴美人，极画的得神。今日这般热闹，想那里那美人也自然是寂寞的，［蒙侧］天生一段痴情，所谓情不情也。须得我去望慰他一回。"［己双］极不通极胡说中，写出绝代情痴，宜乎众人谓之疯傻。［苏双］写出绝代情痴，宜乎众人谓之疯傻。想着，便往小书房来，刚至窗前，闻得房内有呻吟之韵，宝玉到唬了一跳，敢是美人活了不成？［己双］又带出小儿心意，一丝不落。乃乍着胆子，舔破窗纸向内一看，那轴美人却不曾活，却是茗烟按着一个女孩子，也干那警幻所训之事。宝玉禁不住大叫了一声："了不得了！"一脚踹进门去，将那两个唬开了，抖衣而颤。茗烟见是宝玉，忙跪求不迭。宝玉道："青天白日，这是怎么说？［蒙戚双］开口便好。珍大爷知道了，你是死是活？"一面看那丫头，虽不缥致，到还白净，些微亦有动人之处，羞的脸红耳赤，低头无言。宝玉跺脚道："还不快跑！"［己双］此等搜神夺魄，至神至妙处，只在囫囵不解中得。一语提醒了那丫头，飞也似去了。宝玉又赶出去叫道："你别怕，我是不告诉人的。"［己双］活宝玉，移之他人不可。急的茗烟在后叫："祖宗，这是分明告诉人了！"宝玉因问："那丫头十几岁了？"茗烟道："大不过十六七岁了。"宝玉道："连他的岁属也不问问，别的自然越发不知了，可见他白认得你了。可怜，可怜！"［己双］按此书中写一宝玉，其宝玉之为人，是我辈于书中见而知有此人。实未目曾亲睹者。又写宝玉之发言，每每令人不解，宝玉之生性，件件令人可笑。不独于世上亲见这样的人不曾，即阅令古所有之小说传奇中，亦未见这样的文字。于颦儿处更为甚，其囫囵不解之寔可解，可解之中又说不出理路。合目思之，却如真见一宝玉，真闻此言者，移之第二人万不可，亦不成文字矣。余阅《石头记》中至奇至妙之文，合在宝玉、颦儿至痴至呆囫囵不解之语中，其诗词雅谜酒令、奇衣奇食奇文等类，固他书中未能，然在此书中评之犹为二首。又问名字叫什么。茗烟大笑道："若说出名字来话长，真真新鲜奇文，竟是写不出来的。[己双]若都写的出来，[蒙戚双]何以见此书中之妙。脂研。若都写的出来，何以见此书中之妙耶！[周按]此脂砚隐名痕迹，脂研二字易一耶字。据他说，他母亲养他的时节，作了一个梦，[蒙戚双]又是一个梦，只是随手成趣耳。梦见得了一匹锦，上面是五色富贵不断头卍字的花样，[己双]千奇百怪之想，所谓牛溲马敦皆至药也。鱼鸟昆虫皆妙文也。天地间无一物不是妙物，无一物不可不成文，但在人意拾取耳，此皆信手拈来，随笔成趣，大游戏，大慧悟，大解脱之妙文也。所以他的名字叫作卍儿。"[蒙戚双]音万。宝玉听了笑道："真也新奇，想必他将来有些造化。"说着，沉思一会。茗烟因问："二爷为何不看这样的好戏？"宝玉道："看了半日，怪烦的，出来，就遇见你们了。这会子作什么呢？"茗烟嗤嗤笑道：[庚侧]嗤，音希，嗤嗤，笑貌。"这会子没人知道，我悄悄的引二爷往城外去，一会子再往这里来，他们就不知道了。"[己双]茗烟此时，只要掩饰方才之过，故设此以悦宝玉之心。宝玉道："不好，仔细花子拐了去。便是他们知道了，又闹大了，不如往熟近些的地方去，还可就来。"茗烟道："熟近地方谁家可去？这却难了。"宝玉笑道："依我的主意，咱们竟找你花大姐姐去，瞧他在家作什么呢。"[己双]妙！宝玉心中早安了这着。但恐茗烟不肯引去耳，恰遇茗烟私行淫媾，为宝玉所协，故以城外引以悦其心，宝玉始悦，出往花家去。非茗烟适有罪所协，万不敢如此私引出外。别家子弟尚不敢私出，况宝玉哉！况茗烟哉！文字笋楔细极。茗烟笑道："好好，到忘了他家。"又道："若他们知道了，又说我引着二爷胡走，要打我呢！"[蒙戚双]必不可少之语。宝玉道："有我呢。"茗烟听说，便扯了马，二人从后门就走了。

幸而袭人家不远，不过半里路程，转眼已到门前。茗烟先进去，叫袭人之兄花自芳。[蒙戚双]随姓成名，随手成文。彼时袭人之母接了袭人与几个外甥女儿，[蒙戚双]一树千枝，一源万派，无意随手，伏脉千里。几个侄女儿来家，正吃果茶。听见外面忽有人叫花大哥，花自芳忙出去看时，见是他主仆两个，唬的惊疑不止，连忙抱下宝玉来，至院内嚷道："宝二爷来了！"别人听见还可，袭人听见也不知为何，忙跑出来迎着宝玉，一把扯住问：“你怎么来了？”宝玉笑道：“我怪闷的，来瞧瞧你作什么呢。”袭人听了，才把心放下来，［己双］精细周到。嗐了一声，笑道：［蒙戚双］转至笑字，妙神！“你也忒胡闹了，［蒙戚双］该说，说得是。可作什么来呢！”一面又问茗烟：“还有谁跟来？”［蒙戚双］细。茗烟笑道：“别人都不知，就只我们两个来了。”袭人听了，复又惊慌，［蒙戚双］是必有之神理，非特故作顿挫。说道：“这还了得，倘或碰见了人，或是遇见了老爷，街上人挤车碰的，马有个闪失，也是顽得的！你们的胆子比斗还大。都是茗烟调唆的，回去我定告诉嬷嬷们打你。”［己双］该说，说的更是。指〔脂〕研。茗烟撅了嘴便道：“二爷骂着打着，叫我引了来，这会子推到我身上。我说别来罢，不然我们还去罢。”［己双］茗烟贼。花自芳忙劝：“罢了，已是来了，也不用多说了。只是茅檐草舍，又窄又脏，爷怎么坐呢？”袭人之母也早迎了出来，袭人扯了宝玉进去。

宝玉见房中三五个女孩儿见他进来，都低了头，羞惭惭的。花自芳母子两个百般怕宝玉冷，又让他上炕，又忙另摆果桌，又忙另倒好茶。［己双］连用三又字，上文一个百般，神理活现。脂砚。袭人说道：“你们不用白忙，［蒙戚双］妙！不写袭卿忙，正是忙之至，若一写袭人忙，便是庸俗小派了。我自然知道，果子也不用摆，也不敢乱给东西吃。”［蒙侧］至敬至情。［己双］如此至微至小中，便带出家常情，他书写不及此。一面说，一面将自己的坐褥拿了铺在一个炕上，宝玉坐了。用自己的脚炉垫了脚，向荷包内取出两个梅花香饼儿来，又将自己的手炉掀开焚上，仍盖好，放与宝玉怀内，然后将自己的茶杯斟了茶送与宝玉。［己双］叠用四自己字，写得宝、袭二人素日如何亲洽，如何尊荣，此时一盘托出。盖素日身居侯府绮罗锦绣之中，其安富尊荣之宝玉，亲密浃洽勤慎委婉之袭人，是分所应当不必写者也。今于此一补，更见其二人平素之情义，且暗透此回中所有母女兄长欲为赎身角口等未到之过文。彼时他母兄已是忙另齐齐整整摆上一桌果品来。袭人见总无可吃之物，［己双］补明宝玉自幼何等娇贵，以此一句留与下部，后数十回“寒冬噎酸荠，雪夜围破毡”等处对看，可为后生过分之戒，叹叹！因笑道：“既来了，没有空回之礼，好歹尝一点儿，也是来我家一淌。”［蒙戚双］得意之态，是才与母兄较争以后之神理，最细。［周按］这一神理，批者如何体会得来？说着便拈了几个松子穰，［蒙戚双］惟此品稍可一拈，别品便大错了。吹去细皮，用手帕托着送与宝玉。宝玉看见袭人两眼微红，粉光融滑，［蒙戚双］八字画出才收泪之一女儿，是好形容，且是宝玉眼中意中。［周按］此等批最能表现脂砚在宝玉、袭人间之身份。因悄问袭人："好好的哭什么？"袭人笑道："何尝哭？才迷了眼揉的。"因此便遮掩过了。［蒙戚双］伏下后文，所补未到多少文字。当下袭人见宝玉穿着大红金蟒狐腋箭袖，外罩石青貂裘排穗褂，便问道："你特为往这里来，又换新衣服，他们［己双］指晴雯、麝月等。就不问你往那去的？"［己双］必有是问。阅此则又笑尽小说中无数家常穿红挂绿绮绣绫罗等语，自谓是富贵语，究竟反是寒酸话。宝玉笑道："珍大爷请过去看戏换的。"袭人点头，又道："坐一坐就回去罢，这个地方不是你来的。"宝玉笑道："你就家去才好呢，我还替你收着好东西呢！"［庚侧］生员切己之事。［周按］收着好东西的话，三十一回还要重复。袭人悄笑道："悄悄的，叫他们听着，什么意思！"［己双］想见二人来日情常。［蒙侧］追魂。［周按］批中来日当是素日之讹。一面又伸手从宝玉顶上将通灵玉摘了下来，向他姊妹们笑道："你们俱见识见识。时常说起来都道希罕，［蒙侧］不可少之文。恨不能一见，今儿可尽力瞧了再瞧。什么希罕物儿，也不过是这么个东西。"［蒙戚双］行文至此，固好看之极且勿论，按此言固是袭人得意之语，盖言你等所希罕不得一见之宝，我却常守常见，视为平物。然余今窥其用意之旨，则是作者借此正为贬玉原非大观者也。［庚眉］自一把拉住至此诸形景动作，袭卿有意微露峰〔锋〕芒轩中隐事也。说毕，递与他们传看了一遍，仍与了宝玉挂好，又命他哥哥去或雇一乘小轿，或雇一辆小车，送宝玉回去。花自芳道："有我去送，骑马也不妨。"［庚侧］只知保重耳。袭人道："不为不妨，为的是磞见人。"［蒙戚双］细极。花自芳忙去雇了一顶小轿来，众人也不敢相留，只得送宝玉出去。袭人又抓些果子与茗烟，又把些钱与他买花炮放，教他不可告诉人："连你也有不是。"［蒙侧］细密。一直送宝玉至门前，看着上轿，放下轿帘，花茗二人牵马跟随。来至宁府街，茗烟命住轿，向花自芳道："须等我同二爷还到东府里混一混，才好过去的，不然人家就疑惑了。"花自芳听说有理，忙将宝玉抱出轿来，送上马去。宝玉笑说："到难为你了。"［庚侧］公子口气。于是仍进后门来，俱不在话下。

却说宝玉自出了门，他房中这些丫嬛们都越性恣意的顽笑，也有赶围棋的，也有掷骰抹牌的，磕了一地瓜子皮。偏奶母李嬷嬷拄拐进来给贾母请安，瞧瞧宝玉。见宝玉不在家，丫头们只顾顽闹，十分看不过，[蒙戚双]人人都看不过，独宝玉看得过。因叹道："自从我出去了，不大进来，你们越发不相样儿了。[蒙戚双]说得是，原该说。别的妈妈们越不敢说你们了。[蒙戚双]补明好。宝玉虽不吃乳，岂无伴从之媪妪哉！那宝玉是个丈八的灯台，照见人家，照不见自家，[蒙戚双]用俗语入妙。只知嫌人家臜。这是他的屋子，由着你们遭塌，越发不成个体统了。"[蒙戚双]所以为今古未有之一宝玉。这些丫头们明知宝玉不讲究这些，二则李嬷嬷已是告老解事出去的了，[蒙戚双]调侃入微，妙，妙！如今管他们不着，因此只顾顽，并不理他。那李嬷嬷还只管问"宝玉如今一顿吃多少饭，什么时辰睡觉"等语。[周按]曭，当是原笔。[蒙戚双]可叹！丫头们总胡乱答应，有的说"好个讨厌的老货"。[庚侧]实在有的。[蒙侧]入神！李嬷嬷又问道："这盖碗酥酪怎不送与我去？就吃了罢。"说毕，拿匙就吃。[蒙双]写聋钟奶姆便是聋钟奶姆。一个丫头道："快别动，那是说了给袭人留着的，[蒙戚双]过下无痕。回来又惹气了，[蒙戚双]照应茜雪枫露茶前案。你老人家自己承认，别带累我们受气。"[己双]这等话声口，必是晴雯无疑。李嬷嬷听了，又气又愧，便说道："我不信他这样坏了，且别说我吃了一碗牛奶，就是再比这个值钱的，也是应该的。难道待袭人比我还重？难道他不想想怎么长大了？我的血变的奶，吃的长这么大。如今我吃他一碗牛奶，他就生气了，我偏吃了，看他怎么样？你们看着袭人不知怎样，那是我手里调理出来的毛丫头，什么阿物儿！"[蒙戚双]虽暂委曲唐突袭卿，然亦怨不得李媪。一面说，一面赌气将酥酪吃尽。又一丫头笑道："他们不会说话，怨不得你老人家生气，宝玉时常还送东西孝敬你老去，岂有为这个不自在的？"[蒙戚双]听这声口，必是麝月无疑。李嬷嬷道："你们也不必粧狐媚子哄我，打量上次为茶撵茜雪的事我不知道呢。[戚双]照应前文，又用一撵字，屈杀宝玉，然在李媪心中口中毕肖。[周按]依此批而推，脂砚又分明曾见茜雪遭撵原有正面文字，且宝玉并非逐之之人。其情事应甚曲折，亦关系后半部狱神庙回之佚文。明日有了不是，我再来领！"说着，赌气去了。[蒙戚双]过至下回。

少时，宝玉回来，命人去接袭人。只见晴雯淌在床上不动，[蒙戚双]娇态已惯。宝玉因问："敢是病了，再不然输了？"秋纹道："他到是赢的。谁知李老太太来了混输了，他气的睡去了。"宝玉笑道："你别和他一般见识，由他去就是了。"说着袭人已来，彼此相见。袭人又问宝玉何处吃饭，多早晚回来，又代母妹问诸同伴姊妹好。一时换衣卸妆，宝玉命取酥酪来，丫嬛们回说："李奶奶吃了。"宝玉才要说话，袭人便忙笑道："原来是留的这个，多谢费心。前儿我吃的时候好吃，吃过了好肚子疼，足的吐了才好。他吃了到好，搁在这里到白遭塌了。[蒙戚双]与前文应失手碎钟遥对。通部袭人皆是如此，一丝不错。我只想风干栗子吃，你替我剥栗子，我去铺床。"[蒙戚双]必如此方是。宝玉听了信以为真，方把酥酪丢开，取栗子来，向烛前捡剥。一面见众人不在房中，乃笑问袭人道："今儿那个穿红的是你什么人？"[蒙戚双]若见过女儿之后，没有一段文字，便不是宝玉，亦非《石头记》矣。袭人道："那是我两姨妹子。"宝玉听了，赞叹了两声。[己双]这一赞叹，又是令人囫囵不解之语，只此便抵过一大篇文字。袭人道："叹什么？[蒙戚双]只一叹字，便引出"花解语"一回来。我知道你心里的缘故，想是说他那里配红的。"[蒙戚双]补出宝玉素喜红色，这是激语。宝玉笑道："不是，不是。那样人不配穿红的，谁还敢穿呢？[蒙戚双]活宝玉。我因为见他实在好的狠，怎么也得他在咱们家里就好了。"[蒙戚双]妙谈妙意。袭人冷笑道："我一个人是奴才命罢了，难道连我的亲戚也都是奴才命不成？实在好的，就该给你家作奴才么？"[己双]妙答！宝玉并未说奴才二字，袭人连补奴才二字，最是劲节，怨不得作此语。[周按]宝玉说：我因为他实在好的狠。故袭人硬语相激。宝玉听了，忙笑道："你又多心了，我说往咱们家来，必定是奴才不成？[己双]免强如闻。说亲戚就使不得？"[蒙戚双]更强。[蒙侧]这样妙文，何处得来。非目见身行，岂能如此的确。袭人道："那也搬配不上。"[己双]说的事。宝玉便不肯再说，只是剥栗子。袭人笑道："怎么不言语了，想是我才冒撞冲犯了，你明儿赌气花几两银子，买他们进来就是了。"[蒙戚双]总是故意激他。宝玉笑道："你说的话，怎么叫我答言呢？我不过是赞他好，正配生在这深堂大院里，没的我们这种浊物〔蒙戚双〕妙号！后文又曰须眉浊物之称，今古未有之一人，始有此今古未有之妙称，妙号！到生在这里！”〔蒙戚双〕这皆宝玉意中心中确实之念，非前勉强之词。所以谓今古未有之一人耳。听其囫囵不解之言，察其幽微感触之心，审其痴妄委婉之意，皆今古未见之人，亦是未见之文字。说不得贤，说不得愚，说不得不肖，说不得善，说不得恶，说不得正大光明，说不得混账恶赖，说不得聪明才俊，说不得庸俗，又说不得好色好淫，说不得情痴情种，恰恰只有一颦儿可对，令他人徒加评论，总未摸着他二人是何等脱胎，何等心臆，何等骨肉！余阅此书，亦爱其文字耳，实亦不能评出此二人终是何等人物，后观情榜评曰：宝玉情不情，黛玉情情，此二评自在评痴之上，亦属囫囵不解，妙甚！袭人道：“他虽没这造化，到也是娇生惯养的呢，我姨爹姨娘的宝贝，如今十七岁，各样的嫁妆都齐备了，明年就出嫁。”〔庚侧〕所谓不入耳之言也。宝玉听了出嫁二字，不禁又嗐了两声。〔蒙戚双〕宝玉心思另是一样，余前评可见。正是不自在，又听袭人叹道：〔蒙戚双〕袭人可叹，自有别论。“只从我来这几年，姊妹们都不得在一处，如今我要回去了，他们又都去了。”宝玉听这话内有文章，〔蒙戚双〕余亦如此。不觉吃一惊，〔蒙戚双〕余亦吃惊。忙丢下栗子问道：“怎么，你如今要回去了？”袭人道：“我今日听见，我妈和哥哥商议，教我再耐烦一年，明年他们上来，就赎我出去呢！”〔蒙戚双〕即余今日，尤难为情，况当日之宝玉哉！〔周按〕批语谓后日袭人果赎身以去，批者至批书之时犹难为情。况赎身当日，宝玉之难以为情更当何如。宝玉听了这话，越发怔了，因问：“为什么要赎你？”袭人道：“这话奇了，我又比不得是你这里家生子儿，一家子都在此处，独我一个人在这里，怎么是个了局？”〔蒙戚双〕说得极是。宝玉道：“我不放你去也难。”〔蒙戚双〕是头一句驳，故用贵公子声口，无理。袭人道：“从来没这个道理。便是朝廷宫里，也有个定例，或几年一选，几年一入，也没有个长远留下人的理，别说是你。”〔蒙戚双〕一驳更有理。宝玉想了一想，果然有理。〔蒙戚双〕自然。又道：“老太太不放你也难。”〔蒙戚双〕第二层，仗祖母溺爱，更无理。袭人道：“为什么不放我？果然是个最难得的，或者感动了老太太、太太，〔己双〕宝玉并不提王夫人，袭人偏自补出，周密之至。必不可放我出去的，设或多给我们家几两银子留下我，这或有之。其实我也不过是个最平常的人，〔蒙侧〕此等语言，便是袭卿心事。比我强的有而且多。自我从小儿来了，跟着老太太，先伏侍了史大姑娘几年，〔周按〕此一句补笔顶千百句用。〔蒙戚双〕百忙中又补出湘云来，真是七穿八达，得空便入。如今又伏侍了你几年。如今我们家来赎，正是该叫去的，只怕连身价也不要，就开恩叫我去呢。若说为伏侍的你好，不叫我去，断然没有的事。那伏侍的好，是分内应当的，［庚侧］这却是真心话。不是什么奇功。我去了仍旧有好的了，不是没了我就不成事。”［己双］再一驳，［蒙侧］更精细，更有理。反敲。宝玉听了这些话，竟是有去的理，无留的理，［蒙戚双］自然。心内越发急了，［蒙戚双］原当急。因又道：“虽然如此说，我一心只要留下你，不怕老太太不和你母亲说，多多给你母亲些银子，他也不好意思接你了。”［蒙戚双］急心肠，故入于霸道无理。［蒙侧］三字入神。［周按］指也不好三字。袭人道：“我妈自然不敢强。且漫说和他好说，又多给银子，就便不好和他说，一个钱也不给，安心要强留下我，他也不敢不依。但只是咱们家从没有干那倚势仗贵霸道的事。这比不得别的东西，因为你喜欢，加十倍利弄了来给你，那卖的人不得吃亏，可以行得。如今无故平空留下我，于你又无益，反叫我们骨肉分离，这件事老太太、太太断不肯行的。”［己双］三驳不独更有理，且又补出贾府自家慈善宽厚等事。宝玉听了，思忖半晌，［蒙戚双］正是思忖只有去的理，无留的理。乃说道：“依你说你是去定了？”［蒙戚双］自然。袭人道：“去定了。”［庚侧］口气像极。宝玉听了自思道：“谁知这样一个人，这样薄情无义。”［蒙戚双］余亦如此见疑。乃叹道：“早知道都是要去的，［蒙戚双］都是要去的妙。可谓触类旁通，活是宝玉。我就不该弄了来。［蒙侧］上古至今及后世有情者，同声一哭。临了剩我一个孤鬼！”［蒙戚双］可谓见首知尾，活是宝玉。说着，便赌气上床睡去了。［蒙戚双］又到无可奈何之时了。

原来袭人在家听见他母兄要赎他回去，［蒙戚双］补前文。他就说至死也不回去的。又说：“当日原是你们没饭吃，就剩我还值几两银子，若不叫你们卖，没有个看着老子娘饿死的理。［蒙戚双］补出袭人幼时艰辛苦状，与前文之香菱、后文之晴雯大同小异，自是又副十二钗中之冠，故不得不补传之。［庚侧］孝女义女。如今幸而卖到这个地方，［蒙戚双］可谓不幸中之幸。［周按］批书人身世际遇，与袭人有合处，后文虽佚，与冯紫英语钩连回互，不由于此流露，透出线索。“幸而”二字，“不幸之幸”云云，贯彻全书，非闲笔也。吃穿和主子一样，又不朝打暮骂。况且如今爹虽没了，你们却又整理的家成业就复了元气。若果然还艰难，［庚侧］孝女义女。把我赎出来，再多淘澄几个钱，也还罢了，其实又不难了。这会子又赎我作什么？权当我死了，［庚侧］可怜，可怜。再不必起赎我的念头。”因此哭闹了一阵。［己双］以上补在家今日之事，与宝玉问哭一句针对。［蒙侧］同心同志，更觉幸遇。［周按］同心同志，更觉幸遇，隐湘云佚文。他母兄见他这般坚执，自然必不出来的了，况且原是卖倒的死契，明仗着贾宅是慈善宽厚之家，不过求一求，只怕身价银一并赏了，还是有的事呢。［蒙戚双］又夹带出贾府平素施为来，与袭人口中针对。二则贾府中从不曾作践下人，［蒙侧］铁鉴〔槛〕寺凤卿受赂，令人怅恨。只有恩多威少的，［蒙戚双］伏下多少后文。但凡老少房中所有亲侍的女孩子们，更比待家下众人不同，平常寒薄人家的小姐，也不能那样尊重的，［蒙戚双］又伏下多少后文，先一句是传中陪客，此一句是传中本旨。因此他母子两个，也就死心不赎了。［蒙戚双］既如此，何得袭人又作前语以愚宝玉，不知何意，且看后文。次后忽然宝玉去了，他二人又是那般景况，［蒙戚双］一件闲事一句闲文皆无，警甚。［周按］此批笼罩全回，笼罩全书，一句闲文一件闲事皆无，通部大书都是如此。如果有，那就是后笔妄作，此即本书之所以作也。他母子二人心下更明白了，越发石头落了地，而且是意外之想，彼此放心，再无赎念了。［蒙戚双］一段情结，妙甚！

如今且说袭人自幼见宝玉性格非常，［周按］性格非常，是原笔。［己双］四字好，所谓说不得好，又说不得不好也。其淘气憨顽自是出于众小儿之外，更有几件千奇百怪口不能言的毛病儿。［己双］只如此说更好，所谓说不得聪明矣〔贤〕良，说不得痴呆愚昧也。所仗着祖母溺爱，父母又不能十分严紧拘管，更觉放荡弛纵，［蒙戚双］四字妙评，确甚。任性恣情，［蒙戚双］四字更好，亦不涉于恶，亦不涉于淫，亦不涉于骄，不过一味任性耳。［周按］批中用“任性”二字，堪为正文之助。最不喜务正。［蒙戚双］这还是小儿同病。每欲劝时，料不能听，今日可巧有赎身之论，故先用骗词以探其情，以压其气，［蒙侧］以此法游刃，有何不可解之牛。然后好下箴规。［蒙戚双］原来如此。今见他默默睡去了，知其情有不忍，气已馁堕。［蒙戚双］不独解语，亦且有智。自己原不想栗子吃的，只因怕为酥酪又生事故，亦如茜雪之茶等事，［蒙戚双］可谓矣〔贤〕而多智术之人。是以假以栗子为由，混过宝玉不提就完了。于是命小丫头子们将栗子拿去吃了，自己来推宝玉。只见宝玉泪痕满面，袭人便笑道：［蒙戚双］正是无可奈何之时。［蒙侧］不知何故，我亦掩涕。“这有什么伤心的。你果然留我，我自然不出去了。”宝玉见这话有文章，［蒙戚双］宝玉不愚。［周按］见这话有文章，“见”是意度而悟知之意，不必拘俗文视“话”字即须用“听”，盖“文章”方是主眼。便说道："你到说说，叫我还要怎么留你？我自己也难说了。"［蒙戚双］二人素常情义。袭人笑道："咱们素日好处再不用说，但今日安下心要留我，不在这上头，我另说出两三件事来，你果然若依了我，就是你真心留我了，刀搁在脖子上，［蒙侧］以此等心，行此等事，昭昭苍天，岂无明见［鉴］。我也是不出去的了。"宝玉忙笑道："你说那几件？我都依你，好姐姐，好亲姐姐，［己双］叠二语，活见从纸上走一宝玉下来，如闻其呼见其笑。别说两三件，就是两三百件，［周按］直答袭人"两三件"之语。我也依。［蒙戚双］两三百不成话，却是宝玉口中。只求你们同看着我，守着我，等我有一日化成了飞灰，［己双］脂砚斋所谓不知是何心思，始得口出此等不成话之至奇至妙之话，诸公请如何解得？如何评论？〇所劝者正为此，偏于劝时一犯，妙甚！［周按］此前批中脂砚斋三字消灭之又一形式。飞灰还不好，灰还有形有迹，有知识。［己双］灰还有知识，奇之不可甚言矣，余则谓人尚无知识者多多。等我化成一股清烟，风一吹便散了的时候，你们也管不得我，我也顾不得你们了，那时凭我去，我也凭你们爱那里去就去罢。"［蒙戚双］是聪明，是愚昧，是小儿淘气，余皆不知，只觉悲感难言，奇瑰愈妙。［蒙侧］人人皆以宝玉为痴，孰［殊］不知世人比宝玉更痴。话未说完，急的袭人忙握他的嘴说："好好的正为劝你这些，到更说的狠了。"宝玉忙说道："再不说这话了。"［庚侧］只说今日一次，呵呵，玉兄玉兄，你到底哄的那一个？袭人道："这是头一件要改的。"宝玉道："改了，再说你就拧嘴，还有什么？"袭人道："第二件，你真喜读书也罢，假喜读书也罢，［庚侧］新鲜，真新鲜。只是在老爷跟前或在别人跟前，你别只管批驳诮谤，只作出个喜读书的样子来，［蒙戚双］宝玉又诮谤读书人，恨此时不能一见如何诮谤。［庚侧］所谓开方便门。［周按］恨此时不能见如何诮谤，谓尔时身不在场，无从得见其诮谤之情状，欣赏爱慕之意溢于言表。也教老爷少生些气，在人前也好说话。［庚侧］大家听听，可是丫环说的话？他心里想着，我家代代读书，只从有了你，不承望你不但不喜读书，已经他心里又气又愧了，而且背前背后，乱说那些混话。凡读书上进的人，你就起个名字，叫他禄蠹。［蒙戚双］二字从古未见，新奇之至，难怨世人谓之可杀，余却最喜。［周按］世人谓之可杀，此为当日实事实语，惟批者知其底细，非想像之词也。又说只除明明德外无书，［周按］明明德，《大学》一书开头第一句。宝玉为何独取于此，盖康熙帝当日曾重申其义，谓明明德必从和睦骨肉六亲为始，能和睦者方能进而至于为国爱民，此义曹家习闻，传为家教。至雍正逼害兄弟，正违此教。所以特申此义以识之也。都是前人自己不能解圣人之书，便另出己意，混编纂出来的话。［蒙戚双］宝玉目中犹有明明德三字，心犹有圣人二字，又素日皆作如是等语，宜乎人人谓之疯傻不肖。怎么怨得老爷不气，不时时打你？叫别人怎么想你？”宝玉笑道：“再不说了，那原是那小时不知天高地厚信心胡说，［周按］信心，即前文所谓任性恣情。如今再不敢说了。［蒙戚双］又作是语，说不得不乖觉，然又是作者瞒人之处也。还有什么？”袭人道：“再不可毁僧谤道，［蒙戚双］一件是妇女心意。调脂弄粉。［蒙戚双］二件，若不如此，亦非宝玉。还有更要紧的一件，［蒙戚双］忽又作此一语。再不许吃人家嘴上擦的胭脂了，［周按］人家嘴上，语妙义丰，若无“家”字，一字之差，千金不易。苏本可贵处皆类此。［蒙戚双］此一句是闻所未闻之语，宜乎其父母严责也。与那爱红的毛病儿。”宝玉道：“都改都改，再有什么快说！”袭人笑道：“再也没有了，只是凡百检点些，［周按］凡百，当时常用语。不可任意任性的就是了。［蒙戚双］总包括尽矣，其所谓花解语者大矣，不独冗冗为儿女之分也。你若果都依了，就是拿八人轿子九人抬我也不出去了。”［周按］九人抬，指驼轿，北地古俗，七字成语，不可割改。宝玉笑道：“你这里长远了，不怕没八人轿你坐。”袭人冷笑道：“这个我也不希罕，也没有那个福气，没有那个道理，总坐了也没甚趣。”［蒙戚双］调侃不浅，然在袭人能作是语，实可爱可敬可服之至，所谓花解语也。［蒙侧］真正逼人。二人正说着，只见秋纹走进来说：“快三更了，该睡了。方才老太太打发嬷嬷来问，我答应睡了。”宝玉命取表来［蒙戚双］照应前风姐之文。看时，果然针已指到亥正，［周按］亥正，即今之夜晚十点。［蒙戚双］表则是表的写法，前形容自鸣钟则是自鸣钟，各尽其神妙。方从新盥漱，宽衣安歇，不在话下。［庚眉］花解语一段，乃袭卿满心满意将玉兄为终身得靠，千妥万当故有是。余阅至此，余为袭卿一叹！丁亥春，畸笏叟。

至次日清晨，袭人起来，便觉身体发重，头疼目胀，四肢火热，先时还挣挣的住，次后挨不住，只要睡，因而和衣淌在炕上。［庚侧］过下引线。宝玉忙回了贾母，传医诊视。说道：“不过偶感风寒，吃一两剂药疏散疏散就好了。”开方去后，令人取药来煎好，刚服下去，命他盖上被渥汗，宝玉自去黛玉房中来看视。［蒙戚双］为下文留地步。彼时黛玉自在床上歇午，丫嬛们皆出去自便，满屋内静悄悄的，宝玉揭起绣线软帘进入里间，只见黛玉睡在那里，忙去上来推他道：“好妹妹，［蒙戚双］才住了好姐姐，又闻好妹妹，大约宝玉一日之中，一时之内，此六个字未曾暂离口角，妙甚！才吃了饭就睡觉？”将黛玉唤醒，［蒙双］若是别部书中写此时之宝玉一进来，便生不轨之心，突萌苟且之念，更有许多贼形鬼状等丑态邪言矣，此却反推唤醒他，毫不在意，所谓说不得淫荡是也。黛玉见是宝玉，因说道："你且出去，我前儿闹了一夜，今儿还没有歇过来，［己双］补出娇怯态度。浑身酸疼。"宝玉道："酸疼事小，睡出病来的事大，我替你解闷儿，混过困去就好了。"［蒙戚双］宝玉又知养身。黛玉只合着眼说道："我不困，只略歇歇儿，你且别处去闹会子再来。"宝玉推他道："我往那去呢？见了别人就怪腻的。"［蒙戚双］所谓只有一颦可对，亦属怪事。黛玉听了，就嗤的一声笑道："你既要在这里，那边老老实实的坐着，咱们说话儿。"宝玉道："我也歪着。"黛玉道："没有枕头。"宝玉道：［己双］绵缠密秘人微。"咱们在一个枕头上。"［蒙戚双］更妙，渐逼渐近，所谓意绵绵也。黛玉道："放屁！［庚侧］如闻。外头不是枕头？［周按］黛玉一语不曾同意宝玉同卧，所谓没有枕头，即是拒之之语。拿一个来枕着。"宝玉出至外间，看了一看回来笑道："那个我不要他，也不知是那个腌老婆子的。"黛玉听了，睁开眼，［蒙戚双］睁眼。起身［蒙戚双］起身。笑道：［蒙戚双］笑。"真真你就是我命中的天么星——［蒙戚双］妙语，妙之至，想见其态度。［周按］天么星是原笔。请枕这一个。"说着将自己枕的推与宝玉，又起身将自己的又拿了一个来，自己枕了，二人对面方倒下。黛玉因看了宝玉左边腮上有钮扣大小的一块血渍，便欠身凑近前来以手抚之细看，［戚双］想见其缠绵态度。又道："这又是谁的指甲刮破了？"［蒙戚双］妙极，补出素日。宝玉侧身，一面躲一面笑道：［庚侧］对推醒看。"不是刮的，只怕是才刚替他们淘漉胭脂膏子，擯上了一点儿。"［周按］擯是原笔，读去声。犹言擦磨而沾染之义。［蒙戚双］遥与后文平儿于怡红院晚妆时对照。说着，便找手帕子要揩拭，黛玉便用自己的帕子替他揩拭了。［蒙戚双］想见情之脉脉意之绵绵。口内说道："你又干这些事了。［蒙戚双］又是劝戒语。干也罢了，［蒙戚双］一转细极，这方是颦卿，不比别人一味固执死劝。必定还要带出幌子来。便是舅舅看不见，别人看见了，又当奇事新鲜话儿去学舌讨好儿，［己双］补前文之未到，伏后文之线脉。［蒙戚双］补前文之未足者。吹到舅舅耳躲，［周按］耳躲是原笔。又有大家不干净惹气。"［己双］大家二字何妙之至，神之至，细腻之至，乃父责其子，纵加以笞楚，何能使大家不干净哉！今偏大家不干净，则知贾母如何管孙责子，迁怒于众，及自己心中多少抑郁难堪难禁，代忧代痛，一齐托出。宝玉总未听见这些话，［庚眉］一句描写玉刻骨刻髓，至已尽矣。壬午春。［蒙戚双］可知昨夜情切切之语，亦属行云流水矣。只闻得一股幽香，却是从黛玉袖中发出，闻之令人醉魂酥骨。［蒙戚双］却像是淫极，然究竟不犯一些淫意。宝玉一把将黛玉的袖子拉住，要瞧笼着何物。黛玉笑道："□□□冷，［周按］□□□冷，当是原稿真相。此时元宵刚过，北地春寒正烈。［庚侧］口头语，犹在寒冷之时。谁带什么香呢？"宝玉笑道："既然如此，这香是打那里来的？"黛玉道："我也不知道，［蒙戚双］正是，按谚云：人在气中忘气，鱼在水中忘水。余今续之曰：美人忘容，花则忘香。此则黛玉不知自骨肉中之香同。想必是柜子里头的香气，衣服上熏染的，也未可定。"［蒙戚双］有理。宝玉摇头道："未必，这香的气味奇怪，不是那些香饼子、香球子、香袋子的香。"［蒙戚双］自然。黛玉冷笑道：［蒙戚双］冷笑便是文章。"难道我也有什么罗汉真人给我些奇香不成。便是得了奇香，也没有亲哥哥亲兄弟弄了花儿、朵儿、霜儿、雪儿替我炮制，［蒙戚双］活颦儿，一丝不错。我有的是那些俗香罢了。"宝玉笑道："凡我说一句，你就拉扯上这么些，不给个利害你也不知道，从今儿可不饶你了。"说着翻身起来，将两只手呵了两口，［蒙戚双］活画。［蒙侧］情景如画。便伸向黛玉膈肢窝内，两肋下乱挠。黛玉素性触痒不禁，宝玉两手伸来乱挠，便笑的喘不过气来。口里说："宝玉！你再闹我就恼了。"［蒙戚双］如见如闻。宝玉方住了手，笑问道："你还说这些不说了？"黛玉笑道："再不敢了。"一面理鬓［蒙戚双］画。笑道："我有奇香，你有煖香没有？"［蒙戚双］奇问。宝玉见问，一时解不来，［蒙戚双］一时原难解，终逊黛卿一等，正在此等处。因问："什么煖香？"黛玉点头叹笑道：［蒙戚双］画。"蠢才！蠢才！你有玉，人家就有金来配你。人家有冷香，你就没有煖香去配？"［周按］钞本多用煖字，是为与冷字属对也。宝玉方听出来，［蒙戚双］的是颦儿，活画。然这是阿颦一生心事，故每不禁自及之。笑道："方才求饶，如今更说狠了。"说着又去伸手，黛玉忙笑道："好哥哥，我可不敢了。"宝玉笑道："饶便饶你，只要把袖子我闻闻。"说着拉了袖子，笼在面上闻个不住。黛玉夺了手道："这可该去了。"宝玉笑道："去？不能。咱们斯斯文文的，［周按］斯文当是原笔。淌着说话儿。"说着复又倒下，黛玉也倒下，用手帕子盖上脸。［蒙戚双］画。宝玉有一搭没一搭［蒙戚双］先一总。说些鬼话，黛玉只不理。宝玉因问他："几岁上京？路上见何景致古蹟？扬州有何遗迹故事土俗民风？"黛玉只不答。宝玉只怕他睡出病来，［己双］原来只为此故，不暇傍人嘲笑，所以放荡无忌处不特此一件耳。便哄他道："嗳哟，你们衙门里扬州，［周按］书面文字要求严格，而口语次序不同，反独得其神。有一件大故事，你可知道？"［庚侧］像个亲［说］故事的。黛玉见他说的郑重，又且正言厉色，只当是真事，因问："什么事？"宝玉见问，便忍着笑顺口诌道：［庚侧］又哄我看书人。"扬州有一座黛山，山上有一个林子洞。"黛玉笑道："就是扯谎。［庚侧］山名洞名，颦儿已知之矣。自来也没听见这山。"宝玉道："天下山水多着呢，你那里知道这些？等我说完了，你再批评。"［庚侧］不先了此句，可知此谎再诌不完的。黛玉道："你且说。"宝玉又诌道："林子洞里原来有一群耗子精，那一年腊月初七日，老耗子升座议事。［己双］耗子亦能升座且议事，自是耗子有赏罚有制度矣，何今之耗子犹穿壁啮物，其升座者置而不问哉。因说，明日乃是腊八，世上人都熬腊八粥，如今我们洞中果品短少，须得乘此打劫些来方妙。［己双］议的是这事，宜乎为鼠矣。［庚侧］难道耗子也要腊八粥吃，一笑。乃拔令箭一枝，遣一能干的小耗，［蒙戚双］原来能于此者便是小鼠。前去打听。一时小耗回报，各处察访打听已毕，惟有山下庙里果米最多。［蒙戚双］庙里原来最多，妙妙！老耗问，'米有几样？果有几品？'小耗道，'米豆成仓，不可胜记。果品有五种，一红枣，二栗子，三落花生，四菱角，五香玉。'老耗听了大喜，即时点耗前去。乃拔令箭问，'谁去偷米？'一耗便接令去偷米。又拔令箭问，'谁去偷豆？'又一耗接令去偷豆。然后一一的都各领令去了。［庚侧］玉兄也知琐碎，以抄近为妙。只剩下香玉一种，因又拔令箭问，'谁去偷香玉？'只见极小极弱的一个小耗应道，［庚侧］玉兄玉兄，唐突颦儿了。'我愿去偷香玉。'老耗并众耗看他这样，恐不谙练，且怯懦无力，都不准他去。小耗道，'我虽年小身弱，却是法术无边，口齿伶俐，机谋深远。［戚双］这三句暗为黛玉作评，讽的妙！此去管比他们偷的还巧呢！'众耗忙问，'如何比他们还巧呢？'小耗道，'我不学他们直偷，我只摇身一变，［庚侧］不直偷，可畏可怕。也变一个香玉，[蒙侧] 作意从此透露。滚在香玉堆里，使人看不出，听不见，却暗暗的用分身法搬运，渐渐的就搬运尽了。[庚侧] 可怕可畏。岂不比直偷硬取的巧些？’[蒙双] 果然巧。而且最毒，直偷者可防，此法不能防矣，可惜这样才情，这样学术，却只耗耳。众耗听了都道，‘妙却妙，只是不知怎么个变法，你先变了我们瞧瞧。’小耗听了笑道，‘这个不难，等我变来。’说毕，摇身就变，竟变了一个最标致美貌的一位小姐。[庚侧] 奇文怪文。众耗忙说，‘变错了，变错了。原说变果子的，如何变出小姐来了？’[己双] 余亦说变错了。小耗现形笑道，‘我说你们没见识面，只认得这果子是香玉，却不知盐课林老爷的小姐，才是真正香玉呢。’”[己双] 前面有试才题对额，故紧接此一篇无稽乱话，前无则可，此无则不可，盖前系宝玉之懒为者，此系宝玉不得不为者，世人诽谤无碍，奖誉不必。黛玉听了，番身爬起来，按着宝玉笑道：“我把你烂了嘴的，我就知道你是编我呢！”说着，便拧的宝玉连连央告说：“好妹妹，饶我罢，再不敢了。我因为闻你香，忽然想起这个故典来。”黛玉笑道：“饶骂了人，还说是故典呢。”[庚眉] 玉生言〔香〕是要与小恙梨香院对看，愈觉生动活泼，且前以黛玉，后以宝钗，特犯不犯，好看煞！丁亥春，畸笏叟。一语未了，只见宝钗走来。[蒙戚双] 妙！[蒙侧] 不犯梨香院。笑问道：“谁说故典呢，我也听听。”黛玉忙让坐笑道：“你瞧瞧还有谁，他饶骂了人，还说是古典。”宝钗笑道：“原来是宝兄弟，怨不得他肚子里古典原多，[蒙戚双] 妙讽。只是可惜一件，[蒙戚双] 妙转。凡该用古典之时，[周按] 故典古典，原文如此，今不必统一。他偏就忘了。[蒙戚双] 更妙！有今日记得的，前儿夜里的芭蕉诗就该记得，眼面前的到想不起来。别人冷的那样，你急的只出汗。[戚双] 与前拭汗二字针对，不知此书何妙至如此。有许多妙谈妙语机锋诙谐，各得其时，各尽其理，前梨香院黛玉之讽，则偏而趣，此则正而趣，二人真是对手，两不相犯。[苏双] 与前拭汗二字针对。这会子偏又有记性了。”黛玉听了笑道：“阿弥陀佛！到底是我的好姐姐。你一般也遇见对头了，可知一还一报，不爽不错的。”将说着这里，只听宝玉房中一片声嚷，吵闹起来。正是。

[觉回后] 戏谑主人调笑仆，相合姊妹合欢亲。

［蒙戚回后］若知宝玉真性情者，当留心此回，其与袭人何等留连，其于画美人事何等古怪，其愚茗烟事何等怜惜，其于黛玉何等保护。再袭人之痴忠，画人之惹事，茗烟之屈奉，黛玉之痴情，千态万状，笔力劲尖，有水到渠生之象，无微不至，真画出一个上乘智慧之人，入于魔而不悟，甘心堕落，且影出诸魔之神通，亦非泛泛，有势不能轻登彼岸之形，凡我众生掩卷自思，或于身心少有补益，小子妄谈，诸公莫笑。

［回后评］上回回末我曾批云：大观园由试才题对额起直到省亲夜，众姊妹宝玉等奉命作诗，隐隐暗藏武陵源避秦，石崇、绿珠遭难等情。不料方至本回即有特写袭人之大段文章，而其中心要害则是袭人用话探索宝玉之真情，与自己是否离开贾府之大计。从本回之文字看，二人对话字字精彩，而其结论则是袭人，宝玉皆甘愿终生相守，而不分离。谁知此愿终不得遂，此夜越说是总不离去了，却于日后竟然不得不去。这是一部《石头记》之大关键，悲夫！

薛宝钗羞拢红麝串

宝玉求看宝钗的红麝串，却见宝钗生得肌肤丰泽，容易褪不下来。宝玉在旁看着雪白的一段酥臂，不觉的动了羡慕之心，暗暗地想道："这个膀子若长在林妹妹身上，或者还得一摸一摸，偏生长在他身上。又见他脸若银盆，眼同水杏，唇不点而红，眉不画而翠，比林黛玉另具一种妩媚风流，不觉呆了。

李纨

镜里恩情，更那堪梦里功名！那美韶华去之何迅！再休提绣帐鸳衾，只这带珠冠，披凤袄，也抵不了无常性命。虽说是，人生莫受老来贫，也须要阴骘积儿孙。气昂昂头带簪缨，气昂昂头带簪缨，光灿灿腰悬金印。威赫赫爵位高登，威赫赫爵位高登，昏惨惨黄泉路近。问古来将相可还存？也只是虚名儿与后人钦敬。

第二十回
王熙凤正言弹妒意　林黛玉俏语谑娇音

［蒙回前］智慧生魔多象，魔生智慧方深。智魔寂灭万缘根，不解智魔作甚。

话说宝玉在林黛玉房中说耗子精，宝钗撞来，讽宝玉元宵不知绿蜡之典，三人正在房中互相讥刺取笑。那宝玉正恐黛玉饭后贪眠，一时存了食，或夜间走了困，皆非保养身体之法。［蒙戚双］云宝玉亦知医理，却只是在颦、钗等人前方露，亦如后回许多明理之语，只在闺前现露三分。越在雨村等经济人前，如痴如呆，实令人可恨。但雨村等视宝玉不是人物，岂知宝玉视彼等更不是人物，故不与接谈也。宝玉之情痴真乎假乎，看官细评。幸而宝钗走来，大家谈笑，那林黛玉方不欲睡，自己才放了心。忽听他房中嚷起来，大家侧耳听了一听，林黛玉先笑道："这是你妈妈和袭人叫呢！那袭人也罢了，你妈妈再要认真排场他，可见老背晦了。"［己双］袭卿能使颦卿一赞，愈见彼之为人矣，观者诸公以为何如？宝玉忙要赶过来，宝钗忙一把拉住道：［庚侧］的是宝钗行事。"你别和你妈妈吵，他老糊涂了，到要让他一步为是。"［蒙戚双］宝钗如何，观者思之。宝玉道："我知道了。"说毕走来，只见李嬷嬷拄着拐棍在当地骂袭人："忘了本的小娼妇，我抬举起你来，［庚侧］活像过时奶妈骂丫头。在袭卿身上去叫下撞天屈来。这会子我来了，你大模大样的淌在炕上，见我来也不理一理。一心只想粧狐媚子哄宝玉，［庚侧］看这句几把批书人吓杀了。哄的宝玉不理我，［庚侧］幸有此句，不然我石兄、袭卿扫地矣。听你们的话。你不过是几两臭银子买来的毛丫头，这屋里你就作耗，如何使得！好不好拉出去，配一个小子，［庚侧］虽写得酷肖，然唐突我袭卿，实难为情。看你还妖精似的哄宝玉不哄！"［庚侧］若知好事多魔，方会作［作］者之意。袭人先只道李嬷嬷不过为他淌着生气，少不得分辨说病了，才出汗，蠓着头原没看见你老人家等话。［周按］等话，犹言诸般情由。后来只管听他说哄宝玉，粧狐媚，又说配小子等语，由不得又愧又委曲，禁不住哭起来。宝玉虽听了这些话，也不好怎样，少不得替袭人分辨说病了吃药等话。又说："你不信，只问别的丫头们。"李嬷嬷听了这话，越发气起来了，说道："你只护着那起狐狸精，那里认得我了，叫我问谁去？［庚侧］真有是语。谁不帮着你呢？［蒙侧］真有是事。谁不是袭人拿下马来的？［庚侧］冤枉冤哉！我都知道那些事，［庚侧］囫囵语难解。我只和你在老太太、太太跟前去讲讲。把你奶了这么大，［庚侧］奶妈拿手话。到如今吃不着奶了，把我丢在一旁，逞着丫头们要我的强。"一面说，一面也哭起来。彼时黛玉、宝钗等也走过来劝说："妈妈你老人家担待他们一点子就完了。"李嬷嬷见他二人来了，［蒙侧］四字妈妈是看重二人身分。［庚眉］特为乳母传照，暗伏后文倚势奶娘线脉，《石头记》无闲文并虚字在此。壬午孟夏，畸笏老人。便拉住诉委曲，将当日吃茶，茜雪出去，［庚眉］茜雪至狱神庙方呈正文，袭人正文标昌〔目曰〕：花袭人有始有终。余只见有一次誊清时与狱神庙慰宝玉等五六稿被借阅者迷失。叹叹！丁亥夏，畸笏叟。与昨日酥酪等事，唠唠叨叨说个不清。［庚侧］好极妙极，毕肖极！可巧凤姐正在上房算完输赢账，听得后面声嚷动，便知是李嬷嬷老病发了，排揎宝玉的人。正值他今儿［庚侧］找上文。输了钱要迁怒于人，［庚侧］有是争竞事。便连忙赶过来，拉了李嬷嬷笑道："好嬷嬷，别生气，大节下，老太太才喜欢了一日。你是个老人家，别人高声，你还要管他们呢，难道你反不知道规矩？在这里嚷起来，叫老太太生气不成？你只说谁不好，［庚侧］阿凤两提老太太，是叫老妪想，袭卿是老太太的人，况又双关大体，勿泛泛看去，何等现成，何等自然，的是凤卿笔法。［周按］何等现成，何等自然，黛玉赞"寒塘渡鹤影"语也。我替你打他。我家里烧的滚热的野鸡，快来跟我吃酒去。"一面说，一面拉着走，又叫丰儿："替你李奶奶拿着拐棍子，［庚侧］一丝不漏。擦眼泪的手巾。"那李嬷嬷脚不沾地跟了凤姐走了。一面还说："我也不要这老命了，越性今儿没了规矩，闹一场子，讨个没脸，强如受那娼妇蹄子的气。"后面宝钗、黛玉随着，见凤姐儿这般，都拍手笑道："亏这一阵风来，［庚侧］批书人也是这样说，看官将一部书中人一一想来，收拾文字非阿凤俱有琐细引迹事，《石头记》得力处俱在此。把个老婆子撮了去了。"宝玉点头叹道："这又不知是那里的账，只拣软的排揎。昨儿又不知是那个姑娘得罪了，上在他账上。”一句未了，晴雯在傍冷笑道：“谁又不疯了，得罪他作什么！便得罪了他，就有本事承任，不犯着带累别人。”袭人一面哭，一面拉宝玉道：“为我得罪了一个老奶奶，你这会子又为我得罪这些人，这还不彀我受的，还只是拉别人。”［庚眉］一段特为怡红袭人、晴雯、茜雪三嬛之性情、见识、身分而写。己卯冬夜。宝玉见他这般病势，又添了这些烦恼，连忙忍气吞声，安慰他仍旧睡下出汗，又见他汤烧火热，自己守着他，歪在傍边劝他只养着病，别想着些没要紧的事生气。袭人冷笑道：“要为这些事生气，这屋里一刻还站不得了。［庚侧］实言非谬语也。但只是天长日久，只管这样，可叫人怎么样才好呢？时常我劝你，别为着我们得罪人，你只顾一时为我们那样，他们都记在心里，遇着坎儿，说的好听不好听，［庚侧］从狐媚子等语来，实实好语，的是袭卿。大家什么意思？”一面说，一面禁不住流泪。又怕宝玉烦恼，只得又勉强忍着。一时杂使的老婆子煎了二和药来，宝玉见他才有汗意，不肯叫他起来，自己便端着，就枕与他吃了，即命小丫头子们铺炕。袭人道：“你吃饭不吃饭，到底老太太、太太跟前［庚侧］心中时时刻刻正意语也。坐一会子，和姑娘们顽一会子再回来。我就静静的淌一淌也好。”宝玉听说，只得替他去了簪环，看他淌下，自往上房来。

同贾母吃毕饭，贾母犹欲同几个老管家嬷嬷斗牌解闷。宝玉记着袭人，便回至房中，见袭人朦朦睡去，自己要睡，天色尚早。彼时晴雯、绮霰、秋纹、碧浪都寻热闹，找鸳鸯、琥珀等耍戏去了，［周按］碧浪，当是原名，后人避改，以浪字有嫌义也。碧浪与水事每每相关（如提水，如打发宝玉洗澡），其取名或关乎此意。痕字则莫知所谓矣。独见麝月一个人在外间房内灯下抹骨牌。宝玉笑问道：“你怎么不同他们顽去？”麝月道：“没有钱。”宝玉道：“床底下堆着那么些还不彀你输的？”麝月道：“都顽去了，［庚眉］麝月闲闲无语，令余酸鼻，正所谓对景伤情。丁亥夏，畸笏。这屋里交给谁呢？［庚侧］正文。那一个又病了，满屋里上头是灯，地下是火。［庚侧］灯节。那些老妈妈子们劳天拔地伏侍一天，也该叫他们歇歇。小丫头子们也是伏侍了一天，这会子还不叫他们顽顽去？所以让他们都去罢，我在这里看着。”宝玉听了这话，公然又是一个袭人。因笑道：“我在这里坐着，［庚侧］岂敢？每于如此等处，石兄何常轻轻放过不介意来，亦作（者）欲瞒看官，又被批书人看去，呵呵！你放心去罢。”麝月道：“你既在这里，越发不用去了。咱们两个说话顽笑岂不好！”［庚侧］全是袭人口气，所以后来代任。宝玉笑道：“两个作什么呢？怪没意思的。也罢了，早上你说头痒，这会子没什么事，我替你篦头罢。”麝月听了便道：“就是这样。”说着，将文具镜奁搬来，卸却钗钏，打开头发，宝玉拿了篦子替他一一的梳篦。［庚侧］金闺细事如此写。只篦了三五下，只见晴雯忙忙走进来取钱，一见了他两个，便冷笑道：“哦，交杯盏还没吃呢，［庚侧］虽谑语亦少露怡红细事。到上头了！”［周按］新婚夫妇在典礼中互换杯酒共饮谓之交杯酒。新娘自结婚之日起，将少女发式改梳为少妇发式之仪式，谓之上头。宝玉笑道：“你来，也给你篦一篦。”晴雯道：“我没那么大福。”说着拿了钱，便摔帘子出去了。宝玉在麝月身后，麝月对镜，二人在镜内相视。［庚侧］此系石兄得意处。宝玉便向镜内笑道：“满屋里就只是他磨牙。”麝月听说，忙也向镜中摆手，［庚侧］好看趣。宝玉会意。忽听唿的一声帘子响，晴雯又跑进来问道：［庚侧］麝月摇手为此，可儿可儿。［庚侧］好看煞。“我怎么磨牙了？咱们到得说说。”［庚眉］娇憨满纸，令人叫绝。壬午九月。麝月笑道：“你去你的罢，又来问人了。”晴雯笑道：“你又护着，你们那瞒神弄鬼的，［庚侧］找上文。我都知道，等我捞回本儿来再说话。”说着一迳出去了。［蒙戚双］闲上［闲］一段儿女口舌，却写麝月一人。有袭人出嫁之后，宝玉、宝钗身边还有一人，虽不及袭人周到，亦可免微嫌小敝等患，方不负宝钗之为人也。故袭人出嫁后云，“好歹留着麝月”一语，宝玉便依从此话，可见袭人虽去，实未去也。写晴雯之疑忌，亦为下文跌扇角口等文伏脉，却又轻轻抹去，正见此时都在幼时，虽微露其疑忌，见得人各禀天真之性，善恶不一，往后渐大渐生心矣。但观者凡见晴雯诸人则恶之何愚也哉！要知自古及今，愈是尤物，其猜忌妒愈甚，若一味浑厚大量涵养，则有何可令人怜爱护惜哉。然后知宝钗、袭人等行为，并非一味蠢拙古版，以女夫子自居，当绣幙灯前，绿窗月下，亦颇有或调或妒，轻俏艳丽等说，不过一时取乐买笑耳，非切切一味妒才嫉贤也。是以高诸人百倍，不然宝玉何甘心受屈于二女夫子哉！看过后文则知矣。故观书诸君子不必恶晴雯，正该感晴雯金闺绣阁中生色方是。这里宝玉通了头，命麝月悄悄的伏侍他睡下，不肯惊动袭人，一宿无话。

至次日清晨起来，袭人已是夜间发了汗，觉得轻省了些，只吃些米汤静养，宝玉放了心。因饭后时到薛姨妈这边来闲徭，彼时正月内，学房中放年学，闺阁中忌针指，却都是闲时，因贾环也过来顽，正遇见宝钗、香菱、莺儿三个赶围棋作要，贾环见了也要顽。宝钗素习看他亦如宝玉，并无他意，今日听他要顽，让他上来坐了一处顽，一磊十个钱。头一回自己赢了，[庚眉]写环兄先赢，亦是天生地设现成文字。己卯冬夜。心中十分欢喜。后来接连输了几盘，便有些着急。赶着这盘正该自己掷骰子，若掷个七点便赢，若掷个六点，下该莺儿，掷三点就赢了。因拿起骰子来，恨命一掷，一个坐定了五，那一个乱转。莺儿拍着手只叫么，[蒙戚双]娇态如此。[庚侧]好看煞。贾环便瞪着眼，六七八混叫，那骰子偏生转出么来。贾环急了，伸手便抓起骰子来，然后就拿钱，说是个六点。[庚侧]更也好看。莺儿便说："分明是个么。"宝钗见贾环急了，便瞅莺儿说道："越大越没规矩，难道爷们还赖你？[蒙侧]酷肖。还不放下钱来呢。"莺儿满心委曲，见宝钗说，不敢则声，只得放下钱来，口内嘟囔说："一个作爷的还赖我们这几个钱，连我们也不放在眼里。[庚侧]酷肖。前儿和宝玉顽，[庚侧]倒卷帘法，实写幼时往事，可伤！[周按]彼时主奴规矩森严，莺儿到怡红院，丫嬛们让坐都不敢就座，最为恭谨，岂有敢直与怡红本院诸大丫嬛为比，直呼宝玉之理。此或作者一时疏略之原笔，终不为允。他输了那些，也没着急，下剩的钱，还是几个小丫头子们一抢，他一笑就罢了。"宝钗不等说完，连忙断喝。贾环道："我拿什么比宝玉呢？你们怕他，都和他好，都欺负我不是太太养的。"[庚侧]蠢驴。[庚侧]观者至此，有不卷帘厌看者乎？余替宝卿实难为情。说着便哭了。宝钗忙劝他："好兄弟，快别说这话，人家笑话你。"又骂莺儿。正值宝玉走来，见了这般形况，问："是怎么了？"贾环不敢则声。宝钗素知他家规矩，凡作兄弟的都怕哥哥，[己双]大族规矩原是如此，一系儿不错。却不知那宝玉是不要人怕他的。他想着弟兄们一并都有父母教训，何必我多事，反生疏了。况且我是正出，他是庶出，饶这样还有人背后谈论，［庚侧］此意不呆。还禁得辖治他了。更有个呆意思存在心里。你道是何呆意，因他自幼姊妹丛中长大，亲姊妹有元春、探春，伯叔的有迎春、惜春，［周按］叔伯弟兄，北方口语，即堂兄弟不作伯叔正次之语式。亲戚之中又有史湘云、林黛玉、薛宝钗等诸人。他便料定原来天生人为万物之灵，凡山川日月之精秀，只钟于女儿，［庚眉］又用讳人语瞒着看官，己卯冬辰。须眉男子不过是些渣滓浊沫而已。因有这个呆念在心，把一切男子都看成混沌浊物，可有可无。只是父亲叔伯兄弟中，因孔子是亘古第一人说下的，不可不听又不可忤慢，只得要听他这句话。［庚侧］听了这一个人之话，岂是呆子，由你自己说罢，我把你作极乖的人看。所以弟兄之间，不过尽其大概的情理就罢了，并不想自己是丈夫，须要为子弟之表率。是以贾环等都不怕他，却怕贾母，才让他三分。如今宝钗生怕宝玉教训他，到没意思，便连忙替贾环掩饰。宝玉道："大正月里哭什么？这里不好，你别处顽去。你天天念书，到念糊涂了。比如这件东西不好，横竖那一件好，就弃了这件取那个。难道你守着这个东西哭一会子就好了不成？你原来是来乐的，既不能取乐，就往别处去再寻乐顽去。哭一会子，难道算取乐不成？到招自己烦恼，不如快去为是呢！"［庚侧］呆子都会立这样意，说这样话。贾环听了，只得回来。赵姨娘见他这般，因问："又是那里垫了踹窝来了？"［庚侧］多事人等口谈吐。一问不答，再问时［庚侧］毕肖。贾环便说："同宝姐姐顽来着，莺儿欺负我，赖我的钱，宝玉哥哥撵我来了。"赵姨娘啐道："谁叫你上高抬摆去了？［周按］高抬摆为原笔，是显耀之讽语。后至第二十五回凤姐谓贾环上不得高台，正是呼应此语。下流没脸的东西，那里顽不得，谁叫你跑了去讨没意思？"正说着，可巧凤姐在窗外过，都听在耳内，便隔窗说道："大正月又怎么了？环兄弟小孩子家，一半点儿错了，你只教道他，说这些淡话作什么？凭他怎么去，还有太太老爷管他呢，就大口啐他？［庚侧］反得了理了。他现是主子，［庚侧］所谓贬中褒，想赵姨即不畏阿凤，亦无可回答。不好了，横竖有教道他的人，与你什么相干？环兄弟，出来跟我顽去。”贾环素日怕凤姐比怕王夫人更甚，听见叫他，忙唯唯的出来，赵姨娘也不敢则声。［庚侧］谈〔弹〕妒意正文。［庚眉］嫡嫡是彼亲生，句句竟成正中贬，赵姨实难答言，至此方知题标用弹字甚妥协。己卯冬夜。凤姐向贾环道：“你也是个没气性的，时常说给你，要吃要喝，要顽要笑，只爱同那一个姐姐妹妹哥哥嫂子顽，就同那个顽。你不听我的话，反叫这些人教的歪心邪意狐媚子霸道的。［庚侧］借人发脱，好阿凤，好口齿，句句正言正理，赵姨安得不抿翅低头，静听发挥，批至此不禁一大白，又大白矣！自己不尊重，要往下流走，安着坏心，还只管怨人家偏心。输了几个钱，［庚侧］转得好。就这么个样儿？”贾环见问，只得诺诺的回说：“输了一二百。”凤姐道：“亏你还是爷，输了一二百钱就这样。”回头叫丰儿去取一吊钱来：［庚侧］几〔作〕者当记一大百〔白〕乎？笑笑。“姑娘们都在后头顽呢，把他送了顽去。［蒙侧］收拾得好。你明儿再这么下流狐媚子，我先打了你，打发人告诉学里，皮不揭了你的！为你这个不尊重，［蒙侧］又折一笔，更觉有味。恨的你哥哥牙痒，不是我拦着，窝心脚把你肠子窝出来呢！”喝命去罢，［庚侧］本来面目，断不可少。贾环诺诺的跟了丰儿，得了钱，［蒙侧］三字写着环哥。自去和迎春等顽去，不在话下。［蒙戚双］一段大家子奴妾口吻，如见如闻，正为下文五鬼作引也。余为宝玉肯效凤姐一点余风，亦可继荣宁之盛，诸公当为如何。

且说宝玉正和宝钗顽笑，忽见人说：“史大姑娘来了。”［蒙戚双］妙极！凡宝玉、宝钗正闲相遇时，非黛玉来即湘云来，是恐泄漏文章之精华也。若不如此，则宝玉久坐忘情，必被宝卿见弃，杜绝后文成其夫妇时无可谈旧之情，有何趣味哉！［周按］此全书中湘云首次出场，季节属春。从叙事笔法而论，前无来由，后无解说，突如其来。然令人称奇者，作者读者似乎早已与湘云熟识，毫无陌生之感，此则何也。若谓宝玉与湘云自幼亲密尚可说也，至于宝钗如何也一闻湘云已到，而愿意与宝玉同来迎接。作者何以独于湘云用此笔法，必有用意。惜论者不多，以为无关紧要之笔，何须深究。吾谓倘如此读“红”，可乎否乎？宝玉听了，抬身就走。宝钗笑道：“等着，［庚眉］等着二字，大有神情，看官闭目热〔熟〕思，方知趣味，非批书人漫拟也。己卯冬夜。咱们两个一齐走，瞧瞧他去。”说着下了炕，同宝玉一齐来至贾母这边。只见史湘云大说大笑的，［周按］大说大笑四字，先将湘云性格作风总写一句，正所谓“英雄阔大宽宏量”，“霁月光风耀玉堂”者是也。见他两个来了，忙问好厮见。［蒙戚双］写湘云又一笔法，特犯不犯。正值林黛玉在傍，因笑问宝玉：“在那里的？”宝玉便说：“在宝姐姐家的。”黛玉冷笑道：“我说呢，［周按］我说呢，略如怪道呢，原来如此等语意。亏在那里绊住，［庚侧］总是心中事语，故机括一动，随机而出。不然早就飞了来了。”宝玉笑道：“只许同你顽，替你解闷儿？不过偶然去他那里一淌，就说这话。”林黛玉道：“好没意思的话，去不去管我什么事？我又没叫你替我解闷儿！还许你从此不理我呢！”说着，便赌气回房去了。宝玉忙跟了来问道：“好好的又生气了，就是我说错了，你到底也还坐在那里，和别人说笑一会子，又来自己纳闷。”林黛玉道：“你管我呢！”宝玉笑道：“我自然不敢管你，只没有个看着你自己作贱了身子呢。”林黛玉道：“我作贱坏了身子我死，与你何干？”宝玉道：“何苦来？大正月里，死了活了的。”林黛玉道：“偏说死，我这会子就死。你怕死，你长命百岁的如何！”宝玉笑道：“要像只管这样闹，我还怕死呢。到不如死了干净。”林黛玉忙道：“正是了，要是这样闹，不如死了干净。”宝玉道：“我说我自己死了干净，别听错了话赖人。”正说着，宝钗走来道：“史妹妹等着你呢。”说着，便推宝玉走了。［己双］此时宝钗尚未知他二人心性，故来劝，后文察其心性，故掷之不闻矣。

这里林黛玉越发气闷，只向窗前流泪，没两盏茶的工夫，宝玉仍来了。［戚双］盖宝玉亦是心中只有黛玉，见宝钗难却其意，故暂随彼去，以完宝钗之情，是以少坐仍来也。林黛玉见了，越发抽抽噎噎的哭个不住。宝玉见了这样，知难挽回，打叠起千百样的款语温言来劝慰，不料自己未张口，［庚侧］石头惯用如此笔仗。只见黛玉先说道：“你又来作什么？横竖如今有人和你顽，比我又会念，又会作，又会写，又会说笑，又怕你生气，拉了你去，你又作什么来，死活凭我去罢了。”宝玉听了，忙上来悄悄的说道：“你这么个明白人，难道连亲不间疏，先不僭后也不知道？［庚侧］八字足可消气。［周按］亲不间疏先不僭后八字渗透全书，乃宝玉处世哲学，待人纲领。如史、薛林之亲疏，护官符贾、史、薛、王之排次，无不合节。僭，僭之误写，音攒，逾越其本有之地位也。我虽糊涂，却明白这两句话，头一件咱们是姑舅姊妹，宝姐姐是两姨姊妹，论亲戚，他比你疏。第二件，你先来，咱们两个一桌吃，一床睡，长的这么大了，他是才来的，岂有个为他疏了你的呢！”林黛玉啐道：“我难道为叫你疏他？我成了个什么人了呢！我是为我的心。”宝玉道：“我也是为的我的心，你的心难道你就知道，我的心难道你就不知道不成？”［蒙戚双］此二语不独观者不解，料作者亦未必解，不但作者未必解，想石头亦未必解，不过述宝林二人之语耳。石头既未必解，贾、林此刻更自己亦不解，皆随口说出耳。若观者必欲要解，须自揣自身是宝林之流，则洞然可解。若自料不是宝林之流，则不必求解矣，万不可将此二句不解，错谤宝林及石头作者等人。林黛玉听了，低头一语不发，半日说道：“你只怨人行动嗔怪了你，你再不知道，你自己沤人难受。［周按］沤人，是原笔。就拿今日天气比，分明今儿冷的这样，你怎么到反把青肷披风脱了呢？”［己双］真真奇绝妙文。真如羚羊挂角，无迹可求，此等奇妙，非口中笔下可形容出者。宝玉笑道：“何尝不穿着？见你一恼，我一炮燥，就脱了。”林黛玉叹道：“回来伤了风寒，又该饥着吵吃的了。”［己双］一语仍归儿女本传，却又轻轻抹去也。二人正说着，只见湘云走来，笑道：“二哥哥，［觉双］齿口字音。林姐姐，你们天天一处顽，我好容易来了，也不理我一理。”林黛玉笑道：“偏是咬舌子爱说话，连个二哥哥也叫不上来，只是爱哥哥爱哥哥的。回来赶围棋儿，又该着你闹么爱三四五了。”宝玉笑道：“你学惯了他，明日连你还咬起来呢！”［蒙戚双］可笑近之野史中，满纸羞花闭月莺啼燕语，殊不知真正美人方有一陋处。如太真之肥，飞燕之瘦，西子之病，若施于别个不美矣。今见咬舌二字加以湘云，是何大法手眼，敢用此二字哉？不独见陋，且更学轻俏娇媚，俨然一娇憨湘云立于纸上。掩卷合目思之，其爱厄娇音，如入耳内。然后将满纸莺啼燕语之字样填粪窖可也。［周按］批者于湘云之短处，爱之深，护之笃，何为其然也。史湘云道：“他再放不过人一点去，专挑人的不好。你自己便比是人好，也不犯着见一个打趣一个。我指出一个人来，你敢挑他，我就伏你。”黛玉忙问：“是谁？”湘云道：“你敢挑宝姐姐的短处，就算你是好的。［庚眉］此作者放笔写，非褒钗贬颦也。己卯冬夜。我算不如你，他怎么不及你呢？”林黛玉听了冷笑道：“我当是谁，原来是他，我那里敢挑他呢？”宝玉不等说完，忙用话岔开。湘云笑道：“这一辈子我自然比不上你，我只保佑着明儿得一个咬舌的林姐夫，时时刻刻你可听爱厄去，阿弥陀佛，那才现在我眼里。”笑的众人不了，湘云忙回身跑了。要知端详，下回分解。［庚眉］明明写湘云来是正文，只用二三答言，反接写玉、林小角口，又用宝钗岔开，仍不了局，再用千句柔言，百般温态，正在情完未完之时，湘云突在谑娇音之文才见真已，费〔卖〕弄有家私之笔也。丁亥夏，畸笏叟。

［蒙戚回后］此回文字重作轻抹，得力处是凤姐拉李嬷嬷去，借环哥弹压赵姨。

细致处宝钗为李嬷劝宝玉，安慰环哥，断喝莺儿。

至急为难处是宝、颦论心。

无可奈何处是就拿今日天气比。

黛玉冷笑道：我当谁原来是他。

冷眼最好看处是宝钗、黛玉看凤姐拉李嬷，云“这一阵风”。

玉、麝一节，湘云到宝玉就走，宝钗笑说等着，湘云大笑大说，颦儿学咬舌，湘云念佛跑了。

数节可使看官于纸上能耳闻目睹其音其形之文。

［庚回后］脂砚斋重平〔评〕《石头记》有客题《红楼梦》一律，失其姓氏，惟见其诗意骇警，故录于斯：

自执金矛又执戈，自相戕戮自张罗。

茜纱公子情无限，脂砚先生恨几多。

是幻是真空历遍，闲风闲月枉吟哦。

情机转得情天破，情不情兮奈我何。［周按］此诗脂砚自白，照应湘云出场。

凡是书题者不可（不以）此为绝调，诗句警拔，且深知拟书底里，惜乎失石〔名〕矣。

［回后评］湘云一到，立即引起宝黛一场唇舌之争。两人言词谁为无理，谁为有理，读者自能评判。其中宝玉所言唯恐黛玉作践了身子，此语方是宝玉一生为人之真用心，真精神。然他人有解，有不解，不解者反而误会宝玉之诚心诚意，横生诬陷纠缠。而宝玉之处境，对此有时可以自表，有时却无从解释。故开卷之西江月谓那管世人诽谤，警幻亦云百口嘲谤，皆由是而生也。

宝玉云亲不间疏，先不僭后，表面似指对钗黛关系而言，实则内含双重意义。真正之亲，真正之先皆属湘云，而黛者、钗者皆后至之人也。

湘云之咬舌子，民间俗语也谓之大舌头，发音往往不清楚。如读之为机，读二为厄或爱，皆为佳例。按读二为厄，是京东一带方言土音之一大特点。

此回写贾环妒兄，写凤姐赵姨娘矛盾，写宝黛角口，重笔点死。写钗宝同话而湘云后至，皆非无谓闲文，遥为后半部情事预示次第。畸笏一批点破写湘云是正文，偏用二三淡笔。宝黛角口，特用宝钗岔开。岔开仍非了局，方突出湘云之娇音，方是了局之预示，方见作者有家私卖弄。家私者，本钱、本领、资源、财富也。用以比喻文笔之超妙，亦隐寓实有本事原由之可据，非只凭编造之文可比也。凡此皆是读《石头记》极大关目之所在。

第二十一回

贤［庚侧］当得起 袭人娇嗔箴宝玉　俏平儿软语救贾琏

［蒙戚回前］按此回之文固妙，然未见后卅回，犹不见此之妙。此曰“娇嗔箴宝玉，软语救贾琏”。后曰“薛宝钗借词含讽谏，王熙凤知命强英雄”。今只从二婢说起，后则直指其主，然今日之袭人之宝玉，亦他日之袭人他日之宝玉也。今日之平儿之贾琏，亦他日之平儿他日之贾琏也。何今日之玉犹可箴，他日之玉已不可箴耶！今日之琏犹可救，他日琏已不能救耶！箴与谏无异也，而袭人安在哉？宁不悲乎！救与强无别也。甚矣，今因平儿救，此日阿凤英气何如是也！他日之强，何身微运蹇，展眼何如彼耶！人世之变迁，如此光阴。

今日写袭人，后文写宝钗。今日写平儿，后文写阿凤。文是一样情理，景况光阴事却天壤矣。多少恨泪，洒出此两回书。

此回袭人三大功，直与宝玉一生三大病映射。［周按］庚辰本在二十回回后。

话说史湘云跑了出来，怕林黛玉赶上，宝玉在后忙说：“仔细绊跌了，那里就赶上了？”林黛玉赶到门前，被宝玉叉手在门框上拦住，笑劝道：“饶他这一遭罢。”林黛玉搬着手说道：“我要饶过云儿，再不活着。”湘云见宝玉拦住门，料黛玉不能出来，［蒙戚双］写得湘云与宝玉又亲厚之极，却不见疏远黛玉，是何情思耶！便立住脚笑道：“好姐姐，饶我这一遭罢。”恰至宝钗来在湘云身后，也笑道：“我劝你两个看宝玉兄弟分上，都丢开手罢。”［庚双］好极，妙极！玉、颦、云三人已难解难分，插入宝钗云，“我劝你两个看宝玉兄弟分上”，话只一句，便将四人一齐笼住，不知孰远孰近，孰亲孰疏，真好文字。［周按］都丢开手，谓黛湘二人。黛玉道：“我不依，你们是一气的，都戏弄我不成？”［蒙戚双］语是颦儿口吻，虽属尖利，真实堪爱堪怜。宝玉劝道：“谁敢戏弄你？你不打趣他，他焉敢说你？”［蒙戚双］好，二你字连二他字，华灼之至。四人正难分解，［蒙戚双］好，前三人，今忽四人，俱是书中正眼，不可少矣。［周按］连续点明四人关系，重要无比。有人来请吃饭，方往前边来。［蒙戚双］好文章。正是闺中女儿口角之事，若只管谆谆不已，则成何文矣！

那天早又有掌灯时分，王夫人、李纨、凤姐、迎、探、惜等都往贾母这边来，大家闲话了一回，各自归寝。湘云仍往黛玉房中安歇。［蒙双］前文黛玉未来时，湘云、宝玉则随贾母，今湘云已去，黛玉既来，年岁渐成，宝玉各自有房，黛玉亦各自有房，故湘云自应同黛玉一处也。［周按］此批代作者补叙书之前身宝湘幼年旧事，历历如绘。宝玉送他二人到房，那天已二更多时，袭人来催了几次，方回自己房中来睡。次早天方明时，便披衣靸鞋，往黛玉房中来时，却不见紫鹃、翠缕二人，只见他姊妹两个尚卧在衾内，那林黛玉［庚双］写代［黛］玉身分。［周按］庚双下有严严密密四字，系正文误入。严严密密裹着一幅杏子红绫被，安稳合目而睡，［蒙戚双］一个睡态。那史湘云却一把青丝拖于枕畔，被只半胸，［周按］被只半胸，当指其被斜覆于胸，一边盖及手臂，一边覆被于外，故谓半胸。若齐胸，必双臂尽覆，始符词语。一湾雪白的膀子掠于被外，又带着两个金镯子。［蒙戚双］又一个睡态。写黛玉之睡态，俨然就是娇弱女子，可怜！湘云之态，则俨然是个娇态女儿，可爱！真是人人俱尽，个个活跳。吾不知作者胸中埋伏多少裙钗！宝玉见了叹道：［蒙戚双］叹字奇。除玉卿外，世人见之，自曰喜也。“睡觉还是这么不老实，回来风吹了，又嚷肩窝疼了。”一面说，一面轻轻的替他盖上。林黛玉早已醒了，［庚侧］不醒不是代［黛］玉了。觉得有人，就猜着定是宝玉，因翻身一看，果中其料。因说道：“这么早就跑过来作什么？”宝玉笑道：“这天还早呢？你起来瞧瞧。”黛玉道：“你先出去，［庚侧］一丝不乱。让我们起来。”宝玉听了，转身出至外边。黛玉起来叫醒湘云，二人都穿了衣服。宝玉复又进来，坐在镜台傍边。［周按］所谓傍妆台。只见紫鹃、雪雁进来伏侍梳洗，湘云洗了面，翠缕便拿残水要泼。宝玉道：“站着，我趁势洗了就完了，省得又过去费事。”说着便走过来，湾腰洗了两把。［庚侧］妙在两把。紫鹃付过香皂去，宝玉道：“这盆里的就不少，［蒙侧］此等用心淫极，请看却自不淫，诽［非］世之凡夫俗子得梦见者，真雅极趣极。不用搓了。”再洗了两把，［庚侧］在怡红何其废事多多！［周按］重笔写宝湘关系，非闲笔墨也。前批曾言宝钗是远中近，黛玉是近中远，今湘云是近中近也。便要手巾。

翠缕道："还是这个毛病儿，多早晚才改。"［庚侧］冷眼人傍点，一丝不漏。宝玉也不理，忙忙的要过青盐擦了牙，漱了口完毕，见湘云已梳完了头，便走过来笑道："好妹妹，替我梳上头罢。"湘云道："这可不能了。"宝玉笑道："好妹妹，你先时怎么替我梳了呢？"湘云道："如今我忘了［庚眉］忘了二字，在娇憨口中自是应声而出，捉笔人却从何处设想而来，成此天然对答。壬午九月。怎么梳呢！"宝玉道："横竖我不出门，又不带冠子勒子，不过打几根散辫子就完了。"说着，又千妹妹万妹妹的央告。［蒙侧］逼近情态。湘云只得扶他的头过来，一一梳篦。在家不带冠，并不总角，只将四围短发编成小辫，往顶心发上归了总，编一根大辫，红绦结住。自发顶至辫稍，一路四颗珍珠，下面有金坠脚。湘云一面编住，［庚侧］梳头亦有文字，前已叙过，今将珠子一穿插，却天生有是事。［周按］编住，犹言编完，从顶至梢皆停妥了。一面说道："这珠子只三颗了，这一颗不是一色的了，我记得都是一样的来着，怎么少了一颗？"宝玉道："丢了一颗。"湘云道："必定是外头去掉下来，不防被人拣了去，到便宜他。"［蒙戚双］妙谈。到便宜他四字，是大家千金口吻。近日多用可惜了的四字，今失一珠，不闻此四字，妙极是极！［蒙侧］是湘云口气。黛玉一傍盥手，冷笑道："也不知是真丢了，［庚侧］纯用画家烘染法。也不知是给了人厢什么带去了！"［周按］厢是原笔。当时习俗以厢代镶，旗人皆然。［蒙戚双］有神理，有文章。［蒙戚侧］是黛玉口气。宝玉不答，因镜台两边俱是妆奁等物，顺手拿起来赏玩，［蒙戚双］何赏玩耶。写来奇特。不觉又顺手拈了胭脂，意欲要往口边送，［蒙戚双］是袭人劝后余文。因又怕史湘云说，［蒙戚双］好极，的是宝玉也。正犹豫间，湘云果在身后看见，一手摝着辫子，［周按］摝字读阴平。神情宛然如画，写出一手归拢避散乱也。便伸手来拍的一下从手中将胭脂打落，说道："这不长进的毛病儿，［庚侧］前翠缕之言，并非白写。多早晚才改？"［周按］以上梳洗一段文字精彩绝伦。上文翠缕之言曰：还是这个毛病儿，多早晚才改。照应于此，八十回后亦当必有照应。

一语未了，只见袭人进来，看见这般光景，知是梳洗过了，只得回来自己梳洗。忽见宝钗走来，因问："宝兄弟那去了？"袭人含笑道："宝兄弟那里还有在家的工夫！"宝钗听说，心中明白。又听袭人叹道："姊妹们和气，也有个分寸礼节，也没个黑家白日闹的！

凭人怎么劝，都是耳傍风。”宝钗听了，心中暗忖道：“到别看错了这个丫头，听他说话到有些识见。”［蒙戚双］此是宝卿初试，以下渐成知己。盖宝卿从此心察得袭人果贤女子也。宝钗便在炕上坐了，［蒙戚双］好！逐回细看，宝卿待人接物，不疏不亲，不远不近，可厌之人亦未见冷淡之态形诸声色，可喜之人亦未见醴蜜之情形诸声色。今日便在炕上坐了，盖深取袭卿矣。二人文字，此回为始，详披于此，诸公请记之。慢慢的闲言中，套问他年纪家乡等语，留神窥察其言语志量，深可敬爱。［庚双］四字包罗许多文章笔墨，不似近之开口便云非诸女子之可比者，此句大坏，然袭人故佳矣。不书此句，是大手眼。一时宝玉来了，宝钗方出去。［蒙戚双］奇文！写得钗、玉二人形景，较诸人皆近，何也？宝玉之心，凡女子前不论贵贱，皆亲密之至，岂于宝钗前反生远心哉！盖宝钗之行止，端肃恭严，不可轻犯，宝玉欲近之而恐一时有渎，故不敢狎犯也。宝钗待下愚尚且和平亲密，何反于兄弟前有远心哉！盖宝玉之形景已泥于闺阁，近之则恐不逊，反成远离之端也。故二人之远，实相近之至也。至颦儿于宝玉实近之至矣，却远之至也。不然后文如何反较胜角口诸事皆出于颦哉，以及宝玉砸玉，颦儿之泪枯，种种孽障，种种忧忿，皆情之所陷，更何辩哉！［庚双］此一回将宝玉、袭人、钗、颦、云等行止大概一描，已启后大观园中文字也。今详批于此，后久不忽矣。［蒙戚双］钗与玉，远中近，颦与玉，近中远，是要紧两大股。不可粗心看过。宝玉便问袭人道：“怎么宝姐姐和你说的这么热闹，见我进来就跑了？”［庚侧］此问必有。［蒙侧］我则以宝钗之去，因袭人之言不得不去。问一声不答，再问时，袭人方道：“你问我么，我那里知道你们的原故？”宝玉听了这话，见他脸上气色非往日可比，便笑道：“怎么动了真气？”［蒙戚双］宝玉如此。［周按］谓宝玉就是这样也。袭人冷笑道：“我那里敢动气！只是你从今以后别进这屋子了，横竖有人伏侍你，再不必来支使我，我仍旧还伏侍老太太去。”一面说，一面便在炕上合眼倒下。［庚双］醋妒妍态假态至矣，尽矣。观者但莫认真此态为幸。［蒙侧］是醋是谏，不敢拟定，似在可否之间。宝玉见了这般景况，深为骇异，［蒙戚双］好！可知未尝见袭人之如此技艺也。禁不住赶来劝慰，那袭人只管合了眼不管。［庚双］与颦儿前番娇态如何，愈觉可爱犹甚。宝玉没了主意，因见麝月进来，［蒙戚双］偏麝月来，好文章。便问道：“你姐姐怎么了？”［蒙戚双］如见如闻。麝月道：“我知道么，问你自己便明白了。”［庚双］又好麝月！［蒙侧］溺入者每受侮谩而不顾。宝玉听说，呆了一回，自觉无趣，便起身咳道：“不理我罢，我也睡去。”说着便起身下炕，到自己床上歪下。袭人听他半日无动静，微微的打齁，料他睡着，［庚侧］真乎，诈乎？便起身拿一领斗蓬来，替他刚压上，只听忽的一声，［庚侧］文是好文，唐突我袭卿，吾不忍也。［蒙侧］不可少。宝玉便掀过去，也仍合目粧睡。［蒙戚双］写得烂熳。袭人明知其意，便点头冷笑道："你也不用生气，从此后我也只当哑子，再不说你一声儿如何？"宝玉禁不住起身问道："我又怎么了？你又劝我，你劝也罢了，才刚又没见你劝，我一进来你就不理我，赌气睡了，我还摸不着是为什么。这会子你又说我恼了，［庚侧］这是委曲了石兄。［蒙侧］足［是］神理。我何尝听见你劝我是什么话了？"袭人道："你心里还不明白？还等我说呢！"［庚侧］亦是囫囵语，却从有生以来肺腑中出，千金重。［庚眉］《石头记》每用囫囵语处，无不精绝奇绝，且总不觉相犯。壬午九月，畸笏。正闹着，贾母遣人来叫他吃饭，方往前边来胡乱吃了半碗，仍回自己房中。只见袭人睡在外头炕上，麝月在傍抹骨牌。宝玉素知麝月与袭人亲厚，一并连麝月也不理，揭起软帘，自往里间来。麝月只得跟进来，宝玉便推他出去说："不敢惊动你们。"麝月只得笑着出来，唤两个小丫头进来。宝玉拿一本书歪着看了半日，［蒙侧］斗凑得巧。因要茶，抬头只见两个小丫头地下站着，一个大些的，生得十分水秀，［庚双］二字奇绝。多少姣态包括一尽，今古野史中无有此文也。宝玉便问："你叫什么名字？"那丫头便说："叫蕙香。"［蒙戚双］也好。宝玉便问："是谁起的？"蕙香道："我原叫芸香的，［蒙戚双］原俗。是花大姐姐改了叫蕙香。"宝玉道："正经该叫晦气罢了，什么蕙香呢！"［蒙戚双］好极，趣极！又问："你姊妹几个？"蕙香道："四个。"宝玉道："你第几？"蕙香道："第四。"宝玉道："明儿就叫四儿，不必什么蕙香兰气的，那一个配比这些花？没的玷辱了好名好姓。"［戚双］花袭人三字在内，说的有趣。一面说，一面命他到了茶来吃。袭人和麝月在外间听了，抿嘴而笑。［庚侧］一丝不漏。好精神。

这一日宝玉也不大出房，［蒙戚双］此是袭卿第一功劳也。［蒙侧］不大出房四字，见宝玉是真情种。也不和姊妹、丫头等厮闹，［庚双］此是袭卿第二功劳也。自己闷闷的，只不过拿书解闷，或弄笔墨，［庚双］此虽未必成功，较往日终有微补小益，所谓袭卿有三大功劳也。［蒙侧］可怜可爱。也不使唤众人，只叫四儿答应。谁知这个四儿是个聪敏乖巧不过的丫头，［戚双］又是一个有害无益者，作者一生为此所误，批者一生亦为此所误，于开卷凡见如此人，世人故为喜，余反抱恨，盖四字误人甚矣。被误者深感此批。见宝玉用他，他变尽方法笼络宝玉。［蒙戚双］也好，但不知袭卿之心思如何？至晚饭后，宝玉因吃了两杯酒，眼饧耳热之际，若往日则有袭人等大家喜笑有兴，今日却冷清清的一人对灯，好没兴趣。待要赶了他们去，又怕他们得了意，已后越来劝。［蒙戚双］宝玉恶劝，此是第一大病也。若拿出作上的规矩来镇唬，似乎无情太甚。［蒙戚双］宝玉重情不重礼，此是第二大病也。说不得横心只当他们死了，横竖自然也要过的。便权当他们死了，毫无牵挂，反能恬然自悦。［周按］恬然，静而无动不乱之义，怡则至乐。宝玉其时仅达澄虑之境，非神怡意境也。因命四儿剪烛煎茶，自己看了一回《南华经》，［蒙戚双］此意却好，但袭卿辈不应如此弃也。宝玉之情，今古无人可比固矣，然宝玉有情极之毒，亦世人莫忍为者，看至后半部则洞明矣。此是宝玉三大病也。宝玉看此为世人莫忍为之毒，故后文才方有悬崖撒手一回。若他人得宝钗之妻，麝月之婢，岂能弃而为僧哉？玉一生偏僻之处。［蒙侧］此是宝玉大智慧大力量处，别个不能，我也不能。正看至《外篇·胠箧》一则，其文曰：

故绝圣弃知，大盗乃止。擿玉毁珠，小盗不起。焚符破玺，而民朴鄙。剖斗折衡，而民不争。殚残天下之圣法，而民始可与论议。擢乱六律，铄绝竽瑟，塞瞽旷之耳，而天下始人含其聪矣。灭文章，散五采，胶离朱之目，而天下始人含其明矣。毁绝钩绳而弃规矩，攦工倕之指，而天下始人有其巧矣。［庚双］以上语本《庄子》。

看至此，意趣洋洋，趁着酒兴，不禁提笔续曰：［庚眉］趁着酒兴，不禁而续，是非〔作〕者自站地步处，谓余何人耶？敢续《庄子》，然奇极怪极之笔，从何设想，怎不令人叫绝！己卯冬夜。［庚眉］这亦暗露玉兄闲窗净几不寂［蒙侧］〔即〕不离之工业。午〔壬〕午孟夏。敢续！

焚花散麝，而闺阁始人含其劝矣。［戚双］奇。戕宝钗之仙姿，灰黛玉之灵窍，丧灭情意，而闺阁之美恶始相类矣。彼含其劝，则无参商之虞矣。戕其仙姿，无恋爱之心矣。灰其灵窍，无才思之情矣。彼钗、玉、花、麝者，皆张其罗而穴其隧，［蒙侧］见得透测〔彻〕，恨不（能）守。此人人同病。所以迷眩缠陷天下者也。［庚双］直似庄老，奇甚怪甚！

续毕，掷笔就寝，头刚着枕，便忽然睡去，一夜竟不知所之，直至天明方醒。［庚双］此犹是袭人余功也。想每日每夜，宝玉自是心忙身忙口忙之极，今则怡然自适，虽此一刻，于身心无所补益，能有一时之闲闲自若，亦岂非袭卿之所使也。翻身看时，只见袭人和衣睡在衾上。［蒙戚双］神极之笔。试思袭人不来同卧亦不成文字，来同卧更不成文字。

却云和衣衾上，正是来同卧不来同卧之间，何神奇文妙绝矣！［庚双］好袭人，真好石头。记得真，真好述者，错不错，真好批者，批得出！宝玉将昨日的事已付于意外，［蒙双］更好，可见玉卿的是天真烂熳之人也，近之所谓呆公子，又曰老好人，又曰无心道人是也。殊不知尚古淳风。便推他说道："起来好生睡，看冻着了。"

原来袭人见他无晓夜和姊妹厮闹，若直劝他，料不能改，故用柔情以警之，料他不过半日片刻，仍复好了，不想宝玉一日夜竟不回转，自己反不得主意，直一夜没好生睡得，今忽见宝玉如此，料他心意回转，便越性不采他。宝玉见他不应，便伸手替他解衣，刚解开了钮子，被袭人将手推开，又自扣了。［庚侧］好看煞！宝玉无法，只得拉他的手笑道："你到底怎么了？"连问几声，袭人睁眼说道："我也不怎么，你睡醒了，你自过那边房里去梳洗，再迟了就赶不上。"［庚双］说得好通〔痛〕快。宝玉道："我过那里去？"［蒙戚双］问得更好。袭人冷笑道："你问我，［庚侧］三字如闻。我知道？你爱往那里去，就往那里去。从今咱们两个丢开手，省得鸡声鹅斗叫别人笑。横竖那边腻了，过来这边，又有个什么四儿五儿伏侍你。我们这起东西，可是白玷辱了好名好姓的。"宝玉笑道："你今日还记着呢！"［庚侧］非浑一纯翠〔粹〕，那能此至？袭人道："一百年还记着呢，比不得你，拿着我的话当耳傍风，夜里说了，早起就忘了。"［蒙戚双］这方是正人，直勾起"花解语"一回文字。宝玉见他娇嗔满面，情不可禁，［庚侧］又用幻笔，瞒过看官。便向枕边拿起一根玉簪来，一跌两段，说道："我再不听你说，就同这个一样。"［蒙侧］迎头一捧〔棒〕。袭人忙的拾了簪子，说道："大清早起，［蒙侧］撞心儿盟誓，教人听了折柔肠，好些不忍！这是何苦来！听不听什么要紧，［庚侧］已留后文地步。也值得这种样子。"宝玉道："你那里知道我心里急！"袭人笑道：［蒙戚双］自此方笑。"你也知道着急么，可知我心里怎么样？快起来洗脸去罢。"说着二人方起来梳洗。［庚侧］结得一星渣汁全无，且合怡红常事。宝玉往上房去后，谁知黛玉走来，见宝玉不在房中，因翻弄案上书看，可巧翻出昨日的《庄子》来，看至所续之处，不觉又气又笑，不禁也提笔续书一绝云：

无端弄笔是何心？作践南华《庄子因》。[周按] 庄子因，书名，康熙时林西铭著。

不悔自己无见识，却将丑语怪他人。[周按] 格律诗定制，如七言绝句，首句可不入韵（末字仄声），亦可借音近之韵。然不许重押同一韵脚字。此诗第一，第四两句重押人字，显有讹误。心字古写如心而人字或书为人，钞者不辩，遂将首句心字致讹为人字，今正之。

[庚双] 骂得痛快，非颦儿不可，真好颦儿，真好颦儿，好诗，若云知音者颦儿也。至此方完箴玉半回。

[庚双下朱批] 不用宝玉见此诗若长若短，亦是大手法。

[庚眉] 又借阿颦诗自相鄙驳，可见余前批不谬。己卯冬夜。

[庚眉] 宝玉不见诗，是后文余步也，《石头记》得力所在。丁亥夏，畸笏叟。

[周按] 以上二眉批原在下文，出在多浑虫文上。

[庚眉] 赵香梗先生《秋树根偶谭》内，兖州少陵台有子美词〔祠〕，为郡守毁为己词〔祠〕。先生叹子美生遭丧乱，奔走无家，孰料千百年后数椽片瓦，犹遭贪吏之毒手，甚矣，才人之厄也。固〔因〕改公《茅屋为秋风所破歌》数句，为少陆〔陵〕解嘲：少陵遗像太守欺无力，忍能对面为盗贼。公然折克非己祠，傍人有口呼不得。梦归来兮闻叹息，白日无光天地黑。安得旷宅千万官，太守取之不尽生钦〔欢〕颜，公祠免毁安如山。渎〔读〕之感慨悲愤，心常耿耿。

[庚眉] 壬午九月，因索书甚迫，姑志于此，非批《石头记》也。

为续《庄子因》数句，真是打破胭脂阵，坐透红粉关，另开生面之文，无可评处。

写毕，也往上房来见贾母，后往王夫人处来。谁知凤姐之女大姐病了，正乱着，请大夫来诊过脉。大夫便说：“替夫人、奶奶们道喜，姐儿发热是见喜了，并非别症。”王夫人、凤姐听了，忙遣人问：“可好不好？”医生回道：“病虽险，却顺，到还不妨。[庚侧] 在子嗣艰难化出。预备桑虫、猪尾要紧。”凤姐听了，登时忙将起来，一面打扫房屋供奉痘疹娘娘，一面传与家人，忌煎炒等物，一面命平儿打点铺盖衣服，与贾琏隔房，一面又拿大红尺头与奶子、丫头亲近人等裁衣。[蒙戚双] 几个一面，写得如见其景。外面又打扫净室，款留两个医生轮流斟酌诊脉下药，十二日不放家去。贾琏只得搬出外书房来斋戒，[庚侧] 此二字内生出许多事来。[周按] 指斋戒二字。凤姐与平儿都随着王夫人 [蒙侧] 写尽母氏为子之心。日日供奉娘娘。那个贾琏只离了凤姐便要寻事，独寝了两夜，便十分难熬，便暂将小厮们内有清俊的选来出火。不想荣国府内有一个极不成气破烂酒头厨子，名唤多官，[庚双] 今是多多也。妙名。人见他软弱无能，都唤他作多浑虫。[庚双] 更好。今之浑虫更多也。因他自小父母替他在外娶了一个媳妇，今年方二十来往年纪，生得有几分人才，见者无不羡慕。他生性轻浮，最喜拈花惹草。多浑虫又不理论，只是有酒有肉有钱，便诸事不管了，所以荣宁二府之人都得入手。因这个媳妇美貌异常，轻浮无比，众人都呼他作多姑娘儿。［蒙戚双］更妙。如今贾琏在外熬煎，往日也曾见过这媳妇，失过魂魄，只是内惧娇妻，外惧娈宠，不曾下得手。那多姑娘儿也曾有意于贾琏，只恨没空。今闻贾琏挪在外书房来，他便无事也走三两淌去招惹，［周按］一日无事也走三遭，俗语三言其多，非“两三次”之义。招惹的那贾琏似饥鼠一般，少不得和心腹的小厮们计议，合同遮掩谋求，多以金帛相许。小厮们焉有不允之理？况都和这媳妇是好友，一说便成。是夜二鼓人定，多浑虫醉昏在炕，贾琏便溜了来相会，进门一见其态，早已魂飞魄散，也不用情谈款叙，便宽衣动作起来。谁知道这妇人有天生的奇趣，一经男子挨身，便觉遍身筋骨瘫软，［蒙戚双］淫极。亏想得出。使男子如卧绵上。［蒙戚双］如此境界，自胜西方蓬莱等处。更兼淫态［蒙戚双］总为后文宝玉一篇作引。浪言，压倒娼妓，诸男子至此岂有惜命者哉！［庚侧］凉水灌顶之句。那贾琏恨不能连身子化在他身上。［蒙戚双］亲极之语，趣极之语。那妇人故作浪语，在下说道：“你家女儿出花儿供着娘娘，你也该忌两日，到为我腌了身子，［周按］腌是原笔。［庚侧］淫妇勾人，惯加反语，看官着眼。快离了我这里罢。”贾琏一面大动，一面喘吁吁答道：“你就是娘娘，我那里还管什么娘娘？”［庚侧］乱语不伦，的是有之。［庚眉］一部书中，只有此一段丑极太露之文，写于贾琏身上，恰极当极。己卯冬夜。［庚眉］看官熟思，写珍、琏辈，当以何等文方妥方恰也！壬午孟夏。那妇人越浪，贾琏越丑态毕露。［蒙戚双］可以喷饭。一时事毕，［庚侧］着眼再从前看，如何光景。两个又海誓山盟，难分难舍，［蒙侧］此种文字亦不可少，请看者自度。自此后遂成相契。［蒙戚双］趣文，相契作如此用，相契扫地矣。

一日大姐毒尽瘢回，［庚侧］好快日子吓！十二日后送了娘娘，合家祭天祀祖还愿焚香，庆贺放赏已毕，贾琏仍复搬进卧室。见了凤姐，正是俗语云新婚不如远离，更有无限的恩爱，自不必烦絮。［庚侧］隐得好。次日早起凤姐往上房去后，平儿收拾贾琏在外的衣服铺盖，不承望枕套中抖出一绺青丝来。平儿会意，忙拽在袖内，［庚双］好极！不料平儿大有袭卿之身分，可谓何地无材，盖造际有别［庚眉］此段系书中情之瑕疵，写为阿凤生日泼醋回及一大风耳。流。宝玉悄看晴雯回作引，伏线千里外之笔也。丁亥夏畸笏。便走至这边房内来，拿出头发来向贾琏笑道："这是什么？"［蒙戚双］好看之极。贾琏看见着了忙，［庚侧］也有今日。抢上来要夺，平儿便跑，被贾琏一把揪住，按在炕上掰手要夺，口内笑道："小蹄子，你不趁早拿出来，我把你膀子撅折了。"［庚侧］无情太甚。［蒙侧］此等人口中，只好说此等话。平儿笑道："你就是个没良心的，我好意瞒着他来问你，你到赌狠。等他回来我告诉他，［庚侧］有是语，恐卿口不应。看你怎么着？"贾琏听说，忙陪笑央求道："好人，赏我罢，［蒙侧］彼此用强用霸。我再不赌狠了。"［蒙双］好听好看之极，迥不犯袭卿。一语未了，只听凤姐声音进来。［庚双］惊天骇地之文，如何不知下文怎样了［庚侧］《石头记》大法小结，使贾琏及观者一齐丧胆。法累累如是，并不为厌。贾琏听见松了手，平儿只刚起身，［周按］此处有正本有眉批云：今本于此加入"贾琏听见，松了不是，抢了又不是"数句，看官们试设身处地思之，此时此际，尚有不松手而仍抢者乎？然则何劳后人加入此无情理之数语。凤姐已走进来，命平儿快开匣子，给太太找样子。平儿忙答应了找时，凤姐见了贾琏，忽然想起来，便问平儿："前日拿出去的东西都收进来了么？"平儿道："收进来了。"凤姐道："可少了什么没有？"平儿道："我也怕丢下一二件，细细的查了查，一点儿也不少。"凤姐道："不少就好，只是别多出来罢。"［蒙戚双］奇。［庚侧］看至此，宁不拍案叫绝。平儿笑道："不丢就是万幸，谁还多添出些来么？"［庚侧］可儿，可儿，卿亦明知故说耳。凤姐冷笑道："这半个月，难保干净，或者有相厚的丢失下的东西，戒指、汗巾、香袋儿，再至于头发、指甲都是东西。"［蒙戚双］好阿凤，令人胆寒。［蒙侧］行文故犯，反觉别緻〔致〕。一夕话，说的贾琏脸都黄了。贾琏在凤姐身后，只望着平儿杀鸡抹脖使眼色儿。［蒙侧］作丈夫者要当自重。平儿只粧看不见，［庚侧］余自有三分主意。［周按］批者代平儿自道。因笑道："怎么我的心就和奶奶的心一样？我就怕有这个，留神搜了一搜，竟一点破绽也没有。奶奶不信时，那些东西我还没收呢，奶奶亲自再翻寻一遍去。"［蒙戚双］好平儿，遍天下惧内者来感谢。凤姐笑道："傻丫头，［蒙戚双］可叹可笑，竟不知谁傻。他便有这些东西，那里就叫咱们翻着了？"［蒙戚双］好阿凤，好文字，虽系闺中女儿口角小事，读之无不聪明得失，痴心真假之感。说着，寻了样子又上去了。［周按］上去，指到长辈上房去，仆婢到主人居室，也用此语。平儿指着鼻子恍着头笑道：［庚侧］好看煞，可见〔儿〕，可见〔儿〕！"这件事怎么回谢我呢？"［庚双］姣俏如见，迥不犯袭卿、麝月一笔。喜的个贾琏身痒难挠，［庚侧］不但贾兄痒痒，即批书人此刻几乎落笔，试问看官此际若何光景。跑上来搂着，心肝肠肉乱叫乱谢。平儿仍拿了头发笑道："这是我一生的把柄了，好就好，不好就抖出这事来。"贾琏笑道："你只好生收着罢，千万别叫他知道。"口里说着，瞅他不防，［庚侧］毕肖琏兄不分玉石，但负我平姐，奈何奈何！［周按］称兄称姐，实际如是。便抢了过来笑道："你拿着终是祸患，不如我烧了他完事了。"［戚双］妙，设使平儿收了，再不致泄漏，故仍用贾琏抢回，后文遗失，方能穿插过脉也。一面说着，一面便掖于靴掖内。平儿咬牙道："没良心的东西，过了河就拆桥，明儿还想我替你扯谎！"贾琏见他姣俏动情，便搂着求欢，被平儿夺手跑了，急的贾琏湾着腰恨道："死促狭小淫妇，一定浪上人的火来，他又跑了。"［蒙戚双］丑态如见，淫声如闻，今古淫书未有之章法。平儿在窗外笑道："我浪我的，谁叫你动火了？［蒙戚双］妙极之谈，直是理学工夫，所谓不可正照风月鉴也。难道图你受用一回，［周按］连批设身女子说话，英雄阔大，当之无愧。直与作者天下第一淫人之语相抗衡。叫他知道了，又不待见我？"［蒙戚双］凤姐醋妒，于平儿前犹如是，况他人乎？余为凤姐必是甚于诸人。观者不信，今平儿说出，然乎否乎？［周按］不待见，北语，冷遇之意。贾琏道："你不用怕他，等我性子上来，把这醋罐打个稀烂，他方才认得我呢！他防我防贼的是的，只许他同男人说话，不许我和女人说话，我和女人略近些，他就疑惑。不论小叔子侄儿，［蒙侧］作者又何必如此想，亦犯此病也。［周按］批书人如何想到作者这上面去。大的小的，说说笑笑，就不怕我吃醋了，已后我也不许他见人。"［蒙戚双］无理之甚，却是妙极趣谈，天下惧内者背后之谈皆如此。平儿道："他醋你使得，你醋他使不得。他原行的正走的正，你行动便有个坏心，连我也不放心，别说是他。"贾琏道："你两个一口贼气，都是你们行的是，我凡行动都存坏心。多早晚都死在我手里！"［蒙侧］一片俗气。一句未了，凤姐走进院来，因见平儿在窗外，就问道："要说话两个人不在屋里说，怎么跑出一个来了，隔着窗户是什么意思？"贾琏在窗内接道："你可问他，到像屋里有老虎吃他呢。"［蒙戚双］好。［庚眉］此等章法，是在戏场上得来。一笑。畸笏。平儿道："屋里一个人没有，我在他跟前作什么？"凤姐笑道："正是没人才好呢！"平儿听说道："这话是说我么？"凤姐笑道：［蒙戚双］笑字妙。平儿反正色，凤姐反陪笑，奇极意外之文。"不说你说谁？"平儿道："别叫我说出好话来了。"说着，也不打帘子，也不让凤姐，自己先摔帘子进来，往那边去了。［庚侧］若在屋里，何敢如此形景。不要加上许多小心，平儿平儿，有你说嘴的。凤姐自掀帘子进来，说道："平儿疯魔了，这蹄子认真要降伏我，仔细你的皮要紧。"贾琏听了，已绝倒在炕上，［庚侧］惧内形景写尽了。拍手笑道："我竟不知平儿这么利害，从此到服他了。"凤姐道："都是你惯的他，我只和你说话。"贾琏听说忙道："你两个不卯，又拿我来作人，我躲开你们。"凤姐道："我看你躲到那里去？"［蒙侧］世俗之态薰人。贾琏道："我就来。"凤姐道："我有话和你商量。"不知商量何事，且听下回分解。［蒙戚双］收后淡雅之至。正是：

淑女自来多抱怨，娇妻从古便含酸。［蒙戚双］二语包尽今古万万世裙钗。

［蒙戚回后］不惜恩爱为良人，方是温存一脉真。俗子妒妇浑可笑，语言偏自涉风尘。

［回后评］湘云到后，先即引起宝黛二人之风波。随又引起宝袭二人之斗口，斗智，斗情，斗气，写来字字针锋，句句刀斧，而两种纠纷绝无雷同，妙笔奇文，古今未有。

宝玉续庄，其中所用词句以仙姿二字许宝钗，以灵窍二字赞黛玉，此中分际大可令人寻味。然而从头至尾，花也、麝也、钗也、黛也，总一字不及湘云，此又何理。吾不知世之论红者有无评论，以开我茅塞。

第五回警幻仙姑训示宝玉幻境玄机，提出意淫一词，字句新奇，含义缥缈，吾辈读者难以尽解。如今读至此回，看宝玉如何先见湘云之睡态，后用湘云之脸水自洗，复又烦她梳发打辫，种种意态方于意淫二字似微有体会。

吾谓湘云之出场突如其来，而随后所叙者皆是书中明文所未有者。如宝玉所说你先时怎么替我梳了呢。此句所谓补笔，是雪芹写湘云之一大特殊笔法。或有不解者即谓此是疏漏，或又谓以前原有叙写湘云文字，后皆删去了云云。可见知人不易，知文更为不易。

写湘云到后，先是宝黛纠纷，后继即有宝袭纠纷，两种纠纷绝不相类，此其一也。再看即写贾琏与平儿之纠纷，此琏平之纠纷又与宝袭之纠纷绝不相类。凡此笔法，即脂砚所谓特犯不犯笔法，为他书所未有，古今一奇也。

本回袭人箴玉，宝玉续庄是上半。贾琏外宿，平儿巧救是下半。上下半之对比，以琏比玉，以平比袭，有意乎，无意乎？此又一种特犯不犯也，知之乎？盖本回之对比与特犯，实即欲与情之分际也。雪芹崇情而排欲，于此已至为分明。

第二十二回
听曲文宝玉悟禅机　制灯谜贾政悲谶语

［戚回前］禅理偏成曲调，灯谜巧隐谶言。其中冷暖自寻看，书夜因循暗转。

话说贾琏听凤姐有话商量，因止步问："什么话？"凤姐道："二十一日是薛妹妹的生日，［蒙戚双］好。你到底怎么样？"贾琏道："我知道怎么样？你连多少大生日都料理过了，这会子到没了主意。"凤姐道："大生日料理，不过是有一定的则例在那里。如今他这生日大又不是，小又不是，所以和你商量。"［蒙戚双］有心机人在此。贾琏听了，低头想了半日道："你今儿糊涂了，现有比例在那里，那林妹妹就是比样。往年怎么给林妹妹过的，如今也照样给薛妹妹作就是了。"［庚双］此例引的极是，无怪贾政委以家务也。凤姐听了冷笑道："我难道连这个也不知道！我原也这么想定了，但昨日听见老太太说，问起大家的年纪生日来，听见薛大妹妹今年十五岁，虽不算是整生日，也算得将笄的年分期了。老太太说要替他作生日，想来若果真替他作，自然比往年与林妹妹的不同了。"贾琏道："既如此，就比林妹妹的多增些。"凤姐道："我也这么想着，所以讨你的口气。我私自添了，你又怪我不回明白了你了。"［周按］凤姐对贾琏用"回明"之语，是故意选词，假恭维，真调侃，神情意味十足。贾琏笑道："罢罢，这个空头情我不领。你不盘察我就彀了，我还怪你！"说着，一迳去了，不在话下。［戚双］一段题纲写得如见如闻，且不失前篇惧内之旨。最奇者黛玉乃贾母溺爱之人也，不闻为他作生辰，却云特意与宝钗，实非人想得着之文也。此书通部皆用此法，瞒过多少见者，余故云不写而写是也。［庚眉］将薛林作甄玉、贾玉看书，则不失执笔人本旨矣。丁亥夏，畸笏叟。［周按］试看琏凤夫妻之间商量家务皆是机锋、权术，很少真情实意流露于语言之间。后文凡遇琏凤之谈话，大抵类此。

且说史湘云住了两日，因要回去，贾母说："等过了你宝姐姐的生日，看了戏再回去。"湘云听了，只得住下，又一面遣人回去，将自己旧日作的两色针线活计取来，为宝钗生辰之仪。谁想贾母自见了宝钗来了，喜他稳重和平，［蒙戚双］四字评倒黛玉，是以特从贾母眼中写出。正值他才过第一个生日，便自己蠲资二十两，［蒙戚双］写出太君高兴，世家之常事耳。［庚眉］前看凤姐问琏作生日数语甚泛泛，至此见贾母蠲资，方知作者写阿凤心机，无丝毫漏笔。己卯冬夜。唤了凤姐来，交与他置酒戏。凤姐凑趣笑道："一个老祖宗给孩子们作生日，［庚侧］家常话却是空中楼阁，陡然架起。不拘怎么着，谁还敢争？又办什么酒戏？既高兴，要热闹，就说不得自己多花上几两。巴巴的找出这霉烂的二十两银子来作东道，这意思还叫我陪上。果然拿不出来的也罢了，［周按］拿的出来的，谓有此财力的。金的、银的、圆的、扁的，压塌了箱子底，只是勒掯我们。［庚眉］小科诨解颐，却为借当伏线。壬午九月。举眼看看，谁不是儿女？难道将来只有宝兄弟顶了你老人家上五台山不成？［周按］所谓顶了上五台山，原系送终之玩语。相传清朝第一代皇帝顺治后来弃皇位而出家于五台山，实则顺治因出痘而早亡，故留下"上五台山"一句俗语。那些梯己只留与他，我们如今谁不配使？也别太苦了我们。这个彀酒的彀戏的？"说的满屋里都笑起来。贾母亦笑道："你们听听这嘴，我也算会说的，怎么说不过这猴儿，你婆婆也不敢强嘴，你和我啷啷的。"［周按］啷啷的，俗语谓振振有词，直言巧辩，毫不客气。凤姐笑道："我婆婆也是一样疼宝玉，我也没处去诉冤，到说我强嘴。"说着，又引贾母笑了一回。［庚侧］正文在此一句。贾母十分喜悦。到晚间，众人都在贾母前定昏之余，［周按］一天朝昏两次向长辈问安，谓之定省。定昏，定省之昏礼。大家娘儿姊妹等说笑时，贾母因问宝钗爱听何戏，爱吃何物等语。宝钗深知贾母年老人，喜热闹戏文、甜烂之食，便总依贾母向日素喜者说了出来。［庚双］看他写宝钗比颦儿如何。贾母更加欢悦。次日便先送过衣服玩物礼去，王夫人、凤姐、黛玉等诸人，皆有随分不一，不须多记。

至二十一日，就贾母内院中搭了家常小巧戏台，［蒙戚双］另有大礼所用之戏台也，侯门风俗断不可少。定了一班新出小戏，昆弋两腔皆有。［蒙戚双］是贾母好热闹之故。就在贾母上房排了几席家宴酒席，［庚双］是家宴，非东阁盛设也，非世代公子再想不及此。并无一个外客，只有薛姨妈、史湘云、宝钗是客，馀者皆是自己人。［蒙戚双］将黛玉亦算为自己人，奇甚。

这日早起，宝玉因不见林黛玉，［蒙戚双］又转至黛玉文字，亦不可少也。便到他房中来寻，只见林黛玉歪在炕上。宝玉笑道："起来吃饭去。就开戏了，你爱看那一出，我好点。"林黛玉冷笑道："你既这样说，你就特叫一班戏，拣我爱的唱给我看。这会子犯不上跐着人，借着光儿问我。"［蒙戚双］好听之极，令人绝倒。宝玉笑道："这有什么难的，明儿就这样行，也叫他们借咱们的光儿。"一面说，一面拉他起来，携手出去。吃了饭点戏时，贾母一定先叫宝钗点，宝钗推让一遍，无法，只得点了一折《西游记》。［蒙戚双］是顺贾母之心也。贾母自是喜欢，又让薛姨妈，薛姨妈见宝钗点了，不肯再点。贾母便特命凤姐点，［庚眉］凤姐点戏，脂砚执笔［庚眉］前批书事，今知者聊聊矣。不怨夫。［知］者聊聊，今丁亥夏，只剩朽物［周按］脂砚何人？论者不一。我于初见脂批本时，即觉其批语多处是一一枚，宁不痛乎！　女子之心理与口吻。及读至此批，更觉自信不误。盖此一情节中，地方是贾母正内院，主题是为宝钗过生日，列席看戏者皆是内眷，只有薛姨妈、林黛玉、史湘云是外姓亲戚，绝无他人。除宝玉外，更无男宾列席之理。然则谓凤姐点戏脂砚执笔事者，是男是女，岂待旁证乎？凤姐虽有邢、王二夫人在前，但因贾母之命，不敢违拗，且知贾母喜热闹，更喜谑笑科诨，［蒙双］写得周到，想得奇趣，实是必真有之。便先点了一出，却是《刘二当衣》。贾母果真更加喜欢，然后便命黛玉，［蒙双］先让凤姐点者，是非待凤先而后玉也。盖亦素喜凤嘲笑得趣之故，今故命彼点，彼亦自知，并不推让，承命一点，便合其意。此篇是贾母取乐，非礼筵大典，故如此写。黛玉又让王夫人等先点，贾母道："今日原是我特带着你们取笑，咱们只管咱们的，别理他们，我巴巴的唱戏摆酒，为他们不成？他们在这里白听白吃，已经便宜了，还让他们点呢！"说着大家都笑了。黛玉方点了一出，［戚双］不题何戏妙，盖黛玉不喜看戏也。正是与后文"妙曲警芳心"留地步。正见此时不过草草随众而已，非心之所愿也。然后宝玉、史湘云、迎、探、惜、李纨等俱各点了，接出扮演。至上酒席时，贾母又命宝钗点，宝钗点了一出《鲁智深醉闹五台山》。宝玉道："只好点这些戏。"宝钗道："你白听了这几年戏，那里知道这出戏的好处，排场、词藻都好呢！"宝玉道："我从来怕这些热闹。"宝钗笑道："要说这一出热闹，你还算不知戏呢！［蒙戚双］是极，宝钗可谓博学矣。不似黛玉，只一《牡丹亭》，便心身不自主矣。真有学问如此，宝钗是也。你过来我告诉你这一出戏热闹不热闹。是一套北《点绛唇》，铿锵顿挫，那音律不用说是好了，只那词藻中有一枝《寄生草》，填的极妙，你何曾知道？”宝玉见说的这般好，便凑近来央告：“好姐姐，念与我听听。”宝钗便念道：

慢揾英雄泪，相离处士家。谢慈悲，剃度在莲台下。没缘法，转眼分离乍。赤条条，来去无牵挂。那里讨，烟蓑雨笠卷单行。一任俺，芒鞋破钵随缘化。［蒙戚双］此阕出自《山门·传奇》，近之唱者，将“一任俺”改为“早辞却”，无理不通之甚。必从“一任俺”三字，则“随缘”二字方不脱落。

宝玉听了，喜的拍膝画圈，称赏不绝，又赞宝钗无书不知。林黛玉道：“安静看戏罢。还没唱《山门》，你到《粧疯》了！”［庚双］趣语。今古利口莫过于优伶，此于诙谐，优伶亦不得如此急速得趣，可谓才人百技也。一段醋意可知。［周按］粧疯，剧目名，巧用，方见打趣之语妙。说的湘云也笑了。于是大家看戏，至晚散时，贾母深爱那作小旦的与一个作小丑的，因命人带进来，细看时亦发可怜见儿的。［庚双］是贾母眼中之内之想。［周按］可怜见儿的，北方俗语，“见”字重读。因问他年纪，那小旦才十一岁，小丑才九岁，大家叹息一回。贾母命人另拿些肉菜与他两个，又另外赏钱两吊。凤姐笑道：“这个孩子扮上活像一个人，［庚侧］明明不叫人说出。你们再看不出来。”宝钗心内也已知道，便只一笑不肯说。［蒙戚双］宝钗如此。宝玉也猜着了，亦不敢说。［庚双］不敢少。史湘云接着笑道：“到像林妹妹的模样儿。”［蒙戚双］心直口快，无有不可说之事。［庚侧］事无不可对人言。［庚眉］湘云、探春二卿，正事〔是〕无不可对人言芳性。丁亥夏，畸笏叟。宝玉听了，忙把湘云瞅了一眼，使个眼色。众人却都听见了这话，留神细看，都笑起来了，说果然不错。

一时散了，晚间湘云更衣时，便命翠缕把衣包打开收拾，都包了起来。翠缕道：“忙什么？等去的日子再包不迟。”湘云道：“明儿一早就走，在这里作什么？看人家的鼻子眼睛什么意思！”［蒙戚双］此是真恼，非颦儿之恼可比。然错怪宝玉矣，亦不可不恼。宝玉听了这话，忙赶近前拉他说道：“好妹妹，你错怪了我。林妹妹是个多心的人，别人分明知道，不肯说出来，［周按］说出，谓在公开重要场合出之于口，为众人所知，非“说起”之意，此与后半部当有关照。也皆因怕他恼。谁知你不防头就说了出来，他岂不恼你？我是怕你得罪了人，所以才使眼色。你这会子恼我，不但辜负了我，而且反到委曲了我。若是别人，那怕他得罪了十个人，与我何干呢？”湘云摔手道：“你那花言巧语别哄我，我也原不如你林妹妹，别人说他拿他取笑都使得，只我说了就有不是。我原不配说他，他是小姐主子，我是奴才丫头，得罪了他使不得。”宝玉急的说道：“我到是为你，反为出不是来了！我要有外心，［庚侧］玉兄急了。立刻化成灰，叫万人践踹。”［庚双］千古未闻之誓，恳切尽情，宝玉此刻之心为如何？湘云道：“大正月里［庚侧］回护石兄。少信嘴胡说。这些没要紧的恶誓散话歪话，说给那些小性儿，行动爱恼的人，会辖治你的人听去，［庚侧］此人为谁。别叫我啐你。”说着一迳至贾母里间，忿忿的淌着去了。宝玉没趣，只得又来寻黛玉。刚到门槛前，黛玉便推出来，将门关上。宝玉又不解何意，在窗外只是吞声叫“好妹妹”。黛玉总不理他，宝玉闷闷的垂头自审。袭人早知端的，当此时断不能劝，［庚双］宝玉在此时，一劝必崩了，袭人见机甚妙。那宝玉只呆呆的站着。黛玉只当他回房去了，起来开门，只见宝玉还站在那里。黛玉反不好意思，不好再关，只得抽身上床歪着。宝玉随进来问道：“凡事都有个原故，说出来人也不委曲。好好的就恼了，终久是为什么起？”林黛玉冷笑道：“问的我到好，我也不知为什么。我原是给你们取笑的，拿着我比戏子，给众人取笑。”宝玉道：“我并没有比你，我并没有笑，为什么恼我呢？”黛玉道：“你还要比，你还要笑？你不比不笑，比人比了笑了的还利害呢！”［庚侧］可谓官断十条路是也。宝玉听说，无可分辩，不则一声。［蒙戚双］何便无言可辩。真令人不解。前文湘云方来，“正言弹妒意”一篇中，颦玉角口后收至褂子一篇，余已注明不解矣，回思自心自身是玉颦之心，则洞然可解，否则无可解也。身非宝玉，则有辩有答，若是宝玉则再不能辩不能答，何也？总在二人心上想［庚眉］此书如此等文章多多，不能救〔枚〕举，机括神思，自从天分而来。有，其毛锥写人口气传神摄魄处，怎不令人拍案称奇叫绝！丁亥夏，畸笏叟。黛玉又道：“这一节还可恕。再你为什么又和云儿使眼色？这安的是什么心。莫不是他和我顽他就自轻自贱了，他原是公侯的小姐，我原是贫民的丫头，他和我顽，设如我回了口，岂不他自惹人轻贱了呢？是这个主意不是？这却也是你的好心，只是那一个偏又不领你这好情，一般也恼了。[戚双]颦儿自知云儿恼，用心甚矣。你又拿我作情，到说我小性儿，行动肯恼。你又怕他得罪了我恼他，我恼他与你何干。他得罪了我，又与你何干？”[蒙戚双]问的却极是，但未必心应。若能如此，将来泪尽夭亡，已化乌有，世间亦无此一部《红楼梦》矣。[庚眉]神工乎？鬼工乎？文思至此尽矣！丁亥夏，畸笏。

宝玉见说，方才与湘云私谈，他也听见了。细想自己原为他二人怕生隙恼，方在中调和，不想并未调和成，反自己落了两处的贬谤。正与前日所看《南华经》上有：巧者劳而智者忧，无能者无所求，饱食而遨游，汎若不系之舟。又曰“山木自寇，[蒙戚双]按原注，山木，漆树也。精脉自出，岂人所使之，故云自寇。言自相戕贼也。[周按]自相戕贼，与“自相戕戮自张罗”同出，原出批书人一手。源泉自盗”等语。[庚双]源泉味甘，然后人争取之，自寻干涸也。亦如山木意，皆寓人智能聪明多知之害也。前前文无心云看《南华经》，不过袭人等恼时无聊之甚，偶以释闷耳，殊不知用于今日大解舞〔悟〕，大觉迷之功甚矣。市徒见此必云前日看的是《外篇·胠箧》，如何今日又知若许篇，然则彼只曾看《外篇》数语乎？想其理，自然默默看过几篇，适至《外篇》，故偶触其机，方续之也。若云只看了那几句便续，则宝玉彼时之心是有意续《庄子》，并非释闷时偶续之也。且更有见前所续则曰续的不通，更可笑矣！试思宝玉虽愚，岂有安心立意与庄叟争衡哉！且宝玉有生以来此身此心为诸女儿应酬不暇，眼前多少现有益之事尚无暇去作，岂忽然要分心于腐言糟粕之中哉？可知除闺阁之外，并无一事是宝玉立意作出来的。大则天地阴阳，小则功名荣枯，以及吟篇琢句，皆是随分触情，偶得之不喜，失之不悲，若当作有心谬矣。只看大观园题咏之文，以算平生得意之句，得意之事矣，然亦总不见再吟一句，再题一事，据此可见矣。然后可知前夜是无心顺手拈了一本《庄子》在手，且酒兴醺醺，芳愁默默，顺手不计工拙，草草一续也。若使顺手拈一本近时鼓词，或如《钟无艳赴会》，其太子走国等草野风邪之传，必亦续之矣。观者试看此批，然后谓余不谬，所以可恨者彼夜却不曾拈了《山门》一出传奇。若使山门在案，彼时捻着，又不知于《寄生草》后续出何等超凡入圣大觉大误〔悟〕诸语录来。[庚双]代〔黛〕玉一生是聪明所误，宝玉是（多事所误），多事者，情之事也，非世事也。多情曰多事，亦宗庄笔而来，盖余亦偏矣。可笑！阿凤是机心所误，宝钗是博知所误，湘云是自爱所误，袭人是好胜所误，皆不能跳出庄叟言外，悲亦甚矣。再笔。[周按]观此脂砚两批，揣摩体贴周详细腻，层层入微，如剥春茧。如此方是玉兄之真知己，令人感叹不已。因此越想越无趣，再细想来，目下不过这两个人，尚未应酬妥协，将来犹欲何为？[庚双]看他只这一笔，写得宝玉又如何用心于世道。言闺中红粉尚不能周全，何碌碌僭欲治世待人接物哉！视闺中自然女〔如〕儿戏，视世道如虎狼矣，谁云不然。[周按]会读《石头记》者，看宝玉这一句话，便知宝玉并非终日无所用心，将来自有一番作为。但此刻不言，而他人亦不知耳。想到其间，也无庸分辩回答，自己转身回房来。[戚双]颦儿云，与你何干？宝玉如此一回则曰与我何干？可也。口虽未出，心已悟矣，但恐不常耳。若常存此念，无此一部书矣。看他下文如何转折。林黛玉见他去了，便知他回思无趣，赌气去了，一言也不曾发，不禁自己越发添了气，［戚双］只此一句，又勾起波浪，去则去来则来，又何气哉！总是断不了这根孽肠，忘不了这个祸害，既无而又有也。便说道："这一去一辈子也别来，也别说话。"宝玉不理，［蒙戚双］此是极心死处。将来如何。回房淌在床上只是瞪瞪的。

袭人深知原委，不敢就说，［庚双］一说必崩。只得以他事来解释，因笑道："今日看了戏，又勾出几天戏来，宝姑娘一定要还席的。"宝玉冷笑道："他还不还管谁什么相干？"［庚双］大奇大神之文。此相干之语，仍是近文与颦儿之语之相干也。上文来说，终存于心，却与宝钗身上发泄，素厚者惟颦，云，今为彼等尚存此心，况于素不契者有不直言者乎！情理笔墨，无不尽矣。袭人见这话不是往日口吻，因又笑道："这是怎么说，好好的大正月里，娘儿们姊妹们都喜喜欢欢，你又怎么这个行景了。"宝玉冷笑道："他们娘儿们姊妹们欢喜不欢喜，也与我无干。"［戚双］先及宝钗，后及众人，皆一颦之祸，流毒于众人。宝玉之心，实仅有一颦乎！袭人笑道："他们既随和，你也随和，岂不大家彼此有趣。"宝玉道："什么是大家彼此？他们有大家彼此，我是赤条条来去无牵挂。"［戚双］拍案叫好，当此一发，西方诸佛亦来听此棒喝，参此语录。谈及此句，不觉泪下。［蒙戚双］还是心中不净不了，斩不断之故。袭人见此景况，不肯再说。宝玉细想这一句趣味，不禁大哭起来。［戚双］此是忘机大悟，世人所谓疯颠是也。翻身起来至案遂提笔立占一偈云：

你证我证，心证意证。

是无不证，斯可云证。

无可云证，是立足境。［戚双］已悟已觉，是好偈矣。［戚双］宝玉悟禅亦由情，读书亦由情，读《庄》亦由情。可笑！

写毕，自虽解悟，又恐人看此不解，［蒙戚双］自悟则自了，又何用人亦解哉，此正是犹未正觉大悟也。因此亦填一支《寄生草》，也写在偈后，［蒙戚双］此处亦续《寄生草》，余前批云，不曾见续，今却见之，是意外之幸也。盖前夜《庄子》是道悟，此日是禅悟，天花散漫之文也。自己又念了一遍，自觉了无挂碍，心中自得，便上床睡了。［蒙戚双］前夜已悟，今夜又悟，二次翻身不出，故一世堕落无成也，不写出曲文何辞，却要留与宝钗眼中写出，是交代过节也。谁想黛玉见宝玉此番果断而去，故以寻袭人为由，来观动静。［蒙戚双］这又何必？总因慧刀不利，未斩毒龙之故也，大都如此。叹叹！袭人笑回道："已经睡了。"黛玉听说，便要回去。

袭人笑道："姑娘请站住，有一个字帖儿，瞧瞧是什么话？"说着，便将方才那曲子偈语悄悄拿来递与黛玉看。黛玉看了，知是宝玉因一时感忿而作，不觉可笑可叹，［蒙戚双］是个善知觉，何不趁此大家一解，齐证上乘，甘心堕落迷津哉。便向袭人道："作的是顽意儿，无甚关系。"［蒙戚双］黛玉说无关系，将来必无关系。○余正恐颦、玉从此一悟，则无妙文可看矣。不想颦儿视之为漠然，更曰无关系，可知宝玉不能悟也。余心稍慰，盖宝玉一生行为颦知最确。故余闻颦语，则信而又信，不必定玉而后证之方信也。余云，恐他二人一悟，则无文可看，然欲为闻〔开〕我怀，为醒我目，却愿他二人永坠迷津，生出孽障，余心甚不公矣。世云损人利己者，余此愿是矣。试思之可发一笑，今自呈于此，亦可为后人一笑，以助茶前酒后之兴耳，而今后天地间岂不又添一趣谈乎！凡书皆以趣谈读去，其理自明，其趣自得矣。说毕，便携了回房去，与湘云同看，［庚双］却不同湘云分崩，有趣。次日又与宝钗看，宝钗看其词曰：［蒙戚双］出自宝钗目中，正是大关键处。

无我原非你，从他不解伊。肆行无碍凭来去，茫茫着甚悲愁喜。纷纷说甚亲疏密。从前碌碌却何因，到如今，回头试想真无趣。［戚双］看此一曲，试思作者当日发愿不作此书，却立意要作传奇，则又不知有如何词曲矣。

看毕，又看那偈语，又笑曰，"这个人悟了。都是我的不是，都是我昨日一支曲子惹出来的。这些道书禅机最能移性，［蒙戚双］拍案叫绝，此方是大悟彻悟录，非宝卿不能谈此也。明儿认真说出这些疯话来，存了这个意思，都是从我那一支曲子来，我成了个罪魁了。"说着，便撕了个粉碎，递与丫头们："快烧了罢。"黛玉笑道："不该撕，等我问他。你们跟我来，包管叫他收了这个痴心邪念。"三人果然都往宝玉屋里来。一进来，黛玉便笑道："宝玉我问你，至贵者是宝，至坚者是玉，你有何贵？你有何坚？"［戚双］拍案叫绝。大都尚未答此机锋，想亦不能答也。非颦儿第二人无此灵心慧性也。宝玉竟不能答。二人拍手笑道：［周按］二人，只指钗黛，不包湘云，破解宝玉者只钗黛。故下文亦一再提他们两个。湘云一语未入，禅悟出家等事与湘云略无交涉，并非闲笔，后半部要点也。"这样钝愚，还参禅呢！"黛玉又道："你那偈末云，无可云证，是立足境。固然好了，只是据我看，还未尽善。我再续两句在后。"因念云："无立足境，是方干净。"［戚双］拍案叫绝，此又深一层也。亦如谚云：去年贫只立锥，今年贫锥也无，其理一也。宝钗道："实在这方悟彻，［周按］黛玉所续又进一层，似有自信自夸之意。然我谓黛玉亦未能真悟。如以干净为万事之究竟，仍未彻悟。君不见《心经》有云：不生不灭，不垢不净，不增不减。佛法最高境界早已超越垢净之分了。当日南宗六祖惠能初寻师至韶州，闻五祖弘忍在黄梅，他便充役火头僧。五祖欲求法嗣，令徒弟诸僧各出一偈，上座神秀说道，'身是菩提树，心如明镜台。时时勤拂拭，莫使有尘埃。'彼时惠能在厨房碓米，［庚眉］用得妥当之极。听了这偈说道，'美则美矣，了则未了。'因自念一偈曰，'菩提本非树，明镜亦非台。本来无一物，何处染尘埃？'五祖便将衣钵传他。［戚双］出《语录》，总写宝卿博学宏览，胜诸才人。颦儿却聪慧灵智非学力所致，皆绝世绝伦之人也。宝玉宁不愧杀！今儿这偈语，亦同此意了，只是方才这句机锋，尚未完全了结，这便丢开手不成？"黛玉笑道："彼时不能答就算输了，这会子答上了也不为出奇。只是已后再不许谈禅了。连我们两个所知的所能的，你还不知不能呢，还去参禅呢！"［庚眉］前以《庄子》为引，故偶续之，又借颦儿诗一鄙驳，兼不写着落，以为瞒过看官矣。此回用若许曲折，仍用老庄引出一偈来，再续一《寄生草》，可为大觉大悟已。以之上承果位，以后无书可作矣。却又轻轻用黛玉一问机锋，又续偈言二句，并用宝钗讲五祖六祖问答二实偈子，使宝玉无言可答，仍将一大善知识，始终跳不出警幻幻榜中，作下回若干回书，真有机心游龙不则〔测〕之势，安得不叫绝。且历来小说中万写不到者。己卯冬夜。宝玉自己为觉悟，不想忽被黛玉一问，便不能答。宝钗又比出《语录》来，此皆素不见他们能者。自己想了一想，原来他们比我知觉的在先，尚未解悟，我如今何必自寻苦恼。想毕，便笑道："谁又参禅，不过一时顽话罢了。"说着四人仍复如旧。［蒙戚双］轻轻抹去也，心净难三字不谬。

忽然人报："娘娘差人送出一个灯谜来，命你们大家去猜，猜着了每人也作一个进去。"四人听说，忙来至贾母上房。只见一个小太监拿了一篕四角平头白纱灯，［周按］篕，是原笔。instead为灯谜而制，上面已有一个，众人都争看乱猜。小太监又下谕道："众小姐猜着了，不要说出来，每人只暗暗的写在纸上一齐封进宫去，娘娘自验是否。"宝钗听了，近前一看，是一首七言绝句，并无甚新奇，［周按］宝钗独出，与元妃赐麝串合看，应含寓意。口中少不得称赞，只说难猜，故意寻思，其实一见便猜着了。宝玉、黛玉、湘云、探春四个人［戚双］此处透出探春，正是草蛇灰线，后文方不突然。也都解了，各自暗暗的写了半日，一并将贾环、贾蘭等传来，一齐各揣心机［蒙戚双］写出猜谜人形景，看他偏于两次戒机后，写此机心机事，足见用意至深至远。都猜了写在纸上，然后各人拈一物作成一谜，恭楷写了，挂在灯上。太监去了，至晚出来传谕："前娘娘所制俱已猜着，惟二小姐与三爷猜的不是。［蒙戚双］迎春、贾环也，交错有法。小姐们作的也都猜了，不知是否？"说着也将写的拿出来。也有猜着的，也有猜不着的，都胡乱说猜着了。太监又将颁赐之物送与猜着之人，每人一个宫制诗筒，［蒙戚双］诗筒，身边所佩之物，以待偶成之句草录暂收之，共归至窗前，不致有忘也。或茜牙成，或琢香屑，或以绫素为之不一，想来奇特事从不知也。一柄茶筅，［蒙戚双］破竹如帚，以净茶具之积也。二物极微极雅。独迎春、贾环二人未得。迎春自为顽笑小事，并不介意。［蒙戚双］大家小姐。贾环便觉得没趣，且又听太监说："三爷说的这个不通，娘娘也没猜，叫我带回问三爷是个什么？"众人听了，都来看他作的是什么，写道是：

大哥有角只八个，二哥有角只两根。

大哥只在床上坐，二哥爱在房上蹲。［戚双］可发一笑，真环哥之谜。诸卿勿笑，难为了作者摹拟。

众人看了，大发一笑。贾环只得告诉太监说："一个枕头，一个兽头。"［蒙戚双］亏他好才情，怎么想来。太监记了，领茶而去。

贾母见元春这般有兴，自己越发喜乐，便命速作一架小巧精致围屏灯来，设于堂屋，命他姊妹各自暗暗的作了，写出来粘于屏上，然后预备下香茶细果以及各色玩物，为猜着之贺。贾政朝罢，见贾母高兴，况在节间，晚上也来承欢取乐，设了酒菓，备了玩物，上房悬了彩灯，请贾母赏灯取乐。上面贾母、贾政、宝玉一席，下面王夫人、宝钗、黛玉、湘云又一席，迎、探、惜三人又一席，地下婆娘丫嬛站满，李宫裁、王熙凤二人在里间又一席。［庚侧］细致。贾政因不见贾蘭，因问："怎么不见蘭哥？"［蒙戚双］看他透出贾政极爱贾蘭。地下婆娘忙进里间问李氏，李氏起身笑着回道："他说方才老爷并没去叫他，他不肯来。"婆娘回复了贾政，众人都笑说："天生的牛心拐孤！"［周按］拐孤，俗语，谓性情怪僻。贾政忙遣贾环与两个婆娘将贾蘭唤来，贾母命他在身傍坐了，抓果子与他吃，大家说笑取乐。往常间只有宝玉长谈阔论，今日贾政在这里，惟有唯唯而已。［蒙戚双］写宝玉如此，非世家曾经严父之训者，断写不出此一句。馀者湘云虽系闺阁弱女，却素喜谈论，今日贾政在席，也自插口禁言，［蒙戚双］非世家经明训者，断不知此一句，写湘云如此。黛玉本性懒与人共，原不肯多话，［庚双］黛玉如此，与人多话则不肯，问〔何〕得与宝玉话 更多哉。宝钗原不妄言轻动，便此时亦是坦然自若。［蒙戚双］瞧他写宝钗，真是又曾经严父慈母之明训，又是世府千金，自己又天性从礼合节，前三人之长并归于一身，前三人向有捏作之态，故惟宝钗一人作坦然自若，亦不见逾规越矩也。故此一席，虽是家常取乐，反见拘束不乐，［蒙双］非世家公子断写不及此，想近时之家，纵其女儿哭笑索饮，长者又以为乐，其无礼不法何如是耶。贾母亦知因贾政一人在此所致之故。［戚双］这一句又明补出贾母亦是世家明训之千金也，不然断想不及此。酒过三巡，便撵贾政去歇息。贾政亦知贾母之意，撵了自己去后好让他们姊妹兄弟取乐的。贾政忙陪笑道："今日原听见老太太这里大设春灯雅谜，故也备了彩礼酒席，特来入会，何疼孙儿孙女之心便不略赐以儿子半点？"［庚双］贾政如此，余亦泪下。贾母笑道："你在这里，他们都不敢说笑，没的到叫我闷。你要猜谜时，我便说一个你猜，猜不着是要罚的。"贾政忙笑道："自然要罚，若猜着了，也是要领赏的。"贾母道："这个自然。"说着便念道：

猴子身轻站树梢。［蒙双］所谓树倒猢狲散是也。打一果名。［蒙戚双］的是贾母之谜。

贾政已知是荔枝，便故意乱猜别的，罚了许多东西，然后方猜着，也得了贾母的东西。然后也念一个与贾母猜，念道：

身自端方，体自坚硬。

虽不能言，有言必应。［庚双］好极，的（是）贾老之谜。包藏贾府祖宗自身，必字隐笔字。妙极，妙极！打一用物。

说毕，便悄悄的说与了宝玉。宝玉会意，又悄悄的告诉了贾母。贾母想了想，［庚侧］太君身分。果然不差，便说是砚台。贾政笑道："到底是老太太，一猜就是。"回头说："快把贺彩送上来。"地下妇女答应一声，大盘小盘一齐捧上。贾母逐件看去，都是灯节下所用所顽新巧之物，甚喜。遂命："给你老爷斟酒。"宝玉执壶，迎春送酒。贾母因说："你瞧瞧那屏上，都是他姊妹们做的，再猜一猜我听。"贾政答应起身，走至屏前，只见第一个写道是：

能使妖魔胆尽摧，身如束帛气如雷。

一声震得人方恐，回首相看已化灰。［庚双］此元春之谜，才得侥幸，奈寿不长。可悲哉！［苏双］此是元春之作。

贾政道："这是炮竹么？"宝玉答道："是。"贾政又看道：

天运人功理不穷，有功无运也难逢。

因何镇日纷纷乱，只为阴阳数不同。［蒙戚双］此迎春一生遭际，惜不得其夫何。［苏双］此是迎春之作。

贾政道："是算盘。"迎春笑答道："是。"［周按］迎春等答话或后添或侧书，是原有缺文之迹。又往下看是：

阶下儿童仰面时，清明妆点最堪宜。

游丝一断浑无力，莫向东风怨别离。［戚双］此探春远适之谶也。使其人不远去，将来事败，诸子孙不至流散也。悲哉伤哉！［苏双］此是探春之作。

贾政道："这是风筝。"探春笑道："是。"又看道是：

前身色相总无成，不听菱歌听佛经。

莫道此生沉黑海，性中自有大光明。［戚双］此惜春为尼之谶也。公府千金至缁衣乞食，宁不悲夫。［苏双］此是惜春之作。［庚眉］此后破失，俟再补。［周按］其下原稿残断，零落不能连缀。

［戚回后］作者具菩提心，捉笔现身设法，每于言外警人，再三再四，而读者但以小说古词目之，则大罪过。其先以《庄子》为引及偈曲句作醒悟之语，以警觉世人，犹恐不入，再以灯谜伸词致意，自解自叹，以不成寐为言，其用心之切之诚，读者忍不留心而慢忽之耶！

［庚回后］此回未成而芹逝矣，叹叹。丁亥夏，畸笏叟。

［回后评］本回分为两截，前半放笔写钗、黛、湘、袭等琐碎纠纷，此种小女儿偶聚一处，小小争执，小小妒怨，到处皆有。书文中与现实中均为日常习见之事态，无庸少见多怪，夸张增饰，以为此即你长我短，我正彼邪，处处深心匿迹，损人利己。若以此等眼光与心光来读《石头记》，便觉钗黛暗争，处处杀机，阴森可畏。于是坠入程高伪续之窠臼中，永难解脱，慎之慎之。

观宝玉先是续庄，后又仿作《寄生草》剧曲，于道释皆能迎机而顿悟，真是一个无与伦比的上智绝慧之孩童。然能悟是一回事，能持又是一回事。悟，是看得清。持，是行得久。聪明之孩童一时了悟，稍过即又忘却。虽"云赤条条来去无牵挂"，似乎万缘皆空，实则百般牵缠，一点也放不下也。是故《石头记》并非演说万境皆空之书也。

本回既分两截，作者惟恐看书人只见众小女儿琐琐碎碎，闲是闲非。故于后半立即换笔，借元宵灯谜而预示众女儿之不幸命运。可见同是薄命司中人，种种是非，有何轻重乎。《石头记》之悲剧在于千红一窟〔哭〕，万艳同杯〔悲〕，而不在于一二人之短长是非耳。

元春谜语第三句：一声震得人方恐。疑当作一声震得八方恐，人乃八字之讹。盖上句刚刚说的是能使妖魔胆尽摧，如何又接人的恐与不恐，于理欠合。抄书者将八误抄为人的可能性很大，记此待考。

附录一　舒序本

贾政道："这是佛前海灯嘎。"惜春笑答道："是海灯。"贾政心内沉思道："娘娘所作炮竹，此乃一响而散之物。迎春所作算盘，是打动乱如麻。探春所作风筝，乃飘飘浮荡之物。惜春所作海灯，益发清净孤独。今系上元佳节，如何皆作此不祥之物为戏耶！"心内愈思愈闷，因在贾母之前不敢形于色，只得仍免强往下看去。只见后面写着七言律诗一首，却是宝钗所作，随念道：

朝罢谁携两袖烟，琴边衾里总无缘。

晚筹不用鸡人报，五夜无烦侍女添。

焦首朝朝还暮暮，煎心日日复年年。

光阴荏苒须当惜，风雨阴晴任变迁。

附录二　庚辰本

暂记宝钗制谜云：

朝罢谁携两袖烟，琴边衾里总无缘。

晓筹不用人鸡报，五夜无烦侍女添。

焦首朝朝还暮暮，煎心日日复年年。

光阴荏苒须当惜，风雨阴晴任变迁。［庚回后］此回未成而芹逝矣，叹叹。丁亥夏，畸笏叟。

附录三　梦觉本

贾政道："这个莫非是更香。"宝玉代言道："是。"贾政又看道：

南面而坐，北面而朝。

象忧亦忧，象喜亦喜。打一用物。［觉双］此宝玉之镜花水月。

贾政道："好，好，如猜镜子，妙极。"宝玉笑回道："是。"贾政道："这一个却无名子，是谁做的。"贾母道："这个大约是宝玉做的。"贾政就不言语，往下再看宝钗的，道是：

有眼无珠腹内空，荷花出水喜相逢。

梧桐叶落分离别，恩爱夫妻不到冬。打一用物。［觉双］此宝钗金玉成空。

贾政看到此谜，明知是竹夫人，今值元宵，语句不吉，便佯作不知，不往下看了。于是夜阑，杯盘狼藉，席散各寝。后事下回分解。

附录四　舒序本

贾政看完，心内自忖道："此物还到有限，只是小小之人作此词句，更觉不祥，皆非永远福寿之辈。"想到此处愈觉烦闷，大有悲戚之状，而因将适才的精神减去十之八九，只垂头沉思。贾母见贾政如此光景，想到或是他身体劳乏亦未可定，又兼之恐拘束了众姐妹，不得高兴顽耍，即对贾政云："你竟不必猜了，去安歇罢，让我们再坐一会也好散了。"贾政一闻此言，连忙答应几个是字，又勉强劝了贾母一回酒，方才退出去了。回至房中，只是思索，番来复去竟难成寐，不由伤悲感慨，不在话下。

且说贾母见贾政去了，便道："你们可自在乐一乐罢。"一言未了，早见宝玉跑至围屏灯前指手画脚，满口批语这一句不妥，那一句不恰当，如同开了笼的猴子一般。宝钗便道："还像适才坐着说说笑笑，岂不斯文些儿。"凤姐自里间忙出来，插口道："宝兄弟就该老爷每日令你寸步不离方好，适才我忘了，为什么不当着老爷撺掇，叫你也作诗谜儿若何，如此怕不得这会子正出汗。"说的宝玉急了，在凤姐前扭股儿糖似的只是斯缠。贾母又与李宫裁并众姐妹说笑了一会，也觉有些困倦起来，听了听已是漏下四鼓，命将食物撤去赏散众人，随起身道："我们安歇罢。明日还是节下，该当早起，明日晚间再顽罢。"且听下回分解。

第二十三回
西厢记妙词通戏语　牡丹亭艳曲警芳心

［蒙戚回前］群艳大观中，柳弱系轻风。惜花与度曲，笑看利名空。

话说贾元妃自那日幸大观园回宫去后，便命将那日所有的题咏，命探春依次抄录妥协，自己编次，叙其优劣，又命在大观园勒石，为千古风流雅事。因此贾政命人各处选拔精工名匠，在大观园磨石镌字。贾珍率领贾蓉、贾萍等监工。因贾蔷又管理着文官等十二个女戏并行头等事，不大得便，因此贾珍又将贾菖、贾菱唤来监工。一日汤蜡钉朱，动起手来。这也不在话下。

且说那个玉皇庙并达摩庵两处，一班的十二个小沙弥并十二个小道士，［周按］二十四，与前文小僧道各十人，共道袍二十份之语不合，疑前文有脱漏字。如今挪出大观园来，贾政正思想发到各庙去分住。不想后街上住的贾芹之母周氏，正盘算着也要到贾政这边谋一个大小事务与儿子管管，也好弄些银钱使用，可巧听见这件事出来，便坐轿子来求凤姐。凤姐因见他素日不大拿糖作势的，便依允了，想了几句话，［庚侧］一派心机。便回王夫人说："这些小和尚道士万不可打发别处去。一时娘娘出来，就要承应。倘或散了火，［周按］火是原笔。若再用时可是又费事。依我的主意，不如将他们竟送到咱们家庙里铁槛寺去，月间不过派一个人拿几两银子去买柴米就完了。说声用，走去叫来，一点儿不费事呢。"王夫人听了，便商之于贾政。贾政听了笑道："到是提醒了我，就是这样。"实时唤贾琏来，当下贾琏正同凤姐吃饭，一闻呼唤，不知何事，放下饭便走。凤姐一把拉住，笑道："你且站住，听我说话，若是别的事我不管，若是为小和尚们的那事，好歹依我这么着。”如此这般，教了一套话，贾琏笑道：“我不知道，你有本事你说去。”凤姐听了把头一梗，［蒙侧］活跳。把快子一放，［周按］快子是原笔。腮上似笑不笑的瞅着贾琏道：“你当真，还是顽话？”贾琏笑道：“西廊下五嫂子的儿子芸儿，［蒙侧］可发一笑。来求了我两三遭要个事情管管，我依了，叫他等着，好容易出来这件事，你又夺了去。”凤姐笑道：“你放心，园子东北角子上，娘娘说了，还叫多多的种松柏树，楼底下还叫种些花草，等这件事出来，我管保叫芸儿管这件工程。”贾琏道：“果然这样也到罢了。只是昨日晚上，［庚侧］写凤姐风月之文如此，总不脱漏。我不过是要改个样儿，你就扭手扭脚的。”［蒙侧］粗蠢！惜〔情〕景可笑。后将有大观园中一段奇情韵，不得不先为此等丑语一迭〔跌〕，以作未火先烟之象。凤姐儿听了，嗤的一声笑了，［庚侧］好章法。向贾琏啐了一口，低下头便吃饭。贾琏一迳笑着去了，到了前面见了贾政，果然是小和尚一事。贾琏便依了凤姐主意，说道：“如今看来，芹儿到大大的出息了，这件事竟交与他去管办，横竖照在里头的规例，每月叫芹儿支领就是了。”贾政原不大理论这些事，听贾琏如此说，便如此依了。贾琏回到房中，告诉凤姐儿。凤姐即命人去告诉了周氏，贾芹便来见贾琏。母子二人感谢不尽。凤姐又作情央贾琏先支三个月的，叫他写了领子，［周按］领子，今时所谓收据。贾琏批票画了押，登时发了对牌出去，银库上按数发出三个月的工给来，［周按］工给再见，与秦可卿托梦处一同。白花花的二三百。贾芹随手拈了一块撂与掌平的人，叫他们吃茶罢。于是命小厮拿了回家，与母亲商议。登时雇了大脚驴自己骑上，又雇了几辆车，至荣国府角门前，唤出二十四个人来坐上车，一迳往城外铁槛寺去了。当下无话。

如今且说贾元春因在宫中自编大观园题咏之后，［周按］贾元春之称例与贾妃、贾元妃又不同，未详其用意。忽想起那大观园中景致，［庚眉］大观园原系十二钗栖止之所，然工程浩大，故借元春之名而起，再用元春之命以安诸艳，不见一丝扭捻。己卯冬夜。自己幸过之后，贾政必定敬谨封锁，不敢使人进去骚扰，岂不寥落？况家中现有几个能诗会赋的姊妹，何不命他们进去居住，也不使佳人落魄，［庚侧］韵人行韵事。花柳无颜。却又想到宝玉，［蒙侧］何等精细！自幼在姊妹丛中长大，不比别的兄弟，若不命他进去，只怕他冷清了，一时不大畅快，未免又添贾母、王夫人愁虑，须得也命他进园居住方妙。想毕，遂命太监夏守忠到荣国府来下一道谕：［周按］夏忠、夏守忠与夏秉忠各本多不合，应是一人之异名误写。事涉元妃，太监必用夏姓，与元妃之死于夏日有连，所谓榴花开处者是也。特标忠字，隐伏诬其不忠也。“命宝钗等只管在园中居住，不可禁约封锢。命宝玉仍随进去读书。”贾政、王夫人接了这谕，待夏守忠去后，便来回明贾母，遣人进去各处收拾打埽，安设帘幔床帐。别人听了还自犹可，惟宝玉听了这谕，喜的无可不可。正和贾母盘算要这个弄那个，忽见丫嬛来说：“老爷叫宝玉。”［庚侧］多大力量写此句，余亦惊骇，况宝玉乎？回思十二三时亦曾有是病来，想时不再至，不禁泪下。宝玉听了，好似打了个焦雷，［蒙侧］大家风范。登时扫去兴头，脸上转了颜色，便拉着贾母，扭的好似扭棍儿糖一般，［周按］扭股儿、扭棍儿，京语实同，不可分辨。旧日小儿糖果中有棍糖，而棍身扭绞如绳状者，以棍字为是。杀死不敢去。贾母只得安慰他道：“好宝贝，你只管去，有我呢，他不敢委曲了你。［蒙侧］写尽祖母溺爱，作后文之本。况且你又作了那篇好文章，想是娘娘叫你进去住，他吩咐你几句，不过不教你在里头淘气。他说什么，你只好好的答应着就是了。”一面安慰，一面唤了两个老嬷嬷来，吩咐：“好生带了宝玉去，别叫他老子唬着他。”老嬷嬷答应了。宝玉只得前去，一步挪不了三指，偵到这边来。［周按］偵字再见，与第六回刘姥姥在府门时用字一同。存雪芹原笔，至为可贵。［庚眉］偵，撑去声。可巧贾政正在商议事情，金钏儿、彩云、彩霞、绣鸾、绣凤等众丫嬛，都在廊檐上站着呢，［周按］廊檐上，自入院于平地而望正房台矶，廊在矶上，故用上字。若自上房而言，方可谓之廊檐下。今所谓立足点不同。一见宝玉来，［周按］此处先写明丫嬛五人，惟金钏儿拉住宝玉戏语，意含调讽，暗伏后文金簪落井事故。都抿着嘴儿笑。金钏一把拉住宝玉，［庚侧］有是事，有是人。悄悄的笑道：“我这嘴上是才擦的香浸胭脂，［庚侧］活像活现。你这会子可吃不吃了？”绣凤一把推开金钏笑道：“人家正心里不自在，你还奚落他，趁这会子喜欢快进去罢。”宝玉只得挨进门去，原来贾政和王夫人都在里间屋里。赵姨娘打起帘子，宝玉躬身挨入。只见贾政和王夫人对面坐在炕上说话，地下一溜椅子，迎、探、惜并贾环四个人都坐在那里。［周按］凡置三姊妹连称处，特用迎探惜而不加春字者，有意令人自悟“应叹息”之音也。凡用“并”字者，以示不同性质或等次。一见他进来，惟有探春、惜春合贾环站起来。［周按］满俗家教最重兄长，弟妹皆敬畏执礼。贾政一举目，见宝玉站在跟前，神采飘逸，［庚侧］消气散用的好。秀色夺人。［周按］八个字令我暗暗吃惊。盖从开卷两首《西江月》之后，笔笔贬宝玉，今忽见此八个大字，怎不眼明心亮，顿觉风光旖旎，境界全新。看看贾环，人物委蕤，［周按］用委不用萎，是原笔。举止荒疏，忽又想起贾珠来。再看看王夫人［庚侧］批至此，几乎失声哭出。只有这一个亲生的儿子，素爱如珍，自己的胡须将已苍白，［蒙侧］为天下年老者父母一哭。因这几件上，把素日嫌恶处分宝玉之心，不觉减了八九。半晌说道：“娘娘吩咐，你日日外头嬉游，渐次疏懒，如今叫禁管同你姊妹们在园子里读书写字。［庚眉］写宝玉可入园用禁管二字，得体理之至。壬午九月。你可好生用心习学，再若不守分安常，你可仔细！”宝玉连连答应了几个是，王夫人便拉他在身傍坐了。［蒙侧］活现。他姊弟三人依旧坐下，王夫人摸娑着宝玉的脖项说道：［周按］娑字是原笔。“前儿的丸药都吃完了？”宝玉答道：“还有一丸。”王夫人道：“明儿再取十丸来。天天临卧的时候，叫袭人伏侍你吃了你再睡。”宝玉道：“自从老太太吩咐了，袭人天天晚上想着打发我吃。”［庚侧］大家细细听去，活似小儿口气。贾政问道：“袭人是何人？”王夫人道：“是个丫头。”贾政道：“丫头不管叫个什么罢了，是谁这样刁钻，起个这样名字？”王夫人见贾政不自在了，便替宝玉掩饰道：“是老太太起的。”贾政道：“老太太如何知道这样的话，一定是宝玉。”宝玉见瞒不过，只得起身回道：“因素日读书，曾记古人有一句诗云，‘花气袭人知昼暖。’因这个丫头姓花，便随口起了这个名字。”王夫人忙又向宝玉道：“你回去改了罢，老爷也不用为这小事生气。”贾政道：“究竟也无妨碍，又何用改？［庚侧］儿〔几〕乎改去好名。只是可见宝玉不务正，专在这些浓诗艳曲上作工夫。”［周按］浓诗艳曲，此刻出自贾政口中，只为“花气袭人”一语（陆放翁之诗句），并无他意。殊不知在雪芹之锦心绣口中又暗暗为下文《西厢记》《牡丹亭》伏下了一笔。《石头记》笔法之妙，全在此等处。说毕，断喝一声：［庚侧］［蒙侧］严父好收什！慈母，其事虽异，其行则一。“作孽的畜生，还不出去！”王夫人也忙道：“去罢，只怕老太太等你吃饭呢。”宝玉答应了，慢慢的退出，向金钏儿笑着伸伸舌头，带着两个老嬷嬷，一溜烟去了。刚至穿堂门前，［蒙戚双］妙，这便是凤姐扫雪拾玉之处，一丝不乱。只见袭人倚门立在那里，［蒙侧］何等牵连！［周按］妙！宝玉离了贾政跟前，方才为了袭人二字几乎惹出一场麻烦。出得屋来，偏偏所见者正是袭人，机锋相对，总令粗心人草草看过。一见宝玉平安回来，堆下笑来问：［庚侧］等坏了，愁坏了，所以有堆下笑来问问话。“叫你作什么？”宝玉告诉他：“没有什么，不过怕我进园去淘气，［庚侧］就说大话，毕肖之至。吩咐吩咐。”一面说，一面回至贾母跟前，回明原委。只见林黛玉正在那里，宝玉便问他：“你住那一处好？”林黛玉正心里盘算这事，［庚侧］颦儿亦有盘算事，拣择清幽处耳，未知择邻否？一笑！忽见宝玉问他，便笑道：“我心里想着潇湘馆好。我爱那几竿竹子隐着一道曲栏，比别处更觉幽静。”宝玉听了拍手笑道：“正和我的主意一样，我也要叫你住这里呢。我就住怡红院，咱们两个又近又都清幽。”［庚侧］择邻出于玉兄，所谓真知己。［蒙侧］作后文无限章［张］本。二人正计较着，就有贾政遣人来回贾母说：“二月二十二的日子好，哥儿姐儿们好搬进去的，这几日内遣人进去分派收拾。”薛宝钗住了蘅芜苑，林黛玉住了潇湘馆，贾迎春住了紫菱洲，探春住了秋爽斋，惜春住了蓼香岛，［周按］惜春住处名称，前后文不符，有蓼香岛、蓼香坞、蓼春坞等名，今不强行统一。李氏住了稻香村，宝玉住了怡红院。每一处添两个老嬷嬷，四个丫头，除各人奶娘亲随丫嬛不算外，另有专管收拾打扫的。至二十二日一齐进去，登时园内花招绣带、柳拂香风，［蒙戚双］八字写得满园之内，处处有人，无一处不到。不似前番那等寂寥了。

闲言少叙，且说宝玉自进园来，心满意足，再无别项可生贪求之心，每日只和姊妹丫头们一处，或读书或写字，［庚侧］未必。或弹琴下棋，作画吟诗，以至描鸾刺凤，［庚侧］有之。斗草簪花，低吟悄唱，拆字猜枚，无所不至，到也十分快意。他曾有几首即事诗，虽不算好，却到是真情真景。略记几首云：

春夜即事云

霞绡云幄任铺陈，隔巷蟆更听未真。［周按］古于五更后加打一更，谓之蟆更。宝玉此入园四诗，特写三端：一更鼓、二铺陈、三茶水。貌似摹叙繁华乐事，不知正为后半部宝玉沦为更夫时寒无被褥、渴无水饮之对照。开口点出隔巷闻更听人击柝，而不自知日后自家打更为他人所闻也。

枕上轻寒窗外雨，眼前春色梦中人。

盈盈烛泪因谁泣，默默花愁为我嗔。

自是小嬛娇懒惯，拥衾不耐笑言频。

夏夜即事云

倦绣佳人幽梦长，金笼鹦鹉唤茶汤。

窗明麝月开宫镜，室霭檀云品御香。

琥珀杯倾荷露滑，玻璃槛纳柳风凉。

水亭处处齐纨动，帘卷朱楼罢晚妆。

秋夜即事云

绛芸轩里绝喧哗，桂魄流光浸茜纱。

苔锁石纹容睡鹤，井飘桐露湿栖鸦。

抱衾婢至舒金凤，倚槛人归落翠花。

静夜不眠因酒渴，沉烟重拨索烹茶。

冬夜即事云

梅魂竹梦已三更，锦罽鹴衾睡未成。

松影一庭惟见鹤，梨花满地不闻莺。

女郎翠袖诗怀冷，［周按］女儿，侍儿，复儿字，在律诗中为不可。公子金貂酒力轻。

却喜侍儿知试茗，扫将新雪及时烹。［庚眉］四诗作尽安福万［尊］荣之贵介公子也。壬午孟夏。［周按］四首诗所叙依次是花、风、月、雪，乃是“风花雪月”之随机而运用也。

因这几首诗，当时有一等势利人，见荣国府十二三岁的公子作的，抄录出来，各处称颂。再有一等轻浮子弟，爱上那风骚妖艳之句，也写在扇头壁上，不时吟哦赏赞。因此竟有人来寻诗觅字，倩画求题的，宝玉亦发得了意，镇日家作这些外务。谁想静中生烦恼，忽一日不自在起来，这也不好，那也不好，出来进去只是闷闷的。园中那些人多半是女孩儿，正在混沌世界天真烂熳之时，坐卧不避，嬉笑无心，那里知宝玉此时的心事。那宝玉心内不自在，便懒在园内，只在外头鬼混，却又痴痴的。[蒙戚双] 不进园去，真不知何心事！茗烟见他这样，因想与他开心，左思右想，皆是宝玉顽的不奈烦了的，不能开心，惟有这件，宝玉不曾看见过。[庚侧] 书房伴读，累累如是，余至今痛恨。想毕，便走去到书坊内，把那古今小说，并那飞燕、合德、武则天、杨贵妃的外传与那传奇角本，买了许多来引宝玉看。宝玉何曾见过这些书？一看见了，便如得了珍宝。茗烟又嘱咐他：[蒙侧] 自古恶奴坏事。“不可拿进园去，若叫人知道了，我就吃不了兜着走呢！”宝玉那里舍的不拿进园去，踟蹰再三，单把那文理细密的，拣了几套进去，放在床头上，无人时自己密看。那粗俗过露的，都藏在外面书房里。

那日正当三月中浣，早饭后，宝玉携了一套《会真记》，走到沁芳闸桥那边桃花底下一块石上坐着，展开《会真记》从头细玩。正看到落红成阵，只见一阵风过，[庚侧] 好一阵凑趣风。把树上桃花吹下一大半来，落的满身满书满地皆是。宝玉要抖将下来，又恐怕脚步践踏了，[蒙戚双] 情不情。只得兜了那花瓣，来至池边，抖在池内。那花瓣浮在水面，飘飘荡荡，竟流出沁芳闸去了。回来只见地下还有许多，宝玉正踟蹰间，只听背后有人说道：“你在这里作什么？”宝玉一回头，却是林黛玉来了，肩上担着花锄，[庚侧] 一幅《采芝图》，非《葬花图》也。[庚眉] 此图欲画之心久矣，誓不过〔遇〕仙笔不写，恐袭〔亵〕我 [庚眉] 丁亥春间，偶识一浙省发其白描美人真神品物，甚合余意，奈彼颦卿故也。己卯冬。因宦缘所缠，无暇且不能久留都下，未几南行矣。余至今耿耿，怅然之至，恨与阿颦结一笔墨缘之难若此。叹叹！丁亥夏，畸笏叟。上挂着行囊，［蒙侧］真是韵人韵事。手内拿着花帚。［觉双］写出扫花仙女。宝玉笑道："好，［庚侧］如见如闻。来把这个花扫起来，撂在那水里，我才撂了好些在那里呢！"林黛玉道："撂在水里不好，你看这里的水干净，只一流出去，有人家的地方，赃的臭的混倒，仍旧把花遭塌了。那畸角上我有一个花冢，［周按］畸角是原笔。［庚侧］好名色，新奇。葬花亭里埋花人。如今扫起来，装在这绢袋里，拿土埋上，日久不过随土化了，［庚侧］宁使香魂随土化。岂不干净！"［蒙戚双］写黛玉又胜宝玉十倍痴情。宝玉听了，喜不自禁，笑道："待我放下书帮你来收拾。"［庚侧］顾了这头忘却那头。黛玉道："什么书？"宝玉见问，慌的藏之不迭，便说道："不过是《中庸》《大学》。"黛玉笑道："你又在我跟前弄鬼。趁早儿给我瞧瞧，好多着呢！"宝玉道："好妹妹，若论你我是不怕的，你看了，好歹别告诉别人去，真真这是好文章。你看了，连饭也不想吃呢？"一面说，一面递了过去。林黛玉把花具都且放下，接书来瞧，从头看去，越看越爱，不顿饭工夫，将十六出俱已看完。自觉词藻警人，馀香满口，虽看完了书，却只管出神，心内还默默记诵。宝玉笑道："妹妹你说好不好？"林黛玉笑道："果然有趣。"宝玉笑道："我就是多愁多病的身，你就是那倾国倾城貌。"［庚侧］看官说宝玉忘情有之，若认作有心取笑，则看不得《石头记》。［觉双］借用得妙。林黛玉听了不觉带腮连耳通红，登时直竖起两道似蹙非蹙的眉，瞪了两支似睁非睁的眼，微腮带怒，薄面含嗔，［周按］微腮，写其面型之下削。薄面，写其皮色浅嫩。略有内心变化即现于面色，大异于"老脸皮厚"与"面无表情"之人。指宝玉道："你这该死的胡说，好好的把这淫词艳曲弄了来，还学了这些混话来欺负我，我告诉舅舅、舅母去。"说到欺负两个字上，早又把眼睛圈儿红了，转身就走。［庚侧］唬杀，急杀！宝玉着了忙，向前拦住说道："好妹妹，千万饶我这一遭，原是我说错了，若有心欺负你，明日我吊在池子里，叫个癞头鼋吞了去，变个大忘八，等你明日作了一品夫人，病老归西的时候，我往你坟上替你驼一辈子的碑去。"［庚侧］虽是混话一串，却成了最新最奇的妙文。［觉双］此誓新鲜。说的林黛玉“嗤”的一声笑了，［庚侧］看官想用何等话令代〔黛〕玉一笑收科！揉着眼一面笑道：“一般唬的这个调儿，还只管胡说。呸，原来是苗而不秀，是个银样蜡枪头。”［觉双］更借得好。宝玉听了笑道：“你这个呢？我也告诉去。”林黛玉笑道：“你说你会过目成诵，难道我就不能一目十行么！”［蒙侧］儿女情态，毫无淫念，韵雅之至。宝玉一面收书，一面笑道：“正紧快把花埋了罢，［周按］正紧是原笔，盖口语实音如正景。别提那个了。”二人便收拾落花，正才掩埋妥协，只见袭人走来说道：“那里没找到，摸在这里来。那边大老爷身上不好，姑娘们都过去请安，老太太叫打发你去呢，快回去换衣裳去罢。”宝玉听了忙拿了书，别了黛玉同袭人回房换衣不提。［蒙戚双］一语度下。

这里林黛玉见宝玉去了，又听见众姊妹也不在房，自己闷闷的，［蒙戚双］有原故。正欲回房，刚走到梨香院墙角上，只听墙内笛韵悠扬，［庚侧］入正文方不牵强。歌声婉转，林黛玉便知是那十二个女孩子演习戏文呢。只因林黛玉素习不大喜看戏文，［蒙戚双］妙法。必云不大喜看。便不留心，只管往那边走。偶然两句，只吹到耳内，明明白白，一字不落，［蒙戚双］却一喜便总不忘，方见契〔楔〕得紧。唱道是：［庚眉］情小姐故以情小姐词曲警之，恰〔恰〕极，当极。己卯冬。“原来姹紫嫣红开遍，似这般，都付与断井颓垣。”林黛玉听了，到也十分感慨缠绵，便止住步，侧耳细听，又听他唱道是：“良辰美景柰何天，［周按］柰何，不作奈何，是原笔。赏心乐事谁家院？”听了这两句，不觉点头自叹，心下自思道：［庚侧］非不及钗，你不曾于杂学上用意也。“原来戏上也有好文章。可惜世人只知看戏，［庚侧］将进门便是知音。未必能领略这其中的趣味。”想毕，又后悔不该误想，担搁了听曲。再侧耳时，只听唱道：“则为你如花美眷，似水流年。”林黛玉听了这两句上，不觉心动神摇。又听道“你在幽闺自怜”等句，亦发如醉如痴，站立不住，便一蹲身，坐在一块山子石上，细嚼“如花美眷，似水流年”八个字的滋味。忽又想起前日见古人诗中有“水流花谢两无情”之句，再又有词中有“流水落花春去也，天上人间”之句，又兼方

因麒麟伏白首双星

清虚观打醮，宝玉得了一个金麒麟，比湘云平时佩戴的还要大，但悄悄留了下来准备给湘云。谁知却在蔷薇架下看龄官画蔷一回丢失。湘云来做客，见过贾母、王夫人后到后园找姐妹们，路中与与翠缕论阴阳，看到地上金晃晃的金麒麟时，翠缕说："可分出阴阳来了。"

戚本此回有回前批云：金玉姻缘已定，又出一金麒麟，是间色法。

元春

喜荣华正好，恨无常又到。眼睁睁，把万事全抛。荡悠悠，把芳魂消耗。望家乡，路远山遥。故向爹娘梦里相寻告：儿命已入黄泉，天伦呵，须要退步抽身早！

才所见《西厢记》中“花落水流红，闲情万种”之句，[周按]闲情万种，不作闲愁，是原笔。今存其真。都一时想起来，凑聚在一处。仔细忖度，不觉心痛神痴，眼中落泪。正没个开交，忽觉背上击了一下，及回头看时，原来是，且听下回分解。正是：

妆晨绣夜心无矣，对月临风恨有之。

[庚回后]前以《会真记》文，后以《牡丹亭》曲，加以有情有景，消魂落魄，诗词总是争于令颦儿种病根也。看其一路不迹不离，曲曲折折，写来令观者亦技难持，况瘦怯怯之弱女乎！

[蒙回后]诗童才女，添大观之颜色。埋花听曲，写灵慧之幽娴。妒妇主谋，愚夫听命，恶仆殷勤，淫词胎邪，开楞严之密语，阐法戒之真宗，以撞心之言，与石头讲道。悲夫！

[回后评]贾元春传命令姊妹等及宝玉入园居住，而贾政所选日期为二月二十二，此日何所取义，愧未能知。或云古之花朝日有二：一为二月十二，一为二月二十二，不知与此有关否？

宝玉所作四时即事诗，首首写被褥铺陈，又首首写酒渴思茶，并非无故。此乃隐伏宝玉日后穷困时夜眠无被，渴极无水之景况。可参看拙著《红楼艺术的魅力》之有关专论。

由黛玉心中所想之诗词名句，点出《西厢记》中“花落水流红”五字最为重要。盖宝玉题咏大观园时所拟之“沁芳”二字，即“花落水流红”五字之浓缩也。即此可悟“花落水流红”与“沁芳”即是全书之总主题。

此回才写入园，即预伏宝玉日后之贫为更夫，预伏群芳之残红一扫，预伏黛玉之花落水流（寒塘冷月之自沉），并于回末提出贾赦，盖贾府败亡，祸由赦之罪先发也。其用笔之奇妙，总出常人想外。

第二十四回

醉金刚轻财尚义侠　痴女儿遗帕染相思

［庚回前］夹写醉金刚一回，是处中之大净场，聊醉看官倦眠耳，然亦书中必不可少之文，必不可少之人，今写在市井俗人身上又加一侠字，有则大深意存焉。

话说林黛玉正自情思萦逗，缠绵固结之时，忽有人从背后击了他一掌，说道："你作什么一个人在这里？"林黛玉到唬了一跳，回头看时，不是别人，却是香菱。林黛玉道："你这个傻丫头，［庚侧］此傻字加于香菱，则有多少丰神跳于帋上，其娇憨之态，可想而知。唬我这么一跳好的，你这会子打那里来？"香菱嘻嘻的笑道："我来请我们姑娘的，［周按］香菱此时未入园居，非同丫嬛寻小姐不知何往之例，乃由薛家来，用请字，当指有事请宝钗去相商。找他总找不着，你们紫鹃也找你呢，［庚侧］一丝不漏。说琏二奶奶送了什么茶叶来给你的。走罢，回家去坐着。"［庚侧］是家去坐着之言，是恐石上冷意。一面说着，一面拉了黛玉的手回潇湘馆来。果然凤姐儿送了两小瓶上用的新茶来。林黛玉和香菱坐了，况他们有何正事谈讲？［庚侧］为学诗伏线。不过说些这一个绣的好，那一个扎的精，［周按］扎的精，闺中口语。扎花，即刺绣。又下一回棋，看两句书，［蒙双］棋不论盘，书不论章，皆是娇憨女儿神理，写得不迹不离，似有若无。妙极！［庚眉］是书最好看如此等处，系画家山水树头邱壑俱备，末用浓淡墨点苔法也。丁亥夏。畸笏叟。香菱便走了，不在话下。

如今且说宝玉因被袭人找回房去，果见鸳鸯歪在床上看袭人的针线呢，见宝玉来了，便说道："你往那里去了？老太太等着你呢，叫你过那边请大爷的安。［周按］大爷，口语谓伯父，大字重读。鸳鸯传贾母语，命宝玉而指贾赦，故曰大爷，非大老爷。鸳鸯出场即因贾赦，遥伏后文。还不快换了衣服走呢！"袭人便进房去取衣服。宝玉坐在床沿上褪了鞋，等靴子穿的工夫，回头见鸳鸯穿着水红绫子袄儿，青缎子背心，束着白绉绸汗巾儿，脸向内低着头看针线，脖子上带着扎花领子。宝玉便把脸凑在脖项，闻那粉香油气，不住用手摩娑，其白腻不在袭人之下，便猴上身去涎皮笑道：“好姐姐，把你嘴上胭脂赏我吃了罢！”〔庚侧〕胭脂是这样吃法，看官阿经过否？一面说，一面扭棍糖是的粘在身上。鸳鸯便叫道：“袭人你出来瞧瞧。〔庚侧〕不向宝玉说话，又叫袭人，〔周按〕鸳鸯找宝玉，正为看贾赦。后文对称，隐隐可思，思之妙极，岂闲文哉！兜央〔鸳鸯〕亦是幻情洞天也。你跟他一辈子，也不劝劝，还是这么着。”袭人抱了衣服出来，向宝玉道：“左劝着不改，右劝着也不听，你到底是怎么样？你再这么着，〔庚侧〕此五字内有深意深心。我这个地方可就难住了。”〔周按〕我这个地方住不成者，谓失职不能规劝宝玉而被斥去也，正与鸳鸯谓你跟了他，也不劝劝他等语密接。“我”是自指。一边说，一边催他穿了衣服，同了鸳鸯往前面来，见过贾母，出至外面，人马俱已齐备。刚欲上马，只见贾琏正去请安回来了。〔庚侧〕一丝不漏。正下马，二人对面，彼此问了两句话，只见傍边转出一个人来，〔庚侧〕芸哥此处一现，后文不见突然。请宝叔安。宝玉看时，只见这个人容长脸儿，长挑身材，年纪只好十八九岁，生的着实斯文清秀，到也十分面善，〔庚侧〕大族人众，毕真有是理。只是想不起是那一房的，叫什么名字。贾琏笑道：“你怎么发呆，连他也不认得。他是后廊上住的五嫂子的儿子芸儿。”宝玉笑道：“是了，是了，我怎么就忘了。”因问他母亲好，这会子什么勾当？贾芸指贾琏道：“找二叔说句话。”宝玉笑道：“你到比先越发出条了，〔周按〕出条，北方口语。人自幼渐渐成长，身材容貌，言谈举止，皆有大进，谓之出息了。出跳、出条亦北方口语，意义相近，但偏重外形。〔庚侧〕何尝是十二三岁小孩语。到像我的儿子。”贾琏笑道：“好不害燥，人家比你大四五岁呢，就替你作儿子了？”宝玉笑道：“他今年十几岁了？”贾芸道：“十八了。”原来这贾芸最伶俐乖觉，听宝玉这样说，便笑道：“俗语说的，‘摇车里的爷爷，拄拐棍的孙子’，虽然岁数大，山高遮不过太阳。只从我父亲没了，〔庚侧〕虽是随机而应，伶俐人之语，余却伤心。这几年也无人照管教道，如若宝叔不嫌侄儿蠢笨，认作儿子，就是我的造化了。”贾琏笑道：“你听见了，［庚侧］是兄凄弟趣，可叹！认儿子不是好开交的呢！”说着就进去了。宝玉笑道：“明儿你闲了，只管来找我，别和他们鬼鬼祟祟的。［庚侧］何其唐皇正大之语。这会子我不得闲儿，明儿你到书房里来，和你说天话儿，我带你园子里顽耍去。”说着扳鞍上马，众小厮围随往贾赦这边来。见了贾赦，不过是偶感些风寒，先述了贾母问的话，然后自己请了安。贾赦先站起来［庚侧］一丝不乱。回了贾母的话，次后便唤人来：“带哥儿进去太太屋里坐着。”宝玉看了出来，［周按］看了，看望贾赦毕，出来又去看邢夫人。至后面进入上房，邢夫人见了他来，先到站起来，［庚侧］一丝不乱。请过贾母的安，宝玉方请安。［觉双］好规矩。邢夫人拉他上炕坐了，方问别人好，［庚侧］好层次，好礼法，谁家故事。又命人倒茶来。一钟茶未吃完，只见贾琮来问宝玉好。邢夫人道：“那里找活猴儿去，你那奶妈子死绝了！也不收拾收拾你，弄的黑眉乌嘴，那里像大家子念书的孩子。”正说着，只见贾环、贾蘭小叔侄两个也来了，请过邢夫人的安，邢夫人便叫他两个椅子上坐了。贾环见宝玉同邢夫人坐在一个坐褥上，邢夫人又百般摸娑抚弄他，早已心中不自在了，［庚侧］千里伏线。坐不多时，便和贾蘭使眼色儿要走，贾蘭只得依他一同起身告辞。宝玉见他们走，自己也就起身，要一同回去。邢夫人笑道：“你且坐着，我还和你说话。”宝玉只得坐了，邢夫人向他两个道：“你们回去，各人替我问你们各人母亲好。你们姑娘姐姐妹妹都在这里呢，闹的我头晕，［蒙侧］明显薄情之至。［周按］局外人无从论断。今儿不留你们吃饭了。”贾环等答应着便出来回家去了。宝玉笑道：“可是姐姐们都过来，怎么不见？”邢夫人道：“他们坐了一会子，都往后头不知那屋里去了。”宝玉道：“大娘方才说有话说，不知是什么话？”邢夫人笑道：“那里有什么话，不过叫你等着，同你姊妹们吃了饭去，还有一个好顽的东西，给你带回去顽。”娘儿两个说话时，不觉早又晚饭时节，调开棹椅，罗列杯盘，母女姊妹们吃毕了饭，宝玉出去辞了贾赦，同姊妹一同回家，见过贾母、王夫人等，各自回房安置，［周按］安置，古小说中常见。不在话下。［庚双］一段为五鬼压［魇］魔法引。脂砚。

且说贾芸进去见了贾琏，因打听可有什么事情。贾琏向他说道："前儿到有一件事情出来，偏生你婶婶再三求了我，［庚侧］反说体面话，惧内人累累如是。给了芹儿了。他许了我说，明日园子里还有几处要栽花木的地方，等这个工程出来，一定给你就是了。"贾芸听了，半晌说道："既是这样，我就等着罢。叔叔也不必先在婶婶跟前提我今日来，［庚侧］已得了主意了。到跟前再说也不迟。"贾琏道："提他作什么！［庚侧］已被芸哥瞒过了。我那里有这些工夫说闲话儿呢？明儿一五更，还要到兴邑去走一淌，须得当日赶回来才好。你先去等着，后日起更以后你来讨信，早了我不得闲。"说着便回后面换衣服去了。

贾芸出了荣国府回家，一路思量，想出一个主意来，便一迳往他母舅卜世仁家来。［庚侧］既云不是人，如何肯共事，想芸哥此来空了。［觉双］名义可思。原来卜世仁现开香料铺，方才从铺子里回来，忽见贾芸进来，彼此见过了，因问他这早晚什么事跑了来？贾芸笑道："有件事求舅舅帮衬帮衬。我现有一件要紧的事，用些冰片、麝香使用，好歹舅舅每样赊四两给我，八月里按数送了银子来。"［庚双］甥舅之谈如此。叹叹！卜世仁冷笑道："再休提赊欠一事，［庚侧］何如何如，余言不谬！前儿也是我们铺子里一个伙计，替他的亲戚赊了几两银子的货，至今总未还上。因此我们大家赔上，立了合同，再不许替亲友赊欠。谁要错了，就罚他二十两银子的东道，还赶出铺子去。况且如今这个货也短，你就拿现银子到我们这不三不四的铺子里来买，［庚侧］推脱之辞。也还没有这些，只好倒扁儿去买，［周按］倒扁儿，犹言拆兑、挪借、想曲折办法。今京东如宝坻等地口语尚常用。这是一。二则你那里有正紧事，不过赊了去又是胡闹。你只说舅舅见你一遭儿就派你一遭儿不是，你小人儿家狠不知好歹，也到底立个主见，赚几个钱，弄的吃的是吃的，穿的是穿的，我看着也喜欢。”贾芸笑道：“舅舅到说的干净，我父亲没的时节，我年纪又小，不知事。后来听见我母亲说，都还亏舅舅们在我们家去作主意料理的丧事。难道舅舅就不知道的，还是有一亩地、两间房子，如今我手里花了不成？巧媳妇做不出无米粥来，叫我怎么样呢？还亏是我呢，要是别人，死皮赖脸三日两头儿来缠着舅舅，［蒙侧］芸哥亦善谈，井井有理。要个三升米二升豆子的，［庚侧］余二人［周按］自称“余二人”，与甲午八月泪笔相同，且透露曾同共甘苦。亦不曾有是气。舅舅也就没法儿。”卜世仁道：“我的儿，舅舅要有，还不是该的？我天天和你舅母说，只愁你没个计算儿，你但凡立的起来，到你们大房里，就是他们爷儿们见不着，便下个气，［庚侧］可怜可叹，余竟为之一哭。和他们的管家或者管事的人们嘻和嘻和，也弄个事儿管管。前儿我出城去，撞见你们三房里的老四，骑着大黑叫驴，带着四五辆车，有四五十和尚道士，［戚双］妙极！写小人口角羡慕之言，加一倍毕肖，却又是背面傅粉法。往家庙去了。他那不亏能干，就有这样的好事儿到他了。”贾芸见韶刀的不堪，［周按］本书凡用“见”字，不同于“看见”，乃是“有鉴于某种情势”之语意。韶刀是原笔，话多而不甚正经正派之意。便起身告辞。［庚侧］有志气、有果断。卜世仁道：“怎么急的这样。吃了饭再去罢。”一句未说完，只见他娘子说道：［庚侧］虽写小人家涩细，一吹一唱，酷肖之至，却是一气逼出。后文方不突然，《石头记》笔杖全在如此样者。“你又糊涂了，说着没了米，这里才买了半斤面来下给你吃，这会子还粧胖呢，留下外甥挨饿不成？”卜世仁道：“再买半斤来添上就是了。”他娘子便叫女孩儿：“银姐，往对门王奶奶家去问，有钱借三二十个，明儿就送过来。”夫妻两个说话，那贾芸早说了几个“不用费事”，［庚侧］有知识有果断人自是不同。去的无影无踪了。［觉双］世情写透。

不言卜家夫妻，且说贾芸赌气离了母舅家门，一迳回归旧路，心下正自烦恼，一边想，一边低着头只管走，不想一头就磞在一个醉汉身上，把贾芸唬了一跳，［庚侧］自上看来，可是一口气否。听那醉汉口中便骂：“臊你娘的，瞎了眼睛，磞起我来了！”贾芸忙要躲身，早被那醉汉一把抓住，对面一看，不是别人，却是紧邻倪二。原来这倪二是个泼皮，专放重利债，在赌賻场吃闲钱，［周按］賻，是原笔。专惯打降吃酒，如今正从欠主家索了利钱，［周按］欠主，犹言欠债之人。吃醉回来，不想被贾芸碰了一头，正没好气，抡拳就要打。［庚眉］这一节对《水浒记》杨志卖刀遇没毛大虫一回看，觉好看多矣。己卯冬夜，脂砚。只听那人叫道："老二住手，是我冲撞了你。"倪二听见是熟人的语音，将醉眼睁开看时，见是贾芸，忙把手松了，趔趄着笑道：［庚侧］写生之笔。"原来是贾二爷，我该死，我该死！［庚侧］如此称呼，可知芸哥素日行止，是金盆虽破分两在也。这会子往那里去？"贾芸道："告诉不得你，平白的又讨了个没趣儿。"［庚侧］本无心之谈也。倪二道："不妨不妨，［庚侧］如闻。有什么不平的事，告诉我我替你出气。这三街六巷，平他是谁，［周按］平，是原笔。有人得罪了我醉金刚倪二的人，［庚侧］写得酷肖，总是渐次逼出，不见一丝勉强。［周按］我倪二的人，犹言我这一边的亲朋相与。管叫他人离家散。"贾芸道："老二，你且别气，［庚侧］可是一顺而来。听我告诉你这原故。"说着便把卜世仁一段事告诉了倪二。倪二听了大怒道："要不是令舅，我便骂出好话来。真真气死我也！［庚侧］仗义人岂有不知礼者乎？何常〔尝〕是破落户？冤杀金刚了！也罢，你也不用愁烦，我这里现有几两银子，你若用什么，只管拿去买办。但只一件，你我住了这些年街坊，我在外头有名放账，你却从没有和我张过口，也不知是你厌恶我是个泼皮，怕低了你的身分，［庚侧］知己知彼之话。也不知是你怕我难缠，利钱重。若说怕利钱重，这银子我是不要利钱的，也不用写文立约，若说怕低了你的身分，［庚侧］知己知彼之话。我就不敢借给你了，各自走开。"一面说，一面就从搭包里掏出一包银子来。贾芸心下自思："素习倪二虽然泼皮无赖，却因人而使，［庚侧］四字是评，难得难得，非豪杰不可当。颇颇有义侠之名。若今日不领他之情，怕他燥了，到恐生事。不如借了他的，改日加倍还他，也到罢了。"想毕，笑道："老二，你果然是个好汉子，我何曾不想着你和你张口？但只是我见你所相与交结的，都是些有胆量的有作为的人，似我们这等无能无为的，［庚侧］芸哥亦善谈，好口齿。你通不理，我若和你张口，你岂肯借给我！今日既蒙高情，我怎敢不领？回家按例写了文约过来便是了。”倪二大笑道：“好会说话的人，我却听不上这话，［庚侧］光棍眼内揉不下砂子，是也。既说相与交结四个字，如何放账给他，［庚侧］如今单是亲友言利，不但亲友，即闺阁中亦然。不但生意新发户，即大户旧族颇颇有之。图赚他的利钱，既把银子借与他，图他的利钱，便不是相与交结了。闲话也不必讲，既肯青目，这是十五两三钱有零的银子，你便拿去置买东西。你要写什么文契，趁早把银子还我，让我放给那些有指望的人使去。”［庚侧］爽快人爽快话。贾芸听了，一面接了银子，一面笑道：“我便不写罢了，有何着急的！”倪二笑道：“这不是话。［周按］这不是话，假反问语，义同这才够句话，像句话。天气黑了，也不让茶让酒，我还到那边有点事情去，你竟请回去。我还求你带个信儿与舍下，叫他们早些关门睡罢，我不回家去了，倘或有甚么要紧的事，叫我们女儿明儿一早到马贩子王短腿家来找我。”［庚侧］常起作处人毕真。一面说，一面趔趄着脚儿去了。［庚侧］仍应前。不在话下。［庚眉］读阅“醉金刚”一回，务〔胜〕吃刘铉丹家山查〔楂〕丸一付。一笑！［庚眉］余卅年来得遇金刚之样人不少，不及金刚者亦不少，惜书上不便历历注上芳讳，是余不是心事也。壬午孟夏。

且说贾芸偶然碰了这件事，心下也十分希罕，想那倪二到果然有些意思，只是还怕他一时醉中慷慨，到明日加倍的要起来，便怎处？［庚侧］芸哥实怕倪二，并非以小人之心度君子也。心内犹豫不决。忽又想道：“不妨，等那件事成了，也可加倍还他。”想毕，一直走到个钱铺里，将那银子秤了一秤，十五两三钱四分二厘。贾芸见倪二不撒谎，心下越发欢喜，收了银子，来至自家门首，先到隔壁将倪二的信稍了与他娘子知道方回来。见他母亲自在炕上拈线，见他进来便问：“那去了一日？”贾芸恐他母亲生气，［庚侧］孝子可敬。此人后来荣府事败，必有一番作为。便不说起卜世仁的事来，只说在西府里等琏二叔来着。问他母亲吃了饭不曾，他母亲已吃过了，说留的饭在那里。小丫头子拿过来与他吃。那天已是掌灯时候，贾芸吃了饭，收拾歇息，一宿无语。

次日一早起来，洗了脸，便出南门大街，在香铺买了香麝，便往荣国府来。打听贾琏出了门，贾芸便往后面来。到贾琏院门前，只见几个小厮拿着大高笤箒在那里扫院子呢。忽见周瑞家的从门里出来叫小厮们："先别扫，奶奶出来了。"贾芸忙上前笑问："二婶婶那去？"周瑞家的道："老太太叫，想必是裁什么尺头。"正说着，只见一群人撮着凤姐出来了。［庚侧］当家人有是派。贾芸深知凤姐是喜奉承［庚侧］那一个不喜奉承？尚排场的，忙把手逼着，［周按］晚辈见长辈时，将两手紧紧靠在大腿侧，两臂一丝不能动摇，是毕恭毕敬的姿态。恭恭敬敬抢上来请安。凤姐连正眼也不瞧，仍往前走着，只问他母亲好，怎么不来我们这里俇俇？贾芸道："只是身上不大好，到时常记挂着婶婶，要来瞧瞧，又不能来。"凤姐笑道："可是你会撒谎！不是我提起他来，你就不说他想我了。"贾芸笑道："侄儿不怕雷打了，就敢在长辈前撒谎？昨儿晚上还提起婶婶来，说婶婶身子生的单弱，事情又多，亏婶婶好大精神，竟料理的周周全全，要是差一个儿的，累的不知怎么样呢！"［庚眉］自往卜世仁处去，已安排下的，芸哥可用。己卯冬夜。凤姐听了满脸是笑，不由的便止了步，问道："怎么好好的，你娘儿两个在背地里嚼起我来？"［庚侧］过下无痕，天然而来文字。贾芸道："有个原故，［庚侧］接得如何？只因我有个极好的朋友，家里有几个钱，现开香铺，只因他身上𫘝着个通判，前儿选了云南不知那一处，［庚侧］随口语极妙！连家眷一齐去，把这香铺也不在这里开了，便把账物攒了一攒，该给人的给人，［蒙侧］世法人情，随便拈〔拈〕来，皆是奇妙文章。该贱发的贱发了，像这细贵的货，都分着送与亲友，他就一共送了我些冰片、麝香。我就和我母亲商量，若要转卖，［庚侧］像得紧，何尝撒谎。不但卖不出原价来，而且谁家拿这些银子买这个作什么，便是狠有钱的大家，也不过使个几分几钱就挺折腰了。若说送人，也没个人配使这些，［蒙侧］作者是何神圣，俱〔具〕此种大光明眼，无微不照。到叫他一文不值半文的转卖了。因此我就想起婶婶来，〔蒙侧〕为大千世界一哭！往年间我还见婶婶大包的银子买这些东西呢。别说今年贵妃宫中，就是这个端阳节下，〔蒙侧〕有此一番必当孝顺，必当收下，必得备用之情景，行文妙〔好〕看杀人，立意稀〔奚〕落杀人，看致〔至〕此不和〔知〕当哭当笑！不用说这些香料，自然比往常加上十倍去的，因此想来想去，只孝顺婶婶一个人才合式，方不算遭塌这东西。”一边说，一边将一个锦匣举起来。〔周按〕一段说词全是假话，然可见贾芸之机灵才智过于常人。因他是位孝子，到荣府谋求差事也是为了奉母。因此虽然满篇假话，却可原谅。凤姐正是要办端阳的节礼，采买香料药饵的时节，忽见贾芸如此一来，听这一篇话，心下又是得意又是欢喜，〔蒙侧〕逼真。便命丰儿：“接过芸哥儿的来，〔庚侧〕像个婶了〔子〕口气。好看煞！送了家去交给平儿。”因又说道：“看着你狠知好歹，怪道你叔叔常提你，说你说话儿也明白，心里也有识见。”〔庚双〕看官须知，凤姐所喜者是奉承之言，打动了心，不是见物而欢喜，若说是见物而喜，便不是阿凤。贾芸听这话入了港，便打进一步来，故意问道：“原来叔叔也曾提我的？”凤姐见问，才要告诉他与他事情管的那话，便忙又止住，心下想道：〔蒙侧〕的是阿凤行事心机笔意。“我如今要告诉他那话，到叫他看着我见不得东西似的，因为得了这点子香，就混许他管事了。今儿先别提这事。”想毕，便把派他监种花木工程的事，都隐瞒的一字不提，又随口说了两句闲话，便往贾母那里去了。贾芸也不好提的，只得回来。

因昨日见了宝玉，叫他到外书房等着，〔蒙侧〕一样叔婶，两般侍奉。贾芸吃了饭，便又进来，到贾母那边仪门外绮霰斋三间书房里来。只见茗烟、锄药两个小厮下象棋，为夺车正办嘴，〔周按〕夺车二字点明是象棋中要紧一招，象棋是当时市井俗人所喜。书中所写闺阁中姊妹下棋皆围棋也，故有雅俗之分。还有引泉、扫花、挑芸、伴鹤四五个〔蒙侧〕好名色。又在房檐上掏小雀儿顽，〔蒙侧〕行云流（水），一字不空，真是空灵活跳。〔周按〕当以挑芸为是。盖茗、药、花、泉，皆地上实物，芸亦其一，与风云月露非类。◎焙茗与茗烟歧出。按茗烟在第九回原与墨雨为对仗，此处数小左厮名字上一字动词，下一字名词，排比。在此回中又似应从焙茗。贾芸进入院内，把脚一跺，说道：“猴头们淘气！我来了。”众小厮看见贾芸进来，都才散了。贾芸进入房内，便坐在椅子上问：“宝二爷没下来？”茗烟道：“今儿总没下来。二爷说什么，替你哨探哨探去。”〔庚侧〕五遁之外，名曰哨探遁法。说着，便出去了。这里贾芸便看字画古玩，有一顿饭工夫，还不见来，再看看别的小厮都顽去了，正是烦闷，只听门前娇声嫩语的叫了一声哥哥。贾芸往外瞧时，却是一个十六七岁的丫头，生的到也细巧干净。那丫头一见了贾芸，便抽身躲了过去。［蒙侧］是必然之理。恰值茗烟走来，见那丫头在门前，便说道："好，好，［庚侧］二好字是遮饰半句〔晌〕来不到语。正抓不着个信儿！"贾芸见了茗烟，也就赶了出来问："怎么样？"茗烟道："等了这一日，也没个人出来，这就是宝二爷房里的。好姑娘，［庚侧］口气极像。你进去带个信儿，就说廊上二爷来了。"那丫头听说，方知是本家的爷们，便不似先前那等回避，［庚侧］一句礼当。下死眼把贾芸钉了两眼。［庚侧］这句是情孽上生。［蒙侧］五百年风流孽冤。［周按］下死眼一语，我于他处未曾见过，亦不知字典词典于此语作何注解。只于心中可以领会，作者写红玉特用此语，以见其人之心性与众不同。听那贾芸说道："什么廊上廊下的，你只说是芸儿就是了。"半晌那丫头冷笑了一笑说道：［庚侧］神情是深知房中事的。"依我说，二爷竟请回去，有什么话明儿再来，今儿晚上得空儿，我回回我们爷。"［周按］红玉在外书房，对本家男主人说话，岂有直呼宝玉之礼。"回回我们爷"是说一下试试看之意。茗烟道："这是怎么说？"那丫头道："他今儿也没睡中觉，［庚侧］一连两个他字，怡红院中使得，否则有假矣。自然吃的晚饭早，晚上又不下来，难道只是要的二爷在这里等着挨饿不成？［蒙侧］业已种下爱根，俟后无计可拔。不如家去，明儿来是正紧。便是回来有人带信，那都是不中用，他不过口里应着，他那么大工夫给你带信儿去呢！"贾芸听这丫头说话简便俏丽，待要问他的名子，因是宝玉房里的，又不便问，只得说道："这话到是，我明儿再来。"说着便往外走。茗烟道："我到茶去，二爷吃了茶再去。"［庚侧］滑贼。贾芸一面走，一面回头说："不吃茶，我还有事呢。"口里说话，眼睛瞧那丫头还站在那里呢。那贾芸一迳回家。

至次日，果然又来了，至大门前，可巧遇见凤姐往那边去请安，才上了车，见贾芸来，便命人唤住，隔窗子笑道："芸儿，你竟有胆子在我跟前弄鬼，［庚侧］也作的不像撒谎，用心机人可怕是此等处。怪道你送东西给我，原来你有事求我。［蒙侧］非此等话法，则是因昨日之物起见了。锦心绣口，真真拜服。昨儿你叔叔才告诉我，说你求他。”贾芸笑道：“求叔叔这事，婶婶休提，我这里正后悔呢。早知这样，我竟一起头求婶婶，这会子也早完了。［蒙侧］这样话实是以非理加之。而世人大都乐爱〔受〕喜闻，吾深怪之。谁承望叔叔竟不能的。”凤姐笑道：“怪道你那里没成儿，昨儿又来寻我。”贾芸道：“婶婶辜负了我的孝心，我并没有这个意思，若有这个意思，昨儿还不求婶婶？如今婶婶既知道了，我到要把叔叔丢下，少不得求婶婶，好歹疼我一点儿。”凤姐冷笑道：“你们要拣远路儿走，［庚侧］曹操语。叫我也难说，早告诉我一声儿，什么不成了？多大点子事，耽误到这会子。那园子里还要种树种花呢，我只想不出个人来，早来不早完了。”［周按］此处凤姐没过贾琏作事，所谓一从二令之令也。贾芸笑道：“既这样，婶婶明儿就派了我罢。”凤姐半晌道：“这个我看着不大好，［庚侧］又一折。等明年正月里的烟火灯炮，那个大宗儿下来再派你罢。”贾芸道：“好婶婶，先把这个派了我罢，果然这个办的好，再派我那个。”凤姐笑道：“你到会拉长线儿，罢了，若不是你叔叔说，［庚侧］总不认受冰麝贿。我不管你的事。我不过吃了饭就过来，你到午错的时候来领银子，后儿就进去种树。”说毕，令人驾起香车，一迳去了。贾芸喜不自禁，来至绮霰斋打听宝玉，谁知宝玉一早便往北静王府里去了，贾芸便呆呆的坐到晌午，打听凤姐回来，便写了领子来领对牌。至院外命人通报了，彩明走了出来，单要了领子进去，批了银数，年月，一并连对牌送与贾芸。贾芸接了，看那批上银数批了二百两，心中喜不自禁，番身走到银库上，交与收牌票的，领了银子。回家告诉母亲，自是母子俱各欢喜。次日一个五鼓，贾芸先找了倪二，将前银按数还他，那倪二见贾芸有了银子，也便按数收回，不在话下。这里贾芸又拿了五十两，出西门找到花儿匠方椿家里去买树，不在话下。［蒙双］至此便完种树工程。一者见得趱赶工程，原非正文，不过虚描盛时光景，借此以出情文。二者又为避难法，若不如此了，必曰其树其价怎么买定几株，岂不烦絮矣。

如今且说宝玉，自那日见了贾芸，曾说明日着他进来说话儿。如此说了之后，他原是富贵公子的口角，那里还把这个放在心上，因而便忘怀了。[庚侧]若是一个女孩儿，可保不忘的。这日晚上，从北静王府里回来，见过贾母、王夫人等，回至园内，换了衣服，正要洗澡，袭人因被薛宝钗烦了去打结子，秋纹、碧浪两个去催水，檀云又因他母亲的生日接了出去，麝月又现在家中养病，虽还有几个作粗活听唤的丫头，估量着叫不着他们，都出去寻伙觅伴的顽去了。不想这一刻的工夫，[戚双]妙！必用一刻二字，方是宝玉的房中，见得时时原有人的，又有今一刻无人，所谓凑巧具一也。只剩了宝玉在房内，偏生的[蒙戚双]三字不可少。宝玉要吃茶，一连叫了两三声，方见两三个老婆子走进来。[蒙戚双]妙！文字细密，一丝不落，非批得出者。宝玉见了他们，连忙摇手儿说："罢，罢！不用你们了。"[蒙戚双]是宝玉口气。老婆子们只得退出。宝玉见没丫头们，只得自己下来拿了碗，向茶壶去到茶。只听背后说道：[庚侧]神龙变化之文，人岂能测。"二爷，仔细烫了手，让我们来到。"一面说，一面走上来，早接了碗过去。宝玉到唬了一跳，问："你在那里的？忽然来了，唬我一跳。"那丫头一面递茶，一面回说："我在后院子里，才从里间的后门进来，难道二爷就没听见脚步响？"宝玉一面吃茶，一面仔细打量，[戚双]六个一面是神情，并不觉厌。那丫头穿着几件半新不旧的衣裳，到是一头黑鬒鬒的好头发，挽着个鬟，容长脸面，细巧身材，却十分俏丽干净。[蒙戚双]与贾芸目中所见不差。[周按]上文贾芸目中是细巧干净四字。宝玉看了，便笑问道：[蒙戚双]神情写得出。"你也是我屋里的人么？"[蒙戚双]妙问。必如此问，方是笼络前文。那丫头道："是。"宝玉道："既是这屋里的，我怎么不认得？"那丫头听说，便冷笑了一声道：[蒙戚双]神理如画。[周按]这一神理，七个字，一个也不能去掉。"爷不认得的也多，岂只我一个！从来我又不递茶递水拿东拿西，眼面前的事一点儿不作，爷那里认得呢！"宝玉道："你为什么不作那眼面前的事呢？"[庚侧]这是下情不能上达意语也。那丫头道："这话我也难说，[庚侧]不伏气语，况非尔可完，故云难说。只是有一句话回二爷，昨儿有个什么芸儿来找二爷，我想二爷不得空儿，便叫茗烟回他，叫他今日早起来，不想二爷又往北府里去了。”刚说到这句话，只见秋纹、碧浪嘻嘻哈哈的说笑着进入院来。两个人共提着一桶水，一手撩着衣裳，趔趔趄趄，泼泼撒撒的，那丫头便忙迎去接。［庚侧］好，有眼色。那秋纹、碧浪正对抱怨你湿了我的裙子，那个又说，你踩了我的鞋。忽见走出一个人来接水，二人看时，不是别人，原来是小红。二人便都咤异，将水放下，忙进房来，东瞧西望，［蒙侧］四字渐露大丫头素日，怡红细事也。［庚眉］怡红细事，俱用带笔白描，是大章法也。丁亥夏，畸笏叟。并没别个人，只有宝玉，二人便心中大不自在。只得预备下洗澡之物，待宝玉脱了衣裳，二人便带上门出来，［庚侧］清楚之至。走到那边房内便找小红，问他：“你方才在屋里说什么？”小红道：“我何曾在屋里的？只因我的手帕子不见了，往后头找去，不想二爷要茶，叫姐姐们一个没有，是我进去了才到了茶，姐姐们便来了。”秋纹听了，兜脸便啐了一口，骂道：“没脸的下流东西，正紧叫你催水去，你说有事故，到叫我们去，你等着作个巧宗儿。［蒙侧］难说小红无心白写〔自荐〕。一里一里的，这不上来了！难道我们到跟不上你了？你也拿镜子照照，配递茶递水不配？”［蒙侧］难说二字，全在此句上来。碧浪道：“明儿我说给他们，凡要茶要水，递东递西的，咱们都别动，只叫他去便是了。”秋纹道：“这么说，还不如我们散了，单让他在这屋里呢。”二人你一句我一句正闹着，只见有个老嬷嬷进来传凤姐的话说：“明儿有人带花儿匠来种树，叫你们严禁些，衣服裙子别混晒混晾的。那土山上一溜都拦着帏幙呢，可别混跑。”秋纹便问：［庚侧］用秋纹问，是暗透之法。“明儿不知是谁带进匠人来监工？”那婆子道：“说什么后廊上的芸二爷。”秋纹、碧浪听了，都不知道，只管混问别的话，那小红听见了，心内却明白，［庚侧］可是暗透法。就知是昨儿外书房见的那个人了。

原来这小红本姓林，［蒙戚双］又是个林。小名红玉，［蒙戚双］红字切绛珠，玉字则直通矣。只因玉字犯了林黛玉、宝玉，［蒙戚双］妙文。便都把这个字隐起来，便叫他小红，原是荣国府中世代的旧仆，他父母现在收管各处房田事务。这红玉年方十六岁，因分人在大观园的时节，把他便分在怡红院中，到也清幽雅静。不想后来命人进来居住，偏生这一所儿又被宝玉占了，这红玉虽然是个不谙事的丫头，却因他原有三分容貌，［蒙戚双］有三分容貌，尚且不肯受屈，况黛玉等一干才貌者乎。心内着实妄想痴心的向上攀高，［蒙戚双］争夺者同来一看。每每的要在宝玉面前显弄显弄。只是宝玉身边一干人都是灵牙利爪的，［庚侧］难说的原故在此。那里插的下手去。不想今儿才有些消息，［庚侧］余前批不谬。又遭秋纹等一场恶意，心内早灰了一半。［蒙戚双］争名夺利者齐来一哭。正闷闷的，忽然听见老嬷嬷说起贾芸来，不觉心中一动，便闷闷的回至房中，睡在床上暗暗盘算，翻来复去，没个抓寻。忽听窗外低低的叫道："红玉，你的手帕子我拾在这里呢！"红玉听了，忙走出来看，不是别人，正是贾芸。红玉不觉的粉面含羞，问道："二爷在那里拾着的？"贾芸笑道："你过来，我告诉你。"一面说，一面就上来拉他，那红玉急回身一跑，［庚侧］隆［睡］梦中当然一跑，这方是怡红之婢。却被门槛绊倒。要知端的，下回分解。

［庚回末］《红楼梦》写梦，章法总不雷同。此梦更写的新奇，不见后文，不知是梦。

红玉在怡红院为诸婢所掩，亦可谓生不遇时，但看后四章供阿凤驱使可知。

［蒙戚回后］冷暖时，只自知，金刚卜氏浑闲事。眼中心，言中意，三生旧债原无底。任你贵比王侯，任你富似郭石。一时间，风流愿，不怕死。

［回后评］全书至第六回忽出一刘姥姥，所谓芥豆之微似为最无关重要之小人物，却不知姥姥是书至结尾收拾全局之重要人物。至本回忽又出一贾芸，亦是无关重要之小人物，殊不知贾芸又是另一全书结局之重要人

物。两条大线隐隐伏于无形之间，此乃雪芹著书章法上最为奇特之处。

写红玉是写世上怀才不遇之人，不独难遇伯乐知音，反遭屈抑，满怀郁愤，无人可诉。能文者可以吟诗作赋，而闺中一小女儿与诗文无缘，又当如何排遣这一段满腔心事。红玉巧遇芸哥儿不觉心中一动，试问此动字又当如何注解。读《石头记》总要细细玩味雪芹之用字处。

本回放笔写贾芸、红玉二人。二人之关系又皆系于凤姐、宝玉嫂叔（全书两大主角人物），全为后半部狱神庙作引。伏线千里之外，不解者皆以闲文读之。文心之细，运笔之妙，概乎未闻，而以为已知《石头记》为何物矣，岂不可悲？芸红二人文字，自此回直贯以下四回书文，可谓特例。

第二十五回
魇魔法姊弟逢五鬼　红楼梦通灵遇双真

［蒙戚回前］有缘的，推不开。知心的，死不改。总然是通灵神玉也遭尘败。梦里徘徊，醒后疑猜，时时挽底上心来。怕人窥破笑盈腮，独自无言偷打嗐，这的是前生造定今生债。

话说红玉心神恍惚，情思缠绵，忽朦胧睡去，遇见贾芸要拉他，却回身一跑，被门槛子绊了一跤，唬醒过来，方知是梦。因此翻来复去，一夜无眠。至次日天明，方才起来，就有几个同伴小丫头子来会他打扫屋子地，提洗脸水等事。这红玉也不梳洗，向镜中胡乱挽了一挽头发，洗了洗手，腰内束了一条汗巾子，便来扫地。谁知宝玉昨日见了红玉，也就留了心，若要直指名唤他上来使用，一则怕袭人等寒心，二则又不知红玉是何等行为，［甲侧］是宝玉心中想，不是袭人拈酸。若好还罢了，［甲侧］不知好字是如何讲？答曰：在何等行为四字上看便知。玉兄每情不情，况有情者乎！若不好起来，那时到不好退送的，因此心下闷闷的。一早起来也不梳洗，只坐着出神。一时下了窗子，隔着纱屉子，向外看的真切，只见好几个丫头在那里扫地，都擦胭抹粉，簪花插柳的，［蒙双］八字写尽蠢鬟，是为衬红玉。亦如豪贵人家浓妆艳饰，插金带银的，衬宝钗、黛玉也。独不见昨日那一个。宝玉便靸了鞋晃出了房门，只粧着看花儿，这里瞧瞧，那里望望，［庚侧］文字有层次。一抬头，只见西南角上游廊底下栏杆上似有一个人倚在那里，却恨面前有一株海棠花遮着，看不真切。［甲双］余所谓此书之妙，皆从诗词句中泛出者，皆系此等笔墨也。试问观者，此非"隔花人远天涯近"乎。可知上几回非余妄拟也。［周按］隔花人远天涯近，语出《西厢记》。只得又转了一步，仔细一看，可不是昨儿的那个丫头在那里出神。待要迎上去，又不好去的。正想着，忽见碧浪来催他洗脸，只得进去了。不在话下。

却说红玉正自出神，忽见袭人招手叫他，［甲侧］此处方写出袭人来，是衬贴法。只得走来。袭人道：“你到林姑娘那里去，把他们的喷壶借来使使，我们的还没有收拾了来呢。”红玉答应了，便往潇湘馆去，正走上翠烟桥，抬头一望，只见山坡上但凡高处，都拦着帏幙，方想起今儿有匠人在里头种树。因转身一望，只见那边远远的一簇人在那里掘土，贾芸正坐在那山子石上。红玉待要过去，又不敢过去，只得闷闷的向潇湘馆取了喷壶回来，无精打彩，自向房内倒着去。众人只说他一时身上不快，都不理论。［甲侧］文字到此一顿，狡猾之至。

转眼过了一日，［庚双］必云转眼过了一日者，是反衬红玉挨一刻似一夏也。知乎？原来次日就是王子腾夫人的寿诞，那里原打发人来请贾母、王夫人的，王夫人见贾母不去，自己也不便去了。［甲侧］所谓一笔两用也。到是薛姨妈同凤姐儿并贾家四个姊妹、宝钗、宝玉一齐都去了，至晚方回。可巧王夫人见贾环下了学，便命他来抄个金刚咒唪诵。［甲侧］用金刚咒引五鬼法。那贾环在王夫人炕上坐了，命人点上灯烛，拿腔作势的抄写。［甲侧］小人乍得意者，齐来一玩。一时叫彩云到茶来，一时又叫玉玔儿来剪剪蜡花，一时又叫金玔儿挡了灯影。众丫头们素日厌恶他，都不答理。只有彩云还和他合的来，［甲侧］暗中又伏一风月之隙。到了一钟茶递与他，见王夫人和人说话儿，他便悄悄向贾环说道：“你安些分罢，何苦讨这个厌那个厌的！”贾环道：“我也知道了，你别哄我。如今你和宝玉好，把我不答理，我也看出来了。”彩霞咬着嘴唇，向贾环头上戳了一指头说道：“没良心的，才是狗咬吕洞宾，不识好心人。”［甲双］风月之情，皆系彼此业障所牵，虽云惺惺惜惺惺，但从业障而来，蠢妇配才郎，世间固不少，然俏女慕村夫者犹多。所谓业障牵魔，不在才貌之论。［庚眉］此等世俗之言，亦因人而用，妥极当极！壬午孟夏雨窗，畸笏。二人正说着，只见凤姐来了，拜见过王夫人，王夫人便一长一短的问他今日是那几位堂客，戏文好歹，酒席如何等语。说了不多几句话，宝玉也来了，进门见了王夫人，不过规规矩矩说了几句话，［甲侧］是大家子弟模样。便命人除去抹额，脱了袍服，拉了靴子，便一头滚在王夫人怀内。［甲侧］余儿几失声哭出。王夫人便用手满身满脸摩挲抚弄他，［甲侧］普天下幼年丧母者齐来一哭。宝玉也搬着王夫人的脖子说长说短的。［甲侧］慈母娇儿写尽矣。王夫人道："我的儿，你今日又吃多了酒，脸上滚热。你还只是揉搓，一会闹上酒来，还不在那里静静的倒一会子呢。"说着便叫人拿个枕头来。宝玉听说便下来，在王夫人身后倒下，又叫彩霞来替他拍着。宝玉便和彩霞说笑，只见彩霞淡淡的不大答理，两眼睛只向贾环处看。宝玉便拉他的手笑道："好姐姐，你也理我一理儿呢！"一面说，一面拉他的手。彩霞夺了手道："再闹我就嚷了。"［周按］与贾环切近之丫嬛，自始是彩云，后至"蔷薇硝"回，赌气伤心者仍是彩云。中间忽出一彩霞淆乱，异文云霞互见两歧，正其疑点，今不予统一，读者鉴之。二人正说，原来贾环都听见了，素日原恨宝玉，如今又见他和彩霞厮闹，心中越发按不下这口毒气。虽不敢明言，却每每暗中算计，只是不得下手，［甲侧］已伏金钏回［甲墨眉］环儿种种行为，毫矣。无大家规范，实实可恨之至。今见相离甚近，便要用热油烫瞎他的眼睛，因而故意粧作失手，把那盏油汪汪的蜡灯向宝玉脸上只一推。只听宝玉嗳哟了一声，满屋里漆黑，众人都唬一跳，连忙把地下的戳灯挪过来，又将里外屋拿了三四盏看时，只见宝玉满脸满头都是蜡油。王夫人又急又气，一面命人来给宝玉擦洗，一面又喝贾环。凤姐三步两步跑上炕去，［甲侧］阿凤活现纸上。给宝玉收拾着，一面笑道："老三还是这样荒脚鸡似的，我说你上不得高抬摆——赵姨娘时常也该教道教道他才是。"［庚侧］为下文紧一步。一句话提醒了王夫人，王夫人便不骂贾环，便叫过赵姨娘来骂道："养出这样黑心不知道理下流种子来，也不管管！几翻几次我都不理论，［甲侧］补出素日来。你们得了意了，这不亦发上来了。"那赵姨娘素日虽然也常怀嫉妒之心，不忿凤姐、宝玉两个，也不敢露出来，如今贾环又生了事，受这场恶气，不但吞声承受，而且还要替宝玉来收拾。只见宝玉左边脸上烫了一溜燎炮出来，幸而眼睛竟没动。王夫人看了，又是心疼，又怕贾母明日问怎么回答，急的又把赵姨娘数落一顿，［甲侧］总是为楔紧五鬼一回文字。然后又安慰了宝玉一回，又命取败毒消肿药来敷上。宝玉道："有些疼，还不妨事。明儿老太太问，就说是我自己烫的罢了。"凤姐笑道：［戚双］两笑坏极。"便说是自己烫的，［甲侧］玉兄自是悌弟之心性。一叹！也要骂人，为什么不小心看着叫你烫了，横竖有一场气生，明儿凭你怎么说去罢。"［蒙戚双］坏极。总是调唆口吻，赵氏宁不觉乎？［庚眉］为五鬼法作耳，非泛文也。雨窗。王夫人命人好生送了宝玉回房，袭人等见了，都慌的了不得。林黛玉见宝玉出了一天门，就觉得闷闷的，没个可说话的，至晚正打发人来，问了两三遍回来不曾，这遍方才说回来，又偏生烫了脸，林黛玉便赶着来瞧，只见宝玉正拿镜子照呢，左边脸上满满的敷着一脸药。黛玉只当烫的十分利害，忙上来问："怎么烫了？我瞧瞧。"宝玉见他来了，忙把脸遮着，摇手叫他出去，不肯叫他看，知道他的癖性喜洁，见不得这东西。［甲双］写宝玉文字，此等方是正紧笔墨。林黛玉自己也知道自己也有这件癖性，［蒙双］写林黛玉文字，此等方是正紧笔墨，故二人文字虽多，如此等暗伏淡写处亦不可少，观者实实看不出。知道宝玉的心内怕他嫌臜，［甲双］将二人一并，真真写他二人之心，玲珑七窍。［甲侧］二人纯用体贴工夫。因笑道："我瞧瞧，烫了那里了？有什么遮着藏着的。"一面说，一面就凑上来，强搬着脖子瞧了一瞧，问他："疼的怎么样？"宝玉道："也不狠疼，养一两日就好了。"黛玉坐了一会，闷闷的回房去了。一宿无话。

次日，宝玉见了贾母，虽然自己承认是自己烫的，不与别人相干，免不得那贾母又把跟从的人骂一顿。［甲侧］此原非正文，故草草写来。过了一日，就有宝玉寄名的干娘马道婆进荣国府来请安，见了宝玉唬一大跳，问起原由，说是烫的，便点头叹惜一回，又向宝玉脸上用指头画了几画，口内嘟嘟囔囔的，又持诵了一回，说道："管保就好了，这不过是一时飞灾。"又向贾母道："老祖宗，老菩萨［甲侧］一段无伦无理信口开河的浑话，却句句都是耳闻目睹者，并非杜撰而有，作者与余实实经过。那里知道那经典佛法上说的利害，大凡那王公卿相人家的子弟，只一生长下来，暗里便有许多促狭鬼跟着他，得空便拧他一下，或掐他一下，或吃饭时打下他的饭碗来，或走着推他一跤，所以往往的那些大人家子弟多有长不大的。”贾母听见如此说，便赶着问道：“这可有个什么佛法解释没有呢？”马道婆道：“这也容易，只是替他多多做些因果善事也就罢了。再那经上还说，西方有位大光明普照菩萨，专管照耀阴暗邪祟，若有善男子信女人虔心供奉者，可以永佑儿孙康宁安静，再无惊恐邪祟撞客之灾。”贾母道：“不知怎么个供奉这位菩萨？”马道婆道：“也不值些什么。不过除香烛供养之外，一天多添几斤香油，点上个大海灯，这海灯便是菩萨的现身法像，昼夜不敢息的。”贾母道：“一天一夜也得多少油？明白告诉我，我也好做这件功德。”马道婆听如此说，便笑道：“这也不拘，随施主菩萨们发心。［周按］发心，佛家用语。像我家里就有好几处的王妃诰命供奉着呢。南安郡王府里的太妃，［周按］独首举南安太妃，非闲文，与后半部事故相关。他许的愿心大，［甲侧］贼婆先用大铺排试之。一天是四十八斤油，一斤灯草，那海灯也只比缸略小些。锦田侯的诰命次一等，一天不过二十四斤。再还有几家，也有五斤三斤的，一斤二斤的，都不拘数。那小家子穷人舍不起这些的，就是四两半斤，少不得替他点一点。”贾母听了点头思忖。［甲眉］点头思忖，是量事之大小，非吝涩也。日费香油四十八斤，每月油二百五十馀斤，合钱三百馀串，为一小儿，如何服众，太君细心若是。［庚眉］点头思忖，是量事之大小，非吝涩也。壬午夏雨窗，畸笏。［周按］甲戌本文在先，并不署名。庚辰本文在后，因计算斤两有误，故将后半删去。署名纪年显系后加，此脂砚后署畸笏之明证。马道婆又道：“还有一件，若是为父母尊亲长上呢，多舍些不妨。若说像老祖宗如今为宝玉，舍多了到不好，还怕哥儿禁不起，倒折了他的福。也不当家花拉的，要舍，大则七斤，小则五斤，也就是了。”［甲侧］贼盗婆，是自太君思忖上来，后用如此数语收之，使太君必心悦诚服愿行，贼婆，贼婆，废〔费〕我作者许多心机摹写也。贾母道：“既是这样说，你便一日五斤合准了，每月来打趸关了去。”马道婆念一声：“阿弥陀佛，慈悲大菩萨！”贾母又命人来吩咐：“已后，大凡宝玉出门的日子，拿几串钱交给他小子们带着，遇见僧道穷苦人好施舍。”说毕，那马道婆又坐了一回，便又往各院各房问安，闲曠去了。

一时来至赵姨娘房内，[甲侧]有各院各房，接此方不觉突然。二人见过，赵姨娘命小丫头捯了茶来与他吃。马道婆因见炕上堆着些零碎绸缎湾角，赵姨娘正粘鞋呢。马道婆道："可是我正没了鞋面子。[甲侧]见者有分是也。赵奶奶你有零碎缎子，不拘什么颜色，弄一双子给我。"赵姨娘听说便叹口气说道："你瞧瞧那里头，还有那一块是成样的？成了样的东西，也到不了我手里来，有的没的都在那里，你不嫌就挑两块子去。"[周按]一双子、两块子，此等加"子"字语式，皆表轻渎不屑（或反语不忿）之意。那马道婆见说，果真便挑了两块红青的，袖将起来。赵姨娘问道："可是前儿我送了五百钱去，在药王爷跟前上供，你可收了没有？"马道婆道："早已替你上了供了。"赵姨娘叹口气道："阿弥陀佛！我手里但凡从容些，也时常的上个供，只是心有馀力量不足。"马道婆道："你只放心，将来熬的环哥儿大了，得个一官半职，那时你要作多大功德不能？"赵姨娘听说，鼻子里笑了一声说道："罢罢，再别说起！如今就是个样儿。我们娘儿们跟的上那一个！也不是有了宝玉，竟是得了个活龙。他还是小孩子家，长的得人意儿，[甲侧]赵妪数语，可知玉兄之身分，况在背后之言。大人偏疼他些也还罢了，我只不服这个主儿。"[甲侧]活现赵妪。一面说，一面又伸出俩指头来，[甲侧]活现阿凤。马道婆会意，便问道："可是琏二奶奶？"赵姨娘唬的忙摇手儿，走到门前，掀帘子[甲侧]是心胆俱怕破。向外看看，见无一个人，方进来向马道婆悄悄的说道："了不得，了不得。提起这个主儿，真真把人气杀，叫人一言难尽，我白和你打个赌，明儿这一分家私要不都教他搬送了娘家去，[庚侧]这是妒心正题目。我也不是个人。"马道婆见他如此说，便探他口气说道：[庚侧]有隙即入，所谓贼婆是极。"我还用你说，难道都看不出来。也亏你们心里也不理论，只凭他去到也妙。"赵姨娘道："我的娘，不凭他去，谁还敢把他怎么样呢？"马道婆听说，鼻子里一笑，半晌说道：[庚侧]二笑。"不是我说句造孽的话，你们没本事，也难怪别人。明不敢怎么样，暗里也就算计了，还等到这如今？”〔庚侧〕贼婆操必胜之权〔券〕，赵妪已堕术中，故敢直出明言，可畏可怕！赵姨娘闻听这话里有道理，心内暗暗的欢喜，便问道：“怎么暗里算计？我倒有这个心，只是没这样的能干人。你若教给我这法子，我大大的谢你。”马道婆听说这话，打拢了一处，便又故意说道：“阿弥陀佛，〔甲墨眉〕阿弥陀佛四字念在此处，可叹之至，造孽之至，可恨之至！你快休问我，我那里知道这些事？罪过，罪过！”〔甲侧〕远一步却是近一步，贼婆，贼婆！赵姨娘道：“你又来了。你是最肯济困扶危的人，难道就眼睁睁的看着人家来摆布死了我们娘儿两个不成？难道还怕我不谢你？”马道婆听如此说，便笑道：“若说我不忍叫你娘儿们受人委屈还由可，〔周按〕由可，不作犹可，是原笔。若说谢的这个字，可是你错打算了。就便是我希图你的谢，靠你又有什么东西打动我呢！”〔甲侧〕探谢礼大小，是如此说法，可怕可畏！赵姨娘听这话口气松动了，便说道：“你这么个明白人，怎么糊涂起来了？你若果然法子灵验，把他两个绝了，明日这家私不怕不是我环儿的。那时你要什么不得呢？”马道婆听了，低了头半晌说道：“那时候事情妥当了，又无凭据，你还理我呢！”赵姨娘道：“这又何难？如今我虽手里没什么，也零碎攒了几两梯己，还有几件衣服簪子，你先拿些去。下剩的我写个欠银子的文契给你，你要什么，保人也有，那时我照数给你。”马道婆道：“果然这样？”赵姨娘道：“这如何还撒得谎？”说着便叫过一个心腹的婆子来，耳根底下嘁嘁喳喳说了几句话，〔甲侧〕所谓狐群狗党，大家难免，看官着眼。〔庚侧〕所谓狐群狗党是也，大族所在不免，看官着眼。那婆子出去了。一时回来，果然写了个五百两的欠契来，赵姨娘便印了手模，〔甲侧〕痴妇痴妇！走到厨柜里，将梯己拿了出来，与马道婆看看说道：“这个你先拿去做个香烛供养使费可好不好？”马道婆看看白花花的一堆银子，又有欠契，并不顾青红皂白，满口里应着，〔甲侧〕有道婆作干娘者来看此句，“并不顾”三字怕弑人，千万件恶事皆从三字生出来，可怕可畏，可警可长存戒之。〔庚侧〕并不顾三字写得怕杀人，细想千万件坏事，皆从此三字上作来。叹叹！伸手先去抓了银子揣起来，然后收了欠契。又向裤腰里掏了半晌，掏出十几个纸铰的青脸红发的鬼祟，并两个纸人，［甲侧］如此现成，更可怕。［庚侧］如此现成，想贼婆所害之人，岂止宝玉、阿凤二人［甲眉］宝玉乃贼婆之寄名儿，况阿凤乎！三姑六婆之为害如哉，大家太君，夫人诫之慎。此，即贾母之神明，在所不免，其他只知吃斋念佛之夫人、太君，岂能防悔得来。此作者一片婆心，不避嫌疑，特为写出，看官再四着眼，吾家儿孙慎之戒之。递与赵姨娘，又悄悄的道："把他两个的年庚八字写在这两个纸人身上，一并五个鬼都掖在他们各人的床上就完了。我只在家里作法，自有效验，千万小心，不要害怕。"正才说完，只见王夫人的丫嬛进来找道："马奶奶可在这里？太太等你呢。"二人方散了，不在话下。

却说黛玉因见宝玉近日烫了脸，总不出门，倒得时常在一处说说话儿。这日饭后看了两篇书，自觉无趣，便同紫鹃、雪雁做了一回针线，更觉烦闷，便倚着房门出了一回神，［甲侧］所谓闲倚绣房吹柳絮是也。信步出来看阶下新迸出的稚笋。［甲侧］妙妙！笋根稚子无人见，今得颦儿一见，何幸如之。［庚侧］好好，妙妙！是番"笋根稚子无人见"句也。不觉信步出了院门。一望园中，四顾无人，惟见花光柳影，鸟语溪声，［甲侧］恐冷落园亭花柳，故有是十数字也。［甲侧］纯用画家笔写。林黛玉信步便往怡红院中走来。进门看时，只见几个丫头舀水，都在回廊上围着看画眉洗澡呢。［甲侧］闺中女儿乐事。听见房内有笑声，林黛玉便入房中看时，原来是李宫裁、凤姐、宝钗都在这里呢。一见他进来都笑道："这不又来了一个！"林黛玉笑道："今日怎么这样齐全？到像谁下帖子请来的。"凤姐道："前儿我打发了丫头送了两瓶茶叶去，［庚侧］有照应。你往那去了？"黛玉笑道："哦，可是到忘了。［甲侧］该云：我正看《会真记》呢。一笑。多谢你的茶叶。"凤姐又道："你尝了可还好不好？"没有说完，宝玉便道："论理可到罢了，只是我说不大甚好，可也不知别人尝着怎么样。"宝钗道：［周按］此三字不可少。"味到轻，只是颜色不大狠好。"［庚眉］二宝答言，是补出诸艳俱领过之文。乙酉冬雪窗，畸笏老人。凤姐道："那是暹罗国进贡来的，我尝着也没什么趣儿，还不如我每日吃的呢。"黛玉道："我吃着好，不知你们脾胃是怎样？"［甲侧］卿爱因味轻也，卿如何担得起味厚之物耶！宝玉道："你果然爱吃，把我这个你拿了去吃罢。"凤姐道："你要爱吃，我那里还有呢。"林黛玉道："果真的，我就打发丫头取去了。"凤姐道："不用取去，我打发人送来就是了。我明日还有一件事求你，一同打发人送来。"黛玉听了笑道："你们听听，这是吃了他们家一点子茶叶，就要来使唤人了。"凤姐笑道："到求你，你到说这些闲话吃茶吃水的。你既吃了我们家的茶，怎么还不给我们家作媳妇？"［甲侧］二玉事在贾府上下诸人，即看书人、批书人皆信定一段好夫妻，书中常常每每道及，岂其不然。叹叹！［蒙侧］二玉之配偶，在贾府上下诸人，即观者，批者，作者皆为无移，故有常常此等点题语。众人听了一齐都笑起来。［庚侧］我也要笑。黛玉便红了脸，一声儿不言语，便回过头去了。李宫裁笑向宝钗道："真真我们二婶子的诙谐是好的。"［庚侧］好赞。该他赞。黛玉道："什么诙谐？不过是贫嘴贱舌讨人厌恶罢了！"［甲侧］此句还要候查。说着便啐了一口。凤姐笑道："你别作梦了，你替我们家作了媳妇，少什么？"指宝玉道："你瞧瞧还是人物儿门弟配不上？［甲侧］大大一泻，好接后文。根基配不上？模样儿配不上？家私配不上？那一点儿还玷辱了谁呢？"黛玉抬身就走，宝钗便说："颦儿急了，还不回来坐着呢，走了到没意思。"说着便站起来拉住，刚至房门前，只见赵姨娘和周姨娘两个人进来瞧宝玉。李宫裁、宝钗、宝玉等都让他们两个坐。独凤姐只和黛玉说笑，正眼也不看他们。宝钗方欲说话时，只见王夫人房内的丫头来说："舅太太来了，请姑娘奶奶们出去呢。"李宫裁听了，连忙叫着凤姐等走了。赵周两个也忙辞了宝玉出去。宝玉道："我也不能出去，你们好歹别叫舅母进来。"又道："林妹妹，你先略站一站，我和你说句话。"凤姐听了，回头向黛玉笑道："有人叫你说话呢。"说着便把林黛玉往里一推，方和李纨等一同去了。

宝玉拉住黛玉的袖子，［庚侧］此刻好看之至。［甲侧］是已受镇，说不出来，勿得错会了意。只是嘻嘻的笑，心里有话只是说不出来。此时黛玉禁不住把脸红涨起来，才挣着要走。宝玉忽然嗳哟了一声，说："好头疼。"黛玉道："该！阿弥陀佛！”〔庚眉〕代〔黛〕玉念佛，是吃茶之语在心故也，然摹写神妙，一丝不漏如此。己卯冬夜。话未说完，宝玉大叫一声："我要死！"〔甲侧〕自代〔黛〕玉看书起，分三段写来，真无容针之空，如夏日乌云四起，疾闪长雷不绝，不知雨落何时？忽然霹雳一声，倾盆大注，何快如之，何乐如之，其令人宁不叫绝？将身一纵，离炕跳有三四尺高，口内乱嚷乱叫，说起胡话来了。黛玉并丫头们都唬慌了，忙去报知王夫人、贾母处。此时王子腾的夫人也在这里，都一齐来看时，只见宝玉越发拿刀弄杖，寻死觅活的。贾母、王夫人见了，唬的抖衣乱颤，且儿一声肉一声，放声恸哭。于是惊动合家诸人，连贾赦、邢夫人、贾珍、贾政、〔周按〕序次亲不间疏，无一例外。贾琏、贾蓉、贾芸、贾萍、〔周按〕作贾萍为是。此人于前回大观园监工时，特一表出，应亦与后半部有重要关系。薛姨妈、薛蟠并周瑞家的一干家中上上下下，里里外外众媳妇丫嬛等，都来园内看视，登时犹如乱麻一般。

正没个主见，〔甲侧〕写玉兄惊动若许多人忙乱，正写太君一人之钟爱耳，看官勿被作者瞒。忽见凤姐儿手持一把明晃晃刚刀砍进园来，见鸡杀鸡，见狗杀狗，见人就要杀人，〔甲双〕此处焉用鸡犬？然辉煌富丽，非处家之常也，鸡犬闲闲，始为儿孙千年之业。故于此处必用鸡犬二字，方是一簇腾腾大舍。众人亦发慌了。周瑞媳妇忙带着几个有力量胖壮的婆娘上去抱住，夺下刀来抬回房去，平儿、丰儿等哭的泪天泪地。贾政等心中也有些烦难，顾了这里，丢不下那里。别人慌张自不必讲，独有薛蟠更比诸人忙到十分去，〔周按〕忙到十分去，去字表程度、地步、情况等义。又恐薛姨妈被人挤倒，又恐薛宝钗被人瞧见，又恐香菱被人燥皮，〔甲侧〕写呆兄忙，是愈觉忙中之愈忙，且避正文之絮烦，好笔伏〔仗〕写得出！〔庚侧〕写呆兄忙，是躲烦碎文字法，好想头，好笔力，《石头记》最得力处在此。知道贾珍等都是在女人身上做工夫的，〔甲侧〕从阿呆兄意中，又写贾珍等一笔，妙！因此忙的不堪。忽一眼瞥见了林黛玉风流婉转，早已酥倒在那里。〔甲侧〕忙到容针不能，以似唐突颦儿，却是写情字万不能禁止者，又可知颦儿之丰神若仙子也。〔甲双〕忙中写闲，真大手眼，大章法。

当下众人七言八语，有的说请端公送祟的，有的说请巫婆跳神的，有的又荐什么玉皇阁真人作法的，种种喧腾不一。也曾百般的医治，祈祷问卜求神，总无效验。堪堪日落，王子腾的夫人告辞去后，次日王子腾也来瞧问。〔甲侧〕写外戚亦避正文之繁。接着小史侯家、邢夫人兄弟辈并各亲戚眷属都来瞧望，也有送符水的，也有荐僧道的，也都不见效。他叔嫂二人越发糊涂，不省人事，睡在床上，浑身火炭一般，口内无般不说。到夜间，那些婆娘媳妇丫头们都不敢上前，因此把他二人都抬到王夫人上房内，［甲侧］收拾得干净有着落。［庚侧］收什的得体正大。夜间派了贾芸带着小子们挨次轮班看守。贾母、王夫人、邢夫人、薛姨妈等寸步不离，只围着干哭。此时贾赦、贾政又恐哭坏了贾母，日夜熬油费火，闹的人口不安，也都没了主意，贾赦还各处去寻僧觅道。贾政见不灵效，着实懊恼，［甲侧］四字写尽政老矣。因阻贾赦道："儿女之数皆由天命，非人力可强者。他二人之病出于不意，百般医治不效，想天意该当如此，也只好由他们去罢。"［甲侧］念书人自应如是语。贾赦也不理此话，仍是百般忙乱，那里见些效验。

看看三日光阴，那凤姐和宝玉淌在床上，亦发连气都将没了。合家人口无不惊慌，都说没了指望，忙着将他二人的后事衣履都治备下了。贾母、王夫人、贾琏、平儿、袭人这几个人更比诸人哭的忘餐废寝，觅死寻活。赵姨娘、贾环等心中欢喜趁愿。［甲侧］补明赵妪进怡红，为作法也。到了第四日早辰，［周按］早辰，不作早晨，此语再见可证是原笔。贾母等正围着他两个哭时，只见宝玉睁开眼说道：［甲侧］语不惊人死不休，此之谓也。"从今已后，我可不在你家了，快收拾打发我去罢。"贾母听了这话，如同摘去心肝一般。赵姨娘在傍劝道："老太太也不必过于悲痛，［庚侧］断不可少此句。哥儿已是不中用了，不如把哥儿的衣裳穿好，让他早些回去，也免他些苦。只管舍不得他，这口气不断，他在那世里也受罪不安生。"［庚侧］大遂心人，必有是语。这些话没说完，被贾母照脸啐了一口唾沫骂道："烂了舌头的混账老婆！谁叫你来多嘴多舌的？你怎么知道他在那世受罪不安生？怎么见得不中用了？你愿他死了有什么好处？你别作梦！他死了我只和你们要命，素日都不是你们调唆着，逼他写字念书，［甲双］奇语。所谓溺爱者不明，然天生必有是一段文字的。把胆子唬破了，见了他老子还不像个避猫鼠儿。都不是你们这起淫妇调唆的！这会子逼死了他，你们遂了心！我饶那一个？”一面骂一面哭。贾政在傍听见这些话，心里越发难过，忙喝退赵姨娘，自己上来委婉解劝。一时又有人来回说［甲侧］偏写一头不了又一头之文，真步步紧之文。两口棺椁都作齐了，请贾政出去验看。贾母听了，如火上浇油一般，便骂道："是谁做了棺材？”一叠连声只叫："把做棺材的拉来打死！”正闹的天翻地覆没个开交，只闻得隐隐的木鱼声响，［甲侧］不费丝毫勉强，轻轻收住数百言文字，《石头记》得力处全在此处。以幻作真，以真为幻，看书人［周按］幸，甲戌误为本字，与亦要知是看为本〔幸〕。甲午泪笔是书何本，如出一辙。念了一句："南无解冤孽菩萨！”又听说道："有那人口不利，家宅颠倒，或逢凶险，或中邪祟者，我们善能医治。”贾母、王夫人听见这些话，那里还耐得住，便命人去快请进来。贾政虽不自在，奈贾母之言如何违拗，又想如此深宅，［甲侧］作者是幻笔，合屋俱是幻耳，焉能无闻。何得听的这样真切。心中亦是希罕，［甲侧］政老亦落幻中。便命人请了进来。众人举目看时，原来是一个癞头和尚与一个跛足道人，［甲双］僧因凤姐，道因宝玉，一丝不乱。只见那和尚怎生模样：

> 鼻如悬胆两眉长，目似明星蓄宝光。
>
> 破衲芒鞋无住迹，腌臜更有满头疮。

看那道人又是一个模样，但见：

> 一足高来一足低，浑身带水又拖泥。
>
> 相逢若问家何处。却在蓬莱弱水西。

贾政问道："你道友二人在那庙焚修？”那僧笑道："长官不须多言，［甲侧］避俗套法。因闻得府上人口不利，故特来医治。”贾政道："到有两个人中邪，不知你们有何符水？”那道人笑道："你家现有希世奇珍，如何还问我们有符水？”贾政听这话有因，心中便动了，因说道："小儿落草时带了一块宝玉下来，上面说能除邪祟，［庚侧］点题。谁知竟不灵验。”那僧笑道："长官你那里知道那物的妙用，只因他如今被声色货利所迷，［甲双］石皆能迷，可知其害不［庚侧］棒小，观者着眼，方可读《石头记》。喝之声。故此不灵验了。［甲侧］读书者观之。你今且取他出来，待我们持诵持诵，只怕就好了。”［庚侧］只怕二字是不知此石肯听持诵否。贾政听说，便向宝玉项上取下那玉来，递与他二人。那和尚接了过来，擎在掌上，长叹一声道：“青埂峰一别，［庚侧］正点题，大荒山手捧时语。展眼已过十三载矣！［周按］十三载是原笔。人世光阴如此迅速，尘缘已满大半了，若似弹指，［甲双］见此一句，令人可叹可惊，不忍往后再看矣。可羡你当时的那段好处：

天不拘兮地不羁，心头无喜亦无悲。

却因锻炼通灵后，便向人间觅是非。［甲侧］所谓越不聪明越快活。

可叹你今日这番经历：

粉渍脂痕污宝光，绮栊昼夜困鸳鸯。

沉酣一梦终须醒，［甲侧］无百年的筵席。冤孽偿清好散场。”［甲侧］三次煅炼，焉得不成佛作祖。

念毕，又摩弄一回，说了些疯话，递与贾政道：“此物已灵，不可亵渎，悬于卧室上槛，将他二人安放一室之内，除亲身妻母外，不可使阴人冲犯，［庚侧］是要紧语，是不可不写之套语。三十三日之后，包管身安病退，复旧如初。”说着便回头走了。［庚眉］通灵玉除邪，全部百回只此一见，何得再言僧道踪迹虚实，幻笔幻想，写幻人于幻文也。壬午孟夏雨窗。贾政赶着还说话，让二人坐了吃茶要送谢礼，他二人早已出去了。贾母等还只管使人去赶，那里有个踪影。少不得依言将他二人就安放在王夫人卧室之内，将玉悬在门上，王夫人亲自守着，不许别人进来。直到晚间，他二人方渐渐醒来，［甲侧］能领持颂，故如此灵效。［庚侧］肯听持诵，故有是灵。说腹中饥饿。贾母、王夫人如得了珍宝一般，［甲侧］昊天罔极之恩，如何报得？哭杀幼而丧亲者。旋熬了米汤来，与他二人吃了，精神渐长，邪气稍退，一家子才把心放下来了。李宫裁、林黛玉、平儿、袭人等在外间听信息，闻得吃了米汤，省了人事，别人未开口，林黛玉先就念了一声“阿弥陀佛”！［甲侧］针对得病时那一声。［甲眉］通灵玉听懒〔癞〕和尚二偈即刻灵应，抵却前回若干〔干〕庄子反语录机锋偈子，正所谓物各有主也。薛宝钗便回头看了他半日，嗤的一笑，众人都不会意，惜春问道："宝姐姐好好的笑什么？"宝钗笑道："我笑如来佛比人还忙，［庚侧］这一句作正意看，馀皆雅谑，但此一谑抵颦儿半部之谑。又要讲经说法，又要普渡众生。［甲眉］叹不得见玉兄悬崖撒手文字为恨。［庚眉］叹，不能得见宝玉悬崖撒于〔手〕文字为恨。丁亥夏畸笏叟。这如今宝玉、凤姐姐病了，又烧香还愿赐福消灾。今日才好些，又管林姑娘的姻缘了，你说忙的可笑不可笑。"黛玉不觉红了脸，啐了一口道："你们这起人不是好人，不知怎么死！再不跟着好人学，只跟那些贫嘴恶舌的人学。"一面说，一面摔帘子出去了。

［庚回后］此回书因才干乖觉太露，引出事来，作者颇心，为〔世〕之乖觉人为鉴。

［甲回后］先写红玉数行，引接正文，是不作开门见山文字。

灯油引大光明普照菩萨，大光明普照菩萨引五鬼魇魔法，是一线贯成。

通灵玉除邪，全部只此一见，却又不灵，遇癞和尚疲〔跛〕道人一点方灵应矣，写利欲之害如此。

此回本意是为禁三姑六婆进门之害，难以防范。

［蒙戚回后］欲深魔重复何疑，苦海冤河解者谁。结不休时冤日盛，井天甚小性难移。

［回后评］宝玉处境最娇宠，也最危险。赵姨娘母子日夜盘算，时时向贾政吹枕边风，说宝玉如何如何坏话，以至贾政遂日益嫌恶宝玉，至此竟欲致宝玉于死地而后快。此又全书章法布局上一大伏脉。

旧时治家之严者不许三姑六婆来往出入于家门，所谓马道婆属于六婆之列，皆借神佛以骗钱犹自可也，至于以邪法而害人命，则罪大恶极，不容赦者。然此辈何以得出入荣府之门，盖全由王夫人迷信，喜招此等作恶害人之流。故连宝玉也曾讽喻王夫人曰："太太到不糊涂，都是叫金刚菩萨给支使糊涂了。"可知马道婆一桩大祸害，其罪责虽在赵姨娘，而王夫人尤为致祸之由。

按通灵宝玉背面镌字三行，一曰除邪祟，二曰疗冤疾，三曰知祸福。其第一条除邪祟，已应于本回。其第二条疗冤疾，我谓当应于晴雯屈死以后，宝玉病重垂危。至于第三条知祸福，当以接近全书收尾，此乃雪芹在章法布局上早已预定之三大变故。

从诸本互察，可以判知雪芹底稿用字用词并不整齐划一，往往先后互异，义同而体殊，错见杂出。如糟蹋与糟遢，打谅与打量，服侍与伏侍等例多未易备列。又如躺与淌，倒与到，曠与旷，攒与趲等皆互见杂用，是当时书写习惯各随己意，或因时地不同，誊清修改各种原因所致。更有今人不易了解者，即满洲八旗人书写文字往往出现别字，习见不以为异。本书意在追寻原书本来面目，互见者两存之，不作统一性整理。此按含括全书，不再逐一加以说明。

本回是一残缺后经补缀而成之真假杂揉之文，已非尽雪芹原笔。其证有五：一，于极不重要语句处异文亦特多纠缠，无谓而无所适从，此正补笔破绽之处，乃是多层次乱拟乱改之结果。二，时出俗笔至令人惊讶。如贾府三艳云云，正是妄人所加。三，文笔意境平衍堆叙特多，而乏精彩超妙之境，落于凡俗。四，若干字句段落此有彼无。如程本原是窜乱增饰之本，而此回反较简净，若干烦文絮语竟独不具。五，结尾处又甚有异处。凡此种种，皆是说明此回如非全部补文，亦系残损甚多，经数次几人勉为收拾补成者。

第二十六回
蘅芜院设言传蜜意　潇湘馆春困发幽情

［蒙戚回前］一个是时才得传消息，一个是旧喜化作新歌。真真假假事堪疑，哭向花林月底。

话说宝玉养了三十三天之后，不但身体强壮，亦且连脸上疮痕平服，［周按］平服，不作平复，是原笔。仍回大观园内去，这也不在话下。［周按］本回开头绝无一语回照上回回尾钗黛嘲戏之事，益证上回结尾一段全是他手后加，断不可靠。

原来近日宝玉病的时节，贾芸带着家下小厮坐更看守，昼夜在这里，那红玉同众丫嬛也有在这里守着宝玉的。相见多日，彼此渐渐熟了。那红玉见贾芸手里拿着手帕子，［周按］将红玉通改小红，"程本"作俑。像是自家前日失去的，［周按］失去的，是原笔。欲又问他，又不好问他。可巧那和尚道士来过之后，照旧又用不着男人了，贾芸仍去种树去了。这件事待要放下，心下又不安，欲问去，又怕人猜疑，正在犹疑不决，这日正在沉音之间，忽听窗外问道：［甲侧］岔开正文，却是为正文作引。［庚侧］你看他偏不写正文，偏有许多闲文，却是补遗。"红姐姐在屋里没有？"红玉听了，在窗眼内望外一看，便知是小丫头子佳蕙，因说道："宝二爷没在家，你进来罢。"佳蕙听说跑进来，就坐在床上道："我好造化！我才刚在院子里洗东西，宝二爷叫人往林姑娘那里送茶叶去，［甲侧］交代井井有法。［庚侧］前文有言。花大姐姐叫我送了去，可巧老太太那里给林姑娘送日用钱来，正分给丫头们呢，［甲侧］潇湘常事，出自别院婢口中，反觉新鲜。［庚眉］此等细事，是旧族大家闺中常情，今特为暴发钱奴写来作鉴，一笑。壬午夏，雨窗。见我去了，林姑娘就抓了两把给我，也不知多少，你给我收着。"便把手帕子打开，把钱倒出来，红玉替他一五一十的数了收起。佳蕙道："你这一程子心里到底觉怎么样？依我说，你竟家去住两天，请个大夫来瞧瞧，吃两剂药就好了。”红玉道：“那里的话，好好的家去作什么！”佳蕙道：“我想起来了，林姑娘生的弱，时常他吃药，［庚侧］是补写否？你就和他要些来吃也是一样。”［甲侧］闲言中叙出代〔黛〕玉之弱，草蛇灰线。红玉道：“胡说！药也是混吃得的？”［庚侧］如闻。佳蕙道：“你这么着不是个长法儿，又懒吃懒喝的，［庚侧］从傍人眼中口中出，妙极！终久怎么样呢？”红玉道：“怕什么，还不如早些死了到干净！”［甲侧］此句令人气噎，总在无可奈何上来。佳蕙道：“好好的怎么说这些话？”红玉道：“你那里知道我心里的事！”佳蕙点头，想了一会道：“可也怨不得这个地方难站，就像昨儿［庚侧］是补文否？老太太因宝玉病了这些日子，说跟着伏侍的这些人都辛苦了，如今身上好了，各处还完了愿，［庚侧］是补写否？叫把跟的人都按着等儿赏他们。［庚侧］是补写否？我们算年纪小上不去，我们这几个不得我也不抱怨，像你也不算在里头。［庚侧］道着心病。我心里就不服。袭人那怕得十个分子也不恼他，原该的。说良心话，［庚侧］却论公论，方见袭卿身分。谁还敢比他呢？别说他素日殷勤小心，便是不殷勤小心，也拚不得。可气晴雯、绮霞他们这几个，都算在上等里去，仗着老子娘的脸面，［周按］佳蕙对红玉云，仗着老子娘的脸面，即可算入上等，而代红玉不平。则红玉并无老子娘脸面可知，此与林之孝女儿尤不相合。参看前后相关各按语，是则益证林之孝、秦之孝二名久混当分。众人都捧着他们。你说可气不可气？”红玉道：“也不犯气他们，俗语说的千里搭长棚——没个不散的筵席，［甲侧］此时写出此等言语，令人堕泪。谁混一辈子呢？不过三年五载，各人干各人的去了，谁还认得谁呢？”这两句话不觉打动了佳蕙，［庚侧］不但佳蕙，批书人亦泪下矣。由不得眼睛红了，又不好意思好端端的哭，只得勉强笑道：“你这话说的却是。昨儿宝二爷还说［庚侧］还是补文。明儿怎么样收拾房子，怎么样做衣裳，到像有几万年的熬头。”［甲双］却是小女儿口中无味之谈，实是写宝玉不如一奴婢。［甲眉］红玉一腔委曲怨愤，系身在怡红不能遂志，看官勿错认为芸儿害相思也。［甲眉］狱神庙红玉茜雪一大回文字，惜迷失无稿。［庚墨眉］狱神庙回有茜雪红玉一大回文字，惜迷失无稿。叹叹！丁亥夏，畸笏叟。［周按］家亡人散是全书大关目，却由红玉口中首先道出，而小丫头佳蕙乍闻此语，亦觉伤心。凡此皆非闲笔。熬头、与煎熬义绝不同。红玉听了冷笑了两声，方要说话，［甲侧］文字又一顿。只见一个未留头的小丫头子走进来，手里拿着些花样子并两张纸说道："这是两个样子，叫你描出来呢。"说着向红玉掷下，回身就跑了。红玉向外问道："到是谁的？也不等说完就跑。外头谁蒸下馒首等着你——怕冷了不成？"［周按］蒸了馒首等着你，是骂人的隐语，旧时人家有丧事，送殡者从墓地返回家中时，其家必预蒸一锅馒首，回家者每人争先抓食一个，以为吉祥。红玉此语即隐指此一风俗。那小丫头在窗外只说得一声："是绮大姐姐的。"［甲侧］又是不合式□□言，擢心语。抬起脚来，咕咚咕咚又跑了。［庚侧］活龙活现之文。［庚侧］如画。红玉便赌气把那样子掷在一边，向抽屉内找笔，找了半天，［庚侧］何如？都是秃了尖的，因说道："前儿一支新笔［庚侧］是补文否。［庚侧］既在矮檐下，怎敢不低头？放在那里了？怎么一时想不起来？"一面说一面出神，［庚侧］总是画境。想了一会，方笑道："是了，前儿晚上［庚侧］还是补文？莺儿拿了去了。"便向佳蕙道："你替我取了来。"佳蕙道："花大姐姐还等着我替他抬箱子呢，你取去罢。"红玉道："他等着你，［庚侧］袭人身分。你还坐着闲打牙儿，我不叫你取笔去，他也不等着你了。坏透了的小蹄子！"说着便自己走出房来，［庚侧］曲折再四，方逼出正文来。出了怡红院，一迳往宝钗院内来。

刚至沁芳亭畔，只见宝玉的奶娘李嬷嬷从那边走来。［甲侧］奇文。真令人不得机关。红玉立住笑问道："李奶奶，你老人家那去了？怎么从这里来？"李嬷嬷站住，将手一拍道："你说说，好好的又看上了［甲侧］囫囵不解语。那个种树的什么芸哥儿雨哥儿的，［甲侧］奇文神文。这会子逼了我叫他来，明儿叫上房里听见，可又是不好。"［甲侧］更不解。［周按］使李嬷嬷召见芸儿，也怕上房知道，而世有论者以为大观园乃女儿王国，自由世界，理想幻境云云。大观园规矩森严，此其一证而已。不知论者何以解此。红玉笑道："你老人家当真的就依着他去叫了？"［庚侧］是遂心语。李嬷嬷道："可怎么样呢？"［甲侧］妙的是老妪口气。红玉笑道："那一个要是知好歹的，［甲侧］更不解。就回不进来才是。"［甲双］是私心语，神妙。李嬷嬷道："他又不呆，为什么不进来？"红玉道："既是进来，你老人家该同着他进来，不然回来叫他一个乱碰，可使不的。"［甲双］总是私心语，要直问又不敢，只用这等语，漫漫套出，有神理。李嬷嬷道："我有那么大工夫和他走！不过告诉了他，回来打发个小丫头子或是老婆子，领进他来就完了。”说着，拄着拐棍一迳去了。红玉便站着出神，［甲双］总是不言神情，另出花样。且不去取笔。一时只见一个小丫头子跑来，见红玉站在那里，便问道：“林姐姐，你在这里作什么呢？”红玉见是小丫头坠儿。［甲双］坠儿者，赘□也。人生天地间，已是赘疣，况又生许多冤情□［庚双］坠儿者，赘也。人生天地间，已是赘疣，又生许多冤情孽债。叹！叹叹况。［蒙双］坠儿者，赘也。人生天地间，已是赘疣，又生许多冤情孽债，是可为之债。叹！红玉道：“那去？”坠儿道：“叫我带进芸二爷来。”［庚侧］等的是这句话。说着，一迳跑了。这里红玉刚走至蜂腰桥门前，只见那边坠儿引着贾芸来了，［甲双］妙。不说红玉不走，亦不说走，只说刚走到三字，可知红玉有私心矣。若说出必定不走必定走，则文字死板，亦且棱角过露，非写女儿之笔也。那贾芸一面走，一面拿眼把红玉一溜，那红玉只粧作和坠儿说话，也把眼去一溜贾芸，四目恰相对时，红玉不觉脸红了，［甲双］看官至此，须掩卷细想，上三十回中篇篇句句点红字处，可与此处想如何。一扭身进蘅芜院去了，不在话下。

这里贾芸随着坠儿逶迤来至怡红院中。坠儿先进去回明了，然后方令贾芸进去。贾芸看时，只见院内略略的有几点山石，种着芭蕉，那边有两只仙鹤在松树下剔翎。［周按］翎，音墨，入声，毛湿之貌，是原字。一溜回廊上吊着各色笼子，各色仙禽异鸟。上面小小五间抱厦，一色雕镂新鲜花样隔扇，上面悬着一个匾额，写的是“怡红快绿”四个大字。贾芸想道：“怪道叫怡红院，原来匾上是这四个字。”［甲双］伤哉，转眼便红稀绿瘦矣。叹叹！正想着，只听里面隔着纱窗子笑说道：［甲侧］是文若僧繇点睛之龙，破璧〔壁〕飞矣，焉得不拍案叫绝。“快进来罢。我怎么就候你两三个月。”贾芸听见是宝玉的声音，连忙进入房内，抬头一看，只见金碧辉煌，［甲侧］器皿叠叠。［庚侧］不能细览之文。文章闪灼，［甲侧］陈设垒垒。［庚侧］不得细玩之文。却看不见宝玉在那里。［甲侧］武夷九曲之文。一回头，只见左边立着一架大穿衣镜，从镜后转出两个一般大的十五六岁的丫头来，说：“请二爷里头屋里坐。”贾芸连正眼也不敢看，连忙答应了。又进一道碧纱厨，只见小小的一张填漆床上，悬着大红销金撒花帐子。宝玉穿着家常衣服，靸着鞋，倚在床上拿着一本书看。［甲侧］这是等芸哥看，故作款式者。果真看书，在隔纱窗子说话时已放下了，玉兄若见此批，必云：老货，他处处不放松我，可恨，可恨！回思将余比作钗、颦等，乃一知己，全〔余〕何幸也。一笑！见他进来，将书掷下，早堆着笑立起身来。［庚侧］小叔身段。［周按］叔见侄来见礼，岂有施起立之礼？凡此种不见于杨、苏本文字，大概属于妄加。批语“小叔身段”四字，亦非脂砚风格。贾芸上前请了安，宝玉让坐，贾芸便在地下一张椅子上坐了。宝玉笑道：“自从那个月见你，我叫你往书房里来，谁知接接连连许多事情，就把你忘了。”贾芸笑道：“总是我无福，偏偏又遇着叔叔身上欠安，叔叔如今可大安了。”宝玉道：“大好了。我到听见说你辛苦了好几天。”贾芸道：“辛苦也是该当的，叔叔大安了，也是我们一家子的造化。”［甲侧］不论〔伦〕不理，迎合字样，口气逼肖，可笑，可叹！［庚侧］谁一家子。可发一大笑。说着只见有个丫嬛到了茶来与他。那贾芸口里和宝玉说着话，眼睛却瞅那丫头。［甲侧］前写不敢正眼，今又如此写，是用茶来，有心人故留此神，于接茶时站起，方不突然。［庚侧］此句是认人，非前溜红玉之文。细条身材，容长脸面，穿着桃红袄儿，青缎背心，白绫细折裙子。不是别人，却是袭人。［甲侧］《水浒》文法。用的恰当，是芸哥眼中也。原来那贾芸自从宝玉病了，他在里头混了两天，他却把有名人口都记了一半。［蒙戚双］一路总是贾芸是个有心人，一丝不乱。他也知道袭人在宝玉房中比别个不同，［庚侧］何如？可知前批非谬。今见他到了茶来，宝玉又在傍边坐着，便连忙站起来笑道：“姐姐怎么替我到起茶来。我到叔叔这里又不是客，让我自己到罢了。”［甲双］总写贾芸乖觉，一丝不乱。宝玉道：“你只管坐着罢了，丫头们跟前也是这样。”贾芸笑道：“虽如此说，叔叔房里的姐姐们，我怎么敢放肆呢？”［甲侧］红玉何以使得？一面说，一面坐下吃茶。那宝玉便和他说些没要紧的散话。［甲双］妙极是极，况宝玉又有何正紧可说的？［庚双］妙极是极，况宝玉又有何正紧可说的？此批被作者偏〔骗〕过了。又说道谁家的戏子好，谁家的花园子好，又告诉他谁家的丫头标致，谁家的酒席丰盛，又是谁家有奇货，又是谁家有异物。［甲双］几个谁家，自北静王公候〔侯〕驸马诸大家包括尽矣，写尽纨袴口角。那贾芸口里只得顺着他说了一回，见宝玉有些懒懒的了，便起身告辞。宝玉也不甚留，只说你明儿闲了只管来，仍命小丫头坠儿送他出去。出了怡红院，贾芸见四顾无人，便把脚慢慢的停着些走，口里一长一短和坠儿说话，问他："几岁了？名子叫什么？你父母在那一行当上？你在宝二爷房内几年了？[甲侧]渐渐入港。一个月多少钱？共总宝二爷房里有几个女孩子？"那坠儿见问，便一桩桩都告诉他了。贾芸又道："刚才那个和你说话的，可叫小红么？"坠儿道："他到叫小红。爷问他作什么？"贾芸道："方才他问你什么手帕子，我到拣了一块。"坠儿听了笑道："他到问了我好几遍，我又没看见他的手帕子，我有那们大工夫管这些事？他如今儿又问我，他说我替他找着了，[庚侧]传字正文，此处方露。[周按]此指回目传蜜意之传字。他还谢我呢！才在蘅芜苑门口说的，二爷也听见了，不是我撒谎。好二爷，你既拣了，给我罢。我看他拿什么谢我！"原来上月贾芸进来种树时便拣了一条手帕，便知是在园内人失落的，但不知是那一个人的，故不敢造次。今听见红玉向坠儿要，便知是红玉的了，心中却甚喜。又见坠儿追索，心中早已得了主意，便向袖内将自己的一块取了出来，向坠儿笑道："我给是给你，你若得了他的谢礼，可不许瞒着我。"坠儿满口答应，接了手帕子，送出了贾芸，回来找红玉。不在话下。[甲双]至此一顿，狡猾之甚，原非书中正文之人，写来门〔间〕色耳。[蒙戚双]至此一顿，狡猾之甚。

如今且说宝玉打发了贾芸去后，意思懒懒的歪在床上，似有朦胧之态。袭人便走上来，坐在床沿上推他说道："怎么又要睡觉。若觉闷的慌，出去矌矌。"宝玉见说，便拉他的手笑道："我要去，只是舍不得你。"袭人道："快起来罢！"[甲侧]不答的妙。一面说，一面拉了宝玉起来。宝玉道："可往那里去呢？怪腻烦的。"[庚侧]玉兄最得意之文，起笔却如此写。袭人道："你出去了就好了，只管这么葳蕤，心里越觉烦腻了。"宝玉无精打彩的，只得依他，愰出了房门。在回廊上调弄了一回雀儿，又至院外，顺着沁芳溪，看了一回金鱼。只见那边山坡上两只小鹿箭是的跑了来，宝玉不解是何意，[甲侧]余亦不解。正是纳闷，只见贾蘭在后面拿着一张小弓追下来，［甲侧］前文。［庚侧］此等文可是人能意料的。一见宝玉在前面，便站住了，笑道："二叔叔在家里呢？我只当出门去了。"宝玉道："你又淘气了，好好的射他作什么？"贾蘭笑道："这会子不念书，闲着作什么？［庚侧］答的何其唐皇正大，何其坦然之至。所以来演习演习骑射。"［甲侧］奇文奇语，默思之，方意会为玉兄毫无一正事，只知安富尊荣而写。宝玉道："把牙栽了，那时候才不演习呢！"说着顺着脚，竟来到一个院门前，［庚侧］像无意。只见凤尾森森、龙吟细细。［甲双］与后文落叶萧萧、寒烟漠漠一对，可伤可叹！举目望门上一看，［甲侧］无一丝心迹，反似初至者，故接有忘形忘情话来。［庚侧］原无意。只见匾上写"潇湘馆"三个字。［庚侧］三字如此出，足见真出无意。宝玉信步走入，只见湘帘垂地，悄无人声。走到窗前，只见一缕幽香，［甲侧］写得出，写得出。从碧纱窗内暗暗的透出。宝玉便将脸贴在纱窗上，往里看时，耳内忽听［甲双］未曾看见先听见，有神理。得细细的长叹了一声道："每日家情思睡昏昏！"［甲侧］用情忘情，神化之文。宝玉听了，不觉心内痒将起来，再看时，只见林黛玉在床上伸懒腰。［甲侧］有神理，真真画出！宝玉在窗外笑道："为什么每日家情思睡昏昏？"一面说，一面掀帘子进来了。黛玉自觉忘情，不觉红了脸，拿袖子遮了脸，翻身向里粧睡着了。宝玉才走上来要扳他的身子，只见黛玉的奶娘并两个婆子都上前来，［甲侧］一丝不漏，且避若干咬蜡之文。笑着说道："爷先请回去，妹妹睡觉呢，等醒了再请来。"刚说着，黛玉便翻身坐起来了，笑道："谁睡觉呢！"［蒙戚双］妙极，可知黛玉是怕宝玉去也。那两三个婆子见黛玉起来，便笑道："我们只当睡着了呢。"说着，便叫紫鹃说："姑娘醒了，进来伺候。"一面说一面都去了。黛玉坐在床上，一面抬手整理鬓发，一面笑向宝玉道："人家睡觉，你进来作什么？"宝玉见他星眼微饧，香腮带赤，不觉的神魂早荡，一歪身坐在椅子上笑道："你才说什么来着？"黛玉道："我没说什么。"宝玉笑道："给你个榧子吃！我都听见了。"二人正说着，只见紫鹃进来。宝玉笑道："紫鹃，把你们的好茶倒碗我吃。"紫鹃道："那里是好的呢？要好的只是等袭人来。"

黛玉道："别理他，你先给我舀水去罢。"紫鹃笑道："二爷到底是客，自然先倒了茶来，再舀水去的是。"说着，到茶去了。宝玉笑道："好丫头，若共你多情小姐同鸳帐，［甲侧］真正无意忘情。［庚侧］真正无意忘情，冲口而出之语。［庚眉］方才见芸哥所拿之书，一定见是《西厢》，不然如何忘情至此？怎舍得叫你叠被与铺床？"黛玉撂下脸来，［甲侧］我也要恼。说道："二哥哥，你说什么？"宝玉笑道："我何尝说什么？"黛玉便哭道："如今新兴的，外头听了村话来也说给我听，看了混账书，也来拿我取笑儿，我成了替爷们解闷的了。"一面哭着，一面下床来往外就走。宝玉见他如此，不知要怎样，心下慌了，忙赶上来笑道："好妹妹，我一时该死，你别告诉去！我再要说，嘴上长个疔，烂了舌头。"

正说着，只见袭人走来说道："快回去穿衣裳罢，老爷叫你。"宝玉听了，不觉打了一个焦雷是的，顾不得别的，疾忙回来穿衣服。［甲侧］不止玉兄一惊，即阿颦亦不免一唬，作者只顾写收拾二玉之文，忘却颦儿也。想作者亦似宝玉道《西厢》之句，忘情而出也。出园来，只见茗烟在二门前等着，宝玉问道："叫我是为什么？"茗烟道："爷快出来罢，横竖是见去的，到那里就知道了。"一面说，一面催着宝玉。转过大厅，宝玉心里正自胡疑，只听墙角边一阵呵呵大笑，回头只见薛蟠拍着手跳出来，［甲侧］如此戏弄，非呆兄无人，欲释二玉，非此戏弄不能立解，勿得泛泛看过，不知作者胸中有多少丘壑？［庚侧］非呆兄行不出此等戏弄，但作者有多少丘壑在胸中，写来酷肖。笑道："要不说姨爹叫你，你那里出来这么快！"茗烟也笑着跪下了。宝玉怔了半天方解过来，是薛蟠哄他出来。薛蟠连忙打恭作揖陪不是，［庚侧］酷肖。又求："不要难为了小子，都是我逼他去的。"宝玉也无法了，只好笑道："你哄我也罢了，怎么说我父亲呢？我告诉姨娘去，评评这个理，可使得使不得？"薛蟠忙道："好兄弟，我原为求你快些出来，就忘了忌讳这句话，改日你也哄我，说我的父亲叫我就完了。"［甲侧］写粗豪无心人毕肖。［庚侧］真真乱话。宝玉道："嗳嗳，越发该死了。"又向茗烟道："反叛肏的，还跪着作什么！"茗烟连忙叩头起来。薛蟠道："要不是我也不敢惊动，只因明儿五月初三日是我的生日，谁知古董行的程日兴，他不知那里寻了来的这么粗，这么长两段粉脆的鲜藕，［庚侧］如见如闻。这么大的大西瓜，这么长的一尾新鲜活跳的鲟鱼，这么大的一个暹罗国进贡的灵柏香熏的暹猪，你说他这四样礼可难得不难得？那鱼、猪不过贵而难得，这藕和瓜亏他怎么种出来的！我连忙孝敬了我母亲，母亲赶着给你们老太太、姨爹、姨娘送了些去。如今留了些，我要自己吃，恐怕折福，［甲侧］呆兄亦有此语，批书人至此，诵往生咒至恒河沙数也。左思右想，除我之外，惟有你还配吃，［甲侧］此语令人哭不得笑不得，亦真心语也。所以特请你来。可巧唱曲儿的小子又才来了，我同你乐一日何如？”说着就来到他书房中，只见詹光、程日兴、胡斯来、单聘仁等并唱曲儿的都在这里。见他进来，请安的，问好的，都彼此见过了。方吃了茶，薛蟠即命：“摆酒来。”说犹未了，众小厮七手八脚，［庚侧］又一个写法。摆来半天方才停当，于是归坐。宝玉果见瓜藕新异，因笑道：“我的寿礼还未送来，到先扰了。”薛蟠道：“可是呢，明儿你送我什么？”［庚侧］毕真酷肖。宝玉道：“我可有什么可送的？若论银钱吃穿等类的东西，［甲侧］谁说得出。经过者方说得出。叹叹！究竟还不是我的，惟有或写一张字，画一张画，算是我的心。”薛蟠笑道：“你题画儿，我才想起来了。昨日看见人家一卷春宫，［庚侧］啊！呆兄所见之画也。画的着实好，上面还有许多字，我也没细看，只看落的款，原来是庚黄画的。［甲侧］奇文，奇文！真真好的了不得！”宝玉听说，心下猜疑道：“古今字画也都见过些，那里有个庚黄？”想了半天，不觉笑将起来，命人取过笔来，在手心里写了两个字，又问薛蟠道：“你看真了是庚黄？”薛蟠道：“怎么看不真？”宝玉将手一撒与他看道：“别是这两个字罢，［甲眉］闲事顺笔，骂死不学之纨袴。叹叹！［庚眉］闲事顺笔，将骂死不学之纨袴。壬午雨窗。畸笏。其实与庚黄相去不远。”众人都看时，原来是“唐寅”两个字，都笑道：“想必是这两个字，大爷一时眼花了也未可知！”薛蟠只觉不好意思，［庚侧］实心人。笑道：“谁知他糖银果银的！”

正说着，小厮来回："冯大爷来了。"宝玉便知是神武将军冯唐之子冯紫英来了。薛蟠等一齐都叫快请。话犹未了，只见冯紫英一路说笑，［庚侧］如见如闻。已经进来了，［甲侧］一派英气，如在纸上，特为金闺润色也。众人忙起席让坐，冯紫英笑道："好呀！［庚侧］如见其人于纸上。也不出门了，在家中高乐。"宝玉、薛蟠道："一向少会，老世伯身上康健？"冯紫英答道："家父到也托庇康健，［庚眉］紫英豪侠小三段〔小一段〕，是为金闺间色之文。壬午雨窗。［周按］庚上二批由甲侧一则蜕化而出，非二批并为一则也。近来家母偶着了些风寒，不好了两天。"薛蟠见他面上有些青伤，便笑道："这脸上又和谁挥拳来着，挂了幌子了？"冯紫英笑道："从那一遭把仇都尉的儿子打伤了，我就忌了，再不沤气，如何又挥拳？这个脸上是前日打围，在铁网山被兔虎捎了一翅膀。"［庚侧］如何看〔着〕想，新奇字样。宝玉道："几时的话？"紫英道："三月二十八去的，前日初六才回来。"宝玉道："怪道前儿初三四儿，我在□□□□会席，没见你呢。我要问，不知怎么就忘了。单你去了，还是老世伯也去了？"紫英道："可不是家父去，我无法儿去罢了，难道我闲疯了？咱们几个人吃酒听唱的不乐，寻那个苦恼去？这一次大不幸之中又大幸。"［甲侧］似又伏一大事样，英侠人累累如是，令人猜摹。薛蟠众人见他吃完了茶，都说道："且入席，有话慢慢的说。"［庚侧］馀文再述。冯紫英听说，便立起身来说道："论理我该陪饮几杯才是，只是今日有一件大大要紧的事，回去还要见家父面回，实不敢领。"薛蟠、宝玉众人那里肯依，死拉着不放，冯紫英笑道："这又奇了，［庚侧］如闻如见。你我这些年，那一回有这个道理的？果然不能遵命，若必定叫我领，拿大杯来，我领两杯就是了。"［庚侧］写豪爽人如此。众人听说，方只得罢了，薛蟠执壶，宝玉把盏，遂斟了两大海。那冯紫英站着，一气而尽。［甲侧］令人快活煞。［庚侧］爽快人如此，令人羡煞。宝玉道："你到底把这个不幸之幸说完了再走。"冯紫英笑道："今儿说的也不尽兴，我为这个还要特治一东，请你们去细谈一谈，二则还有所恳之处。"说着执手就走，薛蟠道："越发说的人热剌剌的丢不下，多偺晚才请我们？［周按］多偺［庚侧］实心人晚，是原笔。如此，丝毫形迹俱无，令人痛快煞。告诉了，也免的人犹疑。”紫英道：“多则十日，少则八天。”说着竟上马去了。众人回来，依席又饮了一回方散。［甲侧］收拾得好。

宝玉回至园中，袭人正记挂着他去见贾政，［甲侧］生员切己之事，时刻难忘。不知是祸是福，［庚侧］下文伏线。只见宝玉醉醺醺回来，问其原故，宝玉一一向他说了。袭人道：“人家牵肠挂肚的等着，你且高乐去！也到底打发人来给个信儿。”宝玉道：“我何尝不要送信儿来，只因冯世兄来了，就混忘了。”正说着，只见宝钗走进来笑道：“偏了我们新鲜东西了。”宝玉笑道：“姐姐家的东西，自然先偏了我们了！”宝钗摇头笑道：“昨日我哥哥到特特的请我吃，我不吃他，叫他留着送人请人罢。我知道我的命小福薄，［甲侧］暗对呆兄言宝玉配吃语。不配吃那个。”说着丫嬛到了茶来，说闲话儿。

却说那林黛玉听见贾政叫了宝玉去了，一日未回，心中也替他忧虑，［甲侧］本是切己事。至晚饭后闻得宝玉来了，［甲侧］呆兄比〔此〕席，的是合和筵也。一笑。［庚侧］这席东道，是和事酒不是？心中要找他问问是怎么样。一步步行来，只见宝钗进宝玉的院内去了，［甲侧］《石头记》是最好看处此等章法。自己也便随后走了来。刚到了沁芳桥，只见各色水禽都在池中浴水，也认不出名色来，但见一个个文彩炫耀，好看异常，因而站住看了一回，［庚侧］避难法。再往怡红院来，只见院门关着，黛玉便以手叩门。谁知晴雯和碧浪正办了嘴，没好气，忽见宝钗来，那晴雯正把气移在宝钗身上，正在院内报怨说：“有事没事［甲侧］犯宝钗如此写法。跑了来坐着，叫我们三更半夜也不得睡觉！”［甲侧］指明人则暗写。忽听又有人叫门，晴雯越发动了气，也并不问是谁，［甲侧］犯代〔黛〕玉如此写明。便说道：“都睡下了，［甲侧］不知人则明写。明日再来罢！”黛玉素知丫头们情性，彼此顽耍惯了的，恐怕院内的丫头没听真是他的声音，只当是别的丫头们了，所以不开门，因而又高声说道：［甲侧］想代〔黛〕玉高声，亦不过你我平常说话一样耳，况晴雯素昔浮躁多气之人，如何辨得出，此刻须得批书人唱大江东的喉咙嚷着，是我林代〔黛〕玉叫门方可。又想若开了门，如何有后面许多好字样，好文章。看官者意为是否？“是我，还不开呢！”晴雯偏又没听出来，便使性子说道：“凭你是谁，二爷吩咐的，一概不许放人进来呢！”黛玉听了，不觉气怔在门外，待要高声与他逗起气来，自己又回思：“虽说是舅母家同自己家一样，［甲侧］寄食者着眼，况颦儿何等人乎！到底是客边。如今父母双亡，无倚无靠，现在他家依栖，要如此认真淘气，也觉无趣。”想到此间，便滚下泪来。正是回去不是，站着不是，正没主意，只听里面一阵笑语之声，细听了一听竟是宝钗、宝玉二人，黛玉心中亦发动了气。左思右想，忽然想起早起的事来，必定是宝玉恼我告他的原故。但只是我何尝告你去了，你也不打听打听，竟恼我到这个田地，你今日不叫我进去，难道明日就不见面了？越想越伤感，也不顾苍苔露冷，花径风寒，独立墙角边花阴之下，［甲侧］可怜杀，可疼杀，余亦泪下。悲悲切切，呜咽起来。原来这林黛玉秉绝代姿容，具希世俊美，不期这一哭，那附近柳枝花朵上的宿鸟栖鸦，［甲侧］沉鱼落雁，闭月羞花，来〔原〕来〔是〕哭止〔出〕的。一笑！一闻此声，俱忒楞楞飞起远避，不忍再听。真是：

花魂默默无情绪，鸟梦痴痴何处惊。

因有一首诗道：

颦儿才貌世应希，独抱幽芳出绣闺。
呜咽一声犹未了，落花满地鸟惊飞。［周按］一联一诗回尾诸语皆非芹原笔所有，后笔从《西厢记》等文词套来，似雅而实俗，不可为据。即“苍苔”八字两句亦不无可疑。盖本回所写已是瓜藕四月下旬季候，水禽浴戏，亦写夏景。下回次日紧接四月二十六芒种节饯花盛会，石榴凤仙，落花铺地，岂有此时而露冷风寒之情理。其为摹拟《西厢》中秋景文词而增饰之，破绽显然。恐雪芹不致落套而失照，一至于此。虽有批语佐助，亦时有于配文加批之例，尚待细辨。

那林黛玉正自啼哭，忽听吱喽一声，院门开处，不知是那一个来？且看下回。［甲双］每阅此本，掩卷者十有八九，不忍下阅看完，想作者此时，泪下如豆矣。

［甲回后］此回乃颦儿正文，故借小红许多曲折琐琐之笔作引。

怡红院见贾芸，宝玉心内似有如无，贾芸眼中应接不暇。

“凤尾森森，龙吟细细”八字，一缕幽香从碧纱窗中暗暗透出，细细的长叹一声等句方引出“每日家情思睡昏昏”仙音妙音，俱纯化工夫之笔。

二玉这文字作者亦在无意上写来，所谓“信手拈来无不是”是也。

收拾二玉文字，写颦儿无非哭玉再哭恸哭，玉只以陪事小心软求慢恳，二人一笑而止，且书内若此亦多多矣，未免有犯雷同之病，故险语结住，使二玉心中不得不将现事抛却，各怀以惊心意再作下文。

前回倪二、紫英、湘莲、玉菡四样侠文，皆得传真写照之笔，惜“卫若兰射圃”文字迷失无稿，叹叹！

晴雯迁怒，系常事耳，写于钗、颦二卿身上，与踢袭人打平儿之文，令人于何处设想着笔。

黛玉望怡红之泣，是“每日家情思睡昏昏”上来。

［蒙戚回后］喜相逢三生注定遗手帕，月老红丝幸得人语说连理。又忽见他枝并蒂，难猜未解细追思。罔多疑，空向花枝哭月底。

［回后评］绮霞、绮霰二名不统一，今所以从绮霞者，理由有三：一，怡红院中如晴雯、檀云、茜雪等例，而独无霞字。二，上回方有贾母正院仪门外绮霰斋之名，此丫嬛不应与斋名犯同，故我疑丫嬛本名绮霞，其作霰字之诸本乃涉上回斋名而致讹。其三，又余霞散成绮是六朝名句，则绮霞应从此句而来。然如此决断，是否得真，仍不敢自信，留待方家指正。

与红玉对话之小丫头名曰佳蕙，拙见以为此即宝玉为之改名四儿者是也。依四儿自述，初名为芸香，袭人为之改名蕙香。然则同为怡红院中丫嬛，岂有一名蕙香，一名佳蕙同用蕙字之理。故我谓佳蕙者亦即蕙香。因宝玉有言，遂将香字换去，改名佳蕙。

前回到黛玉处揽袖闻香等情，是在贾母处尚未搬入园中之事。本回方是宝玉来到潇湘馆，二人见后，又是以《西厢记》中词语调笑，未免与第二十三回情节犯复。然所不同者，即忽为茗烟之假传命而惊散，故似复而非复。

于宝黛二人谈情时，忽有老爷传唤之讯，如异峰突起，另起波澜，其间忽又补出上月冯紫英至潢海铁网山打猎之事，内中无限事故留待后文，关系重大。却于酒席间以寥寥数语略略点染。若草草读过，便全不知作者笔法之妙矣。

按：薛蟠自云其生日为五月初三，此系后文元妃传命打平安醮之日期。不但如此，五月初三实又为康熙太子胤礽之生辰。是以书中所隐种种奥秘实多，皆待后文揭晓。而不幸者八十回后文字，今亦不可得见矣。

此回杨、苏二本所存原笔最多，至堪宝贵。全书至此，已为后半部补伏草蛇灰线，大体皆具。宝钗与红玉、贾芸事有后文，所关不浅。故回目曰蘅芜院。李嬷嬷、坠儿独为引芸之人，与红玉、佳蕙皆后半部狱神庙落难时重要人物。冯紫英特提家母，当与收养湘云有关。仇都尉是危害湘云者，紫英救之。宝钗自言于瓜藕无福，亦属谶语。总之，雪芹无一语一事泛设，若以闲文读之，茫然索然，而犹以为能识《石头记》之文心意旨，甚且为伪笔劣文所蔽，反以为佳，则亦常情习见，可为叹惜。愿本书或可助以烛金，衷心祷之。

第二十七回

滴翠亭杨妃戏彩蝶　埋香冢飞燕泣残红

［周按］杨妃、飞燕字样甚俗，藤花榭本飞燕二字空白，必非无故，此等文笔，恐非出芹手。

［蒙戚回前］《葬花吟》是大观园诸艳之归源小引，故用在饯花日诸艳毕集之期。饯花日不论其典与不典，只取其韵耳。

话说林黛玉正自悲泣，忽听院门响处，只见宝玉、袭人一群人送了宝钗出来。待要上去问问宝玉，又恐当着众人问羞了他，一时沤起气来不便，因而闪过一旁，让宝钗去了。宝玉等进去关了门，方转过来，犹望着门洒了几点泪。［庚侧］四字闪煞颦儿也。自觉无味，方转身回自己房内来，无情无绪的卸了残妆。紫鹃、雪雁素日知道黛玉的性情，无事闷坐，不自愁眉，便自泪眼，［庚侧］画美人之秘诀。且好端端的不知为着什么，常常的便自泪自叹的。［庚侧］补写，却是避繁文法。先时还有人解劝，或怕他思父母，想家乡，受了委屈，只得用话宽慰解劝，谁知后来一年一月的竟常常如此，［甲侧］补潇湘馆常文也。把这个样儿看惯了，都不理论，所以也没人去问，［庚侧］所谓久病床前少孝子是也。由他去闷坐，只管睡觉去了。那黛玉倚着床上的栏杆，两手抱膝，眼睛含泪，［甲侧］画美人秘诀。［庚侧］前批得画美人秘诀，今竟画出《金闺夜坐图》来了。好似木雕泥塑的一般，［甲侧］木是旃檀，泥是金沙方可。直坐到二更多天方才睡了，一宿无话。

至次日乃是四月二十六日，［周按］《红楼梦新证》一九六页：按殿版万年书，乾隆元年丙辰四月小。二十六日庚寅，亥初一刻四分芒种。四月二十六日芒种节，暗写宝玉生日。原来这日未时交芒种节。尚古风俗，凡交芒种节的这日，都要设摆各色礼物，祭饯花神。言芒种一过，便是夏日了。众花皆卸，花神退位，须要饯行。［庚侧］无论事之有无，看去有理。［周按］以芒种节为饯花日，出雪芹创造。北京之地春迟，立春、雨水犹在冬季。春季后推一月，惊蛰、春分为孟春。清明、谷雨为仲春。立夏、小满为季春。时当公历三四五月，至芒种入六月，方是夏日也。作者生于此季节，与自己身世末世之时相交融，富有感情，故命节序以新词。开辟鸿蒙，此之谓乎？然闺中更兴这个风俗，所以次日大观园中之人早起来了。那些女孩子们，或用花瓣柳枝编成轿马的，或用绫锦纱罗叠成干旄执事的，都用彩线系了。每一颗树，每一枝花上，都系了这些物事。满园中绣带飘飘，花枝招展，［甲侧］数句大观园景，倍胜省亲一回，在一园人俱得闲闲寻乐上看，被〔彼〕时只有元春一人闲耳。［庚侧］数句抵省亲一回文字，反觉闲闲有趣有味的领略。更兼这些人打扮的桃羞杏让，燕妒莺惭，一时也道不尽。［甲侧］桃杏燕莺是这样用法。

且说宝钗、迎春、探春、惜春及李纨、凤姐等［庚眉］写凤姐随大众一笔，不见红玉一段，则认为泛文矣，何一丝不滴若此。畸笏。并大姐、香菱与众丫嬛们在园内顽要，独不见林黛玉。［周按］作大姐者是，熙凤之女取名为巧，是后文刘姥姥之赐。迎春因说道：［周按］开卷至此方闻迎春开口说话。“林妹妹怎么不见？好个懒丫头！这会子还睡觉不成？”宝钗道：“你们等着，等我去闹了他来。”说着，便丢下众人，便一直往潇湘馆来。正走着，只见文官等十二个女孩子也来了，上来请了安，［庚侧］一人不漏。说了一回闲话，宝钗回身指道：“他们都在那里呢，你们找去罢，我叫林姑娘去就来。”说着，便迤逶来至潇湘馆。［甲侧］安插一处，好写一处，正一张口难说两家话也。忽然抬头见宝玉进去了，宝钗便站住，想了想：“宝玉与黛玉是从小儿一处长大的，他兄妹间多有不避嫌疑之处，嘲笑喜怒无常，［庚侧］道尽二玉连日事。况且黛玉素习猜忌，好弄小性儿的。此时自己也跟随进去，一则宝玉不便，二则恐黛玉嫌疑，罢了，到是回去的妙。”［甲侧］道尽代〔黛〕玉每每小性，全不在宝钗身上。想毕，抽身回来。刚要寻别的姊妹去，忽见前面一双出色的蝴蝶，大如团扇，一上一下，迎风翩跹，十分有趣。宝钗意欲扑了下来顽要，［庚侧］可是一味知书识理女夫子行止，写宝钗无不相宜。遂向袖中取出扇子来，向草地下扑。只见那一双蝴蝶忽起忽落，穿花渡柳，将欲过河，引的宝钗蹑手蹑足的，一直跟到池中滴翠亭上，总不曾扑着。［庚侧］若玉兄在必有许多张罗。宝钗也无心扑了，［庚侧］原是无可无不可。刚欲回来，只听得亭子里边嘁嘁喳喳有人说话，便心中犯疑。［甲侧］无闲纸闲笔之文如此。原来这亭子四面俱是游廊曲槛，盖在池中水上，向东是门，三面皆是刁镂隔子，糊着纸。宝钗在亭外南廊上听见说话，便心中犯疑，煞住脚往里细听，只听说道："你瞧瞧这手帕子，果然是你丢的那块，你就拿着，要不是，就还芸二爷去。"又有一人说话道：［庚眉］这桩风流案又一体，写法甚当。己卯冬夜。"可不是我那块，拿来给我罢。"又听道："你拿什么谢我呢，难道白找了来不成？"又答道："我既许了谢你，自然不哄你。"又说道："我找了来给你，你自然谢我，但只是拣了的人，你就不拿什么谢他么？"又回道："你别胡说。他是个爷们家，拣了我们的东西，自然该还我们的，叫我拿什么谢他呢？"又听说道："你不谢他，我怎么回他话呢？况且他再三再四的和我说了，若没谢的，不许我给你呢。"半晌又听答道："也罢了，拿我这个给他，就算谢他的罢。你要告诉别人呢，须说个誓来。"［周按］坠儿说誓，亦伏后半部尚有重要情事。又听说道："我要告诉一个人，就长一个疔，日后不得好死。"又听说道："嗳哟！咱们只顾说话，看有人来悄悄的在外头听见，［庚侧］岂敢。［庚眉］这是自难自法，好极好极！不如把槅子开了，［庚侧］贼起飞志不假。便是有人见咱们也在这里，他们只当我们说闲话呢。若走到跟前，咱们也看的见，就别说了。"宝钗在外面听见这些话，心中越发吃惊，［甲侧］四字写宝钗守身如此。［庚眉］惯用险笔如此。壬午夏，雨窗。想道："怪道从古至今，那些奸淫邪盗之人，心机都不错！［庚侧］道尽矣。这一开了槅子，见我在这里，他们岂不臊了？况才说话的语音，大似宝玉房里的红儿。他素习眼空心大，是个头等刁钻古怪的东西。今儿见我听了他的短儿，一时人急造反，狗急跳墙，不但生事，而且我还没趣。如今便赶着躲了，料也躲不及，少不得要使个金蝉脱壳的法子。"正想着，只听咯吱一声，宝钗便放重脚步，［庚侧］闺中弱女，机变如此之便，如此之急。笑着叫道："颦儿，我看你往那里藏？"一面说，一面故意往前赶。［庚眉］此节实借红玉反写宝钗也，勿得认错作者章法。那亭内的红玉和坠儿刚一推窗，只见宝钗如此说着又往前赶，两个人都唬怔了。宝钗反向他二人笑道："你们把林姑娘藏在那里去了？"［庚侧］像极，好煞，妙煞！焉得不拍案叫！坠儿道："何曾见林姑娘了？"宝钗道："我才在河那边看着林姑娘在这里蹲着弄水顽呢。我要悄悄的唬他一跳，还没有走到跟前，他到先看见我了，他朝东一绕就不见了。［周按］南廊子上，朝东一绕，可知上亭子是从西岸过桥。别是藏在这里头了。"［庚侧］像极，是极。一面说，一面故意进去寻了一寻，［庚侧］像极。抽身就走，［庚侧］是极。口内说道："一定又在那山子洞里去，遇见蛇咬一下子。"一面说一面走，心中又好笑：［庚侧］真弄婴儿，轻便如此，即余至此，亦要发笑。"这件事算遮过去了，不知他二人是怎样？"谁知红玉听见宝钗说的话，便信以为真，［甲侧］宝钗身分。［庚侧］宝钗身分，实有这一句的。让宝钗去远，便拉坠儿说道："了不得了，林姑娘蹲在这里，一定听了话去了。"［庚侧］移东挪西，任意写去，却是真有的。坠儿听说，也半日不言语，红玉又道："这可怎么样呢？"［甲侧］二句系代〔黛〕玉身分。坠儿道："便听见了，管谁筋疼！各人干各人的就完了。"［庚侧］勉强话。红玉道："若是宝姑娘听见，还到罢了。林姑娘嘴里又爱克薄人，心里又细，他一听见了，倘或走露了，可怎么样呢？"

二人说着，只见文官、香菱、司棋、待书等上亭子来了。二人只得掩住这话，且和他们顽笑，只见凤姐站在山坡上招手叫红玉，红玉连忙弃了众人，跑至凤姐前，笑问："奶奶使唤我作什么事？"凤姐打谅了一打谅，见他生的干净俏丽，说话知趣，因说道："我的丫头今日没跟进来，我这会子想起一件事来，要使唤个人出去，不知你能干不能干，说的齐全不齐全？"红玉笑道："奶奶有什么话，只管吩咐我说去，若说的不齐全，误了奶奶的事，凭奶奶责罚奴才就是了。"［甲侧］操必胜之权〔券〕，红儿机括志量，自知能应阿凤使令意。［周按］丫嬛自称奴才，满俗之流露。前已有例，此为再见。凤姐笑道："你是那位小姐房里的？［庚侧］反如此问。我使你出去，他回来找你，我好替你说。"［庚侧］问那小姐为此。红玉道："我是宝二爷房里的。"凤姐听了笑道："嗳哟！你原来是老二房里的，［周按］嫂背地呼小叔，家常亲切话。怪道呢，也罢了，等他来问我替你说。［甲侧］嗳哟怪道四字，一是玉兄手下无能为者，前文打谅生的干净俏丽四字合而观之，小红则活现于纸上矣。［庚侧］夸赞语也。

你到我们家告诉你平姐姐，外头屋里棹子上汝窑盘子架儿底下放着一卷银子，那是一百二十两给绣匠的工价，等张才家的来，要当面称给他瞧了再给他拿去。［庚侧］一件。再里头屋里床上有一个小荷包拿了来。”［庚侧］二件。红玉听了，徹身去了。回来只见凤姐不在这山坡上了，因见司棋从小洞里出来，［周按］小洞，谓小山洞。站着系裙子，［庚侧］小点缀，一笑！便赶上问道：“姐姐，不知道二奶奶往那里去了？”司棋道：“没理论。”［庚侧］妙极！红玉听了，抽身又往四下里一看，只见那边探春、宝钗在池边看鱼呢。红玉上来陪笑问道：“姑娘们可知道二奶奶那去了？”探春道：“往你大奶奶院里找去。”红玉听了，才往稻香村来，顶头只见晴雯，［庚侧］又一折。绮霞、碧浪、紫绡、麝月、待书、入画、莺儿等一群人来了。晴雯一见了红玉，便说道：“你只是疯罢！院子里花儿也不浇，［庚侧］必有此数句，方引出称心得意之语来。雀儿也不喂，茶炉子也不爠，［庚侧］再不用本院人见小红此差，只儿分遂心。［周按］爠字是原笔。就在外头闲矌罢！”红玉道：“昨日二爷说了，今儿不用浇花，隔一日浇一回罢。我喂雀儿的时候，姐姐还睡觉呢！”碧浪道：［甲侧］岔一人问，俱是不受用意。“茶炉子呢？”红玉道：“今儿不是我爠的班儿，有茶没茶别问我。”绮霞道：“你听听他的嘴！你们别说了，让他矌去罢。”红玉道：“你们再问问我矌了没矌？二奶奶使唤我说话取东西来。”［甲侧］非小红夸耀，系尔等逼出来的，离怡红意已定矣。说着，将荷包举给他们看，［庚侧］得意称心如意，在此一举荷包。方不言语了。［甲侧］众女儿何苦自讨之。大家分路走开，晴雯冷笑道：“怪不得，原来爬上高枝儿去了，把我们不放在眼里。不知说了一句话半句话，名儿姓儿知道了不曾呢，就把他兴的这个样儿了。这一遭半遭儿的算不得什么，过了后儿还得听呵呢！有本事从今儿出了这园子，长长远远的在高枝儿上［庚侧］虽是醋语，却与下无痕。才算得呢！”一面说着走了。

这里红玉听说，不便分证，只得忍着气儿来找凤姐。到了李氏房中，果见凤姐在这里和李氏说话。红玉上来回道：“平姐姐说，奶奶刚出来［甲侧］交代不在盘架下了。他就把银子收起来了，才张才家的来取，当面称了给他拿去了。”说着将荷包递了上去。［庚侧］两件完了。又道：“平姐姐叫我回奶奶，才旺儿进来讨奶奶的示下，好往那家子去，平姐姐就把那话按着奶奶的主意，打发他去了。”凤姐笑道：“他怎么按着我的主意打发去了？”［甲侧］可知前红玉云，就把那按奶奶的主意，主意是欲俭，但恐累赘耳，故阿凤有是问，彼能细答。红玉道：“平姐姐说，我们奶奶问这里奶奶好。原是我们二爷不在家，虽然迟了两天，只管叫奶奶放心。等五奶奶好些，我们奶奶还会了五奶奶来瞧奶奶呢！［甲侧］又一门。五奶奶前日打发人来说，‘舅太太带了信来，问奶奶好，还要和这里姑奶奶寻两丸延年神验万全丹，［甲侧］又一门。若有了，奶奶打发人，只管送在我们奶奶这里来。明日有人去，［甲侧］又一门。就顺路给那边舅太太带了去。’”话未说完，李氏道：［甲侧］红玉今日方遂心如意，却为宝玉后伏线。［庚侧］又一润色。“嗳哟哟，这话我就不懂了，什么奶奶爷爷的一大堆。”凤姐笑道：“怨不得你不懂，这是四五门子的话呢。”说着又向红玉笑道：“好孩子，难为你说的齐全，别像他们扭扭捏捏蚊子是的。［庚侧］写［骂］死假斯文。嫂子不知道，如今除了我随手使的这几个人外，我就怕和别人说话。他们必定一句话拉长了作两三截儿，咬文嚼字，拿着腔儿哼哼，急的我冒火，他们那里知道？先时我们平儿也是这么着，我就问着他，难道必定粧蚊子哼哼就是美人了？［庚侧］贬杀，骂杀！说了几遭才好些了。”李宫裁笑道：“都像你泼皮破落户才好！”凤姐又道：“这一个丫头就好，［甲侧］红玉听见了么。方才两遭儿说话虽不多，听那口声就简断。”［甲侧］红玉此刻心内想，可惜晴雯等不在傍。说着又向红玉笑道：“你明儿伏侍我罢。我认你作女儿，我一调理你就出息了。”［庚侧］不假。红玉听了，扑嗤一笑。凤姐道：“你怎么笑？你说我年轻，比你能大几岁，就作你的妈了？你作春梦呢！你打听打听，这些人里头都比你大的大的，赶着我叫妈，我还不理呢！今日抬举你了。”红玉笑道：“我不是笑这个，我笑奶奶错认了辈数了。我妈是奶奶的女儿，[庚侧]所以说比你大的大的。这会子又认我作女儿。”凤姐道：“谁是你妈？”[庚侧]晴雯说过。李宫裁道：“你原来不认得他？他是林之孝的女儿。”[甲侧]管家之女，而晴卿辈挤之，招祸之媒也。凤姐听了十分岔意，因说道：“哦，[甲侧]传神。原来是他的丫头！”又笑道：“林之孝两口子都是一锥子扎不出一声儿来的。我成日家说，他们到是配就了的一对夫妻，一个天聋，一个地哑。[甲侧]用得是，阿凤口角。[周按]凤姐谓天聋地哑，锥子扎不出声来之人，而荣府用之为大管家，实属可疑之点，参看前后相关数处按语。那里承望养出这么个伶俐丫头来！你十几了？”红玉道：“十七了。”又问：“叫什么名字？”[甲侧]真真不知名，可叹！红玉道：“原叫红玉来，因为重了宝二爷，如今只叫红儿了。”凤姐听说，将眉一皱，把头一回，说道：“讨人嫌得狠了！得了玉的济似的，[周按]得济，北方俗语，略如得了大帮助，大照顾。[庚侧]又一下针。你也玉，我也玉。”因说道：“既这么着，上月我还和他妈说，如今事多，也不知这府里谁是谁的人，你替我好好的挑两个丫头我使。他一般的答应着，他饶不挑，到把他的女孩儿送了别处去，难道跟我必定不好？”李氏笑道：“可是你又多心了。他进来在先，你说在后，怎么怨得他妈？”凤姐道：“既这么着，明日我和老二说，[甲侧]有悌弟之心。叫他再要人，叫这个丫头跟我去。可不知他本人愿意不愿意？”[甲侧]总是追写红玉十分心事。[庚眉]奸邪婢岂是怡红应答者，故即逐之，前良儿后篆儿便是却〔确〕证，作者又不得可〔已〕也。己卯冬夜。[庚眉]此系未见抄后狱神庙诸事，故有是批。丁亥夏，畸笏。红玉笑道：“愿意不愿意，我们也不敢说。[甲侧]好答，可知两处俱是主儿。[庚侧]有话，好答。只是跟着奶奶，我们也学些眉眼高低，出入上下，[周按]学的是眉眼高低，出入上下。天下的事[甲侧]且系本心本意，狱神庙回内。[庚侧]千愿意万愿意之言。也得见识见识。”刚说着，[庚侧]截得真好。只见王夫人的丫头来请，凤姐便辞了李宫裁去了。红玉也回怡红院去，[庚侧]好，接得更好。不在话下。

如今且说林黛玉因夜间失寐，次日起来迟了，闻得众姊妹都在园中作饯花会，恐人笑他痴懒，连忙梳洗了出来，刚到了院中，只见宝玉进门来了，笑道：“好妹妹，你昨日可告了我不曾？[甲侧]明知无是事，不得不作开设。叫我悬了一夜心。”［庚侧］并不为告悬心。林黛玉便回头叫紫鹃道：［庚侧］到像不曾听见的。［甲侧］不见宝玉，阿颦断无此一段闲言，总在欲言不言难禁之意，了却情情之正文也。“把屋子收拾了，下一扇纱屉子，看那大燕子回来，把帘子卷起来，拿狮子倚住，［周按］卷帘倚门，皆为待大燕归来，与窗无涉，石狮是倚门物，与帘无涉。烧了香，就把炉罩上。”说着就往外走。宝玉见他这样，还认作是昨日中晌的事，［甲侧］毕真不错。那更知道晚间这一段公案？还打躬作揖的。黛玉正眼也不看，各自出了院门，找别的姊妹去了。宝玉心中纳闷，自己猜疑：“看起这个光景来，不像是为昨日的事。但只是我昨日回来的晚了，又没有见他，再没有冲撞了他的去处。”［庚侧］毕真不错。一面想着，又犹不得从后面追了来。只见宝钗、探春正在那边看舞鹤，［庚侧］二玉文字岂是容易写的？故有此载〔截〕。见黛玉去了，三个一同站着说话儿。见宝玉来了，探春笑道：“二哥哥身上好！［甲侧］横云裁〔截〕岭，好极，妙极！二玉文原不易写，《石头记》得力处在兹。［周按］此等批与畸笏批故无不同。整整三天没见了。”［周按］此等文字最真实，兄妹间便是这样说话，不尔则假。宝玉笑道：“妹妹身上好！我前日还在大嫂跟前问你呢。”探春道：“二哥哥，你这里来，［庚侧］是移一处语。我和你说句话。”宝玉听了，便离了钗玉两个，到了一棵石榴树下。探春问道：“这几天老爷可叫你来没有？”宝玉笑道：“没有叫。”探春道：“昨日我恍惚听见说，老爷叫你出去的。”［甲侧］老爷叫宝玉再无喜事，故园中合宅皆知。宝玉笑道：“那想是别人听错了，［甲侧］非谎也，避繁也。［庚侧］怕文繁。并没叫。”探春又笑道：“这几个月我又趱下十来吊钱了，［周按］趱，不作攒，屡见，是原笔。你还拿了去，［庚眉］若无此一岔，二玉和合，则成嚼腊文字，《石头记》得力处正此。丁亥夏，畸笏叟。明儿瞒去的时候，或是好字，［周按］探春爱书法，与画无涉。好轻巧顽意儿，替我带几样来。”宝玉道：“我这么城里城外，大廊大庙的瞒，也没见个新奇精致东西，左不过是那些金玉铜磁，没处撂的古董，再就是绸缎吃食了。”探春道：“谁要这些作么？［周按］作么，北语，前文已屡见。像你上回买的那柳枝儿编的小[illegible]子，［周按］篓，是原笔，即为篮子。整竹子根抠的香盒子，胶泥垛的风炉儿，这就多好。我喜欢的什么是的，谁知他们都爱上了，都当宝贝是的。”

宝玉笑道："原来要这个，不值什么，拿五百钱出去[蒙侧]不知物力艰难，公子口气也。给小子们，管拉两车来。"探春道："小子们知道什么？你拣那朴而不俗，真而不作的，[甲侧]是论物，是论人？看官着眼。这些东西多多的带些来，我还像上回的鞋作一双你穿，比那一双还加工夫如何呢？"宝玉笑道："你提起鞋来，我想起来了，那一回我穿着，可巧遇见老爷，[蒙侧]补遗法。就问是谁做的？我那里敢提三妹妹三个字！我就说是前日我生日，是舅母给的。老爷听了是舅母给的，才不好怎么着，半日还说，'何苦来？虚耗人力，作践绫罗，做这样东西！'我还来告诉了袭人，[周按]还来，即还曾，非回来。袭人说道，[周按]此处原有缺文，不可与下文连读。'这还罢了，赵姨娘气的了不得，正紧环兄弟[庚侧]指环哥。鞋塌拉袜塌拉的，[甲侧]何至如此？写妒妇信口逗。没人看的见，且做这些东西。'"探春听说，登时放下脸来道："这话糊涂到什么田地上！怎么我是该做鞋的人么？环儿难道没有分例的？没有人的？衣裳是衣裳，鞋袜是鞋袜，丫头老婆一屋子，抱怨这些话给谁听呢？我不过闲着没事，做一双半双，给那个哥哥兄弟，随我的心，谁管着我不成！这也是他气。"宝玉听了点头笑道："你不知道，他心里自然又有个想头了。"探春听说，越发动了气，将头一扭说道："连你也糊涂了，他那想头自然是有的，不过是那阴微鄙贱的见识。他只管这么想，我只管认得老爷、太太两个人，别人我一概不管。就是姊妹弟兄跟前，谁和我好，我就和谁好。什么偏的庶的，我也一概不知道。论理我不该说他，但是他忒昏聩的不像了。还有笑话呢，[甲侧]开一步，妙妙！就是我上回给你那钱，替我带了那顽的东西，过了两天，他见了我，也说没钱怎么苦怎么难，[庚眉]这一节特为"兴利除弊"一回伏线。我也不理论。谁知后来丫头们出去了，他就抱怨起我来，说我攒的钱，为什么给你使，到不给环儿使？我听见这话，又好笑又好气。我就出来往太太跟前去了。"正说着，只见宝钗那边笑道：[庚侧]截得好！"说完了？来罢，显见是哥哥妹妹了，丢下别人说梯己去。我们听一句儿就使不得了？”说着，探春、宝玉二人方笑着来了。

宝玉因不见林黛玉，［甲侧］兄妹话虽久长，心事总未少歇。接得好。便知他躲了自己别处去了，待要找他去，又想一想，索性迟两日，［甲侧］作书人调侃耶。等他的气消一消再去也罢了。低头看见许多凤仙、石榴等各色落花落了一地，因叹道：这是他生了气，也不来收拾这花了。待我送了去，明日再问他。［甲侧］至埋香冢方不牵强，好情理。说着，只见宝钗约他们到外头去，［甲侧］收拾得干净。宝玉道：“我就来。”说毕，等他二人去远了，［甲侧］怕人笑说。便把花兜了起来，登山涉水，过树穿花，一直奔了那日林黛玉葬桃花的去处来。将到花墓，［庚侧］新鲜！只听山坡那边呜咽之声，一行数落着，哭的好不伤感。［甲侧］奇文异文，俱出《石头记》上，且念出，愈奇文！宝玉想道：“不知那房的丫头［甲侧］岔开线络，活泼之至。受了委曲，跑到这里来哭。”便煞住脚，听他哭道：［甲侧］诗词歌赋，如此章法写于书上者乎。［庚侧］诗词文章，试问有如此行笔者乎？［甲眉］开生面，立新场，是书多多矣，惟此回处生更新。非颦儿断无是佳吟，非石兄断无是情聆，难为了作者了，故留数字以慰之。［庚眉］开生面，立新场，是书不止《红楼梦》一回，惟是回更生更新，且读去非阿颦无是且吟，非石兄断无是章法行文，愧杀古今小说家也。畸笏。

花谢花飞花满天，［周按］花满天，何等境界。红消香断有谁怜？

游丝软系飘春榭，落絮轻沾扑绣帘。

帘中女儿惜春莫，［周按］帘中，与上句为顶针续麻格。黛玉与帘的关系应特别注意，参看“帘外桃花帘内人”，“晶帘隔断月中痕”诸句。莫，原笔，同暮。愁绪满怀无处诉。

手把花锄出绣帘，忍踏落花来复去？

柳丝榆荚自芳菲，［周按］荚，是原笔。不管桃飘与柳飞。［周按］柳飞，即絮飞，与篇首相应。

桃李明年能再发，明岁闺中知有谁？

三月香巢已垒成，梁间燕子太无情！

明年花发虽可啄，却不道人去梁空巢也倾。

一年三百六十日，风刀霜剑严相逼。

明媚鲜妍能几时？一朝飘泊难寻觅。

花开易见落难寻，阶前闷杀葬花人。

独把香锄泪暗洒，洒上花枝见血痕。［周按］洒上花枝见血痕，即花之颜色人之泪，谓花即泪染，非“空枝”之义。

杜鹃无语正黄昏，荷锄归去掩重门。

青灯照壁人初睡，冷雨敲窗被未温。

怪奴底事倍伤神？［周按］此处奴字是黛玉自称，引领下文。半为怜春半恼春。

怜春忽至恼忽去，至又无言去不闻。

昨宵庭外悲歌发，知是花魂与鸟魂。

花魂鸟魂总难留，鸟自无言花自羞。

愿奴胁下生双翼，随花飞落天尽头。

天尽头，何处有香丘？

未若锦囊收艳骨，一抔冷土掩风流。

质本洁来还洁去，强于污淖陷渠沟。［周按］黛玉死于水，诗已言明，但系反说，不善读者正以为黛玉不喜“水葬”，既如此，又何必枝蔓于渠沟乎？

尔今死去奴收葬，未卜奴身何日亡？［周按］葬，去平二声，在此正用平声，与下句亡叶韵，不晓者竟妄改亡为丧，以就去声，遂致下周成为败笔，失尽雪芹本真。

奴今葬花人笑痴，他年葬奴知是谁。

试看春残花渐落，便是红颜老死时！

一朝春尽红颜老，花落人亡两不知。［周按］照应“何日亡”之句。［庚眉］余读《葬花吟》凡三阅，其凄楚感慨，令人身世两忘，举笔再四，不能加批，先生想身宝玉，何得而下笔！即字字双圈，料难遂颦儿之意，俟看过玉兄后文再批。噫嘻！客亦《石头记》化来之人，故掷笔以待。

宝玉不觉痴倒。要知端底，再看下回。

［甲回眉尾］余读《葬花吟》，至再至三四，其凄楚感慨，令人身世两忘，举笔再四，不能下批，有客曰：先生身非宝玉，何能下笔？即字字双圈，

批词通仙，料难遂颦儿之意，俟看玉兄之后文再批。噫唏。阻余者想亦《石头记》来的，故停笔以待。

［甲回后］饯花辰不论典与不典，只取其韵致生趣耳。

池边戏彩蝶，偶而适兴，亭外急智脱壳，明写宝钗非拘拘然一迂女夫子。

凤姐用小红，可知晴雯等理〔埋〕没其人久矣，无怪有私心私情，且红玉后有宝玉大得力处，此于千里外伏线也。

《石头记》用截法、岔法、突然法、伏线法，由近渐远法，将繁改俭法，重作轻抹法，虚稿实应法，种种诸法总在人意料之外且不见一丝牵强。所谓信手拈来无不是是也。

不因见落花，宝玉如何突至埋香冢？不至埋香冢，又如何写《葬花吟》？

埋香冢葬花乃诸艳归源，《葬花吟》又系诸艳一偈也。

［蒙戚回后］幸逢知己无回避，密语隔窗怕有人。总是关心浑不了，叮咛嘱咐为轻春。

心事将谁告，花飞动我悲。埋香吟哭后，日日敛双眉。

［回后评］四月二十六日未时明写饯花古俗，暗写宝玉生辰。宝玉、探春一段对语点明新鞋是生日之礼物，暗喻和谐之义，此种风俗礼数，后世早已不存。故今之读者观书至本回，见其头绪纷纭，皆莫知其味。

本回回目钗黛对举，实则钗、黛、红玉三人为主角。葬花象征黛玉之早亡，戏蝶象征宝钗、宝玉日后成婚，红玉、贾芸一段公案则预伏宝玉落难后狱神庙等情节。

《葬花》词曰“帘中女儿惜春莫（暮）”，我谓帘是原字，已有按语指明。今又念及上回宝玉初至潇湘馆时，早有“湘帘垂地，悄无人声”之句，可见作者文笔呼应，非偶然也。

产九台灵芝之日，隐喻诞生奇男祥瑞之意。薛蟠请宝玉、冯紫英来饮酒，皆暗写宝玉四月二十六生日也。

西堂，雪芹家于北京，南京各有一处，同名西堂，今不知确指。

本回仍以红玉、赵姨娘为两大真主题，全为后半部狱神庙凤宝落难伏线。后幅归于葬花，象征群芳转眼皆尽之大悲剧。

[第十九回至第二十七回总评] 此九回段落的线路有明暗两个面，明面是由“静日玉生香”起，经历袭人的箴，宝玉的悟，《西厢记》之动魄，《牡丹亭》之警心，一直发展到埋香泣冢。暗面是宝玉、贾环嫡庶间的暗争，凤姐、赵姨权势上的恶斗，迅速迸发，激烈展开，着力写出荣府第一场巨大风波。而中间夹写贾芸、红玉、醉金刚，远远为日后赵环毒谋、凤宝入狱、芸红营救等重大情事伏下笔墨。明暗两面巧妙而有机地联系于无形之中。此九回以葬花截住，也是为诸艳归源十二钗命运作一总预示。下回即另起蒋玉菡，归入别题，首尾判然。

第二十八回
蒋玉菡情赠茜香罗　薛宝钗羞笼红麝串

［蒙戚回前］茜香罗红麝串写于一回，盖琪官虽系优人，后回与袭人供奉玉兄宝卿得同终始者，非泛泛之文也。［周按］得同终者即“花袭人有始有终”也。见二十回眉批。

［蒙回前］自闻曲回以后，回回写药方，是白描颦儿添病也。

话说林黛玉只因昨夜晴雯不开门一事，错疑在宝玉身上，至次日又可巧遇着饯花之期，正是一腔无明正未发泄，［周按］正是、正未连用，似有重复之嫌。然系原笔，本为加重语气。又勾起伤春愁思，因把些残花瓣儿去掩埋，由不得感花伤己，哭了几声，随口念了几句。不想宝玉在山坡上听见是黛玉之声，先不过是点头感叹，听到“奴今葬花人笑痴，［周按］《葬花吟》中“奴”“我”皆原笔，正见小女儿随口成句之口吻。他年葬我知是谁？一朝春尽红颜老，花落人亡两不知”等句，不觉恸倒山坡之上，怀里兜的落花撒了一地。试想林黛玉的花颜月貌，将来亦到无可寻觅之时，宁不心碎肠断！既黛玉终归于无可寻之时，推之于他人，如宝钗、香菱、袭人等亦可以到无可寻觅之时矣。既宝钗等终归无可寻觅之时，则自己又安在哉？且自身尚不知何在何往，则斯处、斯园、斯花、斯柳又不知当属谁姓已！［甲眉］不言炼句炼字，词藻工拙，只想景想情，想事想理，反复追求，悲伤感慨，乃玉兄一生天性，真颦儿不知己，则实无再有者。昨阻余批《葬花吟》之客，嫡是玉兄之化身无疑。余几点金成钱〔铁〕之人。笨甚，笨甚！［周按］已，语末截断词，是原笔。因此一而二，二而三，反复推求了去，［庚侧］百转千回矣。真不知此时此际欲为何等蠢物，杳无可知，［周按］杳无可知，雪芹原笔。◎宝玉者本是大石所化，大石所以投胎人世，只因灵性已通，欲到人间受享，及至此刻闻听《葬花》词，层层推去，便已反悔。故云欲为何等蠢物，杳无可知，即欲恢复大石了无灵性可言之义也。逃大造，出尘网，使可解释这段悲感。［甲侧］非大善知识，说不出这句话来。［周按］使可，雪芹原笔字法正如是。正是：

花影不离身左右，鸟声只在耳东西。［甲侧］二句作禅语参。［甲眉］一大篇《葬花吟》，却如此收拾。真好机思笔伏〔仗〕，令人焉得不叫绝称奇。

那黛玉正自伤感，忽听山坡上也有悲声，心下想道："人人都笑我有些痴病，难道还有一个痴子不成？"〔甲侧〕岂敢，岂敢。〔周按〕此代作者答言，一如楔子"蠢物"二字之侧批岂敢、岂敢一样。想着，抬头一看，见是宝玉。林黛玉看见便道："啐！我当是谁，原来是这个狠心短命的……"〔周按〕按宝黛二人之情谊如书中所写何待多言，宝玉之待黛玉可谓仁至义尽，无微不至。连一心维护黛玉之紫鹃也批评黛玉云："我看他（宝玉）素日在姑娘身上就好，皆因姑娘小性儿，常要歪派他。"既如此，黛玉岂能毫无所感，漠然于衷。而"狠心短命"四个字，黛玉忍于出口以骂宝玉，是一时情急口不遮言乎？盖若非上智绝慧，其人必由爱生妒，由妒生怨，由怨积恨，由恨成仇，以至无所不用其极，以至酿成悲剧惨剧，此人间之常例也。而黛玉实乃聪明绝顶上智人也，岂能与世俗常人相比。然《石头记》明言绛珠还泪是一部书之根源始末。若黛玉真是绛珠，则只应感激图报，何来如此怨怒？予每读至此，总未免有疑存焉。刚说到〔周按〕刚说到，话不全，却是雪芹原笔。短命二字上，又把口掩住，〔甲侧〕情情不忍道出的字来。〔蒙侧〕情情。长叹一声，〔蒙侧〕不忍也。自己抽身便走了。这里宝玉痛哭了一回，〔周按〕痛哭，是原笔真语。忽抬头不见了黛玉，便知黛玉看见他躲开了。自己也觉无味，抖去落花，下山寻归旧路，〔甲侧〕折得好，誓不写开门见山文字。往怡红院来。可巧看见林黛玉在前头走，〔庚侧〕哄人字眼。〔周按〕批语说"可巧"二字是骗人。连忙赶上去说道："你且站住。我知道你不理我，我只说一句话，从今已后撂开手。"〔甲侧〕非此三字，难留莲步，玉兄之机变如此。林黛玉回头见是宝玉，待要不理他，听他说只说一句话，从今撂开手，这话里有文章，少不得站住。说道："若是一句话，请说来。"宝玉笑道："两句话了，〔甲侧〕相离尚远，用此句补空，好近阿颦。你听不听？"黛玉听说，回头就走。〔庚侧〕走的是。宝玉在身后面叹道："既有今日，何必当初！"〔甲侧〕自言自语，真是一句话。林黛玉听见这话，由不得站住，回头问道："当初怎么样？今日怎么样？"宝玉叹道："当初姑娘来了，〔甲侧〕以下乃答言，非一句话也。那不是我陪着顽笑？〔周按〕那不是，"那"上声，即今写作"哪"者是也，犹言皆是。〔甲侧〕我阿颦之恼，玉兄实摸头不着，不得不将自幼之苦心实事一诉，方可明心以白今日之故，勿作闲文看。凭我心爱的，姑娘要，就拿了去。我爱吃的，听见姑娘也爱吃，连忙干干净净的收着，等姑娘吃。一棹子吃饭，一床上睡觉。丫头们想不到的，我怕姑娘生气，我替丫头们想到。我心里想着，姊妹们从小儿长大的，亲也罢，热也罢，和气到了头，才见得比人好。［庚侧］要紧语。如今谁承望姑娘人大心大，［庚侧］反派不是。不把我放在眼里，到把外四路的什么宝姐姐、［庚侧］心事。凤姐姐的放在心坎儿上，［甲侧］用此瞒看官也，瞒颦儿也，心动阿颦在此数句也，一节颇似说闻，玉兄口中却是衷肠话。［庚眉］一节颇似说辞，在兄口中却是衷肠之语。己卯冬夜。到把我三日不理四日不见的。我又没个亲兄弟亲姊妹。虽然有两个，你难道不知道是和我隔母的？我也和你是独出，只怕同我的心一样。谁知我是白操了这个心，弄得有冤没处诉！”说着不觉滴下泪来。林黛玉耳内听了这说话，眼内见了这形景，心内不觉灰了大半，也不觉滴下泪来，［甲侧］玉兄泪非容易有的。低头不语。宝玉见他这般形景，遂又说道：“我也知道我如今不好了，但只凭着怎么不好，万不敢在妹妹跟前有错处。［庚侧］有是语。便有一二分错处，你到是或教道我，［周按］教道是原笔。戒我下次，［庚侧］可怜语。或骂我两句，打我两下，我都不灰心。谁知你总不理我，［庚侧］实难为情。叫我摸不着头脑，少魂失魄，不知怎么样才是。［庚侧］真是有事。就便死了，也是个屈死鬼，任凭高僧高道忏悔也不能超生。［周按］超生，谓“轮回”再世为人也。［庚侧］又瞒看官及批书人。还得你伸明了缘故，［周按］伸明是原笔。我才得托生呢！”［周按］托生是原笔。俗语读音似近“滔生”。与前文呼应。黛玉听了这话，不觉将昨晚的事都忘在九霄云外了，便说道：［甲侧］情情本来面目也。［庚侧］情衷肠。“你既这么说，昨日为什么我去了，［庚侧］正文该问。你不叫丫头开门？”宝玉咤意道：［周按］咤意是原笔。“这话从那里说起？［庚侧］实实不知。我要是这么样，立刻就死了！”［甲侧］急了。［庚侧］真急了。林黛玉啐道：［庚侧］如闻。“大清早起死呀活的，也不忌讳。你说有呢就有，没有就没有，起什么誓呢！”宝玉道：“实在没有见你去。就是宝姐姐坐了一坐就出来了。”［庚侧］不用兄言，彼已亲睹。林黛玉想了一想，笑道：“是了，想必是你的丫头们懒怠动，丧声恶气，也是有的。”宝玉道：“想必是这个原故。等我回去问是谁，教训教训他们就是了。”［庚侧］玉兄口气毕真。林黛玉道：“你的那些姑娘们［庚侧］不快活之称。也该教训教训。［庚侧］照样的妙！［周按］此批是证上文重言教训者是。只是论理我不该说，今儿得罪了我的事小，倘或明日宝姑娘来，［庚侧］也还一句，的是心坎上人。什么贝姑娘来，［周按］情之一事固结于心，实难解脱。如本书由第八回写起直至本文此处，已然千迴百转，种种口舌风波，然后又种种解说劝慰，似乎一切了然矣。谁知于千言万语之后，仍然归结到一个宝姑娘、贝姑娘，读书至此，不觉失笑。也得罪了，事情岂不大了。”［甲侧］至此心事全无矣。说着便抿嘴笑。宝玉听了，又是咬牙，又是笑。

二人正说话，只见丫头来请吃饭，［甲侧］收拾得干净。遂都往前头来了。王夫人见了林黛玉，因问道：“大姑娘，你吃那鲍太医的药可好些？”［庚侧］是新换了的口气。林黛玉道：“也不过这么着。老太太还叫我吃王大夫的药呢。”［庚侧］何如？［周按］此言前批新换了太医之说不误也。宝玉道：“太太不知道，林妹妹是内症，先天生的弱，所以禁不住一点风寒，不过吃两剂煎药，疏散了风寒，还是吃丸药的好。”［甲侧］引下文。王夫人道：“前儿大夫说了个丸药的名子，我也忘了。”宝玉道：“我知道那些丸药，不过叫他吃那什么人参养荣丸。”王夫人道：“不是。”宝玉又道：“八珍益母丸？左归右归，再不就是麦味地黄丸。”王夫人道：“都不是。我只记得有个‘金刚’两个字。”［甲侧］奇文奇语。宝玉扎手笑道：［周按］扎手，俗语“乍煞着手”，古作“遮奢”。［甲侧］慈母前放肆了。“从来没听见有个什么金刚丸。若有了金刚丸，就有了菩萨散了。”［甲侧］宝玉因代〔黛〕玉事完，一心无挂碍，故不知不觉手之舞之，足之蹈之。［庚眉］此写玉兄亦是释却心中一夜半日要事，故大大一拽。己卯冬夜。说的满屋里人都笑了。宝钗抿嘴道：“想是天王补心丹。”［甲侧］慧心人自应知之。王夫人笑道：“是这个名儿，如今我也糊涂了。”宝玉道：“太太到不糊涂，是叫金刚、菩萨支使糊涂了。”［甲侧］是语甚对，余幼时可闻之语合符。哀哉伤哉！王夫人道：“扯你娘的燥！又欠你老子搥你了。”宝玉笑道：［庚侧］伏线。“我老子再不为这个搥我的。”［甲侧］此语耳〔亦〕不假。［庚眉］写药案是暗度颦卿病势渐加之笔，非泛泛闲文也。丁亥夏，畸笏叟。王夫人又道：“既有这个名子，明日就叫人买些来吃。”宝玉道：“这些药都不中用的。太太给我三百六十两银子，我替妹妹配一料丸药，包管一料不完就好了。”王夫人道：“放屁！什么药就这么贵？”宝玉道：“当真的呢！我这方子比别个不同，那个药名儿也古怪，一时也说不清。只讲那头胎紫河车，［庚侧］只闻名。人形带叶参三百六十两，六足龟，［周按］据《大明会典》载：暹逻国献六足龟。大何首乌，［庚侧］听也不曾听过。千年松根茯苓胆，诸如此类的药都不算为奇，［庚侧］还有奇的。［庚眉］写得不犯冷香丸方子。只在群药里算。［周按］群药，即主药以外之辅助药味。那为君的药说起来唬人一跳。前儿薛大哥哥求了我有一二年，我才给了他这方子。他拿了方子去又寻了二三年，花了有上千的银子，才配成了。太太不信，只问宝姐姐。”宝钗听说，笑着摇手儿道：“我不知道，也没听见。你别叫姨娘问我。”王夫人笑道：“到底是宝丫头，好孩子，不撒谎。”宝玉站在当地，听见如此说，一回身把手一拍，说道：“我说的到是真话呢！到说我撒谎。”口里说着，忽一回身，只见黛玉坐在宝钗身后，抿着嘴笑，用手指头在脸上画着羞他。［庚侧］好看煞，在颦儿必有之。那凤姐因在里间房里看着人放棹子，听如此说，便走出来笑道：［庚侧］且不接宝玉文字，妙！“宝兄弟不是撒谎，到是有的。上月薛大哥哥亲自来和我寻珍珠，我问他作什么，他说是配药。他还抱怨说，‘不配也罢了，如今那里知道这么费事。’我问他什么药，他说是宝兄弟的方子，说了多少药，我也没工夫听。他说，‘要不是我也买几颗珍珠了，只是定要头上带过的，所以来寻。’他说，‘妹妹就没散的，花儿上的也得掐下来，过后儿我拣好的再给妹妹穿了来。’我没法儿，把那两枝珠花儿现拆了给他。还要了一块三尺大红库纱去，乳钵乳了，隔面子呢。”凤姐说一句，那宝玉念一句佛，说太阳照在屋子里呢。凤姐说完了，宝玉又道：“太太想，这还是将就呢。正紧按那方子，这珍珠宝石定要古坟里的，有那古时富贵人家妆裹的头面拿了来才好。如今那里有为这个去刨坟掘墓不成？所以只是活人带过的也还使得。”王夫人随念：“阿弥陀佛！不当家花花的。就是坟里有这个，人家死了几百年，［甲侧］不止阿凤圆谎，今作者亦为圆谎了，看此数句则知矣。这会子番尸盗骨的，作了药也不灵。”宝玉向林黛玉说道：“你听见了没有，难道二姐姐也跟着我撒谎不成？”脸望着黛玉说，却拿眼睛飘着宝钗。黛玉拉王夫人道：“舅母听听，宝姐姐不替他圆谎，他直问着我。”王夫人也道：“宝玉你狠会欺服你妹妹。”［周按］欺服，是原笔。宝玉笑道：“太太不知道这原故。宝姐姐先在家里住着，那薛大哥哥的事他就不知道。何况如今在里头住着呢，自然是越发不知道了。［庚侧］分晰的是，不敢正犯。林妹妹才在背后以为是我撒谎，就羞我。”

正说着，只见贾母房里的丫头找宝玉、林黛玉去吃饭。林黛玉也不叫宝玉，便起身拉了那丫头就走。那丫头说：“等着宝二爷一块儿去。”林黛玉道：“他不吃饭了，咱们走。”那丫头道：“吃不吃等他一块儿去，老太太问，让他说去。”黛玉道：“你就等着，我先走了。”说着便出去了。宝玉道：“我今儿还跟着太太吃罢。”王夫人道：“罢罢，我今儿吃斋，正经吃你的去罢。”宝玉道：“我也跟着吃斋。”说着便叫那丫头去罢，自己先跑到炕上坐了。王夫人向宝钗等笑道：“你们只管吃你们的去，由他罢。”宝钗因笑道：“你正紧去罢，吃不吃陪着林妹妹走一荡，［周按］荡是原笔。他心里打紧的不自在呢。”宝玉道：“理他呢，过一会子就好了。”［庚侧］后文方知。一时吃过饭，宝玉一则怕贾母记挂，二则也记挂着黛玉，忙忙的要茶漱口。探春、惜春都笑道：“二哥哥，你成日家忙什么？［甲侧］冷眼人自然了了。吃饭吃茶也是这么忙碌碌的。”宝钗笑道：“你叫他快吃了，瞧他林妹妹去罢，叫他在这里胡羼些什么？”宝玉便吃了茶出来，一直往西院来。可巧走到凤姐儿院门前，只见凤姐站着蹬着门槛子拿着耳挖子剔牙，［庚侧］也才吃了饭，是阿凤身段。看着小子们挪花盆呢。见宝玉来了，笑道：“你来的正好！进来进来，［庚侧］如闻。替我写个字儿。”［周按］字儿，犹言书面条子等意，不指字数。宝玉只得跟了进来。到房里，凤姐命人取过笔砚纸来，向宝玉道：“大红妆缎四十匹，蟒缎四十匹，上用纱各色一百匹，金项圈四个。”宝玉道：“这算什么。又不是账，又不是礼，怎么个写法？”凤姐道：“你只管写上，横竖我自己明白就罢了。”［庚侧］有是语，有是事。［周按］此物单，当亦是为后文一段重要事故伏线无疑。宝玉听说，只得写了。凤姐一面收起来，一面笑道：“还有句话告诉你，你依不依？你屋里有个丫头叫红玉，我合你说说，要叫了来使唤，明儿我再替你挑几个，可使得？”［周按］可使得，即今言行不行，征求同意之语也。［甲侧］字眼。宝玉道：“我屋里的人也多的狠，姐姐喜欢谁，只管叫了来，何必问我。”［甲侧］红玉接杯到茶，自纱屉内至回廊下再见。此处如此写来，可知玉兄除颦儿外，俱是行云流水，又了却怡红一孽冤。一叹！凤姐因笑道：“既这么着，我就叫人带他去了。”［庚侧］又了却怡红孽冤，一叹！宝玉道：“只管带去。”说着便要走。［甲侧］忙极！凤姐道：“你回来，我还有一句话呢。”宝玉道：“老太太叫我呢，［甲侧］非也，林妹妹叫我。一笑！有话等我回来罢。”说着便来至贾母这边，只见都已吃完了饭。贾母因问他：“跟着你娘吃了什么好的？”宝玉笑道：“也没什么好的，我到多吃了一碗饭。”［甲侧］安慰祖母之心也。因问：“林妹妹在那里呢？”［甲侧］何如？余言不谬。［周按］此照应前条林妹妹叫我之批。贾母道：“里头屋里呢。”宝玉进来，只见地下一个丫头吹熨斗，炕上两个丫头打粉线，黛玉湾着腰拿着剪子裁什么呢。宝玉走进来笑道：“哦，［庚侧］句。这是作什么呢？才吃了饭，这么空着头，［周按］空着头，空，读去声。一会子又头疼了。”黛玉并不理，只管裁他的。有一个丫头道：“那块绸子角儿还不好呢，再熨他一熨。”黛玉把剪子一撂，说道：“理他呢，过一会子就好了。”［甲侧］有意无意，暗合针对，无怪。［庚侧］有意无意，暗合针对，无怪玉兄纳闷。宝玉听了，只是纳闷。只见宝钗、探春等也来了，和贾母说了一回闲话。宝钗也进来问：“林妹妹作什么呢？”见黛玉裁剪，因笑道：“越发能干了，连裁剪都会了。”黛玉笑道：“这也不过撒谎哄人罢了。”宝钗笑道：“我告诉你个笑话儿，才刚为那个药，我说了个不知道，宝兄弟就心里不受用了。”林黛玉道：“理他呢，过一会子就好了。”［甲眉］连重二次前言，是颦、宝气味暗合，认作有小人过言也。［周按］此批原在熨绸子角儿眉上。［庚眉］连重多遍前言，是颦、玉气味相仿，无非偶然暗合相符。勿认作有过言小人也。宝玉向宝钗道：“老太太要抹骨牌，正没人，你抹骨牌去。”宝钗听说，便笑道：“我是为抹那骨牌才来了？”［周按］宝钗明知宝玉欲支她走也，故反诘，乃不悦之语也。说着，便走了。林黛玉道：“你到是去罢，这里有老虎，看吃了你！”说着又裁。宝玉见他不理，只得还陪笑说道：“你也去徆徆再裁不迟。”黛玉总不理。宝玉便问丫头们：“这是谁叫裁的？”黛玉见问丫头们，便说道：“凭他谁叫我裁，也不管二爷的事！”宝玉听了，方欲说话，只见有人进来回说，［周按］回说，即回禀之意，乃奴仆对主家之特用语。外头有人请。宝玉听说，忙徹身出来。林黛玉向外说道：［甲侧］仍丢不下，叹叹！“阿弥陀佛！赶你回来，我死了也罢了。”［甲侧］何苦来，余不忍听。［周按］谶语，当识。

宝玉出至外面，只见茗烟说道：“冯大爷家请。”宝玉听了，知是昨日的话，便说要衣裳去，自己便往书房里来。那茗烟一直到了二门前等人，［甲侧］此门请出玉兄来，故信步又至书房，文人弄笔虚点赘也。只见出来个老婆子，茗烟上去说道：“宝二爷在书房里等出门的衣裳，你老人家进去带个信儿。”那婆子道：“你娘的毬！［庚侧］活现活跳。到好，宝二爷如今在园子里住着，［甲侧］与夜间叫人对看。跟他的人都在园子里，你又跑了这里来带信儿。”茗烟听了笑道：“骂的是，我也糊涂了。”说着一迳往东边二门上来。可巧门上小厮正在甬路底下踢毬，［周按］甬路底下，指正路之两旁。正路当指高出地面，乃尊者主家所行之路。走两旁，表身份低下，以示恭敬。茗烟将原故说了，小厮跑了进去，半日才抱了一个包袱出来，递与茗烟。回到书房里，宝玉换了，命人备马，带着茗烟、锄药、双瑞、双寿四个小厮，一迳来到冯紫英门口，有人报与冯紫英，出来迎接进去。只见那薛蟠早已在那里久候，还有许多唱曲儿的小厮，并唱小旦的蒋玉菡、锦香院的妓女云儿。大家都见过了，然后吃茶。宝玉擎茶笑道：“前日所请幸与不幸之事，［周按］所请之事，谦词，犹言所问也。叫我昼悬夜想，今日一闻呼唤即至。”冯紫英道：“你们令表兄弟到都心实。前日不过是我的设辞，诚心请你们一饮，恐有推托，故说下这句话。今日一邀即至，谁知都信真了。”［甲眉］若真有一事，则不成《石头记》文字矣。作者得三昧在兹，批书人得书中三昧亦在兹。［周按］果是冯言，诚乃陋笔、废笔，芹笔绝不出此，必有后文照应，脂批说得性急了些，抑亦或作者瞒蔽观者乎？说毕大家一笑，然后摆上酒来，依次坐定。冯紫英先命唱曲儿的小厮过来让酒，然后命云儿也来敬。那薛蟠三杯下肚，不觉忘了形儿，拉着云儿的手笑道："你把那梯己新样儿的曲儿唱个我听，我吃一坛如何。"云儿听说，只得拿起琵琶来，唱道：

两个冤家，都难丢下，想着你来又记挂着他。两个人形容俊俏都难描画，想昨宵，幽期私订在荼蘼架。一个偷情，一个寻拿，拿住了三曹对案，我也无回话。拿住了三曹对案，我也无回话。［甲侧］此唱一曲，为直刺宝玉。［周按］小曲末一句往往叠一遍，并非误复。

唱毕笑道："你喝一坛子罢。"薛蟠听说笑道："不值一坛，再唱好的来。"宝玉笑道："听我说来，如此滥饮，易醉而无味。我先喝一大海，发一新令，有不遵者，连罚十大海，逐出席外与人斟酒。"［甲侧］谁曾经过，叹叹！西堂故事。［庚眉］大海饮酒，西堂产九台灵芝日也。批书至此，宁不悲乎？壬午重阳日。冯紫英、蒋玉菡等都道："有理有理！"宝玉拿起海来一气饮尽，说道："如今要说悲、愁、喜、乐四字，都要说出女儿来，还要注明这四字的原故。"说完了饮门杯："酒面要唱一个新鲜时样曲儿，酒底要席上生风一样东西，或古诗旧对《四书》《五经》成语。"薛蟠未等说完，先站起来拦道：［甲侧］爽人爽语。"我不来，别算我，这竟是捉弄我呢！"［庚侧］岂敢。云儿便站起来，推他坐下，笑道："怕什么，这还亏你天天吃酒呢，难道连我也不如？回来我还说呢。说是了罢，不是了，不过罚上几杯，那里就醉死了。你如今一乱令，到喝十大海，下去给人斟酒不成？"［庚侧］有理。众人都拍手道妙。薛蟠听说，无法可治，只得坐了，听宝玉先说。宝玉便道：

女儿悲，青春已大守空闺。

女儿愁，悔教夫婿觅封侯。

女儿喜，对镜晨妆颜色美。

女儿乐，秋千架上春衫薄。

众人听了都道："说得有理。"薛蟠独扬着脸摇头说："不好，该罚！"众人问："如何该罚。"薛蟠道："他说的我都不懂，怎么不该罚？"云儿便拧他一把，笑道："你悄悄的想你的罢，回来说不出来，才是该罚呢。"于是拿琵琶弹。宝玉唱道：

滴不尽相思血泪抛红豆，开不完春柳春花满画楼。睡不稳纱窗风雨黄昏后，忘不了新愁与旧愁，咽不下玉粒金尊噎满喉，照不见菱花镜里形容瘦。展不开的眉头，挨不明的更漏。呀！恰便是遮不住的青山隐隐，流不住的绿水悠悠。

唱完，大家齐声喝彩，独薛蟠说无板。宝玉领了门杯，［周按］筵席上有公杯为大家敬酒罚酒之用。置于各人面前之杯为门杯。领有敬领主人或令官赐酒之意。故领字较有涵味。便拈起一片梨来，说道："雨打梨花深闭门。"完了令。下该冯紫英，听冯紫英说道是：

女儿悲，儿夫染病在垂危。

女儿愁，大风吹倒梳妆楼。

女儿喜，头胎养了双生子。

女儿乐，私向花园掏蟋蟀。［甲侧］紫英口中，应当如是。

说毕，端起酒来，唱道：

你是个可人，你是个多情，你是个刁钻古怪鬼灵精，你是个神仙也不灵。我说的话儿你全不信，只叫你去背地里细打听，才知道我疼你不疼！

唱完，领了门杯，便拈起一片鸡肉，说道："鸡声茅店月。"令完，该云儿了。云儿便说道是：

女儿悲，将来终身指靠谁？［甲侧］道着了。

薛蟠叹道："我的儿，有你薛大爷在，你怕什么。"众人都道："别混他，别混他。"云儿又道：

女儿愁，妈妈打骂几时休。

薛蟠道："前儿我见了你妈，还吩咐他不叫他打你呢。"众人都道："再多言者，罚酒十大海。"薛蟠连忙自己打了一个嘴巴子，说道："没耳性，再不说了。"云儿又道：

女儿喜，情郎不舍还家里。

女儿乐，住了笙管弄弦索。

说完，唱道是：

豆蔻花开三月三，一个虫儿往里钻，钻了半日不得进，一爬爬在花上打秋千。肉儿小心肝，我不开了你怎么钻。［甲侧］雙关。妙！

唱毕，领了门杯，便拈起一个桃来，说道："桃之夭夭。"令完，下该薛蟠。薛蟠道："我可要说了。女儿悲……"说了半日，不言语了。冯紫英道："悲什么？快说来！"薛蟠登时急的眼睛铃铛一般，瞪了半日才说道："女儿悲。"咳嗽了两声，又说道：［甲侧］受过此急者，大都不止呆兄一人耳。

女儿悲，嫁了个大乌龟。［周按］嫁了个大乌龟，口语不文，摹拟薛蟠声口甚合。

众人听了，都大笑起来。［甲眉］此段与《金瓶梅》内西门庆应伯爵在李桂姐家饮酒一回对看，未知孰家生动活泼。薛蟠道："笑什么！难道我说的不是？一个女儿嫁了汉子要当忘八，怎么不伤心呢？"众人笑的湾腰，说道："你说的狠是，快说底下的。"薛蟠瞪了瞪眼，说道："女儿愁……"说了这句，又不言语了。众人道："怎么愁？"薛蟠道：

女儿愁，绣房撺出个大马猴。

众人呵呵笑道："该罚，该罚！这句更不通，先还可恕。"说着，便要斟酒。［甲侧］不愁，一笑。宝玉笑道："押韵就好。"薛蟠道："令官都准了，你们闹什么。"众人听说，方罢了。云儿笑道："下两句越发难说了，我替你说罢。"薛蟠道："胡说！当真我就没好的了？听我说罢。"

女儿喜，洞房花烛朝慵起。

众人听了，都诧意道："这句何其太韵？"薛蟠又道：

女儿乐，一根毬毭往里戳。[甲侧]有前韵句，故有是句。

众人说道：[周按]众人说道，是最早笔。"该死，该死！快唱了罢。"薛蟠便唱道："一个蚊子哼哼哼……"众人都怔了，说道："这是什么曲儿？"薛蟠又唱道："两个苍蝇嗡嗡嗡。"众人都道："罢罢罢！"薛蟠道："爱听不听，这是新鲜曲儿，就叫哼哼韵儿。你们要懒待听，连酒底都免了，[甲侧]何常〔尝〕呆！我就不唱。"众人都道："免了罢，免了罢。到别耽误了人家。"于是蒋玉菡便说道：

女儿悲，丈夫一去不回归。

女儿愁，无钱去打桂花油。[周按]此直注"头上那讨桂花油"，湘云句也。此后又湘云酒令之语也。

女儿喜，灯花并头结双蕊。[甲侧]佳谶也。

女儿乐，夫唱妇随真和合。

说毕，唱道：

可喜你天生成百媚姣，恰便似活神仙离九霄。度青春，年正小，配鸾凤真也着。[周按]着，北语。音如招，可以协韵，此最常见。真也着，谓配得正好正对也。呀！看天河正高，听谯楼鼓敲，剔银灯同入鸳帏悄。

唱毕，领了门杯，笑道："这诗词上我到有限，幸而昨日见了一幅对子，可巧只记得这句，[甲侧]真巧。幸而席上还有这件东西。"[甲侧]瞒至〔过〕众人。拿起一朵木樨来，念道：

花气袭人知昼暖。

众人到都依了，完令。薛蟠又跳了起来，喧嚷道："了不得！该罚，该罚！这席上并没有宝贝，[甲侧]奇谈。你怎么念起宝贝来？"蒋玉菡怔了，说道："何曾有宝贝？"薛蟠道："你还赖呢！你再念来。"蒋玉菡只得又念了一遍。薛蟠道："袭人可不是宝贝是什么！你们不信，只问他。"便指着宝玉。宝玉没好意思起来，说道："薛大哥，你该罚多少？"

薛蟠道："该罚，该罚！"说着拿起酒来，一饮而尽。冯紫英与蒋玉菡等不知原故，云儿便告诉了出来。［甲侧］用云儿细说，的是章法。［庚眉］云儿知怡红细事，可想玉兄之风情意也。壬午重阳。蒋玉菡忙起身陪罪。众人都道："不知者不罪。"少刻，宝玉席外解手，蒋玉菡便随了出来。二人站在廊檐下，蒋玉菡又陪不是。宝玉见他妩媚温柔，心中十分留恋，便紧紧攥着他的手，说道："闲了往我们那里去。还有一句话借问，也是你们贵班中，有一个叫琪官的，他在那里？如今名驰天下，我独无缘一见。"蒋玉菡笑道："就是我的小名儿。"宝玉听说，不觉欣然跌足笑道："有幸，有幸！果然名不虚传。今儿初会，便怎么样呢？"想了一想，向袖中取出扇子，将一个玉玦扇坠解下来，递与琪官道："微物不堪，略表今日之谊。"琪官接了，笑道："无功受禄，何以克当！也罢，我这里也得了一件奇物，今日早起方系上，还是簇新的，也可表我一点亲热之意。"说着撩衣，将系小衣的一条大红汗巾子解了下来，递与宝玉道："这汗巾子是茜香国女国王之物，夏天系着，肌肤生香，不生汗渍。昨日北静王给我的，今日才上身。若是别人，我断不肯相赠。二爷请把自己系的解下来给我系着。"宝玉听说，喜不自禁，连忙接了过来，将自己一条松花绿的解了下来，［甲侧］红绿牵巾是这样用法。递与琪官。二人方束好，只听一声大叫，"我可拿住了！"只见薛蟠跳了出来，拉着二人道："放着酒不吃，俩人逃席出来干什么。快拿出来我瞧瞧！"二人都道："没有什么。"薛蟠那里肯依，还是冯紫英出来，才解开了。于是复又归坐饮酒，至晚方散。宝玉回至园中，宽衣吃茶。那袭人见扇子的扇坠儿没了，［庚侧］身上事。便问他："往那里去了？"宝玉道："马上丢了。"［庚侧］随口谎言。然后睡觉时只见腰里血点是的一条大红汗巾子，袭人便猜着了八九分。因说道："你有了好的系裤了，把我那条还我罢。"宝玉听说，方想起那条汗巾子原是袭人的，不该给人才是，心里后悔，口里说不出来，只得笑道："我赔你一条罢。"袭人听了，点头叹道："我就知道，就干这些事，［周按］就干，犹言"干这事也罢了"。也不该拿着我的东西给那起子混账人去。也难为你心里没个算计儿。"再要说上几句，又恐怕沤上他的酒来，少不得也睡了。一宿无话。至次日天明，方才起来，只见宝玉笑道："夜里失了盗也不晓得，你瞧瞧裤子上。"袭人低头一看，只见昨日宝玉系的那条汗巾子系在自己腰里，便知是宝玉夜间换了，忙解下了，说道："我不希罕这行子，趁早儿拿了去。"宝玉见他如此，只得委婉解劝了一回。袭人无法，只得系上。过后宝玉出去，终久解下来掷在个空箱子里，自己又换了一条。

宝玉并不理论，因问起昨日可有什么事情，袭人便回说："二奶奶打发人叫了红玉去了。他原要等爷来着，我想什么要紧，我就作了主，打发他去了。"宝玉道："狠是。我已知道了，何必等我。"袭人又道："昨儿贵妃差了夏太监出来，送了一百二十两银子，叫在清虚观初一到初三打三天平安醮，［周按］贵妃传旨打三日平安醮，何以非待五月初一至初三不可？而此时又恰值薛蟠生日也是五月初三，使我联想起五月初三乃是康熙太子胤礽之生辰。第五回元春的判词有云，"榴花开处照宫闱"，而胤礽又恰有咏榴花诗，诗句有自喻之意。盖五月为榴月，韩愈诗云，"五月榴花照眼明"可证。凡此种种，俱有复杂而微妙之关系。雪芹笔下包孕丰富，寓意深远，一时难以尽解，尚待细究。唱戏献供，叫珍大爷领着众位爷们跪香拜佛呢。还有端午儿的节礼也赏了。"说着命小丫头将昨日娘娘所赐之物取了出来。只见上等宫扇两柄，红麝香珠二串，凤尾罗二端，芙蓉簟一领。宝玉见了，喜不自胜。因问道："别人的也都是这个么？"袭人道："老太太的多着一柄香如意，一个玛瑙枕。太太、老爷、姨太太只多着一柄如意。［周按］太太居首者，赐物以女眷为主也。你同宝姑娘的一样。［甲侧］金姑玉郎，是这样写法。林姑娘同二姑娘、三姑娘、四姑娘只单有扇子同数珠儿，别人都没了。大奶奶、二奶奶他两个是每人两匹纱，两匹罗，两个香袋儿，两个锭子药。"宝玉听了道："这是怎么个原故？怎么林姑娘的到不同我的一样，到是宝姑娘的同我一样。别是传错了罢。”袭人道：“昨儿拿出来，都是一分一分的写着签子，怎么就错了！你的是在老太太屋里的，我去拿来的。老太太说，叫你明日一五更，进去谢恩呢。”宝玉道：“自然要走一淌。”说着便叫紫绡来：［周按］紫绡乃怡红院丫头，并非紫鹃，文义至明。“拿了这个到林姑娘那里去，就说是昨儿我得的，爱什么留什么。”紫绡答应了，便拿了去，不一时回来说：“林姑娘说了，昨儿也得了，二爷留着罢。”宝玉听说，便命人收了。刚洗了脸出来，要往贾母那边请安去，只见黛玉在前面，宝玉赶上去道：“我得的东西叫你拣，你怎么不拣？”黛玉将昨日所恼宝玉的心早又丢开，只顾今日的事了，因说道：“我们没福禁受，比不得宝姑娘，什么金什么玉的，我们不过是个草木之人！”［甲侧］自道本是绛珠草也。宝玉听他提出金玉二字，不觉心中动了疑猜，便说道：“除了别人说什么金什么玉，我心里要有这个想头，天诛地灭，万世不得人身！”林黛玉听他这话，便知他心里动了疑，忙又笑道：“好没意思，白白的起什么誓。管你什么金什么玉的！”宝玉道：“我心里的事也难对你们说，日后自然明白。除了老太太、老爷、太太这三个人，第四个就是妹妹了。要有第五个人，我也说个誓。”黛玉道：“你也不用说誓，我狠知道你心里有妹妹，但只是见了姐姐，就把妹妹忘了。”宝玉道：“那是你多心，我再不的。”黛玉道：“昨儿宝丫头不替你圆谎，为什么你问着我呢？那要是我，又不知怎么样了。”正说着，只见宝钗从那边来了，二人便走开了。宝钗分明看见，只粧看不见，低着头过去了。到了王夫人那里，坐了一回，然后到了贾母这边，只见宝玉在这里呢。

薛宝钗因往日［甲侧］宝钗往王夫人处去，故宝玉先在贾母处。一丝不乱。母亲同王夫人等曾提过金锁是个和尚给的，等日后有玉的方可结为婚姻等语，［甲侧］此处表明，以后二宝文章宜换眼看。［甲眉］峰峦全露，又用烟云截断，好文字。所以总远着宝玉。昨日见了元春所赐的东西独他与宝玉一样，心里越发没意思起来。幸亏宝玉被一个黛玉绵缠住了，心心念念只记挂着林黛玉，并不理论这事。此刻忽见宝玉笑道：［周按］杨本独无和尚金锁一段，此迹象至关重要。断无钞漏之理，大可研究。“宝姐姐，我瞧瞧你的那红麝串子。”可巧宝钗左腕上笼着一串，见宝玉问他，少不得褪了下来。宝钗原生的肌肤丰泽，容易退不下来。宝玉在傍边看着雪白的一段酥臂，不觉的动了羡慕之心，暗暗的想道：“这个膀子若长在林妹妹身上，或者还得摸一摸，偏生长在他身上。”正是恨没福得摸，忽然想起金玉一事来，再看看宝钗的形容，只见脸若银盆，［甲侧］太白所谓清水出芙蓉。眼同水杏，唇不点而红，眉不画而翠，比林黛玉另具一种妩媚风流，不觉呆了，［甲侧］忘情，非呆也。宝钗退下串子来递与他，他也忘了接。宝钗见他怔了，自己到不好意思起来，丢下串子，回身才要走，只见黛玉蹬着门槛子，嘴里咬着手帕儿笑呢。宝钗道：“你又禁不得风吹，怎么又站在那风口里呢？”黛玉笑道：“何曾不是在屋里来，只因听见天上一声叫，出来瞧了瞧，原来是个呆雁。”宝钗道：“呆雁在那里？我也瞧瞧。”黛玉道：“我才来，他就忒儿一声飞了。”口里说着，将手里的帕子一甩，向宝玉脸上甩来，不防正打在眼上，只见嗳哟一声，再看下回分明。

［甲回后］茜香罗、红麝串写于一回。棋官虽系优人，后回与袭人供奉玉兄、宝卿得同终始者，非泛泛之文也。

自闻曲回以后，回回写药方，是白描颦儿添病也。

前玉生香回中，颦云：他有金，你有玉。他有冷香，你岂不该有煖香。是宝玉无药可配矣。今颦儿之剂若许材料，皆系滋补热性之药，兼有许多奇物，而尚未拟名，何不竟以煖香名之，以代补宝玉之不足，岂不三人一体矣。

宝玉忘情，露于宝钗，是后回累累忘情之引。茜香罗暗系于袭人腰中，系伏线之文。

［蒙戚回后］世间最苦是痴情，不遇知音休应声。盟誓已成了，莫迟圂今生。

［回后评］冯紫英设宴请宝玉、薛蟠等是紧接上回为宝玉祝寿之补文也。

按本年四月二十六交芒种节，是乾隆元年之史实。此年雪芹与书中之宝玉皆为十三岁，详察二十七、二十八两回书文，宝玉十三岁生日时已有为宝黛议婚之迹象。如凤姐向黛玉云，你吃了我家的茶，怎么不给我们家作媳妇，一也，此指旧日婚礼中有下茶之一层习俗。宝玉又遣丫嬛佳蕙送茶与林黛玉，二也。又如，凤姐令宝玉写一单子，大红妆缎与金项圈等物，此似婚礼所用之物，三也。凡此种种，俱非闲笔。而恰在此时，元春所赏礼物中，独宝钗与宝玉同，此正可见宝黛议婚之际突生变故，故宝玉疑问莫非所赏之物有错乎。此一大疑案关系黛玉之生死，贾氏之兴衰，宝玉之荣辱，全书之结局，岂细故哉。

最早的批语，后来都写成双行夹批的定型定位。由第二十五回起，出现甲侧庚侧并存的批。这种批较晚，还不及双行定位。至第二十六第二十七两回通体都是这种甲庚共同的侧批，一无其他种批糁杂其间。这就是批语正文晚出的痕迹，晚于那些双行、眉上、侧批并存的。第二十八回还是以甲庚侧批共有的为主，另有甲庚各自独出的侧批，而皆无双行批。

二十八回以后，第二十九、第三十、第三十一连续三回白文无批。本来回回有批，何以单漏下这三回不批？这就是此三回经过重写，以新换旧的痕迹。第三十二、第三十三、第三十四这三回，戚己庚本还是白文，惟蒙本存有侧批，填补了空白。第三十五、第三十六两回仍以蒙侧为主，直到第三十七回才恢复蒙戚己庚本同出的早期批语。

这就是从第二十五回以后陆续改写，到第二十八回为结穴，二十八回以后的六回也重新写过。所以说第二十八回是一个新的转折点，恰居第三个九收束，刚进入第四个九的开端，表现得最为清楚。

第二十九回
享福人福深还祷福　痴情女情重愈斟情

［蒙戚回前］清虚观贾母、凤姐，原意大适意大快乐，偏写出多少小不适意事来。此亦天然至情至理必有之事。

二玉心事此回大书，是难了割，却用太君一言以定。是道悉通部书之大旨。

话说宝玉正自发怔，不想林黛玉将手帕子甩了来，正碰在眼睛上，到唬了一跳，问："是谁？"林黛玉摇着头儿笑道："不敢！是我失了手。因为宝姐姐要看呆雁，我比给他看，不想失了手。"宝玉揉着眼睛，待要说什么，又不好说的。

一时凤姐儿来了，因说起初一日在清虚观打醮的事来，遂约着宝钗、宝玉、黛玉等看戏去。宝钗笑道："罢罢，怪热的。什么没看过的戏，我不去。"凤姐儿道："他们那里凉快，两边又有楼。咱们要去，我头几天打发人去，把那些道士都赶出去，把楼上都打扫了，挂起帘子来，一个闲人不许放进庙去，才是好呢！我已经回了太太，你们不去我去。这些日子也闷的狠了，家里唱动戏，我又不得舒舒展展的看。"贾母听说，笑道："既这么着，我同你去。"凤姐听说，笑道："老祖宗也去，赶情好！就只是我又不得受用了。"贾母道："到明儿我在正楼上，你们在两边楼上，你也不用到我这边来立规矩，好不好？"凤姐儿笑道："这就是老祖宗疼我了。"贾母因又向宝钗道："你也去瞧瞧，连你母亲也去。长天老日的，在家里也是睡觉。"宝钗只得答应着。贾母又打发人去请了薛姨妈，顺路告诉王夫人，要带了他们姊妹去瞧。王夫人因一则身上不好，二则预备着元春有人出来，早已回了不去的，听贾母如此说，遂笑道："还是这么高兴。"因打发人去到园子里告诉："有要瞧去的，只管初一跟了老太太去。"这句话一传开了，别人都还可已，只是那些丫头们，天天不得出门槛儿的，听了这话，谁不爱去？便是各人的主子懒待去，他也万般的撺掇了去。因此李宫裁等都说去。贾母越发心中欢喜，早已吩咐人去打扫安置，都不必细说。

单表到了初一这一日，荣国府门首车轿纷纷，人马簇簇。那底下凡执事人等，闻得是贵妃作好事，贾母亲去拈香，正是初一日，月之首日，况是端阳节间，因此，凡动用的什物，一色都是齐全的，不同往日一样。少时，贾母等出来。贾母独坐一乘八人大亮轿，李氏、凤姐儿、薛姨妈每一人一乘四人轿，宝钗、黛玉二人共坐一辆翠盖珠缨八宝车，迎春、探春、惜春三人共坐一辆朱轮华盖车。然后贾母的丫头鸳鸯、鹦鹉、琥珀、珍珠，［周按］珍珠本系花袭人原名。此又一珍珠当是后补，仍取原名。林黛玉的丫头紫鹃、雪雁、春纤，宝钗的丫头莺儿、文杏，迎春的丫头司棋、绣橘，探春的丫头待书、翠墨，惜春的丫头入画、彩屏，薛姨妈的丫头同喜、同贵，外带着香菱，香菱的丫头臻儿，李氏的丫头素云、碧月，凤姐儿的丫头平儿、丰儿、小红，并王夫人的两个丫头也要跟着凤姐去的是金钏儿、彩云，奶子抱着大姐儿带着丫头们另是一车。还有两个丫头，一共再连上各房的老嬷嬷奶娘并跟出门的家人媳妇子，乌压压的站了一街的车。贾母等已经坐轿去了多远，这门前尚未坐完车。这个说"我不同你在一处"，那个说"你压了我们奶奶的包袱"，那边车上又说"擸了我的花儿"，这边又说"蹦断了我的扇子"，［周按］蹦，即今"碰"字。咭咭呱呱，说笑不绝。周瑞家的走来过去的说道："姑娘们，这是街上，看人家笑话。"说了两遍，方觉好了。前头的全副执事摆开，早已到了清虚观门口。宝玉骑着马在贾母轿前，街上的人都站在两边。将至庙前，只听钟鸣鼓响，早有张法官执笏披衣，带领众道士在路傍请安。贾母的轿刚至山门以内，贾母在轿内因看见有守门大帅并千里眼、顺风耳、当坊土地、［周按］当坊，北京旧时分为若干坊。本境城隍各位泥胎圣像，便命住轿。贾珍带领各子侄上来迎接。

凤姐儿知道鸳鸯等在后面，赶不上来搀贾母，自己先下了轿，忙要上来搀时，可巧有个十二三岁的小道士儿拿着剪筒，照管各处的蜡花，正欲得便且藏出去，不想一头撞在凤姐儿怀内。凤姐儿便一扬手照脸一下，把那小孩子打了一个筋斗，骂道："野牛肏的，朝那里跑！"那小道士也不顾拾烛剪，爬起来往外还要跑。正值宝钗等下车，众婆娘媳妇围遮的风雨不透，但见一个小道士滚了出来，都喝声叫拿拿拿！打打打！贾母听了忙问道："是怎么了？"贾珍忙出来问。凤姐儿上去搀住贾母，就回说："是一个小道士儿，剪灯花的，没躲出去，这会子混钻呢。"贾母听说，忙道："快带了那孩子来，别唬着他。小门小户的孩子，都是娇生惯养的惯了，那里见的这个势派。可怜见的，倘或一时唬着了他，他老子娘岂不疼的慌？"说着，便叫贾珍去好生带了来。贾珍只得去拉了那孩子来。那孩子还一手拿着蜡剪，跪在地下乱战。贾母命贾珍拉起他来，叫他不要怕，问他几岁了。那孩子痛的说不出话来。贾母还说可怜见的，又向贾珍道："珍哥儿带他去罢，给他些钱买果子吃，别叫人难为着他。"贾珍答应，领他去了。

这里贾母带着众人，一层一层的观玩。外面小厮们见贾母等进入三层山门，忽见贾珍领了一个小道士出来，叫人来："带去，给他几个钱，不要难为了他。"家人听说，忙上来几个领了下去。贾珍站在阶矶上，因问："管家在那里？"只听底下站的小厮们都一齐喝声说：

"叫管家！"登时林之孝一手扣着帽绊跑了来，到贾珍跟前。贾珍说到："虽说这里地方大，今儿不承望来这么些人。你使的人，你就带了你那院里去。使不着的，打发到那院里去。把小么儿们多挑几个在这二层门上同两边角门上，伺候着要东西传话。你知道不知道，今儿小姐奶奶们都出来了，一个闲人也不许到这里来。"林之孝忙答应晓得，又说了几个是。贾珍道："去罢。"又问："怎么不见蓉儿？"一声未了，只见贾蓉扣着钮子，从钟楼里面跑了出来。贾珍道："你瞧瞧他，我这里也没热，他到乘凉去了！"喝命家下人啐他。那小厮们都知道贾珍素日的性子，违拗不得，那小厮上来向贾蓉脸上啐了一口。贾珍道："问着他！"那小厮便问贾蓉道："爷还不怕热，哥儿怎么先凉快去了？"贾蓉拖着手，［周按］拖着手，即垂着手，俗话耷拉着手，乃晚辈子弟对尊长敬畏之表现。一声不敢说。那贾芸、贾芹、贾萍等听见了，［周按］贾萍，于修园子时一见其名，此又重见，可证芹书后文此人尚有重要情节。不但他们慌了，亦且连贾瑞、贾璜、贾琼等也都忙带了帽子，一个个从墙根下慢慢的溜上来。贾珍又问贾蓉道："你站着作什么？还不骑了马跑回家里，告诉你娘母子去，老太太同姑娘们都来了，叫他们快来伺候。"贾蓉听说，忙跑了出来，一叠连声要马，一面报怨道："早都不知作什么的，这会子寻趁我。"一面又骂小子们："捆着手呢？马也拉不来。"待要打发小厮去，又怕后来对出来，说不得亲自走一淌，骑马去了。不在话下。

且说贾珍方要抽身进去，只见张道士站在傍边陪笑说道："我论理比不得别人，应该在里头伺候，只因天气炎热，众位千金都出来了，法官不敢擅入，请爷的示下。恐老太太问，或要随喜那里，［周按］随喜，佛家用语。俗常以为入庙瞻拜游览之意。我只在这里伺候罢。"贾珍知道这张道士虽然是当日荣国公的替身儿，后又作了道录司正堂，曾经先皇御口亲封为大幻仙人。如今现掌道录司印，又是当今封为终了真人，［周按］当今，即指其时在位之皇帝。终了，疑与卷首《好了歌》有暗中呼应之关系。道录司是总管道教的机构，当时设在京城朝阳门外东岳庙。现今王公藩镇，都称他为神仙，所以不敢轻慢。二则他又常往两个府里去，凡夫人小姐都是见的，今见他如此说，便笑道："咱们自己，你又说起这话来。再多说，我把你这胡子还挦了呢！还不跟我进来！"那张道士呵呵笑着，跟了贾珍进来。贾珍到贾母跟前，控身陪笑说道："张爷爷进来伺候。"贾母听了忙道："搀过来。"贾珍忙去搀了过来。那张道士先呵呵笑道："无量寿佛！老祖宗一向福寿康宁？众位小姐奶奶们纳福？一向没到府里请安，老太太气色越发好了。"贾母笑道："老神仙，你好！"张道士笑道："托老太太万福万寿，小道还健朗。别的到罢，只记挂着哥儿，一向身上好。前日四月二十六日，我这里做遮天大王圣诞，［周按］前回四月二十六芒种饯花会原为暗写宝玉生日，今又特于张道士口中再点四月二十六之日期，又云圣诞，文笔巧妙之至！而所谓遮天大王者，实即宝玉之又一称号也，惜世人悟者甚少。人也来的少，东西也狠干净，我说请哥儿来瞧瞧，怎么说不在家？"贾母笑道："果真不在家！"一面回头叫宝玉，谁知宝玉解手去了才来，忙上来问："张爷爷好！"张道士忙抱住，请了安，又向贾母笑道："哥儿越发发福了。"贾母道："他外头还好，里头弱，又搭着他老子逼着他念书，生生的把一个孩子逼出病来了。"张道士道："我前日在好几处看见哥儿写的字，作的诗，都好的了不得。怎么老爷还报怨［周按］报怨是原笔。说哥儿不大喜欢读书呢？依小道看来，也就罢了。"［周按］也罢了，在此即俗语所云，也就可以了、过得去了之意。然这又是一种婉辞，实际上是一种高度称赞之用语。又叹道："我见哥儿的这个形容身段，言语举动，怎么就同当日国公爷一个稿子！"说着，两眼流下泪来。贾母听说，也由不得满脸泪痕，说道："正是呢，我养了这些儿子孙子，也没个像他爷爷的，就只是玉儿还有个影儿。"那张道士又笑向贾珍道："当日国公爷的模样儿，爷们一辈的自然不用说没赶上，大约连大老爷、二老爷也记不清楚了。"说毕，呵呵又一大笑。又道："前儿在一个人家看见一位小姐，今年十五岁了，生的到也好个模样儿。我想着哥儿也该寻亲事了，若论这个小姐模样儿，聪明智慧，根基家当到也配的过。但不知老太太怎么样？小道也不敢造次，等请了老太太的示下，才敢向人去张口。”贾母道：“上回有个和尚说了，这孩子命里不该早娶，等再大一大儿再定罢。你可如今打听着，不管他根基富贵，只要模样儿配的上，就好来告诉我。便是那家子穷，不过给他几两银子也罢了。只是模样儿性格难得好的。”

说毕，只见凤姐儿笑道：“张爷爷，我们丫头的寄名符你也不换了去？前儿亏你还有那们大脸，打发人和我要鹅黄缎子去，我要不给你，又怕你那老脸上过不去。”张道士呵呵大笑道：“你瞧，我眼花了，也没看见奶奶在这里，也没道多谢。符早已有了，前日原要送去的，不指望娘娘来作好事，到忘了，还在神前镇着呢，待我取来。”说着跑到大殿上去，一时拿了一个茶盘子搭着大红蟒缎经袱子，托出符来。大姐儿的奶子接了符，张道士方欲抱过大姐儿来，只见凤姐儿笑道：“你手里拿来也罢了，又用个盘子托着。”张道士道：“手里不干不净的，怎么拿？用盘子洁净些。”凤姐儿笑道：“你只顾拿出盘子来，可唬我们一跳呢！我不说你是为送符，到像是和我们化布施来了。”众人听说，哄然一笑。连贾珍也掌不住笑了。贾母回头道：“猴儿猴儿，你不怕割舌头，下地狱。”凤姐儿笑道：“我们爷儿们不相干。他怎么常常的说我，该积阴骘，迟了就短命呢！”张道士也笑道：“我拿出盘子来，一举两用，却不为化布施，到要将哥儿的这玉请了下来，托出去给那些远来的道友并徒子徒孙们见识见识。”贾母道：“既这么着，你老天拔地的跑什么，就带他去瞧了，叫他进来，岂不省事。”张道士道：“老太太不知道，看着小道是八十多岁的人，托老太太的福，

［周按］试看一个托物的盘子有何稀奇？若在寻常小说了无意义可言，而至雪芹笔下，即如此一个盘子也写得这般曲折精彩，全出常人意想之外。

到也健朗，只是外头人多，气味难闻，况是个暑热天，气味受不惯，倘或哥儿受了腌臜气味到值多了。”贾母听说，便命宝玉摘下通灵玉来，放在盘内。那张道士兢兢业业的用蟒袱子垫着，捧了出去。

这里贾母与众人各处游玩了一回，方去上楼。只见贾珍回说：“张爷爷送了玉来了。”刚说着，只见张道士捧了盘子，走到跟前笑道：“众人托小道的福，见了哥儿的玉，实在可罕。都没什么敬贺之物，这是他们各人传道的法器，都愿作敬贺之礼。哥儿便不希罕，只留着在房里顽耍赏人罢。”贾母听说，向盘内看时，只见也有金璜，也有玉玦，或有事事如意，或有岁岁平安，皆是珠穿宝贯，玉琢金镂，共有三五十件。因说道：“你也胡闹，他们出家人，都是那里来的，何必这样。这断断不收的。”张道士笑道：“这是他们一点敬意，小道也不能阻挡。老太太若不留下，岂不叫他们看着小道平常，不像是门下出身了。”贾母听如此说，方命人接下了。宝玉笑道：“老太太，张爷爷既说，又推辞不得，我要这个也无用，不如叫小子们捧了这个，跟我出去散给穷人罢。”贾母笑道：“这到说的是。”张道士又忙拦道：“哥儿虽要行好，但这些东西虽说不甚希罕，到底也是几件器皿。若给了乞丐，一则与他们无益，二则反到遭塌了这些东西。要舍穷人，何不就散钱与他们。”宝玉听说，便命收下，等晚间拿钱施舍罢。说毕，张道士方退出。

这里贾母与众人上了楼。贾母在正楼上坐了，凤姐等占了东楼，众丫嬛等在西楼轮流伺候。贾珍一时来回：“在神前拈了戏，头一本《白蛇记》。”贾母问说：“《白蛇记》是什么故事？”贾珍道：“是汉高祖斩蛇方起首的故事。”第二本是《满床笏》。贾母笑道：“这到在第二本上？也罢了。神佛要这样，也只得罢了。”［周按］“罢了”一语又在贾母口中连出两次，其语义与上文张道士口中的“罢了”大略相同，然其语气又加倍郑重，而实有好极了、异常欣喜之意。又问第三本，贾珍道：“第三本是《南柯梦》。”贾母听了，便不言语。贾珍退了下来，至外边预备着伸表，焚钱粮，开戏，不在话下。

且说宝玉在楼上，坐在贾母傍边，因叫个小丫头子捧着方才那一盘子贺物，自已将玉带上，用手翻弄，一件一件挑与贾母看。贾母因看见有个赤金点翠的骐驎，［周按］骐驎，亦是古写体，此处存一例。便伸手拿了起来，笑道：“这件东西好像我看见谁家的孩子也带着这么一个。”宝钗笑道：“史大妹妹有一个，比这个小些。”贾母道：“原来是湘云儿有这个。”宝玉道：“他这么住在我们家，我也没看见。”探春笑道：“宝姐姐有心，不管什么他都记得。”黛玉冷笑道：“他在别的上心还有限，惟有这些人带的东西上越发留心。”宝钗听说，便回头粧没听见。宝玉听见史湘云也有这件东西，便将骐驎忙拿起来揣在怀里。一面揣着，心里想到怕人看见他听见史湘云有了，他就留这件，因此手里揣着，却拿眼睛飘人，［周按］飘，是原笔。只见众人到不理论，惟有黛玉瞅着他点头儿，似有赞叹之意。宝玉不觉心里不好意思起来，又掏了出来，向黛玉笑道：“这个东西到好顽，我替你留着，到了家穿上你带。”黛玉将头一扭，说道：“我不希罕。”宝玉笑道：“你果然不希罕，我少不得就拿着。”说着又揣了起来。刚要说话，只见贾珍、贾蓉的妻子婆媳两个来了，［周按］回应方才贾珍吩咐贾蓉一事。至此，贾府全族之人已齐集清虚观中，笔笔不漏。然我却要提醒一节：前文特笔写全家各房丫嬛出门之盛况，及来至观内，却再无一字写及众丫嬛之情况。是否雪芹漏笔？记于此处，以供探究。彼此见过贾母，贾母方说：“你们又来做什么，我不过没事来瞒瞒。”一句话没说完，只见人报，冯将军家有人来。

原来冯紫英家听见贾母在庙里打醮，连忙预备了猪羊香供茶食之类的东西送礼来。凤姐儿听见了，忙赶过正楼来，拍手笑道：“嗳哟！我就不防这个。只说咱们娘儿们闲瞒瞒，人家只当咱们大摆斋坛的，来送礼，都是老太太闹的。这又得预备赏封儿。”刚说了，只见冯家的两个管家娘子上楼来了。冯家的两个未去，接着赵侍郎家也有礼来了。于是接二连三，都听见贾府打醮，女眷都在庙里，凡一应远亲近友、世家相与都来送礼。贾母才后悔起来，说："又是什么正经事，［周按］口语反诘语式。我们不过闲瞧瞧，就想不到这礼上，没的惊动了人。"因此，虽看了一回戏，至下午便回来了，次日便懒怠去。凤姐儿又说，打墙也是动土，已惊动了人家，今儿乐得还去瞧瞧。那贾母只因昨日张道士提起宝玉说亲的事来，谁知宝玉听见，一日心中不自在，回家来生气，嗔着张道士与他说了亲，口口声声说，从今已后再不见张老道了，别人也不知为什么原故。二则黛玉昨日回家又中了暑。因此二事，贾母便执意不去了。凤姐见不去，自己带了人去了，也不在话下。

且说宝玉因见黛玉又病了，心里放不下，饭也懒去吃，不时来问黛玉。黛玉又怕他有个好歹，因说道："你只管看你的戏去，在家里作什么？"宝玉因昨日张道士提亲，心中正大不受用，今听见黛玉如此说，因想道："别人不知道我的心还可恕，连他也奚落起我来。"因此心中烦恼更比往日加了百倍。若是别人跟前断不能动这肝火，只是黛玉说了这话，到比往日别人说这话不同，由不得立刻沉下脸来道："我白认得了你。罢了，罢了！"［周按］又接连两个"罢了"，由宝玉口中说出，试问此又何意。黛玉听说，便冷笑了两声道："我也知道白认得了我，那里像人家，有什么配的上呢！"宝玉听了，便向前来，直问到脸上："你这么说，是安心咒我天诛地灭？"黛玉一时解不过这话来。宝玉又道："昨日我还为这个赌了几回咒，今儿你到底准我一句，我便天诛地灭，你又有什么益处？"黛玉一闻此言，方想起上日的话来。今日原是自己说错了，又是着急，又是羞愧，便战战兢兢的说道："我要有心咒你，我也天诛地灭。何苦来！我知道，昨日张道士说的亲，你怕挡了你的好姻缘，你心里生气，来拿我来煞性子。”原来那宝玉自幼生成有一种下流痴病，况从小时和林黛玉耳鬓斯磨，心情相对，既如今稍明时事，又看了那些邪书僻传，凡远亲近友之家所见的那些闺英阁秀，皆未有稍及黛玉者，所以早存留一段心事，只不好说出来，故每每或喜或怒，变尽法子暗中试探。那黛玉偏生他也是个有些痴病的，也每用假情试探。因你也将真心真意瞒了起来，只用假意，我也将真心真意瞒了起来，也用假意，如此两假相逢，终有一真。其间琐琐碎碎，难保不有口角之事。即如此刻，宝玉的心内想的是：“别人不知我的心还有可恕，难道你就不想我心里眼里只有你。你不能为我烦恼，反来以这话奚落堵噎我，可见我心里一时一刻白有了你，你竟心里没我。我心里这意思，只是口里说不出来。”那林黛玉心里想着：“你心里自然有我，虽有金玉相对之说，你岂是重这邪说不重我的！我便时常提这金玉，你只管了然无闻，方见得是待我重，而毫无此心了。如何我只一提金玉的事，你就着急，可知你心里时时有金玉。见我一提，你又怕我多心，故意着急，安心哄我。”看来两个人原本是一个心，但都多生了枝叶，反弄成两个心了。那宝玉心里又想着：“我不管怎么样都好，只要你遂意，我便立刻因你死了也情愿。你知我也罢，不知也罢，只由我的心。可见你方知我近，不和我远。”那黛玉心里又想着：“你只管你，你好我就好，你何必为我而自失？殊不知你失我自失。可见你是不叫我近，你有意叫我远你了。”如此看来，他却都是求近之心，反弄成疏远之意。如此之话，皆他二人素昔所存私心，也难备述。如今只述他们外面的形容。那宝玉又听他说“好姻缘”三个字，越发逆了己意。心里干噎，口里说不出话来，便赌气向头上抓下通灵玉来，［周按］向头上抓下，谓佩玉非从颈下解扣，是从顶上摘脱。咬牙恨命往地下一摔，道：“什么捞什骨子，我砸了你完事！”偏生那玉坚硬非常，摔了一下，竟文风不动。宝玉见不碎，便回身找东西来砸。黛玉见他如此，早已哭起来，说道：“何苦来，你又砸那哑吧东西。有砸他的，不如来砸我。”二人闹着，紫鹃、雪雁等都忙进来劝解，后见宝玉下死力砸玉，忙上来夺，又夺不下来，见比往日闹的大了，少不得去叫袭人。袭人忙赶了来，才夺了下来。宝玉冷笑道：“我砸我的东西，与你们什么相干！”袭人见他脸都气黄了，眉眼都变了，从来没气到这样，便拉着他的手笑道：“你同妹妹办嘴，不犯着砸他。倘或砸坏了，叫他心里脸上怎么过的去。”黛玉一行哭着，一行听了这话，说到自己心坎儿上来，可见宝玉连袭人不如，越发伤心大哭起来。心里一烦恼，把方才吃的香薷饮解暑汤便承受不住，哇的一声，都吐了出来。紫鹃忙上来用手帕子接住，登时一口一口的把块手帕子吐湿了。雪雁忙上来捶。紫鹃道：“虽然生气，姑娘到底也该保重着。才吃了药好些，这会子因合宝二爷办嘴，又吐出来，倘或犯了病，宝二爷心里怎么过的去呢？”宝玉听了这话，说到自己心坎儿上来，可见黛玉不如一紫鹃。因又见林黛玉脸红头胀，一行哭，一行气凑，一行是泪，一行是汗，不胜怯弱。宝玉见了这般，又自己后悔，方才不该同他较证，这会子他这个光景，我又替不了他。心里想着，也不由的滴下泪来。袭人见他两个哭，由不得守着宝玉也心酸起来。又摸着宝玉的手冰凉，待要劝宝玉不哭罢，一则又恐宝玉有什么委曲闷在心里，二则又恐薄了林黛玉，不如大家一哭。就丢开手了，因此也流下泪来。紫鹃一面收拾了吐的药，一面拿扇子轻轻的替黛玉扇着，见三个人都鸦雀无闻，各自哭各自的，［周按］各自须寻各自门，一样句法。也由不得伤起心来，也拿手帕子擦泪。正是四个人都无言对泣。一时，袭人勉强向宝玉道：“你不看别的，你看看这玉上穿的穗子，也不该同妹妹办嘴。”黛玉听了，也不顾病，赶来夺过去，顺手抓起一把剪子来就剪。袭人、紫鹃忙要夺时，已经剪了好几段了。黛玉哭道："我也是白效力。他也不希罕，自有别人替他再穿好的去。"袭人忙接了玉道："何苦来，这是我多嘴的不是了。"宝玉向黛玉道："你只管剪，我横竖不带他，也没什么。"

只顾里头闹，谁知那些老婆子们见黛玉大哭大吐，宝玉又砸玉，不知道要闹到什么田地，倘或连累了他们，便一齐往前头回贾母、王夫人知道，好不干他们事。那贾母、王夫人见他们忙忙的作一件正紧事来告诉，也不知有了什么大祸，便一齐进园来瞧他兄妹。袭人急的报怨紫鹃为什么惊动了老太太、太太，紫鹃又只当袭人叫告诉去的，也报怨袭人。那贾母、王夫人进来，见宝玉也无言，黛玉也无语，问起来又没为什么事，便将这祸移在袭人、紫鹃两个人身上，说："为什么你们不小心伏侍，这会子闹起来都不管了！"因此将他二人连骂带说教训了一顿。二人有口难分，只得听着。还是贾母带出宝玉去了，方才平服。

过了一日，至初三日，乃是薛蟠的生日，家里摆酒唱戏，来请贾府诸人。宝玉因得罪了黛玉，二人总未见面，心中正自后悔，无精答彩的，那里还有心肠去看戏，因而推病不去。黛玉不过前日中了些暑溽之气，本无甚大病，听见他不去，心里想道："他是好吃酒看戏的，今儿反不往他们家去，自然是因为昨儿气着了。再不然，他见我不得去，他也没心肠去。只是昨儿千不该万不该剪那玉上的穗子。管定他再不带了，还得我穿了他才带。"因此心中也十分后悔。那贾母见他两个都生了气，只说趁今儿那边去看戏，他两个见了也就完了，不想又都不去。老人家急的报怨说："我这老冤家是那世里的业障，偏生遇见了这么两个不省事的小冤家，没有一天不叫我操心。真是俗语说的，不是冤家不聚头，几时我闭了这眼，断了这口气，凭你两个闹上天去，我眼不见心不烦，也就罢了，[周按]此处之罢了，又与上文几个“罢了”完全不同，就是完了之意。偏生不咽这口气。”自己报怨着也哭了。这话传入宝林二人耳内。原来他二人竟从未听见过不是冤家不聚头的这句俗语，如今忽然得了这句话头，好似参禅的一般，都低头细嚼此话的滋味，都不觉潸然泪下。虽不会面，然一个在潇湘馆临风洒泪，一个在怡红院对月长吁，却是人居两地，情发一心。袭人因劝宝玉道：“千万不是，都是你的不是。往日家里小厮们和他的姊妹办嘴，或是两口子分争，你听见了还骂小子们蠢，不能体贴女孩子们的心肠，今儿你也这么着了。明儿初五，大节下，你们两个再这么仇人似的，老太太越发要生气，一定弄的大家不安生。依我劝，你正紧下个气儿，陪个不是，[周按]陪是原笔，不必统一改赔。大家还是照常一样，这么也好，那么也好。”那宝玉听了，不知依也不依，且听下回分解。

[蒙戚回后]一片哭声，总因情重。金玉无言，何可为证。

[回后评]开卷之后，即有四篇大文章大手笔：秦氏丧殡、建园、归省、饯花盛会，皆非寻常笔墨可望其项背，吾人已觉难乎后来为继，随之紧跟即有清虚观一段特大新文异军突起，而其笔力又胜过前文，后来居上。看他写出门排场，写庙中势派，写老太太、写凤姐、写小道士、写老道士、写族长贾珍、写管家林之孝、写贾蓉并族中各子侄，笔笔到位，人人灵动。看他一支笔如生龙活虎，八面玲珑，令人如行山阴道上，应接不暇。前人批语：尝云圣手神文，敢不下拜。我今欲借此语以赞斯文。

张道士乃是国公爷的替身，非指始封者，实指贾母的亡夫，是袭爵的荣国公，即宝玉的祖父。替身者指富贵家子弟欲出家者又不能割舍，乃买一穷苦家孩子代为出家，视为替身。故张道士具有双重身份：在郑重大事和礼节上，他有代表国公爷的资格，而在私家日常生活中相遇，则熟识的晚辈又可以开个雅致的小玩笑。由此可以联想而悟知，众丫嬛在大街行走说笑时，必有周瑞家的加以劝诫。即因她是王夫人的陪房，在此场合，不仅具有代表太太的资格，与第六回我只管跟太太奶奶们出门的事呼应，此亦可见雪芹笔法细腻之一斑。

此回原为贵妃要打平安醮，却由张道士口中引出要为宝玉提亲一事，故此回实为本书一极大关目。即此可悟，由张道士手中托出金麒麟，表面似为一身边寻常佩物，此麟实与姻缘大事紧密相关。故宝钗、黛玉对此虽言词不一，而关注则同。

本回后半部专写宝黛二人因提亲之事而引起一场轩然大波，二人口虽不言，而贾母与张道士口中之言词，加以金麒麟的突然出现，实为引起二人赌气口角之真原因。

写宝黛二人彼此心中思量揣度，为古来小说家所罕见，是即西方所谓心理活动之描写，而作者早已深得其秘。

贾珍吩咐贾蓉回家告知尤氏等前来伺候，一派严父作风。训斥贾蓉，当面啐唾，却由小厮代施。此皆满族大家的管教子弟之规矩。

张道士欲将哥儿通灵宝玉请出，与道友们观赏。我每读至此常有小疑：在娘娘传命打醮时，庙中何以有如此众多之道友，而众道友又每人都有一件佩物，皆系传道的法器，焉能如此轻易送与一个年轻哥儿，令人费解。此中是否另有深意，未敢妄断。

本回通体无批，异文显分。

第三十回
宝钗借扇机带双敲　龄官划蔷痴及局外

［蒙回前］指扇敲双玉，是写宝钗金蝉脱壳。银钗画蔷字，是写痴女梦中说梦。脚踢袭人，是断无是理，竟有是事。

话说林黛玉自与宝玉角口后，也自后悔，但又无去就他之理，因此日夜闷闷，如有所失。紫鹃度其意，乃劝道："论前日之事，［周按］书中明儿、前儿大多为泛词，明儿并不等于次日，前日、前儿也不等于前天，此中语例不可拘看。如第六回周瑞家的送宫花，见惜春正和小尼姑智能儿玩笑，云"明儿我也剃了头作姑子去"，讲明儿是指日后某日而言。前回薛蟠云，"明儿五月初三是我的生日"，说此话时并非定是五月初二，其实其距五月初三尚隔数日。竟是姑娘太浮躁了些。别人不知宝玉那脾气，难道咱们也不知道的？为那玉也不是闹了一遭两遭了。"黛玉啐道："你到来替人派我的不是。我怎么浮躁了。"紫鹃笑道："好好的为什么又剪了那穗子？岂不是宝玉只有三分不是，姑娘到有七分不是了？我看他素日在姑娘身上就好，皆因姑娘小性儿，常要歪派他，才这么样。"［周按］紫鹃在黛玉面前敢如此直言，在全书中丫嬛向小姐当面批评仅此一例。可见紫鹃为人之正直诚恳。然亦不可忘记紫鹃是老太太派给黛玉的大丫嬛，方可有此直言忠谏之身份。又紫鹃批评黛玉之言，曰小性儿、曰歪派人，可与前回湘云向宝玉逗口而涉及黛玉的那些语言合看。黛玉正欲答话，只听得院外叫门。紫鹃听了听，笑道："这是宝玉的声气，想必是来赔不是了？"黛玉听了道："不许开门。"紫鹃道："姑娘又不是了，这么热天毒日头地下，晒坏了人家如何使得呢！"［周按］使得与使不得，其意义相当于今日之好与不好、行与不行、可与不可，是当时口语中最常见的言词。如果是否定语，一般是缓和的婉语，但也有时是十分严厉的训词。口里说着，便出去开门，果然是宝玉。一面让他进来，一面说道："我只当宝二爷再不进我们这门了，谁知这会子又来了。"宝玉笑道："无论什么，被你们就说大了。为什么不来？我便死了，魂也要来一日走两三遭。妹妹可大好了？"［周按］宝玉发言只图真实，不避忌讳，开口便是死活，然在宝黛二人关系上已非吉兆。紫鹃道："身上到好了些，只是心里的气不大好。"宝玉笑道："妹妹有什么气？"一面说着，一面进来，只见林黛玉又哭将起来。那林黛玉本不曾哭，听见宝玉来，由不的伤心，止不住滚下泪来。宝玉挨近床来笑道："妹妹身上可大好了？"黛玉只顾拭泪，并不答应。宝玉在床沿上坐了，一面笑道："我知道你不恼我。但只是我不来，叫旁人看着到像是咱们又办了嘴似的。若等他们来劝咱们，那时节岂不咱们到觉生分了。不如这会子你要打要骂，凭着你怎么样，可只别不理我。"说着，又把好妹妹叫了几十声。

黛玉心里原是要不理宝玉的，这会子听见宝玉说，因叫人知道他们办了嘴就生分了似的这一句话，又可见得比别人原亲近，因又掌不住便哭道："你也不用拿这话来哄我，从今以后，再不敢亲近二爷了，二爷也全当我去了。"宝玉听了笑道："你往那里去？"黛玉道："我回家去。"宝玉笑道："我跟了去。"黛玉道："我死了。"宝玉道："你死了，我做和尚去。"黛玉一闻此言，登时将脸放下，问道："想是你要死了，胡说的是什么，你家到有几个亲姐姐亲妹妹呢，明儿都死了，你几个身子去作和尚？明儿到把这话告诉人去评评。"宝玉自知这话说的造次了，后悔不来，登时脸上红胀，低了头不敢则一声。［周按］则一声，是原笔。幸而屋里没人。黛玉两眼直瞪瞪的，瞅了他半天，气的一声儿说不出话来。见宝玉脸上鳖的紫胀，［周按］鳖，是原笔。便咬着牙用指头恨命的在他额颅上戳了一下，［周按］恨命是原笔。哼了一声，咬牙说道："你这……"［周按］你这，是半截话儿，书中虽未明文写出，但吾人却可推测。盖第二十八回宝玉聆听《葬花吟》而痛倒在地，黛玉发现原来哭泣者竟是宝玉，便啐道：你这个狠心短命的……可知这半截儿话与前番之言大约相去不远。刚说了两个字，便又叹了一口气，仍拿起手帕子来擦眼泪。宝玉心里原有无限心事，又兼说错了话，正自后悔，又见黛玉戳他一下，要说也说不出来，反自叹自泣，因此自己也有所感，不觉滚下泪来。要用帕子揩拭，不想又忘了带来，便用衫袖去擦。黛玉虽然哭着，却一眼看见了他穿着一件簇新藕合纱衫，［周按］藕合，颜色名。在绘画上可用花青与胭脂调合即成此色。夏日穿着最为美好雅致。竟去拭泪。便一面自己拭着泪，一面回身将枕上搭的一方绢帕拿起来，向宝玉怀里一摔，一语不发，仍掩面自泣。宝玉见他摔了帕子来，忙接住拭了泪，［觉双］写尽宝黛无限心曲，假使圣叹见之，正不知批出多少妙处。［周按］二十九回后批语罕见，今忽出此条，且不见于他本，不无可疑，恐是后人之笔。姑存之备考。又挨近前，伸手挽了黛玉一只手，笑道："我的五脏都碎了，你还只是哭。走罢，我同你往老太太跟前去。"黛玉将手一摔道："谁同你拉拉扯扯的。一天大似一天，还这么涎皮赖脸的，连个道理也不知道。"一句话没说完，只听喊道："好了。"宝林两个不防，都唬了一跳，回头看时，只见凤姐儿跳了进来，笑道："老太太在那里报怨天报怨地，只叫我来瞧瞧你们好了没有。我说不用瞧，过不上三天，他们自己就好了。老太太骂我，说我懒。我来了，果然应了我的话，也没见你们两个有些什么可辩的。三日好了，两日恼了，越大越成了孩子。有这会子拉着手哭的，昨儿为什么又成了乌眼鸡？还不跟我走，到老太太跟前，叫老人家也放些心。"说着拉了林黛玉就走。［周按］黛玉加林字，宝钗不加薛字，二人结局身份有别。钗后为贾家人，不称姓，黛加林是外人，有意区别。但行文不严，仅于加重语气处如是。早笔不如是，晚笔不如是，不早不晚者如是。形成矛盾，未可拘泥。林黛玉回头叫丫头们，一个也没有。凤姐儿道："又叫他们作什么，有我伏侍你呢！"一面说，一面拉了就走，宝玉在后面跟着出了园子。到了贾母跟前，凤姐儿笑道："我说他们不用人费心，自己就会好了，老祖宗不信，一定叫我去说合。及至我到那里要说合，谁知两个人到在一处对赔不是了。对哭对诉，到像黄鹰抓住了鹞子脚，两个都扣了环，那里还要人说合！"说的满屋里都笑起来。

此时宝钗正在这里，［周按］此句从本处文意而观之，十分孤零突兀，与上下文似无关联。如非后文另有重要呼应伏线之作用，则疑是作者事后追加，故曰"这里"，以符合文意情景。宜细加体会。那林黛玉只一言不发，挨着贾母坐下，宝玉没甚说的，便向宝钗笑道："大哥哥好日子，偏生我又不好了，没别的礼送，连个头也不得磕去。大哥哥不知我病，到像我托懒推故是的。倘或明儿问了，姐姐替我分辨分辨。”宝钗笑道：“这也多礼！你便要去，也不敢惊动，何况身上不好。弟兄们日日一处，要存这些心，到生分了。”宝玉又笑道：“姐姐知道体谅我就好了。”又道：“姐姐怎么不看戏去？”宝钗道：“我怕热。看了两出，热的狠，要走，客又不散，我少不得推身上不好，就来了。”宝玉听了，自己由不得脸上没意思，只得又搭讪笑道：“怪不得他们拿姐姐当杨妃，原也体丰怯热。”宝钗听说，不由大怒，待要怎样，又不好怎样，回思一回，脸红起来，便冷笑了两声，说道：“我到像杨妃，只没有个好哥哥好兄弟可以作得杨国忠的。”［周按］元春选为贵妃，也可比为杨妃，但杨贵妃的兄弟杨国忠在书中相应于何人是一疑点，未敢妄指。因若系暗指贾琏，然贾琏岂能与杨国忠相比？而除贾琏之外更无第二人可比。其疑留待高明破解。二人正说着，可巧小丫头靓儿［周按］靓儿是。因不见了扇子，向宝钗笑道：“必是宝姑娘藏了我的。好姑娘，赏我罢！”宝钗指他道：“你要仔细，我和你顽过？你在意我！［周按］在意是原笔。此话实在敲打宝玉。和你素日嘻皮笑脸的那些姑娘们，你该问他们去！”说的个靓儿跑了。宝玉自知又把话说造次了，当着许多人，更比才在黛玉跟前更不好意思，便即回身，又同别人搭讪去了。黛玉听见宝玉奚落宝钗，心中着实得意，才要搭言也趁势取个笑，不想靓儿因找扇子，宝钗又发了两句话，他便改口笑道：“宝姐姐，你听了两出什么戏？”宝钗因见黛玉脸上有得意之态，一定是听了宝玉方才奚落之言，遂了他的心愿，忽又见问他这话，便笑道：“我看的是李逵骂了宋江，后来又赔不是。”宝玉便笑道：“姐姐博古通今，色色都知道，怎么连这一出戏的名子都不知道，就说了这么一串子，这叫《负荆请罪》。”宝钗笑道：“这叫《负荆请罪》么？你们通今博古，才知《负荆请罪》，我不知道什么是《负荆请罪》。”［周按］宝钗素日稳重平和，雍容大雅，今日因被宝黛惹怒，其言词之犀利，讽刺之尖锐，一改平素作风，令人惊叹。知人不易，诚然，诚然！相比之下，林黛玉之尖刻反败下风矣。一句未说完，宝玉、黛玉二人心里有病，听了这话，早把脸羞红了。凤姐儿于这些上虽不通，但只看他三人形景，便知其意，便也笑着问人道：“你们大暑热天，谁还吃生姜呢？”众人不解其意，便说道：“没有吃生姜。”凤姐儿故意的摸着腮，咤意道：“既没人吃生姜，怎么这脸辣辣的？”宝玉、黛玉二人听见这话，越发不好过了。宝钗再欲说话，见宝玉十分讨愧，形景改变，也就不好再说，只得一笑收住。别人总未解得他四个人的言语，因此付之流水。一时宝钗、凤姐儿去了，林黛玉笑向宝玉道：“你也试着比我利害的人了。谁都像我心拙口体的呢，［周按］黛玉对宝钗今番的表现评以利害二字，可谓中肯。黛玉自愧弗如，颇有自知之明。然其素日不甘居于人下，在宝钗面前未免威风扫地矣。体，今日通行之笨字。由着人说。”宝玉正因宝钗多了心，自己没趣，又见黛玉来问着他，越发没好气起来，要再说两句，又恐黛玉多心，说不得忍着气，无精打彩一直出来。

谁知目今盛暑之际，又值早饭已过，［周按］早饭指上午饭，约在十点十一点之间，非晨起之早点。旧时早点不名为饭，惟上下午两餐为饭。各处主仆人等多半都因日长神倦，宝玉背着手，到一处，一处鸦雀无闻。从贾母这里出来，往西去，过了穿堂，便是凤姐儿的院落。到他院门前，只见院门掩着。知道凤姐儿素日的规矩，每到天热，午间要静一个时辰，进去不便，遂进角门，来到王夫人上房内。只见几个丫头子手里拿着针线，［周按］在荣国府中众多丫嬛各有职司，其余大部分时间仍需学习针线女红。书中偶尔逗露已不止一处，此其一例也。都打盹呢。王夫人在里间屋里凉榻上睡着，金钏儿坐在傍边捶腿，也乜斜着眼乱恍。宝玉轻轻的走到跟前，把他耳上坠子一拨，金钏儿睁开眼，见是宝玉。宝玉悄悄笑道：“就困的这么着？”金钏儿抿嘴一笑，摆手令他出去，仍合上眼。宝玉见了他，就有点恋恋不舍的，悄悄的探头瞧了瞧，王夫人合着眼，便自己向身边荷包里带的香雪润津丹掏出了一丸来，便向金钏儿口里一送。金钏儿并不睁眼，只管噙了。宝玉上来，便拉着手笑道：“我明日和太太讨你，咱们在一处罢！”金钏儿不答。宝玉又道：“不然，等太太醒了，我就讨。”金钏睁眼笑道：“你忙什么！金簪子吊在井里头，有你的只是有你的，连这两句俗语也不明白？”说着将宝玉一推道：“凭我告诉你个巧宗儿，你往东小院子拿环哥儿和彩云去。”宝玉笑道：“凭他怎么去罢，我只守着你。”只见王夫人翻身起来，照金钏儿脸上就打一个嘴巴子，指着骂道：“下作小娼妇，好好的爷们，都叫你们教坏了。”宝玉见王夫人起来，早一溜烟去了。这里金钏儿脸半边火热，一声不敢言语。登时众丫头们听见王夫人醒了，都忙进来。王夫人便叫玉钏儿，把你妈叫上来，带出你姐姐去。金钏儿听见说，忙跪下哭道：“奴才再不敢了。［周按］奴才，唯杨独存当时旗家实际用语，他本讳之。太太要打要骂只管罚落，［周按］罚落是原笔。别叫奴才出去，就是天恩了。我跟了太太十来年，这会子撵出去，奴才这还见人不见了呢！”王夫人固然是个宽厚仁慈的人，从来不曾打过丫头们一下，今忽见金钏儿行此无耻之事，此乃平生最恨者，故气忿不过，打了一下，骂了几句，虽金钏儿苦求，亦不肯收留，到底唤了金钏之母白老媳妇来领了下去，那金钏儿含羞忍辱的出去了，不在话下。［周按］宝玉方才经历了黛玉一番吵闹，随后又经历了宝钗一番讽刺，颇有感受。心虽不言，对于女儿的脾性，千金小姐的身份，比以前加深了体会。然后来至王夫人处，所遇者却是金钏。金钏乃王夫人身边的大丫嬛，与宝玉自幼熟惯，风流不羁，无所避忌。此时宝玉因知与千金小姐相处不易，遂又向金钏处遣发情趣，不意又惹事端。此事所关重大，为后文伏下一段绝大变故。

且说那宝玉见王夫人醒了，自己没趣，忙进大观园来。只见赤日当天，树阴合地，满耳蝉声，静无人语。［周按］以上十六字写尽夏日园林境界。雪芹善于追写亲身所历百般情景，又善于运用中华诗词的表现笔法，简切生动，令读者已如身临其境矣。刚到了蔷薇花架，只听有人哽噎之声，宝玉心中疑惑，便站住细听，果然架下那边有人。时值五月之际，那蔷薇正是花叶茂盛之时，宝玉便悄悄的隔着篱笆洞儿一看，只见一个女孩子蹲在花下，手里拿着一根绾头的簪子在地下抠土，一面悄悄的流泪。宝玉心中想道：“难道这也是个痴丫头，又像颦儿来葬花不成？”因又自笑道：“若真也葬花，可谓东施效颦了，不但不为新奇，且更可厌了。”［周按］回想上文宝玉初听黛玉《葬花》词时何等悲痛，因彼乃真情感发，绝无做作。若又有一人效颦，非但不令人感动，反觉其俗不可耐。此种道理，由宝玉心中领会，关键在于真假，文学艺术莫不如是。想毕，便要叫那女孩子，你不用跟着那林姑娘学了。话未出口，幸而再看时，这女孩子面生，不是个侍女，到像那十二个学戏的女孩子之内一个，却辨不出他是生旦净末丑那一个脚色来。宝玉忙把舌头一伸，将口掩住，自己想道：“幸而不曾造次。上两回皆因造次了，颦儿也生气，宝钗儿也多心，如今再得罪了他们，越发没意思了。”一面想，一面又恨认不得这个是谁。再一留神细看，只见这女孩子眉蹙春山，眼颦秋水，面薄腰纤，袅袅婷婷，大有黛玉之态。［周按］黛玉之容貌又由龄官而加一层侧比描绘。读者须知，宝玉对此不相识之女儿又生怜惜之心，可知宝玉对于黛玉是纯情，其根本亦在怜惜二字。所谓怜惜，即见她心中有不可解之苦痛，予以同情慰解。此即雪芹全书之大旨，以情待人，亦即体贴二字。宝玉便早又不忍弃他相去，只管痴看。只见他虽用簪子划地，并不是掘土埋花，竟是向土上画字。宝玉用眼随着簪子的起落，一直一横，一点一勾的看了去，数一数，十八笔。［周按］蔷字十七笔，蔷字十八笔。自己又在手心里，用指头按着他方才下笔的规矩写了，猜是个什么字，写成一想，原来就是蔷薇花的蔷字。宝玉想道：“必定是他也要作诗填词，这会子见了这花，因有所感，或者作成了一两句，一时心里恐忘，故在地下画着，也未可知。且看他底下再写什么。”一面想，一面又看，只见那女孩子还在那里画呢。画来画去，还是个蔷字。再看，还是个蔷字。里面的原是早已痴了，画完一个蔷，又画一个蔷，已经画了有几十个蔷。外面的不觉也看痴了，两个眼珠儿只管随着簪子动，心里却想：“这女孩子一定有什么说不出的大心事，［周按］所谓奇苦至郁者是。才这个形景。外面既是这个形景，心里不知怎么熬煎呢。看他模样儿这般单薄，心里那里搁得住还熬煎。可恨我不能替你分些过来。”伏中阴晴不定，扇云可以致雨，［周按］方才说仍在五月，此处又说伏中，按夏至三庚方是伏。而五月似尚未交夏至节，可以不必以词害义。又，扇应读山音，为动词，意为夏日之云，你扇动扇动，都可以下雨。此种句法笔法乃雪芹之特擅。忽一阵凉风过了，刷刷的一阵落下雨来。宝玉看着那女孩子，头上滴下水来，纱衣裳登时湿了。宝玉想道："这不是雨？［周按］这不是雨，犹言这不是下雨了吗？自诘与惊疑语式。他这个身子如何搁得住骤雨一激。"因此禁不住便说道："不用写了，你看下大雨，身上都湿了。"那女孩子听见，到唬了一跳，抬头一看，只见花外一个人叫他不要写，下大雨了。一则宝玉脸上俊秀，二则花叶繁密，上下俱被枝叶隐住，刚露有半边脸，那女孩子只当是个丫头，再不想是宝玉，因笑道："多谢姐姐提醒我，难道姐姐在外头有什么遮雨的？"一句话提醒了宝玉，嗳哟了一声，才觉得浑身冰凉。低头一看，自己身上也都湿了。说声不好，只得一气跑回怡红院去了，心里却还记挂着那女孩子没处避雨。

原来明日是端阳节，那文官等十二个女孩子都放了学，进园来各处顽耍。可巧小生宝官、正旦玉官两个女孩子正在怡红院和袭人顽笑，被雨阻住。大家把沟堵了，水积在院内，把些绿头鸭、丹顶鹤、花鸂鶒、彩鸳鸯捉的捉，赶的赶，缝了翅膀，放在院内顽要，将院门关了，袭人等都在游廊上嘻笑。宝玉见关着门，便以手叩门，里面诸人只顾笑，那里听的见。叫了半日，拍的门山响，里面方听见了。估谅着宝玉这会子再不回来的，袭人笑道："谁这会子叫门，没人开去。"宝玉道："是我。"麝月道："是宝姑娘的声音。"晴雯道："胡说！宝姑娘这会子作什么来？"袭人道："让我隔着门缝儿瞧瞧，可开就开，要不可开，叫他淋着去。"说着，便顺着游廊到门前往外一瞧，只见宝玉淋的水打鸡一般。袭人见了，又是着忙，又是可笑，忙开了门，笑的湾腰拍手道："你这么大雨里跑什么？那里知道是爷回来了。"宝玉一肚子没好气，满心里要把开门的踢几脚，及开了门，并不看真是谁，还只当是那些小丫头子们，便抬腿踢在肋上。袭人嗳哟了一声。宝玉还骂道："下流东西们，我素日耽待你们得了已，［周按］得了已，是原笔。

一点儿也不怕，越性拿我取笑儿了！”口里说着，一抬头见是袭人，方知踢错了。［周按］看他自从清虚观打醮之后，无数波澜紧连相接，前波未平后波又起，环环相套步步紧随。若以园景为喻，真是一步一景，一景一境，身在前景中，绝难想象后境。所谓不知作者胸中有多少丘壑，层层写来，至误踢袭人方达特大高潮，全出常人意想之外。忙笑道：“嗳哟，是你来了！踢在那里了？”袭人从来不曾受过一句大话的，今忽见宝玉生气，踢他一下，又当着许多人，又是羞，又是气，又是疼，真一时置身无地。待要怎么样，料着宝玉未必是安心踢他，少不得忍着疼说道：“没有踢着，还不换衣裳去。”宝玉一面进房来解衣，一面笑道：“我长了这么大，今儿是头一遭生气打人，不想就偏生遇见了你！”袭人一面忍痛扶侍他换衣裳，一面笑道：“我是个起头儿的人，不论大事小事，是好是歹，自然也该从我起。但只是别说打了我，明儿顺了手，也打起别人来。”宝玉道：“我才刚也不是安心。”袭人道：“谁说是安心了！素日开门关门的都是那起小丫头子们的事，他们是憨惯了的，早已恨的人牙痒，他们也没个怕惧儿，你原当是他们，踢一下子，唬唬他们也好。才刚是我淘气，不叫开门的。”说着，那雨已住了，宝官、玉官已早去了。

袭人只觉肋上疼的心里发闹，晚饭也不曾好生吃，至晚间洗澡时，脱了衣服，只见肋上青了椀大一块，自己到唬了一跳，又不好声张。一时睡下，梦中作痛，由不得嗳哟之声从睡梦中哼出。宝玉虽说不是安心，因见袭人懒懒的，也不安稳。忽夜间闻得嗳哟，便知踢重了，自己下床来悄悄的秉灯来照。刚到床前，只见袭人嗽了两声，可口吐出一口痰来，［周按］可口，犹言足有一满口之多。嗳哟一声，睁眼见了宝玉，到唬了一跳道：“作什么？”宝玉道：“你梦里嗳哟，必定踢重了，我瞧瞧。”袭人道：“我头上发晕，嗓子里又腥又甜，你到照一照地下罢。”宝玉听说，果然转灯向地下一照，［周按］转灯，谓其灯制有背亮，向亮两面，照时转向亮面。只见一口鲜血在地。宝玉慌了，只说：“了不得了！”袭人见了，也就心里冷了半截。要知端的，且看下回分解。

［蒙戚回后］爱众不常，多情不寿。风月情怀，醉人如酒。

［回后评］文至此，事迹情节步步新奇，而笔墨愈见灵活。宝钗为人平和宽厚，善良贤惠，人无异词。而忽于此回借小丫嬛一声冒问，遂一改素日之和风，显露内心之机巧，固知人不可以貌相。然吾论宝钗仍不可执此小节即加以吹求，深文周内，落入以往竭力扬黛抑钗之俗趣。

蔷薇架下见俯身画字一片痴情，不知何谓。但见此女眉蹙春山，眼颦秋水，大有黛玉之意态。予读至此，又见雪芹以诗写境，大快吾心。此种笔法他人所难及。窃以为如此写眉写眼，反胜于两湾似蹙非蹙罥烟眉，一双似泣非泣含露目等文法。盖简净超妙，尽得其神，不必描描画画。方为高笔也。

第三十一回
撕扇子作千金一笑　因麒麟伏白首双星

［戚回前］撕扇子是以不知情之物，供娇嗔不知情时之人一笑，所谓情不情。金玉姻缘已定，又写一金麒麟，是间色法也。何颦儿为其所惑，故颦儿谓情情。［周按］金玉姻缘有真假二局，湘为真，钗为假。此金玉实指金麟与通灵玉佩，已与宝钗之金锁无涉。金麟乃湘云自幼所佩，今复出一清虚观新得雄麟，故云又写一金麒麟，是指追加一麟，为金玉生新彩，是为间色之法。

话说袭人见自己吐了鲜血在地，心里也就冷了半截，想着往日常听人说，少年吐血，年月不保，总然命长，终是废人了。想起此言，不觉将素日想着后来争荣夸耀之心尽皆灰了，［周按］此所言后来，乃脂批中所称之后三十回事，可知袭人尚有重要情节。眼中不觉流下泪来。宝玉见他哭了，也不觉心酸起来，因问道："你心里觉着怎么样？"袭人勉强笑道："好好的觉怎么呢？"宝玉的意思，即刻便要叫人烫黄酒，要山羊血黎洞丸来。袭人拉了他的手，笑道："你这一闹不打紧，闹起多少人来，到报怨我轻狂。分明人不知道，到闹的人知道了，你也不好，我也不好。正经你明儿打发小子问一问王太医去，弄点子药吃吃就好了。人不知鬼不觉的可不好？"宝玉听了有理，也只得罢了，向案上斟茶来，给袭人漱了口。袭人知道宝玉心内是不安稳的，待要不叫他伏侍，他又必不依。二则定要惊动别人，不如由他去罢，因此只在榻上由宝玉去伏侍。一交五更，宝玉也不得梳洗，穿衣出来，便往王济仁家来，［周按］下言亲至确问，又言回园，可知定是自赴医家，为避众人知之也。亲至确问。王济仁问其原故，不过是伤损，便说了个丸药名子，怎么服，怎么敷。宝玉记了，回园依方调治，不在话下。

这日正是端阳佳节，蒲艾簪门，虎符系背。午间，王夫人治了酒席，请薛家母女等赏端午。宝玉见宝钗淡淡的，也不和他说话，自知是昨儿的原故。王夫人见宝玉无精打彩，也只当是昨晚金钏之事，他不好意思，索性不理他。黛玉见宝玉懒懒的，只当是他因为得罪了宝钗的原故，心中不悦，形容也就懒懒的。凤姐昨日晚间王夫人就告诉了他宝玉金钏的事，知道王夫人不自在，连见了宝玉尚未挽回，自己如何敢说笑，也就随着王夫人的气色行事，更觉淡淡的。贾迎春姊妹见众人无意思，也都无意思了。因此，大家坐了一坐就散了。林黛玉天性喜散不喜聚，他想的也是个道理，他说："人有聚就有散，聚时欢喜，则散时岂不清冷？清冷则生伤感，所以不如到是不聚的好。比如那花开时令人爱慕，谢时则增惆怅，所以到是不开的好。"故此人以为喜之时，他反以为悲。那宝玉情性只愿常聚，生怕一时散了添悲，那花只愿常开，生怕一时谢了没趣。只到筵散花谢，虽有万种悲伤，也就无可如何了。因此，今日之会，大家无兴散了，黛玉到不觉得怎么，到是宝玉心中闷闷不乐，回至自己房中长吁短叹。

偏生晴雯上来换衣服，不防又把扇子失了手跌在地下，将股子跌折。宝玉因叹道："蠢才，蠢才！将来怎么样！明儿你自己当家立事，难道也是这么顾前不顾后的？"晴雯冷笑道："二爷近来气大的狠，行动就给人脸子瞧。前儿连袭人都打了，今儿又来寻我们的不是。要踢要打，凭爷处治就是了。跌了扇子也是平常的事。先时连那么样的玻璃缸、玛瑙碗不知弄坏了多少，也没见爷大气儿，这会子一把扇子就这么着了，何苦来。要嫌我们，就打发了我们再挑好的使。好离好散的到不好。"宝玉听了这些话，气的浑身发战，因说道："你不用忙，将来有散的日子！"袭人在那边早已听见，忙赶过来向宝玉道："好好的，又怎么了？可是我说的，一时我不到，就有事故了。"晴雯听了冷笑道："姐姐既知道，就该早来，也省了爷生气。自古以来就是你一个人伏侍爷的，我们原未伏侍过。因为你伏侍的好，昨儿才挨窝心脚，我们不会伏侍的，明儿还不知是个什么罪呢。”袭人听了这话，又是恼，又是愧，待要说几句话，又见宝玉已经气的黄了脸，少不得自己忍了性子，推晴雯道：“好妹妹，你出去瞆瞆，原是我们的不是。”晴雯听他说我们两个字，自然是他和宝玉了，不觉又添了醋意，因冷笑几声道：“我到不知道你们是谁。别叫我替你们害臊了，便是你们鬼鬼祟祟干的那事儿，也瞒不过我去。那里就称起我们来了！明公正道，连个姑娘还没挣上去呢，也不过和我似的，那里就称上我们来？”袭人羞的脸紫胀起来，想一想，原是自己把话说错了。宝玉一面说道：“你们气不忿，我明儿偏抬举他。”袭人忙拉了宝玉手说道：“他一个糊涂丫头，你和他分争什么。况且你素日又是有担待的，比这大的过去了多少，今儿是怎么了？”晴雯又冷笑道：“我原是糊涂丫头，那里配和你说话呢！”袭人听了说道：“姑娘到底是和我辩嘴呢，是和二爷辩嘴呢？要是心里恼我，你只和我说，不犯又当着二爷吵，就是恼二爷，也不该这么吵的万人知道。我才也不过是为了事，进来劝开了，大家保重，姑娘到寻上我的晦气。又不像是恼我，又不像是恼二爷，夹枪带棒，终久是个什么主意。我就不多说，让你说去。”说着便往外走。宝玉向晴雯道：“你也不用生气，我也猜着你的心事了，我回太太去，你也大了，打发你出去，可好不好？”晴雯听见了这话，不觉又伤起心来，含泪说道：“我为什么出去？要嫌我，变着法儿打发去，也不能彀！”宝玉道：“我何曾经过这个吵闹？一定是你要出去了，不如回了太太，打发你出去罢。”说着，站起就要走。袭人忙回身拦住，笑道：“往那里去？”宝玉道：“回太太去。”袭人笑道：“好没意思。认真的去回，你也不怕燥了。便是他认真要去，也等把这气下去了，等无事中说话儿回了太太也不迟。这会子急急的当一件事去回，岂不叫太太犯疑！”宝玉道：“太太必不犯疑，我只明说是他闹着要去的。”晴雯哭道：“我多早晚闹着要去了？饶生了气，还拿话压派我。只管去回，我一头碰死了也不出这门儿。”宝玉道：“这又奇了。你又不去，你又紧着闹，我经不起这么闹，不如出去了到干净。”说着一定要去回。袭人见拦不住，只得跪下了。碧浪、秋纹、麝月等众丫嬛见吵闹，都鸦雀无闻的在外头听消息，这会子听见袭人跪下央求，便一齐进来都跪下了。宝玉忙把袭人拉起来，叹了一声，在床上坐下，叫众人起去，向袭人道：“叫我怎么样才好，这个心使碎了，也没人知道。”说着不觉滴下泪来。袭人见宝玉流下泪来，自己也就哭了。

晴雯在傍哭着，方欲说话，只见林黛玉进来，便出去了。林黛玉笑道：“大节下怎么了？好好的哭起来。难道是为争粽子吃争恼了不成？”宝玉和袭人嗤的一笑。林黛玉道：“二哥哥不告诉我，我问你就知道了。”一面说，一面靠着袭人的肩膀道：“好嫂子，你告诉我，必定是你们两个拌了嘴，告诉妹妹，替你们和劝和劝。”袭人推他道：“林姑娘你闹什么。我们一个丫头家，姑娘只是混说。”黛玉笑道：“你说你是个丫头，我只拿你当嫂子待。”宝玉道：“你何苦来！替他招骂名儿。饶这么着，还有人说闲话，还搁的住你来说他。”袭人笑道：“林姑娘，你不知道我的心事，除非这一口气不来，死了到也罢了。”林黛玉笑道：“你死了，别人不知怎么样，我先就哭死了。”宝玉笑道：“你死了，我作和尚去。”袭人笑道：“你老实些罢，何苦来还说这些话。”林黛玉将两个指头一伸，抿嘴笑道：“做了两个和尚了。我从今已后，都记着你作和尚的遭数儿。”［周按］或云做了两个和尚了，暗指后文宝玉出家又曾还俗，然后再次为僧。此种解释未知是否。宝玉听了，知道是他点他前日的话，自己一笑，也就罢了。

一时林黛玉去后，就有人来回：“薛大爷请！”宝玉只得去了。

原来是吃酒，不能推辞，只得尽席而散。晚间回来，已带了几分酒，踉跄来至自己院内。只见院中早把乘凉枕榻设下，榻上有个人睡着。宝玉只当是袭人，一面在榻沿上坐下，一面推他，问道："疼的好些了？"只见那人番身起来，说道："何苦来又招我。"宝玉一看，原来不是袭人，却是晴雯。宝玉将他一拉，拉在身傍坐下，笑道："你的性子越发惯娇了。早起就是跌了扇子，我不过说了那两句，你就说上那些话。你说我也罢了，袭人好意来劝，你又括上他，你自己想想，该不该？"晴雯道："怪热的，拉拉扯扯作什么！叫人来看见像什么！我这身子也不配坐在这里。"［周按］于此可见，晴雯从不曾与宝玉有亲昵行为，正可与后文紫鹃和宝玉一段谈话合看。又，晴雯之言直射后回晴雯被撵，宝玉前往探病，晴雯之嫂听二人私语，方知晴雯之清白无染。宝玉笑道："你既知道不配，为什么淌在这里？"晴雯没的说，嗤的又笑了，说道："你不来便使得，你来了就不配了。起来，让我洗澡去。袭人、麝月都洗了澡，我叫了他们来。"宝玉笑道："我才又吃了好些酒，还得洗一洗。你既没有洗，拿了水来，咱们两个洗。"晴雯摇手笑道："罢罢，我不敢惹爷。记得碧浪打发你洗澡，足闹了两三个时辰，也不知道作什么呢，我们也不好进去的。后来洗完了，进去瞧瞧，地下的水淹着床腿，连席子上都汪着水，也不知是怎么洗了，叫人笑了几天。我也没那工夫收什，也不用同我洗去，今儿也凉快，那会子洗了，这会子可以不用。我到舀盆水来，你洗洗脸，通通头。才刚鸳鸯送了好些果子来，都湃在那水晶缸里呢，叫他们打发你吃。"宝玉笑道："既这么着，你也不许洗去，只洗洗手来拿果子来吃罢。"晴雯笑道："我慌张的狠，连扇子还跌折了，那里还配打发吃果子？倘或再打了盘子，［周按］打破打碎之打，是无意之失手。更了不得了。"宝玉笑道："你爱打就打，这些东西原不过是供人所用，你爱那样，我爱这样，各自性情不同。比如那扇子，原是搧的，你要撕着顽也可以使得，只是不可生气时拿他出气。就如杯盘原是盛东西的，你喜听那一声响，就故意的摔碎了，也可以使得。只是别在生气时拿他出气。这就是爱物了。”［周按］宝玉虽如此说，终究是贵公子口吻。俗语云，成物不可损坏，岂有随意任性糟蹋毁坏之理。晴雯听了，笑道：“既这样说，你就拿扇子来我撕。我最喜欢撕的。”宝玉听了，便笑着递与他，晴雯接过来，嗤的一声，撕了两半，接着又听嗤嗤几声。宝玉在傍笑着说：“响的好，再撕响些。”正说着，只见麝月过来叹道：“少作些孽罢。”宝玉赶上来，一把将他手中的扇子也夺了，递与晴雯。晴雯接了，也撕了几半子。二人都大笑。麝月道：“这是怎么说，拿我的东西开心儿。”宝玉笑道：“打开扇子匣子你拣去，什么好东西！”麝月道：“既这么说，就把匣子搬了出来，让他尽力的撕，岂不好？”宝玉笑道：“你就搬去。”麝月道：“我可不造这孽，他也没折了手，叫他自己搬去。”晴雯笑着倚在床上说道：“我也乏了，明儿再撕罢！”宝玉笑道：“古人云，千金难买一笑。几把扇子能值几何？”一面说着，一面叫袭人。袭人才换了衣服出来，小丫头佳蕙过来拾去破扇，大家乘凉，不消细说。

至次日午间，王夫人、宝钗、黛玉众姊妹正在贾母房内坐着，就有人回，史大姑娘来了。一时果见史湘云带领众多丫嬛媳妇走进院来。［周按］此是湘云第二次来，季节是夏。宝钗、黛玉等忙迎至阶下相见。青年姊妹，又间经月不见，一旦相逢，其亲密自不消说得。［周按］薛姨妈初至时，“姊妹们暮年相见，自不必说，悲喜交集泣笑叙阔一番”，异曲同工。一时进入房中，请安问好，都见过了。贾母因说：“天热，把外面的衣裳脱脱罢。”史湘云忙起身宽衣。王夫人因笑道：“也没见你穿上这些作什么！”史湘云笑道：“都是二婶婶叫穿的，谁愿意穿这些！”宝钗一傍笑道：“姨娘不知道，他穿衣裳，还更爱穿别人的衣裳。可记得旧年三四月里，他在这里住着，把宝兄弟的袍子穿上，靴子也穿上，额子也勒上，猛一瞧，倒像是宝兄弟来了，就是多两个坠子。他站在那椅子背后，哄的老太太只是叫，‘宝玉你过来，仔细头上挂的那灯穗子，招下灰来迷了眼。'［周按］迷眼是原笔。他可只是笑，也不过去。后来大家掌不住笑了，老太太才笑了说，'倒是扮上小子更好看了。'"［周按］湘云喜扮男装，隐伏后文遇难时曾有改扮男童而得逃脱之情节。林黛玉笑道："这算什么！惟有前年正月里接了他来，住了没两日下起雪来。老太太和舅母那日想是才拜了影回来，［周按］拜影即指年节已过，到宗祠向祖宗画像行礼辞别，俗称收影之家规。老太太一个簇新的大红猩猩毡的斗篷放在那里，谁知眼错不见，他就披上了，又大又长。他就拿了条汗巾子拦腰系上，和丫头们在后院子扑雪人儿去，一跤栽倒沟跟前，弄了一身泥水。"说着，大家想着前情，都笑了。宝钗笑问那周奶娘道："周妈，你们姑娘还那么淘气不淘气了？"周奶娘也笑了。迎春笑道："淘气也罢了，我就嫌他爱说话，也没见睡在被里还是咭咭呱呱，笑一阵，说一阵，也不知那里来的那些谎话。"［周按］在全书中，罕有迎春言谈之笔墨，独于湘云来时发此议论。盖迎春本人沉默寡言与湘云之高谈阔论相为对比。王夫人道："只怕如今好了。前日有人家来相看，眼见就有婆婆家了，还是那么着。"［周按］王夫人此语有两重含义：一是所谓有人来相看，实指清代旗家制度官媒相看，为贵家指配婚姻之准备。二是王夫人私心原欲以宝钗为宝玉之配，老太太则暗存以自己之内外二孙女（湘黛）为宝玉之配。今王夫人见官媒来看湘云，则宝湘二人难以成亲，故语中有暗喜之意味。贾母因问："今儿还是住着，还是家去呢？"周奶娘笑道："老太太没有看见？衣服都带了来，可不住两天。"史湘云因问道："宝玉哥哥不在家么？"宝钗笑道："他再不想着别人，只想着宝兄弟，两个人好顽去。这可见还没改了淘气呢。"贾母道："你们如今大了，别提小名儿了。"刚说着，只见宝玉来了，笑道："云妹妹来了，前儿打发人接你去，怎么不来？"王夫人道："这里老太太才说这一个，他又来提名道姓的了。"［周按］老太太此言，原为点明宝湘皆将成年，成年则不能互相直呼小名。又，可知宝玉、湘云之称呼皆是乳名，而二人之大（正式的）名，书中终不见明文。林黛玉道："你哥哥得了好东西，等着你呢！"湘云道："什么好的？"［周按］湘云一闻黛玉之口吻，便知并非庄言正语，乃调侃戏谑之惯习，故答以"什么好的"。实为不信，不屑宝玉会真有稀罕珍物之意，其大家闺秀见闻甚富之口吻毕肖。若以为她是真想急问是何好物，则全不能领会女儿斗口之妙音与雪芹笔墨之灵动矣。◎此处黛玉先用"好东西"一语，湘云不屑，答"什么好的"四字。下文湘云用"好东西"一语，宝玉不屑，也答以"什么好的"四字。上文宝玉说扇子，下文说麒麟皆用“好东西”三字。存其真文，最可宝贵。宝玉笑道：“你信他呢！几日不见，越发高了。”湘云笑道：“袭人姐姐好？”宝玉道：“多谢你记挂。”史湘云道：“我给他带了好东西来了。”说着，拿出手帕子来，挽着一个疙瘩，宝玉道：“什么好的！你到不如把前儿送来的那种绛纹石戒指儿带两个给他。”湘云笑道：“这是什么？”说着便打开。众人看时，果然就是上次送来的那绛纹石戒指，一包四个。林黛玉笑道：“你们瞧瞧他这个主意，前儿一般的打发人给我们送了来，你就把他也带了来，岂不省事。今儿巴巴的自己带了来，我当又是什么希奇东西，原来还是他，真真你是个糊涂人！”史湘云笑道：“你才糊涂呢，我把这理说出来，大家评评谁糊涂。给你们送东西，就是使来的人不用说话，拿进来一看，自然就知是送姑娘们的了。若带他们的东西，这须得我先告诉来人，这是那一个丫头的，那是那一个丫头的，那使来的人明白还好，再糊涂些，丫头的名字他也不记得，混闹胡说的，反连你们的东西都搅糊涂了。若是打发个女人来，素日知道的还罢了，偏生前儿又打发个小子来，可怎么说丫头们的名字呢。横竖我来给他们带来，岂不清白！”说着，把四个戒指放下说道：“袭人姐姐一个，鸳鸯姐姐一个，金钏儿姐姐一个，平儿姐姐一个，这到是四个人的。难道小子们也记得这么清白？”众人听了都笑道：“果然明白。”宝玉笑道：“还是这么会说话，不让人。”林黛玉听了道：“他不会说话，他的金麒麟也会说话。”一面说着，便起身走了。幸而诸人都不曾听见，只有薛宝钗抿嘴一笑。宝玉听见了，到自己后悔又说错了话，忽见宝钗一笑，由不得也笑了。宝钗见宝玉笑了，忙起身走开，找了林黛玉去说笑。

贾母因向湘云道：“吃了茶歇一歇，瞧瞧你的嫂子们去。园子里也凉快，同你姐姐们去曠曠。”湘云答应了，将三个戒指包上。歇了一歇，便起身要瞧凤姐等众人去，众奶娘丫头跟着。到了凤姐那里，说笑了一回出来，便往大观园来。见过了李宫裁，少坐片时，便往怡红院来找袭人，因回头说道："你们不必跟着，只管瞧你们亲戚朋友去，留下翠缕服侍就是了。"众人听了，自去寻姑觅嫂，单剩下湘云、翠缕两个人。翠缕道："这荷花怎么还不开？"史湘云道："时候没到。"翠缕道："这也和咱们家池子里的一样,也是楼子花。"湘云道："他们这个还不如咱们的呢。"翠缕道："他们那边有棵石榴，接连四五枝，真是楼子上起楼子，这也难为他长。"史湘云道："花草也是同人一样，气脉充足，长的就好。"翠缕把脸一扭，说道："我不信这话。若说同人一样，我怎么不见头上又长出一个头来的人。"湘云听了，由不得一笑，说道："我说你不用说话，你偏好说，这叫人怎么好答言？这天地间都赋阴阳二气所生，或正或邪，或奇或怪，千变万化，都是阴阳顺逆多少。一生出来，人罕见的就奇，究竟理还是一样。"翠缕道："这么说起来，从古至今，开天辟地，都是些阴阳了。"湘云笑道："糊涂东西，越说越放屁，什么都是些阴阳？难道还有两个阴阳不成！阴阳两个字，还只一个字。阳尽了就成阴，阴尽了就成阳。不是阴尽了又有个阳生出来，阳尽了又有个阴生出来。"翠缕道："这就糊涂死了我！什么是个阴阳？没影没形的。我只问姑娘，这阴阳是怎么个样儿？"湘云道："阴阳可有什么样儿，不过是个气，器物赋了成形。比如天是阳，地就是阴。水是阴，火就是阳。日是阳，月就是阴。"翠缕听了笑道："是了，是了，我今儿可明白了。怪道人都管着日头叫太阳呢。算命的管着月亮叫什么太阴星，就是这个理了。"湘云笑道："阿弥陀佛，刚刚的明白了。"翠缕道："这些大东西，有阴阳也罢了，难道那些蚊子、虼蚤、蠓虫儿、花儿、草儿、瓦片儿、砖头儿也有阴阳不成"？湘云道："怎么没有呢，比如那树叶儿还分阴阳呢！那边向上朝阳的就是阳，这边背阴的覆下就是阴。”翠缕听了，点头笑道：“原来这样！我可明白了。只是咱们这手里的扇子怎么是阴，怎么是阳呢？”湘云笑道：“这边正面就为阳，那边反面就为阴。”翠缕又点头笑了，还要拿几件东西问，因想不起个什么来，猛抬头看见湘云宫绦上系的金麒麟，［周按］方才看扇，说完话方抬眼另寻他物作比，故曰抬头，此抬字非指自低处改往高处看。便提起来笑道：“姑娘这个难道也有阴阳？”湘云道：“走兽飞禽，雄为阳，雌为阴。牝为阴，牡为阳。怎么没有呢？”翠缕道：“姑娘，这个是公的是母的？”湘云道：“这连我也不知道。”翠缕道：“这也罢了，怎么东西都有阴阳，咱们人到没有阴阳呢。”湘云照脸啐了一口道：“下流东西，好生走罢！越问越问出好的来了。”翠缕笑道：“这有什么不告诉我的呢。我狠知道，不用难我。”湘云笑道：“你知道什么？”翠缕道：“姑娘是阳，我就是阴。”说的湘云拿手帕子握着嘴，呵呵的笑起来。翠缕道：“说是了，就笑的这样。”湘云道：“狠是，狠是！”翠缕道：“人规矩主子为阳，奴才为阴。我连这个大道理也不懂得？”湘云笑道：“你狠懂得。”

一面说一面走，刚到蔷薇架下，湘云道：“你瞧那是谁吊的首饰，［周按］吊是原笔。金愰愰的在那里。”［周按］愰为早笔痕。翠缕听了，忙赶上拾在手里，攥着笑道：“可分出阴阳来了！”说着先拿史湘云的麒麟瞧，史湘云要他拣的瞧，翠缕只管不放手，笑道：“是宝贝，姑娘瞧不得。这是从那里来的，好奇怪，我从来在这里没见有人有这个。”湘云道：“拿来我瞧瞧。”翠缕将手一撒，笑道：“请看。”湘云举目一验，却是文彩辉煌的一个金麒麟。比自己配的又大又好。［周按］配是原笔。湘云伸手擎在掌上，只是默默不语，正自出神，忽见宝玉从那边来了，笑问道：“你两个在这日头地下作什么呢？怎么不找袭人去了？”史湘云连忙将那麒麟藏了，说道：“正要去呢，咱们一同走。”

说着，大家进入怡红院来，袭人正在阶下倚槛追风，［周按］追风，犹言追凉，即今言乘凉之义。忽见湘云来了，连忙迎下来，［周按］迎下来，盖从正房向外走为下来。携手笑说一向久别情况。一时进房归坐，宝玉因笑道："你该早来，我得了一件好东西，耑等你呢！"［周按］耑，即专之别体。说着，便向怀内摸掏了半天，嗳哟一声，便问袭人，那个东西你收起来了么。袭人道："什么东西？"宝玉道："前儿得的麒麟。"袭人道："你天天带在身上的，怎么问我？"宝玉听了，将手一拍，说道："这可丢了，往那里找去？"登时黄了脸，［周按］黄了脸，犹言惊而失色，极写宝玉之以此麟为重。应是原笔。就要起身去找。史湘云听了，方知是他的失落了，便笑问道："你多咱又有个金麒麟了？"宝玉道："前儿好容易得的呢，不知是多咱晚丢了，我也糊涂了。"史湘云笑道："幸而是个顽意儿，如今还是这样慌张。"说着将手一撒，笑道："你瞧瞧，可是这个不是？"宝玉一见，由不得欢喜非常，因说道："可不是他是谁！"［周按］宝玉自得麒麟后，每日随身携带，惟恐失落分离。那日因看龄官画蔷，忽遇骤雨，却将其落于蔷薇花下。而此时拾麟者恰为湘云，是以失麟之处与拾麟之人句句含有深意与妙趣，无一字为虚设。是即回目因麒麟伏白首双星之谓也。且听下回分解。

［蒙戚回后］后数十回，若兰在射圃所佩之麒麟，正此麒麟也。提纲伏于此回中，所谓草蛇灰线，在千里之外。［周按］此脂砚斋笔，与蒙戚独出之回前回后批不同，非出一手。

［回后评］先写宝玉与晴雯失和怄气，竟欲撵她出院。以故事论难以想像，以叙写论则更难摹拟。吾谓别人作文畏难避难，而雪芹相反最喜自寻难题，自尝苦味，真如春蚕作茧，一力自缚，令人不知是赞是叹，天下所罕有也。

上文才写宝钗因扇语露机锋，本回又写晴雯因扇抒气，此或偶然之细事也。然已令我想及贾赦雨村勾结，倚势害人谋得石呆子所藏佳扇。然则扇似细物而所关至重。及至又一次贾赦特意夸奖贾环，说他是将来荣府之后继有人，特赐恩赏，所赏者何也，又是扇子。于是我又妄揣，雪芹于扇

撕扇子作千金一笑

上一回蔷薇丛中观龄官划蔷，冒雨回院踢了袭人，在玉兄如此暴怒实属少见。此一回因晴雯失手跌了扇子，又招得宝玉要赶晴雯。晚上回家，为博晴雯一笑撕扇子。

此处戚本有一条回前批云：撕扇子是以不知情之物，供娇嗔不知情之人一笑，所谓情不情。

妙玉

气质美如兰，才华阜比仙。天生成孤癖人皆罕。你道是啖肉食腥膻？视绮罗俗厌。却不知太高人愈妒，过洁世间嫌。可叹这，青灯古殿人将老，辜负了，红粉朱楼春色阑。到头来，依旧是风尘骯髒违心愿。好一似，无瑕美玉遭泥陷。又何须，王孙公子叹无缘！

另有寓意，而吾人尚未能悟知也。

端午节清虚观双麟会合，事关双星白首，无比重要。我常戏语:若《石头记》不曾遭劫,散落残缺,则读之后半部方知本回之意义何在。故我谓《石头记》不妨再加一个异名，即《双麟记（缘）》是也。

自第二十八回后,连续二十九、三十、三十一这三回无批,不但无双行,眉侧俱无。盖经重写，旧稿已废，未暇重批所致，非无故曳白。第二十八回诸本多于杨本之衍文，即宝钗获赐物之心理已见端倪。所谓金玉姻缘已定，然后伸大笔另写一金玉文字，似欹反正。

第三十二回
诉肺腑心迷活宝玉　含耻辱情烈死金钏

［蒙回前］前明显祖汤先生有怀人诗一截，读之堪合此回，故录之以待知音。

无情无尽却情多，情到无多得尽么。

解到多情情尽处，月中无树影无波。［周按］此皆早期脂批。

话说那宝玉见了那麒麟，心中甚实欢喜，便伸手来接，笑说道："亏你捡着了，你是那里捡的？"史湘云笑道："幸而是这个，明儿倘或把印也丢了，难道也就罢了不成！"宝玉笑道："到是丢了印平常，若丢了这个，我就该死了。"［周按］湘云开口即是做官佩印，评论者遂以为湘云是满怀利禄之人。若如此读雪芹之书，则真成痴人说梦矣。实则湘云爱说真实话，盖如荣国府几世身为包衣者，其子弟必须当差任职，即做官是也，除此别无出路。至于宝玉之答言，亦明知湘云无非以此戏言相比，故也以半庄半谐之言为答。然已可见在他心目中，情感比利禄重若生死之别矣。袭人斟了茶来与史湘云吃。一面笑道："大姑娘，我听见前儿你大喜了。"［周按］袭人此言，即指王夫人口中所说已有官媒来相看之事。史湘云红了脸，吃茶不答。袭人道："这会子又害臊了。你还记得十年前，咱们在西边煖阁住着，晚上你同我说的话儿？那会子不害臊，这会子怎么又臊了？"［周按］十年前西煖阁之事表明湘云幼时即随贾母长住于荣府，袭人本是贾母身边之侍女，故二人最为亲厚。西煖阁内之言，书中虽无明文，但可确知是湘云曾向袭人说，等我长大了和二哥哥宝玉作夫妻。而此处湘云不答，转而言它。文情含蓄跳跃，必须细心玩味，方得其神情趣味。史湘云笑道："你还说呢，那会子咱们那么好，后来我们太太没了，我家去住了一程子，怎么就派了你跟二哥哥？我来了，你就不像先待我了。"袭人笑道："你还说呢。先姐姐长，姐姐短，哄着我替你梳头洗脸，做这个，弄那个，如今大了，就拿出小姐的款来。［蒙侧］大家风范，情景逼真。你既拿小姐的款，我怎么敢亲近呢？"史湘云道："阿弥陀佛，冤枉冤哉！我要这样，就立刻死了。你瞧瞧，这么热天，我来了，必定赶来先瞧你，你不信你问问缕儿，［周按］湘云丫嬛之名，翠楼、翠缕各本歧出。如翠楼为原文，以取唐诗“闺中少妇不知愁，春日凝妆上翠楼”之意，与少女之丫嬛恐不合。翠缕则与第十七回“丝垂翠缕，葩吐丹砂”暗合，义切海棠，而海棠乃湘云之称标记也。志此待定。我在家时时刻刻，那一会子不念你几声。”话未说了，忙的袭人和宝玉都劝道：“顽话你又认真了，还是这么性急。”史湘云道：“你不说你的话噎人，到说人性急。”一面说，一面打开手帕子，将戒指递与袭人。［蒙侧］心中意中，多少情致。袭人感谢不尽，因又笑道：“你前儿送你姐姐们的，我已得了，今儿亲自又送来，可见是没忘了我。只这个就试出你来了。戒指能值多少，可见你的心真。”史湘云道：“谁给你的？”袭人道：“宝姑娘给我的。”［周按］浑金璞玉，他本莫及。湘云笑道：“我只当林姐姐给你的，原来是宝姐姐给了你。我天天在家里想着，这些姐姐们再没一个比宝姐姐好的。可惜我们不是一个娘养的。［蒙侧］感知己之一叹。我但凡有这么个亲姐姐，就是没了父母，也是无妨碍的。”说着，眼睛圈儿就红了。［蒙侧］千古同慨〔慨〕。宝玉道：“罢罢罢！不用提这个话。”史湘云道：“提这个便怎么？我知道你的心病，恐怕你的林妹妹听见了，又怪嗔我赞了宝姐姐。可是为这个不是？”［周按］湘云一提宝钗便由衷地十分感念，遂又引发自己念及在家孤身无人疼怜之苦境，宝玉以言止之，原为劝慰湘云勿过伤心，而湘云偏生误会，以为只怕她赞了宝钗而引致黛玉不快，由此层层递进，引致下文多少重大事故，此种细笔却生死攸关，可惜往往为人草草读过。袭人在傍嗤的一笑，说道：“云姑娘，你如今大了，越发心直嘴快了。”［周按］心直嘴快四字由袭人口中表出，又有性急二字，亦是大眼目。盖心直则无机巧无作伪，不知忌讳避嫌疑。不做作不扭捏，不计较盘算自己得失利害。若见他人并不如此，而一味虚情假话，则不能忍受，此即性急之谓也，亦即“英雄阔大宽宏量，光风霁月耀玉堂”也。其人生性只有一个真字，而宝玉亦素来最重这个真字，故二人自幼最为亲厚。宝玉笑道：“我说你们这几个人难说话，果然不错。”史湘云道：“好哥哥，你不必说话，叫我恶心。只会在我们跟前说话，见了你林妹妹，又不知怎么了！”［蒙侧］豪爽情形如画。袭人道：“且别说顽话，［周按］顽话，闺中女儿闲谈有戏语，亦有实情，然戏语亦往往隐含实情。故顽话有时也会引发口舌琐碎。方才宝湘二人的对话，种种微妙纠纷，袭人于此处用“顽话”二字有意淡化之，然此种微妙纠纷并不因此而止。我正有一件事还要求你呢。”史湘云便问：“什么事？”袭人道：“有一双鞋，抠了垫心子，我这两日身上不大好，不得做，你可有工夫替我做做？”史湘云笑道：“这又奇了！你们家放着这些巧人不算，还有什么针线上的，裁剪上的，怎么叫我做起来。你的活计，叫谁做，谁好意思不做呢？”袭人笑道：“你又糊涂了！你难道不知道？我们这屋里针线，[蒙侧]我们这屋里等字，精神活跳。[周按]此等批，非实地感受者不能道。是不要那些针线上的人做的。”史湘云听了，便知是宝玉的鞋了，因笑道：“既这么说，我就替你做做罢。只是一件，你的我才做，别人的我可不能。”袭人笑道：“又来了，我是个什么，就烦你做鞋了？实告诉你，可不是我的，你别管是谁的，横竖我领情就是。”史湘云道：“论理，你的东西也不知烦我做了多少，今儿我到不做了的原故，你必定也知道。”袭人道：“我到也不知道。”[蒙侧]反衬叠起，灵活之至。史湘云冷笑道：“前儿我听见把我做的扇套子拿着和人家比，赌气又铰了。我早就听见了，你还瞒我。这会子又叫我做，我成了你们的奴才了。”[周按]第二十二回已有主子奴才之语，非只一次，后文必有照应。两次特笔点出主子奴才，在雪芹总非闲文泛墨。此乃关系后来湘云之命运与处境。宝玉忙笑道：“前儿的那事，本不知是你做的。”袭人也笑道：“他真不知是你做的。是我哄他的话。说是新近外头有个会做活计的女孩子，说扎的出奇的花儿，我叫他拿了个扇套子试试看好不好，他就信了，拿出去，给这个瞧，给那个看的，不知怎么又惹恼了林姑娘，便铰了两段。回来他还叫我赶着做去，我才说了是你做的，他后悔的什么似的。”[蒙侧]描神。史湘云道：“这越发奇了，林姑娘他也犯不上生气，他既会铰，就叫他做！”袭人道：“他可不做呢。饶这么着，老太太还怕他劳碌着了。大夫又说，好生静养才好，谁还敢烦他做？旧年算好一年的工夫，做了个香袋儿，今年半年还没见拿针呢！”[周按]袭人口中透露黛玉闺中情景，虽是体弱多病，实亦小姐身份娇贵之至。请看下文紧接宝钗、袭人对话中，又透露湘云闺中情景是何等孤苦艰难，两相对比，谁更可怜，读者思之。

正说着，有人来回话：“兴隆街的大爷来了，[周按]此处大爷指排行大的爷们，与贾珍称大爷同，二字平读，不是近年称大爷，上重下轻的读法，那原是对伯父的称呼。老爷叫二爷出去会。”宝玉听了，便知是贾雨村来了，心中好不自在。袭人忙去拿衣服，宝玉一面登着靴子，一面抱怨道："有老爷和他坐着就罢了，回回定要见我。"［蒙侧］原本烦俗。史湘云一边摆着扇子，笑道："自然你能会宾接客，老爷才叫出去呢。"宝玉道："那里是老爷，都是他自己要请我去见的。"湘云笑道："主雅客来勤。自然你有些警他的好处，他才只要会你。"宝玉道："罢罢，我也不敢称雅，俗中又俗的一个俗人，［蒙侧］我也不知宝玉是雅是俗，请诸同类一拟。［周按］诸同类即指女性言。并不愿同这些人往来。"湘云笑道："还是这个情性改不了。如今大了，你就不愿读书，去考举人进士的，也该常会会这些为官做宰的人们，谈谈讲讲，学些世途经济的学问，［周按］已言不考举人进士，岂能又言仕途，当以世途为是，暗与第五回警幻之言呼应。也好将来应酬世务，日后也有个朋友。［周按］湘云劝宝玉一段话语，常为后世评者执为把柄，其实湘云仍是一贯心直口快、不做虚情假话之态：一是她首先表明，你不愿读书求取功名利禄这是大前提，已然予以认同，并无反对之意。二是在此大前提下，也应略明人情世故，以为日后自立生活之计，止此而已。须知所有这一切皆是宝玉与众姊妹由童幼过渡到成年之开端掠影。请回忆上文老太太首先告诫勿提小名，宝玉见湘云又长高了许多，又加官媒相亲等等，皆是此意。是故湘云以交友处世之道为他预计，仍是一番心直口快真情实话，而宝玉此时尚不能深领其意。没见你成年家只在我们队里搅些什么！"［周按］我们队里，与前批诸同类同义。宝玉听了道："姑娘请别的姐妹屋里坐坐去，我这里仔细腻了你知经济学问的！"袭人道："云姑娘快别说这话。［蒙侧］此际不同湘云一语，湘云也实难出一语。［周按］此盖因宝玉撵湘云，故有此说。上回也是宝姑娘也说过一回，他也不管人脸上过的去过不去，他就咳了一声，［周按］咳，即嗐，叹声，非嗽义。拿起脚来走了。这里宝姑娘的话也没说完，见他走了，登时羞的脸通红。说又不是，不说又不是。幸而是宝姑娘，那要是林姑娘，不知又闹的怎么样，哭的怎么样呢。提起这些话来，真真宝姑娘教人敬重，自己讪了一会子去了。我到过不去，只当他恼了，谁知过后还是照旧一样，［蒙侧］袭人善解忿〔纷〕。真真有涵养，心地宽大。谁知这一来反到同他生分了。那林姑娘见你赌气不理他，你得赔多少不是呢！"［周按］袭人之语初向湘云，既而忽转向宝玉，故用你字，而宝玉即答话也。◎宝玉发言以拒湘云，如此直率鲁莽，略不存丝毫客气。读者若以为他二人真是由此疏远了，实乃大错。各以真率相待，方是二人最亲厚之证。而若与黛玉相比，字字句句须加斟酌小心，慎防争执不睦，似写二人亲密，实则方是真疏远矣。宝玉道："林妹妹［周按］用林妹妹不用林姑娘。

从来说过这些混账话不曾？［蒙侧］花爱水清明，水怜花色鲜。浮落虽同流，空惹鱼龙涎。若他也说这些混账话，我早和他生分了。”袭人和湘云都点头笑道：“这原是混账话。”［觉双］写足憨宝玉，殊可发一大笑。［周按］混账一词指的是人品下流，或蛮横不讲理，或损人以利己等种种恶行是为混账。今宝玉用此词于闺情闺友之间，未免唐突女儿，大失敬意。虽宝玉自表于功名利禄深恶痛绝，然亦失于过激，不足为训也。

原来林黛玉知道史湘云在这里，宝玉一定要赶来说麒麟的原故，因此心下忖度着，近日宝玉弄来的外传野史，多半才子佳人都因小巧玩物上撮合，或有鸳鸯，或有凤凰，或玉环金佩，或鲛帕鸾绦，皆因小物而随终身。今忽见宝玉又有麒麟，便恐借此生隙，同史湘云也做出那些风流佳事来，因而悄悄走来，见机行事，以察二人之意。不想刚走来，正听见史湘云说经济一事，宝玉又说，林妹妹不说这样混账话，若说这话，我也和他生分了。林黛玉听了这话，不觉又喜又惊，又悲又叹。所喜者，果然自己眼力不错，素日认他是个知己，果然是个知己。所惊者，他在人前一片私心称扬于我，其亲热厚密，竟不避嫌疑。所叹者，你既为我之知己，自然我亦可为你之知己矣。既你我为知己，则又何必有金玉之论哉。既有金玉之论，亦该你我有之，则又何必来一宝钗哉。所悲者，父母早逝，虽有铭心刻骨之言，无人为我主张，况近日每觉神思恍惚，病已渐成，医者更云，气弱血亏，恐致劳怯之症。你我虽为知己，但恐自不能久待。你总为我知己，奈我薄命何。想到此间，不禁滚下泪来。［蒙侧］普天下才子佳人，英雄侠（士）都同来一哭！我虽愚浊，也愿同声一哭！［周按］此段文字写黛玉心情，气度最为鲜活。盖她不仅存戒心妒意于宝钗，亦且以同样心态揣度湘云。故自清虚观中一见金麒麟即不自安，打醮回府后立即掀起一场风波，实亦由此。如今作者不为之讳，索性合盘托出，亦无一字婉词，并于幻境曲文中特赞湘云“从未将儿女私情略萦心上”。此即从反面以比照黛玉也。然由此又足以确证金麒麟是后来宝湘姻缘之象征，与他人无涉。待要进去相见，自觉无味，便一面拭泪，一面抽身回去了。

这里宝玉忙忙的穿了衣裳出来，忽抬头见林黛玉在前面慢慢的走着，似有拭泪之状，［蒙侧］关心情致。便忙赶上来笑道：“妹妹往那里去？怎么又哭了？有谁得罪了你？”林黛玉回头见是宝玉，便勉强笑道：“好好的，我何曾哭了。”宝玉笑道：“你瞧瞧，眼睛上的泪珠儿未干，还撒谎呢！”一面说，一面禁不住抬起手来替他拭泪。林黛玉忙向后退了几步，说道：“你又要死了，作什么这么动手动脚的！”［蒙侧］娇羞態〔态〕。宝玉笑道：“说着话忘了情，不觉的动了手，也就顾不的死活。”林黛玉道：“你死了到不值什么，只是丢下什么金，又是什么麒麟，可怎么样呢？”一句话，又把宝玉说急了，赶上来问道：“你还说这话，到底是咒我，还是气我呢！”林黛玉见问，方想起前日的事来，遂自己后悔起来又说造次了，忙笑道：“你别着急，我原说错了，这有什么的，筋都暴起来，急了一脸汗。”一面说，一面禁不住近前伸手替他拭面上的汗。［蒙侧］痴情態〔态〕。宝玉瞅了他半天，方说了“你放心”三个字。［蒙侧］连我今日看之，也不懂是何等文章。林黛玉听了，怔了半天方说道：“我有什么不放心的？我不明白这话，你到说说，怎么是放心不放心？”宝玉叹一口气，问道：“你果然不明白这话？难道我素日在你身上用的心都用错了？连你的意思，若体贴不着，就难怪你天天为我生气了。”林黛玉道：“真不明白这放心不放心的话。”［周按］不放心三个字说尽了黛玉满腹情怀。古时少年男女彼此爱慕而不能出之于口，故须遍尽语言方式以表其难言之衷曲，苦甚苦甚。宝玉点头叹道：“好妹妹，你别哄我。果然不明白这话，不但我素日之心白用了，且连你素日待我之意也都辜负了。［蒙侧］第二层。你皆因总是不放心的原故，才弄了一身病，但凡宽慰些，这病也不得一日重似一日。”［蒙侧］真疼，真爱，真怜，真惜中，每每生出此等心病来。林黛玉听了这话，如轰雷掣电，细细思之，竟比自己肺腑中掏出来的还觉恳切，竟有万句言语，满心要说，只是半个字也不能吐，［蒙侧］何等神佛开慧眼，照见众生业障，为现此锦诱〔绣〕文章，说此上乘功德法。却怔怔的望着他。此时宝玉心中也有万句言词，一时不知从那一句上说起，却也怔怔的望着黛玉。两个人怔了半天，林黛玉只咳了一声，两眼不觉滚下泪来，回身便要走，［蒙侧］下笔时用走，文之大力，孟贲不若也。宝玉忙上前拉住说道："妹妹，且略站站，我说一句话再走。"林黛玉一面拭泪，一面将手推开说道："有什么可说的，你的话我早知道了。"口里说着，却头也不回竟去了。宝玉站着，只管发起呆来。［觉双］儿女之情毕露，至此极矣。

原来方才出来慌忙，不曾带得扇子，袭人怕他热，忙拿了扇子赶来送与他。［周按］扇子物微而关系重大，试看宝钗扑蝶手不离扇。小丫头靓儿向宝钗问扇，以至宝钗发怒后又机带双敲，随即紧接晴雯撕扇一场重大事件。至本回先写湘云摆着扇子说话，也是特笔。而此时又以送扇而引出更大变故。其后文中贾赦、贾雨村以官事谋取石呆子之藏扇，成为贾府败落时一大罪状。由此可见扇子在全书中所起之作用至关重大，非微物也。又，清代男人凡外出时腰间诸多佩物，即有扇套子一物。本回又补出宝玉之扇套乃湘云亲手所制，而又误遭黛玉剪断。此节暗表宝湘姻缘虽已早定，却因黛玉之故，而生出种种波澜曲折，皆是作者之象征手法也。忽抬头见林黛玉和他站着，一时黛玉去了，他还站着不动，因而赶上来说道："你也不带了扇子去，亏我看见，赶上送来。"宝玉出了神，见袭人和他说话，并未看出何人来，便一把拉住说道："好妹妹，我的这心事从来也不敢说，今儿我大胆说出来，死也甘心！我为你也弄了一身的病在这里，又不敢告诉人，只好挨着。只等你的病好了，只怕我的病才得好呢！睡里梦里也忘不了你！"袭人听了这话，唬得魂飞魄散，只叫"神天菩萨，坑死人了"！便推他道："这是那里的话！敢是中了邪，还不快去！"宝玉一时醒过来，方知是袭人送扇子来，羞的满面紫涨，夺了扇子便扭身忙忙的跑了。这里袭人见他去了，自思方才之言，一定是因黛玉而起，此时看来将来难免不才之事，令人可惊可畏。想到此间，也不觉怔怔的滚下泪来，心下暗度如何处治，方免此丑。［周按］在那年代，贵家子弟与丫嬛侍女种种行径并不违反礼教，而丫嬛、侍女之外，千金小姐与亲戚男女之间则特加严防，所谓男女之大别，若有不才之事，则成为伤风败俗，终身玷污，为世所不容。后世读者不明此义，常以袭人与宝玉之暧昧关系来与黛玉并论，遂生种种错会与误评也。

正裁疑间，忽有宝钗从那边走来，笑道："大毒日头地下，你出什么神呢？"这袭人见问，忙笑道："那边两个雀儿打架，到也好顽，我就看住了。"宝钗道："宝兄弟这会子穿了衣服，忙忙的那去了？

我才看见走过去，到要叫住问他呢。他如今说话越发没了经纬，［周按］此后文宝钗咏蟹所谓眼前道路无经纬也。我就不叫他了，由他过去罢。”袭人道：“老爷叫他出去。”宝钗听了忙道：“嗳哟！这么黄天暑热的，叫他做什么！别是想起什么来生了气，叫出去教训一场。”［蒙侧］偏是近。袭人笑道：“不是这个，是有客要会。”宝钗笑道：“这个客也没意思。这么热天，不在家里凉快，还跑些什么！”袭人笑道：“可是呢，你说说么！”宝钗因又问道：“云丫头在你们家作什么呢？”袭人笑道：“才说了一会子闲话。姑娘瞧我前日粘的那双鞋子，明日烦他做去。”宝钗听见这话，便两边回头，看无人来往，便笑道：“你这么个明白人，怎么一时半刻的就不会体谅人情。我近来看着云丫头的神情，再风里言风里语的听起来，那云丫头在家里竟是一点儿作不得主。他们家嫌费用大，竟不用那些针线上的，差不多的东西，都是他们娘儿们动手。为什么这几次他来了，他和我说话儿，见没人在跟前，他就说家里累的狠。我再问他两句家常过日子的话，他就连眼圈都红了，口里含含糊糊，待说不说的。想其形景来，自然从小儿没爹娘的苦。［蒙侧］真是知己，不罔湘云前言。我看着他也不觉伤起心来。”袭人见说这话，将手一拍道：“是了，是了。怪道上月我烦他打十根蝴蝶结子，过了那些日子才打发人送来，还说是这样粗打的，且在别处能着使罢，［觉双］叶音。要匀净的，等明儿来住着再好生打罢。如今听宝姑娘的这话，想来我们烦他，他不好推辞，不知他怎么在家里三更半夜的做呢。可是我也糊涂了，早知是这样，也不该烦他了。”宝钗道：“上次他就告诉我说，在家里做活计作到三更天，若是替别人做一点半点，他家的那些奶奶太太们还不受用呢？”袭人道：“偏生我们那个牛心左性的小爷，凭着小的大的活计，一概不要家里这些活计上的人作，［蒙侧］多情的尝〔常〕有这样牛心左性之癖。［周按］第四回标题诗“眼底物多情”句可思，非作者语。我又弄不开这些。”宝钗笑道："你理他呢，只管叫人做去，只说是你做的就是了。"袭人道："那里哄的过他，他才是认的出来呢！说不得我只好慢慢的累去罢了。"［蒙侧］痴心的情愿。宝钗笑道："你不必着急，我替你作些如何？"袭人笑道："当真的这样，就是我的福了，晚上我亲自送过去。"［周按］一个要做，一个要送，都显得迫不及待。闺中之心可窥，亦隐下文伏线。

一句话未了，忽见一个老婆子忙忙走来，说道："这是那里说起，金钏儿姑娘好好的投井死了！"袭人听说唬了一跳，忙问："那个金钏儿？"那老婆子道："那里还有两个金钏儿呢！就是太太房里的。前儿不知为什么撵了下来，在家里哭天泪地的，也都不理会他，谁知找他不见了。才刚打水的在那东南角下打水，［周按］东南角下，特指最外边奴仆所住之处。见一个尸首，赶着叫人打捞起来，谁知是他。他们家只管乱救，那里中用了！"宝钗道："这也奇了。"袭人听说，点头赞叹，想素日同气之情，不觉落下泪来。［蒙侧］又一哭法。宝钗听说这话，忙向王夫人处来道安慰。这里袭人回去不提。却说宝钗来至王夫人房中，只见鸦雀无闻，独有王夫人在里间房内坐着垂泪。［蒙侧］又一哭法。宝钗便不敢提这事，只得一傍坐了。王夫人便问："你从那里来？"宝钗道："从园子里来。"王夫人道："你从园子里来，可看见你宝兄弟么？"［蒙侧］世人多是凡事欲瞒人，偏不意中将要着鬪〔逗〕露。理之所无，而事则多有，何也？宝钗道："才到看见他穿了衣服出去，［周按］穿了衣服，即换上会客的礼服。不知那去了！"王夫人点头，半晌哭道："你可知道一桩奇事？金钏儿忽然投井死了！"宝钗见说，道："怎么好好的投井，这也奇了。"王夫人道："原是前儿他把我一件东西弄坏了，我一时生气打了他一下，撵了他下去。只说气他两天，还叫他上来，谁知他这么气性大，就投井死了。岂不是我的罪过！"宝钗叹道："姨娘是慈善人，固然是这么想。据我看来，他并不是赌气投井，多半是他下去住着，或是在井跟前贪顽，失脚吊下去的。［周按］一语境界出。他在上头拘束惯了，这一出去，自然要到各处去顽顽踱踱，岂有这样大气性的理！总然有这样大气，也不过是个糊涂人，也不为可惜。”［蒙侧］善劝人，大见解。惜乎不知其情，虽精（金）美玉之言，不中奈何。王夫人点头叹道：“这话虽然如此说，到底我于心不安。”宝钗叹道：“姨娘也不劳念念于兹，十分过不去，不过多赏他几两银子发送他，也就了了主仆之情了。”王夫人道：“才刚我赏了他娘五十两银子，原要还把你妹妹们的新衣裳拿两套给他妆裹，谁知凤丫头说，可巧都没有什么新做的衣服，只有你林妹妹作生日的两套。我想你林妹妹那孩子素日是个有心的，况且他原也三灾八难的，既说了给他过生日，这会子又给人去妆裹，他岂不多心忌讳呢！因为这么样，我现叫裁缝赶两套给他。要是别的丫头，赏他几两银子也就完了，只是金钏儿虽然是个丫头，素日在我跟前比我的女儿也差不多。”口里说着，不觉流下泪来。宝钗忙道：“姨娘这会子又何用叫裁缝赶去，我前儿到做了两套，拿来给他岂不省事？况且他活着的时候也穿过我的旧衣服，身量也相对。”王夫人道：“虽然这样，难道你不忌讳。”宝钗笑道：“姨娘放心，我从来不计较这些。”一面说，一面起身就走。王夫人忙叫了两个人跟宝姑娘去。一时宝钗取了衣服回来，只见宝玉在王夫人傍坐着垂泪。王夫人正数说他，因见宝钗来了，却掩口不说了。［蒙侧］云龙现影法，可爱煞人。宝钗见此光景，察言观色，早已觉了七八分。于是将衣服交割明白。王夫人唤上他母亲来，拿几件簪环当面赏与，又吩咐请几众僧人念经超度，伊母亲磕头谢了出来。且听下回分解。

［蒙戚回后］世上无情空大地，人间少爱景何穷。其中世界其中了，含笑同归造化功。

袭人、湘云、黛玉、宝钗等之爱之哭，各具一心，各具一见，而宝玉、黛玉之痴情、痴性，行文如绘，真是现身说法，岂三家村老学究之可能梦见者？不禁炷香再拜。

［回后评］一部《石头记》为千红而哭，为万艳同悲，而千红万艳之红消香断却由王夫人一巴掌开始。此后，抄检大观园，撵走司棋，屈死晴雯，也由王夫人之威福而演出，故王夫人实为一部《石头记》之罪人。

然此乃吾辈以今日之思想感情而作评论也。若以为作者当日本意是将王夫人写成坏人，即所谓反面人物，则又落入旧日俗套，即差之毫厘、谬以千里矣。

细究王夫人之怒金钏，不仅在金钏之“金簪落在井里”一语，更在告知宝玉到东小院里去捉环儿和彩云，可见王夫人以为金钏乃一淫邪不正之人，此则金钏本人亦有可议之处而不能专责王夫人也。金钏既死，王夫人始悔自己处置失当，她说金钏儿虽侍身边多年，犹如女儿一般，此乃真心话，非故作假慈悲也。

本回方写宝玉、湘云因闲谈而互有不谅之语，恐读者以为宝玉真是恼了湘云，故随即从宝钗、袭人之对话中令人感知湘云之真正可爱而又可怜。此作者雪芹之独特笔法，吾人宜善加体会，方得著书之本旨。

本回继二十九、三十、三十一这三回之后，仍无双行批、侧批、眉批，赖蒙府本侧批补阙。

第三十三回
手足眈眈小动唇舌　不肖种种大承笞挞

［蒙戚回前］富贵公子，侯王应袭，容易在红粉场中作罪。风流情性，诗赋文词，偏只为莺花路间留滞。笑嘻嘻，哭啼啼，总是一般情事。

话说宝玉会过雨村，回来就听见金钏儿含羞赌气自尽，心中五内俱伤，进来被王夫人数落教训，他也无可回说。见宝钗进来，方得便出来，茫然不知何往。背着手，低着头，一面感叹，一面慢慢的走着，信步来至厅上。方转过屏门，不想对面来了一人，正往里走，可巧撞了个满怀。只听那人喝一声："站住！"宝玉唬了一跳，抬头一看，不是别人，却是他父亲。早不觉倒抽了一口气，只得垂手一傍站了。贾政道："好端端的，你垂头丧气嗐些什么？方才雨村来了要见你，叫你那半天才出来，既出来了，全无一点慷慨挥洒谈吐，仍是葳葳蕤蕤。我看你脸上一团思欲愁闷气色，这会子又嗐声叹气。你那些还不足，还不自在？无故这样，却是为何？"宝玉素日虽然口角伶俐，只是此时一心总为金钏儿感伤，恨不得此时也身亡命殒，跟了金钏儿去。［蒙侧］真有此情，真有此理。如今见了他父亲说这些话，究竟不曾听见，只是怔怔的站着。贾政见他惶悚，应对不似往日，原本无气的，这一来到生了三分气。［周按］宝玉近来之心态与行径皆处于青春期躁动情态中，并非全然正常安静。种种事态接二连三层出不穷，其严父当然无从得知。今日一见宝玉气色形容大异往常，故所下断语谓之满脸一团思欲愁闷之色，十分中肯，非有成见存于胸中也。我谓贾政本无成见在心，可由书中正文原本无气的，这一来到生了三分气等诸语以证之，此一点异常之重要。盖本回贾政毒打宝玉，且欲置之于死地，全非本意，乃外来因素重重激怒，有以致之。

方欲说话，只见传事人来回，忠顺亲王府里有人来，要见老爷。贾政听了心下疑惑，暗暗思忖道："素日并不与忠顺府来往，为什么今日打发人来？”一面想，一面令人快请。急走出来看时，却是忠顺府长史官。忙接进厅上，坐了献茶。未及叙谈，那长史官先就说道："下官此来，并非擅造潭府，［周按］潭府，旧时对于高贵家庭之敬称。潭潭大第是说贵家的深宅大院。皆因奉王命而来，有一件事相求。老大人若看王爷面上，敢烦老大人作主，不但王爷承情，且连下官辈亦感恩不尽。”贾政听了这话，抓不着头脑，忙陪笑起身问道："大人既奉王命而来，不知有何见谕，望大人宣明，学生好遵谕承办。”那长史官冷笑道："也不必承办，只用大人一句话就完了。我们府里有一个作小旦的，名叫棋官，［周按］“棋官”与前文“琪官”并出，而“棋”字连续出现，显非个别偶误可为解说，是另有缘故。据《扬子法言》，围碁，字从石，是古以美石制为棋子，可雕为菡萏形，故蒋棋官又名玉菡，非必与玉部琪字扣死。今并存之，不作划一，以避武断。那原是奉旨由内园赐出，只从出来，好好在府里住了不上半年，如今三日五日不见了。各处去找，又摸不着他的道路，因此各处察访。这一城内，十停人到有八停人都说，他竟日和衔玉的那位令郎相与甚厚。下官辈听了，尊府不比别家，可以擅来索取，因此启明王爷。王爷亦云，若是别的戏子，一百个也罢了，只是这琪官乃奉旨所赐，不便转赠令郎。若令郎十分爱慕，老大人竟密题一本请旨，岂不两便！若大人不题奏时，还得转达令郎。只是这棋官随机应答谨慎老成，甚合我老人家心，竟断断少不得此人，故此请老大人转谕令郎，请将棋官放出，一则可免王爷负恩之罪。二则下官辈也可免操劳求觅之苦。”说毕忙打一恭。［周按］长史官，王爷府中执掌内外一切事务之官员，而系皇帝指派之官职，身份异乎寻常。试看长史官一席言辞，软中带硬，咄咄逼人。贾府实乃内务府之微官，而王爷仅次皇帝一级。若有冒犯，即召来家破人亡之灾。故一闻长史官之言，惊恐战栗不知所措。贾政听了这话，又惊又气，即命唤宝玉来。宝玉也不知是何原故，忙赶来时，贾政便问："该死的奴才，你在家不读书也罢了，怎么又作出这些无法无天的事来！那棋官现是忠顺王驾下承奉之人，你是何等草芥，［周按］草芥，言卑微之人。无故引逗出来，如今祸及于我！”宝玉听了，唬了一跳，忙回道："实在不知此事，究竟连棋官两个字不知为何官，更加以引逗二字，实实不懂。”说着便哭了。贾政未及开言，只见那长史官冷笑道：“公子也不必掩饰。或隐藏在家，或知他下落，早说了出来，我们也少受些个辛苦，岂不念公子之德？”宝玉连说：“实在不知，恐是讹传，也未见得。”那长史官又冷笑道：“现有据有证，何必还赖？必定当着老大人说了出来，公子岂不吃亏？既说此人不知为何如人，那红汗巾子怎么到了公子腰里？”宝玉听了这话，不觉轰去魂魄，目瞪口呆，心下自思：“这事他如何得知！他既连这样机密事都知道了，［周按］长史官说出茜香罗一事，惊破宝玉魂胆，方悟自己许多私情外人皆已知晓。然茜香罗私下传授之事毕竟由谁而传于外人，尚属待解之谜。大约别的也瞒他不过，不如打发他去了，免的再说出别的话来。”因说道：“大人既知他的底细，如何连他置买房舍这样大事到不晓得了？听得说他如今在京东郊外，离城二十里有个什么紫檀堡地方，［周按］宝玉何以尽知棋官在紫檀堡之情事，有人即疑他果然与棋官私相往来甚密，其实宝玉是从北静王处得知。盖棋官之敢于城外二十里自置房产，而不回忠顺王府，亦因北静王暗助有力。读者勿忘，棋官腰间之茜香罗本是北静王所赠也。他在那里置了几亩田地几间房舍，想是在那里也未可知。”那长史官听了，笑道：“这样说，一定是在那里。我且去找一回，若有了便罢，若没有，少不得还要来请教。”说毕，便忙忙的走了。［蒙侧］宝玉其人，爱之有馀，岂可挞者！用此等［周按］脂之于文章逼之，能不使人肝胆愤烈，以成下文之严酷耶。芹，此批说得最明白尽情。贾政此时已气的目瞪口歪，一面送那长史官，一面回头命宝玉：“不许动！回来有话问你！”一直送那官员去了。才回身，忽见贾环带着几个小子一阵乱跑，贾政喝命小子：“快打，快打！”贾环见了他父亲，唬的骨软筋酥，连忙低头站住。贾政便问道：“你跑什么？带着你的那些人都不管你，不知往那里瞒去了，由你野马一般。”喝命叫跟上学的人来。贾环见他父亲盛怒，便乘机说道：“方才原不曾跑，只因从那边一过，谁知忽然看见一个投井死的人，头这样大，身子泡的这样粗，实在可怕，所以才赶着跑了过来。”贾政听了，惊讶问道：“好端端谁去跳井？我家从无这样事情，自祖宗以来，皆是宽柔以待下人。大约我近年于家务疏懒，自然执事人操克夺之权，致使生出这暴殄轻生的祸患来。若外人知道，祖宗颜面何在！”喝命：“快叫贾琏、赖大、来兴儿来！”［周按］来兴儿，管家仆人名，与来升为一家。小子们齐声答应，方欲去叫，贾环忙上前拉住贾政袍襟，贴膝跪下道：“父亲不用生气，此事除太太房里的人，别人一点也不知道，我听见我母亲说……”说到这里，便回头四顾一看。［蒙侧］如画。贾政知其意，将眼一看众小厮，小厮们明白，都往两边后面退去。贾环便悄悄说道：“我母亲告诉我说，宝玉哥哥前日在太太屋里，拉着太太的丫头金钏儿强奸不遂，打了一顿，［蒙侧］文有不得尽情若〔苦〕打之势。谁知金钏儿便赌气投井死了。”［蒙侧］再逼下（文）。［周按］以上两条批可能是一条，疑原钞者钞错位置，而断为两截。如判断不错，应为：再逼下文，有不得不尽情若〔苦〕打之势。◎贾环以一幼童竟有如此智谋以诬陷宝玉而解救自己，何等又奸又坏。然由他口中也可得知，是他生母赵姨娘编造故事，添枝加叶，以诬陷宝玉。故宝玉横遭毒打乃赵姨娘母子所害也。贾环之存心欲害宝玉，在前回推倒蜡烛欲以烫瞎宝玉，已可见之。话未说完，把个贾政气的面如金纸，大喝：“快拿宝玉来！”一面说，一面便往书房里走，喝命：“今日再有人劝我，我把这冠带家私一应就交与他与宝玉过去！［周按］冠带家私即官职家产。“过去”之“过”谓过活去，即今所谓共同生活之意。我免不得做个罪人，我把这几根烦恼鬓毛剃了，寻个干净去处自了此一生罢！也免得上辱先人，下生逆子之罪！”［蒙侧］一激再激，实文实事。众门客仆从见贾政这个形景，便知又是为宝玉了，一个个啖指咬舌，连忙退出。那贾政喘吁吁，直挺挺坐在椅上，满面泪痕，［蒙侧］为天下父母一哭。一叠连声：“拿宝玉！拿大棍，拿绳捆上！把各门都关了。有人传信往里头去，立刻打死。”众小厮们只得齐声答应，有几个来找宝玉。

那宝玉听见贾政吩咐他不许动，早知凶多吉少，那里承望贾环又添了许多话。正在厅上干转，怎得个人来往里头去稍个信，偏生没一个人来，连茗烟也不知在那里。正盼望时，只见一个老嬷嬷出来，宝玉如得了珍宝，便赶上来拉他说道：“快进去告诉，老爷要打我呢！快去，快去！要紧，要紧！”宝玉一则急了，说话不明白。二则老婆子偏生又聋，竟不曾听见是什么话，把要紧二字只听作跳井二字，便笑道："跳井叫他跳去，二爷怕什么？"宝玉见是个聋子，便着急道："你出去快叫我的小厮来罢。"那婆子道："有什么不了事的，［周按］听"紧"为"井"，"厮"为"事"，皆南音之证，是其家南方旧奴婢也。北京音绝不相混。老早的完了，太太又赏了衣服，又赏了银子，怎么不了事的！"［蒙侧］写老妓〔婆〕子爱说无要紧的说〔话〕，真如见其人，如闻其声。［周按］作者写本回书文是何等悲险情节，沉痛心情，而偏于此际尚能加入婆子聋人打岔之趣闻，以博读者一笑，是悲是喜，令人难测。宝玉急的跺脚，正没抓寻处，只见贾政的小厮走来，逼着他出去了。贾政一见，眼都红紫了，也不暇问他在外游荡优娼，表赠私物，在家荒疏学业，淫辱母婢等语，［蒙侧］了结得灵活。只喝命："堵起嘴来，着实打死！"小厮们不敢违拗，只得将宝玉按倒凳上，举起大板，打了十来下。贾政犹嫌打轻了，一脚踢开那掌板的，自己夺过来，咬着牙恨命盖了三四十下。众门客见打的不祥了，忙上来夺劝。贾政那里肯听，说道："你们问问他干的勾当，可饶不可饶！素日都是你们这些人把他酿坏了，到这步田地还来解劝，明日酿到他弑君弑父你们才不劝不成！"众人听这话不好听，［周按］不好听，犹言太骇人听闻了，太大逆不道了，这完全是不能出于人口的语言。而贾政居然明白说出。读者试想"不祥"二字当作何解，你能想出更恰切的足以替代的措词来吗？知道是气急了，忙又退出，只得觅人进去给信。王夫人听了，不敢先回贾母，只得忙穿衣出来，［周按］穿衣，亦指换上见人的正服。也不顾有人没人，忙忙赶往书房中来，［蒙侧］为天下慈母一哭。慌的众门客小厮等避之不及。王夫人一进房来，贾政更如火上浇油一般，那板子越发下去的又狠又快。按宝玉的两个小厮忙松了手走开，宝玉早已动弹不得了。贾政还欲打时，早被王夫人抱住板子。贾政道："罢了，罢了！今日必定要气死我才罢！"王夫人哭道："宝玉虽然该打，老爷也要自重，况且炎天暑日的，老太太身上也不大好，打死宝玉事小，倘或老太太一时不自在了，岂不事大。"贾政冷笑道："到休提这话。我养了这个不肖的孽障，我已不孝，［蒙侧］父母之心，昊天罔极，贾政、王夫人易地则皆然。教训他一番，又有众人护持，［周按］贾政所谓众人，内中暗指贾母即是护持之第一人。不如趁今日一发勒死了，以绝将来之患。”说着，便要绳索来勒死。王夫人连忙抱住哭道：“老爷虽然应当管教儿子，也要看夫妻分上。我如今已将五十岁的人，只有这个孽障，必定苦苦以他为法，我也不敢深劝，今日索性要他死了，岂不是有意绝我！既要勒死他，快拿绳子来，先勒死我，再勒死他！我们娘儿们不敢衔怨，到底在阴司里得个依靠。”［蒙戚双］未丧母者来细玩，既丧母者来痛哭。［蒙侧］使人读之，声哽咽而泪雨下。［周按］批书者是无母之人也。说毕，爬在宝玉身上大哭起来。贾政听了此话，不觉长叹一声，向椅上坐了，泪如雨下。王夫人抱着宝玉，只见他面白气弱，底下穿着一条绿纱小衣皆是血渍，禁不住解开汗巾一看，由肫至胫，［周按］肫是原笔。或青或紫，或整或破，竟无一点好处，不觉失声大哭起“苦命的儿吓”，［周按］吓，即相当于现今的“啊”，而现今之“吓（唬）”字，本书写作“唬”，然今时人又读“唬”为“虎”，以为另一字，故全混乱了。因哭出苦命儿来，忽又想起贾珠来，便叫着贾珠哭道：“若有你活着，便死一百个我也不管了！”此时里面的人闻得王夫人出来了，那李宫裁、王熙凤与迎春姊妹早已出来了。王夫人哭着贾珠的名字，［蒙侧］慈母如画。别人还可，惟有李宫裁禁不住也放声哭了。贾政听见，那泪珠更似滚瓜一般滚了下来。［周按］至此贾政方才之盛怒已消，愧悔之心渐生，而聆众人之哭声震撼一己之肺腑，其内心感情之复杂，吾实不知以何言词方能略为表述。

正没开交处，忽见丫嬛来说道：“老太太来了！”一句话未了，只听窗外颤巍巍的声气说道：［蒙侧］老人家形影活现。［周按］贾母乃脂砚斋姑奶，故尊重逾恒。“先打死我，再打死他，岂不干净了！”贾政知道是他母亲来了，又急又痛，连忙迎出来。只见贾母扶着丫头，喘气的走来。贾政上前躬身陪笑道：“大暑热天，母亲有何生气，亲自走来。有话只该叫了政儿去吩咐。”［周按］对于亲长，自呼己名，犹存古俗。贾母听说，便止住步喘息一回，厉声道：［蒙侧］大家规模，一丝不乱。［周按］勵是原笔。“你原来是和我说话！我到有话吩咐，只是可怜我一生没养个好儿子，却叫我吩咐谁去！”［周按］此贾母一生苦处。贾政听这话不像，［周按］不像者已在一般寻常情理之外也。盖贾母此言一触及这层伦理内幕，即已说破贾政原非贾母亲生儿，乃过继子也。忙跪下含泪说道："为儿的教训儿子，也为的是光耀祖宗。母亲这话，我作儿的如何禁得起！"贾母听说，便啐了一口，道："我说了一句话，你就禁不起，你那样下死手的板子，难道宝玉就禁得起了？［蒙侧］偏是有理。你说教训儿子是光耀祖宗，当日你父亲是怎么教训你来。"［蒙侧］如此碍犯文字，随景生情，毫无牵滞。［周按］如何谓之碍犯文字，盖曹頫原属过继，并非亲生。说着，也不觉滚下泪来。贾政又陪笑道："母亲也不必伤感，皆是作儿的一时性起，从此以后再不打他了。"贾母冷笑几声道："你也不必和我赌气，你的儿子，我也不该管你打不打。我猜着你也厌烦我们娘儿们，不如我们早离了你，大家干净。"说着便命人："去看轿马，我和你太太、宝玉立刻回南京去。"［周按］按贾母此言是说要与贾政断绝母子关系。◎不是说曹家是谁家？家下人只得干答应着。贾母又叫王夫人道："你也不必哭了，如今宝玉年纪小，你疼他，他将来长大为官作宰的，也未必想着你是他母亲了。你如今到不要疼他，只怕将来还少生一口气呢！"贾政听说，忙叩头哭道："母亲如此说，贾政无立足之地！"贾母冷笑道："你分明使我无立足之地，你反赖起我来。到是我们回去了，你心里干净，看有谁来许你打！"一面说，一面只命："快打点行李车轿回南去！"贾政苦苦叩求认罪。贾母一面说话，一面记挂宝玉。忙进来看时，只见今日这顿打不比往日，又是心疼，又是生气，也抱着哭个不了。王夫人与凤姐等解劝一回，方渐渐的止住。早有丫嬛媳妇等上来要搀宝玉，凤姐便骂道：［蒙侧］能事者自不凡。"糊涂东西，也不睁开眼瞧瞧！打的这么个样儿，还要搀着走？还不快进去把那藤屉子春凳抬出来呢。"众人听说，连忙进去，果然抬出春凳来，将宝玉抬放在凳上，随着贾母、王夫人等进去，送至贾母房中。

彼时，贾政见贾母气未全消，不敢自便，也只得跟了进来。看看宝玉，果然打重了，再看看王夫人，儿一声肉一声："你替珠儿早死了，留下珠儿，免你父亲生气，我也不白操这半世的心了。这会子你倘或有个好共歹，丢下我，叫我靠那一个。”数落一场，又哭“不争气的儿”。贾政听了，也就灰心，自悔不该下毒手，打到如此地步。［蒙侧］天下作父兄者教子弟时，亦当留意。先劝贾母，贾母含泪说道：“你不回去，还在这里作什么！难道于心不足，还要眼看着他死了才去不成！”［蒙侧］遣之有法。贾政听说，方退了出去。此时薛姨妈同宝钗、香菱、袭人、史湘云等也都在这里。袭人满心委曲，只不好十分使出来。见众人围着，灌水的灌水，打扇的打扇，自己又［周按］叉，是原笔。不下手去，便越性走出来［蒙侧］各自有各自一番作用。到二门前，命小厮们找了茗烟来细问：“方才好端端的，为什么打起来？你也不早来透个信儿。”茗烟急的说：“偏生我没在跟前，打到半中间我才听见了，忙打听原故，却是为棋官，同金钏姐姐的事。”袭人道：“老爷怎么得知道的？”茗烟道：“那棋官的事，多半是薛大爷素习吃醋，没法儿出气，不知在外头挑唆了谁来，在老爷跟前下的火。那金钏儿的事，是三爷说的，我也是听见跟老爷的人说的。”袭人听了这两件事都对景，心中也就信了九分。然后回身进来，只见众人都替宝玉疗治，调停完备，贾母命人好生抬到他房内去。众人答应，七手八脚，忙把宝玉抬入怡红院内自己床上卧好。又乱了半日，众人渐渐散去，袭人方进前来经心扶侍，问他端的，且听下回分解。

［戚回后］严酷其刑以教子，不情中十分用情。牵连不断以思婢，有恩处一等无恩。严父慈母，一般爱子。亲优溺婢，总是乖淫。蒙头花柳，谁解春光，跳出樊笼，一场笑话。

［回后评］晚清诗人黄遵宪曾言，《石头记》是开天辟地以来第一部奇书。我谓《石头记》是感天动地第一部真书。看他本回所写，字字真实，句句感人。

若在编造虚构者笔下，安能道得出一字半句。

雪芹写此特大事故，贾母、贾政、王夫人、李纨及众姊妹，每人有每人之辛酸甘苦，难言之痛，皆入情入理，恰如其分，难以另外文字替代，此是何等神奇笔力。此异于寻常庸俗小说，一边是好人，一边是坏人，好人则句句是好，坏人则句句是坏，大异其趣。

犹忆清人有一批者曾云：吾读《石头记》，惟至宝玉遭打一回泪下最多。此则本回文字感人之至深至切，无与伦比，可谓明证。

吾每读《石头记》至此回，所受感动亦略如清代批者。除落泪之外，不禁感叹雪芹之笔圣手神文，敢不下拜。

本回亦如上回系连续三回无批之后，惟赖蒙府本侧批补阙。

第三十四回
情中情因情感妹妹　错里错以错劝哥哥

［蒙戚回前］两条素帕，一片真心。三首新诗，万行珠泪。袭卿高见动夫人，薛家兄妹空争气。自古道情是苦根苗，慧性灵心的回头须早。

话说袭人见贾母、王夫人等去后，便走来宝玉身边坐下，含泪问他："怎么就打到这步田地？"宝玉叹道："不过为那些事，问他作什么！只是下半截疼的狠，你瞧瞧打坏了那里没有？"袭人听说，便轻轻的伸手进去，将中衣褪下。宝玉略动一动，便咬着牙叫嗳哟，袭人连忙停住手，如此三四次才褪了下来。袭人看时，只见腿上半段青紫，都有四指宽的伤痕高了起来。袭人咬着牙说道："我的娘，怎么下般的这么狠手！［周按］下般的，下字重读，般字轻读，口头俗语意谓使得出，忍于下手，毫不留情。你但凡听我一句话，也不得到这步地位。幸而没动筋骨，倘或打出个残疾来，可叫人怎么样呢！"正说着，只听丫嬛们说："宝姑娘来了。"袭人听见，知道穿不及中衣，便拿了一床袷纱被替宝玉盖了。只见宝钗手里托着一丸药走进来，［蒙侧］请问是关心不是关心？向袭人说道："晚上把这药用酒研开，替他敷上，把那淤血的热毒散开，可以就好了。"说毕，递与袭人，又问道："这会子可好些？"宝玉一面道谢说："好些了。"又让坐。宝钗见他睁开眼说话，不像先时，心中也宽慰了好些，便点头叹道："早听人一句话，［蒙侧］同袭人语。［周按］前袭后钗皆用"一句话"。也不至今日。别说老太太、太太心疼，便是我们看着心里也……"刚说了半句，又忙咽住，自悔说的急速了，［蒙侧］行云流水语，微露半含时。不觉红了脸，垂下头了。宝玉听得这话如此亲切稠密，竟大有深意。忽见他又咽住，不往下说，红了脸，低头只管弄裙带，那一种娇羞怯怯，非可形容得出者。［周按］此种句法不文不白，常见于清代旗人文字中，汉人罕见，后人更不习惯。此例见于正文。请看脂砚斋批语中类似者更多了。不觉心中大畅，将疼痛早已丢在九霄云外，心中自思："我不过挨了几下打，他们一个个就有这些怜惜悲感之态露出，令人可玩可观，可怜可敬。假若我一时竟遭瘟横死，［蒙侧］得遇知己者，多生（此）等痴思痴喜。他们还不知是何等悲感呢！既有他们这样，我便一时死了，得他们如此，一生事业总然尽付东流，亦无足叹惜。冥冥之中若不怡然自得，亦可谓糊涂鬼祟矣！"［周按］宝钗素日大方稳重，内心情感不多显露，此是第一次因见宝玉如此痛苦而流露真情。宝玉此时尽量享受他人之真情，便即忘了自身疼痛，反而达到一种怡然自得的内心境界。此乃宝玉天生特性，与常人不同，常人亦难理解宝玉。正想着，只听宝钗问袭人道："怎么好好的动了气，就打起来了？"袭人便把茗烟的话说了出来。宝玉原来还不知道贾环的话，听见袭人说出，方才知道。因又拉上薛蟠，惟恐宝钗沉心，忙又止住袭人道："薛大哥哥从来不这样的，你们别混裁度。"宝钗听说，便知宝玉是怕他多心，用话相拦袭人，因心下暗想道："打的这个形像，疼还顾不过来，还是这样细心，怕得罪了人。可见在我们身上也算是用心了。［蒙侧］天下古今英雄，同一感慨。你既这样用心，何不在外头大事上作工夫？老爷也喜欢了，也不能吃这样亏。但你固然怕我沉心，所以拦袭人不叫说，难道我就不知道我哥哥素日恣心纵欲，毫无忌犯的那种心性！当日为一个秦钟，竟还闹的天番地覆，自然如今比先更利害了。"想毕，因笑道："你们也不必怨这个怨那个，据我想，到底宝兄弟素日不正经，［周按］不正二字，可与李贵批贾瑞语参照。肯和那些人来往，老爷才生气。就是我哥哥说话不防头，一时说出宝兄弟来，也不是有心调唆。一则是个本来实话，二则也原不理论这些妨碍的小事。袭姑娘从小儿只见宝兄弟这样细心的人，［蒙侧］心头，口头，不觉透露。你何常见过我那哥哥，［周按］何常是原笔。天不怕地不怕，心里有什么，口里就说什么的人。"袭人因说出薛蟠来，见宝玉拦他的话，早已明白自己话说造次了，恐宝钗没意思，听宝钗如此说，更觉羞愧无颜。宝玉又听宝钗这番话，一半是堂皇正大，一半是去自己疑心，更觉比先畅快了。方欲说话时，只见宝钗起身说道："明儿再来看你，你好生养着罢。方才我拿来的药，交给袭人了，晚上敷上，［蒙侧］何等关心。管就好了。"说着便走出门去。袭人赶着送出院门外，说："姑娘费心了。改日宝二爷好了，亲自去谢去。"宝钗回头笑道："有什么谢处！你只管劝他好生静养，别胡思乱想的就好了。要想什么吃的顽的，你悄悄的往我那里取去，［蒙侧］的确真心。不必惊动老太太、太太众人，倘或吹到老爷耳躲里去，［周按］耳躲是原笔。虽然彼时不怎样，将来对景，［周按］对景，俗语，意谓适逢某一机会，事情近似，相互牵连而发作。才是要吃亏呢！"［蒙侧］要紧。说着，一回身去了。［周按］宝玉听见袭人提及薛蟠，立即婉言阻止。盖惟恐宝钗多心，面上难堪。而宝钗亦早领宝玉之情意，知他不拘何时何地总是一味体贴别人而不顾自己，甚至忘了自己。在书中，此等地方最宜细心体会。我谓宝玉为人并非圣贤，可以疵议之处甚多。然为人而忘己，不知其他，方是宝玉品格之最崇高处。读《石头记》一书须先识此意，不然即辜负雪芹著书之深意。袭人抽身回来，心内着实感服宝钗，［周按］感服是原笔。进来见宝玉沉思默默，似睡非睡的，因而退出房外，自己栉沐。宝玉默默的淌在床上，［周按］淌是原笔。无奈肫上作痛，如针挑刀挖一般，更又热如火炙，略展转时，禁不住嗳哟之声。

那时天色将晚，因见袭人去了，却有两三个丫嬛伺候，此时并无可呼唤之事，因说道："你们且去梳洗，等我叫时再来。"众人听了，也都退出。这里宝玉昏昏默默，只见蒋玉菡走了进来，诉说忠顺王府拿他之事，一时又见金钏儿进来，哭说为他投井之情。［周按］由宝玉朦胧梦境逗露，棋官是私自逃离王府，故王府寻拿。以金钏之死，则愧悔难言，终生憾恨。宝玉半梦半醒，却不在意，忽又觉有人一推，恍恍惚惚听得有人悲戚之声。宝玉从梦中惊醒，睁眼一看，不是别人，正是林黛玉。宝玉犹恐是梦，忙又将身子欠起来，向脸上细细一认，只见他两个眼精肿的桃儿一般，满面泪光，［周按］眼精，似是原笔。不是黛玉，却是那个！宝玉还欲看时，怎奈下半截疼痛难禁，支持不住，便嗳哟一声，仍就倒下。叹了一声，说道："你又作什么来？虽说太阳落了，那地上馀热未散，走了来，倘或又受了暑呢？我虽然挨了打，并不觉疼痛，我这个样儿，也是粧出来哄他们，好在外头布散与老爷听，其实是假的，你不可信真。"［蒙侧］有这样一段语〔话〕，方不没减频卑〔颦〕儿之痛哭眼肿。英雄失足，每每至死不改，皆犹此耳。［周按］请看宝玉面对黛玉之言语心情，仍是怕别人难过而假语相慰，仍是一心体贴别人而忘了自己。两番情景，虽表面不同，而其实质则一也。此时林黛玉虽不是嚎啕大哭，然越是这等无声之泣，气噎喉堵，更觉利害。听了宝玉这番话，虽有万句言词，只是不能说出，半日方抽抽噎噎的说道："你从此可都改了罢！"［蒙侧］心血淋漓，酿成此数字。宝玉听说，便长叹一声道："你放心，别说这样话。我便为这些人死了也是情愿的！"［周按］请看宝玉之自陈与我上文所批一致否，是即为了他人而牺牲一己性命亦所心甘，死尚不惜，何况不至于死者。◎宝玉所谓这些人是指谁乎，有棋官有金钏，容易明白，但语中所包岂止此二人乎。◎由你放心此三字，可证即黛玉本人也在这些人之内。一句话未说了，［周按］一句话未了是原文。［蒙侧］文气斩节〔截〕。只听院外人说："二奶奶来了！"林黛玉便知凤姐儿来了，连忙立起身来说道："我打后院子里去罢，［周按］打，即北语自，从也。回来再来。"宝玉一把拉住说道："这又奇了，好好的怎么怕起他来了。"林黛玉急的跺脚，悄悄的说道："你瞧瞧我的眼睛，［蒙侧］不避嫌疑，不惜声名，破格牵连，诚为可叹，着实可怜。又该他拿着取笑开心了。"宝玉听说，连忙放手。林黛玉三步两步转过床后，刚出了后院，凤姐儿从前头已进来了。问宝玉："可好些了？想什么吃，叫人往我那里取去！"接着，薛姨妈又来了，一时贾母又打发了人来。至掌灯时分，宝玉只喝了两口汤，便昏昏沉沉睡去。接着，周瑞媳妇、吴新登媳妇、郑好时媳妇，［周按］三位婆娘之姓，乃周吴郑，随手用《百家姓》周吴郑王也，他处亦有类似例。这几个有年纪常往来的，听见宝玉挨了打，也都进来请安。袭人忙迎出来，悄悄笑道："婶婶们进来迟了一步，二爷才睡着了。"［蒙侧］袭卿善词令，会周旋。说着，一面带他们到那边房里坐了，倒茶与他们吃，那几个媳妇子都悄悄坐了一回，向袭人说道："等二爷醒了，你替我们回罢。"袭人答应了，送他们出去。刚要回来，只见王夫人使了个老婆子来，口称："太太叫一个跟二爷的人呢。"袭人见说，想了一想，便回身悄悄的告诉晴雯、麝月、檀云、秋纹等说："太太叫人呢，你们好生在屋里，我去了就来。"说毕，同那婆子一直出了园子，［蒙侧］身任其责，不惮劳烦。来至上房，王夫人正坐在凉榻上摇着芭蕉扇子，见他来了，说道："你不管叫个谁来也罢了，你又丢下他来了，谁伏侍他呢？"袭人见说，忙陪笑回道："二爷才睡安稳了，那四五个丫头如今也好了，会伏侍二爷了，太太请放心。恐怕太太有什么话吩咐，打发他们来，一时听不明白，倒耽误了事。"［蒙侧］能事解事，能了事。王夫人道："也没什么话，白问问他这会子疼的怎么样？"袭人道："宝姑娘送去的药我给二爷敷上了，［蒙侧］补足。比先好些了，先疼的淌不稳，这会子都睡沉了，可见好些了。"王夫人又问："吃了什么没有？"袭人道："老太太给的一碗汤，喝了两口，只嚷干渴，要吃酸梅汤。我想着酸梅是个收敛的东西，才刚挨了打，又不许叫喊，自然急的那热毒热血未免不存在心里，倘或吃下这个去，激在心里，再弄出个大病来，可怎么样！因此我劝了半天才没吃，［蒙侧］能事处。只拿那糖腌的玫瑰卤子和了吃了半碗，又嫌吃絮了，不香甜。"王夫人道："嗳哟，你不该早来和我说。［周按］亦即你怎么不早来和我说，此省略句也。前儿有人送了几瓶子香露来，原要给他点子的，我怕他胡遭遢了，就没给。既是他嫌那玫瑰膏子絮烦了，把这个拿两瓶子去。［周按］拿两瓶子，可证上文所送者是几瓶子为是。一碗水里只用挑一茶匙儿，就香的了不得呢！"说着就唤彩云来："把前儿的那几瓶子香露拿来。"袭人道："只拿两瓶来罢，多了也白遭蹋了。等不彀再来取也是一样。"彩云听说，去了半日，果然拿了两瓶子来，递与袭人。袭人看时，只见两个玻璃小瓶都有一二寸大小，螺丝银盖，鹅黄绫签上写着：木樨清露。那一个上写着：玫瑰清露。袭人笑道："好尊贵东西！这么个小瓶儿，能有多少？"王夫人道："那是进上的，你没看见鹅黄签子？你好生替他收着，别遭遢了。”［周按］既是进上的，如何到了荣府家内。盖地方官进上的礼物不能直达内廷，必须先呈送内务府人员以请求进呈。而内务府人即可由进上之礼物中获得一小部份，此乃当时所谓陋规，即公开之秘密也。◎此又隐伏后文一段公案。袭人答应着，方要走时，王夫人又叫：“站着，我想起一句话来问你。”袭人忙又回来。王夫人见房内无人，便问道：“我恍惚听见宝玉今儿挨打是环儿在老爷跟前说了什么话，你可听见这个了？你要听见，告诉我听听，我也不吵嚷出来教人知道是你说的。”袭人道：“我到没听见这话，只听见说为二爷霸占着戏子，人家来和老爷要，为这个打的。”王夫人摇头说道：“也为这个，还有别的原故。”袭人道：“别的原故实在不知道了。我今儿大胆在太太跟前说句不知好歹的话，论理……”说了半截，忙又咽住。王夫人道：“你只管说。”袭人笑道：“太太别生气，我就说了。”王夫人道：“我有什么生气的？你只管说。”袭人道：“论理，我们二爷也须得老爷教训教训，若老爷再不管，将来不知做出什么事来呢！”王夫人一闻此言，便合掌念声阿弥陀佛，［蒙侧］能了事处。由不得赶着袭人叫了声：“我的儿！［蒙侧］袭卿之心，所谓良人所仰望而终身也。今若此，能不痛哭流泣〔涕〕，以成此语。亏你明白，这话和我的心一样。我何曾不知道管儿子，先你珠大爷在时，我是怎么管来着？难道我如今到不知管儿子了。只是有个原故，如今我想我已经五十岁的人了，通共剩他一个，他又长的单弱，况今老太太疼的宝贝是的。若管紧了，倘或再有个好共歹，或是老太太气坏了，那时上下不安，岂不到坏了！所以就纵坏了他。我常常掰着口儿劝一阵，说一阵，气的骂一阵，哭一阵，彼时也好，过后还是不相干，端的吃了亏才罢！［周按］端的，本意是“真格的”，在此则转变为“毕竟”“到底”之意。［蒙侧］变转之句，勉强之言，真体贴尽溺爱之心。设若打坏了，将来我靠谁呢！”说着，不由的滚下泪来。袭人见王夫人这般悲戚，自己也不觉伤心了，陪着落泪。又道：“二爷是太太养的，太太岂不心疼！便是我们作下人的，伏侍一场，大家落个平安，也算是造化了。要这样起来，连个平安都不能了。那一日，那一时我不劝二爷？只是再劝不醒。偏生那些人又肯亲近他，也怨不得他这样，总是我们劝的到不好了。今儿太太提到这儿，我还记挂着一件事，每要来回太太，讨太太个主意，只是我怕太太疑了心，不但我话白说了，且连葬身之地都没了。”［蒙侧］打进一层。非有前项如许讲究，这一层即为唐突了。王夫人听了这话内有因，忙问道：“我的儿，你有话只管说！近来我虽听见众人背前背后都夸你，我还信不真。只怕你不过是在宝玉身上留心，或是众人跟前和气，这些小意思的好，所以就将你和老姨娘们一体行事。谁知你方才和我说的话竟是大道理，合我的心，你有什么只管说什么，只别叫别人知道就是了。”袭人道：“我也没什么别的说，我只想着讨太太一个示下，怎么变个法儿，已后竟还叫二爷搬出园子来住就好了。”王夫人听了，吃一大惊，忙拉了袭人手问道：“宝玉难道和谁作怪了不成。”袭人忙回道：“太太别多心，并没有这话，这不过是我的小见识。如今二爷也大了，里头姑娘们多，况且林姑娘、宝姑娘又是两姨姑表姊妹，虽说是姊妹们，到底是男女之分，日夜一处，起坐不方便，由不得叫人悬心。便是外人看着，也不像大家子的体统。［蒙侧］远虑近忧，言言字字，真是可人。俗语说的，无事常思有事，世上多少无头脑的事，多半皆因无心中作出，却被有心人看见，当作事情，到反说坏了。只是预先不防着，断然不好。二爷素日的性格儿，太太是知道的。他又偏爱在我们堆儿里闹，倘或不防前后，错一点半点了，不论真假，人多口杂，那起小人的嘴有什么避讳？心顺了，说的比菩萨还好，心不顺，就贬的连畜生也不如了。二爷将来有人说好，不过大家落个直过。［周按］直过，意为仅仅尽到了本份职责，虽无过失，亦无功劳可言。若叫人哼出一声不字来，我们不用说，粉身碎骨，罪有万重，都是平常小事，但二爷后来一生的声名品行岂不完了。［蒙侧］袭卿爱人以德，竟至如此，字字逼来，不觉令人敬听。看官自省，切（不）可阔略，戒之。二则太太也难见老爷。俗语又说，君子防不然，不如这会子防避为是。［周按］此语与女子无才便有德异曲同工。古语原谓“防未然”，今偏改“不然”。“不然”二字，实比“未然”宽广得多。不如这会子防避为是。太太的事情多，一时固然想不到，我们想不到则可，想到了若不回明太太，罪越重了。近来我为这事，日夜悬心，又不好说与人，惟有灯花儿知道罢了。”王夫人听了这话，如轰雷震耳一般，正着了金钏儿之事，［周按］此着字，与“配鸾凤真也着”之“着”字，与“女儿悲，将来终身指靠谁”之批“道着了”，用法相同。心怀感爱袭人不尽，忙说道：“我的儿，你竟有这个心胸，想的这样周到，我何尝不想到这里，只是这几天有事就忘了。你今这番话提醒了我，难为你成全我娘儿两个名声体面，真真我就不知道你这样好。罢了，你且去罢，我自有道理。［蒙侧］溺爱者偏会如此说。只是还有一句话，你今儿既说出了这样话，我就把他交给你了，好歹留心，保全了他，就是保全了我，我自然不辜负你。”袭人连连答应着去了。［周按］此段文字，旧日批者多以为袭人存心告密，人品不端。实则袭人全由上回宝玉心迷肺腑，误将送扇之袭人当作黛玉而说出了不可明言的心事。袭人心知日后宝黛二人或难免有越理之事，因欲向王夫人示意留心，以防宝玉品性声名受此大累，也是一番仁心善意。若视为向王夫人进谗，则非雪芹原旨矣。盖雪芹之写人各有其身份、思想、感情、职责与立足点，各有其道理、缘由，各自恰如其分，而并非有意划分善恶好坏也。

回来正值宝玉睡醒，袭人回明香露之事。宝玉喜不自禁，即命挑出尝试，果然异妙非常。因心下记挂着林黛玉，满心里要打发人去，只是怕袭人疑心，便设一法儿，先使袭人往宝钗那里借书去，［周按］宝玉命袭人到宝钗处借书，只为支开袭人而便于派人安慰黛玉，别无深意。但我每读至此，却对借书二字深感兴趣。试想宝玉无书宝钗却有，此一奇也。宝钗有书，所有者又是何书而能使宝玉欲借，二奇也。因念所借之书必非《西厢记》《牡丹亭》，或系唐人王维、孟浩然等诗集乎？袭人只得去了。宝玉便悄命晴雯来［蒙戚双］前文晴雯放肆，原有把柄所持也。吩咐道：“你到林姑娘那里去看看他作什么呢，他要问我，只说我好了。”晴雯道：“白眉赤眼的，作什么去呢？到底说几句话儿，也像件事。”宝玉道：“没有什么可说的。”晴雯道：“若不然，或是送件东西，或取件东西，不然我去了怎么样搭搧呢？”［周按］搭搧是原笔。宝玉想了一想，便伸手拿了两条手帕子撂与晴雯，笑道：“也罢，就说我叫你送这个给他去了。”晴雯道：“这又奇了，他要这半新不旧的两条手帕子作什么？他又要恼了，说你打趣他。”宝玉笑道：“你放心，他自然知道。”晴雯听说，只得拿了帕子往潇湘馆来。只见春纤正在栏杆上晾手帕子作什么呢，［周按］春纤是潇湘馆之侍女，雪雁、春纤，廿九回有明文。［蒙侧］送的是手帕，晾的是手帕，妙文。见他进来，忙摇手儿说：“睡下了。”晴雯走进来，满屋魆黑，［周按］魆，是原笔。并未点灯，林黛玉已睡在床上，问：“是谁？”晴雯忙答道：“晴雯。”黛玉问道：“你作什么来了？”晴雯道：“二爷叫我给姑娘送手帕子来了。”黛玉听了，心中发闷，暗想道：“作什么送手帕子来给我。”因问道：“这手帕子是谁送他的？必定是上好的了，叫他留着送别人罢，我这会子不用这个。”晴雯笑道：“不是新的，就是家常旧的。”林黛玉听了，越发闷住，着实细心搜求，忖了半日，方大醒悟过来。连忙说：“放下去罢。”晴雯听了，只得放下，抽身回去，一路思量，不解何意。

这里林黛玉体贴出手帕子的意思来，不觉神魂驰逸：“宝玉的这番苦心，能领会我这番苦意，又令我可喜。我这番苦意，不知将来如何，又令我可悲。忽然好好的送两块旧手帕子来，若不领会深意，单看了这手帕子，又令我可笑。再想私相传递，我又可惧。我自己每每好哭，想来也无味，又令我可愧。”如此左思右想，一时七情六欲，将五内沸然炙起。林黛玉犹不觉得，尚有馀意缠绵，便急命掌灯，也想不起嫌疑避讳等事，［周按］所谓嫌疑正指私相传递、暗订盟约，此旧日男女间之大忌讳也。便向案上研墨蘸笔，便向那两块帕上走笔写道：

眼空蓄泪泪空垂，暗洒闲抛却为谁？
尺幅鲛绡劳解赠，教人焉得不伤悲！

其二［周按］在帕上题句，不应有其二等字样。

抛珠滚玉只偷潸，镇日无心镇日闲。
枕上袖边难拂拭，任他点点与斑斑。

其三

彩线难收面上珠，湘江旧迹已模糊。

窗前亦有千竿竹，不识香痕渍有无。［周按］渍有无是原笔。

林黛玉还要往下写时，怎奈两块帕子都写满了，方搁下笔，觉得浑身火热，面上作烧，走至镜台前揭起锦袱一照，［周按］锦袱，雪芹时代平常人家所用镜子尚是铜镜，只有富贵人家铜镜之外又有少数玻璃镜，乃是珍品。镜须防污，必须时常拂拭，不用时以小布帘护之，是为镜袱。只见腮上通红，［周按］明义诗：病容欲觉胜桃花，午汗潮回热转加。恰合此景。自羡压倒桃花，却不知病由此萌。一时方上床睡去，犹拿着那帕子思索，不在话下。

却说袭人来见宝钗，谁知宝钗不在园内，竟出去往他母亲那里去了，袭人便空手回来。原来宝钗素知薛蟠情性，心中已有一半疑薛蟠调唆了人来告宝玉的，谁知又听袭人说出来，越发信了。究竟袭人是听茗烟说的，那茗烟也是私心窥夺，并未据实。大家都是一半猜度，一半据实，竟认准是他说的。那薛蟠都因素日有这个声名，其实这一次却不是他干的，被人生生的一口咬死是他，有口难分。这日正从外面吃了酒回来，见过母亲，只见宝钗在这里，说了几句闲话，因问："听见宝兄弟吃了亏，是为什么？"薛姨妈正为这个不自在，见他问时，便咬着牙道："不知好歹的冤家，都是你闹的，你还有脸来问！"薛蟠见说，便怔了，忙问道："我何尝闹什么来着？"薛姨妈道："你还装憨儿呢，人人都知道是你说的，你还赖呢！"薛蟠道："人人说我杀了人，也就信了罢？"薛姨妈道："连你妹妹都知道是你说的，难道他也赖你不成？"宝钗忙劝道："妈合哥哥别叫喊，消消停停，就有个青红皂白了。"因向薛蟠道："是你说的也罢，不是你说的也罢，事情也过去了，不必较证，到把小事弄大了。我只劝你从此以后少在外头胡闹，少管别人的事，天天一处大家胡旷，你是个不防头的人，过后没事就罢了，或者有事，不是你干的，人人都也疑惑是你干的。不用说别人，我先就疑惑你。”薛蟠本是个口直心快的人,一生见不得这样藏头露尾的事。又见宝钗劝他不要矌去，他母亲又说他拉舌，宝玉之打是他治的，早已急的乱跳，赌身发誓的分辩，又骂众人：“谁这样矁派我，我把囚攮的牙敲了才罢。分明是为打了宝玉，没的献勤儿，拿我作幌子。难道宝玉是天王？他老子打他一顿，一家子定要闹几天。那一回为他不好，姨爹打了他两下子，过后儿老太太不知怎么知道了，说是珍大哥哥治的，好好的叫了去骂了一顿。今儿索性拉上我了！既拉上我，我也不怕，我索性进去把宝玉打死了，我替他偿了命，大家干净。”一面嚷，一面抓起一根门闩来就跑，慌的薛姨妈一把拉住，骂道：“作死的业障，你打谁去？你先来打我！”薛蟠将眼急的铜铃一般，嚷道：“何苦来！又不叫我去，又好好的赖我，将来宝玉活一日，我耽一日的口舌，不如大家死了清净。”宝钗忙也上前劝道：“你忍耐些儿罢！妈急的这个样儿，你不说来劝妈，你还反闹的这样。别说是妈，便是个傍人来劝你，也为你好，到把你的性子劝上来了！”薛蟠道：“你这会子又说这话。都是你说的！”宝钗道：“你只怨我说你，再不怨你那顾前不顾后的行景。”[周按]行景，即行径。而更有意味。薛蟠道：“你只会怨我，你怎么不怨宝玉外头招风惹草的那样子！别说多的，只拿前儿棋官的事比给你们听听。那棋官我们见过十来次的，他并没和我说一句亲热话，怎么前儿他见了，连姓名还不知道，就把汗巾子给他了？难道这也是我说的不成？”薛姨妈和宝钗忙说道：“还提这个，可不是为这个打他呢，可见是你说的了。”薛蟠道：“真真气死了人。赖我说的我不恼，我只恼为一个宝玉闹的这样天翻地覆的。”宝钗道：“谁闹了？你先持刀动棍的闹起来，到说别人闹！”薛蟠见宝钗说的句句有理，难以驳政，[周按]驳政是原笔，“政”乃“帖写”也。比母亲反难回答，因此便要设法拿话堵回他去，就无人拦自己的话了。也因在气头上，未曾想话之轻重，便说道："好妹妹，你不用说我闹，我早知道你的心了，从先妈和我说，你这金要拣有玉的，才是好姻缘。[周按]第八回写莺儿伶俐，穿针引线，让宝玉、宝钗二人互看所佩通灵玉与金锁，暗示已有金玉姻缘之说。然通灵玉之来历，书中有明文交代。至于金锁又从何而来，所谓是个和尚给的，真乎假乎？此一大疑案。至此由薛蟠口中透露，他是听他母亲告知的，可知金锁之真来历，薛蟠、宝钗儿女等皆不得而知，不过听长辈口中如此一说而已。你留了心，见宝玉有那劳什骨子，你自然行动护着他。"话未说了，把宝钗怔了，气的拉着薛姨妈哭道：[周按]杨本存真返朴，弥足珍贵。"妈，你听听哥哥说的是什么话！"[蒙侧]描写薛蟠，不过要补足宝钗告袭人前项之言。薛蟠见妹妹哭了，便知自己冒撞了，赌气走到自己房里安歇不提。这里薛姨妈气的乱战，一面又劝宝钗道："你素日知道这业障说话没道理，明儿我叫他给你赔不是。"宝钗满心里委曲气忿，待要怎样，又怕母亲不安。少不得含泪别了母亲，各自回来到房里，整哭了一夜。[周按]宝钗因听哥哥之言，气恼羞愧，委屈满怀，又无人可言，自己哭了一夜。可见其心地清白，并无谋夺姻缘之私意。次日起来，也无心梳洗，胡乱整理整理，便出来瞧母亲，可巧遇见林黛玉独立在花阴之下，问他那里去。薛宝钗因说道："家去。"口里说着，便只管走。林黛玉见他无精打彩的去了，又见脸上似有哭泣之状，大非往日可比，便在后面笑道："姐姐自己保重些儿。[蒙侧]自己眼肿为谁？偏是以此笑人，世间人多犯此症。就是哭出两缸眼泪来，也治不好棒疮。"[周按]宝钗自哭一夜至晓，余泪未干，而黛玉一见，即发奚落之言。她何从想像昨夜薛家母女兄妹一番纠葛气恼乎？黛玉轻薄之性一贯如此，宝钗忍而不辩，非不能辩也，辩亦无用，辩亦无人肯信也。以忍为辩，何等胸怀。◎其实黛玉奚落宝钗时，自己哭肿了的双眼尚未平复，却忘了也会让人奚落。正所谓旁观者清，当局者迷。聪明人亦难逃此律，说人家哭是为了棒疮，又即所谓以己度人也。不知薛宝钗如何答对，且听下回分解。

[戚回后]人有百折不回之真心，方能成旷世希有之事业。宝玉意中诸多辐辏，所谓求仁得仁，又何怨。凡人作臣，作子，出入家庭廊庙，能推此心此志，何患忠孝之不全，事业之不立耶。[周按]是书是批，即是"百折不回之真心，旷世稀有之事业乎"！求仁得仁又何怨，一用于黛，再用于贾瑞，三用于宝玉。批者深得作者本怀者如是。

［回后评］雪芹写大排场大变故皆能举重若轻，为寻常作手所不及。但他又擅于细写琐事末节，揣摹入微。如本回特写薛家三口寡母弱妹劣兄，只因宝玉遭笞挞而发生种种误会角口，皆令人如闻如见。写一薛蟠心直口快之人本无过错，却横遭屈枉，难于忍受。句句处处生香活态，既令人如置身于书中，又不禁感叹寄居于富贵之家，虽名为至亲，实亦看人脸色，随人喜怒。世态人情着墨无多，而曲尽其妙。

第三十五回
白玉钏亲尝莲叶羹　黄金莺俏结梅花络

［戚回前］情因相爱反相伤，何事人多不揣量。黛玉徘徊还自苦，莲羹甘受使儿狂。

话说宝钗分明听见林黛玉刻薄他，因记挂着母亲哥哥，并不回头，一迳去了。这里林黛玉还自立于花阴之下，远远的却向怡红院内望着。只见李宫裁、迎春、探春、惜春并各项人等都向怡红院内去过之后，一起一起的散尽了。只不见凤姐儿来，心里自己盘算道："如何他不来瞧宝玉？便是有事缠住了，他必定也是要来打个花胡哨，讨老太太和太太的好儿才是。今儿这早晚不来，必定有原故。"一面猜疑，一面抬头再看时，只见花花簇簇一群人又向怡红院内来了。定睛看时，只见贾母搭着凤姐儿的手，后头邢夫人、王夫人跟着周姨娘并丫嬛媳妇人等都进院去了。黛玉看了，不觉点头叹气，想起有父母的好处来，早又珠泪满面。

少顷，只见宝钗、薛姨妈等也进入去了。［周按］黛玉此时于院外遥望，独自感叹，与前番叩怡红院门而不得入亦是独立门外伤心恼恨略略相似，但又不同。总是写她孤独寂寞、落落寡合之娇贵小姐心情。忽见紫鹃从背后走来，说道："姑娘吃药去罢，开水又冷了。"黛玉道："你到底要怎么样。只是催，我吃不吃，管你什么相干！"紫鹃笑道："咳嗽的才好些了，又不吃药了。如今虽然是五月里，天气热，［蒙侧］闺中相怜之情，令人羡慕之至。［周按］此批抒写与身边侍婢之感情，明系女性口吻心境。到底也该还小心些。大清早起，在这个潮地方站了半日，也该回去歇息歇息了。"一句话提醒了林黛玉，方觉有些腿酸，呆了半日，方慢慢的同紫鹃回潇湘馆来。一进院门，只见满地下竹影参差、苔痕浓淡，不觉又想起《西厢记》中所云“幽僻处可有人行，点苍苔白露泠泠”二句来。[周按]此段文字写黛玉归院，笔笔诗境，此方是雪芹真本色，高超简净，情景内充。因暗暗的叹道：“双文双文，[周按]双文，《西厢记》中崔莺莺之别称，黛玉引《西厢》以自伤自叹，遥遥与在桃花树下初读《西厢》之情景相为呼应。诚为命薄人矣。然你虽命薄，尚有孀母弱弟，今日林黛玉之命薄，一并连孀母弱弟俱无。古人云佳人薄命，然我又非佳人，何命薄胜于双文哉！”一面想，一面只管走，不防廊檐上的莺哥儿见林黛玉来了，嘎的一声扑了下来，到唬了一跳，因说道：“作死的！[周按]作死的，北语，作读阴平声。又搧了我一头的灰。”那莺哥儿仍飞上架去，便叫：“雪雁，快掀帘子，姑娘来了！”林黛玉便止住步以手扣架笑道：“添了食水不曾？”那莺哥儿便长叹一声，竟大似林黛玉素日吁嗟音韵，接着念道：“奴今葬花人笑痴，他年葬奴知是谁？试看春尽花渐落，便是红颜老死时。一朝春尽红颜老，花落人亡两不知！”[蒙侧]哭成的句字，到今日听了，竟作一场笑话。黛玉、紫鹃听了都笑起来。紫鹃笑道：“这都是姑娘素日念的，难为他怎么记了。”黛玉便命紫鹃将架摘下来，另挂在月洞窗外的檐上。[周按]挂鸟只须表明地位，此种细处最宜详审。于是进了屋子，在月洞窗内坐了。吃毕药，只见窗外竹影映入纱来，满屋内阴阴翠润，几簟生凉，黛玉无可释闷，便隔着纱窗调逗莺哥作戏，又将素日所喜的诗词也教与他念，这且不在话下。[周按]此是建园以来第一次正面叙写潇湘馆。一篇小小文字突出一处小小诗境，令人神往，又有身历其境之欣然享受。但中含夸张增饰，则不可全作实笔而观之。盖世上无论如何灵巧之鹦哥儿也不会背诵这么许多的美妙诗句，此乃作者欲将黛玉之诗人气质置于一个特别的诗境之中而加倍烘染。故雪芹笔法总是实中带虚，以虚表实，只有腐儒不会此意，反以自是之陋见而讥嘲雪芹。

且说薛宝钗来至家中，只见母亲正自梳头呢。一见他来了，便说道：“你大清早起跑来作什么？”宝钗道：“我瞧瞧妈身上好不好。昨儿我去了，不知他可又过来闹了没有？”一面说，一面在他母亲身旁坐了，由不得哭将起来，薛姨妈见他一哭，自家掌不住也就哭了一场，一面又劝他：“我的儿，你别委曲了，你等我处分那业障。

你要有个好合歹，我指望那一个来。”薛蟠在那边听见，连忙跑了过来，对着宝钗左一个揖，右一个揖，只说：“好妹妹！恕我这次罢！原是我昨儿吃了酒，回来的晚了，路上撞客着了，［周按］撞客，撞字重读，客字轻读。旧日习俗，以为行路之间忽有被阻或异常之感觉而无从解释其缘故，遂以为遇上了鬼祟妖物，称之曰撞客。来家未醒，不知胡说了些什么，连我自己也不知道，怨不得你生气。”［周按］薛蟠以兄对妹之礼敬态度语言，皆是满人旗家风俗。晨起兄见妹必问妹好，汉俗不如是也。薛宝钗原是掩面哭的，听如此说，由不得又好笑了，遂抬头向地下啐了一口，说道：“你不用做这些像生儿，［周按］像生儿为原文，即今日相声之通用写法。此乃古来字法，并非雪芹之讹文别字。我知道你的心里多嫌着我们娘儿两个，［周按］多嫌着，北语，也是多字重读，嫌字反而轻读。意谓心存猜忌，微有不相容之意味。你是变着法儿叫我们离了你，就心净了。”［周按］心净，谓免去忧虑，亦北语，非静义也。薛蟠听说，连忙笑道：“妹妹这话从那里说起来的，这叫我连立足之地都没了。妹妹从来不是这样多心说这歪话之人。”薛姨妈忙又接着道：“你就只会听见你妹妹的歪话，难道昨儿晚上你说的那话就该的不成？当真是你发昏了。”薛蟠道：“妈也不必生气了，妹妹也不用烦恼，从今已后，我再不同他们一处吃酒闲曠的，如何？”［蒙侧］亲生兄妹，形景逼真贴切。宝钗道：“这不明白过来了！”薛姨妈道：“你要有这么个横劲，［周按］横劲，犹言纠过之决心毅力。那龙也会下蛋了。”薛蟠道：“我再合他们一处曠，妹妹听见了只管啐我，再叫我畜生，不是人，如何？何苦来，为我一个人，娘儿两个天天操心，妈为我生气还有可恕，若只管叫妹妹为我操心，我更不是人了。如今父亲没了，我不能多孝顺妈，多疼妹妹，反教妈生气，妹妹烦恼，真连个畜生也不如了。”口里说，眼睛里禁不住也滚下泪来。［蒙侧］又是一样哭法，不过是情之所至。［周按］试看薛蟠一席话何等真实，何等感人，而论世明理又何等通达，岂是一无赖下流子弟所能有。雪芹写人性格之复杂，笔下之虚实，灵活跳跃，须读者自家玩味领会。而世人往往误认薛蟠只是一个极为可笑的小丑，此并非不知薛蟠，实乃不知雪芹也。薛姨妈本不哭了，听他一说，又勾起伤心来。宝钗强笑道：“你闹彀了，这会子又招妈哭起来。”薛蟠听说，忙收了泪，笑道：“我何曾招妈哭来，罢罢，且丢下这个别提了，叫香菱来到茶妹妹吃。”［周按］香菱初见于送宫花一回，于周瑞家的眼中略识其形容，至此方是第二次露面，然已不加细写，总留地步以待后文。宝钗道：“我也不吃茶，等妈洗了手我们就进去了。”薛蟠道：“妹妹的项圈我瞧瞧，只怕该炸一炸去了。”宝钗道：“黄澄澄的，又炸他作什么？”薛蟠又道：“妹妹如今也该添补些衣裳，要什么颜色花样，告诉我。”宝钗道：“连那些衣服我还没穿遍呢，又做什么！”［蒙侧］一写骨肉悔过之情，一写本等贞静之女。一时薛姨妈换了衣裳，拉着宝钗进去，薛蟠方出去了。

这里薛姨妈和宝钗进园子里来瞧宝玉。到了怡红院中，只见抱厦里外回廊上许多丫嬛老婆站着，便知贾母等都在这里。母女两个进来，大家见过了，只见宝玉淌在榻上。薛姨妈问他：“可好些？”宝玉忙欲欠身，口里答应：“好些。”又说：“只管惊动姨娘、姐姐，［周按］面称姨娘，泛称姨妈。我禁不起。”薛姨妈忙扶他睡下，又问他：“想什么，只管告诉我。”宝玉笑道：“到不想什么，我想起来再合姨娘要去。”王夫人又问：“你想什么吃，回来好给你送来。”宝玉笑道：“也到不想什么吃，到是那一回做的小荷叶儿，小莲蓬汤还好些。”凤姐在傍笑道：“听听口味不算高贵，只是太磨牙了，巴巴的想这个吃了。”贾母便一叠连声的叫做去。凤姐儿笑道：“老祖宗别急，等我想一想这模子谁收着呢。”因回头吩咐个婆子去问管厨房的要去。那婆子去了半天，来回说：“管厨房的说，四付汤模子都交上来了。”凤姐儿听说，想了一想道：“我记得交上来了，就不知交给谁了，多半在茶房里面。”一面又遣人去问。管茶房的也不曾收，次后还是管金银器皿的送了来。薛姨妈先接过来瞧时，原来是个小匣子，里面装着四付银模子，都有一尺多长，一寸见方，上面凿成有栗子大小，也有菊花的，也有梅花的，也有莲蓬的，也有菱角的，共有三四十样，打的十分精巧。因笑向贾母、王夫人道：“你们府上都想绝了，吃碗汤，还有这些样子，若不说出来，我见了这个，也不认得这是作什么用的。”

凤姐儿也不等人说话，便笑道："姨娘那里晓得，这是旧年备膳，他们想的法儿。不知弄些什么面印出来，借着清汤的味道，做出来也还罢了，［周按］凤姐言罢了，已是赞汤之美，本义是还过得去，大家口吻，若极口说食物之美味则被人哂笑矣。究竟没意思，谁家家常饭吃他呢！那一回呈样的作了一回，他今儿怎么想起来了。"说着，接了过来，递与个妇人："吩咐厨房里立刻拿几只鸡，另外添了东西，做出十来碗来。"王夫人道："要这些做什么？"凤姐儿笑道："有个原故，这一宗东西家常不大作，今儿宝兄弟提起来了，单做给他吃，老太太、姨娘、太太都不吃，似乎不大好。不如借势儿弄些大家吃，托赖着连我也上个俊。"［周按］上个俊，俊者即脸上增光之谓也。贾母听了笑道："猴儿，把你乖的，拿着官中的钱你作人。"说的大家笑了。凤姐也忙笑道："这不相干，这个小东道我还孝敬的起。"便回头吩咐妇人："说给厨房，只管好生添补着做了，在我的账上来领银子。"妇人答应着去了。宝钗一旁笑道："我来了这几年，留神看起来，凤姐姐凭怎么巧，巧不过老太太去。"贾母听说，便笑道："我如今老了，那里还巧什么。当日我像凤哥儿这么大年纪，比他还来得呢。他如今虽说不如我们，也就算好了，比你姨娘强远了。你姨娘可怜见的，不大说话，和木头似的，［周按］木头，比喻人之平庸呆钝，不灵巧、不活泼，以木头比喻木讷之人。我偶于一书中，见江西南昌武阳渡曹氏家族犹常说木头一语，以比此种庸人。乃悟雪芹笔下之木头更有其上世渊源，非偶然也。是故迎春的别号也称二木头。正因其呆钝，对周围事物无所敏感，故令人觉得她处世漠然，无所动情。在公婆跟前就不大显好儿。凤姐儿嘴乖，怎么怨得人疼他。"宝玉笑道："若这么说，不大说话的就不疼了。"贾母道："不大说话的又有不大说话的可疼之处。嘴乖的也有一宗可嫌的，到不如不说的好。"宝玉笑道："这就是了。我说大嫂子到不大说话呢，老太太也是和凤姐姐的一样看待。若说是会说话的可疼，这些姊妹里头，也只是凤姐姐和林妹妹可疼了。"贾母道："提起姊妹来，不是我当着姨太太的面奉承，千真万真，从我们家四个女孩儿算起，都不如宝丫头。"薛姨妈听说，忙笑道："这话老太太是说偏了。”王夫人也忙笑道：“老太太时常背地里和我说宝丫头好，这到不是假话。”宝玉勾着贾母，原为赞林黛玉的，不想反赞起宝钗来，到也意出望外，便看着宝钗一笑。宝钗早扭过头去和袭人说话去了。

忽有人来请吃饭，贾母方立起身来，命宝玉好生养着，又把丫头们嘱咐了一回，方扶着凤姐儿，让着薛姨妈，［周按］让着，谓谦敬，请在前先行，或劝促进食等义。大家出房去了。因问：“汤好了不曾？”又问薛姨妈等：“想什么吃，只管告诉我。我有本事叫凤丫头弄了来咱们吃。”薛姨妈笑道：“老太太也会沤他的。时常他弄了东西孝敬，老太太究竟又吃不了多少。”凤姐儿笑道：“姨妈到别这么说，我们老祖宗只是嫌人肉酸，若不嫌人肉酸，早已把我还吃了呢！”一句话没说了，引的贾母众人都哈哈的笑起来。宝玉在房里也掌不住笑了。袭人笑道：“真真的二奶奶的这张嘴怕死人！”宝玉伸手拉着袭人笑道：“你站了这半日可乏了？”一面说，一面拉他身旁坐了。袭人笑道：“可是又忘了，趁宝姑娘在院子里，你和他说，我烦他的莺儿来打上那几根络子。”宝玉笑道：“亏你提起来。”说着，便仰头向窗外道：“宝姐姐，吃过饭叫莺儿来，烦他打几根络子，可得闲么？”宝钗听见，回头笑道：“怎么不得闲，一会儿叫他来就是了。”贾母等尚未听真，都止住步问宝钗。宝钗说明了，大家方明白。贾母又说道：“好孩子，［周按］好孩子，方是贾母对宝钗之语。你叫他来给你兄弟作几根，你要人使，我那里闲着的丫头多呢，你喜欢谁，只管叫了来使唤。”薛姨妈、宝钗等都笑道：“只管叫他来作就是了，有什么使唤的去处，他天天也是闲着淘气。”［周按］淘气是原笔。大家说着往前正走，忽见史湘云、平儿、香菱等在山石边摘凤仙花呢。见了他们走来，都迎上来了。

少顷，出至园外。王夫人恐贾母乏了，让至上房内坐，贾母也觉得脚酸，便点头依允。王夫人便命小丫头子们先去铺设坐位。那时赵姨娘推病，只有周姨娘同众婆子丫头们忙着打帘子，立靠背，铺褥子。贾母扶着凤姐儿进来，与薛姨妈分宾主坐了。薛宝钗、史湘云坐在下面，王夫人亲捧了茶奉与贾母，李宫裁捧与薛姨妈。贾母向王夫人道："让他们小妯娌们伏侍，你在那边坐下，好说话儿。"王夫人方向一张小杌子上坐了，便吩咐凤姐儿道："老太太的饭在这里放，添了东西来。"凤姐答应了出去，便命人往贾母那边去告诉。那边的婆娘忙望里传，丫头们忙赶过来。王夫人便命请姑娘们去，请了半天，只见探春、惜春两个来了，迎春身上不奈烦，不吃饭了。那林黛玉自不消说，平素十顿饭只吃五顿，众人也不着意了。少顷，饭至，众人调放了桌子。凤姐儿在手巾里拿出一把牙箸站在地下笑道："老祖宗和姨娘不用让，还听我说就是了。"贾母笑向薛姨妈道："我们就是这样。"薛姨妈笑着应了。于是凤姐儿放了四双，上面放上两双，是贾母、薛姨妈，两边是宝钗、史湘云的。王夫人、李宫裁都站在地下看着放菜。凤姐儿先忙着要干净家伙来，［蒙侧］家庭之间，亦复如此。替宝玉拣菜。少顷，荷叶汤来，贾母看过了，王夫人回头见玉钏儿在傍边，便命玉钏儿与宝玉那里送去。凤姐儿道："他一个人拿不去。"可巧莺儿和同喜儿都来了。宝钗知道他们已吃了饭，便向莺儿道："宝兄弟正叫你去打络子，你们两个一同去罢。"莺儿答应，同着玉钏儿出来，莺儿道："这么远，怪热的，怎么端了去？"玉钏笑道："放心，我有道理。"说着，便命一个婆子来将汤饭等类放在一个捧盒里，［蒙侧］大家气象。命他端了，跟着他两个，他两个却空着手走。一直到了怡红院门口，玉钏儿方接了过来，同莺儿进了宝玉房中。

袭人、麝月、秋纹三个人正和宝玉顽笑呢，见他两个来了，都忙起来，笑道："你们两个这么碰的巧，一齐来了。"一面说，一面接了下来。玉钏儿便向一张杌子上坐了。［蒙侧］两人不一样写，真是各进〔尽〕其文于后。莺儿不敢坐，袭人便忙端了个脚踏来，［蒙侧］宝卿之婢，自应与众不同。莺儿还不敢坐，宝玉见莺儿来了，却到十分欢喜。忽见了玉钏儿，便想起他姐姐金钏儿来，又是伤心，又是惭愧，便把莺儿丢下，先和玉钏儿说话。袭人见把莺儿不理，恐莺儿不好意思，［蒙侧］能事者。又见莺儿不肯坐，便拉了莺儿出来，到那边房里去倒茶说话儿去了。

这里麝月等预备了碗箸来伺候吃饭。宝玉只雇不吃，问玉钏儿道："你母亲身上好。"玉钏儿满脸怒色，正眼也不看他，半日，方说了一个好字。宝玉便觉没趣。半日，只得又陪笑问道："谁叫你替我送来的？"［蒙侧］何等幽〔涵〕度。玉钏儿道："不过是奶奶、太太们。"宝玉见他还是这样苦丧，［周按］苦丧，是原笔。便知他是为金钏儿的原故，待要虚心下气哄转他，又见人多，不好下气的，［蒙侧］金钏儿如若有知，敢〔当〕何等感激。因使尽方法，将人都支出去，然后又陪笑问长问短。那玉钏儿先虽不欲，只管见宝玉一些性气没有，凭他怎么丧谤，还是温存和悦，自己到不好意思了，脸上方有了三分喜色。［蒙侧］我看到此处，也着实不过意。宝玉便笑求他："好姐姐，你把那汤端来我尝尝。"玉钏儿道："我从不会喂人东西，等他们来了再吃。"宝玉笑道："我不是要喂我。我因为走不动，你递给我吃了，你好赶早儿回去交待了，你好吃饭去。我只管耽误时候，你岂不饿坏了。你要懒待动，我少不得忍了疼下去取来。"说着，便要下床来，拃挣起来，禁不住"嗳哟"之声。玉钏儿见了这般，忍不住便起身说道："淌下罢，那世里造了业的，这会子现世现报，教我那一个眼睛看的上。"［蒙侧］偏于此间写此不情之态，以表白多情之苦。一面说，一面"哧"的又笑了，端过汤来。宝玉笑道："好姐姐，你要生气，只管在这里生罢！回来见了老太太、太太可放和气些，若还这样，你就又挨骂了。"玉钏儿道："吃罢，吃罢！不用和我甜嘴蜜舌的，我可不信这些。"说着，催宝玉喝了两口汤，宝玉故意说："不好吃，不好吃。"玉钏儿道："阿弥陀佛，这还不好吃，什么好呢！"宝玉道："一点味儿也没有，你不信，尝一尝就知道了。"玉钏儿果真赌气尝了一尝。宝玉笑道："这可好吃了！"玉钏儿听说，方解过意来，原是宝玉哄他吃一口。便说道："你既说不好吃，这会子说好吃也不给你吃了。"宝玉只管陪笑央求要吃，［蒙侧］写尽多情人无限委屈〔曲〕柔肠。玉钏儿不给，一面又叫人来打发他吃饭。丫头们方进来时，忽有人来回话："傅二爷家的两个嬷嬷来请安，求见二爷。"宝玉听说，便知是通判傅试家的嬷嬷来了。

那傅试原是贾政的门生，年来都赖贾家的名势得意，贾政也着实看顾他，与别个门生不同。他那里常遣妇人来走动，然宝玉素昔是最厌勇蠢妇人的，今日却如何又命这两个婆子进来？其中原来有个原故，只因那宝玉闻得傅试有个妹子，名唤秋芳，也是个琼闺秀玉，常闻人传说才貌俱全，虽未亲睹，然遐思遥爱之心十分诚敬。［周按］此虽一语，而说尽宝玉对于女儿之全部心情，越思越爱，越诚越敬。思爱不可作歪解，因诚以敬，方是根本。不命他们进来，恐薄了秋芳。［己双］痴想。［蒙侧］大抵诸色非情不生，非情不合，情之表见于爱，爱众则心无定象，心不定则诸幻丛生，诸魔蜂起，则汲汲乎流于无情。此宝玉之多情而不情之案，凡我同人其留意。因此连忙命让进来。那傅试原是暴发的，因傅秋芳有几分姿色，聪敏过人，那傅试倚仗着妹妹，要与豪门贵族结姻，不肯轻意许人，［周按］轻意是原笔。不必与今之"轻易"混同。所以耽误到如今。目今傅秋芳已二十一二岁，尚未许人。争奈那些豪门贵族又嫌他穷酸，［周按］争奈即怎奈，是原笔。根基浅薄，不肯求配。那傅试与贾母亲密，［周按］与贾母亲密，故所遣者皆是婆子进内宅也。也自有一段心事。今日遣来的两个婆子，偏生是极无知识的，闻得宝玉要见，进来只刚问了好，说了没两句话。那玉钏儿见生人来了，也就不合宝玉厮闹了，手里端着汤只顾听话。宝玉又只顾和婆子说话，一面吃饭，一面伸手去要汤。两个人的眼睛都看着人，不想伸猛了手，便将碗撞着，将汤泼了宝玉手上。玉钏儿到不曾烫着，唬了一跳，忙笑道："这是怎么了？"慌的众丫嬛们忙上来接碗。宝玉自己烫了手到不觉得，却只管问玉钏儿："烫了那里了，疼不疼？"［周按］这看起来甚是好笑，殊不知仍然是雪芹变尽方法来写宝玉之一切为了别人而忘掉自己。玉钏儿和众人都笑了。［蒙侧］多情人每于苦恼时不自觉，反说彼家苦恼，爱之至、惜之深之故也。玉钏儿道："你自己烫了，你只管问我。"宝玉听说，方觉自己烫了。众人上来连忙收拾。宝玉也不吃饭了，洗手吃茶，又和那两个婆子说了两句话，然后两个婆子告辞。晴雯等送至桥边方回。

那两个婆子见没人了，一行走，一行谈论。这一个笑道："怪道有人说他们家宝玉是外相好，里头糊涂，中看不中吃的，果然竟有些呆气。他自己烫了手，到问人疼不疼，这可不是个呆子！"那一个也笑道："我前一回来，听见他家里许多人抱怨，千真万真有些呆气，大雨淋的水鸡是的，他反告诉人下雨了，快避雨去罢。你说可笑不可笑！时常没人在跟前，就自己自哭自笑的，看见燕子，就和燕子说话，河里看见鱼，就和鱼说话，见了星星月亮，不是长吁短叹的，就是咕咕哝哝的，且连一点儿刚性也没有，连那些毛丫头的气都受。爱惜起东西来，连个线头儿都是好的，遭遢起来，那怕值千值万的，都不管了。"［蒙侧］如人饮水，冷煖自知，其中深意味，岂能持告君？两个人一面说，一面走出园来，辞别诸人回去，不在话下。［己双］宝玉之为人，非此一论，亦描写不尽。宝玉之不肖，非此一鄙，亦形容不到。试问作者，是丑宝玉乎？是赞宝玉乎？试问观者，是喜宝玉乎？是恶宝玉乎？［周按］不懂雪芹笔法者见此两婆子评论宝玉，就会随同婆子而对宝玉大加嘲笑。而深知雪芹笔法者则心领神会。婆子之句句贬宝玉实乃句句赞宝玉，以大贬为大赞，此则世上一切书中仅见之奇法，如另有可比者，请告我，感谢，感谢！

如今且说袭人见人去了，便携了莺儿过来，问宝玉打什么络子。宝玉笑道："才只顾说话，就忘了你，烦你来不为别的，也替我打几根络子。"莺儿道："装什么的络子？"宝玉见问，便笑道："不管装什么的，你都每样打几根罢。"莺儿拍手笑道："这还了得，要这样十年也打不完了。"宝玉笑道："好姐姐，你闲着也没事，［蒙侧］富家子弟，每多有如是语，只不自觉耳。都替我打了罢。"袭人笑道："那里一时都打的理，如今先拣要紧的打几根罢。”莺儿道：“什么要紧，不过是扇子、香坠儿、汗巾子。”宝玉道：“汗巾子就好。”莺儿道：“汗巾子什么颜色的？”宝玉道：“大红的。”莺儿道：“大红的须是黑络子才好看，或是石青的，才压的住颜色。”宝玉道：“松花色配什么颜色？”莺儿道：“松花配桃红的。”宝玉笑道：“这才姣艳，再要雅淡之中带些娇艳才好。”莺儿道：“葱绿柳黄我是最爱的。”宝玉道：“也罢了，打一条桃红的，再打一条柳绿的。”莺儿道：“什么花样呢？”宝玉道：“共有几样花样？”莺儿道：“一炷香、朝天镫、象眼块儿、方胜儿、连环儿、梅花儿、柳叶儿。”宝玉道：“前儿你给三姑娘打的那花样是什么？”莺儿道：“那是攒心梅花。”宝玉道：“就是那样的就好。”一面说，一面袭人刚拿了线来，窗外婆子们说：“姑娘们的饭有了。”宝玉道：“你们吃饭去，快吃了来罢。”袭人笑道：“有客在这里，我们怎好去的。”［蒙侧］人情物理，一丝不乱。莺儿一面接线，［周按］接线，谓莺儿接过袭人等拿来的线。一面笑道：“这话又打那里说起？正紧快吃了来罢。”袭人等听说，方去了，只留下两个小丫头听呼唤。宝玉一面看莺儿打络子，一面说闲话，因问他：“十几岁了？”莺儿手里打着，一面答话说：“十六岁了。”宝玉道：“你本姓什么？”莺儿道：“姓黄。”宝玉笑道：“这个姓名到对了，果然是个黄莺儿。”莺儿笑道：“我的名字本来是两个字，原叫作金莺，姑娘嫌拗口，就单叫莺儿，如今就叫开了。”宝玉道：“宝姐姐也就算疼你了。明儿宝姐姐出阁，少不得是你跟去了。”莺儿抿嘴一笑。宝玉笑道：“我常合袭人说，明儿不知那一个有福的消受你们主子奴才两个呢。”［蒙侧］是有心，是无心？莺儿笑道：“你还不知道我们姑娘有好几样世人都没有的好处呢！［周按］好几样，北语，许多样也。模样儿还在次。”宝玉见莺儿姣憨婉转，语笑如痴，早不胜其情了，那更又提起宝钗来，便问他道：“好处在那里？好姐姐，你细细的告诉我。”莺儿笑道：“我告诉你，你可不许又告诉他去。”［蒙侧］闺房闲话，着实幽韵。宝玉笑道：“这个自然的。”

正说着，只听外头说道：“怎么这样静悄悄的？”二人回头看时，不是别人，正是宝钗来了。宝玉忙让坐，宝钗坐了，因问莺儿：“打个什么？”一面向他手里去瞧，才打了半截。宝钗笑道：“这有什么趣儿，到不如打个络子把玉络上呢。”一句话提醒了宝玉，便拍手笑道：“到是姐姐说的是，我就忘了，只是配个什么颜色才好？”宝钗道：“若用杂色断然是不好的，大红的又犯了色，黄的又不起眼，黑的又过暗了，等我想个法儿，把那金线拿来，配着黑珠儿线，一根一根的拈上，打成络子，这才好看。”宝玉听说，喜之不尽，一叠连声便叫袭人来取金线。［周按］宝玉此际忽然转念落于莺儿身上是何缘故，岂不突然，贸然，了无脉络可寻。殊不知脉络原在，世人视而不见也。盖上文宝钗送药时说出半句含情未露之言，宝玉深受感动。以往对宝钗只是一心敬重，并无别念，至此未免有意探寻宝钗为人之真际，然万无对面明言之理，故欲借莺儿为桥梁。此等说是宝玉之用心，实又雪芹之运笔，千言万语归结到此一句，此是我之读“红”法，不知读者诸君以为然否。

正值袭人端了两碗菜走进来告诉宝玉道：“今儿奇怪！才刚太太打发人给我送了两碗菜来。”宝玉笑道：“必定是今儿菜多，送来给你们大家吃的。”袭人道：“不是，是指名给我送来，还不叫人过去磕头，这可是奇了。”宝玉笑道：“给你的，你就去吃去。这有什么猜疑的。”袭人笑道：“从来没有的事，到叫我不好意思了。”宝钗抿嘴一笑，说道：“这就不好意思了？［蒙侧］宝玉〔钗〕之慧性灵心。明儿还有比这个更叫你不好意思的呢！”袭人听了话内有因，素知宝钗不是轻嘴刻舌奚落人的，自己方想起上日王夫人的意思来，便不再提，将菜与宝玉看了，说：“洗了手来拿线。”说毕，便一直出去了。吃过饭，洗了手，进来拿金线与莺儿打络子。此时宝钗早被薛蟠遣人来请出去了。这里宝玉正看着打络子，忽见邢夫人那边遣了两个丫嬛送了两样果子来与他吃，问他可走得了，若走得动，叫哥儿明儿过来散散心，［周按］丫嬛等传话，皆依长辈原语。太太着实记挂着呢。宝玉忙答道：“若走得了，必定请大太太的安去。疼的比先好些，请太太放心罢。”一面叫他两个坐下，一面又叫秋纹来，把才那果子拿一半与林姑娘送去。秋纹答应了，刚欲去时，听得黛玉在院内说话，宝玉忙叫快请。要知端的，且听下回分解。

［蒙戚回后］此回是以情说法，警醒世人。黛玉因情凝思默度，忘其有身，忘其有病。而宝玉千屈万折，因情忘其尊卑，忘其痛苦，并忘其性情。爱河之深无底，何可泛滥，一溺其中，非死不止。且泛爱者不专，新旧叠增，岂能尽了。其多情之心，不能不流于无情之地，究其立意，倏忽千里而自不觉，诚可悲夫。

第三十六回
绣鸳鸯梦兆绛芸轩　识分定情悟梨香院

［周按］回目中"惊梦"，梨香院应皆初笔。后因对仗求工而改今文，惊梦实承牡丹亭而来。

［己回前］绛芸轩梦兆，是金针暗度法。夹写月钱，是为袭人渐入金屋地步。梨香院是明写大家蓄戏，不免奸淫之陋。可不慎哉，慎哉。

［蒙戚回前］造物何尝作主张，任人禀受福修长。划蔷亦自非容易，解得臣忠子也良。

话说贾母自王夫人处回来，见宝玉一日好似一日，心中自是欢喜，因怕将来贾政又叫他，遂命人将贾政的亲随小厮头儿唤来，吩咐他："已后倘有会人待客诸样的事，你老爷要叫宝玉，你不用上来传话，就回他说我说了，一则打重了，得着实将养几个月才走得。二则他的星宿不利，祭了星，不见外人，过了八月才许出二门。"那小厮头儿听了，领命而去。贾母又命李嬷嬷、袭人等来，将此话说与宝玉，使他放心。那宝玉素日本就懒与士大夫诸男人接谈，又最厌峨冠礼服贺吊往还等事，今日得了这句话，越发得了意，不但将亲戚朋友一概杜绝了，而且连家庭中晨昏定省亦发都随他的便了。［周按］旧时孝道，清早起身与晚间临睡，子女必须到父母跟前省视问安，谓之定省。非有他故断无疏忽中断之理。贺吊往还原是伦常道理，人际交情，但在清代富贵人家礼数繁多，几乎每月每日皆需应酬，花费惊人，曾为家庭经济一大难题。正因如此，礼数则变为表面过场，而真情无多。宝玉是重真恶假之人，故最不喜欢此等虚节假礼。日日只在园中游卧，不过每日一清早到贾母、王夫人处走走就回来了，却每每甘心为诸丫嬛充役，竟也得十分闲消日月。或如宝钗辈，有时见机道劝，反生起气来，只说好好的一个清净洁白的女儿，也学的吊名沽誉，［周按］吊名，是原笔。入了国贼禄鬼之流。这总是前人无故生事，立言谏词，原为道后世的须眉浊物，不想闺阁中亦有此风也，真真有负天地毓秀钟灵之德。因此祸延古人，除《四书》外，竟将别的书焚了。［蒙侧］宝玉何等心思，作者何等意见，此文何等笔墨！众人见他如此疯颠，也都不向他说这些正紧话了。［周按］此所谓正紧话，包括宝玉批评湘云的混账话，究竟孰为正紧，孰为混账，各自立场不同，见解有异。读者对此自加判断，而批书者不应以己见强加于人。

且说凤姐自见金钏儿死后，忽见几个家人常来效敬他些东西，［蒙侧］为当涂人一笑。［周按］效敬，是原文，效力之效，与孝顺义无涉。又不时的来请安奉承，他自己到生了疑。这日又见人来效敬他东西，至晚间无人时，问平儿道："这几家人不大管我的事，为什么忽然这么和我贴近？"平儿冷笑道："奶奶连这个都想不起来了？我猜他们的女儿都必是太太房里的丫头。如今太太房里有四个大的，一个月一两银的分例，下剩的都是一个月几百钱的。如今金钏儿死了，必定他们要弄这一两银子的巧宗儿呢。"凤姐儿听了，笑道："是了，是了，到是你提醒了我。看这起人也太不识足，钱也赚彀了，苦事情又侵不着，弄个丫头搪塞着身子也就罢了，又还想这个。也罢了，他们这几家的钱轻意也花不到我跟前，这是他们自寻的。送什么来，我就收什么，横竖我有主意。"［蒙侧］确见高论，而其心思则不可问矣。任事者戒之。凤姐儿安下这个心，所以只管迁延着，等那些人把东西送足了，然后趁空方回王夫人。

这日午间，薛姨妈母女两个与林黛玉等正在王夫人房里大家吃西瓜，凤姐儿得空，便回王夫人道："自从金钏儿姐姐没了，［周按］没了是原文，盖旧时言语中忌出死字，为不吉之字也。太太跟前少着一个人。太太或看准了那个丫头好，就吩咐了，下月好发放月钱。"王夫人听了，想了一想道："依我说，什么是例，必定四个五个的？勾使的就罢了，［周按］勾即够、彀之简写。竟可以免了罢。"凤姐笑道："论理太太说的也是，只是这原是旧例，别人屋里还有两个呢，太太到不按例了。况且省下一两银子也有限。"王夫人听了，又想一想道："也罢，这个分例只管关了来，不用补人，就把这一两银子给他妹妹玉钏儿罢。他姐姐伏侍了我一场，没个好结果，剩下他妹妹跟着我吃个双分子，不为过于了。”[周按]过于是原文。凤姐儿答应着，回头找玉钏儿，笑道：“大喜，大喜。”玉钏儿过来磕了头。王夫人又问道：“正要问你，如今赵姨娘、周姨娘的月例多少？”凤姐儿道：“那是定例，每人二两，赵姨娘有环兄弟的二两，共是四两，另外四串钱。”王夫人道：“月月可都按数给他们？”凤姐见问的奇，忙道：“怎么不按数给？”王夫人道：“前日我恍惚听见说有抱怨的，说短了一吊钱，是什么原故？”凤姐忙笑道：“姨娘们的丫头月例，原是人各一吊，从旧年他们外头商议的，姨娘们每位的丫头分例减半，人各五百钱。每位两个丫头，所以短了一吊钱。这也报怨不得我，我到乐得给呢，他们外头又扣着，难道教我添上不成？这个事我不过是接手儿，怎么来，怎么去，由不得我作主。我到说了两三回，仍旧添上这两分的为是。他们说，只有这个项数，叫我也难再说了。如今我手里每月连日子都不错给他们呢。先时在外头关，那个月不打饥荒？何曾顺顺溜溜的得过一遭儿！”[蒙侧]能事能言。王夫人听说，也就罢了。半日又问：“老太太屋里几个一两的？”凤姐儿道：“八个。如今只有七个，那一个是袭人。”王夫人道：“这就是了。你宝兄弟也并没有一两的丫头，袭人还算是老太太屋里的人。”凤姐儿笑道：“袭人原是老太太的人，不过给了宝兄弟使，他这一两银子还在老太太的丫头分例上领。如今说因为袭人是宝兄弟的人，裁了这一两银子，断乎使不得。若说再添一个人给老太太，这还可以裁他的。若不裁他的，须得环兄弟屋里也添上一个，才公道均匀了。就是晴雯、麝月等七个大丫头，每月人各月钱一吊，佳蕙等八个小丫头，每月人各月钱五百，还是老太太的话，别人如何恼得气得呢？”薛姨妈笑道：“你们只听凤丫头的嘴，到像倒了核桃车的，只听他的账也清楚，理也公道。”凤姐笑道：“姨妈，难道我说错了不成？”薛姨妈笑道：“说的何尝错！只是你慢些说，岂不省力？”凤姐才要笑，忙又忍住，听王夫人示下。王夫人想了半日，向凤姐道：“明儿挑一个好丫头送去老太太使。把袭人的一分裁了，把我每月的二十两银子里，拿出二两银子一吊钱来给袭人。［蒙侧］写尽慈母苦心。以后有赵姨娘、周姨娘的，也有袭人的，只是袭人的这一分，都也从我的分例上匀出来，不必动官中的就是了。”凤姐一一的答应了，又笑推薛姨妈道：“姨妈听见了，我素日说的话如何，今儿果然应了我的话。”薛姨妈道：“早就该如此，模样儿自然不用说的，他的那一种行事大方，说话见人和气里头带着刚硬要强，这个实在难得。”王夫人含泪道：“你们那里知道，袭人那孩子［戚双］孩子二字，愈见亲热，故后文连呼二声“我的儿”。比我的宝玉强十倍！［蒙戚双］忽加“我的宝玉”四字，愈令人堕泪。加“我的”二字者，是明显袭人是彼的，然彼的何如此好？我的何如此不好？又气又愧，宝玉罪有万重矣。作者有多少眼泪写此一句，观者又不知有多少眼泪也。宝玉如果有造化的，能勾得他长长远远的服侍一辈子，也就罢了。”［己双］真好文字，此批得出者。凤姐道：“既是这么样，就开了脸，明放他在屋里岂不好！”王夫人道：“那就不好了，一则都年轻。二则老爷也不许。三则那宝玉见袭人是个丫头，总有放纵的事，到能听他的劝，如今作了跟前人，那袭人该劝的也不敢十分的劝了。［蒙侧］苦心。作子弟的读此等文章，能不堕泪。如今且浑着，再等过个二三年再说。”［周按］过个二三年，日常口语中常见。

说毕半日，凤姐见无话，便转身出来。刚至廊檐上，只见有几个执事的媳妇子正等他回事，见他出来，都笑道：“奶奶今儿回什么事，说了这半日，可是要热着了。”凤姐把袖子挽了几挽，跐着那角门的门槛子笑道：［蒙侧］能事得意之人如画。“这里过堂风到凉快，吹一吹再走。”又告诉众人道：“你们说，我回了这半日的话，太太把二百年头里的事都想起来问我，难道我不说罢！”又冷笑道：“我从今已后，到要干几庄克薄事了。报怨给太太听，我也不怕！糊涂的油蒙了心，烂了舌头，不得好死的下作东西，别做他娘的春梦了，明儿一裹脑子扣的日子还有呢。如今才扣了丫头的钱，就报怨了咱们，也不想一想，是什么阿物儿，［蒙侧］的真活现。也配使两三个丫头！”一面骂，一面方走了。自去挑人回贾母话去，不在话下。［周按］此文不肯明点赵姨娘，而读者皆能知之。凤姐与赵姨娘之交恶日深一日，此亦后来酿成大祸之一因。却说王夫人等这里吃毕西瓜，又说了一回闲话，各自方散去。宝钗约黛玉往藕香榭去，黛玉因说就要洗澡，便各自散去。宝钗独自行来，顺路进了怡红院，意欲寻宝玉去闲谈，以解午倦。不想一入院来，雅雀无闻，一并连两只仙鹤在芭蕉下都睡着了。宝钗顺着游廊来至房中，只见外间床上，横三竖四，都是丫头们睡觉。［周按］此是盛夏，园林中轩馆亭院之景色，境界与前回宝玉回至园中只见烈日在天，树荫满地，满耳蝉声，静无人语各得神理。然要言不繁，总是以诗笔来写内心之感受，而非死板刻划实物实景也。转过十锦槅子，来至宝玉房内，见宝玉在床上睡着了，袭人坐在身傍，手里做针线，傍边放着一柄白犀拂尘。［周按］白犀尘，犀乃指柄，尘为尘尾之省文。但二兽名相连欠佳，故以拂尘为胜。后文还有“蝇帚子”可参看。宝钗走近前来，悄悄的笑道：“你也过于小心了，这个屋里那里还有苍蝇蚊子，还拿蝇帚子赶什么？”袭人不防，猛抬头见是宝钗，忙放下针线起身，悄悄笑道：“姑娘来了，［蒙侧］闲情闲景，随便拈来，便是佳文佳话。我到不防，唬了一跳。姑娘不知道，虽然没有苍蝇蚊子，谁知有一种小虫子，从这纱眼里钻进来，人也看不见，只睡着了，咬一口，就像蚂蚁叮的。”宝钗道：“怨不的，这屋子后头又近水，又都是香花儿，这屋子里头又香，这种虫子都是花心里长的，闻香就扑。”说着，一面又瞧他手里的针线，原来是个白绫红里的兜兜，［周按］兜兜，旧日男女皆着兜肚为贴身护胸暖肚之小衣类，女者或谓之抹胸，形制略有不同，男童亦从未有不着兜肚者。而此内藏之小衣亦是妇女加工细做之艺术品。上面扎着鸳鸯戏莲的花样，红莲绿叶，五色鸳鸯。［周按］书文曰白绫红里而又刺绣鸳鸯戏莲，鸳鸯喻夫妻，莲喻合欢连理。是为闺房私物，不能见人者也。◎旧日批者常常讥笑既云白绫红里，岂有做成之兜兜后加绣工之理，实则只是表明此兜肚是白绫面红绸里之规格而已，何以即解为里面皆已做成乎？宝钗道：“嗳哟，好鲜亮活计！这是谁的，也值的费这么大工夫？”袭人向床上努嘴儿。［蒙侧］妙形景。宝钗笑道：“这么大了还带这个？”袭人笑道：“他原是不肯带，所以特特做的好了，叫他看见由不的不带。如今天热，睡觉都不留神，哄他带上了，便是夜里总盖不严些儿，也就不妨了。你说这一个就用了工夫了，还没看见他身上现带着的那一个呢。”宝钗笑道：“也亏你奈烦！”袭人道：“今儿做的工夫大了，脖子低的怪酸的。”［蒙侧］随便写来，有神有理，生出下文多少故事。又笑道：“好姑娘，你略坐一坐，我出去走走就来。”［周按］犹如今日所谓方便方便，乃入厕之婉语也。说着便走了。宝钗只顾看着活计，便不留心，一蹲身，刚刚的也坐在袭人方才坐的所在，因又见那活计实在可爱，不由的拿起针来，替他做起来。

不想林黛玉因遇见史湘云约他来与袭人道喜，二人来至院中，见静悄悄的，湘云便转身先到厢房里去找袭人。林黛玉却来至窗外，隔着纱窗往里一看，只见宝玉穿着银红纱衫子，随便睡着在床上，宝钗坐在身傍作针线，傍边放着蝇帚子。［周按］即拂尘，林黛玉见了这个景况，连忙把身子一藏，手握着嘴，不敢笑出来，招手儿叫湘云。湘云一见他这般景况，只当有什么新闻，忙也来看，也要笑时，忽然想起宝钗素日待他厚道，便忙掩住口。知道林黛玉口里不让人，怕他取笑，便忙拉过他来道：“走罢。我想起袭人来，他说午间要到池子里去洗衣裳，想必去了，咱们那里找他去。”［蒙侧］触眼偏生碍，多心偏是痴。万魔随事起，何日是完时。林黛玉心下明白，冷笑了两声，只得随他走了。

这里宝钗刚做了一两个花瓣儿，忽见宝玉在梦里喊骂说：“和尚道士的话，如何信得！什么金玉姻缘，我偏说是木石姻缘！”［周按］金玉姻缘四字，宝玉尚可从薛家如莺儿等人口中听得，至若木石姻缘四字又从何而来，勉强辩解可追溯太虚幻境听曲时，有“俺只念木石前盟”，至于木石何指，书中绝无线索而宝玉又何以解知。此我读《红楼》之一大疑问也。世人皆以为木石即指神瑛侍者与绛珠仙草，我则更疑神瑛与大石各不相干。大石自从女娲弃于此处不能丝毫动转，又如何于灵河岸边灌溉仙草，吾不能答。当然程高伪篡本硬将大石与神瑛混为一物，那是另一问题，不在本书讨论之内。薛宝钗听了这话，不觉怔了。［蒙侧］情〔请〕问此怔了是呓语之故，还是呓语之意不妥之故？猜猜。忽见袭人走进来，笑道：“还没有醒呢？”宝钗摇头，袭人又笑道：“我才碰见林姑娘同史大姑娘，他们可曾进来？”宝钗道：“没见他们进来。”因向袭人笑道：“他们没告诉你什么话？”袭人笑道：“左不过是他们那些顽话，有什么正紧说的。”宝钗笑道：“今儿他们说的可不是顽话，我正要告诉你呢，你又忙忙的出去了。”

一句话未完，只见凤姐儿打发人来叫袭人。宝钗笑道：“就是为那话了。”袭人只得唤起两个丫头伺候着，同宝钗出怡红院，自往凤姐儿这里来。果然是告诉他这话，又教他与王夫人叩头去，且不必见贾母去，到把袭人不好意思的，只得见过王夫人，急忙回来。宝玉已醒了，问起原故，袭人且含糊答应，至夜间人静，袭人方告诉了。［蒙侧］夜深人静时，不减长生殿风味。何等告法，何等听法？人生不遇此等景况，实辜负此一生。宝玉喜不自禁，又向他笑道：“我可看你回家去不去！那一回往家里走了一淌，回来就说你哥哥要赎你，又说在这里没着落，终久算什么！说了那么些无情无义生分的话唬我。［己双］唬字妙！尔果系明决，男子何得畏女子唬哉！从今已后，我可看谁来敢叫你去！”袭人听了，便冷笑道：“你到别这么说，从此已后我是太太的人了，我要走，连你也不必告诉，只回了太太就走。”宝玉笑道：“就便算我不好，你回了太太竟去了，叫别人听见说我不好，你去了，你也没意思。”袭人笑道：“有什么没意思，难道作了强盗贼，我也跟着罢。［周按］袭人此语重在男人之身份品性，而不仅在彼此感情。再不然，还有一个死呢。［蒙侧］自古及今，大凡大英雄、大豪杰、忠臣孝子，至其真极，不过一死。呜呼哀哉！人活百岁，横竖要死，这口气不来，听不见，看不见，就罢了。”宝玉听见这话，便忙握他的嘴说道：“罢罢罢，不用说这些话了。”

袭人深见宝玉情性古怪，［周按］深见，犹言深深领会其言味厚。听见奉承吉利话又厌虚而不实，听了这些尽头实话，［周按］尽头，俗常口语，是原文。又生悲感，便悔自己说冒撞了，连忙笑着用话截开，只拣宝玉素喜者问之。先问他春花秋月，再谈及粉淡脂莹，然后谈到女儿如何好，不觉又谈到女儿死，袭人忙掩住口。宝玉谈至浓快时，见他不说了，便笑道："人谁不死，只要死的好。那些个须眉浊物，只知道文死谏，武死战，这二死是大丈夫死名死节，竟何如不死的好！必定有昏君他方谏，他只顾他邀名，猛拚一死，将来弃君于何地？必定有刀兵他方战，猛拚一死，他只顾图汗马之名，将来弃国于何地？所以这皆非正死。"袭人道："忠臣良将，出于不得已他才死。"宝玉道："那武将不过仗血气之勇，疏谋少略，他自己无能，送了性命，这难道也是不得已？那文官更不比武将了，他念两句书汙在心里，［周按］汙，非污之异体，即今淤字之俗书。若朝廷少有疵瑕，他就胡谈乱劝，只顾他邀忠烈之名，浊气一涌，即时拚死，这难道也是不得已？还要知道，那朝廷是受命于天，他不圣不仁，那天也断断不把这万几重任与他了。［周按］雪芹此文并不同于一般颂圣，实谓雍正之流不仁不圣，天命不归也。盖康熙号曰"圣祖仁皇帝"，"仁圣"二字隐隐以此为比也。可见那些死的都是沽名，［蒙侧］此一段议论文武之死，真真确确，的非凡常可能道者。并不知大义。［周按］大义二字要紧，请参看为秦氏寻觅棺木，至义忠亲王老千岁处之周按，雍正曾为掩饰自己之罪恶而撰作《大义觉迷录》。雪芹于此再度点醒大义与沽名正相违反。比如我此时若果有造化该死于时的，如今趁你们在，我就死了，再能彀你们哭我的眼泪流成大河，把我的尸首漂起来，送到那鸦鹊不到的幽僻之处，随风化了，自此再不要托生为人，就是我死的得时了。"袭人忽见他说出这些疯话来，忙说困了，不理他，那宝玉方合眼睡着，至次日也就丢开了。［周按］宝玉此番感触可与他听《葬花》词后悲感万分，竟欲逃大造、出尘网之念虽可合看，固又不同。

一日，宝玉因各处游的腻烦了，便想起《牡丹亭》来，自己看了两遍，犹不惬怀，因闻得梨香院的十二个女孩子内有小旦龄官最是唱的好，因着意出角门来找时，只见宝官、玉官都在院内，见宝玉来了，都笑让坐。宝玉因问："龄官独在那里？"［周按］独在那里？谓她一人在何处也。众人都告诉他说："他在房里呢。"宝玉忙至他房内，只见龄官独自倒在炕上，见他进来，文风不动。［周按］文风不动，是原笔，北语常见。［蒙侧］另有风味。宝玉素习与别的女孩子顽惯了的，只当龄官也同别人一样，因进前来身傍坐下，又陪笑央他起来唱《袅晴丝》一套。[周按]《袅晴丝》是《牡丹亭》剧中杜丽娘所唱一支名曲，其词曰：袅晴丝吹来闲庭院，摇漾春如线，停半晌整花钿，莫揣菱花偷人半面……此曲婉转动人，一向为人喜爱。不想龄官见他坐下，忙抬身起来躲避，正色说道："嗓子哑了。前儿娘娘传进我们去，我还没唱呢！"宝玉见他坐正了，再一细看，原来就是那日蔷薇花下画蔷字的那个人。又见如此光景，况从来未经过这番被人厌弃，自己便讪讪的红了脸，只得出来了。宝官等不解何故，因问其所以，宝玉便说了出来。[蒙侧]非龄官不能如此作势，非宝玉不能如此(涵)忍。其文冷中浓，其意韵而诚，有富贵不能移，威武不能屈之意。宝官便说道："只略等一等，蔷二爷来了，他叫他唱是必唱的。"宝玉听了，心下纳闷，因问："蔷哥儿那去了？"宝官道："才出去了，一定还是龄官要什么，他去变弄去了。"宝玉听了，以为奇特。少站片时，果见贾蔷从外头来了，手里提着个雀儿笼子，上面托着个小戏台，并一个雀儿，兴兴头头往里走找龄官。见了宝玉，只得站住。宝玉问他："是个什么雀儿，会衔旗串戏台么？"贾蔷笑道："是个亮翅梧桐。"宝玉道："多少钱买的？"贾蔷道："一两八钱银子。"一面说一面让宝玉坐，自己往龄官房里来。宝玉此刻把听曲子的心都没了，且要看他和龄官是怎样。只见贾蔷进去笑道："你起来，瞧这个顽意儿！"龄官起身问："是什么？"贾蔷道："买了个雀儿你顽，省得天天闷闷的，没个开心的，我先顽个你看。"说着便拿些谷子哄的那个雀儿果然在戏台上乱串，衔鬼脸弄旗帜。众女孩子都笑道："有趣！"独龄官冷笑了两声，赌气仍睡去了。贾蔷还只管陪笑，问他好不好，龄官道："你们家把好好的人弄了来，关在这牢坑里，学这牢什古子还不勾，你这会子又弄个雀儿来，也偏生干这个，你分明是弄他来打趣形容我们，还问我好不好！"贾蔷听了不觉的慌起来，连忙赌身立誓，又道："今儿我那里的脂油蒙了心！费了一二两银子买他来，原说解闷，就没有想到这上头。［蒙侧］此一番文章，从画蔷而来。蔷之画为不谬矣。罢罢，放了生，免免你的灾病。"说着，果然将那雀儿放了，一顿把笼子拆了。龄官还说："那雀儿虽不如人，他也有个老雀儿在窝里，你拿了他来，弄这牢什古子也忍得？我今日咳嗽出两口血来，太太打发人来找你，叫你请大夫来细问问，你且弄这个来取笑，偏生我这没人管、没人理的又偏病。"说着又哭起来。贾蔷忙道："昨儿晚上我问了大夫，他说不相干，吃两剂药，后儿再瞧。谁知今儿又吐了，这会子就请他去。"说着便要请去。龄官又叫："站住，这会子大毒日头地下，你赌气子去请了来，我也不瞧。"贾蔷听如此说，只得又站住。宝玉见了这些光景，不觉痴了，这才领会了画蔷深意。［蒙侧］点明。自己站不住，便抽身走了。贾蔷一心都在龄官身上，也不顾送，到是别的女孩儿送了出来。

那宝玉一心裁夺盘算，痴痴的回至怡红院中，正值林黛玉和袭人坐着说话儿呢。宝玉一进来，就和袭人长叹道："我昨儿晚上的话竟说错了，怪道老爷说我是管窥蠡测。昨夜说你们的眼泪单葬我，这就错了，［蒙侧］这样误〔悟〕了，才是真误〔悟〕。我竟不能全得了。从此后只是各人得各人的眼泪罢。"袭人昨夜不过是些顽话，已经忘了，不想宝玉今又提起来，便笑道："你可真真的有些疯了。"宝玉默默不对，自此深悟人生情缘各有分定。只是每每暗伤，不知将来葬我洒泪者为谁？此皆宝玉心中所怀者，也不可十分妄拟。［周按］情缘分定是书中一大关目，亦是全书章法布局之既定，而情节衍变之原由也。然若以今日通俗词语译为白话而指道一般读者，则觉其事甚难。盖情缘之与分定，是一是二，有合有分，已不易界定。稍一细究，便觉情之与缘，分之与定，亦正有是一是二，有合有分之微妙关系，殊难片言确指，当下分明。如《老残游记》篇终名联云：愿天下有情人都成了眷属，是前生注定事莫错过姻缘。正可为读"红"者一助，然有情人终成眷属不过是一种祝愿而已。下联语病甚显，盖若真是注定之事，又岂有错过之可言？反之若终归错过，可知所谓注定者本是虚言矣。故我谓宝玉之悟尚非真悟，至多悟了一半。其时之宝玉，因见贾蔷与龄官之事而念及自身，我之情、缘，我之分，我之定，正在扑朔迷离不知之数中也。但有愧，外境可迁，便是识分定了。

且说林黛玉当下见了宝玉如此形像，便知是又从那里着了魔来，不便多问。因向他说道："我才在舅母跟前听见说，明儿是薛姨妈的生日，叫我顺便来问你出去不出去，你打发人前头说一声去。”宝玉道：“上回连大老爷的生日我也没去，这会子我又去，倘或碰见了人呢！我一概都不去。这么怪热的，又要穿衣裳，我不去，姨妈也未必恼我。”袭人忙道：“这是什么话！他比不得大老爷，这里又住的近，又是亲戚，你不去，岂不叫他思量？你怕热，只清早起到那里磕了头，吃盅茶就来，岂不好看？”宝玉未说话，黛玉便先笑道：“你看人家赶蚊子的分上，也该去走走。”宝玉不解，忙问起什么赶蚊子，袭人便将昨日睡觉无人作伴，宝姑娘坐了一坐的话说了出来。宝玉听了，忙说不该：“我怎么睡着了亵渎了他？”一面又说：“明日必去。”正说着，忽见史湘云穿的齐齐整整走来辞说，家里打发人来接他。宝玉、林黛玉听说，忙站起来让坐。史湘云也不坐，宝林两个只得送他至前面。那史湘云只是眼泪汪汪的，见有他家人在跟前，又不敢十分委曲。少时薛宝钗赶来，愈觉缱绻难舍。还是宝钗心内明白，他家人若回去告诉了他婶娘们，待他家去，又恐他受气，因此到催他走了。众人送至二门前，宝玉还往外送，［戚双］每逢此时，就忘却严父，可知前云为你们死也情愿不假。［周按］前云为这些人死了，是指金钏、玉菡等人，此处批书人云为你们死也情愿，范围所包，即有批书人在内矣。到是史湘云拦住了，一时回身又叫宝玉到跟前，悄悄嘱咐道：“老太太想不起我来，你时常提着些，打发人接我去。”宝玉连连答应了。眼看他上车去了，大家方才进来。要知端的，下回分解。

［回后评］此回情节纷繁，然自文章脉络而查之，实是湘云自端午节次日来到大观园直至含泪回家。若从此一角度而论，则本回实为湘云之重要文字，首尾俱全。中间宝玉遭打等事，湘云如何感受均避而不言，中含深意，非漏笔也。

盖对于一个情字，黛钗湘三人各有不同对待：黛玉有情，即一味使情用情，除情而外一概不知，而此情又专注宝玉一人，此所谓私情也。宝钗有情，却不轻易使情用情，而是周环四顾，在一切人情世故之间，为人所容之处而略用其情，无过分之嫌，此谓处世圆通之情。湘云又与黛钗皆异，她有情而决不存情于心，更不使情用情，表面殊似无情者，即所谓从不将儿女私情略萦心上，我谓这方是似无情而有情最深者也。

何以言此，盖黛玉之情全是不放心，自己纠缠。宝钗之情乃是试探，不令人觉，不越分寸，此谨慎暗藏之情也。至湘云则不然，她不用不放心，亦不用试探深藏，她之情早已越过黛钗二人怀情未定之阶段。盖她之情自信最深，持之以恒，亦最坚定，故早无不放心之虑，更不需再行试探，此即宝湘二人自幼结盟之故也。

至于二人之最终重逢结合，中间却有无限曲折坎坷，方是历尽悲欢离合之意也。本回明写已有官媒相看，此证曲折坎坷，悲欢离合之开端也。

本书写至湘云含泪辞别，依依不舍无奈而行，走至二门又回头含泪特嘱宝玉，勿忘提醒老太太派人接她。我每读至此，便觉宝玉闻湘云之言，定必眼中含泪欲下，而不用再交一言，心照不宣，这方是最深最厚之真情也。

［第二十八回至第三十六回总评］此九回一段始出棋官蒋玉菡，头绪崭新，从交结王府优伶暗暗领起金钏致死等一连串宝玉倒运事件，层层逼进，直到爆发为大承笞挞一场矛盾冲突的高潮。这又与打醮、议亲一场风波紧密交织。其间又特别穿插着龄官、翠缕、玉钏、金莺等下层优婢少女的情态。最后归结到“梦兆绛芸轩”，而以识分定从侧面点染烘衬。下面即另起海棠诗社，情景又一变换，首尾判然。

自第二十八回至此回，为全书之第四九。回回各有奇境，文思意致，精彩缤纷，使人应接不暇。是为《石头记》前半部中精华之聚处。

第三十七回
秋爽斋偶结海棠社　蘅芜苑夜拟菊花题

[戚回前]海棠名诗社，林史傲秋闺。纵有才八斗，不如富贵儿。

[己回前]美人用别号，亦新奇花样。且韵且雅，呼去觉满口生香。起社出自探春意，作者已伏下回兴利除弊之文也。

[蒙戚回前]此回才放笔写诗、写词、作札，看他诗复诗、词复词、札又札，总不相犯。

湘云，诗客也。前回写之，其今才起社后。用不寂不离闲人数语数折，仍归社中，何巧活之笔如此。[周按]此一段原于三十八回前。

这年贾政又点了学差，择于八月二十日起身。是日拜过宗祠及贾母，起身诸事，宝玉诸子弟等送至洒泪亭。[周按]古时行旅多设驿站，所谓五里一短亭，十里一长亭，亭即送别或途中休息之所，而古人分别因交通艰阻，再见难卜，故伤心流泪。今曰洒泪亭，乃是作者信手拈来，涉笔成趣。却说贾政出门去后，外面诸事不能多记。却说宝玉每日在园中任意纵横旷荡，直把光阴虚度，岁月空添。这日正值无聊之际，只见翠墨进来，手里拿着一付花笺送与他。宝玉因道："可是我忘了，才说要瞧瞧三妹妹去可好些了，你偏来了。"翠墨道："姑娘好了，今儿也不吃药了，不过是凉着了一点儿。"宝玉听说，便展开花笺看时，上写道是：

娣探谨奉

二兄文几：

前夕新霁，月光如洗，因惜清景难逢，讵忍就卧，时漏已三转，犹徘徊于桐槛之下。未防风露所欺，致获采薪之患。昨蒙亲劳抚嘱，复又数遣侍儿问切，兼以鲜荔并真卿墨迹见赐，[周按]后文找玛瑙碟子于此伏笔。何瘰疬惠爱之深耶。今因伏几凭床处默之时，忽思历来古人中，处名攻利敌之场，犹置一些山滴水之区，远招近揖，投辖攀辕，务结二三同志者盘桓于其中。或竖词坛，或开吟社，虽一时之偶兴，遂成千古之佳谈。妹虽不才，窃同叨栖处于泉石之间，而兼慕薛林之技。风庭月榭，惜未宴集诗人。帘杏溪桃，或可醉飞银盏。[周按]银盏为是。孰谓莲社之雄才，独许须眉。直以东山之雅会，让余脂粉。[周按]余字为是，平声也。若蒙棹云而来，[周按]棹云本于李贺诗：不知池上月，谁棹满溪云。妹则扫花以待。特此谨奉。[周按]看探春此等笺札脱尽尘俗，我谓钗黛高才也写不出。即使能写，风格亦异。探春乃是巾帼异才，脂粉英雄，实有经邦济世之度量。因是女子，故后文有身非男儿之叹。如今身在大观园，首倡诗社，开辟一大新局面，即可见其才干之一斑。又，海棠社实为湘云一人而设，而首倡者却为探春，此暗伏后文宝湘重逢之事，探春乃一重要人物。

宝玉看了，不觉喜的拍手笑道："到是三妹妹高雅，我如今就去商议。"说着就走，翠墨跟在后面。刚到了沁芳桥，[周按]由怡红院至秋爽斋，须渡沁芳桥，可知宝玉住桥西，探春住桥东，盖探春、黛玉、李纨等皆住园之东部，宝玉、妙玉、宝钗等则居于园之西部。只见园中后门上值日的婆子手里拿着一个字帖走来，见了宝玉，便迎上去，口里说道："芸哥儿请安，在后门口等着呢，叫我送来的。"宝玉打开看时，写道是：

不肖男芸儿恭请

父亲大人万福金安。

男思自蒙天恩认于膝下，日夜思一孝顺，竟无可孝顺之处。前因买办花草，上托大人金福，竟认得许多花儿匠，[己双]直欲喷饭，真好新鲜文字。并认得许多名园。前因忽见有白海棠一种，不可多得，故变尽方法，只弄得两盆。大人若视男是亲男一般，[己双]皆千古未有之奇文，初读令人不解，思之，则喷饭。便留下赏玩。因天气暑热，恐园中姑娘们不便，故不敢面见。奉书恭启，并叩台安。男芸儿跪书。[蒙戚双]一笑。[觉双]接连二启，字句因人而施，诚作者之妙。[周按]贾芸之信札乃作者摹拟世俗人而为，文墨不高，句法可笑。旧时家书犹有此体。作者特设此札，不独为博读者一笑，更是衬托探春文笔之高雅，于女儿辈中亦非凡响。又，社名海棠全为湘云一人，而海棠之名却由贾芸送花而得，此又暗伏日后宝湘之会，贾芸实为引途牵线之人。

宝玉看了笑问道："独他来了，还有什么人？"婆子道："还有两盆花儿。"宝玉道："你出去说我知道了，难为他想着。你把花儿送到我房里去就是了。"说着，同翠墨往秋爽斋来，只见宝钗、黛玉、迎春、惜春已都在那里了。［庚双］却因芸之一字夫，已将诸艳请来，省却多少闲文，不然必云如何请，如何来，则必至有犯宝玉，终成重复之文矣。众人见他进来，都笑说道："又来了一个。"探春笑道："我不算俗，偶然起了个念头，写了几个帖儿试一试，谁知一招皆到。"宝玉笑道："可惜迟了，早该起个社的。"黛玉道："你们只管起社，可别算我，我不敢。"迎春笑道："你不敢谁敢呢？"［蒙戚双］必得如此，方是妙文。［己双］若也如宝玉说兴头说〔话〕，则不是代〔黛〕玉矣。宝玉道："这是一件正紧大事，大家鼓舞起来，不要你推我让的。各有主意，自管说出来大家平章。［己双］这是正紧大事已妙，［周按］平且曰平章更妙，的是宝玉口角。章，古时宰相级高官主持政事，参议大计，谓之平章。今宝玉特用此词于诗社小事，是有意尊诗文而薄官宦，令人不禁一笑。雪芹亦有意借此笔以见其识殊语妙。宝姐姐也出个主意，林妹妹也说个话儿。"宝钗道："你忙什么？人还不全呢！"［己双］妙，宝钗自有主见，真不诬也。一语未了，李纨也来了，进门笑道："雅的紧！要起诗社，我自荐我掌坛。前儿春天，我原有这个意思的。我想了想，我又不会作诗，瞎乱些什么，因而也就忘了，就没有说得。既是三妹妹高兴，我就帮你作兴起来。"［己双］看他又是一篇文字，分叙单传之法也。黛玉道："既然定要起诗社，咱们都是诗翁了，先把这些姐妹叔嫂的字样改了才不俗。"［己双］看他写代〔黛〕玉，真可人也！李纨道："极是！何不大家起个别号，彼此称呼到雅。［蒙戚双］未起诗社，先起别号。我是定了！稻香老农。［周按］李纨自号老农，实则她年方二十刚过，岂有如此青年少妇而为老之理。故《石头记》文字，且不可拘文而害义。再无人占的。"［己双］最妙一个花样。探春笑道："我就是秋爽居士。"宝玉道："居士主人，到底不恰，且又瘰癞。［周按］瘰癞，是原笔。这里梧桐、芭蕉尽有，或指桐蕉起个到好。"探春笑道："有了，我最喜芭蕉，就称蕉下客罢。"［周按］探春别号秋爽居士，宝玉不以居士为然，方改蕉下客，此一改称含义微妙。盖居士主人乃常住者也，而客是暂时寄居之人也。此又暗伏探春不久即将离家远嫁。众人都道别致有趣。黛玉笑道："你们快牵了他去，炖了脯来吃酒。"众人不解，黛玉笑道："你们不知古人曾云蕉叶覆鹿，他自称蕉下客，可不是只鹿了？快做了鹿脯来。”众人听了都笑起来。探春因笑道：“你别忙使巧话来骂人，我已替你想了个极当的美号了。”又向众人道：“当日娥皇女英洒泪在竹上成斑，故今斑竹又名湘妃竹。如今他住的是潇湘馆，他又爱哭，将来那些竹子想来也是要变成斑竹的。以后都叫他作潇湘妃子就完了。”［周按］黛玉别号潇湘妃子。潇湘或为谐音消香。大家听说，都拍手叫妙。林黛玉低了头方不言语。［己双］妙极，趣极，所谓夫人必自侮，然后人侮之。看因一谑，便勾出一笑号来，何等妙文哉。另一花样。李纨笑道：“我替薛大妹妹也早想了个好的，也只三个字。”惜春、迎春都忙问：“是什么？”［己双］妙文。迎春、惜春故不能答言，然不便撕之不序，故插他二人问，试思近日诸豪宴集，雄语伟辩之时，座上或有一二愚夫不敢接谈，然偏好问，亦真可厌之事也。李纨道：“我是封他为蘅芜君了，［周按］宝钗别号蘅芜君。蘅芜皆是香草名，但芜却有荒芜之意味，亦是好景不长之暗示。不知你们如何？”探春道：“这个封号极好！”宝玉道：“我呢？你们也替我想一个！”［己双］必有是问。宝钗笑道：“你的号早有了，无事忙，［周按］宝玉别号第一是无事忙。并非真无事，特宝玉之所忙者非世人之所忙也，世人之所忙乃忙于功名利禄之事也，而宝玉之所忙却都在闺阁之中。恰当的狠。”［己双］真恰当，形容的尽。李纨道：“你还是你的旧号，绛洞花王就好。”［己双］妙极，又点前文。通部中从首至末，前文已过者，恐去之冷落，使人忘怀。得便一点，未来者恐来之突然，或先伏一线，皆行文之妙诀也。［周按］宝玉别号第二是绛洞花王。绛洞即绛芸轩，花王即爱惜供养群芳之第一人也。此“王”与“帝王”之“王”不可混为一谈。按花王一词曾见于宋徽宗诗中。旧钞本“花王”或讹为“花主”，非是。盖宝玉于当时文人多用居士主人等别号俗称时，已不喜“主人”字样，岂有自己反称“花主”之理。宝玉笑道：“小时候干的营生，还提他作什么！”［己双］赧言〔颜〕如闻，不知大时又有何营生。探春道：“你的号多的狠，又起什么？我们爱叫你什么，你就答应着就是了。”［己双］更妙！若只管挨次一个一个乱起，则成何文字，另一花样。宝钗道：“还得我送你个号罢。有最俗的一个号，却与你最当。天下难得的是富贵，又难得的是闲散，这两样再不能兼有，不想你兼有了，就叫你富贵闲人也罢了。”［周按］宝玉别号第三富贵闲人。宝钗已做了解说，然词义解说乃瞒哄读者之设词也。作者雪芹本意谓宝玉之为人在富贵场中无份，亦即他与功名利禄全无干涉。宝玉笑道：“当不起，当不起！到是随你们混叫去罢。”李纨道：“二姑娘、四姑娘起个什么？”迎春道：“我们又不大会诗，白起个号作什么！”［己双］假斯文、守钱虏，来看这句。探春道：“虽如此，也起个才是。”宝钗道：“他住的是紫菱洲，就叫他菱洲。四丫头在藕香榭，就叫他藕榭就完了。”李纨道：“就是这样好。但序齿我大，你们都要依我的主意，管情说了大家合意。我们七个人起社，我和二姑娘、四姑娘都不会作诗，须得让出我们三个人去。我们三个各分一件事。”探春笑道：“已有了号，还只管这样称呼，不如不有了。以后错了，也要立个罚约才好。”李纨道：“立定了社再定罚约。我那里地方大，竟在我那里作社。我虽不能诗，这些诗人竟不厌俗客，我作个东道主人，我自然也清雅起来。于是要推我作社长，我一个社长自然不彀，必要再请两位副社长，就请菱洲、藕榭二位学究来，一位出题限韵，一位誊录监场。亦不可拘定了我们三个不作。若遇见容易些的题目，我们也随便作一首，你们四个却是要限定的。若如此便起，若不依我，我也不敢附骥了。”

迎春、惜春本性懒于诗词，又有薛林在前，听了这话，便深合己意，二人皆说：“是极。”探春等也知此意，见他二人悦服，也不好强，只得依了，因笑道：“这话也罢了，只是自想好笑，好好的我起了个主意，反叫你们三个管起我来了。”宝玉道：“既这样，咱们就往稻香村去。”李纨道：“都是你忙，今日不过商议了，等我再请。”宝钗道：“也要议定几日一会才好。”探春道：“若只管会的多了，又没趣了。一月之中，只可两三次才好。”宝钗点头道：“一月只要两次就彀了，拟定日期，风雨无阻。除这两日外，倘有高兴的，他情愿加一社，或请到他那里，或附就了来，亦可使得，岂不活动有趣。”众人都道：“这个主意更好。”探春道：“只是原系我起的意，须得先做个东道主人，方不负我这兴。”李纨道：“既这样说，明日你就先开一社如何？”探春道：“明日不如今日，就是此刻好。你就出题，菱洲限韵，藕榭监场。”迎春道：“依我说，也不必随一人出题限韵，竟是拈阄的公道。”李纨道：“方才我来时，看见他们抬进两盆白海棠来，到是好花。你们何不就咏起他来？”[己双]真正好题，妙在未起诗社，先得了题目。迎春道：“都还未赏，先到作诗。”宝钗道：“不过是白海棠，又何必定要见了才作。古人诗赋，也不过都是寄兴寓情耳。若都等见了才作，如今也没有这些诗了。”[己双]真诗人语。[周按]宝钗此论谓作诗贵乎心领神会，得其意境与刻划实相，若一味刻划实相，乃落下乘。迎春道：“就如此，[周按]就如此，犹言就是这样。待我限韵。”说着走到书架前，探出一本诗来。随手一揭，却是一首七言律，递与众人看了，都该作七言律。迎春掩了诗，又向一个小丫头道：“你随口说一个字来。”那丫头正倚着门立着，便说了个门字。迎春笑道：“就是门字韵，十三元了。头一个韵定要这门字。”说着，又要了韵牌匣子过来，抽出十三元一屉，又命那小丫头随手拿四块。那丫头便拿了盆魂痕昏四块来。[周按]作诗如何选韵定韵，也有专用的韵牌匣子，可见此种高级文化家庭何等之考究。宝玉道：“这盆门两个字不大好作呢。”待书一样预备下四分纸笔，便都悄然各自思索起来。独黛玉或抚弄梧桐，或看秋色，或和丫嬛们嘲笑。[蒙戚双]看他单写黛玉。迎春又命丫嬛炷了一支梦甜香。[周按]梦甜香，暗切史湘云后文群芳寿怡红时掣得花名签，上刻四字，正是香梦沉酣，寓有深意。且暗属湘云之事。原来这梦甜香只有三寸来长，有灯草粗细，以其易烬，故以此烬为限，如香烬未成，便要受罚。[己双]好香。岂能撰此新奇字样。一时探春便先有了，自提笔写出，又改抹了一回，递与迎春。因问宝钗：“蘅芜君，你可有了？”宝钗道：“有却有了，只是不好。”宝玉背着手，在回廊上踱来踱去，向黛玉道：“你听，他们都有了。”黛玉道：“你别管我。”宝玉又见宝钗已誊写出来，因说道：“了不得了！香只剩了一寸了，我才有了四句。”又向黛玉道：“香快完了，只管蹲了那潮地下作什么？”黛玉也不理。宝玉道：“我可顾不得你了，好歹也写出来罢。”说着，也走在案前写了。李纨道：“我们要看诗了，若看完了还不交卷，是必罚的。”宝玉道：“稻香老农虽不善作，却善看，又最公道，[己双]理岂不公。

你评阅优劣，我们都服的。”众人都道：“自然。”于是先看探春的。稿上写道是：

咏白海棠（限门盆魂痕昏韵）

斜阳寒草带重门，苔翠盈铺雨后盆。

玉是精神难比洁，雪为肌骨易消魂。

芳心一点娇无力，倩影三更月有痕。

莫谓缟仙能羽化，多情伴我咏黄昏。

大家看了，称赏一回。又看宝钗的道：

珍重芳姿画掩门，［己双］宝钗诗全是自写身分，讽刺时事，只以品行为先，才技为末，纤巧流荡之词，绮靡艳之语，一洗皆尽。非不能也，屑而不为也。最恨近日小说中，一百美人诗词语气，只得一个艳稿。自携手瓮灌苔盆。

胭脂洗出秋阶影，冰雪招来露砌魂。［己双］看他清洁自厉，终不肯作一轻浮语。

淡极始知花更艳，［己双］好极！高情巨眼，能几人哉。正一鸟不鸣山更幽也。愁多焉得玉无痕。［己双］看他讽刺林、宝二人省手。

欲偿白帝凭清洁，［己双］看他收到自己身上来。是何等身分。［蒙戚双］看他讽刺林，收到自己身上。是何等身分！不语婷婷日又昏。

李纨笑道：“到是蘅芜君。”说着，又看宝玉的，道是：

秋容浅淡映重门，七节攒成雪满盆。

出浴太真冰作影，捧心西子玉为魂。

晓风不散愁千点，［己双］这句直是自己一生心事。宿雨还添泪一痕。［己双］妙在终不忘代〔黛〕玉。

独倚画栏如有意，清砧远笛送黄昏。［己双］宝玉再细心作，只怕还有好的，只是一心挂着代〔黛〕玉，故手〔乎〕妥不警也。［周按］倚画栏，上与凭栏垂绛袖呼应，又清砧远笛与香菱咏月诗，绿蓑江上愁闻笛，红袖楼头夜倚栏句皆暗为呼应，关合湘云后来情事。

大家看了，宝玉说探春的好，李纨终要推宝钗这诗有身分，因又催黛玉。黛玉道：“你们都有了？”说着，提笔一挥而就，掷与众人。李纨等看他的写道是：

半卷湘帘半掩门，［己双］且不说花，且说看花的人，起的突然别致。碾冰为土玉为盆。

［己双］极妙，料定他自与别人不同。

看了这句，宝玉先喝起彩来，只说："从何处想来！"又看下面道是：

偷来梨蕊三分白，借得梅花一缕魂。

众人看了，也都不禁叫好说："果然比别人又是一样心肠。"又看下面道：

月窟仙人缝缟袂，秋闺怨女拭啼痕。［己双］虚敲傍比，真逸才也。且不脱落自己。

娇羞默默同谁诉，倦倚西风夜已昏。［己双］看他终结到自己，一人是一人口气。逸才仙品，固让颦儿。温雅沉着，终是宝钗。今日之作，宝玉自应居末。

众人看了，都道是这首为上。李纨道："若论风流别致，自是这首。若论含蓄浑厚，终让蘅芜。"探春道："这评的有理，潇湘妃子当居第二。"李纨道："怡红公子是压尾，你服不服？"宝玉道："我那首原不好，这评的极公。"［己双］话内细思，则似有不服先评之意。又笑道："只是蘅、潇二首还要斟酌。"李纨道："原是依我评论，不与你们相干，再有多说者必罚。"宝玉听说，只得罢了。李纨道："从此后我定于每月初二、十六这两日开社，［周按］昔时旧俗每月初一与十五两日为祭祀，礼佛重要日期，事物繁忙，故开社等一切闲情必于此两日之后行之。出题限韵都要依我。这其间你们有高兴的，只管另择日子补开。那怕一个月每天都开社，我只不管。只是到了初二、十六的这两日，是必往我那里去。"宝玉道："到底要起个社名才是。"探春道："俗了又不好，忒新了刁钻古怪也不好，可巧才是。海棠诗开端，就呼作海棠社罢。虽然俗些，因真有此事，［周按］真有此事，一语双关，既指书中真有此事，又指作者生活中亦真有此事。也就不碍了。"说毕大家又商议了一回，略用些酒果，方各自散去。也有回家的，也有往贾母、王夫人处去的，当下别人无话。［己双］一路总不大写薛林兴头，可见他二人并不着意于此。不写薛林，正是大手笔。独他二人长于诗，必使他二人为之，则板腐矣。全是错综法。

且说袭人［己双］忽然写到袭人，真令人不解。看他如何终此诗社之文。因见宝玉看了字帖儿，便慌慌张张同翠墨去了，也不知何事，后来又见后门上婆子送了两盆花来。

袭人问是那里来的，婆子们便将宝玉前一番原故说了。袭人听说，便命他们摆好，让他们在下房里坐了。自己走到自己房内，[周按]特言自己房内，相对于让婆子们坐的外间屋也。秤了六钱银子封了，又拿了三百钱走来，都递与那两个婆子，道："这银子赏那抬花的小子们，这钱你们打酒吃罢。"那婆子们站起来，眉开眼笑，千恩万谢的不肯受，见袭人执意不收，方领了。[周按]这些细琐小事，作者一一交待清楚，不解者以为闲文赘笔，十分无味，殊不知作者正为写出即在一家之内，主仆之间，亦要钱财先行，方能办事。袭人又道："后门上外头可有该班的小子们？"婆子们忙应道："天天有四个，原预备里头差使的。姑娘们有什么差使，我们吩咐去。"袭人笑道："我有什么差使？今儿宝二爷要打发人到小侯爷家与史大姑娘送东西去，[周按]小史侯爷家，指湘云之叔保龄侯史鼐家。可巧你们来了，顺便出去叫后门上的小子们雇辆车来。回来你们就往这里拿钱，不用叫他们又往前头混碰去。"婆子答应着去了。

袭人回至房中，拿碟子盛东西与史湘云送去，[己双]线头却牵出，观者犹不理会。不知是何碟何物，令人犯思夺。却见隔子上碟槽子空着，[庚双]妙极细极，因此处系依古董式样抠成槽子，故无此件，此槽遂空，若忘却前文，此句不解。因回头见晴雯、秋纹、麝月等都在一处做针黹。[周按]针黹，即指针线活儿。旧时不拘富家贫家妇女，日课必做针黹，并无游手好闲之事。书中写众丫嬛做针黹不止一处。袭人问道："这一个缠丝白玛瑙碟子那去了？"众人见问，都你看我，我看你，都想不起来。半日，晴雯笑道："给三姑娘送荔枝去了，还没送来呢。"[周按]缠丝白玛瑙碟子送与湘云是和湘云带来之绛纹石戒指有相对之意。袭人道："家常送东西的家伙多呢，巴巴的拿这个去。"晴雯道："我何尝不也是这样说。他说这个碟子配上鲜荔枝才好看。[周按]他，特指宝玉，此怡红院中晴袭一流人日常真实口气，最是传神之笔。后文亦有呼应文字。[己双]自然好看，原该如此。可恨今之有一二好花者，不肯像景而用。我送去三姑娘也见了说好看，叫连碟子放着，就没拿来。你再瞧，那隔子尽上头的一对联珠瓶还没收来呢。"秋纹笑道："提起这瓶来，我又想起笑话来了。我们宝二爷说声孝心一动，也孝敬到十二分。那日因见园里桂花开了，折了两枝，原是自己要插瓶的，忽然想起来说，这是自己园里开的新鲜花儿，不敢自己先顽，巴巴的把那一对瓶拿下来，亲自灌水插好了，叫个人拿着，亲身进一瓶与老太太，又进一瓶与太太。谁知他孝心一动，连跟的人都得了福。可巧那日是我拿去的，老太太见了这样，喜的无可无不可，见人就说，'到底是宝玉孝顺我，连一枝花儿也想得到，别人还只报怨我疼他。你们知道，老太太素日不大同我说话的，有些不入他老人家的眼。'那日竟叫人拿几百钱给我，又说我可怜见的，生的单薄，这可是再想不到的福气。几百钱事小，难得这个脸儿。及至到了太太那里，太太正和二奶奶、赵姨奶奶、周姨奶奶好些人翻箱子，找太太当日年轻的颜色衣裳，不知要给那一个。一见了，连衣裳也不找了，且看花儿。又有二奶奶在傍边凑趣儿，夸宝玉又是怎样孝敬，又是怎样知好歹，有的没的说了两车话。当着众人，太太自为又增了光了，堵了众人的嘴。太太越发喜欢了，现成的衣裳就赏了我两件。衣裳也是小事，年年横竖也得，却不像这个彩头。"晴雯笑道："呸！没见识面的小蹄子！那是把好的给了人，挑剩下的才给你，你还充有脸呢。"秋纹道："凭他给谁剩的，到底是太太的恩典。"晴雯道："要是我，我就不要。若是给别人剩下的给我也罢了，一样这屋里的人，难道谁又比谁高贵些？把好的给他，剩的才给我，我宁可不要，冲撞了太太，我也不受这口软气。"秋纹忙问道："给这屋里谁了？我为前儿病了几天家去了，不知给谁来着。好姐姐，你告诉我知道知道。"晴雯道："我告诉了你，难道你这会子退还太太不成！"秋纹笑道："胡说，我白听听喜欢喜欢。那怕给这屋里的狗剩下的，我只领太太的恩典，也不犯管别的事。"众人听了都笑道："骂的巧，可不是给了那西洋花点子哈吧儿了。"袭人笑道："你们这起烂了嘴的！得了空儿就把人来取笑儿打牙儿，［周按］把人打牙，人即别人之义，口语中常以人或人家代称自己。一个个不知怎么死呢！”秋纹笑道：“原来是姐姐得了，我实在不知道，我陪个不是罢。”袭人笑道：“少轻狂罢，你们谁取了碟子来是正紧。”［己双］看他忽然夹写女儿喁喁一段，总不脱落正事，所谓此书一回是两段，两段中却有无限事体，或有一语透至一回者，或有反补上回者，错综穿插，从不一气直起直泻，至终为了。麝月道：“那瓶也该空了，［周按］空了，即闲了。收来罢。老太太屋里还罢了，太太屋里人多手杂的，别人还可以，赵姨奶奶那伙人，见是这屋里的东西，又该使黑心弄坏了才罢。太太也不大管这些事，早些收来是正经。”晴雯听说，便掷下针黹道：“这话到是，等我取去。”秋纹道：“还是我取去罢，你取你的碟子去。”晴雯笑道：“我偏取这一遭儿去，是巧宗儿你们都得了，难道不许我得一遭儿。”麝月笑道：“通共秋丫头得了一遭儿衣裳，那里今儿又巧，你也遇见找衣裳不成？”晴雯冷笑道：“虽然碰不见衣裳，或者太太看见我勤谨，一个月也把太太公费里分出二两银子来给我，也定不得。”说着又笑道：“你们别和我粧神弄鬼的，什么事我不知道。”说着，往外跑了。［周按］写晴雯笔笔特殊，聪明伶俐，尖酸细刻，其长处与短处同时并现，但总不觉其可厌，而觉其可怜。怜在何处，即如此回她意向王夫人处讨彩，虽是戏言，日后却正在王夫人眼中留下恶缘，而晴雯此时尚不自知，斯即命运之悲剧性也。秋纹也同他出来，自去探春那里取了碟子来。

袭人打点齐备东西，叫过本处的一个老宋妈妈来，［己双］宋，送也。随事生文，妙！向他说道：“你先好生梳洗了，换了出门的衣裳来，如今打发你与史大姑娘送东西去。”那宋妈妈道：“姑娘只管交给我，有话说与我，我收拾了就好一顺去。”袭人听说，便端过两个小掐丝盒子来，先揭开一个，里面装的是红菱和鸡头［己双］妙！两样鲜果子。又揭开那一个，是一碟子桂花糖蒸新栗粉糕。又说道：“这都是今年咱们这里园子里新结的果子，宝二爷叫送来与姑娘尝尝。再前日姑娘说这玛瑙碟子好，姑娘就留下顽罢。［己双］妙，隐这一件公案，余想袭人必要玛瑙碟子盛去，何必骄奢轻发如是耶。固有此一案，则无怪矣。这绢包儿里头是姑娘上日叫我作的活计，姑娘别嫌粗糙，将着用罢。替我们请安，替二爷问好就是了。”宋妈妈道：“宝二爷不知还有什么说的没有，姑娘再问问去，回来又别说忘了话。”［周按］宋妈谓忘了话，乃指下人传主人话的规矩，不许遗漏，今时已多不能解矣。袭人因问秋纹道：“方才可见在三姑娘那里么？”秋纹道：“他们都在那里商议起什么诗社呢，又都作诗，想来没话，你只管去罢。”宋妈妈听了，便拿了东西出去，另外穿带了。袭人又嘱咐他从后门出去，有小子和车等着呢。宋妈妈去了，不在话下。［周按］盒内所盛鸡头、菱角、桂花、栗子不但是秋季时令鲜果，暗中总寓姻缘吉庆之意。又，宋妈妈能念及宝玉必有话说，也是可人。

一时宝玉回来，先忙着看了一回海棠，到房内告诉袭人起诗社的事。袭人也把打发宋妈妈与史湘云送东西去的话告诉了宝玉。宝玉听了，拍手道：“偏忘了他。我自觉心里有件事，只是想不起来，亏你提起来，正要请他去。这诗社里若少了他，还有什么意思！”袭人劝道：“什么要紧，不过是顽意儿。他比不得你们自在，家里又做不得主。告诉他，他要来，又由不得他。不来，他又牵肠挂肚的，没的叫他不受用。”［周按］袭人一段话又补出湘云在家苦况，与前文宝钗所言正可合看。宝玉道：“不妨事，我回老太太，打发人接他去。”正说着，宋妈妈已经回来，回复道：“姑娘说道生受，［周按］道生受，表谢也。生受即今言受累了。与花姑娘道乏。又说问二爷作什么呢？我说，和姑娘们起什么诗社作诗呢。史大姑娘说，［周按］宋妈妈口中称花姑娘，史大姑娘，回覆姑娘道生受等皆传真之笔。他们作诗也不告诉他去，他急的了不得。”宝玉听了，立身便往贾母处来，立逼着叫人接去。贾母说道：“今儿天晚了，明日一早再接去罢。”宝玉只得罢了，回来闷闷的。次日一早，便又往贾母处来，立逼着接去。直到午后，史湘云才来了，［周按］此湘云第三次来，季节属秋。宝玉方放了心。

见面时就把始末原由告诉他，又要与他诗看，李纨等因说道：“且别给他看，先说与他韵。他后来的，先罚他和了诗，若好便请入社，若不好，还要罚他一个东道再说。”湘云笑道：“你们忘了请我，我还要罚你们呢。就拿韵来，我虽不能，只得勉强出丑。容我入社扫地焚香，我也情愿。”众人见他这般有趣，越发欢喜，都埋怨昨日怎么忘了他，遂忙告诉他韵。史湘云一心兴头，等不得推敲删改，一面只管和人说着话，心内早已和成，即用随便纸笔录出，［己双］可见起〔越〕是好文字，不管怎样就有了。越用［周按］偏工夫，越讲究笔墨，终成涂雅。是批者知道。先笑说道：“我却依韵和了两首，［己双］更奇。想前四律已将形容尽矣，一首犹恐重犯，不知二首又从何处着笔。好歹我却不知，不过应命而已。”说着递与众人。众人道：“我们四首，也算想绝了，再一首也不能了，你到弄了两首。那里有许多话说，必定要重了我们的。”一面说一面看诗，只见那两首诗写道：

> 神仙昨日降都门，［己双］落想便新奇，不落彼四套。种得蓝田玉一盆。［己双］好。盆字押得更稳，总不落彼三套。［蒙戚双］押得稳。［周按］种玉用阳翁伯故事，其事南北朝人多纪之，乃河北玉田之掌故。按丰润古时与玉田为一县，此雪芹暗用原籍典故也。
>
> 自是孀娥偏耐冷，［己双］又不脱自己将来形景。非关倩女亦离魂。
>
> 秋阴捧出何方雪，［己双］拍案叫绝！压倒群芳，在此一句。雨渍添来隔宿痕。
>
> 却喜诗人吟不倦，岂令寂寞度朝昏。［己双］真好。
>
> 蘅芷阶通萝薜门，也宜墙角也宜盆。
>
> 花因喜洁难寻偶，［蒙双］更好。人为题秋易断魂。［周按］题秋为是。
>
> 玉烛滴干风里泪，晶帘隔破月中痕。
>
> 幽情欲向嫦娥诉，无奈虚廊夜色昏。［庚双］二首真可压卷。○诗是好诗，文是奇奇怪怪之文，总令人想不到忽有二首末压卷。

众人看一句，惊讶一句，看到了，赞到了。都说：“这个不枉作了海棠诗，真该起这海棠社了。”史湘云道：“明日先罚我个东道，就让我先邀一社可使得？”众人道：“这更妙了。”因又将昨日的诗与他评论一回。

至晚，宝钗将湘云邀往蘅芜苑去安歇。［周按］自此次来，湘云不住潇湘馆矣。湘云灯下计议如何设东拟题，宝钗听他说了半日，皆不妥当，［戚双］却于此刻，方写宝钗。因向他说道：“既开社，便要作东，虽然是个顽意儿，也要瞻前顾后，又要自己便宜，又要不得罪了人，然后方大家有趣。你家里你又作不得主，一个月通共那几吊钱，你还不彀盘缠呢！［周按］盘缠，俗语多用为离家远行之费用，在此则指日常生活之所需。这会子又干这没要紧的事，你婶娘们听见了，越发报怨你了。况且你就都拿出来，做这个东也不彀。难道为这个家去要去不成？［周按］家去，口语，即往家里去之省语。还是和这里要呢？”一夕话提醒了湘云，到踌躕起来。宝钗道：“这个我已经有了主意。我们当铺里有个伙计，他家田上出的好肥螃蟹，前儿送了几斤来，现在这里的人，从老太太起连园子里的人，有多一半都是爱吃螃蟹的，前日姨娘还说要请老太太在园子里赏桂花吃螃蟹，［周按］王夫人是薛姨妈之姊，故宝玉称薛为姨妈，宝钗称王为姨娘，微有分别。因为有事，还没有请。你如今且把诗社别提，只管普通一请，等他们散了，咱们有多少诗作不得呢！我和我哥哥说，要他几篓极肥极大的螃蟹来，再往铺子里取上几坛好酒来，再备四五桌果碟子，岂不又省事，又大家热闹了。”湘云听了，自是感服，极赞想的周到。宝钗又笑道：“我是一片真心为你的话，你千万别多心，想着我小看了你，咱们两个就白好了。你若不多心，我就好叫他们办去。”湘云忙笑道：“好姐姐，你这样说，到是多心待我了。我凭他怎么糊涂，连个好歹也不知，还成个人了！我若不把姐姐当作亲姐姐一样看，上回那些家常话烦难事，也不肯尽情告诉你了。”宝钗听说，便唤一个婆子来：“出去和大爷说，像前日的大螃蟹要几篓来，明日饭后请老太太、姨娘赏桂花。你说大爷好歹别忘了，我今儿已请下人了。”［己双］必得如此叮咛，阿呆兄方记得。那婆子出去说明，回来无话。

这里宝钗又向湘云道：“诗题也不要过于新巧了。你看古人诗中那里有那些刁钻古怪的题目和那极险的韵脚？若题过于新巧，韵过于险，再不得有好诗，终是小家子气。诗固然怕说熟话，然而更不可过于求生，［周按］这些议论，皆可看出作者雪芹身为诗人，其所主张皆是大方家数，通人之论，亦是对当时的世风有所针砭。只要头一件立意清新，自然措词就不俗了。究竟这也算不得什么，还是纺绩针黹是你我的本等。［周按］宝钗这些话虽是闺中正道常理，却总带女夫子之气味，于旧日家庭中是贤妻良母，在小说中却迂腐招厌。一时闲了，到是于身心有益的书看几章是正紧。”湘云只答应着，因笑道：“我如今心里想着，昨日作了海棠诗，我如今要作个菊花诗如何？”宝钗道：“菊花到也合景，只是前人做的太多了。”湘云道：“我也是如此想着，恐怕落套。”宝钗想了想，说道：“有了。如今以菊花为宾，以人为主，竟拟出几个题目来，都要两个字。一个虚字，一个实字。［周按］中华汉字与西方语文之细分词性不同，只有虚实两类总括兼包。实字以今日之名词及若干形容词为主，虚字指动词、形容词、副词、连词、介词、语气词等皆在其内。运用时又十分灵活，虚实可以互变，并无僵死规定。实字就用菊字，虚字便用通用门的。如此又是咏菊，又是赋事，前人也没作过，也不能落套，赋景咏物两关着，又新鲜，又大方。”湘云笑道：“这却狠好。只是不知用何等虚字才好，你先想一个我听听。”宝钗想了想道：“《菊梦》就好。”湘云笑道：“果然好。我也有一个，《菊影》可使得？”宝钗道：“也罢了，只是也有人作过。若题目多，这个也夹的上。我又有了一个。”湘云道：“快说出来。”宝钗道：“《问菊》如何？”湘云拍案叫妙，因接说道：“我也有了，《访菊》如何？”宝钗也赞有趣，因说道：“越性拟出十个来，写上再定。”说着，二人研墨蘸笔，湘云便写，宝钗便念，［周按］凤姐点戏，脂砚执笔，一样笔法。一时凑了十个。湘云看了一遍，又笑道：“十个还不成幅，越性凑成十二个便全了，也如人家的字画册页一样。”宝钗听说，又想了两个，一共凑成十二个。又说道：“既这样，越性编出他个次序先后来。”湘云道：“如此更妙，竟弄成个菊谱了。”宝钗道：“起手是《忆菊》。［周按］起手，指落笔开篇。忆之不得，故访，第二是《访菊》。访之既得，便种，第三是《种菊》。种既盛开，故相对而赏，第四是《对菊》。相对而兴有馀，故折来供瓶为玩，第五是《供菊》。既供而不吟，亦觉菊无彩色，第六便是《咏菊》。既入词章，不可以不供笔墨，第七便是《画菊》。既为菊如是碌碌，究竟不知菊有何妙处，不禁有所问，第八便是《问菊》。问如解语，使人狂喜不禁，第九便是《簪菊》。如是人事虽尽，犹有菊之可咏者，《菊影》《菊梦》二首续在第十、十一。末卷便以残菊总收前题之盛。三秋的好景妙事都有了。"湘云依言将题目录出，又看了一回，又问："该限何韵？"宝钗道："我平生最不喜限韵，分明有好诗，何苦为韵所缚，咱们别学那小家子派，只出题不拘韵，原为大家偶得了好句取乐，并不为奈那难人。"［周按］奈那难人，句法甚奇。按古语那即奈何二字之合音，诗词中常用之。似奈那即重叠加重语气之用法。湘云道："这话狠是，这样大家的诗还进一层，但只是咱们五个人，这十二个题目，难道每人作十二首不成？"宝钗道："那也太难人了。将这题目誊好，都要七言律诗，明日贴在墙上，他们看了，谁作那一个就作那一个，有力量者，十二首都作也可，不能的，一首不成也可。高才捷足者为尊。若十二首已全，便不许他后赶着又作，罚他就完了。"湘云道："这到也罢了。"二人商议妥贴，方才息灯安寝。要知端的，且听下回分解。

［蒙戚回后］薛家女子何贞侠，总因富贵不须夸。发言行事何其嘉，居心用意不狂奢。世人若肯平心度，便解云钗两不暇。

［回后评］自第三十七回至第四十五回为全书第五九之大段落，即由海棠诗为始直到《秋窗风雨夕》止，我谓此为诗格局，在全书中与一般叙事部分不同。然表面看来似乎以诗文为主乃良辰美景之乐事，实则处处暗伏后文种种悲欢离合，曲折变故，故此诗格局者，并非为诗而诗者也。

读海棠诗者，论海棠诗者大抵以为，钗、黛、探、玉四人虽咏海棠，而又兼有多少自喻之深层一面。余则谓此论未必尽然。只看黛玉一联云：偷来梨蕊三分白，借得梅花一缕魂。试问黛玉若有自喻之意，岂有自批为偷为借之理，故不必多辩而自明矣。此盖黛玉风格素来轻巧灵动，喜以妙语谑人。是联乃谓海棠本是粉红娇艳之花，而至秋时却换为素装，既失本色，故其素，其白乃是从梨花、梅花偷借而来。即此可见黛玉之才情，口吻总与别个不同。

余又谓海棠诗社实为湘云而立，而湘云即为主角，其诗却有自喻之情怀。其第二首诗末云：幽情欲向嫦娥诉，无奈虚廊夜色昏。全从东坡咏海棠诗而来。坡诗云：东风嫋嫋泛崇光，香雾霏霏月转廊。只恐夜深花睡去，故烧高烛照红妆。首句云泛崇光，在第十七回清客题海棠时云"崇光泛彩"一语中用过。第三句"只恐夜深花睡去"，在第六十三回群芳开夜宴时，湘云之花名签上曾用过。第四句故烧高烛照红妆，在第十八回宝玉应命自题怡红院，曰"红妆夜未眠"时用过。惟第二句之"香雾霏霏月转廊"，却在湘云本人咏海棠诗其二中方见用过。此点最关重要。

湘云诗"种得蓝田玉一盆"，用古神话故事阳翁伯种玉之典故，有阳翁伯在麻山（河北玉田县）种菜而生出白玉之奇事。此典又暗喻日后姻缘巧合之深意。

宝玉诗又云七节攒成雪一盆。第一，秋海棠有两种，一种娇弱无节，一种茎干多节，每节生一叶，叶有银色斑点，宝玉所指是后一种。第二，以此多节攒成之海棠暗喻湘云，可知湘云一生经历多忧患，多事故，仍挺拔而不屈不折也。

憨湘云醉眠芍药茵

宝玉生日，自开席起湘云就一直被罚酒。酒令开始之前与人拇战乱令被罚、与香菱私相传递被罚、戏说“那鸭头不是那丫头，头上那讨桂花油”被罚、宝钗与宝玉射覆时被香菱问住被罚。终于酒力不支，吃醉了图凉快，在芍药丛中用鲛帕包了花瓣枕着睡觉。众人看时，业经香梦沉酣，口内犹作睡语说酒令：“泉香而酒冽，玉碗盛来琥珀光，直饭到梅梢月上。醉扶归，却为宜会亲友。”

探春

一帆风雨路三千，把骨肉家园齐抛闪。恐哭损残年。告爹娘，莫把儿悬念。自古穷通皆有命，离合岂无缘？从今分两地，各自保平安。奴去也，莫牵连。

第三十八回
林潇湘魁夺菊花诗　薛蘅芜讽和螃蟹韵

［己回前］题曰菊花诗螃蟹咏，偏自太君前阿凤若许诙谐中不失体。鸳鸯平儿宠婢中，多少放肆之迎合取乐。写来似难入题，却轻轻用弄水、戏鱼、看花等游玩事，及王夫人云“这里风大”一句收住。入题并无纤毫牵强。此重作轻抹法也。妙极！好看煞。

话说宝钗、湘云二人计议已妥，一宿无话。湘云次日便请贾母等赏桂花。贾母等都说：“到是他有兴头，须要扰他这雅兴。”［己双］若在世俗小家则云，你是客，在我们舍下怎么反扰你的，一何可笑。至午间，贾母果然带了王夫人、凤姐儿，兼请薛姨妈等进园来。贾母因问：“那一处好？”［蒙戚双］必如此问方好。王夫人道：“凭老太太爱在那一处。”［己双］必是王夫人如此答方好。凤姐儿道：“藕香榭已经摆下了，那山坡下两棵桂花开的又好，河里水又碧清，坐在河当中亭子上，岂不厂亮。看着水，眼也清亮。”［庚双］智者乐水，岂其然乎。贾母听了，说：“这话狠是。”说着，引了众人往藕香榭来。

原来这藕香榭盖在池中，四面有窗，左右有回廊可通，亦是跨水接峰，后面又有曲折竹桥暗接。众人上了竹桥，凤姐忙上来搀着贾母，口里说：“老祖宗只管放大步走，不相干的，这竹子桥规矩是咯吱咯喳的响。”［蒙戚双］如见其势，如临其上，非走过者必形容不到。一时进入榭中，只见拦干外另放着两张竹案，一个上面设着杯箸酒具，一个上头设着茶筅茶杯各色茶具。那边有两三个丫头煽风炉煮茶，这一边另外几个丫头也煽风炉烫酒呢。贾母欢喜道：“这茶想的到，且是地方，东西都干净。”湘云笑道：“这是宝姐姐帮着我预备的。”贾母道：“我说这孩子细致，凡事想的妥当。”说着又看见柱上挂的黑漆嵌蚌的对子，命人念。湘云念道：

芙蓉影破归兰桨，菱藕香深写竹桥。[己双]妙极！此处忽又补出一处，不入贾政试才一回，皆错综其势，不作一直笔也。

贾母听了，又抬头看匾，因回头向薛姨妈道：“我先小时，家里也有这么一个亭子，叫做什么枕霞阁。[周按]藕香榭取名于宋女词人李清照之《一剪梅》：红藕香残玉簟秋，轻解罗裳，独上兰舟。红藕即红莲花，藕香榭之榭又谐音荷花凋谢之谢。此榭与湘云之关系特为密切。因藕香又谐音偶湘。试看本文贾母入榭以后，先命湘云口念对联之文，而联文云：芙蓉影破归兰桨，菱藕香深写竹桥。上句显由清照词之轻解罗裳独上兰舟而来，下句由竹桥引起贾母联想幼时家中亦有枕霞阁与此榭相仿。故后文随即写及湘云之别号为枕霞旧友。今湘云做东设宴不在别处，独选藕香榭，可见湘云方是此榭之主。我那时也只像他们这么大年纪，同姊妹们天天顽去。那日，谁知我失了脚掉下去，几乎没淹死，好容易救了上来，到底那木钉把头碰破了。如今这鬓角上那指头顶大一块窝儿就是那残破了。众人都怕经了水，又怕冒了风，都说活不得了，谁知竟好了。”凤姐不等人说，先笑道：“那时要活不得了，如今这么大福可叫谁享呢。可知老祖宗从小儿的福寿就不小。神差鬼使碰出那个窝儿来，好盛福寿的。寿星老儿头上原是一个窝儿，因为万福万寿盛满了，所以到凸高出些来了。”未及说完，贾母与众人都笑软了。[己双]看他忽用贾母数语，闲闲又补出此书之前，似已有一部十二钗的一般，令人遥忆不能一见。余则将欲补出枕霞阁中十二钗来，定〔岂〕不又添一部新书！[周按]此批中明点脂砚斋是枕霞旧主，亦即湘云。贾母笑道：“这猴儿惯的了不得了，只管拿我取笑起来，恨的我撕你那油嘴。”凤姐笑道：“回来吃螃蟹，恐积了冷在心里，讨老祖宗笑一笑，开了心，多吃两个就无妨了。”贾母笑道：“明日我叫你日夜的跟着我，我到常笑笑，觉的开心，不许回家去。”王夫人笑道：“老太太因为喜欢他，才惯的他这样。还这样说，他明儿越发无理了。”贾母笑道：“我喜欢他这样，况且他又不是那不知高低的孩子。家常没人，娘儿们原该这样，横竖礼体不错就罢，没的到叫他从神儿似的作什么。”[蒙戚双]近之暴发专讲礼法，竟不知礼法，此似无礼而礼法井井。所谓整瓶不动半瓶摇，又曰习惯成自然。真不谬也。说着，一齐进入亭子，献过茶，凤姐忙命人搭桌子，要杯箸。上面一桌，贾母、薛姨妈、宝钗、黛玉、宝玉。东边一桌，史湘云、王夫人、迎、探、惜。西边靠门一桌，李纨和凤姐不过虚设坐位。二人皆不敢坐，只在贾母、王夫人两桌上伺候。凤姐吩咐："螃蟹不可多拿来，仍旧放在蒸笼上，拿十个来，吃了再拿。"一面又要水洗了手，站在贾母跟前剥蟹肉。头次让薛姨妈，薛姨妈道："我自己掰着吃香甜，不用人剥。"凤姐便奉与贾母，二次便与宝玉，又说："把酒烫的滚热的拿来。"又命小丫头去取了菊花叶儿桂花蕊熏的绿豆面子来，预备洗手。［周按］吃螃蟹，双手沾腥，吃罢去洗手，常人之家不过清水一盆，而在荣府，连洗手也有如此考究。史湘云陪着吃了一个，就下坐来让人，又出至外头，命人盛两盘子与赵姨娘、周姨娘送去。又见凤姐走来道："你不惯张罗，你吃你的去，我先替你张罗，等散了我再吃。"湘云不肯，又命人在那边廊上摆了两桌，让鸳鸯、琥珀、彩云、彩霞、平儿去坐，鸳鸯因向凤姐笑道："二奶奶在这里伺候，我可吃去了。"凤姐儿道："你们只管去，都交给我就是了。"说着，史湘云仍入了坐，凤姐和李纨也胡乱应个景儿。凤姐仍是下来张罗，一时出至廊上，鸳鸯等正吃的高兴，见他来了，鸳鸯等站起来道："奶奶又出来作什么？让我们也受用一会子。"凤姐笑道："鸳鸯小蹄子越发坏了，我替你当差，到不领情，还报怨我。还不快斟一钟酒来我喝呢。"鸳鸯笑着忙斟了一杯酒，送到凤姐唇边，凤姐一扬脖吃了。琥珀、彩霞二人也斟上一杯，送到凤姐唇边，凤姐也吃了。平儿早剔了一壳子黄子送来，凤姐道："多着些姜醋。"一面也吃了，笑道："你们坐着吃罢，我可去了。"鸳鸯笑道："好没脸的，吃我们的东西。"凤姐儿笑道："你和我作怪，你知道你琏二爷爱上了你，要和老太太讨了你作小老婆呢。"［周按］凤姐此语看似玩笑，实则为后文贾赦谋讨鸳鸯作妾设伏线。鸳鸯道："啐！这也是做奶奶的说出来的话。我不拿腥手抹你一脸算不得。"说着起来就要抹，凤姐儿央道："好姐姐，饶我这一遭儿罢。"琥珀道："鸳丫头要去了，平丫头还饶他？你们看看他，没有吃了两个螃蟹，到喝了一碟子醋，他也算不会揽酸了。"平儿手里正掰了个满黄的螃蟹，听如此奚落他，便拿着螃蟹照琥珀脸上来抹。口内笑骂道："我把你这嚼舌根的小蹄子！"琥珀也笑着往傍边一躲，平儿使空了，往前一撞，正恰恰的抹在凤姐脸上。凤姐正和鸳鸯嘲笑，不防唬了一跳，"嗳呀"一声，众人掌不住都哈哈的大笑起来。凤姐也禁不住笑骂道："死娼妇！吃离了眼了，混抹你娘的。"平儿忙赶过来替他擦了，亲自去端水。鸳鸯道："阿弥陀佛！这是个报应！"贾母那边听见，一叠连声问："见了什么这样乐？告诉我们也笑笑。"鸳鸯等忙高声笑回道："二奶奶来抢螃蟹吃，平儿恼了，抹了他主子一脸的螃蟹黄子，主子奴才打架呢。"贾母和王夫人等听了，也笑起来。贾母笑道："你们看他可怜见的，把那小腿子脐子给他点子吃就完了。"［周按］老年人听得女儿们嘻笑热闹，便爱询问，而鸳鸯也便见机以戏语应对，老人常常将戏语信以为真，写得又真实又灵动。鸳鸯等笑着答应了，高声说道："这满桌子的腿子，二奶奶只管吃就是了。"凤姐洗了脸走过来，又伏侍贾母等吃了一回。黛玉弱，不敢多吃，只吃了一点儿夹子肉就下来了。

一时不吃了，大家方散。都洗了手，也有看花的，也有弄水看鱼的，游玩一回。王夫人因向贾母说道："这里风大，才又吃了螃蟹，老太太还是回房去歇歇罢了。若高兴，明日再来瞧瞧。"贾母听了，笑道："正是呢，我怕你们高兴，我走了，又怕扫了你们的兴。既这么说，咱们就都去罢。"回头又嘱咐湘云："别让你宝哥哥、林姐姐多吃了。"湘云答应着。又嘱咐湘云、宝钗二人："你两个也别多吃，那东西虽好吃，不是什么好的，吃多了肚子疼。"二人忙答应着，送出园外，仍旧回来，命将残席收拾了另摆。宝玉道："也不用另摆，咱们且把那大团圆桌子放在当中，酒菜都放着。也不必拘定坐位，有爱吃的去吃，大家散坐，岂不便宜。”宝钗道：“这话极是。”湘云道：“虽如此说，还有别人。”因又命另摆一桌，拣了热螃蟹来，请袭人、紫鹃、司棋、待书、入画、莺儿、翠墨等一处，共坐山坡桂树底下，铺下两条花毡，命答应的婆子，并小丫头等也都坐了。只管随意吃喝，等使唤再来。

湘云便取了诗题，用针绾在墙上。众人看了，都说：“新奇固新奇，只怕作不出来。”湘云又把不限韵的原故说了一番。宝玉道：“这才是正理，我也最不喜限韵。”林黛玉因不大吃酒，又不吃螃蟹，自命人掇了一个绣墩，倚栏坐着，拿了钓竿钓鱼。宝钗手里拿着一枝桂花，玩了一回，俯在窗槛上，爬了桂花蕋掷向水面，［周按］爬，似即现行掐字。引的游鱼浮上来唼喋。湘云出了一会神，又让一回袭人等，又招呼山坡下的众人，只管放量吃。探春和李纨、惜春立在垂柳阴中看鸥鹭。迎春又独在花阴下拿着花针穿茉莉花。［己双］看他各人各式，亦如画家有孤耸独出，则有攒三聚五，疏疏密密，直是一幅《百美图》。宝玉又看了一回黛玉钓鱼，一回又挤在宝钗傍边说笑两句，一回又看袭人等吃螃蟹，自己也陪他饮两口酒，袭人又剥了一壳肉给他吃。黛玉放下钓竿，走至座间，拿起那乌银梅花自斟壶来。［己双］写壶非写壶，正写黛玉。拣了一个小小的海棠冻石蕉叶杯，［周按］一个酒杯，偏偏又是海棠又是蕉叶，粗心者以为全是闲文点缀，却不知直与怡红院内蕉棠两植紧紧呼应。［己双］妙杯！非写杯，正写黛玉。拣字有神理，盖黛玉不善饮，此任兴也。丫嬛看见，知他要饮酒，忙走上来要斟。黛玉道：“你们只管吃去，让我自己斟才有趣儿。”说着，便斟了半盏，看时却是黄酒，因说道：“我吃了一点子螃蟹，觉得心口微微的疼，须得热热的吃口烧酒。”宝玉忙道：“有烧酒。”便命将那合欢花浸的酒烫一壶来。［己双］伤哉，作者犹记矮𩡹舫前以合欢花酿酒乎，屈指二十年矣！［周按］合欢花浸酒实有其事，脂砚已批得明明白白，是故合欢花与湘云密切相关。至后文中秋夜黛湘联句，湘云便说出“庭烟敛夕棔”，此“棔”字正即合欢也。此乃又一良证。因酒杯方才提过蕉棠并列，蕉棠隐指黛湘。而随即又单举合欢，独应湘云一人。此暗伏黛玉早逝，惟湘云又与宝玉重会。黛玉也只吃了一口，便放下了。宝钗也走过来，另拿过一只杯，也饮了一口放下，便蘸笔至墙上，把头一个《忆菊》勾了，底下赘一个蘅字。[蒙戚双] 妙极，韵极！宝玉忙道："好姐姐，第二个我已经有了四句了，你让我作罢。"宝钗笑道："我好容易有了一首，你就忙的这样。"黛玉也不说话，接过笔来把第八个《问菊》勾了，接着把第十一个《菊梦》也勾了，也赘上一个潇字。[己双] 这两个妙题，料定黛卿必喜。岂让他人作去哉！宝玉也拿起笔来，将第二个《访菊》也勾了，也赘上一个绛字。探春起来看了道："竟没人作《簪菊》，让我作这《簪菊》。"又指着宝玉笑道："才宣过总不许带出闺阁字样来，你可要留神。"说着，只见湘云走来，将第四、第五《对菊》《供菊》一连两个都勾了，也赘上一个湘字。探春道："你也该起个号。"湘云笑道："我们家如今虽有几处轩馆，我又不住着，借了来也没趣。"[己双] 近之不读书暴发户偏爱起一别号，一笑。宝钗笑道："方才老太太说，你们家也有这么个水亭，叫枕霞阁。难道不是你的？如今虽没了，你到底是旧主人。"众人都道有理。宝玉不待湘云动手，便代将湘字抹了，改了一个霞字。[周按] 请看前矮薆舫一批已然明白说破，脂砚其人即湘云之原型也。又有顿饭工夫，十二题已完，各自誊出来，都交与迎春。另拿了一张雪浪笺过来，一并誊录出来，某人作的底下赘的某人的号。李纨等从头看道：

忆菊　蘅芜君 [己双] 真用此号，妙极！

怅望西风抱闷思，蓼红芦白断肠时。[周按] 芦白为佳。作苇白则红字孤平，韵律欠考究矣。
空离旧圃秋无迹，瘦损清霜梦自知。
念念心随归雁远，寥寥坐听晚砧痴。
谁怜我为黄花病，慰语重阳会有期。

访菊　怡红公子

闲趁霜晴试一游，酒杯茶盏莫淹留。
霜前月下谁家种，槛外篱边何处秋。
蜡屐远来情得得，冷吟不尽兴悠悠。

黄花若许怜诗客，休负今朝拄杖头。

种菊　怡红公子

携锄秋圃自移来，篱畔庭前故故栽。

［周按］故故栽，有意爱护也。此专指湘云后文。

昨夜不期经雨活，今朝犹喜带霜开。

冷吟秋色诗千首，醉酹寒香酒一杯。

泉溉泥封勤护惜，好知井迳绝尘埃。

对菊　枕霞旧友

别圃移来贵比金，一丛浅淡一丛深。

萧疏篱畔科头坐，清冷香中抱膝吟。

数去更无君傲世，看来惟有我知音。

秋光荏苒休辜负，相对原宜惜寸阴。

供菊　枕霞旧友

弹琴酌酒喜堪俦，几案婷婷点缀幽。

隔座香分三径露，抛书人对一枝秋。

霜清纸帐来新梦，圃冷斜阳忆旧游。

傲世也因同气味，春风桃李未淹留。

咏菊　潇湘妃子

无赖诗魔昏晓侵，绕篱欹石自沉音。

毫端运秀临霜写，口齿噙香对月吟。

满纸自怜题素怨，片言谁解诉愁心。

一从陶令平章后，千古高风说到今。

画菊　蘅芜君

诗馀戏笔不知狂，岂是丹青费较量。

聚叶泼成千点墨，攒花染出几痕霜。

淡浓神会风前影，跳脱秋生腕底香。

莫认东篱闲采掇，粘屏聊以慰重阳。

问菊　潇湘妃子

欲讯秋情众莫知，喃喃负手叩东篱。

孤标傲世偕谁隐，一样开花为底迟。

［周按］傲世、开花，对仗也。作花开则误也。

圃露庭霜何寂寞，雁归蛩病可相思。

休言举世无谈者，解语何妨话片时。

簪菊　蕉下客

瓶供篱栽日日忙，折来休认镜中妆。

长安公子因花癖，彭泽先生是酒狂。

短鬓冷沾三径露，葛巾香染九秋霜。

高情不入时人眼，拍手凭他笑路傍。

菊影　枕霞旧友

秋光叠叠复重重，潜度偷移山径中。

窗隔疏灯描远近，篱筛破月锁玲珑。

寒芳留照魂应驻，霜印传神梦也空。

珍重暗香休踏碎，凭谁醉眼认朦胧。

菊梦　潇湘妃子

篱畔秋酣一觉清，和云伴月不分明。

登仙非慕庄生蝶，忆旧还寻陶令盟。

睡去依依随雁影，惊回故故恼蛩鸣。

醒时幽怨同谁诉，衰草寒烟无限情。

残菊　蕉下客

露凝霜重渐倾欹，宴赏才过小雪时。

蒂有馀香金淡泊，枝无全叶翠离披。

半床落月蛩声病，万里寒云雁阵迟。

明岁秋风知有会，暂时分手莫相思。

众人看一首，赞一首，彼此称扬不绝。李纨笑道："等我从公评来。"通篇看来，各人有各人的警句，今日公评：《咏菊》第一，《问菊》第二，《菊梦》第三。题目新，诗也新，立意更新。恼不得要推潇湘妃子为魁了。［周按］恼不得，是原笔。谓评之为首，他人徒嫉恨也。然后《簪菊》《对菊》《供菊》《画菊》《忆菊》次之。"宝玉听说，喜的拍手叫："极是，极公道。"黛玉道："我那一首也不好，［周按］我那一首也不好，一首重读，谓连一首好的也无，非指某一篇而言。到底伤于纤巧些。"李纨道："巧的却好，不露堆砌生硬。"黛玉道："据我看来，头一句好的是'圃冷斜阳忆旧游'，这句背面傅粉。'抛书人'对'一枝秋'已经妙绝，将《供菊》说完，没处再说，故翻回来，想到未折未供之先，意思深远。"李纨笑道："固如此说，你的口齿噙香一句也敌的过了。"探春又道："到底要算蘅芜君沉着，'秋无迹'，'梦自知'，把个忆字竟烘染出来了。"宝钗笑道："你的'短鬓冷沾'，'葛巾香染'，也就把《簪菊》形容的一个缝儿也没了。"湘云笑道："'偕谁隐'，'为底迟'，真真把个菊花问的无言可对。"李纨笑道："你的'科头坐'，'抱膝吟'，竟一时也舍不得别开，菊花有知，也必腻烦了。"说着大家都笑了。宝玉笑道："我又落第，难道'谁家种'，'何处秋'，'蜡屐远来'，'冷吟不尽'，都不是访不成？'昨夜雨'，'今朝霜'，都不是种不成？但恨敌不上'口齿噙香对月吟'，'清冷香中抱膝吟'，'短鬓'，'葛巾'，'金淡泊'，'翠离披'，'秋无迹'，'梦自知'这几句罢了。"［己双］总写宝玉不及，妙极！又道："明儿闲了，我一个人作出十二首来。"李纨道："你的也好，只是不及这几句新巧就是了。"大家又评了一回，复又要了热蟹来，放在大圆桌上吃了一回。宝玉笑道："今日持螯赏桂，亦不可无诗，［己双］全是他忙，全是他不及，妙极！我已吟成，谁还敢作？"说着，便忙洗了手，提笔写出。［己双］且莫看诗，只看他偏于如许一大回诗后，又写一回诗，岂世人想的到的？众人看道：

食　螯

持螯更喜桂阴凉，泼醋擂姜兴欲狂。

饕餮王孙应有酒，横行公子却无肠。

脐间积冷馋忘忌，指上沾腥洗尚香。

原为世人美口腹，坡仙曾笑一生忙。

黛玉笑道："这样的诗，一时要一百首也有。"［己双］看他这一说。［蒙戚双］可有这一说。宝玉笑道："你这会子才力已尽了，不说不能作了，还贬人家。"黛玉听了，并不答言，也不思索，提起笔来一挥，已有了一首。众人看道：

铁甲长戈死未忘，堆盘色相喜先尝。

螯封嫩玉双双满，壳凸红脂块块香。［周按］此联玉与脂对仗。

多肉更怜卿八足，助情谁劝我千觞。［蒙戚双］不脱自己身分。

对斯佳品酬佳节，桂拂清风菊带霜。

宝玉看了正喝彩，黛玉便一把撕了，命人烧去。因笑道："我作的不及你的，我烧了他，你那个狠好，比方才的菊花诗还好，你留着他给人看去。"宝钗接着笑道："我也勉强了一首，未必好，写出来取个笑儿罢。"说着也写了出来，大家看时，写道是：

桂霭桐阴坐举觞，长安涎口盼重阳。

眼前道路无经纬，皮里春秋空黑黄。

看到这里，众人不禁叫绝。宝玉道："骂得痛快！我的诗也该烧了。"再看底下道：

酒未敌腥还用菊，性防积冷定须姜。

于今落釜成何益，月浦空馀禾黍香。

众人都说："这是食蟹绝唱。这些小题目，原要寓大意才算是大才，只是讽刺世人太毒了些。"说着，只见平儿复进园来。不知作什么，下回分解。

［戚回后］请看此回中，闺中儿女能作此等豪情韵事，且笔下各能自尽其性情，毫无乖舛。作者之锦心绣口，无庸赘渎，其用意之深，将奖劝之勤，读此文者亦不得轻忽。戒之。

［回后评］小说中用联缀法者，如《水浒传》《儒林外史》等莫不皆然。用编织法者则以《石头记》为独创。其之章法结构独树一帜，最为奇特。从平面而观之，是波澜壮阔，一波未平一波又生，钩连回互，故此法又可视为编织法。联缀法者如以线穿珠，珠与珠之间可联可断。珠之多少又无定规，多一个少一个仍呈珠串。而《石头记》之编织法乃是多珠多线编织为一个整体。若明此故，便知自上回开启的诗格局也是编织章法中之一个重要组成部份。亦即起社作诗并非为诗而诗，字字句句皆与全局密切关联。

《石头记》之章法结构又是多维立体之新章法。依我所见，此多维至少有三：一是家亡，二是人散，三即诗格局。此三维紧密钩连，缺一则不成《石头记》之笔法奇观。

诗格局者从探春一纸小柬引起，其笔墨风格淡雅清秀，信手写来如不经意，却由此而领起后文多少佳篇巨制。有分题，有联吟，有绝句，有律诗，有单篇，有歌行，至于谜语，酒令，其实也在诗歌范围之内。纵观全局，再回顾探春之小柬，方能领略雪芹之大手笔早已有成竹在胸，并非枝枝节节，堆砌充篇。

上回海棠诗是一小引，至本回菊花诗方是主体。此十二首隐括湘云一生种种曲折遭遇，如：昨夜不期经雨活，今朝犹喜带霜开。是指经历中曾有生关死劫。如：霜清纸帐来新梦，圃冷斜阳忆旧游。如：登仙非慕庄生蝶，忆旧还寻陶令盟。如：傲世也因同气味，春风桃李未淹留。皆为预示宝湘后日重逢之大结局，馀者不必一一细讲，读者必能自得之。

菊花诗后紧接螃蟹咏，乍看绝不相关，而不知此又暗指日后宝湘二人之事迹中，贾环也是一名破坏、搅乱、诬陷者。

观此回菊花诗社湘云为社主，而刘姥姥偏偏于此来会，为座上佳宾，乃知此又绝非闲笔。姥姥不独为巧姐结局之重要人物，亦且于湘云事迹大有关联。

周汝昌校订批点本 石頭記 下

曹雪芹 著 脂砚斋 评

周汝昌 校批 周丽苓 周伦玲整理

译林出版社

目　录

第三十九回

村老妪谎谈承色笑　痴情子实意觅踪迹

［周按］杨本回目独存真本面貌。

［蒙戚回前］只为贫寒不拣行，富家趋入且逢迎。岂知着意无名利，便是三才最上乘。

话说众人见平儿来了，都说："你们奶奶作什么呢？怎么不来了？"平儿笑道："他那里得空儿来。因为头里没有好生吃，［周按］头里，口语先前或昔时之义，是原笔。又不得来，所以叫我来问还有没有，叫我要几个拿了家去吃。"湘云道："有，多着呢！"忙命人拿盒子装了十个极大的。平儿道："多拿几个团脐的。"众人又拉平儿坐，平儿不肯，李纨拉着他笑道："偏要你坐。"说着便拉他在身傍坐下，端了一杯酒，送到他嘴边。平儿忙喝了一口就要走。李纨道："偏不许你去，显见得你只知有凤丫头，就不听我的话了。"说着又命嬷嬷们："先送了盒子去，就说我留下平儿了。"那婆子一时去了，回来说："二奶奶说，叫奶奶姑娘们别笑话要嘴吃，这盒子里是方才舅太太那里送来的菱粉糕和鸡油卷儿，给奶奶姑娘们吃的。"又向平儿道："奶奶说使唤你来，你就贪住顽不去了，叫你少喝一盅儿罢。"平儿笑道："多喝了又怎么样？"说着只管喝，又吃螃蟹。李纨揽着他笑道："可惜这么个好体面模样儿，命却平常，只落得屋里使唤。不知道的人，谁不拿你当作奶奶太太看。"平儿一面和宝钗、湘云等吃喝，一面回头笑道："奶奶别只摸的我怪痒的。"李氏道："嗳哟！这硬的是什么。"平儿道："钥匙。"李氏道："什么钥匙，要紧梯己东西，怕人偷了去，带在身上。我成日家和人说笑，有个唐僧取经，就有个白马来驼他。有个刘智远打天下，就有个瓜精送盔甲。有了个凤丫头，就有个你。你就是你奶奶的一把总钥匙，还要这钥匙作什么。”平儿笑道：“奶奶吃了酒，又拿我来打趣着取笑儿了。”宝钗笑道：“这到是真话。我们没事儿评论起人来，你们这几个都是百个里头挑不出一个来的，妙在各人有各人的好处。”李纨道：“大小都有个天理，比如老太太屋里，要没那个鸳鸯如何使得？从太太起，那一个敢驳老太太的回？他现敢驳回。偏老太太只听他一个人的话，老太太的那些穿带的，别人不记得，他都记得。要不是他经管着，不知叫人诓骗了多少去呢！那孩子心也公道，虽然这样，到常替人上好话儿，［周按］上好话，口语，谓给说好话。还到不倚势欺人的。”［周按］李纨、惜春等共赞鸳鸯，说得何等详细，恳切，故知老太太若离了鸳鸯，一日也难生活。然而后文贾赦、邢夫人夫妇要向老太太谋讨鸳鸯，居心何在？盖贾赦慕鸳鸯之色倒在其次，欲因鸳鸯而可获老太太之积蓄财物方是其真正居心。惜春笑道：“老太太昨儿还说呢，他比我们还强呢。”平儿道：“那原是个好的，我们那里比的上他。”宝玉道：“太太屋里的彩霞是个老实人。”探春道：“可不是，外面老实，心里有数儿。［周按］有数，谓不糊涂。太太是那么佛爷似的，事情上不留心，他都知道，凡百一应事都是他提着太太行，连老爷在家出外去的一应大小事，他都知道。太太忘了，他背后告诉太太。”李纨道：“那个也罢了。”［周按］谓那丫头也满好了。罢了，为过得去，可不必苛求之意，实际却是很高的赞词。指着宝玉道：“这一个小爷屋里要不是袭人，你们度量到个什么田地。你凤丫头就是个楚霸王，也得这两只膀子好举千斤鼎。不是这个丫头，他就得这么周到了！”平儿道：“先时赔了我们四个丫头来，死的死，去的去，如今只剩下我一个孤鬼了。”李纨道：“你到是有造化的，凤丫头也是有造化的。想当初你珠大爷在日，何曾不是也有两个人，你们看我还是那容不下人的人？天天只见他两个不自在，所以你珠大爷一没了，趁年轻我都打发了。若有个好的守得住，我到底有个膀臂了。”说着滴下泪来。众人都道：“这又何必伤心，不如散了到好。”

说着便都洗了手，大家约往贾母、王夫人处问安。众婆子丫头打扫亭子，收拾杯盘。袭人便和平儿一同往前去，［周按］往前去，谓到怡红院去，盖吃酒在藕香榭，是北边，而怡红院在南也。袭人因让平儿到房里坐坐，再喝一杯茶。平儿说："不喝茶了，再来罢。"说着便要出去。袭人又叫住问道："这个月的月钱，连老太太、太太的还没放呢，是为什么？"平儿见问，忙转身至袭人跟前，见方近无人，才悄悄说道："你快别问，横竖再迟两天就放了。"袭人笑道："这是为什么？唬的你这样儿。"平儿悄声告诉他道："这个月的月钱，我们奶奶早已支了，放给人使呢，等利钱收齐了才放呢。你可不许告诉一个人去。"袭人笑道："他难道还短钱使？何苦还操这心！"平儿道："何曾不是呢！他这几年拿这一项银子，翻出有几百来了。他的公费月例又使不着，十两八两零碎攒了，又放出去。只他这梯己利钱，一年不到，上千的银子呢。"［周按］于大观园良辰美景，诗文酒宴热闹之中，笔墨忽然一转，转到凤姐偷用公款以谋私利之隐事，皆出读者意外。此写凤姐才高而性喜小利，即此一项已达千两银之多，可惊亦可忧。可忧者，日后此等作为必构成凤姐之罪状，以至"机关算尽太聪明，反算了卿卿性命"。袭人笑道："拿着我们的钱，你们主子奴才赚利钱，哄的我们呆等。"平儿道："你又说没良心的话，你难道还少钱使。"袭人道："我虽不少，只是我也没地方使去，就只预备我们那一个。"平儿道："你倘若有要紧事用钱使，我那里还有几两银子，你先拿来使，明日我扣下就是了。"袭人道："此时也用不着，怕一时要用起来不彀了，我打发人取去就是了。"平儿答应着，一迳出了园门，来至家内。

只见凤姐儿不在房里，忽见上回来打抽丰的那刘姥姥和板儿又来了，坐在那边屋里，还有张材家的、周瑞家的陪着，又有两三个丫头在地下倒口袋里的枣子、倭瓜并些野菜。众人见他进来，都忙站起来了。［庚双］妙文！上回是先见平儿，后见凤姐。此则先见凤姐，后见平儿也。何错综巧妙，得情得理之至耶。刘姥姥因上次来过，知道平儿的身分，忙跳下炕来问姑娘好。又说："家里都问好，早要来请姑奶奶的安，看姑娘来的，因为庄家忙，好容易今年多打了两石粮食，瓜果菜蔬也丰盛。这是头一起摘下来的，并没敢卖呢，留的尖儿孝敬姑奶奶姑娘们尝尝。姑娘们天天山珍海味的也吃腻了，这个吃个野意儿，也算是我们的穷心。”平儿忙道：“多谢费心。”又让坐，自己也坐了。又让张婶子、周大娘坐，又命小丫头子到茶去。周瑞、张材两家的因笑道：“姑娘今儿脸上有些春色，眼睛圈儿都红了。”平儿笑道：“可不是，我原是不吃的，大奶奶和姑娘们只是拉着死灌，不得已喝了两盅，脸就红了。”张材家的笑道：“我到想着要吃呢，又没人让我。明儿再有人请姑娘，可带了我去罢。”说着，大家都笑了。周瑞家的道：“早起我就看见那螃蟹了，一斤只好秤两三个。这么两三大篓，想是有七八十斤呢。若是上上下下只怕还不彀。”平儿道：“那里彀，不过有名儿的吃两个子，那些散众的，也有摸的着的，也有摸不着的。”刘姥姥道：“这样螃蟹，今年就值五分一斤。十斤五钱，五五二两五，三五一十五，再搭上酒菜，一共到有二十多两银子。阿弥陀佛，这一顿的钱，彀我们庄家人过一年的了。”平儿因问：“想是见过奶奶了？”［己双］写平儿伶俐如此。刘姥姥道：“见过了，叫我们等着呢。”说着又往窗外看天气，［己双］是八月中，当开窗时，细致之甚。说道：“天好早晚了，我们也去罢，别出不去城，才是饥荒呢。”周瑞家的道：“这话到是，我替你瞧瞧去。”说着，一迳去了，半日方回来，笑道：“可是你老的福来了，竟投了这两个人的缘了。”平儿等问：“怎么样？”周瑞家的笑道：“二奶奶在老太太跟前呢。我原是悄悄的告诉二奶奶，刘姥姥要家去呢，怕晚了赶不出城去。二奶奶说，‘大远的，难为他扛了那些沉东西来，晚了就住一夜，明日再去罢。’这可不投上二奶奶的缘了？这也罢了，偏生老太太又听见了，问刘姥姥是谁，二奶奶便回明白了。老太太说，‘我正想个积古的老人家说说话儿，请了来见一见。’这可不是想不到天上的缘分了？”说着，催刘姥姥下来前去。刘姥姥道：“我这生像儿怎好见的！好嫂子，你就说我去了罢。”平儿忙道：“你快去罢，不相干的。我们老太太最是惜老怜贫的，比不得那个狂三诈四的那些人。想是你怯上，我和周大娘送你去。”说着，同周瑞家的引了刘姥姥往贾母这边来。二门口该班小厮们见了平儿出来，都站了起来，有两个跑上来，赶着平儿叫姑娘。［蒙戚双］想这一个姑娘，非下称上之姑娘也。按北俗以姑母曰姑姑，南俗曰姑娘。此定是姑姑、姑娘之称。每见大家有小童，称少主妾曰姑姑、姑娘者，按此书中若干人说话语气及动用前照饮食诸类，皆东西南北互相兼用，此姑娘之称，亦南北相兼而用者无疑矣。平儿问：“又说什么？”那小厮笑道：“这会子也好早晚了，我妈病着，等我去请大夫。好姑娘，我讨半日假可使的？”平儿道：“你们到好，都商议定了，一天一个告假，又不回奶奶，只和我胡缠。前儿住儿去了，二爷偏生叫他叫不着，我应起来了，还说我作了情，你今儿又来了。”［己双］分明几回没写到贾琏，今忽闲中一语，便补得贾琏这边天天闹热，令人却如看见听见一般。所谓不写之写也，刘姥姥眼中耳中又一番识面。奇妙之甚。周瑞家的道：“当真他妈病了，姑娘也替他应着，放了他罢。”平儿道：“明儿一早来。听着，我还要使你呢，再睡的日头晒着屁股才来！你这一去，带个信儿给旺儿，就说奶奶的话，问着他那剩的利钱。明儿若不交了来，奶奶也不要了，就越性送他使罢。”［己双］交代过袭人的话，看他如此说，真比凤〔凤〕姐又甚一层，李纨之语不谬也。不知阿凤〔凤〕何福，得此一人。那小厮欢天喜地答应着去了。

平儿等来至贾母房中，彼时大观园中姊妹们都在贾母前承奉。［蒙戚双］妙极，连宝玉一并算入姊妹队中了。刘姥姥进去，只见满屋里珠围翠绕，花枝招展的，并不知都系何人。只见一张榻上独歪着一位老婆婆，身后坐着一个纱罗裹的美人一般的个丫嬛在那里捶腿，凤姐站在底下正说笑。［己双］奇奇怪怪文章，在刘姥姥眼中，以为阿凤至尊至贵，普天下人都该站着说，阿凤独坐才是，如何今见阿凤独站哉？真妙文字。刘姥姥便知是贾母了，忙上来陪着笑，福了几福，口里说：“请老寿星安。”［庚双］更妙，贾母之号何其多耶！在诸人口中则曰老太太，在阿凤口中则曰老祖宗，在僧尼口中则曰老菩萨，在刘姥姥口中则曰老寿星者，却似有数人，想去则皆贾母。

难得如此各尽其妙，刘姥姥亦善应接。贾母亦忙欠身问好，又命周瑞家的端过椅子来让坐着。那板儿仍是怯人，不知问候。〔蒙双〕仍字妙，盖有上文故也，不知教训者来看此句。贾母道：“老亲家，你今年多大年纪了？”〔己双〕神妙之极，看官至此，必愁贾母以何相称，谁知公然曰老亲家！何等现成，何等大方，何等有情理！若去〔云〕作者心中编出，余断断不信，何也？盖编得出者，断不能有这等情理。刘姥姥忙立身答道：“我今年七十五了。”贾母向众人道：“这么大年纪了，还这么健朗，比我大好几岁呢。我要到这么大年纪，还不知怎么动不得呢。”刘姥姥笑道：“我们生来是受苦的人，老太太生来是享福的。若我们也这样，那些庄家活也没人作了。”贾母道：“眼睛、牙齿都还好？”刘姥姥道：“都还好，就是今年左边的槽牙活动了一个。”贾母道：“我老了，都不中用了，眼也花了，耳也聋了，记性也没了。你们这些老亲戚，我都不记得了。亲戚们来了，我怕人笑我，我都不会。不过嚼的动的吃两口，困了睡一觉，闷了时和这些孙子孙女儿顽笑一回就完了。”刘姥姥笑道：“这正是老太太的福了。我们想这么着也不能。”贾母道：“什么福，不过是个老废物罢了。”〔周按〕两位年老妇人对话，身份不同、富贫悬殊，而各自口吻活灵活现，惟妙惟肖，岂是一般凭空编造者所能乎？老太太自云什么福，不过是个老废物罢了，似乎谦辞，然又自心中说出真情实感之话。作者笔下总是如此，似虚而实。说的大家都笑了。贾母又笑道：“我才听见凤哥儿说，你带了好些瓜菜来，我叫他快收拾去了，我正想个地里现撷的瓜儿菜儿吃。外头买的，不像你们地里的好吃。”刘姥姥笑道：“这是野意儿，不过吃个新鲜，依我们到想鱼肉吃呢，只是吃不起。”贾母又道：“今儿既认着了亲，别空空的就去，不嫌我这里，就住一两天再去。我们也有个园子，园子里头也有果子，你明日也尝尝，带些家去，也算看亲戚一趟。”凤姐儿见贾母喜欢，也忙留道：“我们这里虽不比你们的场院大，空屋子还有两间，你住两天，把你们那里的新闻故事儿说些与我们老太太听听。”贾母笑道：“凤丫头，别会他取笑儿。〔周按〕北方口语，即和他取笑之同义语。他是乡屯里的人，老实，那里搁的住你打趣他。”说着又命人去先抓果子与板儿吃。板儿见人多了，又不敢吃。贾母又命拿些钱给他，叫小么儿们带他外头顽去。刘姥姥吃了茶，便把些乡村中所见所闻的事情说与贾母听，贾母一发得了趣味。正说着，凤姐儿便命人来请刘姥姥吃晚饭。贾母又将自己的菜拣了几样，命人送过去与刘姥姥吃。凤姐知道合了贾母的心，吃了饭便又打发过来。鸳鸯忙命老婆子带了刘姥姥去洗了澡，自己挑了两件随常的衣服命给刘姥姥换上。〔己双〕一段鸳鸯身分、权势、心机。○写贾母也。〔蒙戚双〕鸳鸯身分写出来了。那刘姥姥那里见过这般行事，忙换了衣裳出来，坐在贾母榻前，又搜寻些话出来说。

彼时宝玉姊妹们也都在这里坐着，他们何曾听见过这些话，自觉比那些瞽目先生说的书还好听。那刘姥姥虽是个村野人，却生来有些见识，况且年纪老了，世情上经历过的。见头一个贾母高兴，第二个见这些哥儿姐儿们都爱听，便没了话也编出些话来讲。因说道："我们村庄上种地种菜，每年每日，春夏秋冬，风里雨里，那里有个坐着的空儿，天天都是在那地头子上作歇马凉亭，〔周按〕歇马凉亭，旧时口中常语，可与前回洒泪亭之批参看。什么奇奇怪怪的事不见呢！就像去年冬天，接接连连下了几天雪，地下压了三四尺深。我那日起的早，还没出房门，只听外头柴草响，我想着必定是有人偷柴草来了。我就爬着窗眼儿一瞧，却不是我们村庄上的人。"贾母道："必定是过路的客人们冷了，见现成的柴，抽些烤火去也是有的。"刘姥姥笑道："也并不是客人。所以说来奇怪，老寿星当是个什么人？原来是一个十七八岁极标致的一个小姑娘，梳着溜油光的头，穿着大红袄儿、白绫裙儿。"〔蒙戚双〕刘姥姥口气如此。〔周按〕姥姥口中描叙小姑娘之梳妆衣饰是姥姥心目中最美的打扮，也是当日之习俗实情。彼时妇女之头发必须梳得光亮，若有一根蓬松，也被指为不端庄、不好看。刚说到这里，忽听外面人吵嚷起来，又说："不相干的，别唬着老太太。"贾母等听了，忙问怎么了，丫头们回说："南院里的马棚里走了水了，不相干，已经救下去了。"〔周按〕南院马棚若依拙考，即今北京恭王府稍南之一处房屋，原是某王府之马棚，后为乐仁堂乐家房产，今为郭沫若故居。贾母最胆小的，听了这话，忙起身扶了人，出至廊上来瞧，只见东南上火光犹亮。贾母唬的口内念佛，忙命人去火神跟前烧香。王夫人等也忙都过来请安，又回说：“已经救下去了，老太太请进去罢。”贾母足的看着火光熄了，方领众人进来。［己双］一段为后回作引，然偏于宝玉爱听时截住。

宝玉且忙着问刘姥姥：“那女孩儿大雪地里作什么抽柴草，倘或冻出病来呢？”贾母道：“都是才说抽柴草惹出火来了，你还问呢。别说这个了，再说别的罢。”宝玉听说，心内虽不乐，也只得罢了。刘姥姥便又想了一篇话说道：“我们庄子东边庄上有个老奶奶子，今年九十多岁了。他天天吃斋念佛，谁知就感动了观音菩萨，夜里来托梦说，‘你这样虔心，原本你该绝后的，如今奏了玉皇，给了你个孙子。’原来这老奶奶只有一个儿子，［周按］此直指曹寅旧事。这儿子也只一个儿子，好容易养到十七八岁上死了，哭的什么似的。落后果然又养了一个，今年才十三四岁，生的雪团儿一般，聪明伶俐非常，［周按］此直指曹頫事，着重生子今年才十三四岁。可见这些神佛是有的。”这一夕话暗合了贾母、王夫人的心事，连王夫人也都听住了。［周按］刘姥姥说了两个故事，一个若玉小姐，影射黛玉。一个是老奶奶的爱孙，影射宝玉，无一笔虚设。宝玉心中只记挂着抽柴的故事，闷闷的心中筹画。探春因问宝玉：“昨日扰了史大妹妹，咱们回去商议邀一社，又还了席，也请老太太赏菊花何如？”宝玉笑道：“老太太说了，还要摆酒还史妹妹的席，叫咱们作陪呢。等吃了老太太的，咱们再请不迟。”探春道：“越往前去越冷了，老太太未必高兴。”宝玉道：“老太太又喜欢下雨下雪的，不如咱们等下头场雪，请老太太赏雪岂不好？咱们雪下吟诗，也更有趣了。”林黛玉忙笑道：“咱们雪下吟诗？依我说，还不如弄一捆柴火，咱们雪下抽柴，还更有趣儿呢！”［周按］黛玉此言直刺宝玉，语言高雅却妙趣横生。读者至此无不为黛玉的伶牙俐齿同发一笑。此等文字貌似诙谐却暗藏一段深意。盖若玉即是黛玉的影子，故姥姥讲若玉反响者独黛玉一人。暗中过渡所谓抽柴，又即太虚幻境中黛玉册子所绘枯木，判词云：玉带林中挂。柴即枯木成林也。说着，宝钗等都笑了。宝玉瞅了他一眼，也不答话，一时散了。背地里宝玉足的拉了刘姥姥，细问那女孩儿是谁。刘姥姥只得编了告诉他道："那原是我们庄北沿地埂子上有一个小祠堂里供的，不是神佛，当先有个什么老爷。"说着又想名姓。宝玉道："不拘什么名姓，你不必想了，只说原故就是了。"刘姥姥道："这老爷没儿子，只有位小姐，名叫若玉。［周按］他本用茗玉，非是。村妪口中恐难有茗字，若字是。小姐知书识字，老爷、太太爱如珍宝。可惜这若玉小姐生到十七岁一病死了。"宝玉听了，跌足叹惜，又问："后来怎么样？"刘姥姥道："因为这老爷、太太思念不尽，便盖了这祠堂，塑了这若玉小姐的像，派了人烧香拨火。如今日久年深的，人也没了，庙也烂了，那像也成了精咧。"宝玉忙道："不是成精，规矩这样人是虽死不死的。"刘姥姥道："阿弥陀佛！原来如此。不是哥儿说，我们都当他成精。他时常变了人出来，各村庄店道上闲曠，我才说这抽柴火的就是他了。我们村庄上的人还商议着要打了这塑像，平了庙呢。"宝玉忙道："快别如此，若平了庙，罪过不小。"刘姥姥道："亏了哥儿告诉我，我明儿回去拦住他们就是了。"宝玉道："我们老太太、太太都是善人，就是合家大小也都好善喜舍，最爱修庙塑神的。我明儿做一个疏头，替你化些布施。你就做个香头，攒了钱，把这庙修盖了。再粧煷了泥像，［周按］粧煷，即庄严，佛家语。指佛像而言，转为动词，谓重塑神像。每月给你香火钱，烧香岂不好？"刘姥姥道："若这样，我托那小姐的福，也有几个钱使了。"宝玉又问他地名庄名，来往远近，坐落何方，刘姥姥便顺口胡诌了出来。宝玉信以为真，回至房中，盘算了一夜，次日一早便出来，给了茗烟几百钱，按着刘姥姥说的方向地名，着茗烟去先踏看明白，回来再做主意。那茗烟去后，宝玉左等也不来，右等也不来，急的热锅上的蚂蚁一般。好容易等到日落，方见茗烟兴兴头头的回来了。宝玉忙问："可有庙了？"茗烟道："爷听的不明白，要我好找。那地名坐落不似爷说的一样，所以找了一日，找到东北上田埂子上，才有一个破庙。”宝玉听说，喜的眉开眼笑，忙说道：“刘姥姥有年纪的人，一时错记了也是有的。你且说你见的。”茗烟道：“那庙门却到是朝南开，也是稀破的，我找的正没好气，一见这个，我说可好了，连忙进去。一看泥胎，唬的我跑出来了，活似真的一般。”宝玉喜的笑道：“他能变化人了，自然有些生气。”茗烟拍手道：“那里是什么女孩儿，竟是一位青脸红发的瘟神爷！”宝玉听了，啐了一口，骂道：“真是一个无用的杀材，这点子事也干不来。”茗烟道：“二爷又不知看了什么书，或者听了谁的混话信真了，把这件没头脑的事派我去蹦头，怎么到说我没用！”宝玉见他急了，忙俯慰他道：“你别急，改日闲了你再找去。若是他哄我们呢，自然没了，若竟是有的，你岂不也积了阴骘？我必重重赏你。”正说着，只见二门上的小厮来说：“老太太房里的姑娘站在二门口找二爷呢。”

［戚回后］此回第一写势利之好财，第二写穷苦趋势之求财。且文章不得雷同，先既有诗社，而今不得不用套坡公听鬼之遗事，以振其余响。即此以点染宝玉之痴。其文真如环转，无端倪可指。

［回后评］茗烟寻找破庙一段，令人绝倒。然余谓姥姥骗了宝玉，茗烟也哄了宝玉。然宝玉甘受骗哄亦不自知，或知而不论，只谓于自己心上过不去处可以得到安慰，此即宝玉之痴情也。

读者至此，有情、多情者同所欣慰，感叹，无情、薄情者则嘲讽而讥笑之。故知《石头记》原为有情、多情者而写，非人人所可解，所能读者也。

自入第五九后，表面皆赏心乐事也，而特写贾芸送花，凤姐戏鸳鸯谑语（与贾琏有关），写凤姐的利钱，写平儿为助，写蟹之横行（贾环）也，写刘姥姥来，笔笔皆暗伏后半部家亡势败之大纲目。

第四十回
史太君两宴大观园　金鸳鸯三宣牙牌令

［蒙戚回前］两宴不觉已深秋，惜春只如画春游。可怜富贵谁能保，只有恩情得到头。

话说宝玉听了，忙进来看时，只见琥珀站在屏风跟前说："快去罢。立等你说话呢。"宝玉来至上房，只见贾母正和王夫人众姊妹商议给史湘云还席。宝玉因说道："我有个主意，既没有外客，吃的东西别拘定了样数。谁素日爱吃的，拣样儿做几样，也不要按桌席。每人跟前摆一张高几，各人爱吃的东西一两样，再一个什锦攒心盒子自斟壶，岂不别致。"贾母听了，说："狠是！"忙命人传与厨房："明日就拣我们爱吃的东西做了，按着人数再装了盒子来，早饭也摆在园里吃。"商议之间早又掌灯，一夕无话。

次日清早起来，可喜这日天气清朗。李纨侵晨先起，看着老婆子丫头们扫那些落叶，［己双］是八月尽。［周按］扫落叶一语不在多言，情景已在目前。落叶能扫，可见入秋已深，应是八九月间。并擦抹桌椅，预备茶酒器皿。只见丰儿带了刘姥姥、板儿进来，说："大奶奶到忙的紧。"李纨笑道："我说你昨儿去不成，只忙着要去。"刘姥姥笑道："老太太留下我，叫我也热闹一天去。"丰儿拿了几把大小钥匙说道："我们奶奶说了，外头的高几恐不彀使，不如开了楼，把那收着的拿下来使一天罢。奶奶原该亲自来的，因和太太说话呢，请大奶奶开了，带着人搬罢。"李氏便命素云接了钥匙，又命婆子出去把二门上的小厮叫几个来。李氏站在大观楼下往上看，命人上去开了缀锦阁，一张一张往下抬。小厮、老婆子、丫头一齐动手，抬了二十多张下来。李纨道：“好生着，别慌慌张张鬼赶来似的，仔细蹦了牙子。”［周按］硬木家具有装饰部份，皆系掏空细雕，名曰牙子。又回头向刘姥姥笑道：“姥姥也上去瞧瞧。”刘姥姥听说，巴不得一声儿，便拉了板儿登梯上去。进至里面，只见乌压压的堆着些围屏、桌椅，大小花灯之类，虽不大认得，只见五彩炫耀，各有奇妙。念了几声佛，便下来了。然后锁上门一齐才下来。李纨道：“恐怕老太太高兴，越性把船上划子、篙、桨、遮阳幔子都搬下来预备着。”众人答应，又复开了，色色的搬了下来，命小子们传驾娘们到船坞里撑出两只船来。

正乱着安排，只见贾母已带了一群人进来了。李纨忙迎上去，笑道：“老太太高兴，到进来了。我只当还没梳头呢，才撷了菊花要送去。”一面说，一面碧月早捧过一个大荷叶式的翡翠盘子来，里面养着各色折枝菊花。贾母便拣了一朵大红的簪了鬓上。因回头看见了刘姥姥，忙笑道：“过来带花儿。”一语未完，凤姐便拉过刘姥姥来，笑道：“让我打扮你老人家。”说着，将一盘子花横三竖四的插了一头。贾母和众人笑的不住。刘姥姥笑道：“我这头也不知修了什么福，今儿这样体面起来。”众人笑道：“你还不拔下来摔到他脸上呢！把你打扮的成了个老妖精了。”刘姥姥笑道：“我虽老了，年轻时也风流，爱个花儿粉儿的，今儿老风流才好呢。”说笑之间，已到沁芳亭上。［周按］李纨在大观楼缀锦阁照料收拾，而能见贾母等进园，立即迎至园门内，随即来到沁芳亭上，则足证大观楼与园门内之沁芳亭相距非远，实在园之中央，与省亲正殿无涉（殿在更北）。自贾政初次入园验工，曾坐于沁芳亭上令宝玉题写对额，至此方是贾母、刘姥姥等第二次坐于此亭之上议论园林之美，此乃涉及实景与画境之间的艺术关系，亦是雪芹艺术理论的具体体现。丫嬛们抱了一个大锦褥子来，铺在栏杆榻板上，贾母倚栏坐下，命刘姥姥也坐在傍边。因问到这园子好不好。［周按］贾母于沁芳亭上问姥姥此园好否，可证亭为人园后第一处高点，可俯瞰园之大半。刘姥姥念佛说道：“我们乡下人到了年下，都上城来买画儿贴，时常闲了，大家都说怎么得到那画儿上去瞧瞧。想着那个画儿，也不过是假的，那里有这个真地方。谁知我今儿进了这园子一瞧，［周按］年画之假园，大观之真园，姥姥语最可思。竟比那画儿上还强十倍。怎么得有人也照着这个园子画一张，我带了家去，给他们见见，死了也得好处。”贾母听说，便指着惜春笑道：“你瞧我这个小孙女儿，他就会画，等明儿叫他画一张如何？”刘姥姥听了，喜的忙跑过来拉着惜春说道：“我的姑娘，你这么大年纪儿，又这么个好模样，还有这个能干，别是个神仙脱生的罢？”

贾母少歇一回，便要领着刘姥姥都见识见识。于是先到了潇湘馆。一进门，只见两边翠竹夹路，土地下苍苔布满，中间羊肠一条石子墁的路。刘姥姥让出路来与贾母众人走，自己却赿走土地。琥珀拉他说道：“姥姥，你上来走，仔细青苔滑了。”刘姥姥道：“不相干，我们走熟了的，姑娘们只管走去罢。可惜你们的那绣鞋，别沾矘了。”他只顾上头和人说话，不防底下果踊滑了，咕冬一跤跌倒，众人都拍手哈哈的大笑起来。贾母忙笑骂道：“小蹄子们，还不搀起来，只站着笑。”说话时，刘姥姥已爬了起来，自己也笑了，说道：“才说嘴就打了嘴。”贾母问道：“可扭了腰了不曾，叫丫头们搥一搥。”刘姥姥道：“那里说的我这么娇嫩了？那一天不跌两下子？都要搥起来，还了得呢。”说话时已至门前，紫鹃早打起湘帘，贾母等进来坐下。林黛玉亲自用小茶盘捧了一盖碗茶来，奉与贾母。王夫人道：“我们不吃茶，姑娘不用倒了。”林黛玉听说，便命个丫头把自己窗下常坐的一张椅子挪到下首，请王夫人坐了。刘姥姥因见窗下案上设着笔砚，又见书架上磊着满满的书。刘姥姥道：“这必定是那位哥儿的书房了。”贾母笑指黛玉道：“这是我这外孙女儿的屋子。”刘姥姥留神打量了林黛玉一番，方笑道：“这那里像个小姐的绣房，竟比那上等书房还好。”贾母因问：“宝玉怎么不见？”众丫头们答应说：“在池子里船上呢！”贾母道：“谁又预备下船了？”李纨忙回说：“才开楼拿儿，我想着老太太高兴，就预备下了。”贾母听了，方欲说话时，人回：“姨太太来了。”贾母等刚站起来，只见薛姨妈早进来了。一面归坐，笑道：“今儿老太太高兴，这早晚就来了。”贾母笑道：“我才说来迟了的要罚他，不想姨太太就来迟了。”说笑一回，贾母因见窗上纱颜色旧了，便和王夫人说道：“这个纱新糊上好看，过了后就不翠了。［周按］翠是口语，谓颜色之鲜新，与黯淡陈旧相反。这个院子里头又没有个桃杏树，［周按］贾母之言，说明潇湘馆景物一色纯绿，桃杏全无。杏在何处？聚于稻香村。又宝玉曾于堤上见有大杏树。至于桃花，则在沁芳溪之出口闸门不远处有桃树，即宝黛读《西厢》处。这竹子已是绿的，再拿这绿纱糊上反不配。我记得咱们先有四五样颜色糊窗户的纱呢，明儿给他把这窗户上的换了。”凤姐儿忙道：“昨儿我开库房，看见大板箱里还有好些匹银红蝉翼纱，也有各样折枝花样的，也有流云卍福花样的，也有百蝶穿花花样的，颜色又鲜，纱又轻软，我竟没见过这样的。拿了两匹出来，作两床绵纱被，想来一定是好的。”贾母听了笑道：“呸！人人都说你没有不经过不见过的，连这纱还不认得呢？明儿还说嘴。”薛姨妈等都笑说：“凭他怎么经过见过，如何敢比老太太呢？老太太何不教道了他，我们也听听。”凤姐儿笑道：“好祖宗，教给我罢。”贾母笑向薛姨妈众人道：“那个纱比你们年纪还大呢。怪不得他认作蝉翼纱，原也有些像。不知道的，都认作蝉翼纱，正紧名子叫作软烟罗。”凤姐儿道：“这个名儿也好听，只是我这么大了，纱罗也见过几百样，从没听见过这个名色。”贾母笑道：“你能活了多大，见过几样没处放的东西，就说嘴来了。那个软烟罗只有四样颜色，一样雨过天晴，［周按］雨过天青是古柴窑瓷釉色。晴，为原笔。亦不误。一样秋香色，一样松绿的，一样就是银红的。若是做了帐子，糊了窗屉，远远的看着，就似烟雾一样，所以叫作软烟罗。那银红的又叫作霞影纱，如今上用的库纱也没有这样软厚轻密的了。”薛姨妈笑道：“别说凤丫头没见，连我也没听见过。”凤姐儿一面说话，早命人取了一匹来了。贾母说："可不是这个？先时原不过是糊窗屉，后来我们拿去作被作帐子，试试也竟好。明儿就找出几匹来，拿银红的给他糊窗户。"凤姐答应着，众人都看了，称赞不已。［周按］听老太太对纱罗织品的一番议论，连薛姨妈也说闻所未闻。这是曹家在江南世任织造的真实阅历，非常人所能道出一字。刘姥姥也觑着眼看个不了，念佛说道："我们想他作衣裳也不能，拿着糊窗户岂不可惜。"贾母道："到是做衣裳不好看。"凤姐忙把自己身上穿的一件大红绵纱袄子襟儿拉了出来，向贾母、薛姨妈道："看我的这袄儿。"贾母、薛姨妈都说道："这也是上好的了，这是如今的上用内造，竟比不上这个。"凤姐儿道："这个薄片子，还说是内造上用呢。竟连这个官用的也比不上了。"贾母道："再找一找，只怕还有青的，若有时，拿出来送这刘亲家两匹，做一个帐子挂。下剩的配上里子，做些夹背心子给丫头们穿，白收着霉坏了。"凤姐忙答应了，仍命人送去。贾母起身笑道："这屋里窄，再往别处瞒去。"刘姥姥念佛道："人人都说大家子住大房，昨儿见了老太太正房，配上大箱、大柜、大桌子、大床，果然威武，那柜子比我们一间房子还大还高。怪道后院子里有个梯子，我想又不上房晒东西，预备个梯子作什么？后来我想起来，定是为开顶柜收放东西，非离了那梯子怎么得上去呢！如今又见了这小屋子，更比大的越发齐整了。满屋子里东西只好看着，都不知叫什么，我越看越舍不得离了这里。"凤姐道："还有好的呢，我都带你去瞧瞧。"说着，一迳离了潇湘馆，远远望见池中一群人在那里撑船，贾母道："他们既预备下船，咱们就坐一回。"说着，便向紫菱洲、蓼溆一带走来。未至池前，只见几个婆子手里都捧着一色捏丝戗金五彩大盒子走来。凤姐忙问王夫人："早饭在哪里摆？"王夫人道："问老太太在那里，就在那里罢了。"贾母听说，便回头说："你三妹妹那里好，你就带了人摆去，我们从这里坐了船去。"凤姐儿听说，便回身同了李纨、探春、鸳鸯、琥珀带着端饭的人等，超着近路到了秋爽斋，就在晓翠堂上调开桌案。鸳鸯笑道："天天咱们说外头老爷们吃酒吃饭，都有一个篾片相公拿他取笑儿，咱们今儿也得了一个女篾片了。"李纨是个厚道人，听了不解，凤姐儿却知是说的刘姥姥了，也笑说道："咱们今儿就拿他取个笑儿。"二人便如此这般的商议。李纨笑劝道："你们一点好事也不做，又不是小孩子，还这么淘气，仔细老太太说。"鸳鸯笑道："狠不与你相干，有我呢。"正说着，只见贾母等来了，各自随便坐下。先有丫头端过两盘茶来，大家吃毕，凤姐儿手里拿着块西洋布手巾，裹着一把乌木三厢银箸，［周按］用厢代镶字，是当时旗人习俗。敁敠人位，按席摆下。［周按］按席，即按席位座次。贾母因说："把那一张小楠木桌子搭过来，让刘亲家近我这边坐着。"众人听说，忙抬了过来。凤姐一面递眼色与鸳鸯，鸳鸯便拉了刘姥姥出来，悄悄的嘱咐了刘姥姥一夕话，只说："这是我们家的规矩，若错了我们就笑话呢。"调停已毕，然后归坐。

薛姨妈是吃过饭来的，不吃，只坐在一边吃茶。［己双］妙，若只管写薛姨妈来则吃饭，则成何文理？贾母带着宝玉、湘云、黛玉、宝钗一桌。王夫人带着迎春姊妹三个一桌，刘姥姥傍着贾母一桌。贾母素日吃饭，皆有小丫嬛在傍边拿着漱盂、麈尾、巾帕之物，如今鸳鸯是不当这差的了。今日鸳鸯偏接过麈尾来拂着。丫嬛们知道他要撮弄刘姥姥，便躲开让他。鸳鸯一面侍立，一面悄向刘姥姥说道："别忘了。"刘姥姥道："姑娘放心。"那刘姥姥入了坐，拿起箸来，沉甸甸的不伏手。原是凤姐和鸳鸯商议定了，单拿了一双老年四楞象牙厢金的快子与刘姥姥。刘姥姥见了，说道："这叉爬子比俺那里铁掀还沉，那里犟的过他。"说的众人都笑起来。只见一个媳妇子端了一个盒子来，站在当地，一个丫嬛上来揭去盒盖，里面盛着两碗菜。李纨端了一碗放在贾母桌上，凤姐儿偏拣了一碗鸽子蛋放在刘姥姥桌上。贾母这边说声"请"，刘姥姥便站起身来，高声说道："老刘，老刘，食量大似牛，吃个老母猪，不抬头！"自己却鼓着腮不言语。众人先是发怔，后来一听出来了，上上下下都哈哈的大笑起来。史湘云掌不住，［周按］掌即执掌、掌管义、如掌国、掌家、掌权、掌柜（店铺老板）、掌勺（厨师）、掌鞭（御者、车夫），此皆管理义。故掌有控制、禁管、克服等引申义。掌不住，犹言禁不住、忍不住。一口饭都喷了出来。［周按］盖此原用"喷饭"典。林黛玉笑岔了气，伏着桌子叫"嗳哟"。宝玉滚倒贾母怀里。贾母笑的搂着宝玉叫"心肝"。王夫人笑的用手指着凤姐儿，只说不出话来。薛姨妈也掌不住，口里茶喷了探春一裙子。探春手里的饭碗都合在迎春身上。惜春离了坐位，拉着他奶母叫揉一揉肠子。地下的无一个不湾腰屈背，也有躲出去蹲着笑去的。也有忍着笑上来替他姊妹换衣裳的。独有凤姐、鸳鸯二人掌着，还只管让刘姥姥。刘姥姥拿起箸来只觉不听使，又说道："这里的鸡儿也俊，下的这蛋也小巧，怪俊的，我且肏攮一个。"众人方住了笑，听见这话又笑起来。贾母笑的眼泪出来，琥珀在后捶着。贾母笑道："这定是凤丫头促轫鬼儿闹的，［周按］轫，未详其音义，疑是"轧"字别体。快别信他的话了。"那刘姥姥正夸鸡蛋小巧，要肏攮一个。凤姐儿笑道："一两银子一个呢，你快尝尝罢，那冷了就不好吃了。"刘姥姥便伸箸子要夹，那里夹的起来，满碗里闹了一阵。好容易撮起一个来，才伸着脖子要吃，偏又搁下来滚在地下，忙放下箸子要亲自去拣，早有地下的人拣了出去了。刘姥姥叹道："一两银子，也没听见个响声儿就没了。"众人已没心吃饭，都看着他取笑。贾母又说："谁这会子又把那个筷子拿出来，又不请客摆大筵席，都是凤丫头指使的。还不换了呢！"地下的人原不曾预备这牙箸，本是凤姐和鸳鸯拿了来的，听如此说，忙收了过去，也照样换上一双乌木厢银的。刘姥姥道："去了金的，又是银的，到底不及俺们那个伏手。"凤姐儿道："菜里若有毒，这银子下去了就试的出来。"刘姥姥道："这个菜里有毒，俺们那些都成了砒霜了，那怕毒死了也要吃尽了。”贾母见他如此有趣，吃的又香甜，把自己的菜也都端近与他吃。又命一个老嬷嬷来，将各样的菜给板儿夹在碗上。

一时吃毕，贾母等都往探春卧室中去闲话。这里收拾过残桌，又放了一桌。刘姥姥看着李纨与凤姐儿对坐吃饭，叹道：“别的罢了，我只爱你们家这行事，怪道说礼出大家。”［周按］礼出大家四字在刘姥姥口中听得，岂是一般乡村老妇之所能及，故莫把姥姥当真看作毫无知识之人。又雪芹写宴会座次回回清楚交待，不厌其烦。何也？知他最重礼数，然世人常谓《石头记》是反礼教之书，试与刘姥姥之言对看，不知谁是知音者。凤姐儿忙笑道：“你可别多心，才刚不过大家取乐儿。”一言未了，鸳鸯也进来笑道：“姥姥别恼，我给你老人家赔个不是。”刘姥姥笑道：“姑娘说那里话，咱们哄着老太太开个心儿，可有什么恼的。你先嘱咐我，我就明白了，［周按］我谓刘姥姥聪明绝顶，是书中第一奇女流也。读者幸勿以可笑之人视之。不过大家取个笑儿。我要心里恼，也就不说了。”鸳鸯便骂人：“为什么不到茶给姥姥吃？”刘姥姥忙道：“才刚那个嫂子到了茶来，我吃过了，姑娘也该用饭了。”凤姐儿便拉鸳鸯坐下道：“你和我们吃了罢，省了回来又闹。”鸳鸯便坐下了，婆子们添上碗箸来，三人吃毕。刘姥姥笑道：“我看你们这些人，都只吃这一点儿就完了，亏你们也不饿，［周按］庄农劳动之人食量甚大，安富尊荣之人饭来张口、衣来伸手，岂能知姥姥之饭量何以如此惊人乎？怪道风儿都吹的倒。”鸳鸯便问：“今儿剩的菜不少，都那去了？”婆子们道：“都还没散呢，在这里等着一齐散与他们吃。”鸳鸯道：“他们吃不了这些，挑两碗给二奶奶屋里平丫头送去。”凤姐儿道：“他早吃了饭了，不用给他。”鸳鸯道：“他不吃了，喂你们的猫。”婆子听了，忙拣了两样拿盒子送去。鸳鸯道：“素云那去了？”李纨道：“他们都在这里一处吃，又找他作什么？”鸳鸯道：“这就罢了。”凤姐儿道：“袭人不在这里，你到是叫人送两样给他去。”鸳鸯听说，便命人也送两样去后，鸳鸯又问婆子们：“回来吃酒的装攒盒可装上了？”婆子们道：“想必还得一回子。”鸳鸯道：“催着些儿。”［周按］请看鸳鸯安排布置处处周到，不忘一人，不独是精明才干，也是心性多情。婆子答应了。

凤姐儿等来至探春房中，只见他娘儿们正说笑。原来探春素喜阔朗，这三间屋子并不曾隔断。当地放着一张花梨大理石大案，案上磊着各种名人法帖并十数方宝砚，各色笔筒，笔海内插的笔如树林一般。那一边设着斗大的一个汝窑花囊，插着满满的一囊水晶球的白菊。西墙上当中挂着一大幅米襄阳《烟雨图》，左右挂着一副对联，乃是颜鲁公墨迹，其联云：

> 烟霞闲骨格，泉石野生涯。［周按］按此颜鲁公五言对从何而来？须回忆探春致宝玉之手札中，即提起宝玉曾赠予真卿墨迹，即此联也。又前人评者早已指出唐代尚无悬挂对联之习俗，这副对联恐是后人集字而成。

案上设着大鼎。左边紫檀架上放着一个大观窑的大盘，［周按］大观，宋代年号。有大观帖，出《易经》。盘内盛着数十个娇黄玲珑大佛手。右边洋漆架上悬着一个白玉比目磬，傍边挂着小钟。那板儿略熟了些，便要摘那钟子要击，丫嬛们忙拦住他。他又要那佛手吃，探春拣了一个与他，说：“顽罢，吃不得。”东首便设着卧榻，拔步床上悬着葱绿双绣花卉草虫的纱帐。板儿又跑过来看，说：“这是蝈蝈，这是蚂蚱。”刘姥姥忙打了他一巴掌，骂道：“下作黄子，没干没净的乱闹，到叫你进来瞧瞧就上脸了。”打的板儿哭起来，众人忙劝解方罢。贾母因隔着纱窗往后院内看了一回，因说：“这后廊檐下的梧桐也好了，就只细些。”

正说话，忽一阵风过，隐隐听得鼓乐之声。贾母问道：“是谁家娶亲呢？这里临街到近。”王夫人等笑回道：“街上的那里听的见，这是咱们那十来个女孩子们演习吹打呢！”贾母笑道：“既他们演，何不叫他们进来演习？［周按］记清：十二女戏子住于梨香院。盖造大观园时，梨香院隔断于园外，不得进园。此时方特许进来逛逛，故曰进来之语是表明有园内园外之分。他们也瞒了，咱们也乐了。”凤姐听说，忙命人出去叫来，又一面吩咐摆下条桌，铺上红毡子。贾母道：“就铺排在藕香榭的水亭子上，借着水音更好听。［周按］试听贾母之言，对于音乐何等内行，令人有知音之感叹。盖贾母本是李煦之妹，嫁与曹寅，而李煦、曹寅皆对剧曲、音乐特为考究。故书中之贾母自幼受其熏陶。又中华民族乐器所发音响，若借水传来，则加倍清灵悦耳，令人如沁心脾，贾母体会甚深。然乐音喜水，若以今日科学解释，不知道理何在，以待方家论之。回来咱们就在缀锦阁底下吃酒，又宽阔，又听的近。”众人都说那里好，贾母向薛姨妈笑道：“咱们走罢。他们姊妹们都不大喜欢人来坐，生怕臜了屋子。咱们别没眼色，正紧坐一会子船，喝酒去。”说着，大家起身便走。探春笑道：“这是那里的话，求着老太太、姨妈、太太来坐坐还不能呢！”贾母笑道：“我的这三丫头却好，只有两个玉儿可恶。回来吃醉了，咱们偏往他们屋里闹去。”［周按］贾母戏言又为刘姥姥醉卧怡红院伏线。雪芹笔下总是似闲文而非闲文。说着众人都笑了。

一齐出来，去不多远，已到了荇叶渚。那姑苏选来的几个驾娘早把两只棠木舫撑来。［周按］船是棠木，后文第四十五回中之屐亦是棠木，寓有深意。众人扶了贾母、王夫人、薛姨妈、刘姥姥、鸳鸯、玉钏儿上了这一只。［周按］鸳鸯、玉钏乃贾母、王夫人贴身人也。落后李纨也跟上去，凤姐儿也上去，立在船头上，也要撑船。贾母在舱内道：“这不是顽的，［周按］不是顽的，口语常言，谓莫当儿戏，很是危险也。虽不是河里，也有好深的，你快给我进来。”［周按］快给我，俗语命令之意。凤姐儿笑道：“怕什么！老祖宗只管放心。”说着，一篙点开，到了池当中，船小人多，凤姐只觉乱恍，忙把篙递与驾娘，方蹲下了。然后迎春姊妹等并宝玉上了那只，随后跟来。其余老嬷嬷散众丫嬛俱沿河随行。宝玉道：“这些破荷叶可恨，怎么还不叫人来拔去？”宝钗笑道：“今年这几日，何曾饶了这园子闲了，天天旷，那里还有叫人来收拾的工夫。”林黛玉道：“我最不喜欢李义山的诗，只喜他这一句，留得残荷听雨声。［周按］李义山诗，残原作枯，此处不必改正。正如花气袭人知昼暖，陆诗原作骤暖，应从雪芹原笔为准。偏你们又不留残荷了。”宝玉道：“果然好句，已后咱们别叫人拔去了。”

说着已到了花溆的萝港之下，觉得阴森透骨，两滩上衰草残菱，更助秋情。贾母因见岸上的清厦旷朗，便问：“这是你薛姑娘的屋子不是？”众人道：“是。”贾母忙命拢岸，顺着云步石梯上去，一同进了蘅芜苑。只觉异香扑鼻，那些奇草仙藤，愈冷愈苍翠，都结了实，似珊瑚豆子一般累垂可爱。及进了房屋，雪洞一般，一色玩器全无，案上只一个土定瓶中供着数枝菊花，并两部书、茶奁茶杯而已。［周按］案上仅两部书似乎太少。前番宝玉挨打后，遣袭人到宝钗处借书。我曾揣度或指唐诗。由今视之，借书全是借口，本无书可借，倒是方才写明黛玉处却书册甚富。床上只吊着青纱帐幔，衾褥也十分朴素。贾母叹道："这孩子太老实了，你没有陈设，何妨和你姨娘要些，我也不理论。［周按］理论，犹言理会，关切。北语读如立连，本书常见。也没想到，你们的东西自然在家里没带了来。"说着命鸳鸯去取些古董来，又嗔着凤姐儿："不送些玩器来与你妹妹，这样小器。"王夫人、凤姐儿等都笑回说："他自己不要的，我们原送过来，都退回去了。"薛姨妈也笑说："他在家里也不大弄这些东西的。"贾母摇头道："使不得。［周按］使不得，犹言不可、不许、不行。虽然省事，倘或来一个亲戚，看着不像。二则年轻的姑娘房里这样素净，也忌讳。我们这老婆子，越发该住马圈去了。［周按］满洲旗家于姑娘少女特为尊贵。贾母之言以老年妇人相为对比，既风趣又生动，令人于嬉笑中领会其意味。你们听那些书上戏上说的，小姐们的绣房，精致的还了得呢。他们姊妹们虽不敢比那些小姐们，也不要狠离了格儿。有现成的东西为什么不摆？若狠爱素净，少摆几样到使得。我最会收拾屋子的，如今老了，没这闲心了。他们姊妹们也还学着收拾的好，只怕俗气，有好东西也摆坏了。我看他们还不俗。［周按］贾母不但于音乐为内行，对屋室陈设亦有独到审美见解，寥寥数语，大方家数，可见一斑。如今让我替你收拾，包管又大方又素净。我的梯己两件收到如今，没给宝玉看见过，若经了他的眼也没了。"说着，叫过鸳鸯来，亲吩咐道："你把那石头盆景儿和那架纱桌屏，还有个墨烟冻石鼎，这三样摆在这案上就彀了。再把那水墨字画、白绫帐子拿来，把这帐子也换了。"鸳鸯答应着，笑道："这些东西都搁在东楼上不知那个箱子里，［周按］此东楼不指大观楼之缀锦阁，是指荣府西院贾母正房东边之存物楼房。还得慢慢找去，明儿再拿去也罢了。"贾母道："明日后日都使得，只别忘了。"

说着坐了一回方出来，一迳来至缀锦阁下。文官等上来请过安，因问："演习何曲？"贾母道："只拣你们生的演习几套罢。"［周按］贾母意谓俗常听惯了的乐曲不想再听，拣那不常得听的演奏来。此亦贾母知音之一端。文官等下来，往藕香榭去不提。这里凤姐儿已带着人摆设齐整，上面左右两张榻，榻上都铺着锦裀、蓉簟。每一榻前两张雕漆几，也有海棠式的，也有梅花式的，也有荷叶式的，也有葵花式的。也有方的，也有圆的，其式不一。一个上面放着炉瓶，一分攒盒。一个上面空设着，预备着另放所喜之食物。上面两榻四几，是贾母、薛姨妈，下面一椅两几是王夫人的，余者都是一椅一几。东边是刘姥姥，刘姥姥之下便是王夫人。西边便是史湘云，［周按］西边一列以史湘云居首，而湘云年龄少于钗黛，今日何以越位？盖老太太特为湘云还席，故湘云高居首位，细思煞有意味。第二便是宝钗，第三便是黛玉，第四迎春、探春、惜春，挨次下去，宝玉在末。李纨、凤姐二人之几设于三层槛内、二层纱厨之外。［周按］纱厨，唐人只作厨。攒盒式样亦随几之式样。每人一把乌银洋錾自斟壶，一个十锦珐琅杯。大家坐定，贾母先笑道："咱们先吃两杯，今日也行一令才有意思。"薛姨妈等笑说道："老太太自然有好酒令，我们如何会呢，安心要我们醉，我们都多吃两杯就有了。"贾母笑道："姨太太今儿也过谦起来，想是厌我老了。"薛姨妈笑道："不是谦，只怕行不上来，到是笑话了。"王夫人忙笑道："便说不上来，只多吃了一杯酒，醉了睡觉去，还有谁笑话咱们不成？"薛姨妈点头笑道："依令，老太太到底吃一杯令酒才是。"贾母笑道："这个自然。"说着，便吃了一杯。凤姐儿忙走至当地，笑道："既行令，还叫鸳鸯姐姐来行更好！"众人都知贾母所行之令，必得鸳鸯提着，故听了这话都说狠是。凤姐儿便拉了鸳鸯过来。王夫人笑道："既在令内，没有站着的礼。"回头命小丫头子："端一张椅子放在你二位奶奶的席上。"鸳鸯也半推半就谢了坐，便坐下也吃了一钟酒，笑道："酒令大如军令，不论尊卑，惟我是主。

违了我的话，是要受罚的。”王夫人等都笑道：“一定如此，快些说来。”鸳鸯未开口，刘姥姥便下了席，摆手道：“别这样捉弄人，我家去了。”众人都笑道：“这却使不得。”鸳鸯喝命小丫头子们：“拉上席去。”小丫头子们也笑着，果然拉入席中。刘姥姥只叫：“饶了我罢！”鸳鸯道：“再多言的罚一壶！”刘姥姥方住了。［周按］姥姥一听酒令，吓得便要离席回家，令官鸳鸯一番喝命，小丫嬛拉回座位，读来令人绝倒。然看到下文姥姥所说酒令却十分精彩，可知此处正是反跌之笔也。鸳鸯道：“如今我说骨牌副儿，从老太太起，顺领下去，至刘姥姥止。比如我说一副儿，将这三张牌拆开，先说头一张，次说第二张，再说第三张，说完了，合成这一副儿的名子。无论诗词歌赋，成语俗话，比上一句，都要叶韵，错了的罚一杯。”众人笑道：“这个令好，就说出来。”鸳鸯道：“有了一副了。左边是张天。”贾母道：“头上有青天。”众人道：“好。”鸳鸯道：“当中是个五与六。”贾母道：“六桥梅花香彻骨。”鸳鸯道：“剩得一张六与么。”贾母道：“一轮红日出云霄。”鸳鸯道：“凑成便是个蓬头鬼。”贾母道：“这鬼抱住钟馗腿。”说全，［周按］说全，谓全副牌分张与合副皆说上来了。大家笑着喝采，贾母饮了一杯。鸳鸯又道：“有了一副，左边是个大长五。”薛姨妈道：“梅花朵朵风前舞。”鸳鸯道：“右边还是个大五长。”薛姨妈道：“十月梅花岭上香。”鸳鸯道：“当中二五是杂七。”薛姨妈道：“织女牛郎会七夕。”鸳鸯道：“凑成二郎游五岳。”薛姨妈道：“世人不及神仙乐。”说全，大家称赏。饮了酒，鸳鸯又道：“有了一副，左边长么两点明。”湘云道：“双悬日月照乾坤。”鸳鸯道：“右边长么满地明。”湘云道：“闲花落地听无声。”［周按］满地明，点地牌也，故有“闲花落地”之诗以配之也。鸳鸯道：“中间还得么四来。”湘云道：“日边红杏倚云栽。”鸳鸯道：“凑成樱桃九点熟。”湘云道：“御园却被鸟衔出。”［周按］王维咏樱桃诗：才是寝园春荐后，非关御苑鸟衔残。说全，饮了一杯。鸳鸯道：“有了一副，左边是长三。”宝钗道：“双双燕子语梁间。”鸳鸯道：“右边是三长。”宝钗道：“水荇牵风翠带长。”鸳鸯道：“当中三六九点在。”宝钗道：“三山半落青天外。”鸳鸯道：“凑成铁锁练孤舟。”宝钗道：“处处风波处处愁。”说全，饮毕。鸳鸯又道：“左边一个天。”黛玉道：“良辰美景奈何天。”宝钗听了回头看着他。黛玉只顾怕罚，也不理论。鸳鸯道：“中间锦屏颜色俏。”黛玉道：“纱窗也没有红娘报。”［周按］黛玉开口便是《牡丹亭》，下句又是《西厢记》，此皆闺中忌读之闲书。而黛玉冲口而出，全忘嫌疑。故宝钗以目示意，而黛玉未觉。鸳鸯道：“剩了二六八点齐。”黛玉道：“双瞻玉座引朝仪。”鸳鸯道：“凑成篮子好采花。”黛玉道：“仙仗香挑芍药花。”说全，饮了一口。鸳鸯道：“左边四五成花九。”迎春道：“桃花带雨浓。”众人道：“该罚，错了韵，而且又不像。”［周按］牙骨牌面上镌刻点数多寡，排列不同，故不独颜色有别，排列形式也有象形意味，启人联想。如三点是三个绿点斜行排列，于是喻为翠带或锁链。又如五点排列，中间一点，四围四点，略似花形，固喻为梅花，余不多举。此处所谓不像，是指迎春所引诗句“桃花带雨浓”，与四五花九形状全不相似，故曰不像。迎春笑着饮了一口。原是凤姐儿和鸳鸯都要听刘姥姥的笑话，故意都命说错，都罚了。至王夫人，鸳鸯代说了个。下便该刘姥姥。刘姥姥道：“我们庄家人闲了，也常会几个人弄这个，但不如说的这么好听，少不得我也试一试。”众人都笑道：“容易说的，你只管说，不相干。”鸳鸯笑道：“左边四四是个人。”刘姥姥听了，想了半日说道：“是个庄家人罢。”［周按］骨牌点数最多者十二，由两个六组成者名曰天牌，由两个一点组成者名曰地牌，由两个四点组成者名曰人牌。人牌与地牌全部红点，十分鲜艳醒目。刘姥姥的酒令，第一张即是人牌。姥姥不会吟诗文，想了半日，却说出一句，是个庄家人罢。我谓姥姥此语乃天地间第一奇文，胜过诸钗所引唐诗宋词。众人哄堂笑了。贾母笑道：“说的好，就是这样说。”刘姥姥也笑道：“我们庄家人，不过是现成的本色，众位别笑。”鸳鸯道：“中间三四绿配红。”刘姥姥道：“大火烧了毛毛虫。”众人笑道：“这是有的，还说你的本色。”鸳鸯道：“右边么四真好看。”刘姥姥道：“一个萝卜一头蒜。”众人又笑了。鸳鸯笑道：“凑成便是一枝花。”刘姥姥两只手比着说道：“花儿落了结了个大倭瓜。”众人大笑起来。

［戚回后］写贫贱辈低首豪门，凌辱不计，诚可悲夫。此故作者以警贫贱，而富室贵豪，亦当于其间着意。

［回后评］《石头记》书中诗词、酒令、谜语于字句之外各有许多深层寓意，此已尽人皆知。如本回贾母酒令是暗指本年即乾隆元年，新皇帝赦免曹家政治罪状，经济亏空，故所谓一轮红日出云霄，有庆幸、颂圣之语意。又如薛姨妈之酒令，先说牛郎织女会七夕，后说凑成二郎游五岳。世人不及神仙乐是指宝玉婚后又出家为僧。又如钗湘二人之酒令，更有重要内容，须待详解。至于刘姥姥之酒令，似乎语语诙谐有味，实亦句句暗合贾府后来结局。

第四十一回

贾宝玉品茶拢翠庵　刘姥姥醉卧怡红院

［周按］参互诸本，拢是原笔。有梳义，亦有聚义。

［庚回前］此回拢翠品茶，怡红遇劫，盖妙玉虽以清净无为自守，而怪洁之癖未免有过。老妪只污得一杯，见而勿用，岂似玉兄日享洪福，竟至无以复加而不自知。故老妪眠其床、卧其席、酒屁熏其屋，却被人袭〔袭人〕遮过。则仍用其床、其席、其屋，亦作者特为转眼不知身后事写来作戒。纨袴公子可不慎哉！

［蒙戚回前］任呼牛马从来乐，随分清高方可安。自古世情难意拟，淡妆浓抹有千般。立松轩。［周按］此蒙戚回前批中惟一署名。所传八十回两次分出，故冠于第四十一回之首。立松轩其人拟出佟家，盖继承脂砚斋之志而行此八十回者。

话说刘姥姥两只手比着说道："花儿落了结个大倭瓜。"众人听了哄堂大笑起来。于是吃过门杯，因又逗趣笑道："实告诉说罢，我的手脚子粗体，［周按］体，今通本作笨。又吣了酒，［周按］吣，今通本作喝。仔细失手打了这磁杯，有木头的杯，取个子来，便失手掉了地下也打不了。"［周按］打不了，口语谓摔砸致碎为打。众人听了，又笑起来。凤姐儿听如此说，便忙笑道："果真要木头的，我就取了来。可有一句先说下，这木头的可比不得磁的，那都是一套，定要吃遍一套方使得。"刘姥姥听了，心下敁敠道："我方才不过是趣话取笑儿，谁知他果真竟有。我时常在村庄乡绅大家也赴过席，金杯银杯到都也见过，从来没见有木头的。哦，是了。想必是小孩子使的木碗子，不过诓我多吣两碗。别管他，横竖这酒蜜水儿似的，多吣点子也无妨。"［庚双］为登厕伏脉。想毕，便说："取来再商量。"凤姐乃命丰儿："到前面里间书架子上有十个竹根套杯取来。"丰儿答应，刚才要去，鸳鸯笑道："我知道你这十个杯还小，况且你才说是木头的，这会子又拿了竹根子的来，到不好看。不如把我们那里的黄杨根整抠的那十个大套杯拿来，灌他十下子。"凤姐儿笑道："更好了。"鸳鸯果命人取来。刘姥姥一看又惊又喜，惊的是一连十个挨次大小分下来，那大的足似个小盆子，第十个极小的还有手里的杯子两个大。喜的是雕镂奇绝，一色山水树木人物，并有草字以及图印。因忙说道："拿了那小的来就是了，怎么这么些个。"凤姐儿笑道："这个杯没有歃一个的理，我们家因没有这大量的，所以没人敢使他。姥姥既要，好容易寻了出来，必定要挨次吃一遍才使得。"刘姥姥唬的忙道："这可不敢，好姑奶奶，竟饶了我罢。"［蒙侧］挟炎的苦恼。贾母、薛姨妈、王夫人知道他有年纪的人，禁不起，忙都道："说是说，笑是笑，不可多吃了，只吃这头一杯罢。"刘姥姥道："阿弥陀佛，我还使小杯吃罢。把这大杯收着，我带了家去慢慢的吃罢。"说的众人又笑起来。鸳鸯等无法，只得命人满斟了一大杯，刘姥姥两手捧着歃。贾母道："慢些，不要呛了。"薛姨妈又命凤姐儿布了菜。凤姐笑道："姥姥要吃什么，说出名儿来，我拣了喂你。"刘姥姥道："我知道什么名儿？样样都是好的。"贾母笑道："你把茄胙［周按］茄胙，乃以鸡汁等腌藏特制的茄子菜肴，或作"茄鲞"，亦是借字，音近义类，故在小说中记口语俗称亦不为误。拣些喂他。"凤姐儿听说，依言拣些茄胙送入刘姥姥口中。因笑道："你们天天吃茄子，也尝尝我们的茄子，弄的可口不可口。"刘姥姥笑道："别哄我了，茄子跑出这个味儿来了，我们也不用种粮食，只种茄子罢了。"众人笑道："真是茄子，我们再不哄你。"刘姥姥诧异道："真是茄子？我白吃了这半日。姑奶奶你再喂我些，让我细嚼嚼。"凤姐儿果又拣了些放入口内。刘姥姥细嚼了半日，笑道："虽有一点茄子香，只是还不像是茄子。告诉我是个什么法子弄的，我也弄着吃去。"凤姐儿笑道："这也不难，你把才下来的茄子把皮簽了，［周按］簽是原笔，即去皮，与“剥”同。只要净肉，切成碎钉子，用鸡油炸了，再用鸡脯子肉并香蕈、新笋、蘑菇、五香腐干、各色干果子，俱切成钉子，用鸡汤煨干，将香油一收，外加糟油一拌，盛在磁罐子里封严。要吃时拿出来，用炒的鸡爪一拌就是。”刘姥姥听了，摇头吐舌说道：“我的佛祖！到得十来只鸡来配他，怪道这个味儿！”一面说笑，一面慢慢的吃完了酒，还只管细玩那杯。凤姐笑道：“还不足兴，再吃一杯罢。”刘姥姥忙道：“了不得！那就醉死了，我因为爱这样范，亏他怎么作了。”鸳鸯笑道：“酒吃了，到底这杯子是什么木的？”刘姥姥笑道：“怨不得姑娘不认得，你们在这金门绣户的，如何认得木头。我们成日家和树林子作街坊，［蒙侧］好，充懂得的来看。困了枕着他睡，乏了靠着他坐，荒年间饿了还吃他，眼睛里天天见他，耳朵里天天听他，口儿里天天讲他。所以好歹真假，我是认得，让我认一认。”一面说，一面细细端详了半日道：“你们这样人家断没有那贱东西，那容易得的木头，你们也不收着了。我掂着这杯体沉，断乎不是杨木，这一定是黄松的。”众人听了，哄堂大笑起来。

只见一个婆子走来，请问贾母说：“女孩子们都到了藕香榭了，请老太太的示下，就演罢，还是等一会子。”贾母忙笑道：“可是到忘了他们了，就叫他们演罢。”那婆子答应着去了。不一时，只听得箫管悠扬，笙笛并发，正值风清气爽之时，那乐声穿林度水而来，自然使人神移心旷。［蒙侧］作者似曾在坐〔座〕。宝玉先禁不住，拿起壶来斟了一杯，一口饮尽，复又斟上。才要饮，只见王夫人也要饮，命人换煖酒来，宝玉连忙将自己的杯捧了过来，送到王夫人口边。［庚双］妙极！忽写宝玉如此。便是天地间母子之至情至性，献芹之民之意，令人酸鼻。王夫人便就他手内吃了两口。一时煖酒来了，宝玉仍归旧坐，王夫人提了自己的煖酒壶下席来，众人皆都出了席，薛姨妈也立起来。贾母忙命李、凤二人接过壶来：“让你姨妈坐下，大家才便。”王夫人见如此说，方将壶递与凤姐，自己归坐。贾母笑道：“大家吃上两杯，今日着实有趣。”说着擎杯让薛姨妈，又向湘云、宝钗道：“你姐妹两个也吃一杯。你林妹妹虽不大会吃，也别饶他。”说着自己已干了。湘云、宝钗、黛玉也都干了。当下刘姥姥听见这般音乐，且又有了酒，越发喜的手舞足蹈起来。宝玉因下席过来，向黛玉笑道：“你瞧刘姥姥的样子。”黛玉笑道：“当日舜乐一奏，百兽率舞，如今才一牛耳。”［蒙侧］随笔写来趣极。［周按］贾府上下皆以刘姥姥为开心取笑之对象，独贾母略无嬉笑嘲弄之意，其人最为忠厚，于此等处一贯表现分明。而其外孙女却开口即是轻薄调笑，何其不相似乃尔。众姐妹都笑了。须臾乐止，薛姨妈出席笑道：“大家的酒想也都有了，且出去散散再坐罢。”

贾母也正要散散，于是大家出席，都随着贾母游玩。贾母因要带着刘姥姥散闷，遂携了刘姥姥至山前树下盘桓了半晌，又说与他这是什么树，这是什么石，这是什么花，这是什么鸟。刘姥姥一一领会，又向贾母道：“谁知城里不但人尊贵，连雀儿也是尊贵的。偏这雀儿到了你们这里，他也变俊了，也会说话了。”众人不解，因问：“什么雀儿变俊了，会说话？”刘姥姥道：“那廊上金架子上站的绿毛红嘴的是鹦哥儿，我是认得的。那笼子里老鸹，［周按］老鸹，北语呼鸦之俗名也。怎么又长出凤头来，也会说话呢？”众人听了又都笑起来。一时只见丫头们来请用点心。贾母道：“吃了两杯酒，到也不饿。也罢，就拿了这里来，大家随便吃些罢。”丫头们听说，便去抬了两张几来，又端了两个小捧盒。揭开看时，每个盒内两样。这盒内是两样蒸食，一样是藕粉桂糖糕，一样是松穰鹅油卷。［周按］五字点心名称是对仗的。那盒内是两样炸的，一样是只有一寸来大的小饺儿。贾母因问：“是什么馅子？”婆子们忙回：“是螃蟹的。”贾母听了，皱眉说道：“这会子谁吃这个！”又看那一样是奶油炸的各色小面果子，也不喜欢，因让薛姨妈吃。薛姨妈只拣了一块糕，贾母拣了一个卷子，只尝了一尝，剩的半个递与丫头了。刘姥姥因见那小面果子都玲珑剔透，各式各样，便拣了一朵牡丹花样的笑道："我们乡里最巧的姐儿们，剪子也不能铰出这么个纸的来。我又爱吃，又舍不得吃，［蒙侧］世上竟有这样人。包些家去，给他们做花样子去到好。"众人都笑了。贾母笑道："你家去，我送你一磁罐子，你先趁热吃这个罢。"别人不过拣各人爱吃的一两点就罢了。刘姥姥原不曾吃过这些东西，且都作的小巧，不显盘堆的，他和板儿每样吃了些，就去了半盘子。剩的凤姐又命攒了两盘并一个攒盒，与文官等吃去。忽见奶子抱了大姐儿来，大家哄他顽了一回。那大姐儿因抱着一个大柚子顽的，忽见板儿抱着一个佛手，便也要佛手。［庚双］小儿常情，遂成千里伏线。丫嬛哄他取去，大姐儿等不得，便哭了。众人忙把柚子与了板儿，［蒙侧］伏线千里。将板儿的佛手哄过来与他才罢。那板儿因顽了半日佛手，此刻又两手抓着些面果子吃，又忽见这柚子又香又圆，更觉好顽，且当球踢着顽去，也就不要那佛手了。［庚双］抽〔柚〕子，即今香团〔圆〕之属也，应与缘通。佛手者，正指迷津者也。以小儿之戏，暗透前后通部脉络，隐隐约约，毫无一丝漏泄。岂独为刘姥姥之俚言博笑，而有此一大回文字哉。［蒙侧］画工。［周按］大姐儿即后来刘姥姥为之取名巧姐者。巧姐是乳名，大姐儿是贾母重孙女中之居长者。巧姐与板儿日后的姻缘，此时已于二果交换中预为注定。

当下贾母等吃过茶，又带了刘姥姥至拢翠庵来。妙玉忙接了进去。至院中，见花木繁盛，贾母笑道："到底是他们修行的人，没事常常的修理，比别处越发好看。"［周按］贾母此言暗与唐诗名句关合，唐诗云：清晨入古寺，初日照高林。曲径通幽处，禅房花木深。"曲径通幽处"题于园门内翠嶂间，而贾母赞妙玉所居花木，盖隐从"禅房花木深"而来。此种文心匠意是雪芹独擅。一面说，一面便往东禅堂来。妙玉笑往里让，贾母道："我们才都吃了酒肉，你这里头有菩萨，冲了罪过，我们在这里坐坐罢。把你的好茶拿来，我们吃一杯就去了。"妙玉听了，忙去烹了茶来。宝玉留神看他是怎么行事。只见妙玉亲自捧了一个海棠花式雕漆填金云龙献寿的小茶盘，里面放了一个成窑五彩泥金小盖钟，奉与贾母。贾母道："我不吃六安茶。"妙玉笑说："知道，这是老君眉。"［周按］贾母不吃六安茶，因安徽六安所产之茶味薄而不耐品嚼。老君眉产于福建武夷山中，其嫩芽细长而色白，是上品名茶。此乃实有之品名，我故乡正兴德茶庄即有此名色。贾母接了，又问："是什么水？"妙玉笑回："是旧年蠲的雨水。"贾母便吃了半盏，［周按］盏是原笔。便笑着递与刘姥姥说："你尝尝这个茶。"刘姥姥接来一口吃尽，笑道："好是好，就只淡些，再熬浓些更好了。"贾母与众人都笑起来。［周按］世俗常人饮茶以浓酽为佳，不知名茶珍品却以清醇爽口为上乘。然后众人都是一色官窑脱胎填白盖碗，到了茶来。那妙玉便把宝钗与黛玉的衣襟一拉，二人随他出来，宝玉便悄悄的随后跟了去。只见那妙玉让他二人在耳房内，宝钗便坐在榻上，黛玉便坐在妙玉的蒲团上，妙玉自向风炉上煽滚了水，另泡了一壶茶。宝玉便走了进来笑道："偏我们吃梯己呢！"三人都笑道："你又赶了来餐茶吃，这里并没你的。"妙玉刚要去取杯，只见婆子收了上面的茶盏来，妙玉忙命将那成窑的茶杯别收了，搁在外头去罢。宝玉会意，知为刘姥姥吃了，他嫌臟不要了。又见那妙玉另拿出两只杯来。一个旁边有耳，杯上镌着"瓟爮斝"三个隶字，后有一行小真字，是"晋王恺珍玩"，又有"宋元丰五年四月，眉山苏轼见于秘府"一行小字。妙玉便斟了一斝，递与宝钗。那一只形似钵而小，也有三个垂珠篆字，镌着"杏犀盉"。［周按］杏犀，谓犀角颜色红黄。点改犀者妄笔俗义，损害雪芹本旨，变高洁之文为儇薄之语，最是可恶。妙玉斟了一盉与黛玉，仍将前番自己常日吃茶的那只绿玉斗来，斟与宝玉。宝玉笑道："常言世法平等，他两个就用那样古玩奇珍，我就是这个俗器了。"妙玉道："这是俗器？不是我说狂话，只怕你家里未必找的出这么一个俗器来呢。"宝玉笑道："俗话说，随乡入乡。到了你这里，自然把这金玉珠宝一概贬为俗器了。"妙玉听如此说，十分欢喜，遂又寻出一只九曲十八环，一百二十节蟠虬整雕的湘妃竹根的一个大盒出来，笑道："就剩了这一个，你可吃的了这一盒？"宝玉喜的忙道："吃的了！"妙玉笑道："你虽吃的了，也没这些茶遭塌。［庚双］茶下遭塌二字，成窑杯已不屑再要。妙玉真清洁高雅，然亦怪谲孤僻甚矣。实有此等人物，但罕耳。岂不闻一杯为品，二杯即是解渴的蠢物，三杯便是饮牛饮驴了。你吃这一盒更成什么！”说的宝钗、黛玉、宝玉都笑了。妙玉执壶，只向内斟了约有一杯，宝玉细细吃了，果觉轻淳无比，赏赞不绝。妙玉正色道：“你这遭吃茶是托他两个的福，独你来了，我是不给你吃的。”宝玉笑道：“我深知道的，我也不领你的情，只谢他二人便是了。”妙玉听了方说：“这话明白。”黛玉因问道：“这也是旧年的雨水？”妙玉冷笑道：“你这么个人，竟是大俗人，连水也尝不出来。［周按］黛玉素性孤傲，全家上下无敢评议者，独妙玉却贬其为大俗人，黛玉敬承而不敢还一言，可见妙玉之品格在十二钗中实居其首。这是五年前我在玄墓蟠香寺住着，收的梅花上的雪，共得了那一鬼脸青的花瓮一瓮。［周按］鬼脸青，瓷釉颜色名目。总舍不得吃，［蒙侧］妙手，层层叠起，竟能以他人所画之天王作纵〔从〕神矣。埋在地下，今年夏天才开了。我只吃过一回，这是第二回了，你怎么尝不出来？隔年蠲的雨水，那有这样轻淳，如何吃得？”黛玉知他天性怪僻，不好多话，亦不好多坐，吃过茶，便约宝钗走了出来。宝玉也随出来，和妙玉陪笑道：“那茶杯虽然腌臜了，白撂了岂不可惜！依我说，不如就给了那贫婆子罢，他卖了也可以度日。你道可使得？”［周按］宝玉之言乃是伏笔，依我推考，日后刘姥姥之婿王狗儿将此名贵茶杯卖与古玩店，又引起一大祸变。因妙玉原是罪犯官员之女，遁迹于空门者本为避难，而贾府收容遂成罪状之一。妙玉听了，想了一想，点头说道：“这也罢了。幸而那杯子是我没吃过的，若是我吃过的，我就砸碎了。只是我可不亲自给他，［蒙侧］更奇，世上我也见过此等人。你要给他，我也不管，我只交给你，快拿了去罢。”宝玉笑道：“自然如此，你那里和他说话授受去，［蒙侧］人若亡〔忘〕形，最喜此等言语。越发连你都腌臜了，只交与我就是了。”妙玉便命人拿来，递与宝玉。宝玉接了，又道：“等我们出去了，我叫几个小么儿来，河里打几桶水来洗地如何？”妙玉笑道：“这更好了，只是你嘱咐他们，抬了水，只搁在山门外头墙根下，别进门来。”［蒙侧］偏于无可写处深入一层。［周按］宝玉、妙玉一番问答，话虽不多，机锋相对，倍显妙玉之冷僻高洁，所谓太高人愈妒，过洁世同嫌。然妙玉之洁，却未免真是太过了。宝玉道：“这是自然的。”说着，便袖了那杯出来，递与贾母房中的一个小丫头子拿着，说："明日刘姥姥家去，给他带去罢。"交代明白，贾母已经出来，要回去。妙玉亦不甚留，送出山门，回身便将门闭了，不在话下。

且说贾母因觉身上乏倦，便命王夫人和迎春姊妹陪了薛姨妈去吃酒，自己便往稻香村来歇息。凤姐忙命人将竹椅小轿抬来，贾母坐上，两个婆子抬起，凤姐、李纨和众丫嬛婆子围随去了，不在话下。

这里薛姨妈也就辞出。王夫人打发文官等出去，将攒盒散与众丫嬛婆子吃去，自己便也乘空歇着，随便歪在方才贾母坐的榻上，命小丫头放下帘子来，又命他捶着腿，吩咐人道："老太太那边醒了，你们就来叫我。"说着也歪着睡着了。于是众人方散出来，宝玉、湘云等看着丫嬛们将攒盒搁在山石上，也有坐在山石上的，也有坐在草地下的，也有靠着树的，也有傍着水的，到也十分热闹。一时又见鸳鸯来了，要带着刘姥姥各处去瞧，［蒙侧］又另是一番气象。［周按］引姥姥者为鸳鸯，应暗伏后文重要情事。众人也都跟着取笑。

一时来至省亲别墅的牌坊底下，刘姥姥道："嗳哟，这里还有个大庙呢！"［周按］省亲别墅前有大牌坊，似北京朝阳门外之东岳庙，故姥姥认为大庙也。此皆特笔，后人难晓矣。说着，便爬下磕头，众人笑湾了腰。刘姥姥道："笑什么，这牌楼上的字我都认得。我们那里这样的庙宇最多，都是这样的牌坊，那字就是庙的名字。"众人笑道："你认得这是什么庙？"刘姥姥便抬头指那字道："这不是玉皇宝殿四个大字！"众人笑的拍手打掌，［周按］按刘姥姥之住处正在北京东郊东岳庙一带，其庙门外有大牌坊，姥姥所言是即指此。还要拿他取笑时，刘姥姥觉得腹内一阵乱响，忙的拉着一个小丫头，要了两张纸，就解中衣。众人又是笑，又忙喝道："这里使不得！"忙命一个婆子带了东北角上去。那婆子指与他地方，便乐得走开去歇息。那刘姥姥因吃了些酒，他的脾气不与黄酒相宜，且又吃了许多油腻饮食，因发渴，多吃了几杯茶，不免通泻起来，蹲了半日方完。及出厕来，酒被风禁，且又年迈之人，蹲了半日忽一起来，只觉眼花头眩，辨不出路逕。四顾一望，皆是树木山石，楼台房舍，却不知那一处是往那一路去的了。只得顺着一条石子路，慢慢的走去。及至到了房舍跟前，又找不着门，再找了半日，忽见一带竹篱，刘姥姥心中自忖道："这里也有扁豆架子？"［周按］从姥姥入府带来之礼物皆是新鲜的瓜、茄、野菜之类，姥姥行酒令所说萝卜、蒜、倭瓜又皆是蔬菜之类，今又说扁豆架子，合而观之，我谓姥姥家乃是菜农。上举诸品皆属他家实有之物。一面想，一面顺着花障走了来。得了一个月洞门进去，只见迎面忽有一带水池，只有五六尺宽，石头砌岸，里面碧清的水［蒙侧］借刘姥姥醉中，写境中景。流往那边去了。上边有一块白石横架在两岸，刘姥姥便渡过石来，顺着石子甬路走去。转了两个湾子，只见有一房门，于是进了房门。只见一个女孩儿满脸含笑迎将出来，刘姥姥忙笑道："姑娘们把我丢下了，要我碰头碰到这里来。"说了半日，不见那女孩儿答应，刘姥姥便赶上来拉他的手。咕冬一声，便撞到板壁上，把头碰的生疼。细瞧瞧，原来是副画儿。刘姥姥自忖道："原来画儿有这样活凸出来的。"一面用手去摸，却又是一色平的，因点头叹了两声。方一转身，只见有一小门，门上挂着葱绿撒花软帘。［周按］软帘，是丝绸织品所做之帘。帘在门间，内外不能透视，与竹编之帘截然二物，不可相混。刘姥姥掀帘进去，抬头一看，只见四面墙壁玲珑剔透，琴剑瓶炉皆贴在墙上，锦笼纱罩，金彩珠光，连地下踹的砖皆是碧绿凿花，竟越发把眼花了。找门出去，那里有门？左一架书，右一架屏，刚从屏后得了一门，才要出去，只见他亲家母也从外面迎了进来。［周按］试观作者写怡红院室内装饰何等精巧特异，而今之仿建怡红院者对此雪芹原文竟如视而不见，其所设计略无相似之处，何也？刘姥姥诧异，忙问道："亲家母，你想是见我这几日没家去，你找我来了。那一位姑娘带你进来的。"只见他亲家只见笑，不答言。刘姥姥笑道："你好没见世面，这园子里的花好，你就没死活带了一头。"他亲家也不答应。刘姥姥忽然想起来，说："是了！我常听见人家说大家富贵人家有一种穿衣镜，这别是我在镜子里头罢。”想毕，伸手一摸。再细一看，可不是一面雕空紫檀板壁，将这镜嵌在中间。因说：“这已经拦住，如何走的出去呢？”一面说，一面只管用手去摸。这镜子原是西洋机括，可以开合，不意刘姥姥乱摸之间，其力巧合，便撞开消息，掩过镜子，露出门来，刘姥姥又惊又喜，便迈步出去。忽见有一副最精致的床帐，他此时又带了七八分醉，又走乏了，便一屁股坐在床上。只说歇歇，不承望身不由己，便前仰后合的朦胧着两眼，一歪身就睡熟在床上。

且说众人等他不见，板儿见没了他姥姥，急的哭了。众人都笑道：“别是吊在茅厕坑里了，快叫人去瞧瞧。”因命两个婆子去找，婆子去了，回来说没有。众人各处搜寻不见，袭人度其道路：“定是他醉了，迷了路，顺着这一条路往我们后院子里去了。若进了花障子，到后房门进去，虽然碰头，还有小丫头子们看见。若不进花障子，［周按］袭人口中点出“花障”二字，正是姥姥所见之“扁豆架子”也。此即雪芹惯出诙谐之妙语，读之令人大笑。再往西南上去，绕出去还好，若绕不出去，可彀他绕会子好的。我且瞧瞧去。”一面想着，一面回来，进了怡红院，便叫人，谁知那几个看屋子的小丫头已偷空顽去了。袭人一直进了房门，转过集锦槅子，就听的鼾声如雷，忙进来，只闻得酒屁臭气。满屋一瞧，只见刘姥姥扎手舞脚的仰卧在床上。袭人慌的忙赶上来，将他推醒。那刘姥姥惊醒，睁开眼见了袭人，连忙爬起来道：“姑娘，我该死了，我失错了，并没弄瓓了床。”一面说，一面用手去掸。袭人恐惊动了人，被宝玉知道了，只向他摇手，不叫他说话。忙将当地大鼎内贮了三四把百合香，仍用罩子罩上。些须收拾收拾，所喜不曾呕吐，忙悄悄的笑道：“不相干，有我呢。［蒙侧］这方是袭人的平素，笔至此不得不屈，再增支派则累矣。你只说你醉了，在外头山子石上打了个盹儿。［蒙侧］总是恰好便住。你随我出来。”刘姥姥满口答应，跟了袭人出至小丫头们房中。命他坐了，又与他两碗茶吃，刘姥姥方觉酒醒了，因问道："这是那位小姐的绣房，这样精致，我就像到了天宫里的一样。"袭人笑道：[周按]他本有点改"微微笑道""这个么"之处，皆后人妄笔"加工"。有人专尝此等，而不知雪芹手笔之高处正异于此类俗意。一部书中，愁以此种大别定其真伪。"这个是宝二爷的卧房。"那刘姥姥唬的不敢作声。袭人带他从前头出去，见了众人，只说他在草地下睡着了，带了他来的。众人都不理会，也就罢了。下回分解。

［蒙回后］刘姥姥之憨从利，妙玉尼之怪图名，宝玉之奇，黛玉之妖，亦自敛迹。是何等画工，能将他人之天王，作我卫护之踪神。文技至此，可为至美！

［回后评］妙玉来自姑苏，又非贾氏眷属而名列十二正钗，此谓何故，内情尚少人知。其所居曰拢翠庵。拢翠者暗喻女子带发修行，拢者梳也。妙玉貌美又未剃发，故于后文引出许多意外艰险情节。妙玉多蓄古玩，其所用酒器瓟斝上有铭文，"晋王恺珍玩"，"宋元丰五年四月，眉山苏轼见于秘府"等字。按元丰五年东坡已谪居黄州，焉能于秘府见此古董。故论者曾言，此种皆假古董也。

妙玉在十二正钗中名列第六，仅次于湘云，可见其人之重要。自其入居大观园后迟至此回方正式出场，而其出场者，却是老太太亲自率领众人莅临观内。

品茶一回书或又以为无非是闲文戏笔，稍一细玩，方觉闲戏之中大有奇趣。妙玉之庵门不为人启，更何谈以茶待客。然今日却大开茶会，此貌似众人皆托赖老太太之福分，事固十分显然，却不知老太太之茶实为刘姥姥所设，此一奇也。又不知老太太与刘姥姥均非主客，不过陪客而已。真主客为谁乎，君不见回目已大书明白，曰贾宝玉品茶拢翠庵，始知宝玉方是真主客。宝玉而能入庵，且饮妙玉亲手所制之茶，此二奇也。如此奇笔安得谓之闲文，谓之戏笔乎？

观全书中未尝叙及宝玉妙玉何时初次晤谈，以后又如何交往，均未一词。至此观二人对话，绝非陌生客套之神态，则二人会心不远自有由来，此非一般笔墨所能传写者也，读者当自得之。

妙玉之于茶、于水，其辨识考究已达极峰，或又以为妙玉之生活享受奢侈极矣，殊不知妙姑识茶、识水尚能如此，又何况于识人乎。正所谓太高人愈妒，过洁世间嫌也。

此回蒙戚二本多存雪芹原笔，信为可实。他本添入增饰诸语，偶有可从，然往往不佳，须细辩文笔气味雅俗高下之分。总之雪芹笔法变化无穷，用意难测，许多层次尚待研求。

第四十二回

蘅芜君兰言解疑语　潇湘子雅谑补余香

［庚回前］钗、玉名虽二个，人却一身，此幻笔也。今书至三十八回时，已过三分之一有余，故写是回，使二人合而为一，请看黛玉逝后宝钗之文字，便知余言不谬矣。［周按］全书百零八回，至第三十六回为全书三分之一，至三十八回故云已过三分之一有余也。书至四十二回而称三十八回，疑有四回追加故云。此四回追加与转折点第二十八回有无关系，与白文无批之二十九、三十、三十一、三十二四回有无牵涉，待细考。

［蒙戚回前］谁谓诗书解误人，豪华相尚失天真。见得古人原立意，不正心身总莫论。

话说贾母一时醒了，就在稻香村摆晚饭，贾母因觉身上懒懒的，也没吃饭便坐了竹椅小轿回至房中歇息，命凤姐等去吃饭，他姊妹们方复进园来。吃过饭，大家散出，都无别话。

且说刘姥姥带着板儿，先来见凤姐，说："明儿一早定要家去了，虽然住了两三天，日子却不多，把古往今来没见过的，没吃过的，没听过的，都经验了。难得老太太和姑奶奶并那些小姐们，连各房里姑娘们，都这样怜贫惜老照看我，我这一回去后没别的报德，惟有请些高香，天天给你们念佛，保佑你们长命百岁的，就算我的心了。"［周按］刘姥姥这一番话出自内心，与前两日假意奉承的言词全不相同。盖贾府待人如此仁厚丰盛，世间少有。姥姥之感激无言可表，故只会念佛，并非请佛代她表谢，谓此种仁慈即是佛心，又念佛以祈求保佑善人也。凤姐笑道："你别喜欢，都是为你，老太太也被风吹病了，睡着说不好过呢。我们大姐儿也着了凉，在那里发热呢。"刘姥姥听了忙叹道："老太太有年纪的人，不惯十分劳乏了。"凤姐道："从来没像昨儿高兴，往常也进园子曠去，不过到一两处坐坐就回来了。昨儿因为你在这里，要叫你曠曠，一个园子到走了多半个。大姐儿因找我去了，太太递了一块糕给他，谁知风地里吃了，就发起热来。”刘姥姥道：“小姐儿只怕不大进园子，〔周按〕小姐儿，非大姐儿之误，盖姥姥口中称呼法也。生地方，小人家，比不得我们的孩子们，会走了就坟圈子里跑去。一则风扑了也是有的，二则只怕他身上干净，眼又净，或是遇见什么神了。依我说，给他瞧瞧祟书本子，〔周按〕旧时家庭人口不安，病恙琐碎而无有解救之方，便乞灵于《玉匣记》，俗称祟书本子，其中多有种种冒犯某神应于某方向祭拜，以求除灾解难之文词。此云花神，则雪芹随文涉趣，信手拈来，并非《玉匣记》中真有此文也。仔细撞客着。”一语提醒了凤姐，便叫平儿拿出《玉匣记》来，叫彩明念。彩明翻了一会，念道：“八月廿五日病者，东南方得之，遇见花神。用五色纸钱四十张，向东南方四十步送之大吉。”凤姐道：“果然不错，园子里头可不是花神。只怕老太太也是遇见了。”一面说，一面命人请两分纸钱来。着两个人来，一个与贾母送祟，一个与大姐儿送祟，果见大姐儿安稳睡了。〔庚双〕岂真送了就安稳哉，盖妇人之心意皆如此。即不送，岂有一夜不睡之理，作者正笔〔描〕愚人之见耳。凤姐儿笑道：“到底是你们有年纪的人经历的多。我这大姐儿时常肯病，也不知是个什么原故？”刘姥姥道：“这也有的事，富贵人家养的孩子太娇嫩，自然禁不得一些儿委屈。再他小人儿家过于尊贵了，也禁不起。已后姑奶奶到少疼他些就好了。”凤姐道：“这也有理。我想起来，他还没个名字，你就给他起个名字，借借你的寿。二则你们是庄家人，不怕你恼，到底贫苦些，你这贫苦人起个名字，只怕还压的住他。”〔庚双〕一篇愚妇无理之谈，实是世间必有之事。刘姥姥听说，便想了一想笑道：“不知他是几时生日？”凤姐道：“正是呢，生的日子不大好，可巧是七月初七。”刘姥姥忙笑道：“这个正好，就叫他作巧哥儿好。这叫作以毒攻毒，以火攻火的法子。姑奶奶定要依我这名字，他必长命百岁。日后大了，各人成家立业，或一时有不遂心的事，〔蒙侧〕作谶语，以影射后文。必然是遇难成祥，逢凶化吉，却从这巧字上来。”凤姐听了，自是欢喜，忙道谢，又笑道：“你只保佑他应了你这话就好了。”〔觉双〕伏后文。说着叫平儿来吩咐道："明儿咱们有事，恐怕不得闲儿。你这空儿闲着，把送姥姥的东西打点了，他明儿一早就好走的便宜了。"刘姥姥忙说："不敢多破费，已经遭扰了几日，又拿着走，［蒙侧］世俗常态逼真。越发心里不安起来。"凤姐道："也没有什么，不过随常的东西。好也罢，歹也罢，带了家去，你们街坊邻舍看着也热闹些，也是上城一次。"说着，只见平儿走来说："姥姥过这边来瞧瞧。"刘姥姥忙跟了平儿到那边屋里，只见堆着半炕东西，平儿一一的拿与他瞧。又说道："这是你昨儿要的青纱一匹，奶奶另外送你一个实地子月白纱作里子。这是两个细茧，作袄儿作裙子都好。这包袱里是两匹绸子，年下作件衣裳穿。这是一盒子各样的内造点心，也有你吃过的，也有你没吃过的，拿去摆碟子请客，比你们买的强些。这两条口袋是你前儿装瓜果来的，如今这一个里头装了两斗玉田秔米，［周按］玉田，县名，在今河北省东部，特产上品稻米。一种色红者称胭脂米，味香，特为名贵。一种色白而质佳，当即书中之玉田秔米。玉田米是本名，后因康熙时于承泽园中种之，故俗也称御田米。熬粥是难得的。这一条里头是园子里的果子和各样干果子。这一包是八两银子，都是我们奶奶给的。这两包，每包里头五十两，共是一百两，是太太给的，叫你们拿去，或者作个小本买卖，或是置几亩地，以后再别求亲告友的。"说着又悄悄的笑道："这两件袄儿和这条裙子，还有四块包头，一包绒线，可是我送姥姥的。那衣裳虽是旧的，我也没大狠穿，你要弃嫌我就不敢送了。"平儿说一样，刘姥姥念一句佛，已经念了几千佛了。又见平儿也送他这些东西，又如此谦逊，忙念佛道："姑娘说那里话，这样好东西，我还弃嫌，我便有银子，还没处买这样的去呢。只是我怪燥的，收了不好，不收又辜负了姑娘的心。"平儿笑道："休说外话，咱们都是自己，我才这样，你放心收罢。我还和你要东西呢，到年下，你只把你们晒的那灰条菜干子，和豇豆葫芦条儿，各样干菜带些来，我们这里上上下下都爱吃这个，就算了。别的一概不要，别罔费心。”刘姥姥千恩万谢的答应了。平儿道：“你只管睡你的去，我替你收拾妥当了，就放在这里，明儿一早打发小厮们雇了车来装上，不用你费心。”刘姥姥越发感激不尽，过来又千恩万谢的辞了凤姐，方过贾母这边。

睡了一夜，次早梳洗了，就要告辞。因贾母欠安，众人都过来请安，命人出去传请大夫。一时婆子回说大夫来了。老嬷嬷们要请贾母进帐子去，放下帐子来，贾母道：“我也老了，那里养不出那阿物儿来，还怕他不成。不用放帐子，就对面瞧罢。”［周按］旧时贵家妇女请医人室看病，必以病榻之纱帐隔开，只将手腕露于帐外以便诊脉。至于病人之形容面色，舌苔厚薄，非经特请，则医师亦无从得见。众婆子听了，便拿过一张小桌子来，放下一套书，便命人请。一时只见贾珍、贾琏、贾蓉三人将王太医领来。王太医不敢走甬路，［周按］甬路，指贵家大庭院由大门直通正厅堂之正道。非正式礼仪，日常生活或仆从下人皆不许经行此道，谓之甬路，其制笔直而无弯转。只走边砖，跟着贾珍到了阶矶上。早有两个婆子在两边打起帘子。两个婆子在前引进去，宝玉又迎了出来。只见贾母穿着青绉绸一斗珠的羊皮褂子，端坐在榻上，两边四个未留头的小丫嬛，［周按］头，谓梳成之髻式。都拿着蝇帚漱盂等物。又有五六个老嬷嬷，雁翅摆在两傍，碧纱厨后隐隐约约有许多穿红着绿戴宝簪珠的人。王太医便不敢抬头，忙上来请了安。贾母见他穿着六品服色，便知是御医了，含笑称呼：“供俸好！”因问贾珍：“这位供俸贵姓？”贾珍等忙回：“姓王。”贾母笑道：“当日太医院正堂有个王君效，好脉息。”王太医忙躬身低头含笑回说：“那是晚生的家叔祖。”［周按］由王太医口中此一语可证，贾母心中之太医王君效乃是历史上曹寅时代之名医也。贾母听了笑道：“原来这样，也是世交了。”一面说一面伸手，放在书上。王太医忙屈膝在榻上，［周按］王太医屈了膝于榻上，不敢坐之谦礼也。歪着头诊了半日，又诊那只手毕，忙欠身低头退出。贾母笑道：“劳动了。珍儿让出去书房里坐，好生看茶。”贾珍、贾琏等忙答应了几个是，复领王太医出至外书房中。王太医说：“太夫人并无别症，偶感了一点风凉，究竟不用吃药，不过略清淡些，常煖着一点儿就好了。如今写个方子在这里，若老人家爱吃呢，便按方煎一剂吃，若懒待吃，也就罢了。”说着吃过茶写了方子，刚要告辞，只见奶子抱了大姐儿出来笑说：“王老爷也瞧瞧我们。”王太医听说，忙起身就奶子怀中，用左手挽着大姐儿的手，右手诊了诊脉，又摸一摸头，又交伸出舌头来瞧瞧，笑道：“我说了，姐儿又要骂我了，只是要清清净净饿两顿就好了。不必吃煎药，我送几丸丸药来，临睡时用姜汤研开，吃下去就是了。”说毕作辞而去。贾珍等送出，回来拿了药方，回明贾母原故，将药方放在案上出去，不在话下。这里王夫人和李纨、凤姐、宝钗姊妹们见大夫出去，方从厨后出来。王夫人略坐了一坐，也回房去了。［周按］姥姥急于向老太太告辞回家，偏于忙中又写此请医一段情景，所谓文是看山不喜平。雪芹行文绝无平直之笔墨，总是忙中有闲，闲而有味，令人耐看，玩味不尽。

刘姥姥见无事，方上来向贾母告辞。贾母说：“闲了再来。”又命鸳鸯来：“好生打发你姥姥出去。我身上不好，不能送了。”刘姥姥十分道了谢，又作辞，方同鸳鸯出来。到了下房，鸳鸯指炕上一个包袱说道：“这是老太太的两件衣裳，都是往年间生日节下众人孝敬的，老太太从不穿人家作的，收着也是白收着，［蒙侧］写富贵常态，一笔作三五笔用。妙文！却是一次也没穿过，昨儿叫我拿出两套来，送你带回去，或是自己家里穿，或是送人。这盒子里是你要的面果子。这包里是你前儿说的药，梅花点舌丹，也有紫金锭，也有活络丹，也有清心丸，每样是一张方子包着，总包在里头了。这是两个荷包，带着顽罢。”说着便抽开系子，掏出两个笔锭如意的锞子来给他瞧，又笑道：“荷包你拿去，这个留下给我罢。”刘姥姥已喜出望外，早又念了几千声佛，听鸳鸯如此说，便说道：“姑娘只管留下罢了。”鸳鸯见他信以为真，便笑着仍与他装上，说道：“哄你顽呢！我有好些呢。你留着年下给小孩子们罢。”［蒙侧］逼真。说着，只见一个小丫头拿了个成窑钟子来递与刘姥姥，道："这是宝二爷给你的。"［周按］读者至此早已忘记了这杯，然雪芹却写得特清，一笔不漏。盖此非闲文，与后文贾家获罪大有关涉。因成窑杯为明代成化年间官窑所制之瓷杯，当时已甚名贵，至清代更为珍稀。此是刘姥姥二进荣国府。至姥姥三进荣府时，贾家已获罪抄家，景况与今天壤之别矣。刘姥姥道："这是那里说起，我那一世修了来的，今儿这样。"说着便接了过来。鸳鸯道："前儿我叫你洗澡，换的那衣裳是我的，你不弃嫌，还有几件也送你罢。"刘姥姥又忙道谢。鸳鸯果然又拿了两件出来，与他包好。刘姥姥又要到园中辞谢宝玉和众姊妹、王夫人等去。鸳鸯道："不用去了。他们这会子也不见人，回来我替你说罢，闲了再来。"又命了一个老婆子，吩咐他："二门上叫个小子来，帮着他拿出去。"婆子答应了，又和刘姥姥到了凤姐那边一并拿了东西，雇了车，命小斯搬了出去装上，一直送刘姥姥上车去了不提。［周按］写送刘姥姥上车亦如此周详细致，看似作者心细，实则仍是贾府待人体贴贫苦，无微不至。又姥姥此来之收获不独是衣食财物，还有一段日后涉及巧姐的姻缘。故雪芹特令姥姥为巧姐之取名人，所谓草蛇灰线伏于千里之外。

且说宝钗等吃过早饭，又往贾母处问过安，回园中至分路各归之时，宝钗便叫黛玉道："颦儿跟我来，有一句话问你。"黛玉便同了宝钗来至蘅芜苑中，进了房，宝钗便坐了，笑道："你跪下，我要审你！"［蒙侧］严整。黛玉不解何故，因笑道："你们瞧这宝丫头疯了，你审我什么？"宝钗冷笑道："好个不出闺门的女孩儿，好个千金小姐，满嘴里说的都是些什么！你实说便罢。"黛玉不解，只管发笑，心里也不免疑惑起来，口里只说："我何曾说什么来？你不过拿我的错儿罢了，你到说出来我听。"宝钗笑道："你还装憨儿呢，昨儿行酒令，你说的是什么？我竟不知是那里来的。"［蒙侧］何等爱惜！黛玉一想，方想起来，昨日失于检点，把《牡丹亭》《西厢记》说了两句，不觉红了脸，便上来搂着宝钗笑道："好姐姐，原是我不知道，随口说的。你教给我，我再不说了。"［蒙侧］真能受教，尊重之态，娇痴之情，令人爱煞。宝钗笑道："我也不知道。听你说的怪生的，所以请教你。"黛玉道："好姐姐，你别说与别人知道，我以后再不说了。”宝钗见他羞的脸飞红，满口央告，便不肯再追问了，因拉他坐下吃茶，款款告诉他道：［蒙侧］若无下文，自己何由而知，笔下一丝不露痕迹中补足，存小姐身分，颦儿不得反问。“你当我是谁，我也是个淘气的，从小七八岁上也勾个人缠的。我们家也算是个读书人家，祖父手里也极爱藏书。［周按］宝钗所云，祖父手里也极爱藏书。“也”字似为无用之文，殊不知正是暗指作者祖父曹寅是极爱藏书之大家也。先时人口多，姊妹弟兄也在一处，都怕看正紧书。弟兄们也有喜诗的，也有爱词的，诸如这些《西厢》《琵琶》，［蒙侧］藏书家当留意。以及元人百种，无所不有，他们是背着我们看，我们也却偷着背了他们瞧。后来大人知道了，打的打，骂的骂，烧的烧，才丢开了。所以咱们女孩儿家，不认字的到好。男人们读书不明理，尚且不如不读书的，何况你我？就连作诗写字等事，也非你我分内之事，究竟也不是男人家分内之事。男人们读书明理，辅国治民，这便好了。［蒙侧］作者一片苦心，代佛说法，代圣讲道，看书者不可轻忽。只是能有几个这样？读了书到更坏了。这是读书误了他，可惜他到把书遭塌了，所以到是耕种买卖，到没什么大害处。你我只该作些针线之事才是，偏又认得了字，既认得了字，不过拣那正经书看看也罢了，最怕是见了这些杂书，移了性情，就不可救了。”一夕话，说的黛玉垂头吃茶，心下暗伏，只有答应是的一字。

忽见素云进来说：［蒙侧］结得妙！“我们奶奶请二位姑娘商议要紧事呢。二姑娘、三姑娘、四姑娘、史大姑娘、宝二爷都在那里等着呢！”宝钗道：“又是什么事？”黛玉道：“咱们到那里就知道了。”说着便和宝钗往稻香村来，果见众人都在那里。李纨见了他两个先笑道：“社才起，就有脱滑的了，四丫头要告一年的假呢！”黛玉笑道：“都是老太太昨儿一句话，又叫他画什么园子图呢，惹的他乐得［周按］读如“乐德”，后一字重读，北语。告假了。”探春笑道：“也别怪老太太，都是刘姥姥一句话。”黛玉忙接道：“可是呢，都是他一句话。他是那一门子的姥姥，直叫他个母蝗虫就是了。”说着大家都笑起来，宝钗笑道：“世上的话，到了凤丫头嘴里也就尽了。幸而凤丫头不认得字，不大通，不过一概是市俗取笑。惟有颦儿这促狭嘴，他用春秋的法儿，市俗的粗话，撮其要，删其繁，再加润色，比方出来，一句是一句。［蒙侧］触目惊心，请自回思。这母蝗虫三字，把昨日那些形景都现出来了，亏他想的到也快。”众人听了都笑道：“你这一注解，也就不在他两个以下。”李宫裁道：“我请你们来大家商议，给他多少日子的假。我给了他一个月，他嫌少，你们怎么说。”黛玉道：“论理也不多，这园子盖才盖了一年，如今要画，自然得二年的工夫呢。又要研墨，又要铺纸，又要着颜色，又要……”刚说到这里，众人知道他是取笑惜春，便都笑问他说：“还要怎样？”［周按］众人一问，跌宕生姿，不可少也。黛玉也自己掌不住笑道：“又要照着样儿慢慢的画，可不得二年的工夫。”众人听了，都拍手笑个不住。宝钗笑道：“有趣，最妙落后一句是慢慢的画，他可不画去，怎么就有了呢？所以昨日那些笑话儿虽然可笑，回想是没味的。你们细想颦儿这句话虽淡淡的，回想却有滋味，我到笑的动不得了。”［庚双］看他刘姥姥笑后复一笑，亦想不到之文也。听宝卿之评，亦千古定论。惜春道：“都是宝姐姐，赞的他越发逞起强来了，这会子又拿我取笑儿。”黛玉忙拉他笑道：“我且问你，还是单画这园子，还是连我们众人都画上呢？”惜春道：“原说只画这园子的，昨儿老太太又说，单画园子成了个房样子了，叫连人都画上，就像行乐图似的才好。我又不会这上细画楼台，［周按］上细画，谓用工夫往细致里画，是口语原文。又不会画人物，又不好驳回，正为这个为难呢！”黛玉道：“人物还容易，你草虫上不能。”李纨道：“你又说不通的话了，这个上边那里又用着草虫。或者翎毛到要点缀一两样。”黛玉笑道：“别的草虫不要罢了，昨儿的母蝗虫不画上，岂不缺了典？”众人听了，又大笑起来。黛玉一面笑的两手捧着胸口，一面说道：“你快画罢，我连题跋都有了，起了个名就叫携蝗大嚼图。”[蒙侧]愈出愈奇。众人听了，越发笑的前仰后合。[周按]黛玉灵心慧性人所喜爱，惟口角轻薄我所不喜。即如大家嬉笑姥姥虽顽皮淘气却无侮辱之言，然黛玉之“母蝗虫”一语直是开口伤人。只听咕冬一声响，不知什么倒了，急忙看时，原来是史湘云伏在椅子背上笑的，那椅子原不曾放稳，被他全身伏着背子大笑，他又不防，两下里错了笋，[周按]笋，为榫字之通用写法。两下里错了笋，即今日所谓椅子位置失掉重心，以至跌倒。向东一歪，连人带椅都歪倒了。幸有板壁挡住，不曾落地。众人一见，越发笑个不住。宝玉忙赶上去扶了起来，方渐止了笑。

宝玉和黛玉使个眼色儿，黛玉会意，[蒙侧]何等妙，文心故意唐突。便走至里间屋里将镜袱揭起照了一照，只见两鬓略松，忙开了李纨的妆奁，拿了抿子来，对镜抿了两抿，仍旧收拾好了方出来，指着李纨道：“这是叫你带着我们作针线教道理呢，你反招了我们来大顽大笑的。”李纨笑道：“你们听他这刁话，他领着头儿闹，引着人笑了，到赖我的不是，真真恨的我受不得。也没别的，我只保佑着你明儿得个利害婆婆，再得几个千刁万恶的大姑子、小姑子，试试你那会子还这么刁不刁了。”[蒙侧]收结转折处处情趣。[周按]黛玉为人，连紫鹃也说她小性儿和歪派人，至此李纨又加刁话一词，正是紫鹃歪派人之同义语。黛玉早红了脸，拉着宝钗说：“咱们放他一年的假罢。”宝钗道：“我有一句公道话，你们听听。四丫头虽会画，不过是几笔写意，如今画这园子，非离了肚子里有几幅邱壑的如何成得？这园子却是像画儿一般，山水树木，楼阁房屋，远近疏密，也不多，也不少，恰恰的是这样。你既照样儿往纸上画，是必不能讨好的。这要看纸的地步远近该多该少，分主分宾，该添要添，该减要减，该藏要藏，该露要露。这一起稿子，再端详斟酌，方成一幅图样。第二件，这些楼台房舍，是必要用界划的，一点不留神，栏杆也歪了，柱子也塌了，门窗也斜了，阶矶也离了缝，甚至于桌子挤到墙里头去，花盆放在帘子上来，岂不到成了一章笑话儿了！第三件，安插人物也要有疏密，有高低。

衣折、裙带、手指、足步，最是要紧，一笔不细，不是肿了手，就是跏了脚，［周按］跏，即瘸字。染脸撕发到是小事。依我看来，竟难的狠，如今一年的假也太多，一个月也太少，竟给他半年的假，再派宝兄弟帮着他，并不是为宝兄弟知道教着他画，那就更误了事，为的是有不知道的，或难安插的，好叫宝兄弟拿出去问问那几个会画的相公，就容易了。”宝玉听了，先喜的说：“这话极是。詹子亮的工细楼台就极好，［周按］在第八回书中提及此人名曰詹光，至此方知其名光字子亮。程日兴的美人是绝技，如今就问他们去。”宝钗道：“我说你是无事忙，说了一声，你就问去，也等着商议定了再去。如今且说拿什么画？”宝玉道：“家里有雪浪纸，又大又托墨。”宝钗冷笑道：“我就说你不中用，那雪浪纸写字，画写意儿，或是会山水的画南宗山水，托墨，禁的皴搜。拿了画这个，又不托色，又难滃染，画也不好，纸也可惜。我教你一个法子。原先盖这园子，就有一张细致图样，虽是匠人描的，那地步方向是不错的。你和太太要了出来，也比着那纸大小，和凤丫头要块重绢，叫相公给矾了出来，叫他照着这园样删削着立了稿子，添了人物就是了。就是配这些青绿颜色，并泥金泥银，也得他们配去。你们也得另爊上风炉，［周按］爊，是原笔。预备化胶，出胶，洗笔，还得一个粉油大桉，［周按］桉，即案字。铺上毡子好画。你们那些碟子也不全，笔也不全，都得从新再治一分才好。”惜春道：“我何从有这些画器，不过写字的笔画画罢了。就是颜色，只有赭石、广花、藤黄、糎枝这四样，［周按］糎枝，即胭脂。此是雪芹原稿书法考究之遗痕。再有不过是两枝着色笔就完了。”宝钗道：“你不该早说？［周按］不该早说，反诘语也。如加标点，即问号句也。这些东西我却还有，只是你也用不着，给你也白放着。如今我且替你收着，等你用着这个的时候我送你些，也只可留着画扇子，若画这大幅的也就可惜了的。［周按］可惜了的，“了”字重读，下有一“的”字，北语。今儿替你开个单子，炤［周按］炤，即照，亦原笔写法。着单子和老太太要去。你们也未必知道的全，我说着，宝兄弟写。”宝玉早已预备下笔砚，原怕记不清白，要写了记着。听宝钗如此说，喜的提起笔来，静听宝钗说道：“头号挑笔四枝，二号挑笔四枝，三号挑笔四枝。大染四枝，中染四枝，小染四枝。大南蟹爪十枝，小蟹爪十枝。须眉十枝。大着色廿枝，小着色廿枝。开面十枝，柳条廿枝。箭头朱四两，南赭四两，石黄四两，石青四两，石绿四两，管黄四两，广花八两。蛤粉四匣，胭脂十张，大赤飞金二百张。青金二百张，鱼子金二百张。广匀胶四两，净矾二两。矾绢的胶矾在外，别管他们，你只把绢交出去叫他们矾去。这些颜色，咱们淘澄着，又顽了，又使了，包你一辈子都彀使了。再要顶细绢罗四个，粗罗二个，担笔四枝，大小乳钵四个，大粗碗二十个，五寸粗碟十个，三寸粗白碟二十个，风炉两个，大小沙锅四个，新磁缸二口，新水桶四只，一尺长白布口袋四条，浮炭二十斤，柳木炭一斤，三屉木箱一个，直地纱一丈，生姜四两，酱半斤。”黛玉忙道：“铁锅一口，锅铲一个。”宝钗道：“这作什么？”黛玉笑道：“你要生姜和酱这些作料，我替你要口锅来，好炒颜色吃。”众人都笑起来，宝钗笑道：“你那里知道，那粗色碟子保不住不上火烤，不拿姜汁子和酱先抹在底子上烤过，一经火就炸的。”众人都道：“原来如此。”黛玉又看了一回单子，笑着拉探春悄悄的道：“你瞧瞧，画个画儿，又要起这些水缸、箱子来了，想必他糊涂了，把他的嫁妆单子也写上了。”探春嗳了一声，笑了个不住，说道：“宝姐姐，你还不拧他的嘴，你问问他说你的是什么话。”宝钗笑道：“不用问，狗嘴里还有象牙！”一面说一面走上来，把黛玉按在炕上，便要拧他的脸。黛玉笑着忙央告道：“好姐姐，饶了我罢！颦儿年纪小，只知说，不知轻重。作姐姐的教道我，姐姐不饶我，我还求谁去。”众人不知话内有因，都笑道：“说的好可怜见的，连我们也软了，饶了他罢。”宝钗原要和他顽的，忽听他又拉上前番说他胡看杂书的话，便不好再和他厮闹，放起他来。黛玉笑道：“到底是姐姐，要是我，再不饶人的。”宝钗笑指他道：“怪不得老太太疼你，众人爱你伶俐，今儿连我也怪疼你的了。过来，我替你把头发拢一拢。”黛玉果然转过身来，宝钗用手替他拢上去。宝玉在傍看着，只觉更好看，不觉后悔，不该令他抿上鬓去，也该留着，叫他替他抿去。［蒙侧］又一点，［周按］叫他替他抿去，上一个“他”指宝钗，下一个“他”是指黛玉。盖宝钗为黛玉理妆，自以为难得之神情意态。故宝玉在旁玩赏不尽。作者可称无漏子。正自胡思，只见宝钗说道：“写完了，明儿回老太太去，若家里有的就罢，没有的去买了来，我帮着你们配。”宝玉忙收了单子，大家闲话了一回，至晚饭后，又往贾母处来请安。贾母原无大病，不过是劳乏了，兼着了些凉，温存了一日，又吃了一剂药，疏散了疏散，至晚也就好了。不知次日又有何事，下回分解。

［蒙回后］摸写富贵，至于家人、女子，无不妆颜，论诗书、讲画法，皆尽其妙。而其中隐语，惊人教人，不一而足。作者之用心，诚佛菩萨之用心，读者不可因其浅近而渺忽之。

［回后评］此段论画，逗露雪芹重工笔而轻写意。中国绘画史本以工笔为传统正宗，必须功力十分深厚，而写意画乃是后世文人信笔即兴，本非严格之绘画法也。

又，雪浪纸应即一种上等生宣纸，只宜于书法，绘画则须用熟宣。又，着色笔非书法所用之硬毫，而工笔楼台细致界划，非硬毫不可。观上文，宝钗所列各种绘画用笔大都是硬毫笔，只有烘染方用软毫。

此回写姥姥告辞，太医看病，巧姐取名，钗黛谈心等皆是清淡之笔，味在言外。自章法而论之，此乃架桥过渡之处。盖下文又突起异样笔墨，全出读者意表，故文似平而实无平处也。

第四十三回
闲取乐偶攒金庆寿　不了情暂撮土为香

［蒙戚回前］了与不了在心头，迷却原来难自由。如有如无谁解得，相生相灭第传流。

话说王夫人因见贾母那日在大观园不过着了些风寒，并不是什么大症，请医生来，吃了两剂药也就好了，便放了心，因命凤姐来，吩咐他预备给贾政带去的东西。正商议着，只见贾母打发人来请。王夫人便忙引着凤姐儿过来，王夫人又问："这会子又大安些？"贾母道："今日可大好了，方才你送来的鹌鹑崽子汤，我尝了一尝，到有味儿，又吃了两块肉，心里狠受用。"王夫人笑道："这是凤丫头孝敬老太太的，算他的孝心虔，不枉了老太太素日疼他。"贾母点头笑道："难为他想着，若是还有生的，再炸上两个，咸浸浸的，吃粥到有味儿。那汤虽好，就只不对稀饭。"［周按］称粥为稀饭，北语也。凤姐听了，连忙答应，命人往厨房传话。这里贾母又向王夫人笑道："我打发人请你，不为别的，初二日是凤丫头的生日，上两年我原就想着给他作生日，偏到跟前就有大事混过。今年人又齐全，料着又没事，咱们大家好生乐一日。"［庚双］贾母犹云：好生乐一日。可见逐日虽乐，皆还不趁心也。所以世人无论贫富，各有愁肠，终不能时时遂心如意。此是至理，非不足语也。［周按］参照中秋联句前湘黛议论坐船对话。王夫人笑道："我也这么想着呢，既是老太太高兴，何不就商议定了。"贾母笑道："我想往年不拘谁作生日，都是各自送各自的礼，这个也俗了，也觉狠生分似的，今儿我出个新法子，又不生分，又可取笑。"王夫人忙道："老太太怎么想着好，就怎么样行。"贾母笑道："我想着咱们也学那小家子，大家凑分资，［庚双］原来请分子是小家的事，近见多少人家红白事一出，且筹算分子之多寡，不知何说。多少尽着这钱去办，你道好顽不好顽？”［庚双］看他写与宝钗作生日后，又偏写与凤姐作生日，阿凤何人也，岂不为彼之华涎〔诞〕大用一回笔墨哉！只是亏他如何想来，特写于宝钗之后，较姊妹胜而有余。于贾母之前，较诸父母相去不远。一部书中若一个一个只管写过生日，复成何文哉。故起用宝钗，盛用阿凤，终用贾母，各有妙文，各有妙景。余者诸人或一笔不写，或偶因一语带过，或丰或简，其情当理合，不表可知。岂必谆谆死笔，按数而写众人之生日哉。○迥不犯宝钗。王夫人笑道："这个狠好，但不知怎么凑法。"贾母听说，益发高兴起来，忙命人去请薛姨妈、邢夫人等，［蒙侧］世家之长上，多犯此等办寿也要请人的毛病。又叫请姑娘们等并宝玉，那府里珍儿媳妇并赖大家的等有头脸管事的媳妇也都叫了来。众丫头婆子见贾母十分高兴，也都高兴起来，忙忙的各自分头去请的请，传的传，没顿饭时的工夫，老的少的，上的下的，乌压压挤了一屋子。只薛姨妈和贾母对坐，邢夫人、王夫人只坐在房门前两张椅子上，宝钗姊妹等五六个人坐在炕上，宝玉坐在贾母怀前，地下满满的站了一地。贾母命拿几个小杌子来，给赖大母亲等几个高年有体面的嬷嬷们坐了。贾府风俗，年高伏侍过父母的家人，比年轻的主子还有体面。［周按］按作者云，此乃贾府风俗，是有意回避本家本为内务府旗人世族，其生活习惯早已满洲化。当时有七分满洲三分汉之谚语。盖入旗年久，一切礼俗早与满人无异。满族风俗特尊年老有功或曾伺奉长亲之仆妇，书中所写皆系实况。所以尤氏、凤姐等只管地下站着。那赖大的母亲等三四个老嬷嬷告了罪，都坐在小杌子上了。

贾母笑着，把方才的一夕话，说与众人听了，众人谁不凑合这趣儿。再也有和凤姐好的，情愿这样。也有畏惧凤姐的，爬不得来奉承的。况且都是拿的出来的。所以一闻此言，都欣然应诺。贾母先道："我出二十两。"薛姨妈笑道："我随着老太太，也是二十两。"邢王二夫人笑道："我们不敢和老太太并肩，自然矮一等，每人十六两罢了。"尤氏、李纨也笑道："我们自然也矮一等，每人十二两罢。"贾母忙向李纨道："你寡妇失业的，［周按］寡妇失业的，北人俗常习用成语，甚至可用以比喻孤苦无助之处境。那里还拉你出这个钱，我替你出了罢。"［庚双］必如是方妙。凤姐忙笑道："老太太别高兴，且算一算账再揽事。老太太身上已有两分呢，这会子又替大嫂子出十二两，说着高兴，过会子又心疼了。过后儿又说是为凤丫头花了钱，使个巧法子，哄着我拿出三四倍来，暗里补上，我还作梦呢。”说的众人都笑了。贾母道：“依你怎么样呢？”［庚双］又写阿凤一详〔评〕更妙！若一笔直下，有何趣哉！凤姐笑道：“生日没到，我这会子已经折受的不受用了。我一个钱饶不出，惊动这些人，实在不安，不如大嫂子这分我替他出了罢。我到了那一日，多吃些东西，就享了福了。”邢夫人等听了，都说狠是。贾母方允了。凤姐又笑道：“我还有句话呢，我想老祖宗自己二十两，又有林妹妹和宝兄弟的两分子。姨妈自己二十两，又有宝妹妹的一分子。这也公道。只是二位太太每位十六两，自己又少，又不替人出，这有些不公道，老祖宗吃了亏了！”贾母听了，忙笑道：“到是我的凤丫头向着我，这说的狠是。要不是你，我叫他们又哄了去了。”凤姐笑道：“老祖宗只把他姐儿两个交给二位太太，一位占一个，派多派少，每位替出一分就是了。”贾母忙说：“这狠公道，就是这样。”赖大的母亲忙站起来笑说道：“这可反了，我替二位太太生气，在那边是儿子媳妇，在这边是内侄女儿，到不向着婆婆姑娘，到向着别人，这儿媳妇成了陌路人，内侄女儿成了外侄女儿了。”说的贾母与众人都大笑起来。［庚双］写阿凤全付精神，虽一戏亦人想不到之文。赖大的母亲因又问道：“少奶奶们十二两，我们自然也该矮一等了。”贾母听说道：“这可使不得！你们虽该矮一等，我知道你们这几个都是财主，分位虽低，钱却比他们的多，［庚双］惊魂夺魄，只此一句，所以一部书全是老婆舌头，全是讽刺世事，反面春秋也。所谓痴子弟正照风自〔月〕鉴，若单看了家常老婆舌头，岂非痴子弟乎？［周按］此一批超群绝伦，第一稀有，说破奥秘，位置最高。老婆舌头之辞出自张竹坡，今以批芹书，更上层楼，富有新意。你们和他们一例才使得。”众妈妈听了，连忙答应是。贾母又道：“姑娘们不过应个景儿，每人照一个月的月例就是了。”又回头叫鸳鸯来：“你们也凑几个人，商议商议凑了来。”鸳鸯答应着，去不多时，带了平儿、袭人、彩霞等，还有几个丫嬛来。也有二两的，也有一两的。

贾母因问平儿道：“你难道不替你主子作生日，还入在这里头。”平儿笑道：“我那个私自另外有了，这是官中的，也该出一分。”贾母笑道：“这才是好孩子！”凤姐又笑道：“上下都全了，还有二位姨奶奶，他们出不出，也问一声儿，尽到他们是礼，不然他们只当小看了他们了。”[庚双]纯写阿凤，以衬后文。贾母听了，忙说：“可是呢，怎么到忘了他们，只怕他们不得闲儿，叫一个丫头问问去。”说着，早有一个丫头去了，半日回来说道：“每位也出二两。”贾母喜道：“拿笔砚来，算明共计多少。”尤氏因悄骂凤姐道：“我把你这没足厌的小蹄子，这么些婆婆婶子来凑银子给你作生日你还不足，又拉上两个苦瓠子作什么！”凤姐也悄笑道：“你少胡说，你给我离了这里，他们两个为什么苦呢，有了钱也是白填送别人，不如拘了来咱们乐。”[庚双]纯写阿凤，以衬后文，二人形景如见，语言如闻，真描画的到。说着，早已合算了，共凑了一百五十两有零。贾母道：“一日的戏酒用不了。”尤氏道：“既不请客，酒席又不多，两三日的用度都彀了。头等戏不用钱，省在这上头。”贾母道：“凤丫头说那一班，就传那一班。”凤姐道：“咱们家的班子都听熟了，到是花几个钱，叫一班子来听听罢。”贾母道：“这件事我交给珍哥媳妇了，索性叫凤丫头别操心，受用一日才是。”[庚双]所以特受用了，才有琏卿之变，乐极生悲，自然之理。尤氏答应着，又说了一回话，都知贾母乏了，才渐渐的都散出来。

尤氏等送邢王二夫人散去，便往凤姐房里来，商议怎么办法的话。凤姐道：“你不用问我，你只看老太太的眼色行事就完了。”尤氏笑道：“你这阿物儿，也忒行了大运了，我当有什么事叫我们来，原来单为这个，出了钱不算，还叫我来操心。你怎么谢我？”凤姐笑道：“别扯燥，我又没叫你来，谢你什么？你怕操心，你这会子就回老太太去，再派一个就是了。”尤氏笑道：“你瞧他兴的这样儿！我劝你收着些儿好，太满了就泼出来了。”二人又说了一回话方散。

次日将银子送到宁国府来，尤氏方才起来梳洗，因问是谁送过来的，丫头们回说：“是林大娘。”尤氏便命叫他进来，丫头们走至下房叫了林之孝家的过来。尤氏命他脚踏上坐了，[周按]脚踏，即床榻前放置靴鞋之木具。今令大管家娘子坐于脚踏上，又比小杌子低了一等。一面忙着梳头，一面问他：“这一包银子共多少？”林之孝家的回说：“这是我们底下人的银子，凑了先送过来，老太太和太太们的还没有呢。”正说着，丫嬛们回说：“那府里太太和姨太太打发人送分资来了。”尤氏笑骂道：“小蹄子们耑会记得这些没要紧的话，昨日不过老太太一时高兴，故意要学那小家子凑分资，你们就记住了，到了你们嘴里，就当正经的话。[蒙侧]世家风调。还不快接了进来好生待茶，再打发他们去。”丫嬛答应着，忙接了银子进来。一共两封，连宝钗、黛玉的都有了。尤氏问还少谁的，林之孝家的道：“还少老太太、太太的和姑娘们的，还有底下姑娘们的。”尤氏道：“还有你们大奶奶的呢？”林之孝家的道：“奶奶过去，这银子都从二奶奶手里发，[蒙侧]伏线。一共都有了。”说着，尤氏已梳洗了，命人伺候车辆，一时来至荣府，先来见凤姐。只见凤姐已将银子封好，正要送去。尤氏笑道：“都齐了？”凤姐笑道：[庚双]笑字就有神情。“都齐了。快拿了去罢，丢了我不管。”[蒙侧]斗起。尤氏笑道：“我有些信不及，到要当面点一点。”说着果然按数一点，只没有李纨的一分，[蒙侧]点明题面。尤氏笑道：“我说你肏鬼呢，怎么你大嫂子的没有？”凤姐笑道：“那么些还不彀么？短使一分也罢了，等不彀了，我再给你。”[庚双]可见阿凤处处心机。尤氏笑道：“昨儿你在人跟前作人，今儿又来和我赖，这个断不依，我只和老太太要去。”凤姐笑道：“我看你利害，明儿有了事，我也丁是丁卯是卯的，你也别报怨。”尤氏笑道：“你一般也怕。不看你素日孝敬我，我才是不依你呢！”[蒙侧]处处是世情作趣，处处是随笔埋伏。说着，把平儿一分子拿了出来，说道："平儿来，把你这分子收起去，等不彀了，我替你添上。"平儿会意，因说道："奶奶先使着，若剩下了再赏我也是一样。"尤氏笑道："只许你那主子作弊，［蒙侧］请看。不许我作情？"平儿只得收了。尤氏又道："我看着你主子这么细致，弄这些钱财那里使去，使不了明儿带了棺材里使去。"［庚双］此言不假，伏下后文短命，尤氏亦能干事矣。惜不能劝夫治字〔家〕，惜哉，痛哉！一面说，一面又往贾母处请了安。大概说了两句话，便走到鸳鸯房中，和鸳鸯商议，只听鸳鸯的主意行事，何以讨贾母的喜欢。二人计议妥当，尤氏临走时也把鸳鸯的二两银子还了他。［蒙侧］请看世情，可笑，可笑。说："这还使不了呢！"说着一迳出来。又至王夫人跟前说了一回话，因王夫人进了佛堂，把彩云的一分也还了他。他见凤姐不在跟前，把周、赵二人的也还了。［蒙侧］另是一番作用。他两个还不敢收，［庚双］阿凤声势亦甚矣。尤氏道："你们可怜见的，那有这些闲钱。凤丫头便知道了，有我呢！"二人听说，方千恩万谢的收了。［庚双］尤氏亦可谓有才矣。论有德比阿凤高十倍，惜乎不能谏夫治家，所谓人各有当也。此方是至理至情。最恨近之野史中，恶则无往不恶，美则无一不美，何不近情理之如是耶！于是尤氏一迳出来，坐车回家，不在话下。［周按］尤氏之精明才干不逊于凤姐，但不似凤姐处处显露，品格更高。今尤氏早已窥破凤姐暗中取巧之权术，特将姨娘丫嬛等分资一一交还，是于精明才干外又比凤姐多了一分仁厚体贴之心。

且说辗眼已是九月初二日，［周按］辗眼，是原笔。园中人都打听得尤氏办得十分热闹，［蒙侧］剩笔。且影射能事不独熙凤。不但有戏，连要百戏的并说书的男女先儿全有，［周按］北京语音，瞎儿，先儿（儿化）全同不可辨，将瞎儿写为先儿，一是较为婉蓄礼貌，二因凡盲者亦常称为先生（如算命的）。先儿又先生之快速简省音也。因而都打点取乐顽耍。李纨又向众人道："今日是正经社日，可别忘了。［庚双］看书者已忘，批书者亦已忘了，作者竟未忘。忽写此事，真忙中愈忙，紧处愈紧也。宝玉也不来，想必他只图热闹，把清雅就忘了。"［庚双］此独宝玉乎，亦骂世人。余亦为宝玉忘了，不然何不来耶？说着，便命丫嬛去瞧作什么呢，快请了来。丫嬛去了半日，回来说："花大姐姐说，今日一早就出门去了。"［庚双］奇文。众人听了，都诧异说："再没有出门之理。这丫头糊涂，不知说话。"因又命翠墨去，一时翠墨回来说："可不真出了门了。说有个朋友死了，出去探丧去了。"［庚双］奇文，信有之乎？花团锦簇之日，偏如此写法。探春道："断然没有的事。凭他什么，再没有今日出门之理！你叫袭人来，我问他。"刚说着，只见袭人走来。李纨等都说道："今儿凭他有什么事，也不该出门。头一件，你二奶奶的生日，[蒙侧]因行文不肯平，下一反笔，则文语并奇，好看煞人。老太太都这么高兴，两府里上下众人来凑热闹，他到走了。第二件，又是头一社的正日子，他也不告假，就私自去了。"袭人叹道："昨儿晚上就说了，今儿一早有要紧的事，到北静王府里去，就要赶回来的。劝他不要去，他必不依，今儿一早起来，又要素衣裳穿，想必是北静王府里的要紧姬妾没了，也未可知。"李纨等道："若果然为此，也该去走走，只是也该回来了。"说着，大家又商议："咱们只管作诗，等他来罚他。"刚说着，只见贾母已打发人来请，便都往前头来了。袭人回明贾母宝玉的事，贾母不乐，便命人接去。

原来宝玉心内有件私事，于头一日就吩咐茗烟："明日一早要出门，备下两匹马，在后门口等着，不要别人，只你一个跟着。说给李贵，我往北府里去了。倘或要着人找，叫他拦住不用找，只说北府里留下了，横竖就来的。"茗烟也摸不着头脑，只得依言。今儿一早，果然备了两匹马，在后园门等着，天亮了，只见宝玉遍体纯素，从角门出来，一语不发，跨上马，一湾腰顺着街就趱下去了。[周按]趱，读如颤，北语谓跑或疾走也。骑马者欲使马加速奔驰，则将腰一弯，两腿夹紧于马腹上，马即会意而快行。茗烟也只得跨马加鞭赶上，在后面忙问："往那里去？"宝玉道："这条路是往那里去的？"茗烟道："这是出北门的大道，出去了冷清清，没有可顽的去处。"宝玉听说，点头道："正要冷清清的方好。"[周按]方好，即好。是原笔。说着，索性加了两鞭，那马早已转了两个湾子，出了城门，[周按]此城门即北京城北面之西城门，名曰德胜门。茗烟越发不得主意，只得紧跟着。一气跑了七八里路出来，人烟渐渐稀少，宝玉方勒住马，回头问茗烟道："这里可有卖香的。"茗烟道：

“香到有，不知要那一样？”宝玉想道：“别的香不好，须得檀、芸、梌三样。”［周按］梌，即降，是原笔。茗烟笑道：“这三样可难得。”宝玉为难，茗烟见他为难，因问道：“要香作什么使，我见二爷时常小荷包里有碎香，何不用？”一句话提醒了宝玉，便回手从衣襟下掏出一个荷包来，摸了一摸，竟有两星星沉素，心内欢喜道：“只是不恭些。”再想自己亲身带的到比买的又好些。于是又问炉炭。茗烟道：“这可罢了，荒郊野外，那里有这个，既用这些东西，何不早说，带了来岂不便意。”［周按］便意，是原笔。宝玉道：“糊涂东西，若可带了来，又不这样没命的跑了。”［庚双］奇奇怪怪，不知为何？看他下文怎样。茗烟想了半日，笑道：“我得了个主意，不知二爷心下如何？我想来二爷不只用这个呢，只怕还要用别的东西。如今我们索性再往前走二里地，就是水仙庵。”宝玉听了忙问：“水仙庵就在这里，更好了！我们就去。”说着就加鞭前行，一面回头向茗烟道：“这水仙庵的姑子长往咱们家去，咱们这一去到那里借香炉使使，他自然是肯的。”茗烟道：“别说他是咱们家的香火，就是平常不认识的庙里和他借，他也不敢驳回。只是一件，我常见二爷最厌这水仙庵的，如何今儿又这样喜欢了？”宝玉道：“我素日因恨俗人不知原故，混供神，混盖庙，这都是当日有钱的老公们和那些有钱的愚妇，［周按］有钱的老公，指明代大太监，专喜修庙祀神。北京西郊庙宇此类最多。老公为俗呼太监之用语（上字重读，下字轻读）。听见有个神，就盖起庙来供着，也不知那神是何人，因听些野史小说，便信了真。［庚双］近闻刚丙庙，又有三教庵，以如来为尊，太上为次，先师为末，真杀有余辜。所谓此书救世之溺，不假。比如这水仙庵里面，因供的是水洛神，［周按］水洛神，三字一词，民间口语。故名水仙庵。殊不知古来并无有个洛神，那原是曹子建的谎话。［周按］曹子建名植，魏武帝曹操之子，封陈留王，特擅诗赋。当时有“天下才共有一石，曹子建独得八斗”之美名。其所作《洛神赋》千古流传。雪芹于此调侃子建，是袭用其祖先典故。因曹寅当日才华横溢，人皆以子建再生誉之。今雪芹之才亦不稍逊子建。至于曹子建的谎话云云，又双关《石头记》之荒唐言，言辞微妙，须细玩方知。谁知这起愚人就塑了像供着，今儿却合了我的心事，故借他一用。”说着，早已来至门前。

那老姑子见宝玉来了，事出意外，就像天上掉下个活龙来的一般，［周按］天上掉下个活龙，此喻在雪芹当日实为大胆犯上之悖逆语也。又与后文凤凰来了对照。忙上来问好，命老道［周按］老道，庵中杂役之“火工道”也。来接马。宝玉进了来，也不拜洛神之像，却只管赏鉴。虽是泥塑的，却真有翩若惊鸿，婉若游龙之态。荷出渌波，日映朝霞之姿。［庚双］妙极。用《洛神赋》譖〔赞〕洛神，本地风光，愈觉新奇。［周按］惊鸿、游龙、渌波、朝霞皆特举《洛神赋》中句法为例。宝玉不觉滴下泪来。老姑子献了茶，宝玉因和他借香炉，那姑子去了半日，连香供纸马都预备了来。宝玉道：“一概不用。”说着命茗烟捧着炉，出至园后，要拣一块干净地方儿，竟拣不出来。茗烟道：“那井台上如何？”宝玉点头，一齐来至井台上，将炉放下。［庚双］妙极之文！宝玉心中拣定是井台上了，故意使茗烟说出，使彼不犯疑猜矣。宝玉亦有欺人之才，盖不用耳。茗烟站过一边，宝玉掏出香来焚上，含泪施了半礼，［庚双］奇文！云只施半礼，终不知为何事也。回身便命收了去。茗烟答应着，且不收，忙爬下磕了几个头，口里祝道：“我茗烟跟随二爷这几年，二爷的事我没有不知道的，只有今儿这一祭祀，没有告诉我，我也不敢问，只是这受祭的阴魂，虽不知名姓，想来自然是那人间有一天上无双的，极聪明，极精雅的一位姐姐妹妹了。二爷心事不能出口，等我代祝，你若芳魂有感，［周按］有感，犹今言有感应，能神精交流。香魄多情，虽然阴阳间隔，既是知己之间，时常来望候二爷，未尝不可。你在阴间保佑二爷来生也变个女孩儿，和你们一处相伴，再不可又托生这须眉浊物了。”说毕，又磕了几个头，才爬起来。［庚双］忽插入茗烟一篇流言，粗看则小儿戏语，亦甚无味，细玩则大有深意。试思宝玉之为人，岂不应有一极伶俐乖巧小童哉？此一祝，亦如《西厢记》中双文降香，第三柱〔炷〕则不语，红娘则待〔代〕祝数语，直将双文心事道破。此处若写宝玉一祝，则成何文字！若不祝，直成一谜，如何散场？故写茗烟一戏，直戏入宝玉心中，又发出前文，又可收后文，又写茗烟素日之乖觉可人，且衬出宝玉直似一个守礼待嫁的女儿一般，其素日脂香粉气，不待写而全现出矣。今看此回，直欲将宝玉当作一个极轻俊羞怯的女儿看，茗烟则极乖觉可人之丫嬛也。宝玉听他没说完，便掌不住笑了。［庚双］方一笑，盖原可发笑。且说的合心，愈见可笑也。因踢他道：“休胡说，看人听见当实话。”［庚双］也知人笑，更奇。［周按］当实话，据以为真作话柄，责怪也。◎茗烟特选井台为焚香祭祀之处，暗切金钏投井之事，亦可见其聪明过人。又知宝玉不便明言之内心，故代为陈情，句句亲切有味，不愧为宝玉之小书僮也。

茗烟起来收过香炉，和宝玉走着，说道："我已经和姑子说了，二爷还没用饭，叫他随便收拾了些东西，二爷勉强吃些。我知道今儿咱们里头大排筵宴，热闹非常，二爷为此才躲了出来的，横竖在这里清净一天，也就尽到了礼了。若不吃些东西，断使不得。"宝玉道："戏酒既不吃，这随便素的吃些何妨。"茗烟道："这才是呢！还有一说，咱们出来了，必有人不放心，若说没人不放心，就晚了进城何妨。若有人不放心，二爷须得进城回家去才是！头一件老太太和太太也放了心，第二件礼也尽了，不过如此。就是家去了看戏吃酒，也并不是二爷有意，原不过陪着父母尽孝道。二爷若单为这个，不顾老太太、太太悬心，就是那方才受祭的明灵也不安稳。［周按］旧时凡遇哀悼之日不能吃酒看戏，故在庙中进素食以表悲痛之情。二爷想我这话如何？"宝玉笑道："你的意思我猜着了，你想着只你一个跟了出来，回来你怕担不是，［周按］回来，即回头，过后之义，俗常口语，与来往无涉。所以拿这大题目来劝我。［庚双］亦知这个大，妙极！我才出来不过为尽个礼，再去吃酒看戏，并没说一天不进城。这一完了心愿，赶着去，大家放心，岂不两尽其道！"［庚双］这是大通的意见，世人不及的去处。茗烟道："这更好了！"说着，二人来至禅堂，果然那姑子收拾了一桌素菜。宝玉胡乱吃了些，茗烟也吃了，二人便上马仍回旧路，茗烟在后面只嘱咐："二爷好生骑着，这马总没大骑的，手提紧着些。"［庚双］看他偏不写凤姐那样热闹，却写这般清冷，真世人意料不到这一篇文字也。

一面说着，早已进了城，仍从后门进去，忙忙来至怡红院中。袭人等都不在房里，只有几个老婆子看屋子，见他来了，都喜的眉开眼笑说："阿弥陀佛，可来了！把花姑娘急疯了。上头正坐席呢，二爷快去罢！"宝玉听说，忙将素衣服脱了，自去寻了华服换上，问在什么地方坐席。老婆子回说："在新盖的大花厅上。"宝玉听说，一迳往花厅上来，耳内早已隐隐闻得歌管之声，刚至穿堂那边，只见玉钏儿独坐在廊檐下垂泪，［庚双］总是千奇百怪的文字。一见他来，便收泪说道："凤凰来了，快进去罢！再一会子不回来，都反了。”［庚双］是平常言语，却是无限文章，无限情理，看至后文，再细思此言，则可知矣。宝玉陪笑道：“你猜我往那里去了？”［周按］玉钏一见宝玉说凤凰来了，正与水仙庵中老尼见了宝玉说就像天上掉下个活龙来的一般。又是龙又是凤，令人发笑。再，其明知宝玉外出必是为她姐姐金钏一祭，然不搭一言，可与前回尝莲叶羹合看。玉钏儿不答，只管擦泪。［庚双］无限情理。宝玉忙进厅内，见了贾母、王夫人等，众人真如得了凤凰一般。宝玉与凤姐行礼。贾母、王夫人都说他不知好歹，怎么也不说声，就私自跑了。这还了得，明儿再这样，等你老子回家，必告诉他打你。说着又骂跟的小厮们，偏都听他的话，往那里去就去，也不回一声儿。一面又问他到底那里去了，可吃了什么没有，唬着了没有。［庚双］奇文毕肖。宝玉只应说：“北静王的一位爱妾昨日没了，［周按］他本做“死了”。主辰吉礼，岂能口出“死”字。给他道恼去，他哭的那样，不好撇下就回来，所以多等了一会子。”贾母道：“以后再私自出门，不先告诉我，一定叫你老子打你。”宝玉答应着，贾母又要打跟的人，众人又劝道：“老太太也不必过虑了，他已经回来，大家该放心乐一回了。”贾母先不放心，自然发了恨，今见来了，喜且有余，那里还恨，也就不提了。还怕他不受用，或者别处没吃饭，路上着了惊怕，反百般哄他。袭人早过来伏侍，大家仍旧看戏。当日演的是《荆钗记》，贾母、薛姨妈等都看的心酸落泪，也有叹的，也有骂的。要知端的，下回分解。

［蒙戚回后］攒金办寿家常乐，素服焚香无限情。

写办事不独熙凤，写多情不漏亡人，情之所钟，必让若辈。此所谓情情者也。

［回后评］世人看《石头记》，多赞其写大排场，大局面举重若轻，笔力十分可观。我谓雪芹之笔能大能小，大则如屋椽，小则如绣针，大固可观可佩，而小却更觉有情有味。如本回写为凤姐祝寿即是佳例。而此在雪

贾宝玉品茶拢翠庵

妙玉请宝钗、黛玉喝梯已茶，此回另一版本回目名为“茶品梅花雪”“劫遇母蝗虫”。妙玉之为人怪癖初见，连黛玉都被讥为俗人。庚本回前有批云：此回拢翠品茶，怡红遇劫，盖妙玉虽以清静无为自守，而怪洁之癖未免有过。老妪只污得一杯，见而勿用，岂似玉兄日享洪福，意至无以复加而不自知。故老妪眠其席，酒屁熏其屋，却被袭人遮过。则仍用其床，其屋，亦作者特为转眼不知身后事写来作戒。纨绔公子可不慎哉！

可卿

画梁春尽落香尘。擅风情，秉月貌，便是败家的根本。箕裘颓堕皆荣玉，家事消亡首罪宁。宿孽总因情！

芹貌似繁华热闹而非真正大笔也。试看尤氏如何攒金敛钱，然后又如何处理发放，有各房的丫嬛，有二老爷之姬妾，有尤氏与凤姐妯娌二人之对话，便令人愈觉琐碎，愈有情趣意味，故我最喜读此等文字。

小家小户欲模仿大家行事，难。难在无此能力，无此地方，也不明其礼数。大家欲模仿小户，亦难。难在不知小家之人如何筹划，如何费尽心力，更不知在小户人家，又如何方是他们的真正快乐。

雪芹的笔法，愈在紧要关节愈会发生事故。事故或大或小，总是出人意外。老太太率领全家为凤姐作寿，宝玉万无外出之理，而宝玉偏偏于一早便远出郊外，作者笔下绝无一字交待他之远出郊外所为何事，但见他所到者为水仙庵，所见者为洛神像。洛神像者何，水之神也。宝玉一见便滴下泪来，何也？又写向庵内索要香炉，是为祭祀之事可知。而所选之地，偏偏又在井台，至焚礼之时，又偏偏写明宝玉仅仅只行了半礼，便命将炉香等事物收拾起来，也是曲曲折折，琐琐细细，原故一字不讲，全要读者自加领会。直到回府以后，先见玉钏在此伤怀流泪，如此种种全在含而不露，用笔之妙。又与前半回攒金作寿情趣各异，看他一枝生花笔，右挥左拂，无往不宜。真令我佩服，而不知以何言辞方能赞美其万一也。

第四十四回
变生不测凤姐泼醋　喜出望外平儿理妆

［蒙戚回前］云雨谁家院，飘来花自奇。莺莺燕燕斗芳菲，枝枝因风滴玉露，正春时。

话说众人看演《荆钗记》，宝玉和姊妹们一处坐着，林黛玉因看到《男祭》这出上，便和薛宝钗说道："这王十朋也不通的狠，不管在那里祭一祭罢了，必定跪到江边子上来作什么。［周按］跪到江边来，跪字是。盖戏中所演，正是跪哭也。俗语说，睹物思人，天下水总归一源，不拘那里的水舀一碗看着哭去，也就尽情了。"宝钗不答，宝玉回头要热酒敬凤姐。

原来贾母说今日不比往日，定要叫凤姐尽乐一日。本来自己懒待坐席，只在里间屋里榻上歪着和薛姨妈看戏，随心爱吃的拣几样放在小几上，随意吃着说话儿，将自己两棹席面赏给那没席面的大小丫头并那应差听差的妇人等，命他们在窗外廊檐下也只管坐，随意吃嗑，不必拘礼。王邢二夫人在地下高桌上坐着，外面几席是他们姊妹们坐。贾母不时吩咐尤氏等："让凤丫头坐在上面，你们好生替我待东，难为他一年到头辛苦。"尤氏答应了，又笑回说道："他坐不惯首席，坐上头，横不是竖不是的，酒也不肯吃。"贾母听了笑道："你不会，［周按］谓你不会劝凤姐喝酒。等我亲自让他去。"凤姐听说，忙也进来笑道："老祖宗，别信他们的话，我吃了好几钟了。"贾母笑命尤氏："快拉他出去，按在椅子上，你们都轮流敬他。他再不吃，我当真就自去了。"尤氏听说，忙笑着又拉他出来坐下，命人拿了台盏，斟了酒，笑道："一年到头，难为你孝顺老太太、太太，我今儿没什么疼你的，亲自斟杯酒，你乖乖儿的，在我手里喳一口。”凤姐笑道：“你要安心孝敬我，跪下，我自喝。”尤氏笑道：“说的你不知是谁，我告诉你说罢，好容易今儿这一遭，过了后儿，知道还得像今儿这样不得了！趁着尽力灌丧两钟罢。”［庚双］闲闲一戏语，伏下后文，令人可伤，所谓盛筵难再。［周按］灌丧，北人戏骂之语，专指喝酒。凤姐见推不过，只得喳了两钟。接着众姊妹也来敬酒，凤姐也只得每人的喳一口。赖大妈妈见贾母尚这等高兴，也少不得来凑趣儿，领着些嬷嬷们也来敬酒。凤姐也难推脱，只得喳了两口。鸳鸯等也都来敬酒，凤姐真不能了，忙央告道：“好姐姐们，饶了我罢，我明儿再喳罢。”鸳鸯笑道：“真个的，［周按］读真格的，北语。我们是没脸的了，就是我们在太太跟前，太太还赏个脸呢！往常到有些体面，今儿当着这些人，到拿起主子款调儿来了。［周按］款调，款谓势派，调谓语气。我原不该来，不喳，我们就走。”说着真个回去了。凤姐儿忙赶上拉住笑道：“好姐姐，我喳就是了。”说：“拿酒来！”满满的斟了一杯，喳干。鸳鸯方笑了散去，然后又入席。凤姐自觉酒沉了，心里突突的似往上撞，要往家去歇歇，只见那要百戏的上来，便和尤氏说：“预备赏钱，我要洗洗脸去。”尤氏点头。

凤姐瞅人不防，便出了席，往房门后檐下走来。平儿留心，也忙跟了来，凤姐便扶着他。才至穿廊下，只见他房里的一个小丫头子正在那里站着，见他两个来了，回身就跑。凤姐便疑心，忙叫住。那丫头先只粧听不见，无奈后面连平儿也叫，只得回来。凤姐越发起了疑心，忙和平儿进了穿堂，叫那小丫头子也进来，把隔扇关了。凤姐坐在小院子的台矶石上，命那小丫头子跪了，喝命平儿：“叫两个二门上的小厮来，拿绳子、鞭子，把这眼睛里没主子的小蹄子打烂了。”那小丫头已经唬得魂飞魄散，哭着只管磞头求饶。［周按］磞头即碰头，即磕响头，将额叩地有声，是清代谢罪求饶或乞请大事的最重礼式。凤姐问道：“我又不是鬼，你见了我，不说规规矩矩站住，怎么到往前跑？”那小丫头子哭道：“我原没看见奶奶来，我又记挂着房里无人，所以跑了。”凤姐道：“房里既无人，谁叫你又来的？你便没见我，我和平儿在后头扯着脖子叫了你十来声，越叫越跑。离的又不远，你聋了不成。你还和我强嘴！”［周按］强即强之俗写，亦作“犟”。说着便扬手一掌打在脸上，打的那小丫头子一栽，这边脸上又一下，登时小丫头两腮赤胀起来。平儿忙劝道：“奶奶仔细手疼。”凤姐便说：“你再打着问他跑什么？他再不说，把嘴撕烂了他的。”那小丫头先还强嘴，后来听见凤姐要烧了红烙铁来烙嘴，方哭道：“二爷在家里，打发我来这里瞧着奶奶的，若见奶奶散了，先叫我送信去的，不承望奶奶这会子就来了。”凤姐见话内有文章，必有别的缘故，便又问道：“叫你瞧着我作什么？难道怕我家去不成！快告诉我，从此以后疼你，你若不说，立等拿刀子来割你的嘴。”说着，回手向头上拔下一根簪子来，向那丫头嘴上乱戳，［周按］此句与割你的嘴照应。唬的那丫头一行躲，一行哭求道：“我告诉奶奶，可别说我说的。”平儿一傍劝，一面推他快说。那丫头便说道：“二爷也是才来房里的，睡了一会醒了，打发人来瞧瞧奶奶，说才坐席，还得好一会才来呢。二爷就开了箱子，拿了两块银子，还有两根簪子，叫我悄悄的送与鲍二老婆去，叫他进来。他收了东西，就往咱们屋里来了。二爷又叫我来瞧着奶奶，底下的事，我就不知道了。”凤姐听了，已气的浑身发软，忙立起身来，一迳来家，刚至院门，只见又一个小丫头在门前探头，一见了凤姐，也缩头就跑。［庚双］如见其形。凤姐提着名字喝住，那丫头伶俐，见躲不过了，索性跑了出来，笑道：“我正要告诉奶奶去呢，可巧奶奶来了。”凤姐道：“告诉我什么？”那丫头便说二爷在家，这般如此，将方才的话也说了一遍。凤姐啐道：“你早作什么来着，这会子我看见你了，你来推干净儿！”说着，也扬手一下，打的那丫头一个趔趄。

便摄脚的走至窗前，往里听时，只听里面说笑，那妇人笑道："多早晚你那阎王老婆死了就好了。"贾琏道："他死了再娶一个也是这样，又怎么样呢？"那妇人道："他死了，你到是把平儿扶了正，只怕还好些。"贾琏道："如今连平儿他也不许我沾一沾了。平儿也是一肚子委屈不敢说，我命里怎么就该犯了夜叉星。"凤姐听了，气的浑身乱战，又听他两个都赞平儿，便疑平儿素日背地里自然也有怨的话了，那酒越发涌上来，也并不忖夺，［周按］忖度，度入声，音"夺"，故亦直写作"夺"。回身把平儿先打了两下，一脚踢开门进去，也不容分说，抓住鲍二家的撕了一顿。［周按］撕即乱抓打之义。又怕贾琏走出去，便堵着门站住骂道："好淫妇！你偷主子汉子，还要治死主子老婆！平儿过来，你们淫妇忘八一条藤儿，多嫌着我，外面你哄着我！"说着，又把平儿打几下。［庚双］奇极，先打平儿，可是世人想得着的！打的平儿有冤无处诉，只气的干哭，骂道："你们作这些没脸的事，好好的又拉上我作什么！"说着，也把鲍二家的撕打起来。贾琏也因吃多了酒，进来高兴，未曾作的机密，一见凤姐来了，已没了主意，又见平儿也闹起来，把酒也气上来。凤姐儿打鲍二家的，他已又气又愧，只不好说的。今见平儿也打，便上来踢骂道："好娼妇！你也动手打人！"平儿怯打，忙住了手哭道："你们背道里说话，为什么拉我呢！"凤姐见平儿怕贾琏，越发气了，又赶上来打着平儿，偏叫打鲍二家的。平儿急了，便跑出去找刀子要寻死。外面众婆子丫头忙拦住解劝，这里凤姐见平儿要寻死去，便一头撞在贾琏怀里叫道："你们一条藤儿害我，被我听见了，到都唬起我来了，你也勒死我罢！"贾琏气的墙上拔下剑来，说道："不用寻死，我也急了，一齐杀了，我偿了命，大家干净。"正闹的不开交，只见尤氏等一群人来了，说："这是怎么说？才好好的，就闹起来。"贾琏见了人，越发倚酒三分醉，逞起威风来，［庚双］天下小人，大都如是。故意要杀凤姐。凤姐见人来了，便不似先前那般泼了，［庚双］天下奸雄、妒妇、恶妇，大都如是，只是恨无阿凤之才耳。丢下众人，便哭着往贾母那边跑。

此时戏已散出，凤姐跑到贾母跟前，爬在贾母怀内，只说："老祖宗救我，琏二爷要杀我呢！"［庚双］瞧他称呼。贾母、邢夫人、王夫人等忙问："怎么了？"凤姐哭道："我才家去换衣裳，不防琏二爷在家和人说话，我只当是有客来了，唬的我不敢进去。在窗户外头听了一听，原来是和鲍二家的商议说我利害，要拿毒药给我吃了，治死我，把平儿扶了正。我原气了，又不敢和他吵，原打了平儿两下，问他为什么要害我。他燥了，就要杀我。"贾母等听了，都信以为真，说："这还了得！快拿了那下流种子来！"一语未完，只见贾琏拿着剑赶来，后面许多人跟着。因贾母素日疼他们，连母亲、婶母也无关碍，故逞强闹了来。邢夫人见了，气的忙拦住骂道："这下流种子，你越发反了！老太太还在这里呢！"贾琏乜斜着眼道："都是老太太惯的他，他才这样，连我也骂起来了！"邢夫人气的夺下剑来，只管喝他快出去。那贾琏只管撒娇撒痴，涎言涎语的还只乱说。贾母气的说道："我知道他不把我们放在眼里，叫人把他老子叫来，看他去不去！"贾琏听见这话，方趔趄着脚儿出去了，赌气也不往家去，便往外书房来。这里邢夫人、王夫人也说凤姐儿，贾母笑道："什么要紧的事！小孩子们年轻，馋嘴猫似的，那里保的住不这么着。自从小儿世人都打这么过的。都是我的不是，他多吃了两口酒，又吃起醋来。"说的众人都笑了。贾母又道："你放心，明儿我叫他来，替你赔不是。你今儿别过去，燥着他。"因又骂："平儿那蹄子，素习我到看他好，怎么暗地这么坏。"尤氏等笑道："平儿没有不是，是凤丫头拿着人家出气，两口子不好对打，拿着平儿煞性子，人家委屈的什么是的呢，老太太还骂人家。"贾母道："原来这样，我说那孩子到不像那狐媚魔道的。既你们看著可怜见的，白受他主子的气。”因叫琥珀来：“快去告诉平儿，就说我的话，我知道他受了委屈了，明儿我叫凤姐儿来替他赔不是。今儿是他主子的好日子，不许他胡闹。”原来平儿早被李纨拉入大观园去了，［庚双］可知吃蟹一回，非闲文也。平儿哭的哽噎难抬，宝钗劝道：“你是个明白人，［庚双］必用宝钗评出，方是身分。素日凤丫头何等待你，今儿不过他多吃了一口酒，他可不拿你出气，难道拿别人出气不成！别人又笑话他吃醉了。你只管这会子委屈，素日你的好处岂不都是假的了？”正说着，只见琥珀走来，说了贾母的话，平儿自觉面上有了光辉，方才渐渐的好了，也不往前头来。

宝钗等歇息了一会子，方来看贾母、凤姐。宝玉便让了平儿到怡红院中来。袭人忙接着笑道：“我先原要让你的，只因大奶奶和姑娘们都让你，我就不好让的了。”平儿也陪笑说：“多谢。”因又说道：“好好的，从那里说起，无缘无故白受了一场气。”袭人笑道：“二奶奶素日待你好，这不过是一时气急了。”平儿道：“二奶奶到没说的，只是那个淫妇，他又偏拿我凑趣儿，我们糊涂爷到打我。”说着便又委屈，禁不住落泪。宝玉忙劝道：“好姐姐，别伤心，我替他两个赔个不是罢。”平儿笑道：“与你什么相干。”宝玉笑道：“我们弟兄姊妹都一样，他们得罪了人，我替赔个不是，也是应该的。”又道：“可惜这新衣裳也沾了，这里有你花妹妹的衣裳，何不换了下来，拿些烧酒喷了熨一熨。把头也另梳一梳。”一面说，一面便吩咐小丫头子们舀洗脸水，烧熨斗来。平儿素习只闻人说宝玉专能和女孩儿们接交，宝玉素日因平儿是贾琏的爱妾，又是凤姐的心腹，故不肯和他厮近，因不能尽心，也常为恨事。平儿今见他这般，心中也暗暗的战敠：“果然话不虚传，色色想的周到。”又见袭人特特的开了箱子，拿出两件不大穿的衣裳来与他换，便连忙脱下自己的衣服，忙去洗了脸。宝玉在傍笑劝道："姐姐还该擦上些脂粉，不然到像与凤姐姐赌气了似的。况且又是他的好日子，而且老太太又打发人来了安慰你。"平儿听了有理，便去找粉，只不见粉。宝玉忙走至妆台前，将一个宣窑磁盒揭开，里面盛着一排十根玉簪花棒，拈了一根递与平儿，又向他道："这不是铅粉，这是紫茉莉花种研碎了，兑上香料制的。"平儿倒在掌上看时，果见轻白红香，四样俱美，扑在面上也容易匀净，且能润泽肌肤，不似别的粉青重涩滞。随后看见胭脂也不是成张的，［周按］旧时饰面用的胭脂，皆似棉压成薄层，剪为圆形小饼状，浸以胭汁，可揭为一张一张的，故曰成张。却是一个小小的白玉盒子，里面盛着一盒，如玫瑰膏子一样。宝玉笑道："那市卖的胭脂都不干净，颜色也薄。这是上好的胭脂，拧出汁子来，淘澄净了渣滓，配了花露，蒸叠成的。只用细簪子挑一点儿抹在手心里，用一点水化开抹在唇上，手心里剩的，就彀打颊腮了。"平儿依言粉饰，果见鲜艳异常，且又甜香满颊。宝玉又将盆内开的一枝并蒂秋蕙，用竹剪撷了下来，与他簪在鬓上。忽见李纨打发丫头来唤他，方忙忙的去了。［庚双］忽使平儿在绛芸轩中梳妆，非世人想不到，宝玉亦想不到者也。作者费尽心机了。○写宝玉最善闺阁中事，诸如脂粉等类，不写成别致文章，则宝玉不成宝玉矣。然要写又不便特为此费一番笔墨，故思及借人发端。然借人又无人，若袭人辈则逐日皆如此，又何必拣一日细写，似觉无味。若宝钗等又系姊妹，更不便来细搜袭人之妆奁，况也是自幼知道的了。因左思右想，须得一个又甚亲，又甚疏，又可唐突，又不可唐突，又和袭人等极亲，又和袭人等不大常处，又得袭人辈之美，又不得袭人辈之修饰一人来，方可发端，故思及平儿一人方如此，故放手细写绛芸闺中之什物也。

宝玉因自来从未在平儿前尽过心，且平儿又是个极聪明的人，极清俊上等女孩儿，比不得那起俗蠢拙物，深为恨怨。［周按］俗蠢拙物，观此，则女子也有此类人，不独贬男时用之。然此正谓女子不当染男气类男性，无聪俊灵秀之美者，恶之之甚也。今日也是金钏儿的生日，［周按］从上回至此，方明白点破金钏也是九月初二的生辰。故一日不乐，［庚双］原来为此，宝玉之私祭，玉玔〔钏〕之潜哀，俱针对矣。然于此刻补明，又一法也。真十〔千〕变万化之文，万法俱备，毫无脱漏，真好书也。不想落后闹出这件事来，竟得在平儿前稍尽片心，亦是今生意中不想之乐也。因歪在床上，心内怡然自得。忽又思及贾琏惟知以淫乐悦己，［周按］悦己，己字是关键。只图自身享乐，此最自私者，亦宝玉之爱人、惜人、悯人之对立面也。并不知作养脂粉。又思平儿并无父母兄弟姊妹，独自一人供应贾琏夫妇二人，贾琏之俗，凤姐之威，［周按］之俗，之威，与第二回眉批“鹡鸰之悲，棠棣之威”句法相似。他竟能周全妥贴，今日还遭荼毒，想来此人薄命，［周按］在此又一点薄命二字，与第五回薄命司遥遥呼应。正见薄命者非谓一人一事，全部书为此而作也。似黛玉尤甚。想到此间，便又伤感起来。不觉洒然泪下，［周按］试看宝玉于平儿身上用情又是一番景况，体贴处不在脂粉之考究，衣帕之熨晒，而端在怜其薄命，越诚越敬，略无杂念。而世人能为宝玉之真知音者又有几何。因见袭人等不在房内，尽力落了几点痛泪。［周按］落泪而用尽力语，甚奇。可见落泪须防人知人见，亦大不自由。此时因绝无人在，故始畅流痛泪。雪芹文字须细细体会。复起身，见方才衣裳上喷的酒已半干，便拿熨斗熨了叠好。见他手帕子忘去，上面犹有泪渍，又在面盆中洗了晾上，又喜又悲，闷了一回，也往稻香村来。说了一回闲话，掌灯后方散。

平儿就在李纨处歇了一夜，凤姐只跟着贾母。贾琏晚间归房，见满屋内冷清清的，又不好去叫，只得胡乱睡了一夜。次日醒了，想昨日之事，大没意思，后悔不来。邢夫人记挂着昨日贾琏醉了，忙一早过来，叫了贾琏过贾母这边来。贾琏只得忍愧前来，在贾母面前跪下了。贾母问他：“怎么了？”贾琏忙陪笑说：“昨儿原是吃了酒，惊了老太太的驾了，今儿来领罪。”贾母啐道：“下流东西，灌了黄汤不说安分守己的挺尸去，到打起老婆来了。凤丫头成日家说嘴，霸王似的一个人，昨儿唬的可怜。要不是我，你要伤了他的命，这会子可怎么样？”贾琏一肚子委屈不敢分辩，只认不是。贾母又道：“那凤丫头和平儿还不是美人似的，你还不足，成日家偷鸡摸狗，赃的臭的都拉了你屋里去。为那起淫妇打老婆，又打屋里人，你还是大家子的公子，活打嘴了！你若眼睛里有我，你起来，我饶了你，你乖乖的替你媳妇赔个不是，拉了他家去，我就喜欢了。要不然，你只管出去，我也不敢受你的跪。”贾琏听如此说，又见凤姐儿站在那边，也不盛妆，哭的眼睛肿着，也不甚施脂粉，黄黄的脸儿，［庚双］大妙大奇之文。此一句便伏下病根了，草草看去，便可惜了作者行文苦心。比往常更觉可怜可爱。想着：“不如赔个不是，彼此也好了，又讨了老太太的喜欢。”想毕，便笑道：“老太太的话，我不敢不依，只是越发纵了他了。”贾母笑道：“胡说！我知道他是最有礼的，再不会冲撞人。他日后要得罪了你，我自然也做主意，叫你降伏就是了。”贾琏听说，爬起来便向凤姐作了一个揖，笑道：“原是我的不是，二奶奶饶过我罢。”满屋里的人都笑了。贾母笑道：“凤丫头不许恼了，再恼我就恼了。”说着，又命人去叫了平儿来，命贾琏、凤姐两个安慰他。贾琏见了平儿，越发图不得了，［周按］他本有“所谓妻不如妾妾不如偷”句，应是批语蹿入正文。听贾母一说，便赶上来说道：“姑娘昨儿受了委屈了，都是我的不是。奶奶得罪了你，也是因我起。我赔了不是不算外，还替你奶奶赔个不是。”说着也作下揖去。贾母笑了，凤姐也笑了，贾母又命凤姐安慰他。平儿忙走上来给凤姐磕头，说：“奶奶的千秋，我惹了奶奶生气，是我该死。”凤姐正自愧悔昨日酒吃多了，不念素日之情，浮躁起来，为听了傍话，无故给平儿没脸。今反见他如此，又是惭愧，又是心酸，忙一把拉起来，落下泪来。平儿道：“我伏侍了奶奶这么几年，也没弹我一指头，就是昨儿打我，我也不怨奶奶。都是那淫妇治的，怨不得奶奶生气。”说着，也哭了。［庚双］妇人女子之情毕有〔肖〕。但世之大英雄，羽翼偶摧，尚按剑生悲，况阿凤与平儿哉！所谓此书真是哭成的。贾母便命人将他三人送回房去：“有一个再提此事，即刻来回我。我不管是谁，拿拐棍子给他一顿。”三人从新给贾母、邢王二位夫人磕头。

老嬷嬷答应了，送他三人回至房中，凤姐见无人，方说道：“我怎么像个阎王，又像夜叉，那淫妇望我死你也帮着呢？我千日不好，也有一日好，可怜我熬的连一个淫妇也不如了，我还有什么脸过这日子。”说着又哭了。［庚双］辖治丈夫，此是首计，懦夫来看此句。贾琏道：“你还不足，你细想想，昨儿谁的不是多？［庚双］妙！不敢自说没不是，只论多少，懦夫来者〔看〕。今儿当着人，还是我跪了一跪，又赔不是，你也争足了光。这会子还叨叨，难道还叫我给你跪下才罢？太占足了强也不是好事。”说的凤姐无言可对，嗤的一声笑了。贾琏也笑道：“又好了，真真的我也是无法了。”正说着，只见一个媳妇来回说：“鲍二媳妇吊死了。”［庚双］到也有气性，只是又是情累一个，可怜！贾琏、凤姐都吃了一惊。凤姐忙收了怯色，反喝道：“死了罢了，有什么大惊小怪的！”［庚双］写阿凤如此。一时，只见林之孝家的进来，悄回凤姐道：“鲍二媳妇吊死了，他娘家亲戚要告呢！”凤姐笑道：［庚双］偏于此处写阿凤笑，怀〔坏〕哉阿凤。“这到好了，我正想要打官司呢。”林之孝家的道：“我才和众人劝了他们，又威赫了一阵，［周按］威赫是原笔，赫为以势炫逼之意，非吓也。又许了他几个钱，也就依了。”凤姐道：“我没一个钱，有钱也不给他，只管叫他去告，也不许劝他，也不用镇赫他，只管让他告去。告不成，到问他个以尸讹诈呢！”［庚双］写阿凤如此。林之孝家的正在为难，因见贾琏和他使眼色，心下明白，便出去等着。贾琏道：“等我出去瞧瞧看是怎么样。”凤姐道：“不许给他钱！”贾琏一迳出来，和林之孝商议，命人去作好作歹，许了二百两银子才罢。贾琏生恐有变，［周按］恐有变，二百两入账，皆是后文伏笔。又命人去和王子腾说了，将番役仵作人等叫了几名来，帮着办丧事。那些人见了如此，总要复办，亦不敢办，只得忍气吞声罢了。贾琏又命林之孝将那二百银子，入在流年账上分别添补开销过去。［庚双］大敝小敝，无一不到。又梯己给鲍二些银两，安慰他说：“另日再挑个好媳妇给你。”鲍二又有体面，又有银子，有何不依，便仍然奉承贾琏，［庚双］为天下夫妻一哭。不在话下。里面凤姐心中虽不安，面上只管佯不理论，因房内无人，便拉平儿笑道：“我昨儿灌丧醉了，你别怨，打了那里？让我瞧瞧。”平儿道：“也没打重。”正说着，只听人回说：“奶奶姑娘们都进来了。”下回分解。

［蒙戚回后］富贵少年多好色，那如宝玉会风流。阎王夜叉谁曾说，死到临头身不由。

［回后评］古文论诗之名言曰：状难写之景如在目前，写不尽之意见于言外。今观雪芹此等笔墨，又大大超越难状之景与不尽之意。盖凤姐寿辰万无贾琏乘机胡为之理，此等丑事亦断无平儿牵连之嫌，雪芹偏偏要写此等断乎无理、无嫌之大异事，而此等异事又如何下笔着墨，俱不可想像，不可思议，真令人惊奇拜服，无言可以形容，仍以圣手赞云，愧无更佳之言词也。

宝玉引领平儿到他室内梳洗妆扮，更是礼数大家庭中断乎不可能发生的事态。其难写更加一层，而雪芹挥洒如意，着语不多而意味无尽，此其一也。再，第五回警幻仙子训道宝玉，即明白提出意淫二字。世人惊骇，莫能理解。今观宝玉见平儿无端无故遭此荼毒，其奇冤至屈难以形容。宝玉无从表其深怜之意，亦无方施以慰借之道，只可待其浣帕调脂，稍申微曲，此种心情，行动正是警幻所谓意淫之佳例。盖意淫之字面易生误会，而世人亦莫究其深意本旨。故《石头记》不易读，反滋诟病，良可叹也！

第四十五回
金兰契互剖金兰语　风雨夕闷制风雨词

［蒙戚回前］富贵荣华春暖，梦破黄粮愁晚。金玉作楼台，也是戏场妆点。莫缓，莫缓，遗却灵光不远。

话说凤姐正然安慰平儿，忽见众人进来，［周按］中有李纨在内，故称众人。忙让了坐，平儿斟上茶来。凤姐笑道："今儿来的这么齐全，到像谁下帖子请了来的。"探春先笑道："我们有两件事，一件是我的，一件是四妹妹的，还夹着老太太的话。"凤姐笑道："有什么事这么要紧？"探春笑道："我们起了一个诗社，头一社就不齐全。众人脸软，所以就乱了。我想必得你去作个监社御史，铁面无私才好。再四妹妹为画园子用的东西这般那般不全，回了老太太，说只怕后楼底下还有当年剩下的，找一找，若有呢，拿出来，若没有，叫人买去。"凤姐笑道："我又不会作什么湿的干的，［周按］湿的干的，湿谐诗，盖京语诗，湿恰为同音无别。要我吃东西去不成？"探春道："你虽不会作，也不要你作诗，只监察着我们里头有偷安怠堕的，该怎么样罚他就是了。"凤姐笑道："你们别哄我了！我猜着了，那里是请我作监社御史，分明是叫我作个进钱的铜商。你们弄什么社，必是要轮流作东道的。你们月钱不彀花了，想出这个法子来拘了我去，好和我要钱。可是这个主意？"一夕话说的众人都笑起来了。李纨笑道："真真你是个水晶心肝玻璃人！"［周按］李纨此语是盛赞凤姐也，然若如此读本书便是大笨人。盖李纨心知凤姐喜听奉承话，而且正好循凤姐之语顺水推舟。故凤姐之巧，巧不过李纨。读者莫把李纨看得等闲。凤姐笑道："亏你是个大嫂子呢，把姑娘们原交给你带着念书，学规矩针线的，他们不好，你还要劝。这会子他们起诗社，能用几个钱，你就不管了。老太太、太太罢了，原是老封君。你一个月十两银子的月钱，比我们多两倍子，老太太、太太还是说你寡妇失业的，可怜不彀用，又有个小子，足的又添了十两，和老太太、太太平等。又给你园子地，各人取租子，年中分年例，［周按］年中，谓年度间，口语也，非年终义。又是上上分儿。你娘儿们主子、奴才共总没十个人，吃的穿的仍就是官中的。一年通共算起来也有四五百银子，这会子你就每年拿出一二百银子来，赔他们顽顽，能几年的限。他们各人出了阁，难道还要你赔不成。这会子你怕花钱，调唆他们来闹我，我乐得去吃一个河涸海干。我还通不知道呢！”李纨笑道：“你们听听，我说了一句，他就疯了，说了两车无赖的泥腿市俗家常打算盘分金拨两的话出来。［庚双］心直口拙之人急了，恨不得将万句话来并成一句，说死那人。毕肖！［周按］请看凤姐说得至清至白、满情满理，李纨无可回答，只以顾而言他，打岔头的强词夺理之言以为支吾。这东西，亏他托生在诗书大宦名门之家，作小姐出身，出了嫁又是这样，他还是这么着。若生在贫寒之家，小门小户的作个小子，还不知怎么下作，贫嘴恶舌的呢！天下人都被你算计了去！昨儿还打平儿呢，亏你伸的出手来，那黄汤难道灌丧了狗肚子里去了，气的我只要给平儿打抱不平。忖度了半日，好容易狗长尾巴尖儿的好日子，又怕老太太心里不受用，因此没来，究竟气还未平。你今儿还招我来了，给平儿拾鞋也不要，你们两个只该换一个过儿才是！”［周按］此时是戏言，日后却实应。总是草蛇灰线伏于千里。说的众人都笑了。凤姐忙笑道：“竟不是为诗为画来找我，这样子竟是为给平儿来报仇的。我竟不承望平儿有你这们一个仗腰眼子的人，早知道，便有鬼拉着我的手打他，我也不打了。平姑娘过来，我当着大奶奶、姑娘们给你赔个不是，担待我酒后无德罢。”说着，众人又都笑起来了。［周按］凤姐屈打平儿，内心甚愧，一直不安，今正好借李纨之言当众谢罪。平儿至此亦方觉委屈释然。李纨笑问平儿道：“如何？我说必定要给你争气才罢。”平儿笑道：“虽如此，奶奶们取笑，我禁不起。”李纨道：“什么禁不起。有我呢，快拿了钥匙，叫你主子开了楼房找东西去！”凤姐笑道：“好嫂子，你且同他们回园子里去，我才要把这米账和他们算一算。那边大太太又打发人来叫，又不知有什么话说，须得过去走一淌。还有年下你们添补的衣服还没打点给他们作去。”李纨笑道：“这些事我都不管，你只把我的事完了，我好歇着去，［周按］李纨貌似仁厚，不干家务，其实正是她油滑之处。若以纨凤相较，谁更可畏，读者思之。省得这些姑娘们小姐们闹我。”凤姐忙笑道：“好嫂子，赏我一点空儿罢。你是最疼我的，怎么为平儿就不疼我了。往常你还劝我说，事情虽多，也该保养身子，检点着偷空儿歇歇，你今儿反到逼我的命了。况且误了别人年下的衣裳无碍，他姊妹们的若误了，却是你的责任。老太太岂不怪你不管闲事，连一句现成话也不说？［周按］凤姐刺破了李纨为人的要害。我宁可自己落不是，岂肯带累你呢？”李纨笑道：“你们听听说的好不好，把他会说话的。我且问你，这诗社你到底管不管？”凤姐笑道：“这是什么话，我若不入社花几个钱，大观园里我不成了反叛了，还想在这里吃饭不成？明日一早就到任，下马拜了印，先放下五十两银子，给你们慢慢的作会社东道。过后几天，我又不作诗作文，只不过作个俗人罢了。监察也罢，不监察也罢，有了钱了，你们还撵出我来也使得！”说的众人又都笑起来。凤姐又道：“过会子我开了楼房，凡有的这些东西都叫人搬出来你们看，若使得，留着使，若使少什么，照你们单子，我叫人替你们买去就是了。画绢我就裁出来，那图样没在太太跟前，还在那边珍大爷那里呢。说给你们，别碰钉子去。我打发人取了来，一并叫人连绢交给相公们矾去如何？”李纨点头笑道：“这难为你，果然这样还罢了。既如此，咱们家去罢，等着他不送了去，再来闹他。”说着，便带着众人就要走。凤姐道：“这些事再无两个人，都是宝玉作出来的。”李纨听了，忙回身笑道：“正是为宝玉来，反忘了他。头一社就是他误了，我们脸软，你该怎么罚他？”凤姐想一想说道：

"没有别的法子，只叫他把你们各人的屋子里的地，罚他扫一遍才好。"众人都笑道："这话不差。"

说着，才要回去，只见一个小丫头扶了赖嬷嬷进来。凤姐等忙站起来，笑让大娘坐，又都给他道喜。赖嬷嬷向炕沿上坐了，［周按］北方旧俗，因天气严寒，卧室皆有土炕，中空可通烧柴之烟道暖气，夜则眠于炕上。但白天客人来时，则让客上炕为尊礼。客不敢实领，即以炕沿为落座之处。今待老妈妈以客礼也。笑道："我也喜，主子们也喜，若不是主子们恩典，我们这喜从何来。昨儿奶奶又打发彩哥儿赏东西，［周按］彩哥儿，指彩明，脂批谓系未冠小童。我孙子在门上朝上磕了头了！"李纨笑道："多早晚上任去？"赖嬷嬷叹道："我那里管他，由他们去罢！前儿在家里给我磕头，我没好话。我说，哥哥儿，［周按］哥哥儿，讽刺口吻的称呼法，与哥儿尊称大异，不可混也。你别说你是官儿了，就横行霸道起来。你今年活了三十岁，虽然是人家奴才，一落娘胎胞，主子恩典，放你出来。上托着主子的洪福，下托着你老子娘，也是公子哥儿似的读书识字，也是丫头、老婆、奶子捧凤凰似的长了这么大。你那里知道那奴才两字是怎么写！只知道享福，也不知你爷爷和你老子受的那苦恼。熬了三辈子，好容易挣出你这么个东西来。［周按］赖嬷嬷此言自述世代为奴之甘苦辛酸，是书中之义。而雪芹写来以寄托自家世代为皇家奴仆之感叹，语语中肯，是书外之意。从小儿三灾八难，花的银子也照样打出你这么个银人儿来了。到二十岁上，又蒙主子的恩典，许你蠲个前程在身上，你看那正根正苗忍饥挨饿的要多少？你一个奴才秧子，［周按］秧子，本义即幼苗，后代，但亦常用以贬称富家浪荡子弟，受人哄骗之傻角，此处似无此意。仔细折了福。如今乐了十年，不知怎么弄神弄鬼求了主子，又选了出来。州县官虽小，事情却大，为那一州的州官，就是那一方的父母，你不安分守己，尽忠报国，孝敬主子，只怕天地不容你！"李纨、凤姐儿却都笑道："你也多虑，我们看他也就好。先那几年还进来了两次，这有好几年没来了，年下生日，只见他的名字就罢了，前儿给老太太、太太磕头来，在老太太那院里，见他又穿着新官的服色。越发的威武，比先时也胖了。他这一得了官，正该你乐呢，反到愁起这些来。他不好，还有他父母呢，你只管受用你的就完了。闲了坐个轿子进来，和老太太斗一日牌，说一天话儿，谁好意思的委屈了你？家去一般也是楼房厦厅，谁不敬你。自然也是老封君似的了。”说着，只见平儿斟上茶来。赖大嬷嬷忙站起来接了，笑道：“姑娘不管叫那个孩子到来罢了，又折受我。”说着，一面吃茶，一面又道：“奶奶不知道，这些孩子们全要管的严，饶这么样，他们还偷空儿闹个乱子来叫大人操心。知道的说小孩子们淘气，不知道的人家就说仗着财势欺人，连主子名声也不好。恨的我没法儿，常把他老子叫来，骂一顿才好些。”［周按］赖嬷嬷说她孙子赖尚荣是一大伏笔，与后文贾府败落有关，盖曾惹出祸端连累其原主家也。因又指宝玉道：“不怕你嫌我，如今老爷不过这么管你一管，老太太护在头里。当日老爷小时挨你爷爷的打，谁没看见的！老爷小时，何曾像你天不怕地不怕的了！还有那边大老爷，虽然淘气，也没像你这扎窝子的样儿，也是天天打。还有东府里你珍大哥哥的爷爷，那才是火上浇油的性子，说声恼了，什么儿子，竟是审贼。如今我眼里看着，耳朵里听着，那珍大爷管儿子，到像当日老祖宗的规矩。只是管的到三不着两的，他自己也不管一管自己，怎么怨的这些兄弟侄儿不怕他。你心里明白，喜欢我说，不明白，嘴里不好意思说，心里不知怎么骂我呢！”［周按］赖嬷嬷一段话与警幻吊先人，剖腹深嘱之意略同，而极饶异曲同工。

正说着，只见赖大家的来了，接着周瑞家的、张材家的都进来回事情。凤姐笑道：“媳妇来接婆婆来了。”赖大家的笑道：“不是接他老人家，到是来打听奶奶，姑娘们赏脸不赏脸。”赖嬷嬷听了笑道：“可是我糊涂了，正紧说的话且不说，且说陈谷子烂芝麻的混捣熟。［周按］捣熟，以粮谷为喻，凡上臼捣者皆生谷也。若以熟者捣之，遂成笑谈。故谓陈言旧套为捣熟。因为我们小子选了出来，众亲友要给他贺喜，少不得家里摆个酒。我想，摆一日酒，请这个也不是，请那个也不是。又想了一想，托主子的洪福，想不到的这样荣耀，就倾了家我也是愿意的。因此吩咐了他老子连摆三日。头一日，在我们破花园子里摆几席酒，一台戏，请老太太、太太们、奶奶姑娘们去散一日闷，外头大厅上一台戏，几席酒，请老爷们、爷们争争光。第二日再请亲友们。第三日再把我们的这两府里的伴儿们请一请。热闹三天，也是托着主子的洪福一场，光辉光辉。”李纨、凤姐都笑道:“多早晚的日子，我们必去，只怕老太太高兴要去，也定不得。”赖大家的忙道：“择了十四的日子，只看我们奶奶的老脸罢了。”凤姐笑道：“别人不知道，我是一定去的，先说下，我是没有贺礼的，也不知道放赏，吃完了一走，可别笑话。”赖大家的笑道：“奶奶说那里话，奶奶要赏，赏我们三二万银子就有了。”赖嬷嬷笑道：“我才去请老太太，也说去，可算我这脸还好。”说毕，又叮咛了一回，方起身要走，因看见周瑞家的，便想起一事来，因说道:“可是还有一句话问奶奶，这周嫂子的儿子犯了什么不是，撵了他不用？”凤姐听了笑道：“正是我要告诉你媳妇，事情多，也忘了。赖嫂子回去，说给你老头子，两府里不许收留他小子，叫他各人去罢。”赖大家的只得答应着，周瑞家的忙跪下央求。赖嬷嬷忙道:“什么事，说给我评评。”凤姐道：“前儿我的生日，里头还没吃酒，他小子先醉了。老娘那边送了礼来，他不说在外头张罗，他到坐着骂人，礼也不送进来。两个女人进来了,他才带着小么们往里抬。小么们到好，他拿的一盒子到失了手，撒了一院子馒首。人去了打发彩明去说他，他到骂了彩明好一顿。这样无法无天的忘八羔子,还不撵了作什么！”赖嬷嬷笑道:“我当什么事情，原来为这个。奶奶听我说，他有不是，打他骂他，使他改过。撵了去，断乎使不得。他又比不得咱们家的家生儿子，他现是太太的陪房，奶奶只顾撵了他，太太不好看。依我说，奶奶教导他几板子，以戒下次，仍旧留着才是。不看他娘，也看太太。”凤姐听说，便向赖大家的说道：“既这样，打他四十棍，以后不许他吃酒。”赖大家的答应了。周瑞家的磕头起来，又要与赖嬷嬷磕头，赖大家的拉着方罢。［周按］周瑞家的儿子与来旺的儿子亦伏笔，皆为后文日后势败时预布线索。所谓伏线千里，自第二十八回起处处皆然，但读者不晓耳。然后他三人去了，李纨等也就回园中来。至晚，果然凤姐命人找了许多旧收的画具出来，送至园中。宝钗等选了一回，各色东西，可用的只有一半，将那一半又开了单子，与凤姐去照样置买，不必细说。

一日外面矾了绢，起了稿子拿进来，宝玉每日便在惜春这里帮忙。［庚双］自忙（不）暇，又加上一帮字，可笑可笑，所谓春秋笔法。探春、李纨、迎春、宝钗等也都往那里来闲坐。一则观画，二则便于会面。宝钗因见天气凉爽，夜复渐长，［庚双］复字妙，补出宝钗每年夜长之事，皆春秋字法也。遂至母亲房中商议，打点些针线日间作。及至贾母处、王夫人处省候二次，不免又承色陪坐，闲话半时，园中姊妹，也要度时闲话一回。故日间不大得闲，每夜灯下女工，必至三更方寝。［庚双］代下收夕。〇写针线下。〇商议二字，直将寡母训女多少温存活现在纸上。不写阿呆兄，已见阿呆兄终日醉饱优游，怒则吼，喜则跃，家务一概无闻之形景毕露矣。春秋笔法。［周按］总是羡慕人家母女姐妹之情。

黛玉每岁至春分秋分之后，必犯嗽疾，今秋又遇贾母高兴，多游玩了两次，未免过劳了神，近日又复嗽起来，觉得比往常又重些，所以总不出门，只在自己房中将养。有时闷了，又盼个姊妹们来，说些闲话，排遣排遣。及至宝钗等来望候他，说不得三五句话，又厌烦了。众人都体谅他病中，且素日形体娇弱，禁不得一些委屈。所以他接待不周，礼数疏忽，都不苛责。这日宝钗来望他，因说起这病症来，宝钗道：“这里走的几个太医虽都还好，只是你吃他们的药总不见效。不如再请一个高明人来瞧一瞧，治好了岂不好。年年间闹一春，又不老又不小，成什么？不是个常法。”黛玉道：“不中用，我知道我这病是不能好的。且别说病，只论好的日子，我是怎么个形景，就可知了。”宝钗点头道：“可正是这话。古人说，食谷者生，你素日吃的竟不能添养精神气血，也是不好的事。”黛玉叹道：“生死由命，富贵在天，也不是人力可强的，今年比往年反觉又重了些似的。”说话之间，已咳嗽了两三次。宝钗道：“昨儿我看你那药方上，人参、肉桂觉得太多了，虽然益气补神，也不宜太热。依我说，先以平肝健胃为要。肝火一平，不能克土，胃气无病，饮食就可以养人了。每日早起拿上等燕窝一两、冰糖五钱，用银铫子熬出粥来，若吃惯了，比药还强，最是滋阴补气的。”黛玉叹道：“你素日待人固然是极好的，然我最是个多心的人，只当你心里藏奸！从前日你说看杂书不好，又劝我那些好话，竟大感激你！往日竟是我错了，实在误到如今。细细算来，我母亲去世的早，又无姊妹兄弟，我长了今年十五岁，［周按］我长了今年十五岁，与前后文不合，疑有后改［庚双］代〔黛〕玉之嫌。盖宝玉本年方十三岁，黛玉自无长于宝玉之理。才十五岁，记清。竟无一个人像你前日的话教道我。怨不得云丫头说你好，我往日见他赞你，我还不受用，昨儿我亲自经过，才知道了。比如，要是你说了那个，我再不轻放过，你竟不介意，反劝我那些话，可知我竟自误了。若不是从前日看出你来，今日这话再不对你说。你方才说叫我吃燕窝粥的话，虽然燕窝易得，但只我因身上不好了，每年犯这个病，也没什么要紧的去处。请大夫，熬药，人参、肉桂已经闹了个天翻地覆，这会子我又兴出新文来，熬什么燕窝粥，老太太、太太、凤姐姐这三个人便没话说，那些底下的人未免不嫌我太多事了。你看这里这些人，因见老太太多疼了宝玉和凤丫头两个，［周按］玉凤二人休戚相关。他们尚虎视眈眈，背地里言三语四的，何况于我？又不是他们这里正紧主子，原是无依无靠投奔了来的，他们已经多嫌着我了，［周按］多嫌，北语，前字重读，后字轻读，故有时讹如多心之音，嫉而欲挤之也。如今我还不知进退，何苦叫他们咒我。”宝钗道:“这样说,我也是和你一样。”黛玉道:“你如何比我?你又有母亲,又有哥哥。这里又有买卖、地土,家里又仍旧有房有地。你不过是亲戚的情分，白住了这里，一应大小事情又不沾他们一文半个，要走就走了。我是一无所有，吃穿用度，一草一纸，皆是和他们家姑娘一样，那起小人岂有不多嫌的？”宝钗笑道：“将来也不过多费得一分嫁妆罢了，如今也愁不到这里。”〔庚双〕宝钗此一戏，直抵过通部代〔黛〕玉之戏宝钗矣，又恳切，又真情，又平和，又雅致，又不穿凿，又不牵强。代〔黛〕玉因识得宝钗后方吐真情，宝钗亦识得代〔黛〕玉后方肯戏也。此是大关节大章法，非细心看不出。〇细心。二人此时好看之极，真是〔周按〕此等批心细如发，所谓儿女小窗中喁喁也。“女儿之心，女儿之境”者。黛玉听了,不觉红了脸,笑道:“人家才拿你当个正经人，把心里的烦难告诉你听，你反拿我取笑。”宝钗笑道：“虽是取笑，却也是真话。你放心，我在这里一日，我与你消遣一日，你有什么委屈烦难，只管告诉我，我能解得，自然替你解一日。我虽有个哥哥，你也知道的，只有个母亲比你略强些。咱们也算同病相怜。你也是个明白人，何必作司马牛之叹。〔庚双〕通部众人，必从宝钗之评方定。然宝钗亦必从颦儿之评始可。何妙之至！你才说的也是，多一事不如省一事。我明日家去和妈妈说了，只怕我们家里还有，与你送几两来，每日叫丫头们就熬了，又便意，又不惊师动众的。”黛玉忙叹道：“东西事小，难得你多情如此。”宝钗道：“这有什么放在口里的！只愁我在你跟前失于应候罢了！只怕你烦了，我且去了！”黛玉道：“晚上过来〔周按〕过来句是紧扣你说句也。和你说句话儿。”宝钗答应着便去了，不在话下。

这里黛玉喖了两口稀粥，仍歪在床上。不想日未落时天就变了，淅淅沥沥下起雨来。秋霖霢霢，阴晴不定，那天渐渐的黄昏，且阴的沉重，兼着那雨滴竹梢，更觉凄凉。知宝钗不能来，便在灯下随便拿了一本书，却是《乐府杂稿》，有《秋闺怨》《别离恨》等词。黛玉不觉心有所感，亦不禁发于章句，遂成《代别离》一首，拟《春江花月夜》之格，乃名其词曰《秋窗风雨夕》。其词曰：

秋花惨淡秋草黄，耿耿秋灯秋夜长。
已觉秋窗秋不尽，那堪风雨助秋凉。
助秋风雨来何速，惊破秋窗秋梦绿。
抱得秋情不忍眠，自向秋屏移泪烛。
泪烛摇摇爇短檠，牵愁照恨动离情。
谁家秋院无风入，何处秋窗无雨声。
罗衾不奈秋风力，残漏声催秋雨急。
连宵霡霡复飕飕，灯前似伴离人泣。
寒烟小院转萧条，疏竹虚窗时滴沥。
不知风雨几时休，已教泪洒窗纱湿。

吟罢搁笔，方欲要安寝，丫嬛报说："宝二爷来了！"一语未尽，只见宝玉头上戴着大箬笠，身上披着蓑衣。黛玉不觉笑了，说："那里来的渔翁！"宝玉忙问："今儿好了？[庚双]一句。吃了药没有？[庚双]两句。今儿一日吃了多少饭？"[庚双]三句。一面说，一面摘笠脱蓑，忙一手举起灯来，一手遮着灯光，向黛玉脸上照了一照，觑着眼细瞧了一瞧，笑道："今儿气色好了！"[周按]自问自答，堪为真实。黛玉看蓑衣里面只穿着半旧红绫短袄，系着绿汗巾子，膝下露出油绿绸撒花裤子，底下是描金满绣的绵纱袜子，靸着蝴蝶落花鞋。黛玉问道："上头怕雨，底下这鞋、袜子是不怕雨的？也到干！"宝玉笑道："我这一套是全的。有一双棠木屐子，才穿了来，脱在廊檐上了。"黛玉又看那蓑衣斗笠，不是寻常市卖的，十分细致轻巧，因说道："是什么草编的？怪道穿上不像那刺猬似的。"宝玉道："这三样都是北静王送的。[周按]北静王送蓑笠，亦为后文宝湘船上相会伏笔。他闲了下雨时在家里也是这样。你喜欢这个，我也弄一套来送你。别的都罢了，惟有这斗笠有趣，竟是活的。上头的这顶儿是活的，冬天下雪戴上帽子，就把竹信子抽了，去下顶子来，只剩了这圈子，下雪时男女都戴得，我送你一顶，冬天下雪戴。”黛玉笑道：“我不要他。［周按］一如宝钗之“我不吃他”，语妙双关，照应后文。戴上那个，成个画儿上画的和戏上扮的渔婆了。”及说了出来，方想起话未忖度，与方才说宝玉的话相连，后悔不及，羞的满面飞红，便伏在桌上嗽个不住。［庚双］妙极之文。使代〔黛〕玉自己直说出夫妻来，却又云画的扮的，本是闲谈，却是暗隐不吉之兆，所谓画儿中爱宠是也，谁曰不然。宝玉却不留心，［庚双］必云不留心方好，方是宝玉。若着〔留〕心，又有何文字，且直是一时时猎色一贼矣。因见案上有诗，遂拿起来看了一遍，不禁叫好。黛玉听了，忙起来夺在手内，向灯上烧了。宝玉笑道：“我已背熟了，烧了也无益。”黛玉道：“我也好了些，多谢你一天来几次瞧我，下雨还来。这会子夜深了，我也要歇着，你且请回去，明日再来。”宝玉听说，回手向怀内掏出一个核桃大小的一个金表来，［周按］一句中复用“一个”句例屡见，盖俗常口语中有此实际说法。瞧了一瞧，那针已指到戌末亥初之间。［周按］即今之将近夜晚十时许。忙又揣了，说道：“原该歇了，又扰的你劳了半日神。”说着，披蓑戴笠出去了。又番身进来问道：“你想什么吃，你告诉我，我明儿一早回老太太，岂不比老婆子们说的明白！”［庚双］直与后部宝钗之文遥遥针对。想彼姊妹房中婆子丫嬛皆有，随便皆可遣使，今宝玉独云婆子而不云丫嬛者，心内已度定丫嬛之为人，一言一事，无论大小，是方无错谬者也。一何可笑。黛玉笑道：“等我夜里想起来，明儿早起告诉你。你听，雨越发紧了，快去罢。可有人跟着没有？”有两个婆子答应道：“有人外面拿着伞，点着灯笼呢？”黛玉笑道：“这个天点灯笼？”宝玉道：“不相干，是明瓦的，不怕雨。”黛玉听说，回手向书架上把个玻璃绣毬灯拿了下来，命点上一枝小蜡来，递与宝玉道：“这个又比那个亮，正是雨里点的。”宝玉道：“我也有这么一个，怕他们失脚滑倒了打破了，所以没点来。”黛玉道：“跌了灯值钱，跌了人值钱？你又穿不惯木屐子，那灯笼命他们前头照着，这个又轻巧又亮，原是雨里自己拿着的，你自己手里拿着这个岂不好！明儿再送来，就失了手打了也有限的，怎么又忽然变出这剖腹藏珠的脾气来。”宝玉听说，连忙接了过去，前头两个婆子打着伞，提着明瓦灯，后头还有两个小丫头打着伞，宝玉便将这个灯递与一个小丫头捧着，宝玉扶着他的肩头，一迳去了。

就有蘅芜苑的一个婆子，也打着伞提着灯，送了一大包上等燕窝来，还有一包子洁粉梅片雪花洋糖，说："这比买的强。姑娘说了，姑娘先吃着，吃完了再送来。"黛玉回说："费心。"命他外头坐了吃茶。婆子笑道："不吃茶了，我还有事呢。"黛玉笑道："我也知道你们忙，如今天又凉快，夜又长了，越发该会个夜局，痛赌两场了。"［周按］婆子夜赌，又一大伏笔，所设无一闲文闲字。婆子笑道："不瞒姑娘说，今年我大沾了光了，横竖每夜各处有几个上夜的人，误了更也不好，不如会个夜局，又坐了更，又解了闷。今儿又是我的头家，如今园门关了，就该上场了。"［庚双］几句闲话，将潭潭大宅夜间所有之事描写一尽。虽偌大一园，且值秋冬之夜，岂不寥落哉！今用老妪数语，更写得每夜深人定之后，各处（灯）光灿烂，人烟簇集。柳陌之巷之中，或提灯同酒，或寒月烹茶者，竟仍有络绎人迹不绝。不但不见寥落，且觉更胜于日间繁华矣。此是大宅妙景，不可不写出。又伏下后文，且又趁出后文之冷落。此闲话中写出，正是不写之写也。脂砚斋评。黛玉听说，笑道："难为你，误了你发财，冒雨送来。"命人给他几百钱，打些酒吃避雨气。那婆子笑道："又破费姑娘赏酒吃。"说着，磕了个头，到外面接了钱，打着伞去了。紫鹃收起燕窝，然后移灯下帘，伏侍黛玉睡下。黛玉自在枕上感念宝钗，一时又羡他有母有兄。一面又想，宝玉与我虽素习和睦，终有嫌疑。又听见窗外竹稍蕉叶之上，雨声淅沥，清寒透幕，不觉又滴下泪来。直到四更将阑，方渐渐睡了。暂且无话，且听下回分解。

［戚回后］请看赖大，则知贵家奴婢身分。而本主毫不以为过分，习惯自然，故是有之。见者当自度是否可也。

［回后评］钗黛二人互诉衷肠，彼此体贴各有甘苦，而黛玉之处境更为艰难。是故宝玉之怜黛玉更过于怜他人。

我常谓黛玉夜晚于秋霖霢霂、阴雨淅沥中作风雨词，乃是她第一绝唱。

盖以往之《葬花》词只是信口念诵而成，《风雨夕》则是精心所撰。开篇以“秋”字为珠，以风雨为线，以线贯珠，以珠显线，连环交替，层层不穷，令人叫绝。其格虽仿《春江花月夜》，然仍多自创，其间只有“动离情”暗用李义山，“罗衾不耐”明用李后主，其他亦复不多罗列古人旧句。《风雨夕》诗有连珠体与顶针续麻格句法，如移泪烛下紧跟泪烛摇摇，重复泪烛二字。而此第四句那堪风雨助秋凉，从下一句助秋风雨可判断应为助秋凉。作助凄凉者，失其原笔特色也。

自黛玉秋窗吟诗起，中经宝玉雨中蓑笠来探，直至提灯打伞渡桥而去。又加蘅芜院婆子也于雨中提灯打伞来送燕窝，这一大段落诗情画意盎然纸上。我又常谓画家绘红楼，总是黛玉葬花宝钗扑蝶，却无一人肯画此情此景，何也？

我读《秋窗风雨》词，常疑“灯前似伴离人泣”之句十分费解。盖潇湘馆与怡红院只一桥之隔，且不说二人日日会面，即以此刻而论，黛玉吟罢方才搁笔宝玉即至，此岂可谓之离人乎？雪芹借黛玉而作此佳篇，缘何出此欠通文语，其谁可信。早年未解，久之方悟，黛玉之诗篇，酒令往往含有为湘云代言之隐意。如落霞与孤鹜齐飞之酒令，虽出黛玉之笔却实为湘云而作，最为明显。后文又有桃花行，尤须参透此一奥秘。

［第三十七回至第四十五回总评］此九回以诗起以诗结。诗社、开宴、酒令、游园、庆寿，接连是良辰美景、赏心乐事的场面，实乃自文字表面而言之也。其深层隐义仍不离处处为后半部群芳命运作预设伏线。而郊外焚香、席间生变小作点破，最后以《秋窗风雨夕》为一结截住。《葬花吟》是春，《风雨夕》是秋，同为大关目，遥遥对映。下面即另起“尴尬人”，全是另副笔墨，首尾判然。

第四十六回

尴尬人难免尴尬事　鸳鸯女誓绝鸳鸯偶

［戚回前］裹脚与缠头，欲觅终身伴。顾影自为怜，静住深深院。好事不称心，恶语将人慢。誓死守香闺，远却杨花片。

［庚回前］此回亦有本而笔，非泛泛之笔也。只看他题纲用尴尬二字于邢夫人，可知包藏含蓄文字之中莫能量也。

话说林黛玉直到四更将阑，方渐渐的睡着，暂且无话。如今且说凤姐，因见邢夫人叫他，不知何事，忙另穿了戴了，坐车过来。邢夫人将房内的人都遣出去，悄向凤姐道："叫你来不为别的，有一件为难的事，老爷托我，我不得主意，先和你商量。老爷因看上了老太太的鸳鸯，要他作房里的人，叫我和老太太讨去。我想这到是平常的事，只是怕老太太不给，你可有法子？"凤姐听了忙道："依我说，竟别碰这个钉子去，老太太离了鸳鸯，饭也吃不下去的，那里肯？况且平日说起闲话来，老太太常说，老爷如今上了年纪，作什么左一个小老婆，右一个小老婆放在屋里，没的耽误了人家。放着身子不保养，官儿也不好生作去，成日家和小老婆喝酒。太太听这话，狠喜欢老爷呢！这会子回避还回避不及，反到拿草棍戳老虎的鼻子眼儿去？太太别恼，我是不敢去的。明放着不中用，而且反招出没意思来。如今老爷上了年纪，行事不妥，太太该劝才是，比不得年轻，作这些事无碍。如今兄弟、儿子、侄儿、孙子一大群，还这么闹起来，怎么见人呢！"［周按］在全部书中凤姐开口说出一番真情实话，这是首次特例。盖此是心中积蓄已久，不用思索也未及思索便冲口而出，再看下文，便不同矣。邢夫人冷笑道："大家子三房五妾的也多，偏咱们就使不得？我劝了也未必依，就是老太太心爱的丫头，这么胡子苍白了，又作了官的大儿子，要了作房里的人，也未必好驳回的。我叫了你来，不过商议商议，你先派上了一篇不是，也没有叫你要去的理，自然是我说去。你到说我不劝，你还不知道的，那性子，劝不成先和我恼了。”凤姐知道邢夫人禀性愚强，只知承顺贾赦以自保，次则婪聚财货为自得，［周按］聚是聚之异体帖写法。家下一应大小事务，俱由贾赦摆布。凡出入银钱事务一经他手，便克啬异常。以为贾赦浪费，须得我就中俭省，方可偿补。儿女奴仆，一人不靠，一言不听的。如今又听邢夫人如此说，便知他又弄左性，劝了也不中用。连忙陪笑说道：“太太这话说的极是，我能活了多大，知道什么轻重，想来父母跟前别说一个丫头，就是那么大的一个活宝贝，不给老爷给谁？背地里的话那里信的，我竟是个呆子。琏二爷或有日得了不是，老爷、太太恨的那样，恨不立刻拿来一下子打死。及至见了面也就罢了，依旧拿着老爷、太太心爱的东西赏他。如今老太太待老爷自然也是那样了。依我说，老太太今儿喜欢，要讨今儿就讨去，我先过去哄着老太太发笑，等太太过去了，我搭讪着走开，把屋子里的人我也带开，太太好和老太太说。说的给更好，不给也没妨碍，众人也不得知道。”邢夫人见他这般说，复又喜欢起来，又告诉他道：“我的主意先不和老太太要，若老太太说不给，这事便死了。我心里想着，先悄悄的和鸳鸯说，他虽害燥，我细细告诉他，他自然不言语就妥了，那时再和老太太说。老太太虽不依，搁不住他愿意，常言要去难留，自然这就妥了。”凤姐笑道：“到底是太太有智谋，这是千妥万妥的。别说是鸳鸯，凭他是谁，那个不想巴高望上，不想出头的。这半个主子不作，到愿意作奴才丫头，［周按］本书凡用奴才丫头等字皆透露满洲习俗，是原笔。将来配个小子，就完了！”邢夫人笑道：“正是这个话了。别说鸳鸯，就是那些执事的大丫头，谁不愿意这样呢？你先过去，别露一点风声，我吃了晚饭就过来。”凤姐暗想：“鸳鸯素习是个可恶的，［周按］可恶，北语。读如可勿，意为倔强、不随和、个性强，贬中有褒。虽如此说，包不严他就愿意。我先过去了，太太后过去。若他依了，便没话说。倘或不依，太太是多疑的人，只怕就疑我走了风声，使他拿腔作势的。那时太太又见应了我的话，羞恼变成怒，拿我出起气来，到没意思。不如同着一齐过去了，他依也罢，不依也罢，就疑不到我身上了。”想毕，因笑道：“方才临来，舅母那边送了笼子鹌鹑来，我吩咐他们炸了，原要赶太太的晚饭送过来的，我才进大门时，见小子们抬车，说太太的车拔了缝了，拿去收拾去了。不如这会子坐了我的车，一齐过去到好。”邢夫人听了，便命人来换衣服，凤姐忙着伏侍了一回，娘儿两个坐车过来。凤姐又说道：“太太过老太太那里去，我若跟了去，老太太若问起我来，过去作什么的，到不好。不如太太先去，我脱了衣裳再来。”邢夫人听了有理，便自往贾母处来，和贾母说了一回闲话便出来，假托往王夫人房里去。从后房门出去，打鸳鸯的卧房门前过。只见鸳鸯正坐着作针线，见了邢夫人，忙站起来。邢夫人笑道：“作什么呢？我瞧瞧！你扎的花儿越发好了。”［周按］扎，读音略如擦插之间。北语皆谓女子刺绣为扎花。一面便进来，接他手内的针线瞧了一瞧，只管赞好。放下针线，又浑身打量。只见他穿着半新的藕合色绫袄，青缎掐边牙背心，下面水绿裙子，蜂腰削背，鸭蛋脸面，乌油头发，高高的鼻子，两边腮上微微几点雀班。［周按］班斑往往互代，不必校正。鸳鸯见这般看他，自己到不好意思起来，心里便觉诧意，因笑问道：“太太这会子不早不晚的过来作什么？”邢夫人使了个眼色，跟的人退出。邢夫人便坐下，拉着鸳鸯的手笑道：“我特来给你道喜来了。”鸳鸯听了，心中已猜着三分，不觉红了脸，低了头不发一言。听邢夫人又道：“你知道你老爷跟前竟无有个可靠的人，［庚双］说得得体。我正想开口一句不知如何说，如此则妙极是极，如闻如见。心里再要买一个，又怕那些人牙子家出来的不干不净，也不知道毛病儿，买了来家，三两日，又合鬼吊猴的，因此满府里要挑一个家生子儿的女儿收了，又没有好的，不是模样不好，就是性子不好，有了这个好处，没了那个好处。因此冷眼选了半年，这些女孩子里头，就只你是个尖儿，模样儿行事作人温柔可靠，一概是齐全，意思要和老太太讨了你去，收在屋里。你比不得外头新买的。你这一收进去了，进门就开了脸，就封你姨娘，又体面又尊贵。你又是个要强的人，俗语说的，金子终得金子换，谁知竟被老爷看重了你。如今这一来，你可遂了素日的心高志大的愿了，也堵一堵那些嫌你的人的嘴。跟了我回老太太去。"说着拉了他的手就要走。［周按］试听邢夫人一席话，口才也不同凡响，但只是所说之道理无一句可入鸳鸯之耳。鸳鸯红了脸，夺手不行。邢夫人知他害燥，便又说道："这有什么燥处。你又不用说话，只跟着我就是了。"鸳鸯只低头不动身。邢夫人见他这样，便又说道："你这还不愿意不成？若果然真不愿意，可真是个傻丫头了。放着主子奶奶不作，到愿作丫头？三年二年，不过配一个小子，还是奴才。你跟了我们去，你知道我的性子又好，又不是那不容人的，老爷待你们又好，过一年半载，生一个一男半女，你就和我并肩了。家里人你要使唤谁，谁还不动？现成主子不作去，错过了这个机会，后悔就迟了。"鸳鸯只管低了头，仍是不语。邢夫人又道："你这么个响快人，［周按］参看第六回着实响快之语。怎么又这样积粘起来？有什么不称心之处，只管说与我，我管包你遂心如意就是了。"鸳鸯仍不言语。邢夫人又笑道："想必你有老子娘，你自己不肯说话，怕燥，你等他们问你，这也是理，等我问他们去，叫他们来问你，有话只管告诉他们。"说毕，便往凤姐房中来。凤姐早换了衣服，因房内无人，便将此话告诉了平儿。平儿摇头笑道："据我看，此事未必妥。平常我们背着人说起话来，听他那主意，未必是肯的，也只说着瞧罢。”凤姐道：“太太叫来这屋里商量，依了还可，若不依，白讨个燥，当着你们，岂不脸上不好看？你说给他们，炸些鹌鹑，再有什么配几样，预备吃饭。你且别处旷旷去，估量着去了再来。”平儿听说，照样传给婆子们，便逍遥自在的往园子里来。

这里鸳鸯见邢夫人去了，必在凤姐房里商议去了，必定有人来问的，不如躲了这里。［庚双］终不免女儿气，不知躲在那里，方无人来罗皂。写得可怜、可爱。因找了琥珀说道：“老太太要问我，只说我病了，没吃早饭，往园子里旷旷去就来。”琥珀答应了。鸳鸯也往园子里来各处游玩，不想正遇着平儿。平儿因见无人，便笑道：“新姨娘来了。”鸳鸯听了，便红了脸说道：“怪道你们串通一气来算计我，等着我和你主子闹去就是了。”平儿听了，自悔失言，便拉他到枫树底下，［庚双］随笔带出妙景，正愁园中草木黄落，不想看此一句，便恍如值〔置〕身于千霞万锦、绛雪红霜之中矣。坐在一块石上，越性把方才凤姐过去回来所有的形景言词始末原由告诉于他。鸳鸯红了脸，向平儿冷笑道：“这是咱们好，比如袭人、琥珀、素云和紫鹃、彩霞、玉钏儿、麝月、翠墨，跟了史姑娘去的翠缕，死了的可人和金钏儿，去了的茜雪，［庚双］余按此一算，亦是十二钗。真镜中花、水中月、云中豹、林中之鸟、穴中之鼠。无数可考、无人可指、有迹可追、有形可据、九曲八折、远响近影、迷离烟〔闪〕灼、纵横隐现、千奇百怪、眩目移神，现千手千眼大游戏法也。脂砚斋。连上你我，这十来个人，从小儿什么话儿不说，什么事儿不作，这如今因都大了，各自干各自的去了，［庚双］此语已可伤，犹未各自干各自去，后日更有各自之处也。知之乎？［周按］此语可与秦可卿托梦于凤姐之“三春去后诸芳尽，各自须寻各自门”合参。然我心里仍是照旧有话有事并不瞒你们。这话我先放在你心里，且别和二奶奶说，别说大老爷要我作小老婆，就是大太太这会子死了，他三媒六聘的娶我去作大老婆，我也不能去。”平儿笑着方欲答言，只听山石背后哈哈的笑道：“好个没脸的丫头，亏你不怕牙碜！”二人听了不免吃了一惊。忙起身向山石背后找寻，不是别个，却是袭人笑着走了出来，问：“什么事情，告诉我听。”说着，三人坐在石上，平儿又把方才的话说与袭人听。袭人道：“真真这话论理不该我们说，这个大老爷也太好色了。略平头正脸的，他就不放手了。”平儿道：“你既不愿意，我教给你个法子，不用费事就完了。”鸳鸯道：“什么法子？你说来我听听。”平儿笑道：“你向老太太说，就说已经给了琏二爷了。大老爷就不好要了。”鸳鸯啐道：“什么东西，你还说呢，前儿你主子不是这么混说的？谁知应在今日了。”袭人笑道：“他们两个都不愿意，你向老太太说，叫老太太就说把你已经许了宝玉了，大老爷也就死了心了。”鸳鸯又是气，又是燥，又是急，因骂道：“两个蹄子不得好死的，人家有为难的事，拿着你们当作正紧人，告诉你们与我排解排解，你们到替换着取笑儿。你们自为都有了结果了，将来都是作姨娘的。据我看，天下的事未必都遂心如意，你们且收着些儿，别特乐过了头儿。”[周按]鸳鸯之冷言冷语，也伏下无限后文。二人见他急了，忙陪笑央告道：“好姐姐，别多心，咱们从小儿都是亲姊妹一般，不过无人处偶然取个笑儿，你的主意告诉我们知道，也好放心。”鸳鸯道：“什么主意，我只不去就完了。”平儿摇头道：“你不去未必得干休，大老爷的性子你是知道的，虽然是老太太的人，此刻不敢把你怎么样，将来难道你跟老太太一辈子不成？也要出去的。那时落了他的手，到不好了。”[周按]依平儿所见，大约日后鸳鸯终究未能逃出贾赦之手。鸳鸯冷笑道：“老太太在一日，我一日不离这里，若是老太太归西去了，他横竖还有三年的孝呢！没个娘死了他先放小老婆的。等过了三年，知道又是怎么个光景？那时再说。总到了至急为难，我剪了头发当姑子去，不然还有一死，一辈子不嫁男人又怎样？乐得干净呢！”平儿笑道：“真这蹄子没了脸，越发信口儿都说出来了。”鸳鸯道：“事到如此，燥一会子怎么样，你们不信，慢慢的看着就是了。大太太才说了，找我老子娘去，我看他南京找去。”平儿道：“你的父母都在南边看房子，［周按］南边是原笔。此系当时口头实际用语，并不每次必死点“南京”字样。没上来，终究也寻的着。现在还有你哥哥嫂子在这里，可惜你是这里家生女儿，不如我们两个人，是单在这里。”鸳鸯道：“家生女儿怎么样？牛不喝水强按头？［周按］由鸳鸯之事件而得知，当时即奴籍女儿对于自身婚姻大事仍有自主权，强迫之事可以逼死性命而不能夺其意志。我不愿意，难道叫了我的老子娘来就愿意了不成？”正说着，只见他嫂子从那边走来。袭人道：“当时找不着你的爹娘，一定和你嫂子说了。”鸳鸯道：“这个娼妇，专管是个九国贩骆驼的，听了这话，他有个不奉承去的？”说话之间，已来到跟前。他嫂子笑道：“那里没找到，姑娘跑了这里来了！你跟了我来，我和你说句话。”平儿、袭人都忙让坐，他嫂子只说：“姑娘们请坐，找我们姑娘说句话。”平儿、袭人都粧不知道，笑道：“什么事这样忙，我们这里猜谜儿呢，赢手批子打呢，猜了这个再去。”鸳鸯道：“什么话，你说罢。”他嫂子笑道：“你跟了我来，到那里我告诉你，横竖有好话儿。”鸳鸯道：“可是大太太和你说的那话？”他嫂子笑道：“姑娘既知道，还奈何我！快来罢，我细细的告诉你，可是天大喜事。”鸳鸯听说，立起身来，照他嫂子脸上下死劲啐了一口，指着骂道：“你快夹着那毬嘴离了这里，好多着呢，什么好话！宋徽宗的鹰、赵子昂的马，都是好话。［周按］好话，好画，北语谐音双关，妙甚！什么喜事！状元痘儿，灌的浆儿又满是喜事。怪道成日家羡慕人家女儿作了小老婆了，一家子都仗着他横行霸道的，一家子都成了小老婆了。看的眼热了，也把我送在火坑里去。我若得脸呢，你们外头横行霸道，自己就封了自己是舅爷了。我若不得脸败了时，你们把忘八脖子一缩，生死由我去。”一面骂，一面哭，平儿、袭人拦着劝。他嫂子脸上下不来，因说道：“愿意不愿意，你也好说，不犯着牵三挂四的。俗语说，当着矮人别说短话，姑娘骂我，我不敢还言，这二位姑娘并没有惹着你，小老婆长、小老婆短，人家脸上怎么过的去。”袭人、平儿忙道：“你到别这么说，他也并不是说我们，你到别牵三挂四的，你听见那位太太、老爷封了我们姨娘了？况且我们两个也没有爹娘、哥哥、兄弟在这门子里仗着我们横行霸道的，他骂的人自有他骂的，我们犯不着多心。”鸳鸯道：“他见我骂了他，他燥了，没的盖脸，又拿话调唆你们两个。幸亏你们两个明白，原是我急了，也没分别出来，他就挑出这个空儿来。”他嫂子自觉没趣，赌气去了。鸳鸯气的还骂，平儿劝了他一回方罢了。平儿因问袭人道：“你在那里藏着作什么的？我们就没看见你。”袭人道：“我因为往四姑娘房里找我们宝二爷去的，谁知迟了一步儿，说是来家来了。我疑惑怎么没看见呢，想要往林姑娘屋里找去，又遇见他们屋里的人，说也没去。我心里正疑惑，是出园子去了？可巧你从那里来了，我一闪，你也没看见，后来他又来了。我从树后头走到山子石后，我却见你两个说话来了。谁知你们四个眼睛没看见我。”一语未了，又听身后笑道：“四个眼睛没见你，你们六个眼睛竟没见我！”三人唬了一跳，回头看时，不是别个，正是宝玉走来。［庚双］通部情案，皆必从石兄挂号，然各有各稿，穿插神妙。袭人先笑道：“叫我好找。你在那里来？”宝玉笑道：“我从四妹妹那里出来，迎头看见你来了，我就知道是找我去的。我就藏了起来哄你，看你腆着头过去了，［周按］腆着头，意谓直视前方，目不旁及。进了院子又出来了，逢人就问我在那里。我好笑，原要等你到了跟前唬你一跳的，后来见你也藏藏躲躲的，我就知道也是要哄人了。我探头往前看了一看，却是他们两个，所以我就绕到你身后。你出去了，我就躲在你躲的那里了。”平儿笑道：“咱们再找一找去，只怕还找出两个人来，也未可知。”宝玉笑道：“这可再没了！”鸳鸯已知话俱被宝玉听了去，只伏在石头上粧睡。宝玉笑推他道：“这石头上冷，［周按］此语香菱对黛玉用过。咱们回房里去睡岂不好？”

说着，拉起鸳鸯来，又忙让平儿来家吃茶。平儿、袭人都劝鸳鸯走，鸳鸯方立起身来，四人竟往怡红院来。宝玉将方才的话俱已听见，此时自然心中不悦，只默默的歪在床上，任他三人在外间说笑。

且说邢夫人因问凤姐鸳鸯的父母，凤姐回说：“他爹的名子叫金彩，〔庚双〕姓金名彩，由夗央〔鸳鸯〕二字化出，因文而生文也。两口子都在南京看房子，从不大上京。他哥哥金文翔，〔庚双〕更妙！现在是老太太那边的买办，他嫂子也是老太太那边浆洗上的头儿。”〔庚双〕只夗央〔鸳鸯〕一家，写的荣府中人各有各职，如目已睹。邢夫人听了，便命人叫了他嫂子金文翔媳妇，细细说与他。金文翔媳妇自是欢喜，兴兴头头去找鸳鸯，指望一说必妥，不想被鸳鸯抢白了一顿。又被袭人、平儿说了几句，着恼回来便对邢夫人说：“不中用，他倒骂了我一顿。”因凤姐在旁，不敢提平儿，只说：“袭人也帮着他抢白我，说了许多不知好歹的话，回不得主子的。太太和老爷商议再买罢，谅那小蹄子也没有这么大福，我们也没有这么大造化。”邢夫人听了因说道：“又与袭人什么相干，他如何知道的？”又问：“还有谁在跟前？”金文翔家的道：“还有平姑娘。”凤姐忙道：“你不会拿嘴巴子打他？回回我一出了门，他就曠去了。我回家来连个影儿也摸不着他的，他必定也帮着说什么来！”金文翔家的道：“平姑娘没在跟前，远远的看着到像是他，可也不真切，不过是我白忖度着。”凤姐便命人去：“快打了他来，告诉他我来家了，大太太也在这里呢，请他来帮个忙儿。”丰儿忙上来回说：〔周按〕丰儿之机灵也不下于平儿，真可谓棋逢对手、将遇良才。“林姑娘打发人来下请字儿，请了三四次，他才去了。奶奶一进门来我就叫他去的，林姑娘说，‘告诉你奶奶我烦他有事呢。’”凤姐听了方罢。故意的还说：“天天烦他，有什么事。”邢夫人无计，吃了饭回家，晚间告诉了贾赦。贾赦想了一想，即刻叫贾琏来说道：“南京的房子还有人看着，不止一家，即刻叫上金彩来。”〔周按〕金读作京，南京口音。贾琏回道：“上次南京的信来说，金彩已经得了痰迷心窍，那边连棺材银子都赏了去，不知如今是活是死。便是活着，人事不知，叫来无用，他老婆又是个聋子。”贾赦听了，喝了一声，又骂：“下流囚攮的，偏你这么知道，还不离了这里！”唬的贾琏退出。一时又叫传金文翔。贾琏在外书房伺候着，又不敢家去，又不敢见他父亲，只得听着。一时金文翔来了，小么儿们直带到二门口去。隔了五六顿饭时才出来去了。贾琏暂且不敢打听。隔了一会，又打听贾赦睡了，方才过来。至晚间凤姐儿告诉他，方才明白。

鸳鸯一夜没睡。至次日，他哥哥进来回贾母，说接他家去曠曠，贾母允了，命他出去。鸳鸯意欲不去，又怕贾母疑心，只得勉强出来。他哥哥只得将贾赦的话说与他听。又许他怎么体面，又怎么当家作姨娘。鸳鸯只咬定牙不愿意，他哥哥没法，少不得回复了贾赦。贾赦怒起，因说道：“我这话告诉你，叫你女人向他说去，就说我的话，自古嫦娥爱少年，他必定是嫌我老了，大约他恋着少爷们，多半是看上宝玉，只怕也有贾琏。若有此心，叫他早早歇了。我要他不来，以后谁还敢收他。此是一件。第二件，想着老太太疼他，将来自然往外聘，想正头夫妻去。叫他细想，凭他嫁到谁家，也难出我的手中。除非他死了，或是终身不嫁男人，我就伏了他了。若不然时，叫他趁早回心转意，有多少好处！”［周按］如何？贾赦的话可证他将来不会放过鸳鸯。贾赦说一句，金文翔应一声是。贾赦道：“你别哄我，明儿还打发你太太过去问鸳鸯，你们说了，他不依，便不与你相干。若问他他再依了，仔细你的脑袋。”金文翔忙应了又应，退出回家，也等不得告诉他女人转说，竟自己对面说了这话。把个鸳鸯气的无话说，想了一想，便说道：“我便愿意，也须得你们带了我去回声老太太。”他哥嫂听了，只当他回想过来，都喜之不尽。他嫂子即刻带了他上来见贾母，可巧王夫人、薛姨妈、李纨、凤姐、宝钗等姊妹并外头几个执事有头脸的媳妇，都在贾母跟前凑趣儿呢。鸳鸯喜之不尽，拉了他嫂子到贾母跟前跪下，一行哭一行说，把邢夫人怎么来说，在园子里他嫂子又如何说，今儿他哥哥又如何说，"因为不依，方才大老爷索性说我恋着宝玉，不然要等着往外聘，凭我到天边上，这一倍子也跳不出他的手中去，［周按］一倍子，原笔，即一辈子。终久要报仇。我是横了心的，当着众人在这里，我这一辈子别说是宝玉，便是宝金、宝银、宝天王、皇帝，横竖不嫁人就完了。就是老太太逼着我，我一刀子抹死了，也不能从命。若有造化，我死在老太太之先。若没造化，该讨吃的命，服侍老太太归了西，我也不跟着我老子娘、哥哥去，或是寻死，或是剪了头发当姑子去！若说不是真心，暂且拿话支吾，日后再图别的，天地鬼神，日头月亮照着嗓子，从嗓子里头长疔，烂了出来，烂化成酱！"原来他一进来时，便袖了一把剪子。一面说着，一面回手打开头发，右手就铰。众婆娘丫头忙上来拉住，已剪下半绺来了。［周按］八旗满洲之风俗最忌妇女剪毁发髻，以为是大不祥之征兆。而妇女不至性命攸关之际也不会出此决绝之手段。众人看时，幸而他的头发极多，铰的不透，连忙替他挽上。贾母听了，气的浑身乱战，口内只说："我通共剩了这么一个可靠的人，他们还要来算计。"因见王夫人在傍边，向王夫人道："你们原来都是哄我呢，外头孝敬，暗地里盘算我，有好东西也来要，有好人也要，剩了这么个毛丫头见我待他好了，你们自然气不过，弄开了他好摆弄我。"王夫人忙站起，不敢还一言。［庚双］千奇百怪，王夫人亦有罪乎？老人家迁怒之言，必应如此。薛姨妈见连王夫人怪上，反不好劝的了。李纨一听见鸳鸯这话，早带了姊妹们出去。探春是有心的人，想王夫人虽委屈，如何敢辩？薛姨妈现是亲姊妹，自然也是不好劝的，宝钗也不便为姨妈辩。李纨、凤姐、宝玉一概不敢辩，这正用着女孩儿之时，迎春老实，惜春又小，因此在窗外听了一听，便走进来陪笑向贾母道："这事与太太什么相干？老太太想一想，也有大伯子要收屋里人，小婶如何知道？便知道，也推不知道。"话未说完，贾母笑道："可是我老糊涂了，姨太太别笑话我，你这个姐姐他极孝顺我，不像我那大太太一味怕老爷，婆婆跟前不过应景儿，可是我委屈了他了。"薛姨妈只答应是，又说："老太太偏心，多疼小儿子媳妇，也是有的。"贾母道："不偏心。"因又说："宝玉，我错怪了你娘，你怎么也不提我，看着你娘受委屈？"宝玉笑道："我偏着我娘，说大爷大娘不成？通共一个不是。我娘在这里不认，却推给谁去？我到要认是我的不是，老太太又不信。"［周按］宝玉一心为人，总是甘愿替人担过，后回还有佳例。贾母笑道："这也有理，你快给你娘跪下，你说太太别委屈了，老太太有年纪了，看着宝玉罢。"宝玉听了，忙走过来便跪下要说。王夫人忙笑着拉他起来，说："起来，使不得！终不成你替老太太给我赔不是不成？"宝玉忙站起来。［庚双］宝玉亦有罪了。贾母又笑道："凤丫头也不提我？"［庚双］阿凤也有了罪，奇奇怪怪之文，所谓《石头记》不是作出来的。凤姐笑道："我到不派老太太的不是，老太太到寻上我来了。"贾母听了，与众人都笑道："这可奇了！到听听这不是。"凤姐道："谁叫老太太会调理人，调理的水葱儿似的，怎么怨得人要？我幸亏是孙子媳妇，我若是孙子，我早要了，还等到这会子呢！"［周按］凤姐一张嘴天下无人能及，欲讨老太太欢心，解她怒气，不用寻常顺情开解的俗套，反而要派老太太的过错。奇事奇文，得未曾有。贾母笑道："这到是我的不是了？"凤姐笑道："自然是老太太的不是。"贾母笑道："这样，我也不要了，你带了去罢！"凤姐笑道："等我修了这辈子，来生托生个男人再要罢！"贾母笑道："你带了去，给琏儿放在屋里，看你那没脸的公公还要不要了！"凤姐道："琏儿不配，我和平儿这一对烧胡了的卷子和他混罢！"［周按］卷子，北方面食之名目。大致分两类：一是先擀成薄饼，然后捏成花样，谓之花卷。另一种则本属馒头类，但不团成圆形，只用刀切，名为刀切卷子。薄饼类卷子常用锅贴法，贴于锅沿儿，如烧火过久，则面糊变黑，十分难看。此似比喻丑女。说的众人都笑起来了。忽见丫嬛回说："大太太来了。"王夫人忙迎出来。要知端的，下回分解。

［戚回后］鸳鸯女从热闹中别具一副肠胃，不轻许人一事，是宦途中药石仙方。

［回后评］我常谓雪芹自创新词曰“脂粉英雄”，此四字即是全书之主眼大题。然为写女儿反曰“英雄”，岂不自陷于矛盾乎？此则全由不懂雪芹之所谓英雄者究为何义。所谓脂粉英雄，不是女仙侠客，武艺高强之谓也，全指其胸襟、气概、志向、理想、英杰之气出于寻常闺秀之上。如鸳鸯者身为奴隶，而横眉冷对引诱、压迫，绝不屈从，令人起敬，此方是脂粉英雄之本旨也。

试看晴雯之性格正与鸳鸯有异曲同工之妙。故其判词曰：霁月难逢，彩云易散，心比天高，身为下贱。此种沉痛，悲伤之笔墨，亦是从另一角度而表彰其不服压力迫害，不甘命运安排，正是脂粉英雄之又一风范也。

第四十七回
呆霸王调情遭毒打　冷郎君惧祸走他乡

［戚回前］不是同人，且莫浪作知心语，似假如真，事事应难许，着紧温存，白雪阳春曲，谁堪比，船上要离，未解奸侠起。

话说王夫人听见邢夫人来了，连忙迎了出来。邢夫人犹不知贾母已知鸳鸯之事，正还又来打听信息。进了院门，早有几个婆子悄悄的回了他，他方知道。待要回去，里面已知，又见王夫人接了出来，少不得进来。［周按］少不得，略如只好、只得、无奈。先与贾母请安，贾母一声儿也不言语，自己也觉得愧悔。凤姐早指一事回避了，鸳鸯也自回房去生气。薛姨妈、王夫人等恐碍着邢夫人的脸面，也都渐渐的退了，邢夫人且不敢出去。贾母见无人，方说道："我听见你替你老爷说媒呢，你到也三从四德的，只是这贤慧也太过了！你可如今也是孙子、儿子满眼了，［周按］你可如今……口语毕肖。你还怕他？劝两句都使不得，还由着你老爷那性儿闹？"邢夫人满面通红，回道："我劝过几次都不依，老太太还有什么不知道的呢，我也是不得已儿。"贾母道："他逼着你杀人，你也杀去？如今你也想想，你兄弟媳妇本来老实，又生的多病多痛的，上上下下那不是他操心？你一个媳妇，虽然帮着，也是天天丢了爬儿弄扫帚，凡百事情，我如今都自己减了。他们两个就有一些不到的去处，有鸳鸯那孩子还细心些，我的事情他还想着一点子，该要去的，他就要了来了。该添什么的，他就度空儿告诉他们添了。鸳鸯再不这样，他娘儿两个里头外头，大的小的，那里不忽略一点半点，我如今反到自己操心去不成？还是天天盘算和你们要东西去？我这屋里有的没的剩了他一个年纪还大些，我凡百的脾气性格儿，他还知道些。二则他也还投主子的缘法，他也并不指着我和这位太太要衣裳去，又和那位奶奶要银子去。所以这几年，一应事情他都料理，从你小婶和你媳妇起，以至家中大大小小没有不信的，所以不单我得靠，连你小婶和你媳妇也都省心。我有这么个人，便是媳妇、孙子媳妇有想不到的，我也不得缺了，也没气可生了。这会子他去了，你们弄个什么人来我使？你们就弄个他那么大一个真珠人来，不会说话也是无用。我正要打发人和你老爷说去，他要什么人，我这里有钱，叫他只管一万八千的买去，我只要这个丫头。不能留下他伏侍我几年？［周按］此是反诘语。就比他日夜伏侍我尽了孝的一样。你来的也巧，你就去说，更妥当了。”说毕命人来：“请了姨太太和姑娘们来，才高兴说个话儿，怎么又都散了？”丫头们忙答应着去了。众人忙赶着又来，只有薛姨妈向那丫嬛说道：“我才来了，又作什么去？你就说我睡了觉。”那丫嬛道：“好亲亲的姨太太、姨祖宗，我们老太太生气呢，你老人家不去，没个开交了，只当疼我们罢。你老人家嫌乏，［周按］嫌乏，极好口语，即不愿多劳累之意。此皆原笔。我背了你老人家去。”薛姨妈笑道：“小鬼头儿，你怕些什么，不过骂几句完了。”说着，只得和这小丫头走来。贾母忙让坐，又笑道：“咱们斗牌。姨太太的牌也生，咱们一处坐着，别叫凤丫头混了我们去。”薛姨妈笑道：“正是呢，老太太替我看着些儿，就是咱们娘儿四个斗呢，还是再添个人呢？”王夫人笑道：“可不只四个人。”［庚双］老实人言语。凤姐道：“再添一个人热闹些。”贾母道：“叫鸳鸯来，叫他在这下手里坐着，姨太太的眼也花了，咱们两个的牌都叫他瞧着些儿。”凤姐儿叹了一声，向探春道：“你们知书识字的到不学算命？”探春道：“这又奇了，这会子你不打点精神赢老太太几个钱，又想算命？”凤姐道：“我正要算算今儿该输多少钱呢，我还想赢？你瞧瞧，场子没上，左右都埋伏下了，还有我赢钱的分儿！”说的贾母、薛姨妈都笑了。

一时鸳鸯来了，便坐在贾母下手。鸳鸯之下便是凤姐儿，铺下红毡，洗牌揭么。五人起牌，斗了一回。鸳鸯见贾母的牌已十严，只等一张二饼，便递了个眼色与凤姐儿。凤姐正该发牌，便故意踌躇半晌，笑道：“我这一张牌，定在姨妈手里扣着呢，我若不发这一张，再顶不下来的。”薛姨妈道:“我手里没有你的牌。”凤姐儿道:“我回来是察牌的。”薛姨妈道：“你只管察，你且发下来，我瞧瞧是张什么？”凤姐便送在薛姨妈跟前，薛姨妈一看是个二饼，便笑道:“我到不稀罕他，只怕老太太满了。”凤姐儿听了忙笑道：“我发错了。”贾母笑的已掷下牌来，说:“你敢拿回去？谁叫你错了。”凤姐道:“可是我要算一算命呢，这是自己发的，可怨谁。”贾母笑道：“可是你自己该打着你那嘴，问着自己才是。”又向薛姨妈笑道：“我不是小气爱赢钱，原是个彩头儿。”薛姨妈笑道：“可不是这样，［周按］可不是这样，口语即正是这样之义。那里有那样糊涂人，说老太太爱钱呢。”凤姐正数着钱，听了这话，又把钱穿上了，向众人笑道：“彀了我的了，竟不为赢钱，单为彩头儿，我到底小器，输了就数钱，快收起来罢。”贾母规矩是鸳鸯代洗牌，因和薛姨妈说笑，不见鸳鸯动手。贾母道:“你怎么恼了，连牌也不替我洗？”鸳鸯拿起牌来，笑道:“二奶奶不给钱么。”［周按］么字声口如画。贾母道：“他不给钱，那是他交运了。”便命小丫头子把他那一吊钱都拿过来。小丫头子真就拿了搁在贾母傍边。凤姐忙笑道：“赏我罢，我照数儿给就是了。”薛姨妈笑道：“果然凤丫头小器，不过是顽儿罢了。”凤姐听说，便站起来拉薛姨妈，回头指着贾母素日放钱一个木箱子，便笑道：“姨妈瞧瞧，那个里头不知顽了我多少去了。这一吊钱顽不了半个时辰，那里头的钱就招手儿叫他了。

只等把这一吊也叫进去了，牌也不用斗了，老祖宗的气也平了。又有正经事情差我去办去了。”话未说完，引的贾母、众人笑个不住。偏有平儿怕钱不彀，又送了一吊来。凤姐道：“不用放在我跟前，也放在老太太的那一处罢，一齐叫进去到省事，不用作两次，叫箱子里的钱费事。”贾母笑的手里的牌撒了一桌子，推着鸳鸯叫：“快撕他的嘴。”平儿依言放下钱，也笑了一回。方回来至院门前，遇见贾琏，问他：“太太在那里呢，老爷叫我请过去呢！”平儿忙笑道：“在老太太跟前呢。站了这半天还没动呢，趁早儿丢开手罢，老太太生了半日气，这会子亏二奶奶凑了半日趣儿，才略好些。”贾琏道：“我过去只说讨老太太的示下，十四往赖大家去不去，好预备轿子。又请了太太，又凑了趣儿，岂不好？”平儿笑道：“依我说你竟不去罢，合家子连二太太、宝玉都有了不是，这会子你又填限去了。”[周按]填限，口语常言。填限有自投罗网之意味。贾琏道：“已经完了，难道还找补不成？况且与我又无干。二则老爷又亲自吩咐我请太太的。这会子我打发人去，倘或知道了，正没好气呢，指着这个拿我出气罢。”说着就走。平儿见他说的有理，也便跟了过来。贾琏到了堂屋里，往内走时，把脚放轻了，往里间探头。只见邢夫人站在那里，凤姐眼尖，先就瞧见了，便使眼色，不命他进来，[周按]命，犹如日常生活及语言中的使、让、叫、请，不但平辈使用，而且尊卑之间亦所不限。如第四回门子对知府也可说，不命他发签拿人。可知此等命或令与强制性指令传命并无干涉。又使眼色与邢夫人。邢夫人不便就走，只得到了一杯茶来放在贾母跟前。贾母一回身，贾琏不防，便没躲伶俐。贾母便问：“外头是谁，到像个小子一伸头。”凤姐忙起身说：“我也恍惚看见一个人影儿，等我瞧瞧去。”一面说一面起身出来。贾琏忙进来陪笑道：“打听老太太十四出门不出，好预备轿子。”贾母道：“既这么样，怎么不进来，又作鬼作神的？”贾琏陪笑道：“见老太太顽牌呢，不敢惊动，不过叫媳妇出去问问。”贾母道：“就忙到这一时，等他家去，你问多少问不的？那一遭儿你这么小心来着？又不知是来作耳报神的，也不知是来作探子的，鬼鬼祟祟，到唬了我一跳，什么好下流种子。你媳妇和我顽牌呢，还有半日的空儿，你家去再和那赵二家的商量着治他去罢。”说着众人都笑了。鸳鸯笑道：“鲍二家的，老祖宗又拉上赵二家的。”贾母也笑道：“可是，我那里记得抱着背着的。提起这些事来，不由我不生气。我进了这门子，作重孙子媳妇起，到如今我也有了重孙子媳妇了，连头带尾五十四年，［周按］书中贾母原型即曹寅续妻李氏，乃李煦之妹。贾母说此话时是乾隆元年九月末，所谓我进了这门子……连头带尾五十四年。上推应在康熙二十二年（一六八三），其时曹寅二十六岁，似为续娶之年龄。余曾有文推考，今不详述。凭他什么大惊大险，千奇百怪的事也经了些，从无经过这些事。还不离了我这里呢。”贾琏一声儿不敢言语，忙退了出来。平儿在窗外站着，悄悄笑道：“说着你不听，到底硼在网里了。”正说着，只见邢夫人也出来了，贾琏道：“都是老爷闹的，如今都搬在我和太太身上了。”邢夫人道：“我把你这没孝心的雷打的下流种子。人家还替老子死呢，白说了几句，你就抱怨了？你还不好好的呢。这几日生气，仔细他捶你。”贾琏道：“太太快过去罢，叫我来请了好半日了。”说着，送他母亲出来过那边去。

邢夫人将方才的话只略说了几句，贾赦无法，又含愧。自此便告病，且不敢见贾母，只打发邢夫人及贾琏每日过去请安。只得又各处遣人搆求寻觅，［周按］搆求，百般设法谋求也。终久［周按］终久、终究互见，不必统一。费了八百两银子，买了一个十七岁的女孩子来，名唤嫣红，收在屋内，不在话下。这里斗了半日牌，吃晚饭才罢。

此一二日间无话。展眼到了十四日黑早，赖大的媳妇又进来请，贾母高兴，便带了王夫人、薛姨妈及宝玉姊妹等至赖大花园中坐了半日。那花园虽不及大观园，却也十分齐整宽阔。泉石林木、楼阁亭轩，也有好几处惊人骇目的。外面厅上，薛蟠、贾珍、贾琏、贾蓉并几个近族的，狠远的也就没来，贾赦也没来。赖大家内也请了几个现任的官长并几个世家子弟作陪，因其中有个柳湘莲，薛蟠自上次会过一次，已念念不忘。又打听他最喜串戏，且都串的是生旦风月戏文，不免错会了意，误认他作个风月子弟，正要与他相交，恨没有个引进。这日可巧遇见，无可不可。且贾珍也慕他的名，酒盖住了脸，就求他串两出戏。下来移席和他坐在一处，问长问短，说此说彼。那柳湘莲原是世家子弟，读书不成，父母早丧，素性爽侠，不拘细事，酷好耍枪舞剑，赌博吃酒，以至眠花卧柳，吹笛弹筝，无所不为。因他年纪又轻，生得又美，不知他身分的人都误认作优伶一类。那赖大之子赖尚荣与他素习交好，［周按］素习是原笔。故今日请来作陪。不想酒后别人犹可，独薛蟠又犯了旧病，他心中早已不快，得便意欲要走开完事。无奈赖尚荣死也不放。赖尚荣又说："方才宝二爷又吩咐我，才一进门，虽然见了，只是人多不好说话，叫我嘱咐你散的时候别走，他还有话说呢。你既一定要去，等我叫出他来你两个见了再走，与我无干。"说着，便命小厮们到里头找一个老婆子悄悄告诉，请出宝二爷来。那小厮去了没一盏茶时，见宝玉出来了，赖尚荣向宝玉笑道："好叔叔，把他交给你罢，我张罗人去了。"说着一迳去了。宝玉便拉了柳湘莲到厅侧小书房中坐下，问他这几日可到秦钟的坟上去了。［庚双］忽提此人，使我堕泪。近几回不见提此人，自谓不表矣。乃忽于此处柳湘莲提及，所谓方以类聚，物以群分也。柳湘莲道："怎么不去，前日我们几个放鹰去，离他坟上不远，我想今年夏天雨水勤，恐怕他的坟站不住。我背着众人走到那里去瞧了瞧，果然又动了一点子，回家来就便弄了几百钱，第三日出去雇了两个人收拾好了。"宝玉道："怪道呢，上月我们大观园池子里结了莲蓬，我摘了十个，叫茗烟出去到他坟上供去。［周按］后文用鲜花、鲜果、清泉、香茗与此意同。回来我也问他可被雨冲坏没有，他说不但没冲，且比上回又新了些。我想着不过是这几个朋友新筑了。我只恨我天天圈在家里，一点儿作不得主，行动有人知道，不是这个拦，就是那个劝的。能说不能行，虽然有钱，又不能由我使。”湘莲道：“这个事也用不着你操心，外头有我呢，你只心里有了就是。眼前十月一，［周按］俗称寒衣节，祭祀亡人之日也。百姓人家以冬令将至皆需收拾御寒衣服，因亦追念亡人，故剪纸为衣与纸钱同焚烧以示悼念。所谓寒衣，无非是象征性的民族礼仪，至今民间仍有遗风。我已经打点下上坟的花消了。你知道我一贫如洗，家里是没有积聚的，总有几个钱文，［周按］钱文，是当时词语。盖铜钱以文计，一枚为一文钱。随手就完的，不如趁空儿留下这一分，省得到了跟前扎煞手。”［周按］扎煞手，谓五指张开，乃无计可施之喻也。宝玉道：“我也正为这个要打发个人找你，你又不大在家，知道你天天萍踪浪迹，没个一定去处。”湘莲道：“你也不用找我，这个事也不过各尽其道，眼前我还要出门去走走，外头旷个三年五载再回来。”宝玉听了，忙问：“这是为何？”柳湘莲冷笑道：“我的心事，等到跟前，你自然知道。我如今要别过了。”宝玉道：“好容易会着，晚上同散岂不好？”湘莲道：“你那令姨表兄还是那样，再坐着未免有事，不如我回避了到好。”宝玉想了一想，说道：“既是这样，到是回避他为是。只是你要远行，必须先告诉我一声，千万别悄悄的走了。”说着便滴下泪来。柳湘莲道：“自然要辞的，你只别和人说就是了。”说着，便站起来要走。又道：“你就进去罢，不必送我。”［周按］清代柳湘莲型之青少年，乃是满族入关后满汉两民族融汇后之特殊产物，其特点是能文能武，行侠好义，而又风流儒雅，博通百艺，聪明颖慧，灵性过人。此一新类型为清代以前所未有，而如今已不复可见。此一段中补出柳湘莲与秦钟亦曾有交谊，又柳云不日将有远行，其间暗隐后文无限情事。一面说，一面出了书房。刚至大门前，早遇见薛蟠在那里乱嚷乱叫：“谁放走了小柳儿？”柳湘莲听了，火星乱迸，恨不得一拳打死。复思酒后挥拳，又碍着赖尚荣的脸面，只得忍了又忍。薛蟠忽见他走出来，如得了珍宝，忙趔趄走上来，一把拉住，笑道：“我的兄弟，你往那里去了。”湘莲道：“走走就来。”薛蟠笑道：“好兄弟，你一去都没兴了，好歹坐一坐，你就是疼我了。凭你有什么要紧的事，交给哥，你只别忙，有你这个哥，你要做官要发财都容易。”湘莲见他如此不堪，心中又恨又愧。忽心生一计，便拉他到别处，笑道：“你真心和我好，假心和我好呢？”薛蟠听见他这话，喜得心痒难挠，乜斜着眼忙笑道：“好兄弟，你怎么问起我这话来。我要是假心，立刻死在眼前。”湘莲道：“既如此，这里不便，等坐一坐，我先走，你随后出来，跟我到下处，咱们提另嗑一夜酒。［周按］提另，口语。谓单独，个别的。我那里还有两个绝色的孩子，从没出门的。你可连一个跟的人也不用带，那里有人伏侍。”薛蟠听如此说，喜的酒醒了一半，说：“果然如此？”湘莲笑道：“如何？人拿真心待你，你到不信了。”薛蟠忙笑道：“我又不是呆子，怎么有个不信的呢？既如此，我又不认得，你先走了，我在那里找你呢？”湘莲道：“我这下处，在北门外头。你可舍得家，城外住一夜去？”薛蟠笑道：“有了你，我还要家作什么！”湘莲道：“既如此，我在北门外头桥上等你。咱们席上且吃酒去，你看我走了之后，你再走，他们就不留心了。”薛蟠听了，连忙答应。于是二人复又入席饮了一回。那薛蟠难熬，只拿眼看湘莲，心内越想越乐，左一壶右一壶，并不用人让，自己便吃了又吃，不觉酒已八九分了。湘莲便起身出来，瞅人不防去了。至门外命小厮杏奴：“先家去罢，我到城外就来。”说毕，已跨马直出北门，桥上等候薛蟠。没顿饭时工夫，只见薛蟠骑着一匹大马，远远的赶了来，张着口，瞪着眼，头泼浪鼓一般不住左右乱瞧。及至从湘莲马前过去，只顾望远处瞧，不曾留心近处，反踯过去了。湘莲又是笑，又是恨，便也撒马随后跟来。薛蟠往前看时，渐渐人烟稀少，便又圈马回来再找，不想一回头见了湘莲，如获奇珍，忙笑道：“我说你是个再不失信的。”湘莲笑道：“快往前走，仔细人看见跟了来就不好了。”说着先就撒马前去，薛蟠也就紧紧跟来。湘莲见前面人迹已稀，且有一带苇塘，便下马将马拴在树上，向薛蟠笑道："你下来，咱们先设个誓，日后要变心，告诉人去的，便应了誓。"薛蟠笑道："这话有理。"连忙下了马，也拴在树上，便跪下说道："我要日久变了心，告诉人去的，天诛地灭……"一语未了，只听嘡的一声，颈后好似铁锤砸下来，只觉得一阵黑，满眼金星乱迸，身不由己，便倒下来。湘莲走上来瞧瞧，知他是个体家子，不惯挨打，只使了三分气力向他脸上拍了几下，登时便开了果子铺。［周按］开了果子铺，此语从《水浒传》借来，比喻被打得脸面上青一块紫一块，五颜六色。按古时所谓果子多指面果，即今之所谓糕点类。薛蟠先还要挣扎起来，又被湘莲用脚尖点了两点，仍旧跌倒，口内说道："原是两家情愿，你不依，只好说，为什么哄出我来打我？"一面说一面乱骂。湘莲道："我把你瞎了眼的，你认认柳大爷是谁！你不说哀求，你还伤我，我打死你也无益，只给你个利害罢。"说着，便取了马鞭子过来，从背至胫打了三四十下。薛蟠酒已醒了大半，觉得疼痛难禁，不禁有嗳哟之声。湘莲冷笑道："也只如此。我只当你是不怕打的。"一面说，一面又把薛蟠的左腿拉起来，朝苇中泞泥处拉了几步，滚的满身泥水，又问道："你可认得我了？"薛蟠不应，只伏着哼哼。湘莲又掷下鞭子，用拳头向他身上擂了几下，薛蟠便乱滚乱叫，说："肋条折了，我知道你是正经人，因为我错听了傍人的话了。"湘莲道："不用拉傍人，你只说现在的。"薛蟠道："现在也没有说的，不过你是个正经人，我错了。"湘莲道："还要说软些才饶你。"薛蟠哼哼着道："好兄弟。"湘莲便又一拳，薛蟠嗳哟一声道："好哥哥。"湘莲又连两拳。薛蟠忙嗳哟叫道："好老爷，饶了我这没眼睛的瞎子罢。从今以后我敬你怕你了。"湘莲道："你把这水喝两口。"薛蟠一面皱眉道："水赃的狠，怎么喝的下去？"湘莲举拳就打。薛蟠忙道："我喝，我喝。"说着，只得俯头向苇根下喝了一口，犹未咽下去，只听咕的一声，把方才吃的东西都吐了出来。湘莲道:“好赃东西,你快吃净了饶你。”薛蟠听了,叩头不迭,说:“好歹积点阴功,饶我罢。这个至死不能吃的。”湘莲道:“这样气息,到熏坏了我。”说着,丢下薛蟠,便牵马认镫,上骑去了。这里薛蟠见他已去,方放下心来,又后悔自己不该误认了人,待要挣挣起来,无奈遍体疼痛难禁。

谁知贾珍等在席上忽不见了他两个,各处寻找不见,有人说恍惚出北门去了。薛蟠的小厮们素日是惧怕他的,他吩咐了不许跟去,谁还敢找去?[庚双]亦如秦法自误。后来还是贾珍不放心,命贾蓉带着小厮们寻踪问迹。直找出北门下桥二里多路,忽见一带苇坑傍边,薛蟠的马拴在树上。众人都道:“可好了,有马必有人。”一齐来至马前,只听苇中有人呻吟,大家忙走来一看,只见薛蟠衣衫零碎,面目肿破,没头没脸,遍身内外滚的似泥猪一般,贾蓉心内已猜着了九分。忙下马命人搀了出来,笑道:“薛大叔天天调情,今日调到苇子坑里来了。必是龙王爷也爱上你风流,想要你招驸马去,你就蹦在龙犄角上了。”薛蟠羞的恨没地缝儿钻进去,那里爬的上马去。贾蓉只得命人到关厢里雇了一乘小轿来,[周按]关厢,古城门外皆有房屋数间,为守城办事等人员居住之所,称为关厢。薛蟠坐了,一齐进城。贾蓉还要抬往赖家赴席去,薛蟠百般央告,又命他不要告诉人,贾蓉方依允了,让他各自回家去了。贾蓉仍往赖家来回复贾珍并说方才形景,贾珍也知被湘莲所打,也笑道:“他须得吃个亏才好。”至晚散了,便来问候。薛蟠自在卧室将养,推病不见人。

且说贾母等回来,各自回房时,薛姨妈与宝钗见香菱哭得眼睛肿了,问其原故,忙赶来瞧瞧薛蟠时,见脸上身上虽有疮痕,并未伤筋动骨。薛姨妈又是心疼,又是发恨,骂一回薛蟠,又骂一回柳湘莲,意欲告诉王夫人,遣人寻拿柳湘莲。宝钗忙劝道:“这不是什么大事,不过他们一处吃酒,酒醉后反脸,亦是常情。谁醉了,多挨几下子打也是有的。况且咱们家的无法无天，人所共知。妈不过是心疼的缘故，要出气也容易。等三五天哥哥养好了出的去时，那边珍大哥、琏二哥这干人也未必白丢开了手，自然备个东道，叫了那个人来，当着众人替哥哥赔不是，认罪就是了。如今妈先当件大事告诉众人，到显的妈偏心溺爱，纵容他生事招人。今儿偶然吃了一次亏，妈就这样兴师动众，倚着亲戚之势，欺压常人。”薛姨妈听了道：“我的儿，到底是你想的到，我一时气糊涂了。”宝钗笑道：“这才好呢，他又不怕妈，又不听人劝，一天纵似一天，吃过两三个亏，他到罢了。”薛蟠在炕上痛骂柳湘莲，又命小厮们去拆他的房子，打死他，和他打官司。薛姨妈禁住小厮们，只说柳湘莲一时酒后放肆，如今酒醒，后悔不及，惧怕逃走了。薛蟠听见如此说了，气方渐平。要知端的，且听下回分解。

［庚回后］题曰柳湘莲走他乡，必谓写湘莲如何走，今却不写，反细写阿呆兄之游艺了心，却湘莲之分内走者，而不细写其走，反写阿呆不应走而写其走，文牵岐〔歧〕路，令人不识者如此。

至情小妹回申〔中〕，方写湘莲文字，真神化之笔。

［戚回后］自斗牌一节，写贵家长上之尊重，卑幼之侍奉。遭打一节，写薛蟠之呆，湘莲之豪，薛母、宝钗之言，无不逼真。

第四十八回
滥情人情误思游艺　慕雅女雅集苦吟诗

［戚蒙回前］心地聪明性自灵，喜同雅品讲诗经，姣柔倍觉可怜形。皓齿朱唇真袅袅，痴情专意更娉娉，宜人鲜语小星星。

话说薛蟠听见如此说了，气方渐平。三五日后，疼痛虽愈，伤痕未平，只粧病愧见亲友。展眼已到十月，因有各铺面伙计内有算年账要回家的，少不得家内治酒饯行。内有一个张德辉，年过六十，自幼在薛家当铺内揽总，家内也有了二三千金的过活，今岁也要回家，明春方来。因说起今年纸札，香料短少，明年必是贵的。“明年先打发大小儿上来，［周按］上来，口语，指进京而言也。当铺内照管照管，赶端阳节前，我顺路贩些纸札香扇来卖，除去关税花消，亦可以剩得几倍利息。”薛蟠听了，心下忖度：“如今我挨了打，正难见人，想着要躲个一年半载，又没处去躲，天天粧病也不是事。况且我长了这么大，文不文武不武。虽说作买卖，究竟戥子、算盘从没拿过。［周按］戥子，旧时所用称量银子的小秤。地土风俗，远近道路，又不知道。不如也打点几个本钱，和张德辉曠一年来，赚钱也罢，不赚钱也罢，且躲躲羞去。二则曠曠山水也是好的。”心内主意已定，至酒席散后，便和张德辉说知，命他等一二日，一同前往。晚间薛蟠告诉了他母亲。薛姨妈听了虽是欢喜，但又恐他在外生事，花了本钱到是末事，因此不命他去，只说：“好歹你守着我，我还放心些，况且用不着你作买卖，也不等这几百银子来用。你在家里安分守己的，就强似这几百银子了。”薛蟠立意定了，那里肯依，只说：“天天又说我不识世事，这个也不知，那个也不学。如今我发狠把那些没要紧的都断了，如今要成人立事，学习着作买卖，又不准我了，叫我怎么样呢？我又不是个丫头，把我关在家里，何日是个了日？况且那张德辉又是个年高有德的，咱们和他是世交，我同他去，怎么得有舛错？我就一时半刻有不好的去处，自然他说我劝我。就是东西贵贱行情，他是知道的，自然色色问他，何等顺利，到不叫我去。过两日我不告诉家里，私自打点了一走，明年发了财回家，那时才知道我呢。”说毕，赌气睡觉去了。薛姨妈听他如此说，因和宝钗商议。宝钗笑道："哥哥果然要经历正事，正是好的了，只是他在家里说着好听，到了外头旧病复发，越发难拘束他了。但也愁不得许多，他若是真改了，是他一生的福。若不改，妈也不能又有别的法子，一半尽人力，一半听天命罢了。这么大人了，若只管怕他不知世路，出不得门，干不得事，今年关在家里，明年还是这个样儿。他既说的名正言顺，妈就打发他去试一试，只打谅丢了八百一千银子。横竖有伙计们帮着呢，也未必好意思哄骗他的。二则他出去了，左右没了助兴的人，又没有倚仗的人，到了外头，谁还怕谁？有了的吃，没了的饿着，举眼无靠，他见了这样，只怕比在家里省了事，也未可知。”[庚双]作书者曾吃此亏，批书者亦曾吃此亏，故特于此注明，使后人深思默戒。脂砚斋。[周按]作者、批者各有在外流落之经历。薛姨妈听了，思忖半晌，说道："到是你说的是，花两个钱叫他学些乖来也值了。”商议已定，一宿无话。至次日，薛姨妈命人请了张德辉来，在书房中命薛蟠款待酒饭，自己在后廊下隔着窗子向里，千言万语嘱托张德辉照管薛蟠。张德辉满口应承。吃过饭告辞，又回说："十四日是上好出行日期，[周按]出行是旧日历书用语，出行须择日，故有某日宜出行，不宜出行之说。大世兄即刻打点行李，雇下骡子，十四日一早就长行了。”薛蟠喜之不尽，将此话告诉了薛姨妈。薛姨妈便和宝钗、香菱并两个老年的嬷嬷连日打点行装，[周按]老年，侧重辈份在先之意，不止年龄一义也。派下薛蟠之乳父老苍头一名，当年谙事旧奴二名，［周按］旧奴，满俗用语之遗痕尚存。外有薛蟠随身常使小厮二人。主仆一共六人，雇了三辆大车单拉行李使物，又雇了四个长行骡子。薛蟠自骑一匹家内养的铁青大走骡，外备一匹坐马，诸事完备。薛姨妈、宝钗等连夜劝戒之言是不必细说。至十三日，薛蟠先去辞了他母舅，然后过来辞了贾宅诸人。贾珍等未免又有饯行之说，也不必细述。至十四日一早，薛姨妈、宝钗等直同薛蟠出了仪门，母女两个四只泪眼看他去了方回来。薛姨妈上京带来家人不过四五房并两三个老嬷嬷、小丫头，今跟了薛蟠一去，外面只剩下一个男人。因此薛姨妈即日到书房，将一应陈设玩器并帘幔等物，尽行搬了进来收贮，命那两个跟去的男子之妻一并也进来睡觉。又命香菱："将他屋里也收拾严紧，将门锁了，晚间和我去睡。"宝钗道："妈既有这些人作伴，不如叫香菱姐姐和我作伴儿去，我们园里又空，夜长了，每夜作活，越多一个人岂不越好？"薛姨妈笑道："正是忘了，原该叫他同你去才是。我前日还向你哥哥说，文杏又小，到三不着两的，莺儿一个人不彀伏侍的，还要买一个丫头来你使。"宝钗道："买的不知底里，倘或走了眼，花了钱事小，没的淘气，到是慢慢的打听着，有知道来历的买个还罢了。"［庚双］闲言过耳无迹，然已伏下一事矣。一面说，一面命香菱收拾了衾褥妆奁，命一个老嬷嬷并臻儿送至蘅芜苑去，然后宝钗和香菱才同回园中来。［庚双］细想香菱之为人也，根基不让迎、探，容貌不让凤、秦，端雅不让纨、钗，风流不让湘、黛，贤惠不让袭、平。所惜者青年罹祸，命运乖蹇，足为侧室，且虽曾读书，不能与林、湘辈并驰于海棠之社耳。然此一人岂可不入园哉。故欲令入园，终无可入之隙，筹划再四，欲令入园，必呆兄远行后方可。然阿呆兄又如何方可远行？曰名不可、利不可、正事不可，必得万人想不到，自己忽发一机之事方可。因及思及情之一字及呆素所误者，故借情误二字生出一事，使阿呆游艺之志已坚，则菱卿入园之隙方妥。回思因欲香菱入园，是写阿呆情误，因欲阿呆情误，先写一赖尚华［荣］，实委婉严密之甚也。脂砚斋评。香菱笑向宝钗道："我原要和奶奶说的，等大爷去了，我和姑娘作伴儿去，我又恐怕奶奶多心，说我贪着园内顽，谁知你竟说了。"宝钗笑道："我知道你心里羡慕这园子不是一日两日的了，只是没个空儿，就每日来一淌，慌慌张张的，也没趣儿。所以趁着机会，越性住上一年，我也多个作伴的，你也遂了心。”香菱笑道：“好姑娘，趁着这个工夫，你教给我作诗罢。”［庚双］写得何其有趣，今忽见菱卿此句，合卷从纸上另走出一姣小美人来，并不是湘、林、探、凤等一样口气声色，真神骏之技。虽驰驱万里，而不见有倦怠之色。宝钗笑道：“我说你得陇望蜀呢。我劝你今儿头一日进来，先出园东角门，［周按］从园子到前面各院落为何单要出东角门？盖第一省亲别墅正门不许随意出入，第二园子在住宅的西北角，故由园至府须出东角门，方向位置一丝不走。从老太太起，各处各人你都瞧瞧，问候一声儿，也不必特意告诉他们说搬进园来。若有提起因由的，你只带口说，我带了你进来作伴儿就完了。回来进了园，再到各姑娘房里走走。”香菱答应着。才要走时，只见平儿忙忙的走来，［庚双］忙忙二字奇，不知有何妙文。香菱忙问了好，平儿只得勉强陪笑相问。宝钗因向平儿笑道：“我今儿把他带了来作伴儿，正要去回你奶奶一声儿。”平儿笑道：“姑娘说的是那里话，我竟没话答言了。”宝钗道：“这才是正理。店房有个主人，庙里有个住持。虽不是大事，到底告诉一声，便是园里坐更上夜的人，知道添了他两个，也好关门候户的。你回去就告诉一声罢。我不打发人说去了。”平儿答应着，因又向香菱笑道：“你既来了，也不拜一拜街坊邻舍去？”［庚双］是极，恰是戏言，实欲支出香菱去也。宝钗笑道：“我正要叫他去呢。”平儿道：“你且不必往我们家去，二爷病了，在家里呢。”香菱答应着去了。先从贾母处来，不在话下。

且说平儿见香菱去了，便拉宝钗悄说道：“姑娘可听见我们家的新文了？”宝钗道：“我没听见新文，因连日打发我哥哥出门，所以你们这里的事一概也不知道，连姊妹们这两日也没见。”平儿笑道：“老爷把二爷打了个动不的，难道姑娘就没听见？”宝钗道：“早起恍惚听见一句，也信不真，我也正要瞧你奶奶去呢，不想你来了。又是为了什么事打他？”平儿咬牙骂道：“都是那贾雨村，什么半路途中那里来的个饿不死的野杂种，认了不到十年，生了多少事出来。今年春天，老爷不知在那里地方见了几把旧扇子，回家来，看家里所有收着这些好扇子都不中用了，立刻叫人各处搜求。谁知就有个不知死的冤家，混号儿世人都叫他作石呆子，穷的连饭也没得吃。偏他家就有二十把旧扇子，死也不肯拿出大门来。二爷好容易烦了多少情，见了这个人，说之再三，他把二爷请到他家里坐着，拿出这扇子，略瞧了一瞧。据二爷说，原是不能再得的，全是湘妃棕竹、麋鹿玉竹的，皆是古人写画真迹。回来告诉了老爷，便叫买他的，要多少银子给他多少。偏那石呆子说，我饿死冻死，一千银子一把我也不卖。老爷没法子，天天骂二爷没能为。已经许他五百两了，先兑银子，后拿扇子，他只是不卖。只说要扇子，先要我的命。姑娘想想,这有什么法子。谁知雨村那没天理的听见了,便设了个法子，讹他拖欠了官银，拿了他到衙门里去。说所欠官银，变卖家产赔补，把这扇子抄了，作了官价送了来。那石呆子如今不知是死是活，老爷拿着扇子问着二爷说，‘人家怎么弄来了？’二爷只说了一句，‘为这点子小事，弄的人坑家败业，也不算什么能为。’老爷听了，就生了气，说二爷拿话堵老爷了。因此这是第一件大的。这几日还有几件小的，我也记不清。所以都凑在一处，就打起来了。也没拉倒用板子、棍子，就站着，不知拿什么混打一顿，脸上打破了两处。我们听见姨太太那里有种丸药上棒疮的，姑娘快寻一丸子给我。”［周按］平儿一席话全是补叙法。书中用此法处最多，可省无数琐碎笔墨。而一切皆令读者洞悉无疑。◎又，贾雨村之为人至此方由平儿口中补出。雨村与贾赦勾结作恶，欺害平民，却只为了几把扇子。因念扇子一物虽甚微末，却关系重大。以前诸回如宝钗借扇，如晴雯撕扇等多处文情皆由扇子引起。雪芹于扇子一物是否尚另有深层寓意，思之思之。宝钗听了，忙命莺儿去要了一丸来与平儿。宝钗道：“既这样，替我问候罢，我就不去了。”平儿答应着去了，不在话下。

且说香菱见过众人之后，吃过晚饭，宝钗等都往贾母处去了，自己便往潇湘馆中来。此时黛玉已好了大半，见香菱也进园来住，自是欢喜。香菱因笑道："我这一进来了，也得了空儿，好歹教给我作诗就是我的造化了。"黛玉笑道："既要学作诗，你就拜我为师，我虽不通，大略还教的起你。"香菱笑道："果然这样，我就拜你作师，你可不许腻烦。"黛玉道："什么难事，也值得去学？不过是起承转合，当中承转是两副对子，平声的对仄声，虚的对实的，实的对虚的。若是果有了奇句，连平仄虚实不对都使得的。"［周按］黛玉所教香菱之第一段话，全指七言律诗而言。七言律诗首尾八句，头两句谓之首联，是起。第三四句谓之颔联或颈联，是承。第五六句谓之腹联，是转。末二句谓之尾联，是合。此是诗文全篇整体笔法变换之大章法，总规律。香菱笑道："怪道我常弄一本旧诗，偷空儿看一两首，又有对的极工的，又有不对的。又听见说一三五不论，二四六分明。看古人的诗上竟有二四六上错了的，所以天天的疑惑。如今听你一说，原来这些格调规矩竟是末事，只要词句新奇为上。"［周按］所谓平仄是指汉字本身声调特色。古分平上去入四声。平声包括阴平阳平，其余之上去入三声，总称仄声。黛玉道："正是这个道理。词句究竟还是末事，第一是立意要紧，若意趣真了，连词句不用修饰自是好的，这叫作不以词害意。"香菱笑道："我只爱陆放翁的诗，'重帘不卷留香久，古砚微凹聚墨多。'说的真切有趣。"黛玉道："断不可看这样的诗。你仍因不知诗，所以见了这浅近的就念，［周按］就念，是原笔。一入了这个格局，再学不出来的。你只听我说，你若真心要学，我这里有《王摩诘全集》，你且把他的五言律一百首细心揣摩透熟了，然后再读一二百首老杜的七言律，再李青莲的七言绝句读一二百首。肚子里先有了这三个人作了底子，再把陶渊明、应玚、谢、阮、庾、鲍等人的一看，你又是这样一个极聪敏伶俐的人，不用一年的工夫，不愁不是诗翁了。"［周按］黛玉教香菱学诗以唐诗为主，而唐诗中独举王杜李三大家，可谓尽得风流。而不知诗之人或初学如香菱者却喜爱南宋陆放翁之诗歌，这正是中华诗史之一大关目。香菱听了，笑道："既这样，好姑娘，你就把这书给我拿出来，我带回去，夜里念几首也是好的。"黛玉听说，便命紫鹃将王右丞的五言律拿来，递与香菱。又道："你只看有红圈儿的，都是我选的，有一首念一首，不明白的，问你姑娘，或者遇见我，我讲与你就是了。”香菱拿了诗，回至蘅芜苑中，诸事不顾，只向灯下一首一首的读起来。宝钗连催他数次睡觉，他也不睡。宝钗见他这样苦心，只得随他去了。

一日，黛玉方梳洗完了，只见香菱笑吟吟的送了书来，又要换杜律。黛玉笑道：“共记得多少首？”香菱笑道：“凡红圈选的，我尽读了。”黛玉道：“可领略些滋味没有？”香菱笑道：“我到领略了些滋味，不知可是不是，说与你听听。”黛玉笑道：“正要讲究讨论，方能长进。你且说来我听。”香菱笑道：“据我看来，诗的好处，有口里说不出来的意思，想去却是必真的。［周按］必真，是原笔。有似无理的，想了去竟是有理有情的。”［周按］宋人曾云：状难写之景如在目前，含不尽之意见于言外。此语是中华诗词的精气灵魂。香菱所说已有领会与宋人之名言十分合拍。所以香菱是绝顶聪明之人，此评不虚。黛玉笑道：“这话有些意思了，但不知你从何处见得？”香菱笑道：“我看他《塞上》一首内一联云，‘大漠孤烟直，长河落日圆。’想来烟如何直？日自然是圆的。这‘直’一字似无理，‘圆’字似太俗，合上书一想，到像是见了这景的。若说再找两个字换这两个，竟再找不出两个字来。再还有，‘日落江湖白，潮来天地青。’这‘白’‘青’两字也似无理，想来必得这两字方才形容的尽。念在嘴里，到像有个千斤重的一个橄榄，［周按］一句中之“个”与“一个”重出叠用，乃日常口语常见现象。本书例多，每每如是，皆原笔也。◎香菱此喻听来十分奇特，但她所说即回味无穷之意，而此回味无穷又正即宋人所云含不尽之意也。还有‘渡头余落日，墟里上孤烟’，这‘余’字和‘上’字，难为他怎么想来？我们那年上京来，那日下晚，便湾住船，岸上又没有人，只有几棵树，远远几家人家作晚饭，那个烟竟是碧青，连云直上。谁知我昨日晚上看了这两句，到像又到了那个地方去了。”［周按］此即景与情会。读者读古人诗并非定要实历古人之境况，但今日读者之情却有与古人相合处。正说着，宝玉和探春也来了，也都入坐，听他讲诗。宝玉笑道：“既是这样，也不用看诗，会心处不用多，听你说了这两句，可知三昧你已得了。”黛玉笑道：“你既说他这‘上孤烟’好，你还不知他这一句还是套了前人的来呢。我给你这一句瞧瞧，更比那个淡而现成。”说着，便把陶渊明的“暧暧远人村，依依墟里烟”翻了出来，递与香菱。香菱瞧了，点头叹赏，笑道：“原来‘上’字是‘依依’两字化出来的。”宝玉大笑道：“你已得了，不用再讲，越发到学杂了，你就作起来，必是好的。”探春笑道：“明儿我补一个柬来，［周按］补个柬，谓请帖（入社）也。请你入社。”香菱笑道：“姑娘何苦打趣我们，我不过羡慕才学着顽罢了。”探春、黛玉都笑道：“谁不是顽，难道我们是真作诗呢？若说我们认真成了诗，出了这园子，把人的牙还笑倒了呢！”［周按］北语谓牙着酸曰倒牙，“倒”字上声如“捣”。◎有人评论《石头记》中诗词谓都不很高，其实非也。雪芹这些诗句只是摹拟十余岁女儿之声口。观黛玉此处所言，可以豁然矣。宝玉道：“这也算自暴自弃了。前日我在外头和相公们商议画儿，他们听见咱们起诗社，求我把稿子给他们瞧瞧，我就写了几首给他们看看，谁不是真心叹服？他们都抄了刻去了。”探春、黛玉忙问道：“这是真话么？”宝玉笑道：“说谎的是那架上鹦哥。”黛玉、探春听后，都道：“你真真胡闹，且别说那不成诗，便是成诗，我们的笔墨也不该传到外头去。”宝玉道：“这怕什么。古来闺阁中笔墨不要传出去，如今也有人知道了。”说着，只见惜春打发了入画来请宝玉，宝玉方去了。香菱又逼着换出杜律，又央告黛玉、探春二人：“出个题目让我诌去，诌了来替我改正。”黛玉道：“昨夜的月最好，我正要诌一首，竟未诌成，你就作他一首来，十四寒的韵，由你爱用那几个字去。”香菱听了，喜的拿了诗回来，又苦思一回，作两句诗，又舍不得杜律，又读两首。如此茶饭无心，坐卧不定。宝钗道：“何苦自寻烦恼，都是颦儿引的你，我和他算账去。你本来呆头呆脑的，再添上这个，越发弄成个呆子了。”［庚双］呆头呆脑的，有趣之至，最恨野史有一百个女子，皆曰聪敏伶俐，究竟看来他行为也只平平。今以呆字为香菱定评，何等妩媚之至也。香菱笑道：“好姑娘，别混我！”［庚双］如闻如见。一面说，一面作了一首，先与宝钗看。宝钗看了笑道：

“这个作法你别怕燥，只管拿了给他瞧去，看他是怎么说。”香菱听了，便拿了诗找黛玉来。黛玉看时，只见写道是：

月挂中天夜色寒，清光皎皎影团团。

诗人助兴长思玩，野客添愁不忍观。

翡翠楼边悬玉镜，珍珠帘外挂冰盘。

良宵何用烧银烛，晴彩辉煌映画栏。

黛玉看了笑道：“意思却有，只是措词不雅。皆因你看的诗少，被他缚住了。［周按］黛玉是说读诗太少，即今之所谓词汇贫乏。如咏月只知有冰轮玉盘等等，而无法摆脱此等修辞格调，被它所限，即黛玉“缚住”之意也。把这首丢开再作一首，只管放开胆子去作。”香菱听了，默默的回来，越性连房也不入，只在池边树下，或坐山石上出神，或蹲在地下抠土。来往的人都诧意。［周按］咤意，是原笔。李纨、宝钗、探春、宝玉等听得此信，都远远的站在山坡上瞧着他笑。只见皱眉一回，又自己含笑一回。宝钗笑道：“这个人定要疯了，昨夜嘟嘟哝哝，直闹到五更天才睡下。没一顿饭的工夫，天就亮了，我就听见他起来了，忙忙碌碌梳了头，就找颦儿去。一回来呆了半日，作了一首又不好，自然这会子另作呢！”宝玉笑道：“这正是地灵人杰。老天生人，再不虚赋情性的。我们成日叹说，可惜他这么个人竟俗了，谁知到底有今日，可见天地生人至公。”宝钗听了笑道：“你能勾像他这苦心就好了，学什么有个不成的？”宝玉不答。只见香菱兴头头的又往黛玉那边来了。探春笑道：“咱们跟了去看他有些意思没有。”说着，一齐都往潇湘馆来。只见黛玉正拿着诗和他讲究呢。众人因问黛玉作的如何。黛玉道：“这也算难为他了，只是还不好。这一首过于穿凿了，还得另作。”众人因要诗看时，只见作道是：［周按］作道，原笔原意。

非银非水映窗寒，试看晴空护玉盘。

淡淡梅花香欲染，丝丝柳带露初干。

只疑残粉涂金砌，恍若轻霜抹玉栏。

梦醒西楼人迹绝，客余犹可隔帘看。

宝玉看了笑道："不像吟月了，月字底下添上一个色字，到还使得。［周按］咏月与咏月色有何分别，君能答否？月如无色则不成其为月，又从何咏起？然宝玉却说若写成月色，又非咏月矣。此等微妙分合之际须细加领会。你看句句是月色，这也罢了。原是诗从胡说上起，［周按］诗从胡说云云，明是宝玉声口，宝钗绝不出此"粗话"。再迟几天就好了。"香菱自为这首妙绝，听如此说，自己又扫了兴，不肯丢开手，便仍思索起来。因见他姊妹们说笑，便自己走至阶下竹前闲步，挖心搜胆，耳不傍听，目不他视。一时探春隔窗笑说道："菱姑娘，你闲闲罢！"香菱怔怔的答应道："闲字是十五删的，你错了韵了。"众人听了，不觉大笑起来。宝钗道："可真诗魔了，都是颦儿引的他。"黛玉笑道："圣人说诲人不倦，他又来问我，我岂有不说的理？"李纨笑道："咱们拉了他往四妹妹房里去，引他瞧瞧画儿，叫他醒一醒才好。"说着，真个出来，拉了他过藕香榭至暖香坞中。惜春正乏倦，在床上歪着睡午觉。画缯立在壁间，用纱罩着。众人唤醒了惜春，揭纱看时，十停方有了三停。香菱见画儿上有几个美人，因指着笑道："这一个是我们姑娘，那一个是林姑娘。"探春笑道："既会作诗的，都画在上头，你快学罢。"说着，顽笑了一回。各自散后，香菱满心中还是想诗，至晚间，对灯出了一回神，至三更后，上床卧下，两眼鳏鳏，直到五更方才朦胧睡去。一时天亮，宝钗醒了，听了一听他安稳睡了，心下想："他翻腾了一夜，不知可作成了？这会子乏了，且别叫他。"正想着，只见香菱从梦中笑道："可是有了。难道这一首还不好？"宝钗听了，又是可叹，又是可笑，连忙唤醒了他。问他："得了什么了？你这诚心都通了仙了，学不成诗，还弄出病来呢！"一面说，一面起来梳洗了，会同姊妹们往贾母处来。原来香菱苦志学诗精神诚聚，日间不能作出，忽于梦中得了八句，梳洗已罢，便忙录出来，自己并不知好歹，便拿了又找黛玉来。刚至沁芳亭，只见李纨与众姊妹方从王夫人处回来。宝钗正告诉他们，说他梦中作诗说梦话，［庚双］一部大书起是梦，宝玉情是梦，贾瑞淫又是梦，秦之家计长策又是梦，今作诗也是梦，一并风月鑑〔鉴〕亦从梦中所有，故《红楼梦》也。余今批评，亦在梦中，特为梦中之人特作此一大梦也。脂砚斋。众人正笑，抬头见他来了，便都争着要诗看。未知如何，下回分解。

［蒙戚回后］一扇之微，而害人如此其毒，藏之者故自无味，构求者更觉可笑。多少没天理处，全不自觉。可见好爱之端，断不可生，求古董于古坟，争盆景而荡产，势所必至。可不慎诸！

［回后评］香菱学诗方入初冬早过中秋，何以独选月为主题，有无深意宜加细思，未可掉以轻心，以为此等闲文何必过求甚解。本回只作了两首均未及格，但到下回开端即补出第三首。其开头之警句即曰：精华欲掩料应难，影自娟娟魄自寒。令人入目即有所感，断非寻常文字。盖既云“精华欲掩料应难”，问题不在难知语义，而在有人欲遮掩明月之精华，此须联想湘云之酒令“双悬日月照乾坤”，便悟此月者本有精华照耀乾坤而偏偏人强加遮蔽使之黯淡而无光，再看此诗末联又言：博得嫦娥应借问，何缘不使永团圆。可知，一是掩其光辉，二是破其团圆。是知香菱咏月者明写天象，实寓人间，有一明月全可与日争辉，而终难如愿。故诗人感叹伤怀，借景生情，非在景色之表面也。

第四十九回
琉璃世界白雪红梅　脂粉香娃割腥啖膻

［庚回前］此回系大观园集十二正钗之文。

［戚回前］此回原为起社，而起社却在下回。然起社之地、起社之人、起社之景、起社之题、起社之酒肴，色色皆备，真令人跃然起舞。

话说宝钗命香菱拿了诗来，至潇湘馆中，见众人正说笑他，香菱便上来笑道："你们看这首，若使得，我便还学，若还不好，我就死了这作诗的心了。"［蒙侧］说死了心不学，方是才人语不惊人死不휴〔休〕本怀。说着，把诗递与黛玉及众人看时，只见写道是：

精华欲掩料应难，影自娟娟魄自寒。
一片砧敲千里白，半轮鸡唱五更残。
绿蓑江上秋闻笛，红袖楼头夜倚栏。
博得嫦娥应借问，何缘不使永团圆？［周按］香菱学诗三次咏月。回看第一篇词义均很幼稚。第二篇果有长进，而确如宝玉所评，不是咏月却是咏月色了。此第三篇可谓突飞猛进，胜过前二篇十倍不止。盖早已脱离月之形状，光色，全从虚处传月之神。如首句精华便与月色不同。如第二句月影，月魄即是从虚处落笔。如颔联全从因见月而勾起离别之情，也是全从虚处落笔。如此腹联可推而知，不待赘言。但腹联又暗藏日后宝湘二人重会之伏线。

众人看了笑道："这首不但好，而且新巧有意趣。可知俗语说的，天下无难事，只怕有心人。社里一定要请你了。"香菱听了，心下不信，［蒙侧］听了不信，方是才人虚心。香菱可爱。料着他们是哄自己的话，还只管问黛玉、宝钗等。正说之间，只见几个小丫头子并几个老婆子忙忙的走来，都笑道："来了好些姑娘、奶奶们，我们都不认得，奶奶姑娘们快认亲去！"李纨笑道："这是那里的话。你们到底说明白了，是谁的亲戚？"那婆子、丫头们都笑道："奶奶的两位妹子都来了，还有一位姑娘，说是薛大姑娘的妹妹，还有一位爷，说是薛大爷的兄弟。我这会子请姨太太去呢，奶奶合姑娘们先上去罢。"说着一迳去了。宝钗笑道："我们薛蝌合他妹子来了不成？"［周按］薛蝌之名，当是底本草书致讹。盖蝌蚪乃蛙之幼虫，至细至卑，无所取义，应作虯。虯即虬，龙之一种。兄名蟠，弟名虯，其义相联。雪芹写竹根雕杯，写梅花曲枝，皆用"蟠虬"一词可证。虯误为蚪，又讹作蝌也。李纨也笑道："我们婶子又上京来了不成？他们如何凑在一处，这可是奇事。"大家纳闷，来至王夫人上房内，只见乌压压的一地人。

原来邢夫人之兄嫂带了女儿岫烟进京来投邢夫人的，可巧凤姐之兄王仁也正进京，两家亲戚一处打帮来了。走至半路泊船时，正遇李纨之寡婶带着两个女儿，大名李纹，次名李绮，也上京。同叙起来又是亲戚，因此三家一路同行。后有薛蟠之从弟薛蝌，因当年他父亲在京时已将胞妹薛宝琴许配都中梅翰林之子为婚，［蒙侧］宝琴许配梅门，于叙事内先逗一笔，后方不突（然）。实此等法脉，识者着眼。正欲进京发嫁，闻得王仁进京，他也随后带了妹子赶来。所以今日会齐了来访投各人亲戚。于是大家见礼叙过，贾母、王夫人都欢喜非常。贾母因笑道："怪道昨日晚上灯花爆了又爆，结了又结，原来应在今日。"［蒙侧］灯花二语，何等扯淡，何等包括有趣。着俗笔则语喇喇〔刺刺〕而不休矣。［周按］古代照明全是油灯，其形制为油盏内置一灯芯，燃之既久，灯芯有时爆出灯花，人以为吉祥喜庆之兆。一面叙些家常，一面收看带来的礼物，一面命留酒饭。凤姐自不必说忙上加忙。李纨、宝钗自然和婶母、妹子叙离别之情。黛玉见了，先是欢喜，次后想起众人皆有亲眷，独自己孤单无个亲眷，不免又去垂泪。［蒙侧］黛玉先喜后悲，不悲非情，不喜又非情。作（下似有缺文）。宝玉深知其情，十分劝慰了一番方罢。然后宝玉忙忙来至怡红院中，向袭人、麝月、晴雯等道："你们还不快看人去，谁知宝姐姐的亲哥哥是那个样子，他这叔伯兄弟形容举止另是一样了，倒似宝姐姐同胞一样似的。更奇在你们成日家只说宝姐姐是绝色的人物，如今你们瞧瞧去，他这妹子还有大嫂子的两个妹子，我竟形容不出来了。老天老天，你有多少精华灵秀，生出这些人上之人来，可知我井底之蛙，成日家只说现在的这几个人是有一无二的，谁知不必远寻，就是本地风光，一个赛似一个，如今我又长了一层学问了。除了这几个，难道还有几个不成？”一面自笑自叹。袭人见他又有些魔意，便不肯去瞧。晴雯瞧了一遍，回来欰欰的笑向袭人道：［周按］欰与嗤义同，如晋陆机《文赋》：虽濬发于巧心，或受欰于拙目。即是嗤笑义。“你快去睄睄去。大太太的一个侄女儿，宝姑娘一个妹妹，大奶奶的两个妹妹，到像一把子四根水葱儿。”一语未了，只见探春也笑着进来了找宝玉，因说道：“咱们的诗社可兴旺了。”宝玉笑道：“正是呢，这是你一高兴起诗社，所以鬼使神差来了这些人。但只一件，不知他们可学过作诗不曾？”探春道：“我才都问了，他们虽是自谦，看其光景，没有不会的。便是不会，也没难处。你看香菱就知道了。”袭人笑道：“说薛大姑娘的妹妹更好，三姑娘看着怎么样？”探春道：“果然的话，据我看怎么样，连他姐姐并所有这些人总不及他。”袭人听了，又是咤意又笑道：“这也奇了，还从那里再睄好的去，我真要睄睄去。”探春道：“老太太一见了，喜欢的无可不可，已经逼着太太认了干女儿了。老太太要养活，才刚已经定了。”宝玉喜的忙问道：“果然的？”探春道：“我几时说过谎！”又笑道：“有了这个好孙女儿，就忘了你这孙子了！”宝玉笑道：“这也不妨，原该多疼女儿些才是正理。明儿十六，咱们可该起社了？”探春道：“林丫头刚起来了，二姐姐又病了，终是七上八下的。”宝玉道：“二姐姐又不大作诗，没有他又何妨？”探春道：“越性等几天，等他们新来的混熟了，咱们邀上他们岂不好？这会子大嫂子、宝姐姐自然心里没有诗兴，况且湘云又没来，颦儿才好了，人人不合式。不如等着云丫头来了，这几个新的也熟了，颦儿也大好了，大嫂子合宝姐姐心也闲了，香菱诗也长进了，如此邀一满社岂不好？咱们两个如今且往老太太那里去听听。宝姐姐的妹妹不算，他一定是咱们家住定了的。倘或那三个要不在咱们家住，咱们央告老太太留下他们，也在园子里住下，岂不多添几个人，越发有趣了？”宝玉听了欢喜道：“到底是你明白。我终久是个糊涂心肠，空欢喜一会子，却想不到这上头。”［蒙侧］观宝玉“倒底是你”数语，胸中纯是一团活泼泼天机。说着，兄妹二人一齐往贾母处来。

且说贾母见了薛宝琴，甚是欢喜，便命王夫人认作干女儿，因此欢喜非常，连园中也不命住，晚上跟着贾母一处安寝。薛蝌自向薛蟠书房中住下，贾母便合邢夫人说：“你侄女儿也不必家去了，园里住几天，旷旷再家去。”邢夫人兄嫂家中原艰难，这一上京，原仗的是邢夫人，便将邢岫烟交与凤姐。凤姐筹算得园中姐妹多，情性不一，且又不便另设一处，莫若送到迎春一处去。倘日后岫烟有些不遂意之事，［蒙侧］凤姐一番筹算，总为与自己无干。奸雄每每如此。我爱之，我恶之。纵然邢夫人知道了，与自己无干。从此后，若邢岫烟家去住的日期不算，若在大观园住到一个月上，凤姐亦照迎春分例一样，送一分与岫烟。凤姐冷眼敁敪，［蒙侧］先叙岫烟，次叙李纨，又叙李纹、李绮，亦何精致可玩。［庚双］音颠夺，心内忖度也。岫烟的心性行为竟不像邢夫人并他父母一样，却是个极温厚可疼的人。因此凤姐反怜他家贫命苦，比别的姊妹们多疼他些。邢夫人到不大理论了。［周按］读者犹记第六回周瑞家的向刘姥姥评介凤姐时，说她待下人太严了些，书中所写确有明证。但有人误会凤姐乃一刻薄寡情之人，孰不知凤姐心田原甚仁厚。看她一见邢岫烟便如此怜惜体贴，可知其为人之性情矣。

贾母合王夫人因素喜李纨贤惠，且轻年守节，令人敬伏。［周按］敬伏是原笔，犹如“服侍”作“伏侍”之例也。今见他寡婶来了，便不肯令他外头去住。那李婶虽十分不肯，无奈贾母执意不从，只得带着李纹、李绮在稻香村住下了。这里安插既定，谁知保龄侯史鼐又迁委了外任大员，［蒙侧］史鼎〔鼐〕未必左迁，但欲湘云赴社，故作此一折耳，算〔莫〕被他混过。［周按］保龄侯乃世职，见护官符注，与忠靖侯史鼎为兄弟。不日要带了家眷去上任。贾母因舍不得湘云，［周按］此书中湘云第四次来，季节属冬，至八十回未去。便留下他了，接到家中。原要命凤姐另设一处与他住，史湘云执意不肯，定要合宝钗一处住，因此也就罢了。

此时大观园中比先更热闹了多少。［蒙侧］此时大观园数行收拾，是大手笔。李纨为首，余者迎春、探春、惜春、宝钗、黛玉、湘云、李纹、李绮、宝琴、岫烟，再添上凤姐合宝玉，一共十二三个。叙起年庚，除李纨年纪最长，这十二个皆不过是十五六七岁，或有这三个同年，或有那五个共岁，或有这两个同月同日，或有那两个同刻同时，所差者大半是时刻月分而已，连他们自己也不能记清谁长谁幼了。一并［周按］一并，是原用语。贾母、王夫人及家中丫嬛也不能细细分别。不过是姊妹弟兄四个字随便乱叫。如今香菱正满心满意只想作诗，又不敢啰唆［周按］啰唆是原字。宝钗，可巧来了个史湘云。那史湘云又是极爱说话的，那里禁得起香菱又请教他改诗，越发高兴起来，便没昼没夜高谈阔论。宝钗因笑道："我实在的聒噪的受不得了，一个女孩儿家，只管拿着诗当正经事讲起来，叫有学问的人听了，反笑话说不守本分。一个香菱没闹清，偏又添了你这么个话口袋子，满嘴里说的是什么？怎么是杜工部之沉郁，韦苏州之淡雅。又怎么是温八叉之绮靡，李义山之隐僻。放着现成的两个诗家不知道，提那些死人作什么？"湘云听了，忙笑问道："是那两个？好姐姐，你告诉我！"宝钗笑道："呆香菱之心苦，疯湘云之话多。"湘云、香菱二人听了，都大笑起来。［周按］杜工部指杜甫，韦苏州指韦应物，温八叉指温庭筠，李义山指李商隐。◎宝钗素日言必正经，不离大义。而今日此一调侃方见其风趣不逊于他人。正说着，只见宝琴来了，披了一领斗篷，金翠辉煌，不知何物。宝钗忙问道："是那里的？"宝琴笑道："因下雪珠儿，老太太找了这件给我的。"香菱上来瞧道："怪道这么好看，原来是孔雀毛织的。"湘云道："那里是孔雀毛，就是野鸭子头上的毛作的。可见是老太太疼你了。这样疼宝玉，也没见给他穿。"宝钗道："真俗语说，各人有缘法。我也再想不到他这会子来。

既来了，又有老太太这么疼他。”湘云道：“你除了在老太太跟前，就往园子里来，这两处只管顽笑吃嗑，到了太太屋里，若太太在屋里，只管合太太说笑，多坐一会无妨。若太太不在屋里，你可别进去，那屋里人多心坏，都是要害咱们的。”［周按］此写湘云心直口快不知避讳，待人如厚交知己，一片赤诚。其所指盖赵姨娘一伙人也。说的宝钗、宝琴、香菱、莺儿等都笑了。宝钗笑道：“说你没心，却又有心，虽然有心，到底嘴太直了。我们这琴儿就有些像你，你天天说要我作亲姐姐，我今儿竟叫你认他作亲妹妹罢！”湘云又瞅了宝琴半日，笑道：“这一件衣裳也就只配他穿，别人穿了实在不配。”正说着，只见琥珀走来笑道：“老太太说了，叫宝姑娘别管紧了琴姑娘，说他还小呢，让他爱怎么着就由他怎么着，要什么东西只管要去，别多心。”宝钗忙站起身来答应了，又推宝琴笑道：“你也不知是那里来的这段福气，你到去罢，仔细我们委曲著你。［周按］委曲即委屈，本书常混用。“著”字是原笔。我就不信，我那些儿不如你。”说话之间，宝玉、黛玉都进来了。宝钗犹是嘲笑，湘云因笑道：“宝姐姐，你这话虽是顽话，却有人真心是这样想呢！”琥珀笑道：“他到不是这样人，真心恼的再无别人，就只是他。”口里说，手指着宝玉。宝钗、湘云笑道：“不是他！”琥珀又笑道：“不是他，就是他！”［周按］琥珀的不是他，承钗湘而复述义。下接就是他，乃另指别个之语。是猜疑二者必居其一也。又指着黛玉，湘云便不则声。［庚双］是不知道代〔黛〕玉病中相谈赠燕窝之事也。脂砚斋。宝钗忙笑道：“更不是了。我的妹妹合他的妹妹一样，他比我还更喜欢呢，那里还恼？你信云儿混说。他的那嘴，有什么实据？”宝玉素习深知黛玉有些小性儿，然尚不知近日宝钗合黛玉之事，正恐贾母疼宝琴，他心中不自在。今见湘云如此说了，宝钗又如此答，再审度黛玉声色，亦不似往日，竟与宝钗之语相符，便心中闷闷不解。因想：“他两个素日不是这样的，如今看来竟更比他人好似十倍。”［周按］好似，原用语，即后世之好过或比什么还好之义。一时又见林黛玉赶着宝琴叫妹妹，并不提名道姓，直是亲姊妹一般。那宝琴年轻心热，［庚双］四字道尽，不犯宝钗。脂砚斋评。且本性聪敏，自幼读书识字，［庚双］我批此书竟得一秘诀以告诸公：凡野史中所云才貌双全佳人者，细细通审之，只得一个粗知笔墨之女子耳。此书凡云知书识字者，便是上等才女，不信时只看他通部行为及诗词诙谐皆可知。妙在此书从不肯自下评注，云此人系何等人，只借书中人闲评一二语，故不得有未密之缝被看书者指出，真狡猾之笔耳。今在贾府住了两日，大概人物已知，又见诸姊妹都不是那轻薄脂粉，且又和姐姐皆和契，故也不肯待慢。其中又见林黛玉是个出类拔萃的，便更与他亲近异常。宝玉看着，只是暗暗的纳罕。

一时，宝钗姊妹往薛姨妈房内去后，湘云往贾母处来，黛玉回房歇息。宝玉便找了黛玉来笑道："我虽看了《西厢记》，也曾有明白的几句，说了取笑，你也曾恼过，这如今想来竟有一句不解。我念出来，你讲讲我听。"黛玉听了，便知有文章，因笑道："你念出来我听听。"宝玉笑道："那《闹简》上有一句说的最好，'是几时孟光接了梁鸿案？'这句最妙。'孟光接了梁鸿案'这七个字不过是现成的典，［周按］盖曲词有衬字，有主句。此处"是几时"为衬字，故不计数也。难为他这'是几时'三个虚字问的有趣，是几时接了？你说说我听听。"黛玉听了，禁不住也笑了。因笑道："这原问的好，他也问的好，你也问的好。"宝玉道："先时你只疑我，如今你也没的说了，我反落了单。"黛玉笑道："谁知他竟真是个好人，我素日只当他藏奸。"因把说错了酒令起，连送燕窝病中所谈之事，细细告诉宝玉，宝玉方知原故。因笑道："我说呢，正纳闷'是几时孟光接了梁鸿案'？原来是从小孩儿家口没遮拦上就接了案了。"［周按］宝玉此言再次借用《西厢记》之原文，平添了无限意趣。黛玉因又说起宝琴来，想起自己没有姊妹，不免又哭了。宝玉又忙劝道："这又自寻烦恼了，你瞧瞧，今年比旧年越发瘦了，你还不保养保养，每天好好的，你必是自寻烦恼，哭一会子，才算完了这一天的事。"黛玉拭泪道："近来我只觉心酸，眼泪却像比旧年少了些的，心里只管酸痛，眼泪却不多。"宝玉道："这是你哭惯了，心里疑的，岂有眼泪会少的？"

正说着，只见他屋里的小丫头子送了猩猩毡的斗篷来，又说："大奶奶才打发人来说，下了雪，要商议明日请人作诗呢！"

一语未了，只见李纨的丫头走来请黛玉，宝玉便随着黛玉同往稻香村来。黛玉换上掐金挖云红香羊皮小靴，罩了一件大红羽纱面白狐皮里鹤氅，束一条青金闪绿双环四合如意绦，头上罩了雪帽，二人一齐踏雪行来。只见众姊妹已都在那边，都是一色大红猩猩毡与羽毛缎斗篷，独李宫裁穿一件青哆啰呢对襟褂子，薛宝钗是一件莲青斗纹锦上添花洋线番羓丝的鹤氅，［周按］氅是原字。邢岫烟仍是家常旧衣裳，并无有遮雪之衣。一时史湘云来了，穿着贾母与他的一件貂鼠脑袋面子，大毛黑灰鼠里子里外发烧大褂子，［周按］里外发烧，谓衣服面里皆是皮毛所制，反正面皆可穿。头上带着一顶挖云鹅黄片金里大红猩猩毡，昭君套大貂鼠的风领围着。黛玉先笑道："你们瞧瞧，孙行者来了。他一般的也拿着雪褂子，故意粧出一个小骚达子来。"湘云笑道："你们瞧我里头打扮的！"一面说，一面脱了褂子。只见他里头穿着一件半旧的靠色三镶领袖，秋香色盘金五彩绣龙窄褙，［周按］褙指腋部。窄褙指紧瘦贴身，异于宽松之衣也。小袖掩襟银鼠短袄。里面短短的一件水红妆缎狐肷褶子，［周按］肷音浅，是皮毛专词。腰里紧紧束着一条蝴蝶结子长穗五色宫绦，脚下也穿着鹿皮小靴，越显得蜂腰猿背，鹤势螂形。［庚双］近之拳谱中有坐马势，便似螂之蹲立。昔人爱轻捷便俏，闲取一螂，观其仰颈叠胸之势。今四字无出处，却写尽矣。脂砚斋评。［周按］雪芹书中写女性之美多在容貌身材，而独于湘云之体态特加比喻，为从来文字中所未有。众人都笑道："偏他只爱打扮成个小子的样儿，原比他打扮女孩儿更俏丽些。"湘云笑道："快商议作诗，我听听是谁的东家。"李纨道："我的主意，想来昨儿的正日已过了，再等正日又太远，可巧又遇下雪，不如咱们大家凑个社，又给他们接风，又可以作诗，你们意思怎么样？"宝玉先道："这话狠是，只是今日晚了，若到明日晴了又无趣。"众人都道："这雪未必晴，纵晴了，这一夜下的也彀赏了。"李纨道："我这里虽好，又不比芦雪广好，［周按］广，古字，音掩。宽广之屋，与今广字之简体无涉。我已竟打发人笼地炕去了。［周按］已竟是原笔。咱们大家拥炉作诗，老太太想来未必高兴，况且咱们小顽意儿，单给凤丫头个信儿就是了。你们每人一两银子就彀了，送到我这里来——”指着香菱、宝琴、李纹、李绮、岫烟——“五个不算外，咱们里头二丫头病了不算，四丫头告了假也不算，你们四分子送了来，我包总五六两银子也尽彀了。”宝钗等一齐应诺。因又拟题限韵。李纨笑道：“我心里自已定了，等到了明日临期横竖知道。”说毕，大家又闲话了一回，方往贾母处来，本日无话。

到了次日一早，宝玉因心里记挂着这事，一夜没好生得睡，天亮了就爬起来，掀起帐子一看，虽然门窗尚掩，只见窗上光辉夺目，心内里踌躇起来，惯怨定是晴了，［周按］惯怨是原笔，即埋怨、瞒怨。日光已出。一面忙起来揭起窗屉，从玻璃窗内往外一看，原来不是日光，竟是一夜的工夫，雪下的将有一尺多厚，天上仍是搓棉扯絮一般。宝玉此时欢喜非常，忙唤人来，盥漱已毕，只穿一件茄色哆啰呢狐皮袄子，罩一件海龙皮小鹰膀褂子，束了腰，披上玉针簑，带了金籐笠，登上沙棠屐，忙忙的往芦雪广来。出了院门，四顾一望，并无二色，远远的是青松翠竹，自己却如装在玻璃盆内一般。于是走至山坡之下，顺着山脚刚转过去，已闻得一阵寒香拂鼻，回头一看，却是妙玉门前，拢翠庵中有十数株红梅，如胭脂一般映着雪色，分外显得精神，好不有趣。宝玉便住了脚，细细的赏玩一回。方欲走时，只见蜂腰板桥上一个人打着伞走来，原来是李纨打发了去请凤姐的人。宝玉来至芦雪广，只见了丫嬛婆子正在那里扫雪开径。

原来这芦雪广盖在傍山临水河滩之上，一带几间茅檐土壁，［周按］此一解可为芦雪广之广字定案，广，即就山崖盖的房子，一丝不差。槿篱竹牖，推窗便可垂钓。四面皆是芦苇掩覆，一条去迳，逶迤穿芦度苇过去，便是藕香榭的竹桥了。

众丫嬛婆子见他披蓑带笠走来，都笑道："我们才说正少个渔翁，如今果然全了。姑娘们吃了饭才来呢，你也太性急了！"宝玉听了，只得回来。刚至沁芳亭，只见探春正从秋爽斋出来，围着大红猩猩毡斗篷，带着观音兜，扶着一个小丫头，后面一个媳人，［周按］媳，是雪芹原笔，与"妇"同。打着青绸油伞。宝玉知他往贾母处去，遂立在亭边等他来到，二人一同出园前去。宝琴正在里间屋里梳头更衣，一时众姊妹来齐，宝玉只嚷饿了，连连催饭，好容易等摆上饭时，头一样菜便是牛乳蒸羊羔。贾母便说："这是我们有年纪的人的药，没见天日的东西，可惜你们小孩子们吃不得。今儿另外有新鲜鹿肉，你们等着吃罢！"众人答应了。宝玉却等不得，只拿茶泡了一碗饭，就着野鸡爪齑，［周按］野鸡爪齑，系一种野菜，其形分岔略显鸡爪形，乃醃制冷菜类。忙忙的咽完了。贾母道："我知道你们今儿又有事情，连饭也不顾吃了。"便叫留着鹿肉与他晚上吃。凤姐儿忙说："还有呢！"方罢了。史湘云悄合宝玉计较道："有新鲜鹿肉，不如咱们要一块自己拿了园中弄着，又顽又吃。"宝玉听了，巴不得一声儿，便真合凤姐要了一块，命婆子送入园中去。

一时大家散后进园，齐往芦雪广来，听李纨出题限韵，独不见湘云、宝玉二人。黛玉道："他两个再到不了一处，若到一处，定要生出多少事故来，这会子一定算计那块鹿肉呢！"［庚双］联诗极雅之事，偏于雅前写出小儿啖膻茹血极腌臜的事来。为锦心绣口作配。［周按］此批看似泛词，实隐指后文宝湘重会，在极贫困中雪夜联诗之情景也。正说着，只见李婶也走来看热闹，因问李纨道："怎么那一个带玉的哥儿合那一个挂金麒麟的姐儿那样干净清秀，［周按］李婶娘此言为全部书中第一次点破通灵玉与金麒麟之姻缘，此方是真正的金玉姻缘也，至后文方晓。又不少吃的，他两个在那里商议着要吃生肉呢！［周按］烤鹿肉今或以为稀奇。实则清代北京每至腊月年货上市，关东特产由朝阳门络绎而来，丰盛异常。而鹿肉即东省特产之异品陈列店市，满族旗人尤喜食之。李婶娘等乃南方人，初到京师，故以为奇。说的有来有去的，我只不信，肉也生吃的？"众人听了，都笑道："了不得了，快拿了他两个来！"黛玉笑道："这可是云丫头闹的，我的卦再不错。"

李纨等忙出来看，找着他两个说道："你们两个要吃生的，我送你们到老太太那里去吃去，［周按］本书拟写口语又不避重字，如句中上用"个"字，下文复"一个"二字已是常例。此处去吃去尤得口语之神。那怕吃一只生鹿，撑病了不与我相干。这么大雪怪冷的，替我作祸呢！"［周按］作祸，招致祸患，"作"读阴平如"桌"，北语。宝玉忙笑道："没有的事，我们要烧着吃呢！"李纨道："这还罢了。"说着，只见老婆子们拿了铁炉、铁叉、铁丝蒙来。李纨道："仔细割了手，可不许哭。"说着，同探春进去了。凤姐打发平儿来回复不能来，为发放年例正忙。湘云见了平儿，那里肯放，平儿也是个好顽的，素日跟着凤姐不能常空，见如此有趣，乐得顽笑，因而褪去手上的镯子，三个人围着火，平儿便要先烧三块吃。那边宝钗、黛玉平素看惯了，不以为异，宝琴等及李婶深为罕事。探春与李纨等已议定了题韵，探春笑道："你闻闻香气，这里都闻见了，我也吃去。"说着也找了他们来。李纨也随来，说："客齐了，你们还没吃彀？"湘云一面吃一面说道："我吃这个，方爱吃酒，吃了酒，才有诗，若不是这鹿肉，今儿断不能作诗。"说着，只见宝琴披着凫靥裘站在那里笑。湘云笑道："傻子，过来尝尝！"宝琴笑说："怪脏的！"宝钗笑道："你尝尝去，却好吃的，你林姐姐弱，吃了不消化，不然他也爱吃。"宝琴听了，便过去吃了一块，果觉好吃，便也吃起来。

一时凤姐打发小丫头来叫平儿，平儿说："史大姑娘拉着我呢，你先去罢！"小丫头听说去了。一时只见凤姐也披了斗篷走来，笑道："吃这样好东西，也不告诉我。"说着也凑着一处吃起来。黛玉笑道："那里找这一群花子去。罢了罢了。今日芦雪广遭劫，生生被云丫头作践了。我为芦雪广一大哭。"［庚双］大约此话不独代［黛］玉，观书者亦如此。湘云笑道："你知道什么，是真名士自风流，［周按］按史湘云于诸钗中最为超群特立，她平生喜爱的古语是：惟大英雄能本色，是真名士自风流。由此可见湘云之与钗黛不同者，她有英豪朗爽之高风，又不减女儿应有之风流才俊。你们都假清高，最可厌。我们这会子腥膻大吃大嚼，回来却是锦心绣口。”宝钗笑道：“你回来若你的不好了，那肉给你掏出来。就把这雪压芦苇摁上些，以完此劫。”说着吃毕，洗漱了一回。平儿带镯子时却少了一个，左右前后乱找了一番，踪迹全无。众人都诧异。凤姐笑道：“我知道这镯子去向，你们只管作诗去，你们也不用找，只管前头去，不出三日包管就有了。”说着又问：“你们今儿作什么诗？老太太说，离年又近了，正月里还该作些灯谜儿大家顽笑才是。”众人听了都笑道：“可是到忘了，如今赶着作几个好的，预备着正月里顽。”说着，一齐来至地炕屋内，只见杯盘果菜俱已摆齐，墙上已贴出诗题、韵脚、格式来了。宝玉、湘云二人忙看时，只见题目是即景联句五言排律一首，限二萧韵，后面尚未列次序。李纨道：“我不大会作诗，我只起三句罢，然后谁先得了谁先联。”宝钗道：“到底分个次序。”要知端的，下回分解。

［戚回后］此文线索在斗篷。宝琴翠羽斗篷，贾母所赐，言其亲也。宝玉红猩猩毡斗篷，为后雪披一衬也。黛玉白狐皮斗篷，明其弱也。李宫裁斗篷是哆啰呢，昭其质也。宝钗斗篷是莲青斗纹锦，致其文也。贾母是大斗篷，尊之词也。凤姐是披着斗篷，恰似掌家人也。湘云有斗篷不穿，着其异样行动也。岫烟无斗篷，叙其穷也。只一斗篷，写得前后照耀生色。

一片含梅咀雪文字，偏从雉肉、鹿肉、鹌鹑肉上以烜染之，点成异样笔墨，较之雪吟雪赋诸作，更觉幽秀。

［回后评］本书结构上诸大主脉之为诗格局。此脉自海棠社起，中间菊花诗，皆以湘云为主角。即诗之内涵亦处处隐指湘云。香菱咏月，红袖楼头，绿蓑江上，亦隐写日后宝玉、湘云重会之情景。纹、岫、琴三

章梅花诗亦隐媒字，无馀雪，有落霞隐钗卒而湘会。后之《柳絮词》亦湘为主。

至本回首次由李婶之语点明佩玉戴麟为对之要义，黛玉之“那里找这一群花子去”，又伏日后宝湘等之沦为乞丐。大脉络、大手笔一丝不走。又湘云男妆，伏后文她自难中化妆随人救助，且逃脱而得与宝玉重逢。故本回貌似闲文，实为全书一大关纽处。

第五十回
芦雪广争联即景诗　暖香坞创制春灯谜

［蒙戚回前］此回着重在宝琴，却出色写湘云。写湘云联句极敏捷聪慧，而宝琴之联句不少于湘云，可知出色写湘云，正所以出色写宝琴。出色写宝琴者，全为与宝玉提亲作引也。金针暗度，不可不知。

话说薛宝钗道：“到底分个次序，让我写出来。”说着便令众人拈阄为序，第一却是李纨。［庚］一定要按次序，恰又不按次序，似脱落处而不脱落，文章岐〔歧〕路如此。［周按］李纨虽亦能诗却不多见，题大观园七律平平而已。此处承凤姐所揭却有笔力，尚字尤佳。凤姐道：“既这样说，我也说一句在上头。”众人都笑说道：“更妙了。”宝钗便将稻香老农之上补了个“凤”字。李纨又将题目讲与他听，凤姐想了半日，笑道：“你们可别笑话，我只有了一句粗话，下剩的我就不知道了。”众人都笑道：“越是粗话越好，你说了，就只管干政事去罢！”［周按］政事是原笔。谐音调侃，妙甚！凤姐笑道：“我想下雪必刮北风，昨晚听见一夜的北风，我有了一句，就是‘一夜北风紧’，可使得？”众人听了，都相视笑道：“这句虽粗，不见底下的，正是会作诗的起发，［周按］起发，是原笔。不但好，而且留了多少地步与后人。就是这句为首，稻香老农快写上续下去。”凤姐、李婶合平儿又吃了两杯酒，各自去了。这里李纨写上：

一夜北风紧，

自己联道：

开门雪尚飘。入泥怜洁白，

香菱道：

匝地惜琼瑶。有意荣枯草，

探春道：

无心饰萎苕。价高村酿熟，

李绮道：

年稔府粱饶。葭动灰飞管，

李纹道：

阳回斗转杓。寒山已失翠，

岫烟道：

冻浦不闻潮。易挂疏枝柳，

湘云道：

难堆破叶蕉。麝煤融宝鼎，

宝琴道：

绮袖笼金貂。光夺窗前镜，［苏侧］琴志唐皇。

黛玉道：

香粘壁上椒。斜风仍故故，

宝玉道：

清梦转聊聊。何处梅花笛，

宝钗道：

谁家碧玉箫。鳌愁坤轴限，［苏侧］钗全寓意。

李纨笑道："我替你们看热酒去罢。"宝钗命宝琴续联，只见湘云站起来道：

龙斗阵云销。［周按］按宝钗所说"鳌愁坤轴限"句用古神话女娲典故。大意是说，天倾西北地陷东南，女娲炼石以补天。又断鳌足以立地极，即以鳌足支撑已陷之地，使之平复。湘云所说"龙斗阵云销"是用古人想像比喻，谓雪片是龙在空中战斗，受伤之鳞甲飘落而变为纷纷大雪。按此二句暗指雍正乾隆时代，康熙之诸皇子及其后人仍在明争暗斗，谋夺皇权。其斗争之激烈几有似天翻地覆。野岸回孤棹，

宝琴也站起来道：

吟鞭指灞桥。赐裘怜抚戍，

湘云那里肯让人，且别人也不如他敏捷，都看他扬眉挺身的说道：

加絮念征徭。坳垤审夷险，

宝钗连声赞好，也便联道：

枝柯怕动摇。皑皑轻趁步，

黛玉忙联道：

翦翦舞随腰。煮芋成新赏，

一面说，一面推宝玉命他联。［周按］请看黛玉催宝玉联句也可使用“命”字。乃是我前番解此“命”字之又一良例。宝玉正看宝钗、宝琴、黛玉三人共战湘云，十分有趣，那里还顾得联诗。今见黛玉推他，方联道：

撒盐是旧谣。苇蓑犹泊钓，

湘云笑道：“你快下去，你不中用，到耽搁了我。”只听宝琴联道：

林斧不开樵。［周按］开樵是原笔。伏象千峰凸，

湘云忙联道：

盘蛇一径遥。花缘经冷聚，［周按］应从戚本作聚。

宝钗与众人又忙赞好。探春联道：

色岂畏霜凋。深院惊寒雀，

湘云正渴了，忙忙的吃茶，已被岫烟联道：

空山泣老鸮。阶墀随上下，

湘云忙丢下茶杯，忙联道：

池水任浮漂。照耀临清晓，

黛玉联道：

缤纷入永宵。诚忘三尺冷，

湘云忙笑联道：

瑞释九重焦。僵卧谁相问，

宝琴也忙笑联道：

　　狂游客喜招。天机断缟带，

湘云又忙道：

　　海市失鲛绡。

林黛玉不容他道出，接着便道：

　　寂寞封台榭，

湘云也忙联道：

　　清贫怀箪瓢。［周按］箪瓢，应是原字。

宝琴也不容情，也忙道：

　　烹茶冰渐沸，

湘云见这样，自为得趣，又是笑，又忙联道：

　　煮酒叶难烧。

黛玉也笑道：

　　没帚山僧扫，

宝琴也笑道：

　　埋琴稚子挑。

湘云笑的湾腰，又忙念了一句。众人问："到底说的什么？"湘云喊道：

　　石楼闲睡鹤，［周按］"石楼闲睡鹤"句应与前后文之"松影一庭唯见鹤"，"寒塘渡鹤影"，"鹤势螂形"等合看。凡点鹤字皆湘云之象征也。

黛玉笑的握着胸口，也高声嚷道：［周按］第二十六回回尾黛玉叫门，批书人欲其扬声高嚷，且以己声相较，种种情景俱可参悟。

　　锦罽煖亲猫。

宝琴也忙笑道：

　　月窟翻银浪，

湘云忙联道：

　　霞城隐赤标。

黛玉忙笑道：

　　沁梅香可嚼，

宝钗笑称好，也忙联道：

淋竹醉堪调。

宝琴也忙道：

或湿鸳鸯带，

湘云忙联道：

时凝翡翠翘。

黛玉又忙道：

无风仍脉脉，

宝琴也忙笑联道：

不雨亦潇潇。

湘云伏着已笑软了。众人看他三人对抢，也顾不得作诗，看着也只是笑。黛玉还推他往下联，又道："你也有才尽力穷之时，我听听还有什么舌根嚼了。"湘云只伏在宝钗怀里笑个不住。宝钗推他起来道："你有本事把二萧韵全用了，我才伏你。"湘云起身笑道："我也不是作诗，竟是抢命了。"众人笑道："到是你说罢。"探春早已料定没有自己联的了，便早写出来，因说："还没收住呢。"李纹听了接过来，便联道：

欲志今朝乐，

李绮又收了一句：

凭诗祝舜尧。

李纨道："彀了彀了。虽没作完了韵，剩的字若生扭用了，到不好。"说着，大家来细细评论一回，独湘云的多。都笑道："这都是那块鹿肉的功劳。"李纨笑道："逐句评去都还一气，只是宝玉又落了第了。"宝玉笑道："我原不会联句，只好担待我罢。"李纨笑道："也没有社社担待你的。又说韵险了，又整误了，又不会联句了，今日必罚你。

我才看见栊翠庵的红梅有趣，［周按］栊翠是。我要折一枝来插瓶。可厌妙玉为人，我不理他，如今罚你取一枝来。”众人都道：“这罚的又雅又趣。”宝玉也乐为，答应着便要走。湘云、黛玉一齐说道：“外头冷的狠，你且吃一杯热酒再去。”于是湘云早执起壶来，黛玉递了一个大杯，满斟了一杯。湘云笑道：“你吃了我们这杯酒，你要取不来，加倍罚你。”宝玉忙吃了酒，冒雪而去。［周按］冒字皆缺末笔作“冐”，不知何讳也。李纨命人好生跟着。黛玉忙拦说：“不必，有了人反不得了。”李纨点头说是，一面命丫嬛将一个美女耸肩瓶拿来，贮了水准备插梅。因又笑道：“回来该咏红梅了。”湘云忙道：“我先作一首。”宝钗忙道：“今儿断乎不容你再作了，你都抢了去，别人都闲着也没趣。回来还罚宝玉，他说不会联句，如今就叫他自作去。”［庚双］想此刻宝玉已到庵中矣。黛玉笑道：“这话狠是，我还有个主意，方才联句不彀，莫若拣那联的少的人作红梅。”宝钗笑道：“这话是极。方才邢李三位屈才，又且是客，琴儿合颦儿、云儿三个人也抢了许多了，我们一概都别作，只让他三个作才是。”李纨因说：“绮儿也不大会作，还是让琴妹妹罢。”宝钗只得依允，［庚双］想此刻二玉已会，不知肯见赐否？又道：“就用‘红梅花’三个字作韵，每人一首七言律，邢大妹妹作‘红’字，李大妹妹作‘梅’字，琴儿作‘花’字。”李纨道：“饶过宝玉去我不依。”湘云忙道：“有个好题目命他作。”众人问是何题？湘云道：“命他就作《访妙玉乞红梅》，［周按］请看湘云于宝玉也用命字，又一良例，何等清楚。岂不有趣？”众人听了，都说有趣。

一语未了，只见宝玉笑欣欣劻了一枝红梅进来，［周按］劻，应是原字，疑与掮字义近。参看宝玉乞梅诗中诗肩瘦之语。众丫嬛忙已接过插入瓶中。众人都笑称谢，宝玉笑道：“你们赏玩罢，也不知费了我多少精神呢！”说着，探春又递过一杯煖酒来，众丫嬛上来接了蓑笠弹雪。各人房中丫嬛都添送衣服来。袭人也遣人送了半旧的狐腋褂来。李纨命人将那蒸的大芋头盛了一盘，又将朱橘、黄橙、橄榄等物盛了两盘，命人带与袭人吃去。湘云且告诉宝玉方才的诗题，又催宝玉快作。宝玉道："好姐姐妹妹，让我自己用韵罢。"一面说，一面大家看梅花。原来这枝梅花只二尺来高，傍有一横枝纵横而出，约有五六尺长。其间小枝分岐，或如蟠螭，或如僵蚓，或孤削如笔，或密聚如林，花吐胭脂，香欺兰蕙，［庚双］一篇《红梅赋》。各各称赏。谁知邢岫烟、李纹、薛宝琴三人都已吟成，各自写出。众人便依"红梅花"三字之序看去，写道是：

咏红梅花得红字　　邢岫烟

桃未芳菲杏未红，冲寒先喜笑东风。
魂飞庾岭春难辨，霞隔罗浮梦未通。
绿萼添妆融宝炬，缟仙扶醉跨残虹。
看来岂是寻常色，浓淡由他冰雪中。

咏红梅花得梅字　　李纹

白梅懒赋赋红梅，逞艳先迎醉眼开。
冻脸有痕皆是血，酸心无恨亦成灰。［周按］酸心无恨是也。也下亦字成反跌。
误吞丹药移真骨，偷下瑶池脱旧胎。
江北江南春灿烂，寄言蜂蝶谩疑猜。

咏红梅花得花字　　薛宝琴

疏是枝条艳是花，春妆儿女竞奢华。
闲庭曲槛无余雪，流水空山有落霞。
幽梦冷随红袖笛，游仙香泛绛河槎。
前生定是瑶台种，无复相疑色相差。

众人看了，都笑称赏一回，又指末一首说更好。［周按］三篇题为《咏红梅花》而各有所指，首篇指宝钗，次篇指黛玉，末篇指湘云。句句切合，细玩便知。按钗黛湘即是全书主角宝玉之三位缔缘者，全书布局亦以"三部曲"为大章法。宝玉见他年纪最小，才更敏捷，深为奇异。黛玉、湘云二人斟了一小杯酒，齐贺宝琴。

宝钗笑道："三首各有各好。你们两个天天捉弄厌了我，如今又捉弄他来了。"李纨又问宝玉："你可有了？"宝玉忙道："有到有了，才一看见三首，又唬忘了。等我再想一想。"湘云听说，便拿了一枝铜火箸，击着手炉，笑道："我击鼓了，若鼓绝不成，又要罚了。"宝玉笑道："我已有了。"黛玉提起笔来笑道："你念，我写。"湘云便击了一下笑道："一鼓绝。"宝玉笑道："有了，你写罢。"众人听他念道：

酒未开罇句未裁，

黛玉写了，摇头笑道："起的平平。"湘云又道："快着！"宝玉笑道：

寻春问腊到蓬莱。

黛玉、湘云都点头笑道："有些意思了。"宝玉又道：

不求大士瓶中露，为乞孀娥槛外梅。

黛玉写了，又摇头道："凑巧而已。"湘云忙催二鼓，宝玉又笑道：

入世冷挑红雪去，离尘香隔紫云来。［周按］李贺咏采砚诗之"磨刀踏天割紫云"，是此句所出。字面咏梅而暗隐砚字。又"紫""脂"音近，隐脂砚一名。而"香"字在本书总谐"湘"音。故此句又分嵌"香""云"二音，人不易晓。凡梅皆喻媒。

槎枒谁惜诗肩瘦，衣上犹沾佛院苔。

黛玉写毕，湘云大家才评论时，只见几个丫嬛跑进来回道："老太太来了！"［周按］此五字出于此时，好极，妙极！众人忙迎出来。大家又笑道："怎么这样高兴？"说着，远远见贾母围了大斗篷，带着灰鼠煖兜，坐着小竹轿，打着青细油伞，鸳鸯、琥珀等五六个丫嬛，每人都是打着伞拥轿而来。李纨等忙往上迎，贾母命人止住说："只在那里就是了。"来至跟前，贾母笑道："我瞒着你太太合凤丫头来了，大雪地里，我坐着这个无妨。没的叫他娘儿们跴雪。"众人忙一面上前接斗篷，搀扶着，一面答应着。贾母来至室中，先笑道："好俊梅花，你们也会乐，我来着了！"［周按］来着了，着字重读，谓来的恰好也。说着，李纨早命人拿了个大狼皮褥子来铺在当中，［周按］狼皮褥子，即铺于最寒冷之石头上亦能不透寒气，是兽皮中最保暖者。贾母坐了，因笑道："你们只管照旧顽笑吃喝，我因为天短了，不敢睡中觉，抹了一会骨牌，忽然想起你们来了，我也来凑个趣儿。”李纨早又捧过手炉来，探春另拿一副杯箸来，亲自斟了煖酒，奉与贾母。贾母便领了一口，便问那个盘子里是什么东西？”众人忙捧了过来，回说：“是糟鹌鹑。”贾母道：“这到罢了，［周按］这到罢了，是称赞之婉语。盖有文化教养之人出语总是含蓄委曲，不做直露之言。撕一点子腿来。”李纨忙答应了，要水洗手，亲自来撕。贾母又道：“你们仍旧坐下说笑我听。”又命李纨：“你也只管坐下，就如同我没来的一样才好，不然我就去了。”众人听了，方依次坐下。只李纨挪到尽下边，贾母因问：“作何事来着？”众人便说作诗。贾母道：“有作诗的，不如作些灯谜，大家正月里好顽。”众人答应了，说笑了一回，贾母便说：“这里潮湿，你们别久坐，仔细受了潮湿。”因说：“你四妹妹那里煖火，［周按］煖火，北语口中实音。我们到那里瞧瞧他的画儿，赶年可有了？”众人笑道：“那里能年下就有了，只怕明年端阳有了。”贾母道：“这还了得，他竟比盖这园子还费工夫了。”说着，仍坐了竹轿，大家围随。过了藕香榭，穿入一条夹道，东西两边皆有过街门，门楼上里外皆嵌着石头匾。如今进的是西门，向外的匾上凿着“穿云”二字。向里的凿的“度月”两字。来至当中向南的正门，贾母下了轿，惜春已接了出来。从里游廊过去，便是惜春卧房，门斗上有“煖香坞”三个字。［庚双］看他又写出一处。从起至末一笔一部之文也，有千万笔成一部之文也，有一二笔成一部之文也。有如试才一回起若都说完，以后则索然无味，故留此几处以为后文之点染也。此方活泼不板，眼目屡新。早有几个人打起猩红毡帘，已觉温香拂脸。［庚双］各处皆如此，非独因煖香二字方有此景，戏注于此，以博一笑耳。大家进入房中，贾母并不归坐，只问画儿画的在那里。惜春因笑回：“天气寒冷了，胶性皆凝涩不润，画了恐不好看，故此收起来。”贾母笑道：“我年下就要的，你别托懒儿，快拿出来给我快画。”一语未了，忽见凤姐披着紫绒羯褂笑吹吹的来了，口内说道：“老祖宗今儿也不告诉人，私自就来了。要的我好找。”贾母见他来了，心中自是欢喜，道："我怕你们冷着了，所以不许人告诉你们去。你真是个鬼灵精儿，到底找了我来，论理孝敬不在这上头。"凤姐笑道："我那里是孝敬的心找了来，我因为到了老祖宗那里，鸦没雀静的，［庚双］这四个字俗语中常闻，但不能落纸笔耳，便欲写时，究竟不知系何四字，今如此写来，真是不可移易。问小丫头子们，他们又不肯说，叫我找到园里来。我正疑惑，忽然又来了两三个姑子，我心里才明白了，那姑子必是来送年疏，或要年例香火银子。老祖宗年下的事也多，一定是躲债来了。我赶忙问了那姑子，果然不错。我连忙把年例给了他们去了，如今来回老祖宗，债主已去，不用躲着了。已备下希嫩的野鸡，请用晚饭去，再迟一会子就老了。"他一行说，众人一行笑。凤姐也不等贾母说话，便命人抬过轿子来。贾母笑着搀了凤姐的手，［周按］搀了手是原笔。清代旗家贵妇闺秀凡出门行路皆有侍女或嬷嬷为伴。伴者抬其手，而女主则以己手扶彼手而缓行。是谓之"搀了手"。仍旧上轿，带着众人，说笑着出了夹道的东门。一看四面，粉妆银砌。忽见宝琴披着凫靥裘站在山坡上遥等，身后一个丫嬛抱着一瓶红梅。众人都笑道："怪道少了两个人，他却在这里等着，也弄梅花去了！"贾母喜的忙笑道："你们瞧这雪坡上配上他这人品，又是这件衣裳，后头又是这样梅花，像个什么？"众人都笑道："就像老太太屋里挂的仇十洲画的《艳雪图》。"［周按］仇十洲名英，善画美人。与唐寅（伯虎）等为明代大画家。《艳雪图》，记得似见于曹寅《楝亭诗》中。贾母摇头笑道："那画的那有这件衣裳，人也不能勾这样好。"一语未了，只见宝琴身后又转出一个披大红猩猩毡的人来。贾母道："那又是那个女孩儿？"众人笑道："我们都在这里，那是宝玉！"贾母笑道："我的眼越发花了。"说话之间，来至跟前，可不是宝玉和宝琴。宝玉笑向宝钗、黛玉等道："我才到了拢翠庵，妙玉每人送你们一枝梅花，我已竟打发人送去了。"众人都笑说："多谢你费心。"说话之间已出了园门，来至贾母房中。吃毕饭，大家又说笑了一回。忽见薛姨妈也来了，说："好大雪，一日也没过来望候老太太。今日老太太到不高兴，正该赏雪才是。”贾母笑道：“何曾不高兴了，我找了他们姊妹们去顽了一会子。”薛姨妈笑道：“昨儿晚上我原想着今儿要合我们姨太太借一日园子，摆两桌粗酒，请老太太赏雪的，又见老太太安息的早，我听得女儿说，老太太心下不大爽快，因此今日也没敢惊动。早知如此，我正该请的。”贾母笑道：“这才是十月里头场雪，往后下雪的日子多呢，再破费不迟。”薛姨妈笑道：“果然如此，算我的孝心虔了。”凤姐笑道：“姨妈仔细忘了，如今先称五十两银子来交给我收着，一下雪我就预备下酒了。姨妈也不用操心，也不得忘了。”贾母笑道：“既这么说，姨太太就给他五十两银子收着，我合他每人分二十五两，到下雪的日子，我粧心里不快，就混过去了。姨太太更不用操心，我合凤姐到得了实惠。”凤姐将手一拍，笑道：“好极了。这正合我的主意一样。”众人都笑了。贾母笑道：“呸。没脸的，就顺着竿子往上爬。你不说姨太太是客，在咱们家受屈，我们该请姨太太才是。那里有破费姨太太的理。不这样说呢，还有脸先要五十两银子，真不害燥！”凤姐笑道：“我们老祖宗最有眼色的，试一试姨妈。若松呢，拿出五十两来，就合我分。这会子估量着不中用了，翻过来拿我作法子，说出这些大方话来。如今我也不合姨妈要银子，我竟替姨妈出银子治了酒，请老祖宗吃了。我另外再封五十两银子孝敬老祖宗，算是罚我包揽闲事，这可好不好？”话未说完，众人已笑倒在炕上。

贾母因又说及宝琴雪下折梅，比画儿上还好，又细问他年庚八字并家内的景况。薛姨妈度其意思，大约是要与宝玉求配。薛姨妈心中固也遂意，只是已许过梅家了，因贾母尚未明说，自己也不好拟定。遂半吐半露，告诉贾母道：“可惜这孩子没福，前年他父亲就没了。他从小儿见的世面到多，跟着他父亲四山五岳都走遍了。他父亲是好乐的，各处因有买卖，带着家眷这一省疃一年，明年又往那一省疃半年，所以天下十停，到走了五六停了。那年在这里把他许了梅翰林的儿子，偏第二年他父亲就辞世了。如今他母亲又是痰疾。”凤姐也不等说完，便嗐声不止说：“偏不巧，我正要作个媒呢，又已经许了人家。”贾母笑道：“你给谁说媒？”凤姐笑道：“老祖宗别管，我心里看准了，他们两个却是一对。如今已许了人家，说也无益，不如不说罢了。”贾母已知凤姐之意，听见已有了人家，也就不提了。大家又闲话了一会方散。一宿无话。

次日雪晴饭后，贾母又亲嘱惜春：“不管冷，你只画去，赶到年下，十分不能便罢了。第一要紧把昨日琴儿和丫头、梅花，照样一笔别错，快快添上。”惜春听了，虽是为难，只得应了。一时众人都来看他如何画，惜春只是出神，李纨因笑向众人道：“让他自己想去，咱们且说话儿。昨日老太太只叫作灯谜，回了家和绮儿、纹儿睡不着，我就编了两个《四书》的，他两个每人也编了一个。”众人听了都笑道：“这到该作的，先说了我们猜猜。”李纨笑道：“观音未有世家传，打《四书》一句。”湘云接着就说：“是在止于至善。”宝钗笑道：“你也想一想世家传三字的意思再猜。”李纨笑道：“再想。”黛玉笑道：“哦，是了。是虽善无征。”众人都笑道：“这句是了。”李纨又道：“一池青草草何名。”湘云又忙道：“这一定是蒲芦也，再不是不成。”李纨笑道：“这难为你猜。纹儿的是‘水向石边流出冷’。打一古人名。”探春看着他笑问道：“可是山涛？”李纨道：“是。”又道：“绮儿的是萤字，打一个字。”众人猜了半日，都说：“这个意思却深。”黛玉道：“不知可是花草的花字。”李绮笑道：“恰是了。”众人道：“萤与花何干？”黛玉笑道：“这妙的狠，萤可不是草化的？”众人会意，都笑了，说：“好。”宝钗道：“这些虽好，不合老太太的意，不如作些浅近的物儿,大家雅俗共赏才好。”众人都道:“也要作些浅的俗物才是。”湘云想了一想道:“我编了一支《点绛唇》,却真是个俗物,你们猜猜。”说着念道:

溪壑分离,红尘游戏,真何趣。名利犹虚,后事终难继。

众人都不解,想了半日,也有猜是和尚的,也有猜是道士的,也有猜是偶戏人的。宝玉笑道:“都不是,我猜着了,必定是耍的猴儿。”湘云笑道:“这正是这个了。”众人道:“前头却好,末后一句怎么解?”湘云道:“那个耍的猴儿,不是剁了尾巴去的?”众人听了都笑起来,说:“偏他编个谜儿也是刁钻古怪的。”李纨道:“昨儿姨妈说琴妹妹见的世面多,走的道路也多,你正该编谜儿,正用的着。你的诗又好,何不编几个我们猜一猜。”宝琴听了,点头含笑,自去寻思。宝钗也有了一个,念道:[周按]苏本此回至此结束。

镂檀锲梓一层层,岂系良工堆砌成。

虽是半天风雨过,何曾闻得梵铃声? 打一物。

众人猜时,宝玉也有了一个,念道:

天上人间两渺茫,琅玕节过谨提防。

鸾音鹤信须凝睇,好把欷歔答上苍。

黛玉也有了一个,念道是:

騄駬何劳缚紫绳,驰城逐堑势狰狞。

主人指示风雷动,鳌背三山独立名。

探春也有了一个,方欲念时,宝琴走过来笑道:“我从小儿所走的地方的古迹不少,我如今拣了十个地方的古迹作了十首怀古诗。诗虽粗鄙,却怀往事,又暗隐俗物十件。姐姐们请猜一猜。”众人听了,都说:“这到巧,何不写出来大家一看。”要知端的,下回分解。

［蒙戚回后］诗词之俏丽，灯谜之隐秀不待言。须看他极整齐，极参差，愈忙迫，愈安闲。一波一折，路转峰回，一落一起，山断云连。各人局度，各人情性都现。至李纨主坛，而起句却在凤姐。李纨主坛，而结句却在最少之李绮。另是一样弄奇。

最爱他中幅惜春作画一段，似与本文无涉，而前后文之景色人物，莫不筋动脉摇。而前后文之起伏照应，莫不穿插映带。文字之奇，难以言状。

［回后评］按书至本回早已超越钗黛互嫉之格局，从此黛钗二人相提并举。用笔令人不觉，但此一变化关系全局者，至为重大。

雪芹用笔疏密相间，一张一弛，前一回若是幽雅安静之文，则其次回必为繁华热闹或风波变故之文。即如本回全是作诗，而前半是以香菱独自学诗作引，而后突接新来诸女聚于一处争联五言律。此为全书诗格局之第一力作。故我谓笔法疏密相间，一张一弛是行文之总规律。

咏月诗，咏雪诗，咏梅诗又谜语诗，诗上加诗，是作者有意重叠，而令读者有生面别开，应接不暇之感。至于咏雪一篇又暗含诸钗后来情节命运，皆隐约于字里行间，亦需仔细参详。

第五十一回
薛小妹新编怀古诗　胡庸医乱用虎狼药

［蒙戚回前］文有一语写出大景者，如园中不见一女子句，俨然大家规模。疑是姑娘一语，又俨然庸医口角，新医行径。笔大如椽。

话说众人闻得宝琴将素习所经过各省内的古迹为题，作了十首怀古诗，内隐十物，皆说："这自然新巧！"都争看时，只见写道是：

赤壁怀古

赤壁尘埋水不流，徒留名姓载空舟。

喧阗一炬悲风冷，无限英雄在内游。［周按］英雄是原笔。

交趾怀古

铜铸金镛振纪纲，声传海外播戎羌。

马援自是功劳大，铁笛无烦说子房。

钟山怀古

名利何曾伴汝身，无端被诏出凡尘。

牵连大抵难休绝，莫怨他人嘲笑频。

淮阴怀古

壮士须防恶犬欺，三齐位定盖棺时。

寄言世俗休轻鄙，一饭之恩死也知。

广陵怀古

蝉噪鸦栖转眼过，隋堤风景近如何。

只缘占得风流号，惹出纷纷口舌多。

桃叶渡怀古

衰草闲花映浅池，桃枝桃叶总分离。

六朝梁栋多如许，小照空悬壁上题。

青冢怀古

黑水茫茫咽不流，冰弦拨尽曲中愁。

汉家制度诚堪嗅，樗栎应惭万古羞。

马嵬怀古

寂寞脂痕渍汗光，温柔一旦付东洋。

只因遗得风流迹，此日衣衾尚有香。〔周按〕衣衾为是。

蒲东寺怀古

小红骨贱最身轻，私掖偷携强撮成。

虽被夫人时吊起，已经勾引彼同行。

梅花观怀古

不在梅边在柳边，个中谁拾画婵娟。

团圆莫忆春香到，一别西风又一年。

众人看了，都称奇道妙。宝钗先说道："前八首都是史鉴上的，后二首都无考据，我们也不懂，不如另作两首为是。"〔庚双〕如何？必得宝钗此驳，方是好文。后文若直另作，亦必无趣。若不另作，又有何法省之。看他下文如何。黛玉道："这宝姐姐也忒胶柱鼓瑟、矫揉造作了。〔庚双〕好极，非〔代〕〔黛〕玉不可。脂砚。这两首虽于史鉴无考据，咱们虽不曾看这些外传，不知底里，难道咱们连两本戏也没见过不成？那三岁孩子也知道，何况咱们？"探春道："这话正是。"〔庚双〕余谓颦儿必有尖语来讽，不望竟有此饰词，为〔代〕为解释，此则真心以待宝钗〔周按〕此批与宝玉问黛玉"是几时孟光接了梁鸿案"可以合看。也。李纨又道："况且他原走到这个地方的，这两件虽无考据，古往今来以讹传讹，好事者竟故意弄出这个古迹来，以愚人的。比如那年上京的时节，单是关夫子的坟到见了三四处。关夫子一生事业皆是有据的，如何又有许多坟？自然是后来人敬爱他生前为人，只怕从那爱敬上穿凿出来，也是有的。及至看《广舆记》上，不止关夫子的坟多，自古来，有些名望的人坟就不少，无考的古迹更多。如这两首虽无考，凡说书唱戏，求的签上皆有注批。老小男女，俗语口头，人人皆知皆识的，况且又并不是看了《西厢记》《牡丹亭》的词曲，怕看了邪书，这竟无妨，只管留着。”宝钗听说，方罢了。［庚双］此为三染无痕也。妙极！天花〔衣〕无缝之文。大家猜了一回，皆不是。［周按］宝琴十首怀古诗自古至今猜者甚多，各有所获，不能尽数。我也曾略申拙见，载于《红楼夺目红》中，今不细列。

冬日天短，不觉又是前头吃晚饭之时，一齐前来吃饭。因有人回王夫人说：“袭人的哥哥花自芳进来说他母亲病重了，想他女儿，他求恩典，接袭人家去走走。”王夫人听了，便说：“人家母女一场，岂有不许他去的。”一面就叫了凤姐来，告诉了凤姐，命他酌量去办理。凤姐答应了，回至房中，便命周瑞家的去告诉袭人原故。又吩咐周瑞家的：“再将跟出门的媳妇传一个，你们两个人再带两个小丫头子跟了袭人去。外派四个有年纪跟车的，要一辆大车，你们带着坐。要一辆小车给丫头们坐。”周瑞家的答应了，才要去，凤姐又道：“那袭人是个省事的，你告诉他说我的话，叫他穿几件颜色好衣裳，大大的包一包袱拿着，包袱也要好的，手炉也要拿好的。临走时，叫他先来我瞧瞧。”周瑞家的答应去了。

半日果见袭人穿带了来了，两个丫头与周瑞家的拿着手炉与衣包。凤姐看袭人：头上带着几枝金钗珠钏，到华丽。又看身上穿着桃红百花刻丝银鼠袄子、葱绿盘金彩绣绵裙，外面穿着青缎灰鼠皮褂。凤姐笑道：“这三件衣裳都是太太赏你的，到是好的，但只这褂子太素了些，如今穿着也冷，你该穿一件大毛的。”袭人笑道：“太太就给了这灰鼠的，［周按］就给了，北语常言，即只给了之意，是原笔。还有一件银鼠的，说赶年下再给大毛的，还没有得呢！”凤姐笑道：“我到有一件大毛的，我嫌风毛出的不好了，正要改去。也罢，先给你穿去罢。等太太年下给你做的时节我再做罢，只当你还我的一样。”众人都笑道：“奶奶惯会说这话，成年家大手大脚的，替太太不知背地里赔垫了多少东西，真真赔的是说不出来的，那里又和太太算去？偏这会子又说这小气话取笑儿。”凤姐笑道：“太太那里想的到这些？究竟这又不是正紧事，再不照管，也是大家的体面。说不得我自己吃些亏，把众人打扮体统了，宁可我得个好名儿也罢了。一个一个像烧糊了的卷子似的，人先笑话我，当家到把人弄出个花子来了。”众人听了，都叹道：“谁似奶奶这样圣明。在上体贴太太，在下又疼顾下人。”［周按］众人此语虽系当面奉承，却也道出一条真理，凤姐之待人行事能从大局着想，此即并非目光如鼠，只为一己微利之卑琐人也。一面说，一面只见凤姐命平儿将昨日那件石青刻丝八团天马皮褂子拿出来与了袭人。又看包袱，只得一个弹墨花绫水红绸里的夹包袱，里面只包着两件旧棉缎袄与皮褂。凤姐又命平儿把一个玉色绸里哆啰呢包袱拿出来，又命包上一件雪褂子。平儿走去拿了出来，一件是半旧大红猩猩毡的，一件是大红半旧羽纱的。袭人道：“一件就当不起了。”平儿笑道：“你拿这猩猩毡的，把这件顺手带出来，叫人给邢大姑娘送去。昨儿那么大雪，人人都穿着不是猩猩毡就是羽缎羽纱的，十来件大红衣裳映着大雪，好不齐整。就只他穿着那件旧毡斗篷，越发显的拱肩缩背，好不可怜见的。如今把这件给他罢。”凤姐笑道：“我的东西，他私自就要给人。我一个还花不彀，再添上你提着，更好了。”众人笑道：“这都是奶奶素日孝敬太太，疼爱下人。若是奶奶素日是小气的，只以东西为事，不顾下人的，姑娘那里还敢这样了？”凤姐笑道：“所以知道我的心的，就是他知三分罢了。”［周按］凤姐之评平儿，也是实话。说着，又嘱咐袭人道：“你妈妈若好了就罢，若不中用了，只管住着，打发人来回我，我再另打发人给你送铺盖去，可别使人家的铺盖和梳头家伙。”

又吩咐周瑞家的道："你们自然是知道这里的规矩的，也不用我嘱咐了。"周瑞家的答应："都知道。我们这去到那里，总叫他们人回避。若住下，必是另要一两间房子。"说着，跟了袭人出去了。又吩咐预备灯笼，遂坐车往花自芳家来，不在话下。［周按］袭人此时仍不过是一大丫嬛而已，看她回家一趟，所有衣装、车辆、跟随侍奉种种规矩不下于小家主妇，何等尊贵。然若非凤姐操心，无微不至，也难得如此风光排场。

这里凤姐又将怡红院的嬷嬷唤了两个来，吩咐道："袭人只怕不来家了。你们素日知道那大丫头们，那两个知好歹，派出来在宝玉屋里上夜。你们也好生照管着，别由着宝玉胡闹。"两个嬷嬷答应着去了。一时来回说："派了晴雯和麝月在屋里，我们四个轮流管上宿的。"凤姐听了点头，又说道："晚上催他早睡，早上催他早起。"老嬷嬷们答应了，自回园去。一时果有周瑞家的带了信来回凤姐："袭人之母病已挺床，不能回来。"凤姐回明王夫人，一面着人往大观园去取他的铺盖妆奁。宝玉看着晴雯、麝月二人打点妥当送去之后，晴雯、麝月皆卸罢残妆，脱换过裙袄。晴雯只在熏笼上围坐，麝月笑道："你今儿别粧小姐了，我劝你也动一动儿。"晴雯道："等你们都去尽了，我再动不迟。有你们一日，我且受用一日。"麝月笑道："好姐姐，我铺床，你把那穿衣镜的套子放下来，上头的划子划上，你的身量比我高些。"说着便去与宝玉铺床。晴雯嗐了一声，笑道："人家才坐煖和了，你就来闹。"［周按］人家，本意是由说话之人指称他人，而此处此种用法却是口称自家，而口吻神情倍饶风趣。此时宝玉坐着纳闷，想袭人之母不知是死是活。忽听见如此说，便自己起身出去放下镜套，划上消息，进来笑道："你们煖和罢，都完了。"晴雯笑道："终久煖和不成的，我又想起来，汤婆子还没拿来呢。"［周按］汤婆子是一种夜间暖足之具。通常为瓷制，内中灌以适度热水，置于被窝内脚下。麝月道："这难为你想着，他素日又不要汤婆子，咱们那熏笼上煖和，比不得那屋里炕冷，今儿可以不用。"宝玉笑道："这个话，你们都在上头睡了？我这外边没个人，怪怕的，一夜也睡不着。”晴雯道：“我是在这里睡的。麝月，你往他那外边睡去。”

说话之间，天已二更，麝月早已放下帘幔，移灯炷香，伏侍宝玉卧下，二人方睡。［周按］古时无论油灯或蜡烛皆可活动放置于几案上，并无固定之位。故临睡时必将灯移向床旁，而炷香则是闺房中特有之温柔气氛，仅四个字写尽宝玉卧室夜景。晴雯自在熏笼上，麝月便在煖阁内外边。至三更已后，宝玉睡梦之中便叫袭人，叫了两声，无人答应，自己醒了，方想起袭人不在家，自己也好笑起来。晴雯已醒，因叫唤麝月道：“连我都醒了，他守在傍边还不知道，真是挺死尸的。”麝月翻身打个哈气，笑道：“他叫袭人，与我什么相干！”因问：“作什么？”宝玉说要吃茶。麝月忙起来，单穿着红小绵袄儿。宝玉道：“披了我的袄儿再去，仔细冷着。”麝月听说，回手便把宝玉披着起夜的一件貂颏满襟煖袄披上，下去向盆内洗洗手。先到了一钟温水，拿了大漱盂，宝玉漱了一口，然后才向茶隔上取了茶碗，先用温水瀼了一瀼，［周按］瀼，似应作“瀁”，蘸水略一涴洗之义，今写作“涮”。向煖壶中倒了半碗茶，递与宝玉吃了，自己也漱了一漱，［周按］可还记得前回宝玉初入大观园时即作有四时即事诗，其秋冬即事诗有“静夜不眠因酒渴，沉烟重拨索烹茶”句与“却喜侍儿知试茗，扫将新雪及时烹”句。早已预为此文作地步，前后对看情景如画。吃了半碗。晴雯笑道：“好妹子，也赏我一口儿。”麝月笑道：“越发上脸儿了！”晴雯道：“好妹妹，明儿晚上你别动，我伏侍你一夜，如何？”麝月听说，也伏侍他漱了口，倒了半碗茶与他吃过。麝月笑道：“你们两个别睡，说着话儿，我出去走走回来。”晴雯笑道：“外头有个鬼等着你呢！”宝玉道：“外头有大月亮的，我们说着话，你只管去。”一面说，一面便嗽了两声。麝月便开了后房门，揭起毡帘一看，果然好月色。晴雯等他出去，便欲唬他顽耍。仗着素日比别人气壮，不畏寒冷，也不披衣，只穿着小袄，便蹑手蹑脚的下了熏笼，随后出来。宝玉笑劝道：“看冻着不是顽的。”［周按］看冻着，北语常言，凡是说“须防”或“以免”之意，即用“看”如何如何。晴雯只摆手，随后出去。将出房门，只见月光如水，忽然一阵微风，只觉侵肌透骨，不禁毛骨森然。心下自思道："怪道人说热身子不可被风吹，这一冷果利害。"一面正要唬麝月，只听宝玉高声在内道："晴雯出去了。"晴雯忙回身进来，笑道："那里就唬死了他。偏你惯会这蝎蝎螫螫老婆汉像的。"宝玉笑道："到不为唬坏了他，头一件你冻着也不好，二则他不防，不免一喊，倘或唬醒了别人，不说咱们是顽意儿，到反说袭人才去一夜，你们就见神见鬼的。你来把我这边被掖一掖。"晴雯听说，便上来掖了一掖，伸手进去渥一渥时，宝玉笑道："好冷手，我说看冻着。"一面见晴雯两腮如胭脂一般，用手摸了一摸，也觉冰冷。宝玉道："快进被来渥渥罢。"一语未了，只听咯噔一声门响，麝月慌慌张张的笑了进来，说道："唬了我一跳好的，黑影子里山子石后头只见一个人蹲着，我才要叫喊，原来是那个大锦鸡，见了人一飞，至亮处我才看真了。若冒冒失失一嚷，到闹起人来。"一面说一面洗手，又笑道："晴雯出去，我怎么不见？一定是要唬我去了。"宝玉笑道："这不是他？这里渥呢！我若不嚷的快，可是到唬一跳。"晴雯笑道："也不用我唬去，这小蹄子已经自怪自惊的了。"一面说，一面仍回自己被中去。麝月道："你就这么跑解马的打扮儿，伶伶俐俐的出去了不成。"宝玉笑道："可不就这么出去了。"［周按］出去，谓出房门外。麝月道："你死不拣好日子，你出去白站站，皮不冻破了你的！"说着又将大火盆上铜罩揭开，拿灰铲重将热炭埋了一埋，拈了两块素香来放上，仍旧罩了。至屏后剔了灯，方才睡下。

晴雯因方才一冷，如今又一煖，不觉打了两个喷嚏。宝玉叹道："如何？到底伤了风了。"麝月笑道："他早起就嚷不受用，一日也没有吃碗正经饭。他这会子不说保养着些，［周按］不但不知保养之语意语式，皆是日常口语。还要捉弄人。明儿病了，叫他自作自受。"宝玉问道："头上可热？"晴雯嗽了两声，说道："不相干，那里这么姣嫩起来了。"说着，只听外间房中隔上的自鸣钟当当两声，外间值宿的老嬷嬷嗽了两声，因说道："姑娘们睡罢，明儿再说笑。"宝玉方悄悄笑道："咱们别说话了，看又惹他们说话。"说着，方大家睡了。

至次日起来，晴雯果觉有些鼻塞声重，懒待动弹。宝玉道："快不要声张！太太知道了，又叫你搬了家去养息。家里总好，到底冷些，不如在这里。你就在里间屋里躺着，我叫人请了大夫来，悄悄从后门进来瞧瞧就是了。"晴雯道："虽如此说，你到底要告诉大奶奶一声儿，不然一时大夫来了，人问起来，怎么说呢？"宝玉听了有理，便唤了一个老嬷嬷来吩咐道："你回大奶奶去，就说晴雯白冷着了些，不是怎么大病。袭人又不在家，他若家去养病，这里更没有人了。传一个大夫瞧瞧他，别回太太罢了。"老嬷嬷去了半日，来回说："大奶奶知道了，说，吃两剂药好了便罢，若不好时，还出去为是。如今时气不好，恐沾带了别人事小，宝玉身子要紧。"晴雯睡在煖阁只管咳嗽，听了这话，气的喊道："我那里就害瘟病了？生怕过了人！我离了这里！看你们这一辈子都别头疼脑热的。"说着，便真要起来。宝玉忙按他，笑道："别生气，这原是他的责任，生恐太太知道了说他，不过白说一句。你素习爱生气，如今肝火自然又盛了。"正说时，人回大夫来了，宝玉便走过来避在书架后面。只见两三个后门口的老婆子带了一个太医进来，［周按］太医，旧时北京人指医生之泛称。并非确系太医院之医师也。这里的丫嬛都回避了。有三四个老嬷嬷，放下煖阁上的大红绣幔。晴雯从幔帐中单伸出手去，那太医见了这只手上有两根指甲，足有二三寸长，尚有金凤仙花染的通红的痕迹，便忙回过头来。有一个老嬷嬷忙拿了一块手帕掩了，那太医方诊了脉，［周按］特写晴雯指甲并非为使胡庸医得见，实为后文宝玉与晴雯诀别时，晴雯以指甲相赠之复现。雪芹笔在此处，心连后文。其难言之痛，读者知否？起身到外间，向嬷嬷们说道："小姐的症是外感内滞，是近日时气不好，竟算个小伤寒。幸亏是小姐素日饭食有限，风寒也不大，不过是气血原弱，偶然沾带了些，吃两剂药疏散疏散就好了。”说着，便随婆子们出去。彼时李纨已遣人知会过后门上的人及各处丫嬛回避。那太医只见了园中景致，并不曾见一个女子。一时出了园门，就在守园门的小厮们班房内坐了，开了方子。老嬷嬷道：“老爷且别去，我们小爷啰唆，恐怕还有话说。”那太医忙道：“方才不是小姐，是位爷不成？那屋子竟是绣房，又是放下幔子来的，如何是位爷呢？”老嬷嬷悄悄笑道：“我的老爷，怪道小厮们才说今儿请了一位新太医来了，真不知我们家的事。那屋子是我们小哥儿的，那病的人是他屋里的丫头，到是个大姐，那里的小姐？若是小姐的绣房，小姐病了，你那么容易就进去了？”说着，拿了方子就走。宝玉看时，上面有紫苏、桔梗、防风、荆芥等药，后面又有枳实、麻黄。宝玉道：“该死该死，他拿着女孩儿们也像我们一样治，如何使得！凭他有什么内滞，这枳实、麻黄如何禁得！谁请了来的？快打发他去罢，再请一个熟的来。”老嬷嬷道：“用药好不好，我们不知道这理。如今再叫小厮去请王太医来到容易，只是这个大夫又不是告诉总管房请来的，这轿马钱是要给他的。”宝玉道：“给他多少？”婆子道：“少了不好看，也得一两银子才是我们这门户的礼。”宝玉道：“王太医来给他多少？”婆子笑道：“王太医和张太医每常来了，也没个给钱的，不过每年四节一大趸送礼，[周按] 一大趸，本买卖用语。俗谓攒在一处共总办理。那是一定的年例。这个新来了一次，须得给他一两银子去。”宝玉听说，便命麝月取银子。麝月道：“花大姐姐不知搁在那里呢！”宝玉道：“我常见他在螺甸小柜子里拿钱，我和你找去。”说着，二人来至袭人堆东西的房内，开了螺甸柜子。上有一槅，都是笔墨、扇子、香饼、各色荷包、汗巾等物，下一槅却有几串钱。于是开了抽屉，才看见一个小簸箩内放着几块银子，到也有一把戥子。麝月便拿了一块银子，提起戥子来问宝玉："那是一两的星儿？"宝玉笑道："你问我？有趣，你倒成了是才来的了。"麝月也笑道："又要去问人。"宝玉道："拣那大的给他一块就是了，又不作买卖，算这些做什么？"麝月听了，放下戥子，拣了一块，掂了一掂，笑道："这一块只怕是一两了，宁可多些好，别少了，叫那穷小子笑话。不说咱们不识戥子，到说咱们有心小器似的。"那婆子站在门口笑道："那是五两的锭子夹了半个，这一块至少还有二两呢！这会子又没夹剪，姑娘收了这个，再拣一块小些的罢！"麝月早关了柜子出来，笑道："谁又找去！多些你拿了去罢。"宝玉道："你只快叫茗烟再请王大夫去就是。"婆子接了银子，自去料理。

一时茗烟果请了王太医来，先诊了脉，后说病症与前相仿，只是方子上果无枳实、麻黄等药，到有当归、陈皮、白芍等药，分两比先也减了些。宝玉喜道："这才是女孩儿们的药，虽然疏散，也不可太过。旧年我病了，却是伤寒，内里饮食停滞，他瞧了，还说我禁不起麻黄、石膏、枳实等虎狼药。我和你们一比，我就如那野坟圈子里长的几十年一棵老杨树，你们就如秋天芸儿进我的那才开的白海棠。连我禁不起的药，你们如何禁的起？"麝月等笑道："野坟里只有杨树不成？难道就没有松柏？我最嫌的是杨树，那么大笨树，叶子只一点子。没一丝风，他也是乱响。偏你比他，太下流了。"宝玉笑道："松柏不敢比，连孔夫子都说，岁寒然后知松柏之后凋也。可知这两件东西高雅，不怕燥的，才拿他混比呢。"说着，只见老婆子取了药来，宝玉命把煎药的银吊子找出来，[庚双]找字神理，乃不常用之物也。就命在火盆上煎。晴雯因说："正经给他们茶房煎去，弄的这屋里药气如何使得！"宝玉道："药气比一切的花香、果子香都雅，神仙采药烧丹，再者高人逸士采药治药，最妙的一件东西。这屋里我正想各色都齐了，就只少药香，如今恰好全了。”一面说，一面早命人煨上。又嘱咐麝月打点些东西，遣老嬷嬷去看袭人，劝他少哭。一一妥当，方过前边来贾母、王夫人处问安吃饭。正值凤姐和贾母、王夫人商议说：“天又短了，又冷，不如以后就叫大嫂子带姑娘们在园子里吃饭，等天长煖活了再来回跑也不妨。”王夫人笑道：“这也是好主意，刮风下雪到便宜，吃些东西受了冷气也不好。空心走来，一肚子冷气，压上些东西也不好。不如园子里后门里头五间大房子，横竖有女人们上夜的，挑两个厨子女人在那里单给他姊妹们弄饭。鲜东西菜蔬是有分例的，在总管房里支去，或要钱或要东西，那些野鸡、獐、麅各样野味，分些给他们就是了。”[周按]又伏柳嫂子、柳五儿一段公案。贾母道：“我也正想着呢，就怕又添一个厨房多事些。”凤姐道：“并不多事。一样的分例，这里添了，那里减了。就便多费些事，小姑娘们冷风朔气的，[庚双]朔字又妙，朔作韶，北音也。用比〔此〕音，奇想奇想。别人还可，第一林妹妹如何禁得住？就连宝兄弟也禁不住，何况众位姑娘。”贾母道：“正是这话了，上次我要说这话，我见你们的大事太多，如今又添出这些事来。”要知端的——

[蒙回后]此回再从猜谜着色，便与前回末犯重，且又是一幅即景联诗图矣，成何趣味。就灯谜中生一番讥评，别有清思，迥非凡艳。

[蒙戚回后]阁起灯谜，接入袭人了，却不就袭人一面写照，作者大有苦心。盖袭人不盛饰，则非大家威仪，如盛饰，又岂有其母临危而盛饰者乎？在凤姐一面，于衣服、车马、仆从、房屋、铺盖等物一一点检，色色亲嘱，既得掌家人体统，而袭人之俊俏风神毕现。

[蒙回后]文有数千言写一琐事者，如一吃茶，偏能于未吃以前，既

吃以后，细细描写。如一拿银，偏能于开柜时生无数波折，平〔秤〕银时生无数波折，心细如发。

［回后评］此回笔法与以前诸回全然不同。雪芹单由袭人因母病回家一事写起，事情本身简单却引出无穷大小事故，也是全出常人意表。但读者至此尚难悬揣，毕竟下回有何妙文。

本回笔致最富诗境，关系亦极重要。特写凤姐怜顾岫烟，照料袭人，出于仁心善性，此为雪芹一大用心，为后文凤姐之屈枉暗作映衬。

第五十二回
俏平儿情掩虾须镯　勇晴雯病补雀金裘

［戚回前］写黛玉弱症的是弱症，写晴雯时症的是时症。写湘云性快的是快性，写晴雯性傲的是傲性。彼何人斯，而具肖物手段如此。

贾母道："正是这话，上次我要说，我见你们的大事多，如今添出这些事，你们固然不敢抱怨，未免想着我只疼这些小孙子小孙女儿，就不顾你们这当家的人了。你既这么说出来，更好了。"因此时薛姨妈、李婶都在坐，邢夫人及尤氏婆媳也都过来请安，还未过去，贾母便向王夫人等说道："今儿我才说这话，素日我不说，一则怕逞了凤丫头的脸，二则众人不伏。今儿你们都在这里，都是经过妯娌姑嫂的，还有像他这样想的到的没有？"薛姨妈、李婶、尤氏等齐笑道："真个少有，别人不过是礼上面子情儿，实在他是真疼小姑子、小叔子，就是老太太跟前，也是真孝顺。"［周按］自上回连写凤姐怜悯岫烟贫寒，照料袭人衣饰体统不惜己物，一意为小姑小叔等谋划便利等皆是特笔，以见其人心肠之善良，方是本质真相。而非俗常误解之坏人也。贾母点头叹道："我虽疼他，我又怕他太伶俐了也不好。"凤姐忙笑道："这话老祖宗说差了，是人都说，［周按］是人，即所有的人，一切的人。太伶俐聪明了怕活不长，是人都说得，是人都信，独老祖宗不当说不当信，老祖宗只有聪明伶俐过我十倍的，怎么如今这样福寿双全的？只怕我明儿还胜老祖宗一倍呢！我活一千二百岁后，等老祖宗归了西天，［周按］一千二百岁仍是十二的倍数，十二乃全书之总脉。我才死呢。"贾母笑道："世人都死了，单剩下咱们两个老妖精似的，有什么意思？"说的众人都笑了。［周按］人人皆知，《石头记》最擅长者以辞令口吻而传人物之神。最出色者如凤姐、李纨、尤氏以及丫嬛中之晴雯等无待多言，但我谓写人物词令之最难者不在上述诸人，端在老太太一人。如谓此一拙论是有意标奇立异，则请看雪芹笔下的老太太是句句中肯，语语到位，字字得体。然亦如凤姐时见风趣，即如此时所说"世人都死了，单剩下咱们两个老妖精似的，有什么意思”即是好例。盖长生不老人之妄想，以为是最大之福气，却不想若真活千年，眼中所见已为陌生之世界，心中所思皆为已逝之亲人，试问此又何福可言？老太太两句话点醒世人不浅。盖人生阅历之言深有所悟也。

宝玉因记挂着晴雯，便先回园子里来。到了房中，药香满室，一人不见，只见晴雯独卧于炕上，脸上烧得飞红。又摸了一摸，只觉烫手，忙又向炉上将手烘煖，伸进被去摸了一摸，身上也是火烧。因说道："别人家去了也罢，麝月、秋纹也却无情，各自去了。"晴雯道："秋纹是我撵了他去吃饭的，麝月是方才平儿来找他出去了。两人鬼鬼祟祟，不知说什么，必是说我病了不出去。"宝玉道："平儿不是这样人，况且他并不知你病，特来瞧你，想来一定是找麝月来说话，偶然见你病了，随口说特瞧你的病，这也是人情乖觉取和的常事。便不出去，有不是又与他何干？你们素日又好，断不肯为这无干的事伤和气。"晴雯道："这话也是，只是疑他为什么又忽然瞒起我来。"[庚双]宝玉一篇推情度理之谈，以射正事，不知何如。宝玉笑道："等我从后门出去，到那窗根下听听说些什么，[周按]窗根，北语。窗户根儿即窗外之墙根。回来告诉你。"说着，果然从后门出去，至窗下潜听。只闻麝月悄问道："你怎么就得了的？"[庚双]妙。这才有神理，是平儿说过一半了。若此时从宝玉口中从头说起一原一故，直是二人特等宝玉来听方说起也。平儿道："那日彼时洗手时不见了，二奶奶就不许吵嚷，出了园门，即刻就传给园里各处的妈妈们小心查访。我们只疑心跟邢姑娘的人本来又穷，只怕小孩子家没见过，拿了起来也是有的。再不料是你们这里的，幸而二奶奶没有在屋里。你们这里的宋妈妈去了，拿了这支镯子，说是小丫头子坠儿偷起来的，被他看见来回二奶奶。[庚双]妙极！红玉既有归结，坠儿岂可不表哉？可知奸贼二字是相连的，故情字原非正道。坠儿原不情也，不过一愚人耳，可以传奸，即可以为盗。二次小窃，皆出于宝玉房中，亦大有深意在焉。我赶忙接了镯子，想了一想，宝玉是偏在你们身上留心用意争胜要强的。那一年有个良儿偷玉，刚冷了这二年间时，[周按]刚冷了，谓事情才被搁置不提，归于淡忘。还有人提起来趁愿，这会子又跑出一个偷金子的来了，而且更偷到街坊上去了。

偏是他这样，偏是他的人打嘴。所以我到忙叮咛宋妈千万别告诉宝玉，只当没有这事，别和一个人说。第二件老太太、太太听见也生气。三则袭人和你们也不好看。所以我回二奶奶，只说我往大奶奶那里去，谁知镯子褪了口，丢在草根底下，雪深了没看见。今儿雪化尽了，黄澄澄映着日头，还在那里。我就拣了起来，二奶奶也就信了。所以我来告诉你们，以后防着他些，别使唤他到别处去。等袭人回来，你们商议着变个法子，打发出去就完了。”麝月道：“这小蹄子也见过些东西，怎么这么眼皮子浅？”平儿道：“究竟这镯子能多重？原是二奶奶的，说这叫虾须镯，到是这颗珠子还罢了。［周按］珠子还罢了，谓还是珠子的品位倒很好。罢了，无可吹求。赞词之婉语也。晴雯那蹄子是块爆炭，要告诉了他，他是忍不住的。一时气上，或打或骂，依旧嚷出来不好。所以单告诉你留心就是了。”说着，便作辞而去。宝玉听了，又是喜又气又叹。喜的是平儿能体贴自己，气的是坠儿小窃，再叹坠儿那样一个伶俐人，作出这样丑事来。因而回至房中，把平儿之语一长一短告诉了晴雯。又说：“他说你是个要强的，如今病着，听了这话越发要添病的，等好了再告诉你。”晴雯听了，果然气的蛾眉倒蹙，凤眼圆睁，即时就叫坠儿。宝玉忙劝道：“你这一喊出来，岂不辜负了平儿待你我之心了？不如领他这个情，过后打发他就完了。”晴雯道：“虽如此说，只是这气如何忍得！”宝玉道：“这有什么气的，只保养病就是了。”

晴雯服了药，至晚间又服二和药，［周按］二和药，和读去声，第一次煎得之药汁为头和，再煎所得者为二和，其力稍弱。夜间虽有些汗，不大见效，仍是发烧头疼，鼻塞声重。次日，王太医又来诊视，另加减汤剂。虽然稍减了些烧，仍是头疼。宝玉便命麝月取鼻烟来，与给他嗅些，痛打几个嚏喷就通了关窍。麝月果真去取了一个金镶双扣金星玻璃的一个扁盒来，递与宝玉。宝玉便揭翻盒扇，里面有西洋珐琅的黄发赤身女子，两肋又有肉翅，里面盛着些真正汪恰洋烟。［庚双］汪恰，西洋一等宝烟也。晴雯只顾看画儿，宝玉道："嗅些，走了不好。"［周按］走了不好，谓药力因不密闭而气味发散失效。晴雯听说，忙拿指甲挑了些嗅入鼻中，不见怎样，便又多多挑了些嗅入。忽觉鼻中一股酸辣透入颐门，接连打了五六个嚏喷，眼泪鼻涕登时齐流。［庚双］写得出。晴雯忙收了盒子，笑道："了不得，好辣，快拿纸来。"早有小丫头递过一搭子细纸，晴雯便一张一张拿来醒鼻子。宝玉笑问："如何？"晴雯笑道："果觉通快些，只是太阳还疼。"宝玉笑道："越性尽用西洋药治一治，只怕就好了。"说着便命麝月："你和二姐姐要去，［周按］宝玉称凤姐为二姐姐是原笔，此满洲旗人之称谓习俗也。就说我说了，姐姐那里常有那西洋贴头疼的膏子药，叫作依弗哪，找寻一点儿。"麝月答应了，去了半日，果拿了半节来。便去找了一块红缎子角儿，铰了两块指头大的圆式，将那药烤和了，用簪挺摊上。晴雯自拿着一面靶镜，贴在两太阳上。麝月笑道："病的蓬头鬼一样，［周按］蓬头鬼，中国传统仪容，髮必梳整绝不许散乱，否则为失仪，女子尤重发髻。只有鬼怪疯癫之类方有披头散发之状。故有"蓬头鬼"之喻。如今贴上这个，到俏皮了。二奶奶贴惯了，到不大显。"说毕，又向宝玉道："二奶奶说了，明日是舅老爷的生日，太太说叫你去呢！明儿穿什么衣裳，今儿晚上好打点齐备了，省得明儿早起费手。"宝玉道："什么顺手就是什么罢了！一年闹生日也闹不清。"

说着，便起身出房往惜春房中去看画。刚到了院门外边，忽见宝琴的小丫头名小螺者从那边过去。宝玉忙赶上问道："那去？"小螺笑道："我们二位姑娘都在林姑娘房里呢，我如今往那里去。"宝玉听了，转步也便同他往潇湘馆来，不但宝钗姊妹在此，且连邢岫烟也在那里。四人围坐在熏笼上序家常。紫鹃到坐在煖阁里临窗作针黹，一见他来，都笑道说："又来了一个！可没了你的坐处了。"宝玉笑道："好一幅《冬闺集艳图》，可惜我迟来了一步。横竖这屋子比各屋子煖，这椅子上坐着并不冷。"说着便坐在黛玉常坐搭着灰鼠椅搭的一张椅上。因见暖阁之中有一玉石条盆，里面攒三聚五栽着一盆单瓣水仙，［周按］特笔点出单瓣水仙，即“金盏银台”，于此可见雪芹之审美意度。点着宣石，便极口赞道：“好花！这屋子越发煖，这花香的越清，昨日未见。”黛玉因说道：“这是你家大总管赖大婶子送薛二姑娘的两盆花。他送了我一盆水仙，送了蕉丫头一盆腊梅，我原不要的，又恐辜负了他的心。你若要，我转送了你。”宝玉道：“我屋里却有两盆，只是不及这个，琴妹妹送你的，如何又转送人？这个断使不得。”黛玉道：“我一日药吊子不离火，我竟是药养着呢，那里还搁的住花香来熏？越发弱了。况且这屋里一股药气，反把这花香搅坏了。不如你抬了去，这花也到清净了，没杂味来搅他。”宝玉笑道：“我屋里今儿也有病人吃药呢，你怎么知道了？”黛玉笑道：“这话奇了，我原是无心的话，谁知你屋里事。你不早来听说古记，这会子来了，自惊自怪的。”宝玉笑道：“咱们明儿下一社又有题目了，就咏水仙、腊梅。”黛玉听了，笑道：“罢罢，我再不敢作诗了，作一回罚一回，没得怪羞的。”说着，便把两手握起脸来。宝玉笑道：“何苦来，又奚落我作什么？我还不怕燥呢！你到握起脸来了。”宝钗因笑道：“下次我邀一社，四个诗题，四个词题，每人四首诗、四阕词。头一个诗《题咏太极图》，限一先的韵，五言律。要把一先的韵都用尽了，一个不许剩。”宝琴笑道：“这一说，可知是姐姐不是真心起社了，这分明是难人。若论起来，也强扭的出来，不过颠来倒去，弄些《易经》上的话，究竟有何趣味？我八岁时节，跟我父亲到西海沿子上买洋货，谁知有个真真国的女孩子，才十五岁，那脸面就和那西洋画儿上的美人一样，也披着黄头发，打着联垂，满头带的都是珊瑚、猫儿眼、祖母绿这些宝石。身上穿着金丝织的锁子甲洋紧袖袄，［周按］洋紧袖谓洋式瘦袖，有别于清代女装大宽袖而言也。带着倭刀，也是厢金嵌宝的，实在画儿上的也没他好看。有人说他通中国的《诗》《书》，会讲《五经》，能作诗填词，因此我父亲央烦了一位通事官，烦他写了一张字，就写的是他作的诗，众人都称奇道异。”宝玉忙笑道：“好妹妹，你拿出来我瞧瞧。”宝琴笑道：“在南京收着呢，此时那里取来？”宝玉听了大失所望，便说：“没福得见这世面。”黛玉笑说：“你别哄我们，我知道你这一来，这些东西未必放在家里，自然都是要带来的，这会子又扯谎说没带来，他们虽信，我是不信的。”宝琴便红了脸，［周按］宝琴红了脸非愧义，乃因暗涉婚嫁事也。昔日少女绝口不能涉此，片语亦忌讳也。低头微笑不答。宝钗笑道：“偏这个颦儿惯说这些白话，把你就伶俐的！”黛玉笑道：“若带了来，就给我们见识见识也罢了。”宝钗笑道：“箱子、笼子一大堆还没理清，知道在那个里头呢？等过日收拾清了，找出来大家再看就是了。”又向宝琴道：“你若记得，何不念念我们听。”宝琴方答道：“记得是一首五言律，外国的女子，也就难为他了。”宝钗道：“你且别念，等把云儿叫了来，也叫他听听。”［周按］特唤湘云来听诗，非闲笔，与后文情节大有关系。说着便叫小螺来吩咐道：“你到我那里去，就说我们这里有一个外国的美人来了，作的好诗，请你这诗疯子瞧去，再把那我们的诗呆子也带来。”小螺笑着去了。半日，只听史湘云笑问：“那一个的外国美人来了？”一头说，一头果和香菱来了。众人笑道：“人未见形，先已闻声。”宝琴道：“请坐了！”遂把方才话重序了一遍。湘云笑道：“快念来听！”宝琴因念道：

昨夜朱楼梦，今宵水国吟。
岛云蒸大海，岚气接丛林。
月本无今古，情缘有浅深。
汉南春历历，焉得不关心。

众人听了，都道：“难为他，竟比我们中国人还强。”一语未了，只见麝月走来说：“太太打发人告诉说，二爷明日一早往舅舅那里去。

就说太太身上不大好，不得亲自来。”宝玉忙站起来，答应：“是。”因问宝钗、宝琴可去？宝钗道：“我们不去，昨儿单送了礼去了。”大家说了一回方散。

宝玉因让诸姊妹先行，自己落后，黛玉便又叫住他问道：“袭人到底多早多晚回来？”宝玉道：“自然等送了殡才来呢。”黛玉还有话说，又不曾出口，出了一回神，便说道：“你去罢！”宝玉也觉心里有许多话，只是口里不知要说什么，想了一想也笑道：“明日再说罢！”一面下了阶矶，低头正欲迈步，复又忙回身问道：“如今夜越发长了，你一夜咳嗽几遍，醒几次？”［庚双］此皆好笑之极，无味扯淡之极，回思则皆沥血滴髓之至情至神也。岂别部偷寒送煖、私奔暗约，一味淫情浪态之小说可比哉。黛玉道：“昨儿夜里好，只咳嗽了两遍，却只睡了四更一个更次，就再不能睡了。”宝玉又笑道：“正是有句要紧的话，这会子才想起来。”一面说，一面便挨过身来，悄悄道：“我想宝姐姐送你的燕窝……”一语未了，只见赵姨娘走了进来瞧黛玉，问：“姑娘这两天好？”黛玉便知他是从探春处来，从门前过，顺路的人情。黛玉忙陪笑让坐，说：“难为姨娘想着，怪冷的天，亲自走来。”又忙命倒茶，一面又使眼色与宝玉，宝玉会意，便走了出来。

正值吃晚饭时，见了王夫人，王夫人又嘱咐他早去。宝玉回来看时，晴雯吃了药，此夜宝玉便不命晴雯挪出煖阁来，自己便在晴雯外边。又命将熏笼抬至煖阁前，麝月便在熏笼上，一宿无话。

至次日天未明时，晴雯便叫醒麝月道：“你也该醒醒了，只是睡不彀！你出去叫人给他预备茶水，我叫醒他就是了。”麝月忙披衣起来道：“咱们叫起他来，穿好衣裳，抬过熏笼去，再叫他们进来。老嬷嬷们已经说过，不叫你在这屋里，怕过了病气。如今叫他们看见咱们挤在一处，又该唠叨了。”晴雯道：“我也是这么说呢。”二人才叫时，宝玉已醒了，忙起身披衣。麝月先叫进小丫头子来，收拾妥当了，才命秋纹、檀云等进来一同伏侍。宝玉梳洗毕，麝月道："天又阴阴的，只怕有雪，穿一套毡的罢。"宝玉点头，即时换了衣裳。小丫头便用小茶盘捧上一碗建莲红枣汤来。宝玉喀了两口，麝月又捧过一小碟法制紫姜来，宝玉噙了一块，又嘱咐晴雯一回，便往贾母处来。贾母犹未起来，知道宝玉出门，便开了房门命宝玉进来。宝玉见贾母身后宝琴面向里，也睡着未醒。贾母见宝玉身上穿着荔色哆啰呢天马箭袖大红猩猩毡，盘金彩绣、石青妆缎沿边的排穗褂子。贾母问道："下雪呢吗？"宝玉道："天阴着呢，还没有下呢！"贾母便命鸳鸯："来，把昨儿那一件乌云豹的氅衣给他罢！"鸳鸯答应了，走去果取了一件来。宝玉看时，金线辉煌，碧彩烂灼，又不似宝琴所披之凫靥裘。只听贾母笑道："这叫作雀金呢，这是哦啰斯国拿孔雀毛拈的线织的。前儿把那件野鸭子头的给了你小妹妹了，［庚双］小字更妙，盖王夫人之末女也。这件给你罢！"宝玉磕了一个头，便披在身上。贾母笑道："你先给你娘瞧瞧去再去。"宝玉答应了，便出来，只见鸳鸯站在地下揉眼睁目。因自那日鸳鸯发誓决绝之后，他总不合宝玉说话。宝玉正自日夜未安，此时见他又要回避，宝玉便上来笑道："好姐姐，你瞧瞧我穿着好不好？"鸳鸯一摔手，便进贾母房中去了。宝玉只得来到王夫人房中，与王夫人看了，然后又回至园中与晴雯、麝月看过，复回至贾母房中回说："太太看了，只说可惜了的，叫我仔细穿，别遭塌了他。"贾母道："就剩了这一件，你遭塌了，也再没了。这会子特给你作这个，也是没有的事。"说着，又嘱咐他不许多吃酒，早些回来。宝玉应了几个是，老嬷嬷跟至厅前，只见宝玉的奶兄李贵、王荣、张若锦、赵亦华、钱启、周瑞六个人，［周按］若锦对亦华，每二人为对仗。带着茗烟、伴鹤、锄药、扫红四个小子，背着衣包，抱着坐褥，拢着一匹雕鞍彩辔的白马，早已伺候多时了。老嬷嬷又吩咐了他六个人些话，六个人忙答应了几个是，便捧鞭坠镫。宝玉慢慢的上了马，李贵和王荣拢着嚼环，钱启、周瑞二人在前引导，张若锦、赵亦华在两边紧贴宝玉后身。［周按］后身是口头常语。宝玉在马上笑道："周哥、钱哥，咱们打这角门走罢，省得到了老爷书房门口又下来。"周瑞侧身笑道："老爷不在家，书房天天锁着的，爷可以不用下来罢了。"宝玉笑道："虽锁着也要下来的。"钱启、李贵等都笑道："爷说的是，要托懒不下来，倘或遇见赖大爷、林二爷，虽不好说，也要劝爷两句。有的不是，都派在我们身上，又说我们不教爷礼了。"周瑞、钱启便一直引出角门来。正说话时，顶头果见赖大进来。宝玉忙拢住马，意欲下来。赖大忙上来抱住了腿，宝玉便在镫上站起来，笑携他的手说了几句话。接着又见一个小厮带着二三十个拿扫帚簸箕的人进来，见了宝玉，都顺墙垂手立住。独那为首小厮打千儿，请了个安。宝玉不识名姓，只微笑点了点头。马已过去，［庚双］总为后文伏线。［周按］此段全为与后文宝玉贫困屈辱时境况对比，批语之意，殆指此乎？那人方带了人去了。于是出了角门外，又有李贵等六个人的小厮并几个马夫，早预备下十来匹马专候。一出了角门，李贵等都各上了马，前引傍围的，一阵烟去了。不在话下。

这里晴雯吃了药，仍不见病退，急的乱骂大夫，说："只会骗人的钱，一剂好药也不给人吃。"［庚双］奇文，真姣憨女儿之语也。麝月笑劝道："你太性急了。俗语说，'病来如墙倒，病去如抽丝。'又不是老君的仙丹，都有这样灵药！［周按］都有，口语。犹言就有。你只静养几天，自然就好了。你越急越着手！"晴雯又骂小丫头子们："那里钻沙去了？瞅我病了，都大胆子走了。明儿我好了，一个一个的才揭你们的皮呢！"唬的小丫头子篆儿忙进来问："姑娘作什么？"［庚双］此姑娘亦姑姑娘娘之称，亦如贾琏处小厮呼平儿，皆南北互用一语也。脂砚。晴雯道："别人都死绝了，就剩了你不成？"说着，只见坠儿也蹭了进来。［周按］蹭自第六回写刘姥姥时一见，此乃再见，足可证是雪芹原字。晴雯道："你瞧瞧这小蹄子，不问他还不来呢！这里又放月钱了，又散果子了，你该跑在头里了！你往前些，我不是老虎吃了你。”坠儿只得前凑，晴雯便冷不防欠身一把将他的手抓住，［庚双］是病卧之时。向枕边取了一丈青向他手上乱戳，口内骂道：“要这爪子作什么。拈不得针，拿不动线，只会偷嘴吃，又眼皮子浅，手爪子又轻，打嘴现世的，不如戳烂了。”坠儿疼的乱哭乱喊，麝月忙拉开坠儿，按晴雯睡下，笑道：“才出了汗，又作死！等你好了，要打多少打不得？这会子闹什么！”晴雯便命人叫宋嬷嬷进来，说道：“宝二爷才吩咐了我，叫我告诉你们，坠儿狠懒，宝二爷当面使他，他拨嘴儿不动，连袭人使他，他背后骂他。今儿务必打发他出去。明儿宝二爷亲自回太太就是了。”宋嬷嬷听了，心下便知镯子事发，因笑道：“虽如此说，也等花姑娘回来知道了，再打发他。”晴雯道：“宝二爷今儿千叮咛万嘱咐的，什么花姑娘草姑娘，我们自然有道理。你只依我的话，快叫他家的人来领他出去！”麝月道：“这也罢了，早也是去，晚也是去，带了去，早清净一日。”宋嬷嬷听了，只得出去唤了他母亲来，打点他的东西，又来见晴雯等，说道：“姑娘们怎么了，你侄女儿不好，［庚双］侄女二字［周按］侄女之相对待者为伯与姑母，本书姑娘一词初出时，批云乃姑姑之义。南北之称合用之例也。今此批或即为此而呼应前批。你们教道他，怎么撵出去？也到底给我们留个脸儿。”晴雯道：“你这话只等宝玉来问他，与我们无干。”那媳妇冷笑道：“我有胆子问他去，他那一件事不是听姑娘们的调停？他总依了，姑娘们不依，也未必中用。比如方才说话，虽是背地里，姑娘就叫他名字。在姑娘就使得，在我们就成野人了。”晴雯听说，亦发急红了脸，说道：“我叫了他名字了，你在老太太跟前告我去！说我撒野，也撵我出去！”麝月忙道：“嫂子你只管带了人出去，有话再说。这个地方岂有你叫喊讲理的？你见谁和我们讲过理？别说嫂子你，就是赖奶奶、林大娘，也得担待我们三分。便是叫名字，从小儿直叫到如今，都是老太太吩咐过的，你们也知道，恐怕难养活，巴巴的写了他的小名儿各处贴着，叫万人叫去，为的是好养活。连挑水、挑粪花子都叫得，何况我们。连昨日林大娘叫了一声爷，老太太还说他呢！此是一件。二则我们这些人常回老太太的话去，可不叫着名字，难道也称爷？那一日不把宝玉念二百遍！偏嫂子又来挑这个来了。过一日嫂子闲了，在老太太跟前听听我们当着面儿叫他，就知道了。嫂子原也不在老太太跟前当些体面差使，成年家只在三门外头混，怪不得不知我们里头的规矩。这里不是嫂子久站的，再一会子不用我们说话，就有人来问你了。有什么话且带了他去，你回了林大娘，叫他来找二爷说。家里上千的人，他也跑来我也跑来，我们认人问姓还认不清呢！”［周按］麝月稳重安静，口不多言，比之晴雯似为一个毫无口才之人。然试听此一番言辞不激不厉，却严峻难当，且道理周详，无懈可击，其口才之难及自此方显。所谓知人不易，读《石头记》亦甚难也。说着，便叫小丫头子拿了擦地布来擦地。那媳妇听了，无言可对，亦不敢久立，堵气带了坠儿就走。宋嬷嬷忙道：“怪道你这嫂子不知规矩，你女儿在这屋里一场，临去时也给姑娘们磕个头，没有别的谢礼罢了，便有谢礼他们也不希罕，不过磕个头尽个心。怎么说走就走？”坠儿听了，只得翻身进来给他两个磕了两个头，又找秋纹等，他们也不采他。那媳妇嗐声叹气，口不敢言，抱恨而去。

晴雯方才又闪了风，着了气，反觉更不好了。翻腾至掌灯，刚安静了些，只见宝玉回来，进门就嗐声跺脚。麝月忙问原故，宝玉道：“今儿老太太喜喜欢欢的给了这件褂子，谁知不防后襟子上烧了一块，幸而天晚了，老太太、太太都不理论。”一面说，一面脱下来。麝月瞧时，果见有指顶大的烧眼，因说：“这必定是香炉的火迸上了，这不值什么，赶着叫人悄悄的拿出去，叫个能干织补匠人织上就是了。”说着便用包袱包了，交与一个老嬷嬷送出去，说：“赶天亮就有才好，千万别给老太太、太太知道。”婆子答应，去了半日，仍旧拿回来，说：“不但织补匠人，能干裁缝绣匠并作女工的问了，都不认得这是什么，都不敢揽。”麝月道：“这怎么样呢？明儿不穿也罢了。”宝玉道：“明儿是正日子，老太太、太太说了，还叫穿这个去呢！偏头一日就烧了，岂不扫兴。”晴雯听了半日，忍不住翻身说道：“拿来我瞧瞧罢，没那个福气穿就罢了，这会子又着急。”宝玉笑道：“这话到说的是。”说着便递与晴雯，又移灯来细瞧了一回。晴雯道：“这是孔雀金线织的，如今咱们也拿孔雀金线，就像界线似的界密了，只怕还可混的过去。”麝月笑道：“孔雀线现成的，但这屋里除了你，还有谁会界线？”晴雯道：“说不得我挣命罢了。”宝玉忙道：“这如何使得？才好了些，如何作的活！”晴雯道：“不用你蝎蝎螯螯的，我自知道。”一面说，一面坐起来，挽了一挽头发，披了衣裳，只觉头重身轻，满眼金星乱迸，实实撑不住。待要不作，又怕宝玉着急，少不得狠命咬牙挨着，便命麝月只帮着纫线。晴雯先拿了根比一比，笑道：“这虽不狠像，若补上也不狠显。”宝玉道：“这就狠好，那里又找哦啰斯国的裁缝去？”［庚双］妙谈。晴雯先将里子打开，用茶钟口大小的一个竹弓钉牢在背面，再将破口四边用金刀刮的散松松的，然后用针纫了两条线，分出经纬，亦如界线之法，先界出地子来，后然依本衣之纹来回织补。织补两针，又看看，织补两针，又端详端详。无奈头晕眼黑，气喘神虚，补不上三五针便伏在枕上歇一回。宝玉在傍，一时又问吃些滚水不吃，一时又命歇一歇，一时又拿一件灰鼠斗篷替他披在背上，一时又命拿个拐枕叫他靠着。急的晴雯央道：“小祖宗，只管睡罢，再熬上半夜，明儿把眼睛抠搂了，怎么处？”宝玉见他着急，只得胡乱睡下，仍睡不着。一时只听得自鸣钟已敲了四下，［庚双］按四下乃寅正初刻。寅此样法，避讳也。也刚刚补完。又用小牙刷慢慢的剔出毽毛来。麝月道：“这就狠好，若不留心，再看不出来。”宝玉忙要了瞧瞧，说道：“真真一样了。”晴雯已嗽了几阵，好容易补完了，说了一声：“补虽补了，到底不像，我也再不能了。”嗳哟一声，便身不由主倒下了。下回分解。

［戚回后］此回前幅以药香花香联络为章法，后幅以西洋鼻烟、西洋依弗哪药、西洋画儿、西洋诗、西洋哦啰斯国雀金裘联络为章法，极穿插映带之妙。

写宝玉写不尽，却于仆从上描写一番，于管家见时描写一番，于园工诸人上描写一番。园中马是慢慢行，出门后又是一阵烟，大家气象，公子局度如画。

中一段写黛玉与宝玉满怀愁绪，有口难言，说不出一种凄凉，真是吴道子画顶上圆光。

［回后评］此回笔法更为奇特，不善读书而难得其味者必以为叙事琐碎杂乱，忽东忽西，莫知其宗旨之所归，其琐碎处又觉索然无味。殊不知自从上回突然袭人因母病而离开怡红院后，种种琐碎繁杂即由此丛生。而雪芹之笔似杂乱而实紧张，笔笔跟，笔笔换，忙迫之至，并无喘息之功。所有如此紧张忙迫又所为何来，千头万绪归于一处，层层逼向晴雯之病，事之不得已，命之所注定。如晴雯者一片清白勇毅，一心多情为人，其精神何等感人，却不知正因她种种过人之美招来嫉妒。再读第五回判词：心比天高，身为下贱，风流灵巧招人怨。岂不悲乎？

风雨夕闷制风雨词

秋花惨淡秋草黄，耿耿秋灯秋夜长。已觉秋窗秋不尽，那堪风雨助秋凉。

周汝昌先生有回后评：“风雨夕”有连珠体与顶针续麻格句法。开篇以秋字为珠，以风雨为线，以线贯珠，以珠显线，连环交替，层出不穷，令人叫绝。

迎春

中山狼，无情兽，全不念当日的根由。一味的，骄奢淫荡贪还构。觑着那，侯门艳质同蒲柳。作践的，公府千金似下流。叹芳魂艳魄，一载荡悠悠。

第五十三回
宁国府除夕祭宗祠　荣国府元宵开夜宴

［蒙回前］除夕祭宗祠一题，极博大。元宵开夜宴一题，极富丽。拟此二题于一回中，早令人惊心动魄，不知措手处，乃作者偏就宝琴眼中款款叙来。首叙院宇匾对，次叙抱厦匾对，后叙正堂匾对，字字古艳。槛以外槛以内是男女分界处，仪门以外，仪门以内是主仆分界处。献帛献爵择其人，应昭应穆从其讳，是一篇绝大典制文字。最高妙是神主看不真切一句，最苦心是用贾蓉为槛边传蔬人，用贾芷等为仪门传蔬人，体贴入细。噫，文心至此，脉绝血枯矣，谁是知音者！

话说宝玉见晴雯将雀金裘补完，已使得力尽神危，［周按］力尽神危，除亲自经历者外一字道不出。如何为力尽尚可仿佛，如何为神危，则我心知其意却不能形容得出。人往往以为《石头记》言词太繁，却不知雪芹之笔总是字少意丰，惜墨如金。忙命小丫头子来替他捶着，彼此歇下。没一顿饭时，天已亮了，且不出门，只叫快传大夫。一时王太医来了，诊了脉，疑惑道：“昨日已好了些，今日的脉如何反虚浮微缩起来，敢是吃多了饮食？不然就是劳了神思。外感却到清了，这汗后失于调养，非同小可。”一面说，一面出去开了药方进来。宝玉看时，已将疏散驱邪诸药减去，到添了茯苓、地黄、当归等益神养血之剂。宝玉一面忙命人煎去，一面叹道：“这怎么处！倘或有个好歹，都是我的罪孽。”晴雯睡在枕上道：“太爷，你干你的去罢，那里就得痨病了！”宝玉无奈，只得去了。至下半天，推说身上不好，就回来了。晴雯此症虽重，幸亏他素昔是个使力不使心的，再者素昔饮食清淡饥饱无伤。这贾宅中的秘法，无论上下，只一略有些伤风咳嗽，总以净饿为主，次则服药。故于前日一病时，净饿了两三日，又谨慎服药调治，如今虽劳碌了些，又加倍养了几日，便渐渐的就好了。近日园中姊妹皆各在房中吃饭，炊爨饮食亦便，宝玉自能变法要汤要羹调停，不必细说。

袭人送母殡后业已回来，麝月便将平儿所说宋妈、坠儿一事，并晴雯撵逐坠儿出去，也曾回过宝玉等语一一的告诉了一遍。袭人也没别说，只说太性急了些。

只因此时李纨亦因时气感冒，邢夫人正害火眼，迎春、岫烟皆过去朝夕侍药，［庚双］妙在一人不落，事事皆到。李婶之弟又接了李婶和李纹、李绮家去住几日，［庚双］来的也有理，去的也有情。宝玉又见袭人常常思母含悲，晴雯犹未大愈，因此诗社之日皆未有人作兴，便空了几社。

当下已是腊月，离年日近，王夫人与凤姐治办年事。王子腾又升了九省都检点，贾雨村补授了大司马，［周按］大司马，兵部尚书之代词也，后文中山狼孙绍祖即贾雨村所荐用。于荣府事败落井下石，以怨报德极有关系。协理军机，参赞朝政，不题。

且说贾珍那边开了宗祠，着人打扫，收拾供器，请神主，又打扫上房，以备悬供遗真影像，［周按］前回已注过，“影”即供奉祖宗之画像，故又曰拜影。今又用一“真”字，意义全同。中华绘画史中之一门专科，画生者肖像，其专名即曰“写真”，为亡者追画“肖像”，则谓之“遗真”，“真”者即“肖像”是也。此语至今犹为日本所沿用，以指照相术。此时荣宁二府内外上下皆是忙忙碌碌。这日，宁府中尤氏正起来同贾蓉之妻打点送贾母这边的针线礼物，正值丫头捧了一茶盘押岁的锞子进来，回说：“兴儿回奶奶，前儿那一包碎金子共是一百五十三两六钱七分，里头成色不等，共总倾了二百二十个锞子。”说着，递了上去。尤氏等看了一看，只见也有梅花式的，也有海棠式的，也有笔锭如意的，［周按］笔锭如意，吉祥图案。一笔一银锭一如意，谐必定如意也。也有八宝联春的。尤氏命：“收起这个来，叫兴儿将银锞子快快交进来。”丫嬛答应去了。一时贾珍进来吃饭，贾蓉之妻回避了。贾珍因问尤氏：“咱们春祭的恩赏可领了不曾？”尤氏道：“今儿我打发蓉儿关去了。”［周按］关，即领取之意。凡有职位者向所属衙门支领薪水费用，则曰关。贾珍道："咱们家虽不等这几两银子使，多少是皇恩，早关了来，给那边老太太看过，办了祖宗的供，上领皇上恩，下则是托祖宗福。咱们那怕用一万银子供祖宗，到底不如这个又体面，又是沾恩锡福的。除咱们这样一两家之外，那些世袭穷官儿家若不仗着这个银子，拿什么上供过年。真真皇恩浩大，［周按］此双关语，临腊尾年初必换春联，而当时最流行之联文曰：皇恩春浩荡，文治日光华。故贾珍之言正借此过年时之颂圣语也。想的周到。"尤氏道："正是这话。"二人正说着，只见人回："哥儿来了。"贾珍便命叫他进来，只见贾蓉手内捧着一个小黄布口袋进来。贾珍道："怎么去了这一日才来？"贾蓉陪笑回说："今儿不在礼部关了，又分在光禄寺去关了，因又到了光禄寺才领了下来。光禄寺官儿们都说问父亲好，多日不见，都着实想念。"贾珍笑道："他们都那是想我，这又到年下来，不是想我的东西，就是想我的戏酒了。"一面说，一面瞧那黄布口袋上有封条，就是"皇恩永锡"四个大字，那一边又有礼部祠祭司的印记，一行小字道是：宁国公贾演、荣国公贾法，［周按］第二回冷子兴演说荣国府时，谓贾氏祖上兄弟二人贾演、贾源，而此处又作贾演、贾法。按此，所谓法实是源字草书之讹。恩赐永远春祭赏，共赏二分，净折银若干两。某年、月、日龙禁尉候补侍卫贾蓉当堂领讫。值年寺丞某人。下面一个朱笔花押。贾珍看了吃过饭，盥漱毕，换了靴帽，命贾蓉捧着银子跟了过荣府来，回过贾母、王夫人，又至这边，回过贾赦、邢夫人方回家去。取出银子，命将布袋向宗祠大炉内焚了。又命贾蓉道："你顺便去问问你琏二婶子，正月里请客的日子拟定了没有？若拟定了，叫书房里明白开了单子来，咱们再请时，就不能重犯了。旧年不留神，重了几家，人家不说咱们不留心，到像两宅商议定了，送虚情怕费事的一样。"贾蓉忙答应去了。一时拿了请人吃年酒的日期单子来，贾珍看了，命交与赖升去看了，请人别重了这上头的日子。因在厅上看着小厮们抬围屏，擦抹几案金银供器。只见一个小厮手里拿着个禀帖并一篇账目，回说：

“黑山村乌庄头来了。”贾珍道:“这个老砍头的，今儿才来！”说着，贾蓉接过禀帖和账目来,忙展开捧着。贾珍倒背着手,向贾蓉手内看，那红帖上写着:“门下庄头乌进孝叩请爷奶奶万福金安并公子小姐金安,新春大喜大福,荣贵平安,加官进禄,万事如意。”贾珍笑道:“庄家人到有些意思。”贾蓉也忙笑道:“别看文法，只取个吉利罢了。”一面忙展开单子看时，只见上面写着:

> 大鹿三十只、獐子五十只、麅子五十只、暹猪二十只、汤猪二十个、龙猪二十个、野猪二十个、家腊猪二十个、野羊二十个、青羊二十个、家汤羊二十个、风干羊二十个、鲟鳇鱼二个、[周按]鲟鳇鱼极巨大,恐庄头所进不会太多。各色杂鱼二百斤、活鸡鸭鹅各二百只、风鸡鸭鹅各二百只、野鸡兔子各二百对、熊掌二十对、鹿筋二十斤、海参五十斤、鹿舌五十条、牛舌五十条、蛏干二十斤、榛杏桃松仁各二口袋、大对虾五十对、干虾二百斤、银霜炭上等选用一千斤、中等二千斤、柴炭三万斤、玉田胭脂米二石、[庚双]在园杂字曾有此说。碧糯五十斛、白糯五十斛、粉秔五十斛、杂色粱谷各五十斛、下用常米一千石、各色干果一车，外卖粱食牲口各项之银共折银二千五百两,外门下孝敬哥儿姐儿顽意、活鹿两对、活白兔四对、黑兔四对、活锦鸡两对、西洋鸭两对。

贾珍便命带他进来。一时只见乌进孝进来，只在院内磕头请安。贾珍命人拉他起来，笑说:“你还硬朗？”乌进孝笑回:“托爷的福，还走的动。”贾珍道:“你儿子也大了,该叫他走走也罢了。”乌进孝笑道:“不瞒爷说，小的们走惯了，不来也闷的慌。他们可不是都愿意来见见天子脚下世面。他们到底小，年轻，怕路上有闪失，再过几年，就可以放心了。贾珍道:“你走了几日？”乌进孝道:“回爷的话，今年雪大，外头都是四五尺深的雪，前日忽然一暖一化，路上竟难走的狠，耽搁了几日，走了一个月零两天，是因日子有限了，怕爷心焦，可不赶着来了？”贾珍道：“我说呢，怎么今儿才来。我才看那单子上，今年你这老货又来打擂台来了。”［周按］老货乃戏谑亲切口吻，非骂人恶语。全书中于怡红院丫头背称李奶娘曾一用之。又脂批中与贾芸入园谒见宝玉时又一见。乌进孝忙进前两步回道：“回爷说，今年年成实在不好，从三月下雨起，接接连连直到八月，竟没有一连晴过五日。九月里一场碗大的雹子，方近一千三百里地，连人带房并牲口粮食，打伤了上千上万的，所以才这样。小的并不敢说谎。”贾珍皱眉说道：“我算定了你至少也有五千两银子来，这彀作什么的？如今你们一共只剩了八九个庄子，今年到有两个报了旱潦，你们又打擂台，真真是又教别过年了。”乌进孝道：“爷的这地方还算好呢！”我兄弟离我那里只一百多地，谁知竟又大差了。他现管着那府里八处庄地，比爷这边多着几倍，今年也只这些东西来，不过多二三千银子，也是有饥荒打呢。”贾珍道：“正是呢！我这边倒可已，没什么外项大事，不过是一年的费用，费些我受用些，我受些委屈就省些。再者年例送人请人，我把脸皮厚些，可以省些，也就完了。比不得那府里，这几年添了许多花钱的事，一定不可免，是要花的，却又不添些银子产业，这二年到赔了许多。不和你们要，找谁去！”乌进孝笑道：“那府里如今虽添了事，有去有来，娘娘和万岁爷岂不赏的？”［庚双］是庄头口中语气。脂砚。贾珍听了，笑向贾蓉等道：“你们听听他这话可笑不可笑？”贾蓉等忙笑道：“你们山坳海沿子上的人，［周按］山坳海沿并举，又地名黑山村，可注意。丰润县北正有山名黑山，不知有无暗指。那里知道这道理。娘娘难道把万岁的库给了我们不成？他心里总有这心，他也不能作主。岂有不赏之理？按时到节，不过是些彩缎、古董顽意的东西。总赏银子，不过一百两金子，才值一千两银子，彀一年的什么？这二年，那一年不多赔出几千银子来！头一年省亲，连盖花园子，你算算那一注花了多少，就知道了。

再两年再省一回亲，只怕就净穷了。”贾珍笑道：“所以他们庄家人老实，外明不知里暗的事。黄柏木作磬槌子——外头体面里头苦。”［庚双］新鲜趣语。贾蓉又笑向贾珍道：“果真那府里穷了。前儿我听见凤姑娘［庚双］此亦南北互用之文，前注不谬。［周按］此指姑娘一词而言。和鸳鸯悄悄的商议，要偷出老太太的东西去当银子呢！”贾珍笑道：“那又是你凤姑娘的鬼，那里就穷到如此！他必定是见去路太多了，实在赔的狠了，不知又要省那一项的钱，先设出这个法子来使人知道，说穷到如此了。我心里却有个算盘，还不至如此田地。”说着，便命人带乌进孝出去，好生待他，不在话下。

这里贾珍吩咐将方才各物留下供祖宗的来，将各样都取了些，命贾蓉送过荣府里去。然后自己留下了家中所用的，余者派出等第来，一分一分的堆在月台下，命人将族中的子侄唤来，散与他们。又接着荣国府也送了许多供祖宗之物及与贾珍之物。贾珍看着收拾完备供器，靸着鞋，披着猞猁狲大裘，命人在厅柱下石矶上太阳中铺了一个大狼皮褥子负暄，［周按］前回在芦雪广为贾母御寒曾铺狼皮褥子。今贾珍因坐于台矶上，故又铺狼皮褥子，此皆满洲习俗，于皮毛种类区分特为考究，非一般汉人所能及也。闲看各子弟们来领取年物。因见贾芹亦来领物，贾珍叫他过来，说道：“你作什么也来了？谁叫你来的？”贾芹垂手回说道：“听见大爷这里叫我们领东西，［周按］北方俗语，称伯父为大爷，大字重读，爷字轻读。我没等人去叫，就来了。”贾珍道：“我这东西原是给你那些闲着无事的、无进益的小叔叔小兄弟们的。那二年你闲着，我也给过你的，你如今在那府里管事，家庙里管和尚道士们，每月又有你的分例外，这些和尚道士分例银子都从你手里过，你还来取这个来了，太也贪了。你自己瞧瞧，你穿的可像个手里使钱办事的？先前你说没进益，如今又怎么了？比先到不像了？”贾芹道：“我家里原人口多，费用大。”贾珍冷笑道：“你还支吾我，你在家庙里干的事，打谅我不知道呢！你到了那里，自然是爷了，没人敢违拗你。你手里又有了钱，离着我们又远，你就为王称霸起来，夜夜招聚匪类赌钱，［庚双］这一回文字断不可少。养老婆小子。这会子花的这个形像，你还敢来领东西？领不成东西，领一顿驮水棍去才罢。等过了年，我必和你琏二叔说，换你回来。”贾芹红了脸，不敢答言。［周按］前回赖嬷嬷曾言东府里管教子弟最严，至今珍大爷犹有祖上遗风。今观贾珍披猞猁大裘坐于台矶上召见族中子弟，分与年货诸物，再听训斥贾芹一席话，真有大家族长之威严气概，令人敬服。忽见人回说：“北府水王爷送了字联、荷包来了。”［周按］北府即北静王府，北静王名水溶。至此重点“水王爷”一词，恐读者记忆不清也。又，字联即春联。一处大府门户众多，皆需换贴新春联，故互送春联亦为年礼之一项。荷包并非空囊一个，内中必盛有金银锞子或吉祥之物。贾珍听说，忙命贾蓉出去款待：“只说我不在家。”贾蓉答应去了。这里贾珍看着领完东西，便回房与尤氏吃毕晚饭，一宿无话。至次日，更比往日忙，都不必细说。

到了腊月二十九日，各色齐备，两府中都换了门神、联对、挂牌，新油了桃符板，焕然一新。宁国府从大门、仪门、大厅、煖阁、内厅、内三门、内仪门、塞门，直到正堂，一路正门大开，两边阶下一色朱红大高照，［周按］高照乃灯之专名，以别于地上低座灯、廊上悬灯等。点的两条金龙一般。次日，由贾母有诰封者，皆按品级着朝服，坐八人大轿，带领众人先进宫朝贺。行礼领宴毕，回来便到宁府煖阁前下轿。诸子弟有未随入朝者，皆在宁府门前排班伺候，然后引入宗祠。

且说薛宝琴是初次进贾府宗祠，便细细留神打谅。原来宁府西边另有一个院宇，黑油漆栅栏内五间大门。上面悬着一匾，写着是“贾氏宗祠”四个大字，傍书“衍圣公孔继宗书”。两边有一副长联，写道是：

肝脑涂地，兆姓赖保育之恩。

功名贯天，百代仰烝尝之盛。

亦衍圣公所书。进入院中，白石甬路，两边皆是苍松翠柏。月台上设着青绿古铜鼎彝等器。抱厦前上面悬一九龙金匾，写道是：星辉辅弼。［周按］匾文“星辉辅弼”暗用曹操《求言令》中“建立辅弼”之语，以切合曹氏家世史迹。注意：匾下方对联上句曰“昭日月”，此匾“星辉辅弼”之“星”字与上之“日月”联为“日月星”三辰。参看第三回黛玉入府所见荣禧堂之联文。又，联文“肝脑涂地”用明末袁崇焕致书后金努尔哈赤，谓满兵入侵时“三韩之民肝脑涂地”之语。盖暗指雪芹太高祖曹世选被俘为旗奴时之惨痛经历。三韩，明清之际用以特指辽北铁岭开原地区，首先遭受屠戮之惨祸。三韩乃金代所设县名，故址在今辽宁北部。乃先皇御笔。两边一副对联，写道是：

勋业有光昭日月，功名无间及儿孙。

亦是御笔。五间正殿前悬一闹龙填青匾，写道是“慎终追远”四字。傍边一副对联，写道是：

已后儿孙承福德，至今黎庶念宁荣。

俱是御笔。里边香烛辉煌，锦障绣幙。［周按］障字即古幛字。虽列着些神主，却看不真切。只见贾府诸人分昭穆，排班立定。贾敬主祭，贾赦陪祭，贾珍献爵，贾琏、贾琮献帛，宝玉捧香，贾菖、贾菱展拜毯，守焚池。青衣乐奏，三献爵，兴拜毕，焚帛，奠酒。礼毕，乐止，退出。众人围随着贾母至正堂上。影前锦幔高挂，彩屏张护，香烛辉煌。上面正居中悬着宁荣二祖遗像，皆是披蟒腰玉，［周按］清制官服绣龙纹。五爪者为龙，四爪者称蟒。皇帝以下皆服蟒衣。两边还有几轴列祖遗影。［周按］影，即供奉祖宗之画像，故又曰拜影。贾荇、贾芷等从内仪门挨次站立，直到正堂廊下。槛外方是贾敬、贾赦，槛内是各女眷，众家人小厮皆在仪门之外。每一道菜至，传至仪门，贾荇、贾芷等接了，按次传至阶上贾敬手中。贾蓉系长房长孙，独他随女眷在槛内，每贾敬捧菜至，传于贾蓉，贾蓉便传与他妻子，他妻子又传与凤姐、尤氏诸人，直传至供桌前，方传与王夫人。王夫人传与贾母，贾母方捧放在桌上。邢夫人在供桌之西，东向立同贾母供放，直至将菜饭汤点酒茶传完，贾蓉方退出下阶，归入阶位之首。当时凡从文傍之名者，贾敬为首，下则从玉傍者，贾珍为首，再下从草头者，贾蓉为首，左昭右穆，男东女西，俟贾母拈香下拜，众人方一齐跪下。将五间正堂，三间抱厦，内外廊檐，阶上阶下，两丹墀内，花团锦簇，跪的无一空地。此时鸦雀无闻，只听铿锵叮当，金铃、玉佩微微摇曳之声，并起跪靴履飒沓之响。一时礼毕，贾敬、贾赦等便忙退出至荣府，喘候与贾母行礼。尤氏上房内早已袭地铺满红毡，当地放着象鼻三足鳅沿流金珐琅大火盆，正面炕上铺着新红绣毡，设着大红彩绣云龙捧寿的靠背引枕，外另有黑狐皮的袱子搭在上面。大白狐皮坐褥，请贾母上去坐了。两边又铺皮褥，请贾母一辈的两三位妯娌坐了。这边横头排插之后小炕上也铺了皮褥，让邢夫人等坐了。地下两面相对十二张雕漆椅上，［周按］十二张椅亦隐十二钗之义。都是一色灰鼠椅搭小褥，每一张椅下一个大铜脚炉，让宝琴等姊妹坐了。尤氏用茶盘亲自捧茶与贾母，蓉妻捧与众老祖母，然后尤氏又捧与邢夫人等，蓉妻又捧与众姊妹。凤姐、李纨等只在地下伺候。茶毕，邢夫人等忙先起身来侍贾母。贾母吃了茶，与老妯娌闲话了一回，便命看轿。凤姐忙上去搀起来，尤氏笑回说：“已经预备下老太太的晚饭，每年都不肯赏些体面，用了晚饭过去，果然我们就不济凤丫头不成？”［周按］不济意为不好，不中使，不管用，或即用为劣坏之婉词。凤姐搀着贾母笑道：“老祖宗快走罢！咱们家去吃去，别理他！”贾母笑道：“你这里供着祖宗，忙的什么似的，那里还搁的住我闹？况且每年我不吃，你们也要送去的。不如还送了去，我吃不了，留着明儿再吃，岂不多吃些？”说的众人都笑了。又吩咐他：“好生派妥当人坐夜看香火，［周按］坐夜，谓夜间不寐守护，今之值夜班也。不是大意得的。”尤氏答应了，一直送出来，至煖阁前上了轿。尤氏等闪过屏风后，小厮们才领轿夫上来请了轿，出大门。尤氏亦随邢王夫人等回至荣府。这里轿出大门，只见这一条街上，东一边合面设列着宁国府仪仗执事乐器，西一面合面设列着荣国府仪仗执事乐器，来往行人皆屏退不从此过。一时来至荣府，也是大门正厅直开到底。如今便不在煖阁前下轿了，过了大厅，便转湾向西至贾母这边厅上下轿。众人围随来至贾母正室之中，亦是锦裀绣屏，焕然一新。当地火盆内焚着松柏香、百合草。贾母归了坐，老嬷嬷们来回："老太太们来行礼。"贾母忙又起身要迎，只见两三个老妯娌已进来了。大家挽手笑了一回，让了一回。吃茶去后，贾母只送至内仪门便回来归坐。贾敬、贾赦等领诸子弟进来，贾母笑道："一年家难为你们，不行礼罢！"一面说着，一面男一起女一起俱行过了礼。左右两旁设下交椅，然后又按长幼挨次归坐受礼。两府男妇小厮、丫嬛亦按差使上中下行礼毕，散押岁钱、荷包、金银锞，摆上合欢宴来，男东女西归坐，献屠苏酒、合欢汤、吉祥果、如意糕毕，贾母起身进内间更衣，众人方各散出。那晚各处佛堂灶王前焚香上供，王夫人正房院内设着天地纸马香供，大观园正门上也挑着大明角灯，两溜高照，各处皆有路灯。上下人等皆打扮的花团锦簇。一夜人声嘈杂，语笑喧阗，爆竹起火，络绎不绝。

至次日五鼓，贾母等又按品大妆，摆全副执事进宫朝贺，兼祝元春千秋。饮宴毕回来，又至宁府祭过列祖方回家。受礼毕，更换衣裳歇息，所有贺节来的亲友一概不会，只和薛姨妈、李婶娘二人说话取便，或者同宝玉、宝琴、宝钗、黛玉等姊妹赶围棋、抹骨牌作戏。王夫人与凤姐天天忙着请人吃年茶酒，［周按］年茶，年酒不同，茶指小食类型为主，酒则正式筵宴。那边厅上院内皆是戏酒，亲友络绎不绝，一连忙了七八日才完了。早又元宵将近，宁荣二府皆张灯结彩。十一日是贾赦请贾母等，次日贾珍又请贾母，皆去随便领了半日。王夫人和凤姐连日被人请去吃年酒，不能胜记。至十五日之夕，贾母便在大花厅上，命摆几席酒，定一班小戏，满挂各色佳灯，带领荣宁二府各子侄孙男媳等家宴。贾敬素不茹荤酒，也不去请他，于后日十七日祀祖已完，他便仍出城修养去了。便这几日在家，亦是净室默处，一概无听无闻，不在话下。

且说贾赦略领了贾母之赐，也便告辞而去。贾母知他在此彼此到不便，也就随他去了。贾赦自到家中与众门客赏灯吃酒，自然是笙歌聒耳，锦绣盈眸，其取便快乐另与这边不同的。[庚双]又交代一个。这里贾母在花厅之上，共摆了十来席，每一席傍边设一几，几上设炉瓶三事，焚着御赐百合宫香。又有八寸来长、四寸宽、二三寸高的点着宣石布满青苔的小盆景，俱是新鲜花卉。又有小洋漆盘，内放着旧窑茶杯并十锦小茶吊，里面泡着上等香茗，一色皆是紫檀透雕，嵌着大红纱透绣花卉并草字诗词的璎珞。原来绣这璎珞的也是个姑苏女子，名唤慧娘，因他亦是书香宦门之家，他原精于书画，不过偶然绣一两件针线作耍，并非市卖之物。凡这屏上所绣之花卉，皆仿的是唐、元各名家的折枝花卉，故其格式配色，皆从雅本来，非一味浓艳匠工可比。每一枝花侧皆用古人题此花之旧句，或诗或歌不一，皆用黑绒绣出草字来，且字迹勾踢转折，轻重连断，皆与笔草无异，亦不比市绣字迹板强可恨。[周按]雪芹著书，论绘画、论戏曲、论音乐、论陈列、论服饰、论园林、论诗文、论百般技艺无不在行。清虚观张道士夸奖宝玉写的字画的画好得了不得，可惜雪芹论书法之处最少。独于此处见有“字迹勾踢转折，轻重连断，皆与笔草无异，亦不比市绣字迹板强可恨”等数句，却令我尽知他对书法用笔之精妙通晓无疑。他不仗此技获利，所以天下虽知，得者甚少。凡世宦富贵之家，无此物者甚多。当今便称为慧绣，竟有世俗射利者近日仿其针迹，愚人获利。偏这慧娘命夭，十八岁便死了，如今再不能得一件的了。凡所有之家，亦不过一两件而已。有此物者，皆惜若宝玩一般，更有那一干翰林文魔先生们，因深惜慧绣之佳，便说这绣字不能尽其妙，这样笔迹说一绣字，反似乎唐突了。便大家商议了，将绣字隐去，换了一个纹字，所以如今都称慧纹。若有一件真慧纹之物，价则无限。贾府之荣，也只有两三件，上年将那两件已进了上，目下只剩这一副璎珞，一共十六扇。贾母爱之如珍如宝，不入在请客各色陈设之内，只留在自己这边，高兴摆酒时赏玩。又有各色旧窑小瓶中，都点缀着岁寒三友、玉堂富贵等新鲜花草。上面两席是李婶娘、薛姨妈坐。贾母于东边设一透雕夔龙护屏，矮足短榻、靠背、引枕、皮褥俱全。榻之上一头又设一个极轻巧洋漆描金小几，几上放着茶吊、茶碗、漱盂、洋巾之类，必有一个眼镜盒子。贾母歪在榻上，与众人说笑一回，又自取眼镜向戏台上照一回，又向薛姨妈、李婶笑道："恕我老了，骨头疼放肆，容我歪着相陪罢！"因又命琥珀坐在榻上，拿着美人拳捶腿。榻下并不摆席面，只一张高几，却设着那架璎珞、花瓶、香炉等物。外另设一精致小高桌，设着酒杯匙箸，将自己这一席设于榻旁，命宝琴、湘云、黛玉、宝玉四人坐着，每一馔一果来，先捧与贾母看了，喜则留在小桌上尝一尝，仍撤了放在他四人席上，算他四人是跟随贾母坐的，故下面方是邢夫人，王夫人之位，再下便是尤氏、李纨、凤姐、贾蓉之妻。西边一路便是李纹、李绮、宝钗、岫烟、迎春姊妹等。两边大梁上挂着一对联三聚五玻璃芙蓉彩穗灯，每一席前各竖一柄漆干倒垂荷叶，叶上有烛信，插着彩烛。这荷叶乃是錾珐琅的活信，可以扭转，如今皆将荷叶扭转向外，将灯影逼住，全向外照，看戏分外真切。窗隔门户一齐摘下，全挂彩穗各种宫灯。廊檐内外及两边游廊罩棚，将各色羊角灯、玻璃、戳纱、料丝，或绣或画，或堆或抠，或绢或纸，诸灯挂满。廊上几席便是贾珍、贾琏、贾环、贾琮、贾蓉、贾芹、贾芸、贾菱、贾菖等。贾母也曾差人去请族中众人，奈他们或有年迈懒于热闹的，或有家内无人不便来的，或有疾病淹缠，欲来竟不能来的，或有一等妒富愧贫的，甚至于有一等憎畏凤姐之为人，赌气不来的，或有羞口羞脚，不惯见人不敢来的，因此族中虽多，女客来者只不过贾菌之母娄氏带了贾菌来了。男子只有贾芸、贾芹、贾葛、贾菱四人现在凤姐手下办事的来了。当下人虽不全，在家庭间小宴中数来,也算是热闹的了。当下又有林之孝家的带了六个媳妇，抬了三张炕桌，每一张桌上搭着一条红毡，毡上放着选净一般大，新出局的铜钱，用大红彩绳串着，两个人搭一张，共三张。林之孝家的指示，将那两张摆至薛姨妈、李婶的席下，将一张送至贾母榻下来。贾母道:“放在当地罢！”这媳妇们都素知规矩的，放下桌子，一并将钱都打开，将彩绳抽去，散堆在桌上。正唱《西楼·楼会》这出将终，于叔夜因赌气去了，那文豹便发科诨道：“你赌气去了，恰好今日正月十五，荣国府老祖宗赏灯呢。待我骑了这马赶进去，讨些果子吃是要紧的。”说毕,引的贾母等都笑了。薛姨妈等都说:“好个鬼头孩子,可怜见的！”凤姐便说:“这孩子才九岁了。”贾母笑说:“难为他说的巧！”便说了一个赏字，早有三四个媳妇已经手下预备下小笸箩，听见叫赏，走上去，向桌上的散钱堆内每人撮了一笸箩，走出来向戏台说:“老祖宗、姨太太、亲家太太赏文豹买果子吃的！”说着，向台上便撒，只听豁啷啷满台钱响，贾珍、贾琏已命小厮们抬了大簸箩的钱来,暗暗的预备在那里,听见贾母一赏,要知端的——

［蒙回后］叙元宵一宴，却不叙酒何以清，菜何以馨，客何以盛，令何以行。先于香茗古玩上渲染，几榻坐次上铺叙，隐隐为下回张本，有无限含蓄，超迈獭祭者百倍。前半整饬，后半疏落，浓淡相间。宗祠在宁府，开宴在荣府，分叙不犯手。是作者胸有成竹处。

［回后评］贾珍与乌进孝一段对话，道破荣府财力日渐拮据皆因与皇家应酬花费惊人。按清代与皇家结亲而致倾家败产者，大学士尹继善家即是一个好例。尹继善逝后，其诸子穷得以致衣裤不全。与此相比，荣府尚属轻微者。

乌进孝是宁国府庄头。庄头者，管理富贵人家庄田，即二地主也。一年收成多寡，缴纳几何，全由庄主主宰，支吾交待，并无严格规定。

观乌进孝所进年货单子，如玉田胭脂米乃京东玉田县特产，而其他鱼鹿等则是东北特产。乌进孝云外头，又云雪深三四尺，则是东北境况。

《石头记》中写过年一大篇文章，古往今来天下仅有此例，别无可与比肩者。雪芹当日如何写来，实难想像。我今日欲加批注，竟如蚊子上铁牛，无有下嘴处。盖作者之所经历，我如何能梦见其万一，只反复观赏，赞叹而已。若强加评点，必令雪芹腾笑于地下矣。

读者莫只看他如何写种种繁华盛况，须细玩中华民俗文化之百般精彩，方不负作者一片苦心。

第五十四回
史太君破陈腐旧套　王熙凤效戏彩斑衣

［庚回前］首回揳〔楔〕子内云，古今小说千部共成一套云云，犹未泄真，今借老太君一写，是劝后来胸中无机轴之诸君子，不可动笔作书。凤姐乃太君之要紧陪堂，今题斑衣戏彩，是作者酬我阿凤之劳，特贬贾珍、琏辈之无能耳。

［蒙戚回前］积德于今到子孙，都中旺族首吾门。可怜立业英雄辈，遗脉谁知祖父恩。

话说贾珍、贾琏暗暗预备下大笸箩的钱，听见贾母说赏，他们也忙命小厮们快撒钱，只听满台钱响，［周按］家庭小戏班新年乐事特演《西楼·楼会》，此剧乃明末清初袁于令所作《西楼记》传奇中之一出。据考原作实有自况之意，故剧中之于叔夜略如《石头记》中之贾宝玉，而文豹小书僮亦如茗烟也。曹雪芹凡叙及戏曲必与本文暗中关合。贾母大悦。二人随起身，小厮们忙将一把新煖乌银壶捧在贾琏手内，随了贾珍趋至里面，先至李婶席上，躬身取下杯来，回身，贾琏忙斟了一杯，然后便至薛姨妈席上，也斟了。二人忙起身笑说："二位爷请坐着罢，何必多礼。"于是除邢王二位夫人，满席都离了席，俱垂手旁立。贾珍等至贾母榻前，因榻矮，二人便屈膝跪了。贾珍在前捧杯，贾琏在后捧壶，虽止二人奉酒，那贾环弟兄等，也是随班按序，一溜随着他二人进来。见他二人跪下，也都一溜跪下，宝玉也忙跪了。史湘云悄推他笑道："你这会子又帮跪作什么呢？有这样的，你也去斟一巡酒岂不好？"宝玉悄笑道："再等一会子再斟去。"说着，等他二人斟完起来，方起来。又与邢王二位夫人斟过了，贾珍笑道："妹妹们怎么样呢？"贾母等都说："你们去罢，他们到便意些。"说了，贾珍等方退出。［周按］书中凡写礼仪座次必详细交待，无一次例外。而此夜除夕家宴气氛，场合与平常又大不相同，所叙尤为生动。再与祭宗祠之场面合看有同有异，或隆重或快活，又不相犯。评者常谓《石头记》是反礼教之书，试看雪芹之写礼仪有其特殊之兴趣，写来头头是道，津津有味，何反之有乎？当下天未二鼓，戏演的是《八义》中《观灯》八出，正在闹热之间。宝玉因下席来往外走，贾母因说："你往那里去？外头炮竹利害，仔细天上吊下火纸来烧了。"宝玉道："不往远去，只出去就来。"贾母命人好生跟着。于是宝玉出来，只有麝月、秋纹并几个小丫头随着。贾母因问："袭人怎么不见？他如今也有些拿大了，单支使小女孩子们出来。"王夫人忙起身笑回道："他妈前日没了，因有热孝，不便上前来。"贾母听了点头，又笑道："跟主子却讲不起这孝与不孝。若是他还跟我，难道这会子也不在这里不成？皆因我们太宽了，有人使，不查这些，竟成了例了。"凤姐忙过来笑回道："今儿晚上他便没孝，那园子里也须得他看着，灯烛、花炮最是耽险的。这里一唱戏，园子里人谁不偷来瞧瞧。他还细心，各处照看照看。况且这散后，宝兄弟回去睡觉，都是齐全的。若他再来了，众人又不经心，散了回去，铺盖也是冷的，茶水也不齐全，各色都不便宜，所以我叫他不用来，只看屋子。散了又齐备，我们这里又不耽心，又可以全他的礼，岂不三处有益？老祖宗要叫他，我叫他来就是了。"贾母听了这话，忙说："你这话狠是，比我想的周到，快别叫他了。但只他妈几时没了，我怎么不知道？"凤姐笑道："前儿袭人去亲自回老太太的，怎么到忘了？"贾母想了一想笑说："想起来了，我的记性竟平常了！"众人都笑说："老太太那里还记得这些事！"贾母因又叹道："我想着他从小儿伏侍了我一场，又伏侍了云儿一场，［周按］袭人幼时初随侍湘云，至此方又一追叙，以下又云王夫人曾赏袭人四十两，鸳鸯之母亦亡，此即脂砚所谓补遗之文。末后给了个宝玉魔王，［周按］贾母此语与卷首王夫人向黛玉初叙宝玉时用混世魔王之语，至此方一呼应。试问，此魔何义？妖魔鬼怪乎？非也。若能将此魔字参透，便已懂得《石头记》之奥妙矣。亏他魔了他这几年，他又不是咱们家根生土长的奴才，没受过咱们什么大恩典。他妈没了，我想着要给几两银子发送，也就忘了。”凤姐道：“前儿太太已竟赏了他四十两银子，也就是了。”贾母听说，点头道：“这还罢了。正好鸳鸯的娘前儿也没了，我想他老子娘都在南边，我也没叫他家去守孝，如今叫他两个一处作伴儿去。”又命人将些果子、菜馔、点心之类与他两个吃去。琥珀笑道：“还等这会子呢，他早就去了。”说着，大家又吃酒看戏。

且说宝玉一迳来至园中，众婆子见他回房，便不跟去，只坐在园门里茶房里烤火，和管茶的女人们偷空儿饮酒斗牌。宝玉来至院中，虽是灯光灿烂，却无人声。麝月道：“他们都睡了不成？咱们悄悄的进去，唬他们一跳。”于是蹑足潜踪的，进了镜壁一看，只见袭人对面和一人都歪在地炕上，那一头有两三个老嬷嬷打盹。宝玉只当他两个都睡着了，才要进去，忽听鸳鸯叹了一声，说道：“可知天下的事难定，论理，你单身在这里，父母在外头，每年他们东去西来，没个定准，想来你是再不能送终的了，偏生今年就死在这里，你到出去送了终。”袭人道：“正是，我也想不到能彀看着父母回首。太太又赏了四十两银子，这也算养我一场，我也不敢妄想了。”宝玉听了，忙转身悄悄向麝月道：“谁知他也来了。我这一进去了，他又赌气走了。不如咱们回去罢，让他两个净净的说一会话儿。［周按］当此阖府上下欢乐热闹之际，偏于一无人之处写出二人谈心之情景，全出吾人意外。宝玉回院原为惦记袭人独自一人寂寞，及至窗外，闻有鸳鸯在此正与袭人对话，遂不便入屋，总是一片体贴之心。此种用笔，我曾谓之热中有冷。可参看拙著《红楼艺术的魅力》。袭人正一个闷闷的，他幸而来的好。”说着，仍悄悄的出来。宝玉便走过山背后去，站着撩衣。麝月、秋纹都站住，背过脸来，口内笑说：“蹲下再解小衣，仔细风吹了肚子。”后面两个小丫头子知是小解，忙先出去茶房内预备水。宝玉这里刚转过来，只见两个媳妇子迎面走来，问是谁，秋纹道：“宝玉在这里呢，你们大呼小叫，仔细唬了他。”那媳妇们忙笑道：“我们不知道，大节下来惹祸了。姑娘们可连日辛苦了。”说着，便已到跟前。麝月问：“手里拿的是什么？”媳妇们道：“是老太太赏金花二位姑娘吃的东西。”秋纹笑道：“外头唱的是《八义》，没唱《混元盒》，那里又跑出‘金花娘娘’来了？”宝玉笑命：“揭起来我瞧瞧。”秋纹、麝月忙上去将两个盒盖揭开，两个媳妇忙蹲下身子。［庚双］细腻之极。一部大观园之文，皆若食肥蟹，至此一句，则又三月于镇江江上啖出网之鲜鲥矣。宝玉看了看，两盒内都是席上所有的上等果品菜馔，点了一点头，迈步就走。麝月、秋纹忙胡乱掷了盒盖跟上来。宝玉笑道：“这两个女人到和气，会说话。他们天天乏了，到说你们连日辛苦了，却不是那矜功自伐的。”麝月道：“这好的也狠好，那不知礼的也太不知礼。”宝玉笑道：“你们是明白人，耽代他们是粗体可怜的人就完了。”［周按］耽代是原笔，即担待。一面说，一面来至园门。那几个婆子虽是吃酒斗牌，却不住出来打探，见宝玉来了，也都跟上了。来至花亭后廊上，只见那两个小丫头，一个捧着小沐盆，一个搭着手巾，又拿着沤子小壶，［周按］沤子，指当时的润肤防冻剂。在那里久等。秋纹先忙伸手向盆内试了一试，说道：“你越大越粗心了，那里弄的这冰水？”小丫头笑道：“姑娘瞧瞧这个天啊，我怕水冷，巴巴的倒的是滚水，这还冷了呢！”正说着，可巧见一个老婆子提着一壶滚水走来，小丫头便说道：“好奶奶，过来给我倒上些。”那婆子道：“哥哥儿，［周按］哥哥儿，与哥儿一词意义相反，被常常用为讥嘲之反语，而且又可由男孩推及一切年龄性别之人。这是老太太泡茶的，劝你走了取去罢，那里就走大了脚。”秋纹道：“凭你是谁的，你不给，我管把老太太的茶吊子倒了洗手。”那婆子回头见是秋纹，忙提起壶来就倒。秋纹道：“彀了。你这么大年纪，也没个见识，谁不知是老太太的水！要不着的人就敢要了？”婆子笑道：“我眼花了，没认出是姑娘来。”宝玉洗了手，那小丫头子拿小壶倒了些沤子在他手内，宝玉沤了，秋纹、麝月也趁热水洗了一洗，也沤了，跟进宝玉来。［周按］至此一段小小路程竟也有如此许多之曲折风趣，总是不在常人之意中。观此，亦方悟到上层尊长者只知安闲快乐，而不知一出大厅，全府之中上上下下、在在处处，有多少人在服劳当差、各司其事。而宝玉及其身边之丫嬛皆属特殊身份，高贵无比，全从虚处烘托而出。

宝玉便要了一壶煖酒，也从李婶、薛姨妈斟起，二人也笑让坐。［周按］二人者，李婶薛姨妈也。贾母便说："他小呢，让他斟去，大家到要干过这杯。"说着，便自己干了。邢王二夫人也忙干了，又让着薛李二人，薛、李二人也只得干了。贾母又命宝玉道："连你姐姐、妹妹一齐都斟上，不许乱斟，都要叫他干了。"宝玉听说答应着，按次斟了。至黛玉前，偏他不饮，拿起杯来，放在宝玉唇边，宝玉一气饮干。黛玉笑说："多谢。"宝玉又替他斟上一杯，凤姐便笑道："宝玉，别喝冷酒，仔细手颤，明儿写不得字，拉不得弓！"宝玉忙道："没有喝冷酒。"凤姐笑道："我知道没有，不过白嘱咐你。"于是宝玉将里面斟完，只除贾蓉之妻是丫嬛们斟了。复出至廊上，又与贾珍等斟了一巡，陪坐了一会，方进来仍归旧坐。一时上汤后，又献上元宵，贾母便命将戏暂歇，小孩子们可怜见的，也给他们些滚汤滚菜的，吃了再唱。又命将各色果子拿些与他们吃去。一时歇了戏，便有婆子带了两个门下常走的女先儿进来，［周按］女先生是正称，凡目盲者男女皆称先生，然京语急言之，先生即变为先儿。又京语瞎儿急读亦与先儿无异，故此语实当时口语双关之俗称。放了两张杌子在那一边，命他坐了，将弦子琵琶递过去。贾母便问李、薛二人："听何书好？"他二人都回说："不拘什么都好。"贾母便问："近来可有添的什么新书么？"那两个女先儿回说道："到有一段新书，是残唐五代的故事。"贾母问是何名，女先儿道："叫作《凤求鸾》。"贾母道："这个名子到好，不知因什么起的？你先大概说说原故，若好再说。"女先儿道："这书上乃是说残唐之时，有一位乡绅，本是金陵人氏，名唤王忠，曾作过两朝宰辅，如今告老还家，膝下只有一位公子，名唤王熙凤。"众人听了，笑将起来。贾母笑道："这不重了我们凤丫头了？"众媳妇们忙上去推他道："这是二奶奶的名字，少混说。”贾母笑道：“你说，你说！”女先儿忙笑着站起来说道：“我们该死了，不知是奶奶的尊讳。”凤姐笑道：“怕什么，你只管说罢！重名重姓的多呢。”女先儿又说道：“这一年王老爷又打发了王公子上京赶考。那日遇见了大雨，走到一个庄上避雨，谁知这庄上也有个乡绅，姓李，与王老爷是世交，便留下这公子住在书房里。这李乡绅膝下无儿，只有一女，芳名叫作雏鸾，琴棋书画无所不通。”贾母忙道：“怪道叫作凤求鸾，不用说，我已猜着了，自然是王熙凤要求这雏鸾小姐为妻了。”女先儿笑道：“老祖宗原来听过这一回书。”众人都笑道：“老太太什么书没听过，便没听过，猜也猜着了。”贾母笑道：“这些书都是一个套子，左不过是些佳人才子，最没趣儿，把人家女儿说的那样坏，还说是佳人，编的连影儿也没有，开口都是书香门第，父亲不是尚书就是宰相，生一个小姐，必是爱如珍宝，这小姐必是通文知礼无所不晓，竟是个绝代佳人，只一见了一个清俊的男子，不管是亲是友，便想起终身大事来。父母也忘了，诗礼也忘了。鬼不成鬼，贼不成贼，那一点儿是佳人？便是满腹文章，作出这些事来，也算不得佳人了。比如男子满腹文章去作贼，难道那王法就看他是才子，不入贼情一案了不成？可知那编书的是自己塞了自己的嘴。再者，既说是世宦书香大家子小姐，都是知礼读书，连夫人都知书识礼，便是告老回家，自然这样大家子人口不少，奶母、丫嬛、伏侍小姐的人也不少，怎么这些书上，凡有这样的事，就只小姐和紧跟的一个丫嬛？你们白想想，那些都是管什么的？可是前言不答后语？”众人听了，都笑说：“老太太这一说，是谎都批出来了。”贾母笑道：“这有个原故！编这样书的，有一等妒人家富贵，或是有求不遂心，所以编了来，污秽人家。再一等，他自己看了这些书看魔了，他也想一个佳人，所以编了出来取乐。何尝他知道那世宦读书家的道理！别说书中那些世宦书礼大家，就如今眼下真的拿我们这中等人家比说，也没有那样的事，别说是那些大家子。可知诌掉了下把的话。所以我们从不许说这些书，连丫头们也不懂这些话。这几年我老了，他们姊妹们住的远，我偶然闷了，说几句听听。他们一来，就忙叫歇了。”李薛二人都笑说道：“这正是大家子的规矩，连我们家也没这些杂话给孩子们听见。”

凤姐走上来斟酒，笑道：“罢了，［周按］罢了，了字重读，是倾倒钦佩意，不是不用再说了意。酒冷了，老祖宗喝一口润润嗓子辨谎罢。这一回就叫作《辨谎记》，就出在本朝，本地，本年，本月，本日，本时。老祖宗一张口难说两家话，花开两朵，各表一枝。是真是谎且不表，再整那观灯看戏的人。［周按］凤姐这段话，字法句法全是模仿说书女先儿之口吻、声调，故众人见她如此信口成章，句句对景，无不开心大笑。老祖宗且让二位亲戚吃杯酒，听两出戏之后，再从昨朝话言辨起如何？”一面说，一面笑，话未尝说完，众人俱已笑倒。两个女先儿也笑个不住，都说：“奶奶好钢口，奶奶要一说书，真连我们吃饭的地方儿都没了。”薛姨妈笑道：“你少兴头些罢，外头有人，比不得往常。”凤姐笑道：“外头的只有一位珍大爷，我们还是论哥哥、妹妹，从小儿一处淘了这么大，这几年因作了亲，我如今立了多少的规矩了，便不是从小儿的兄妹，便以伯叔论了。那二十四孝上的斑衣献彩，他们不能来献彩，引老祖宗笑一笑，我这里好容易引的笑了一笑，多吃一点东西，大家喜欢，都该谢我才是，难道反笑话我不成？”贾母笑道：“可是这两日我竟没有痛痛的笑一场，到是亏他，才这一路笑的我心里通快了好些。我再吃一钟酒。”［周按］《石头记》中饮食起居日常生活，时时可见他家深通医理，养生之道。如第三回黛玉入府，悟知饭后不可立即饮茶方不伤脾胃。又如晴雯病时，写明贾府规矩，凡有伤风感冒之患即静卧减食，称之为秘方。今又叙明，如若大笑必能开阔胸怀，散除郁闷，亦养生之一大端也。吃着，又命宝玉：“也敬你姐姐一杯。”凤姐笑道：“不用他敬，我讨我老祖宗寿罢！”说着，便将贾母的半杯剩酒拿起来吃了。便将酒杯递与丫嬛，另将温水浸的杯换了一个上来。于是各席上的杯都徹去，［周按］徹是原字。另将温水浸的杯都换上，斟了新酒上来，然后归坐。女先儿回说："老祖宗不听这个书，弹一套曲子听听罢！"贾母便说道："好，你们两个对一套《将军令》罢。"［周按］对，即不同乐器之合奏。此处专指琵琶与三弦，《将军令》是有名的雄壮曲调，于此可见，贾母深通音乐审美之理。二人听说，忙和弦按调，［周按］弦缺末笔，是避康熙讳，此乃雪芹原迹。拨弄起来。

贾母因问："天有几更了？"众婆子忙回："三更了。"贾母道："怪道寒浸浸的起来。"早有众丫嬛拿了添换的衣裳送来穿了。王夫人起身陪笑说道："老太太不如挪进煖阁里炕上到也罢了。［周按］煖阁炕，此乃当时曹家上下人南北语言杂见之良例。盖炕床有时竟以互代矣。这二位亲戚也不是外人，我们陪着就是了。"贾母听说，笑道："既这样说，不如大家都挪进去，岂不煖和？"王夫人道："恐里间坐不下。"贾母笑道："我有道理，如今也不用这些桌子，只用两三张并起来，大家坐在一处挤着，又亲香，又煖和。"众人都道："这才有趣。"说着便都起身来。众媳妇忙徹去残席，里面直顺炕并了三张大桌，另又添换了果馔摆好了。贾母便说："这都不要拘礼，只听我分派你们就坐才好。"说着，便让薛、李二位正面上坐，自己西向坐了，叫宝琴、黛玉、湘云三人皆紧依左右坐下，向宝玉说道："你挨着你太太。"于是邢夫人、王夫人之中夹着宝玉，宝钗等姊妹在西边，挨次下去，便是娄氏带着贾菌，尤氏、李纨夹着贾蘭，下面横头便是贾蓉之妻。贾母便说："珍哥儿带着你兄弟们去罢，我也就睡了。"贾珍等忙答应了，又都进来。贾母道："快去罢！不用进来，才坐好了，又都要起来。你快歇着去罢，明日还有大事呢。"贾珍忙答应了，又笑说道："留下蓉儿斟酒才是。"贾母笑道："正是忘了他。"贾珍答应了一个是，便转身带领贾琏等出来，二人自是欢喜，便命人将贾琮等送回各自家去，便邀了贾琏去追欢买乐，不在话下。这里贾母笑道："我正想着，虽然这些人取乐，竟无一对双全的，就忘了蓉儿了，这可全了，蓉儿就合你媳妇坐在一处，到也团圆了。”因有媳妇儿回说开戏，贾母笑道：“我们娘儿们正说的兴头，又要炒起来，［周按］炒，是原笔。况且那孩子们熬夜怪冷的，也罢，叫他们且歇歇，把咱们的女孩子们叫了来，就在这台上唱两出，也给他们瞧瞧。”媳妇们听说，答应了出来，忙的一面着人往大观园去传人，一面二门口去传小厮们伺候。小厮们忙至戏房中，将班中所有的大人一概带出去，只留小孩子们。一时梨香院的教习带了文官等十二个人从游廊角门出来。婆子们抱着几个软包，因不及抬箱，故料着贾母爱听的三五出戏的彩衣包了来。婆子们带了文官等进去见过，只垂手站着。贾母笑道：“大正月里，你师傅也不放你们出来曠曠？你等唱什么大出八义，闹的我头疼。咱们清雅些好。你瞧瞧，这薛姨太太、李亲家太太都是有戏的人家，不知听过多少好戏的，这些姑娘都比咱们家姑娘见过好戏，听过好曲子。如今这小戏子又是那有名顽戏的班子，虽是小孩子们，却比大班还强。咱们好歹别落了褒贬，少不得弄个新样儿，叫芳官唱一出《寻梦》，只须用箫管，笙笛一概不用。”［周按］箫管不仅指箫与管二者，管乃竹器之泛称词。戏台上不用管（正式名称）亦难与箫合奏。又提琴，当时所用之拉乐器，即今京胡、二胡等之前身。文官笑道：“这也使的，我们的戏自然是不能入姨太太和亲家太太姑娘们的眼，不过听我们小孩子一个发脱口齿，再听一个喉咙罢了。”贾母笑道：“正是这话了。”李婶、薛姨妈喜的都笑道：“好个伶透孩子，你也跟着老太太打趣我们。”贾母笑道：“我们这原是随便的顽意儿，又不出去作买卖，所以竟不大合时。”说着又道：“叫葵官唱一出《惠明下书》，［周按］《寻梦》是《牡丹亭》中之一出，《惠明下书》是《西厢记》中之一出。统观全书，处处以《西厢》《牡丹》并举，绝无例外。可见《石头记》人物所受于此二剧之影响何等深切。◎注意：贾母单命芳官唱《寻梦》，葵官唱《下书》。芳官，跟从宝玉者也。葵官，跟从湘云者也。独举此二人，隐隐约约总有玄妙。也不用抹脸，只用这两出，叫他们听个疏异罢了。若省一点力，我可不依。”教习同文官等听了出来，忙去扮演上台。先是《寻梦》，次是《下书》，众人都鸦雀无闻。薛姨妈因笑道："实在戏也看过几百班，从没见用箫管随他的。"贾母道："也有，只是像方才《西楼·楚江晴》一支，［周按］本当作"楚江情"，但晴乃原笔。多有小生吹箫随的，这大套的实在少，这也在主人讲究不讲究罢了，这算什么出奇？"指湘云道："我像他这么大的时节，他爷爷有一班小戏，偏有一个弹琴的凑了来，即如《西厢记》的《听琴》，《玉簪记》的《琴挑》，《续琵琶》的《胡笳十八拍》，［周按］贾母所举剧目，偏又说出一个《续琵琶》，以往无人知此为何人何剧。至《红楼梦新证》方得考知《续琵琶》正是曹寅所撰。曹寅与内兄李煦在江南苏州任织造时各有家伶戏班，对剧曲最为考究。曹寅所作剧本也即交于李煦家搬演。如今又知贾母之原型即李煦之妹，史家即李家。贾母自叙幼年曾聆《续琵琶》也。竟成了真的了，比这个更如何？"众人都道："这更难得了。"贾母便命个媳妇来，吩咐文官等叫他们吹弹一套《灯月圆》，媳妇领命而去。

当下贾蓉夫妻二人捧酒斟了一巡。凤姐因见贾母十分高兴，便笑道："趁着女先儿在这里，不如叫他们击鼓，咱们传梅，行一个'春喜上眉稍'的令如何？"贾母笑道："这是个好令，正对时对景。"忙命人取了一面黑漆铜钉花腔令鼓来与女先儿，席上取了一枝红梅来，贾母笑道："若到了谁手里住了鼓，吃一杯，也要说一个什么才好。"凤姐笑道："依我说，谁像老祖宗，要什么有什么呢？我们这不会的，岂不没意思？依我说，也要雅俗共赏，不如谁输了谁说个笑话儿罢。"众人听了，都知道他素日善说笑话，最是他肚内有无限的新鲜趣谈，今见如此说，不但在席的诸人喜欢，连地下伏侍的老小人等无不喜欢。那小丫头子们都忙出去找姊唤妹的，告诉他们快来听二奶奶又说笑话儿了。众丫头子们便挤了一屋子。于是戏完乐罢，贾母命将些汤点果菜与文官等吃去，便命响鼓。那女先儿们皆是惯的，或紧或慢，或如残漏之滴，或如迸豆之疾，或如惊马之驰，或如疾电之光而忽暗，其鼓声慢，传梅亦慢，鼓声疾，传梅亦疾。恰恰至贾母手中，鼓声忽住，大家哈哈一笑。贾蓉忙上来斟了一杯，众人都笑道："自然老太太先喜了，我们才托赖些喜。”贾母笑道：“这酒也罢了，只是这笑话有些难说。”众人都说：“老太太比凤丫头还好还多，赏一个我们也笑一笑儿。”贾母笑道：“并无什么新鲜笑话，少不得老脸皮厚的说一个罢了。”因说道：“一家子，［周按］旧时家庭中凡妇女为儿童讲故事，开头一句大都为一家子，下云如何如何，此有意摹拟其声口也。养了十个儿子，娶了十房媳妇，惟有那第十个媳妇最聪明伶俐，心巧嘴乖，公婆最疼，成日家说那九个不孝顺。这九个媳妇委屈，便商议说，咱们九个心里孝顺，只是不像他小蹄子嘴巧，所以公公婆婆老了，只说他好，这委屈向谁诉去？大媳妇有主意，便说道，‘咱们明儿到阎王庙去烧香，和阎王爷说去，问他一问，叫我们托生人，为什么单单给那小蹄子一张巧嘴，我们都是笨的？’众人听了，都欢喜，说这主意不错。第二日便都到阎王庙里来烧了香。九个人都在供桌底下睡着了，九个魂专等阎王的驾到。左等不来，右等也不到，正等的着急，只见孙行者驾着筋斗云来了，看见九个魂，便要拿金箍棒打，唬得九个魂忙跪下央求。孙行者因问原故，九个魂忙细细的告诉了他。孙行者听了把脚一跺，嗟叹了一声道，‘这个原故，幸亏遇见我，就等着阎王来了，他也不得知道的。’九个魂听了，求说，‘大圣发个慈悲，我们就好了。’孙行者笑道，‘这却不难，那日你们妯娌们十个托生时，可巧我到阎王这里来，因为撒了泡尿在地下，你们那个小婶儿便吃了。你们如今要伶俐嘴乖，有的是尿，再撒泡你们吃了就是了。’”说毕，大家都笑起来。凤姐儿笑道：“好的，幸而我们都笨嘴笨腮的，不然也就吃了猴儿尿了。”尤氏、娄氏都笑向李纨道：“咱们这里谁是吃过猴儿尿的，别粧没事人儿。”薛姨妈笑道：“笑话儿不在好歹，只要对景就发笑。”［周按］书中所有酒令、谜语、诗词、笑话、曲文等诸般形式，篇篇皆是暗中对景。此即作者雪芹之生花妙笔、苦心孤诣、无人能及。所愧者，我至今不能处处为之破解。说着，又击起鼓来。

小丫头子们只要听凤姐的笑话，便悄悄和女先儿说明，以咳嗽为记。须臾传至两遍，刚到了凤姐手里，小丫头子们故意咳嗽，女先儿便住了鼓。众人齐笑道："这可拿住他了，快吃了酒，说一个好的，别太逗的人笑的肠子疼。"凤姐吃过酒，想了一想，笑道："一家子，也是过正月半，合家子赏灯吃酒，真真的热闹非常，祖婆婆、太婆婆、婆婆、媳妇、孙子媳妇、重孙子媳妇、亲孙子、侄孙子、重孙子、灰孙子、滴滴搭搭的孙子、孙女儿、侄孙女儿、外孙女儿、姨表孙女儿、姑表孙女儿，嗳哟哟，真好热闹！"众人听他说着，已经笑了，都说："听数贫嘴的，［周按］贫嘴，全名为"数（上声）贫嘴"，乃旧时江湖乞丐艺人等口念歌词之一种。能者以即景抓彩，临时顺口成章，滔滔不绝为特点，故家庭间常以话多取笑者为贫嘴。又不知编派那一个呢。"尤氏笑道："你要招我，我可撕你的嘴。"凤姐起身笑道："人家费力说，你们混我，我就不说了。"贾母笑道:"你说你说,底下怎么样？"凤姐想了一想，笑道："底下就团团坐了一屋子，吃了一夜的酒，就散了。"众人见他正言厉色的说了，便再无别话，都怔怔的还等往下说，只觉冰冷无味。史湘云看了他半日，凤姐儿笑道："再说一个过正月半的，一个人扛着一个房子大的炮竹往城外头放去，引了上万的人瞧。有一个性急的人等不得，便偷着拿香火点着了。只听噗哧一声，众人哄然一笑，都散了。这抬炮仗的人抱怨卖炮仗的捍的不结实，怎么没等放就散了？"湘云道："难道他本人没听见响？"凤姐笑道："这本人是个聋子。"众人听说，一回想，不觉一齐失声都大笑起来，又想着先前那一个没说完的,问他:"先那一个怎么样了？也该说完了。"凤姐将桌子一拍，说道："好啰唆，到了第二日是十六，年也完了，节也完了，［周按］年完了，节也完了，乃《石头记》上半部完结之关键点睛处。令读者于不知不觉中领此警语。我看着人忙着收东西还闹不清，那里还知道底下的事了。"众人听说，复又大笑起来。凤姐笑道："外头已经四更了，依我说，老祖宗也乏了，咱们也该聋子放炮仗，散了罢！"尤氏等用手帕子握着嘴，笑的前仰后合，指他说道："这个东西，真会数贫嘴。"贾母笑道："真真这凤丫头越发贫嘴了。"一面说一面吩咐道:"他提起炮燎来,咱们也把烟火放了,解解酒。"贾蓉听了，忙出去带着小厮们就在院内安下屏架，将烟火设吊齐备。这烟火皆系各处进贡之物，虽不甚大，却极精致，各色故事俱全，夹着各色花炮。林黛玉气禀虚弱，不禁礔礰之声，贾母便搂在怀中,薛姨妈便搂着湘云。湘云笑道:"我不怕。"宝钗等笑道:"他专爱自己放大炮燎，还怕这个！"王夫人便将宝玉搂在怀中，凤姐笑道："我们是没人疼的了。"尤氏笑道："有我呢，我搂着你。别害怕，你这会子撒娇儿了，听见放炮燎，吃了蜜蜂儿屎的似的，今儿又轻狂起来了。"凤姐笑道："等散了，咱们园子里放去，我比小厮们还放的好呢。"说话之间，外面一色一色的放了又放，有许多的满天星、九龙入云、平地一声雷、飞天十响之类的零碎小炮燎。方罢，然后又命小戏子打了一回莲花落，［周按］最末打莲花落，暗用《绣襦记》郑公子落魄为丐，打莲花落以乞讨之为典，预示日后宝玉之沦为丐者一流也。撒的满台的钱取乐。又上汤时，贾母说："夜长，觉得有些饿了。"凤姐忙回说："有预备的鸭子肉粥。"贾母道："我吃些清淡的罢。"凤姐忙道："也有枣儿熬的秔米粥，预备太太们吃斋的。"贾母笑道："不是油腻腻的，就是甜的。"凤姐又忙道："还有杏仁茶，只怕也甜。"贾母道："到是这个还罢了。"说着，已命人撤去残席，内外另设上各种精致小果。［周按］小果，即小点心。盖已四更觉饿，少少充饥之小食。大家随便吃了些，用过漱茶方散。

十七日早，又过宁府行礼，伺候掩了宗祠，收过影像方回来。此日便是薛姨妈家请吃年酒，十八日便是赖大家，十九日便是宁府赖升家，二十日便是林之孝家，二十一日便是单大娘家，二十二日便是吴新登家。这几家贾母也有去的，也有不去的，也有高兴直等众人散方回的，也有兴尽半日一时就来的。凡诸亲友来请，或来赴席的，贾母一概怕拘束不会，自有王夫人、邢夫人、凤姐三人料理，连宝玉只除王子腾家去了，余者亦皆不会，只说贾母留下解闷。所以到是家下人家来请，贾母可以自便之处，方高兴去瞧瞧。闲言不提。当下元宵已过，要知端底，下回分解。

［蒙戚回后］读此回者凡三变。不善读者徒赞其如何演戏，如何行令，如何挂花灯，如何放爆竹，目眩耳聋，应接不暇。少解读者赞坐次有伦，巡酒有度，从演戏渡至女先儿，从女先渡至凤姐，从凤姐渡至行令，从行令渡至放花爆，脱卸下来，井然秩然，不乱。会读者须另具卓识，单着眼史太君一夕话，将普天下不近理之奇文，不近情之妙作，一齐抹倒。是作者借他人酒杯，消自己傀儡〔块垒〕，画一幅行乐图，铸一面菱花镜，为全部总评。噫。作者已逝，圣叹云亡，愚不自谅，辄拟数语，知我罪我，其听之矣。

［回后评］一部《石头记》，雪芹原著流传至今者号称八十回，实至七十八回《芙蓉诔》即止。第七十九、八十两回是另手所作，原为钞售时凑一个八十整数而已。而脂批多次指明后之三十回，由七十八回加上三十回共则一百零八回。是以上半部写至第五十四回正为前后之分界，今此回已写至除夕元宵，是全书盛极之光景，过此以后，事故笔墨与此全异矣。

［第四十六回至第五十四回总评］此九回主线是由冬闺聚咏迤逦引至除夕元宵。种种节序情怀，宴集游乐，又以赦邢讨索鸳鸯为过脉，夹写长房、二房矛盾冲突为一大伏笔。中间以怡红院冬夜，诸嬛情景特写为之映带，叙至元宵是为盛极之限。戚本第五十五回之前批云：此回接上文，恰似黄钟大吕后，转出羽调商声，别有清凉滋味。正是批者用他自己的独特方式来说明，在第五十四回之后所接之一回，是笔墨一大变改，情节一大转关处。上半部至此告一结束，共历六九至五十四回整。

第五十五回
辱亲女愚妾争闲气　欺幼主刁奴蓄险心

［蒙戚回前］此回接上文，恰似黄钟大吕后，转出羽调商声，别有清凉滋味。

且说元宵已过，只因当今以孝治天下，目下宫中有一位太妃欠安，［周按］此太妃指康熙老皇帝之遗妃，封号为熙嫔。后回于此老太妃尚有文字。故各嫔妃皆为之减膳谢妆，不独不能省亲，亦且将宴乐俱免，故荣府今岁元宵亦无灯谜之集。

话说刚将年事忙过，凤姐便小月了。在家一月不能理事，天天两三个太医用药。凤姐自恃强壮，虽不出门，然筹划计算，想起什么事来，便命平儿去回王夫人，任人谏劝，他只不听。王夫人便觉失了膀臂，一个人能有多少精血，［周按］精血，即精神同义语。凡有了大事，自己主张，将家中琐碎之事，一应都暂令李纨协理。李纨是个尚德不尚才的，未免逞纵了下人。王夫人便命探春合同李纨裁处，只说过了一个月，凤姐将息好了，仍交与他。谁知凤姐禀赋气血不足，兼年幼不知保养，平生争强斗志，心力使亏，［周按］使亏，用得太过，耗得亏损了。故虽系小月，竟着实亏虚下来，一月之后，复添了下红之症，他虽不肯说出来，众人见他面目黄瘦，便知失于调养，不令他操心，他自己也怕成了大症，遗笑于人，便想偷空调养，恨不得一时复旧如常。谁知一时难痊，调养到八九月间，才渐渐的起复过来，下红也渐渐的止了，此是后话。

如今且说目今王夫人见他如此，探春与李纨骤难卸事，园中人多，又恐失于照管，因又特请了宝钗来，托他各处小心："老婆子们不中用，得空儿就斗牌吃酒，白日里睡觉，夜里斗牌，我都知道的。凤丫头在外头，他们还有个惧怕，如今他们又该取便了。好孩子，你还是个妥当的人，你兄弟妹妹们又小，我又没工夫，你替我辛苦两天，照看照看。凡有想不到的事，你来告诉我，别等老太太问出来，我没话回。那些人不好了，你只管说。他们不听，你来告诉我，别弄出大事来才好。"宝钗听说，只得答应了。

时届孟春，黛玉又犯了嗽疾，湘云亦因时气所感，亦卧病于蘅芜苑中，一天医药不断。探春同李纨相住间隔，二人近日同事，不比往年，来往回话人等亦不便宜。故二人议定，每日早晨，皆到园门口南边的三间小花厅上去会齐办事。吃过早饭于午错方回房。［周按］午错，日常口语。有歌谣曰：晌午错，日头没。谓时至午后也。这三间厅，原系预备省亲之事时，众执事太监起坐之处，故省亲之后，也用不着了，每日只有婆子们上夜。如今天已和，不用十分修饰，只不过略略的铺陈了，便可他二人起坐。这厅上也有一匾，题着"僣仁谕德"四字。［周按］僣为示部字，又从亻部，《说文》即古文"辅"字，可证钞手全依雪芹原字即如此写法。家下俗呼皆只叫议事厅儿。如今他二人每日卯正至此，［周按］卯正，约略早上六点左右。午正方散。凡一应执事媳妇等来往回话者，络绎不绝。

众人先听见李纨独办，各各心中暗喜，以为李纨素日是个厚道多恩无罚的，自然比凤姐好搪塞。便添了一个探春，也都想着不过是个未出阁的年轻小姐，且素日也最和平恬淡，因此都不在意，比前便懈怠了许多。只三四日后，几件事过手，渐觉探春精细处不让凤姐，只不过是言语安静，性情和顺而已。［庚双］这是小姐身分耳，阿凤未出阁想亦如此。可巧连日有王公侯伯世袭官员十几处，皆系荣宁非亲即世交之家，或有升迁，或有黜降，或有婚丧红白等事，王夫人贺吊迎送，应酬不暇。

前边更无人，他二人便一日皆在厅上起坐，宝钗便一日在上房监察，至王夫人回方散。每于夜间针线暇时，临寝之先，坐了小轿，带领园中上夜人等各处巡察一次。他三人如此一理，更觉比凤姐当权时到更谨慎了些。因此里外下人都暗中抱怨说："刚刚的倒了一个巡海夜叉，又添了三个镇山太岁，越性连夜里偷着吃酒顽的工夫都没了。"［周按］婆子值班上夜，偷空吃酒赌钱，疏忽职守，园门随意出入，以致后来酿成大事。

这日王夫人正是往锦乡侯府去赴席，李纨与探春早已梳洗伺候出门去后，才回至厅上坐下。刚吃茶时，只见吴新登的媳妇进来回说："赵姨娘的兄弟赵国基昨儿死了。昨儿回过太太了，太太说知道了，叫回姑娘奶奶来。"说毕，便垂手旁侍，再不言语。彼时来回话者不少，都打听他二人办事如何，若办得妥当，大家则安个畏惧之心。若少有嫌隙不当之处，不但不畏伏，一出二门，还要编出许多笑话来取笑。吴新登的媳妇心中已有主意，［周按］吴新登谐音无星戥，谓执掌银库，出入银两随意作弊者，其妻当然也是一位重要的管家婆。若是凤姐前，他便早已献勤说出许多主意，又查出许多旧例来，任凤姐拣择施行。［庚双］可知虽有才干，亦必有羽翼方可。如今他藐视李纨老实，探春是年轻的姑娘，所以只说出这一句话来，试他二人有何主见。探春便问李纨，李纨想了一想，便道："前儿袭人的妈死了，听见说赏了四十两，这也赏他四十两罢！"吴新登的媳妇听了，忙答应个是，接了对牌就走。探春道："你且回来。"吴新登家的只得回来。探春道："你且别支银子去，我且问你，那几年老太太屋里的几位老姨娘也有家里的，也有外头的，这有个分别。家里的若死了人，是赏多少，外头的死了人，是赏多少，［周按］旧时奴仆分为两类，一是指用银钱买来的贫家子女，依购买契约日后可以赎还的谓之活契，此为外头的。另一类是世世代代久为本主奴仆之所生子女，谓之"家生子儿"。除本主特例开恩许其脱离奴籍者外，皆永无自由可言。你且说两个我们听听。"一问，吴新登家的便说都忘了，忙陪笑回道："这也不是什么大事，赏多赏少，谁还敢争不成？"探春笑道："这话胡闹！依我说，赏一百到好。若不按理，别说你们笑话，明儿也难见你二奶奶。”吴新登家的笑道:“既这么说，我查旧账去，此时却记不得。”探春道:“你办事办老了的，还记不得？到来难我们。你素日回你二奶奶也是现查去？若有这道理，凤姐姐还不算利害，也就算是宽厚了。还不快找来我瞧！再迟一日，不说你们粗心，反像我们没主意了。”吴新登家的满脸通红，忙转身出来，众媳妇们都伸舌头，这里又回别的事。一时吴新登家的取了旧账来，探春看时，上面有两个家里的赏过皆是二十四两，两个外头的皆赏过四十两外，还有两个外头的，一个赏过一百两，一个赏过六十两。这两笔底下皆注有原故，一个是隔省迁父母之柩，外赏六十两，一个是现买葬地，外赏二十两。探春便递与李纨看了。探春便说：“给他二十四两银子，把这账留下，我们细看看。”吴新登家的答应去了。

忽见赵姨娘进来，李纨、探春忙让坐。赵姨娘开口便说道：“这屋里的人，都踩下我去还罢了。姑娘你也想一想，该替我出气才是。”一面说，一面便眼泪鼻涕哭起来。探春忙道：“姨娘这话说谁？我竟不解。谁踩姨娘？说出来，我替姨娘出气。”赵姨娘道:“姑娘现踩我，我告诉谁去？”探春听说，忙站起来，说道：“我并不敢。”李纨也忙站起来劝。赵姨娘道：“你们请坐下，听我说。我在这屋里熬油似的熬了这么大年纪，又有你和你兄弟，这会子连袭人都不如了，我还有什么脸？连你也没脸面，别说是我了！”探春笑道：“原来为这个，我说我并不敢犯法违理。”一面就坐了，拿账翻与赵姨娘瞧，又念与他听，又说道：“这是祖宗手里的旧规矩，人人都依着，偏我改了这例不成？不但袭人，将来环儿收了外头的人，自然也是同袭人一样。这原不是什么争大争小的事，讲不到有脸没脸的话上。他是太太的奴才，我是按旧规矩办的。说办的好，领祖宗的恩典，太太的恩典，若说办不匀，那是他糊涂不知福，也只好凭他抱怨去。太太连房子赏了人，我有什么有脸之处？一文不赏，我也没什么没脸之处。依我说，太太不在家，姨娘安静些养神罢了，何苦只要操心？太太满心里疼我，因姨娘每每生事，几次寒心。我但凡是个男人，可以出得去，我必定早走了，另立一番事业，那时自有我一番道理。［周按］探春此语多少层辛酸委曲，最要者不幸生于女儿，困于闺中。第二，又不幸身为庶出，旧时女儿身处此境口不能言，其苦无比，而探春偏偏又是“才自精明志自高”之脂粉英雄。书中写探春笔墨尤需细玩，在诸姊妹中宝玉志趣与三妹最为契合，此中消息更宜细参。偏我是个女孩家，一句多话也没有我说的。太太满心里都知道，如今因看重我，才叫我照管家务，还没有作一件好事，姨娘到先来作践我。倘或太太知道了，怕我为难，不叫我管了，那才正经是没脸呢！连姨娘真也没脸。”一面说，一面不禁滚下泪来。赵姨娘没了别话答对，便说道：“太太疼你，你越发该拉扯拉扯我们，你只顾讨太太的疼，就把我们忘了。”探春道：“我怎么忘了？叫我怎么拉扯？这也问他们各人，那一个主子不疼出力的奴才，那一个好人用人拉扯来着？”李纨在旁只管劝说：“姨娘别生气，也怨不得姑娘，他满心里有拉扯的心，口里怎么说的出来？”探春忙道：“这大嫂子也糊涂了，我拉扯谁？谁家姑娘拉扯奴才来着？他们的好歹，自然你们该知道，与我什么相干？”赵姨娘气的问道：“谁叫你拉扯别人去了？你不当家，我也不来问你。你如今现说一是一，说二是二，如今你舅舅死了，你多给二三十两银子，难道就不依你？太太是好太太，都是你们尖酸克薄，可惜太太有恩无处施。姑娘放心，这也使不着你的银子，明儿等出了阁，我还想你额外照看赵家呢！如今没有长羽毛，就忘了根本，只拣高枝儿飞去了。”探春话未听完，已气的脸白气噎抽抽咽咽的，一面哭问道：“谁是我舅舅？我舅舅年下才升了九省都检点，那里又跑出一个舅舅来了？我到素习按礼尊敬，越发敬出这些亲戚来了。既这么说，每日环儿出去，为什么赵国基又站起来，又跟他上学？为什么不拿出舅舅的款来？何苦来？谁不知道我是姨娘养的，必要过两三个月寻出一个由头来，彻底来番腾一阵，生怕人不知道，故意的表白表白，也不知谁给谁没脸。幸亏我还明白，但凡糊涂不知理的，早急了。”李纨急的只管劝，赵姨娘只管还唠叨。

忽听有人说：“二奶奶打发平姑娘来了。”赵姨娘听说，方把口止住。只见平儿走进来，赵姨娘忙陪笑让坐，又忙问：“你奶奶好些，我正要瞧去呢，就只没得空儿。”李纨见平儿进来，因问他来作什么。平儿笑道：“奶奶说，赵姨奶奶的兄弟死了，恐怕奶奶和姑娘不知有旧例，若照常例只得二十四两，如今请姑娘、奶奶裁度着，再添些也使得。”探春早已拭去泪痕，忙说道：“又好好的添什么，谁是二十四个月养的。不然也是那出兵放马，背着主子逃出过命来的人不成？你主子倒也巧，叫我开了例，他作好人，拿着太太不心疼的钱，乐得作人情。你告诉他，我不敢添减，混出主意。他添他施恩，等他好了出来，爱怎么添，怎么添去。”［周按］方才为探春处境之苦之难只说了两层，实则其生母赵姨娘若是贤德善良之辈，全家依然尊重照顾，而探春亦不失千金小姐之尊严，偏偏赵氏又是一个如此愚昧鄙恶之女人，扫尽探春面皮，使其无地自容。然吴新登家的之所以为刁为险者，正在她看准了探春的处境，恰因赵国基之死而考验探春如何处置。如探春略怀私心不守旧例，为赵国基争得四十两银之数，于是全家上下眼中之探春三小姐品格扫地矣。而世人读《石头记》却有评议探春之不认生母，以为攀高争宠。若如此读之，则《石头记》之品格亦扫地矣。盖争得四十两是一点私心，而坚守二十四两之旧例方是大公无私。世之辱骂探春者，不知是爱公乎，还是爱私乎？◎平儿点破，精明严厉如凤姐者尚且也惧怕诸管家婆三分，可知在大家庭中做一位掌家主妇之难处为何如也。平儿一来时已明白了对半，今听这一番话，越发会意，见探春有怒色，便不敢以往日喜乐之时相待，只一边垂手默侍。

时值宝钗也从上房中来，探春等忙起身让坐，未及开言，又有一个媳妇进来回事。因探春才哭了，便有三四个小丫嬛捧了沐盆、巾帕、靶镜等物来。此时探春因盘膝坐在矮板榻上，那捧盆的丫嬛走至跟前，便双膝跪下，高捧沐盆。那两个丫嬛也都在旁屈膝捧着巾帕并靶镜脂粉之饰。平儿见待书之类不在这里，便忙上前与探春挽袖卸镯，又接过一条大手巾来，将探春面前衣襟掩了。探春方伸手向面盆中盥沐。那媳妇便回道："回奶奶姑娘，家学里支环爷和蘭哥儿的一年的公费。"平儿先道："你忙什么？你睁着眼看见姑娘洗脸，你不出去伺候着，先回话来。二奶奶跟前，你也这么没眼色来着？姑娘虽然恩宽，我去回了二奶奶，只说你们眼里都没姑娘，你们都吃了亏，可别怨我。"唬的那个媳妇忙陪笑道："我粗心了。"一面说，一面忙退出去。探春一面匀脸，一面向平儿冷笑道："你迟来了一步儿。还有可笑的，连吴姐姐这么个办老了事的，也不查清楚了，就来混我们。幸亏我们问他，他竟有脸说忘了。我说他回你主子事，也忘了再查去？我料着你那主子未必有这耐性儿等他去查。"平儿忙笑道："他有这一次，管包腿上的筋早折了两根。姑娘别信他们，那是他们瞅着大奶奶是个菩萨，姑娘又是腼腆小姐，固然是托懒来混。"说着，又向门外说道："你们只管撒野，等奶奶大安了，咱们再说。"门外的众媳妇都笑道："姑娘是个最明白的人，俗语说，一人作罪一人当，我们并不敢欺弊小姐。小姐是娇客，若认真惹恼了，死无葬身之地。"平儿冷笑道："你们明白就好。"又陪笑向探春道："姑娘知道，二奶奶本来事多，那里照看的这些，保不住不忽略。俗语说，旁观者清。这几年姑娘冷眼看着，或有该添该减的去处，二奶奶没行到，姑娘竟一添减。头一件于太太的事有益，第二件也不枉姑娘待我们奶奶的情义了。"话未说完，宝钗、李纨皆笑道："好丫头，怨不得凤丫头偏疼他！本来无可添减之事，如今听你一说，到要找出两件来斟酌斟酌，不辜负你这话。"探春笑道："我一肚子气没人煞性子，正要拿他出气去，偏他碰了来，说了这些话，叫我也没了主意了。"一面叫方才那媳妇来，问环爷和蘭哥儿家学里这一年的银子是作那一项用的。那媳妇便回说："一年学里吃点心，剩的买纸笔，每位有八两银子的使用。"探春道："凡爷们的使用，都是各屋里领了月钱的，环哥儿的是姨娘屋里领二两，宝玉的是老太太屋里袭人领二两。蘭哥儿是大奶奶屋里领，怎么学里每人又多这八两？原来上学去的是为这八两银子！从今儿起，把这一项蠲了。平儿，回去告诉你奶奶，就说我的话，把这一条务必免了。"平儿笑道："早就该免。旧年奶奶原说要免的，因年下忙就忘了。"那个媳妇只得答应着去了。

就有大观园中媳妇们捧了饭盒来。待书、素云早已抬过一张小饭桌来，平儿也忙着上菜。探春笑道："你说完了话，干你的去罢，在这里又忙什么？"平儿笑道："我原没事的。二奶奶打发了我来，一则说话，二则恐这里人不方便，原是叫我帮着妹妹们伏侍奶奶姑娘的。"探春因问："宝姑娘的饭怎么不端来一处吃？"丫嬛们听说，忙出至廊外，命媳妇们去说："宝姑娘如今在厅上一处吃，叫他们把饭送了这里来。"探春听说，便高声说道："你别混支使人！那都是办大事的管家娘子们，你们支使他要饭要茶的，连个高低都不知道。平儿这里站着，你叫叫去！"平儿忙答应了一声出来，那些媳妇们都忙悄悄的拉住笑道："那里用姑娘去叫，我们已有人叫去了。"一面说，一面用手帕掸石矶上，说："姑娘站了这半日，乏了，这太阳影里且歇歇。"平儿便坐下。又有茶房里的两个婆子拿了个坐褥铺下，说："石头冷，这是极干净的，姑娘将就儿坐一坐罢。"平儿忙陪笑道："多谢了。"一个又捧了一碗精致的新茶出来，也悄悄的笑说："这不是我们的常用茶，原是伺候姑娘们的，姑娘且润一润罢。"平儿忙欠身接了，因指众媳妇们说道："你们太闹的不像了，他是个姑娘家，不肯发威动怒，这是他自己尊重，你们就藐视欺负他，果然招他动了大气，不过说他一个粗糙就完了，你们就现吃不了的亏。他撒个娇，太太也得让他一二分，二奶奶也不敢怎样，你们就这么着？”众人道：“都是赵姨奶奶闹的。”平儿又悄悄的道：“罢了，好奶奶们，墙倒众人推，那赵姨奶奶原有些到三不着两，有了事都就赖他，你们素日那眼里没人，心里利害，我这几年难道还不知道。二奶奶若是略差一点儿的，早被你们这些奶奶治倒了。饶这么着，得一点空儿，还要难他一难，好几次没落了你们的口声。”众人道：“如何敢！”平儿道：“他利害，你们都怕他，惟我知道，他心里也就不算不怕你们呢！前儿我们还议论到这里，再不能顺头顺尾，必有两场气生。那三姑娘虽是姨娘的姑娘，你们都看见了，二奶奶这些大姑子、小姑子，也就只单惧他五分，你们这会子到不把他放在眼里了。”正说着，只见秋纹走来，众人忙着问好，又说：“姑娘也且歇歇，里头摆饭呢！等撤下饭桌子来再回话去。”秋纹笑道：“我比不得你们，我那里等得！”说着，便直要上厅去。平儿忙叫：“快回来。”秋纹回头见了平儿，笑道：“你又在这里充什么外围的防护？”一回身便坐在平儿的褥上。平儿悄问道：“回什么？”秋纹道：“问一问宝玉的月钱，我们的月钱多早晚才领？”平儿道：“这什么大事，你快回去告诉袭人，就说我的话，凭有什么事，今儿都别回。若回一件，管驳一件，回一百件，管驳一百件。”秋纹听了，忙问：“是为什么？”平儿与众媳妇等都忙告诉他原故，又说：“正要找几件利害事与有体面人来开刀做法，镇压与众人作榜样呢！何苦你们先来碰在这钉子上？你这一去说了，他们若拿你们也作一二件榜样，又碍着老太太的嘴，若不拿着你们作一二件，人家又说偏一个向一个，仗着老太太、太太的威势，就怕也不敢动，只拿我们软的作鼻子头。你听听罢，二奶奶的事他还要驳两件，才压的住众人的口声呢。”秋纹听了，伸舌笑道：“幸而平姐姐在这里，没的燥一鼻子灰，我趁早知会他们去。”

说着便起身走了。接着，宝钗的饭至，平儿忙进来伏侍。

那时赵姨娘已去，三人在板床上吃饭，宝钗面南，探春面西，李纨面东，众媳妇皆在廊下静候，里头只有他们紧跟常侍的丫嬛伺候，别人一概不敢擅入。这些媳妇们都悄悄的议论说："大家省些事罢，都别安着没良心的主意了，连吴大娘才都讨了没意思，咱们又是什么有脸的？"他们一边悄议，等饭完回事，只觉里面鸦雀无闻，并不闻碗箸之声。一时只见一个丫嬛将帘栊高揭，又有两个将桌子抬出。茶房内早有三个丫头捧着三沐盆水，见饭桌已出，三人便进去了。一回又捧出沐盆并漱盂来，方有待书、素云、莺儿三个，每人用茶盘捧了三盖碗茶进去。一时等他三人出来，待书命小丫头们："好生伺候着，我们吃了饭来换你们，可又别偷空坐着去。"众媳妇们方慢慢的一个一个的安分回事，不敢像先前轻慢疏忽了。

探春气方渐平，因向平儿道："我有一件大事要和你奶奶商议，如今可巧想起来。你吃了饭快来，宝姑娘也在此，咱们四个人商议了，再细细的问你奶奶可行可止。"平儿答应，回去。凤姐因问："为何去这一日？"平儿便笑着将方才的原故细细的说与他听了。凤姐笑道："好好，好个三姑娘，我说他不错，只可惜他命薄，没托生在太太肚里。"平儿笑道："奶奶也说糊涂话了。他便不是太太养的，难道谁敢小看他，不与别的一样看了不成？"凤姐叹道："你那里知道，虽然庶出一样，女儿却比不得男人，将来攀亲时，如今有种轻狂人，先要打听姑娘是正出庶出，多有为庶出不要的。殊不知别说庶出，便是我们的丫头们，比人家的小姐还强呢！将来不知那个没造化的挑庶正误了事呢！也不知那个有造化的不挑庶正得了去。"说着，又向平儿笑道："你知道我这几年生了多少省俭的法子，一家子大约也没个不背地里恨我的。我如今也是骑上老虎了，虽然看破些，无奈一时也难宽放。二则家里出去的多，进来的少，凡百大小事，仍是照着老祖宗手里的规矩，却一年进的产业又不及先时多。省俭了，外人又笑话，老太太、太太又受委屈，家下人也抱怨克薄。若不趁早料理省俭之计，再几年就都赔尽了。”平儿道：“可不是，将来还有三四位姑娘，两三个小爷，一位老祖宗，这几件大事未完呢。”凤姐笑道：“我也虑到这里，到也勾了。宝玉和林姑娘他两个，一娶一嫁，可以使不着官中的钱，老太太自有梯己拿出来，二姑娘是大老爷那边的，也不算，剩了两三个，满破着每人花上一万银子。环哥娶亲有限，花上三千银子，不拘那里省一抿子也就彀了。老太太的事出来，一应都是全了的，不过零星杂项使费也满破三五千两银子。如今再省俭些，陆续也就彀了。只怕如今平空再生出一两件事来，可就了不得了。咱们且别虑后事，你且吃了饭，快听他商议什么。这正碰了我的机会，我正愁没个膀臂。虽有个宝玉，他又不是这里头的货，总收伏了他，也不中用。大奶奶是个佛爷，也不中用。二姑娘更不中用，亦且不是这屋里的人。四姑娘小呢，蘭小子更小，环儿更是个燎毛的小冻猫子，只等有热灶火坑让他钻去罢！真真一个娘肚子里跑出这样天悬地隔的两个人来，我想到这里就不伏。再者林丫头和宝姑娘他两个到好，偏又都是亲戚，又不好管咱家务事。况一个是美人灯儿，风吹吹就坏了，一个是拿定主意，不干己事不张口，一问摇头三不知，也难十分去问他。到只剩了三姑娘一个，心里嘴里都也来得，又是咱家的正人，太太又疼他，虽然面上淡淡的，皆因是赵姨娘那老东西闹的，心里却是和宝玉一样疼呢！比不得环儿，实在令人难疼。要依我的性子，早撵出去了。如今他既有这个主意，正该和他协同，大家作个膀臂，［己双］阿凤有才处全在择人，收纳膀背羽翼，并非一味倚才自恃者可知。这方是大才。我也不孤不独了。按正理良心上论，咱们有他这个人帮着，咱们也省些心，于太太的事也有益。若按私心藏奸上论，我也太行毒了，也该抽头退步，回头看看了。再要穷追苦克，人恨极了，暗地里笑里藏刀，咱们两个才四只眼睛，两个心，一时不防，到弄坏了。趁着紧溜之中他出头一料理，众人就把往日咱们的恨暂可解了。还有一件，我虽知你极明白，恐怕你心里挽不过来，如今嘱咐你，他虽是姑娘家，他心里却事事明白，不过是言语谨慎，他又比我知书识字，更利害一层了。如今俗语说擒贼必先擒王，他如今要作法开端，一定是先拿我开端。倘或他要驳我的回，你可别分辩，你只越恭敬，越说驳的是才好，千万别想着怕我没脸，和他一强，就不好了。”平儿不等说完，便笑道：“你太把人看糊涂了，我才已经行在先了，这会子又反嘱咐我。”凤姐笑道：“我是恐怕你心里眼里只有我，一概没有别人之故，不得不嘱咐。既已行之在先，更比我明白了。你又急了，满口里你我起来。”平儿笑道：“偏说你，你不依，这不是嘴巴子？再打一顿，难道这脸上还没尝过的不成！”凤姐笑道：“你这小蹄子，要掂多少过子才罢？看我病的这样，还来沤我！过来坐下，横竖没人来，咱们一处吃饭是正紧。”说着，丰儿等三四个小丫头子进来放小炕桌。凤姐只吃燕窝粥，两碟子精致小菜，每日的分例暂已减去。丰儿便将平儿的四样分例菜端至桌上，与平儿盛了饭来。平儿屈一膝于炕沿之上，半身犹立于炕下，陪着凤姐吃了饭，［庚双］凤姐之才，又在能邀买人心。伏侍盥漱毕，嘱咐了丰儿些话，方往探春处来。只见院中寂静，人已散出。要知端的，下回分解。

［戚回后］噫。事亦难矣哉。探春以姑娘之尊，以贾母之爱，以王夫人之付托，以凤姐之未谢事暂代数月，而奸奴蜂起，内外欺侮，锱铢小事，突动风波，不亦难乎？以凤姐之聪明，以凤姐之才力，以凤姐之权术，以

凤姐之贵宠，以凤姐之日夜焦劳，百般弥缝，犹不免骑虎难下，为移祸东吴之计，不亦难乎？况聪明才力不及凤姐，权术贵宠不及凤姐，焦劳弥缝不及凤姐，又无贾母之爱，姑娘之尊，太太之付托，而欲左支右吾，撑前达后，不更难乎。士方有志作一番事业，每读至此，不禁为之投书以起，三复流连而欲泣也。

［回后评］读本回书不仅要看他紧张、曲折、精彩之笔，还要看他如何写凤姐、平儿背后评论探春之一段重要文章。旧日小说中常见惺惺惜惺惺之语，试看凤姐如何看探春，便知真是英雄方能识得英雄。

我每读至此不禁浩然兴叹，世之读《石头记》者往往以为此是哥哥妹妹谈情说爱之书，却不知看雪芹笔下如何为女儿打抱不平。探春之薄命，其实远过于黛玉、香菱之悲。所谓太虚幻境中有千红一窟（哭），万艳同杯（悲），然则雪芹著书明言大旨谈情，其情究为何等之情，岂容错会乎。

余又谓雪芹原书现存八十回中，其最难捉笔者计有四大处。何谓难处，即人物众多，情节奇特，关系复杂，最难捉笔。而雪芹却视难如易，不见丝毫紊乱缠夹而达于极精彩、极感人之境界。此所谓难处之第一是宝玉挨打，第二处是鸳鸯拒婚，第三处是平儿受屈，至此写探春方是第四大难处。此回恰亦人物众多，情节奇特，关系复杂，最难捉笔。试看雪芹写来何等自如清爽，如不费力，而其笔墨之精彩感人绝不下于前三处。然读者大抵能知前三处之重要，而忽视此回之更须留心细赏，方不负雪芹之旷世奇才。

第五十六回
敏探春兴利除宿弊　识宝钗小惠全大体

［蒙戚回前］叙入梦景极迷离，却极分明。牛鬼蛇神，不犯笔端，全从至情至理中写出，《齐谐》莫能载也。

话说平儿陪着凤姐吃了饭，伏侍盥漱收毕，嘱咐了丰儿些话，才往探春处来。只见院中寂静，人已散出，只有丫嬛婆子诸内壸近人在窗外听候。平儿进入厅中，见他姊妹三人正议论些家务，说的便是年内赖大家请吃酒，他家花园中事故。见他来了，探春便命他脚踏上坐了，因说道："我想的事不为别的，因想着我们一月有二两月银外，丫头们又另有月钱，前儿又有人回，要我们一月所用的头油脂粉，每人又是二两。这又同才刚学里的八两一样，重重叠叠。事虽小，钱有限，看起来也不妥当。你奶奶怎么就没想到这个？"平儿笑道："这有个原故，姑娘们所用的这些东西，自然是该有分例的。每月买办买了，令女人们各房交与他们收管，不过预备姑娘们使用就罢了，没有一个我们天天各人拿着钱，找人买胭脂粉的。所以外头买办总领了去，按月使人按房交与我们的。姑娘们的每月这二两，原不是为买这些东西，原为的是一时当家奶奶太太或不在家，或不得闲，姑娘们偶然一时可巧要几个钱使，省得找人去。这是恐怕姑娘们受了委屈，可知这个钱并不是买这个才有的。如今我冷眼看着，各房里的姑娘各房的姊妹，都是现拿钱买这些东西的，竟有了一半，我就疑惑，不是买办脱了空，迟了日子，就是买的不是正紧货，弄些使不得的东西来搪塞。"探春、李纨都笑道："你也留心看出来了。脱空是没有的，也不敢，只是迟些日子。催急了，不知那里弄了来的，那平常东西使不得，依然得现买。就用这二两银子，另叫各人的奶妈或是兄弟哥哥儿子，买了来才使得。若使了官中的人买去，照旧是那一样的，不知他们是什么法子，想是铺子里坏了的，不要了，他们都弄了来，单预备给我们的。”平儿笑道：“买办买的是那样的，他买了好的来，买办岂肯与他善开交？又说他使坏心，要夺这买办了。所以他们也只得如此，能可得罪了里头，不肯得罪了外头办事的人。姑娘们只得使奶妈们，他们也就不敢说闲话了。”［周按］闲话苏本作间外，疑是原文。间乃离间之间，即从中挑拨是非之义，而非闲话之闲，系从间字讹变。盖此等事实职位利贿之所争，岂仅闲话可了乎？故闲话看似文从字顺，反而疑为后改也。探春道：“因此我心中不自在。钱费两起，东西又白掷一半，算起来费两折子钱，不如把买办这一分子免了罢！此是一件事。第二件，年里头往赖大家去，你也去的，你看他那小园子，比咱的这个如何？”平儿笑道：“还没有咱们这一半大，树木花草也少多了。”探春笑道：“我因和他们家女儿说闲话儿，谁知那么个园子，除他们带的花儿，吃的笋、菜、鱼、虾之外，一年还有人包了去，年终总有二百两银子剩。从那日我才知道，一个破荷叶，一根枯草根子，都是值钱的。”宝钗笑道：“真真膏粱纨袴之谈，你们虽是千金小姐，原不知这事，但你们都念过书，识字的，竟没看见朱夫子有一篇‘不自弃’之文不成？”探春笑道：“虽也看过，那不过是勉人自励，虚比浮词，那里都真有的？”宝钗道：“朱子都有虚比浮词？那句句都是有的。你才办了两天的时事，就利欲熏心，把朱夫子都看虚了？你再出去见了那些利弊大事，越发把孔子也看虚了。”探春笑道：“你这样一个通人，竟没看见子书？当日姬子有云，‘登禄利之场，处运筹之界者，窃尧舜之词，背孔孟之道……’”宝钗笑道：“底下一句呢？”探春笑道：“如今只断章取意，念出底下一句来，我自己骂我自己不成？”宝钗道：“天下没有不可用的东西，既可用，便值钱，难为你是个聪敏人，这些正事上竟没经历过。如今可惜迟了些。”［己双］反点题，文法中又一变体也。李纨笑道：“叫了人家来，不说正事，你们且对讲学问。”宝钗道：“学问中便是正事，此刻于小事上用学问一提，那小事越发作高一层了。不拿学问提着，便都流入市俗去了。”三人自是取笑之谈，说了笑了一回，仍谈正事。［己双］作者又用金蝉脱壳之法。

探春因又接说道：“咱们这园子，只算比他们的多一半，加一倍算，一年就有四百银子的利息。若此时也出脱生发银子，自然小器，不是咱们这样人家行的事。若派出两个一定的人来，既有许多值钱之物一味任人作践，也似乎暴殄天物。如今何不在园子里所有的老妈妈中，拣出几个本分老诚，能知园圃事的，派准他们收拾料理，也不必要他们交租纳税，只问他们一年可有些孝敬。一则园子有专定之人修理花木草水，自有一年好似一年的，也不用临时忙乱。二则也不致作践，白辜负了东西。三则老妈妈们也可借此小补，不枉年日在园中辛苦。四则亦可以省了这些花儿匠、山子匠并打扫人等的工费钱。将此有余以补不足，未为不可。”宝钗正在地下看壁上的字画，听如此说，便点头笑道：“善哉！三年之内无饥馑矣。”李纨笑道：“好主意，这果然一行，太太必喜欢。省钱事小，第一省人打扫，专司其职，又许他们去卖钱，使之以权，动之以利，再无不尽职了。”平儿道：“这件事须得姑娘说出来。我们奶奶虽有此心，也未必好出口。此刻姑娘们在园子里住着，不能多弄些顽意儿去陪衬，反叫人去监管修理，图省钱，这话断不敢出口。”宝钗忙走过来，摸着他的脸笑道：“你张开嘴我瞧瞧，你的牙齿舌头是什么作的？从早起来到这会子，你说了这些话，一套一个样儿，也不奉承三姑娘，也没见说你奶奶才短，想不到，也并没有，［周按］也并没有，即想不到会有之意也。◎宝钗一语道破，平儿之巧嘴既不得罪探春，又不承认凤姐有不周到之处，出语机警缜密，无懈可击。三姑娘说一句，你就说一句是，横竖三姑娘一套话出来，你就有一套进去，总是三姑娘想的到的，你奶奶也想到了，只是必有个不可办之故。这会子又是因姑娘住的园子，不敢图省钱令人去监管。你们想想这话，若果真交与人弄钱去的，那人自然是一枝花也不许掐，一个果子也不许动了。姑娘们分中，自然不敢，天天与小姑娘们就吵不清了。［周按］小姑娘们，指丫嬛们。他这远愁近虑，不亢不卑，他奶奶便不和咱们好。听他这一番话，也必要自愧的好了，不和的也便和了。”探春笑道：“我早起一肚子气，听他来了，忽然想起他主子来，素日当家使出来的好撒野的奴才，我见了他更生了气。谁知他来了，避猫鼠儿似的站了半日，怪可怜见的，接着又说了那么些话，不说他主子待我好，到说不枉姑娘待我们奶奶素日的情意。这一句话，不但没了气，我到愧了，又伤起心来。我细想我一个女孩儿家，自己还闹的没人疼没人顾的，我那里还有好处去待人？”口中说到这里，不免又流下泪来。李纨等见他说的恳切，又想他素日赵姨娘每每诽谤，在王夫人跟前亦为赵姨娘所累，亦都不免流下泪来，都忙劝道：“趁今日清净，大家商议两件兴利剔弊的事，也不枉太太委托一场，又提这没要紧的事作什么？”平儿忙道：“我已明白了，姑娘说谁好，竟一派人就完了。”探春道：“虽如此说，也须得回你奶奶一声。我们这里搜剔小遗，已经不当，皆因你奶奶是个明白人，我才这样行。若是糊涂的，我也不肯，到像抓了尖儿，岂可不商量了再行？”平儿笑道：“既这样，我去告诉一声。”

说着去了，半日方回来，笑道：“我说是白走一淌，这样好事，奶奶岂有不依的？”探春听了，便和李纨命人将园中所有婆子的名单要来，大家参度，大概定了几个，又将他们一齐传来，李纨大概告诉了他们，众人听了，无不愿意。也有说，那一片竹子单交给我，一年工夫，明年又是一片，除了家里吃的笋，一年还可交些钱粮。这一个说，那一片稻地交给我，一年这些顽的大小雀鸟的粮食，不必动官中钱粮，我还可以交钱粮。探春才要说话，人回："大夫来了，进园瞧姑娘。"众婆子只得去领大夫，平儿忙说："单你们有一百个，也不成个体统，难道没有两个管事的头脑带进大夫来？"回事的那人说："有吴大娘和单大娘他两个在西南角上聚锦门等着呢。"平儿听说，方罢了。

众婆子去后，探春问宝钗如何，宝钗笑答道："幸于始者怠于终，缮其辞者嗜其利。"探春听了，点头称赞，便向册上指出几个人来，与他三人看。平儿忙去取笔砚来，他三人说道："这一个老祝妈是个妥当的，况他老头子和他儿子代代都是管打扫竹子，如今竟把这所有的竹子交与他。这一个老田妈本是种庄家的，稻香村一带，凡有菜蔬稻麦之类，虽是顽意儿，不必认真，耕锄之事，也须得他去，再一按时加些培植，岂不更好？"探春又笑道："可惜蘅芜院和怡红院这两处大地方竟没有出利息之物。"李纨忙笑道："蘅芜院里更利害，如今香料铺并大市大庙卖的各色香料香草儿，都不是这些东西？算起来比别的利息更大。怡红院别说别的，单只说春夏天一季玫瑰花，并那篱笆上的蔷薇花、月季花、宝相、金银藤等类的没要紧的花草，干了，卖到茶叶铺、药铺去，也值几个钱。"探春笑道："原来如此，只是弄这香草的没有在行的人。"平儿忙笑道："跟宝姑娘的莺儿，他妈就是会弄这个的，上回他还采了些晒干了辫成花篮葫芦给我顽，［周按］辫，动词，辫辫子也。姑娘忘了不成？"宝钗笑道："我才赞你，你到来提弄我了。"三人都诧异，问道："这是为何？"宝钗道："这断断使不得！你们这里多少得用的人一个个闲着没事办，这会子我又弄我个人来，叫那起人连我也看小了。我到替你们想出一个人来，怡红院有个老叶妈，他就是茗烟的娘。那是个诚实老人家，他又合我们莺儿的娘极好，不如把这事交与叶妈，他有不知道的，不用咱们，他就找莺儿的娘去商议了。那怕叶妈全不管，竟交与那一个，那是他们的私情儿，有人说闲话，也就怨不到咱们身上了。如此一行，你们办的又至公，于事又甚妥。”李纨、平儿都道：“是极。”［己双］宝钗此等非与凤姐一样，此是随时俯仰，彼则逸才逾蹈也。探春笑道：“虽如此说，只怕他们见利忘义呢！”［己双］这是探春敏智过人处。此讽亦不可少。平儿笑道：“不相干，前儿莺儿还认了叶妈作干娘，请吃饭吃酒，两家和厚，好的狠呢。”［己双］夹写大观园中多少儿女家常闲景，此亦补前文之不足也。探春听了方罢了。又公同斟酌出几个人来，俱是他四人素昔冷眼取中的，用笔圈出。

一时婆子们来回大夫已去，将药方送上去。三人看了，一面遣人出去取药，并派煎药的人，一面探春与李纨明示诸人：某人管某处，按四季除家中定例用多少外，余者任凭你们采取了去取利，年终算账。探春笑道：“我又想起一件事。若年终算账归钱时，自然归到账房，仍是上头又添一层管主，还在他们手里又剥一层皮。这如今我们兴出这事来，派了你们，已是跨过他们的头去了，心里有气，只说不出来，你们年终去归账，他还不捉弄你们等什么？再者，一年间管什么的主子有一全分，他们就有半分，这是家口的旧例，［周按］家口，特指家下奴仆。人所共知的，别的偷着的在外。如今这园子是我的新创，竟别入他们的手，每年归账，竟归到里头来才好。”宝钗笑道：“依我说，里头也不用归账。这个多了，那个少了，到不好。不如叫他们领一分子去，就派他揽一宗事去，不过是园里的人的动用。我替你们算出来了，有限的几件事，不过是头油、脂粉、香纸，每一位姑娘几个丫头，都是有定例的。再者各处笤帚、撮簸、掸子并大小禽鸟鹿兔的粮食，不过这几样，都是他们包了去，不用账房去领钱。你算算就省下多少来？”平儿笑道：“这几宗虽小，一年通共算起来，也省的四百两银子。”宝钗笑道：“却又来，一年四百，二年八百，取租钱的房也能省得几间了，薄地也可添几亩。虽然还有富余的，但他们既辛苦一年，也要叫他们剩些，粘补粘补自家。虽是兴利节用为纲，然亦不可太啬，总再省上三二百银子，失了大体统也不像。所以如此一行，外头账房里一年少出四五百银子，也不觉得狠艰啬了，他们里头却也得些小补。这些没营生的妈妈们，也宽裕了，园子里花木也可以每年滋生些，你们也得了可使之物，这庶几不失大体。若一味要省，那里搜不出几个钱来？凡有些余利的，一概入了官中，那时里外怨声载道，“岂不失了你们这样人家的大体。如今这园子里几十个老妈妈们，若只给了这几个，那剩的也必抱怨不公道。我才说的，他们只供给这几样，未免太宽裕了。一年竟除了这个之外，每人不论有余无余，只叫他拿出几吊钱来，大家凑齐，单散与那些园中的妈妈们，他们虽不料理，他们也是日夜在园中当差之人，关门闭户，起早睡晚，大雨大雪，姑娘们出入、抬轿子、撑船、拉冰床，一应粗糙活计都是他们的差使。一年在园里辛苦到头，这园内既有出息，分内也该粘带些的。还有一句至小的话，索性说破了，你们只管了自己宽裕了，不分与他们些，他们虽不敢明怨，心里却都不服，只用假公济私的，多摘上你们几个果子，多掐上几枝花儿，你们有冤无处诉呢！叫他们也得些便宜，你们有照顾不到的，他们就替你们照顾了。”众婆子听了这个议论，又不去受账房的辖制，又不与凤姐去算账，一年不过多拿出几吊钱来，各各欢喜异常，都齐声说：“愿意，强如出去被他们揉搓着，还得拿出钱来呢。”那不得管地的，听了每年终又无故得钱，也都喜欢起来，口内说道：“他们每年辛苦，是该剩些钱粘补的，我们怎好稳吃三注呢！”［周按］稳吃三注，骰子、牌九等赌戏术语，谓全赢也。注钱分三级，有只能赢一注者，有能赢二注者，有能赢全注者，故称三注。

宝钗笑道：“妈妈们也别推辞了，这也是分内应当的，你们只要日夜辛苦些，别躲懒，纵放人吃酒赌钱就是了。不然我不说这事，你们一般听见姨娘亲口嘱托我三五回，说大奶奶如今又不得闲儿，别的姑娘们又小，托我照看照看。我若不管，分明是叫姨娘操心。你们奶奶又多病多灾，家务也忙，我原是个闲人，便是个街坊邻居也要帮着些，何况是亲姨娘托我？我少不得去小就大，讲不起众人嫌我。倘或我只顾了小分，沽名钓誉，那时酒醉赌博生出事来，我怎么见姨娘？你们那时后悔也迟了，就连你们那素昔的老脸也都丢了。这些姑娘小姐们，这么一所大花园，都是你们看管，皆因看得你是三四代的老妈妈，最是循规蹈矩的。原该大家齐心，顾些体面，你们反纵放别人任意吃酒赌博，姨娘听见了，教训一场犹可，倘或被那几个管家娘子知道了，他们不用回姨娘，竟教导你们一场，你们这年老的，反受了年小的气？虽是他们是管家，管的着，何不你们自己存些体面，他们如何得来作践？所以我如今替你们想出这个额外的进益来，也为大家齐心，把这园子周全的谨谨慎慎，使那些有权执事的，看见这般严肃谨慎，且不用他们操心，他们心里岂不敬服。也不枉替你们筹划这进益，既能夺他们之权，生你们之利，岂不能无易之治，分他们之忧？你们自己想想这话。”众人听了，都欢声鼎沸说：“姑娘说的狠是，从此姑娘奶奶只管放心，姑娘奶奶这样疼顾我们，我们真要不体上情，天地也不容了。”

刚说着，只见林之孝家的进来回说：“江南甄府里家眷昨日到京，今日进宫朝贺，此刻先遣人来送礼请安。”说着便将礼单送上来。探春接了，看道是：上用的妆缎蟒缎十二匹、上用各色宁绸十二匹、上用宫绸十二匹、上用缎十二匹、上用纱十二匹、上用各色绫绸四十匹。李纨也看过，便说道：“用上等封儿赏他。”因又命人去回贾母。贾母便命人叫李纨、探春、宝钗等也都过来，将礼物看了。李纨收过一边，吩咐内库上人说："等太太回来看了再收。"贾母因说道："这甄家又不与别家相同，上等赏封儿赏男人，只怕展眼又打发女人来请安，预备下尺头要紧。"［周按］上文将兴利除弊等家务叙毕，笔墨必须变换，故突接江南甄家之事，从此以后叙甄贾两个宝玉为全书中第一幻笔，似真似假，似虚似实，令人难辨。甄贾二玉情形皆同，而写来又可互补，幻中有幻，奇妙之至。看似荒唐言，然下回又用特笔表明江南甄家宝玉之事皆属实有，可见幻中又藏真实。一语未完，果然人回甄府四个女人来请安。贾母听了，忙命人带进来。那四个女人都上四十往上年纪，穿带之物皆比主人不甚差迟。［周按］差迟，即差池之义。请安问好毕，贾母便命拿了四个脚踏来。他四人谢了坐，待宝钗等坐了，方都坐下。贾母便问："多早晚进京的？"四人忙起身回说："昨日进的京。今日太太带了姑娘进宫请安去了，故先令奴才们来请安，问候姑娘们好。"贾母笑问道："这些年没进京，也不想到今年来。"四人也都笑回道："正是，今年是奉旨进京的。"贾母问道："家眷都来了？"四人回说："老太太和哥儿，两位小姐并别位太太都没来，就只太太带了三姑娘来了。"［周按］甄家三姑娘似与贾家三姑娘暗相对应。贾母道："有了人家没有？"四人回道："没有呢！"贾母笑道："你们大姑娘和二姑娘这两家都和我们甚好。"四人笑道："正是。每年姑娘们有信回去说，全亏府上照看。"贾母笑道："什么照看，原是世交，又是老亲，原应当的。你们二姑娘又更好，竟不自尊自贵，所以我们才走的亲密。"四人笑道："这是老太太过谦了。"贾母又问："你们哥儿也跟着你们老太太？"四人回说："也是跟着老太太。"贾母道："几岁了？念书了没有？"四人笑说："今年十三岁，因长的齐整，老太太狠疼。自幼淘气异常，天天逃学，老爷、太太也不敢十分管教。"贾母笑道："也不成了我们家的了！你们那哥儿叫什么名字？"四人说道："因老太太当做宝贝一般，他又生得白，老太太便叫作宝玉。"贾母笑向李纨等道："偏也叫个宝玉！"李纨等忙欠身笑道："从古至今，同时隔代重名的狠多。"四人也笑道："起了这个小名儿之后，我们上下都疑惑，不知那位亲友家也到似曾有了一个的，只是十来年没进京，都记不真了。"贾母笑道："岂敢，就是我的孙子。人来！"［周按］唤人来，乃对屋外侍者之语。故曰进来。众媳妇丫嬛答应了一声，走进来。贾母笑道："园子里把咱们的宝玉叫了来，给这管家娘子瞧瞧，比他们的宝玉如何？"众媳妇听了，忙去了半刻，围了宝玉进来。四人一见，忙起身笑道："唬了我们一跳，若是我们不进府来，倘若别处遇见，还只当我们的宝玉后赶着也进了京呢！"一面说，一面都上来拉他的手问长问短，宝玉也忙笑问好。贾母笑道："比你们的长的如何？"李纨等笑道："四位妈妈才一说，可知模样儿相仿了。"贾母笑道："那有这样巧事，大家子的孩子们最养的娇嫩，除了面上有残疾、十分黑丑的，大概看去都是一样的齐整，这也没有什么怪处。"四人笑道："如今看来，模样儿是一样，据老太太说，淘气也一样。我们看来，这位哥儿性情比我们的却好些。"贾母忙问："怎么见得？"四人笑道："方才我们拉哥儿的手说话便知。我们那一个只说我们糊涂，慢说拉手，他的东西，我们略动一动也不依。所使唤的人都是女孩子们。"话未说完，李纨等忍不住笑了，贾母也笑道："我们这会子也打发人去，见了你们宝玉，若拉他的手，他也自然勉强忍耐一时的。可知你我这样人家的孩子们，凭他有什么刁钻古怪的毛病儿，见了外人，必是要还出正紧礼数来的。若他不还正紧礼数，也不容他刁钻去了。就是大人溺爱，一则生的得人意儿，二则见人礼数竟比大人行出来的不错，使人见了可疼可爱，背地里所以才纵他一点子。若一味由他只管没里没外，不与大人争光，凭他生的怎样，也是该打死的了。"四人听了都笑说："老太太这话正是，虽然我们宝玉淘气古怪，有时见了人客，规矩礼数更比大人有趣。所以无人见了不爱，只说为什么还打他，殊不知他在家里无法无天，大人想不到的话，他偏会说，想不到的事，他偏要行。所以老爷、太太恨的无法。就是弄性，也是小孩子的常情。胡乱花费，这也是公子哥儿的常事。怕上学，也是小孩子的常情，还都治的过来。第一天生下来这一种刁钻古怪的脾气，如何使得？”一语未了，人回太太回来了。王夫人进来问安毕，他四人请了安，大概说了两句，贾母便命歇歇去罢。王夫人亲捧过茶来，方退出。四人告辞了贾母，便往王夫人处来。说了一回家务，打发他们回去，不必细说。

这里贾母喜的逢人便告诉他家也有一个宝玉，行景也是一样。众人都为天下世宦之家多有同名者，也有祖母溺爱孙者，亦古今之常情，不是什么罕事，故皆不介意。独宝玉是个迂阔呆公子的心性，自为是那四人承悦贾母之词。后回至园中，去看史湘云病去，湘云说他：“你放心闹罢，先是单丝不成线，孤树不成林，如今有了个对子了。闹急了，再打狠了，你逃走到南京找那一个去。”宝玉道：“那里的谎话你也信了，偏又有个宝玉了？”湘云道：“怎么列国有个蔺相如，汉朝又有个司马相如呢？”宝玉笑道：“这也罢了，偏又模样儿也一样，这是没有的事。”湘云道：“怎么匡人看见孔子，只当是阳虎呢？”宝玉笑道：“孔子、阳虎貌虽同，却不同名姓，蔺与司马虽同名，而又不同貌，偏我和他就两样俱同不成？”湘云没了话答对，因笑道：“你只会胡搅，我也不和你分证。有也罢，没也罢，与我无干。”说着，便睡下了。［周按］宝玉、湘云一段对话，宝玉理胜于湘云，湘云不能答，反说宝玉是胡搅，正是少女有时以强词而夺理之神态。而二人之争辩，其情景意味又与宝黛争吵呕气全然不同。其间之关系孰亲孰密，孰近孰远，善读此书者当有会心。宝玉心中便又疑惑起来，若说必无，然亦似有。若说必有，又并无目睹。心中闷闷，回至房中榻上默默盘算，不觉就忽忽睡去，不觉竟到了一座花园之内。宝玉咤意道：“除了我们大观园，竟又有这个园子。”［己双］写园可知。正疑惑间，从那边来了几个女儿，都是丫嬛。宝玉又咤意道："除了鸳鸯、袭人、平儿之外，也竟还有这一干人？"［己双］写人可知。妙在并不说更强二字。只见那些丫嬛笑道："宝玉怎么跑到这里来了？"宝玉只当是说他自己，忙来陪笑说道："因我偶步到此，不知是那位世交的花园，好姐姐们，带我旷旷。"众丫嬛都笑道："原来不是咱们家的宝玉。他生的到也还干净，［己双］妙！在玉卿身上只落了这两个字，亦不奇了。嘴儿到也乖。"宝玉听了，忙道："姐姐们这里也竟有个宝玉？"丫嬛们忙道："宝玉二字，我们是奉老太太、太太之命，为保佑他延寿消灾，我们叫他，他听见喜欢。你是那里远方来的一个臭小子，也乱叫起来。仔细你的臭肉，打不烂你的！"又有一个笑道："咱们快走罢，别叫宝玉看见，又说同这臭小子说了话，把咱们熏臭了。"说着，一迳去了。宝玉纳闷道："从来没有人如此涂毒我，他们如何竟这样，真亦有我这样一人不成？"一面想，一面顺步早到了一所院内。宝玉又咤意道："除了怡红院，也竟还有这么一个院落？"忽上了台矶，进了屋内，只见榻上有一个人卧着，那边有几个女孩儿做针线，也有嘻笑顽耍的。只见榻上那个少年叹了一声，一个丫嬛笑问道："宝玉，你不睡又叹什么？想必为你妹妹病了，［周按］妙！试想此妹妹是与谁暗相对应，黛玉乎？湘云乎？你又胡愁胡恨呢！"宝玉听说，心下也便吃惊。只见榻上少年说道："我听见老太太说，长安都中也有个宝玉，和我一样的性情，我只不信。我才作了一个梦，竟梦中到了都中一个花园子里头，遇见几个姐姐，都叫我臭小子，不理我。我好容易找到他房里，偏他睡觉，空有皮囊，真性不知那去了。"宝玉听说，忙说道："我因找宝玉来到这里，原来你就是宝玉？"榻上的宝玉忙下来拉住笑道："原来你就是宝玉？这可不是梦里！"宝玉道："这如何是梦？真且又真了！"一语未了，只见人来说："老爷叫宝玉。"唬的二人都慌了。一个宝玉就走，一个宝玉便忙叫："宝玉快回来，快回来！”袭人在傍，听他梦中自唤，忙推醒他，笑问道：“宝玉在那里？”此时宝玉虽醒，神意恍惚，因向门外指道：“才出去了！”袭人笑道：“那是你梦迷了，你揉眼细瞧瞧，是镜子里照的你的影儿。”宝玉向前瞧了一瞧，原是那嵌的大镜对面相照，自己也笑了。早有人捧过漱盂茶卤来漱了口，麝月道：“怪道老太太常嘱咐说，小人屋里不可多有镜子。人小魂不全，镜子照多了，睡觉惊恐作胡梦。如今到在大镜子那里安了床，有时放下镜套还好，往前来，天热人肯困，那里想的到放他？比如方才就忘了。自然是先淌下瞧着影儿顽，一时合上眼，自然是胡梦颠倒，不然如何得看着自己，叫着自己的名字？不如明儿挪进床来是正紧。”一语未了，只见王夫人遣人来叫宝玉。不知有何话说，［己双］此下紧接“慧紫鹃试忙玉”。且听下回分解。

［戚回后］探春看得透，拿得定，说得出，办得来，是有才干者，故赠以“敏”字。宝钗认的真，用的当，责的专，待的厚，是善知人者，故赠以“识”字。“敏”与“识”合，何事不济？叙园圃事极板重，却极活泼，营心孔方，带以图记，劳形案牍，不费讴吟，高人焉肯以书香混于铜臭也哉？

［回后评］全书已到五十六回方出甄宝玉其人。大观园诸女儿中对甄宝玉而有所反应者却独有湘云一人。其中道理何在，论者不多。我之拙见以为，湘云后来流落江南，适逢甄宝玉而不能辨，遂误认其为自己自幼最为亲密之二哥哥，于是引出史湘云之先嫁甄宝玉而后与贾宝玉重逢之奇缘。至于卫若蘭曾得宝玉之金麒麟，实与姻缘之事无涉。卫若蘭是偶得金麒麟而返还贾宝玉者。

史湘云才知江南有甄宝玉之事，便说：“你放心闹罢，先是单丝不成线，孤树不成林，如今有了个对子了，闹急了，再打狠了，你逃走到南京找那一个去。”此话句句奇特，字字分明，而又令人难解。

依雪芹惯用草蛇灰线，伏脉千里之规律，则如湘云前言日后宝玉因遭责打而出逃，后遂得远至江南而与落难之湘云相见。吾意此时荣府已遭败落，他之所以能得出逃而远至江南者，实有柳湘莲之侠义扶助。故湘莲谐音“相怜”，此中曲折奇特，惊险感人种种笔墨常在我之想像中。

第五十七回

慧紫鹃情辞试忙玉　慈姨母爱语慰痴颦

［周按］忙玉，谓宝玉性情之热之切。

［戚回前］作者发无量愿，欲演出真情种，性地圆光，遍示三千，遂滴泪为墨，研血成字，画一幅《大慈大悲图》。

话说宝玉听说王夫人唤他，忙至前边来，原来是王夫人要带他拜甄夫人去。宝玉自是欢喜，忙去换衣服，跟了王夫人到那里。见其家中的形影，自与荣宁不甚差别，或有一二稍盛者。细问，果有一宝玉。甄夫人留席，竟日方回，宝玉方信。［周按］上回拙批曾言甄贾宝玉之事，似幻而又含真实。今观此处特表"方信"二字，然则不独读者心有所疑，即当日之贾宝玉亦是半疑半信，不然作者何必又加"方信"二字。因晚间回家来，王夫人又吩咐预备上等的席面，定名班大戏，请过甄夫人母女。后二日，他母女便不作辞，回任去了无话。

这日宝玉因见湘云渐愈，然后去看黛玉。正值黛玉才歇午觉，宝玉不敢惊动，因紫鹃正在回廊上手里做针线，便上来问他："昨日夜里咳嗽的可好些？"紫鹃道："好些了。"宝玉笑道："阿弥陀佛，宁可好了罢。"紫鹃笑道："你也念起佛来，真是新闻。"宝玉笑道："所谓病笃乱投医了。"［周按］宝玉素常不信佛道鬼神，人人尽知。今日紫鹃一问可谓机锋相对，而宝玉之答也堪称风趣之至。但历来世人之念佛者只在真诚感动而又无言可表，与信佛与否并无干涉。如刘姥姥之念佛，宝钗之念佛皆其例也。一面说，一面见他穿着弹墨绫子薄棉袄，外面只穿着青缎夹背心，宝玉便伸手向他身上抹了一抹，说道："穿这样单薄，还在风口里坐着，春天风馋，［周按］风馋，谓其容易袭人而致疾病也。时气又不好，你再病了，越发难了。"紫鹃便说道："从此咱们只可说话，别动手动脚的。一年大二年小的，叫人看着不尊重。打紧的那起混账行子背地里说你，你总不留心，还只管和小时一般行为，如何使得？

姑娘常常吩咐我们，不叫和你说笑。你进来瞧他，［周按］进来，闻唤“人来”方许进入内室之规矩也。他远着你还恐远不及呢！”［周按］紫鹃与宝玉一段谈话有层有次，开头不过是说男女孩童幼小无所避嫌，及至日渐长大，则男女有别之大防立即以种种形式而显示于天真孩童之间。宝玉乃是一个最天真、最纯洁之男孩，从未想及幼小亲密之小伙伴忽然一旦变成不可亲厚之两路人，故其感情已不能适应而如受重击，是以宝玉之一闻紫鹃之言，并非立即想到姻缘种种世俗杂念也。说着便起身携了针线进别房去了。宝玉见了这般景况，心中忽浇了一盆冷水一般，只瞅着竹子发了一回呆。因祝妈正来挖笋修竿，便怔怔走出来，一时魂魄失守，心无所知，随便坐在一块山石上出神，不觉滴下泪来，直呆了五六顿饭时，千思万想，总不知如何是可好。偶值雪雁从王夫人房中取了人参来，从此经过，忽扭项看见桃花树下石上一人，［周按］桃花，在大观园中似乎暗与宝黛情缘有关，如二人共读《西厢》即在桃花树下，稍后葬花所葬者亦即桃花，再后则黛玉有《桃花行》之佳作。综合而观，此处又特点桃花，岂能是信手闲笔而无所谓乎？手托腮颊在那里出神，不是别人，却是宝玉。［己双］画出宝玉来，却又不画阿颦，何等笔力。雪雁疑惑道：［己双］偏不从鹃写，却写一雁，更奇是仍归写鹃。［周按］己双此批与前一批同在却是宝玉句下。今将此条酌移于此句下，方为对榫。“怪冷的，他一个人在这里作什么。春天凡有残疾的人都犯病，敢是他犯了呆病了？”［己双］写妍憨女儿之心，何等新巧。一边想，一边便走过来蹲下笑道：“你在这里作什么呢？”宝玉忽见了雪雁，便说道：“你又作什么来招我？你难道不是女儿？他既防嫌，总不许你们理我，你又来寻我，倘被人看见，岂不又生口舌？你快家去罢！”雪雁听了，只当是他又受了黛玉的委屈，只得回至房中。［周按］如何？我方才所说宝玉一闻紫鹃之言，所震撼心魂者与婚姻之事了无干涉。

　　黛玉未醒，将人参交与紫鹃，紫鹃因问他：“太太作什么呢？”雪雁道：“也歇中觉，所以等了这半日。姐姐你听笑话，我因等太太的工夫，和玉钏儿姐姐在下房里说话，谁知赵姨奶奶招手儿叫我，我只当有什么话说，原来他和太太告了假，出去给他兄弟伴宿去坐夜，明儿送殡去，跟他的小丫头子小吉祥儿没衣裳，要借我的月白缎子袄儿。我想他们一般也有两件子的，往脏地方去，恐怕弄脏了，自己的舍不得穿，故此借别人的。借我的弄脏了也是小事，只是我想，他素日有什么好处到咱们跟前？所以我说了，我的衣裳、簪环都是姑娘叫紫鹃姐姐收着呢，如今先得去告诉他，还得回姑娘呢！姑娘又病着，竟废了大事，误了你老出门，不如再转借罢。”紫鹃笑道：“你这小东西到也巧，你不借给他，你往我和姑娘身上推，叫人怨不着你。他这会子就去呀还是等明日一早才去？”雪雁道：“这会子就去，只怕此时已去了。”［周按］谁能想到作者雪芹在叙写鹃雁与宝黛种种情节中，而忽然又加入赵姨娘一事，似无理乎，似离奇乎，皆非也。赵姨娘者时时处处总在窥探宝黛二人之形迹，然后向贾政、王夫人吹耳边风。紫鹃点点头。雪雁道：“姑娘还没醒呢！是谁给了宝玉气受，坐在那里哭呢！”紫鹃听了，忙问：“在那里呢？”雪雁道：“在沁芳亭后头桃花底下呢！”［周按］如何，偏偏又点明是在桃花树下，缥缥缈缈字里行间，总让你想到“葬花”二字。紫鹃听说，忙放下针线，又嘱咐雪雁：“好生听叫，若问我，答应我就来。”

说着，便出了潇湘馆，一迳来寻宝玉。走至宝玉跟前，含笑说道：“我不过说了那两句话，为的是大家好，你就赌气跑了这风地里来哭，作出病来唬我。”宝玉忙笑道：“谁赌气了！我因为听你说的有理。我想你们既这样说，自然别人也是这样说，将来渐渐的都不理我了，我所以想着自己伤心。”紫鹃也便挨他坐着。宝玉笑道：“方才对面说话你尚走开，这会子如何又来挨我坐着？”紫鹃道：“你都忘了，几日前你们姊妹两个正说话，［周按］姊妹是原文。赵姨娘一头走进来，［周按］如何？偏在此处却赵姨娘又出现了。我才听见他不在家，所以我来问你。正是前日，你和他才说了一句燕窝，就歇住了，总没提起，我正想着问你。”［周按］前文宝玉问黛玉燕窝，只说得一句遂为人打断。所谓横云断岭法是也。至此方接，粗心人早已忘却了。宝玉道：“也没什么要紧，不过我想着宝姐姐也是客中，既吃燕窝，不可间断。若只管和他要去，也太托实。虽不便和太太要，我已经在老太太跟前略露了个风声，只怕老太太和凤姐姐说了。我正要告诉他，没得说完。如今我听见一日给你们一两燕窝，这也就完了。”紫鹃道：“原来是你说了，这又多谢你费心。

我们正疑惑老太太怎么忽然想起来叫人每一日送一两燕窝来呢！这就是了。”宝玉笑道：“这要天天吃惯了，吃上三二年就好了。”紫鹃道：“在这里吃惯了，明年家去，那里有这闲钱吃这个？”［周按］奇语，突如其来。此一转念不知紫鹃从何想起，在文章家是绝大手笔，话如家常闲谈，却是一声晴天霹雳直击在宝玉头上。宝玉听了，吃了一惊，忙问：“谁？往那个家去？”［己双］这句不成话，细读细嚼，方有无限神清〔情〕滋味。紫鹃道：“你妹妹回苏州家去。”宝玉笑道：［己双］笑字奇甚。“你又说白话，苏州虽是原籍，因没了姑父姑母，无人照看才就了来的。明年回去找谁？可见是扯谎。”［己双］此论极是不介意。紫鹃冷笑道：“你太看小了人，你们贾家独是大族，人口多，除了你家，别人只得一父一母？族中真个再无人了不成？我们姑娘来时，原是老太太心疼他年小，虽有叔伯，不如亲父母，故此接来住几年。大了该出阁时，自然要送还林家的，终不成林家的女儿在你贾家一世不成？林家虽贫到没饭吃，也是世代书宦之家，断不肯将他家的人丢与亲戚，落人耻笑。所以早则明年春天，迟则秋天，这里总不送去，林家亦必有人来接的。前日夜里姑娘和我说了，叫我告诉你，将从前小时顽的东西，有他送你的，叫你都打点出来还他。他将你送他的也打点在那里呢！”［周按］看官请想，这是真实话还是编造语？若云是编造，则紫鹃又如何转念及此，所谓奇奇怪怪之笔，听来又毫无奇怪之感，令宝玉言下信服，再无疑问。盖从宝玉想来，紫鹃之为人亦绝非信口戏言之人也。宝玉听了，便如头顶上打了一个焦雷一般。紫鹃看他怎么回应，只见他总不作声。忽见晴雯找来说：“老太太叫你呢，谁知在这里！”紫鹃笑道：“他这里问姑娘的病症，我告诉了他半日，他只不信。你到拉他去罢！”说着，自己便走回房去了。晴雯见他呆呆的，一头热汗，满面紫胀，忙拉他的手，一直到怡红院中。袭人见了这般，慌起来，只说时气所感，热身子被风吹了。无奈宝玉发热事犹小可，更觉两个眼珠儿直直的起来，口角边津液流出，皆不知觉。给他个枕头，他便睡下，扶他起来，他便坐着，到了茶来，他便吃茶。众人见他这样，一时忙乱起来，又不敢造次去回贾母，先便差人出去请李嬷嬷。一时李嬷嬷来了，看了半日，问他几句话，也无回答，用手向他脉门摸了一摸，嘴唇人中上边着力掐了两下，掐的指印如许来深，竟也不觉疼。李嬷嬷只说了一声可了不得了，便搂着放声大哭起来。急的袭人忙拉他说："你老人家瞧瞧可怕不怕，且告诉我们去回老太太、太太去，你老人家怎么先哭起来？"李嬷嬷捶床捣枕说："这可不中用了，我白操了一世的心了。"袭人等以他年老多知，所以请他来看。如今见他这般一说，都信以为实，也都哭起来。晴雯便告诉袭人，方才如此这般。袭人听了，忙至潇湘馆来，见紫鹃正扶侍黛玉吃药，也顾不得什么了，便走上来问紫鹃道："你才和我们宝玉说些什么？你瞧瞧他去，你回老太太、太太去，我也不管了！"说着便坐在椅子上。黛玉忽见袭人满面急怒，又有泪痕，举止大变，更不免也慌了，忙问怎么了。袭人定了一会，哭道："不知紫鹃姑奶奶说了些什么，那个呆子眼也直了，手脚也冷了，话也不说了，李嬷嬷掐着他也不疼了，已死了大半个了，［己双］奇极之语。从急怒娇憨口中描出不成话之话来，方是千古奇文。五字是一口气来的。连李嬷嬷都说不中用了，那里放声大哭。只怕这会子都死了！"黛玉一听此言，李嬷嬷乃久经老妪，说不中用了，可知必不中用了。哇的一声，将腹中之药一概呛出，抖肠搜肺、炽胃扇肝的大嗽了几阵，［周按］抖肠搜肺，炽胃扇肝八个字如何想来，我不信若作者并未亲见此情此景，而能写出此等古今未有之文字。一时面红发乱，目肿筋浮，喘的抬不起头来。紫鹃忙上来捶背，黛玉伏枕喘息了半晌，推紫鹃道："你不用捶，你竟拿绳子来勒死我是正经。"紫鹃哭道："我并没说什么，不过是说了几句顽话，他就认真了。"袭人道："你还不知道他那傻子？每每顽话认了真！"黛玉道："你说了什么话？趁早儿去解说，他只怕就醒过来了。"紫鹃听说，忙下了床，同袭人到了怡红院。

谁知贾母、王夫人等已都在那里了。贾母一见了紫鹃便眼内出火，骂道："你这小蹄子！和他说了什么？"紫鹃忙道："并没敢说什么，不过说了几句顽话。"谁知宝玉见了紫鹃，方嗳呀了一声，哭出来了。众人一见，方都放下心来。贾母便拉住紫鹃，只当他得罪了宝玉，所以拉紫鹃命他打。谁知宝玉一把拉住紫鹃，死也不放，说："要去连我也带了去！"众人不解，细问起来，方知紫鹃说要回苏州去，一句顽话引出来的。贾母流泪道：

［周按］贾母流泪，淡淡一笔看似十分寻常，细玩却最为奇特。盖听知本是一句戏言小事并无大故，已然放了心，却偏偏流下泪来。此种笔墨，世上一般小说家所难到之境界也。

"我当有什么要紧大事，原来是这句顽话。"又向紫鹃道："你这孩子素日是个伶俐的，你又知道他有个呆根子，平白的哄他作什么？"薛姨妈劝道："宝玉本来心实，可巧林姑娘又是从小儿来的，他姊妹两个一处长了这么大，比别的姊妹更不同，这会子热剌剌的说一个去，别说他是个实心的傻孩子，便是冷心肠的大人也要伤心。这并不是什么大病，老太太和姨太太只管万安，吃一两剂药就好了。"正说着，人回："林之孝家的、单大家的都来瞧哥儿来了！"贾母道："难为他们想着，叫他们来瞧瞧。"宝玉听了一个林字，便满床闹起来，说："了不得了，林家的人来接他们来了，快打他出去罢！"贾母听了，也忙说："打出去罢！"又忙安慰说："那不是林家的人，林家的人都死绝了，没人来接他，你只管放心罢！"宝玉哭道："凭他是谁，除了林妹妹，都不许姓林。"

［周按］姓不姓林，贾公子竟然有权判决，听来似戏语却是痛语。然则世上姓林的听了宝玉此言，不知是啼是笑。盖啼亦非，笑亦非也。这种笔墨正写宝玉的一个痴字。

贾母道："没姓林的来，凡姓林的，我都打走了。"一面吩咐众人："已后别叫林之孝家的进园来，你们也别说林字。好孩子们，你们听我这一句罢！"众人忙答应了，又不敢笑。一时宝玉又一眼见了十锦槅子上陈设的一只金西洋自行船，便指着乱叫说："那不是接他们来的船来了？湾在那里呢！"贾母忙叫拿下来。袭人便拿下来，宝玉伸手便接过来，掖在被中，笑道："这可去不成了！"一面说，一面死拉着紫鹃不放。

一时人回："大夫来了！"贾母忙命："快请进来！"王夫人、薛姨妈、宝钗等暂避入里间，贾母便端坐在宝玉身傍。王太医进来，见许多的人，忙上去请了贾母的安，拿了宝玉的手，诊了一回。那紫鹃少不得低了头，王太医也不解何意，起身说道："世兄这症乃是急痛迷心。古人曾云，痰迷有别，有气血亏柔，饮食不能熔化痰迷者，有怒恼中痰裹而迷者，有急痛壅塞者。此亦痰迷之症，系急痛所致，不过一时壅蔽，较诸痰迷似略轻。"贾母道："你只说怕不怕，谁同你背医书呢！"［周按］好极了，王太医一席话可见其医道之精实难以企及。世上人凡听他此番理论，岂不衷心钦佩。然而王太医一片热诚向老太太讲说病理之后，所遭到的不是信服钦佩却是一言阻绝。故知王太医虽然医道精深，毕竟还是一个书呆子罢了。王太医忙躬身笑说："不妨不妨。"贾母道："果真不妨？"王太医道："实在不妨，都在晚生身上。"贾母道："既如此，请到外面坐开方，若吃好了，我另外预备好谢礼，叫他亲自捧了送去磕头。若耽误了，我打发人去拆了太医院的大堂。"王太医只躬身笑说："不敢不敢。"他原听了说另具上等谢礼，命宝玉去磕头，故满口说不敢，并未听见贾母后来说拆太医院之戏语，犹说不敢，贾母与众人反到笑了。

一时按方煎了药服下去，果觉比先安静。无奈宝玉只不肯放紫鹃，只说他去了，便是要回苏州去了。贾母、王夫人无法，只得命紫鹃守着他，另将琥珀去伏侍黛玉。黛玉不时遣雪雁来探消息，这边事务尽知，自己心中暗叹，幸喜众人都知宝玉原有些呆气，自幼是他二人亲密，如今紫鹃之戏语亦是常情，宝玉之病，亦非罕事。因不疑到别处去。晚间宝玉稍安，贾母、王夫人等方回房去，一夜还遣人来问讯几次。李嬷嬷带领宋妈等几个年老人用心看守，紫鹃、袭人、晴雯等日夜相伴。有时宝玉睡去，必从梦中惊醒，不是哭了说黛玉已去，便是说有人来接。每一惊时，必得紫鹃安慰一番方罢。彼时贾母又命将祛邪守灵丹及开窍通关散各样上方秘制诸药，按方饮服。次日又服了王太医的药，渐次好起来。宝玉心下明白，因恐紫鹃回去，故又或作佯狂之态。紫鹃自那日也着实后悔，如今日夜辛苦，并没有怨意。袭人等皆心安神定，因和紫鹃笑道：“都是你闹的，还得你来治。也没见我们这呆子，听见风就是雨，往后怎么好？”暂且不提。

此时却说湘云之症已愈，天天过来瞧看，见宝玉明白了，便将他病中狂态，形容了与他瞧，引的宝玉自己伏枕而笑。原来起先那样，他竟是不知的，如今听人说，还不信。无人时紫鹃在侧，宝玉又拉他的手问道：“你为什么唬我？”紫鹃道：“不过是哄你顽的话，你就认了真了。”宝玉道：“你说的那样有情有理，如何是顽话？”紫鹃笑道：“那些顽话，都是我编的。林家真没了人了！总有，也是极远的。族中也都不在苏州住，各省流寓不定。纵有人来接，老太太也必不放去的。”宝玉道：“便老太太放去，我也不依。”紫鹃笑道：“果真你不依？只怕是口里的话。你如今也大了，连亲也定下了，过二三年再娶了亲，你眼里还有谁了？”宝玉听了，又惊问道：“谁定了亲？定谁？”紫鹃笑道：“年里我就听见老太太说，要定下琴姑娘呢！不然那么疼他？”宝玉笑道：“人人只说我傻，你比我更傻，不过是句顽话，他已经许给梅翰林家了！果然定下了他，我还是这个形景了？先是我发誓赌咒，砸这捞什子，你们都没劝过，说我疯的。刚刚的这几日才好了，你又来讴我。”一面说，一面咬牙切齿的又说道：“我只愿这会子立刻我死了，把心拿出来［周按］心可以拿出来，奇妙语也。一改他字便谬。你们瞧见了，然后连皮带骨，一概都化成灰。灰还有形迹，不如再化一股烟。烟还可凝聚，人还看的见，须得一阵大风，吹的四面八方都登时散了，这才好。”一面说，一面又滚下泪来。紫鹃忙上来握他的嘴，［周按］握，略同捂字之义。替他擦眼，又忙笑道：“你不用着急，这原是我心里着急，故来试你。”宝玉听了，更又诧异，问道：“你又着什么急？”紫鹃笑道：“你知道我并不是林家的人，我也和袭人、鸳鸯是一伙的，偏把我给了林姑娘使，偏生他又和我极好，比合他苏州带来的还好十倍，一时一刻我们两个离不开。我如今心里却愁他倘或要去了，我必要跟了他去的。我是合家在这里，我若不去，辜负了我们素日的情肠。若去了，又弃了本家。所以我疑惑，故设出这谎话来问你，谁知你就傻闹起来。”宝玉笑道：“原来是你愁这个，所以你是傻子，从此后再别愁了，我只告诉你一句趸话，活着咱们一处活着，不活着，咱们一处化灰化烟，如何？”紫鹃听了，心下暗暗筹画。

忽有人来回：“环爷、蘭哥儿来看。”宝玉道：“就说难为他们，我才睡了，不必进来。”婆子答应去了。紫鹃笑道：“你也好了，该放我回去，瞧瞧我们那一个去了。”宝玉道：“正是这话，我昨日就要叫你去的，偏又忘了。我已经大好了，你就去罢。”紫鹃听说，方打叠铺盖妆奁之类。宝玉笑道：“我看见你文具里头有两三面镜子，[周按] 妇女妆奁用物，谓之文具，今人已不晓矣。你把那面小菱花的给我留下罢！我搁在枕头傍边，睡着好照，明儿出门带着也轻巧。”紫鹃听说，只得与他留下。先命人将东西送过去，然后别了众人，自回潇湘馆来。

林黛玉近日闻得宝玉如此形景，未免又添了些病，又多哭几场。今见紫鹃来了，问其原故，已知大愈，仍遣琥珀去服侍贾母。夜间入定后，紫鹃已宽衣卧下之时，悄向黛玉笑道：“宝玉的心到实，听见咱们去，就那样起来。”黛玉不答。紫鹃停了半晌，自言自语的说道：“一动不如一静。我们这里就算好人家，别的都容易，最难得的是从小儿长大在一处，脾气情性都彼此知道的了。”黛玉啐道：“你这几天还不乏？趁这会子还不歇歇，还嚼什么蛆！”紫鹃笑道：“到不是白嚼蛆，我是一片真心为姑娘。替你愁了这几年了，无父母无兄弟，谁是知疼着热的人？趁早儿老太太还明白硬朗的时候，作定了大事要紧。俗话说，老健春寒秋后热，倘或老太太一时有个好共歹，那时虽也完事，怕只怕耽误了时光，还不得趁心如意呢！公子王孙虽多，那一个不是三房五妾，今儿朝东，明儿朝西。娶一个天仙来，也不过三夜五夕，也丢在脖子后头了。甚至于当作丫头妾，反目成仇的。若娘家有人有势的还好些，若是姑娘这样的人，有老太太一日还好，若没了老太太，也只好凭人去欺负罢了。所以说，拿主意要紧。姑娘是个明白人，岂不闻俗语说的，黄金万两容易得，知心一个最难求？”黛玉听了，便说道：“这个丫头今儿可疯了！怎么去了几日，

［周按］宝黛之情态已发展达到顶峰，故紫鹃乘势委婉进言是一片真情直对黛玉，而黛玉却心口不应，仍然装作不知所云之态。虽小姐身份尊严，其心甚苦，但究竟令人痛感紫鹃纵有一片赤诚，而面对这般性情之小姐亦只能徒叹奈何耳。

忽然变了一个人？我明儿必回老太太，退回你去罢，我不敢要你了。”紫鹃笑道：“我说的是好话，不过叫你心里留神，并没叫你去为非作歹，何苦回老太太？叫我吃了亏，又有何好处？”说着，竟自己睡了。

黛玉听了这话，口内虽如此说，心内未尝不伤感，待他睡了，便直泣了一夜，至天明方打了一个盹儿。次日勉强盥漱了，吃了些燕窝粥，便有贾母等亲来看视了，又嘱咐了许多话。

目今是薛姨妈的生日，自贾母起，诸人皆有祝贺之礼。黛玉已早备下了两色针线送去。是日也定了一班小戏，请贾母与王夫人等，独有宝玉与黛玉二人不曾得去。至晚散时，贾母等顺路又瞧了他二人一遍，方回房去。至次日，薛姨妈家又命薛蝌陪诸伙计吃了一天酒，连忙了三四天方完。

因薛姨妈看见邢岫烟生得端雅稳重，且家道贫寒，是个钗荆裙布的女儿，便欲说与薛蟠为妻。因薛蟠素习行止浮奢，又恐怕遭塌了人家女儿。正在踌躇之际，忽想起薛蝌未曾娶亲，看他二人恰是

一对天生地设的夫妻，因而谋之于凤姐儿。凤姐儿叹道："姑妈是知道我们太太有些左性的，这事等我慢图。"因贾母去瞧凤姐儿时，凤姐儿便和贾母说："薛姑妈有件事求老祖宗，只是自己不好启齿的。"贾母忙问何事，凤姐便将求亲一事说了。贾母笑道："这有什么不好启齿的？这是极好的好事，等我和你婆婆说了，怕他不依？"因回房来，即刻就命人来请了邢夫人过来，硬作保山。邢夫人想了想，薛家根基不错，且现今大富，薛蝌生得又好，且贾母硬作保山，将机就计，便应了。贾母十分欢喜，命女人请了薛姨妈来。二人见了，自然有许多的谦辞。邢夫人即命人去告诉邢忠夫妇。他夫妇此来原是投靠邢夫人的，如何不依？早极口的说妙极。贾母笑道："我最爱管个闲事，今儿又管了一件，不知得多少谢媒钱？"薛姨妈笑道："这是自然的，总抬了十万银子来，只怕不稀罕。[周按]书中之人论心态油滑，语言巧妙，大家皆推凤姐为首，然我谓凤姐油滑巧妙毕竟跟不上薛姨妈。她自到贾府说，久欲设席宴请老太太，然至今未有实际表现。提到钱财，她又运用这等妙语以尊奉为词，实际仍然一毛不拔。至于说到提亲一事，仍然还是一派好听的仁心慈语，但其空话连篇，无一实诣，足证其油滑巧妙，远远超越凤姐也。但只一件，老太太既是主亲，还得一位才好。"贾母笑道："别的没有，我们家折腿烂手的人还有两个。"说着，便命人去叫过贾珍婆媳二人来。贾母告诉他原故，彼此都忙道喜。贾母吩咐道："咱们家的规矩你们是知道的，从没两亲家争里争面的。你如今算替我在当中料理，也不可太俭，也不可太费。把他两家的事周全了回我。"尤氏忙答应了。薛姨妈喜之不尽，回家来忙命写了请帖，补送过宁府。尤氏深知邢夫人情性，本不欲管，无奈贾母亲嘱咐，只得应了，惟有忖度邢夫人之意行事。薛姨妈是个无可无不可的人，到还容易说，这且不在话下。

如今薛姨妈既定了邢岫烟为媳，合宅皆知。邢夫人本欲接出岫烟去住，贾母因说："这又何妨？两个孩子又不能见面。就是一个婆婆，大姑和小姑，又何妨？况且都是女儿，正好亲香呢！"邢夫人方罢。蝌、岫二人前此途中皆有一面之遇，大约二人心中也皆如意，只是邢岫烟比先未免拘泥了些，不好与宝钗姊妹共处闲话，又兼湘云是个爱取戏的，更觉不好意思。幸他是个知书达礼的，虽有女儿身分，还不是那种佯羞诈愧一味轻薄造作之辈。宝钗自见他时，见他家业贫寒，二则别人之父母皆是年高有德之人，独他父母偏是酒糟透之人，于女儿分中平常，邢夫人也不过是脸面之情，亦非真心疼爱。且岫烟为人雅重，迎春是个有气的人，［周按］此文谓迎春为有气的人，甚可注意。连他自己尚未照管齐全，如何能照管到他身上？凡闺阁中家常一应需用之物，或有亏乏，无人照管，他又不与人张口，宝钗到暗中每相体贴接济，也不敢与邢夫人知道，亦恐多心闲话之故耳。如今却是人意料之外奇缘，［周按］是人，即所有之人，任何人。作成这门亲事。岫烟心中先取中宝钗，然后方取薛蝌。有时岫烟仍与宝钗闲话，宝钗仍以姊妹相呼。

这日宝钗因来瞧黛玉，恰值岫烟也来瞧黛玉，二人在半路相遇。宝钗含笑唤他到跟前，二人同走至一块石壁后，宝钗笑问他："这天还冷的狠，你怎么到全换了夹的了？"岫烟见问，低头不答。宝钗便知道又有了原故，因又笑问道："必定是这个月的月钱又没得。凤丫头如今也这样没心没计了。"岫烟道："他到想着不错日子给，因姑妈打发人和我说，一个月用不了二两银子，叫我省一两给爹妈送出去，要使什么，横竖有姐姐的东西，能着些儿搭着就使了。姐姐想，二姐姐是个老实人，也不大留心。我使他的东西，他虽不说什么，他那些妈妈丫头，那一个是省事的，那一个嘴里是不尖的？我虽在那屋里，却不敢狠使唤他们。过三天五天，我到得拿些钱出来给他们打酒买点心吃才好。因此二两一月银子还不彀使，如今又去了一两。前儿我悄悄的把棉衣服叫人当了几吊钱盘缠。"宝钗听了，愁眉叹道："偏梅家又合家在任上，后年才进来。若是在这里，琴儿过去了，好再商议你这事，离了这里就完了。如今不先完了他妹妹的事，也断不敢先娶亲的。如今到是一件难事，再迟两年，我又怕你熬煎出病来，等我和妈再商议。有人欺负你，你只管耐些烦儿，千万别自己弄出病来。不如把那一两银子明儿也越性给了他们，到都歇了心。你已后也不用白给那些人东西吃，他尖刺让他尖刺，狠听不过了，各人走开。倘或短了什么，你别存那小家子女儿气，只管找我去。并不是作亲后方如此，你一来时咱们就好的。便怕人说闲话，你打发小丫头子悄悄的合我说去就是了。”岫烟低头答应了。宝钗又指他裙上一个碧玉佩问道：“这是谁给你的？”岫烟道：“这是三姐姐给的。”宝钗点头笑道：“他见人人皆有，独你一个没有，怕人笑话，故此送你一个。这是他聪明细致之处。但还有一说，你也要知道，这些妆饰，原出于大官富贵之家，你看我一应从头至脚可有这些富贵闲妆？然而七八年之先，我也是这样来着，如今一时比不得一时了，所以我都自己该省的就省了。将来你过我们家，这些没用的东西只怕还有一箱子。咱们如今比不得他们了，总要一色从实守分为主，不必比他们才是。”岫烟笑道：“姐姐既这样说，我回去摘了就是了。”宝钗忙笑道：“你也太听说了。这是他的好意送你，你不佩着，他岂不疑心？我不过是偶然提到这里，以后知道就是了。”岫烟忙又答应，又问：“姐姐此时那里去？”宝钗道：“我到潇湘馆去。你且回去，把那当票子叫丫头送到我那里，悄悄的取出来，晚上再悄悄的送给你去，早晚好穿，不然风搧了事大。但不知当在那里了？”岫烟道：“叫作恒舒典，是鼓楼西大街的。”宝钗笑道：“这闹在一家子去了，伙计们倘或知道了，好说人没过来，东西倒先来了！”岫烟听说，便知是他家开的，也不觉红了脸一笑。

二人走开，宝钗便往潇湘馆来。正值他母亲也来瞧黛玉，正说闲话呢。宝钗笑道："妈多早晚来的，我竟不知道。"薛姨妈道："我这几天连日忙，总没有来睄睄宝玉合他，所以今儿瞧他两个一瞧，也都好了。"黛玉忙让宝钗坐了。因向宝钗道："天下的事真是人想不到的，怎么想的到姨妈和大舅母又作了一门亲家？"薛姨妈道："我的儿，你们女孩家那里知道，自古道，千里姻缘一线牵。管姻缘的有一位月下老人，预先注定，暗里只用一根红线把这两个人的脚绊住，凭你两家隔着海隔着国，有世仇的，也终久有机会作了夫妇。这一件事，都是出人意料之外。凭你父母本人都愿意了，或是年年在一处的，已为是定了的亲事，若月下老人不用红线拴的，再不得到一处。比如你姐妹的婚姻，此刻也不知在眼前呢，也不知在山南海北。"［周按］薛姨妈此语分明道破宝黛二人姻缘之事看似大局已定，万无一失，实则月下老人并未予以红丝牵定。盖她此话已非以预言家自居，却也流露出她无意成全宝黛之良缘好事也。宝钗道："惟有妈说动话就拉上我们！"一面说，一面伏在他母亲怀里笑说道："咱们走罢！"黛玉笑道："你瞧，这么大了，离了姨妈他就是个最老道的，见了姨妈他就撒娇儿。"薛姨妈用手摩弄着宝钗，叹向黛玉道："你这姐姐就和凤哥儿在老太太跟前一样，［周按］凤哥儿，熙凤之乳名也，遥与前文呼应。有了正紧事，他商量，没了事，幸亏他开开我的心。我见了他这样，有多少愁不散的！"黛玉听说，流泪叹道："他偏在这里这样，分明是气我没娘的人，故意来刺我的心！"宝钗笑道："妈，瞧他轻狂！到说我撒娇儿。"薛姨妈道："也怨不得他伤心，可怜没父母的，到底没个亲人。"又摩娑黛玉笑道："好孩子，别哭！你见我疼你姐姐了，你不知我心里更疼你呢！你姐姐虽没了父亲，到底有我，有亲哥哥，这就比你强了。我每每和你姐姐说，心里狠疼你，只是外头不好带出来。这里人多口杂，说好话的人少，说歹话的人多，不说你无依无靠，为人作人可配人疼，只说我们看老太太疼你了，我们也伏上水了。"黛玉笑道："姨妈既这么说，我明日就认姨妈作娘，若是弃嫌不认，便是假意疼我了。”薛姨妈道：“你不厌我，就认了才好！”宝钗忙道：“认不得的。”黛玉道：“怎么认不得！”宝钗笑道：“我且问你，我哥哥还没定亲事，为什么反将邢妹妹先说与我兄弟了，是什么道理？”黛玉道：“他不在家，或是属相不对，所以先说与兄弟了。”宝钗笑道：“非也！我哥哥已经相准了，只等来家就下定了，也不必提出人来。我方才说你认不得娘，你细想去。”说着，便和他母亲挤眼儿发笑。黛玉听了，便也一头伏在薛姨妈身上，说道：“姨妈不打他，我不依！”薛姨妈便也搂他笑道：“你别信你姐姐的话，他是顽你呢！”宝钗笑道：“真个的，妈明儿和老太太求了他作媳妇，岂不比外头寻的好？”黛玉便瞉上来要抓他，［周按］瞉，为今够字。口内笑说：“你越发疯了！”薛姨妈忙也笑劝，用手分开方罢。因又向宝钗道：“连邢女儿我还怕你哥哥遭塌了他，所以给你兄弟说了，别说这孩子，我也断不肯给他。前儿老太太因要把你妹妹说给宝玉，偏生又有了人家，不然到是一门好亲。前儿我说定了邢女儿，老太太还取笑说，我原要说他的人，谁知他的人没到手，到被他说了我们的一个去了。虽是顽话，细想来到也有些意思。我想宝琴虽有了人家，我虽没人可给，难到一句话也不说？我想着，你宝兄弟，老太太那样疼他，他又生的那样，若要外头说去，老太断不中意，不如竟把你林妹妹定与他，岂不四角俱全？”林黛玉先还怔怔的听，后来见说到自己身上，便啐了宝钗一口，红了脸，拉着宝钗笑道：“我只打你！你为什么招出姨妈这些老没正经的话来？”宝钗笑道：“这可奇了，妈说你，为什么打我？”紫鹃忙也跑来笑道：“姨太太既有这个主意，为什么不和老太太说去？”薛姨妈呵呵笑道：“你这孩子，急什么？想必催着你姑娘出了阁，你也要早些寻一个小女婿子去了？”紫鹃听了，也红了脸，笑道：“姨太太真个倚老卖老的起来！”说着，便转身去了。黛玉先骂：“又与你这蹄子什么相干！”后来见了这样，也笑起来说：“阿弥陀佛，该！也燥了一鼻子灰去了。”薛姨妈母女二人及屋内婆子丫嬛都笑起来。婆子们因也笑道：“姨太太虽是顽话，却到也不差呢！到闲了时和老太太一商议，姨太太竟作媒保成这门亲事，是千妥万妥的。”薛姨妈道：“我一出这主意，老太太必喜欢的。”

一语未了，忽见湘云走来，手里拿着一张当票，口内笑道：“这是什么账篇子？”黛玉瞧了，也不认得。地下婆子们都笑道：“这可是一件奇货，这个乖可不是白教人的。”宝钗忙一把接了，看时，正是岫烟才说的当票子，忙折了起来。薛姨妈忙说：“那必定是那个妈妈的当票子失落了，回来急的他们找，那里得呢？”湘云道：“什么是当票子？”众人都笑道：“真真是个呆子，连个当票子也不知道！”薛姨妈叹道：“怨不得他，真真是侯门千金，而且又小，那里知道这个，那里去看这个？便是家下人有这个，他如何得见？别笑他是呆子，若给你们家的小姐看了，也都成了呆子了。”众婆子笑道：“林姑娘方才也不认得，别说姑娘们。此刻宝玉他到是外头常出去走的，只怕也还没见过呢！”［周按］自此回及次回，方以重笔写婆子辈中诸态。薛姨妈忙将原故讲明，湘云、黛玉二人听了方笑道：“原来为此，人也太会想钱了。姨妈家的当铺也有这个不成？”众人笑道：“这又呆了。天下老鸹一般黑，［周按］老鸹，即此俗语称乌鸦之名也。老字重读，鸹字轻读，略如瓜音。岂有两样的？”薛姨妈因又问：“是那里拣的？”湘云方欲说时，宝钗忙说：“一张死了无用的，不知那年勾了账的，香菱拿着哄他们顽的。”薛姨妈听了此话是真，也就不问了。

一时人来回：“那府里大奶奶过来了，请姨太太说话呢！”薛姨妈起身去了。这里屋内无人时，宝钗方问湘云何处拣的。湘云笑道：

“我见你令弟媳的丫头篆儿悄悄的递与莺儿，莺儿便随手夹在书里，只当我没看见。我等他们出去了，我偷着看，竟不认得。知道你们都在这里，所以拿来大家认认。”黛玉忙问：“怎么他也当衣裳不成？既当了，怎么又给你去？”宝钗见问，不好隐瞒他两个，便将方才之事都告诉了他二人。黛玉便说兔死狐悲物伤其类，不免感叹起来。史湘云便动了气，说：“等我问着二姐姐去！我骂他那起子老婆子丫头一顿，给你们出气如何？”说着便要走。宝钗忙一把拉住，笑道：“你又发疯了，还不给我坐下呢！”黛玉笑道：“你要是个男人，出去打一个抱不平儿，又充什么荆轲、聂政？［周按］由此语可知，湘云日后确有为人舍己，行侠仗义之独特行为。真真好笑。”湘云道：“既不叫我问去，明儿也接他到咱们苑里一处住去，岂不好？”宝钗笑道：“明日再商量。”说着，人报三姑娘、四姑娘来了。三人听说，忙掩了口不提此事。且听下回分解。

［戚回后］写宝玉、黛玉呼吸相关，不在字里行间，全从无字句处，运鬼斧神工之笔，摄魄追魂，令我哭一回，叹一回，浑身都是呆气。

写宝钗、岫烟相叙一段，真有英雄失路之悲，真有知己相逢之乐。时方午夜，灯影幢幢，读书至此，掩卷出户，见星月依稀，寒风微起，默立阶除良久。

［回后评］此回笔墨全从空处落笔，字字出常人意外，批者欲加评语，亦需从空处礼赞。若着一实语，即将作者妙语挂累，反致大大减色。是以不敢再做无味之闲言琐语，以亵渎雪芹之奇文也。

第五十八回
杏子阴假凤泣虚凰　茜纱窗真情揆痴理

［戚回前］用清明烧纸，徐徐引入园内烧纸，较之前文用燕窝隔回照应，别有草蛇灰线之趣，令人不觉。前文一接，怪蛇出水。此文一引，春云吐岫。

话说他三人因见探春等进来，忙将此话掩住不提。探春等问候过，大家说笑了一回方散。谁知上回所表的那位老太妃已薨，凡诰命等皆每日入朝随班，［周按］每日入朝随班，实写内务府旗人女眷须为皇室陪丧侍孝之制。按爵守制。敕谕天下，凡有爵之家，一年内不许筵宴音乐，庶民皆三月不许婚嫁。贾母、邢、王、尤、许婆媳祖孙等皆每日入朝随祭，［周按］许字不误，则贾蓉续弦为许氏。至未正已后方回。在偏殿二十一日后，方请灵入先陵，地名曰孝慈县。陵离都来往得十来日之功，如今请灵至此，还要停放数日方入地宫，故得一月光景。［庚双］周到细腻之至，真细之至，不独写侯府得理，亦且将皇宫赫赫，写得令人不敢坐阅。宁府贾珍夫妻二人也少不得是要去的。两府无人，因此大家计议，家中无主，少不得便报了尤氏产育，将他腾挪出来，协理荣宁两处府事体。因又托了薛姨妈在园内照管他姊妹丫嬛等，薛姨妈只得也挪进园来。因宝钗处有湘云、香菱，李纨处目今李婶母女虽去，然亦时常来往，住三五日不定，贾母又将宝琴送与他去照管。迎春处有岫烟，探春因家务冗杂，且不时有赵姨娘与贾环来嘈聒，甚不方便。惜春处房屋狭小，况贾母又千叮咛万嘱咐，托他照管林黛玉，薛姨妈素习也最怜爱他的，今既遇这一事，便挪至潇湘馆来，和黛玉同房，一应药饵饮食十分经心。黛玉感激不尽，已后便如宝钗之呼，连宝钗前亦直以姐姐呼之，宝琴前直以妹妹呼之，俨似同胞共出，较诸人更似亲切。贾母见如此，也十分喜悦放心。薛姨妈只不过照管他姊妹，禁约丫嬛辈，一应家中大小事务，也不肯多口。尤氏虽天天过来，也不过应名点卯，亦不肯乱作威福。且他家内上下也只剩他一人料理，再者每日还要照管贾母、王夫人的下处一应所需饮馔铺设之物，所以也甚操劳。

当下宁荣二处主人既如此不暇，并两处执事人等或有人跟随入朝的，或有朝外照理下处事务的，又有先踩踏下处的，也都各有差使。因此两处下人无了正经头绪，也都偷安，或乘隙结党，与那现执事者窃弄威福。荣府只留得赖大并几个管事的照管外务。这赖大手下常用的几个人已去，虽另委人，都是些生的，只觉不顺手。且他们无知，或赚骗无节，或呈告无据，或举荐无因，种种不善，在在生事，也难备述。又见各官宦家凡有优伶男女者，一概蠲免遣发。尤氏等便议定，待王夫人回家回明，也欲遣发十二个女孩子。又说："这些人原是买的，如今虽不学唱，尽可留着使唤，只令其教习师父们自去也罢了。"王夫人因说："这学戏的到比不得使唤的，他们也是好人家的儿女，因无能卖了，做这件丑事。粧神弄鬼的这几年，如今有这机会，不如给他们几两银子盘缠，各自去罢。当日祖宗手里都是有这例的，咱们如今损阴坏德，而且还小器。如今虽有几个老的还在，那是他们各有原故，不肯回去的，所以才留下使唤，大了配了咱们家的小厮们了。"尤氏道："如今我们也去问他十二个，有愿意回去的，就带了信儿叫上他父母来，亲自来领回去，赏他们几两银子盘费方妥当。倘若不叫上他的父母来，只怕有混账人顶名冒领出去，又转卖了，岂不辜负了这恩典？若有不愿意回去的，就留下。"王夫人笑道："这话妥当。"尤氏又遣人告诉了凤姐，［己双］看他任意鄙俚诙谐之中，必有一个礼字还清，足见是大家形景。一面说与总理房中，每教习给银八两，令其自便。凡梨香院一应物件，查清记册收明，派人上夜。将十二个女孩子叫来，当面细问，到有一多半不愿意回家的，也有说父母虽有，只以卖我们姊妹为事，这一去还被他卖了。也有说父母已亡，或被叔伯兄弟所卖的。也有说无人可投的，也有说恋恩不舍的。所愿去者，止四五人。王夫人听了，只得留下，将去者四五人皆令其干娘领回家去，单等他亲父母来领。将不愿去者分散在园中使唤。贾母便留下文官自使，将正旦芳官指与宝玉，将小旦蕊官送与宝钗，将小生藕官指与了黛玉，将大花面葵官送了湘云，［周按］苏本每将“湘云”写作“香云”，可证“湘”实谐“香”音。如藕香榭即耦湘之隐词也。将小花面豆官送了宝琴，将老外艾官与了探春，尤氏便讨了老旦茄官去。当下各得其所，就如放鸟出笼，每日园中游戏。众人皆知他们不能针指，不惯使用，皆不大责备。其中或有一二知事的，愁着将来无应时之技，亦将本技丢开，便学起针指纺绩女工诸务来。

一日正是朝中大祭，贾母等五更便去了。先到下处用些点心小食，然后入朝。早膳已毕，方退至下处。用过早饭，略歇片刻，复入朝侍中晚二祭，完毕，方出至下处歇息。用过晚饭方回家。可巧这下处乃是一个大官的家庙里，乃比丘尼焚修，房舍极多极净，东西二院，［周按］拙考北静王影射康熙第二十一皇子慎亲王，又考此老太妃实指康熙之庶妃后封熙嫔者，而熙嫔又实为慎亲王之生母。故下文特为点明北静王亦来送灵之礼。而北静王与贾府同住一处，彼此照应。可回顾十四回北静王处书文所云，近闻宁国公家孙妇告殂，因想当日彼此祖父相与之情，同难同荣之语，内中含有无限历史内涵。凡此，皆有待专家深考。荣府便赁了东院，北静王府便赁了西院。太妃少妃每日晏息，见贾母等在东院，彼此同出同入，都有照应。外面诸事不消细述，且说大观园内，因贾母、王夫人天天不在家内，又送灵去一月方回，各丫嬛婆子皆有闲空，多在园内游玩。更又将梨香院内伏侍的众婆子一概撤回，并散在园内听使，更觉园内人多了几十个。因文官等一干人或心性高傲，或倚势凌下，或拣衣挑食，或口角锋芒，大概不安分守礼者多，因此众婆子含怨，只是口中不敢与他们分证。如今散了学，大家趁了愿，［周按］趁愿即称愿之记音字，北语惟此语中称趁二音不分。也有丢开手的，也有心地狭窄犹怀旧怨的，因将众人皆分在各房名下，不敢来欺侵。

可巧这日乃是清明之日，贾琏已备下年例祭祀，带领贾环、贾琮、贾蘭三人去往铁槛寺上坟。［周按］全部书不写贾家上坟之事，家庙寄灵而曰上坟，表面似是不通，内中另有缘故，大可注意。宁府贾蓉也同族中几人各办祭祀前往。因宝玉未大愈，故不曾去得。饭后发倦，袭人因说："天气甚好，你且出去逛逛，省得丢下粥碗就睡，存在心里。"宝玉听说，只得拄了一支竹杖，［周按］宝玉病后随手携一竹作杖，最是佳文，可贵。靸着鞋步出院来。［己双］画出病势。因近日将园中分与众婆子料理，各司各业，皆在忙时，也有修竹的，也有剁树的，也有栽花的，也有种豆的。池中又有驾娘们行着船夹泥的，种藕的。湘云、香菱、宝琴与些丫嬛等都在山石上瞧他们取乐，宝玉也慢慢行来。湘云见了他来，忙笑说："快把这船打出去，他们是接林妹妹的。"众人都笑起来。宝玉红了脸，也笑道："人家的病，谁是好意的？你也形容着取笑儿。"湘云笑道："病也比人家另一样，原招笑儿，反说起人来。"说着，宝玉便坐下，看着众人忙乱了一回。湘云因说道："这里有风，石头上又冷，坐坐去罢。"［周按］坐坐去罢，口语纪实。谓在此小坐一下就走吧，不要多留之意也。◎凡湘云、宝玉二人相遇，其交谈率皆寥寥数语，而此数语中又往往以戏语为多，观此处亦不例外。然坐坐去罢四字，语少情多，含意无限。读者须知雪芹用笔各有分际。写湘云与写黛玉迥然有别，须于此等处细加体会。宝玉也正要去瞧黛玉，便起身拄拐辞了他们，从沁芳桥一带堤上走来。只见柳垂金线，桃吐丹霞，山石之后，一株大杏树花已全落，叶稠阴翠，上面已结了豆子大小的许多小杏。宝玉因想道："我能病了几天，竟把杏花辜负了，不觉已到绿叶成阴子满枝了。"［周按］晚唐小杜诗云：自是寻芳去较迟，不须惆怅怨春时。狂风吹尽深红色，绿叶成阴子满枝。因此仰望杏子不舍，又想起邢岫烟已择了夫婿一事，虽说是男女大事，不可不行，但未免又少了一个好女儿。不过二年，便也要绿叶成阴子满枝了。再过几日，这杏树子落枝空，再几年，岫烟也未免乌发如银，红颜似槁了。因此不免伤心，只管对杏流泪叹息。［己双］近之淫书，满纸伤春，究竟不知伤春原委。看他并不提伤春字样，却艳恨秾愁，香流满纸矣。［周按］此一段可与宝玉因听《葬花》词而引起伤感一段合看。正悲叹时，忽有一个雀儿飞来，落于枝上乱啼。宝玉又发了呆性，心下想道："这雀儿必定是杏花正开时他曾来过，今儿无花空有子叶，故也乱啼。这声韵必是啼哭之声，可恨公冶长不在眼前，不能问他。但不知明年再发时这个雀儿可还记得飞到这里来与杏花一会否？"［周按］莲叶羹一回，傅秋芳家婆子评宝玉云：看见燕子就和燕子说话。观此一段正可互证。

正胡思间，忽见一股火光从山石那边发出，将雀儿惊飞。宝玉吃一大惊。又听那边有人喊道："藕官你要死，怎么弄些纸钱进来烧？我回奶奶们去，仔细你的皮。"宝玉听了越发疑惑起来，忙转过山石看时，只见藕官满面泪痕，蹲在那里，手内还拿着火，［周按］拿着火，口语谓引火之物为火。守着些纸钱灰作悲。宝玉忙问道："你与谁烧纸？快不要在这里烧。你或是为父母兄弟，你告诉我听名姓，外头去叫小厮们打了包袱，写上名姓去烧。"藕官见了宝玉，只不作一声。宝玉数问不答，忽见一婆子恶狠狠走来拉藕官，口内说："我已经回了奶奶们，奶奶们气的了不得。"藕官听了，终是孩气，怕辱没了没脸，便不肯去。婆子道："我说你们别太兴头过余了，如今还比你们在外头随心乱闹呢！这是尺寸地方儿。"指宝玉道："连我们的爷还守规矩呢，你是什么阿物儿，跑来胡闹！怕也不中用，跟我快走罢！"［己双］如何，必是含怨之人。又拉上宝玉，画出小人得意来。宝玉忙道："并没烧纸钱，原是林妹妹叫他来烧烂字纸的，你没看真，反错告了他。"藕官正没了主意，见了宝玉，又正添了畏惧，忽听了他反掩饰，心内转忧成喜，也便硬着口说道："你狠看真是纸钱了么。我烧的是林姑娘写坏了的字纸。"那婆子听如此说，亦发狠起来。便湾腰向纸灰中拣那不曾化尽的遗纸，拣了两点在手内说道："你还嘴硬，有据有证在这里，我只和你厅上讲去！"说着拉了袖子就拽着要走。宝玉忙把藕官拉住，用拄杖敲开那婆子的手，说道："你只管拿了那个回去。实告诉你，我昨夜作了一个梦，梦见杏花神和我要一挂白钱，［周按］白钱即纸钱，用白纸制成，祭鬼所焚，其祭神者用黄纸，则称黄钱。口语皆不加“纸”字。不可叫本房人烧，要一个生人替我烧了，我的病就好的快，所以我请了这白钱，巴巴的和林姑娘烦了他来，替我烧了祝赞。原不许一个人知道的，所以我今日才能起来。偏你看见了，我这会子又不好了，都是你冲了，你这还要告他去。藕官，只管去，见了他们，你只管照依我这话说。等老太太回来，我就说他故意来冲神祇，保佑我早死。”［周按］试看宝玉只为保护藕官而不惜编造谎话要挟婆子，虽出于好心善意，然也可谓之公正乎？吾为婆子呼冤，一笑！藕官听了，越发得了主意，反到拉着婆子要走。那婆子听了这话，忙丢下纸钱，陪笑央告宝玉道：“我原不知道，二爷若回了老太太，我这老婆子岂不完了？我如今回奶奶们去，就说是爷祭神，我看错了。”宝玉道：“你也不许再回去了，我便不说。”婆子道：“我已经回了，叫我来带他，我怎好不回的。也罢，就说我已经叫到了他，林姑娘叫了去了。”宝玉想了一想，方点头应允，那婆子去了。

这里宝玉又问他：“到底为谁烧纸？我想来，若为父母兄弟，你们早外头烧了，这里烧这几张，必有私自情理。”藕官因方才护庇之情，感激于衷，便知他是自己一派的人物，便含泪说道：“我这事，除了你屋里的芳官并宝姑娘屋里的蕊官，并没第三人知道。今日忽然被你遇见，又有这段意思，少不得也告诉了你了，你只不许再对一人言讲。”又笑道：［周按］又笑道，是勉强整容致歉之意。“我也不必和你面说，你只背地悄问芳官就知道了。”说毕，佯常而去。

宝玉听了，心下纳闷，［己双］连观书者亦纳闷。只得踱到潇湘馆瞧黛玉，亦发瘦到可怜。［周按］到是原笔，改的便谬。问起来，比往日已算大愈了。［己双］好，若只管病亦不好。黛玉见他也比先大瘦了，想起往日之事，不免流下泪来。微谈了一谈，催宝玉去歇息调养，宝玉只得回来。因记挂着要问芳官那原由，偏有湘云、香菱来了，［周按］此处特写湘云香菱二人一处，大可注意，此关系原稿佚文情节。正和袭人、芳官一处说话，不好叫他。恐人又盘问，只得耐着。

一时芳官又跟了他干娘去洗头，他干娘偏又先叫了他亲女洗过了后，才叫芳官洗。芳官见了这般，便说他心偏："把你女儿的剩水给我洗，我一月的月钱都是你拿着，沾我的光不算，反给我剩东剩西的。"他干娘羞愧便成恼，骂道："不识抬举的东西，怪不得人人都说戏子没一个好缠的。凭你什么好人，一入这一行，都弄坏了。这一点子屄崽子，也挑么挑六的，咸屄淡舌，咬群的骡子似的。"娘儿两个吵起来，袭人忙打发人去说："少吵嚷，瞅着老太太不在家，一个一个的连句安静话也不说了。"晴雯因说："都是芳官不省事，不知狂的什么也是的。"袭人道："一个巴掌拍不响，老的也太不公道些，小的也太可恶些。"宝玉道："怨不得芳官。自古说，物不平则鸣。［己双］自来经语未遭如是用也。他少亲失眷的，在这里没人照看了，反倒赚了他的钱，又作践他，这如何怪的他？"因又向袭人道："他一月多少钱？已后不如你收过来照管他，岂不省事？"袭人道："我要照管他那里照看不了？又要他那几个钱才照看他，没的讨人骂去了。"说着便起身至那屋里，取了一瓶花露头油并些鸡子、香煋、头绳之类，［周按］鸡子，口语呼鸡蛋为鸡子儿，此纪实音也。叫了一个婆子来送给芳官去，叫他另要水自洗，不许吵闹了。干娘亦发羞恼，便说芳官："没良心，花辩我克你的钱。"便向他身上拍了几下，芳官便哭起来。宝玉便走出，袭人忙劝："作什么，我去说他。"晴雯忙先过来，指他干娘说道："你老人家太不懂事了，你不给他好的洗，我们饶给他东西，你不燥，还有脸打他？他要还在学里学艺，你也敢打他不成？"那婆子便说："一日叫娘，终身是母。他排场我，我就打得。"袭人唤麝月道："我不会和人办嘴，晴雯性太急，你快过去震唬他几句。"麝月听了，忙过来说道："你别嚷，我且问你，别说我们这一处，你看满园子里，谁在主子屋里教导过女儿的？便是你的亲女儿，既分了房，有了主子，自有主子打得骂得，再者大些的姑娘姐姐们打得骂得，谁许老子娘又半中间管闲事了？都这样管起来，又要叫他们跟着我们学什么？越老越没了规矩。你见前儿坠儿妈来吵，你也跟着他学？你们放心，因连日这个病那个病，老太太又不得闲心，所以我没回。等两日咱们痛回一回，大家把威风煞一煞才好。宝玉这两日才好了些，连我们不敢大声说话，你反到打的人狼号鬼叫的。上头能出了几日门，你们就无法无天了，眼睛里没了我们，再两天你们就该打我们了。他不要你这干娘，怕粪草埋了他不成？"宝玉恨的用拄杖敲着门槛子说道："这些老婆子，都是铁心石头肠子，也是件大奇事。不能照管，反倒锉磨，天长地久，如何是好？"[己双]画出宝玉来。晴雯道："什么如何是好，都撵了出去，不要这些中看不中吃的。"那婆子羞愧难当，一言不发。

那芳官只穿着海棠红的小棉袄，底下绿䌷撒花夹裤，厂着裤腿，[己双]四字奇想，写得纸上，跳出一个女优来。一头乌油似的头发披在脑后，哭的泪人一般。麝月笑道："把个莺莺小姐反弄成了拷打红娘了。这会子又不用粧，就是活现的，还是这么松怠怠的。"宝玉道："他这本来面目极好，到别弄紧衬了。"晴雯过去拉了他，替他洗净了发，用手巾拧干，松松的挽了一个慵妆髻，命他穿了衣服过这边来了。接着，司内厨的婆子来问："晚饭有了，可送不送？"小丫头们听了进来问袭人，袭人笑道："方才胡吵了一阵，也没留心听钟几下子了。"晴雯道："那捞什子又不知怎么了，又得去收拾。"说着便拿过表来瞧了一瞧，说："再略等半钟茶的工夫就是了。"小丫头去了，麝月笑道："提起淘气，芳官也该打几下，昨儿是他摆弄了那坠子，半日就坏了。"说话之间，便将食具打点现成。

一时小丫头子捧了盒子进来站住，晴雯、麝月揭盖看时，还是这四样小菜。晴雯笑道："已经好了，还不给两样清淡菜？这稀饭咸菜闹到多早晚？"一面摆好，一面又看那盒中，却有碗火腿鲜笋汤。忙端了放在宝玉跟前，宝玉便就桌上喝了一口，［己双］画出病人。说："好烫！"［周按］烫是原笔，做汤者误。盖因热汤烫嘴，方令芳官吹之，使稍凉也。袭人笑道："菩萨，几日没见荤腥，馋的就这样起来。"一面说，一面忙端起轻轻用口吹。［己双］画。因见芳官在侧，便递与芳官，笑道："你也学着些伏侍，别一味獃憨獃睡。［周按］獃，呆异字，非繁简体之别，獃音 dāi，呆音 niē。口劲轻着，别吹上唾沫星子。"芳官依言果吹了几口，甚妥。他干娘也忙端饭在门外伺候。向日芳官一到时，原从外边认的，就同往梨香院去了。这干婆子原系荣府三等人物，不过令其与他们浆洗，皆不曾入内答应，故此不知内帏规矩。今亦托赖他们方入园中，随女归房。这婆子先领过麝月的排场，方知了一二分，生恐不令芳官认他作干娘，便有许多失利之处，故心中只要买转他们。今见芳官吹汤，便忙跑进来笑道："他不老成，仔细打了碗，让我吹罢！"一面说，一面就接。晴雯忙喊："快出去，你让他砸了碗也轮不到你吹。你什么空儿跑到里隔子内来了？还不出去！"一面又骂小丫头子们："瞎了心的，他不知道，你们也不说给他？"小丫头子们都说："我们撵他，他不出去，说他，他又不信，如今带累我们受气，你可信了？我们到的地方儿，有你到的一半，还有你一半到不去的呢！何况又跑到我们到不去的地方还不算，又去伸手动嘴的了。"一面说，一面推他出去。阶下几个等空盒家伙的婆子见他出来，都笑道："嫂子也没用镜子照一照就进去了？"羞的那婆子又气又恨，只得忍耐下去了。芳官吹了几口，宝玉笑道："好了，仔细伤了气，你尝一口，可好了？"芳官只当是顽话，只是笑，看着袭人等。袭人道："你就尝一口何妨？"晴雯笑道："你瞧我尝。"说着，便喝了一口。芳官见如此，自己也便尝了一口，说："好了。"递与宝玉。宝玉喝了半碗，吃了几片笋，又吃了半碗粥就罢了。众人拣收出去了。小丫头捧了沐盆，盥漱已毕，袭人等出去吃饭，宝玉便使个眼色与芳官。芳官本自伶俐，又学了几年戏，何事不知？便粧头疼，说不吃饭了。袭人道："既不吃，你就在屋里作伴儿，把这粥给你留着，一时饿了再吃。"说着都去了。

这里宝玉和他只二人，宝玉便将方才从火光发起，如何见了藕官，又如何谎言护庇，又如何藕官叫我问你，从头至尾，细细的告诉他一遍。又问他："祭的果系何人？"芳官听了，满面含笑，又叹一口气，说道："这事说来可笑又可叹。"宝玉听了，忙问如何。芳官笑道："你说他祭的是谁？祭的是死了的药官。"宝玉道："这是友谊，也应当的。"芳官笑道："那里是友谊，他竟是疯痴的想头，说他自己是小生，药官是小旦，常作夫妻。虽说是假的，每日那些曲文排场皆是真正温存体贴之事，故此二人就疯了，虽不作戏，寻常饮食起坐，两个人竟是你恩我爱。药官一死，他哭的死来活去，至今不忘，所以每节烧纸。后来补了蕊官，我们见他一般的温柔体贴，也曾问他得新弃旧的，他说这又有个大道理，比如男子丧了妻，或有必当续弦者，也必要续弦为是。但只是不把死的丢开不提，便是情深意重了。若一味因死的而不续，孤守一世，妨了大节，也不是礼，死者反不安了。你说可是又疯又呆，说来可是好笑？"宝玉听说了这篇呆话，独合了他的呆性，不觉又是欢喜，又是悲叹，又称奇道绝，说："天既生这样人，又何用我这须眉浊物玷辱世界？"因又忙拉芳官嘱道："既如此说，我也有一句话嘱咐他，我若亲对面与他讲，未免不便，须得你告诉他。"芳官问何事，宝玉道："已后断不可烧纸钱，这纸钱原是后人异端，不是孔子的遗训。已后逢时按节，只备一个炉，到日随便焚香，一心诚虔，就可感格了。愚人原不知，无论神、佛、死人，必要分出等例，各式各例的，却不知只以诚信为主，即值仓惶流离之日，虽连香亦无，随便有土有草，只以洁净，便可为祭。不独死者为祭，便是神鬼，皆是来享的。你瞧瞧我那案上只设一炉，不论日期，时常焚香，他们皆不知原故，我心里却各有所因。随便有新茶供一钟茶，有新水便供一盏水，或有鲜花或有鲜果，甚至于荤羹腥菜，只要心诚意洁，便是佛，也都可来享。所以说只在敬，不在虚名。已后快命他不可再烧纸。”芳官听了，便答应着。一时吃过饭，便有人回：“老太太、太太回来了。”

［戚回后］道理彻上彻下，提笔左潆右拂，浩浩千万言不绝，又恐后人溺词失旨，特自注一句以结穴，曰诚曰信。杏子林对禽惜花一席话，仿佛茂叔庭草不除襟怀。

［回后评］观书者方从上回慧紫鹃绝大文章中出来进入此回，似觉情节平常，文笔松散，淡而无味，便非雪芹精彩笔墨。殊不知若以此种板定眼光以观芹书，则失之远矣。须看他从容写来，初遇闺友湘云，次遇堤边杏树，又遇枝上雀鸟悲啼，又遇火光出于林际，而于火光中再遇一藕官。层层逼进，笔笔多情，由人而木，由木而鸟，由鸟而仍归于人。而此人者，由湘云而暗及藕官，故知假凤泣凰，真情痴理皆是比喻宝黛与宝湘之两重姻缘。若悟此理，即不复觉其笔墨松散，情节乏味矣。

第五十六至五十八三回书文，愈见杨戚苏三古本文字一致处，谓最为可信之雪芹原文也。

第五十九回
柳叶渚边嗔莺咤燕　绛芸轩里召将飞符

［戚回前］山无起伏，便是顽山。水无潆洄，便是死水。此文于前回叙过事，字字应，于后回未叙事，语语伏，是上下关节。至铸鼎象物手段，则在下回施展。

话说宝玉多添了一件衣服，拄杖前边来都见过，因每日辛苦，都要早些歇息，一宿无话。次日五鼓又往朝中去。离送灵日不远，鸳鸯、琥珀、翡翠、玻璃四人都忙着打点贾母之物，玉钏、彩云、彩霞等皆打点王夫人之物，当面查点，交与跟随管事媳妇们。跟随的一共大小六个丫嬛，十个老婆子媳妇子，男人不算，连日收拾驮轿器械。鸳鸯与玉钏儿皆不随去，只看屋子。一面先几日预发帐幔铺陈之物，先有四五个媳妇并几个男人领了出来，坐了几辆车绕道先至下处，铺设安插等候。临日，贾母带着蓉妻坐一乘驮轿，王夫人在后，亦坐一乘驮轿。贾珍骑马率领众家丁围护。又有几辆大车与婆子丫嬛等，并放些随换的衣包等件。是日，薛姨妈、尤氏率领诸人直送至大门外方回。贾琏恐路上不便，一面打发了他父母起身赶上贾母、王夫人驮轿，自己也随后带领家丁押后跟来。荣府内赖大添派人丁上夜，将两处厅院都关了，一应出入人等皆走西边小角门，日落时便命关了仪门，不放人出入。园中前后东西角门亦皆关锁，只留王夫人大房之后常系他姊妹出入之门，东边通薛姨妈的角门，这两门因在内院，不必关锁。里面鸳鸯和玉钏儿也各将上房门关了，自领丫嬛婆子下房去安歇。每日林之孝之妻进来，带领十来个婆子上夜，穿堂内又添了许多小厮们坐更打梆子，已安插得十分妥当。

一日清晓，宝钗春困已醒，搴帷下榻，微觉轻寒，及启户视之，见苑中土润苔青，［周按］一段话着语不多，如六朝人短幅小赋写京都旧时风土气味即在眼前。按旧时北京西北郊有万泉之称，地下水极为丰富。春夏之际，土润苔青随处可见。近世每有南土人士一见青苔之文，即指为南方风土，盖不知老北京之历史情况也。原来是五更时落了几点微雨，于是唤起湘云等人来，一面梳洗，湘云因说两腮作痒，恐又犯了杏癍癣，因问宝钗要些蔷薇硝擦。宝钗道："前儿剩的都给了妹子。"因说："颦儿配了许多，我正要和他要些，因今年竟无发痒，就忘了。"因命莺儿去取些来。莺儿应了。方去，蕊官便说："我同你去，顺便瞧瞧藕官。"说着一同出了蘅芜院，二人你言我语，一面行走，一面说笑，不觉到了柳叶渚。顺着柳堤走来，因见柳叶才吐浅碧，丝若垂金，莺儿便笑道："你会拿这柳条子编东西不会？"蕊官笑道："编什么东西？"莺儿道："什么编不得，顽的使的都可。等我摘些下来，带着这叶子编一个花篮，采了各色花放在里头，才是好顽呢。"说着且不去取硝，且伸手挽翠披金，采了许多的嫩条，命蕊官拿着。他却一行走，一行编花篮，随路见花便采一二枝，编出一个玲珑过梁的篮子，枝上自有本来的翠叶满布，将花放上。蕊官笑说："好姐姐，给了我罢！"莺儿道："这一个咱们送林姑娘，回来咱们再多采些，编几个大家顽。"说着，来至潇湘馆中。黛玉也正晨妆，见了这篮子，便笑说："这个新鲜花篮是谁编的？"莺儿笑说："我编了送姑娘顽的。"黛玉接了，笑道："怪道人人赞你的手巧，这顽意儿却也别致。"一面瞧了一回，便命紫鹃挂在那里。莺儿见过，又问候薛姨妈，方和黛玉要硝，黛玉忙命紫鹃包了一包，递与莺儿。黛玉又说道："我好了，今日要出去曠曠，你回去说与姐姐，不用过来问候妈了，也不敢劳他来瞧我，我梳了头，同妈都往你那里去，连饭也端了那里去吃，大家热闹些。"莺儿答应了出来，便到紫鹃房中找蕊官。只见蕊官与藕官二人正说的高兴，不能相舍，莺儿便笑说："姑娘也去呢，藕官先同我们去等着岂不好？"紫鹃听如此，便也说道："这话到是，他这里淘的也可厌。[周按]淘的，淘即顽皮淘气，口语单用。一面说，一面便将黛玉的匙箸用一块洋巾包了，交与藕官道："你先带了这个去，也算一淌差了。"藕官接了，笑嘻嘻同他二人出来，一迳顺着柳堤走来。

莺儿便又采些柳条，索性坐在山石上编起来，又命蕊官先送了硝去再来。他二人只顾爱看他编，那里舍得去。莺儿催说道："你们再不去，我也不编了。"藕官便说："我同你去了再快回来。"二人方去了。这里莺儿正编，只见何婆子的小女儿春燕走来，笑问道："姐姐织什么？"正说着，藕蕊二人也到了。春燕便问藕官道："前儿你烧什么纸？被我姨妈看见了，要告你没告成，到被宝玉赖了他一大些不是，气的他一五一十告诉我妈。你们在外头这二三年，积了些什么仇恨，如今还没解开？"藕官冷笑道："有什么仇恨，他们不知足，反怨我们了。在外头这两年，别的东西不算，只算每日我们的米菜，不知赚了多少家去，合家子都吃不了，[周按]合家子，合与阖、阖同。还有每日买东买西赚的钱在外，逢我们使他们一使儿，就怨天怨地的，你说说可有良心？"春燕笑道："他是我的姨妈，也不好向着外人反说他的。怨不得宝玉说，'女孩儿未出家，[周按]出家，即"出阁""出门子"之义，指女儿外嫁。是颗无价的宝珠，出了嫁，不知就怎么变出许多的毛病来，虽是颗珠子，却没有光彩宝色，是颗死的了，再老老，[周按]再老老，口语常用语式。如再长长，再大大皆一例。更变的不是珠子，竟是鱼眼睛了。[周按]自《石头记》问世以来，人人皆知作者雪芹崇女贬男，但往往误以为所崇者为一切女子，观春燕口中转述宝玉之奇论，方晓书中所谓之女儿有其特殊定义，并非今日一般女性之意义。盖在宝玉看来，女儿未嫁故为无价明珠，一嫁男人光彩顿失，再加年迈、权贵、世俗、庸鄙，则珠玉本质全无，只成混珠之鱼目了。分明一个人，怎么变出三样来？'这话虽是混说，到也有些不差。别人不知道，只说我妈和姨妈他老姊妹两个，如今越老越把钱看真了。先是老姐儿两个在家抱怨没个差使，没个进益，幸亏有了这园子，把我们家挑进来，可巧把我分在怡红院，家里省了我一个人的费用不算外，每月还有四五百钱的余剩，这也还说不勾。后来老姊妹二人都派到梨香院去照管他们，藕官认了我姨妈，芳官认了我妈，这几年着实宽绰了，如今挪进来，也算撒开手了，还只无厌，你说好笑不好笑？我姨妈刚和藕官吵了，接着我妈为洗头就和芳官吵，芳官连洗头也不给他洗了。昨日得了月钱，推不去了，买了东西先叫我洗。我想了一想，我自有月钱，就没了钱，要洗时，不管袭人、晴雯、麝月那一个跟前和他们说一声，也都容易，何必借这个光儿，好没意思，所以我不洗。他又叫我妹妹小鸠儿洗了，才叫芳官洗，果然就吵起来。接着又要给宝玉吹汤，你说可笑死了人！我见他一进来，我就告诉那些规矩，他只不信，只要强作知道，足的讨个没趣儿。幸亏园子里人多，没人分记的清楚谁是谁的亲故。若有人记得，只我们一家人吵，什么意思呢？你这会子又跑了来弄这个。这一带地上的东西都是我姑妈管着，他一得了这地方，比得了永远基业还利害。每日起早睡晚，自己辛苦了还不算，每日逼着我们来照看，生恐有人遭遢。我又怕误了我的差事。［周按］差事，口语如是。差使乃书面文字。如今我进来了，老姑嫂两个照看的谨谨慎慎，一根草也不许人动，你还掐这些花儿！又折他的嫩树！他们即刻就来，仔细他们抱怨。”莺儿道："别人乱折乱掐使不得，独我使得。自从分了地基之后，各房里每日皆有分例，吃的不用算，单算花草顽意儿，谁管什么，每日谁就把各房里姑娘丫头带的，必要各色送些折枝的去，另外还有插瓶的，惟有我们姑娘说了，一概不用送，等要什么，再和你们要，究竟总没要过一次。我今儿便掐些，他们也不好意思说的。”

一语未了，他姑娘果然拄了拐走来。［周按］姑娘，南语即姑母、姑妈。莺儿、春燕等忙让坐。那婆子见采了许多的嫩柳！又见藕官等都采了许多鲜花，心内便不受用，看着莺儿编，又不好说什么，便说春燕道：“我叫你来照看照看，你就贪住顽不去了，倘或叫起你来，你又说我使你了，拿我做隐身符儿，你来乐。”春燕道：“你老又使我，又怕，这会子反说我，难道把我劈八瓣子不成？”莺儿笑道：“姑妈，你别信小燕的话，这都是他摘下来的，烦我给他编，我撵他他不去。”春燕笑道：“你可少顽儿，你只顾顽，老人家就认真了。”那婆子本是愚顽之辈，兼之年迈昏愦，惟利是命，一概情面不管，正心疼肝断，无计可施，听莺儿如此说，便以老卖老，拿起拐杖来，向春燕身上击了几下，骂道：“小蹄子，我说着你，你还和我强嘴呢！你妈恨的牙痒，要撕你的肉吃呢！你还来合我梆子似的。”打的春燕又愧又急，因哭道：“莺儿姐姐顽话，你老认真就打我，我妈为什么恨我？我又没烧胡了洗脸水，有什么不是？”莺儿本是顽话，忽见婆子认真动了气，忙上去拉住笑道：“我才是顽话，你老人家打他，我岂不愧？”那婆子道：“姑娘，你别管我们的事，难道为姑娘在这里，不许我管孩子不成？”莺儿听见这般蠢话，便堵气红了脸，撒了手冷笑道：“你老人家要管，那一刻管不得？偏我说了一句顽话，就管他了，我看你老管去！”说着便坐下，仍是编柳篮子。偏又有春燕的娘出来找他，喊道：“你不来舀水，在那里作什么呢？”这婆子便接声儿道：“你来瞧瞧你的女儿，连我也不伏了，在那里排揎我呢！”那婆子一面走过来，说：“姑奶奶又怎么了？我们丫头眼里没娘罢了，连姑妈也没了不成？”莺儿见他娘来了，只得又说原故。他姑娘那里容人说话，便将石头上的花柳与他娘瞧道：“你瞧瞧你女儿，这么大孩子顽的，他也领着人遭塌我，我怎么说人？”他娘也正为芳官之气未平，又恨春燕不随他的心，便走上来打耳刮子，骂道：“小娼妇，你能上去了几年，你也跟那起轻狂浪小妇学，怎么就打不得你了？干的我管不得，你是我毯里吊出来的，难道也不敢管你不成？既是你们这起蹄子到的去的地方我到不去，你就该死在那里伺候，又跑出来浪汗。”一面又抓起柳条子来直送到他脸上，问道：“这叫什么？这编的是你娘的毯！”莺儿忙道：“那是我们编的，你可别指桑骂槐的。”那婆子深妒袭人、晴雯一干人，已知凡房中大些的丫嬛都比他们有些体统权势，凡见了这一干人，心中又畏又让，未免又气又恨，亦且迁怒于众。复又看见了藕官，又是他令姊的冤家，四处凑成一股怨气。那春燕啼哭着往怡红院去了。他娘又恐问他为何哭，怕他又说出打他，恐自己又要受晴雯等之气，不免着起急来，又忙喊道：“你回来，我告诉你再去！”春燕那里肯回来，急的他娘跑了去又拉他，他回头看见，便飞往前跑。他娘只顾赶他，不防脚下被苔滑倒，引的莺儿等反都笑了。莺儿赌气将花柳皆掷于河中，自回房去。这里把个婆子心疼的只念佛，又骂：“促狭小蹄子！遭塌了花儿，雷也是要烘的。”自己且掐花与各房送去不提。

却说春燕一直跑入院中，顶头遇见袭人往黛玉处去问安，春燕便一把抱住说：“姑娘救我，我妈又打我呢！”袭人见他妈来了，不免生气，便说道：“三日两头儿，打了干的打亲的，还是卖弄你女儿多，还是认真不知王法？”这婆子虽来了几日，见袭人不言不语，是好性的，便说：“姑娘你不知道，别管我们的闲事！都是你们纵的，这会子还管什么？”说着便又赶着打。袭人气的转身进来，见麝月正在海棠下晾手巾，听得如此喊闹，便说：“姐姐别管他，看他怎样。”一面使个眼色与春燕，春燕会意，便直奔了宝玉去。众人都笑说：“这可是没有的事都闹出来了。”麝月向那婆子道：“你再略煞一煞气儿，难道这些人的脸面和你讨一个情，还讨不下来不成？”那婆子见他女儿奔到宝玉身边去，又见宝玉拉了春燕的手说：“你别怕，有我呢！”

春燕又一行哭，一行将莺儿等事都说出来。宝玉越发急起来了，说：“你只在这里闹也罢了，怎么连亲戚也都得罪了？”麝月又向婆子及众人道：“怨不得这嫂子说我们管不着他们的事，我们虽无知错管了，如今请出一个管的着的人来管一管，嫂子就心伏口伏，也知道规矩了。”便回头命小丫头子：“去把平儿给我们叫来！平儿不得闲，就把林大姐姐叫了来。”那小丫头便走，众媳妇上来笑说：“嫂子你快求姑娘们叫回那孩子来罢！平姑娘来了，可就不好了！”那婆子说道：“凭是那个，平姑娘来了也评评理，没有个娘管女儿，大家管着娘的。”众人笑道：“你当是那个平姑娘？是二奶奶屋里的平姑娘！他有情呢，说你两句，他一翻脸，嫂子你吃不了兜着走呢！”说话之间，只见那小丫头子回来说：“平姑娘正有事，问我什么事，我告诉了他。他说，有这样事？且撵他出去，告诉与林大娘，在角门外打他四十板子就是了。”那婆子听如此说，自不肯出去，便又泪流满面，央求袭人等说：“好容易我进来了，况且我是个寡妇，家里没人，正好一心无挂的在里头伏侍姑娘们，姑娘们也便宜，我家里也省交过。［周按］交过，犹言口粮、食物，即一日三餐之主食。我这一出去，又要去自己生火过活，将来不免又没了过活。”袭人见他如此，早又心软了，便说：“你既要在这里，又不守规矩，又不听说，又乱打人，那里弄你这个不晓事的来？天天斗口，也叫人笑话失了体统。”晴雯道：“理他呢，打发去了是正景，谁和他去对嘴对舌的！”那婆子又央众人道：“我虽错了，姑娘吩咐，我已后改过。姑娘们那不是行好积德？”又央春燕道：“原是我为打你起的，究竟没打成你，如今反受了罪了，你也替我说说。”宝玉听如此可怜，只得留下，吩咐他不可再闹。那婆子一一的谢过了，下去。只见平儿走来，问系何事，袭人等忙说：“已完了，不必再提。”平儿笑道：“得饶人处且饶人，得省事将就省些事也罢了。能去了几日，只听各处大小人儿都作起反来了，一处不了又一处，叫我不知管那一处的是。”袭人笑道：“我只说我们这里反了，原来还有几处！”平儿笑道：“这算什么，我正和珍大奶奶算呢，这三四天的工夫，一共大小出来了八九件了，你这里是极小的，算不起数儿来，还有大的可气可笑之事呢！”不知何事，且听下回分解。

［戚回后］苏堤柳暖，阆苑春浓，兼之晨妆初罢，疏雨梧桐，正可借软草以慰佳人，采奇花以寄公子。不意莺嗔燕怒，逗起波涛。婆子长舌，丫嬛碎语，群相聚讼，又是一样烘云托月法。

［回后评］雪芹著书原为传其闺友闺情，为天下女儿吐气扬眉，为此一意贬男，名之曰须眉浊物，再加不客气则贬之为臭男人，思之可发一大笑。一个臭字写尽男人之虚实表里至矣尽矣，然他写女人也不留情，写女儿天真烂漫年华正好之时，也难尽免一个妒字。及至其嫁了男人，女儿之美日益衰减，世俗鄙陋之气日增，最终成为婆子，则不知情，不论义，一心只看在一个钱字上。雪芹写这等年老女人为了钱财，亲女义女一概不认，丑态毕露。是故此等变化，雪芹皆归过于臭男人，其理是否至公至允何必深论。吾人读《石头记》，只须识得雪芹之灵心慧性超越凡尘，而赏其精神世界与文字之美，其它勿效村夫之争是非可矣。

第六十回
茉莉粉替去蔷薇硝　玫瑰露引出茯苓霜

［戚回前］前回叙蔷薇硝戛然便住，至此回方接过蔷薇案，接笔转出玫瑰露，引起茯苓霜，又戛然便住，著笔如苍鹰搏兔，青狮戏毬，不肯下一死爪，绝世妙文。

话说袭人因问平儿何事这等忙乱，平儿笑道："都是世人想不到的，说来也可笑，等几日告诉你，如今没头绪呢，且也不得闲儿。"一语未了，只见李纨的丫嬛也来了，说："平姐姐可在这里？奶奶等你，你怎么不去了？"平儿忙转身出来，口内笑说："来了，来了！"袭人等笑道："他们奶奶病了，他又成了个香饽饽了，都抢不到手。"平儿去了，不提。

这里宝玉便叫春燕："你跟了你妈妈，到宝姑娘房里给莺儿几句好话听听，也不可白得罪了他。"春燕答应了，和他妈出去。宝玉又隔窗说道："不可当着宝姑娘说，仔细反叫莺儿受教导。"娘儿两个应了出来，一壁走着，一壁说闲话儿。春燕因向他娘道："我素日常劝你老人家，再不信，何苦来闹出没趣来才罢！"他娘笑道："小蹄子，你走罢。俗语说，不经一事，不长一智，我如今知道了，你该来紧着问我。"春燕笑道："妈，你若是安分守己，在这屋里长久了，自有许多的好处。我且告诉你句话，宝玉常说，将来这屋里的人，无论家里外头的，一应我们这些人，他都要回太太，全放出去，与本人父母自便呢！［庚双］补前文不足处。你只说这一件可好不好？"他娘听说，喜的忙问："这话果真？"春燕道："谁可扯这谎作什么！"［周按］春燕是怡红院中一个小丫头，素未列名，如今令读者另眼看待，其出场却是如此一番情景。而宝玉的一种非常之胸怀、意愿却不由别人说出，偏由春燕口中逗露，则春燕之重要必然于今后情节中日益昭显。◎世上不知宝玉之真为人者，总以为宝玉是一花花公子，每日如蝴蝶翩翻于百花之间。怡红院中应聚无数美女，愈多愈好，是宝玉之占有欲可谓无穷也。忽于此处闻知宝玉欲将院中女儿尽数放出令得自由，如此胸怀与菩萨慈悲有何差异？则以往误以宝玉为花花公子者，亦稍稍晓悟知愧否？婆子听了，便念佛不绝。当下来至蘅芜苑中，正值宝钗、黛玉、薛姨妈等吃饭。莺儿自去泡茶，春燕便和他妈一迳到莺儿前陪笑说方才言语冒撞了，姑娘莫嗔莫怪，特来陪罪等语。莺儿忙让坐，又倒茶。他娘儿两个说有事，便作辞回来。

忽见蕊官赶出来叫：“妈妈姐姐站一站。”一面走上来，递了一个纸包与他们，说是蔷薇硝，带与芳官去擦脸。春燕笑道：“你们也太小气了，还怕那里没这个与他？巴巴的你又弄一包给他去。”蕊官道：“他是他的，我送的是我的。好姐姐，千万带回去罢。”春燕只得接了。娘儿两个回来，正值贾环、贾琮二人来问候宝玉，也才进去，春燕便向他娘说：“只我进去罢，你老不用去。”他娘听了，自此便百依百随的，不敢倔强了。春燕进来，宝玉知道回复，便先点头。春燕知意，［周按］知意，雪芹字法。便不再说一语，略站了一站，便转身出来，使眼色与芳官。芳官出来，春燕方悄悄的说与他蕊官之事，并与他硝。宝玉与琮、环并无可谈之语，因笑问：“芳官手里是什么？”芳官便忙递与宝玉瞧，又说是擦春癣的蔷薇硝。宝玉笑道：“难为他想的到。”贾环听了，便伸着头瞧，［周按］伸着头瞧，只此一句，便写出环儿满腹鬼胎之劣相。又闻了一闻，闻得一股清香，便湾腰向靴桶内掏出一张纸来托着，［周按］靴桶，靴是外出见人之礼服，高腰没踝，内有夹层可以放纸，以备不时之需。笑说：“好哥哥，给我一半儿。”宝玉只得要与他。芳官心中因是蕊官之赠，不肯与别人，连忙拦住，笑说道：“别动这个，我另拿些来。”宝玉会意，忙笑包上，说道：“快取来。”芳官接了这个，自去收好，便从奁中去寻自己常使的。启奁看时，盒内已空。心中疑惑，早间还剩了些，如何没了？因问人时，都说不知。麝月便说："这会子且忙着急问这个，不过是这屋里的人，必是短了，［周按］短了，适值用缺了之义。使了。你不管拿些什么给他们，他们那里看的出来！快打发他们去了，咱们好吃饭。"芳官听说，便将些茉莉粉包了一包拿来，贾环见了，喜的就伸手接。芳官便向炕上一掷，贾环只得向炕上拾了揣在怀内，方作辞而去。

原来贾政不在家，且王夫人等又不在，贾环连日也便粧病逃学，如今得了硝，兴兴头头来找彩云。正值彩云和赵姨娘闲谈，贾环嘻嘻的向彩云道："我也得了一包好的，送你擦脸。你常说蔷薇硝擦脸比外头的银硝强，你且看看，可是这个？"彩云打开一看，嗤的一声笑了，说道："你是和谁要来的？"贾环便将方才之事说了。彩云笑道："这是他们哄你这乡老呢！这不是硝，是茉莉粉。"贾环看了一看，果见比先的带些红色，闻闻也是喷香，因笑道："这也是好的，硝粉一样，留着擦罢。自是比外头买的高便好。"彩云只得收了。赵姨娘便说："他有好的给你？谁叫你要去了？怎怨他们耍你！依我，拿了去，照脸摔给他去！趁着这会子撞尸的撞尸去了，挺床的挺床，吵一出子，大家别心净，也算是报仇。莫不成两个月之后还找出这个渣儿来问你不成？便问你，你也有话说，宝玉是哥哥，不敢冲撞他罢了。难道他屋里的猫儿狗儿，也不敢去问问不成？"贾环听了，便低了头。彩云忙说："这又何苦生事，不管怎样，忍耐些罢了。"赵姨娘道："你快休管，横竖与你无干，乘着抓住了理，骂给那些浪淫妇们一顿也是好的。"又指贾环道："呸，你这下流没刚性的，也只好受这些毛崽子的气。平白说你一句，或无心中错拿了一件东西给你，你到会扭头暴筋，瞪着眼蹾摔娘，［周按］蹾，当是以足顿踹之义，与摔为用手者组为联义。这会子被那起毬崽子耍弄，就罢了？你明儿还想这些家里人怕你呢！没有毬本事，我也替你羞。"贾环听了，又愧又急，又不敢去，只摔手说道："你这么会说，你又不敢去，支使我去闹他们，倘或往学里告去，我挨打，你敢自不疼呢。[周按] 你敢自不疼，略如反正你倒是不会怕疼的了。常言"敢自好"，则是"那自是好极了"，表求之不得之语意。遭遭调唆我去闹出事来，我挨了打骂，你一般也低了头。这会子又调唆我与毛丫头闹，你不怕三姐姐？你敢去，我就伏你。"只这一句话便戳了他娘的肺，便喊说："我肠子爬出来的，我再怕起来，这屋里越发有活头儿了。"[周按] 有活头，谓活着的意味。一面说，一面拿了那包粉，便飞也似的往园中去了。彩云死劝不住，只得躲入别房。贾环便也躲出仪门自去顽耍。

赵姨娘直进园子，正是一头火，顶头正遇见藕官的干娘夏婆子走来，见赵姨娘气恨恨的走来，因问："姨奶奶那去？"赵姨娘又说："你瞧瞧这屋里，连三日两日进来唱戏的小粉头们都三般两样掂人分量放小菜碟儿了，[周按] 放菜碟，盖由看人放菜碟谚语而来，谓饭馆堂倌势利眼，以貌相顾客之身份贵贱贫富而摆不同级的待客菜碟，表不平等对人。若是别一个我还不恼，若叫这些小娼妇捉弄了，还成什么？"夏婆子听了，正中己怀，忙问因何，赵姨娘悉将芳官以粉作硝，轻侮贾环之事说了。夏婆子道："我的奶奶，你今儿才知道，这等算什么！连昨儿这个地方他们私自烧纸钱，宝玉还拦到头里。人家还没拿进个什么来，就说使不得，不干不净的东西忌讳，这烧纸到不忌讳了？你老想一想，这屋里除了太太，谁还大似你？你老自己掌不起来，但凡掌起来的，谁还不怕你老人家？如今我想乘着这几个小粉头儿都不是正头货，[周按] 正头货，犹言正式、正支、正派合法人之义。得罪了他们，也有限的，快把两件事抓着礼，扎个筏子，我在傍帮着作证据，你老把威风抖一抖，以后也好争别的礼。便是奶奶姑娘们，也不好为那起小粉头子说你老的。"赵姨娘听了这话，亦发有理，便说："烧纸的事我不知道，你却细细告诉我。"夏婆子便将前事一一说了，又说："你只管说去，倘或闹起来，还有我们帮着你呢！"赵姨娘听了，越发得了意，仗着胆子便一迳到了怡红院中。

可巧宝玉听见黛玉在那屋里，便往那里去了。芳官正与袭人等吃饭，见赵姨娘来了，忙都起身笑让："姨奶奶吃饭，有什么事这等忙？"赵姨娘也不答话，走上来便将粉照芳官脸上撒来，手指芳官骂道："小淫妇，你是我银子钱买来学戏的，不过娼妇粉头之流，我家里下三等奴才也还比你贵遵些，你都会看人下菜碟儿，宝玉要给东西，你拦在头里，莫不是要了你的了？拿这个哄他，你只当他不认得呢！好不好，他是主子，都是一样的主子，那里有你小看他的！"芳官那里禁得住这话，便着急哭道："没了硝，我才把这个给他的，若说没了，又恐不信，难道这不是好的！我便学戏，也没往外头唱去，我一个女孩子家，知道什么是粉头面头的？姨奶奶犯不着来骂我，我又不是姨奶奶家买的，梅香拜把子都是奴几呢！"［周按］梅香拜把子都是奴几呢，是当日通俗说法。拜把子必分序次，而奴几者，即奴大奴二等之谓也。此方是歇后活语。若作奴才便成死语，亦成废话，尽失原笔精神矣。戏语实皆痛语，可与赖嬷嬷自述语合看。袭人忙拉他说："休胡说！"赵姨娘气的上来便打了两个耳刮子。袭人等忙上来拉劝，说："姨奶奶别和他小孩子一般见识，等我们说他。"芳官挨了两下打，那里肯依，便拾头打滚，［周按］拾头，北语，约为没主意，乱撞之义。泼哭泼闹起来，口内便说："你打的起我么？你照照那模样儿再动手，我叫你打了去，我还活着？"便撞在他怀内叫他打。众人一面劝，一面拉他。晴雯悄拉袭人说："别管他们，让他们闹去，看怎么开交。如今乱为王了，什么你也来打，我也来打，都这样起来，还了得呢！"外面跟赵姨娘来的一干人听见如此，心中各各称愿，都念佛说，也有今日。又有那一干怀怨的老婆子见打了芳官，也都称愿。

当下藕官、蕊官等正在一处作耍，湘云的大花面葵官，宝琴的豆官两个闻了此信，慌忙找着他两个说："芳官被人欺负，咱们也没脸，须得大家破着大闹一场，方争过气来。"四人终是小孩子心性，只顾他们情分上义愤，便不顾别的，一齐跑入怡红院中。豆官先便一头，几乎不曾将赵姨娘撞了一跤。那三个便也拥将上来，放声大哭，手撕头撞，把个赵姨娘裹住。晴雯等一面笑，一面假意来拉，急的袭人拉起这个，又跑了那个，口内只说："你们要死！有委曲只管好说，这没理如何使得？"赵姨娘反没了主意，只好乱骂。蕊官、藕官两个一边一个抱住左右手，葵官、豆官前后头顶住，四人只说："你只打死我们四个就罢了！"芳官直挺挺的淌在地下，哭的死过去。正没开交，谁知晴雯早遣春燕回了探春。

当下尤氏、李纨、探春三人带着平儿与众媳妇走来，将四个喝住。问起原故，赵姨娘便气的瞪着眼粗了筋，一五一十说个不清。尤李两个不答言，只喝禁他四人。探春叹气道："这是什么大事？姨娘也太肯动气了。我正有句话要请姨娘去商议，怪道丫头们说不知在那里，原来在这里生气呢！姨娘快同我来。"尤氏、李纨都笑说："姨娘请到厅上来，咱们商议。"赵姨娘无法，只得同他三人出来，口内犹说长说短。探春便说："那些小丫头子们原是顽意儿，喜欢呢，和他说说笑笑，不喜欢，便可以不理他。便他不好了，也如同猫儿狗儿抓咬了一下子，可恕就恕，不恕时，也只该叫了管事媳妇们去说给他去责罚，何苦自己不尊重，大吆小喝，也失了体统。你瞧周姨娘，怎不见人欺他，他也不寻人去。我劝姨娘且回房去煞煞性儿，别听那起浑账人的调唆，没的惹人笑话，自己呆，白给人作粗活。心里有十二分的气，也忍耐这几天，等太太回来自然料理。"一夕话说的赵姨娘闭口，只得回房去了。

这里探春气的和尤氏、李纨说："这么大年纪，行出来的事，总不叫人敬伏。这是什么意思，也值得吵一吵，并不留体统，耳朵又软，心里又没有计算，这又是那起没脸的奴才调停，作弄出来个呆人替他出气。”越想越气，因命人查是谁调唆的。媳妇们只得答应着，出来相视而笑，都说是大海里那里寻针去？只得将赵姨娘的人并园中人唤来盘诘，都说不知道。众人已无法，只得回探春：“一时难查，慢慢的访查，凡有口舌不妥的，一总来回了责罚。”探春气渐渐平服，方罢。可巧艾官便悄悄的回探春说：“都是夏妈素日和我们不对，每每的造言生事。前儿赖藕官烧纸，幸亏是宝玉叫他烧的，宝玉自己也应了，他总没话。今儿我与我姑娘送手帕去，看见他和姨奶奶在一处说了半天，嘁嘁喳喳的，见了我才走开了。”探春听了，虽知情弊，亦料定他们皆一党，本皆淘气异常，便只答应，也不肯据此为实。谁知夏婆子的外孙女儿蝉姐儿便是探春处当役的，时常与房中丫嬛们买东西呼唤人，［周按］呼唤人，不是亲自出去买东西，看下文可明。众女孩儿皆待他好。这日饭后，探春正上厅理事，翠墨在家看屋子，因命蝉姐儿出去叫小幺儿们买糕去。蝉姐说：“我才扫了一个大院子，腰腿生疼的，你叫别人去买罢。”翠墨笑道：“我又叫谁去？你趁早儿去，我告诉你一句好话，你到后门，顺路告诉你老娘防着些儿。”说着，便将艾官告他老娘的话告诉了。蝉姐儿听了，忙接了钱道：“这个小蹄子也要捉弄人，等我告诉他去。”说着便起身出来。至后门边，只见厨房内此刻手闲之时，都坐在阶砌上说闲话儿，他老娘亦在内。蝉姐儿便命一个婆子出去买糕，他且一行骂一行说，将方才之话告诉与夏婆子。夏婆子听了，又气又怕，便欲去找艾官问他，又要往探春前去诉冤。蝉姐忙拦住说：“你老人家去怎么说呢？这话怎得知道的？可又叨登不好了。说给你老防着就是了，那里忙到这一时儿。”正说着，忽见芳官走来，扒着院门，笑向厨房下柳家媳妇说道：“柳嫂子，宝二爷说了，晚饭的素菜要一样凉凉的酸酸的东西，只别搁上香油弄腻了。”柳家的笑道：“知道了，今儿怎遣你来告诉怎一句要紧的话？你不嫌臟，进来偺偺儿不是？”芳官才进来，忽见一个婆子手里托了一盘糕来，芳官便戏道：“谁家的热糕，我先尝一尝。”蝉姐儿一手接了道：“这是人家买的，你们还希罕这个？”柳家的见了忙笑道：“芳姑娘，你喜欢吃，我这里才买的给你姐姐吃的，他不曾吃，还收在那里，干干净净没动呢！”说着，便拿了一碟子出来递与芳官。又说：“你等我替你顿口好茶来。”一面进去，现通开火顿茶。芳官便拿着那糕问到蝉儿脸上说：［周按］问到脸上，口语，谓走近跟前直对脸面诘问之情态。“谁希罕吃你的糕！这个不是糕不成？我不过说着顽罢了。你给我磕头，我也不吃。”说着，便将手内的糕一块一块的掰了，掷着打雀儿顽，口内笑说道：“柳嫂子，你别心疼，我回来买二斤给你。”小蝉儿气的怔怔的，瞅着冷笑道：“雷公老爷也有眼睛，怎不打这作孽的？他还气我呢，我可拿什么比你们？又有人进贡，又有人作干奴才，溜溜你们好上好儿，帮衬着说句话儿。”众媳妇都说：“姑娘们罢哟，天天见了就咕唧。”有几个伶透的，见他们对了口，怕又生事，都拿起脚来各自走开了。

当下蝉姐也不敢十分说，一面咕哝着去了。这里柳家的见人散了，忙出来和芳官说：“前儿那话说了不曾？”芳官道：“说了，等一二日再提这事。偏那赵不死的又和我闹了一场。前儿那玫瑰露，姐姐吃了不曾？他到底可好些？”柳家的道：“可不都吃了，他爱吃的什么是的，又不好再问你要。”芳官道：“不值什么，等我再要些来给他就是了。”

原来这柳家的有个女儿，今年才十六岁，虽是厨役之女，却生的人物与平、袭、紫、鸳皆类同。［周按］此即脂批所谓一击两鸣法。以柳五儿与平、袭、紫、鸳相比类，可知五儿之为人品格高高超出一般流辈。而同时平、袭、紫、鸳四人齐名并列，又与所有各房头等大丫嬛格外不同。一击两鸣，此例最佳。因他排行第五，便叫作五儿。［庚双］五月之柳，春色可知。因素弱多病，故没得差。近因柳家的见宝玉房中的丫嬛差轻人多，且又闻得宝玉将来都要放他们，故如今要送他到那里去应名儿，正无头路。可巧这柳家的是梨香院的差役，他最小意殷勤，伏侍得芳官一干人比别的干娘还好，芳官等亦待他极好，如今便和芳官说了，央芳官去与宝玉说。宝玉虽是依允，只是近日病着，又见事多，尚未说得。

前言少述，且说芳官当下回至怡红院中回复宝玉，宝玉正在听见赵姨娘厮吵，心中自是不悦，说又不是，不说又不是，只得等他吵完了，打听着探春劝了他去后，方从蘅芜院回来，劝了芳官一阵，方大家安妥。今见他回来，又说还要些玫瑰露与柳五儿吃去，宝玉忙道："有的，我又不大吃，你都给他去罢！"说着便命袭人取了出来，见瓶中亦不多，遂连瓶与了他。芳官便携了瓶与他送去，正值柳家的带进他女儿来散闷，在那边畸角子上一带地方儿瞒了一会，便回到厨房内，正吃茶歇脚儿，见芳官拿了一个五寸来高的小玻璃瓶来。迎亮照看，里面小半瓶胭脂一般的汁子，还当是宝玉吃的西洋葡萄酒。母女两个说："快拿镟子烫滚水，你且坐下。"芳官笑道："就剩这些，连瓶都给你们罢！"五儿听了，方知是玫瑰露，忙接了，谢了又谢。芳官又问他："好些？"五儿道："今儿精神些，进来侹侹。这后边一带也没什么意思，不过是些大石头、大树和房子后墙，［周按］作书者写一大园全景，故为甚难，然若写常时无人肯到之冷落处，则更为难甚。观此数语，写大观园最北之后墙以内冷落处，亦使读者如身临其境。其笔墨之灵活而又简练，令人心服。正经好景致也没看见。"芳官道："你为什么不往前边去？"柳家的道："我没叫他往前边去。姑娘们也不认得他，倘有不对眼的人看见了，又是一番口舌。明儿托你携带他，有了房头，怕没有人带着他瞒呢！只怕侹腻了的日子还有呢！"芳官听了笑道："怕什么，有我呢。"柳家的忙道："嗳哟哟，我的姑娘，我们头皮儿薄，比不得你们。"说着，又到了茶来。芳官那里吃这茶，只漱了一口便走了。柳家的说道："我这里占着手，五丫头送送。"五儿便送出来，因见无人，又拉着芳官说道："我的话到底说了没有？"芳官笑道："难道哄你不成，我听见屋里正经还少两个人的窝儿，并没补上，一个是红玉的，琏二奶奶要了去，还没给人来。一个是癞儿的，［周按］癞是原字。没补。如今要你一个也不算过分。皆因平儿每每的和袭人说，凡有动人动钱的事，得挨的且挨一挨更好。如今三姑娘正要找人扎筏子呢，连他屋里的事都驳了两三件，如今正要寻我们屋里的事没寻着，何苦来往网里去碰？倘或说些话驳了，那时老了，到难回转。不如等冷一冷，老太太、太太心闲了，凭是天大的事，先和老的一说，没有不成的。"五儿道："虽如此说，我却那里性急，等不得了。趁如今挑上来了，头一则给我妈争口气，也不枉养我一场。［庚双］为母。二则我添了月钱，家里又从容些。［庚双］二为家中。三则我的心开一开，只怕这病就好了，便是请大夫吃药，也省了家里的钱。"芳官道："我都知道了，你只放心。"二人别过，芳官自去不提。

单表五儿回来与他娘深谢芳官之情，他娘因说："再不承望得了这些东西，虽然是个金贵物儿，［周按］金贵，北语，极贵重之义。却是吃多了也是动热，竟把这个倒些于人，也是个大情。"五儿问："送谁？"他娘道："你舅舅的儿子昨日热病，也想这些东西吃。如今我倒半盏与他去。"五儿听了，半日没言语，随他妈倒了半盏去，将剩的连瓶放在家伙厨内。五儿冷笑道："依我说，竟不给他也罢了。倘或有人盘问起来，到又是一场事了。"他娘道："那里怕起这些来，还了得了，我们辛辛苦苦的里头赚些东西，也是应该的。难道是贼偷的不成？"说着一迳去了。

直至外边他哥哥家中，他外甥子正躺着，一见了这个，他哥嫂侄男无不欢喜。现从井上取了凉水，和吃了一碗，心中一畅，头目清凉。剩的半盏用纸覆着，放在桌上。可巧又有几个小厮同他外甥素日相好的走来候他的病，［周按］候字单用是原笔，增字者乃妄添。内中有一小伙名唤钱槐者，乃系赵姨娘之内侄，他父母现在库上管账，他本身又派跟贾环上学。因他有些钱势，尚未娶亲，素日看上了柳家的五儿标致，一心和他父母说了，要他为妻。也曾托媒人再三求告，柳家父母却也情愿，争奈五儿执意不从，［周按］争奈即怎奈古写法。虽未明言，却行止中已带出，他父母未敢应允。近日又想往院内去，越发将此事丢开，只等三五年后放出时自向外边择婿了。柳家见他如此，也就罢了。怎奈钱槐不得五儿，心中又气又恨，［周按］又恨是原笔，此皆关系八十回后重要情节。发恨定要弄取成配，方了此愿。今也来同人瞧望柳侄，不期柳家的在内。柳家的忽见一群人来了，内中有钱槐，便推说不得闲，起身便走了。他哥嫂忙说："姑妈怎么不吃茶就走？到难为姑妈记挂。"柳家的因笑道："只怕里头传饭，再闲了出来瞧侄子罢！"他嫂子因向抽屉内取了一个纸包出来，拿在手内，送了柳家的出来，至墙角边递与柳家的，又笑道："这是你哥哥昨日在门上该班儿，谁知这五日一班竟偏冷淡，一个外财没发。只有昨儿有一粤东的官来拜，［周按］粤东，当时的地理名称。送了上头两小篓子茯苓霜，余外给了门上人一篓作门礼，你哥哥分了这些。这地方千年松柏最多，所以单取了这茯苓的精液和了药，不知怎么弄出这怪俊的白霜儿来。［周按］怪俊的，北语，犹言这么好看可爱。怪，形容词，表程度轻重，与奇怪无关。说第一用人乳和着，每日早起吃一钟，最补人的。第二用牛奶子，万不得已用滚水也好。我们想着，正宜外甥女儿吃。原是上半日打发小丫头子送了家去的，他说锁着门，连外甥女儿也进去了。本来我要瞧瞧他去，给他带了去的，又想着主子们不在家，各处严紧，我又没什么差使，有要没紧跑些什么？况且这两日风闻得里头家宅反乱的，倘或沾带了，到值多了。姑娘来的正好，亲自带去罢！"柳氏道了生受，作别回来。刚到了角门前，只见一个小么儿笑道："你老人家那里去了？

里头两三次叫人传你呢！我们三四个人都找你老去了，还没来，你老人家却从那里来了？这条路又不是家去的路，我到疑心起来。”那柳家的笑骂道：“好猴儿。”要知端的，下回分解。

［戚回后］以硝出粉是正笔，以霜陪露是衬笔。前必用茉莉粉才能构起争端，后不用茯苓霜亦必败露马脚。须知有此一衬，文势方不迳直，方不寂寞，宝光四映，奇彩缤纷。

［回后评］书中明文，谓柳家女因排行第五故名五儿，此或作者笔端狡狯。依拙意而推，柳五儿殆怡红院中被逐之第五个女儿。盖茜雪为第一人，良儿为第二人，篆儿为第三人，佳蕙为第四人，故宝玉特为之改名四儿。今之柳五儿，是与怡红院似有缘而实无缘之一女儿。

柳五儿与春燕，同于近两回中方出场露面，盖皆后半部书之重要人物也。

杨苏两本异文往往一致，其特点又皆是言少语简，最是可靠之雪芹原稿真相。

第六十一回

投鼠忌器宝玉情赃　判冤决狱平儿情权

［戚回前］数回用蝉脱体，络绎写来，读者几不辨何自起何自结，浩浩无涯。须看他争端起自环哥，却起自彩云，争端结自宝玉，却亦结自彩云。首尾收束精严，六花长蛇阵也，识者着眼。

那柳家的笑道：［周按］凡每回正文始并无话说如何如何，以回顾上回回末之文字者，皆是本为连接之长回，而后强割断为两回者也。“好猴儿，你亲婶子找野老儿去了，你岂不多得一个叔叔？有什么疑的！别讨我把你杩子盖似的几根毬毛挦下来，［周按］杩子盖，讥其发短也。本为幼童留发形式，短不能下覆，仅如桶盖耳。还不开，让我进去呢。”这小厮且不开门，且拉着笑说：“好婶子，你这一进去，好歹偷些杏子出来赏我吃。我这里老等你，若忘了时，日后半夜三更打酒买油的，我不给你老人家开门，也不答应你，随你干叫去。”柳氏啐道：“发了昏的，今年还比往年？把这些东西都分给了众奶奶了，一个个的不像抓破了脸的，人打树底下一过，两眼就像那黧鸡似的，还动他的果子？昨日我从李子树下一走，偏有一个蜜蜂儿往脸上一过，我一招手儿，偏你那好舅母就看见了。他离的远，看不真，只当我摘李子呢，就毬声浪嗓喊起来说，又是还没供佛呢，又是老太太、太太不在家，还没进鲜呢，等进了上头，嫂子们都有分的。到像谁害了馋痨，等李子出汗呢，叫我也没好话说，抢白了他一顿。可是，你舅母、姨娘，两三个亲戚都管着，怎么不和他们要，到和我来要？这可是仓老鼠和老鸹去借粮，守着没有飞着到有。”小厮笑道：“嗳哟哟，没有就罢了，说上这些闲话，我看你老以后就用不着我了？就便是姐姐有了好地方，将来更呼唤着的日子多，只要我们多答应他些就有了。”柳氏听了笑道：“你这小猴精，又捣鬼吊白的，你姐姐有什么好地方了？”那小厮笑道：“别哄我了，早已知道了。单是你们有内纤，难道我们就没有内纤不成？我虽然在这里听哈，［周按］听哈，旗人口语，惟主命是从之义。里头却也有两个姊妹成个体统的，什么事瞒了我们？”正说着，只听门内又有老婆子向外叫道：“小猴儿们，快放你柳婶子去罢，再不来可就误了。”柳家的听了，不顾和小厮们说话，忙推门进去，笑道：“不用忙，我来了。”一面来至厨房。虽有几个同伴的人，他们俱不敢自专，单等他来调停分派。一面问众人：“五丫头那去了？”众人都说：“茶房里找他们姐妹们去了？”柳家的听了，便将茯苓霜搁起，且按着房头分派菜馔。

忽见迎春房里小丫头莲花儿走来［己双］总是写春景将残。说：“司棋姐姐说了，要碗鸡蛋，顿的嫩嫩的。”［周按］顿，是原笔。柳家的道：“就是这样尊贵！不知怎的，今年这鸡蛋短的狠，十个钱一个还找不出来。昨儿上头给亲戚家送粥米去，四五个买办出去，好容易才凑了三千个来，我那里找去？你说给他改日吃罢！”莲花儿道：“前儿要吃豆腐，你弄了些馊的，叫他说了我一顿。今儿要鸡蛋，又没有了，什么好东西！我就不信连鸡蛋都没了，别叫我翻出来。”一面说，一面真个走来揭起菜箱一看，只见里面果有十来个鸡蛋，说道：“这不是鸡蛋。你就这么利害？吃的是主子的，我们的分例你为什么心疼？又不是你下的蛋，怕人吃了！”柳家的忙丢了手里的活计，便上来说道：“你少满嘴里混噙！［周按］噙本唚之异体，当借用。你娘才下蛋呢！通共留下这几个，预备菜上的浇头，姑娘们不要，还不肯作这个去呢！预备接急的，你们吃了，倘或一声要起来，没有好的，连鸡蛋都没了。你们深宅大院，水来伸手，饭来张口，只知鸡蛋是平常物件，哪里知道外头买卖的行市呢。别说这个，有一年连草根子还没了的日子还有呢！我劝他们，细米白饭，每日肥鸡大鸭子，将就些儿也罢了，吃腻了膈，［周按］膈是原字。天天又闹起故事来了。鸡蛋、豆腐，又是什么面筋、酱萝卜炸儿，敢自到换口味，只是我又不是答应你们的，一处要一样，就是十来样子。我到别伺候主子，只预备你们。”莲花儿听了，便红了脸，喊道：“谁天天要你什么来。你说上这两车子话！叫你来，不是为便宜却为什么？前儿小燕来说晴雯姐姐要吃芦蒿，你怎么忙的还问肉炒鸡炒？小燕说荤的因不好，才另叫你炒了面筋的，少搁油才好。你忙的到说自己发昏，赶着洗手炒了，狗颠儿似的亲捧了去。今儿反到拿我作筏子，说我给众人听。”柳家的忙道：“阿弥陀佛！这些人眼见的！别说前儿一次，就从旧年一立厨房以来，凡各房里偶然间不论姑娘姐儿们要添一样半样，谁不是先拿了钱来另买另添？有的没的名声好听，说我单管姑娘厨房，省事又有剩头儿，算起账来惹人恶心，连姑娘带姐儿们四五十人，一日也只管要两只鸡，两只鸭子，十来斤肉，一吊钱的菜蔬。你们算算，勾作什么的？连本项两顿饭还撑持不住，还搁的住这个点这样，那个点那样？买来的又不吃，又买别的去，既这样，不如回了太太，多添些分例，也像大厨房里预备老太太的饭，把天下所有的菜蔬用水牌写了，天天转着吃，吃到一个月现算到好。连前儿三姑娘和宝姑娘偶然商议了，要吃个油盐炒枸杞芽儿来，打发个姐儿拿着五百钱来给我，我到笑起来了，说二位姑娘就是大肚子弥勒佛，也吃不了五百钱的去。这三二十个钱的事，还预备的起。赶着我送回钱去，到底不收，说赏我打酒吃，又说如今厨房在里头，保不住屋里的人不去叨登，一盐一酱，那不是钱买的？你不给又不好，给了你又没的赔，你拿着这个钱，全当还了他们素日叨登的东西窝儿。这就是明白体下的姑娘，我们心里只替他念佛。没的赵姨奶奶听了又气不忿，又说太便宜了我，隔不了十天，也打发个小丫头子来寻这样寻那样。我到好笑起来，你们竟成了例，不是这个，就是那个，我那里有这些赔的？”正乱着，只见司棋又打发人来催莲花儿，说他死在这里，怎么就不回去？莲花儿赌气回来，便添了一篇话告诉了司棋。司棋听了不免心头起火，忙吩咐小丫头：“在这里伺候，倘或姑娘叫着，便答应一声，说我就来，不必提此事。”

一面说着，便带了两个小丫头子急急赶到厨房。只见许多人正吃饭，见他进来的势头不好，都忙起身陪笑让坐。司棋便喝命：“小丫头子动手！凡箱柜所有的菜蔬，只管丢出来喂狗，大家赚不成。”小丫头子们巴不得一声，七手八脚抢上去，一顿乱翻乱掷。慌的众人一面拉劝，一面央告司棋说：“姑娘别误听了那小孩子话，柳嫂子有八个头也不敢得罪姑娘。说鸡蛋难买是真，我们才也说他不知好歹，凭是什么东西，也少不得变法儿去。他已经悟过来了，连忙蒸上了。姑娘不信，瞧那火上。”司棋被众人一顿好言，方将气劝的渐平。小丫头们也没得摔完东西便拉开了。司棋连说带骂，闹了一回，方被众人劝去。柳家的只好摔碗丢盘，自己咕哝了一会，蒸了一碗鸡蛋令人送去，司棋全泼了地下了。那人回来也不敢说，恐又生事。

柳家的打发他女儿喹了一碗汤，吃了半碗粥，又将茯苓霜一节说了。五儿听罢，便心下要分些赠芳官，遂用纸另包了一半，趁黄昏人稀之时，自己花遮柳隐的来找芳官。且喜无人盘问，一迳到了怡红院门首，不好进去，只在一簇玫瑰花前站立，远远的望着。有一盏茶时，可巧小燕出来，忙上前叫住。小燕不知是那一个，至跟前方看真切，因问作什么。五儿笑道：“你叫出芳官来，我和他说句话。”小燕悄笑道：“姐姐太性急了，横竖等十来日就来了，只管找他作什么？方才使了他往前头去了，你且等他一等，不然，有什么话告诉我，等我告诉他，恐怕你也等不得，只怕关园门了。”五儿便将茯苓霜递与了小燕，又说这是茯苓霜，如何吃，如何补益，我得了些送他的,转烦你递与他就是了。说毕,作辞回来。正走蓼溆一带，忽见迎头林之孝家的带着几个婆子走来，五儿藏躲不及，只得上来问好。林之孝家的问道：“我听见你病了，怎么跑到这里来？”五儿陪笑说道：“因这两日好些，跟我妈进来散散闷。才因我妈使我到怡红院送家伙去。”林之孝家的说道：“这话岔了，方才我见你妈出去，我才关门。既是你妈使了你去，他如何不告诉我说你在里头呢？竟出去让我关门，是何主意？可知你扯谎。”五儿听了，没话回答，只说：“原是我妈一早教我去的，我忘了，挨到这时我才想起来了。只怕我妈错当我先出去了，所以没和大娘说得。”林之孝家的听见辞遁色虚，又因近日玉玔儿说，那边正房内失落了东西，几个丫头对赖没主儿，心下便起了疑。可巧小蝉、莲花儿并几个媳妇子走来，见了这事,便说道:“林奶奶到要审审他,这两日他往这里头跑的不象样,咕咕唧唧，不知干些什么事。”小蝉又道：“正是，昨儿玉玔姐姐说，太太耳房的柜子开了，少了些零碎东西，琏二奶奶打发平姑娘和玉玔姐姐要玫瑰露，谁知也少了一罐子。若不是寻露，还不知道呢！”莲花儿笑道：“这话我没听见，今儿我到看见一个露瓶子。”林之孝家的正因这些事没主儿,每日凤姐使平儿催逼他,一听此言,忙问:“在那里？”莲花儿便说：“在他们厨房里呢！”林之孝家的听了，忙命打了灯笼，带着众人来搜。五儿急的便说：“原是宝二爷屋里芳官给我的。”林之孝家的便说：“不管你方官圆官，现有赃证，我自呈报，凭你主子前辩去。”一面说，一面入了厨房。莲花儿带着，取出露瓶，恐还有偷的别物，又细细搜了一遍，又得了一包茯苓霜，一并拿了，带了五儿前来回李纨、探春。

那时李纨正因蘭哥儿病了，不理事务，只命去见探春。探春已归房，人回进去，丫嬛们都在院内纳凉，探春在内盥沐，只有待书回进去，半日出来说："姑娘知道了，叫你们找平儿回二奶奶去。"林之孝家的只得领出来。到凤姐那边，先找着了平儿，平儿进去回了凤姐。凤姐方才歇下，听见此事，便吩咐将他娘打四十板子，撵出去，永不许进二门。把五儿打四十板子，立刻交给庄子上，或卖或配人。平儿听了出来，依言吩咐了林之孝家的。五儿唬的哭哭啼啼，给平儿跪着，细诉芳官之事。平儿道："这也不难，等明日问了芳官便知真假。但只这茯苓霜前日送了来，还等老太太、太太回来看了才敢打开，这不该偷了去。"五儿见问，忙又将他舅舅送的一节说了出来。平儿听了笑道："这样说，你竟是个平白无辜之人，拿你来顶缸的。此时天晚，奶奶才进了药歇下，不便为这点子事去絮叨。如今且将他交给上夜的人看守一夜，等明日我回了奶奶再作道理。"林之孝家的不敢违拗，只得带了出来交与上夜的媳妇们看守，自便去了。这里五儿被人禁起，一步也不敢多走，又见众人也有劝他说不该作这没行止的事，也有报怨说：正景更坐不上来，又弄个贼来给我们看着，倘或眼不见寻了死，逃走了，都是我们的不是。于是又有素日一干与柳家不睦的人见了这般，十分趁愿，都来奚落嘲戏他。

这五儿心内又气又委曲，[周按] 委曲即委屈，常互代不分。竟无处可诉，且本来怯弱有病，一夜要思茶无茶，思水无水，思睡又无衾枕，呜呜咽咽哭了一夜。谁知和他母女不和的，巴不得一时撵出他们去，生恐次日有变。大家先起了个清早，都悄悄的来买转平儿，又送些东西与他，一面又奉承他办事简断，一面又讲述他母亲素日许多不好。平儿都一一的应着，打发他们去了，便悄悄的来访袭人，[周按] 便字极自然。问他可果真芳官给他玫瑰露来，袭人便说："露却是给了芳官，芳官转给何人，我却不知。"袭人于是又问芳官，芳官唬的忙应道是自己送他的。芳官便又告诉了宝玉，宝玉也慌了，说："露虽有了，若勾起茯苓霜来，他自然也实供，若听见了是他舅舅门上得的，他舅舅又有了不是，岂不是人家的好意反被咱们害了？"因和平儿计议："玫瑰露的事虽完，然这茯苓霜也是有不是的。好姐姐，只说是我给他的。"［周按］我给他的为原笔，其余皆妄改。平儿道："虽如此，只是他昨晚已竟同人说是他舅舅给的了，如何又说是你给的？况且那边所丢的露也正无主儿，如今有赃证的白放了，又去找谁？谁还肯认？众人也未必服。"晴雯走来笑道："太太那边的露再无别人，分明是彩云偷了给环哥儿去了，你们可瞎乱说。"平儿笑道："谁不知是这个原故，但今玉钏儿急的哭，悄悄问着他，他若应了，玉钏也罢了，大家也就混着不问了。难道我们好意兜揽这事不成？［周按］兜，即兜字。可恨彩云不但不应，他还挤玉钏儿，说他偷了去了。两个人窝里发炮，先吵的合府皆知，我们如何粧没事人？少不得要查的。内中有个人却是贼，没有赃证也怎么说他？"宝玉道："这件事我也应起来，说是唬他们顽来，悄悄的偷了太太的来了。两件事都完了。"袭人道："也到是件阴事，保全人的贼名儿。只是老太太听见，不说你小孙子淘气不知好歹了？"平儿笑道："这也到是小事，如今便从赵姨娘屋里起了赃来也容易，我只怕又伤了一个好人体面。别人都别管，这一个人岂不又生气。我可怜的是他，不肯为打老鼠伤了玉瓶。"说着，把三个指头一伸。袭人等听说，便知他说的是探春。大家都忙说："可是这话，竟是我们这里应了起来的为是。"平儿又笑道："也须得把彩云和玉钏儿两个业障叫了来，问准了他方好。不然他们得了益，不说为这个，到像我没了本事，问不出来，烦出这里来完事，他们以后越发偷的偷，不管的不管了。"袭人等笑道："正是，也要你留个地步。"

平儿便命人叫了他两个来，说道："不妨，贼已有了。"玉钏儿先问："贼在那里？"平儿说："在二奶奶屋里呢！问他什么应什么。我心里明知不是他偷了，可怜他害怕都承认了。这里宝二爷不过意，要替他认一半。我待要说出来，但只是这作贼的又是我和他好的一个姐妹，窝主却是平常，里面又伤着一个好人的体面，因此为难。少不得央求宝二爷应了，大家无事。如今反要问你们两个，还是怎样，若从此已后大家小心存体面，这便求宝二爷应了。若不然我就回了二奶奶，别委曲好人。"彩云听了，不觉红了脸，一时羞恶之心感发，便说道："姐姐放心，也别冤屈了好人，也别带累了无辜之人伤体面。偷东西原是赵姨奶奶央告我再三，我拿了些与环哥儿也是情真。连太太在家我们还拿过，各人去送人，也是常事。我原说嚷过两天就罢了，如今既屈了好人，我心里也不忍。姐姐竟带我回二奶奶去，一概应了完事。"众人听了这话，都咤意他竟这样有肝胆。宝玉忙笑道："彩云姐姐果然是个正景人，如今也不用你应，只说是我悄悄偷的，唬你们顽。如今闹出事来，我原该承认，只求姐姐们以后省些事，大家就好了。"彩云道："我干的，为什么你应？死活我该去受。"平儿、袭人忙道："不是这样说，你一应了，未免又要叨登出赵姨奶奶来了，那时三姑娘听了，岂不又生气？竟不如宝二爷应了，大家无事，且除这几个人皆不得知道，这事何等干净。但只以后千万大家小心些就是了，要拿什么，好歹奈到太太到家，那怕连屋子给了人，我们就没了干系了。"彩云听了一听，低头一想，方依允了。于是大家商议妥贴：平儿带了他两个并芳官往前边来至上夜房中，叫了五儿，将茯苓霜一节也悄悄的教他说系芳官所赠。五儿感谢不尽。

平儿带他们来至自己这边，已见林之孝家的带领了几个媳妇押解着柳家的等候多时。林之孝家的又向平儿说："今儿一早押了他来，恐园里没人伺候姑娘们的饭，我暂且将秦显的女人派了去伺候姑娘们，一并回明奶奶。他到干净谨慎，以后就派他常伺候罢。”平儿道：“秦显的女人是谁？我不大相熟。”林之孝家的道：“他是园里角门上上夜的，白日里没什么事，所以姑娘们不大认识。高高孤拐，大大眼睛，最干净爽利的。”玉珈儿道：“是了，姐姐你怎么忘了？他是跟二姑娘的司棋的婶娘。司棋的父母虽是大老爷那边的人，他婶子却是这边人。”平儿听了方想起，笑道：“你早说是他，我就明白了。”又笑道：“也太派急了些。如今这事八下里水落石出了，连前儿太太屋里丢的也有了主儿，是宝玉那日过来和这两个业障要什么的，偏这两个业障讴他顽，说太太不在家，不敢拿，宝玉便瞅他两个不堤防，自己进去拿了些什么出来。这两个业障不知道，就唬慌了。如今宝玉听见带累了别人，方细细的告诉了我，拿出来的东西我睄睄，一件也不差。那茯苓霜也是宝玉外头得了的，也曾赏过许多人，不独园内人有，连妈妈子们讨了出去给亲戚们吃，又转送人，袭人也曾给过芳官等。他们各自私情往来，也是常事。前儿那两篓还摆在议事厅上，好好的原封没动，怎么就混赖起人来？等我回了奶奶再说。”

说毕，抽身进了卧房，将此事照前言回了凤姐一遍。凤姐道：“虽如此说，但宝玉为人，不管青红皂白爱兜揽事。别人再求求他去，他又搁不住两句好话，给他个炭篓子带上，什么事他不应承？咱们若信了，将来若大事也如此，如何治人？还要细细追求这才是。依我的主意，把太太屋里的丫头都拿来，虽不便拷打，只叫他们垫着磁瓦子跪在太阳地下，茶饭也别给他们吃，一日不说跪一日，便是铁打的，管叫一日招了。又道是苍蝇不抱没缝的蛋，虽然这柳家的没偷，到底有些影儿人才说他。虽不加贼刑，也革出不用。朝廷家原有罣误的，到也不算委屈了他。”平儿道：“何苦来操这心！得放手时须放手，什么大不了的，可乐得不施恩呢！依我说，在这屋里操一百分的心，终久咱们是回那边屋里去的，没的结些小人仇恨，使人含怨。况且自己又三灾八难的，好容易怀了一个哥儿，到了六七个月还吊了，焉知不是素日操劳太过，气恼伤着的。如今趁早儿见一半不见一半的也到罢了。”一夕话说的凤姐到笑了，说道：“凭你小蹄子发放去罢，我才精神爽了些，没的淘神。”［周按］淘神，北语。平儿笑道：“这不是正经！”说毕转身出来，一一发放。未知后来如何，且听下回分解。

［戚回后］赵姨痛儿，弄得羞愧满面。柳家惜女，儿至鞭楚随身。可知养子种孙，自有大体，莫学那溺爱禽犊。柳家婆煮糕烹茶，何等殷勤，未得些儿便宜。秦家婆偷仓盗库，百般赔垫，反伤无数钱财。可知君子安贫，达人知命，原有乐处。

［回后评］本回开头连接上回，由小厮点出，已到了夏日四月下旬杏子将熟之季节，然后柳嫂又顺水推舟接续小厮之言，诉说在园中杏树下被人误会为摘杏偷吃之事，此则随文涉趣巧用古语“瓜甜不纳履，李下不整冠”也。

本回写柳五儿无辜受屈，众人戏侮，一夜难堪之境，令人为之抱愤而又无可奈何。盖五儿虽属受冤者，而林之孝家的又必须加以监管，各有情理原由，此等处并无好人，坏人分别之俗套，此即雪芹写人，写事之一大特点也。

第六十二回

憨湘云醉眠芍药裀　呆香菱情解柘榴裙

[周按] 柘榴，即石榴，当时写法。

[戚回前] 众姊妹一番赠贶，诸僧尼一番祷祝，确是宝玉生辰，园中行礼，不亢不卑，席上设筵，不丰不啬，确是宝玉分地。

探春围棋理事，气象严厉。香菱斗草善谑，姿态俊逸。湘云喜饮酒，何等疏爽。黛玉怕吃茶，何等妩媚。晴雯刺芳官，语极尖利。袭人给裙子，意极醇良，字字曲到。

话说平儿出来吩咐林之孝家的道："大事化为小事，小事化为没事，方是兴旺之家。若得不了一点子小事，便扬铃打鼓，乱折腾起来，不成道理。如今将他母女带回，照旧去当差，将秦显家的仍旧退回，再不必提起，只是每日小心巡察要紧。"说毕起身走了。柳家的母女忙向上磕头。将柳家的带回园中，回了李纨、探春。二人皆说知道了，能可无事狠好。司棋等人空兴头了一阵，那秦显家的好容易得了这个空子攒了来，只兴头了半天，在厨房内正乱接收家伙、米粮、煤炭等物，又查出许多亏空来，说："粳米短了两石，常用米又多支了一个月的，炭也欠着额数。"一面又打点送林之孝家的礼，悄悄的备了一篓炭、五百斤木柴、一担粳米在外边，就遣了子侄送入林家去了。又打点送账房的礼，又预备几样菜蔬请几位同事的人，说："我来了，全仗列位扶持，自今以后都是一家人了，我有照估不到的，好歹大家照应些。"正乱着，忽有人来说与他："看过这早饭就出去罢。柳嫂子原无事，如今还交与他管了。"秦显家的听了，轰去魂魄，垂头丧气，登时掩旗息鼓，卷包而出。送人之物白丢了许多，自己到要折变了赔补亏空，连司棋都气了个倒仰，［周按］气了个倒仰，北语常言，形容几乎气死过去。观此可证司棋与柳嫂之间极不和睦，旧怨新仇愈积愈多。然此非纯属个人之间争吵矛盾，实为荣府赦政两房明争暗斗之反映也。无计可使，只得罢了。

赵姨娘正因彩云私赠了许多东西被玉钏儿吵出，生恐查出来，每日捏一把汗听信儿，忽见彩云来告诉说宝玉应了，从此无事，赵姨娘方把心放下来。谁知贾环听如此说，便疑心了，将彩云凡私赠之物都拿了出来，照着彩云的脸摔了来，说："这两面三刀的东西，我不希罕！你不和宝玉好，他如何替你应？你既然告诉他，如今我再要这个也没趣。"彩云见他如此，急得赌身发誓，至于哭了。百般解说，贾环执意不信，说："不看你素日之情，去告诉二嫂子，就说你偷来给我，我不敢要。你细想去！"说毕，摔手出去了。急的赵姨娘骂："没造化的种子，粗心业障！"气的彩云哭个泪干肠断。赵姨娘百般的安慰他："好孩子，他辜负了你的心，我看的真。让我收起来，过两日他自然回转过来了。"说着便要收东西。彩云赌气一顿包起来，［周按］彩云之屈枉又与别个不同，此皆世人所难以意料者，亦其他小说中所未有之悲剧也。乘人不在，便至园中，都撇在河内，顺水沉的沉，漂的漂了，自己气的在被暗哭。

当下又值宝玉生日已到，原来宝琴也是这日，二人相同。因王夫人不在家，也不像往年热闹，只有张道士送了四样礼，换的寄名符儿，还有几处僧尼送了供尖儿并寿星纸马疏头，并本命星官、值年太岁、周年换的锁儿。家中常走的男女先儿来上寿。王子腾那边仍是一双鞋袜、［周按］注意：凡写生日送礼必有鞋袜，盖取谐和之寓意。鞋袜是生辰礼物之首项，衣服可加可减，故居次位。一套衣服、一百寿桃、一百束上用银丝挂面。薛姨妈处减一等，其余家中人，尤氏仍是一双鞋袜，［周按］请看如何，又是一双鞋袜。回顾第二十七回饯花会上，宝玉探春兄妹谈心特提新鞋一事，实乃暗写此日（四月二十六）乃宝玉之生辰。故清虚观张道士又特别点明，前儿四月二十六日遮天大王的圣诞，此作者雪芹以种种手法而示知读者。凤姐儿是一个宫制四面和合荷包，里面装一个金寿星，一件波斯国头玩器。各庙中遣人去放堂舍钱，［周按］放，指舍钱做善事。又另有宝琴之礼，不能细述。姊妹中皆随便，或一扇的，或有一字的，或有一画的，或有一诗的，聊复应景而已。

这日宝玉清晨起来梳洗已毕，冠带出来至前厅院中，已有李贵等四五个人在那里设下天地香烛。宝玉炷了香，行礼毕，奠茶焚纸后便至宁府中宗祀祖先堂两处，行礼毕出至月台上，又朝上遥拜过贾母、贾政、王夫人等，一顺到尤氏上房行过礼，坐了一回，方回荣府。先至薛姨妈处，薛姨妈再三拉着，然后又遇见薛蝌，让一回方进园来。晴雯、麝月二人跟随，小丫头夹着毡子，［周按］毡子，即红毡。喜庆吉日行礼跪拜所用之毡垫也。从李氏起，一一挨着所长的房中到过，［周按］所长，略如说大出多少，即年岁较大些的。后出二门至李、赵、张、王四个奶妈家让了一回方进来。［周按］李赵张王四姓，将俗语中张王李赵次序颠倒而成。此是信手拈来，但宝玉之奶娘又实以李姓者居首，即李嬷嬷是也。其他三位未曾明叙。奶嬷嬷多至四位者，亦内务府世家受皇家四乳母之制度影响而来者也。满洲八旗人家，凡乳母、保母皆称嬷嬷或作嫫嫫，音读阴平声。此乃满语，与汉语之妈妈有别。虽众人要行礼，也不曾受。回至房中，袭人等只都来说一声就是了。王夫人有言，不令年轻人受礼，恐折了福寿，故皆不磕头。歇一时，贾环、贾蘭等来了，袭人连忙拉住，坐了一坐便去了。宝玉笑道：“走乏了。”便歪在床上。

方吃了半盏茶，只听外面咭咭呱呱一群丫头笑了进来，原来是翠墨、小螺、翠缕、入画，邢岫烟的丫头篆儿，并奶子抱着巧姐儿，彩鸾、绣鸾八九个人都抱着红毡，笑着走来说：“拜寿的挤破了门了，快拿面来我们吃。”［周按］面，一般食物中之米面，即麦粉或曰面粉。此处之面，特指面条，即过生日之寿面。北语，吃面条曰捞面。刚进来时，探春、湘云、宝琴、岫烟、惜春也都来了，宝玉忙迎出来，笑说：“不敢起动，快预备好茶。”进入房中，不免推让一回，大家归坐。袭人等捧过茶来，才吃了一口，平儿也打扮的花枝招展的来了。宝玉忙迎出来，笑说：“我方才到凤姐姐门上，回了进去，不能见我，我又打发人进去让姐姐的。”平儿笑道：“我正打发你姐姐梳头，不得出来回你。后来听见又让我，我那里当得起，所以特赶来磕头。”宝玉笑道：“我也当不起。”袭人早在外间安了坐，平儿便福下去，宝玉作揖不迭，平儿便跪下，宝玉也忙还跪，袭人连忙搀起来，又下了一福，宝玉又还了一揖。袭人笑推宝玉道："你再作揖。"宝玉道："已经完了，怎么又作揖？"袭人笑道："这是他来给你拜寿，今儿也是他的生日，你也该给他拜寿。"宝玉听了，喜的忙作下揖去，说："原来今儿也是姐姐的芳诞。"平儿还福不迭。湘云拉宝琴、岫烟说："你们四个人对拜寿，直拜一天才是。"探春忙问："原来邢妹妹也是今儿，我怎么就忘了。"忙命丫头："去告诉二奶奶，赶着补了一分礼来，与琴姑娘的一样，送到二姑娘房里去。"丫头答应去了。岫烟见湘云直口说出来，少不得要到各房去让让。探春笑道："到有些意思，一年十二个月，月月有几个生日，人多了便这样巧，也有三个一日的，两个一日的，大年初一也不白过，［周按］寿怡红在何日，偏不肯明示读者。他们娘儿两个遇的巧。三月初一是太太的，初九是琏二哥哥，二月没人。"袭人道："二月十二是林姑娘，怎么没人？就只不是咱家的人。"探春笑道："我这个记性是怎么了！"宝玉笑指袭人道："他和林妹妹是一日，所以他记的。"探春笑道："原来你两个到是一日，每年连头也不给我们磕一个。平儿的生日我们也不知，这也是才知道。"平儿笑道："我们是那牌儿名上的人？生日也没拜寿的福，又没受礼职分，可吵闹什么！可不悄悄的过去？今儿他又偏吵出来了，等姑娘们回房，我再行礼去罢。"探春笑道："不敢惊动，只是今儿到要替你过个生日，我心里才过的去。"宝玉、湘云等一齐都说："狠是。"

探春便吩咐丫头："去告诉他奶奶，就说我们大家说了，今儿一日不放平儿出去，我们也大家凑了分子过生日呢！"丫头笑着去了，半日回来说："二奶奶说了，多谢姑娘们给他脸。不知过生日给他些什么吃，好歹别忘了二奶奶，就不来絮聒他了。"众人都笑了。探春因说道："可巧今儿里头厨房不预备饭，一应下面弄菜，都是外头收拾。咱们就凑了钱，叫柳家的来揽了去，只在咱们里头收拾到好。”众人都说是好极。探春一面遣人去问李纨、宝钗、黛玉，一面遣人去传柳家的进来，吩咐他内厨房中快收拾两桌酒席。柳家的不知何意，因说：“外厨房都预备了。”探春笑道：“你原来不知道，今儿是平姑娘的华诞。外头预备的是上头的，这如今我们下又凑了钱，单为平姑娘预备两桌请他。只管拣新鲜的菜蔬预备了来，开了账，我那里领钱去。”柳家的笑道：“原来今日也是平姑娘的千秋，我竟不知道。”说着便向平儿磕下头去，忙的平儿拉起他来。柳家的忙去预备酒席。

这里探春又邀了宝玉同到厅上吃面，等到李纨、宝钗一齐来全，又遣人去请薛姨妈与黛玉。因天气和暖，黛玉之疾渐愈，故也来了。花团锦簇，挤了一厅的人。［周按］花团锦簇四字可作为本回盛况之形容。细思除此四字外，真难另寻更佳之词句。谁知薛蝌又送了巾扇香帛四色寿礼与宝玉，［周按］巾扇香帛四者皆夏季必用之物也。巾有手巾汗巾之别，此指手巾。扇乃男人夏季刻不离手之物，另有专制扇囊可佩于腰间，此特指折扇。香指腰间佩带荷包内所贮之香料。帛俗称手绢也。宝玉于是过去陪他吃面，两家皆治了寿酒，互相酬送，彼此同领。至午间，宝玉又陪薛蝌吃了两杯酒。宝钗带了宝琴过来，与薛蝌行礼把盏毕，宝钗因嘱薛蝌：“家里的酒也不用送过那边去，这虚套竟可收了。你只请伙计们吃罢，我们和宝兄弟进去，还要待人去呢，也不能陪你了。”薛蝌忙说：“姐姐兄弟只管请，只怕伙计们也就好来了。”宝玉忙又告过罪，方同他姊妹回来。

一进角门，宝钗便命婆子将门锁上，把钥匙要了自己拿着。宝玉忙说：“这一道门何必关，又没多人走，况且姨娘、姐姐、妹妹都在里头，倘或家去取什么东西，岂不费事？”宝钗笑道：“小心没过逄的。你瞧你们那边这几日七事八事，竟没有我们这边的人，可知是这门关的有功效了。若是开着，保不住那起人图顺脚超近路从这里走，［周按］超近，即抄近。拦谁的是？不如锁了，连妈和我也禁着些。大家别走，总有了事，就赖不着这边的人了。”宝玉笑道：“原来姐姐也知道我们那边近日丢了东西？”宝钗笑道：“你只知道玫瑰露和茯苓霜两件，乃因人而及物。若非因人，你连这两件还不知道呢！除不知道还有几件比这两件大的呢。［周按］除不知道，“除”为“殊”字实读纪音，为原笔。若以后叨登不出来，是大家的造化，若叨登出来，不知里头连累多少人呢。你也是不管事的人，我才告诉你。平儿是个明白人，我前儿也告诉了他，皆因他奶奶不在外头，所以使他明白了。若叨登不出来，大家乐得丢开手，若犯出事来，他心里已有稿了，自有头绪，就冤屈不着平人了。［周按］平人，即好人，无罪之人。你只听我说，已后留神小心就是了。这话也不可对第二个人讲。”说着，来至沁芳亭边，只见袭人、香菱、待书、素云、晴雯、麝月、芳官、蕊官、藕官等十来个人都在那里看鱼作耍，见他们来了，都说芍药栏里预备下了，快去上席罢。宝钗等随携了他们，因到了芍药栏中红香圃三间小厂厅内。连尤氏已请过来了，诸人都在那里，只没平儿。

原来平儿出去，有赖、林诸家送了礼来。连三接四，上中下三等家人来拜寿送礼的不少。平儿忙着打发赏钱道谢，一面又色色的回明凤姐儿，不过留下几样，也有不收的，也有收下即刻赏与人的，忙了一回，又直待凤姐儿吃过面，方换了衣裳往园里来。刚进了园，就有几个小丫嬛来找他，一同到了红香圃。只见筵开玳瑁，褥设芙蓉，众人都笑说寿星全了，上面四座定要让他四人坐，四人皆不肯。薛姨妈说：“我老天拔地，又不合你们的群儿，我到觉拘的慌，不如我到厅上随便淌淌去到好。我又吃不下什么东西去，又不大吃酒，这里让他们到便宜。”尤氏等执意不从，宝钗道：“这也罢了，到是让妈在厅上歪着自在些，有爱吃的送些过去，到自在了。且前头没人在那里，又可照看了。”探春等笑道：“既这样，恭敬不如从命。”因大家送到议事厅上，眼看着命小丫头子们铺了锦褥并靠背引枕之物，又嘱咐："好生给姨太太搥，要茶要水的别误了，回来送了东西姨太太吃不了，就赏你们吃，只别离了这里出去。"小丫头们都答应了，探春等方回来。

终久让宝琴、岫烟二人在上，平儿面西坐，宝玉面东坐。探春又接了鸳鸯来，二人并肩对面相陪。西边一桌，宝钗、黛玉、湘云、迎春、惜春依序，一面又拉了香菱、玉圳儿二人打横。三桌上尤氏、李纨又拉了袭人、彩云陪坐。四桌上便是紫鹃、莺儿、晴雯、小螺、司棋等人围坐。当下探春等还要把盏，宝琴等四人都说，这一闹一日都坐不成了，方才罢了。两个女先儿要弹词上寿，众人都说："我们没人要听那些野话，你厅上去说给姨太太解闷儿去罢。"一面又将各色吃食拣了，命人送与薛姨妈去。

宝玉便说："雅坐无趣，须要行令才好。"众人中有的说行这个令好，那个又说行那个令好。黛玉道："依我说，拿过笔砚来，将各色令名都写了，拈成儿，咱们抓出那个来就是那个。"众人都道妙。即命拿了一付笔砚花笺。香菱近日学了诗，又天天学写字，见了笔砚便图不得，连忙起座说："我写。"大家想了一回，共得了十来个，念着，香菱一一的写了，搓成阄儿，掷在一个瓶中。探春便命平儿拣，平儿向内搅了一搅，用箸拈了一个出来，打开看时，上写着"射覆"二字。宝钗笑道："把个酒令的祖宗拈出来了。射覆从古有的，如今失了传，这是后人纂的，比一切的令都难。这里头到有一半是不会的，不如毁了，另拈一个雅俗共赏的。"探春笑道："既拈了出来，如何又毁。如今再拈一个，若是雅俗的，便叫他们行去，咱们行这个。"说着又叫袭人拈了一个，却是拇战。湘云笑道："这个简断爽利，合了我的脾气，我不行这个射覆，没的垂头丧气闷人，我只划拳去了。"

探春道："惟有他乱令，宝姐姐快罚他一钟。"［周按］此次宴会独湘云受罚，这是第一杯。宝钗不容分说，便灌了湘云一钟。探春道："我也吃一杯。我是令官，也不用我宣，只听我分派。"命取了令骰令盆来，从琴妹妹掷起，挨下掷去，对了点的二人射覆。宝琴一掷是个三，岫烟、宝玉等皆掷的不对，直到香菱方掷了个三。宝琴笑道："只好室内生春，若说到外头去可太没头绪了。"探春道："自然，三次不中者罚一杯。你覆他射。"宝琴想了一想，说了个老字。香菱原生于这令，一时想不到，满室满席都不见有与老字相连的成语。湘云先听了，便也乱看，忽见门斗上贴着"红香圃"三个字，便知宝琴覆的是"吾不如老圃"的"圃"字。［周按］吾不如老圃，语见《论语》。见香菱射不着，众人击鼓又催，便悄悄的拉香菱，教他说药字，黛玉偏听见了，说："快罚他，又在那里私相传递呢。"哄的众人都知道了。忙又罚了一杯，［周按］这是湘云受罚的第二杯。恨的湘云拿快子敲黛玉的手。于是罚了香菱一杯。下则宝钗和探春对了点子，探春便射了一人字，宝钗笑道："这个人字泛的狠。"探春笑道："添一个字，两射一覆，也不泛了。"说着，便又说了一个窗字。宝钗一想，因见席上有鸡，便覆着他是用"鸡窗""鸡人"二典了，因覆了一个埘字。探春知他覆着，用"鸡栖于埘"的典，二人一笑，各饮一口门杯。湘云等不得，早和宝玉三五乱叫，划起拳来。［周按］划拳者，偏宝湘二人捉对，大有深意存焉。那边尤氏和鸳鸯隔着席也七八乱叫划起来。平儿、袭人也作了一对划拳，叮叮当当，只听得腕上的镯子响。一时湘云赢了宝玉，鸳鸯赢了尤氏，袭人赢了平儿，三人限酒底酒面。湘云便说："酒面要一句古文、一句古诗、一句骨牌名、一句曲牌名，还要一句时宪书上有的话，［周按］时宪书，即俗称皇历者是也。自乾隆即位，皇历改称时宪书。盖乾隆本名弘历，故必须避讳也。共总凑成一句话。酒底要关人事的果菜名。"众人听了都笑说："惟有他的令也比人唠叨，到也有些意思。"便催宝玉快说，宝玉笑道："谁说过这个？也等想一想儿。”黛玉便道：“你多嗑一钟，我替你说。”宝玉真个嗑了酒，听黛玉说道：

落霞与孤鹜齐飞，风急江天过雁哀，却是一只折足雁，叫的人九回肠，这是鸿雁来宾。［周按］黛玉代宝玉所说酒令至少有两层微妙：一，黛玉者，原即谐音代玉。二，我曾点明黛玉的诗往往乃是代湘云而作，如菊花诗，如《秋窗风雨夕》皆为佳例，可以合看。雁乃湘云之又一象征，故“鸿雁来宾”者谓日后雁又归来。

说的大家都笑了，说：“这一串子到有些意思。”黛玉又拈了一个榛穰，［周按］穰是原笔。说酒底道：

榛子非关隔院砧，何来万户捣衣声。［周按］捣衣声，即砧声。秋日离人念远相思之标志也。在菊花诗中砧字亦不止一见。又香菱《咏月》诗亦有“一片砧敲千里白”之句。皆是暗指宝湘日后曾经远别而永不相忘也。

令完，鸳鸯、袭人等皆说的是一句俗语，却都带一个寿字的，不能多赘。大家轮流乱剜一阵。这上面湘云又和宝琴对了手，李纨和岫烟对了点子。李纨便射了一个瓢字，岫烟便覆了一个绿字，二人会意，各饮一口。湘云的拳却输了，请酒面酒底。宝琴笑道：“请君入瓮。”大家笑起来，说：“这个典用的当。”湘云便说道：

奔腾澎湃，江间波浪兼天涌，须要铁锁缆孤舟，既遇着一江风，不宜出行。［周按］湘云此令又应与宝钗之牙牌令合看。其句有云，“凑成铁锁练孤舟，处处风波处处愁”。此是暗指贾府破败后，众女儿纷纷离散，而宝钗湘云等或曾经风浪危险等情境。

说的众人都笑了，说：“好个诌断了肠子的，怪道他出这个令，故意惹人笑。”又听他说酒底。湘云吃了酒，拣了一块鸭子肉咬一口，忽见碗内有半个鸭头，遂拣了出来吃脑子。众人催他别只顾吃，到底快说了。湘云便用箸子举着说道：

这鸭头不是那丫头，头上那讨桂花油。［周按］桂花油，旧时妇女梳头极有规矩，不许一丝头髮蓬松。故须使用有香味之头油，称桂花头油，微带黏性。第二十八回蒋玉菡酒令“女儿愁，无钱去打桂花油”，可参看，亦为后文情节呼应。

众人越发笑起来，引的晴雯、翠螺、莺儿一干人都走过来说：“云姑娘会开心儿，拿着我们取笑儿，快罚一杯才罢。怎见得我们就该擦桂花油的？到得每人给一瓶子桂花油擦擦。”黛玉笑道：“他到有心给你们一瓶子油，又怕挂误着打窃盗的官司。”众人不理论，宝玉却明白，忙低了头。彩云有心病，不觉的红了脸。宝钗忙暗暗的瞅了黛玉一眼。黛玉自悔失言，原是趣宝玉的，就忘了趣着彩云，自悔不及，忙一顿划拳岔开了。底下宝玉可巧和宝钗对了点子，宝钗便覆了一个宝字，宝玉想了一想，便知是宝钗作戏，指自己所佩通灵玉而有，便笑道：“姐姐拿我作雅谑，我恰射着了，说出来姐姐别恼，就是姐姐的讳，钗字就是了。”众人道：“怎么解。”宝玉道：“他说宝，底下自然是玉了。我射钗字，旧诗曾有‘敲断玉钗红烛冷’，岂不射着了。”湘云道：“这用时事却使不得，两个人都该罚。”香菱忙道：“不止时事，这也有出处。”湘云道：“宝玉二字并无出处，不过是春联上或有之，诗书记载并无，算不得。”香菱道：“前日我读岑嘉州五言律，现有一句说‘此乡多宝玉’，怎么你就忘了。后来又读李义山七言绝句，又有一句‘宝钗无日不生尘’，我还笑说他两个名字都原来在唐诗上呢！”众人笑说：“这可问住了，快罚一杯。”湘云无语，只得饮了。［周按］这是湘云受罚的第三杯。大家又该对点的对点，划拳的划拳。这些人因贾母、王夫人不在家，没了管束，便任意取乐，呼三喝四，喊七叫八，满厅中红飞翠舞，玉动珠颠，［周按］红飞翠舞，玉动珠颠八个字写尽宝玉生辰盛况，既空前亦绝后。十分热闹。

顽了一回，大家方起席散了一散。倏然不见了湘云，只当他外头自便就来，谁知越等越没了影响，使人各处去找他。接着林之孝家的同着几个老婆子来，生恐有正事呼唤，二则这些丫头们俱年轻，乘王夫人不在家，不服探春等约束，恣意顽耍，失了体统，故来请问有事无事。探春见他们来了，便知其意，忙笑道：“你们又不放心，来查我们来了。我们并没有多吃酒，不过是大家顽笑，将酒作个引子，妈妈你别耽心。”李纨、尤氏都也笑道说：“你们也歇着去罢，我们也不敢叫他们多吃了。”林之孝家的等人笑说：“我们知道，连老太太叫姑娘们吃酒，姑娘们还不肯吃，何况太太们不在家，自然顽罢了。我们怕有事，来打听打听。二则天长了，姑娘们顽一回子还该点补些小食儿。素日又不大吃杂东西，如今吃一杯酒，若不吃东西，怕受伤。”探春笑道：“妈妈们说的是，我们也正要吃呢。”因回头命取点心来。两傍丫嬛们答应了，忙去传点心。探春又笑说：“你们歇着去罢，或是姨太太那边说话儿去。我们即刻打发人送酒给你们吃去。”林之孝家的笑回道：“不敢领了。”又站了一回，方退了出来。平儿摸着脸笑道：“我的脸都热了，也不好意思见他们。依我说，竟收了罢，别惹他们再来，到没意思了。”探春笑道：“不相干，横竖咱们不认真嗑酒就罢了。”

正说着，只见一个小丫头笑嘻嘻的走来说：“姑娘们快瞧云姑娘去，吃醉了图凉快，在山子后头一块青板石㮎上睡着了。”众人听说，都笑道：“快别吵嚷。”说着，都走来看时，果见湘云卧于山石僻处一个石㮎子上，业经香梦沉酣，四面芍药花飞了一身，满头脸衣襟上皆是红香散乱，手中的扇子在地下也半被落花埋了。一群蜂蝶闹穰穰的围着他，又用鲛帕包了一包芍药花瓣枕着。众人看了，又是爱，又是笑，忙上来推唤搀扶，湘云口内犹作睡语说酒令，唧唧哝哝说道：

泉香而酒洌，玉碗盛来琥珀光，直饮得梅稍月上，醉扶归，却为宜会亲友。

众人笑推他说道：“快醒醒儿吃饭去，这潮㮎上还睡出病来呢。”湘云漫启秋波，［周按］漫启，是原笔。见了众人，又低头看了一看自己，方知是醉了。原是来纳凉避静的，不觉的因多罚了两杯，姣弱不胜，便睡着了，心中反觉自愧，连忙起身，随着众人来至红香圃中，用过水，又吃了两盏酽茶。探春忙命将醒酒石拿来给他啣在口内，［周按］啣与衔同，惟北语实读如“痕”，与“含”音甚近，故亦相混。一时又命他喝了些酸汤，方才觉得好了些。当下又选了几样果菜与凤姐送去，凤姐儿也送了几样来。宝钗等吃过点心，大家也有坐的，也有立的，也有在外观花的，也有扶栏观鱼的，各自取便，说笑不一。探春便和宝琴下棋，宝钗、岫烟观局。林黛玉和宝玉在簇花下唧唧哝哝，不知说些什么。

只见林之孝家的和一群女人带了一个媳妇进来，那媳妇愁眉苦脸，也不敢进厅，只到了阶下，便朝上跪下了，蹦头有声。探春因一块棋受了敌，算来算去，总得了两个眼，便折了官着，两眼瞅着棋盘，一支手伸在盒内，只管抓弄棋子作想。林之孝家的站了半天，因回头要茶时才看见，问什么事？林之孝家的便指那媳妇说：“这是四姑娘屋里的小丫头彩儿的娘，现是园内侍候的人，嘴狠不好，是我听了，问着他，他说的，也不敢回姑娘，竟要撵出去才是。”探春道：“怎么不回大奶奶？”林之孝家的道：“方才大奶奶都往厅上姨太太处去了，头顶头看见，我已回明白了，叫回姑娘们来。”探春道：“怎么不回二奶奶？”平儿道：“不回去也罢，我回去说一声就是了。”探春点点头道：“既这么着，就撵出他去，等太太来了再回定夺。”说毕仍又下棋。这里林之孝家的带了那人出去不提。

黛玉和宝玉二人站在花下遥遥知意，黛玉便说道：“你家三丫头到是个乖人，虽然叫他管些事，到也一步儿也不肯多走，［周按］一句话内复用两“也”字，亦口语常见之实例。差不多的人就早作起威福来了。”宝玉道：“你不知道呢，你病着时他干了好几件事，这园子也分了人管，如今多掐一草也不能了。又蠲了几件事，单拿我和凤姐姐做筏子禁别人，最是心里有算计的人，岂只乖而已。”黛玉道：“要这样才好，咱们家里也太花费了。我虽不管事，心里每常思想，替你们算一算，出的多进的少，如今若不省俭，必致后手不接。”宝玉笑道：“凭他怎么后手不接，也短不住咱们两个人的。”[周按]短不住是原笔，北语住有“卡阻”之意味。黛玉听了，转身就往厅上寻宝钗说笑去了。

宝玉正欲走时，只见袭人走来，手内捧着一个小连环洋漆茶盘，里面可式放着两钟新茶，因问：“他往那去了？我见你两个半日没吃茶，巴巴的倒了两钟来，他又走了。”宝玉道：“那不是他，你给他送去。”说着自拿了一钟。袭人便送了那一钟去，偏和宝钗在一处，只得一钟茶，便说道：“那位渴了那位先接了，我再倒去。”宝钗笑道：“我却不渴，只要一口漱一漱就彀了。”说着，先拿起来嗑了一口，剩了半杯递与黛玉手内。袭人笑道：“我再倒去。”黛玉笑道：“你知道我这病，大夫不许多吃茶，这半钟尽彀了，难为你想的到。”说毕饮干，将杯放下。袭人又来接宝玉的，宝玉因问道：“这半日没见芳官，他在那里呢？”袭人四顾一瞧说：“才在这里几个人斗草的，这会子不见了。”宝玉听说，便忙回至房中，果见芳官面向里睡在床上。宝玉推他说道：“快不要睡觉，咱们外头去，一会儿好吃饭的。”芳官道：“你们吃酒不理我，叫我闷了半日，可不来睡觉罢了。”宝玉拉了他起来，笑道：“咱们晚上家里再吃，回来我叫袭人姐姐带了你桌上吃饭何如？”[周按]回来，北语习用。即“随后”，“过一会儿”之意，与由他处返回之义无涉。芳官道：“藕官、蕊官都不上去，单我在那里也不好，我也不惯吃那个面条子。[周按]芳官本苏州人，江南少女。每日食米习以为常。北方之面条甚难消化，故芳官之言非无故也。早起也没好生吃，才刚饿了，我已竟告诉了柳嫂子，先给我做一碗汤，盛半碗梗米饭送来，我这里吃了就完事。若是晚上吃酒，不许叫人管着我，我要尽力吃彀了才罢。我先在家里吃二三斤好惠泉酒呢。如今学了这劳什子，他们说怕坏嗓子，这几年也没闻见。乘今儿我是要开斋了。”宝玉道：“这个容易。”说着果见柳家的遣人送了一个盒子来，小燕揭开，里面是一碗虾丸鸡皮汤，又是一碗酒酿清蒸鸭子，一碗醃的胭脂鹅脯，还有一碟四个奶油松穰卷酥，并一大碗热腾腾碧荧荧蒸的绿畦香稻粳米饭。小燕放在案上，走去拿了小菜并碗箸过来，拨了一碗饭，芳官便说："油腻腻的，谁吃他这些东西。"只将汤泡饭吃了一碗，拣了一块醃鹅，就不吃了。宝玉闻着到觉比往常之味又胜些似的，遂吃了一个卷酥，又命小燕也拨了半碗饭，泡汤一吃，十分香甜可口。小燕和芳官都笑了。吃毕，小燕便将剩的要交回，宝玉道："你吃了罢，若不彀再要些来。"小燕道："不用要，这就彀了。方才麝月姐姐拿了两盘子点心给我们吃了，我再吃了这个，尽不用再吃了。"说着，便站在桌傍一顿吃了，又留下两个卷酥，说："这留下给我妈吃。［周按］留下谓卷酥不再送回厨房，若留着，则仅指自已不吃，话意不同。晚上要是吃酒，给我两碗酒吃就是了。"宝玉笑道："你也爱吃酒。等着咱们晚上痛嗑一阵，你袭人姐姐和晴雯姐姐量也好，也要嗑，只是每日不好意思，趁今儿大家开斋。还有一件事，想着嘱咐你，我竟忘了，此刻才想起来，已后芳官全要你照看他，他或有不到的去处，你提他，袭人照顾不过这些人来。"小燕道："我都知道，都不用你操心，但只这五儿怎么样？"宝玉道："你和柳家的说去，明儿直叫他进来罢！等我告诉他们一声就完了。"芳官听了笑道："这到是正经。"小燕又叫两个小丫头进来伏侍，洗手到茶，自己收了家火交与婆子，也洗了手，便去找柳家的，不在话下。

宝玉便出来，仍往红香圃寻众姊妹，芳官在后拿着巾扇。刚出了院门，只见袭人、晴雯二人携手出来，宝玉问道："你们作什么？"袭人道："摆下饭了，等你吃饭呢。"宝玉便笑着将方才吃的饭一节告诉了他两个。袭人笑道："我说你是猫儿食，闻见了香就好，隔锅饭儿香，虽然如此，也该上去陪他们，多少应个景儿。"晴雯用手指戳芳官额上说道："你就是个狐媚子，什么空儿跑了去吃饭，两个人怎么就约下了？也不告诉我们一声儿。"袭人笑道："不过是误打误撞的遇见了，说约下可是没有的事。"晴雯道："既这么着，要我们无用，明儿我们都走了，让芳官一个人就彀使了。"袭人笑道："我们都去了使得，你却去不得。"晴雯道："惟有我是第一个要去，又懒又笨，性子又不好，又没用。"袭人笑道："倘或那孔雀褂子角烧个窟窿，你去了，谁可会补呢？你到别和我拿三撇四的，我烦你作个什么，把你懒的，横针不拈，竖线不动，一般也不是我的私活烦你，横竖都是他的，你就都不肯做。怎么我去了几天，你病的七死八活，一夜连命也不顾，给他做了出来，这又是什么原故？你到底说话，别只佯憨，和我笑也当不了什么。"

大家说着，来至厅上，薛姨妈也来了，大家依序坐下吃饭。宝玉只用茶泡了半碗饭，应景而已。一时吃毕，大家吃茶闲话，又随便顽笑。外面小螺和香菱、芳官、蕊官、藕官、豆官等四五个人都满园中顽了一回，大家采了些花草来兜着，坐在花草堆中斗草。这一个说："我有观音柳。"那一个说："我有罗汉松。"那一个又说："我有君子竹。"这一个说："我还有美人蕉。"这一个说："我有星星翠。"那个又说："我有月月红。"这个又说："我有牡丹亭畔的牡丹叶。"那个又说："我有《琵琶记》里的枇杷果。"豆官便说："我有姊妹花。"众人没了。香菱便说："我有夫妻蕙。"豆官说："从来没听见说有个夫妻蕙。"香菱道："一箭一花为兰，一箭数花为蕙。凡蕙有两枝，上下结花者为兄弟蕙，有并头结花者为夫妻蕙，我这枝并头的怎么不是？"豆官没的说了，便起身笑道："依你说，若是这两枝一大一小，就是父子蕙了？若是两枝背面开的，就是仇人蕙了？你汉子去了大半年，你想夫妻了，便扯上蕙也夫妻，好不害羞！"香菱听了红了脸，忙要起身拧他，笑骂道："我把你这烂了嘴的小蹄子，满嘴里汗㳙的胡说了。"豆官见他要勾来，怎容他起来，便忙连身将他一压，回头笑着央告蕊官等："你们来帮帮我拧他这谄嘴。"两个人滚在草地下，众人拍手笑说："了不得了，那是一洼子水，可惜污了他的新裙子了。"豆官回头看了一看，果见傍边有一汪积雨，香菱的半扇裙子都污湿了，自己不好意思，忙夺了手跑了。众人笑个不住，怕香菱拿他们出气，也都哄笑一散。

香菱起身低头一瞧，那裙上犹滴滴点点流下绿水来，正恨骂不绝，可巧宝玉见他们斗草，也寻了些花草来凑戏，忽见众人跑了，只剩了香菱一个低头弄裙，因问："怎么散了？"香菱便说："我有一枝夫妻蕙，他们不知道，反说我谄，因此闹起来，把我的新裙子也脏了。"宝玉笑道："你有夫妻蕙，我这里到有一枝并蒂莲。"口内说，手内却真个拈着一枝并蒂莲花，又拈了那枝夫妻蕙在手内。香菱道："什么夫妻不夫妻，并蒂不并蒂，你瞧瞧这裙子。"宝玉方低头一瞧，便嗳呀了一声，说："怎么就拖在泥里了。可惜这柘榴红绫最不禁染。"香菱道："这是前儿琴姑娘带了来的，姑娘做了一条，我做了一条，今儿才上身。"宝玉跌脚叹道："若你们家，一日遭塌这一百条，也不值什么。只是头一件既系琴姑娘带来的，你和宝姐姐每人才一件，他的尚好，你的先赃了，岂不辜负他的心。二则姨妈老人家嘴碎，饶这么样，我还听见常说你们不知过日子，只会遭塌东西，不知惜福呢！这叫姨妈看见了，这顿说又不轻。"香菱听了这话，都磞心坎上，［周按］可知香菱所云，宝玉的话皆说到她心坎上，即是宝玉能从最细微处体贴女儿之心，平常须眉男子不知此等境界也。反到喜欢起来。因笑道："就是这话了。我虽有几条新裙子，都不合这一样，若有一样的，赶着换了也就好了，过后再说。"宝玉道："你快休动，只站着方好，不然连小衣儿膝裤鞋面都要拖赃。我有个主意，袭人上月作了一条和这个一样的，他因有孝，如今也不穿，竟送了你，换下这个来如何？”香菱笑着摇头说：“不好，他们倘或听见了到不好。”宝玉道：“这怕什么。等他孝满了，他爱什么，难道不许你送他别的不成？你若这样，不是你素日为人了。况且不是瞒人的事，只管告诉宝姐姐也不妨，只不过怕姨妈老人家生气罢了。”香菱想了一想有理，便点头笑道：“就是这样罢了，别辜负了你的心，我等着你。千万叫他亲来自送才好。”

宝玉听了，喜欢非常，答应了，忙忙的回家来，一壁里低头心下暗算，可惜这么一个人，没父母，连自己本姓都忘了，被人拐出来，偏又卖与了这个霸王。因又想起上日平儿也是意外想不到的，今日更更意外之意外的事了。［周按］更更，十分加强语气也。一壁胡思乱想，［己双］又下此四字。来至房中，拉了袭人，细告诉了他原故。香菱之为人，无人不怜爱的，袭人又本是个手中撒漫的，况与香菱素相交好，一闻此信，忙就开箱取了出来，随了宝玉来寻着香菱，他还站在那里等着呢。袭人笑道：“我说你太淘气了，足的淘出个故事来才罢。”香菱红了脸笑道：“多谢姐姐了，谁知是那起促狭鬼使黑心。”说着接了裙子，展开一看，果然同自己的一样。又命宝玉背过脸去，［周按］彼时妇女两截裤褂谓之小衣，是不能只穿小衣而面见男人的。如今却要当宝玉之面而解衣换裙子，则小衣腰裤毕露，故须令宝玉背过脸去。可回顾上年元宵之夜，宝玉欲在路上小解，随行之二丫嬛却须背过脸去，其理正同也。自己又手向内解下来，将这条系上。袭人道：“把这臜了的交与我拿回去收拾了再给你送来，你若拿回去，看见了也是要问的。”香菱道：“好姐姐，你拿去不拘给那个妹妹罢，我有了这个，不要他了。袭人道：“你到大方的好。”［周按］大方的好，好字为原文，北语习言。即“你可好大方”的“好”。香菱忙又万福道谢。袭人拿了臜裙便走，香菱见宝玉蹲在地下，将方才的夫妻蕙与并蒂莲，用树枝儿抠了一个坑，先抓些落花来铺垫了，将这莲蕙安放好，又将些落花来掩住了，方撮土掩埋平服。香菱拉他的手笑道：“这又叫作什么？怪道人人说你惯会鬼鬼祟祟使人肉麻的事。你瞧瞧你这手，弄的泥乌苔滑的，还不快洗去。”宝玉笑着方起身走了去洗手，香菱也自走开，二人已走远了数步，香菱复转身回来叫住宝玉，宝玉又不知有何话，扎着两只泥手，笑嘻嘻的转来问：“什么？”香菱只顾笑。因那边他的小丫头臻儿走来说：“二姑娘等你说话呢。”香菱方向宝玉道：“裙子的事，可别和你哥哥说才好。”［周按］古时妇女所着之裙子与今日之短裙全然不同。全裙由数幅折合而成，系于腰间，下必覆足。故裙实乃礼服之重要部分，绝不可当众脱换。若有此事而令丈夫知之，即可引起绝大误会也。说毕即转身走了。宝玉笑道：“可不我疯了，往虎口里探头儿去呢。”说着也回去洗手去了。不知端详，且听下回分解。

［戚回后］写寻闹是贾母不在家景况，写设筵亦是贾母不在家景况。如此说来，如彼说来，真有笔歌墨舞之乐。看湘云醉卧青石，满身花影，宛若百十名姝抱云笙月鼓而簇拥太真者。

［回后评］宝玉生辰本在四月二十六，第一暗示之处即甄士隐午倦抛书，梦中得见通灵宝玉下凡，而醒后只见烈日炎炎，芭蕉冉冉，此正四月下旬之风光。第二处明写饯花会，暗写宝玉生辰，点明四月二十六正交芒种节，全系乾隆元年之实际历日。第三处为清虚观张道士问哥儿宝玉时，顺口说出前儿四月二十六是遮天大王圣诞也，此又一奇特之笔而令聪明读者悟知，四月二十六是哥儿之生辰。本回则是第四次明写生辰而不言四月二十六之实际日期。须前后合看方能明白。

观本回所写，似错落而实紧凑，既簇锦而又团花。其情节之热闹，兴致之高涨，在全书中端推为首。每读至此，真欲身入书中，也向玉兄道一声，仙寿恒昌。

第六十三回
寿怡红群芳开夜宴　死金丹独艳理亲丧

［蒙戚回前］此书写世人之富贵子弟易流邪鄙，其作长上者有不能稽查之处，如宝玉之夜宴，始见之文雅韵致，细思之，何事生端又基于此。更能写贾蓉之恶赖无耻，亦世家之必有者。读者当以三人行必有我师之说为念，方能领会作者之用意也，戒之！

话说宝玉回至房中洗手，因与袭人商议："晚间吃酒，大家取乐，不可拘泥，如今吃什么好，早说给他们去办去。"袭人笑道："你放心，我和晴雯、麝月、秋纹四个人每人五钱银子，共是二两。芳官、碧痕、小燕、四儿四个人每人三钱银子，［周按］碧痕、碧浪，各古本互见，今从其旧。共是三两二钱银子。早已交给了柳家嫂子，预备四十碟果子。我和平儿早已说了，已经抬了一坛好绍兴酒藏在那边了。我们八个人单替你过生日。"宝玉听了，喜的忙就说："他们是那里的钱，不可叫他们出才是。"晴雯道："他们没钱，难道我们是有钱的？这原是各人之心，那怕他偷的呢！只管领他们的情就是了。"宝玉听了，笑道："你说的是。"袭人笑道："你一天不挨他两句硬话蠢你，你再过不去。"晴雯笑道："你如今也学坏了，耑会驾桥拨火儿。"说着，大家都笑了。宝玉说："关院门罢。"袭人笑道："怪不得人说你无事忙，这会子关了门，人到疑惑，越性再等一等。"宝玉点头，因说："我出去走走，四儿舀水去，小燕一个跟我去罢。"说着走至外边，因见无人，便问五儿之事。小燕道："我才告诉了柳嫂子，他到喜欢的狠，只是五儿那夜受了委曲烦恼，回家去又气病了，那里来得？只等好好罢。"［周按］谁知这"好好"二字似乎五儿再未能得，在情榜中众女儿之命薄恐未有薄似五儿者。盖不论无辜被撵之茜雪，或抱屈早夭之晴雯者，皆曾身列怡红，缘份非浅。而五儿则未获一日身在怡红院中，是其命之薄、缘之浅，俱令人感叹不已。宝玉听了，不免后悔长叹，因又问："这事袭人知道不知道？"小燕道："我没告诉，不知芳官可说了不曾？"宝玉道："我却没告诉过他，也罢，等我告诉他就是了。"说毕复走进来，故意洗手。已是掌灯时分，听得院门前有一群人进来，大家隔窗悄视，果见林之孝家的和几个管事的女人走来，前头一个提着大灯笼，晴雯悄笑道："他们查上夜的人来了，这一出去，咱们好关门了。"只见怡红院凡上夜的人都迎了出去，林之孝家的看了不少。林之孝家的吩咐："别耍钱吃酒，放倒头睡到大天亮，我听见是不依的。"众人都笑说："那里有那样大胆子的人。"林之孝家的又问："宝二爷睡了没有？"众人都回不知道。袭人忙推宝玉，宝玉靸了鞋便迎出来，笑道："我还没睡呢，妈妈进来歇歇。"又叫袭人倒茶来。林之孝家的忙进来，笑说："还没睡呢？如今天长夜短了，该早些睡，明儿起的方早。不然到了明日起迟了，人笑话说，不是个读书上学的公子了，到像那起挑脚汉了。"说毕，又笑。宝玉忙笑道："妈妈说的是，我每日都睡的早，妈妈每日进来，可都是我不知道的，已经睡了，今儿因吃了面，怕停住食，所以多顽一回。"林之孝家的又向袭人等笑说："该澡些普洱茶吃。"袭人、晴雯二人忙笑说："熬了一铫子女儿茶，已经吃过两碗了，大娘也尝一碗，都是现成的。"说着，晴雯便倒了一碗来。林之孝家的又笑道："这些时，我听见二爷嘴里都换了字眼，赶着这几位大姑娘们竟呼起名字来。虽然在这屋里，到底是老太太、太太的人，还该嘴里尊重些才是。若一时半刻偶然叫一声使得，若只管顺着口叫起来，怕已后兄弟侄儿照样，便惹人笑话，说这家子的人眼里没有长辈。"宝玉笑道："妈妈说的是，我原不过一时半刻的。"袭人、晴雯都笑说："这可别委屈了他。直到如今，他可姐姐没离了口。不过顽的时候叫一声半声名字，若当着人，都是和先一样。”林之孝家的笑道：“这才好呢，这才是读书知礼，越自谦越尊重。别说是三五代的陈人，现从老太太、太太屋里拨过来的，便是老太太、太太屋里的猫儿、狗儿，轻易也伤他不得，这才是受过调教的公子行事。”［周按］尊老敬老是满族伦理道德中最为突出之重要特点，远远超越汉俗，是故如袭人者、晴雯者皆是本为老太太身边人，而特命指派为服侍宝玉之大丫嬛，其身份地位超越诸嬛。即如宝玉必称袭人为姐姐，此种主奴尊卑，错综交互之现象甚为特殊。后世论者恐未必尽知也。说毕吃了茶，便说：“请安歇罢，我们走了。”宝玉还说：“再歇歇。”那林之孝家的已带了众人又查别处去了。这里晴雯等忙命关了门，进来笑说：“这位奶奶那里吃了一杯来了，唠三叨四的，又排场了我们一顿去了。”麝月笑道：“他也不是好意的！［周按］反诘语气。少不得也要常提着些儿，也堤防着怕走了大褶儿的意思。”

说着，一面摆上酒果。袭人道：“不用高桌，［周按］高桌，指落地的高脚桌，如正方形八仙桌即是。咱们把那张花梨圆炕桌子放在炕上坐，又宽绰又便宜。”［周按］宽绰，北语实读宽超。说着，大家果然抬来。麝月和四儿那边去搬果子，用两个大茶盘做四五次方搬运了来。两个老婆子蹲在外面火盆上筛酒。宝玉说：“天热，咱们都脱了大衣裳才好。”众人笑道：“你要脱你脱，我们还要轮流安席呢。”宝玉笑道：“这一安就安到五更了。知道我最怕这些俗套子，在外人跟前不得已的，这会子还沤我就不好了。”众人听了，都说依你，于是先不上座，且忙着宽卸衣裳。［庚双］凡吃酒从未先如此者。此独怡红风俗。故王夫人云：“他行事总是与世人两样的。”知子莫过母也。一时正妆卸去，头上只随便挽着鬐儿，身上皆去裙短袄。宝玉只穿件大红棉纱小袄子，下面绿绫弹墨袷裤，［周按］袷，即俗写夹衣之夹。散着裤脚，倚着一个各色玫瑰、芍药花瓣装的玉色袷纱新枕头，和芳官两个先划拳。当时芳官满口嚷热，［己双］余亦此时太热了，恨不得一冷。既冷时思此热，果然一梦矣。只穿着一件玉色红青酡绒三色缎子斗的水田小袷袄，束着一条柳绿汗巾，底下是水红撒花袷裤，也散着裤腿，［周按］散着裤腿，乃私室内极随便不庄重之情景也。旧时裤腿必以带扎紧，方可出门见人，否则即为无礼貌之恶态。其带俗呼扎腿带或腿带子。头上齐额编着一圈小辫，总归至顶心，结一根鹅卵粗细的总辫，拖在脑后。右耳眼内只塞着米粒大小的一个小玉塞子，左耳上单带着一个白果大小的硬红厢金大坠子，越显的面如满月犹白，眼如秋水还清。引的众人笑说："他两个到像一对双生的弟兄两个。"袭人等一一的斟了酒来，说:"且等等再划拳，虽不安席，每人在手里吃我们一口罢了。"于是袭人为先，端在唇上吃了一口，余依次下去，一一吃过，大家方圆坐定。小燕、四儿因炕沿坐不下，便端了两张椅子，近炕放下。那四十个碟子皆是一色白粉定窑的，不过只有小菜碟大，里面不过是山南海北，中原外国，或干或鲜，或水或陆，天下所有的酒馔果菜。宝玉因说:"咱们也该行个令才好。"袭人道："斯文些的才好，别大呼小叫的，惹人听见。二则我们不识字，可不要那些文的。"麝月笑道:"拿骰子，咱们抢红罢。"宝玉道："没趣，不好，咱们占花名儿好。"晴雯笑道："正是，早已想弄这个顽意儿。"袭人道："这个顽意虽好，人少了没趣。"小燕笑道："依我说，咱们竟悄悄的把宝姑娘、林姑娘请来，［周按］按多数古钞本此处叙小燕之建议，只言宝姑娘、林姑娘，并未有云姑娘三字，唯杨、觉、程三本多此三字，则是后加。盖雪芹原文暗笔隐写湘云自醉卧芍药裀后，即扶入怡红院歇息调养，一直未曾离去。故此时夜宴湘云原在，若于春燕口中添出云姑娘三字反成乖谬。余在《石头记会真》中误从杨本，今特改正。顽一回子，到二更天再睡不迟。"袭人道："又开门喝户的闹，［周按］阖户，即闭门，喝户音近，意为叫门声嚷，更有神情。倘或遇见巡夜的问呢？"宝玉道："怕什么，咱们三姑娘也吃酒，再请他一声才好，还有琴姑娘。"众人都道："琴姑娘罢了，他在大奶奶屋里，叨登大发了。"宝玉道："怕什么，你们就快请去。"小燕合四儿都得不了一声，［周按］得不了一声，即难得闻此使命，亦巴不得之意。二人忙命开了门，分头去请。晴雯、麝月、袭人三人又说："他两个请去，只怕宝林二位不肯来，须得我们请去，死活拉他来。"于是袭人、晴雯忙又命老婆子打个灯笼，二人去了。

果然宝钗说夜深了，黛玉说身上不好。他二人再三央求说："好歹给我们一点体面，略坐坐再来。”探春听了，却也欢喜。因想不请李纨，倘或被他知道了到不好，便命翠墨同了小燕也再三的请好了李纨和宝琴。二人会齐，先后都到了怡红院，袭人又死活拉了香菱来，炕上又并了一张桌子，方坐开了。［周按］坐开了，谓容得下诸多席位，北地常语。宝玉忙说：“林妹妹怕冷，过这边靠板壁坐。”又拿个靠背垫着些。袭人等都端了椅子在炕沿下陪，黛玉却离桌远远的靠着靠背，因笑向宝钗、李纨、探春等道：“你们日日说人夜饮聚赌，今儿我们自己也如此，以后怎么说人？”李纨笑道：“这又何妨，一年之中，不过生日节间如此，并无夜夜如此，这到也不怕。”［周按］钞本中倒字占极少数，从众用“到”字。

说着，晴雯拿了一个竹雕的签筒来，里面装着象牙花名签子，摇了一摇，放在当中，又取过骰子来，盛在盒内，摇了一摇，揭开一看，里面是五点，数至宝钗，宝钗便笑道：“我先抓，不知抓出个什么来。”说着将筒摇了一摇，伸手掣出一根。大家一看，只见签上画着一枝牡丹，题着“艳贯群芳”四字。下面又有镌的小字，一句唐诗，道是：任是无情也动人。又注着：在席者共贺一杯，此为群芳之贯。随意命人，不拘诗词雅谑，道一则以侑酒。众人看了，都笑说：“巧的狠，你也原配牡丹花。”说着，大家共贺了一杯。宝钗吃过，便笑说：“芳官唱一支我们听罢。”芳官道：“既这样，大家吃了门杯好听。”于是大家吃酒。芳官便唱：“寿筵开处风光好。”众人都道：“快打回去。这会子狠不用你来上寿，拣你极好的唱来。”芳官只得细细的唱了一支《赏花时》：

翠凤毛翎扎帚叉，闲为仙人扫落花。［周按］《楝亭诗钞》卷一页十五诗注云：些山集青莲句有闲为仙人扫落花，故及之。◎曹寅又自号西堂扫花行者。您看那风起玉尘沙，猛可的那一层云下，抵多少门外即天涯。您再休要剑斩黄龙一线儿差，再休向东老贫穷卖酒家。您与俺眼向云霞，洞宾呵，您得了人，可便早些儿回话。若迟呵，错叫人留恨碧桃花。［周按］此是汤显祖《邯郸梦》中曲文。今在此处盖借来暗示日后宝玉设法寻访湘云之下落，故曲文中一再涉及云霞字样。云霞即湘云之代号也。

才罢，宝玉却只管拿着那签，口内颠来倒去念“任是无情也动人”，听了这曲，眼看芳官不语。湘云忙一手夺了，掷与宝钗。宝钗掷了个十六点，数到探春，探春笑道：“我还不知得个什么呢！”伸手掣了一根出来，自己一瞧，便撂在地下，红了脸笑道：“这东西不好，不该行这令，这原是外头男人们行的令，许多混话在上头。”众人不解，袭人等忙拾了起来，众人看那上面是一枝杏花。红字写着“瑶池仙品”四字。诗云：日边红杏倚云栽。注云：得此签者必得贵婿，大家恭贺一杯，共同饮一杯。众人笑道：“我说是什么呢，这签原是闺阁中取戏的。除了这两三根有这话的，并无杂话，这有何妨？我们家已有了个王妃，难道你也是不成。大喜大喜。”说着大家来敬，探春那里肯饮，却被史湘云、香菱、李纨等三四个强死强活灌了几口下去，探春只命蠲了这个，再行别的，众人断不肯依。湘云拿着他的手，强掷了个九点出来，便该李纨掣。李纨摇了一摇掣出一根来，一看笑道：“好极，你们瞧瞧，这劳什子竟有些意思。”众人瞧那签上画着一枝老梅，是写着“霜晓寒姿”四字。那一面是诗，云：竹篱茅舍自甘心。注云：自饮一杯，下家掷骰。李纨笑道：“真有趣，你们掷去罢，我只自吃一杯，不问你们的兴与衰。”说着便吃酒，将骰过与黛玉。黛玉一掷，是个十八点，便该湘云掣。湘云笑着，揎拳掳袖的伸手掣了一根出来。大家看时，一面画着一枝海棠，题着“香梦沉酣”四字。那面诗道是：只恐夜深花睡去。黛玉笑道：“夜深两个字改石凉两个字。”众人便知他趣白日间湘云醉卧的事，都笑了。湘云笑指那自行船与黛玉看，又说：“快坐上那船家去罢，别多话了。”众人都笑了。因看注云：既云香梦沉酣，掣此签者不便饮酒，只令上下二家各饮一杯。湘云拍手笑道："阿弥陀佛，真真好签！"恰好黛玉是上家，宝玉是下家。二人斟了两杯，只得要饮。宝玉先饮了半杯，瞅人不见，递与芳官，芳官即便端起来一仰脖子。黛玉只管和人说话，将酒全折在漱盂内了。湘云便绰起骰子来，［周按］绰，北音读作超，意即用五指满把抓起。掷了个九点。数该麝月掣，麝月便掣了一根出来。大家看时，这面上是一枝荼蘼花，题着"韶华胜极"四字。那边写着一句旧诗，道是：开到荼蘼花事了。注云：在席者各饮三杯送春。麝月问怎么讲，宝玉愁眉，忙将签藏了，说："咱们且喝酒。"说着，大家吃了三口，以充三杯之数。麝月一掷，掷个十点，该香菱，香菱便掣了一根并蒂花，题着"联春绕瑞"。那面写着一旧诗，道是：连理枝头花正开。注云：共贺掣者三杯，大家陪饮一杯。香菱便又掷了个六点，该黛玉。黛玉默默想道："不知还有什么好的，被我掣着方好。"一面伸手取了一枝，只见上面画着一枝芙蓉，题着"风露清愁"四字。那面一句旧诗，道是：莫怨东风当自嗟。注云：自饮一杯。牡丹陪饮一杯。众人笑说："这个好极，除了他别人不配作芙蓉。"黛玉也自笑了。于是饮了酒，便掷了个二十点，该着袭人，袭人也伸手取了一枝出来，却是一枝桃花，题着"武陵别景"四字。那一面旧诗写着道是：桃红又是一年春。注云：杏花陪一杯。坐中同庚者陪一杯，同辰者陪一杯，同姓者陪一杯。众人笑道："这一面热闹有趣。"大家算来，香菱、晴雯、宝钗三人皆与他同庚，黛玉与他同辰，只无同姓者。芳官忙道："我也姓花，我也陪他一杯。"于是大家斟了酒，黛玉因向探春笑道："命中该着招贵婿的，你是杏花，快嗑了，我们好嗑。"探春笑道："这是个什么，大嫂子顺手给他一下子。"李纨笑道："人家不得贵婿反挨打，我也不忍的。"说的众人都笑了。

袭人才要掷，只听有人叫门，老婆子忙出去问时，原来是薛姨妈打发人来接黛玉的。[苏]奇文，不接宝钗而接黛玉。[周按]苏本入正文。众人因问："几更了？"人回："二更已后了。钟打过十一下了。"宝玉犹不信，要过表来瞧了一瞧，已是子初初刻十分了。黛玉便起身说："我可掌不住了，回去还要吃药呢。"众人说："也都该散了。"袭人、宝玉等还要留着众人，李纨、宝钗等都说："夜太深了不像，[周按]不像，谓不成规矩体统。这已是破格了。"袭人道："即如此，每位再吃一杯再走。"说着，晴雯等已都斟满了酒，每人吃了，都命点灯笼。袭人等直送过沁芳亭河那边方回来。关了门，大家复又行起令来。袭人等又用大杯斟了几杯，[周按]大杯，凡杯字皆隐悲字。用盘子攒了各样果菜与地下老嬷嬷们吃，彼此有了三杯酒了，便猜拳赢唱小曲儿。那天已四更时分，老嬷嬷们一面明吃，一面暗偷，酒坛已罄。众人听了纳罕，方收拾盥漱睡觉。芳官吃的两腮胭脂一般，眉稍眼角越添了许多丰韵，身子图不得，便睡在袭人身上道："好姐姐，心跳的狠。"袭人笑道："谁许你尽力灌起来？"小燕、四儿也图不得早睡了，晴雯还只管叫。宝玉道："不用叫了，咱们且胡乱歇一歇罢。"自己便枕了那红香枕，[周按]红香枕隐湘云后文，与红香圃呼应。身子一歪，便也睡着了。袭人见芳官醉的狠，恐他闹唾酒，只得轻轻起来，就扶在宝玉之侧，由他睡了。自己却在对面榻上倒下。

大家黑甜一觉，不知所之，及至天明，袭人睁眼一看，只见天色晶明，忙说："可迟了。"向对面床上瞧了一瞧，只见芳官头枕着炕沿上，睡犹未醒，连忙起来叫他。宝玉一翻身醒了，笑道："可迟了。"因又推芳官起身。那芳官坐起来，犹发怔柔眼睛。袭人笑道："不害羞，你吃醉了，怎么也不拣地方儿乱挺下了？"芳官听了，瞧了一瞧，方知是和宝玉同榻，忙笑的下地来说："我怎么吃的不知道了？"宝玉笑道："我竟也不知道了，若知道，给你脸上抹些黑墨。"说着，丫头进来伺候梳洗。宝玉笑道："昨儿有扰，今儿晚上我还席。"

袭人笑道："罢罢，今儿可别闹了，再闹就有人说话了。"宝玉道："怕什么，不过才两次罢了。咱们也算是会吃酒了，那一坛子酒怎么就吃光了？正是有趣，偏又没了。"袭人笑道："原要这样才有趣，必至兴尽了反无后味了。昨儿都好上来了，晴雯连燥也忘了，我记得他还唱了一个曲儿。"四儿笑道："姐姐忘了，连姐姐还唱了一个呢，在席上的谁没唱过。"众人听了，俱红了脸，用两手握着笑个不住。

忽见平儿笑嘻嘻的走来，说："我亲自来请昨日在席的人，今儿我还东，短一位使不的。"众人忙让坐吃茶。晴雯笑道："可惜昨夜没他。"平儿忙问："你们夜里做什么来？"袭人便说："告诉不得你，昨儿夜里热闹非常，连往日老太太、太太带着众人顽，也不及昨儿这一晚。一坛酒我们都鼓捣光了，一个个的吃的把燥都丢了，三不知的都唱起来，四更多天才横三竖四的打了一个盹儿。"平儿笑道："好狗，［周按］戏骂人语。才合我要了酒来，也不请我，还说着给我听，气我。"晴雯道："今儿他还席，必来请你的，等着罢。"平儿笑问道："他是谁？谁是他？"晴雯听了，赶着笑打，说道："偏你这耳朵尖，听的真。"平儿笑道："这会子有事，不和你说，我干事去了。迟一回再打发人来请，一个不到，我是打上门来的。"宝玉等忙留他，已经去了。

这里宝玉梳洗了，正吃茶，忽然一眼看见砚台底下压着一张纸，因说道："你们这随便混压东西也不好。"袭人、晴雯等忙问："又怎么了？谁又有了不是了？"宝玉指道："砚台底下是什么？一定又是那位的样子忘了收的。"晴雯忙启砚拿了出来，却是一张字帖儿，递与宝玉看时，原来是一张粉笺，上面写着：槛外人妙玉恭肃遥叩芳辰。宝玉看了，直跳了起来，［己双］帖文亦蹈俗套之卧〔例〕。忙问："这是谁接来的？也不告诉。"袭人、晴雯见了这般，不知当是那个要紧的人来的帖子，忙一齐问："昨儿谁接下了一个帖子？"四儿忙飞跑到来说："昨儿妙玉并无亲身，只打发个妈妈来送，我就搁在那里，谁知一顿酒就忘了。”众人听了道：“我当谁的，这样大惊小怪，这也不值的。”宝玉忙命：“快拿纸来。”当下拿了纸研了墨，看他下着槛外人三字，自己竟不知回帖上回个什么字样才相敌，只管提笔出神半天，仍没主意。因又想：“若问宝钗去，他必又批评怪诞，不如问黛玉去。”想罢，袖了帖儿，迳来寻黛玉。刚过了沁芳亭，忽见岫烟颤巍巍的〔苏〕四个俗字写出一个活跳美人，转觉别出〔书〕中，若干莲步香尘、纤腰玉体字样无味之甚。［周按］苏本人正文，开头四个的“个”字傍有“注”字。迎面走来，宝玉忙问：“姐姐那里去？”岫烟笑道：“我找妙玉说话。”宝玉听了，叱意道：“他为人孤高，不合时宜，万人不入他目，原来他推重姐姐，竟知姐姐不是我们一流的俗人。”岫烟笑道：“他也未必真心重我，但我和他作过十年的邻居，只一墙之隔，他在蟠香寺修炼，我家原寒素，赁房住，就赁的是他庙里的房子，住了十年，无事到他庙里去作伴，我所认的字，都是承他所授。我和他又是贫贱之交，又有半师之分。因我们投亲去了，闻得他因不合时宜，权势不容，竟投到这里来了。如今又天缘凑合，我们得遇，旧情竟未易，承他青目，更胜当日。”宝玉听了，恍如听了焦雷一般，喜的笑道：“怪道姐姐举止言谈，超然如野鹤闲云，原来有本而来。正因他的一件事我为难，要请教别人去，如今遇见姐姐，真是天缘凑巧，求姐姐指教。”说着，便将拜帖取出与岫烟看。岫烟笑道：“他这脾气竟不能改，竟是生成这等放诞诡僻了。从来没见拜帖上下别号的，这可是俗语说的，僧不僧俗不俗女不女男不男的，成个什么道理。”宝玉听说，忙笑道：“姐姐不知道，他原不在这些人中算，他原是世人意外之人，因取我是个些微有知识的，方给我这帖子。我因不知回什么字样才好，竟没了主意，正是要问林妹妹去，可巧遇见了姐姐。”岫烟听了宝玉这话，且只顾用眼上下细细打谅了半日，方笑道：“怪道俗语说的闻名不如见面，又怪不得妙玉竟下这帖子给你，又怪不得上年竟给你那些梅花。既然连他都这样，少不得我告诉你原故。他常说，古人中自汉晋五代唐宋以来皆无好诗，只有两句好，说是，纵有千年铁门槛，终须一个土馒头。所以他自称槛外之人，又赞这文是庄子的好，故或又称是畸人。［周按］岫烟所称铁门槛、土馒头二句，乃南宋四大家之一范石湖（成大）之名句。又引及庄子，其原语为：畸于人而侔于天。庄子的思想是反对人事的种种造作、机巧，而要回归于大自然。他若帖子上是自称畸人的，你就还他个世人。畸人者，他自称是畸零之人，你谦自己乃世中扰扰之人，他便喜了。如今他自称槛外之人，是自谓蹈于铁槛之外了，你如今只下槛内人，便合了他的心了。”宝玉听了，如醍醐灌顶，嗳哟了一声，方笑道：“怪道我们家庙说是铁槛寺呢，原来有这一说。姐姐就请，让我去写回帖。”岫烟听了，便自往拢翠庵来。

宝玉回房写了帖子，上面只写“槛内人宝玉薰沐谨拜”几个字，亲自拿了到拢翠庵，只隔门缝儿投进去便回来了。因又见芳官梳了头，挽起簪来，带了些花翠，忙命他改妆。又命将周围的短发剃了去，露出碧青头，后面当分大顶，又说：“冬天必须貂鼠卧兔儿带，脚上虎头盘云五彩小绒鞋，或散着裤腿，只用净袜，厚底厢鞋。”又说：“芳官之名不好，竟改了男名才别致。”因又改作雄奴，芳官十分称心，便说：“既如此，你出门也带我出去，有人问，只说合茗烟一样的小厮就是了。”宝玉笑道：“到底人看的出来。”芳官笑道：“我说你是无才的，［己双］用芳官一骂有趣。咱们家现有几家土番，你就说我是个小土番儿，况且人人说我打联垂好看，你想这话可妙？”宝玉听了，喜出意外，忙笑道：“这却狠好，我亦常见官员人等多有跟从外国献俘之种，图其不畏风霜，鞍马便捷。既这等，再起个番名，叫作耶律雄奴。雄奴二音又与匈奴相通，都是犬戎名姓，况且这两种人自尧舜时便为中华之患，晋唐诸朝深受其害。幸得咱们有福，生在当今之世，大舜之正裔，圣虞之功德，仁孝赫赫格天，同天地日月，亿兆不朽，所以凡历朝中跳梁猖獗之小丑，到了如今，竟不用一干一戈，皆天使其拱手俯头，缘远来降，我们正该作践他们，为君父生色。”芳官笑道：“既这样着，你该去操习弓马，学些武艺，挺身出去拿几个反叛来，岂不进忠效力了，［周按］进忠是当时常用语。何必借我们？你鼓唇摇舌的，自己开心作戏，却说是称功颂德呢。”宝玉笑道：“所以你不明白，如今四海宾服，八方宁静，千载百载不用武备。咱们虽一戏一笑，也该称颂，方不负坐享升平了。”芳官听了有理，二人自为妥贴甚宜。宝玉便叫他耶律雄奴。究竟贾府二宅皆有先人当年所获之囚赐为奴隶，只不过令其饲养马匹，皆不堪大用。湘云素习憨戏异常，他也最喜武扮的，每每自己束鸾带，穿折袖，近见宝玉将芳官扮成男子，他已将葵官也扮了个小子。那葵官本是常刮剃短发，好便于面粉墨油彩，手脚又伶便，打扮了又省一层事。李纨、探春见了也爱，便将宝琴的豆官也就命他打扮了一个小童，头上两个丫髻，短袄红鞋，只差了涂脸，便俨然是戏上的一个琴童。湘云将葵官改了，唤作大英，因他姓韦，便叫他作韦大英，方合自己的意思，暗有惟大英雄能本色之语，何必涂朱抹粉。豆官身量年纪皆极小，又鬼灵，故曰豆官。园中人也有唤他作阿豆的，也有唤他作炒豆子的。宝琴反说琴童、书童等名太熟了，竟是豆字别改，唤作豆童。［周按］以上芳官更名文字，上承获囚往事，下启男妆后文，并辩称功颂德之本意，非闲笔也。

因饭后平儿还席，说红香圃太热，便在榆荫堂中摆了几席新酒佳肴。［苏］榆阴中者，余荫也，兹既感灵，今故怀亲。所谓不失忠孝之大纲也。［周按］苏本入正文，“阴”字右傍有一个“注”字。可喜尤氏又带了佩凤、偕鸳二妾过来游玩，这二妾亦是青年姣憨女子，不常过来的，今既入了这园，再遇见湘云、香菱、芳蕊一干女子，所谓方以类聚、物以群分二语不错。只见他们说笑不了，也不管尤氏在那里，只凭丫嬛们去服侍，且同众人一一的游玩。一时到了怡红院，忽听宝玉叫耶律雄奴，把佩凤、偕鸳、香菱三个人笑在一处，问是什么话，大家也学着叫这名子。又叫错了音韵，或忘了字眼，甚至于叫出野驴子来，引的合园中人凡听见者无不笑倒。宝玉又见人人取笑，恐作践了他，忙又说："海西福朗思牙，闻有金星玻璃宝石，他本国番语，以金星玻璃名为温都里纳。[周按]温都里纳，法语 Avenpturina 之译音。如今将你比作他，就改名唤作温都里纳可好？"芳官听了更喜，说："就是这样罢。"因此又换了这名。众人嫌拗口，仍番汉名，就唤玻璃。

闲言少述。且说当下众人都在榆荫堂中以酒为名，大家顽笑，命女先儿击鼓。平儿采了一枝芍药，大家约二十来人传花为令，热闹了一回。因人回说："甄家有两个女人送东西来了。"探春和尤氏、李纨三人出去议事厅相见，这里众人且出来散一散。佩凤、偕鸳两个去打秋千顽要，[己双]大家千金不令作此戏，故写不及探春等人也。宝玉便说："你两个上去，让我送。"慌的佩凤说："罢罢，别替我们闹乱子，到是叫野驴子来送送使得。"宝玉忙笑说："好姐姐们，别顽了，没的叫人跟着你们学着骂他。"偕鸳又说："笑软了，怎么打呢。吊下来，栽出你的黄子来。"佩凤便赶着他打。

正顽笑不绝，忽见东府中几个人慌慌张张跑来，说："老爷宾天了。"众人听了，唬了一大跳，忙都说，刚好好的，并无病疾，怎么就没了？家下人说："老爷天天修炼，定是功行满了，升仙去了。"尤氏一闻此言，又见贾珍父子并贾琏等皆不在家，一时竟没个着己的男子来，未免忙了。只得忙卸了妆饰，命人先到玄真观将所有的道士都锁了起来，等大爷来家审问。一面忙忙坐车，带了赖升一干老人媳妇出城，又请太医看视到底系何病。大夫们见人已死，何处诊脉来？素知贾敬道气之术，总属虚诞，更至参星礼斗、守庚申、服灵砂等妄作虚为，过于劳神费力，反因此伤了性命的。如今虽死，肚中坚硬似铁，面皮嘴唇烧的紫绛皱裂，便向媳妇回说：［周按］指上文带了赖升一干老人媳妇出城。“系玄教中吞金服砂，烧胀而殁。”众道士慌的回说：“原是老爷秘法新制的丹砂吃坏了事，小道们也曾劝说，功行未到，且服不得。不承望老爷于今夜守庚申时悄悄的服了下去，便升仙了。这恐是虔心得道，已出苦海，脱去皮囊，自然去也。”尤氏也不听，只命锁着，等贾珍来发落。且命人去飞马报信，一面看视这里窄狭，不能停放，横竖也不能进城的。忙装裹好了，用软轿抬至铁槛寺来停放。掐指算来，至早也得半月的工夫，贾珍方能来到。目今天气炎热，实不得相待，遂自行主持，命天文生择了日期入殓。寿木已系早年备下寄在此庙的，甚是便宜。三日后便开丧破孝，一面且做起道场来等贾珍。荣府中凤姐儿出不来，李纨又照顾姊妹，宝玉不识事体，只得外头之事暂托与几个家中二等管事人。贾瑞、贾珖、贾珩、贾璎、贾菖、贾菱等各有执事。尤氏不能回家，便将他继母接来在宁府看家。他这继母只得将两个未出嫁的小女带来，一并起居才放心。［己双］原为放心而来，终是放心而去，妙甚！

且说贾珍闻了此信，即忙告假。并贾蓉是有职之人，礼部因当今隆敦孝弟，不敢自专，具本请旨。原来天子极是仁孝过天的，且更隆重功臣之裔，一见此本，便诏问贾敬何职。礼部代奏：“系进士出身，祖职已荫其子贾珍，贾敬因年迈多疾，常养静于都城之外玄真观。今因疾殁于寺中，其子珍，其孙蓉，现因国丧随驾在此，故乞假归殓。”天子听了，随下格外恩旨曰：“贾敬虽白衣，无功于国，念彼祖父之功，追赐五品之职，令其子孙扶柩，由北下之门进都，入彼私第殡殓。任子孙尽丧礼毕，扶柩归籍外，着光禄寺按上例赐祭，朝中由王公以下准其祭吊。［周按］据此，高官吊祭之礼已有严格规定，然贾敬乃宁国公之嫡系袭职者，其本人又为进士，方得王公以下品级官员祭吊，而其孙媳秦可卿却得到众多王爷级官员的路祭。此又何理，可知其中另有缘故。钦此。”钦旨一下，不但贾府中人谢恩，连朝中所有大臣皆嵩呼称颂不绝。

贾珍父子星驰而回，半路中又见贾猵、贾珖二人领家丁飞骑而来，看见贾珍，一齐滚鞍下马请安。贾珍忙问作什么。贾猵回说：“嫂子恐哥哥和侄儿来了，老太太路上无人，叫我们两个来护送老太太的。”贾珍听了，赞称不绝。又问家中如何料理。贾猵等便将如何拿了道士，如何挪至家庙，怕家内无人，接了亲家母和两个姨子在上房住着。［周按］姨子，北语谓妻之姊妹为大姨子小姨子，此自贾珍而计亲之称也。贾蓉当下也下了马，听见两个姨娘来了，便和贾珍一笑。贾珍忙说了几声妥当，加鞭便走。店也不投，连夜换马飞驰。一日到了都门，先奔入铁槛寺。那天已是四更天气，坐更的闻知，忙喝起众人来。贾珍下了马，同贾蓉放声大哭，从大门外便跪爬至棺前，稽颡泣血，直哭到天亮，喉咙都哑了方住。尤氏等都一一见过。贾珍父子忙按礼换了凶服，在棺前俯伏。无奈自要理事，竟不能目不观物，耳不闻声，少不得减些悲戚，好指挥众人。因将恩旨备述与众亲友听了，一面先打发贾蓉家中来料理停灵之事。贾蓉得不了一声，先骑马飞来至家，忙命前厅收桌椅，下槅扇，挂孝幔子，门前起鼓手棚，牌楼等事。又忙着进来看外祖母、两个姨娘。

原来尤老安人年高喜睡，常歪着，他二姨娘、三姨娘都和丫头们作活计，见他来了，都道烦恼。贾蓉且嘻嘻的望他二姨娘笑说：“二姨娘，你又来了，我们父亲正想你呢！”尤二姨便红了脸骂道：“蓉小子，我过两日不骂你几句，你就过不得了，越发连个体统都没了。还亏你是大家子的公子哥儿，每日念书学礼的，越发连那小家子瓢坎的也跟不上。”说着，顺手拿起一个熨斗来，搂头就打。贾蓉抱着头滚到怀里告饶，尤二姐便上来撕嘴，又说：“等姐姐来家，咱们告诉他。”贾蓉忙笑着跪在炕上求饶，他两个又笑了。贾蓉又和二姨抢砂仁吃。尤二姐嚼了一嘴渣子，吐了他一脸，贾蓉用舌头都舔着吃了。众丫头看不过，都笑说："热孝在身上，老娘才睡了觉，他两个虽小，到底是姨娘家，你太眼里没有奶奶了。回来告诉爷，你吃不了兜着走。"贾蓉撇下他姨娘，便抱着丫头们亲嘴，说："我的心肝，你说的是，咱们馋他两个。"［周按］馋他，谓使之羡妒也。丫头们忙推他，恨的骂："短命鬼儿，你一般有老婆丫头，只和我们闹。知道的说是顽，［庚双］妙极之顽，天下有是之顽亦有趣甚。此语余亦亲闻者，非编有也。不知道的人，再遇见那脏心烂肺的爱多管闲事嚼舌头的人，吵嚷的那府里谁不知道，谁不背地里嚼舌，说咱们这边乱账？"贾蓉笑道："各门另户，谁管谁的事，都彀使的了。从古至今，连汉朝和唐朝人还说脏唐臭汉，何况咱们这宗人家。谁家没风流事，别讨我说出来。连那边大老爷这么利害，琏叔还和那小姨娘不干不净呢。凤姑娘那样刚强，瑞叔还想他的账。那一件瞒了我？"

贾蓉只管信口开河，胡言乱道之间，只见他老娘醒了，请安问好，又说："难为老祖宗劳心，又难为两位姨娘受委屈。我们爷儿们感戴不尽，惟有等事完了，我们合家大小登门磕头去。"尤老安人点头道："我的儿，到是你们会说话，亲戚们原是该的。"又问："你父亲好？几时得了信赶到的？"贾蓉笑道："才刚赶到的，先打发我瞧你老人家来了。如今好歹求你老人家事完了再去。"说着又和他二姨挤眼。那尤二姐便悄悄咬牙含笑骂："狠会说乱语嚼舌头的猴儿崽子，［周按］崽子，即崽子。留下我们给你爹作娘不成？"贾蓉又戏他老娘道："放心罢，我父亲每日为两位姨娘操心，要寻两个又有根基、又富贵、又年轻、又俏皮的两位姨爹，好聘嫁这二位姨娘的。这几年总没拣得，可巧前日路上才相准了一个。"尤老只当真话，忙问是谁家的。尤二姐妹丢了活计，一头笑，一头赶着打，说："妈别信这雷打的。"连丫头们都说："天老爷有眼，仔细雷要紧。"又值人来回话："事已完了，请哥儿出去看了，回爷的话去。”那贾蓉方笑嘻嘻的去了。未知如何，下回分解。

［戚回后］宝玉品高性雅，其终日花围翠绕，用力维持其间，淫荡之至，而能使旁人不觉，被人不厌。贾蓉不分长幼微贱，纵意驰骋于中，恶习可恨。二人之形景天渊而终归于邪，其滥一也，所谓五十步之间耳。持家有意于子弟者，揣此以照察之可也。

［回后评］按此回分为两截，前半开夜宴，寿怡红实为全书中最末一次群芳聚会。而麝月所掣得之花名签镌字曰：开到荼蘼花事了。此为明白宣示寿怡红一聚即是又一次饯花会，形式不同，其实义则一也。过此以后，情势笔墨全是另一番光景境界矣。按，寿怡红与贾敬亡故为同日之事，至第六十八回凤姐大闹宁国府一回，特表贾琏偷娶尤二姐是在贾敬死后的第五个七（旧日丧礼，亡者需经过七七四十九天，方能入殓）。由此逆推，寿怡红为四月二十六日，与我旧日推考正相符合（友人张家伦高见）。

宝玉为芳官两次特取异样别号，用意何在令人思索。若谓全无意义，则何必出此闲文赘笔。若谓各有寓意，又难一一指实。今依拙意而揣测之，金星玻璃一名殆指芳官姿质之美，略与西洋女郎有某种相似之处。至于耶律雄奴，旧日解者多以为暗斥满洲，此大错也。耶律乃元人旧姓，盖蒙古厄鲁特部叛乱，为康熙、雍正多年以来一大隐患，以致康熙帝曾御驾亲征，曹家上世如曹尔正，如曹荃皆曾出战。焦大口中所叙，他在战役中将太爷从死人堆中背出，救得活命，皆是出征厄鲁特之点滴痕迹也。故雪芹此处忽设一段颂圣之文字，全为平定叛乱而歌功报喜之意也。此与所谓暗斥满洲正相背反。

读《石头记》而不知史，不研文，又于作者家世生平毫无了解，乃信口开河，全凭若干小说文艺理论之常言即欲得其文心匠意，岂可能乎。

［第五十五回至第六十三回总评］此九回为写衰之始，以凤病，探春代理家政引起嫡庶矛盾深化，集中叙写下层奴仆种种情状。弊窦之多端，纠纷之繁复，为树倒猢狲散前夕的勉强缀补收拾，而终不可为救。作一侧影反照，然后以寿怡红为结穴，特写群芳的这一次特殊的，也是最后的盛会大场面，而以谶语透露少女的归结已不在远，虚缓一步，实逼近一层，亦即截住，仍是首尾判然。

第六十四回

幽淑女悲题五美吟　浪荡子情遗九龙珮

［周按］此种回目对仗精工，平仄协调，与全书回目基本风格相比较，便有显著之差异，即此便可判明已非复雪芹手笔。以“幽淑”二字加之于黛玉之身，气质情味已有头巾气，是死句，而非灵妙之词矣。

［苏回前］此一回紧接贾敬灵柩进城，原当铺叙宁府丧仪之盛。但上回秦氏病故，凤姐理丧，已描写殆尽，若仍极力写去，不过加倍热闹而已。故书中于迎灵送殡极忙乱处，却只闲闲数笔带过，忽插入钗、玉评诗，琏、尤赠佩一段闲雅风流文字来，正所谓急脉缓受也。

题曰：

深闺有奇女，绝世空珠翠。
情痴苦泪多，未惜颜憔悴。
哀哉千秋魂，薄命无二致。
嗟彼桑间人，好丑非岂额。［周按］凡回目后紧跟之题曰，应名之为标题诗。试看此首标题诗与全书开卷后之标题诗口吻神情又是截然二致，既非出于雪芹，亦不类脂砚，词意沉痛而笔致凝重，非闺秀之文可知也。

话说贾蓉见家中诸事已妥，连忙赶至寺中，回明贾珍。于是连夜分派各项执事人役，并预备一切应用幡杠等物，择于初四日卯时请灵柩进城，［周按］记清：此系五月初四日。一面使人知会诸位亲友。是日，丧仪炫耀，宾客如云，自铁槛寺至宁府，夹路而观者，何啻万数也。也有嗟叹的，也有羡慕的，又有一等半瓶醋的读书人，说是丧礼与其奢易莫若俭戚的，一路纷纷议论不一。至未申时方到，将灵柩停放正室之内。供奠举哀已毕，亲友渐次散回，只剩族中人分理迎宾送客等事。近亲只有邢大舅等相伴未去。贾珍、贾蓉此时为礼法所拘，不免在灵傍借草枕苫，恨若居丧。人散后，仍乘空寻他小姨厮混。宝玉亦每日在宁府穿孝，至晚人散方回。内里凤姐身体未愈，虽不能时常在此，或遇开坛诵经，亲友行祭之日，亦扎挣过来，相帮尤氏料理料理。

一日，供毕早饭，因此时天气尚长，贾珍等连日劳倦，不免在灵傍假寐。宝玉见无客至，遂欲回家看视黛玉，因先回至怡红院中。进入门来，只见院中寂静，悄无人声，有几个老婆子与小丫头们在回廊下取便乘凉，也有睡卧的，也有坐着打盹的。宝玉也不去惊动。只有四儿看见，连忙上前来打帘子。将掀起时，只见芳官自内带笑跑出，几乎与宝玉撞个满怀。一见宝玉，方含笑站住，说道："你怎么来了？你快与我拦住晴雯，他要打我呢。"一语未了，只听得屋内咭溜咕噜的乱响，不知是何物撒了一地。随后晴雯赶来骂道："我看你这小蹄子那里去！输了不叫打。宝玉不在家，我看有谁来救你！"宝玉连忙带笑拦住说道："你妹子小，不知怎么得罪了你，看我的分上，饶他罢。"晴雯也不想宝玉此时回来，乍一见，不觉好笑，遂笑说道："芳官竟是个狐狸精变的，就是会拘神遣将的符咒也没有这样快。"又笑道："就是你真请了神来，我也不怕。"遂夺手仍要捉拿芳官。芳官早已藏在宝玉身后，宝玉遂一手拖了晴雯，一手携了芳官，进入屋内。

看时，只见西边炕上麝月、秋纹、碧痕、紫绡等正在那里抓子儿赢瓜子呢。却是芳官输与晴雯，芳官不肯叫打，跑了出去。晴雯因赶芳官，将怀内的子儿撒了一地。宝玉欢喜道："如此长天，我不在家，正恐你们寂寞，吃了饭睡觉，睡出病来，大家寻件事顽笑消遣甚好。"因不见袭人，又问道："你袭人姐姐呢？"晴雯道："袭人么，越发道学了，独自个在屋里面壁呢。这好一会我没进去，不知他作什么呢，一些声气也听不见，你快瞧瞧去罢，或者此时参悟了也未可定。"宝玉听说，一面笑，一面走至里间。只见袭人坐在近窗床上，手中拿着一根灰色绦子，正在那里打结子呢。见宝玉进来，连忙站起来，笑道："晴雯这东西编派我什么呢？我因要赶着打完这结子，没功夫和他们瞎闹，因哄他们道，你们顽去罢，趁着二爷不在家，我要在这里静坐一坐，养一养神。他就编派了我这些混话，什么面壁了，参禅了的，等一会我不撕他那嘴！"宝玉笑着挨近袭人坐下，瞧他打的结子，问道："这么长天，你也该歇息歇息，或和他们顽笑，要不，瞧瞧林妹妹去也好。怪热的，打这个那里使！"袭人道："我见你带的扇套，还是那年东府里蓉大奶奶的事情上作的。因那个青东西除族中或亲友家夏日有丧事方带得着，一年遇着带一两遭，平常又不犯作。如今那府里有事，这是要过去天天带的，所以我赶着另作了一个。等打完了结子，给你换下那旧的来。你虽然不讲究这个，若叫老太太回来看见，又说我们懒，连你的穿带之物都不经心了。"宝玉笑道："这真难为你想的到，只是也不可过于赶，热着了到是大事。"说着，芳官早托了一杯凉水内新湃的茶来。因宝玉素习秉赋柔脆，虽暑月不敢用冰，只以新汲井水将茶连壶浸在盆内，不时更换，取其凉意而已。宝玉就芳官手内吃了半盏，遂向袭人道："我来时已吩咐了茗烟，若珍大哥那边有要紧人客来时，令他急来通禀，若无甚要事，我就不过去了。"说毕，遂出了房门，又回头向碧痕等道："如有事，往林姑娘处来找我。"于是一迳往潇湘馆来看黛玉。

将过了沁芳桥，只见雪雁领着两个老婆子，手中都拿着菱藕瓜果之类。宝玉忙问雪雁道："你们姑娘从来不大吃这些凉东西的，拿这些瓜果何用。莫非要请那位姑娘、奶奶么？"雪雁笑道："我告诉你，可不许你对姑娘说去。"宝玉点头应允。雪雁便命那两个婆子："先将瓜果送去，交与紫鹃姐姐。他要问我，你就说我作什么呢，就来。"那婆子答应着去了。雪雁方说道："我们姑娘这两日方觉身上好些了。

今日饭后，三姑娘来，会着要瞧二奶奶去，姑娘也没去。又不知想起什么来，自己伤感了一回，提笔写了好些，不知是诗啊词啊。叫我传瓜果去时，又听得叫紫鹃将屋内摆着的小琴桌上的陈设搬了下来，将桌子挪在外间当地，又叫将那龙文鼒[蒙戚双]子之切，小鼎也。放在桌上，等瓜果来时听用。若说是请人呢，不犯先忙着把个炉摆出来。若说是点香呢，姑娘素日屋里除摆新鲜花儿木瓜佛手之类，又不大喜熏香，就是点香，亦当点在常坐卧之处。难道说是为老婆子们把屋子熏臭了，要拿香熏熏不成。究竟连我也不知何故。”说毕，便连忙的去了。

宝玉这里不由的低头细想，心内道：“据雪雁说来，必有原故。若是同那一位姊妹们闲坐，亦不必如此先设馔具。或者是姑妈的忌日？但我记得每年到此日期，老太太都吩咐另外整理肴馔，送去与林妹妹私祭，此时已过。大约是七月，因为瓜果之节，家家都上秋季的坟，林妹妹有感于心，所以在私室自己奠祭，取《礼记》《春秋》荐其食时之义也未可定。但我此时走去，见林妹妹伤感，必极力劝解，又怕他烦恼郁结于心。若竟不去，又恐他过于伤感，无人劝止。两件皆是致疾。莫若先到凤姐姐处一看，在彼稍坐即回。如若见林妹妹伤感，再设法开解，既不致使其过悲，而哀痛稍伸，亦不至抑郁致病。”

想毕，遂出了园门，一迳到凤姐处来。正有许多执事婆娘们回事毕，纷纷散出。凤姐儿正倚着门和平儿说话呢，一见宝玉，笑道：“你回来了么？我才吩咐了林之孝家的，使人告诉跟你的小厮，若没什么事，趁便请你回来歇息歇息再去。那里的人多，你那里禁的住那些气味，不想恰好你到来了。”宝玉笑道：“多谢姐姐记挂。我也因今日没事，又见姐姐这两日没往那府里去，不知身上可大愈否，所以回来看视看视。”凤姐道：“左右也不过是这样，三日好两日不好的。老太太、太太不在家，这些大娘们，嗳！那一个是安分的！每日不是打架就是办嘴，连赌博偷盗之事已出来了两三件了。虽说有三姑娘相帮办理，他又是个未出阁的姑娘。也有好叫他知道的，也有对他说不得的事，也只好强拃挣着罢了，总不得心静一会，别说想病好，求其不添也就罢了。”宝玉道：“虽如此说，姐姐还要保重身体，少操些心才是。”说毕，又说了些闲话，别过凤姐，一直往园中走来。［周按］大段敷衍篇幅，有不如无。进了潇湘馆院门看时，只见炉袅残烟，奠余玉醴，紫鹃正看着人往里搬桌子，收陈设呢。宝玉便知已经祭完了，走入屋内，只见黛玉面向里歪着，病体恹恹，大有不胜之态。紫鹃连忙说道：“宝二爷来了。”黛玉方慢慢的起来，含笑让坐。宝玉道：“妹妹这两日可大好些了？气色到竟比先静些，只是为何又伤心了？”黛玉道：“可是你没的说了，好好的我多早晚又伤心了？”宝玉道：“妹妹脸上现有哭泣之状，如何还哄我呢？只是我想妹妹素日本来多病，凡事当各自宽解，不可作无益之悲。若作践坏了身子，将来使我……”说到这里，觉得往下的话有些难说，连忙咽住。只因他虽说与黛玉一处长大，情投意合，愿同生死，却只是心中领会，从来未曾当面说出。况兼黛玉心重，每每说话间造次，得罪了黛玉，致彼哭泣。今日原为的是来劝解黛玉，不想把话又说造次了，接不下去，心中一急，又怕黛玉恼他，又想一想自己的心实在的是为好，因而转急为悲，早已滚下泪来。黛玉起先原恼宝玉说话不论轻重，今见如此光景，心有所感，本来素习爱哭，此时亦不免无言对泣。

却说紫鹃端了茶来，打谅他二人不知又为何事角口，因说道：“姑娘才身上好些，宝二爷又来怄来了，到底是怎么样？”宝玉一面拭泪，笑道：“谁敢来怄妹妹了！”一面搭讪着起来闲步，只见砚台底下微露一纸角，不禁伸手拿起。黛玉忙要起身来夺，已被宝玉揣在怀内，笑央道:“好妹妹，赏我看看罢！”黛玉道:“不管什么，来了就混翻。”一语未了，只见宝钗走来笑道：“宝兄弟要看什么？”宝玉因未见上面是何言词，又不知黛玉心中如何，未敢造次回答，却望着黛玉笑。黛玉一面让宝钗坐，一面笑说道：“我曾见古史中有才色的女子，终身遭际，令人可欣、可羡、可悲、可叹者甚多。今日饭后无事，因欲择出数人，胡乱凑几首诗，以寄感慨，可巧探丫头来会我瞧凤姐姐去，我因身上懒懒的，没同他去。适才将作了五首，一时困倦起来，撂在那里，不想二爷来了，就瞧见了。其实给他看也到没有什么，只嫌他是不是写了给人看去。”宝玉忙道:“我多早晚给人看了？昨日那把扇子，原是我爱那几首白海棠诗，所以我自己用小楷写了，不过为的是拿在手中看着便易。我岂不知闺阁中诗词字迹是轻易往外传诵不得的，自从你说了，我总没拿出园子去。”宝钗道：“林妹妹这虑的也是。你既写在扇子上，偶然忘记了，拿在书房里去，被相公们看见了，岂有不问是谁作的呢？倘或传扬开去，反为不美。自古道，女子无才便是德，总以贞静为主，女红次之，其余诗词之类，不过闺中游戏，原可以会，可以不会。咱们这样人家的姑娘，到不要这些才华的名誉。”因又笑向黛玉道：“拿出来给我看看无妨，只不叫宝兄弟拿出去就是了。”黛玉笑道：“既如此说，连你也可以不必看了。”又指宝玉笑道：“他早已抢了去了。”宝玉听了，方自怀内取出，凑至宝钗身傍一同细看。只见写道是：

一代倾城逐浪花，吴宫空自忆儿家。
效颦莫笑东邻女，头白溪边尚浣纱。　西施

肠断乌骓夜啸风，虞兮幽恨对重瞳。
黥彭甘受他年醢，饮剑何如楚帐中。　虞姬

绝艳惊人出汉宫，红颜薄命古今同。

君王纵使轻颜色，予夺权何畀画工？　明妃

瓦砾明珠一例抛，何曾石尉重娇娆！

都缘顽福前生造，更有同归慰寂寥。　绿珠

长揖雄谈态自殊，美人巨眼识穷途。

尸居余气杨公幕，岂得羁縻女丈夫！　红拂

[周按]《五美吟》以诗格而论之可谓佳作。然实是士大夫常作之咏史诗，又绝不类黛玉口吻。我疑此原为雪芹诗稿中偶然而作者，本与《石头记》并无直接关联，其后为某补作者借来以充篇幅，上下左右，孤零零地全不相干。雪芹著书起伏脉络未有此例，故我疑之。若勉强与《石头记》关合，则第一首似黛玉自咏，第二首似咏元春，第三首似咏探春，第四首似咏袭人，第五首则系特指湘云无疑。

宝玉看了，赞不绝口，又说道："妹妹这诗恰好只作了五首，何不就命名曰《五美吟》？"于是不容分说，便提笔写在后面。[蒙戚双]《五美吟》与后《十独吟》对照。宝钗亦说道："作诗不论何题，只要善翻古人之意。若要随人脚踪走去，纵使字句精工，已落第二义，究竟算不得好诗。即如前人所咏昭君之诗甚多，有悲挽昭君的，有怨恨延寿的，又有讥汉帝不能使画工图貌贤臣而画美人的，纷纷不一。后来王荆公复有'意态由来画不成，当时枉杀毛延寿'，永叔有'耳目所见尚如此，万里安能制夷狄'。二诗各能俱出己见，不袭前人。今日林妹妹这五首诗，亦可谓命意新奇，别开生面了。"

仍欲往下说时，只见有人回道："琏二爷回来了。适才外间传说，往东府里去了好一会了，想必就回来的。"宝玉听了，连忙起身，迎至大门以内等待。恰好贾琏自外下马进来，于是宝玉先迎着贾琏跪下，口内给贾母、王夫人请了安，又给贾琏请了安，二人携手走了进来。只见李纨、凤姐、宝钗、黛玉、迎、探、惜等早在中堂等候，一一相见已毕。因听贾琏说道："老太太明日一早到家，一路身体甚好。今日先打发了我来回家看视，明日五鼓仍要出城迎接。"说毕，众人仍又问了些路途的景况。因贾琏远路适归，遂大家别过，让贾琏回房歇息，一宿晚景不必细述。

至次日饭时前后，果见贾母、王夫人等到来。众人接见已毕，略坐了一坐，吃了一杯茶，便领王夫人等过宁府中来。只听见里面哭声振天，却是贾赦、贾政送贾母到家，即过这边来了。当下贾母进入里面，早有贾赦、贾政率领族中人哭着迎了出来。赦政一边一个挽了贾母，走至灵前，又有贾珍、贾蓉跪着扑入贾母怀中痛哭。贾母暮年人，见此光景，亦搂了珍蓉等痛哭不已。贾赦、贾政在傍苦劝，方略略的止住。又转至灵右，见了尤氏婆媳，不免又相持大痛一场。哭毕，众人方上前一一请安问好。贾珍因贾母才回家来，未得歇息，坐在此间看着，未免要伤心，遂再三求贾母回家，王夫人等亦再三的劝。贾母不得已，方回来了。果然年迈的人禁不住风霜伤感，至夜间便觉头闷身酸，鼻塞声重。连忙请了医生来诊脉下药，足足的忙乱了半夜一日。幸而发散的快，未曾传经。至三更天，些须发了点汗，脉静身凉，大家方放了心。至次日，仍服药调理。又过了数日，乃贾敬送殡之期，贾母犹未大愈，遂留宝玉在家侍奉。凤姐因未甚好，亦不曾去。其余贾赦、贾政、邢夫人、王夫人等率领家人仆妇，都送至铁槛寺，至晚方回。贾珍、尤氏并贾蓉仍在寺中守灵，等过百日后，方扶柩回籍。家中仍托尤老娘并二姐、三姐照管。

却说贾琏素日既闻尤氏姐妹之名，恨无缘得见。近因贾敬停灵在家，每日与二姐、三姐相认已熟，不禁动了垂涎之意。况知与贾珍、贾蓉等素有聚麀之诮，因而乘机百般撩拨，眉目传情。尤三姐却只是淡淡相对，只有二姐也十分有意，但只是眼目众多，无从下手。贾琏又怕贾珍吃醋，不敢轻动，只好二人心领神会而已。此时出殡以后，贾珍家下人少，除尤老娘带领二姐、三姐并几个粗使的丫嬛，老婆子在正室居住外，其余婢妾都随在寺中，外面仆妇不过晚间巡更，日间看守门户，白日无事亦不进里面去。所以贾琏便欲趁此时下手，遂托相伴贾珍为名，亦在寺中住宿，又时常借着替贾珍料理家务，不时至宁府中来勾搭二姐。

一日，有小管家俞禄来回贾珍道："前者所用棚杠孝布并请杠人青衣，共使银一千两，除给银五百两外，仍欠五百两。昨日两处买卖人俱来催讨，奴才特来讨爷的示下。"贾珍道："你向库上去领去就是了，这又何必来回我。"俞禄道："昨日已曾向库上去领，但只是老爷殡天以后，各处支领甚多，所剩还要预备百日道场及寺中用度，此时竟不能发给。所以奴才今日特来回爷，或是爷内库里暂且发给，或者挪借何项，吩咐了奴才好办。"贾珍笑道："你还当是先呢，有银子放着不使？你无论那里暂且借了给他去罢。"俞禄笑回道："若说一二百，奴才还可以巴结，这五百两，奴才一时那里办得来？"贾珍想了一想，向贾蓉道："你问你娘去，昨日出殡以后，有江南甄家送来折祭银五百两，未曾交到库上去，你先要了来，给他去罢。"贾蓉答应了，连忙过这边来回了尤氏，复转来回他父亲道："昨日那项银子已使了二百两，下剩的三百两令人送至家中，交与老娘收了。"贾珍道："既如此，你就带了他去，向你老娘要了出来交给他，再也瞧瞧家中有事无事，问你两个姨娘好。下剩的，俞禄先借了添上罢。"贾蓉与俞禄答应了，方欲退出，只见贾琏走了进来，俞禄忙上前请了安。贾琏便问何事，贾珍一一告诉了。贾琏心中想道："趁此机会，正可至宁府寻二姐。"一面遂说道："这有多大事，何必向人借去。昨日我方得了一项银子，还没使呢，莫若给他添上，岂不省事？"贾珍道："如此甚好。你就吩咐了蓉儿，一并令他取去。"贾琏忙道："这必得我亲身取去。再我这几日没回家了，还要给老太太、老爷、太太们请请安去，到哥哥那边查查家人们有无生事，再也给亲家太太请请安。”贾珍笑道：“只是又劳动，我心不安。”贾琏也笑道：“自家兄弟，这又何妨。”贾珍又吩咐贾蓉道：“你跟了你叔叔去，也到那边给老太太、老爷、太太们请安，说我和你娘都请安，打听打听老太太身上可大安了，还服药呢没有。”贾蓉一一答应了，跟随贾琏出来，带了几个小厮，骑上马一同进城。在路叔侄闲话，贾琏有心，便提到尤二姐，因夸说如何标致，如何作人好，举止大方，言语温柔，无一处不令人可敬可爱。“人人都说你婶子好，据我看，那里及你二姨一零。”贾蓉揣知其意，便笑道：“叔叔既这么爱他，我给叔叔作媒，说了作二房何如？”贾琏笑道：“敢自好呢，只是怕你婶子不依，再也怕你老娘不愿意。况且我听见说，你二姨已有了人家了。”贾蓉道：“这都无妨。我二姨、三姨都不是我老爷养的，原是我老娘带了来的。听见说我老娘在那一家时，把我二姨许与皇庄张家，指腹为婚。后来张家遭了官司败落了，我老娘又自那家嫁了出来，如今这十数年，两家音信不通。我老娘时常报怨，要与他家退婚，我父亲也要将二姨转聘，只等有了好人家，不过令人找着张家，给他十数两银子，写上一张退婚字儿。想张家穷极了的人，见了十数两银子，有什么不依的！再他也知道咱们这样的人家，也不怕他不依。又是叔叔这样人说了作二房，我管保我老娘和我父亲都愿意。到只是婶子那里却难。”贾琏听到这里，心花都开了，那里还有什么话说，只是一味呆笑而已。贾蓉又想了一想，笑道：“叔叔若有胆量，依我主意行去，管保无妨，不过多花上几个钱。”贾琏忙道：“有何主意，快些说来，我没有不依的。”贾蓉道：“叔叔回家，一点声色也别露，等我回明了我父亲，向我老娘说妥，然后在咱府后方近左右买上一所房子及应用家伙什物，再拨两窝子家人过去服侍。择了日子，人不知鬼不觉娶了过去，嘱咐家下人不许走漏风声。婶子在里面住着，深宅大院，那里就得知道了。叔叔两下里住着，过个一年半载，即或闹出来，不过挨上老爷一顿骂。叔叔只说婶子总不生育，原是为子嗣起见，所以私自在外面作成此事。就是婶子，见生米做成熟饭，也只得罢了。再求一求老太太，没有不完的事。”

自古道欲令智昏，贾琏只顾贪图二姐美色，听了贾蓉一篇话，遂为计出万全，将现今身上有服，并停妻再娶，严父妒妻种种不妥之处皆置之度外了。却不知贾蓉亦非好意，素日亦因同他两个姨娘有情，只因贾珍在内，不能畅意。如今若是贾琏娶了，少不得在外居住，趁贾琏不在时好去鬼混之意。贾琏那里意想及此，遂向贾蓉致谢道：“好侄儿，你果然能彀说成了，我买两个绝好的丫头谢你。”说着，已至宁府门首。贾蓉说道：“叔叔进去，向我老娘要出银子来，交给俞禄罢。我先给老太太请安去。”贾琏含笑点头道：“老太太跟前，别提我和你一同来的。”贾蓉道：“知道。”又附耳向贾琏道：“今日要遇见二姨，可别性急了，闹出事来往后到难办了。”贾琏笑道：“少胡说，你快去罢，我在这里等你。”于是贾蓉自去给贾母请安。贾琏进入宁府，早有家人头儿率领家人等请安，一路围随至厅上。贾琏一一问了些话，不过塞责而已，便命家人散去，独自往里面走来。

原来贾珍、贾琏素日亲密，又是弟兄，本无可避忌之人，自来是不等通报的。于是走至上房，早有廊下伺候的老婆子打起帘子，让贾琏进去。贾琏进入房中一看，只见南边炕上只有尤二姐带着两个丫头一处做活，却不见尤老娘与三姐。贾琏忙上前问好相见，二姐亦含笑让坐，贾琏便靠东边板壁坐了，仍将上首让与二姐。寒温毕，贾琏笑问道：“亲家太太同三妹妹那去了，怎么不见？”二姐笑道：“才有事往后边去了，也就来的。”此时伺候的丫头因倒茶去，无人在跟前，贾琏便睨视二姐一笑，二姐亦低了头，含笑不理。贾琏又不敢造次动手动脚，因见二姐手中拿着一条拴着荷包的手巾摆弄，便搭讪着往腰内摸了一摸，说道 ：“槟榔荷包也忘了带来了，妹妹有槟榔，赏我一口吃。”二姐道 ：“槟榔到有，只是我的槟榔从来不给人吃。”贾琏便笑着欲近身来拿。二姐怕人看见不雅，便连忙一笑，撂了过来。贾琏接在手中，都倒了出来，拣了半块吃剩下的撂在口中吃了，又将剩下的都揣了起来。将欲把荷包亲身送过去，只见两个丫嬛倒了茶来。贾琏一面接了茶吃茶，一面暗将自己带的一个汉玉九龙佩解了下来，拴在手巾上，趁丫嬛回头时，仍撂了过去。二姐亦不去拿，只粧看不见，仍坐了吃茶。只听后面一阵帘子响，却是尤老娘、三姐带着两个小丫头自后面走来。贾琏送目与二姐，令其拾取，这尤二姐只是不理。贾琏不知二姐何意，甚是着急，只得迎上来与尤老娘、三姐相见。一面又回头看二姐时，只见二姐笑着，没事人似的，再看一看手巾，不知那里去了，贾琏方放了心。于是大家归坐，叙了些闲话。

贾琏说道:“大嫂子说,前日有一包银子,交给亲家太太收起来了,今日因要还人，珍大哥令我来取，再也看看家里有事无事。”尤老娘听了，连忙使二姐拿钥匙去取银子。这里贾琏又说道 ：“我也要给亲家太太请请安，瞧瞧二位妹妹。亲家太太脸面到好，只是二位妹妹在我们家里受委屈。”尤老娘笑道:“咱们都是至亲骨肉,说那里的话。在家里也是住着，在这里也是住着。不瞒二爷说，我们家里自从先夫去世，家计也着实艰难了，全亏了这里姑爷帮助。如今姑爷家里有了这样大事，我们不能别的出力，白看一看家，还有什么委屈了的呢？”正说着,二姐已取了银子来,交与尤老娘。尤老娘便递与贾琏，贾琏又命一个小丫头叫了一个老婆子来，吩咐他道 ：“你把这个交给俞禄，叫他拿过那边去等我。”老婆子答应了出去。只听得院内是贾蓉的声音说话，须臾进来给他老娘、姨娘请了安，又向贾琏笑道：“才将老爷还问叔叔呢，说是有什么事情要使唤，原要使人到庙里去叫，我回老爷说，叔叔就来。老爷还吩咐我路上遇着叔叔叫快去呢。”贾琏听了，忙要起身，又听贾蓉和他老娘说道：“那一次我和老太太说的我父亲要给二姨说的姨爹，就和我这叔叔的面貌身量差不多儿。老太太说好不好？”一面说着，又悄悄的用手指着贾琏和他二姨努嘴。二姐到不好意思说什么，只见三姐笑骂道：“坏透了的小猴儿崽子，没了你娘的说的了，等我撕他那嘴！”一面说着，便赶了过来，贾蓉早笑着跑了出去。贾琏也笑着辞了出来，至厅上，又吩咐了家人些不可耍钱吃酒等语，又悄悄的央贾蓉回去急速和他父亲说，一面便带了俞禄过来，将银子添足，交彼拿去。一面去见他父亲，给贾母去请安，不提。

却说贾蓉见俞禄跟了贾琏去取银子，自己无事，便仍回至里面，和他两个姨娘嘲戏了一回方起身。至晚到寺，见了贾珍回道：“银子已经交给俞禄了。老太太已大愈了，如今已竟不服药了。”说毕，又趁便将路上贾琏要娶尤二姐作二房之意说了。又说如何在外头置房子住，不使凤姐知道，此时总不过为的是子嗣艰难起见，为的是二姨是见过的，亲上作亲，比别处不知道的人家说了来的强，所以二叔再三央我对父亲说，只不说是他自己的主意。贾珍想了一想，笑道：“其实到也罢了，只不知你二姨心中愿意不愿意。明日你先去合你老娘商量，叫老娘问准了你二姨，再作定夺。”于是又教了贾蓉一篇话，便走过来将此事告诉了尤氏。尤氏却知此事不妥，因而极力劝止，无奈贾珍主意已定，素日又是顺从惯了的，况且他与二姐本非一母，不便深管，因而也只得由他们闹去。

至次日一早，果然贾蓉复进城来，见他老娘，将他父亲之意说了，又添上许多话，说贾琏作人如何好，目今凤姐身子有病，已是不能好的了，暂且买了房子在外面住着，过个一年半载，只等凤姐一死，便接了二姨进去作正室。又说他父亲此时如何聘，贾琏那边如何娶，如何接了你老人家养老，往后三姨也是那边应了替聘，说得天花乱坠，不由得尤老娘不肯。况且素日全亏贾珍周济，此时又是贾珍作主替聘，而且妆奁不用自己置买，贾琏又是青年公子，比张华胜强十倍，遂连忙过来和二姐商议。二姐又是水性的人，在先已和姐夫不妥，又时常怨恨当时错许张华，致使后来终身失所。今见贾琏有情，况是姐夫将他聘嫁，有何不肯。亦便点头依允。当下回复了贾蓉，贾蓉回了他父亲。

次日，命人请了贾琏到寺中来，贾珍当面告诉了他尤老娘应允之事。贾琏自是喜出望外，又感谢贾珍、贾蓉父子不尽。于是三人商议着使人看房子，打首饰，给二姨置买妆奁及新房中应用床帐等物。不多几日，早将诸事办妥。已于宁荣街后二里远近小花枝巷内买定一所房子，共二十余间，又买了两个小丫头。贾珍又给了一房家人，名叫鲍二，夫妻两口，以备二姐过去时服侍。又使人将张华父子叫来，逼勒着与尤老娘写退婚书。

却说张华之祖原当皇庄，后来死去。至张华父亲时，仍充此役，因与尤老娘前夫相好，所以将张华与二姐指腹为婚。后来不料遭了官司，败落了家产，弄得衣食不周，那里还娶得起媳妇呢。尤老娘又自那家嫁了出来，两家有十数年音信不通，今被贾府家人唤至，逼他与二姐退婚，心中虽不愿意，无奈惧怕贾珍等势焰，不敢不依，只得写了一张退婚文约。尤老娘与银十两，两家退亲不提了。这里贾琏等见诸事已妥，遂择了初三黄道吉日，［周按］记清：此已是六月初三日。娶二姐过门。

下回便见。正是：

只为同枝贪色欲，致教连理起戈矛。

［蒙回后］五首新诗何所居，颦儿应自日欷歔。柔肠一段千般结，岂是寻常望雁鱼。

五百年风流债，一见了偏作怪。你贪我爱自难休，天巧姻缘浑无奈。父母者子女间，莫失教训说前缘。防微之处休弛谢，严厉才能真爱怜。

［回后评］红学论者早有一说：第六十四、第六十七两回均非雪芹原作，而出于另一补作者之手，可谓具言。我素表认同。今日重温细玩，方觉本回并非某一人之所为。其开端写宝黛忽又无端哭泣，无情乏味，强充篇幅，此乃一种文字。其后写贾母、王夫人等归来一段文字，略胜于开端，然亦系庸凡之笔。直至贾蓉与其叔贾琏于路上计谋偷娶二姐等情文，其文笔忽又大为轻健自如，神气完足，细节照应亦极灵活周备，却大有雪芹之风格，究不知此又何人高手。总之，此回并非全文原篇，其开头部分似经残损，后为另手草草补成。

依众多研究者根据上回书中所写骰子点数可以推出夜宴之座次，炕上是主子围坐，外侧炕沿上是丫嬛陪侍，李纨大嫂正坐当中，其右首是黛玉、湘云、宝玉，左首是宝钗、探春、宝琴，大致情况如是。这种座次安排，各种伦理关系亦可入目分明。其中一点拙见以为，探春、宝琴相次挨坐已有深意。盖探春远嫁乘船出于海外，其太虚幻境中册子之判词旁，绘有二人乘船将要远行。如此，则探春外之另一人其宝琴乎？观宝琴托言真真国女诗人之诗句，可以略得其意味。

第六十五回
贾二舍偷娶尤二姨　尤三姐思嫁柳二郎

［蒙回前］笔笔叙二姐温柔和顺高凤姐十倍，言语行事胜凤姐五分，堪为贾琏二房，所以深著凤姐不念宗祀血食，为贾宅第一罪人。

纲目书法。文有双管齐下法，此文是也。事在宁府，却把凤姐之奸酸刻薄，平儿之任侠直鲠，李纨之号菩萨，探春之号玫瑰，林姑娘之怕倒，薛姑娘之怕化，一时齐现，是何等妙文。

话说贾琏、贾珍、贾蓉等三人商议，事事妥贴。至初二日，先将尤老和三姐送入新房。尤老一看，虽不似贾蓉口内之言，到也十分齐备，母女二人也称了心。鲍二夫妇见了如一盆火，赶着尤老一口一声唤老娘，又或是老太太。赶着三姐唤三姨，或是姨娘。至次日五更天，一乘素轿将二姐抬来。各色香烛、纸马，并铺盖以及酒饭，早已备得十分妥当。一时，贾琏素服坐了小轿而来，拜过天地，焚了纸马。那尤老见了二姐身上头上焕然一新，不似在家模样，十分得意，搀入洞房。是夜贾琏同他颠鸾倒凤，百般恩爱，不消细说。那贾琏越看越爱，越瞧越喜，不知要怎生奉承这二姐，乃命鲍二等人不许提三说二的，直以奶奶称之，自己也称奶奶，竟将凤姐一笔勾销。有时回家中，只说在东府有事羁绊，凤姐辈因知他和贾珍相得，自然是或有事商议，也不疑心。再家下人虽多，都不管这些事。便有那游手好闲专打听小事的人，也都去奉承贾琏，乘机讨些便宜，谁肯去露风，于是贾琏深感贾珍不尽。贾琏一月出五两银子，作天天的供给。若不来时，他母女三人一处吃饭。若贾琏来了，他夫妻二人一处吃，他母女便回房自吃。贾琏又将自己积年所有的梯己，一并搬了与二姐收着。又将凤姐素日之为人行事，枕边衾内，尽情告诉了他，只等一死，便接他进去。二姐听了，自是愿意。当下十来个人，到也过起日子来，十分丰足。

眼见已是两个月光景。这日，贾珍在铁槛寺作完佛事，晚间回家时，因与他姊妹久别，竟要去探望探望。先命小厮去打听贾琏在与不在，小厮回来说不在。贾珍欢喜，将左右一概先遣回去，只留两个心腹小童牵马。一时到了新房，已是掌灯时分，悄悄入去。两个小厮将马拴在圈内，自往下房去听候。贾珍进来，屋内才点灯，先看过了尤氏母女，然后二姐出见，贾珍仍唤二姨。大家吃茶，说了一回闲话。贾珍因笑说："我作的这保山如何？若错过了，打着灯笼还没处寻，过日你姐姐还备了礼来瞧你们呢。"说话之间，尤二姐已命人预备下酒馔，关起门来，都是一家人，原无回避。那鲍二来请安，贾珍便说："你还是个有良心的小子，所以叫你来伏侍，日后自有大用你之处，不可在外头吃酒生事，我自然赏你。倘或这里短了什么，你琏二爷事多，那里人杂，你只管去回我，我们弟兄不比别人。"鲍二答应道："是，小的知道。若小的不尽心，除非不要这脑袋了。"贾珍点头说："要你知道。"当下四人一处吃酒。尤二姐知局，便邀他母亲说："我怪怕的，妈同我到那边走走来。"尤老也会意，便真个同他出来，只剩小丫头们。贾珍便和三姐挨肩擦脸，百般轻薄起来。小丫头子们看不过，也都躲了出去，凭他两个自在取乐，不知作些什么勾当。［周按］自"当下四人一处吃酒"起至此，程本有异文。跟的两个小厮都在厨下和鲍二饮酒，鲍二女人上灶。忽见两个丫头也走了来，嘲笑要吃酒。鲍二因说："姐儿们，不在上头伏侍，也偷来了。一时叫起来没人，又是事。"他女人骂道："糊涂浑呛了的忘八，你嚷丧那黄汤罢！嚷丧醉了，夹着你那膫子挺你的尸去！叫不叫与你毬相干！一应有我承当，风雨横竖洒不着你头上。”这鲍二原是因妻子发迹的，近日越发亏他，自己除赚钱吃酒之外，一概不管，贾琏等也不肯责备他，故他视妻如母，百依百随，且吃彀了，便去睡觉。这里鲍二家的陪着这些丫嬛小厮吃酒，讨他们的好，准备在贾珍前上好儿。四人正吃的高兴，忽听叩门之声，鲍二家的忙出来开门看时，见是贾琏下马，问有事无事。鲍二女人便悄悄告诉他说："大爷在这里西院里呢。”贾琏听了，便回至卧房。只见尤二姐和他母亲都在房中，见他来了，二人面上便有些讪讪的。贾琏反推不知，只命："快拿酒来，咱们吃两杯好睡觉，我今日狠乏了。”二姐忙上来陪笑，接衣捧茶，问长问短，贾琏喜的心痒难受。一时鲍二家的端上酒来，二人对饮。他丈母不吃，自回房去了。两个小丫头分了一个过来伏侍。贾琏的心腹小童隆儿拴马去，见已有了一匹马，细瞧一瞧，知是贾珍的，心下会意，也来厨下。只见喜儿、寿儿两个正在那里坐着吃酒，见他来了，也都会意，故笑道："你这会子来的巧，我们因赶不上爷的马，恐怕犯夜，往这里来借宿一休的。”隆儿便笑道："有的是炕，只管睡。我是二爷使我送月银的，交给了奶奶，我也不回去了。”喜儿便说："我们吃多了，你来吃一钟。”隆儿才坐下，端起杯来，忽听马棚内闹将起来，原来二马同槽，不能相容，互相蹶踢起来。隆儿等慌的忙放下酒杯出来喝马，好容易喝住，另拴好了方进来。鲍二家的笑说："你三人就在这里罢，茶也现成的，我可去了。”说着，带门出去。这里喜儿喝了几杯，已是楞子眼了。隆儿、寿儿关了门，回头见喜儿直挺挺的仰卧炕上，二人便推他说："好兄弟，起来好生睡，只顾你一个人，我们就苦了。”那喜儿便说道："咱们今儿可要公公道道的贴一炉子烧饼，要有一个充正紧的人，我痛把他妈一肏。”隆儿、寿儿见他醉了，也不便多说，只得吹了灯，将就睡下。

尤二姐听见马闹，心下便不自安，只管用言语混乱贾琏。那贾琏吃了几杯，春兴发作，便命收了酒果，掩门宽衣。尤二姐只穿着大红小袄，散挽乌云，满脸春色，比白日更增了颜色。贾琏搂他笑道："人人都说我们那夜叉婆齐整，如今我看来，给你拾鞋也不要。"尤二姐道："我虽标致，却无品行，看来到底是不标致的好。"贾琏忙问："这话如何说？我却不解。"尤二姐滴泪说道："你们拿我作愚人待，什么事我不知？我如今和你作了两个月夫妻，日子虽浅，我也知你不是愚人。我生是你的人，死是你的鬼，如今既作了夫妻，我终身靠你，岂敢瞒藏一字。我算是有靠，将来我妹子却如何结果？据我看来，这个形景，恐非常策，要作长久之计方可。"贾琏听了，笑道："你且放心，我不是那拈酸吃醋之辈。前事我已尽知，你也不必惊慌。你因你姐夫我是作兄弟的，自然不好意思，不如我去破了这例。"说着走了，便至西院中来，只见窗内灯烛辉煌，二人正吃酒取乐。贾琏便推门进去，笑说："大爷在这里，兄弟来请安。"贾珍羞的无话，只得起身让坐。贾琏忙笑道："何必又作如此景象，咱们弟兄从前是如何样来！大哥为我操心，我今日粉身碎骨，感激不尽。大哥若多心，我意何安！从此以后，还求大哥如昔方好，不然兄弟能可绝后，再不敢到此处来了。"说着，便要跪下。慌的贾珍连忙搀起，只说："兄弟怎么说，我无不领命。"贾琏忙命人："看酒来，我和大哥吃两杯。"又拉尤三姐说："你过来，陪小叔子一杯。"贾珍笑道说："老二，到底是你，哥哥必要吃干这钟。"说着一扬脖。尤三姐站在炕上，指贾琏笑道："你不用和我花马吊嘴的，咱们清水下杂面，你吃我看。见提着影戏人子上场，好歹别戳破这层纸儿。你别油蒙了心，打谅我们不知道你府上的事！这会子花了几个臭钱，你们哥儿俩拿着我们姐儿两个权当粉头来取乐儿，你们就打错了算盘了！我也知道你那老婆太难缠，如今把我姐姐拐了来作二房，偷的锣儿敲不得。我也要会会那凤奶奶去，看他是几个脑袋几只手。若大家好取合便罢，倘若有一点叫人过不去，我有本事先把你两个的牛黄狗宝掏出来，再和那泼妇拼了这命，也不算是尤三姑奶奶！喝酒怕什么，咱们就喝！”说着，自己绰起壶来便斟了一杯，自己先喝了半杯，搂过贾琏的脖子来就灌，说：“我和你哥哥已经吃过了，咱们来亲香亲香。”唬的贾琏酒都醒了。贾珍也不承望尤三姐这等无耻老辣。弟兄两个本是风月场中耍惯的，不想今日反被这闺女一夕话说住。尤三姐一叠又叫：“将姐姐请来！”说：“要乐，咱们四个一处同乐。俗语说，便宜不过当家，他们是弟兄，咱们是姊妹，又不是外人，只管上来！”尤二姐反不好意思起来。贾珍得便就要一溜，尤三姐那里肯放。贾珍此时方后悔，不承望他是这种为人，与贾琏反不好轻薄起来。

这尤三姐松松挽着头发，大红袄子半掩半开，露着葱绿抹胸，一痕雪脯。底下绿裤红鞋，一对金莲或敲或并，没半刻斯文。两个坠子却似打秋千一般，灯光之下，越显得柳眉笼翠雾，檀口点丹砂。本是一双秋水眼，再吃了酒，又添了饧涩淫浪，不独将他二姐压倒，据珍琏评去，所见过的上下贵贱若干女子，皆未有此绰约风流者。二人已酥麻如醉，不禁去招他，那妇人淫态风情反将二人禁住。那尤三姐放出手眼来，略试了一试，他弟兄两个竟全然无一点别识别见，连口中一句响亮话都没了，不过是酒色二字而已。自己高谈阔论，任意挥霍洒落一阵，拿他弟兄二人嘲笑取乐，竟真是他嫖了男人，并非男人淫了他。一时他的酒足兴尽，也不容他弟兄多坐，撵了出去，自己关门睡去了。

自此后，或略有丫嬛、婆子不到之处，便将贾琏、贾珍、贾蓉三个泼声厉言痛骂，说他爷儿三个诓骗了他寡妇孤女。贾珍回去之后，以后亦不敢轻易再来。有时尤三姐自己高了兴，悄命小厮来请，方敢去一会，到了这里，也只好随他的便。谁知这尤三姐天生的脾气不堪，仗着自己风流标致，偏要打扮的出色，另式作出许多万人不及的淫情浪态来，哄的男子们垂涎落魄，欲近不能，欲远不舍，迷离颠倒，他以为乐。他母姊二人也十分相劝，他反说："姐姐糊涂，咱们金玉一般的人，白叫这两个现世宝沾污了去，也算无能，而且他家有一个极利害的女人，如今瞒着他不知，咱们方安，倘或一日他知道了，岂肯干休！势必有一场大闹，不知谁生谁死。趁如今，我不拿他们取乐作践准折，到那时白落个臭名，后悔不及。"因此一说，他母女见不听劝，也只得罢了。

那尤三姐天天挑拣吃穿，打了银的，又要金的，有了珠子，又要宝石，吃的肥鹅，又宰肥鸭。或不趁心，连桌一推，衣裳不如意，不论绫缎新整，便用剪刀剪碎，撕一条，骂一句。究竟贾珍等何曾随意了一日，反花了许多昧心钱。贾琏来了，只在二姐房内，心中也悔上来。无奈二姐到是个多情人，以为贾琏是终身之主了，凡事到还知疼着痒。若论起温柔和顺，凡事必商必议，不敢恃才自专，实较凤姐高十倍。若论标致，言谈行事，也胜五分。虽然如今改过，但已经失了脚，有了一个淫字，凭有甚好处也不算了。偏这贾琏又说："谁人无错？知过必改就好。"故不提以往之淫，只取现今之善，便如胶投漆，似水如鱼，一心一计，誓同生死，那里还有凤、平二人在意了。二姐在枕边衾内也常劝贾琏说："你和珍大哥商议商议，拣个相熟的人，把三丫头聘了罢。留着他不是常法子，终久要生出事来，怎么处？"贾琏道："前日我也曾回过大哥的，他只是舍不得。我说，是块肥羊肉，只是烫的慌，玫瑰花儿可爱，刺太扎手，咱们未必降的住，正紧拣个人聘了罢。他只意意思思的，就丢开手了。你叫我有何法？”二姐道：“你放心，咱们明日先劝三丫头，他肯了，让他自己闹去，闹的无法，少不得聘他。”贾琏听了说：“这话极是。”

至次日，二姐另备了酒，贾琏也不出门，至午间，特请他小妹过来，与他母亲上坐。尤三姐便知其意，［己双］全用醍醐贯顶，全是大翻身大解悟法。酒过三巡，不用姐姐开口，先便滴泪泣道：［己双］全用如是等语，一洗孽障。“姐姐今日请我，自有一番大礼要说，但妹子不是那愚人，也不用絮絮叨叨提那从前丑事，我已尽知，说也无益。既如今姐姐也得了好处安身，妈也有了安身之处，我也要自寻归结去方是正礼。但终身大事，一生至死，非同儿戏。我如今改过守分，只要我拣一个素日可心如意的人，方跟他去。若凭你们拣择，虽是富比石崇，才过子建，貌比潘安的，我心里进不去，也白过了一世。”贾琏笑道：“这也容易，凭你说是谁就是谁，一应彩礼都有我们置办，母亲也不用操心。”尤三姐泣道：“姐姐知道，不用我说。”贾琏笑问二姐：“是谁？”二姐一时也想不起来。大家想来，贾琏便料定是此人无移了，便拍手笑道：“我知道了。这人原不差，果然好眼力！”二姐笑问：“是谁？”贾琏笑道：“别人他如何进得去，一定是宝玉。”二姐与尤老听了，亦以为然。尤三姐便啐了一口道：［己双］奇，不知何为。“我们有姊妹十个，也嫁你弟兄十个不成？［己双］有理之极。难道除了你家，天下就没了好男子了不成？”［己双］一骂反有理。众人听了都咤意，除去他，还有那一个？［己双］余亦如此想。尤三姐笑道：“别只在眼前想，姐姐只在五年前想就是了。”［己双］奇甚。正说着，忽见贾琏的心腹小使兴儿来回说：“老爷那边紧等着叫爷呢。小的答应往舅老爷那边去了，小的连忙来请。”贾琏又忙问：“昨日家里没人问？”兴儿道：“小的回奶奶说，爷在家庙里同珍大爷商议作百日的事，只怕不能来家。”贾琏忙命拉马，隆儿跟随去了，留下兴儿答应人来事务。

二姐拿了两碟菜，命拿大杯斟了酒，就命兴儿在炕沿下蹲着吃，一长一短向他说话儿。问他家里奶奶多大年纪，怎么利害，老太太多大年纪，太太多大年纪，姑娘几个，各样家常等语。兴儿笑嘻嘻的在炕沿下一头吃，一头将荣府之事备细告诉他母女。又说："我是二门上该班的人，我们共是两班，一班四个，共是八个。这八个人有几个是奶奶的心腹，有几个是爷的心腹。奶奶的心腹我们不敢惹，爷的心腹奶奶就敢惹。提起我们奶奶来，告诉不得，奶奶心里歹毒，口里尖快。我们二爷也算是个好的，那里见的他！到是跟前的平姑娘为人狠好，虽然和奶奶一气，他到背着奶奶常作些个好事。小的们凡有了不是，奶奶是容不过的，只求求他去就完了。如今合家大小，除了老太太、太太两个人，没有不恨他的，只不过面子情儿怕他。皆因他一时看的人都不及他，只一味哄着老太太、太太喜欢。他说一是一，说二是二，没人敢拦他。又恨不得把银子钱省下来，堆成山，好叫老太太、太太说他会过日子，殊不知苦了下人，他讨好儿。估着有好事，他就不等别人去说，他先抓尖儿，或有了不好事，或他自己错了，他便一缩头推到别人身上来，他还在傍边拨火儿。如今连他正紧婆婆大太太都嫌了他，说他雀儿拣着旺处飞，黑母鸡一窝儿，自家的事不管，到替人家去瞎张罗。若不是老太太在头里，早叫过他去了。"尤二姐笑道："你背着他这等说他，将来你又不知怎么说我呢。我又差他一层儿，越发有的说了。"兴儿忙跪下说道："奶奶要这样说，小的不怕雷打！但凡小的们有造化，起先娶奶奶时，若得了奶奶这样的人，小的们也少挨多少打骂，也少提心吊胆的。如今跟爷的这几个人，谁不背前背后称扬奶奶圣德怜下！我们商量着叫二爷要出来，情愿来答应奶奶呢。"二姐笑道："猴儿肏的，还不起来呢！说句顽话就唬得这样起来。你们作什么来，我还要找了你奶奶去呢！”兴儿连忙摇手说：“奶奶千万不要去。我告诉奶奶，一辈子别见他才好。嘴甜心苦，两面三刀。上头一脸笑，脚下使绊子。明是一盆火，暗是一把刀，都占全了。只怕三姨的这张嘴还说他不过，奶奶这样斯文良善人，那里是他的对手！”尤氏笑道：“我只以礼待他，他敢怎样！”兴儿道：“不是小的吃了酒放肆胡说，奶奶便有礼让他，他看见奶奶比他标致，又比他得人心，他怎肯干休善罢？人家是醋礶子，［周按］礶子，当是罐子。他是醋缸醋瓮。凡丫头们二爷多看一眼，他有本事当着爷打个烂羊头。虽然平姑娘在屋里，大约一年二年之间，两个有一次到一处，他还要口里掂十个过子呢，气的平姑娘性子发了，哭闹一阵说，又不是我自己寻来的，你又浪着劝我，我原不依，你反说我反了。这会子又这样！他一般的也罢了，到央告平姑娘。”尤二姐笑道：“可是扯谎。这样一个夜叉，怎样反怕屋里人呢？”兴儿道：“这就是俗语说的天下挑不过礼字去了。这平儿是他自幼的丫头，陪了过来一共四个，嫁人的嫁人，死的死了，只剩了这个心腹。他原为收了屋里，一则显化他的贠良名儿，［周按］贠，是原笔，即贤。二则又叫拴爷的心，好不外头走邪的。又还有一段因果，我们家的规矩，爷们大了未娶亲之先，都先放两个人服侍。二爷原有两个，谁知他来了没半年，都寻出不是来，都打发出去了。别人虽不好说，自己脸上过不去，所以强逼着平姑娘作了房里人。那平姑娘又是个正紧人，从不把这一件事放在心上，也不会挑妻窝夫的，到一味忠心赤胆服侍他，所以他才容下了。”尤二姐笑道：“原来如此，但我听见你们家还有一位寡妇奶奶和几位姑娘。他这样利害，这些人如何容得？”兴儿拍手笑道：“原来奶奶不知道，我们家这位寡妇奶奶，他的浑名叫作大菩萨，第一个善德人。我们家的规矩又大，寡妇奶奶们不管事，只宜清净守节。妙在姑娘们又多，只把姑娘们交给他，看书写字，学针线，学道理，这是他的责任。除此，问事不知，说事不管。只因这一向他病了，事多，这大奶奶暂管几日。究竟也无可管，不过是按例而行，不像他多事逞才。我们大姑娘不用说，但凡不好，也没这么大福了。二姑娘的浑名是二木头，戳十针也不知嗳哟一声。三姑娘的浑名是玫瑰花。”尤氏姊妹忙笑问何意，兴儿笑道：“玫瑰花又红又香，无人不爱的，只是有刺戳手。也是一位神道，可惜不是太太养的，老鸹窝里出凤凰。四姑娘小，他正紧是珍大爷亲妹子，因自幼无母，老太太命太太抱过来，养这么大，也是一位不管事的。奶奶不知道，我们家的姑娘不算，另外有两个姑娘，真是天上少有，地下无双。一个是我们姑太太的女儿，姓林，小名儿叫什么黛玉，面庞身段和三姨不错什么，一肚子文章，只是一身多病，这样的天，还穿夹的出来，风儿一吹就倒了。我们这起没王法的嘴，都悄悄的叫他多病西施。还有一位姨太太的女儿，姓薛，叫什么宝钗，竟是雪堆出来的。每常出门或上车，或一时院子里瞥见一眼，我们鬼使神差，见了他们两个，不敢出气儿。”尤二姐笑道：“你们大家子规矩，虽然你们小孩子进的去，然遇见小姐们，原该远远藏开。”兴儿摇手道：“不是，不是，那正紧大礼，自然远远的藏开自不必说。就藏开了，自己不敢出气，是生怕这气大了，吹倒了姓林的，气煖了，吹化了姓薛的。”说的满屋里都笑起来了。不知端详，且听下回分解。

［戚回后］房内兄弟聚麀，棚内两马相闹，小厮与家母饮酒，小姨与姐夫同床。可见有是主必有是奴，有是兄必有是弟，有是姐必有是妹，有是人必有是马。

第六十六回
情小妹耻情归地府　冷二郎一冷入空门

［蒙回前］余叹世人不识情字，常把淫字当作情字。殊不知淫里有情，情里无淫，淫必伤情，情必戒淫，情断处淫生，淫断处情生。三姐项上一横是绝情，乃是正情。湘莲万根皆削是无情，乃是至情。生为情人，死为情鬼，故结句曰来自情天，去自情地，岂非一篇尽情文字。再看他书，则全是淫，不是情了。

话说鲍二家的打他一下子，笑道："原有些真的，叫你又编了这混话，越发没了捆儿。你到不像跟二爷的人，这些混话到像是宝玉那边的了。"［己双］好极之文，将茗烟等已全写出，可谓一击两鸣法，不写之写也。尤二姐才要又问，忽见尤三姐笑问道："可是你们家那宝玉，除了上学，他作些什么？"［己双］拍案叫绝。此处方问，是何文情！兴儿笑道："姨娘别问他，说起来姨娘也未必信。他长了这么大，独他没有上过正紧学堂。我们家从祖宗直到二爷，谁不是寒窗十载？偏他不喜读书。老太太的宝贝，老爷先还管，如今也不敢管了。成天家疯疯颠颠的，说的话人也不懂，干的事人也不知。外头人人看着好清俊模样儿，心里自然是聪明的，谁知是外清而内浊，见了人一句话也没有。所有的好处，虽没上过学，到难为他认得几个字。每日也不习文，也不学武，又怕见人，只爱在丫头群里闹。再者也没刚柔，有时见了我们，喜欢时，没上没下，大家乱顽一阵。不喜欢，各自走了，他也不理人。我们坐着卧着，见了他也不理，他也不责备。因此没人怕他，只管随便，都过的去。"尤三姐笑道："主子宽了又说，严了又抱怨，可知难缠。［己双］情语，情文至语。尤二姐道："我们看他到好，原来这样！可惜了一个好胎子。”尤三姐道：“姐姐信他胡说，咱们也不是见过一面两面的，行事、言谈、吃喝，原有些女儿气，那是只在里头惯了的。若说糊涂，那些儿糊涂？姐姐记得穿孝时咱们同在一处，那日正是和尚们进来绕棺，咱们都在那里站着，他只站在头里挡着人。人说他不知礼，又没眼色。过后，他没悄悄的告诉咱们说，姐姐不知道，我并不是没眼色，想和尚们臜，恐怕气味薰了姐姐们。接着他吃茶，姐姐又要茶，那个老婆子就拿了他的碗去倒。他赶忙说，我吃臜了的，另洗了再拿来。这两件上，我冷眼看去，原来他在女孩子们前不管怎样都过的去，只不大合外人的式，所以他们不知道。”尤二姐听说，笑道：“依你说，你两个已是情投意合了，竟把你许了他，岂不好？”三姐见有兴儿，不便说话，只低了头磕瓜子。兴儿笑道：“若论模样儿，行事为人，到是一对好的。只是他已有了，只未露形。将来准是林姑娘定了的。因林姑娘多病，二则都还小，故尚未及此。再过三二年，老太太便一开言，却是再无不准的了。”大家正说话，只见隆儿又来了，说：“老爷有事，是件机密大事，要遣二爷往平安州去，不过三五日就起身，来回也得半月工夫。今日不能来了，请老奶奶早和二姨定了那事，明日爷来，好作定夺。”说着，带了兴儿也回去了。

这里尤二姐命掩了门早睡，盘问他妹子一夜。至次日午后，贾琏方来了。尤二姐因劝他说：“既有正事，何必忙忙又来，千万别为我误事。”贾琏道：“也没甚事，只是偏偏的又出来了一件远差，出了月就起身，得半个月工夫才来。”尤二姐道：“既如此，你只管放心前去，这里一应不用你记挂。三妹子他从不会朝更暮改的，他已说了改悔，必是改悔的。他已择定了人，你只要依他就是了。”贾琏忙问是谁，尤二姐笑道：“这人此刻不在这里，不知多早才来，也难为他眼力。他自己说了，这人一年不来，他等一年，十年不来，等十年。若这人死了，再不来了，他情愿剃了头当姑子去，吃长斋念佛以了今生。”贾琏问:“到底是谁，这样动他的心？”二姐笑道:“说来话长。五年前，我们老娘家里作生日，妈和我们到那里与老娘拜寿，他家请了一起串客，里头有个作小生的，叫作柳湘莲，［己双］千奇百怪之文，何至于此。他看上了，如今要是他才嫁。旧年，我们闻得柳湘莲惹了一个祸，逃走了，不知可又来了不曾？”贾琏听了说：“怪道呢！我说是个什么样人，原来是他！果然眼力不错。你不知道这柳二郎，那样一个标致人，最是冷面冷心的，差不多的人，他都无情无义。他最和宝玉合的来。去年因打了薛呆子，他不好意思见我们，不知那里去了一向。后来听见有人说来了，不知是真是假。一问宝玉的小子们就知道了。倘或不来，他萍踪浪迹，知道几年才来？岂不白耽搁了？”尤二姐道：“我们这三丫头，说的出来，干的出来，他怎么说，只依他便了。”二人正说之间，尤三姐走来说道：“姐夫，你只放心，我们不是那心口两样人，说什么是什么。若有了姓柳的来，我便嫁他。从今日起，我吃斋念佛，只服侍母亲，等他来了，嫁了他去，若一百年不来，我自己修行去了。”说着，将一根玉簪击作两段，说:“一句不真，就如这簪子！”说着，回房去了，真个竟非礼不动，非礼不言起来。贾琏无了法，只得和二姐商议了一回家务，复回家与凤姐商议起身之事。一面着人问茗烟，茗烟说:“竟不知道，大约未来。若来了，必是我知道的。”一面又问他的街坊，也说未来。贾琏只得回复了二姐。至起身之日已近，前两天便说起身，却先往二姐这边来住两夜，从这里再悄悄长行。果见小妹竟又换了一个人，又见二姐持家勤慎，自是不消记挂。

是日一早出城，就奔平安州大道，晓行夜住，渴饮饥餐。方走了三日，那日正走之间，顶头来了一群驮子，内中一伙，主仆十来骑马。走的近来一看，不是别人，竟是薛蟠和柳湘莲来了。贾琏深为奇怪，[己双] 余亦为怪。忙伸马迎了上来，大家一齐相见，说些别后寒温，大家便入一酒店歇下叙谈叙谈。贾琏因笑说："闹过之后，我们忙着请你两个和解，谁知柳兄踪迹全无。怎么你两个今日到在一处了？"薛蟠笑道："天下竟有这样奇事，我同伙计贩了货物，自春天起身往回里走，一路平安。谁知前日到了平安州界，遇见一伙强盗，已将东西劫去。不想柳二弟从那边来了，方把贼人赶散，夺回货物，还救了我们的性命。我谢他又不受，所以我们结拜了生死弟兄，如今一路进京。从此后，我们是亲弟亲兄一般。到前面岔口上分路，他就往南去二百里地，有他一个姑妈，他去望候望候。我先进京去安置了我的事，然后给他寻一所宅子，寻一门好亲事，大家过起来。"贾琏听了道："原来如此，到教我们悬了几日心。"因又听到寻亲，便忙说道："我正有一门好亲事，堪配二弟。"说着，便将自己娶尤氏，如今又要发嫁小姨一节说了出来，只不说尤三姐自择之语。又嘱薛蟠："且不可告诉家里，等生了儿子，自然是知道的。"薛蟠听了大喜说："早该如此，这都是舍表妹之过。"湘莲忙笑说："你又忘情了，还不住口！"薛蟠忙止住不语，便说："既是这等，这门亲事定要做的。"湘莲道："我本有愿，定要一个绝色的女子，如今既是贵昆仲高谊，顾不得许多了，任凭裁夺，我无不从命。"贾琏笑道："如今口说无凭，等柳兄一见，便知我这内娣的品貌，是古今有一无二的了。"湘莲听了大喜说："既如此说，等弟探过姑母，不过月中就进京的，那时再定如何！"贾琏笑道："你我一言为定，只是我信不过，柳兄你乃萍踪浪迹，倘然淹滞不归，岂不误了人家？须得留一定礼！"湘莲道："大丈夫岂有失信之礼。小弟素系寒贫，况且客中，何能有定礼？"

薛蟠道："我这里现成就备一分，二哥带去。"贾琏笑道："也不用金帛之礼，须是柳兄亲身自有之物，不论物之贵贱，不过我带去取信耳。"湘莲道："既如此说，弟无别物，此剑防身，不能解下。囊中尚有一把鸳鸯剑，乃吾家传代之宝，弟也不敢擅用，只随身收藏而已。贾兄请拿去为定。弟纵系水流花落之性，然亦断不舍此剑者。"说毕，大家又饮了几杯，方各自上马，作别起程。正是："将军不下马，各自奔前程。"且说贾琏一日到了平安州，见了节度，完了公事。因又嘱他十月前后务要还来一次。贾琏领命，次日连忙取路回家，先到尤二姐处探望。谁知自贾琏出门之后，尤二姐操持家务，十分谨肃，每日关门合户，一点外事不闻。他小妹果是个斩钉截铁之人，每日侍奉母姊之余，只安分守己，随分过活。虽是夜晚间孤衾独枕，不惯寂寞，奈一心丢了众人，只念柳湘莲早早回来，完了终身大事。这日贾琏进门，见了这般景况，喜之不尽，深念二姐之德。大家叙些寒温之后，贾琏便将路上相遇湘莲一事说了出来，又将鸳鸯剑取出，递与三姐。三姐看时，上面龙吞夔护，珠宝晶莹。将靶一掣，里面却是两把合体的，一把上面錾着一鸳字，一把上面錾着一鸯字，冷飕飕，明亮亮，如两痕秋水一般。三姐喜出望外，连忙收了，挂在自己绣房床上，每日望着剑，自喜终身有靠。

贾琏住了两天，回去复了父命，回家合宅相见。那时凤姐已大愈，出来理事行走了。贾琏又将此事告诉了贾珍。贾珍因近日又遇了新友，将这事丢过，不在心上，任凭贾琏裁夺，只怕贾琏独力不加，少不得又给了他三十两银子。贾琏拿来交与二姐预备妆奁。

谁知八月内湘莲方进了京，先来拜见薛姨妈，又遇见薛蝌，方知薛蟠不惯风霜，不服水土，一进京时便病倒在家，请医调治。听见湘莲来了，请入卧室相见。薛姨妈也不念旧事，只感恩，母子们十分称谢。又说起亲事一节，凡一应东西皆已妥当，只等择日。柳湘莲也感激不尽。次日又来见宝玉，二人相会，如鱼得水。湘莲因问贾琏偷娶二房之事，宝玉笑道："我听见茗烟一干人说，我却未见，我也不敢多管。我又听见茗烟说琏二哥着实问你，不知有何话说？"湘莲就将路上所有之事，一概告诉宝玉。宝玉笑道："大喜，大喜！难得这个标致人，果然是个古今绝色，堪配你之为人。"湘莲道："既是这样，他那里少了人物，如何只想到我？况且我又素日不甚和他相厚，也关切不至此。路上工夫忙忙的，就那样再三要定礼，难道女家反赶着男家不成？我自己疑惑起来，后悔不该留下这剑作定。所以后来想起你来，可以细细问个底历才好。"宝玉道："你原是个精细人，如何既许了定礼，又疑惑起来？你原是只要一个绝色，如今既得了个绝色便罢了，[周按] 宝玉答言只云"绝色"二字，最为老实最为得体。何必再疑？"湘莲道："你既不知他娶，如何又知是绝色？"宝玉道："他是珍大嫂子的继母带来的两位小姨。我在那里和他们混了一个月，怎么不知？真真一对尤物，[己双] 可巧。他又姓尤。"湘莲听了，跌足道："这事不好，断乎作不得了！你们东府里除了那两个石头狮子干净，只怕连猫儿、狗儿都不干净。我不做这剩忘八！"[己双] 极奇之文，极趣之文。《金瓶梅》中有云"把忘八的脸打绿了"，已奇之至，此云"剩忘八"，岂不更奇。宝玉听说，红了脸。湘莲自惭失言，连忙作揖说："我该死胡说，[己双] 忽用湘莲提东府之事，骂及宝玉，可是人想得到的。所谓一人不曾放过。你好歹告诉我，他品行如何？"宝玉笑道："你既深知，又来问我作什么？连我也未必干净了。"湘莲笑道："原是我自己一时忘情，好歹别多心。"宝玉笑道："何必再提，这到似有心了。"湘莲作揖告辞出来，若去找薛蟠，一则他现卧病，二则他又浮躁，不如去索回定礼。

主意已定，便迳来找贾琏。贾琏正在新房中，闻得湘莲来了，喜之不禁，忙迎了出来，让到内室与尤老相见。湘莲只作揖，称老伯母，自称晚生，贾琏听了咤意。吃茶之间，湘莲便说："客中偶然忙促，谁知家姑母于四月间订了弟妇，使弟无言可回。若从了老兄，背了姑母，似非合礼。若系金帛之订，弟不敢索取，但此剑系祖父所遗，请仍赐回为幸。"贾琏听了，便不自在，还说："定者，定也。原怕返悔，所以为定，岂有婚姻之事出入随意的，还要斟酌。"湘莲笑道："虽如此说，弟愿领责领罚，然此事断不敢从命。"贾琏还要饶舌，湘莲便起身说："请兄外坐一叙，此处不便。"

那尤三姐在房明明听见，好容易等了他来，今忽反悔，便知他在贾府中得了消息，自然是嫌自己淫奔无耻之流，不屑为妻。今若容他出去和贾琏说退亲，料那贾琏必无法可处，自己岂不无趣！一听贾琏要同他出去，连忙摘下剑来，将一股雌锋隐在肘后，出来便说："你们不必出去再议，还你的定礼。"一面泪如雨下，左手将剑并鞘送与湘莲，右手回肘只往项上一横。可怜：

揉碎桃花红满地，玉山倾倒再难扶。

芳灵蕙性，渺渺冥冥，不知何方去了。当下唬的众人急救不迭。尤老一面嚎哭，一面又骂湘莲。贾琏忙揪住湘莲，命人捆了送官。尤二姐忙止泪，反劝贾琏："你太多事，人家并没威逼他死，是他自寻短见，你便送他到官，又有何益？反觉生事出丑。不如放他去罢，岂不省事？"贾琏此时也没了主意，便放了手命湘莲快去。湘莲反不动身，泣道："我并不知是这等刚烈贤妻，可敬，可敬！"湘莲反扶尸大哭一场。等买了棺木，眼见入殓，又俯棺大哭一场，方告辞而去。

出门无所之，昏昏默默，［周按］以上四字宝玉挨打后，黛玉来视之时曾一用之。自想方才之事："原来尤三姐这样标致，又这等刚烈。"自悔不及。正走之间，只见薛蟠的小厮寻他家去，那湘莲只管出神。那小厮带他到新房之中，十分齐整，忽听环佩叮当，尤三姐从外而入，一手捧着鸳鸯剑，一手捧着一卷册子，向柳湘莲泣道："妾痴情待君五年矣，不期君果冷心冷面，妾以死报此痴情。妾今奉警幻之命，前往太虚幻境，修注案中所有一干情鬼。妾不忍一别，故来一会，从此再不能相见矣！"说毕便走，湘莲不舍，忙欲上来拉住问时，那尤三姐便说："来自情天，去由情地。前生误被情惑，今既耻情而觉，与君两无干涉。"说毕，一阵香风，无踪无影去了。湘莲警觉，似梦非梦，睁眼看时，那里有薛家小童？也非新室，竟是一座破庙，傍边坐着一个跏腿道士捕虱。湘莲便起身稽首相问："此系何方？仙师仙名法号？"道士笑道："连我也不知道此系何方我系何人，不过暂来歇足而已。"柳湘莲听了，不觉冷然如寒冰浸骨，掣出那股雄剑，将万根烦恼丝一挥而尽，便随那道士不知往那里去了。后回便见。

［戚回后］尤三姐失身时，浓妆艳抹，凌辱群凶。择夫后，念佛吃斋，敬奉老母。能辨宝玉，能识湘莲，活是红拂、文君一流人物。

鸳鸯剑能斩鸳鸯，鸳鸯人能破鸳鸯，岂有此理？鸳鸯剑梦里不会杀奸妇，鸳鸯人白日偏要助淫夫，焉有此情？真天地间不测的怪事。

第六十七回
馈土物颦卿思故里　讯家童凤姐蓄阴谋

话说尤三姐自戕之后，尤老娘以及尤二姐、尤氏并贾珍、贾蓉、贾琏等闻之，俱各不胜悲伤，自不必说。忙着人治买棺木盛殓送往埋葬。却说柳湘莲见尤三姐身亡，迷性不悟，尚有痴情眷恋，被道人数句偈言打破迷关，竟自削发出家，跟随道士飘然而去，不知何往，后事暂且不表。

且说薛姨妈闻知湘莲已说定了尤三姐为妻，心甚喜悦，正自高高兴兴要打算替他买房治屋，办妆奁，择吉日，迎娶过门等事，以报他救命之恩，忽有家中小厮见薛姨妈告知尤三姐自戕与湘莲出家的信息，心甚叹惜，正自猜疑是为甚么原故，时值宝钗从园子里过来，薛姨妈便对宝钗说道："我的儿，你听见了没有？你珍大嫂子的妹妹尤三姐，他不是已经许定了给你哥哥的义弟柳湘莲的，这也狠好，不知为什么尤三姐自刎了，湘莲也出了家了，真正奇怪的事，叫人意想不到。"宝钗听了并不在意，便说道："俗语说的好，天有不测风云，人有旦夕祸福，这也是前生命定活该不是夫妻。妈所为的是因有救哥哥的一段好处，故谆谆感叹。如果他二人齐齐全全的，妈自然该替他料理，如今死的死了，出家的出了家了，依我说也只好由他罢了，妈也不必为他们伤感，损了自己的身子。到是自从哥哥打江南回来了许多日，贩了来的货物想来也该发完了。那同伴去的伙计们辛辛苦苦的来回几个月，妈同哥哥商议商议，也该请一请，酬谢酬谢才是，不然到叫他们轻看了无礼似的。"

母女正说之间，见薛蟠自外而入，眼中尚有泪痕未干，一进门来便向他母亲拍手说道："妈可知道柳大哥、尤三姐的事么？"薛姨妈说："我在园子里听见大家议论，正在这里才和你妹子说这件公案呢。"薛蟠说："这事奇不奇？"薛姨妈说："可是，柳相公那样一个年轻聪明的人怎么就一时糊涂，跟着道士去了呢？我想他前世必是有夙缘的有根基的人，所以才容易听得进这些度他的话去。想你们相好了一场，他又无父母兄弟，单身一人在此，你也该各处找一找才是。靠那跛足道士，疯疯颠颠的能往那里去？左不过是在这房前左右的庙里寺里躲藏着罢咧。"薛蟠说："何尝不是呢，我一听见这个信儿，就连忙带了小厮们在各处寻找去，连个影儿也没有。又去问人，人人都说不曾看见。我因如此急的没法，惟有望着西北上大哭了一场回来了。"说着眼眶儿又红上来了。薛姨妈说："你既找寻了没有，把你待朋友的心也尽了，焉知他这一出家不是得了好处呢？你也不必太过虑了，一则张罗张罗买卖，二则你把你自己娶媳妇应办的事情，到是早些料理料理。咱们家里没人手儿，竟是笨雀儿先飞，省得临期丢三忘四的不齐全，令人笑话。再者你妹子说，你也回家半个多月了，想货物也该发完了，同你作买卖去的伙计们也该设桌酒席请请他们，酬酬劳乏才是。他们固然是咱们家约请的吃工食劳金的人，到底也算是客，又陪着你走了一二千里的路程，受了四五个月的辛苦，而且在路上又替你担了惊怕沉重。"薛蟠闻听，说："妈说的狠是，妹妹想的周到，我也这样想来着。只因这些日子为各处发货闹的头晕，又为柳大哥的亲事又忙了这几日，反到落了一个空，白张罗了一会子，到把正经事都误了，要不然就定了明儿后儿下帖子请请罢。"薛姨妈说："由你办去罢。"

话犹未了，外面小厮回说："张总管的伙计送了两个箱子来，说这是爷各自买的，不在货账里面，本要早送来，因货箱子压着未得拿，昨日货物发完了，所以今儿才送来了。”一面说，一面又见两个小厮搬进了两个夹板夹的大棕箱来。薛蟠一见，说：“嗳哟！可是我怎么就糊涂到这步田地了，特特的给妈合妹妹带来的东西都忘了，没拿了家里来，还是伙计送了来了。”宝钗说：“亏你才说还是特特的带来的，还是放了一二十日才送来，若不是特特的带来，必定是要放到年底下才送进来呢，你也诸事太不留心了。”薛蟠说：“想是我在路上叫贼把魂唬掉了，还没归壳呢。”说着大家笑了一阵，便向回话的小厮说：“东西收下了，叫他回去罢。”薛姨妈同宝钗忙问：“是什么好东西，这样捆着夹着的？”便命人挑了绳子，去了夹板，开了锁看时，都是些绫罗绸缎锦洋货等家常应用之物。独有宝钗他的那个箱子，除笔、墨、砚、各色笺纸、香袋、香珠、扇子、扇套、花粉、胭脂、头油等物外，还有虎邱带来的自行人、酒令儿、水银灌的打筋斗的小小子、砂子灯、一出一出的泥人儿的戏，用青纱罩的匣子装着。又有在虎邱山上作的薛蟠的像，泥捏成的，与薛蟠毫无相差，以及许多碎小顽意儿的东西。宝钗一见，满心欢喜，便叫自己使的丫来吩咐：“你将我这个箱子与我拿了园子里去，我好就近从那边送送人。”说着，便站起身来，告辞母亲往园子里来了。这里薛姨妈将自己这个箱子里东西取出，一分一分的打点清楚，着同喜丫头送往贾母并王夫人等处去不讲。

且说宝钗随着箱子到了自己房中，将东西逐件件过了目，除将自己留用外，遂一分一分配合妥当，也有单送顽意的，也有送笔墨砚纸的，也有送香袋、扇子、香坠的，也有送胭脂、头油的，酌量其人分办，只有黛玉与别人不同，比诸人加厚一倍。一一打点完毕，使莺儿同一老婆子跟着，往各处去送，其李纨、宝玉等以及诸人，不过收了东西赏赐来使，皆说些见面再谢等语而已。惟有黛玉，他见江南家乡之物，反自触物伤情，因想起他父母来了，便对着这些东西挥泪自叹，暗想：我乃江南之人，父母双亡，又无兄弟，只身一人可怜寄居外祖母家中，而且又多疾病，除外祖母以及舅母、姐妹看问外，那里还有一个姓林的亲人来看望看望，给我带些土物来，使我送送人，粧粧脸面也好？可见人若无至亲骨肉手足，是最寂寞，极冷清，极寒苦，无趣味的，想到这里，不觉就大伤起心来了。紫鹃乃服侍黛玉多年，朝夕不离左右的，深知黛玉的心腹，他为见了江南故土之物，因感动了心怀，追思亲人的缘故，但不敢说破，只在一旁劝说道："姑娘的身子多病，早晚尚服丸药，这两日不过看着比那些日子略饮食好些，精神壮一点儿，还算不得十分大好。今儿宝姑娘送来这些东西，可见宝姑娘素日看姑娘甚重，姑娘看着该欢喜才是，为什么反到伤感？这不是宝姑娘送东西为的是叫姑娘喜欢，这反到招姑娘烦恼了，若令宝姑娘知道了，怎么脸上下的来呢？再，姑娘也想一想，老太太、太太们为姑娘的病症，千方百计的请好大夫诊脉配药调治，所为的是病急好，这如今才好些，又这样的哭哭啼啼的，岂不是自己蹧蹋自己的身子，不肯叫老太太看着喜欢。难道说姑娘这个病，不是因素日从忧虑过度上，伤多了气血得的么？姑娘的千金贵体别自己看轻了。"紫鹃正在这里劝解黛玉，只听见小丫头子在院内说："宝二爷来了。"紫鹃忙说："快请。"话犹未毕，只见宝玉已进房来了，黛玉让坐毕，宝玉见黛玉泪痕满面，便问："妹妹，又是谁得罪了你了？你两眼哭的都红了，是为什么？"黛玉不回答，旁边紫鹃将嘴向床上一努，宝玉会意，便往床上一看，见堆着许多东西，便知是宝钗送来的，便笑着取笑说道："好东西，想是妹妹开杂货铺么，摆着这些东西作什么？"黛玉只是不理，紫鹃说："二爷还提东西呢，因宝姑娘送了些东西来，我们姑娘一看就伤心哭起来了，我正在这里好劝歹劝，总劝不住呢。而且又是没吃了饭，若只管哭太乏了，犯了旧病，可不叫老太太骂死了我们么？到是二爷来的狠好，替我们劝一劝。"宝玉他本是聪明人，而且一心总留意在黛玉身上最重，所以深知黛玉之为人，心细心窄而又多心要强，不落人后，因见了人家哥哥自江南带了东西来送人，又系故乡之物，勾想起别的痛肠来，是以伤感是实。这是宝玉肚里揣摩黛玉的心病，却不肯明明的说出，恐黛玉越发动情，乃笑道："你们姑娘哭的原故不为别的，为的是宝姑娘送来东西少，所以生气伤心。妹妹你放心，等我明年往江南去，与你多多的带两船来，省得你淌眼抹泪的。"黛玉听了这话，不由嗤的一声笑了，忙说道："我凭他怎么没见过世面，也到不了这一步田地上，因送的东西少就生气伤心，我也不是三两岁小孩子，你也忒把人看的平常小器了，我有我的缘故，你那里知道。"说着眼泪又流下来，宝玉忙移至床上，挨黛玉坐下，将那些东西一件一件的摆弄着细瞧，故意的问："这是什么，叫什么名字？那是什么做的，这样齐整？这是什么，要他做什么？妹妹你瞧这一件可以摆在书阁儿上做陈设，放在条案上做古董儿到好呢。"一味的将这些没要紧的话来支吾搭讪了一会，黛玉见宝玉那些呆样子，问东问西的招人可笑，稍将烦恼去些，略有些喜欢之意。宝玉见他有些喜色，便说道："宝姐姐送东西给咱们，我想着咱们也该到他那里道谢去才是，不知妹妹可去不去？"黛玉原不愿意为送些东西来，就特特的道谢去，不过一时见了谢一声就完了，今被宝玉说的有理，难以推托，无可奈何，同宝玉去了，这且不提。

且说薛蟠听了母亲之言，急忙下请帖置办酒筵，张罗了一日。果至次日三四个伙计俱个个到齐，未免说了些店内发货账目之事毕，列席让坐，薛蟠与众人各位奉酒酬劳，里面薛姨妈又着人出来致谢道乏毕。内有一位问道："今日席上怎么柳大哥不出来，想是东家忘了没请么？"薛蟠闻听把眉一皱，叹了一口气说道："休提休提，想来众位不知深情，若说起此人真真可叹！于两日前忽被一个疯道士度化的出了家，跟着他去了，你们众位听一听可奇不奇？"众人说道："我们在店内也听见外面人吵嚷说，有一个道士三言两语，把一个俗家子弟度了去了，又闻说一阵风刮了去了，又说驾着一片彩云去了，纷纷议论不一。我们也因发货事忙，那里有工夫当正经事，也没去仔细打听，到如今还是似信不信的，今听此言，那道士度化的，原来就是柳大哥么。早知是他，我们大家也该劝解劝解，任凭怎么也不容他去。又少了一个有趣儿的好朋友了，实实在在的可惜可叹，也怨不得东家你心里不爽快。想他那样一个伶俐人，未必是真跟了道士去罢，柳大哥他会些武艺，又有力量，或者看破了道士有些什么妖术邪法的破绽出来，故意假跟了去，在背地里摆布他也未可知。"薛蟠说："谁知道，果能如此到好罢咧，世上也少一个妖言惑众的人了。"众人说："难道你知道了的时候，也没寻找他去不成？"薛蟠说："城里城外，那里没有找到，因找了不见，不怕你们笑话，我还哭了一场呢。"言毕只是长吁短叹、无精打彩的，不像往日高兴让酒畅饮。席上虽设了些鸡鸭鱼肉、山珍海味美品佳肴，怎奈东家皱眉叹气，众伙计看此光景，不便久坐，不过随便喳了几杯酒，吃了些饭食，就都散了，这也不必提。

且说宝玉拉了黛玉至宝钗处来道谢，彼此见面，未免说几句客言套语，黛玉便对宝钗说道："大哥哥辛辛苦苦的，能带了多少东西来，搁的住送我们这些，你还剩什么呢？"宝玉说："可是这话呢。"宝钗笑说："东西不是什么好的，不过是远路带来的土物，大家看着略觉新鲜似的，我剩不剩什么要紧，我如今果爱什么，今年虽然不剩，明年我哥哥去时，再叫他给我带些来，有什么难呢？”宝玉听说，忙笑道：“明年再带了什么来，我们还要姐姐送我们呢，可别忘了我们。”黛玉说：“你只管说，不必拉扯上我们的字眼，姐姐瞧宝哥哥不是给姐姐来道谢，竟是又要定下明年的东西来了。”宝玉笑说：“我要出来，难道没有你一分不成？你不知道帮着说，反倒说起这散话来了。”黛玉听了，笑了一声。宝钗问：“你二人如何来的这样巧，是谁会谁去的。”宝玉说：“休提，我因姐姐送我东西，想来林妹妹也必有，我想要道谢，想林妹妹也必来道谢，故此我就到他房里会了他一同要到这里来。谁知到了他家，正在房里伤心落泪，也不知是为什么这样爱哭。”宝玉刚说到“落泪”二字，见黛玉瞪了他一眼，恐他往下还说，宝玉会意，随即换过口来说道：“林妹妹这几日因身上不爽快，恐怕又病扳嘴，故此着急落泪，我劝解了一会子才来了。一则道谢，二则一个人在房坐着发闷。”宝钗说：“妹妹怕病闷，固然是正理，也不过是在那饮食起居、穿脱衣服冷热上加些小心就是了，为什么伤起心来呢？妹妹你难道不知伤心难免不伤血气精神，把要紧的伤了，反到要受病的，妹妹你细想想。”黛玉说：“姐姐说的狠是，我自己何尝不知道呢。只因我这几年，姐姐是看见的，那一年不病一两场，病的我怕的了，见了药，吃了见效不见效，一闻见，先就头疼发恶心，怎么不叫我怕病呢。”宝钗说：“虽然如此说，却也不该伤心，到是觉着身上不爽快，反自己强扎挣着，出来各处走走徃徃，把心松散松散，比在屋里闷坐着还强呢，伤心是自己添病的大毛病。我那两日，不是觉着发懒、浑身乏倦，只是要歪着，心里也是为时气不好，怕病，因此偏扭着他，寻些事件作作，一般里也混过去了。妹妹别怪我说，越怕越有鬼。”宝玉听说，忙问道："宝姐姐，鬼在那里呢，我怎么看不见一个鬼？"惹的众人烘声大笑，宝钗说道："呆小爷，这是比喻的话，那里真有鬼呢，认真的果有鬼，你又该唬哭了。"黛玉因此笑道："姐姐说的狠是，狠该说他，谁叫他嘴快。"宝玉说："有人说我的不是你就乐了，你这会子心里也不懊悔了，咱们也该走罢。"于是二人又说笑一回。二人辞了宝钗出来，宝玉仍把黛玉送至潇湘馆门首，自己回家，这且不提。

且说赵姨娘因见宝钗送环哥儿物件，忙忙接下，心中甚喜，满口夸奖："人人都说宝姑娘会行事，狠大方，今日看来果然不错。他哥哥能带了多少东西来，他挨家送到，并不遗漏一处，也不露出谁薄谁厚，连我们搭拉嘴子他都想到，实在的可敬。若是林姑娘也罢么，也没人给他送东西带什么来，即或有人带了来，他只是拣着那有势力有体面的人头儿跟前才送去，那里还轮的到我们娘儿们身上呢？可见人会行事，真真露着各别另样的好。"赵姨娘因环哥儿得了东西，深为得意，不住的托在掌上摆弄，瞧看一回，想宝钗乃系王夫人之表侄女，特要在王夫人跟前卖好儿，自己叠叠歇歇的拿着那东西走至王夫人房中，站在一旁说道："这是宝姑娘才给环哥的，他哥哥带来的，他年轻轻的人，想的周到，我还给了送东西的小丫头二百钱。听见说姨太太也给太太送来了，不知是什么东西，你们瞧瞧这一个门里头，这就是两分儿，能多少呢，怪不得老太太同太太都夸他疼他，果然招人爱。"说着，将抱的东西递过去与王夫人瞧。谁知王夫人头也没抬，手也没伸，只口内说了声："好，给环哥顽罢咧。"并无正眼看一看。赵姨娘因招了一鼻子灰，满肚气恼，无精打彩的回至自己房中，将东西丢在一边，说了许多劳儿三巴儿四不着要的一套闲话，也无人问他，他却自己咕哆着嘴，一边子坐着。可见赵姨娘为人小器糊涂，饶得了东西，反说许多令人不入耳生厌的闲话，也怨不得探春生气，看不起他。

闲话休提，且说宝钗送东西的丫头回来说：“也有道谢的，也有赏赐的，独有给巧姐儿送的那一分儿仍旧拿回来了。”宝钗一见，不知何意，便问：“为什么这一分没送去呢？还是送了去没收呢？”莺儿说：“我方才给环哥儿送东西去的时候，见琏二奶奶往老太太房里去了，我想琏二奶奶不在家，知道交给谁呢，所以没有去送。”宝钗说：“你也太糊涂了，二奶奶不在家，难道平儿、丰儿也不在家不成？你只管交给他们收下，等二奶奶回来自有他们告诉就是了，必定要你当面交给才算么？”莺儿听了，复又拿着东西，出了园子，往凤姐处去，在路上走着便对拿东西的老婆子说：“早知道一就事送了去不完了，省的又走这一淌。”老婆子说：“闲着也是白闲着，借此出来俇俇也好，只是姑娘你今日来回各处走了好些路儿，想是不惯，乏了。咱们送了这个，可就完了，一打总儿再歇着。”二人说着话，到了凤姐处送了东西，回来见宝钗，问道：“你见了琏二奶奶没有？”莺儿说：“我没见。”宝钗说：“想是二奶奶还没回来么？”丫头说：“回是回来了，因丰儿对我说，二奶奶自老太太屋里回房来，不像往日欢天喜地的，一脸的怒气，叫了平儿去唧唧咕咕的说话，也不叫人听见，连我都撵出来了，你不必见，等我替你回一声儿就是了。因此便着丰儿拿进去回了，出来说，二奶奶说给你们姑娘道生受，赏了我们一吊钱，就回来了。”宝钗听了，自己纳闷，也想不出凤姐是为什么生气，这也不表。

且说袭人见宝玉便问：“你怎么不俇就回来了？你原说约着林姑娘两个同到宝姑娘处道谢去，可去了没有？”宝玉说：“你别问，我原说是要会林姑娘同去的，谁知到了他家，他在房里守着东西哭呢。

我也知道林姑娘的那些原故的，又不好直问他，又不好说他，只不知道，搭讪着说别的宽解了一会子才好了，然后方拉了他到了宝姐姐那里道了谢，说了一会子闲话方散了。我又送他到家，才回来了。”袭人说：“你看送林姑娘的东西，比送我们的多些少些，还是一样呢？”宝玉说：“比送我们的多着一两倍呢。”袭人说：这才是明白人，会行事。宝姑娘他想别的姐妹等都有亲的热的跟着，有人送东西，况且他们两个不但是亲戚，还是干姐妹，难道你不知道林姑娘去年曾认过薛姨太太作干妈的？论理多给他些也是该的。”宝玉笑说：“你就是会评事的一个公道老儿。”说着话儿便叫小丫头取了拐枕来，要在床上歪着。袭人说：“你不出去了，我有一句话告诉你。”宝玉便问：“什么话？”袭人说：“素日琏二奶奶待我狠好，你是知道的，他自从病了一大场之后，如今又好了，我早就想着要到那里看看去，只因琏二爷在家不方便，始终总没有去。闻说琏二爷不在家，你今日又不往那里去，而且初秋天气不冷不热，一则看二奶奶尽个礼，省得日后见了受他的数落，二则借此偹一偹。你同他们看着家，我去去就来。”晴雯说：“这却是该的，难得这个巧空儿。”宝玉说：“我方才说，为他议论宝姑娘，夸他是个公道人，这一件事行的又是一个周到人了。”袭人笑道：“好小爷，你也不用夸我，你只在家同他们好生顽，好歹别睡觉，睡出病来，又是我担沉重。”宝玉说：“我知道了，你只管去罢。”

言毕，袭人随到自己房里换了两件新鲜衣服，拿着把镜儿照着抿了抿头，匀了匀脸上脂粉，步出下房。复又嘱咐了晴雯、麝月几句话，便出了怡红院，来至沁芳桥上立住，往四下里观看那园中景致。时值秋令，秋蝉鸣于树，草虫鸣于野，见这石榴花也开败了，荷叶也将残上来了，到是芙蓉近着河边，都发了红铺铺的咕嘟子，衬着碧绿的叶儿，到令人可爱。一壁厢下了桥不远，迎见李纨房里使唤的丫头素云跟着个老婆子，手里捧着个洋漆盒儿走来，袭人便问:“往那里去，送的是什么东西？”素云说：“这是我们奶奶给三姑娘送去的菱角鸡豆。”袭人说：“这个东西还是咱们园子里河内采的，还是外头买来的呢？”素云说：“这是我们房里使唤的刘妈妈，他告假瞧亲戚去带来的，孝敬奶奶。因三姑娘在我们那里坐着看见了，我们奶奶叫人剥了让他吃，他说才嗑了热茶了，不吃，一会儿再吃罢，故此给三姑娘送了家去。”言毕，各自分路走了。

袭人远远看见那边葡萄架底下有一个人拿着掸子在那里动手动脚的，因迎着日光看不真切，至离的不远，那祝老婆子见了袭人，便笑嘻嘻的迎上来说道：“姑娘今日怎么得工夫出来闲俇，往那里去？”袭人说：“我那里还得工夫来俇，我往琏二奶奶家瞧瞧去，你在这里做什么？”那祝老婆子说：“我在这里赶蚂蜂呢。今年三伏里雨水少，不知怎么果木树上长虫子，把果子吃的巴拉眼睛的吊了好些下来，可惜了的白掷了。就是这葡萄，刚成了珠儿，怪好看的，那蚂蜂、蜜蜂儿满满的围着粽，都咬破了。这还罢了，喜鹊、雀儿他也来吃这个葡萄，还有一个毛病儿，无论雀儿、虫儿，一嘟噜上只咬破三五个，那破的水淌到好的上头，连这一嘟噜都是要烂的。这些雀儿、蚂蜂可恶着呢，故此我在这里赶。姑娘你瞧，咱们说话的空儿没赶，就粽了许多上来了。”袭人说：“你就是不住手儿赶，也赶不了这许多，你刚这里赶，那里又来了，到是告诉买办说，叫他多多的作些冷布口袋来，一嘟噜一嘟噜的套上，免得翎禽草虫蹧蹋，而且又透风，握不坏。”婆子笑道：“到是姑娘说的是，我今年才上来，那里就知道这些巧法儿呢。”袭人说：“如今这园子里这些果品，有好些种儿，到是那样先熟的快些？”祝老婆子说:“如今才入七月的门，果子都是才红上来，要是好吃，想来还得月尽头儿才熟透了呢，姑娘不信，我摘一个给姑娘尝尝。”袭人正色说道：“这那里使得，不但没熟吃不得，就是熟了，一则没有供佛，二则主子们尚然没有吃，咱们如何先吃得呢？你是这府里的陈人，难道连这个规矩也不晓得么？”老婆子忙笑道：“姑娘说的有理，我因为姑娘问我，我白这样说。”口内说，心里想说道：“勾了，我方才幸亏是在这里赶蚂蜂，若是顺着手儿摘一个尝尝，叫他们看见，还了得么。”袭人说：“我方才告诉你要口袋的话，你就回一回二奶奶，叫管事的做去罢。”

言毕，遂一直出了园子门，就到凤姐这里来了。正是凤姐与平儿议论贾琏之事，因见袭人他是轻意不来之人，又不知是有什么事情，便连忙止住话语，勉强带笑说道：“贵人从那阵风儿刮了我们这个贱地来了？”袭人笑说：“我就知道奶奶见了我是必有麻犯我一顿的，有什么呢？但是奶奶欠安，本心垫着要过来请请安，头一件琏二爷在家不便，二则奶奶在病中又怕嫌烦，故未敢来，想奶奶素日疼爱我的那个分儿上，自必是体谅我，再不肯恼我的。”凤姐笑道：“宝兄弟屋里虽然人多，就靠着你一个儿照看，也实在的离不开。我常听见平儿告诉我说，你背地里还垫着我，常问，我听见就狠欢喜的什么似的，今日见了你，我还要给你道谢呢，我还舍得麻犯你吗？我的姑娘。”袭人说：“我的奶奶，若是这样说，就是真疼我了。”凤姐拉了袭人的手，让他坐下，袭人那里肯坐，让之再三，方才挨炕沿脚踏上坐了。平儿忙自己端了茶来，袭人说：“你叫小人们端罢，劳动姑娘，我到不安。”

一面站起接过茶来吃着，一面回头看见床沿上放着一个活计簸罗儿内，装着一个大红洋锦的小兜肚，袭人说：“奶奶一天七事八事的，忙的不得了，还有工夫作活计么？”凤姐说：“我本来不会作什么，如今病了才好，兼着家务事闹个不清，那里还有工夫做这些呢。要紧的我都丢开了，这是我往老太太屋里请安去，正遇见薛姨太太送老太太这些花红柳绿的，到对给小孩子们做小衣小裳儿的穿着到好顽呢，因此我就问老祖宗讨了来了，还惹的老祖宗说了好些顽话，说我是老太太的命中小人，见了什么要什么，见了什么拿什么，惹的众人都笑了。你是知道我是脸皮儿厚，不怕说的人，老祖宗只管说，我只管粧不听见，所以才交给平儿给巧姐儿先作件小兜肚穿着，还剩下的，等消闲有工夫，再做别的。”袭人听毕笑道：“也就是奶奶，才能勾沤的老祖宗喜欢罢咧。”伸手拿起来一看，便夸道：“果然好看，各样颜色都有，好裁料，也须这样巧手的人才对做，况又是巧姐儿他穿的，抱了出去，谁不多看一看。”又说道：“巧姐儿那里去了？我怎么这半日没见他。”平儿说：“方才宝姑娘那里送了些顽的东西来，他一见了狠希罕，就摆弄顽了好一会子，他奶妈子才抱了出去，想是乏了，睡觉去了。”袭人说：“巧姐儿比先前自然越发会顽了。”平儿说：“小脸蛋子吃的银盆似的，见了人就赶着笑，再不得罪人，真真的是我奶奶的解闷的宝贝疙疸儿。”凤姐便问：“宝兄弟在家做什么呢？”袭人笑道：“我才求他同晴雯他们看家，我才告了假来了。可是呢，只顾说话，我也来了好大半天了，要回去了，别叫宝玉在家里抱怨，说我屁股沉，到那里就坐住了。”说着，便立起身来告辞，回怡红院来了，这且不提。

且说凤姐见平儿送出袭人回来，复又把平儿叫入房中，追问前事，越说越气，说道：“二爷在外边偷娶老婆，你说你是听见二门上小小子们说，到底是谁，那一个说的呢？”平儿说：“是旺儿他说的。”凤姐便命人把旺儿叫来，问道：“你二爷在外边买房子娶小老婆，你知道么？”旺儿说：“小的终日在二门上听差，如何知道二爷的事，这是听见兴儿告诉的。”凤姐说：“兴儿是几时告诉你的？”旺儿说：“还是二爷没起身的头里告诉的。”凤姐说：“兴儿在那里呢？”旺儿说：“兴儿在新二奶奶那里呢。”凤姐一听，满腔怒气，啐了一口骂道：“下作猴儿崽子，什么是新奶奶、旧奶奶，你就私自封奶奶了？满嘴里胡说，这就该打嘴巴。”又问：“兴儿他是跟二爷的人，怎么没有跟了二爷去呢？”旺儿说：“特留下他在这里照看尤二姐，故此未曾跟了去。”凤姐听说，忙的一叠连声命旺儿快把兴儿叫来。旺儿忙忙的跑了出去，见了兴儿，只说二奶奶叫你呢。兴儿正在外边同小子们顽笑，听见叫他，也不问旺儿二奶奶叫他做什么，便跟了旺儿急急忙忙的来至二门前，回明进去，见了凤姐请了安，旁边侍立。凤姐一见，便先瞪了两眼问道：“你们主子奴才在外面干的好事，你们打量我是呆瓜，不知道？你是紧跟二爷的人，是必深知根由，你须细细的对我实说，稍有些儿隐瞒撒谎，我将你的腿打折了。”兴儿跪下磕头，说：“奶奶问的是什么事，是我同爷干的？”凤姐骂道：“好小杂种，你还敢来支吾我，我问你，二爷在外边怎么就说成了尤二姐，怎么买房子治家伙，怎么娶了过来？一五一十的说个明白，饶你的狗命。”兴儿听了仔细，想了一想，此事两府皆知，就是瞒着老爷、太太、老太太同二奶奶不知道，终久也是要知道的，我如今何苦来瞒着，不如告诉了他，省得挨眼前打受委屈。再，兴儿一则年幼，不知事的轻重，二则素日又知道凤姐是个烈口子，连二爷还惧他五分，三则此事原是二爷同珍大爷、蓉哥儿他叔侄弟兄商量着办的，与自己无干。故此把主意拿定，壮着胆子，跪着说道：“奶奶别生气，等奴才回禀奶奶听。只因那府里大老爷的丧事上穿孝，不知二爷怎么看见过尤二姐几次，大约就看中了，动了要说的心。故此先同蓉哥商议，求蓉哥替二爷从中调停办理，做了媒人说合，事成之后还许下谢礼。蓉哥满应，将此话转告诉了珍大爷，珍大爷告诉了珍大奶奶合尤老娘。尤老娘听了狠愿意，但说是二姐从小儿已许过张家为媳，如何又许二爷呢？恐张家知道生出事来不妥当。珍大爷笑道：'这算什么大事，交给我。便说那张姓小子本是个穷苦破落户，那里见得多给他几两银子，叫他写张退亲的休书就完了。'后来果然找了姓张的来如此说明，写了休书给了银子去了。二爷闻知，方得放心大胆的说定了。又恐怕奶奶知道拦阻不允，所以在外边咱们后身儿买了几间房子，治了东西，就娶过来了，珍大爷还给了爷两口人使唤。时常推说给老爷办事，又说给珍大爷张罗事，都是些支吾的谎话，竟是在外头住着。从前原是娘儿三个住着，还要商量给尤三姐说人家，又许下厚聘嫁他，如今尤三姐也死了，只剩下那尤老娘跟着尤二姐住着做伴儿呢。这是一往从前的实话，并不敢隐瞒一句。"说毕，复又磕头。凤姐听了这一篇言词，只气得痴呆了半晌，面如金纸，两只吊稍子眼越发直竖起来了，浑身乱颤，半天连话也说不上来，只是发怔。猛低头见兴儿在地下跪着，便说道："这也没有你的大不是，但只是二爷在外头行这样的事，你也该早些告诉我才是，这却狠该打，因你肯实说，不撒谎，且饶恕你这一次。"兴儿说："未能早回奶奶，这是奴才该死的。"便叩头有声。凤姐说："你去罢！"兴儿才立起身要走。凤姐又说："叫你时须要快来，不可远去。"兴儿连连答应了几个是，就出去了。到外面伸了伸舌头，说勾了我的了，差一差儿没有挨一顿好打，暗自后悔不该告诉旺儿，又愁二爷回来怎么见，各自害怕，这且不提。

且说凤姐见兴儿出去，回头向平儿说："方才兴儿说的话，你都听见了没有？"平儿说："我都听见了。凤姐说："天下那有这样没脸的男人，吃着碗里，看着锅里，见一个爱一个，真成了喂不饱的狗，实在的是个弃旧迎新坏货，只是可惜这五六品的顶带给他。他别想着俗语说的家花那有野花香的话，他要信了这个话，可就大错了，多早晚在外面闹一个狠没脸，亲戚朋友见不得的事出来，他才罢手呢。”平儿一旁劝道:“奶奶生气，却是该的，但奶奶身子才好了，也不可过于气恼。看二爷自从鲍二的女人那一件事之后,到狠收了心，好了呢，如今为什么又干起这样事来？这都是珍大爷的不是。”凤姐说:“珍大爷固然有不是，也总因咱们那位下作不堪的爷，他眼馋人家才引诱他罢咧，俗语说牛儿不吃水，也强按头么？”平儿说:“珍大爷干这样事，珍大奶奶也该拦阻不依才是。”凤姐说:“可是这话呢，珍大奶奶也不想一想，把一个妹子要许上几家子才好呢。先许了姓张的，今又嫁了姓贾的，天下的男人都死绝了，都嫁到贾家来，难道贾家的衣食这样好不成！这不是说幸而那一个没脸的尤三姐，知道好歹，早早死了，若是不死，将来不是嫁宝玉就是嫁环哥儿呢。总也不见给那妹子留一些儿体面，叫妹子怎么抬头竖脸的见人呢？妹子好歹也罢咧，那妹子本来也不是他亲的，而且听见说原是个混账烂桃，难道珍大奶奶现做着命妇，家中有这样一个打嘴现世的妹子，也不知道羞燥，躲避着些，反到大面上扬名打鼓的在这门里丢丑，也不怕笑话么？再者，珍大爷也是做官的人，别的律例不知道也罢了，连个服中娶亲停妻再娶，使不得的规矩，他也不知道不成？你替我细想想，他干的这件事，是疼兄弟还是害兄弟呢？”平儿说:“珍大爷只顾眼前叫兄弟喜欢，也不管日后的轻重干系了。”凤姐冷笑道:“这是什么叫兄弟喜欢，这是给他的毒药吃呢。若论亲叔伯兄弟中，他年纪又最大，又居长，不知教导学好，反引诱兄弟学不长进，担罪名儿，日后闹出事来，他在一边缸沿上站着看热闹，真真我要骂也骂不出口来。再者，他那边府里的丑事坏名儿，已经叫人听不上了，必定也叫兄弟学他一样，才好显不出他的丑来，这是什么做哥哥的道理，到不如撒泡尿浸死了，替大老爷死了也罢了，活着作什么呢！你瞧东府里大老爷那样厚德，吃斋念佛行善，怎么反得了这样一个儿子孙子，大概是好风水都叫他老人家一个拔尽了。”平儿说：“想来不错，若不然怎么这样差着格儿呢。”凤姐说：“这件事幸而老太太、老爷、太太不知道，倘或吹到这几位耳朵里去，不但咱们那没出息的二爷挨打受骂，就是珍大爷和珍大奶奶，管保要吃不了的兜着走呢！”连说带闹了半天，连午饭也推头疼没过去吃。平儿看此光景，越说越气，说道：“奶奶也煞一煞气儿，事从缓来，等二爷回来，慢慢的再商量就是了。”凤姐听了此言，从鼻孔内哼了两声，冷笑道：“好罢咧，等爷回来可就迟了。”平儿便跪在地下，再三苦劝安慰一会子，凤姐才略消了些气恼，嗑了口茶，喘息了良久，便要了拐枕歪在床上闭着眼睛打主意。

平儿见凤姐淌着，方退出，偏有不懂眼的几个回事的人来，都被丰儿撵出去了，又有贾母处着玛瑙来问：“二奶奶为什么不吃饭？老太太不放心，着我来瞧瞧。”凤姐因是贾母处打发人来，随勉强起来说：“我白日有些头疼，并没别的病，请老太太放心，我已经淌了一淌儿，好了。”言毕，打发人去后，却自己一个将前事从头至尾细细的盘算多时，得了个一计害三贤的狠主意，自己暗想须得如此如此方妥。主意已定，也不告诉平儿，反外面作出嘻笑自在无事的光景，并不露出恼恨妒嫉之意。于是叫丫头传了来旺来，吩咐令他明日传唤匠役人等，收拾东厢房，裱糊陈设等语。平儿与众人皆不知为何缘故。要知端的，且听下回分解。

［回后评］第六十四、六十七、七十九、八十回各古钞本有缺，此或雪芹未及定稿而散佚，或有另外情由今不得知。补作之文笔显与雪芹笔致有别，不容混一。不仅如此，即与此相关之第八九中（第六十四至六十九诸回）所有书文是否雪芹原作，同时成为难定之问题。因此，评点之事遂不宜轻易下笔着语，如今仍愿暂付阙如，阅者谅之。

第六十八回
苦尤娘赚入大观园　酸凤姐大闹宁国府

［戚回前］余读《左氏》见郑庄，读《后汉》见魏武，谓古之大奸巨猾，惟此为最。今读《石头记》又见凤姐作威作福，用柔用刚，占步高，留步宽，杀得死，救得活。天生此等人，斫伤元气不少。

话说贾琏起身去后，偏遇平安节度巡边在外，约一个月方回。贾琏未得确信，只得住在下处等候。及至回来相见，将事办妥，回程正是将两个月的限了。谁知凤姐心下早已算定，只待贾琏前脚走了，回来便传各色匠役，收拾东厢房三间，照依自己正室一样妆饰陈设。至十四日，便回明贾母、王夫人，说十五一早要到姑子庙进香去，只带了平儿、丰儿、周瑞媳妇、旺儿媳妇四人。未曾上车，便将原故告诉了众人，素衣素盖，一迳前来。兴儿引路，一直到了二姐门前扣门，鲍二家的开了。兴儿笑说："快回二奶奶去，大奶奶来了。"鲍二家的听了这句，顶梁骨走了真魂，忙飞进报与尤二姐。尤二姐虽也一惊，但已来了，只得以礼相见，于是忙整衣来迎接。至门前，凤姐方下车进来。尤二姐一看，只见凤姐头上皆是素白银器，身上月白缎袄，青缎披风，白绫素裙。眉湾柳叶，高吊两稍，目横丹凤，神凝三角。俏丽若三春之桃，清素若九秋之菊。周瑞家的、旺儿家的二人搀入院来。尤二姐陪笑忙迎上来万福，张口便叫："姐姐下降，不曾远迎，望恕仓促之罪。"说着便福了下来，凤姐忙陪笑还礼不迭，二人携手同入室中。凤姐上坐，尤二姐命丫嬛拿褥子来，便要行礼，说："奴家年轻，一从到了这里，此事皆系家母和家姐商议主张。今日有幸相会，若姐姐不弃奴家寒微，凡事求姐姐的指示教训。奴亦倾心吐胆，只伏侍姐姐。”说着，便行下礼去，凤姐儿忙下座，以礼相还，口内忙说：“皆因奴家妇人之见，一味劝夫慎重，不可在外眠花卧柳，恐惹父母担忧。此皆是你我之痴心，怎奈二爷错会奴意。眠花宿柳之事，瞒奴或可，今娶姐姐二房之大事，亦人家大礼，亦不曾对奴说。奴亦曾劝二爷早行此礼，以备生育。不想二爷反以奴为那等嫉妒之妇，私自行此大事，并未说知，使奴有冤难诉，惟天地可表。前于十日之先，奴已风闻，恐二爷不乐，遂不敢先说。今可巧远行在外，故奴家亲自拜见过，还求姐姐下体奴心，起动大驾，挪至家中。你我姊妹同居同处，彼此合心谏劝二爷，慎重世务，保养身体，方是大礼。若姐姐在外，奴在内，奴虽愚贱不堪相伴，奴心又何安？再者，使外人闻知，亦甚不雅观。二爷之名也要紧，到是谈论奴家，奴亦不怨。所以今生今世，奴之名节，全在姐姐身上。那起下人小人之言，未免见我素习持家太严，背后加减些言语，自是常情。姐姐乃何等样人物，岂可信真！若我实有不好之处，上头三层公婆，中有无数姊妹妯娌，况贾府世代名家，岂容我到今？今日二爷私娶姐姐在外，若别人则怒，我则以为幸。正是天地神佛不忍我被小人们诽谤，故生此事。我今来求姐姐进去和我一样同居同处，同分同例，同侍公婆，同谏丈夫。喜则同喜，悲则同悲，情似亲妹，和比骨肉。不但那起小人见了，自悔从前错认了我，就是二爷来家一见，他作丈夫之人，心中也未免暗悔。所以姐姐竟是我的大恩人，使我从前之名一洗无余了。若姐姐不随奴去，奴亦情愿在此相陪。奴愿作妹子，每日伏侍姐姐梳头洗脸，只求姐姐在二爷跟前替我好言方便，容我一席之地安身，奴死也愿意。”［周按］此用半文言以形凤姐之诈伪，如茗烟之祷告以表其灵慧者，皆是特笔。说着，便呜呜咽咽哭将起来。尤二姐见了这般，也不免滴下泪来。

二人对见了礼，分序坐下。平儿忙也上来要见礼，尤二姐见他打扮不凡，举止品貌不俗，料定是平儿，连忙亲身搀住，只叫：“妹子快休如此，你我是一样的人。”凤姐忙也起身笑说：“折死他了，妹子只管受礼，他原是咱们的丫头，已后快别如此。”说着，又命周瑞家的从包袱里取出四匹上色尺头，四对金珠簪环为拜见之礼，尤二姐忙拜受了。二人吃茶，对诉已往之事。凤姐口内全是自怨自错，怨不得别人，如今只求姐姐疼我等语。尤二姐见了这般，便认他作是个极好的人，小人不遂心，诽谤主子亦是常理，故倾心吐胆叙了一回，竟把凤姐认为知己。又见周瑞等媳妇在傍边称扬凤姐素日许多善政，只是吃亏心太痴了，惹人怨，又说：“已经预备了房屋，奶奶进去一看便知。”尤氏心中早已要进去同住方好，今又见如此，岂有不允之理，便说：“原该跟了姐姐去，只是这里怎样？”凤姐道：“这有何难？姐姐的箱笼细软，只管着小厮搬了进去。这些粗笨货要他无用，还叫人看着。姐姐说谁妥当，就叫谁在这里。”尤二姐忙说：“今日既遇见姐姐，这一进去，凡事只凭姐姐料理。我也来的日子浅，也不曾当过家，世事不明白，如何敢作主？这几件箱笼拿进去罢，我也没有什么东西，那也不过是二爷的。”凤姐听了，便命周瑞家的记清，好生看管着，抬到东厢房去。于是催着尤二姐穿带了，二人携手上车，又同坐一处，又悄悄的告诉他：“我们家的规矩大，这事老太太一概不知，倘或知二爷孝中娶你，管把他打死了。如今且别见老太太、太太。我们有一个花园子极大，姊妹们住着，容易没人去的。你这一去，且在园里住两天，等我设个法子回明白了，那时再见方妥。”尤二姐道：“任凭姐姐裁处。”那些跟车的小厮们皆是预先说明的，如今不去大门，只奔后门而来。

下了车，赶散众人，凤姐便带了尤氏进了大观园的后门，来到李纨处相见了。彼时大观园中十停人已有九停人知道了，今忽见凤姐带了进来，引动多人来看问，尤二姐一一见过。众人见他标致和悦，无不称扬。凤姐一一的吩咐了众人："都不许在外走了风声，若老太太、太太知道，我先叫你们死。"园中婆子丫嬛都素惧凤姐的，又系贾琏国孝、家孝中所行之事，知道关系非常，都不管这事。凤姐悄悄的求李纨收养几日，［周按］与第三回回目"收养林黛玉"呼应，又侧批：二字触目凄凉之至。等回明了，我们自然过去的。李纨见凤姐那边已收拾房屋，况在服中，不好倡扬，自是正理，只得收下权住。凤姐又变法将他的丫头一概退出，又将自己的一个丫头送他使唤。暗暗吩咐园中媳妇们，好生照看着他，若有走失逃亡，一概和你们算账，自己又去暗中行事。合家之人都暗暗的纳罕说："看他如何这等贤惠起来了？"那尤二姐得了这个所在，又见园中姊妹各各相好，到也安心乐业的，自为得其所矣。谁知三日之后，丫头善姐便有些不服使唤起来，尤二姐因说："没了头油了，你去回声大奶奶拿些来。"善姐便道："二奶奶，你怎么不知好歹，没眼色！我们奶奶天天承应了老太太，又要承应这边太太，那边太太。这些妯娌姊妹，上下几百男女，天天起来都等他的话，一日少说大事也有一二十件，小事还有三五十件。外头的从娘娘算起，以及王公侯伯家，多少人情客礼，家里又有这些亲友的调度，银子上千钱上万，一日都从他一个手一个心一个口里调度，那里为这点子小事去烦琐他？我劝你能着些儿罢！咱们又不是明媒正娶来的。这是他亘古少有一个贤良人，才这样待你，若差些儿的人，听见了这话，吵嚷起来，把你丢在外，死不死，生不生，你又敢怎样呢？"一夕话说的尤氏垂了头，自为有这一说，少不得将就些罢了。那善姐渐渐的连饭也怕端来与他吃，或早一顿，或晚一顿，所拿来之物皆是剩的。尤二姐说过两次，他反先乱叫起来。尤二姐又怕人笑他不安分，少不得忍着。隔上五日八日，见凤姐一面，那凤姐却是和容悦色，满嘴里姐姐不离口，又说：“倘有下人不到之处，你降不住他们，只管告诉我，我打他们。”又骂丫头媳妇说：“我深知你们，软的欺，硬的怕，背开我的眼，还怕谁！倘或二奶奶告诉我一个不字，我要你们的命！”尤氏见他这般的好心，既有他，何必我又多事？下人不知好歹也是常情。我若告了他们，受了委屈，反叫人说我不贤良。因此，反替他们遮掩。

凤姐一面使旺儿在外打听细事，这尤二姐之事，皆已深知。原来已有了婆家的，女婿现在才十九岁，成日在外嫖赌，不理生业，家私花尽，父亲撵他出来，现在赌钱厂存身。父亲得了尤婆十两银子，退了亲的，这女婿尚不知道，原来这小伙子名叫张华。凤姐都一一尽知原委，便封了二十两银子与旺儿，悄命他将张华勾来养活，着他写一张状子，只管往有司衙门中告去，就告琏二爷国孝、家孝背旨瞒亲，仗财依势，强逼退亲，停妻再娶等语。这张华也深知利害，先不敢造次。旺儿回了凤姐，凤姐气的骂：“癞狗扶不上墙去的种子！你细细的说给他，便告我们家谋反，也没事的。不过是借他一闹，大家没脸。若告大了，我这里自然能彀平息的。”旺儿领命，只得细说与张华。凤姐又吩咐旺儿：“他若告了你，你就和他对词去。如此如此，这般这般，我自有道理。”旺儿听了有他作主，便又命张华状子上添上自己，说：“你只告我来往过付，一应调唆二爷做的。”张华便得了主意，和旺儿商议定了，写了一纸状子，次日便往都察院处喊了冤。察院坐堂看状，见是告贾琏的事，上面有家人旺儿一人，只得遣人去贾府传旺儿来对词。青衣不敢擅入，只命人带信。那旺儿正等着此事，不用人带信，早在这条街上等候。见了青衣，反迎上去笑道：“起动众位兄弟，必是兄弟的事犯了，说不得快来套上。”众青衣不敢，只说：“你老去罢，别闹了。”于是来至堂前跪了。察院命将状子与他看，旺儿故意看了一遍，磞头说道：“这事小的尽知，小的主人实有此事。但这张华素与小的有仇，故意攀折小的在内。其中还有别人，求老爷再问。”张华磞头说：“虽还有人，小的不敢告他，所以只告他下人。”旺儿故意急的说：“糊涂东西，还不快说出来！这是朝廷公堂之上，凭是主子，也要说出来。”张华便说出贾蓉来。察院听了无法，只得去传贾蓉。凤姐又差了庆儿暗中打听告了起来，便忙将王信唤来，告诉他此事，命他托察院只虚张声势，惊唬而已，又拿了三百银子与他去打点。是夜，王信到了察院私第，安了根子。那察院深知原委，收了赃银。次日回堂，只说张华无赖，因拖欠了贾府银两，枉捏虚词，诬赖良人。都察院又素与王子腾相好，王信也只到家说了一声，况是贾府之人，巴不得了事，便也不提此事，且都收下，只传贾蓉对词。

且说贾蓉等正忙着贾珍之事，忽有人来报信，说有人告你们，如此如此，这般这般，快作道理。贾蓉慌了，忙来回贾珍。贾珍说：“我防了这一着，只亏他大胆子。”即刻封了二百银子，着人去打点察院，又命家人去对词。正商议之间，人报：“西府二奶奶来了。”贾珍听了这个，到吃了一惊，忙要同贾蓉藏躲，不想凤姐进来了，说：“好大哥哥，带着兄弟干的好事！”贾蓉忙请安，凤姐拉了他就进来。贾珍还笑说：“好生伺候你婶娘，吩咐他们杀牲口备饭。”说了，忙命备马，躲往别处去了。

这里凤姐带着贾蓉走来上房，尤氏正迎了出来，见凤姐气色不善，忙笑说：“什么事情这等忙？”凤姐照脸一口唾沫，啐道：“你尤家的丫头没人要了，偷着只往贾家送！难道贾家的人都是好的，普天下死绝了男人了！你就愿意给，也要三媒六证，大家说明，成个体统才是。你痰迷了心，脂油蒙了窍！国孝、家孝两重在身，就把个人送来了。这会子被人家告我们，我又是个没脚蟹，连官场中都知道我利害吃醋。如今指名提我，要休我。我来了你家，干错了什么不是，你这等害我？或是老太太、太太有了话在你心里，使你们作这个圈套要挤我出去？如今咱们两个一同去见官，分证明白。回来咱们公同请了合族中人，大家觌面说个明白，给我休书，我就走路。”一面说，一面大哭，拉着尤氏，只要去见官。急的贾蓉跪在地下磞头，只求姑娘、婶婶息怒。凤姐一面又骂贾蓉：“天雷劈脑子、五鬼分尸的没良心的种子！不知天有多高，地有多厚，成日家调三窝四，干出这些没脸面、没王法、败家破业的营生。你死了的娘阴灵也不容你！祖宗也不容你！还敢来劝我？”哭骂着，扬手就打。贾蓉忙磕头有声说：“婶婶别动气，仔细手，让我自己打，婶婶别生气。”说着，自己举手，左右开弓，自己打了一顿嘴巴子，又自己问着自己说：“已后可再顾三不顾四的混管闲事了？已后还单听叔叔的话，不听婶婶的话了？”众人又是劝，又要笑，又不敢笑。

凤姐滚到尤氏怀里，嚎天动地，大放悲声，只说：“给你兄弟娶亲我不恼，为什么使他违旨背亲，将混账名儿给我背着？咱们只去见官，省得捕快、皂隶拿来。再咱们过去见了老太太、太太和众族人，大家公议了，我既不贤良又不容丈夫娶亲买妾，只给我一纸休书，［周按］直注后文。第五回判词所谓“三人木”，在此又一点醒。我即刻就走。你妹妹我也亲身接了来家，生怕老太太、太太生气，也不敢回，现在三茶六饭、金奴银婢的住在园里。我这里赶着收拾房子，和我的一样，只等老太太知道了。原说接过来大家安分守己的，我也不提旧事了，谁知又是有了人家的，不知你们干的什么事，我一概不知道。如今告我，我昨日急了，纵然我出去见官，也丢的是你贾家的脸，少不得偷把太太的五百两银子去打点。如今把我的人还锁在那里。”说了又哭，哭了又骂，后来放声又哭起祖宗爹妈来，又要寻死撞头，把个尤氏揉搓成了一个面团，衣服上全是眼泪鼻涕，并无别语，只骂贾蓉：“孽障种子，和你老子作的好事！我就说不好的。”凤姐听说，哭着两手搬着尤氏的脸，紧对相问道：“你发昏了？你的嘴里难道有茄子塞着？不然他们给你嚼子衔上了？为什么你不告诉我去？你若告诉了我，这会子平安了，怎得经官动府，闹到这步田地？你这会子还怨他们！自古说妻贤夫祸少，表壮不如里壮，你但凡是个好的，他们怎得闹出这些事来！你又没才干，又没口齿，锯了嘴子的葫芦，就只会一味瞎小心，图贤良的名儿。总是他们也不怕你，也不听你。”说着啐了几口。尤氏也哭道：“何曾不是这样，你不信，问问跟的人，我何曾不劝的，也得他们听！叫我怎么样呢？怨不得妹妹生气，我只好听着罢了。”众姬妾、丫嬛、媳妇已是乌压压跪了一地，陪笑求说：“二奶奶最圣明的，虽是我们奶奶的不是，奶奶也作践的彀了。当着奴才们，奶奶们素日何等的好来，如今还求奶奶给留脸。”说着，捧上茶来。凤姐也摔了，一面止了哭，挽头发，又喝骂贾蓉：“出去请大哥哥来，我对面问他，亲大爷的孝才五七，侄儿娶亲，这个礼我竟不知道。我问问，也好学着日后教道子侄的。”贾蓉只跪着磕头，说：“这事原不与父母相干，都是儿子一时吃了屎，调唆着叔叔作的，我父亲也并不知道。如今我父亲正要出殡，婶婶若闹了起来，儿子也是个死。只求婶婶责罚儿子，儿子谨领。这官司还求婶婶料理，儿子竟不能干这大事。婶婶是何等样人，岂不知俗语说的胳膊只折在袖子里。儿子糊涂死了，既作了不肖的事，就同那猫儿狗儿一般。婶婶既教训，就不和儿子一般见识的，少不得还要婶婶费心费力，将外头的事压住了才好。原是婶婶有这个不肖的儿子，既惹了祸，少不得委屈还要疼儿子。”说着，又磕头不绝。

凤姐见他母子这般，也再难往前施展了，只得又转过一副形容言谈来，与尤氏反陪礼说：“我是年轻不知事的人，一听见有人告诉了，把我唬昏了，不知方才怎样得罪了嫂子。可是蓉儿说的肐膊折了往袖子里藏，少不得嫂子要体谅我，还要嫂子转替哥哥说了，先把这官司按下去才好。”尤氏、贾蓉一齐都说：“婶婶放心，横竖一点儿连累不着叔叔。婶婶方才说用过五百银子，少不得我娘儿们打点五百两银子与婶婶送过去，好补上的，不然岂有反教婶婶又添上亏空之名，越发我们该死了。但还有一件，老太太、太太们跟前，婶婶还要周全方便，别提这些话方好。”凤姐又冷笑道：“你们饶压着我的头干了事，这会子反哄着我替你们周全。我虽然是个呆子，也呆不到如此。嫂子的兄弟是我的丈夫，嫂子既怕他绝后，我岂不更比嫂子更怕绝后？嫂子的令妹就是我的妹子一样。我一听见这话，连夜喜欢的连觉也睡不成，赶着传人收拾了屋子，就要接进来同住。到是奴才小人的见识，他们到说奶奶太好性了，若是我们的主意，先回了老太太、太太看是怎样，再收拾房子去接也不迟。我听了这话，教我要打要骂的才不言语了。谁知偏不称我的意，偏打我的嘴，半空里又跑出一个张华来告了一状。我听见了，吓的两夜没合眼儿，又不敢声张，只得求人去打听这张华是什么人，这样大胆。打听了两日，谁知是个无赖的花子。我年轻不知事，反笑了，说，他告什么？到是小子们说，原是二奶奶许了他的，他如今正是急了，冻死饿死，也是一个死，现在有这个理他抓着，总然死了，死的到比冻死饿死还值些，怎么怨的他告呢？这事原是爷作的太急了。国孝一层罪，家孝一层罪，背着父母私娶一层罪，停妻再娶一层罪。俗语说，拚着一身剐，敢把皇帝拉下马。他穷疯了的人，什么事作不出来？况且他又拿着这满礼，不告等请不成？嫂子说，我便是个韩信、张良，听了这话，也把智谋吓回去了。你兄弟又不在家，又没个商议，少不得拿钱去垫补，谁知越使钱越被人拿住了刀靶，越发来讹。我是耗子尾上长疮，多少脓血儿！所以又急又气，少不得来找嫂子。”尤氏、贾蓉不等说完，都说："不必操心，自然要料理的。”贾蓉又道："那张华不过是穷急，故舍了命才告咱们。如今我想了一个法儿，竟许他些银子，只叫他应个枉告不实之罪，咱们替他打点完了官司，他出来时再给他些个银子就完了。”凤姐笑道："好孩子，怨不得你顾一不顾二的，作这些事出来。原来你竟糊涂，若你说的这话他暂且依了，且打出官司来，又得了银子，眼前自然了事。这些人既是无赖之徒，银子到手，一旦光了，他又寻事故讹诈，倘又叨登起来这事，咱们虽不怕，也终耽心。搁不住他说，既没毛病，为什么反给他银子？终久不了之局。”贾蓉原是个明白人，听如此一说，便笑道："我还有个主意，来是是非人，去是是非者，这事还得我了才好。如今我竟去问张华个主意，或是他定要人，或是他愿意了事，得钱再娶。他若说一定要人，少不得我去劝我二姨，叫他出来，仍嫁他去。若说要钱，我们这里少不得给他。”凤姐忙道："虽如此说，我断舍不得你姨娘出去，我也断不肯使他去。好侄儿，你若疼我，只能可多给他钱为是。”贾蓉深知凤姐口虽如此，心却是巴不得只要本人出来，他却作贤良人，如今怎说怎依。凤姐欢喜了，又说："外头好处了，家里终久怎么样？你也同我过去回明才是。”尤氏又慌了，拉凤姐讨主意如何撒谎才好。凤姐冷笑道："既没这本事，谁叫你干这事了？这会子这个腔儿，我又看不上。待要不出个主意，我又是个心慈面软的人，凭人撮弄我，我还是一片痴心，说不得让我应起来。如今你们只别露面，我只领了你妹妹去与老太太、太太们磕头，

琉璃世界白雪红梅

酒未开樽句未裁，寻春问腊到蓬莱。不求大士瓶中露，为乞孀娥槛外梅。入世冷挑红雪去，离尘香割紫云来。槎枒谁惜诗肩瘦，衣上犹沾佛院苔。

此一回重在写贾母言宝琴雪中捧梅如仇十洲的《艳雪图》。

惜春

将那三春看破，桃红柳绿待如何？把这韶华打灭，觅那清淡天和。说什么，天上夭桃盛，云中杏蕊多。到头来，谁见把秋挨过？则看那，白杨村里人呜咽，青枫林下鬼吟哦。更兼着，连天衰草遮坟墓。这的是，昨贫今富人劳碌，春荣秋谢花折磨。似这般，生关死劫谁能躲？闻说道，西方宝树唤婆娑，上结着长生果。

只说原系你妹妹，我看上了狠好，正因我不大生长，原说买两个人放在屋里的，今既见你妹妹狠好，又是亲上作亲，我愿意娶来作二房。皆因家中父母姊妹新近一概死了，日子又艰难，不能度日，若等百日之后，无奈无家无业，实难等得。我的主意接了进来，已经厢房收拾了出来，暂且住着，等满了服再圆房。仗着我这不怕燥的脸，死活赖去，有了不是，也寻不着你们了。你们母子想想，可使得？”尤氏、贾蓉一齐笑说：“到底是婶婶宽洪大量，足智多谋。等事妥了，少不得我们娘儿们过去拜谢。”尤氏忙命丫嬛们伏侍凤姐梳妆洗脸，又摆酒饭，亲自递酒拣菜。凤姐也不多坐，执意回去了。进园中将此事告诉与尤二姐，又说我怎么操心打听，又怎么设法子，须得如此如此，方救下众人无罪。少不得我去拆开这鱼头，大家才好。不知端详，且听下回分解。

［蒙回后］人谓闹宁府一节极凶猛，赚二姐一节极和霭。吾谓闹宁府情有可恕，赚二姐法不容诛。闹宁府声声是泪，赚二姐字字皆锋。

第六十九回
弄小巧用借剑杀人　觉大限吞生金自逝

［蒙戚回前］写凤姐写不尽，却从上下左右写。写秋桐极淫邪，正写凤姐极淫邪。写平儿极义气，正写凤姐极不义气。写使女欺压二姐，正写凤姐欺压二姐。写下人感戴二姐，正写下人不感戴凤姐。史公用意，非念死书子之所知。

话说尤二姐听了凤姐之言，感谢不尽，只得跟了他来。尤氏那边怎好不过来的，少不得也过来跟着凤姐去回方是大礼。凤姐笑说："你只别说话，等我去说。"尤氏道："这个自然，但一有了不是，是往你身上推的。"说着，大家先来至贾母房中，正值贾母和园中姊妹们说笑解闷，忽见凤姐带了一个标致小媳妇进来，忙觑着眼看，说："这是谁家的孩子？好可怜见的。"凤姐上来笑道："老祖宗到细细的看看，好不好？"说着，忙拉二姐说："这是太婆婆，快磕头。"二姐忙行了大礼，展拜起来。又指着众姊妹说："这是某人某人，你先认了，太太瞧过了，再见礼。"二姐听了，一一又从新故意的问过，垂头站在傍边。贾母上下瞧了一遍，因又笑问："你姓什么？今年十几了？"凤姐忙又笑说："老祖宗且别问，只说比我俊不俊？"贾母又带上了眼镜，命鸳鸯、琥珀："把那孩子拉过来，我瞧瞧肉皮儿。"众人都抿嘴儿笑着，只得推他上去。贾母细瞧了一遍，又命琥珀："拿出手来我瞧瞧。"鸳鸯又揭起裙子来。贾母瞧毕，摘下眼镜来笑说道："竟是个齐全孩子，我看比你俊些。"凤姐听说，笑着忙跪下，将尤氏那边所编之话一五一十细细的说了一遍："少不得老祖宗发慈心，先许他进来，住一年后再圆房。”贾母听了道：“这有什么不是？既你这样贤良，狠好。只是一年后方可圆得房。”凤姐听了，叩头起来，又求贾母：“着两个女人一同带去见太太们，说是老祖宗的主意。”贾母依允，遂使二人带去，见了邢夫人等。王夫人正因他风声不雅，深为忧虑，见他今行此事，岂有不乐之理。于是尤二姐自此见了天日，挪到厢房住居。

凤姐一面使人暗暗调唆张华，只叫他要原妻，这里还有许多赔送外，还给他银子安家过活。张华原无胆无心告贾家的，后来又见贾蓉打发了人来对词，那人原说的，张华先退了亲，我们皆是亲戚。接到家里住着是真，并无娶之说。皆因张华拖欠了我们的债务，追索不与，方诬赖小的主人。那些个察院，都和贾、王两处有瓜葛，况又受了贿，只说张华无赖，以穷讹诈，状子也不收，打了一顿赶出来。庆儿在外替张华打点，也没打重，又调唆张华：“亲原是你家定的，你只要亲事，官必还断给你。”于是又告。王信那边又透了消息与察院，察院便批：“张华所欠贾宅之银，令其限内按数交还，其所定之亲，仍令其有力时娶回。”又传了他父亲来，当堂批准。他父亲亦系庆儿说明，乐得人财两进，便去贾家领人。凤姐一面吓的来回贾母，说如此这般，都是珍大嫂子干事不明，并没和那家退准，惹人告了，如此官断。贾母听了，忙唤了尤氏过来，说他作事不妥：“既是你妹子从小曾与人指腹为婚，又没退断，使人混告了。”尤氏听了，只得说：“他连银子都收了，怎么没准？”凤姐在傍又说：“张华的口供上现说，不曾见银子，也没见人去。他老子又说，原是亲家母说过一次，并没应准。亲家母死了，你们就接进去作二房，如此没有对证，只好由他去混说。幸而琏二爷不在家，没曾圆房，这还无妨。只是人已来了，怎好送回去，岂不伤脸？”贾母道：“又没圆房，没的强占人家有夫之人，名声也不好，不如送给他去，那里寻不出好人来？”尤二姐听了，又回贾母说：“我母亲实于某年月日给了他十两银子，退准的，他因穷急了告又翻了口，我姐姐原没错办。”贾母听了，便说：“可见刁民难惹。既这样，凤丫头去料理料理。”凤姐听了无法，只得应着。回来只命人去找贾蓉。贾蓉深知凤姐之意，若要使张华领回，成何体统？便回了贾珍，暗暗遣人去说张华：“你如今既有许多银子，何必定要原人？若只管执定主意，岂不怕爷们一怒，寻出个由头，你死无葬身之地。你有了银子回家去，什么好人寻不出来。你若走时，还赏你些路费。”张华听了，心中想了一想：“这到是好主意。”和父亲商议已定，约共也得了有百金，父子次日起个五更，便回原籍去了。贾蓉打听得真了，来回了贾母、凤姐，说：“张华父子枉告不实，惧罪逃走，官府亦知此情，也不追究，大事完毕。”凤姐听了，心中一想：“若必定着张华带回二姐去，未免贾琏回来再花几个钱包占住，不怕张华不依。还是二姐不去，自己相伴着还妥当，且再作道理。只是张华此去不知何往，倘或他再将此事告诉了别人，或日后再寻出这由头来翻案，岂不是自己害了自己？原先不该如此将刀靶付与外人去的。”因此悔之不迭。复又想了一条主意出来，悄命旺儿遣人寻着了他，或讹他作贼，和他打官司，将他治死，或暗中使人算计，务将张华治死，方剪草除根，保住自己的名誉。旺儿领命出来，回家细想：“人已走了完事，何必如此大作！人命关天，非同儿戏，我且哄过他去，再作道理。”因此在外躲了几日，回来告诉凤姐，只说张华因有了几两银子在身上，逃去第三日，在京口地界，五更天已被截路，打闷棍打死了。他老子唬死在店房，在那里验尸掩埋。凤姐听了不信，说：“你要扯谎，我再使人打听出来，敲你的牙！”自此方丢过不究。凤姐和尤二姐和美非常，更比亲姊亲妹还胜十倍。

那贾琏一日事毕回来，先到了新房中，已竟悄悄的封锁，只有一个看房子的老头儿。贾琏问起原故，老头子细说原委，贾琏只在镫中跌足，少不得来见贾赦与邢夫人，将所完之事回明。贾赦十分欢喜，说他中用，赏了他一百两银子，又将房中一个十七岁的丫嬛名唤秋桐者，赏他为妾。贾琏叩头领去，喜之不尽。见了贾母合家中人，回来见凤姐，未免脸上有些愧色。谁知凤姐儿他反不似往日容颜，同尤二姐一同出迎，叙了寒温。贾琏将秋桐之事说了，未免脸上有些得意之色，骄矜之容。凤姐听了，忙命两个媳妇坐车在那边接了来。心中一刺未除，又平空添了一刺，说不得且吞声忍气，将好颜面换出来遮饰。一面又命摆酒接风，一面带了秋桐来见贾母与王夫人等。贾琏也心中暗暗的纳罕。

那日已是腊月十二日，贾珍起身先拜了宗祀，然后过来辞拜贾母等人。合族中人直送到洒泪亭方回，独贾琏、贾蓉二人送出三日三夜方回。一路上贾珍命他好生收心治家等语，二人口内答应，也说些大理套话，不必烦叙。且说凤姐在家，外面待尤二姐自不必说得，只是心中又怀别意。无人处只和尤二姐说："妹妹的声名狠不好听，连老太太、太太们都知道了，说妹妹在家做女儿就不干净，又和姐夫有些首尾，没人要的了，你拣了来，还不休了，再寻好的。我听见这话，气了个倒仰，查是谁说的，又查不出来，这日久天长，这些个奴才们跟前怎么说嘴，我反弄了个鱼头来拆。"说了两遍，自己又气病了，茶饭也不吃。除了平儿一人，众丫头媳妇无不言三语四，指桑说槐，暗相讥刺。秋桐自为系贾赦之赐，无人僭他的，连凤姐、平儿皆不放在眼里，岂肯容他？张口是先奸后娶，没汉子要的娼妇，也来要我的强。凤姐听了暗乐，尤二姐听了暗愧暗怒暗气。凤姐既粧病，便不和尤二姐吃饭了，每日只命人端了菜饭，到他房中去吃。

那茶饭都系不堪之物，平儿看不过，自拿了钱出来弄菜与他吃，或是有时只说与他园中去顽，在园中厨内另做了汤水与他吃，也无人敢回凤姐。只有秋桐一时撞见了，便去说舌，告诉凤姐说："奶奶的名声生是平儿弄坏了的。这样好菜好饭浪着不吃，却往园里去偷吃。"凤姐听了，骂平儿说："人家养猫拿耗子，我的猫只到咬鸡。"平儿不敢多说，自此也要远着了。又暗恨秋桐，难以出口。园中姊妹如李纨、迎春、惜春等人皆为凤姐是好意，然宝黛一干人暗为二姐耽心，虽都不便多事，惟见二姐可怜，常来了到还都悯恤他。每日常无人处说起话来，尤二姐便淌眼抹泪，又不敢抱怨，凤姐儿又并未露出一点坏形来。贾琏来家时，见了凤姐贤良，也便不留心。况素习以来，因贾赦姬妾丫嬛最多，贾琏每怀不轨之心，只未敢下手。如这秋桐辈等人，皆是恨老爷年迈昏聩，贪多嚼不烂，没的留下这些人作什么，因此除了几个知礼有耻的，余者或有与二门上小么儿们嘲戏的，甚至于与贾琏眉来眼去，相偷期的，只惧贾赦之威，未曾到手。这秋桐便和贾琏有旧，从未来过一次。今日天缘凑巧，竟赏了他，真是一对烈火干柴，如胶投漆，燕尔新婚，连日那里拆的开。那贾琏在二姐身上之心也渐渐淡了，只有秋桐一人是命。凤姐虽恨秋桐，且喜借他先可发脱二姐，自己且抽头，用借剑杀人之法，坐山观虎。等秋桐杀了尤二姐，自己再杀秋桐。

主意已定，没人处常又私劝秋桐说："你年轻不知事，他现是二房奶奶，你爷心坎儿上的人，我还让他三分，你去硬碰他，岂不是自寻其死？"那秋桐听了这话，越发恼了，天天大口乱骂，说："奶奶是软弱人，那等贤惠，我却作不来。奶奶把素日的威风怎都没了？奶奶宽洪大量，我却眼里揉不下沙子去。让我和他这淫妇做一回他才知道。"凤姐在屋里，只粧不敢出声儿。气的尤二姐在屋里哭泣，饭也不吃，又不敢告诉贾琏。次日贾母见他眼红红的肿了，问他又不敢说。秋桐正是抓乖卖俏之时，他便悄悄的告诉贾母、王夫人等说："他专会作死，好好的成天家号丧，背地里咒二奶奶和我早死了，他好和二爷一心一计的过。"贾母听了，便说："人太生嬿俏了，可知心就嫉妒。凤丫头到好意待他，他到这样争锋吃醋的，可是个贱骨头。"因此渐次便不大欢喜。众人见贾母不喜，不免又往下踏践起来，弄的尤二姐要死不能，要生不得。还是亏了平儿时常背着凤姐，看他这般，与他排解排解。

那尤二姐原是个花为肠肚、雪作肌肤的人，如何经得这般磨折，不过受了一个月的暗气，便恹恹得了一病，四肢懒动，茶饭不思，渐次黄瘦下去。夜来合上眼，只见他小妹子手捧鸳鸯宝剑前来，说："姐姐，你一生为人心痴意软，终吃了这亏。休信那妒妇花言巧语，外作贤良，内藏奸狡，他发恨定要弄你一死方罢。若妹妹在世，断不肯令你进来，即进来时，亦不容他这样。此亦理数应然，你我生前淫奔不才，使人家丧伦败行，故有此报。你依我，将此剑斩了那妒妇，一同归至警幻案下听其发落。不然你则白白的丧命，且无人怜惜。"尤二姐泣道："妹妹，我一生品行既亏，今日之报，既系当然，何必又生杀戮之冤？随我去忍耐。若天见怜，使我好了，岂不两全？"小妹笑道："姐姐，你终是个痴人。自古天网恢恢，疏而不漏，天道好还。你虽悔过自新，然已将人父子兄弟致于麀聚之乱，天怎容你安生？"尤二姐泣道："既不得安生，亦是理之当然，奴亦无怨。"小妹听了，长叹而去。尤二姐惊醒，却是一梦。

等贾琏来看时，因无人在侧，便泣说："我这病不能好了。我来了半年，腹中已有了身孕，但不能预知男女。倘天见怜，生了下来还可，若不然，我这命就不保，何况于他！"贾琏亦泣说："你只放心，我请明人来医治于你。出去即刻请医生。”谁知王太医亦谋干了军前去效力，回来好讨荫封的。小厮们走去，便请了个姓胡的太医，号叫君荣，进来诊脉。看了，说是经水不调，全要大补。贾琏便说：“已是三月庚信不行，又常作呕酸，恐是胎气。”胡君荣听了，复又命老婆子们，请出手来再看看。尤二姐少不得又从帐内伸出手来。胡君荣又诊了半日，说：“若论胎气，肝脉自应洪大，然木盛则生火，经水不调，亦皆因由肝木所致。医生要大胆，须得请奶奶将金面略露露，医生观观气色，方敢下药。”贾琏无法，只得命将帐子掀起一缝，尤二姐露出脸来。胡君荣一见，魂魄如飞上九天，通身麻木，一无所知。一时掩了帐子，贾琏陪他出来，问是如何。胡太医道：“不是胎气，只是迂血凝结。如今只以下迂血，通经脉要紧。”于是写了一方，作辞而去。贾琏命人送了药礼，抓了药来，调服下去。只半夜，尤二姐腹痛不止，谁知竟将一个已成形的男胎打了下来。于是血行不止，二姐就昏迷过去。

贾琏闻知，大骂胡君荣，一面遣人再去请医调治，一面命人去打告胡君荣。胡君荣听了，早已卷包逃走。这里太医便说：“本来气血生成亏弱，受胎以来，想是着了些气恼，郁结于中。这位先生擅用虎狼之剂，如今大人元气十分伤其八九，一时难保就愈。煎丸二药并行，还要一些闲言闲事不闻，庶可望好。”说毕而去。急的贾琏查是谁请了姓胡的来。一时查了出来，便打了半死。凤姐比贾琏更急十倍，只说：“咱们命中无子，好容易有了一个，又遇见这样没本事的大夫。”于是天地前烧香礼拜，自己通陈祷告说：“我或有病，只求尤氏妹子身体大愈，再得怀胎生一男子，我愿吃长斋念佛。”贾琏、众人见了，无不称赞。贾琏与秋桐在一处时，凤姐又做汤做水的着人送与二姐，又骂平儿：“不是个有福的，也和我一样，我因多病了，你却无病，也不见怀个胎。如今二奶奶这样，都因咱们无福，或犯了什么，冲的他这样。”因又叫人出去算命打卦。偏算命的回来又说：“系属兔的阴人冲犯。”大家算将起来，只有秋桐一人属兔，说他冲的。秋桐近见贾琏请医治药，打人骂狗，为尤二姐十分尽心，他心中早浸了一缸醋在内了。今又听见如此说他冲了，凤姐儿又劝他说：“你暂且别处去躲几个月再来。”秋桐便气的哭骂道：“理那起瞎肏的混咬舌根，我和他井水不犯河水，怎么就冲了他。好个爱八哥儿！在外头什么人不见，偏来了就有人冲了。白眉赤脸，那里来的孩子？他不过指着哄我们那个棉花耳朵的爷罢了。总有孩子，也不知姓张姓王。奶奶希罕那杂种羔子？我不喜欢！老了谁不成？谁不会养？一年半载养一个，到还是一点搀杂没有的呢！”骂的众人又要笑，又不敢笑。可巧邢夫人过来请安，秋桐便哭告邢夫人说：“二爷、奶奶要撵我回去，我没了安身之处，太太好歹开恩。”邢夫人听说，慌的数落了凤姐一阵，又骂贾琏：“不知好歹的种子，凭他怎不好，是你父亲给的，为个外头来的撵他，连老子都没了。你要撵他，你不如还你父亲去到好。”说着赌气去了。秋桐更又得意，越性走到他窗户根底下，大哭大骂起来。尤二姐听了，不免更添烦恼。

晚间，贾琏在秋桐房中歇了，凤姐已睡，平儿过来瞧他，又悄悄劝他：“好生养病，不要理那畜生。”尤二姐拉他哭道：“姐姐，我从到了这里，多亏姐姐照应。为我，姐姐也不知受了多少闲气。我若逃的出命来，我必答报姐姐的恩德，只怕我逃不出命来，也只好等来生罢！”平儿也不禁滴泪说道：“想来都是我坑了你，我原是一片痴心，从没瞒他的话，既听见你在外头，岂有不告诉他的，谁知生出这些个事来！”尤二姐忙道：“姐姐这话错了。若姐姐便不告诉他，他岂有打听不出来的？不过是姐姐说的在先，况且我也要一心进来，方成个体统，与姐姐何干！”二人哭了一回，平儿又嘱咐了几句，夜已深了，方去安息。

这里尤二姐心下自思："病已成势，日无所养，反有所伤，料定必不能好。况胎已打下，无可悬心，何必受这些零气，不如一死，到还干净。常听见人说,生金子可以坠死,岂不比上吊、自刎又干净？”想毕，挓挣起来，打开箱子，找出一块生金，也不知多重，恨命含泪，便吞入口中，几次恨命直脖，方咽了下去。于是赶忙将衣服首饰穿带齐整，上炕淌下了。当下人不知，鬼不觉。到第二日早辰，丫嬛、媳妇们见他不叫人，乐得且自去梳洗。凤姐和秋桐都上去了，平儿看不过，说丫头们："你们就只配没人心的，打着骂着使也罢了，一个病人，也不知可怜可怜。他虽好性儿，你们也该拿出个样儿来，别太过迁了，墙倒众人推。”丫嬛听了，急推房门进来看时，却穿带的齐齐整整，死在炕上。于是方唬慌了，喊叫起来。平儿进来看了，不禁大哭。众人虽素习惧怕凤姐，然想尤二姐实在温和怜下，比凤姐原强，如今死去，谁不伤心落泪，只不敢与凤姐看见。

当下合宅皆知。贾琏进来，搂尸大哭不止。凤姐也假意哭："狠心的妹妹，你怎么丢下我去了，辜负了我的心！”尤氏、贾蓉等也来哭了一场，劝住贾琏。贾琏便回了王夫人，讨了梨香院停放五日，挪到铁槛寺去，王夫人依允。贾琏忙命人去开了梨香院的门，收拾出正房来停灵。贾琏嫌后门出灵不像，便对着梨香院的正墙上，通街现开了一个大门。两边搭棚，安坛场做佛事。用软榻铺了锦缎衾褥，将二姐抬上榻去，用衾单盖了。八个小厮和几个媳妇围随，从内子墙一带抬往梨香院来。那里已请下天文生预备。揭起衾单一看，只见这尤二姐面色如生，比活着还美貌，贾琏又搂着大哭，只叫："奶奶你死的不明，都是我坑了你！”贾蓉忙上来劝："叔叔解着些儿，我这个姨娘自己没福。”说着，又向南指大观园的界墙，贾琏会意，只悄悄跌脚说：“我忽略了，终久对出来，我替你报仇。”天文生回说：“奶奶卒于今日正卯时，五日出不得，或是三日，或是七日方可。明日寅时入殓大吉。”贾琏道：“三日断乎使不得，竟是七日。因家叔家兄皆在外，小丧不敢多停，等到外头，还放五七，做大道场才掩灵。明年往南去下葬。”天文生应诺，写了殃榜而去。

宝玉已早过来，陪哭一场。众族中人也都来了。贾琏忙进去找凤姐要银子治办棺椁丧礼。凤姐见抬了出去，推有病，说：“老太太、太太说我病着，［周按］此凤姐托词不许他去，并非现回话。忌三房，不许我去。”因此也不出来穿孝，且往大观园中来。绕过群山，至北界墙根下往外听，隐隐绰绰听了一言半语，回来又回贾母说如此这般。贾母道：“信他胡说，谁家痨病死的孩子不烧了一撒？也认真了开丧破土起来。既是二房一场，也是夫妻之分，停五七日抬出去，或一烧，或乱葬地上埋了完事。”凤姐笑道：“可是这话，我又不敢劝他。”正说着，丫嬛来请凤姐，说：“二爷等着奶奶拿银子呢！”凤姐只得来了，便问他：“什么银子？家里近来艰难，你还不知道？咱们的月例，一月赶不上一月，鸡儿吃了过年粮。昨儿我把两个金项圈当了三百银子，你还作梦呢！这里还有二三十两银子，你要就拿去。”说着，命平儿拿了出来，递与贾琏，指着贾母有话，又去了。恨的贾琏没话可说，只得开了尤氏箱柜，去拿自己的梯己。及开了箱柜，一滴无存，只有些折簪烂花，并几件半新不旧的绸绢衣裳，都是尤二姐素习所穿的，不禁又伤心哭了起来。自己用个包袱一齐包了，也不命小厮、丫嬛来拿，便自己提着来烧。平儿又是伤心，又是好笑，忙将二百两一包的碎银子偷了出来，到厢房拉住贾琏，悄递与他说：“你只别作声才好，你要哭，外头多少哭不得，又跑了这里来点眼。”贾琏听说，便说：“你说的是。”接了银子，又将一条裙子递与平儿，说：“这是他家常穿的，你好生替我收着，作个念心儿。”平儿只得掩了，自己收去。贾琏拿了银子与衣服走来，命人先去买板。好的又贵，中的又不要。贾琏骑马自去要瞧，至晚间，果抬了一幅好板进来，价银五百两赊着，连夜赶造。一面分派了人口穿孝守灵，晚来也不进去，只在这里伴宿。正是——［周按］回末用正是，下缺回尾联待拟，正是原稿痕迹。

［戚回后］凤姐初念在张华领出二姐，转念又恐仍为外宅，转念即欲杀张华为斩草除根计，一时写来，觉满腔都是荆棘，浑身都是爪牙。安得借鸳鸯剑，手刃其首，以寒千古奸妇之胆。

看三姐梦中相叙一段，真有孝子悌弟、义士忠臣之概，我不禁泪流一斗，湿地三尺。

第七十回
林黛玉重建桃花社　史湘云偶填柳絮词

［戚回前］空将佛事图相报，已触飘风散艳花。一片精神传好句，题成谶语任吁嗟。

话说贾琏自在梨香院伴宿七日夜，天天僧道不断做佛事。贾母唤了他去，吩咐不许送往家庙中。贾琏无法，只得又和时觉说了，就在尤三姐之上点了一个穴，破土埋葬。那日送殡，只不过族中人与王信夫妇、尤氏婆媳而已。凤姐一应不管，只凭他自去办理。

因又年近岁逼，诸务猬集不算外，又有林之孝开了一个人名单子来，共有八个二十五岁的单身小厮应该娶妻成房的，等里面有该放的丫头们好求指配。凤姐看了，先来问贾母和王夫人。大家商议，虽有几个应该发配的，奈各人皆有原故：第一个鸳鸯发誓不去，自那日之后，一向未和宝玉说话，也不盛妆浓饰。众人见他志坚，也不好相强。第二个琥珀，又有病，这次不能了。彩云因近日和贾环分崩，也染了无医之症。只有凤姐和李纨房中粗使的几个大丫头配出去了。其余年纪未足，令他们外头自娶去了。原来，这一向因凤姐病了，李纨、探春料理家务，不得闲暇。接着过年过节，出来许多杂事，竟将诗社搁起。如今仲春天气，虽得了工夫，争奈宝玉因冷遁了柳湘莲，剑刎了尤小妹，金逝了尤二姐，气病了柳五儿，连连接接，闲愁胡恨，一重不了一重添，弄的情色若痴，语言常乱，似染怔忡之疾。慌的袭人等又不敢回贾母，只百般逗他顽笑。

这日清晨方醒，只听外间房内咭咭呱呱，笑声不断。袭人因笑说：

“你快出去解救，晴雯和麝月两个人按住温都里那隔肢呢。”宝玉听了，忙披上灰鼠袄子，出来一瞧，只见他三人被褥尚未叠起，大衣也未穿。那晴雯只穿着葱绿花细小袄，红小衣，红睡鞋，披着头发，骑在雄奴身上。麝月是红绫抹胸，披着一身旧衣，在那里抓雄奴的肋肢。雄奴却仰在炕上，穿着撒花紧身儿红裤绿袜，两脚乱蹬，笑的喘不过气来。宝玉忙上笑说：“两个大的欺负一个小的，等我助力。”说着，也上床来膈肢晴雯。晴雯触痒，笑的忙丢下雄奴，和宝玉对抓。雄奴趁势又将晴雯按倒，向他肋下抓动。袭人笑说：“仔细冻着了！”看他四人裹在一处，到好笑。忽有李纨打发了碧月来说：“昨儿晚上奶奶在这里把块手帕子忘了，不知可在这里？”小燕说：“有有有，我在地下拾了起来，不知是那一位的，才洗了出来晾着，还未干呢。”碧月见他四人乱滚，因笑道：“到是这里热闹，大清早起就咭咭呱呱的顽到一处。”宝玉笑道：“你们那里人也不少，怎么不顽？”碧月道：“我们奶奶不顽，把两个姨娘和琴姑娘也宾住了。［周按］宾住了，宾是动词，口语，大致意思是在较为陌生的处境中，为客套、礼貌所拘束了，不便随意行动。如今琴姑娘又跟了老太太前头去，更寂寞了。两个姨娘今年过了，到明年冬天都去了，又更寂寞呢！你瞧，宝姑娘那里出去了一个香菱，就冷清了多少。把个云姑娘落了单。”正说着，只见湘云又打发了翠缕来说：“请二爷快去瞧好诗！”宝玉听了，忙问：“那里的好诗？”翠缕笑道：“姑娘们都在沁芳亭上，你去了便知。”宝玉听了，忙梳洗了出来，果见黛玉、宝钗、湘云、宝琴、探春都在那里，手里拿着一篇诗看。看见他来时，都笑说：“这会子还不起来？咱们的社散了一年，也没有人作兴。如今正是和春时节，万物更新，正该鼓舞另立起来才好。”湘云笑道：“一起社时是秋天，就不应发达。如今恰好万物逢春，皆主生盛。况这首桃花诗又好，就把海棠社改作桃花社。”［庚双］起时是后有名，此是先有名。宝玉听着，点头说：“狠好。”

且忙着要诗看，众人都又说："咱们此时就访稻香老农去，大家议定好起的。"说着，一齐起来，都往稻香村来。宝玉一壁走，一壁看那纸上写着《桃花行》一篇曰：

桃花帘外东风软，桃花帘内晨妆懒。
帘外桃花帘内人，人与桃花隔不远。
东风有意揭帘栊，花欲窥人帘不卷。
桃花帘外开仍旧，帘中人比桃花瘦。
花解怜人花也愁，隔帘消息风吹透。
风透湘帘花满庭，庭前春色倍伤情。
闲苔院落门空掩，斜日栏杆人自凭。
凭栏人向东风泣，茜裙偷傍桃花立。
桃花桃叶乱纷纷，花绽新红叶凝碧。
雾里烟封一万株，烘楼照壁红模糊。
天机烧破鸳鸯锦，春酣欲醒移珊枕。
侍女金盆进水来，香泉影蘸胭脂冷。
胭脂鲜艳何相类，花之颜色人之泪。
若将人泪比桃花，泪自长流花自媚。
泪眼观花泪易干，泪干春尽花憔悴。
憔悴花遮憔悴人，花飞人倦易黄昏。
一声杜宇春归尽，寂寞帘栊空月痕。

宝玉看了，并不称赞，却滚下泪来。便知出自黛玉，因此落泪，又怕众人看见，又忙自己擦了。因问："你们怎么得来。"宝琴笑道："你猜是谁作的？"宝玉笑道："自然是潇湘子稿。"宝琴笑道："现是我作的呢。"宝玉笑道："我不信。这声调口气，迥乎不像蘅芜之体，所以不信。"宝钗笑道："所以你不通，难道杜工部首首都作'丛菊两开他日泪'之句不成？一般的也有'红绽雨肥梅''水荇牵风翠带长'之媚语。”宝玉笑道：“固然如此说，但我知道姐姐断不许妹妹有此伤悼语句，妹妹虽有此才，是断不肯作的。比不得林妹妹曾经离丧，作此哀音。”众人听说，都笑了。［周按］宝玉直对姐姐作答，是因宝钗说他不通，非向宝琴回言也。说着，已至稻香村中，将诗与李纨看了，自不必说，称赏不已。说起诗社，大家议定：明日乃三月初二日，就起社，便改海棠社为桃花社，林黛玉就为社主。明日饭后，齐集潇湘馆。因又大家拟题，黛玉便说：“大家就要桃花诗一百韵。”宝钗道：“使不得。从来桃花诗最多，总作了必落套，比不得你这一首古风，须得再拟。”正说着，人回：“舅太太来了，姑娘们出去请安。”因此大家都往前头来，见王子腾的夫人，陪着说话。吃饭毕，又陪入园中来各处游玩一遍，至晚饭后掌灯方去。

次日乃是探春的寿日，元春早打发了两个小太监送了几件玩器，合家皆有寿仪，自不必说。饭后，探春换了礼服，各处去行礼。黛玉笑向众人道：“我这一社开的又不巧了，偏忘了这两日是他的生日。虽不摆酒唱戏的，少不得都要陪他在老太太、太太跟前顽笑一日，如何能得闲空儿。”因此改至初五。

这日，众姊妹皆在房中侍早膳毕，便有贾政书信到了。宝玉请安，将请贾母的安禀拆开，念与贾母听，上面不过是请安的话，说六月中准进京等语。其余家信事务之帖，自有贾琏和王夫人开读。众人听说六七月回京，都喜之不尽。偏生近日王子腾之女许与保宁侯之子为妻，择日于五月初十日过门，凤姐又忙着张罗，常三五日不在家。这日，王子腾的夫人又来接凤姐儿，一并请众甥男甥女闲乐一日。贾母和王夫人命宝玉、探春、黛玉、宝钗四人同凤姐去。众人不敢违拗，只得回房去另妆饰了起来。五人作辞，去了一日，掌灯方回。

宝玉进入怡红院，歇了半刻，袭人便乘机见景劝他收一收心，闲时把书理一理预备着。宝玉屈指算一算，说："还早呢！"袭人道："书是第一件，字是第二件。到那时你总有了书，你的字写的在那里呢？"宝玉笑道："我时常也有写了的好些，难道都没收着？"袭人道："何曾没收着，你昨儿不在家，我就拿出来，共算数了一数，才有五六十篇。这三四年的工夫，难道只有这几张字不成？依我说，从明日起，把别的心全收了起来，天天快临几张字补上。虽不能按日都有，也要大概看得过去。"宝玉听了，忙的自己又亲检了一遍，实在搪塞不去，便说："明日为始，一天写一百才好。"说话时，大家安下。

至次日起来，梳洗了，便在窗下研墨，恭楷临帖。贾母因不见他，只当病了，忙使人来问，宝玉方去请问，便说："写字之故，先将早起清晨的工夫尽了出来，再作别的，因此出来迟了。"贾母听了，便十分欢喜，就吩咐他："已后只管写字念书，不用出来也使得。你去回你太太知道。"宝玉听说，便往王夫人房中来说明。王夫人便说："临阵磨枪也不中用。有这会子着急，天天写写念念，有多少顽不了的。这一赶，又赶出病来才罢。"宝玉回说："不妨事。"这里贾母也说怕急出病来。探春、宝钗等都笑说："老太太不用急，书虽替他不得，字却替得的。我们每人每日临一篇给他，搪塞过这一步就完了。一则老爷到家不生气，二则他也急不出病来。"贾母听说，喜之不尽。

原来林黛玉闻得贾政回家，必问宝玉的工课，宝玉肯分心，恐临期吃了亏。因此自己只粧作不耐烦，把诗社便不起，也不以外事去勾引他。探春、宝钗二人每日也临一篇楷书字与宝玉，宝玉自己每日也加工，或写二百三百不拘。至三月下旬，便将字又集凑出许多来。这日正算再得五十篇也就混的过了，谁知紫鹃走来，送了一卷东西与宝玉，拆开看时，却是一色老油竹纸上临的钟王蝇头小楷，字迹且与自己十分相似。喜的宝玉和紫鹃作了一个揖，又亲自来道谢。史湘云、宝琴二人皆亦临了几篇相送。凑成虽不足工课，亦足搪塞了。宝玉放了心，于是将所应读之书，又温理过几遍，正是天天用工。可巧近海一带海啸，又遭塌了几处生民。地方官题本奏闻，奉旨就着贾政顺路查看赈济回来。如此算去，至冬底方回。宝玉听了，便把书字又搁过一边，仍是照旧游荡。

时值暮春之际，史湘云无聊，因见柳花飘舞，便偶成一小令，调寄《如梦令》，其词曰：

岂是绣绒残吐，卷起半帘香雾。纤手自拈来，空使鹃啼燕妒。且住，且住，莫使春光别去。［周按］史湘云填柳絮词，为何单选《如梦令》这个词牌？原来在南宋女词人李清照的词集中，第一首正是《如梦令》，即历代传诵的那首咏海棠的名作：试问卷帘人，却道海棠依旧。知否，知否，应是绿肥红瘦。故雪芹写湘云填词，正因她是以李清照为自寓。盖湘云原型正是李煦之孙女辈也。

自己作了，心中得意，便用一条纸儿写好，与宝钗看了，又来找黛玉。黛玉看毕，笑道："好！也新鲜有趣，我却不能。"湘云笑道："咱们这几社总没有填词，你明日何不起社填词，改个样儿，岂不新鲜些？"黛玉听了，偶然兴动，便说："这话说的极是，我如今便请他们去。"说着，一面吩咐预备了几色果点之类，一面就打发人分头去请众人。这里他二人便拟了柳絮之题，又限出几个调来，写了绾在壁上。众人来看时，以柳絮为题，限各色小调，又都看了史湘云的，称赏了一回。宝玉笑道："这词上我到平常，少不得也要胡诌起来。"

于是大家拈阄，宝钗便拈得了《临江仙》，宝琴拈得了《西江月》，探春拈得了《南柯子》，黛玉拈得了《唐多令》，宝玉拈得了《蝶恋花》。紫鹃炷了一支梦甜香，［庚双］重建，故又写香。［周按］梦甜香，我曾疑作"梦酣香"，盖湘云所掣花名签上正镌有"香梦沉酣"四字也。参看第三十七回注。大家思索起来。一时黛玉有了，写完。接着宝琴、宝钗都有了。他三人写完互相看时，宝钗便笑道："我先瞧完了你们的，再看我的。”探春笑道：“嗳呀，今儿这香怎么这样快，已剩了三分了！我才有了半首。”因又问宝玉：“可有了？”宝玉虽作了些，只是自己嫌不好，又都抹了，要另作，回头看香，已将烬了。李纨等笑道：“这算输了。蕉丫头的半首且写出来？”探春听说，忙写了出来。众人看时，［庚双］却是先看作完的，总是又变一格也。上面却只半首，写道是：

空挂纤纤缕，徒垂络络丝。也难绾系也难羁，一任东西南北，各分离。

李纨笑道：“这也却好作，何不续上？”宝玉见香没了，情愿认负，不肯勉强塞责，将笔搁下，来瞧这半首。见没完时，反到动了兴，开了机，乃提笔续道是：

落去君休惜，飞来我自知。莺愁蝶倦晚芳时，纵是明春再见，隔年期。

众人笑道：“正紧你分内的又不能，这却偏有了。纵然好，也不算得。”说着，看黛玉的《唐多令》：

粉堕百花洲，香残燕子楼。一团团逐队成毬。飘泊亦如人命薄，空缱绻，说风流！　草木也知愁，韶华竟白头。叹今生谁拾谁收。嫁与东风春不管，凭尔去，忍淹留！

众人看了，俱点头感叹，说：“太作悲了，好是固然好的。”因又看宝琴的，是《西江月》：

汉苑零星有限，隋堤点缀无穷。三春事业付东风，明月梅花一梦。　几处落红庭院，谁家香雪帘栊。江南江北一般同，偏是离人恨重！［周按］宝琴此词虽被评为落选，其实最为重要。开篇汉苑隋堤即已表露是政局中两方之对立，其下三春事业付东风所指失败者之一方，三春若仅指常言春景而言，而又何事业之可言。盖谓此番政局争夺已历三年光景，故谓之三春事业。明月梅花又已点破失败者乃是弘皙月派一方。下篇方写出失败者已分散流落大江南北，沦于不幸。离人二字尤为全篇眼目。

众人都笑说：“到底是他的声调壮，‘几处’‘谁家’两句最妙。”宝钗笑道:“终不免过于丧败。我想柳絮原是一件轻薄无根无绊的东西，然依我的主意，偏要把他说好了，才不落套。所以我诌了一首来，未必合你们的意思。”众人笑道:“不要太谦，我们且赏鉴，自然是好的。”因看这一首《临江仙》，道是:

白玉堂前春解舞，东风卷得均匀。

湘云先笑道:“好一个‘东风卷得均匀’！这一句就出人之上了。”又看底下道:

蜂团蝶阵乱纷纷，几曾随逝水，岂必委芳尘？　万缕千丝终不改，任他随聚随分。[周按]此宝钗结局之谶也。韶华休笑本无根，好风频借力，送我上青云。

众人拍案叫绝,都说:“果然翻得好气力,自然是这首为尊。缠绵悲戚,让潇湘妃子。情致妩媚,却是枕霞。小薛与蕉客今日落第,要受罚的。”宝琴笑道:“我们自然受罚，但不知付白卷子的又怎么罚？”李纨道:“不要忙，这定要重重罚他，下次为例。”一语未了，只听窗外竹子上一声响，恰似窗屉子倒了一般，众人唬了一跳。

丫嬛们出去瞧时，帘外丫嬛嚷道 :“一个大蝴蝶风筝挂在竹稍上了。”众丫嬛笑道 :“好一个齐整风筝！不知是谁家放的，断了绳。拿下他来！”宝玉等听了,也都出来看时,宝玉笑道:“我认得这风筝,这是大老爷那院里嫣红姑娘放的。拿下来给他送过去罢。”紫鹃笑道:“难道天下没有一样的风筝,单他有这个不成。我不管,我且拿起来。”探春道 :“紫鹃也学小气了，你们一般的也有，这会子拾人走了的，也不怕忌讳？”黛玉笑道 :“可是呢，知道是谁放晦气的，快掉出去罢！把咱们的拿出来，咱们也放晦气。”紫鹃听了，忙命小丫头们将这风筝送出与园门上值日的婆子去了，倘有人来找，好与他们去的。

这里小丫头们听见放风筝，爬不得一声儿，七手八脚，都忙着拿出个美人风筝来。也有搬高凳去的，也有捆剪子股的，也有拨籰子的。宝钗等都立在院门前，命丫头们在院外厂地下放去。宝琴笑道：“你这个不大好看，不如三姐姐的那一个软翅子大凤凰好。”宝钗笑道：“果然。”因回头向翠墨笑道：“你去把你们的拿来也放放。”翠墨笑嘻嘻的果然也取去了。宝玉又兴头起来，也打发个小丫头子家去，说：“把昨儿赖大娘送我的那个大鱼取来。”小丫头子去了半天，空手回来，笑道：“晴姑娘昨儿放走了。”宝玉道：“我还没放一遭儿呢。”探春笑道：“横竖是给你放晦气罢了。”宝玉道：“也罢，再把那个大螃蟹拿来罢！”丫头们去了，同了几个人扛了一个美人并籰子来，说道：“袭姑娘说，昨儿把螃蟹给了三爷了。这一个是林大娘才送来的，放这一个罢！”宝玉细看了一回，只见这美人做的十分精致，心中欢喜，便命叫放起来。此时，探春的也取来了，翠墨带着几个小丫头子们，在那边山坡上已放了起来。宝琴也命人将自己的一个大红蝙蝠也取来。宝钗也高兴，也取了一个来，却是一连七个大雁的，都放起来。独有宝玉的美人放不起去。宝玉说丫头们不会放，自己放了半天，只起房高，便落下来了。急的宝玉头上出汗，众人又笑。宝玉恨的掷在地下，指着风筝道：“若不是个美人，我一顿脚跺个稀烂！”黛玉笑道：“那是顶线不好，拿出去另使人打了顶线就好了。”宝玉一面使人拿去打顶线，一面又取一个来放。大家都仰面而看天上，这几个风筝都起在半空中去了。一时丫嬛们又都拿了许多各式各样的送饭的来，顽了一回。紫鹃笑道：“这一回的劲大，姑娘来放罢。”黛玉听说，用手帕垫着手，顿了一顿，果然风紧力大，接过籰子来，随着风筝的势将籰子一松，只听一阵豁剌剌响，登时籰子线尽。黛玉因让众人来放，众人都笑道：“各人都有，你先请罢。”黛玉笑道：“这一放虽有趣，只是不忍。”李纨道：“放风筝图的是这一乐，所以又说放晦气，你更该多放些，把你这病根儿都带了去就好了。”紫鹃笑道：“我们姑娘越发小气了，那一年不放几个子？今儿忽然又心疼了。姑娘不放，等我放。”说着便向雪雁手中接过一把西洋小银剪子来，齐籰子根下寸丝不留，咯噔一声铰断，笑道：“这一去，把病根儿可都带了去了！”那风筝飘飘，只管往后退了去，一时只有鸡蛋大小，展眼只剩了一点黑星，再展眼便不见了。众人皆仰面睃眼说：“有趣，有趣！”宝玉道：“可惜不知落在那里去了，若落在有人烟处，被小孩子得了还好，若落在荒郊野外无人烟处，我替他寂寞。想起来，把我这个放去，叫他两个作伴儿罢！”于是也用剪子剪断，照先放了。探春正要剪自己的凤凰，见天上也有一个凤凰，因道：“这也不知是谁家的。”众人皆笑说：“且别剪你的，看他到像要来绞的样儿。”说着，只见那凤凰渐逼近来，遂与这凤凰绞在一处。众人方要往下收线，那一家也要收线，正不开交，又见一个门扇大的玲珑喜字儿，带著响鞭，在半天如钟鸣一般，也逼近来。众人笑道：“这一个也来绞了。且别收，让他三个绞在一处，到有趣呢！”说着，那喜字果然与这两个凤凰绞在一处，三下齐收乱顿，谁知线都断了，那三个风筝飘飘都去了。众人拍手哄然一笑，说：“到有趣，可不知那喜字是谁家的，忒促狭了些！”黛玉说：“我的风筝也放去了，我也乏了，我也要歇歇去了。”宝钗说：“且等我们放了去，大家好散。”说着，看姊妹都放去了，大家方散。黛玉回房，歪着养乏。要知端的，下回分解。

［蒙戚回后］文于雪天联诗篇，一样机轴，两样笔墨。前文以联句起，以灯谜结，以作画为中间横风吹断，此文以填词起，以风筝结，以写字为中间横风吹断。是一样机轴。前文叙联句详，此文叙填词略，是两样笔墨。前文之叙作画略，此文叙写字详，是两样笔墨。前文叙灯谜，叙猜灯谜。

此文叙风筝，叙放风筝，是一样机轴。前文叙七律在联句后，此文叙古歌在填词前，是两样笔墨。前文叙黛玉替宝玉写诗，此文叙宝玉替探春续词，是一样机轴。前文赋诗后有一首诗，此文填词前有一首词，是两样笔墨。噫，参伍其变，错综其数，此固难为粗心者道也。

［回后评］本回于尤氏姊妹变故完结之后另换笔墨，回归诗情画意之境界中。然而雪芹又果仅为良辰美景，赏心乐事而设此回乎，非也。咏柳絮、放风筝构成本回的主要情节，而两者实皆失散流离之大象征也。观柳絮词，湘云、黛玉、探春、宝玉、宝琴诸篇词意不难理解，亦不致引发误会。独宝钗一例，特宜注意玩索雪芹本旨。历来评者评议此词皆以为宝钗为利禄仕途之信奉者，明眼欲投靠政治势力以达于高位，其实未必如是也。盖其实指在此异常巨大激烈之政治变故中，无数女儿皆遭灾难，独有一人既未随逝水，又免委芳尘。而此人无论在任何艰难困苦处境中始终相思相念，坚信不渝，即所谓万缕千丝终不改，任他随聚随分。此种坚信即下句所言，韶华本无根绊，有盛有衰，有来有往，故此刻虽在艰难困苦之中，而不久仍有韶华重现之日，此再现之韶华，境界更高于往常，此方是末句上青云之本意。批书至此不免却有疑问，这位历经浩劫，却独他随水委尘之难，请问在全书女儿之中，此人究竟何人乎？

统观柳絮词五首，惟湘黛二人所作皆是自喻之词义，至为明显。至于钗、琴、探、宝四人之作，情况便觉较加复杂。余于正文中所解宝钗之咏絮只系一己之见，是否全符雪芹本意，容再细究。如宝琴以离人恨重作结，显与自喻者不同，可证余谓较加复杂者非无所见。脂砚曾云，雪芹作书亦有传诗之意。今观雪芹分配与诸钗之诗词、绝句、律诗，平平者有之，较佳者有之，但均非上乘之作，惟两次大联句最见功力。至于文采风流则黛玉三篇歌行独占鳌头。《葬花吟》与《秋窗风雨夕》，余于前回批语已略加评论。今续观《桃花行》亦有所感，觉《秋窗风雨夕》以凄苦悲凉为主调，而《桃花行》不然，转觉涵悲感于风流婉转之中。两篇情调不犯重复，而《桃花行》更为难写。若再论笔法、章法，则《秋窗风雨夕》最为严密工整。而《桃花行》之前半精彩，入后稍伤松散，不殆风雨夕矣。

余每读《桃花行》便生一疑，人人尽知红属湘云，绿属黛玉，潇湘馆千竿翠竹，一片青绿之境，而《桃花行》全篇一力烘托渲染红色，与绿全不相干，此则何也，余愧不能解。再观中有“春酣欲醒移珊枕”之句，此全系湘云之情景，又与黛玉何涉，更觉难解。凡此种种，留与博雅方家开解此疑。

又，《夷坚志》载宋人侯元功有《临江仙》自嘲画像风筝云：未遇行藏谁肯信，如今方表名踪。无端良匠画形容，当风轻借力，一举入高空。才得吹嘘身渐稳，只疑远赴蟾宫。雨余时候夕阳红，几人平地上，看我碧霄中。今宝钗柳絮词之取意，与下文接写放风筝，意匠经营其思路关联，隐然可按。

第七十一回

嫌隙人有心生嫌隙　鸳鸯女无意遇鸳鸯

［蒙戚回前］叙贾母开寿筵，与宁府祭宗祀是一样手笔，俱为五凤裁诏体。

话说贾政回京之后，诸事完毕，赐假一月，在家歇息。因年景渐老，事重身衰，又近因在外几年，骨肉离异，今得晏然复聚于庭室，自觉喜幸不尽。一应大小事务一概付之于度外，只是看书，闷了便与清客们下棋吃酒，或日间在里面母子夫妻共叙天伦之乐。因今岁八月初二日乃贾母八旬之庆，又因亲友全来，恐筵宴排设不开，便早同贾赦与贾珍、贾琏等商议定了，于七月二十八日起，至八月初五日止，荣宁两府齐开筵宴。宁国府中单请官客，荣国府中单请堂客，大观园中收拾出缀锦阁并嘉荫堂等几处大地方来作退居。二十八日请皇亲、驸马、王公、诸公主、郡主、王妃、国君、太君、夫人等，二十九日便是阁下、都府、督镇及诰命等，三十日便是诸官长及诰命并远近亲友及堂客。初一日是贾赦的家宴，初二日是贾政，初三日是贾珍、贾琏，初四日是贾府中合族长幼大小共凑的家宴。初五日是赖大、林之孝等家下管事人等共凑一日。自七月上旬，送寿礼者便络绎不绝。礼部奉旨："钦赐金玉如意各一柄，彩缎四端，金玉环四个，帑银千两。"元春又命太监送出金寿星一尊，沉香拐一只，茄揃珠一串，福寿香一盒，金锭二对，银锭四对，彩缎十二匹，玉杯四只。余者自亲王、驸马以及大小文武官员之家，凡素有往来者，莫不有礼，不能胜记。堂屋内设下大桌案，铺了红毡，将凡所有精细之物都摆上，请贾母过目。贾母先一二日还高兴过来瞧瞧。后来烦了，也不过目，只说："叫凤丫头收了，改日闲了再瞧。"

至二十八日，两府中俱悬灯结彩，屏开鸾凤，褥设芙蓉，笙箫鼓乐之音通衢越巷。宁府中本日只有北静王、南安郡王、永昌驸马、乐善郡王，并几个世交公侯应袭。荣府中，南安王太妃、北静王妃并几位世交的公侯诰命。［周按］诰命本意是皇帝封官赐爵的正式文件，其形式为一个卷轴。清代官制男人封为某职某官，其妻亦封为相应级别的称号，如夫人、恭人、宜人等。《石头记》中之诰命为泛称，特指赐予有封号的王公以下高级官员之妻者。贾母等皆是按品大妆迎接。大家厮见，先请入大观园内嘉荫堂，茶毕更衣，方出至荣庆堂上拜寿入席。大家谦逊半日，方才入席。上面两席是南北王妃，下面依次便是众公侯诰命。在左边下首一席陪家是锦乡侯诰命与临昌伯诰命，右边下手一席方是贾母主位。邢夫人、王夫人带领尤氏、凤姐并族中几个媳妇，两溜雁翅站在贾母身后侍立。林之孝、赖大家的带领众媳妇都在竹帘外面伺候上菜上酒，周瑞家的带领几个丫嬛在围屏后伺候呼唤。凡跟来的人，早又有人管待别处去了。一时台上参了场，台下一色十二个未留发的小厮伺候。须臾，一个小厮捧了戏单至阶下，先递与回事的媳妇。这媳妇接了，才递与林之孝家的，用一小茶盘托上，挨身入帘内来，递与尤氏的侍妾配凤，［周按］他处有写作"佩凤"者，实为一人，若从文意上看应为配凤。本书人名两歧者非此一人，暂不统一，存疑待定。配凤接了，才捧与尤氏。尤氏托着，走至上席，南安太妃谦让了一回，点了一出吉庆戏文，然后又谦让了一回，北静王妃也点了一出。众人又让了一回，才罢了。少时，菜已四献，汤始一道，跟来的人拿出赏来，各家放了赏，大家便更衣复入园来，另献好茶。南安太妃因问宝玉，贾母笑道："今日几处庙里念'保安延寿经'，他跪经去了。"又问众小姐们，贾母笑道："他们姊妹们病的病，弱的弱，见人腼腆，所以叫他们给我看屋子去了。有的是小戏子，传了一班在那边厅上，陪着他姨娘家的姊妹们也看戏呢！”南安太妃笑道：“既这样，叫人请来。”贾母回头命凤姐去把史、薛、林带来，再只叫你三妹妹陪着来罢。［周按］按：史、薛、林三人名次如此排列以前未见。今在贾母口中首次道出，值得玩味。至于贾氏姊妹中特选探春一人陪同，又有深意。暗伏以后探春远嫁之事，非闲笔也。凤姐答应了，来至贾母这边，只见他姊妹们正吃果子看戏呢，宝玉也才从庙里跪经回来。凤姐说了话，宝钗姊妹与黛玉、探春、湘云五人来至园中，大家见了，不过请安、问好、让坐等事。众人中也有见过的，还有一两家不曾见过的，都齐声夸赞不绝。［周按］蒙戚苏本有“人非草木，见此数人焉得不垂涎称妙”句，“垂涎”二字奇，不知与“空惹鱼龙涎”有无关联？其中湘云最熟，南安太妃因笑道：“你在这里，听我来了，也不出来，还等请去？我明儿和你叔叔算账！”因一手拉着探春，一手拉着宝钗，问几岁了，又连声夸赞。因又松了他两个，又拉着黛玉、宝琴，也着实细看，极夸一回。又笑道：“都是好的，不知叫我夸那一个的是。”早有人将备用礼物打点出五分来：金玉戒指各五个，腕香串五付。南安太妃笑道：“你姊妹们别笑话，留着赏丫头们罢。”五人忙拜谢过。北静王妃也有五样礼物，余者不必细说。吃了茶，园中略瞻了一瞻，贾母等因又让入席。南安太妃便告辞，说：“身上不快，今日若不来，实在使不得，因此恕我先告别了。”贾母等听说，也不便强留，大家又让了一回，送至园门，坐轿而去。接着北静王妃略坐一坐，也就告辞了。余者也有终席的，也有不终席的。贾母劳乏了一日，次日便不会人，一应都是邢夫人、王夫人管待。有那些世家子弟拜寿的，只到厅上行礼，贾赦、贾政、贾珍等还礼管待至宁府坐席，不在话下。

这几日，尤氏晚间也不回那府去，白日间待客，晚间陪贾母顽笑，又帮着凤姐料理出入大小器皿以及收放赏礼事务，晚间在园内李氏房中歇宿。这日晚间，伏侍过贾母晚饭后，贾母因说：“你们也乏了，我也乏了，早些寻一点子吃的，歇歇去，明儿还要起早闹呢！”尤氏答应着退了出来，到凤姐房里来吃饭。凤姐在楼上看着人收送礼的围屏，只有平儿在房里与凤姐叠衣服。尤氏因问："你们奶奶吃了饭了没有？"平儿笑道："吃饭岂有不请奶奶去的。"尤氏笑道："既这样，我别处找吃的去，饿的我受不得了。"说着就走，平儿忙笑道："奶奶请回来，这里有点心，且点补一点儿，回来再吃饭。"尤氏笑道："你们忙的这样，我园子里和他姊妹们闹去。"一面说，一面就走。平儿留不住，只得罢了。且说尤氏一迳来至园中，只见园中正门与各处角门［庚双］伏下文。仍未关，犹吊着各色彩灯，因回头命小丫头叫该班的女人。那丫嬛走入班房中，竟没一个人影儿，回来回了尤氏，尤氏便命传管家的女人。这丫头应了出去，到二门外鹿顶内，乃是管事的女人议事取齐之所。到了这里，只有两个婆子分菜果呢。因问："那一位奶奶在这里？东府奶奶立等一位奶奶，有话吩咐。"这两个婆子只顾分菜，又听见是东府里的奶奶，不大在心上，因就回说："管家奶奶们才散了。"小丫头道："散了，你们家里传他去。"婆子道："我们只管看屋子，不管传人。姑娘要传人，再派传人的去。"小丫头听了道："嗳呀，嗳呀，这可反了，怎么你们不传去？你哄那新来的，怎么哄起我来了？素日你们不传，谁传？这会子打听了梯己信儿，或是赏了那位管家奶奶的东西，你们争着狗颠儿似的传去的，不知谁是谁呢！琏二奶奶要传，你们可也这么回？"这两个婆子一则吃了酒，二则被这丫头揭挑急了，便羞激怒了，因回口道："扯你的臊！我们的事，传不传，不与你相干，你未曾揭挑我们。你想想，你那老子娘在那边管家爷们跟前，比我们还更会溜呢！什么清水下杂面，你吃我也见的事，各家门，另家户，你有本事，排场你们那边人去！我们这边，你还早些呢！"丫头听了，气白了脸，因说道："好，好，这话说的好！"一面转身进来回话。

尤氏已早入园来，因遇见了袭人、宝琴、湘云三人同着地藏庵的两个姑子，正说故事顽笑。尤氏因说饿了，先到怡红院，袭人粧了几样荤素点心来与尤氏吃。两个姑子、宝琴、湘云都吃茶，仍说故事。［周按］据此知以袭人作岫烟实非是。那小丫头子一迳找了来，气狠狠的把方才的话都说了出来。尤氏听了，冷笑道："这是两个什么人？"两个姑子并宝琴、湘云等听了，生怕尤氏生气，忙劝说："没有的事，必是这一个听错了。"两个姑子笑推这丫头道："你这孩子好性气，那糊涂老妈妈们的话，你也不该来回才是。咱们奶奶万金之躯，劳乏了几日，黄汤辣水没吃，咱们哄他欢喜一会还不得一半儿，说这些话作什么？"袭人也忙笑拉出他去，说："好妹子，你且出去歇歇，我打发人叫他们去。"尤氏道："你不要叫人，你去就叫这两个婆子来，到那边把他们家的平儿叫来。"袭人笑道："我请去。"尤氏道："偏不要你去。"两个姑子忙立起身来，笑说："奶奶素日宽洪大量，今日老祖宗千秋，奶奶生气，岂不惹人议论？"宝琴、湘云二人也都笑劝。尤氏道："不为老太太的千秋，我断不依！且放着就是了！"说话之间，袭人早又遣了一个丫头去到园门外找人。可巧遇见周瑞家的，这小丫头子就把这话告诉周瑞家的。周瑞家的虽不管事，因他素日仗着是王夫人的陪房，原有些体面，心性乖滑，专管各处献勤讨好，所以各房主人都喜欢他。他今日听了这话，忙的跑入怡红院来，一面飞走，一面口内说："气坏了奶奶了，可了不得！我们家里如今惯的太不堪了！偏生我不在跟前，且打他们几个耳刮子，再等过了这几日算账。"尤氏见了他，也便笑道："周姐姐，你来，有个理你说说。这早晚园门还大开着，明灯蜡烛，出入的人又杂，倘有不防的事，如何使得？因此叫该班的人吹灯关门，谁知一个人牙也没有。"周瑞家的道："这还了得！前儿二奶奶还吩咐了他们说，这几日事多人杂，一晚就关门吹灯，不是园里的人，不许放进去。今儿就没了人。这事过了这几日，必要打几个才好。”尤氏又说小丫头子的话，周瑞家的道：“奶奶不要生气，等过了事，我告诉管事的，打他个臭死，只问他们谁叫他们说这各家门各家户的话。我已经叫他们吹了灯，关上正门和角门子。”

正乱着，只见凤姐打发人来请尤氏吃饭。尤氏道：“我也不饿了，才吃了几个饽饽，请你奶奶自吃罢。”一时，周瑞家的得便出去，便把方才的事回了凤姐，又说：“这两个婆子就是管家奶奶，时常我们和他说话，都是狠虫一般。奶奶若不戒饬，大奶奶脸上过不去。”凤姐道：“既这么着，记上两人的名字，等过了这几日，捆了送到那府里，凭大嫂子开发，或是打几下子，或是他开恩饶了他们，随他去就是了，什么大事！”周瑞家的听了，巴不得一声儿，素日因与这几个人不睦，出来便命一个小厮到林之孝家传凤姐的话，立刻叫林之孝家的进来见大奶奶。一面又传人立刻捆起这两个婆子来，交到马圈里，派人看守。林之孝家的不知有什么事，此时已经点灯，忙坐车进来先见凤姐。至二门上传进话去，丫头们出来说：“奶奶才歇下了，大奶奶在园里，叫大娘见见大奶奶就是了。”林之孝家的只得进园来到稻香村，丫嬛们回进去，尤氏听了，反过不去，忙唤进他来，因笑向他道：“我不过为找人找不着，因问你，你既去了，也不是什么大事，谁又把你叫进来？到要你白跑一遭。不大的事，已经撒开手了。”林之孝家的也笑道：“二奶奶打发人传我，说奶奶有话吩咐。”尤氏笑道：“这是那里的话，只当你没去，白问你。这是谁又多事，告诉了凤丫头，大约周姐姐说的。你家去歇着罢，没有什么大事。”李纨又要说原故，尤氏反拦住了。林之孝家的见如此，只得便回身出园去。可巧遇见赵姨娘，［周按］至此偏偏遇见赵姨娘迎头出现，便非好兆。以下百种纠葛皆由此人引发。姨娘因笑道："嗳哟哟，我的嫂子！这会子还不家去歇歇，还跑些什么？"林之孝家的便笑说："何曾不家去的！"如此这般进来了。又是个齐头故事。赵姨娘原是好察听这些的，且素日又与管事的女人们搬厚，互相连络，好作首尾，方才之事，已经闻得八九。听林之孝家的如此说，便恁般如此告诉了林之孝家的一遍，林之孝家的听了笑道："原来如此，也值一个屁！开恩呢，就不理论，心窄些儿，也不过打几下子就完了。"［周按］以上恰是大管家语。赵姨娘道："我的嫂子，事虽不大，可见他们太张狂了些，爬爬的传进你来，明明的戏弄你，顽耍你。快歇歇去，明儿还有事呢，也不留你吃茶了。"

说毕，林之孝家的出来，到了侧门前，就有方才两个婆子的女儿上来哭着求情。林之孝家的笑道："你这孩子好糊涂！谁叫你娘吃酒混说了，惹出事来，连我也不知道。二奶奶打发人传我，连我还有不是呢！我替谁讨情去？"这两个小丫头子才七八岁，原不识事，只管哭啼求告，缠的林之孝家的没法，因说道："糊涂东西！你放着门路不去，却缠我来！你姐姐现给了那边大太太的陪房费大娘的儿子，你走过去告诉你姐姐，叫亲家娘和太太一说，什么完不了的！"一语提醒了这一个，那一个还求。林之孝家的啐道："糊涂攮的！他过去一说，自然都完了。没有个单放了他妈，又只打你妈的理。"说毕，上车去了。这一个小丫头果然过来告诉了他姐姐，和费婆子说了。

这费婆子原是邢夫人的陪房，起先也曾兴过时，只因贾母近来不大作兴邢夫人，所以连这边的人也减了威势。凡贾政这边有些体面的人，那边各各皆虎视眈眈。这费婆子常依老卖老，仗着邢夫人，常吃些酒，嘴里胡骂乱怨的出气。如今贾母庆寿这样大事，干看着人家逞才卖技办事，呼么喝六弄手脚，心中早已不自在，指鸡骂狗，闲言闲语的乱闹。这边的人也不和他较量。如今听见周瑞家的捆了他亲家，越发火上浇油，仗着酒兴，指着隔断的墙，［庚双］细致之甚。大骂了一阵，便走上来求邢夫人，说他亲家并没什么不是，“不过和那府里的大奶奶的小丫头白斗了两句话，周瑞家的便调唆了咱们二奶奶捆到马圈里，等过了这两日还要打呢！求太太，我那亲家也是七八十岁的老婆子，和二奶奶说声，饶他这一次罢。”邢夫人自为要鸳鸯之后，讨了没意思，后来见贾母越发冷淡了他，凤姐的体面反胜自己。且前日南安太妃来了，要见他姊妹，贾母又只令探春出来，迎春竟似有如无，自己心内早已怨忿不乐，只是使不出来。又值这一干小人在侧，他们心内嫉妒挟怨之事不敢施展，便背地里造言生事，调拨主人。先不过是告那边的奴才，后来渐次告到凤姐，说凤姐只哄着老太太喜欢了，他好就中作威作福，辖治着琏二爷，调唆二太太，把这边的正紧太太到不放在心上。后来又告到王夫人说，老太太不喜欢太太，都是二太太和琏二奶奶调唆的。邢夫人总是铁心铜胆的人，妇人家终不免生些嫌隙之心，近日因此着实恶绝凤姐，今又听了如此一篇话，也不说长短。

至次日一早见过贾母，众族中人到齐，坐席开戏。贾母高兴，又见今日无远亲，都是自己族中子侄辈，只穿便衣出来堂上受礼。当中独设一榻，引枕、靠背、脚踏俱全，自己歪在榻上。榻之前后左右，皆是一色的小矮凳。宝钗、宝琴、黛玉、湘云、迎、探、惜姊妹等围绕。［周按］亲不间疏，秩序井然。因贾瑞之母带了女儿喜鸾，贾琼之母也带了女儿四姐儿，还有几房子女，大小共一二十个。贾母独见喜鸾和四姐儿生得又好，说话行事与众不同，心中喜欢，便命他两个也过来榻前同坐。宝玉却在榻上脚下与贾母捶腿。首席便是薛姨妈，下边两溜皆顺着房头辈数坐下去。帘外两廊，都是族中男客，也依次而坐。先是那女客一起一起行礼，后方是男客行礼。贾母歪在榻上，只命人说免了罢，早已都行完了。然后赖大等带领众家人从仪门直跪至大厅上。磕头礼毕，又是众家人媳妇，然后是各房的丫嬛，足闹了两三顿饭时。然后又抬了许多雀笼来，在当院子里放了生。贾赦等焚过天地寿星纸，方开戏饮酒。直到歇了中台，贾母方进来歇息，命他们取便，因命凤姐留下喜鸾、四姐儿顽两日再去。凤姐出来便和他母亲说。他两个的母亲素日都承凤姐的照顾，也巴不得一声儿。他两个也愿意在园内顽耍，至晚便不回家了。

邢夫人直至晚间散时，当着众人陪笑和凤姐求情说："我听见昨儿晚上二奶奶生气，打发周管家的娘子捆了两个老婆子，可也不知犯了什么罪？论理我不该讨情，我想老太太好日子，发狠的还舍钱舍米，周贫济老，咱们家先到折磨起老人家来了。不看我的脸，权且看老太太，竟放了他们罢。"说毕，上车去了。

凤姐听了这话，又当着许多人，又羞又气，一时抓寻不着头脑，鳖的脸紫涨起来，回头向赖大家的等笑道：〔庚双〕又写笑，妙！凡凤〔凤〕直〔真〕怒处必曰笑，凌凌不错。"这是那里的话！昨儿因为这里的人得罪了那府里的大嫂子，我怕大嫂子多心，所以尽让他发放，并不为得罪了我。这又是谁的耳报神这么快？"王夫人因问："为什么事？"凤姐笑将昨日的事说了。尤氏也笑道："连我并不知道，你原也太多事了。"凤姐道："我原为你脸上过不去，所以等你开发，不过是个理。就如我在你那里，有人得罪了我，你自然送了来，尽我开发。凭他是什么好奴才，到底错不过这个礼去。这又不知谁过去没的献勤儿，这也当作一件事情去说。"王夫人道："你太太说的是。就是珍哥媳妇，也不是外人，也不用这些虚礼。老太太的千秋要紧，放了他们为是。"说着回头，便命人去放了那两个婆子。

凤姐由不得越想越气越愧，不觉的灰心转悲，滚下泪来。因赌气回房哭泣，又不肯使人知觉。偏又贾母打发了琥珀来叫，立等说话。琥珀见了，咤意道："好好的这是什么原故？那里立等你呢！"凤姐听了，忙擦干了泪洗脸，另施了脂粉，方同琥珀过来。贾母因问道："前儿这些人家送礼来的，共有几家有围屏？"凤姐道："共有十六家有围屏，有十二架大的，四架小的炕屏。内中只有江南甄家［庚双］好，一提甄事。〇盖直〔真〕事欲显，假事将尽。一架大围屏十二扇，是大红缎子刻丝满床笏，［周按］江南甄家所送大炕屏之花样为大红缎子刻丝满床笏，直与元春省亲时所点戏第一出《豪宴》相为呼应。《豪宴》剧名下原注伏贾家之败，可知写贾母大寿极盛之刻即暗点祸败之根源也。按《豪宴》之祸源本是一捧雪玉杯，而今贾府之祸源又为何物？第七十二回言及上年老太太生日上，恰有外路来的和尚所孝敬之腊油冻佛手一件，则此佛手或与一捧雪相当乎。一面泥金百寿图的，是头等的。还有粤海将军邬家的一架玻璃的还罢了。"贾母道："既这样，这两样别动，好生放着，我要给人的。"凤姐答应了。鸳鸯忽过来向凤姐面上只管细瞧，引的贾母问说："你不认得他，只管瞧什么？"鸳鸯笑道："怎么他的眼睛肿肿的，所以我岔意。"贾母听说，便叫进前来，也觑着眼看。凤姐笑道："才觉的一阵痒，揉肿了些。"鸳鸯笑道："别又是受了谁的气了？"凤姐笑道："谁敢给我气受？便受了气，老太太好日子，我也不敢哭的。"贾母道："正是呢！我正要吃晚饭，你在这里打发我吃，剩下的你就和珍儿媳妇吃了。你两个在这里帮着两个师父替我拣佛豆儿，你们也积积寿。前儿你姊妹们和宝玉都拣了，如今也叫你们拣拣，别说我偏心。"说话时，先摆上一桌素的来，两个姑子吃了，然后摆上荤的，贾母吃毕，抬出外间。

尤氏、凤姐二人正吃着，贾母又叫把喜鸾、四姐儿二人也叫来，跟着他二人吃毕，洗了手，点上香，捧过一升豆子来。两个姑子先念了佛偈，然后方一个一个的拣在一个簸箩内，每拣一个，念一声佛。明日煮熟了，令人在十字街上结寿缘。贾母歪着，听两个姑子又说些佛家的因果善事。鸳鸯早已听见琥珀说凤姐哭之事，又和平儿前打听得原故，晚间人散时，便回说：“二奶奶还是哭的，那边大太太当着人给二奶奶没脸。”贾母问:“为什么原故？”鸳鸯便将原故说了，贾母道：“这才是凤丫头知礼处。难道为我的生日，由着奴才们把一家子的主子都得罪了也不管罢。这是大太太素日没好气，不敢发作，所以今儿拿着这个作法子，明是当着人给凤姐没脸罢了！”正说着，只见宝琴等进来，也就不说了。贾母因问:“你在那里来？”宝琴道：“在园里林姐姐屋里大家说话来。”贾母忽想起一事来，忙唤一个老婆子来，吩咐他到园里各处女人们跟前嘱咐嘱咐：“留下的喜姐儿和四姐儿虽然穷，也和家里的姑娘们是一样，大家照看经心些。我知道咱们家的男男女女都是一个富贵心，两只体面眼，未必把他两个放在眼里。有人小看了他们,我听见可不饶。”婆子答应了,方要走时，鸳鸯道：“我说去罢，他们那里听他的话。”说着，便一迳往园子来。先到了稻香村中，李纨与尤氏都不在这里。问丫嬛们，说：“都在三姑娘那里呢！”鸳鸯回身又来至晓翠堂,果见那园中人都在那里说笑。见他来了，都笑说：“你这会子又跑了来作什么？”又让他坐。鸳鸯笑道：“不许我也瞧瞧么？”于是把方才的话说了一遍。李纨忙起身听了，即刻就叫人把各处的头儿唤了来，令他们传与诸人知道，不在话下。

这里尤氏笑道：“老太太也太想的到，实在我们力壮的人，捆上十个也赶不上。”李纨道：“凤丫头仗着鬼聪明儿，还离脚踪儿不远，咱们是不能了。”鸳鸯道：“罢哟！还提凤丫头呢，他可怜见的，虽然这几年没有在老太太跟前有个错缝儿，暗里也不知得罪了多少人。总而言之，为人是难作的，若太老实了，没有个机变，公婆又嫌太老实了，家里人也不怕。若有些机变，未免又治一经，损一经。如今咱们家里更好，新出来的这些底下奴字号的奶奶们，一个个心满意足，都不知要怎么样才好，少有不得意，不是背地里咬舌根，就是挑三窝四。我怕老太太生气，一点儿也不肯说。不然我告诉出来，大家别过太平日子。这不是我当着三姑娘说，老太太偏疼宝玉，有人背地里怨言还罢了，算是偏心。如今老太太偏疼你，我听着也是不好。这可笑不可笑？”探春笑道：“糊涂人多，那里较量的这许多。我说，到不如小人家人少，虽然人少寒苦些，到是娘儿们欢天喜地，大家快乐。我们这样人家人多，外头看着我们，不知千金万金小姐何等快乐，殊不知我们这里说不出来的烦难，更利害！”宝玉道：“谁像三妹妹好多心多事！我常劝你，总别听那些俗话，想那些俗事，只管安富尊荣才是，比不得我们没这清福，该应浊闹的。”尤氏道：“谁都像你，真是一心无罣碍，只知道和姊妹们顽笑，饿了吃，困了睡。再过几年，不过还是这样，一点后事也不虑。”宝玉道：“我能彀和姊妹们过一日是一日，死了完了事，什么后事不后事！”李纨等都笑道：“这可又是胡说，就算你是个没出息的，终老在这里，难道他姊妹们都不出门的？”尤氏笑道：“怨不得人都说他是假长了一个胎子，究竟是个又傻又呆的。”宝玉道：“人事莫定，知道谁死谁活？倘或我在今日明日死了，也算是遂心一辈子。”众人不等说完，便说：“可是又疯了，别和他说话才好，若和他说话，不是呆话，就是疯话。”喜鸾因笑道：“二哥哥，你别这样说，等这里姐姐们果然都出了门，横竖老太太、太太也寂寞，我来和你作伴儿。”李纨、尤氏等都笑道：“姑娘也别说呆话，难道你是不出门的？这话哄谁！”说的喜鸾也低了头。当下已是起更时分，大家各自归房安歇，众人都且不提。

且说鸳鸯一迳回来，刚至园门前，只见角门虚掩，犹未上拴。此时园内无人来往，只有该班的房内灯光掩映，微月半天。［庚双］是月初旬，起更时也。鸳鸯又不曾有个作伴的，也不曾提灯笼，独自一个，脚步又轻，所以该班的人皆不理会。偏生又要小解，因下了甬路，巡微草处，行至一山石后大桂树阴下来。［周按］八月故点桂树。［庚双］是八月，随笔点景。刚转过石后，只听一阵衣衫响，吓了一惊不小。定睛一看，只见是两个人在那里，见他来了，便想往树丛石后藏躲。鸳鸯眼尖，趁月色，见准一个穿红裙子梳鬅头高大丰壮身材的，［庚双］是月下所（见）之像，故不写至容儿〔貌〕也。是迎春房里的司棋。鸳鸯只当他和别的女孩子也在此小解，见自己来了，故意藏躲恐吓着顽，［庚双］此见是女儿们常事，观书者白〔自〕亦为如此。［周按］此是批者为女儿自白。因便笑叫道："司棋，你不快出来！吓着我，我就喊起来，当贼拿了。这么大丫头，也没个黑家白日的，只管顽不彀。"这本是鸳鸯的戏语，叫他出来。谁知他贼人胆虚，［庚双］更奇。不知后为何事？只当鸳鸯已看见他的首尾了，生恐叫喊出来，使众人知觉，更不好了。且素日鸳鸯又和自己亲厚，不比别人，便从树后跑出来，一把拉住鸳鸯，便双膝跪下，只说："好姐姐，千万别嚷！"鸳鸯反不知因何，忙拉他起来，笑问道："这是怎么说？"司棋满脸紫胀，又流下泪来。鸳鸯再一回想，那一个人影恍惚像个小厮，心下便猜疑了八九，［庚双］是聪敏女儿，妙！自己反羞的面红耳赤，又怕起来。［庚双］是姣贵女儿，笔笔皆到。因定了一会，忙悄问："那一个是谁？"司棋复跪下，道："是我姑舅兄弟。"［庚双］妙！鸳鸯啐了一口，道："要死，要死！"［庚双］如见其面，如问〔闻〕其声。司棋又回头悄说道："你不用藏着，姐姐已看见了，快出来磕头。"那小厮听了，只得也从树后爬出来，磕头如捣蒜。鸳鸯忙要回身，司棋拉住苦求哭道："我们的性命都在姐姐身上，只求姐姐超生要紧？"鸳鸯道："你放心，我横竖不告诉一人就是了。"一语未了，只听角门上有人说道："金姑娘已出去了，上锁罢！"鸳鸯正被司棋拉住，不得脱身，听见如此说，便接声说道："我在这里有事，略住手，我出来了。"司棋只得松了手，让他去了。且听下回分解。

［蒙戚回后］叙一番灯火未息，门户未关。叙一番赵姨失体，费婆鳖气。叙一番林家托大，周家献勤。叙一番凤姐灰心，鸳鸯传信。非为本文渲染，全为下文引逗。良工苦心，可为惨淡经营。

司棋事后从鸳鸯误吓得来，是善周全处，方与鸳鸯前后行景不至矛盾，一何精细如此。

［回后评］本回又着重写及夜晚园门随意开启，守园者不尽职守之积弊令人吃惊。而尤氏、凤姐等之处境虽有主子掌家之权威，亦只能束手无策，空叹奈何而已。凤姐之泪不因大事而洒，而流，却因两个守门婆子而落，又且不敢令人见其泪痕，是则其处境之难尤为令人悲感叹慨。

自古正人君子、英雄豪杰、明君良相、志士仁人或有过人之才，或有超群之力，纵能拔山超海，挥戈挽日，而往往受蛊纳谗于二三小人坏人。大者以至山河破碎国祸民殃，小者亦陷于家破人亡，妻离子散。而彼二三小人坏人者却立功受赏，名利兼优，居于不败之地，悲夫！

第七十二回
王熙凤恃强羞说病　来旺妇倚势霸成亲

［戚回前］此回似着意似不着意，似接续似不接续，在画师为浓淡相间，在墨客为骨肉停匀，在乐工为笙歌间作，在文坛为养局，为别调。前后文气，至此一歇。

且说鸳鸯出了角门，脸上犹红，心内突突的，真是意外之事。因想这事非常，若说出来，奸盗相连，关系人命，还保不住带累了傍人。横竖与自己无干，且藏在心内，不说与一人知道。回房复了贾母的命，大家安息。从此凡晚间便不大往园中来。因思园中尚有这样奇事，何况别处。因此连别处也不大轻走动了。

原来那司棋因从小儿和他姑表兄弟在一处顽笑起住时，小儿戏言，便都订下将来不娶不嫁。［周按］当时少男少女绝少相识或交往之机会，故所有仅能自幼而接触者，必以姑表、姨表兄妹或姊弟为习见而不为人所怪者。司棋与潘又安之例亦可说明宝玉与史、林之关系。虽雅俗不同，情事相类而可心领神会矣。近年大了，彼此又出落得品貌风流，时常司棋回家时，二人眉来眼去，旧情不忘，只不能入手，又彼此生怕父母不从，二人便设法彼此里外买嘱园内老婆子们留门看道。今日趁乱，方初次入港，虽未成双，却也海誓山盟私传表记，已有无限风情了。忽被鸳鸯惊散，那小厮早穿花度柳，从角门出去了。司棋一夜不曾睡着，又后悔不来。直至次日见了鸳鸯，自是脸上一红一白，百般过不去。心内怀着鬼胎，茶饭无心，起坐恍惚。挨了两日，竟不听见有动静，方略放下了心。这日晚间，忽有个婆子来悄悄告诉他道："你兄弟竟逃走了，三四天没归家。如今打发人四下里找他呢！"司棋听了，气个倒仰，因思道："总是闹了出来，也该死在一处。他自为是男人，先就走了，可见是个没情意的。”因此又添了一层气。次日便觉心内不快，百般支持不住，一头睡倒，恹恹的成了大病。

鸳鸯闻知那边无故走了一个小厮，园内司棋病重，要往外挪，心下料定是二人惧罪之故，生怕我说出来，方唬到这样。因此自己反过意不去，指着来望候司棋，支出人去，反自己立身发誓与司棋听，说："我要告诉一个人，立刻现死现报，你只管放心养病，别白遭遢了小命儿。”司棋一把拉住，哭道："我的姐姐，咱们从小儿耳鬓丝磨，你不曾拿我当外人待，我也不敢怠慢了你。如今我虽一着走错，［周按］偶因一着错，便为人上人。见第二回，可以合看。你果然不告诉一个人，你就是我的亲娘一样。从此后，我活一日，是你给我一日。我的病好之后，把你立个灵牌，我天天焚香礼拜，保佑你一生福寿双全。我若死了时，变驴变狗报答你。再俗语说，千里搭长棚，没有个不散的筵席。再过三二年，咱们都是要离这里的。俗语又说，浮萍尚有相逢的日，人岂全无见面时。倘或日后咱们遇见了，那时我又怎么报你的德行？”一面说，一面哭。［周按］司棋一席话倾心吐胆血泪俱下，可以撼人心泣鬼神。鸳鸯聆之，岂能不悲悯矢口而使其放心乎。这一夕话，反把鸳鸯说的心酸，也哭起来了。因点头道："正是这话，我又不是管事的人，何苦我坏你的声名，［周按］坏，败坏之意也。我白去献勤！况这事我自己也不便开口向人说。你只放心，从此养好了，可要安分守己，再不许胡行了。”司棋在枕边点头不绝。鸳鸯又安慰了他一番方出来。

因知贾琏不在家中，又因这两日见凤姐声色怠惰了些，不似往日一样，因顺路也来望候。因进入凤姐院中来，二门上的人见是他来，便立身待他进去。鸳鸯刚入堂屋中，只见平儿从里间出来，见了他来，便忙上来，悄声笑道："才吃了一口饭，歇了午觉，你且这屋里略坐坐。”鸳鸯听了，只得同平儿到东边房里来。小丫头倒了茶来，鸳鸯因悄问：

"你奶奶这两日是怎么了？我只看他懒懒的。"平儿见房内无人，便叹道："他这懒懒的，也不止一日了，这有一月之前，便是这样。又兼这几日忙乱了几天，又受了些闲气，从新又勾起来。这两日比先又添了些病，所以支持不住，便露出马脚来了。"鸳鸯忙道："既这样，怎么不请大夫治？"平儿叹道："我的姐姐，你还不知道他那脾气的，别说请大夫来吃药，我看不过，白问一声身上怎样，他就动了气，反说我咒他病了。饶这样，天天还是查三访四，自己再不看破些且养身子。"鸳鸯道："虽然如此，到底该请大夫瞧瞧是什么病，也都好放心。"平儿叹道："说起病来，据我看也不是什么小症候。"鸳鸯忙道："是什么病呢？"平儿往前又凑了一凑，向耳边说道："只从上月行了经之后，这一个月，竟沥沥拉拉没有止住。这可是大病不是大病？"鸳鸯听了，忙道："嗳哟！依你这话，可不成了血山崩了？"平儿啐了一口，又悄笑道："你女孩儿家，这是怎么说，你到会咒人呢！"鸳鸯见说，不禁红了脸，又悄笑道："究竟我也不知什么是崩不崩的，你到忘了不成，先我姐姐不是害这个病死了？我也不知是什么病，因无心中听见妈和亲家娘说，我还纳闷，后来也是听见妈细说原故，才明白了一二分。"平儿笑道："你知道，我也竟忘了。"二人正说着，只见小丫头进来向平儿道："方才朱大娘又来了，我们回了他奶奶才歇午觉，他往太太上头去了。"平儿听了点头。鸳鸯问："那一个朱大娘？"平儿道："就是那官媒婆那朱嫂子。因有什么孙大人家来和咱们求亲，所以他这两日天天弄个帖子来赖死。"

一语未了，小丫头子跑进来说："二爷进来了！"说话之间，贾琏已走至堂屋门，口内唤平儿，平儿答应着，才要出来，贾琏已找至这间房内来。至门口，忽见鸳鸯坐在炕上，便煞住脚，笑道："鸳鸯姐姐，今儿贵体踏贱地。"鸳鸯只坐着，

［周按］请看彼时八旗世家之规矩，鸳鸯虽为奴但身属老太太身边人，

见老太太之孙辈贾琏可以不论主奴之别而公然稳坐不动。贾琏则一口一个姐姐恭敬备至。今时之人阅书至此，或有不解之味者也。笑道："来请爷奶奶安，偏又不在家的不在家，睡觉的睡觉。"贾琏笑道："姐姐一年到头辛苦服侍老太太，我还没看你去，那里还敢劳动来看我们。正说巧的狠，我才要找姐姐去，因为穿着这袍子热，先换了袍子，再过去找姐姐。不想天可怜，省我走这一淌，［周按］此种笔法所谓得空便入，紧凑之至。姐姐先在这里等我了。"一面说一面在椅子上坐下。鸳鸯因问："又有什么说的？"贾琏未语先笑道："有一件事，我竟忘了，只怕姐姐还记得，上年老太太生日上，曾有一个外路来的和尚，孝敬了一个臈油冻的佛手，［周按］原本作臈，即今通行的腊。因老太太爱，就即刻拿过来摆着了。因前日老太太生日，我看古董账上还有这一笔，却不知此时这件东西着落何方。古董房的人也回过我多次，等我问准了，好注上一笔。所以我问姐姐，如今还是老太太摆着呢，还是交到谁手里去了呢？"鸳鸯听说，便道："老太太摆了几天，厌烦了，就给了你们奶奶。你这会子又问我来！我连日子还记得，还是我打发老王家的送来。你忘了，或是问问你们奶奶和平儿。"平儿正拿衣服，听见如此说，忙出来回说："交过来了，现在楼上放着呢！奶奶已经打发过人出去说过，给了这屋里了，他们发昏没记上，又来叨登这些没要紧的事。"贾琏笑道："既然给了你奶奶，我怎么不知道你们就昧下了？"平儿道："奶奶告诉二爷，二爷还要送人，奶奶不肯，好容易留下的。这会子自己忘了，到说我们昧下。那是什么好东西？什么没有的物儿！比那强十倍的东西也没昧下一遭，这会子爱他那不值钱的？"贾琏垂头含笑想了一想，拍手道："我如今竟糊涂了，丢三忘四，惹人抱怨，竟大不像先了。"鸳鸯笑道："也怨不得，事情又多，口舌又杂，你再喝上两杯酒，那里清楚的许多。"一面说，一面就起身要去。

贾琏忙也立身说道："好姐姐，再坐一坐，兄弟还有一事相求。"

说着便骂小丫头："怎么不潗好茶来！快拿干净盖碗，把昨儿进上的新茶潗一碗来。"说着，向鸳鸯道："这两日，因前日老太太的千秋，所有的几千两银子都使了。几处房租、地租通在九月才得，这会子竟接不上。明儿又要送南安府里的礼，又要预备娘娘的重阳节礼，还有几家的红白大事，至少还得三二千两银子用，一时难去支借。俗语说，求人不如求己，可怎样呢？说不得姐姐担个不是，暂且把老太太用不着的金银家伙，偷着运出一箱子来，暂押千数两银子，支腾过去。不上半月的光景，银子来了，我就赎了交还，断不能叫姐姐落不是。"鸳鸯听了，笑道："你到会变法儿，亏你怎么想来！"贾琏笑道："不是我扯谎，若论，除了姐姐，也还有人手里管的起千数两银子的，只是他们为人都不如你明白有胆气。我和他们一说，反吓住了他们。所以我宁撞金钟一下，不打破鼓三千。"一语未了，忽又贾母那边小丫头子忙忙走来找鸳鸯说：［周按］一个一语未了，小丫头将贾琏之巧言截住。"老太太找姐姐，这半日我们那里没找到，却在这里！"鸳鸯听说，忙的且去见贾母。

贾琏见他去了，回来瞧凤姐。谁知凤姐已醒了，听他和鸳鸯借当，自己不便答话，只淌在榻上。听见鸳鸯去了，贾琏进来，凤姐因问道："他可应了？"贾琏笑道："虽然未应准，却有几分成手，须得你晚上再和他一说，就十分成了。"凤姐笑道："我不管这事。倘或说准了，这会说的好听，有了钱的时节，你就丢在脖子后头了，谁和你打饥荒去！倘或老太太知道了，到把我这几年的脸都丢了。"贾琏笑道："好人，你若说定了，我谢你如何？"凤姐道："你说谢我什么？"贾琏道："你说要什么，就有什么。"平儿一傍笑道："奶奶到不要谢的。昨儿正说要作一件什么事，恰少一二百银子使，不如借了来，奶奶拿一二百银子，岂不两全其美？"凤姐笑道："幸亏提起我来，就是这样罢了。”贾琏笑道：“你们也太狠了！你们这会子别说一千两的当头，就是现银子要三五千两，只怕也难不倒。我不和你们借就罢了，这会子烦你说一句话，还要利钱，真真了不得！”凤姐听了，翻身起来说：“我有三千五万，不是赚的你的！如今里里外外，上上下下，背着我嚼说我的不少，就差你来说了，可知没家亲引不出外鬼来。我们王家可那里来的钱？都是你们贾家赚的，别叫我恶心了！你们看着你们石崇、邓通？［周按］石崇、邓通皆是古代最富之人，而石崇与书中贾府特有关联。如黛玉《题大观园诗》中即有“香融金谷酒”，亦是以石崇家金谷园为比。又如富察明义《题红楼梦诗》亦有“青娥红粉归何处，惭愧当年石季伦”之句。此等关系最为重要。把我王家的地缝子扫一扫，就彀你们过一辈子了。说出来的话，也不怕燥！现有对证，把太太和我的嫁妆细细看看，比一比你们的，那一样是配不上的？”贾琏笑道：“说句顽话就急了，这有什么这样的，你要使一二百银子值什么？多的没有，这还有。先拿进来，你使了再说，如何？”凤姐道：“我又不等着衔口垫背，忙了什么！”贾琏道：“何苦来，不犯着这么肝火盛。”凤姐听了，又自笑起来：“不是我着急，你说的话戳人的心。我因为想着后日是尤二姐的周年，我们好了一场，［杨］奇想，奇文。［周按］杨本入正文。虽不能别的，到底给他上个坟，烧张纸，也是姊妹一场。他虽没留下个男女，不要前人撒土迷了后人的眼。”一语到把贾琏说没了话，低头打算了半晌，方道：“难为你想着想的周全，我竟忘了。既是后日才用，明日得了这个，你随便使多少就是了。”［周按］贾琏之才智本已过人，而凤姐又过贾琏远甚。凤姐与贾琏虽为夫妻，但凤姐时常或用权术，或用感情等种种手段摆布之，通部书中观之用权术多于用感情。此处忽以尤二姐之事以动贾琏，貌似感情实则权术也。

一语未了，只见旺儿媳妇走进来。凤姐问道：“可成了没有？”旺儿媳妇道：“竟不中用。我说须得奶奶作主就成了。”贾琏便问：“又是什么事？”凤姐便道：“不是什么大事。旺儿有个小子，今年十七岁了，还没得女人，因要求太太房里的彩霞，不知太太怎么样，就没有计较得。前日太太见彩霞大了，二则又多病多灾的，因此开恩打发他出去了，给他老子娘随便自己拣女婿去罢。因此旺儿媳妇来求我。我想他两家也就算门当户对的，一说去，自然成的。谁知他这会子来了，说不中用。”贾琏道：“这是什么大事，比彩霞好的多着呢！”旺儿家的陪笑道：“爷虽如此说，连他家还看不起我们，别人越发看不起我们了。好容易相看准一个媳妇，我只说求爷奶奶的恩典，替我作成了。奶奶又说他必肯的，我就烦了人走过去试一试，谁知白讨了没趣。若论那孩子到好，据我素日合意儿试他，他心里没有甚说的，只是他老子娘两个老东西，太心高了些。”一语戳动了凤姐，凤姐因见贾琏在此，且不作一声，只看贾琏的光景。贾琏心中有事，那里把这点子事放在心上。待若不管，只是看着他是凤姐的陪房，且又素日出过力的，脸上过不去，因说道：“什么大事！只管咕咕唧唧的。你放心且去，我明儿作媒，打发两个有体面的，带着定礼，就说我的话。他十分不依，叫他来见我。”旺儿家的看着凤姐，凤姐便扭嘴儿，旺儿家的会意，忙爬下就给贾琏磕头谢恩。贾琏忙道：“你只给你姑娘磕头。我虽如此说了，到底也得你姑娘打发个人去，叫他女人上来，和他好说更好些。虽然他们必依，这事也不可太霸道了。”凤姐忙道：“连你还这样施恩操心呢，我反到袖手傍观不成？旺儿家的，你听见了，说了这事，你也忙忙的给我完了事来。说给你男人，外头所有的账，一概都赶今年年底下收了进来，少一个钱，我也不依。我的名声不好，再放一年，都要生吃了我呢！”旺儿媳妇笑道：“奶奶也太胆小了，谁敢议论奶奶。若收了时，公道说，我们还省些事，不大得罪人。”凤姐冷笑道：“我也是一场痴心白使了。我真个的还等钱作什么，不过为的是日用，出的多，进的少。这屋里有的没的，我合你姑爷一月的钱，再连上四个丫头的月钱，通共一二十两银子，还不勾三五天的使用呢。若不是我千凑万挪的，早不知过到什么破窑里去了。如今到落了一个放账破落户的名儿。［庚双］可知放账乃发所谓此家儿如耻恶之事也。既这样，我就收了回来。我比谁不会花钱？咱们已后就坐着花，到多早晚是多早晚。这不是样儿？前儿老太太生日，太太急了两个月，想不出法儿来，还是我提了一句，后楼上有没要紧的大铜锡家伙，四五箱子拿出去，弄了三百银子，才把太太遮羞礼儿搪过去了。我是你们知道的，那一个金自鸣钟卖了五百六十四两银子，没有半个月，大事小事没有十件，白填在里头！今儿外头也短住了，不知是谁的主意，搜寻上老太太了。明儿再过一年，各人搜寻到头面衣服，可就好了！”旺儿家的笑道：“那一位奶奶太太的头面衣服折变了，不勾过一辈子的？只是不肯罢了。”［庚双］间〔闲〕语补出近日诸事。凤姐道：“不是我说没了能奈的话，要像这样，我竟不能了。昨儿晚上，忽然作了一个梦，说来也可笑，［庚双］反说可笑，妙甚！若必以此梦为凶兆，则思返落套，非红楼之梦矣。梦见一个人，虽然面善，却又不知名姓，［庚双］是以前授方相之旧数十年后矣。找我。问他作什么，他说娘娘打发来要一百匹锦。我问他是那位娘娘？他说的又不是咱们家的娘娘，我就不肯给他，他就上来夺，正夺着，就醒了。”［庚双］妙！实家常触景间梦，必有之理，却是江淹才尽之兆也，可伤。［周按］请看此处忽以争夺锦匹之梦暗示元春在宫中之处境，奇甚！旺儿家的笑道：“这是奶奶的日间操心，常应候宫里的事。［庚双］淡淡抹去，妙！

一语未了，人回：“夏太府打发了一个小内监来说话。”贾琏听了，皱眉道：“又是什么话？一年他们也搬勾了。”凤姐道：“你藏起来，等我见他。若是小事罢了，若是大事，我自有话回他。”贾琏便躲入套间去。这里凤姐命人带进小太监来，让他椅子上坐了吃茶。因问何事，那小太监便说：“夏爷爷因今儿偶见一所房子，如今竟短二百两银子，打发我来问旧奶奶家里，有现成的银子暂借一二百，过几天就送过来。”［庚双］可谓蜜〔密〕处不用针。凤姐听了，笑道：“什么是送过来，有的是银子，只管先兑了去。改日等我们短了再借去也是一样。”小太监道：“夏爷爷还说了，上两回还有一千二百银子没送来，等今年年底下自然都一齐送过来。”凤姐笑道：“你夏爷好小气，这也值的提在心上？我说一句话，不怕他多心，若是这样还记清了还我们，不知还了多少了！只怕没有，若有，只管拿去。”因叫旺儿媳妇来：“出去不管那里先支二百银子来。”旺儿媳妇会意，说：“我才到别处支不动，才来和奶奶支的。”凤姐道：“你们只会里头来要钱，叫你们外头弄去就不能了。”说着叫平儿：“把我那个金项圈拿出去，暂且押四百银子。”平儿答应了，去了半日，果然拿了一个锦盒子来，里面两个锦袱包着。打开时，一个金累丝攒珠的，那珠子都有莲子大小，一个点翠嵌宝石的。两个都与宫中之物不离上下。［庚双］是太监眼中看，心中评。一时拿去，果然拿了四百两银子来。凤姐命与小太监打叠起一半，那一半命人与了旺儿媳妇，命他拿去办八月中秋节。［庚双］过下伏脉。那小太监便告辞，凤姐命人替他拿着银子，送出大门去了。这里贾琏出来笑道：“这一起外祟，何日是了？”凤姐笑道：“刚说着，就来了一股子。”贾琏道：“昨儿周太监来，张口一千两，［周按］千头万绪层层相逼，内忧外患皆不肯饶人。我略慢了些，他就不自在。将来得罪人之处不少，这会子再发个三二万银子财就好了。”一面说话，一面平儿服侍凤姐另洗了面，更衣，往贾母处去伺候晚饭。

这里贾琏出来，刚至外书房，忽见林之孝走来。贾琏因问何事，林之孝说道：“方才打听得雨村降了，［周按］又一桩大事，笔笔紧，笔笔伏。却不知因何事，只怕未必真。”贾琏道：“真不真，他那官儿也未必保的长。将来有事，只怕未必咱们脱得干净，宁可疏远着他们好。”林之孝道：“何尝不是，只是一时难以疏远。如今东府里大爷和他更好，老爷又喜欢他，时常来往，那一个不知。”贾琏道：“横竖不和他谋事，也不相干。你去再打听真了是为什么。”林之孝答应了，却不动身，坐在下面椅子上，且说些闲话。因又说起家道艰难，便趁势又说：“人口太重了，不如拣了，［周按］拣，原笔，即从家奴中拣出一部分放出去。回明老太太、老爷，把这些出过力的老人家，用不着的，开恩放几家出去。一则他们各有营运，二则家里一年也省些口粮月钱。再者，里头的姑娘也太多。俗语说，一时比不得一时，如今说不得先时的例了，少不得大家委屈些，该使八个的使六个，使四个的便使两个。若各房算起来，一年也可以省许多月米月钱。况且里头的女孩子们，一半都太大了，也该配人的配人，成了房，岂不又是一件好事，又滋生出些人来。”贾琏道：“我也这样想着，只是老爷才回家来，多少大事未回，那里议到这个上头。前儿官媒拿了个庚帖来求亲，太太还说老爷才来家，每日欢天喜地的说骨肉完聚，忽然就提起这事，恐老爷又伤心，所以且不叫提这事。”林之孝道：“这也是正礼，太太想的到。”贾琏道：“正是，提起这话，我想起一件事来，我们旺儿的小子要说太太房里的彩霞，他昨儿求我，我想什么大事，不管谁去说一声去。这会子谁去呢？你闲着，就打发个人去说一声，就说我的话。”林之孝听了，只答应着，半晌，笑道：“依我说，二爷竟别管这件事。旺儿的那小子，虽然年轻，在外头吃酒赌钱，无所不至。虽说都是奴才们，到的是一辈子的事。彩霞那孩子，这几年我虽没见，听得越发出条的好了，何苦来白遭塌他。”贾琏道：“他小子原会吃酒，不成人？”林之孝道：“岂止吃酒赌钱！在外头无所不为。我们看他是奶奶的人，也只见一半，不见一半罢了。”贾琏道：“我竟不知道这些事。既这样，那里还给他老婆，且给他一顿棍，锁起来，再问他老子娘。”林之孝笑道：“何必在这一时，那是错，也等他再生事，我们自然回爷处治。如今且恕他。”贾琏不语，一时林之孝出去。

凤姐晚间已命人唤了彩霞之母来说，那彩霞之母满心总不愿意，今见凤姐亲自合他说，何等体面，［庚双］今时人因图此现在体面，误了多少女儿。此正是回今时女儿一笑。便心不由意的满口应承出来。凤姐问贾琏："可说了没有？"贾琏因说道："我原要说的，打听他小儿子大不成人，故还不曾说。若果然不成人，且管教他两日，再给他老婆不迟。"凤姐听说，便说道："你听见谁说他不成人？"贾琏道："不过是家里的人，还有谁？"凤姐笑道："我们王家的人，连我还不中你们的意，何况奴才呢！我才已和他娘说了，他娘已经欢天喜地应了，难道又叫他来，不要了不成？"贾琏道："你既说了，又何必退？明儿说给他老子，好生管他就是了。"这里说话不提。

且说彩霞因前日出去，等父母择人，心中虽是与贾环有旧，尚未准。今日又见旺儿每每来求亲，早闻得旺儿之子酗酒赌博，而且容颜丑陋，心中越发懊恼。生恐旺儿仗凤姐之势，一时作成，终身为患，不免心中急燥。遂至晚间，悄命他妹子小霞［庚双］霞大小，奇奇怪怪之文，更觉有趣。进二门来找赵姨娘，问个端的。赵姨娘素日深与彩霞契合，爬不得与了贾环，方有个膀臂，不承望王夫人又放了出去，每日调唆贾环去讨。一则贾环羞口难开，二则贾环也不大甚在意，不过是个丫头，他去了，将来自然还有，［庚双］这是世人之情，亦是丈夫之情。迁延着不说，意思便丢开手。无奈赵姨娘又不舍，又见他妹子来问，是晚得空，便先求了贾政。［庚双］这是使想不到之文，却是大家必有之事。贾政因说道："且忙什么，等他们再念一二年书，再放人不迟。我已经看中了两个丫头，一个与宝玉，一个给环儿。只是年纪还小，又怕他们误了书，所以再等一二年。"［庚双］妙文，又写出贾老儿女之情。细思一部书，总不写贾老则不然文，若不如此写，则又非贾老。赵姨娘道："宝玉已有了二年了，老爷难道还不知道？"贾政听了，忙问道："是谁给的？"赵姨娘方欲说话，只听外面一声响，要知端的，下回分解。

［蒙回后］夏雨冬风，常不解其何自来，何自去。鸳鸯与司棋相哭，发誓，事已瓦释冰消，及平地风波一起，措手不及，亦不解何自来，何自去。

［回后评］书至七十二回已为八九之数。此回书文不长，而观其所叙，情事纷繁，笔墨紧张，与以往诸回全不相同，另是一番气氛。盖距贾府势败，家破人亡，三春去后诸芳尽之日不远矣。

［第六十四回至七十二回总评］自第六十四至七十二回为“八九”之大章法，笔墨突变，专写尤氏姊妹命运，然文字既不统一，又不完整，中缺第六十四、六十七两回，出于后补痕迹显然。是盖雪芹病其初稿本段过于冗长欲加删省，又因涉及“九”数章法结构之重新安排，以致在全稿中成为待定之残稿，至为可惜。是之间，特因二姐之故而写凤姐之罪过，此本为后文琏凤反目，休返金陵之结局作伏线，亦以见熙凤奇才而过于毒辣之性格悲剧，遂致读者误为雪芹本意只为力贬熙凤之恶，而又引致程高伪续诬造熙凤为破坏宝黛姻缘之罪魁。影响之深，错觉之巨，无以过此。是以此“八九”者实为现存八十回本内存疑最多之残稿。第六十四回似为真笔后补参半之稿，而第六十七回则全出后补之手。酌其实况，存录以资联贯，已难以汇校论，阅者鉴之。

第七十三回
痴丫头误拾绣春囊　懦小姐不问累金凤

［蒙回前］贾母一夕话，隐隐照起全文，便可一直叙去。接笔却置贼不论，转出赌钱。接笔又置赌钱不论，转出奸证。接笔又置奸证不论，转出讨情。一波未平，一波又起，势如怒蛇出穴，蜿蜒不就捕。

话说赵姨娘正和贾政说话，忽听外面一声响，不知何物。忙问时，原来是外间窗屉不曾扣好，塌了屈戌了，吊下来。赵姨娘骂了丫头两句，自己带领丫嬛上好，方进来打发贾政安歇了，不在话下。

却说怡红院中，宝玉才睡下了，丫嬛们正欲各散安歇，忽听有人击院门，老婆子开了门，见是赵姨娘房内的丫嬛名唤小鹊的。问他什么事，小鹊不答，直往房内来找宝玉。［庚双］奇。从未见此婢也。只见宝玉才睡下，晴雯等犹在床边坐着大家顽笑，见他来了，都问："什么事？这时候又跑了来作什么？"［庚双］又是补出前文矣，非只张〔此〕一回也。小鹊笑向宝玉道："我来告诉你一个信儿，方才我们奶奶这般如此，在老爷前说了，你仔细明儿老爷问你话。"说着回身就去了。袭人命留他吃茶，因怕关门，遂一直去了。这里宝玉听了这话，便如孙大圣听见了紧箍咒一般，登时四肢五内一齐皆不自在起来。想来想去，别无他策，只理熟了书，预备明儿盘考。只能书不舛错，便有他事，也不相干，也可搪塞一半。想罢，忙披衣起来要读书。心中自悔，这些日子只说不提了，偏又丢生了，早知该天天好歹温习些，如今打算打算，肚子内现有背诵的，不过《学》《庸》、两《论》，是带注背得出的。至上本《孟子》，是夹生的，若平空提一句，断不能接背的。下《孟》就有一大半不能了。

算起“五经”来，因近来作诗，常把《诗经》读些，虽不甚精阐，还可塞责。［庚双］妙！宝玉读书原系从闩中溢而有。别的虽不记得，素日贾政总未吩咐过读的，纵不知，也不妨。至于古文，这是那几年所读过的几篇，连《左传》《国策》《公羊》《谷梁》，汉、唐等文，不过几十篇，这些竟未温得半篇。虽闲时也曾遍阅，不过一时之兴，随看随忘，未曾下苦工夫，如何记得？这是断难塞责的。更有时文八股一道，因平素深恶此道原非圣贤之制撰，焉能阐发圣贤之微奥，不过是后人饵名钓禄之阶。虽贾政当日起身时选了百十篇命他读的，不过偶因见其中或一二股内，或承题之中，有作得或精致，或流荡，或游戏，或悲感，稍能动信立言，［周按］观此一段可知当日少年读书要求何等严格，负担何等沉重。《大学》《中庸》《论语》《孟子》即所谓四书，是基本课之基本，并须连注一同背诵，其他经传也在旁通博涉之列，此外还要通晓八股文章试帖诗律。是故自古即有“读书十载寒窗苦”之比喻，非夸言也。◎“动信立言”一句各钞本异文最多，今从蒙古王府本。拙见以为此处“信”与“立言”之“言”字有所关联。偶一读之，不过供一时之兴趣，究竟何曾成篇潜心玩索？［庚双］妙。写宝玉读书，非为功名也。如今若温习这个，又恐明日盘诘那个。若温习那个，又恐盘诘这个。一夜之功，亦不能全然温习。因此越添了焦躁。

自己读书不知紧要，却带累着一房丫头们皆不能睡。袭人、麝月、晴雯等几个大的自不用说，在傍剪烛斟茶，那些小的都困眼朦胧，前仰后合起来。晴雯因骂道：“什么蹄子们！一个个黑日白夜挺尸挺不勾，偶然一次睡迟了些，就粧出这腔调来了。再这样，我拿针戳你们两下子！”话犹未了，只听外间咕咚一声，急忙看时，原来是一个小丫头子坐着打盹，一头撞到壁上了。从梦中惊醒，恰正是晴雯说这话之时，他怔怔的，只当是晴雯打了他一下，遂哭央说：“好姐姐，我再不敢了！”众人都发起笑来，宝玉忙劝道：“饶他罢！原该叫他们都睡去才是。你们也该替换着睡去。”袭人忙道：“小祖宗，你只顾你的罢。通共这一夜的工夫，你把心暂且用在这书上，等过了这关，由你再张罗别的去，也不算误了什么。”宝玉听他说的恳切，只得又读。读了没有几句，麝月又斟了一杯茶来润舌，宝玉接茶吃了。因见麝月只穿着短袄，解了裙子，宝玉道：“夜静了，冷，到底穿一件大衣裳才是。”麝月笑指着书道：“你暂且把我们忘了，心且略对着他些罢！”〔庚双〕此处岂是读书之处，又岂是伴读之人？古今天下误尽多少纨袴，何况又是此等时之怡红院，此等之婢，又是此等一个宝玉哉？话犹未了，只听金星玻璃从后房门跑进来，口内喊说：“不好了，一个人从墙上跳下来了！”众人听说，忙问：“在那里？”即喝起人来，各处寻找。晴雯因见宝玉读书苦恼，劳费一夜神思，明日也未必妥当，心下正要替宝玉想出一个主意来脱此难。正好忽逢此惊怪，便出计向宝玉道：“趁这个机会快粧病，只说唬着了。”正中宝玉心怀，因而遂传起上夜看门人等来，打着灯笼各处搜寻，并无踪迹，都说：“小姑娘们想是睡花了眼出去，风摇的树枝儿错认作人。”晴雯说：“别放诌屁，你们查的不严，怕担不是，还拿这话来支吾。才刚并不是一个人见的，宝玉和我们出去有事，大家亲见的。如今宝玉唬的颜色都变了，满身发热，我如今还要上房里取安魂丸药去。太太问起来是要回明的，难道依你们说就罢了不成？”众人听了，唬的不敢则声，只得又各处去找。

晴雯和玻璃二人果出去要药，故意闹的众人皆知宝玉着了惊唬，病了。王夫人听了，忙命人来看视给药，又吩咐各上夜人仔细搜查，又一面叫查二门外邻园墙上夜的小厮们。于是园内灯笼火把，直闹了一夜。至五更天，就传管家众男女们，命仔细访查，一一考问内外上夜男女人等。贾母闻知宝玉被唬，细问原由，不敢再隐，只得回明。贾母道：“我必料到有此事。如今各处上夜的人都不小心，还是小事，只怕他们就是贼，也未可知。”当下邢夫人并尤氏等都过来请安，凤姐、李纨及姊妹等皆陪侍，听贾母如此说，都默无所答。

独探春出位笑道："近因凤姐姐身子不好几日，园内的人比先放肆了许多。先前不过是大家偷着一时半刻，或夜里坐更时，三四个人聚在一处，或掷骰，或斗牌，小小的顽儿，不过为熬困。近来渐次放诞，竟开了赌局，甚至有头家局主，或三十吊，五十吊，一百吊大输赢。半月前，竟有争斗相打之事。"贾母听了忙说："你既知道，为何不早回我们来？"探春道："我因想着太太事多，且连日不自在，凤姐姐又病着，所以无回。只告诉了大嫂子和管事的人们，戒饬过几次，近日好些。"贾母忙道："你姑娘家如何知道这里头的利害！你自为耍钱常事，不过怕起争端。殊不知夜间既耍钱，就保不住不吃酒，既吃酒，就免不得门户任意开锁。或买东西，寻张觅李，［周按］寻张觅李，觅是。其中夜静人稀，趁便藏贼引盗，何等事作不出来！况且园内你姊妹们起居所伴者，皆系丫头、媳妇们，贤愚混杂，盗贼事小，再有别事，倘略沾带了，关系不小，这事岂可轻恕！"探春听说，便默然归坐。凤姐虽未大愈，精神固比素常稍减，［庚双］看他渐次写来，从不作一年易安之笔，况阿凤〔凤〕之文哉？今见贾母如此说，便忙道："偏生我又病了。"遂回头命人速传林之孝家的等总理家事四个媳妇到来，当着贾母，申饬了一顿。贾母命即刻拿赌家来，有人出首者赏，隐情不告者治罪。

林之孝家的等见贾母动怒，谁敢徇私，忙至园中传齐人，一一盘问。虽不免大家赖一回，终不免水落石出。查得大头家三人，小头家八人，聚赌者通共二十多人，都带来见贾母，跪在院内磕响头求饶。贾母先问大头家名姓和钱之多少。原来这三个大头家，一个是林之孝两姨亲家，一个是园内厨房柳家媳妇之妹，一个就是迎春之乳母。这是三个为首的，余者不能多记。贾母便命将骰子牌一并烧毁，所有的钱入官，分散与众人。将为首者每人四十大板，撵出，总不许再入。从者每人二十大板，革去三月月钱，拨入圊厕行内。

又将林之孝家的申饬了一番。林之孝家的见他的亲戚与他打嘴，自己也觉没趣。迎春在坐，也觉没意思。黛玉、宝钗、探春等见迎春的乳母如此，也是物伤其类的意思，遂都起身笑向贾母讨情，说："这个妈妈素日原不顽的，不知怎么，也偶然高兴。求看二姐姐面上，饶他这次罢。"贾母道："你们不知，大约这些奶妈子们一个个仗着奶过哥儿、姐儿，原比别人有些体面，他们就生事，比别人更可恶，专管调唆主子，护短偏向。我都是经过的。况且要拿一个作法，恰好果然就遇见了一个。你们别管，我自有道理。"宝钗等听说，只得罢了。［周按］园门婆子聚赌失职，夜晚仍未严闭以致杂人可以乘机出入，日久即可演生奸盗之事。自尤氏首次查问，随即有鸳鸯遇司棋已是为之点破，表明奸盗之事果已发生，然后又以傻大姐误拾绣春囊为之证实。事分三段，文脉暗联，读者遂有豁然贯通之乐。

一时，贾母歇晌，大家散出，都知贾母今日生气，皆不敢各散回家，只得在此暂候。尤氏便往凤姐处来，闲话了一回，因他也不自在，只得园内寻众姊妹闲谈。邢夫人在王夫人处坐了一回，也就往园内散散心来。刚至园门前，只见贾母房内的小丫头子名唤傻大姐的，笑嘻嘻的走来。手内拿着个花红柳绿的东西，低头一壁瞧着，一壁只管走，不防迎头撞见邢夫人，抬头看见，方才站住。邢夫人因说："这痴丫头，又得了个什么狗不识儿，这么欢喜？拿来我瞧瞧。"原来这傻大姐年方十四五岁，是新挑上来的与贾母这边提水桶，扫院子，专作粗活的一个丫头。只因他生得体肥面阔，两只大脚，作粗活简捷爽利，且心性愚顽，一无知识，行事出言，常在规矩之外。贾母因喜欢他爽利便捷，又喜他出言可以发笑，便起名为呆大姐，常闷来便引他取笑，一毫无避忌，因此又叫他作痴丫头。他总有失理之处，见贾母喜欢，他们依然不去责备。这丫头也得了这个力，贾母不唤他时，便入园内来顽耍。今日正在园内掏促织，忽在山石背后得了一个五彩绣香囊，其华丽精致，固是可爱，但上面绣的并非花鸟等物，一面却是两个人，赤条条的盘踞相抱，一面是几个字。这痴丫头原不认得是春意，便心下盘算："敢是两个妖精打架？〔周按〕妖精打架一语趣甚亦奇甚。即此可见雪芹秉性诙谐，触境生春，非常人所可及。不然，必是两口子相打。"左右猜解不来，正要拿去与贾母看，〔庚双〕险极，妙极！荣富〔府〕堂堂诗礼之家，且大观官园又何等严肃清幽之地，金闺玉阁尚有此等秽妙，天下浅闲浦募之家宁不慎乎？虽然，但此等偏出大官世族之中者，盖因其房宝〔室〕香宵，嬛婢混杀〔杂〕，鸟〔乌〕保其个个守礼特即〔持节〕哉？此正为大官世族而告戒〔诫〕。其浅闲浦募之处，母如主婢日夕耳髩交磨，一止一动悉在耳目之中，又何必谆谆再四焉？是以笑嘻嘻的一壁看，一壁走。忽见邢夫人如此说，便笑道："太太真个说的巧，真是个狗不识呢！〔庚双〕妙，寓言也。大凡知此交媾之情者，真狗畜之说耳。飞肆〔非斯〕言恶詈，几〔凡〕识此事者即狗矣。然则云与贾母看，则先骂贾母矣。此处刑〔邢〕夫人亦看，然则又骂刑〔邢〕夫人乎？故作者又难。太太请瞧一瞧。"说着，便送过去。邢夫人接来一看，吓的连忙死紧攥住，〔庚双〕妙，这一吓字方是写世家夫人之笔。虽前文明书邢夫人之为人稍劣，然不在情理之中，若不用慎重之笔，则刑〔邢〕夫人直系一小家卑污极轻贼〔贱〕极轻之人已，已〔岂〕得与荣府联房哉？所谓此书针锦〔绵〕慎密处，全在无意中、一字一句之间耳，看者细心方得。忙问："你是那里得的？"傻大姐道："我掏促织，在山石上拣的。"邢夫人道："快休告诉一人，这不是好东西！连你也要打死！皆因你素日是傻子，已后再别提起了。"这傻大姐听了，反吓的黄了脸说："再不敢了！"磕了个头，呆呆而去。

邢夫人回头看时，都是些女孩儿，不便递与，自己便擦在袖内，心内十分罕异，揣摩此物从何而至，且不形于声色，且来至迎春室中。迎春正因他乳母获罪，自觉无趣，心中不自在。忽报母亲来了，遂接入内室。奉茶毕，邢夫人因说道："你这么大了，你那奶妈子行此事，你也不说说他。如今别人都好好的，偏咱们的人做出这事来，什么意思！"〔庚双〕咱们二字便见自怀异心，从上文生离异发沥〔源〕而来，谨密之至。更有人〔甚〕于此者，君未知也，一笑。迎春低首弄衣带，半晌答道："我说他两次，他不听也无法。况且他是妈妈，只有他说我的，没有我说他的。"〔庚双〕妙极，一直画出一个懦弱小姐来。邢夫人道："胡说！你不好了，他原该说。如今他犯了法，你就该拿出小姐的身分来，他敢不从，你就回我去才是。如今直等外人共知，是什么意思！〔庚双〕我敬问外人为谁。再者，只他去放头儿，还恐怕他巧言花语的借贷些簪环、衣服作本钱。你这心活面软，未必不周济他些。若被他骗去，我是一个钱没有的，看你明日怎么过节。”迎春不语，只低头弄衣带。［周按］请看作者于迎春，写其性情两次用弄衣带之语，神情宛肖，在全部书中也是仅见之例。邢夫人见他这般，因冷笑道：“总是你那好哥哥、好嫂子，一对儿赫赫扬扬，琏二爷、凤奶奶，两口子遮天盖日，百事周到，竟通共这一个妹子，全不在意。［庚双］加在于琏、凤的是父母常情，极是。何必有如此说来，便见又有私意。但凡是我身上吊下来的，又有一话说，只好凭他们罢了。［庚双］如何？此皆妇女私假之意，大不可者。况且你又不是我养的，［庚双］更不好。你虽不是同他一娘所生，到底是同出一父，也该彼此瞻顾些，也免别人笑话。［庚双］又问别人为谁，又问彼二人虽不同母，终是同父，被〔彼〕二人既同父，其父又系君之何人？吁，妇人私心今古有之。我想，天下的事也难较定，你是大老爷跟前人养的，这里探丫头也是二老爷跟前人养的，［周按］邢夫人一席话确证迎春乃赦老爷姨娘所生，如此，则第二回冷子兴演说荣国府时谓迎春乃赦老爷前妻所生，此或冷子兴于言谈中顺口泛词，而以此处邢夫人之言为实。出身一样。如今你娘死了，从前看来，你两个的娘，比如今赵姨娘强十倍的，你该比探丫头强才是，怎么你反不及他一半？谁知竟不然，这可不是异事？到是我一生无儿无女的，一生干净，也不能惹人笑话议论为高。”［庚双］最可恨妇人无字〔子〕者引此话是说。傍边伺候的媳妇们便趁机道：“我们的姑娘老实仁德，那里像他们三姑娘伶牙俐齿，会要姊妹们的强。他明知姐姐这样，他竟不顾恤一点儿。”［庚双］杀，杀，杀！此辈尚生离异，余因实受其蛊。今读此文，直欲拔剑劈纸，又不知作者多少眼泪洒出此回也。又问不知如何顾恤些，又不知有何可顾恤之处，直令人不解。愚奴贱婢之言，酷肖之至！邢夫人道：“连他哥哥、嫂子尚且如是，别人又作什么呢？”

一言未了，人回：“琏二奶奶来了！”邢夫人听了，冷笑两声，命人出去说：“请他自去养病，我这里不用他伺候。”接着，又有探事的小丫头来报说：“老太太醒了。”邢夫人方起身前边来。迎春送至院外方回。绣橘因说道：“如何？前儿我回姑娘，那一个攒珠累金凤竟不知那里去了。回了姑娘，姑娘竟不问一声儿。我说必是老奶奶拿去，典了银子放头儿的。姑娘不信，只说司棋收着呢，叫问司棋。

司棋虽病着，心里却明白，我去问他，他说，‘没有收起来，还在书架上匣内放着，预备八月十五恐怕要带呢！’姑娘就该问老奶奶一声，只是脸软，怕人恼。如今正无着落，明儿要都带时，独咱们不带，是何意思呢？”［庚双］这个咱们使得，恰是女儿喁喁私语，非前问之一倒〔例〕可比者。写得出，批得出。迎春道：“何用问，自然是他拿去暂借一肩儿。我只说他悄悄的拿了出去，不过一日半晌，仍旧悄悄的送来就完了。谁知他就忘了。今日偏又闹出来，问他想也无益。”绣橘道：“何曾是忘记！他是试准了姑娘的性格，所以才这样。如今我有个主意，我竟到二奶奶房里，将此事回了他，或他着人去要，或他省事，拿出几个钱来替他赔补，如何？”［庚双］写女儿各有机变，个个不同。迎春忙道：“罢！罢！省些事罢！宁可没了，又何必生事！”［庚双］总是懦语。绣橘道：“姑娘这样软弱。都要省起事来，将来连姑娘还要骗了去呢！［周按］果然迎春二小姐竟被大同之中山狼名唤孙绍祖者骗了去。我竟去的是。”说着便走，迎春便不言语，只好由他。谁知迎春乳母之媳王住儿媳妇正因他婆婆得了罪，来求迎春去讨情，听他们正说金凤一事，且不进去。也因素日迎春懦弱，他们都不放在心上。如今见绣橘立意去回凤姐，估量着这事脱不去的，且又有求迎春之事，只得进来，陪笑先向绣橘说：“姑娘你别去生事，姑娘的金丝凤原是我们老奶奶糊涂了，输了几个钱，没的捞稍，所以暂借了去。原说一日半晌就赎的，因总未捞过本来，就迟误了。可巧今儿又不知是谁走了风声，弄出事来。虽然这样，到底主子的东西，我们不敢迟误下，终久是要赎的。如今还要求姑娘看从小儿吃奶的情分，［周按］吃奶是奶娘之恩，此恩常挂嘴边，遇事则以“吃了我的奶”为要挟之词，观前文李奶娘之于宝玉即可分明矣。往老太太那边去讨个情面，救出他老人家来才好。”迎春先便说道：“嫂子，你趁早儿打了这妄想，要等我去说情，等到明年也不中用的。方才连宝姐姐、林妹妹大伙儿说情老太太还不依，何况是我一个人？我自己愧还愧不过来，反去讨燥去？”绣橘便说：

"赎金凤是一件，说情是一件，别绞在一处说。难道姑娘不去说情，你就不赔了不成？嫂子且取了金凤来再说。"王住儿家的听迎春如此拒绝他，绣橘的话又锋利，无可回答，一时脸上过不去，也明欺迎春素日好性，乃向绣橘发话道："姑娘，你别太仗势了！你满家子算一算，谁的妈妈、奶奶不仗着主子哥儿、姐儿多得些意，偏咱们就这样丁是丁，卯是卯的，只许你们偷偷摸摸的哄骗了去。自从邢姑娘来了，太太吩咐一个月俭省出一两银子来与舅太太去，这里饶添了邢姑娘的使费，反少了一两银子，常时短了这个，少了那个，那不是我们供给，谁又要去？不过大家将就些罢了。算到今日，少说些也有三十两了。我们这一项钱，岂不白填了限呢！"绣橘不待说完，便啐了一口，道："做什么你白填了三十两，我且和你算算账，姑娘要了些什么东西？"迎春听见这媳妇发邢夫人之私意，［庚双］大书此句诛心之笔。忙止道："罢罢！你不能拿了金凤来，不必牵三扯四乱嚷。我也不要那凤了。便是太太们问时，我只说丢了，也妨碍不着你什么，你出去歇息歇息到好。"一面叫绣橘倒茶来。绣橘又气又急，因说道："姑娘虽不怕，我们是作什么的？把姑娘的东西丢了，他到赖姑娘使了他的钱，如今竟要准折起来。［周按］准折，今折合补偿之意。倘若太太问姑娘为什么使了这些钱，敢是我们就中取势了？这还了得！"一行说，一行就哭了。司棋听不过，只得勉强过来総着绣橘问着那媳妇。迎春劝止不住，自拿了一本《太上感应篇》去看。［庚双］神妙之其〔甚〕，出一位懦弱小姐。从之上挑，且书又有哥〔奇〕，大妙。

三人正没开交，可巧宝钗、黛玉、宝琴、探春等因恐迎春今日不自在，都约来安慰他。走至院中，听得两三个人较口。探春从纱窗内一看，只见迎春倚在床上看书，若有不闻之状。［庚双］看他写迎春虽稍劣，然亦大家千金之格也。探春也笑了。小丫嬛们忙打起帘子报道："姑娘们来了！"迎春方放下书起身。那媳妇见有人来，且又有探春在内，不劝而自止了，遂趁便要走。探春坐下，便问："才刚谁在这里说话？到像拌嘴似的。"［庚双］瞧他写探春气宇。迎春笑道："没有说什么，左不过是他们小题大作罢了，何必问他。"探春笑道："我才听见什么金凤，又是什么没有钱只合我们奴才要，谁和奴才要钱了？难道姐姐和奴才要钱了不成？难道姐姐不是和我们一样有月钱的，一样的用度不成？"司棋、绣橘道："姑娘说的是了，姑娘们都是一样的，那一位姑娘的钱不是由着奶奶、妈妈们使，连我们也不知道怎样是算账，不过是要东西只说得一声儿。如今他偏要说姑娘使过了头儿，他赔出许多来。究竟姑娘何曾和他要什么了？"探春笑道："姐姐既没有和他要，必定是我们或者和他们要了不成？你叫他进来，我到要问问他。"迎春笑道："这话又可笑，你们又无沾碍，何得代累于你们？"探春道："这到不然。我和姐姐一样，姐姐的事，合我的事也一般，他说姐姐即是说我。我那边的人有怨我的，姐姐听见也即同怨姐姐是一理。咱们是主子，自然不理论那些钱财小事，只知想起什么要什么，也是有的事。但不知金累丝凤因何又夹在里头？"那王住媳妇生恐绣橘等告出他来，遂忙进来用话掩饰。探春深知其意，因笑道："你们所以糊涂，如今你奶奶已得了不是，趁此求求二奶奶，把方才的钱尚未散人的拿出些来，赎了就完了。比不得没闹出来，大家都藏着留脸面。如今既是没了脸，趁此时总有十个罪，也只一人受罚，没有砍两个头的理。你依我，竟是和二奶奶说去。在这里大声小气，如何使得！"这媳妇被探春说出真病，也无可赖了，只不敢往凤姐处自首。探春笑道："我不听见便罢，既听见，少不得替你们分解分解。"谁知探春早使个眼色与待书，待书出去了。

这里正说话，忽见平儿进来。宝琴拍手笑说道："三姐姐敢是有驱神召将的符术？"黛玉笑道："这到不是道家玄术，到是用兵最精的，所谓守如处女，脱如狡兔，［周按］观此所引《孙子兵法》，可悟作者雪芹所评于宝玉每日读书不喜正经而喜杂览，所谓“杂学旁收”者是也。今又用于颦卿，实皆夫子自道也。出其不备之妙策也。”二人取笑，宝钗使眼色与二人，令其不可，遂以别话岔开。探春见平儿来了，遂问：“你奶奶可好些了？真是病糊涂了，事事都不在心上，叫我们受这样的委曲。”平儿忙道：“姑娘怎么委曲？谁敢给姑娘气受？姑娘快吩咐我。”当时，住儿媳妇方慌了手脚，遂上来赶着平儿叫：“姑娘你坐下，让我说原故请听。”平儿正色道：“姑娘这里说话，也有你我混插口的理。但凡知礼，只该在外头伺候。不叫你，进不来的，几时有外头的媳妇子们无故到姑娘们房里来的例？”绣橘道：“你不知我们这屋里是没礼的，谁爱来就来。”平儿道：“都是你们的不是。姑娘好性儿，你们就该打出去，然后再回太太去才是。”住儿媳妇见平儿出了言，红了脸，方退出去。探春接着道：“我且告诉你，若是别人得罪了我到还罢了。如今这住儿媳妇和他婆婆，仗着是妈妈，又瞅着二姐姐好性儿，如此这般私自拿了首饰去赌钱，而且还捏造假账折算，威逼着还要去讨情，和这两个丫头在卧房里大嚷大叫，二姐姐竟不能辖治！所以我看不过，才请你来问一声：还是他原是天外的人，不知道理，还是有谁主使他如此，先把二姐姐制伏，然后就制我并四姑娘了。”平儿忙陪笑道：“姑娘怎么今日说这话出来，我们奶奶如何当得起！”探春冷笑道：“俗语说的，物伤其类，齿竭唇亡，我自然有些惊心。”平儿问迎春道：“若论此事，还不是大事，极好处治。但他现是姑娘的奶嫂，据姑娘怎么样为是？”当下迎春只合宝钗阅《感应篇》故事，究竟连探春之语亦不曾闻得，忽见平儿如此说，仍笑道：“问我，我也没什么法子。他们的不是，自作自受，我也不能讨情，我也不去苛责就是了。至于私自拿去的东西，送来，我收下，不送来，我也不要了。太太们要问，可以隐瞒遮饰过去，是他的造化，若瞒不住，我也没法，有个为他们反欺枉太太们的理？［周按］反诘句式，为“岂有”或“即有”之语气。少不得直说。你们若说我好性儿，没个决断，竟有个好主意，可以八面周全，不使太太们生气，任凭你们处治，我总不知道。”众人听了，都好笑起来。黛玉笑道：“真是虎狼屯于阶陛，尚谈因果。若使二姐姐是个男人，这一家上下若许人，又如何裁治他们？”迎春笑道：“正是，多少男人尚如此，何况我哉！”一语未了，只见又有一人进来。正不知是那个，且听下回分解。

［戚回后］一篇奸盗淫邪文字，反以《四子书》《五经》《公羊》《谷梁》秦汉诸作起，以《太上感应篇》结，彼何心哉。他深见书中自有黄金屋，书中有女美如玉等语，误尽天下苍生，而大奸大盗皆从此出，故特作此一起结，为五阴浊世顶门一声棒喝也。眼空似箕，笔大如椽，何得以寻行数墨绳之。

探春处处出头，人谓其能，吾谓其苦。迎春处处藏舌，人谓其怯，吾谓其超。探春运符咒，固足役鬼驱神。迎春说因果，更可降狼伏虎。

［回后评］阴差阳错、事出意外、驳杂琐碎、家宅不安，此即运败时衰之征兆。如园门之事，职责本在王夫人、凤姐，今则偏偏要由老太太贾母亲自出面审理，此皆事出意外，越出常规，即所谓变故也。又如赵姨娘之小丫头小鹊夜晚忽来报信，以至宝玉院中慌乱一夜，后又无中生有编造不实之词，谓有人进入园中，此亦又一变故也。再思，编造不实之词原为解救宝玉之困扰，然却正与园门失职相关，此种笔法似虚而实，似实又虚，正在不离不即之间。

第七十四回
惑奸谗抄捡大观园　矢孤介杜绝宁国府

［蒙回前］司棋一事，在七十一回叙明，暗用山石伏线。七十三回用绣春囊在山石上一逗便住。至此回可直叙去，又用无数曲折，渐渐逼来，及至司棋，忽然顿住，结到入画。文气如黄河出昆仑，横流数万里，九曲至龙门，又有孟门、吕梁峡束，不得入海，是何等奇险怪特文字，令我拜服。

话说平儿听迎春说了，正自好笑，忽见宝玉也来了。原来管厨房柳家媳妇之妹也因放头开赌得了不是。因这园中有素与柳家不睦的，［庚双］前文己卯之伏线。便又告出柳家来，说他和妹子是伙计，虽然他妹子出名，其实赚了钱，两个人平分。因此凤姐要治柳家之罪。那柳家的一闻此信，便慌了手脚，因思素与怡红院人最为深厚，故走来悄悄的央求晴雯、金星玻璃等人。金星玻璃告诉了宝玉。宝玉因思内中迎春之乳母也现有此罪，不若来约同迎春去讨情，比自己独去单为柳家说情，又更妥当，故此前来。忽见许多人在此，见他来时，都问："你的病可好了？跑来作什么？"宝玉不便说出讨情一事，只说来看二姐姐。当下众人也不在意，且说些闲话。

平儿便出来查办金凤一事。那王住儿媳妇紧跟在后，口内百般央求，只说："姑娘好歹口内超生，我横竖去赎了来。"平儿笑道："你迟也赎，早也赎，既有今日，何必当初？你的意思，得过去了就过去了。既是这样，我也不好意思告人，趁早取了来，交与我送去，我一字不提。"王住儿媳妇听说，方放下心来，就拜谢。又说："姑娘自去贵干，我赶晚拿了来，先回了姑娘再送去，如何？"平儿道："赶晚不来，可别怨我。”说毕，二人方分路各自散了。

平儿到房，凤姐问他：“三姑娘叫你作什么？”平儿笑道：“三姑娘怕奶奶生气，叫我劝着奶奶些，问奶奶这两日可吃些什么。”凤姐笑道：“到是他惦着我。［周按］惦着，北语，即存念、怀想之意。刚才又出来了一件事，有人来告柳二媳妇和他妹子通同开局，凡他妹子所为，都是他作主。我想，你素日肯劝我，多一事不如少一事，就可闲一时心，自己保养保养也是好的。我因听不进去，果然应了些，先把太太得罪了，而且自己反赚了一场病。如今我也看破了，随他们闹去罢，横竖还有许多人呢！我白操一会子心，到惹的万人咒骂，我且养病要紧。便是病好了，我也作个好好先生，得乐且乐，得笑且笑，一概是非，都凭他们去罢。［庚双］历了世人到此作此想，但悔不及矣，可伤可叹！所以我只答应着知道了，白不在我心上。”平儿笑道：“奶奶果然如此，便是我们的造化。”

一语未了，［周按］雪芹喜用“一语未了”四字以表头绪之纷繁，笔墨之紧张。回顾自第七十二回起至此已用了许多“一语未了”，而读者不觉其重复，正见其语之力量不同一般之可有可无也。只见贾琏进来，拍手叹气道：“好好的又生事！前儿我和鸳鸯借当，那边太太怎么知道了？才刚太太叫过我去，叫我不管那里先迁挪二百银子，做八月十五节间使用。我回没处迁挪，太太就说，‘你没有钱，就有地方迁挪，我白和你商量，你就搪塞我，你就没地方？前儿那一千两银子的当是那里的？连老太太的东西你都有神通弄出来，这会子二百银子你就这样，幸亏我没和别人说去。’我想太太分明不短，何苦来要寻事奈何人！”凤姐道：“那日并无外人，谁走了这个消息？”平儿听了，也细想那日有谁在此，想了半日笑道：“是了，那日说话时没一个外人，但晚上送东西来的时节，老太太那边傻大姐的娘，也可巧来送浆洗衣服。他在下房里坐了一回子，看见一大箱子东西，自然要问。必是小丫头子们不知道，说了出来，也未可知。”［庚双］奇奇，从何处转至素日成，真如常山之蛇。因此便唤了几个小丫头来问：“那日谁告诉傻大姐的娘？”众丫头们慌了，都跪下赌咒发誓，说：“自来也不敢多说一句话。有人凡问什么，都答应不知道。这事如何敢说？”凤姐详情说道：“他们必不敢多说，到别委屈了他们。如今且把这事靠后，且把太太打发了去要紧。宁可咱们短些，别又讨无意思。”因叫平儿：“把我的金项圈拿来，且去暂押二百银子来，送去完事。”贾琏道：“越性多押二百，咱们也要使呢。”凤姐道：“狠不必，我没处使钱。这一去还不知指那一项赎呢！”平儿拿去，吩咐一个人唤了旺儿媳妇来领去，不一时，拿了银子来。贾琏亲自送去，不在话下。

这里凤姐和平儿猜疑，终是谁人走的风声，竟拟不出人来。凤姐又道：“知道这事还是小事，怕的是小人趁便又造非言，生出别的事来。打紧那边正和鸳鸯结下仇了，如今听得他私自借给你爷东西，［周按］本房内之人称男主为爷，女主为奶奶。故平儿于凤姐只称奶奶，于贾琏只称爷，并无再加排行序次之称。那起小人，眼馋肚饱，没缝儿还要下蛆，如今有了这个因由，恐怕又造出些没天理的话来，也定不得。在你琏二爷还无妨，只是鸳鸯正紧女儿，带累了他受曲，岂不是咱们的过失！”平儿笑道：“这也无妨。鸳鸯借东西，原看的是奶奶，并不为的是爷。一则鸳鸯虽应名是他的私情，其实他是回过老太太的。老太太因怕孙男弟女多，这个也借，那个也要，到跟前撒个姣儿，和谁要去？因此只粧不知道。［庚双］奇文神文，岂世人余相〔想〕得出者。前文云一想〔箱〕子若私是拿出，贾母其睡梦中之人矣。盖此等事作者曾经，批者曾经，实系一写往是〔事〕，非特造出，故弄新笔，究经不记不神也。〇鸳鸯借物一回于此便结乐。总闹了出来，究竟他也无碍。”凤姐道：“理虽如此，只是你我知道的，不知道的，焉得不生疑呢？”一语未了，［周按］此又一良例也。◎觉程本自此前删平儿凤姐对话前后约一百余字，直对贾琏借当。前伏后引，一大关目。人报：“太太来了。”凤姐听了吒意，不知为何事亲来，与平儿等忙迎出来。

只见王夫人气色更变，［庚双］奇！只带一个贴己的丫头走来。一语不发，走至里间坐下。凤姐忙奉茶，因陪笑问道：“太太今日高兴，到这里。”王夫人喝命：“平儿出去！”平儿见了这般，着慌不知怎么样了，忙应了一声，带着众丫嬛一齐出去，在房门外站住，越性将房门掩了，自己坐在台矶上。所有的人，一个不许进去。凤姐也着了慌，不知有何等事。只见王夫人含着泪从袖内掷出一个香袋子来，说：“你瞧！”凤姐忙拾起一看，见是十锦春意香袋，也吓了一跳，忙问：“太太从那里得来！”王夫人见问，越发泪如雨下，颤声说道：“我从那里得来！我天天坐在井里，拿你当个细心人，所以我才偷个空儿。谁知你也和我一样。这样的东西，大天白日，明摆在园里山石上，被老太太的丫头拾着，不亏你婆婆遇见，早已送到老太太跟前去了。我且问你，这个东西你如何遗在那里来？”［庚双］奇问。凤姐听了，也更了颜色，忙说：“太太怎知是我的？”［庚双］问甚的。［周按］疑当作问的甚。王夫人又哭又叹，说道：“你反问我！你想，一家子的人，除了你们小夫小妻，余者老婆子们要这个何用？再女孩子们是从那里得来？自是那琏儿不长进下流种子，那里弄来，你们又和气，当作一件顽意儿。年轻人儿女闺房私意是有的，你还和我赖！幸而园内上下人还不解事，尚未拣得。倘若丫头们拣着，你姊妹看见，这还了得！不然，有那小丫头们拣着，拿出去说是园内拣的，外人知道，这性命、脸面要也不要？”凤姐听说，又急又愧，登时紫胀了面皮，便依炕沿双膝跪下，也含泪诉道：“太太说的固然有理，我也不敢辩我并无这样东西。但其中还要求太太细详其理：这香袋是外头雇工仿着内工绣的，带子、穗子一概是市卖货。我便年轻不尊重些，也不要这捞什子，自然都是好的，此是一。二者，这东西也不是常带着的，我纵有，也只好在家里，焉肯带在身上各处去？况且又在园里，个个姊妹我们都肯拉拉扯扯的，倘或露出来，不但在姊妹前，就是奴才看见，我有什么意思！我年轻虽不尊重，亦不能糊涂至此。三则，论主子内，我是年轻的媳妇，算起奴才来，比我更年轻的又不止一个人了。况且他们也常进园，晚间各人家去，焉知不是他们身上的。四则，除我常在园里之外，还有那边太太常带过几个小姨娘来，如嫣红、翠云等人，皆系年轻侍妾，他们更该有这个了。还有那边珍大嫂子，他也不算什么老，他也常带过佩凤等人来，焉知又不是他们的？五则，园内丫头太多，保的住个个都是正紧的不成？焉知年纪大些的，知道了人事，或者一时半刻人查问不到，偷着出去，或借着因由，同二门上小么儿们打牙犯嘴，外头得了来的，也未可知。如今不但我没此事，就连平儿，我也可以下保的。太太细想。”

王夫人听了这一夕话，大近情理，因叹道：“你起来，我也知道，你大家小姐出身，焉得轻薄至此。不过我气急了，拿话激你。但如今这却怎么处？你婆婆才打发人封了这个给我瞧，说是前儿从傻大姐手里得的，把我气了个死。”凤姐道：“太太快别生气，若被众人觉察了，保不定老太太不知道。且平心静气，暗暗访察，才得确实。纵然访不着，外人也不能知道。这叫作胳膊折在袖内。如今惟有趁着赌钱的因由革了许多的人这空儿，把周瑞媳妇、旺儿媳妇等四五个贴近不能走话的人安插在园里，以查赌为由。再如今的丫头也太多了，保不住人大心大，生事作耗，等闹出事来，反悔之不及。如今若无故裁革，不但姑娘们委屈烦恼，就连太太和我也过不去。不如趁此机会，以后凡年纪大些的，或有些咬牙难缠的，拿个错儿撵出去，配了人。一则保的住没有别的事，二则也可省些用度。太太想我这话如何？”王夫人叹道：“你说的何尝不是，但从公细想来，你这几个姊妹也甚可怜了。［庚双］犹云可怜，妙人〔文〕！在别人视之，今古无比，移若在荣府论，实不能比先矣。也不用远比，只说如今你林妹妹的母亲，未出阁时是何等的娇生惯养，是何等金尊玉贵，那才像个千金小姐的体统。如今这几个姊妹，不过比人家的丫头略强些罢了。［庚双］所谓贯子〔惯于〕海者难为水，俗子谓王夫人不知足，是不可矣，又谓作太过，真璁姑鸠觉〔蟪蛄鸠莺〕之见也。通共每人只有两三个丫头像个人，余者总有四五个小丫头子，竟是庙里的小鬼，如今还要裁革了去，不但于我心不忍，只怕老太太未必就依。虽然艰难，也穷不至此。我虽无受过大荣华富贵，比你们是强的。如今我宁可省些，别太委曲了他们。已后要省俭，先从我来到使得。你如今且叫人传了周瑞家的等人进来，就吩咐他们快快暗地访拿这事要紧。”凤姐听了，即唤平儿进来，吩咐出去。

一时周瑞家的与吴兴家的、郑华家的、来旺家的、来喜家的现在五家陪房进来，余者皆在南方各有执事。［周按］留在南方的执事人于后文还有事故。［庚双］又伏一笔。王夫人正嫌人少，不能戡查，忽见邢夫人的陪房王善保家走来，方才正是他送了香袋来的。王夫人向来看视邢夫人之得力心腹人等原无二意，［庚双］大书看下人犹如此，可知待刑〔邢〕夫人矣。今见他来打听此事，十分关切。［庚双］小人外是内罪〔非〕，委皆如此。便向他说：“你去回了太太，你也进园来照管照管，不比别人又强些？”这王善保家的正因素日进园去，那些丫嬛们不大抽奉他，他心里大不自在，要寻他们的故事又寻不着，恰好生出这事来，以为得了把柄。又听见王夫人委托他，正撞在心坎上，连忙应道：“这个容易。不是奴才多话，论理这事该早严紧的。太太也不大往园里去，这些女孩子们一个个到像受了封诰似的，他们就成了千金小姐了。闹下天来，谁敢哼一声儿！不然就调唆姑娘们说欺负了姑娘们了，谁还耽得起？”王夫人道：“这也是个常情，跟姑娘的丫头，原比别的姣贵些。你们该劝他们，连主子们的姑娘不教道尚且不堪，何况他们。”王善保家的道：“别的都还罢了，太太不知道，头一个宝玉屋里的晴雯，那丫头仗着他生的模样儿比别人标致些，又生了一张巧嘴，天天打扮的像个西施的样子，在人跟前能说惯道，掐尖要强，一句话不投机，他就立起两个骚眼睛来骂人。妖妖趫趫，大不成个体统。”［庚双］活画晴雯出来，可知已前知晴雯必应遭妒者，可怜可伤竟死矣。王夫人听了这话，猛然触动往事，便问凤姐道：“上次我们跟了老太太进园去，有一个水蛇腰，［庚双］妙，妙！好腰。削肩膀，［庚双］妙，妙！好肩。俗云水蛇要〔腰〕，则游曲小也。又云美人无肩，又曰前或皆之美之刑〔形〕也。凡写美人，偏用俗笔、反笔，与他出不同也。眉眼又有些像你林妹妹的，［庚双］更好，刑〔形〕容尽矣。正在那里骂小丫头。我的心里狠看不上那个轻狂样子，因同老太太走，我不曾说得。后来要问是谁，又偏忘了。今日对了槛儿，这丫头想就是他了。”凤姐道：“若论这些丫头们，共总比起来，都没晴雯生的好。论举止言语，他原轻薄些。方才太太说的到狠像他，我也忘了那日的事，不敢乱说。”王善保家的便道：“不用这样，此刻不难叫了他来，太太瞧瞧。”王夫人道：“宝玉房里常见我的，只有袭人、麝月，这两个体体的到好。若有这个，他自不敢来见我的。我一生最嫌这样的人，况且又出来了这个事。好好的宝玉，倘或叫这蹄子勾引坏了，那还了得！”因叫自己的丫头来，吩咐他：“到园里去，只说我说的话，叫他们留下袭人、麝月伏侍宝玉不必来，有一个晴雯最伶俐，叫你即刻快来。你不许合他说什么。”丫头子答应着走入怡红院，正值晴雯身上不自在，［庚双］音神之至，所谓魂早离会矣，将死之兆也。○若俗笔必云十分妆饰，金〔今〕云不自在，想无挂心之罢〔态〕，更不入王夫人之眼也。睡中觉才起来，正发闷，听如此说，只得随了他来。

素日这些丫嬛皆知王夫人最恶趫妆艳饰，语薄言轻者，故晴雯不敢出头。今因连日不自在，并无十分妆饰，自为无碍。［庚双］好！可知天生美人原不在妆饰，使人一见不觉心惊目骇。可恨也之涂脂抹粉，真同鬼魅而不见觉。及到了凤姐房中，王夫人一见他钗亸鬓松，衫垂带褪，有春睡捧心之遗风，而且形容面貌恰是上月的那人，不觉勾起方才的火来。王夫人原是天真烂熳之人，喜怒出于心臆，不比那些饰词掩意之人，今既真怒攻心，又勾起往事，便冷笑道：“好个美人！真像个病西施了。你天天作这个轻狂样子给谁看。你干的事打量我不知道呢！我且放着你，自然明儿揭你的皮。宝玉今日可好些？”晴雯一听如此说，心内大异，便知有人暗算了他。虽然着恼，只不敢作声。他本是个聪明过顶的人，〔庚双〕深罪聪明，到应〔底〕不错一笔。见问宝玉，他便不肯以实话对，只说：“我不大到宝玉房里去，又不常和宝玉在一处，好歹我不能知，这只问袭人、麝月两个。”王夫人道：“这就该打嘴，你难道是死人？要你们作什么！”晴雯道：“我原是跟老太太的人，因老太太说园里空，大人少，宝玉害怕，所以拨了我去外间屋里上夜，不过看屋子。我原回过我笨，不能伏侍。老太太骂了我，说，‘又不叫你管他的事，要伶俐的作什么。’我听了这话才去的。不过十天半月之内，宝玉闷了，大家顽一会子，就散了。至于宝玉饮食起坐，上一层有老奶奶、老妈妈们，下一层有袭人、麝月、秋纹几个人。我闲着还要做老太太屋里的针线，所以宝玉的事，竟不曾留心。太太既怪，从此后我留心就是了。”王夫人信以为实了，忙说：“阿弥陀佛！你不近宝玉，是我的造化，竟不劳你费心。既是老太太给宝玉的，我明儿回了老太太再撵你。”因向王善保家的道：“你们进去，好生防他几日，不许他在宝玉房里睡觉。等我回过老太太再处治他。”喝声：“去！站在我这里，我看不上这浪样儿。谁许你这样花红柳绿的妆扮？”晴雯只得出来，这气非同小可，一出门，便拿手帕子渥着脸，一头走、一头哭，直哭到园内去。

这里王夫人向凤姐自怨道：“这几年我越发精神短了，照顾不到。这样妖精似的东西，我竟没看见。只怕这样的还有，明日到得查查。”凤姐见王夫人盛怒之际，又因王善保家的是邢夫人的耳目，时常调唆着邢夫人生事，总有千百样的言语，此刻也不敢说，只低头答应着。王善保家的道：“太太且请养息身体要紧，这些小事，只管交给奴才们。如今要查这个主儿也极容易，等到晚上园门关了的时节，内外不通风，我们竟给他个猛不防，带着人到各处丫头们房里搜寻。想来谁有这个，断不单只有这个，自然还有别的东西。那时翻出别的来，自然这个也是他的了。”王夫人道：“这话到是。若不如此，断不能清的清，白的白。”因问凤姐如何，凤姐只得答应说：“太太说是，就行罢了。”王夫人道：“这主意狠是，不然一年也查不出来。”于是大家商议已定。

至晚饭后，待贾母安寝了，宝钗等入园时，王善保家的便请了凤姐一并入园，喝命将角门皆上锁。便从上夜的婆子房内抄拣起，不过抄拣出些多余攒下燏烛、灯油等物。［庚双］毕真。王善保家的道：“这也是赃，不许动，等明儿回过太太再动。”于是先就到怡红院中，喝命关门。当下宝玉正因晴雯不自在，忽见这一干人来，不知为何，直扑了丫头们房门去，因迎出凤姐来，问是何故。凤姐道：“丢了一件要紧的东西，因大家混赖，恐怕有丫头偷了，所以大家都查一查，去疑。”一面说，一面坐下吃茶。那边王善保家等搜了一回，又细问这几个箱子是谁的，都叫本人来亲自打开。袭人因见晴雯这样，知道必有异事。又见这番抄拣，只得自己先出来打开了箱子并匣子，任其搜拣一番，不过是平常动用之物。随放下，又搜别人的，挨次都一一搜过。到了晴雯的箱子，因问：“是谁的？怎不开了让搜？”袭人等方欲代晴雯开时，只见晴雯挽着头发闯进来，嘟唧一声，将箱子掀开，两手提着，底子朝天，往地下尽情一倒，将所有之物尽都倒出。王善保家的也觉没趣，看了一看，也无甚私弊之物。回了凤姐，要往别处去。凤姐道：“你们可细细的查，若这一番查不出了东西，难回话的。”众人都道：“都细细的翻着看了，没有什么差错东西。虽有几样男人的物件，都是小孩子的东西，想是宝玉的旧物件，没甚关系的。”凤姐听了，笑道：“既如此，咱们就往别处去。”说着，一迳出来。因向王善保家的道：“我有一句话，不知是不是，要抄拣，只抄拣咱家的人，薛大姑娘屋里，断断抄不得的。”王善保家的笑道：

“这个自然，岂有抄起亲戚家来！”凤姐笑道：“我也这样说。”[庚双]写阿凤心灰意懒，且避祸从时，迥又是一个人矣。一头说，一头到了潇湘馆内。黛玉已睡了，忽报这些人来，也不知为甚事。才要起来，只见凤姐已走进来，忙按住他不许起来，只说：“睡罢，我们就走。”这边且说些闲话。那个王善保家的带了众人到丫嬛房中，也一一开箱倒笼，抄拣了一番。因从紫鹃房中抄出两付宝玉常换下来的寄名符儿，一付束带上的帔带，两个荷包并扇套，套内有扇子，打开看时，皆是宝玉往年往日手内曾拿过的。王善保家的自为得了意，遂忙请凤姐过来验视，又说：“这些东西从那里来的？”凤姐笑道：“宝玉从小儿和他们在一处混了这几年，这自然是宝玉的旧东西。这也不算什么罕事，撂下再往别处去是正紧。”紫鹃笑道：“直到如今，我们两下里的也算不清。要问这个，连我也忘了是那年月日有的了。”王善保家的听凤姐如此说，也只得罢了。[庚双]一处一样。

又到探春院内，谁知早有人报与探春了。[庚双]不板。探春也就猜着必有原故，所以引出这等丑态来，[庚双]实注一笔。遂命众丫嬛秉烛开门而待。一时众人来了，探春故问何事。凤姐笑道：“因丢了一件东西，访查不出人来，恐怕傍人赖这些女孩子们，所以越性大家搜一搜，使人去疑，到是洗净他们的好法子。”探春冷笑道：“我们的丫头，自然都是些贼，我就是头一个窝主。既如此，先来搜我的箱柜，他们所偷了来的，都交给我藏着呢！”说着，便命丫嬛们把箱柜一齐打开，将镜奁、妆盒、衾袱、衣包若大若小之物一齐打开，请凤姐去抄阅。凤姐陪笑道：“我不过是奉太太的命来，妹妹别错怪了我，何必生气！”因命丫嬛们快快关上。平儿、丰儿等先忙着替待书等关的关，收的收。探春道：“我的东西到许你们搜阅，要想搜我的丫头，这却不能。我原比众人歹毒，凡丫头所有的东西，我都知道，都在我这里间收着，一针一线，他们也没的收藏。要搜，所以只来搜我。你们不依，只管去回太太，只说我违背了太太，该怎么处治我去自领。你们别忙，自然连你们抄的日子有呢！你们今日早起不曾议论甄家，自己家里好好的抄家，果然真抄了！［庚双］奇极，此日甄家事。咱们也渐渐的来了。可知这样大族人家，若从外头杀来，一时是杀不死的，这是古人曾说的百足之虫，死而不僵，必须先从家里自杀自灭起来，才能一败涂地呢！”说着，不觉流下泪来。［周按］按书文至抄拣大观园是变故之高潮，然自入园抄拣看起，文字情景却并非十分精彩。在怡红院中只有晴雯之“嘟唧一声”稍快人意，外则直至三姑娘处方见脂粉英雄气概与众不同，观其明灯蜡烛严阵以待何等威严，小人一到不待交锋，其势之败早已定局矣。凤姐只看着众媳妇们。周瑞家的便道：“既是女孩子的东西全在这里，奶奶且请到别处去罢，也让姑娘好安寝。”凤姐便起身告辞。探春道：“可细细的搜明白了？若明日再来，我就不依了。”凤姐笑道：“既是丫头们的东西都在这里，就不必搜了。”探春冷笑道：“你果然到乖。连我的包袱都打开了，还说没翻。明日敢说我护着丫头们，不许你们翻了。你趁早说明，若还要翻，不妨再翻一遍。”凤姐知道探春素日与众不同的，只得陪笑道：“我已经连你的东西都看明白了。”探春又问众人：“你们也都搜明白了不曾？”周瑞家的等都陪笑说：“都看明白了。”［周按］下人等对探春不敢用翻、查等词，只言看了，是婉词也。

那王善保家的本是个心内无成算的人，素日虽闻探春的名，他自为众人没眼力，没胆量罢了，那里一个姑娘家就这样起来。况且又是庶出，他敢怎么！他自恃是邢夫人的陪房，连王夫人尚另眼相看，何况别个。今见探春如此，他只当是探春认真单恼凤姐，与他们无干。他便要趁势作脸献好。因越众向前，拉起探春的衣襟，故意一掀，嘻嘻笑道：“连姑娘身上我都翻了，果然没有什么。”凤姐见他这样，忙说：“妈妈走罢，别疯疯颠颠的！”一语未了，只听拍的一声，王善保家的脸上早着了探春一掌。探春登时大怒，指着王善保家的问道："你是什么东西，敢来拉扯我的衣裳！我不过看着太太的面上，你又有年纪，叫你一声'妈妈'，你就狗仗人势，天天作耗，专管生事。如今越性了不得了。你打谅我是同你们姑娘那样好性儿，由着你们欺负他，就错了主意！你来搜拣东西我不恼，你不该拿我取笑！"说着，便亲自解衣卸裙，拉着凤姐说："你细细的翻！省得叫奴才来翻我身上。"凤姐、平儿等忙与探春束裙整袂，口内喝着王善保家的说："妈妈吃两口酒，就疯疯颠颠起来，前儿把太太也冲撞了，快出去！不要提起了。"劝探春休得生气，探春冷笑道："我但凡有气性，早一头碰死了！不然，岂许奴才来我身上翻贼赃了。明儿一早，先回过老太太、太太，然后过去给大娘赔礼，该怎么，我就领。"那王善保家的讨了个没意思，在窗外只说："罢了，罢了！这也是头一遭挨打。我明儿回了太太，仍回老娘家去罢。这个老命还要他做什么！"探春喝命丫嬛道："你们听着他说话，还等我和他对嘴去不成？"待书等听说，便出去说道："你果然回老娘家去，到是我们的造化了，只怕你舍不得去。"凤姐笑道："好丫头！真是有其主必有其仆。"探春冷笑道："我们作贼的人，嘴里都有三言两语的，这还算笨的，背地里就只不会调唆主子。"平儿忙也陪笑解劝，一面又拉了待书进来。周瑞家的等人劝了一番。凤姐直待伏侍探春睡下，方带着人往对过春坞来。

彼时李纨犹病在床上，他与惜春是紧邻，又与探春相近，故顺路先到这两处。因李纨才吃了药睡着，不好惊动，只到丫嬛们房中，一一的搜了一遍，也没有什么东西，遂到惜春房中来。因惜春年轻，尚未识事，吓的不知当怎么，凤姐也少不得安慰他。谁知竟在入画箱中寻出一大包金银锞子来，约共三四十个，[庚双奇！]为察奸情，反得贼赃。又有一付玉带板子并一包男人的靴袜等物。入画也黄了脸。

因问："是那里来的？"入画只得跪下，哭诉真情，说："珍大爷赏我哥哥的。［庚双］妙极事〔是〕极，盖入画本系宁府之人也。我老子娘都在南方，如今只跟着叔叔过日子。我叔叔、婶子只要吃酒赌钱，我哥哥怕交给他们又花了，所以每常得了，悄悄的烦老妈妈带进来，叫我收着的。"惜春胆小，见了这个，也害怕说："我竟不知道，这还了得！二嫂子，你要打他，好歹带他出去打罢，我听不惯的。"凤姐笑道："这话若果是真呢，也倒可恕，只是不该私自传送进来。这个可以传递，什么不可以传递。这到是传送人的不是了。若这话不真，倘是偷来的，你可就别想活了。"入画跪哭道："我不敢扯谎，奶奶只管明日问我们奶奶和大爷去，若说不是赏的，就拿我和我哥哥一同打死无怨。"凤姐道："这个自然要问的。只是真赏的，也有不是。谁许你私自传送东西的？你且说是谁作接应，我便饶你。下次万万不可。"惜春道："嫂子别饶他这次方可，这里人多，若不拿一个作法，那些大的听见了，又不知怎么样呢。嫂子若依他，我也不依。"［庚双］这是自己反不依的，各得自然之理，各有自然之妙。凤姐道："我看他素日还好，谁没一个错？只这一次，二次犯下，二罪俱罚。但不知传递是谁？"惜春道："若说传递，再无别个，必是后门上的张妈。他常肯合这些丫头鬼鬼祟祟的，这些丫头们也都肯照顾他。"凤姐听了，便命人记下，将东西且交与周瑞家的暂拿着，明日对明再议。

于是别了惜春，方往迎春处来。迎春已经睡着了，丫嬛们也才要睡，众人叩门，半日才开。凤姐吩咐："不必惊动小姐。"遂往丫嬛们房里来。因司棋是王善保家的外孙女儿，［庚双］玄妙奇诡，出人意外。凤姐到要看看王善保家的可藏私不藏私，遂留神看他搜拣。先从别人箱子搜起，皆无别物。及到了司棋箱中搜了一回，王善保家的说："也没有什么东西。"才要关箱时，周瑞家的道："且住，这是什么？"说着，伸手掣出一双男子的锦袜并一双缎鞋来。［庚双］险极！又有一个小包袱，打开看时，里面是一个同心如意并一个字帖，一总递与凤姐看。凤姐因当家理事，每每看开帖并账目，也颇识得几个字了。便看那帖子是大红双喜笺帖，［庚双］纸就好。余为司其〔棋〕心动。上面写道：

上月你来家后，父母已觉察你我之意。但姑娘未出阁，尚不能完你我之心愿。若园内可以相见，你可托张妈给一信息。若得在园内相见，到比来家得说话。千万千万。再所赐香袋二个今已查收外，特寄香珠一串，［周按］程本将香袋香珠互掉，谬甚。盖潘先收女赠之香袋，始约一会，会时方将袋误落园中。此乃先后两事两物，何容妄篡。略表我心，千万收好。表弟潘又安拜具。［庚双］名字便妙。

凤姐看罢，不怒而反乐，［庚双］要〔恶〕毒之至！别人并不识字。王善保家的素日并不知道他姑表姊弟有这一节风流故事，见了这鞋袜，已是心里有些毛病，又见有一红帖，凤姐又看着笑，他便说道：“必是他们胡写的账目，不成个字，所以奶奶见笑。”凤姐笑道：“正是，这个账竟算不过来，你是司棋的姥姥，他的表弟也该姓王，怎么又姓潘呢？”王善保家的见问的奇怪，只得免强告道：“司棋的姑妈给了潘家，所以他姑表兄弟姓潘。上次逃走了的潘又安，就是他表弟。”凤姐笑道：“这就是了。”因说：“我念给你听听。”说着，从头念了一遍，大家都唬一跳。

这王善保家的一心只要拿人的错儿，不想反拿住他外孙女儿，又气又燥。周瑞家的等四人又都问着他道：“你老可听见了？明明白白再没的说了。如今据你老人家，该怎么样？”这王善保家的只恨没地缝儿钻进去。凤姐只瞅着他嘻嘻的笑，［庚双］刻毒之至！向周瑞家的道：“这到也好，不用你们老娘操一点儿心，他鸦雀不闻的给你们弄个好女婿来，大家到省心。”［庚双］刻毒之至！按凤姐虽系刻毒，然亦不应在下人前为不寻〔驯〕次等人前不得不如是也。周瑞家的也笑着凑趣儿。王家的气无处泄，便自己回手打自己的脸，骂道：“老不死的娼妇，怎么造下孽了！说嘴打嘴，现世现报在人眼里。”众人见他这般，俱笑个不住，又半劝半讽的。凤姐见司棋低头不语，也并无畏惧之心，到觉可异。料此时夜深，且不必盘问，只怕他夜间自己去寻拙志，遂唤两个婆子监守起他来。带了人，拿了赃证回来，且自安歇，等待明日料理。谁知到夜里又连起来几次，下面淋血不止。至次日，便觉身体软弱，头又发晕，遂掌不住。请太医来诊脉毕，遂立药案云："看得少奶奶系心气不足，虚火乘脾，皆由忧劳所伤，以致嗜卧好眠，胃虚土弱，不思饮食，今聊用升阳养荣之剂。"写毕，遂开了几样药名，不过是人参、当归、黄芪等类之剂。一时退出，有老嬷嬷们拿了方子回过王夫人，不免又添一番愁闷，遂将司棋等事暂且未理。

可巧这日尤氏来看凤姐，坐了一回，到园中去又看过李纨。才要望候众姊妹们去，忽见惜春遣人来请，尤氏遂到了他房中来。惜春便将昨晚一事细细告诉与尤氏，又命将入画的东西一概要来与尤氏过目。尤氏道："实是你哥哥赏他哥哥的，只是不该私自传送，如今官盐竟成了私盐了。"因骂入画："糊涂脂油蒙了心的！"惜春道："你们管教不严，反骂丫头。这些姊妹，独我的丫头这样没脸，我如何去见人！昨儿我立逼着凤姐姐带了他去，他只不肯。我想，他原是那边的人，凤姐姐不带他去，也原有礼。我今日正要送过去，嫂子来的恰好，快带了他去。或打，或杀，或卖，我一概不管。"入画听说，又跪下哭求说："再不敢了！只求姑娘看从小儿的情常，好歹生死在一处罢！"尤氏和奶娘等人也都十分分解，说："他不过一时糊涂了，下次再不敢的。他从小儿伏侍你一场，到底留着他为是。"谁知惜春虽然年幼，却天生成一种百折不回的廉介孤独僻性，任人怎说，他只以为丢了他的体面，咬定牙，断乎不肯。更又说的好："不但不要入画，如今我也大了，连我也不便往你们那边去了。况且近日我每每风闻得有人背地议论，多少不堪的闲话！我若再去，连我也编派上了。”尤氏道：“谁议论什么？又有什么可议论的？姑娘是谁！我们是谁？姑娘既听见人议论我们，就该问着他才是。”惜春冷笑道：“你这话问着我到好。我一个姑娘家，只有躲是非的，我反去寻是非，成个什么人了！还有一句话，我不怕你恼，好歹自有公论，又何必去问人。古人说的好，‘善恶生死，父子不能有所勖助。’何况你我二人之间！我只知道保得住我就勾了，不管你们去。从此以后，你们有事别累我。”尤氏听了，又气又好笑，因向地下众人道：“怪道人人都说这四丫头年轻糊涂，我只不信。你们听才一篇话，无原无故，又不知好歹，又没个轻重。虽然是小孩子的话，却又能寒人的心。”众妈妈笑道：“姑娘年轻，奶奶自然吃些亏的。”惜春冷笑道：“我虽年轻，这话却不年轻。你们不看书，不识几个字，所以都是些呆子。看着明白人，到说年轻糊涂。”尤氏道：“你是状元、榜眼、探花，古今第一个才子。我们是糊涂人，不如你明白，何如？”惜春道：“状元、探花难道就没有糊涂的不成？可知他们更有不能了悟的更多。”尤氏笑道：“你到好，才是才子，这会子又作大和尚了，又讲起了悟来。”惜春道：“我不了悟，我也舍不得入画了。”尤氏道：“可知你是个心冷口冷、心狠意狠的。”惜春道：“古人曾也说的，‘不作狠心人，难得自了汉。’我清清白白的一个人，为什么叫你们带累坏了我？”尤氏心内原有病，怕说这些话，听见有人议论，已是心中羞恼激射，只是在惜春分中，不好发作，忍耐了大半日。今见惜春又说这句，因按捺不住，问惜春道：“怎么就带累了你？你的丫头的不是，无故说我，我到忍了这半日，你到越发得了意，只管说这些话。你是千金万金的小姐，我们以后就不敢亲近，仔细带累了小姐的美名。即刻就叫人将入画带了过去！”说着便赌气起身去了。惜春道：“若果然不来，到也省了口舌是非，大家到还清净。”尤氏也不答话，一迳往前边去了。不知后事如何，且听下回分解。

［蒙戚回后］诸院皆宴息，独探春秉烛以待，大有堤防，的是干才，须另席款待。

凤姐喜事，忽作打破虚空之语。惜春年纫〔幼〕，偏有老成炼达之操。世态何常，知人其难。

［回后评］抄拣大观园一事，王夫人受谗于王善保家的，自谓威福可作而却不自知，这实在是丑闻之一桩。我常疑，文字表面所写是王夫人意在抄拣晴雯，而其心中意中却属意于黛玉，此意不可明言，全凭读者自悟自断，评其是非可也。

入园之初，凤姐已向王善保家的提醒，抄拣只能限于自家人而不可抄及亲戚，婆子也以为然。于是宝钗住处蘅芜苑全无情节可言，却并不放过潇湘馆。然则贾府之人早已不将黛玉视为亲戚外人，观甲戌本第三回回目曰“收养林黛玉”，“收养”二字早已点明此意矣。

第七十五回

开夜宴异兆发悲音　赏中秋新词得佳谶

［蒙回前］贾珍居长，不能承先起后，丕振家风。兄弟问柳寻花，父子呼么喝六，贾氏宗风，其坠地矣，安得不发先灵一叹！

乾隆二十一年五月初七日对清。

缺中秋诗俟雪芹。

□□□　开夜宴　发悲音

□□□　赏中秋　得佳谶　［周按］此乃脂砚备忘录单页，在第七十五回前。时当甲戌重评之后，己卯、庚辰四阅之前。应是丙子三评痕迹，其时盖结至七十五回为止者。

话说尤氏从惜春处赌气出来，正欲往王夫人处去，跟从的老嬷嬷们因悄悄的回道：“奶奶且别往上房去，才有甄家的几个人来，还有些东西，不知是作什么机密事。奶奶这一去恐不便。”尤氏听了道：“昨日听见你爷说，看邸报甄家犯了罪，现今抄没家事，调取进京治罪。怎么又有人来？”老嬷嬷道：“正是呢，才来了几个女人，气色不成气色，慌慌张张的，想必有什么瞒人的事情，也是有的。”尤氏听了，便不往前去，仍往李氏这边来了，［庚双］前只有探春一语，过至此回，又用尤氏略为陪点，且轻轻淡［淡］染出甄家事故，［周按］甄家犯罪不言何故，旧日评者以为甄即是贾，贾即是甄，本是此画家来落墨之法也。幻笔，写甄即是写贾。但我觉雪芹笔下甄贾分明，南北并存，江南甄家几次来人有事，如今又明写甄家获罪，绝不类幻笔。究竟如何，未敢断言，仍是探佚学中一大课题。恰好太医才诊了脉去。李纨近日也略觉精爽了些，拥衾倚枕，坐在床上，正欲个人来说些闲话。因见尤氏进来，不似往日和蔼可亲，只呆呆的坐着。李纨因问道：“你过来了这半日，可有在别屋里吃些东西没有？只怕饿了。”命素云瞧有什么新鲜点心拣了来。尤氏忙止道：“不必，不必。你这一向病着，那里有什么新鲜东西？我也不饿。”李纨道：“昨日他姨娘家送来的好茶面子，到是对碗来你喝罢。”说毕，便吩咐人去对茶。尤氏仍出神无语。跟的丫头媳妇们因问：“奶奶今日中晌尚未洗脸，这会子趁便可净一净好？”尤氏点头。李纨忙命素云来取自己妆奁。素云一面取来，一面将自己的脂粉拿来，笑道：“我们奶奶就少这个。奶奶不嫌臜，这是我的，能着用些。”李纨道：“我虽没有，你就该往姑娘们那里取去。怎么公然拿出你的来？幸而是他，若是别人，岂不恼呢！”尤氏笑道：“这又何妨。自来我凡过来，谁的没使过！今日忽然又嫌臜了？”一面说，一面盘膝坐在炕沿上。［周按］妇女坐炕沿，前于刘姥姥一例已有说明。曲膝者谓收上腿去坐，是待较尊或熟人，礼数上比垂腿者已为亲近，但仍不得坐炕里（俗曰炕头），盖最尊最亲者方能炕里坐也。银蝶上来忙代为卸去腕镯、戒指，又将一大袱手巾盖在下截，将衣裳护严。小丫嬛炒豆儿捧了一大盆温水，走至尤氏跟前，只湾腰捧着。银儿笑道：［周按］银儿是银蝶全名的昵称，并非漏字。“一个个没权变的，说一个葫芦，就是一个瓢。奶奶不过待咱们宽些，在家里不管怎样罢了，你就得了益！不管在家出外，当着亲戚也只随着便了。”尤氏道：“你随他去罢，横竖洗了就完事了。”炒豆儿忙赶着跪下。尤氏笑道：“我们家上下大小的人，只会讲外面的假礼，假体面，究竟作出来的事都勾使的了。”［庚双］按尤氏犯七出之条，不过只是过于从夫四字，此世间妇人之常情耳。其心术慈厚宽顺，竟可出于阿风〔凤〕之上。时用之名〔明〕犯七出之人从公一论，可之〔知〕贾宅中暗犯七出之人亦不少。似明犯者反可宥恐〔恕〕，其什〔饰〕已非而扬人恶者，阴昧〔昧〕僻谲之流，实不能客〔容〕于世者也。○此为打草惊蛇法，实写形〔邢〕夫人也。李纨听如此说，便知他已知昨夜之事，因笑道：“你这话有因，谁作事究竟勾使了？”尤氏道：“你到问我，你敢是病着死过去了？”

一语未了，人报：“宝姑娘来了。”李纨忙说快请时，宝钗已走进来。尤氏忙擦脸起身让坐，因问：“怎么忽然一个人走来，别的姊妹都怎不见？”宝钗道：“正是，我也没见他们。只因今日我们奶奶身上不自在，家里两个女人也都因时症未起炕，别的靠不得，我今儿要出去，伴着老人家夜里作伴儿。要去回老太太、太太，我想又不是什么大事，且不用提，等好了，我横竖进来的，所以来告诉大嫂子一声。”李纨听说，只看着尤氏笑。尤氏也只看着李纨笑。一时尤氏盥沐已毕，大家吃面茶，李纨因笑道：“既这样，且打发人去请姨娘的安，问是何病。我也病着，不能亲自来的。好妹妹，你去只管去，我自打发人去到你那里去看屋子。你好歹住一两天还进来，别叫我落不是。”宝钗道：“落什么不是呢？这也是通共常情，你又不曾卖放了贼。依我的主意，也不必添人过去，竟把云丫头请了来，你和他住一两日，岂不省事？”尤氏道：“可是史大姑娘往那里去了？”宝钗道：“我才打发他们找你们探丫头去了，叫他同到这里来，我也明白告诉他。”

正说着，人报：“云姑娘和三姑娘来了。”大家让坐已毕，宝钗便说要出去一事。探春道：“狠好。不但姨妈好了还来的，就便好了不来，也使得。”尤氏道：“这话奇怪，怎么撵起亲戚来了？”探春冷笑道：“正是呢，有叫人撵的，不如我先撵。亲戚们好，也不在必要死住着才好。咱们到是一家子亲骨肉呢，一个个不像乌眼鸡，恨不得你吃了我，我吃了你！”尤氏笑道：“我今儿是那里来的晦气，偏都碰着你姊妹们气头上了！”探春道：“谁叫你赶热灶来了！”因问：“谁又得罪了你呢？”因又寻思道：“惜丫头也不犯罗唣你，却是谁呢？”尤氏只含糊答应。探春知他畏事，不敢多言，因笑道：“你别粧老实了，除了朝廷治罪，没有砍头的。你不必畏首畏尾的。实告诉你罢，我昨儿把王善保家那老婆打了，我还顶着个罪呢。不过背地里说我些闲话，难道也还打我一顿不成？”宝钗忙问：“因何又打他？”探春悉把昨夜怎的抄拣，怎的打他，一一都说了出来。尤氏见探春已经说了出来，便把惜春方才之事也说了出来。探春道：“这是他的僻性，孤介太过，我们再傲不过他的。”又告诉他们说：“今日一早不见动静，打听凤辣子又病了，我就打发我妈妈出去打听王善保是怎样。回来告诉我说，'王善保家的挨了一顿打，嗔着他多事。'"尤氏、李纨道："这到也是正礼。"探春冷笑道："这种掩饰谁不会作！且再瞧就是了。"尤氏、李纨皆默无所答。一时，估着前头用饭，湘云和宝钗回房打点衣衫，不在话下。

尤氏辞了李纨，往贾母这边来。贾母歪在榻上，王夫人说甄家因何获罪，如今抄没了家产，回京治罪等语。贾母听了正不自在，恰好见他姊妹来了，因问："从那里来的？可知凤姐妯娌两个的病今日怎样？"尤氏等忙回道："今日都好些。"贾母点头叹道："咱们别管人家的事，且商量咱们八月十五日赏月是正紧。"［庚双］贾母已看破孤〔狐〕悲鬼〔兔〕死，故不改已，聊未自遣耳。王夫人笑道："都已预备下了。不知老太太拣那里好，只是园里空，夜晚风冷。"贾母笑道："多穿两件衣裳何妨，那里正是赏月的地方，岂可到不去的。"说话之间，早有媳妇、丫嬛们抬过饭桌来，王夫人、尤氏等忙上来放箸捧饭。贾母见自己的几色菜已摆完，另有两大捧盒内捧了几样菜来，便知是各房另外孝敬的旧规矩。贾母因问："都是些什么？上几次我就吩咐过，如今可以把这些蠲了罢，你们还不听。如今比不得先辐辏的时光了！"鸳鸯忙道："我说过几次都不听，也只罢了。"王夫人笑道："不过都是家常东西。今日我吃斋，没有别的。那些面觔、豆腐，老太太又不大甚爱吃，只拣了一样椒油莼虀酱来。"贾母笑道："这样正好，正想这个吃。"鸳鸯听说，便将碟子挪在跟前。宝琴一一的都让了方归坐。贾母命探春来同吃，探春也都让过了，便和宝琴对面坐下。待书忙去取了碗来。鸳鸯又指几样菜道："这两样看不出是什么东西来，大老爷送来的。这一碗是鸡髓笋，是外头老爷送上来的。"一面说，一面就只将这碗笋送至桌上。贾母略尝了两点，便命："将那两样着人送回去，就说我吃了。已后不必天天送，我想吃，自然来要。”媳妇们答应着，仍送过去，不在话下。贾母因问：“有稀饭吃些罢了。”尤氏早捧过一碗来，说是红稻米粥。贾母接来吃了半碗，便吩咐：“将这粥送给凤哥儿吃去。”又指：“这碗笋和这一盘子风腌果子狸，给颦儿、宝玉两个吃去，那一碗肉给蘭小子吃去。”又向尤氏道：“我吃了你就来吃了罢。”尤氏答应着，待贾母漱口洗手毕，贾母便下地，和王夫人说闲话行食。尤氏告坐。探春、宝琴二人也起来了，笑道：“失陪，失陪！”尤氏笑道：“剩我一个人，大排桌不惯。贾母笑道：“鸳鸯、琥珀来，趁势也吃些，又作了陪客。”尤氏笑道：“好，好，好，我正要说呢。”贾母笑道:“多多的人吃饭,最有趣的。”又指银蝶道:“这孩子也好，也来同你主子一块来吃，等你们离了我，再立规矩去。”尤氏道：“快过来，不必粧假。”贾母负手看着取乐。因见伺候添饭的手内捧着一碗下人的米饭，尤氏吃的仍是白粇饭，贾母问道：“你怎么昏了，盛这个饭来给你奶奶？”那人道：“老太太的饭完了，今日添了一位姑娘,所以短了些。”鸳鸯道:“如今都是可着头做帽子了，要一点富余也不能的。”王夫人忙回道：“这一二年旱潦不定，田上的米都不能按数交的。这几样细米更艰难了，所以都可着吃的多少关去，生恐一时短了，买的不顺口。”贾母笑道：“这正是巧媳妇做不出无米的粥来。”众人都笑起来。鸳鸯道：“既这样，你就去把三姑娘的饭拿来添上也是一样，就这样体！”尤氏笑道：“我这个就勾了，也不用取去。”鸳鸯道：“你勾了，我不会吃的？”地下的媳妇们听说，方忙着取去了。［庚双］总伏下文。一时，王夫人也去用饭。这里尤氏直陪贾母说话取笑到起更的时候，贾母说：“黑了，过去罢。”尤氏方告辞出来。走至大门前上了车，银蝶坐在车沿上，众媳妇放下帘子来，便带了小丫嬛们先直走，过那边大门口等着去了。

因二府之门相隔没有一箭之路，每日家常来往，不必定要周备，况天黑夜晚之间，回来的遭数更多，所以老嬷嬷带着小丫头只几步便走了过来。两边大门上的人都到东西街口，早把行人断住。尤氏大车上也不用牲口，只用七八个小厮挽环拽轮，轻轻的便推拽过这边台基上了。于是众小厮退过狮子已外，众嬷嬷打起帘子，银蝶先下来，然后搀下尤氏来。大小七八个灯笼，照的十分真切。尤氏因见两边狮子下放着四五辆大车，便知系来赴赌之人所乘，遂向银蝶、众人道："你看坐车的是这样，骑马的还不知有几个呢！马自然在圈里拴着，咱看不见。也不知他娘老子挣下多少钱，与他们这么开心儿！"一面说，一面已到了厅上。贾蓉之妻带家下众媳妇、丫头们，也都秉烛接了出来。［周按］荣宁二府仅隔一小巷，则两府门相距自无多远。然尤氏乃东府主妇，其往来于两府之排场礼数仍然如是隆重，可知尤氏亦非书中等闲人物。愈到后文愈见其地位作用之重要。自七十一回至此不过开端而已。尤氏笑道："成日家我要偷着瞧瞧他们，也没得便。今儿到巧，就顺便打他们窗户跟前走过去。"众媳妇答应着，提灯引路。又有一个先去悄悄的知会伏侍的小厮们，不要失惊打怪。于是尤氏一行人悄悄的来至窗下，只听里面称三赞四，耍笑之音虽多，［庚双］妙，先画赢家。又兼恨五骂六，忿怨之声亦不少。［庚双］妙，人〔又〕画输家。

原来贾珍近因居丧，每不得游玩朗，又不得观优闻乐作遣。无聊之际，便生了个破闷之法。日间以习射为由，请了各世家弟兄及诸富贵亲友来较射。因说："白白的只管乱射，终无裨益。不但不能长进，而且坏了式样，必须立个罚约，赌个利物，大家才有勉力之心。"因此，天香楼下箭道内立了鹄子，皆约定每日早饭后来射鹄子。贾珍不便出名，便命贾蓉作局家。这些来的皆系世袭公子，人人家道丰富，且都在少年，正是斗鸡走狗、问柳评花的一干游荡纨袴。因此，大家议定，每日轮流作晚饭之主，每日来射，不便独扰贾蓉一人之意。于是天天宰猪割羊，屠鹅戮鸭，好似临潼斗宝一般，都要卖弄自己家的好厨役、好烹炮。不到半月工夫，贾赦、贾政听见这般，不知就里，反说："这才是正理，文既误矣，武事当亦该习，况在武荫之属。"两处遂也命贾环、贾琮、宝玉、贾兰等四人于饭后过来，［周按］宝玉排第三，不论年龄，甚奇，当有深意。应之后文情节。跟着贾珍习射一回，方许回去。贾珍志不在此，再过一日，便渐次以歇臂养力为由，晚间或抹抹骨牌，赌个酒东而已，至后渐次至钱。如今三四月的光景，竟一日一日赌胜于射了，公然斗叶掷骰，放头开局，夜赌起来。家下人借此各有些益，巴不得如此，所以竟成了势了。外人皆不知一字。

近日邢夫人之胞弟邢德全也酷好如此，故也在其中，又有薛蟠，头一个惯喜送钱与人的，见此岂不快乐？这邢德全虽系邢夫人之胞弟，却居心行事大不相同，只知吃酒赌钱，眠花宿柳为乐，手中滥漫使钱，待人无二心，好酒者喜之，不饮者亦不去亲近。无论上下主仆，皆出自一意，并无贵贱之分，因此都唤他傻大舅。薛蟠更是早已出名的呆大爷。今日二人都凑在一处，都爱抢新快爽利，便又会了两家，在外间炕上抢新快。别的又有几家在当地下大桌子上打么番。里间又一起斯文些的，抹骨牌，打天九。此间伏侍的小厮都是十五岁以下的孩子，若成丁的男子，到不了这里，故尤氏方潜至窗外偷看。其中有两个十六七岁娈童以备奉酒的，都打扮的粉妆玉琢。今日薛蟠又输了一账，正没好气，幸而掷第二账完了，算来，除番过来，到反赢了，心中只是兴头起来。贾珍道："且打住，吃了东西再来。"因问："那两处怎样？"里头打天九的也结了账等吃饭，打么番的未清，且不肯吃。于是各不能顾，先摆下一大桌，贾珍陪着吃，命贾蓉落后陪那一起。薛蟠兴头了，便搂着一个娈童吃酒，又命将酒去敬邢傻舅。傻舅输家，没心绪，吃了两碗，便有些醉意，嗔着两个娈童只赶着赢家，不理输家了。因骂道："你们这起兔子，就是这样专浮上水。［周按］浮上水，浮即洑之音近代字。天天在一处，谁的恩你们不沾？只不过这一会子输了几两银子，你们就三六九等了！难道从此以后再没有求着我们的事了？”众人见他带酒，忙说：“狠是，狠是。果然他们风俗不好。”因喝命：“快敬酒陪罪！”两个娈童都是演就的局套，忙都跪下奉酒说：“我们这行人，师父教的，不论远近厚薄，只看一时有钱势，就亲敬。便是活佛神仙，一时没了钱势，也不许去理他。况且我们又年轻，又居这个行次，求舅太爷体恕些，我们就过去了。”说着，便举着酒俯膝跪下。［庚双］吊〔调〕侃骂死世人不是骂。邢大舅心内虽软了，只还故作怒意不理。众人又劝道：“这孩子是实情说话，说的到是的。老舅是久惯怜香惜玉的，如何今日反这样起来。若不吃这酒，他两个怎样起来？”邢大舅已掌不住了，便说道：“若不是众位说，我再不理。”说着，方接过来一气喝干，又斟上一碗来。这邢大舅便酒勾往事，醉露真情起来，乃拍案对贾珍叹道：“怨不得他们视钱如命。多少世宦大家出身的，若提起钱势二字，连骨肉都认不得了。老贤甥，昨日我和你那边的令伯母赌气，你可知道否？”贾珍道：“不曾听见。”邢大舅叹道：“就为钱这件混账东西。利害，利害！”贾珍深知他与邢夫人不睦，每遭邢夫人弃恶，故出怨言。因劝道：“老舅，你也太散漫些，若只管花去，有多少给老舅花的？”邢大舅道：“老贤甥，你不知我邢家底里。我母亲去世时，我尚小，世事不知。他姊妹三个人，只有你令伯母年长出阁，一分家私都是他把持带来。如今二家姐虽也出阁，他家也甚艰窘。三家姐尚在家里，一应用度，都是这里陪房王善保家掌管。我便来要钱，也非要的是你贾府的。我邢家家私也就勾我花了。无奈竟不得到手，所以有冤无处诉。”［庚双］众恶之，必察也。今邢夫人一人，贾母先恶之，恐贾母心偏，亦可解之。若贾琏、阿凤之怨怨，儿女之私，亦可解之。若探春之怒，女子不识大而知小，亦可解之。今又忽用乃弟一怨，吾不知将又何如矣！贾珍见他酒后叨叨，恐人听见不雅，连忙用话解劝。外面尤氏等听得十分真切，乃悄向银蝶笑道："你听见了？这是北院里大太太的兄弟抱怨他呢。可怜他亲兄弟还是这样说，这就怨不得这些人了。"因还要听时，正值打么番的也歇住了，要吃酒。因有一个问道："方才是谁得罪了老舅？我们竟不曾听明白，且告诉我评评理。"邢德全见问，便把两个娈童不理输的，只赶赢的话说了一遍。这一个年少的就夸道："这样说，原可恼的，怨不得舅太爷生气。我且问你两个，舅太爷虽然输了，输的不过是银子，并没有输丢了毬秕，怎么就不理他了？"众人大笑起来，连邢德全也喷了一地饭。尤氏在外面悄悄的啐了一口，骂道："你听听，这一起子没廉耻的小挨刀的，才丢了脑袋骨子，就胡唚嚼毛了。再合攮下黄汤去，还不知唚出些什么来呢！"一面说，一面便进去卸妆安歇。至四更时，贾珍方散，就往佩凤屋里去了。

次日起来，就有人回："西瓜、月饼都全了，只待分派送人。"贾珍吩咐佩凤道："你请你奶奶看着送罢，我还有别的事呢。"佩凤答应去了，回了尤氏。尤氏只得一一分派，遣人送去。一时，佩凤又来说："爷问奶奶，今儿出门不出？说咱们是孝家，明儿十五过不得节。今儿晚上到好，可以大家应个景儿，吃些瓜饼酒果。"尤氏道："我到不愿出门呢！那边珠大奶奶又病了，凤丫头又睡倒了，我再不过去，越发没个人了。况且又不得闲，应什么景！"佩凤道："爷说了，今儿已辞了众人，直等十六才来呢，好歹定要请奶奶吃酒的。"尤氏笑道："请我，我没的还席。"佩凤笑着去了。一时，又来，笑道："爷说，连晚饭也请奶奶同吃，好歹早些回来，叫我跟了奶奶去呢。"尤氏道："这样，早饭吃什么？快些吃了，我好走。"佩凤道："爷说，早饭在外头吃，请奶奶自己吃罢。"尤氏问道："今日外头有谁？"佩凤道："听见说，外头有两个南京新来的，

［周按］又是南京来人，令人一惊。此来人不言名姓，与甄家是

一是二亦无一字交待，所谓惜墨如金。仅此一笔，内中无限丘壑颇费想象。到不知是谁。”说话时，贾蓉之妻也梳妆了来见过。少时，摆上饭来，尤氏在上，贾蓉之妻在下相陪。婆媳二人吃毕饭，尤氏便换了衣服，仍过荣府来，至晚方回。

果然贾珍煮了一口猪，烧了一腔羊，余者桌菜及果品之类，不可胜纪。就在汇芳园中丛绿堂上，［周按］丛绿堂一名，自愧读红不熟，总未记清。故于丰润孙温《红楼梦画册》作跋时曾谓此堂未见于书中，实大误也。如今思之，西府中已有晓翠堂、拢翠庵、滴翠亭等轩馆，又于东府特设丛绿堂必有深意。而今尚不能尽解，惭愧，惭愧！屏开孔雀，褥设芙蓉，带领妻子姬妾，先饭后酒，开怀赏月作乐。将一更时分，真是风清月朗，上下如银。［周按］从古至今写皓月清波，水天一色佳句难以尽举，然雪芹又出上下如银四字，奇甚，奇甚！贾珍因要行令，尤氏便叫佩凤等四个人也都入席，下面一溜坐下，猜枚划拳，饮了一回。贾珍有了几分酒，亦发高兴，便命取了一竿紫竹箫来，命佩凤吹箫，文化唱曲，喉清嗓嫩，真令人魄醉魂飞。唱罢，复又行令。那天将有三更时分，贾珍酒已八分，大家正添衣饮茶，换盏更酌之际，忽听那边墙下有人长叹之声。大家明明听见，都悚然疑畏起来。［庚双］余亦悚然疑畏。贾珍忙厉声叱咤，问：“谁在那里？”连问几声，没有人答应。尤氏道：“必是墙外边家里人，也未可知。”贾珍道：“胡说！这墙四面皆无下人的房子，况且那边又紧靠着祠堂，［庚双］奇绝神想，余更为之悚惧矣。焉得有人！”一语未了，只听得一阵风声，竟过墙去了。恍惚闻得祠堂内槅扇开合之声。只觉得风气森森，比先更觉凉飒起来。月色惨淡，也不似先明朗，众妇女都觉毛发倒竖。贾珍酒已醒了一半，只比别人撑持得住些，心下也十分疑畏，大没兴头起来。勉强又坐了一会子，就归房安歇去了。［周按］众人皆知，雪芹著书虽用荒唐言但绝少神鬼怪诞之文，如今却破例写贾氏祠堂隔壁悲音异兆，此在全书中实为特例。应注意者，又已明文特写次日察看祠堂了无异样痕迹，此笔不同一般。然则昨夜之叹声究出何人，亦待探佚专家为之讨究。

次日一早起来，乃是十五日，带领众子侄开祠堂，行朔望之礼。细察祠内，都仍是照旧好好的，并无怪异之迹。贾珍自为醉后自怪，也不提此事。礼毕，仍闭上门，照旧锁上。［庚双］未写荣府庆中秋，却先写宁府开夜宴，未写荣府数尽，先写宁府异道。盖宁乃家宅，凡有关于吉凶者故必先示之。且列祖祠此，岂无得而警乎？几人先人虽远，然气远〔运〕相关，必有之利〔理〕也。非宁府高祖独有感应也。贾珍夫妻至晚饭后方过荣府来，只见贾赦、贾政都在贾母房内坐着说闲话，与贾母取笑。贾琏、宝玉、贾环、贾蘭皆在地下侍立。贾珍来了，都一一见过。说了两句话后，贾母命坐，贾珍方在近门小杌子上告了坐。警身侧坐，贾母笑问道："这两日，你宝兄弟的箭如何了？"贾珍忙起身笑道："大长了，不但样式好，弓也长了一个力。"贾母道："这也勾了，且别贪力，仔细努伤。"贾珍忙答应几个是。贾母又道："昨儿你送的月饼好，西瓜看着好，打开却也罢了。"贾珍笑道："月饼是新来的一个专做点心的厨子，我试了试，果然好，才敢作了来孝敬的。西瓜往年都还可以，不知今年怎么就不好了。"贾政道："大约今年雨水太勤之故。"贾母笑道："此时月已上了，咱们且去上香。"说着，便起身扶着宝玉的肩，带领众人齐往园中来。

园之正门俱已大开，吊着羊角大灯。嘉荫堂前月台上焚着斗香，秉着风烛，陈献着瓜饼及各色果品。邢夫人等一干女眷，皆在里面久候。真是月明灯彩，人气香烟，晶艳氤氲，不可形状。［周按］用月明灯彩四句十六字以形容，真写得出。我在孩幼时，每逢大节日真有此种感受而不可以文词形容，嫡真不差。地下铺着拜毯锦褥，贾母盥手上香，拜毕，于是大家皆拜过。贾母便说："赏月在山上最好。"因命在那山脊上的大厅上去。众人听说，忙着到那里去铺设。贾母且在嘉荫堂中吃茶少歇，说些闲话。一时人回："都齐备了。"贾母方扶着人上山来。王夫人等说："恐石上苔滑，还是坐竹椅子上去。"贾母道："天天有人打扫，况且极平稳的宽路，何不疏散疏散筋骨！"于是贾赦、贾政等在前导引，两个老婆子秉着两把羊角手罩，鸳鸯、琥珀、尤氏等贴身搀扶，邢夫人等在后围随。从下逶迤不过百余步，至主山之峰脊上，便是这座厂厅。因在山之高脊，故名曰凸碧山庄。于厅前平台上列下桌椅，又用一架大围屏隔作两间。凡桌椅形式皆是圆的，特取团圆之意。上面居中贾母坐下，左垂首贾赦、贾珍、贾琏、贾蓉，右垂首贾政、宝玉、贾环、贾蘭，团团围坐。只坐了桌半壁，下面还有半壁余空。贾母笑道："常日到还不觉人少，今日看来，究竟咱们人也甚少，算不得什么。［庚双］未饮先感人丁，总是将散之兆。想当年过的日子，到今夜男女三四十个，何等热闹！今日就这样太少了！待要再叫几个来，他们都是有父母的，家里去应景，不好来的。如今叫女孩们来坐那边罢。"于是令人向围屏后将迎春、探春、惜春三个请出来。贾琏、宝玉等一齐出座，先尽他姊妹坐了，然后在下方依次坐定。

贾母便命折一枝桂花来，命一媳妇在屏后击鼓传花。若花在手中，饮酒一杯，罚说笑话一个。［庚双］不犯前几次饮酒。先从贾母起，次贾赦，一一接过。鼓声两转，恰恰在贾政手中，［庚双］奇妙，偏在政老手中，竟能使政老一谑，真大文章矣。只得饮了酒。众姊妹弟兄皆你悄悄的扯我一下，暗暗我又捏你一把，都含笑到要听是何笑话。［庚双］余也要细听。贾政见贾母喜悦，只得承欢。方欲说时，贾母又笑道："若说的不笑了，还要罚。"贾政笑道："只得一个，说来不笑，也只好愿罚了。"因笑道："一家子，一个人最怕老婆。"才说了一句，大家都笑了。因从不曾见贾政说过这样话，所以才笑。［庚双］是极，摹神之至。贾母笑道："这必是好的。"贾政笑道："若好，老太太多吃一杯。"贾母笑道："自然。"贾政又说道："这个怕老婆的人从不敢多走一步。偏是那日是八月十五，到街上买东西，便遇见了几个朋友，死活拉到家里去吃酒。不想吃醉了，便在朋友家睡着了，第二日才醒。后悔不及，只得来家陪罪。他老婆正洗脚，说，'既是这样，你替我舔舔就饶你。'这男人只得给他舔舔，未免恶心要吐。他老婆便恼了，要打，说，'你这样轻狂！'唬得他男人忙跪下求说，'并不是奶奶脚臭，只是昨晚吃多了黄酒，又吃了月饼馅子，所以今日有些作酸呢。'" 说的贾母与众人都笑了。[庚双] 这方是贾政之谑，亦善谑矣。贾政忙斟了一杯，送与贾母。贾母笑道："既这样，快叫人取烧酒来，别叫你们受累。" [周按] 受累，连累之累，非劳累也。众人又都笑起来。又击鼓，从贾政传起，可巧传至宝玉鼓止。宝玉因贾政在坐，自是踧踖不安，偏又在他手内，因想："说笑话，倘或说不好了，又说没口才，连一个笑话也不能，何况别的，这有不是。若说好了，又说正经的不会，只惯油嘴贫舌，更有不是，不如不说的好。" [庚双] 实写旧日往事。乃起身辞道："我不能说笑话，求再限别的罢了。" 贾政道："既这样，限一个秋字，就即景作一首诗。若好，便赏你。若不好，明日仔细。" 贾母忙道："好好的行令，如何又作诗？" 贾政道："他能的。" 贾母听说："既这样，就快作。" 命人取了纸笔来。贾政道："只不许用那些冰、玉、晶、银、彩、光、明、素等样堆砌字眼，要另出已见，试试你这几年的情思。" 宝玉听了，碓在心坎上，遂立想了四句，向纸上写了，呈与贾政，看道是……[周按] "看道是" 三字下应录诗，即回前批 "缺中秋诗俟雪芹" 之所指也。贾政看了，点头不语。贾母见这般，知无甚大不好，便问："怎么样？" 贾政因欲贾母喜悦，便说："难为他，只是不肯念书，到底词句不雅。" 贾母道："这就罢了。他能多大？定要他作才子不成？这就该奖励他，已后越发上心了。" 贾政道："正是。" 因回头命个老嬷嬷出去吩咐书房内的小厮："把我海南带来的扇子取两把给他。" [周按] 按此时中秋早过炎夏摇扇之时，而特表从南海带来之扇以为奖赏之物，不知何所取义。扇本微物，而在《石头记》全书中屡有奇特文章，如晴雯之撕扇，石呆子之以扇为性命皆是显例。余至今尚不能尽解其意，留待方家为我解读。宝玉忙拜谢，仍复归坐行令。

当下贾蘭见奖励宝玉，他便出席，也作一首，递与贾政看时，写道是……贾政看了，喜不自胜。遂并讲与贾母听时，贾母也十分欢喜，也忙令贾政赏。于是大家归坐，复行起令来。这次贾赦手内住了，只得吃了酒说笑话，因说道："一家子，一个儿子最孝顺。偏生母亲病了，各处求医不得，便请了一个针灸的婆子来。这婆子原不知道脉理，只说是心火，如今用针灸之法，针灸针灸就好了。这儿子慌了，便问，‘心见铁即死，如何针得？’婆子道，‘不用针心，只针肋条就是了。’儿子道，‘肋条离心甚远，怎么就能好呢？’婆子道，‘不妨事。你可知天下父母心偏的多呢。’”众人听说，都笑起来。贾母也只得吃半杯酒，半日笑道：“我也得这个婆子针一针就好了。”贾赦听说，便知自己出言冒撞，贾母疑了心，忙起身笑与贾母把盏，以别言解释。贾母亦不好再提，且行起令来。

不料这次花却在贾环手里。贾环近日读书稍进，其脾胃中不好务正，也与宝玉一样，故每常也好看些诗词，喜好奇诡仙鬼一格。今见宝玉作诗受奖，他便技痒，只当着贾政不敢造次。如今可巧花在手中，便也拾取纸笔立挥一绝与贾政。［周按］就宝玉［庚双］偏立贾政戏所用之纸笔也。谑，已是异文，而贾环作诗，贾〔实〕奇中又奇之奇文也，总在人意料之外。竟有人曰：贾环如何又有好诗，似前言不搭后文矣。盖不可向说问，贾环亦荣公子正脉，虽少年顽劣，见今故〔古〕小儿之常情年〔耳〕，读书岂无长进之理哉。况贾政之教是弟子目〔自〕己，大觉疏忽矣。若是贾环连一平仄也不知，岂荣府是寻常膏梁〔粱〕不知诗书之家哉。然后之贾玉之一种情思，正非有益子总〔之聪〕明，不得谓比诸人皆妙者也。贾政看了，亦觉罕异，只是词句中终带着不乐读书之意，遂不悦道：“可见是弟兄了。发言吐气，总属邪派，将来都是不由规矩准绳，一起下流货。妙在古人中有二难，你两个也可以称二难了。只是你两个难字，却是作难以教训的难字讲才好。哥哥是公然温飞卿自居，如今兄弟又自为曹唐再世了。”说的贾赦等都笑了。贾赦乃要诗瞧一遍，连声赞好，道：“这诗据我看甚是有气骨。想来咱们这样人家，原不比那起寒酸，定要雪窗萤火，一日蟾宫折桂，方得扬眉吐气。咱们的子弟都原该读些书，不过比别人略明白些，可以做得官时，就跑不了一个官的。何必多费了工夫，反弄出书呆子来。所以我爱他这诗不失咱们侯门气概。”因回头吩咐人去取了自己许多玩物来赏赐与他。因又拍着贾环的头笑道：“已后就这样做去，方是咱们的口气，将来这世袭的前程，定跑不了你袭呢。”［周按］按宝玉、贾蘭、贾环三人之中秋诗，各钞本皆缺。故本为五言七言律诗绝句皆不得而知。回目所云新词得佳谶亦不知所指。而贾赦独赞贾环，更无从揣测其诗皆作何语。且贾环行三，上有宝玉为兄，何以偏能世袭前程，均不可解。贾政听说，忙劝道：“不过他胡诌如此，那里就论到后事了。”说着，便斟上酒，又行了一回令。［庚双］便又轻轻抹去也。贾母便说：“你们去罢，自然外头还有相公们候着，也不可轻忽了他们。况且二更多了，你们散了，再让我们娘儿们多坐一回，好歇着了。”贾赦等听了，方止了令，又大家公敬了贾母一杯酒，方带着子侄们出去了。要知端的。［周按］雪芹原笔回末结语多不用俗套，苏本之要知端的戛然而止者，犹存原貌。

［戚回后］下回有一篇极清雅文字，下幅有半篇极整齐文字，故先叙抢快摸牌，沉湎冒色为反振，有骏马下坡，鸷鸟将翔之势。

看聚赌一段，宛然宵小群居终日图。看赏月一段，又宛然望族序齿燕毛录。说火则热，而说冰则寒，文心固无所不可。

［回后评］如本回回目所示，荣宁二府于中秋佳节如何享受各自不同。在宁府一味声色享乐，故异兆悲音，暗中伤叹。而在荣府礼数，排场仍有世家气象，加以“新词”“佳谶”，其品格处处高于宁府，其雅俗之间，判然不爽。

史太君两宴大观园

刘姥姥喝多了酒，一听乐声，越发喜得手舞足蹈起来。宝玉因下席向黛玉笑道：“你看刘姥姥的样子。”黛玉笑道：“当时舜乐一奏，百兽率舞，如今才一牛耳。”众姐妹都笑了。

大姐儿因抱着一个大柚子顽的，忽见板儿抱着一个佛手，便也要佛手。众人忙把柚子与了板儿，将板儿手上的佛手哄过来。板儿因顽了半日佛手，忽见这柚子又香又圆，也就不要那佛手了。庚辰本此处有一侧批：小儿常情，遂成伏线千里。

巧姐

留余庆，留余庆，忽遇恩人。幸娘亲，幸娘亲，积得阴功。劝人生，济困扶穷。休似掩那银钱上，忘骨肉的狠舅奸兄！正是乘除加减，上有苍穹。

第七十六回
凸碧堂品笛感凄情　凹晶馆联诗悲寂寞

［戚回前］此回着笔最难。不叙中秋夜宴则漏，叙夜宴又与上元相犯。不叙诸人酬和则俗，叙酬和又与起社相犯。诸人在贾政前吟诗，诸人各自为一席又非礼。既叙夜宴，再叙酬和，不漏不俗，更不相犯。云行月移，水流花放，别有机括，深宜玩索。

话说贾赦、贾政等散去不题。且说贾母这里命将围屏撤去，两席并而为一。众媳妇另行擦桌整果，更杯洗箸，陈设一番。贾母等都添了衣，盥漱吃茶，方又入坐，团团围绕。贾母看时，宝钗姊妹二人不在坐内，知他们家去圆月去了，且李纨、凤姐二人又病着，少了四个人，便觉冷清了好些。［庚双］不想这次中秋，反写得十分凄楚。贾母因笑道：“往年你老爷们不在家，咱们随性都请姨太太来，大家赏月却十分热闹。忽一时想起你老爷来，又不免想到母子、夫妻、儿女不能一处，也都有些没兴。及至今年你老爷来了，大家团圆，又不便请他娘儿们来说说笑笑。况且他们今年又添了两口人，也难丢了他们，跑到这里来。偏又把凤丫头病了，有他一人来说说笑笑，还抵得十个人的空儿。可见天下事总难十全。”说毕，不觉长叹一声，遂命拿大杯来斟热酒。［周按］与况又有“美中不足、好事多魔”八个字紧相连属，遥相呼应也，可知第一回僧道二人与大石谈话时曾有是语乎。王夫人笑道：“今日得母子团圆，自比往年有趣。往年娘儿们虽多，终不似今年自己的骨肉齐全的好。”贾母笑道：“正是为此，所以我才高兴拿大杯来吃酒。你们也换大杯才是。”邢夫人等只得换上大杯来。因夜深体乏，且不能胜酒，未免都有些倦意，无奈贾母兴犹未阑，只得陪饮。贾母又命将罽毡铺于阶上，命将月饼、西瓜、果品等类都叫搬下去，令丫头、媳妇们也都团团围坐赏月。贾母因见月至中天，比先越发精彩可爱，因说："如此好月，不可不闻笛。"因命人将十番上女孩子传来。贾母道："音乐多了，反失雅致，只用吹笛的远远吹起来就彀了。"［周按］老太太虽不识字而文化教养天赋自通，尤其精于音乐之理。每出一言必皆中肯恰切，体会之深过于常人。说毕，刚去吹时，只见跟邢夫人的媳妇走来，向邢夫人前说了两句话。贾母便问："什么事？"那媳妇便回说："方才大老爷出去，被石头绊了一下，蹉了腿。"贾母听说，忙命两个婆子快看去，又命邢夫人快去。邢夫人遂告辞起身。贾母便又说："珍哥媳妇也趁着便就家去罢，我也就睡了。"尤氏笑道："我今日不回去了，定要和老祖宗吃一夜。"贾母笑说道："使不得，你们小夫妻家，今夜不要团圆团圆？如何为我耽搁了。"尤氏红了脸，笑道："老祖宗说的我们太不堪了。我们虽然年轻，已经是十来年的夫妻，也奔四十岁的人了。况且孝服未满，陪着老太太顽一夜还罢了，岂有自去团圆的理？"贾母听说，笑道："这话狠是，我到也忘了孝未满。可怜你公公辗眼已是二年多了，［庚双］不是弄〔算〕贾敬，却是弄〔算〕赦死斯〔期〕也。可是我到忘了，该罚我一大杯。既这样，你就索性别去，陪着我罢。你叫蓉儿媳妇他就顺便回去罢。"尤氏说了，蓉妻答应着，送出邢夫人，一同至大门，各自上车回去。不在话下。

这里贾母仍带众人赏了一回桂花，又入席换酒来。正说着闲话，猛不防只听那壁厢桂花树下呜呜咽咽，悠悠扬扬，吹出笛声来。趁着这明月清风，天空地净，真令人烦心顿解，万虑齐除，都肃然危坐，默相赏听。约两盏茶时，方才止住，大家称赞不已。［周按］试看中华音乐之高境界略可于雪芹笔下透露一斑。此等境界与热闹喧嚣迥然不同，所谓雅俗之分亦不外乎此。于是遂又斟上酒来。贾母笑道："果然可听么？"众人笑道："实在可听。我们也想不到这样，须得老太太带领着，我们也得开些心胸。"贾母道："这还不大好，须得拣那曲谱中越慢的吹来越好。”说着，便将自己吃的一个内造瓜仁油松瓤月饼，又命斟一大杯热酒送给谱笛之人，慢慢的吃了，再细细的吹一套来。媳妇们答应了，方送去，只见方才瞧贾赦的两个婆子回来说：“瞧了。右脚面上白肿了些，［周按］白肿了些，谓只不过肿了些，无大妨碍之意也。如今服了药，疼的好些了，也不甚大关系。”贾母点头叹道：“我也太操心。打紧说我偏心，我反这样。”因就将方才贾赦的笑话说与王夫人、尤氏等听。王夫人因笑劝道：“这原是酒后大家说笑，不留心也是有的，岂有敢说老太太之理？老太太自当解释才是。”只见鸳鸯拿了软巾兜与大斗篷来，说：“夜深了，恐露水下来，风吹了头，须要添了这个。坐坐也该歇了。”贾母道：“偏今儿高兴，你又来催。难道我醉了不成？偏到天亮！”因命再斟酒来。一面带上兜巾，披了斗篷，大家陪着又饮，说些笑话。只听桂花阴里，呜呜咽咽，袅袅悠悠，又发出一缕笛音来，果真比先越发凄凉。大家都寂然而坐。夜静月明，且笛声悲怨，贾母年高带酒之人，听此声音，不免有触于心，禁不住堕下泪来。众人彼此都不禁凄凉寂历之意。半日，方知贾母伤感，才忙转身陪笑，发语解释。［庚双］转身妙！画出对月听笛如痴如呆，不觉尊长在上之形景来。又命换酒，且住了笛。

尤氏笑道：“我也学了一个笑话，说与老祖宗解解闷。”贾母免强笑道：“这样更好，快说来我听。”尤氏乃说道：“一家子，养了四个儿子，大儿子只一个眼睛，二儿子只一个耳朵，三儿子只一个鼻子眼，四儿子到都齐全，偏又是个哑叭。”正说到这里，只见贾母已朦胧双眼，似有睡去之态。［庚双］总写出凄凉无兴景况来。尤氏方住了，忙合王夫人轻轻请醒。贾母睁眼笑道：“我不困，白闭闭眼养神。你们只管说，我听着呢。”［庚双］活画。王夫人等笑道：“夜已四更了，风露也大，请老太太安歇罢了。明日再赏十六，也不辜负这月色。”贾母道：“那里就四更了？”王夫人笑道：“实已四更，他们姊妹们熬不过，都去睡了。”贾母听说，细看了一看，果然都散了，只有探春一人在此。贾母笑道：“也罢，你们也熬不惯夜，况且弱的弱，病的病，去了到省心。只是三丫头可怜见的，尚还等着。你也去罢，我们散了。”说着便起身，吃了一口清茶，便有预备下的竹椅小轿，便围着斗篷坐上，两个婆子搭起，众人围随，出园去了。不在话下。

这里众媳妇收拾杯盘碗箸时，却少了个细茶杯，各处寻觅不见，又问众人：“必是谁失手打了，撂在那里，告诉我，拿了磁瓦去交收，是证见，不然，又说偷起来了。”众人都说：“没有打了。只怕跟姑娘的人打了，也未可知。你细想想，或是问问他们去。”一语提醒了这管家伙的媳妇，因笑道：“是了，那一会记得是翠缕拿着的，我去问他。”说着便去找时，刚下了甬路，就遇见了紫鹃和翠缕来了。［庚双］妙！又出一个。翠缕便问道：“老太太散了。可知我们姑娘那去了？”［庚双］更妙！这媳妇道：“我来问那一个茶钟那里去了，你们到问我要姑娘。”翠缕笑道：“我因倒茶给姑娘去吃的，瞩眼回头，就连姑娘也没了。”那媳妇道：“太太才说，都睡觉去了。你不知那里顽去了还不知道呢。”翠缕和紫鹃道：“断乎没有悄悄的睡去之理，只怕在那里走了一走。如今见老太太散了，赶过前边送去也未可知。我们且往前边找找去。有了姑娘，自然你的茶钟也有了。你明日一早再找，有什么忙的！”媳妇笑道：“有了下落，就不忙了，明儿就和你要罢。”说毕，回去仍查收家伙。这里紫鹃和翠缕便往贾母处来。不在话下。

原来黛玉和湘云二人并未曾去睡，只因黛玉见贾府中许多人赏月，贾母犹叹人少，不似当年热闹，又提宝钗姊妹家去母女弟兄自去赏月等语，不觉对景感怀，自去俯栏垂泪。宝玉近因晴雯病势甚重，诸务无心，［庚双］代〔带〕一笔妙，更觉谨密不漏。王夫人再四遣他去睡，他也便去了。探春又因近日家事着恼，也无暇游玩，虽有迎春、惜春二人，偏又素日不大甚合。所以只剩了湘云一人宽慰他。因说："你是个明白人，何必作此形像自苦。我也和你一样，我就不似你这样心窄。何况你又多病，还不自己保养。可恨宝姐姐姊妹天天说亲道热，早已说今年中秋要大家一处赏月，必要起社，大家联句，到今日便弃了咱们，自己赏月去了。社也散了，诗也不作了。到是他们父子叔侄纵横起来。你可知宋太祖说的好，卧榻之侧，岂许他人酣睡。他们不作，咱们两个竟联起句来，明日羞他们一羞。"黛玉见他这般劝慰，不负他的豪兴，因笑道："你看这里这等人声嘈杂，有何诗兴？"湘云笑道："这山上赏月虽好，终不及近水赏月更妙。你知道这山坡底下就是池沿，山坳里近水一个所在就是凹晶馆，可知当日盖这园子时就有学问。这山之高处，就叫作凸碧。山之低洼近水处，就叫作凹晶。这凸凹二字，历来用的人最少，如今直用作轩馆之名，更觉新鲜，不落窠臼。可知这两处一上一下，一明一暗，一高一矮，一山一水，竟是特因玩月而设此两处。有爱那山高月小的，［周按］湘云读书多，开口便有典故。如山高月小，即东坡《赤壁赋》中语也。便往那里来。有爱那皓月清波的，便往那里去。只是这两个字俗念洼拱二音，便说俗了，不大见用。只有陆放翁用了凹字，说：古砚微凹聚墨多。还有人批他俗，岂不可笑！"林黛玉道："也不只放翁用，古人中用者太多。如江淹《青苔赋》、东方朔《神异经》，以至《画记》上云，张僧繇画一乘寺的故事，不可胜举。只是今人不知，误作俗字用了。［周按］此表示黛玉之读书亦多，然虽曰湘云、黛玉读书多，实则雪芹读书多之偶一流露，真不可及也。实和你说罢，这两个字还是我拟的呢。因那年试宝玉，因他拟了几处，也有存的，也有删改的，也有尚未拟的。这是后来我们大家把这没有名色的，也都拟出来，注了出处，写了这房屋的坐落，一并带进去与大姐姐瞧了。他又带出来，命给舅舅瞧过。谁知舅舅倒喜欢起来，又说：早知这样，那日就该叫他姊妹一并拟了，岂不有趣。所以凡我拟的，一字不改都用了。如今就往凹晶馆去看看。”说着，二人便同下了山坡。只一转湾，就是池沿，沿上一带竹栏相接，直通着那边藕香榭的路径。［庚双］点明，妙！不然此园竟有多大地亩了。因这几间就在此山怀抱之中，乃凸碧山庄之退居，因洼而近水，故见其额凹晶溪馆。因此处房宇不多，且又矮小，故只有两个老婆子上夜。今日打听得凸碧山庄的人应差，与他们无干。这两个老婆子关了月饼、果品并犒赏的酒食来，二人吃得既醉且饱，早已息灯睡了。［庚双］妙极！此书又〔有〕迳〔进〕一步写法。如王夫人云“他姊妹可怜，那里像当日林姑妈那样”，有〔又〕如贾母云“如今人少，那里日〔如〕当日人多”等数（语），此谓进一步法也。有退一步法，如宝钗之对刑〔邢〕岫烟此一时也，彼一时也，如今此〔比〕不得先的活〔话〕了，只好随是十分。又如风〔凤〕姐之对平儿云“如今我也〈我〉我明白了，我如今也要作好好先生罢”等类，此谓退一步法也。今〈有〉方收拾故〔过〕贾母高乐，却有〔又〕写出二婆子高乐，此（进）一步之实也。如前文《海棠诗》四手〔首〕以〔已〕足，忽又用湘云独成二律，反厌〔压〕卷，此又进一步实事也。所谓法法皆全，然〔全〕然不夹〔爽〕也。黛玉、湘云见息了灯，湘云笑道：“到是他们睡了好。咱们就在这卷棚底下赏这水、月如何？”二人遂在两个湘妃竹墩上坐下。

只见天上一轮皓月，池中一轮水月，上下争辉，如置身于晶宫鲛室之内。微风一过，粼粼然池面皱碧铺纹，真令人神清气净。［周按］雪芹笔下写人写事写景写境总是诗的表现，庸常小说家断乎难到此境。湘云笑道：“怎得这会子坐上舡吃酒到好。［周按］湘云于赏月时却偏偏想到坐船，乍看令人不解，然若考知日后宝湘二人重逢时乃是船上之事，便悟此种皆是巧妙之伏笔也。这要是我家里这样，我就立刻坐船了。”黛玉笑道：“正是古人常说的好，事若求全何所乐。据我说，这也罢了，偏要坐船起来。”湘云笑道：“得陇望蜀，人之常情。可知那些老人家说的不错，说贫穷之家自为富贵之家事事称心，告诉他说竟不能随心，他也不肯信的，必得亲历其境，他方知觉了。就如咱们两个，虽父母不在，然却也忝在富贵之乡，只你我就有许多不遂心的事。”黛玉笑道：“不但你我不得趁心，就连老太太、太太以至宝玉、探丫头等人，无论事大事小，有理无理，其不能各遂其心者，同一理也，何况你我旅居客寄之人了！”［庚双］以立未不怡然得享自然之乐者矣。书中若干女子从生〔主〕及婢，未有必各有所觉，各有所试，各有所长者，皆未如宝宝〔玉〕无可关切筹画，可叹！湘云听说，恐怕黛玉又伤感起来，忙道：“休说这些闲话，咱们且联诗。”正说间，只听笛音悠扬起来。黛玉笑道：“今日老太太、太太高兴了，这笛子吹的有趣，到是助咱们的兴趣了。［庚双］妙。正是吹笛之时，分〔勿〕认作人〔又〕一处之笛也。咱两个都爱五言，就还是五言排律罢。”湘云道：“限何韵？”黛玉笑道：“咱们数这栏杆的直棍，这头到那头为止。他是第几根，就用第几韵。若十六根，便是一先起。这可新鲜！”湘云笑道：“这到别致。”于是二人起身，便从头数至尽头止，得十三根。湘云道：“偏又是十三元了。这个韵少，作排律，只怕牵强，不能压韵呢。少不得你先起一句罢了。”黛玉笑道：“到要试试咱们谁强谁弱，只是没个纸笔记。”湘云道：“不妨，明儿再写，只怕这一点聪明还有。”黛玉道：“我先起一句现成的俗语罢。”因念道：

　　三五中秋夕，

湘云想了一想，道：

　　清游拟上元。撒天箕斗灿，

林黛玉笑道：

　　匝地管弦繁。几处狂飞盏，

湘云笑道：“这一句‘几处狂飞盏’有些意思，这到要对的好呢。”想了一想，笑道：

　　谁家不启轩。轻寒风剪剪，

黛玉道：“对的比我的却好。只是这句又说熟话了，就该加劲说了去才是。”湘云笑道：“诗多韵险，也要铺陈些才是。纵有好的，且留在后头。”黛玉笑道：“到后头没有好的，我看你羞不羞！”因联道：

　　良夜景暄暄。争饼嘲黄发，

湘云笑道："这句不好，杜撰，用俗事来难我了。"黛玉笑道："我说你不曾见过书呢。吃饼是旧典，《唐书》《唐志》，你看了来再说。"湘云笑道："这也难不倒我，我也有了。"因联道：

分瓜笑绿媛。香新荣玉桂，

黛玉笑道："分瓜可是实实你的杜撰了。"湘云笑道："明日咱们对查了出来，大家看看，这会子别耽误工夫。"黛玉笑道："虽如此，下句也不好，不犯着又用玉桂、金兰等字样来塞责。"因联道：

色健茂金萱。蜡烛辉琼宴，

湘云笑道："金萱二字便宜你了，省了多少力。这样现成的韵，被你得了，只是不犯着替他们颂圣去。况且下句你也是塞责了。"黛玉笑道："你不说玉桂，我难道强对金萱罢？再也要铺陈些富丽，方是方才即景之实事。"湘云只得又联道：

觥筹乱绮园。分曹尊一令，

黛玉笑道："下句好，只是难对些。"因想了一想，联道：

射覆听三宣。骰彩红成点，

湘云笑道："三宣有趣，竟化俗成雅了。只是下句又说上骰子。"少不得联道：

传花鼓滥喧。晴光摇院宇，

黛玉笑道："对的却好。下句又溜了，只管拿些风月来塞责。"湘云道："究竟没说到月上，也要点缀点缀，方不落题。"黛玉道："且姑存之，明日再斟酌。"因联道：

素彩接乾坤。赏罚无宾主，

湘云道："又说他们作什么，不如说咱们。"只得联道：

吟诗序仲昆。构思时倚槛，

黛玉笑道："这可以入上你我了。"因联道：

拟景或依门。酒尽情犹在，

湘云道："这时候了！"乃联道：

更残乐已谖。渐闻语笑寂，

黛玉笑道："这时候，可知一步难似一步了。"因联道：

空剩雪霜痕。阶露团朝菌，

湘云笑道："这一句怎么押韵，让我想想。"因起身负手想了一想，笑道："彀了，幸而想出一个字来，几乎败了。"因联道：

庭烟敛夕棔。［周按］棔即合欢花树，俗称马缨花者是也。前文第三十八回有批可以互证。但此句特出庭字源出于《楝亭诗》：节气余萱草，庭柯忆马缨。此等处雪芹自知，世人则解味者难逢，所谓红学另是一种学问，于此亦可见一斑。秋湍泻石髓，

黛玉听了，不禁也起身叫妙，说："这促狭鬼，果然留下好的，这会才说棔字，亏你想得出。"湘云道："幸而昨日看历朝文选，见了这个字，我不知是何树，因要查一查。宝姐姐说不用查，这就是如今俗叫作明开夜合的。我信不及，到底查了一查，果然不错。看来宝姐姐知道的竟多。"黛玉笑道："棔字用在此时更恰，也还罢了。只是'秋湍'一句亏你好想。只这一句，别的都要抹倒。我少不得打起精神来对这一句，只是再不能似这一句了。"因想了一想，道：

风叶聚云根。宝婺情孤洁，

湘云道："这对的也还好。只是下一句你也溜了，幸而是景中情，［周按］此本回湘云口中"幸而"之三，以见其素习声音笑貌，且以照应第十九、二十六回中"不幸中之幸"，大关节也。不单用宝婺来塞责。"因联道：

银蟾气吐吞。药经灵兔捣，

黛玉不语点头，半日，随念道：

人向广寒奔。犯斗邀牛女，

湘云也望月点首，联道：

乘槎待帝孙。［周按］乘槎待帝孙暗指后文宝湘重会。上句已用邀字，此句用待，所关重要，当是本旨。虚盈轮莫定，

黛玉笑道："又用比兴了。"因联道：

　　晦朔魄空存。壶漏声将涸，

湘云方欲联时，黛玉指池中黑影与湘云看，道："你看那河里，怎么像个人，在黑影里去了，敢是个鬼罢？"湘云笑道："可是，又见鬼了。我是不怕鬼的，等我打他一下。"因湾腰拾了一块小石片，向那池中打去，只听打的水响，一个大圆圈将月影荡散复聚者几次。［苏双］写得出。试思若非亲历其妙境者，如何模〔摹〕写得如此。［周按］试看雪芹写景，寥寥数笔便觉新奇巧妙，人所难及。然细思之，仍是古人论诗所谓"状难写之景如在目前，含不尽之意见于言外"，若离诗境而读《石头记》，则全不知味也。只听那黑影里戛然一声，却飞起一个白鹤来，［庚双］写得出。直往藕香榭去了。黛玉笑道："原来是他，猛然想不到，反唬了一跳。"湘云笑道："这个鹤有趣，到助了我了。"因联道：

　　窗灯焰已昏。寒塘渡鹤影，

黛玉听了，又叫好，又跺足，说道："了不得，这鹤真是助他的了！这一句更比'秋湍'不同，叫我对什么才好？影字只有一个魂字可对，况且'寒塘渡鹤'，何等自然，何等现成，何等有景，且又新鲜，我竟要搁笔了。"湘云笑道："大家细想就有了，不然就放着，明日再联也可。"黛玉只看天，不理他，半日，猛然笑道："你不必捞嘴，我也有了，你听听。"因对道：

　　冷月葬花魂。

湘云拍手赞道："果然好极，非此不能对，好个葬花魂！"因又叹道："诗故新奇，只是太颓丧了些。你现病着，不该作此过于凄楚奇谲之语。"［周按］湘云已知此句于黛玉之现状与后情相关。黛玉笑道："不如此，如何压倒你？下句竟还未得，只为用工在这一句了。"

　　一语未了，只见栏外山石后转出一个人来，笑道："好诗，好诗！果然太悲凉了。不必再往下联，若底下只这样去，反不显这两句了，到觉得堆砌牵强。"二人不防，到唬了一跳。细看，不是别人，却是妙玉。二人皆咤意，［庚双］原可咤意，余亦咤意。［周按］批书人即书中人，现身说法。因问：“你如何到了这里？”妙玉笑道：“我听见你们大家赏月，又吹的好笛，我也出来玩赏。这清池皓月，顺脚走到这里，忽听见你两个联诗，更觉清雅异常，故此就听住了。只是方才我听见这一首中，有几句虽好，只是过于颓丧凄楚。此亦关人之气数而有，所以我出来止住。如今老太太都已早散了，满园的人想俱已睡熟了，你两个的丫头还不知在那里找你们呢！也不怕冷了？快同我来，到我那里去吃杯茶，只怕就天亮了。”黛玉笑道：“谁知道就这个时候了。”

三人遂一同来至拢翠庵中。只见龛焰犹青，炉香未烬。几个老嬷嬷也都睡了，只有小嬛在蒲团上垂头打盹。妙玉唤他起来，现去烹茶。忽听扣门之声，小嬛忙去开门看时，却是紫鹃、翠缕与几个老嬷嬷来找他姊妹两个。进来见他们正吃茶，因都笑道：“要我们好找，一个园子走遍了，连姨太太那里都找到了。才到了那山坡底下小庭里找时，可巧那里上夜的正睡醒了。我们问他们，他们说，‘方才庭外头棚下两个人说话，后来又添了一个，听见说，大家往庵里去。’我们就知道是这里了。”

妙玉忙命小丫嬛引他们到那边去坐着歇息吃茶，自己却取了笔砚纸墨出来，将方才的诗，命他二人念着，遂从头写出来。黛玉见他今日十分高兴，便笑道：“从来没见你这样高兴，若不见你这样高兴，我也不敢唐突请教。这还可以见教否？若不堪时，便就烧了，若或可政，［周按］政字，原系晋朝大书法家王右军为避其家讳正而改用政字。盖正字若缺末笔则不复成字。故避讳有两法，常法是缺末笔而不书，特例是不但不减笔反而加笔。此政字是其好例也。后世文人遂沿其书法而与避讳了无关系也。即请改正改正。”妙玉笑道：“也不敢妄改评赞。只是这才有了二十二韵。我意思想着你二位警句已出，再若续时，恐后力不加。我竟要续貂，又恐有玷。”黛玉从没见妙玉作过诗，今见他高兴如此，忙说：“果然如此，我们的虽不好，亦可以带好了。”妙玉道：“如今收结，到底还该归到本来面目上去。若只管丢了真情真事，且去搜奇检怪，一则失了咱们的闺阁面目，［周按］观此句方知妙玉虽出家离世，但不忘自己是闺阁中人。此即透露其内心深处，其身份、性情全与世俗僧尼大有区分。二则也与题目无涉了。”林、史二人皆道：“极是。”［周按］“林史傲秋闺”见第三十七回回前诗。妙玉遂提笔一挥而就，递与他二人道：“休要见笑。依我必须如此，方翻转过来。虽前头有凄楚之句，亦无甚碍了。”二人接了看时，只见他续道：

香篆锁金鼎，脂冰腻玉盆。
箫增嫠妇泣，衾倩侍儿温。
空帐悬文凤，闲屏掩彩鸳。
露浓苔更滑，霜重竹难扪。
犹步萦纡沼，还登寂历原。
石奇神鬼搏，木怪虎狼蹲。
赑屃朝光透，罘罳晓露屯。
振林千树鸟，啼谷一声猿。
岐熟焉忘径，泉知不问源。
钟鸣拢翠寺，鸡唱稻香村。
有兴悲何继，无愁意岂烦。
芳情只自遣，雅趣向谁言。
彻旦休云倦，烹茶更细论。

中秋夜园即景联句三十五韵

黛玉、湘云二人皆赞赏不已，说：“可见我们天天是舍近而求远，现有这样诗仙在此，却天天去纸上谈兵。”妙玉笑道：“明日再润色。此时想已快天明了，到底要歇息歇息才是。”林、史二人听说，便起身告辞，带领丫嬛出来。妙玉送至门外，看他们去远，方掩门进来。不在话下。

这里翠缕向湘云道："大奶奶那里还有人等着咱们睡去呢，如今还是那里去好？"湘云笑道："你顺路告诉他们，叫他们睡罢。我这一去，未免惊动病人，不如闹林姑娘半夜去罢。"说着，大家走至潇湘馆中，有一半人已睡去。二人进去，方才卸妆宽衣，盥漱已毕，方上床安歇。紫鹃放下绡帐，移灯掩门出去。

谁知湘云有择息之病，虽在枕上，只白睡不着。黛玉又是一个心血不足，常常失眠的。今日又错过困头，自然也是睡不着。二人在枕上翻来覆去。黛玉因问道："你怎么还不睡着？"湘云微笑道："我有择息的病，况且走了困，只好躺躺罢。你怎也睡不着？"黛玉叹道：［庚双］一笑一叹，只二字便写出平日之行景。"我这睡不着，也并非今日。大约一年之中，通共也只好睡十夜满足的。"湘云道："却是你病的原故，所以不足。"不知下文什么，且听下回分解。

［戚回后］诗词清远闲旷，自是慧业才人，何须赘评？须看他众人联句填词时，各人性情，各人意见，叙来恰肖其人。二人联诗时，一番讥评，一番叹赏，叙来更得其神。再看漏永吟残，忽开一洞天福地，字字出人意表。

只一品笛，疑有疑无，若近若远，有无限逸致。

［回后评］贾府中秋至此虽竭力布置以求欢乐之意，然终不能尽掩其凄情。戚蓼生续《石头记》曾云：雪芹独能一喉而二声，一手而二牍。观乎本回赏中秋毕竟是盛是衰、是悲是喜，迷离恍惚，难以判分。此亦戚蓼生所谓之二声两牍之妙也。

《石头记》全书两次五言大联句，是雪芹最用力而最得意之重要笔墨。据清人陈其泰所记，其祖父曾见一异本，书结尾乃是宝湘重聚后，于除夕再用中秋联句诗韵作诗，佳句叠出令人击节。然则吾人今日所赏中秋诗之佳处仍只一半。其与原本除夕叠韵呼应之妙已不复可见矣，令人叹恨不已。

观湘云、妙玉二人皆言，黛玉“冷月葬花魂”之句乃气运不祥之兆，妙玉又特为续诗，挽回于艰难困苦之境中复现朝曦晓露，此则明示，雪芹原本宝湘重会后乃一崭新之境界，与旧日小说之大团圆俗套绝不可混为一谈。凡此皆须于雪芹笔法中参悟而得知，处处有证可据，全在读者自身之文化素养浅深如何而有异耳。

读《石头记》诗须留意呼应一义。即如本回联句“香篆锁金鼎”正与芦雪广联句“麝煤融宝鼎”呼应。又如，“脂冰腻玉盆”正与《桃花行》中“侍女金盆进水来”呼应，举一反三，阅者必有自得之乐。妙姑续成完篇，中有“苦情只自遣，雅趣向谁言”一联。苦字是我早年《会真》本所定。今日思之，离骚曰“苟余情之信芳兮”之语，然则妙玉岂暗用屈原之名句乎？若然，当改从他本作芳情为是矣，俟方家教示。

联句诗中“香篆锁金鼎”句，“锁”字似不可解，疑有误，应是“销”字之讹。然若是“销”字，亦有二疑：一，所谓“香消茶尽”之消字应是三点水旁，而与销字不相连属。盖鼎为铜质，岂能为香篆所销。二，今传世诸重要钞本皆作锁字，只有梦觉、程高二本作销。而此二本皆晚出本，多遭后人增删改动，不尽可信。余不敢轻从，仍用锁字，以待研定。

第七十七回
俏丫嬛抱屈夭风流　美优伶斩情归水月

［蒙戚回前］司棋一事，前文着实写来，此却随笔收去。晴雯一事，前文不过带叙，此却竭力发挥。前文借晴雯一衬，文不寂寞。此实借司棋一引，文愈曲折。

话说王夫人见中秋已过，凤姐病已比先减了，虽未大愈，可以出入行走得了，仍命大夫每日诊脉服药，又开了丸药方来，配调经养荣丸。因用上等人参二两，王夫人命人取时，寻了半日，只向小匣内寻了几枝簪挺粗细的。王夫人看了嫌不好，命再找去，又找了一包须末出来。王夫人焦燥道：“用不着偏有，但用着了，再找不着。成日家我说叫你们查一查，都归拢在一处，你们白不听，就随手混撂。你们不知他的好处，用起来得多少换，买来还不中使呢！”彩云道：“想是没了，就只有这个。上次那边的太太来寻了些去，太太都给过去了。”王夫人道：“没有的话，你再细找找！”彩云只得又去找，拿了几包药末说：“我们不认得这个，请太太自看。除了这个再没有了。”王夫人打开看时，也都忘了，不知是些什么东西，并没有一枝人参。因一面遣人去问凤姐有无，凤姐来说：“也只有些参膏。芦须虽有几枝，也不是上好的，每日还要煎药里用呢。”王夫人听了，只得向邢夫人那里问去。邢夫人说：“因上次没了，才往这里来寻。”王夫人没法，只得亲自过来请问贾母。贾母忙命鸳鸯取出当日所余的来，竟还有一大包，皆有手指头粗细的不等，遂称了二两与王夫人。王夫人出来，交与周瑞家的拿去，命小厮送与医生家去。又命将那几包不能得辨的也带了去，命医生认了，各记号上来。［庚双］此等（皆）家常细是〔事〕，岂事揣拿得此〈皆〉者。一时，周瑞家的又拿了进来，说："这一包都各包好，记上名字了。但这一包人参，固然是上好的，如今就连三十换也不能得这样的了，但年代太陈了。这东西比别的不同，凭是怎样好的，只过了一百年后自己就成了灰了。如今这个虽未成灰，然已成了朽糟烂木，也无性力的了。请太太收了这个，到不拘粗细，好歹再换些新的到好。"王夫人听了，低头不语，半日才说："这可没法了，只好去买二两来罢。"也无心看那些，只命："都收了罢！"因说给周瑞家的："你就去说给外头人们，拣好的换二两来。倘一时老太太问你们，只说用的是老太太的，不必多说。"

周瑞家的方才要去时，宝钗因在坐，乃笑道："姨娘且住，如今外头卖的人参都没好的，虽有一枝全的，他们也必截作两三段，厢嵌上芦泡须枝掺匀了好卖，看不得粗细。我们铺子里常和参行交易，如今我去和妈说了，叫哥哥去托个伙计过去，和参行商议说明，叫他把未作的原枝好参兑二两来。不妨咱们多使几两银子，也得了好的。"王夫人笑道："到是你明白，就难为你亲自走一淌明白。"于是宝钗去了，半日回来说："已遣人去，赶晚就有回信的。明日一早去配也不迟。"王夫人自是喜悦，因说道："卖油的娘子水梳头，自来家里有的，好的歹的不知给人多少。这会子轮到自己用，反到各处求人去了。"说毕长叹。宝钗笑道："这东西虽然值钱，究竟不过是药，原该济众散人才是。咱们比不得那没见识面的人家，得了这个，就珍藏密敛的。"［庚双］［周按］寻参大段敷衍张致，调侃语。不类原文，疑或后笔补入。王夫人点头道："这话极是。"

一时宝钗去后，因见无别人在室，遂唤周瑞家的来问："前日园中搜捡的事情，可得个下落？"周瑞家的是已和凤姐等人商议定妥，一字不隐，遂回明王夫人。王夫人听了，虽惊且怒，却又作难，因思司棋系迎春之人，皆系那边的人，只得令人去回邢夫人。周瑞家的回道："前日那边太太嗔着王善保家的多事，打了几个嘴巴子，如今他也粧病在家，不肯出头了。况且又是他外孙女儿，自己打了嘴，他只好粧个忘了，日久平服了再说。如今我们过去回时，恐怕又多心，倒像是咱们多事的。不如直把司棋带过去，一并连赃证与那边太太瞧了，不过打一顿，配了人，再指个丫头来，岂不省事。如今白告诉去，那边太太再推三阻四的，又说，'既这样，你太太就该料理，又来说什么了。'岂不反耽搁了？倘或那丫头瞅空寻了死，反不好了。如今看了两三天，人都有个偷懒的，倘一时不到，岂不到弄出事来。"王夫人想了一想说："这也到是。快办了这一件，再办咱们家的那些妖精。"

周瑞家的听说，会齐了那几个媳妇，先到迎春房里回迎春道："太太们说了，司棋大了，连日他娘求了太太，太太已赏了配人。今日叫他出去，另挑好的与姑娘使。"说着，便命司棋打点走路。迎春听了，含泪似有不舍之意。因前夜已闻得别的丫嬛悄悄的说了原故，虽数年之情难舍，但事关风化，亦无可如何了。那司棋亦曾求了迎春，实指望迎春能死保赦下的，只是迎春语言迟慢，耳软心活，是不能作主的。司棋见了这般，知不能免，因哭道："姑娘好狠心！哄了我这两日，如今怎么连一句话也没有？"周瑞家的等说道："你还要姑娘留你不成？便留下，你也难见园里的人了。依我们的好话，快快收了这样子，到是人不知鬼不觉的去罢，大家体面些。"迎春含泪道："我知道你干了什么大不是，我还十分说情留下，岂不连我也完了？你瞧入画也是几年的，怎么说去就去了？自然不止你两个，想这园子里凡大的都要去呢。依我说，将来终有一散，不如你各人去罢。"周瑞家的道："所以到底姑娘明白。明儿还有打发的人呢，你放心罢。"

司棋无法，只得含泪与迎春磕头，和众姊妹告别。又向迎春耳根说："姑娘好歹打听我受罪，替我说个情儿，就是主仆一场！"迎春亦含泪答应："放心。"于是周瑞家的等人带了司棋出去院门，又命两个婆子将司棋所有的东西都与他拿着。走了没几步，后头只见绣橘赶来，一面也擦着泪，一面递与司棋一个绢包，说："这是姑娘给你的。主仆一场，如今一旦分离，这个与你作个念想罢。"司棋接了，不觉更哭起来，又和绣橘哭了一回。周瑞家的不耐烦，只管催促，二人只得散了。司棋因又哭告道："婶婶大娘们，好歹略徇个情儿，如今且歇一歇，让我到相好的姊妹跟前辞一辞，也是我们这几年好了一场。"周瑞家的等人皆各有事务，作这些事，便是不得已了，况且又深恨他们素日大样，如今那里有工夫听他的话，因冷笑道："我劝你走罢，别拉拉扯扯的了，我们还有正紧事呢。谁是你一个衣胞里爬出来的，辞他们作什么？他们看你的笑声还看不了呢。你不过是挨一会是一会罢了，难道就算了不成？依我快走罢！"一面说，一面总不住脚，直带着从后角门出去了。司棋无奈，又不敢再说，只得跟了出来。

可巧正值宝玉从外而入，一见带了司棋出去，又见后面抱着些东西，料着此去再不能来了。因闻得上夜之事，又晴雯之病亦因那日加重，细问晴雯，又不说是为何。上日又见入画已去，今又见司棋亦走，不觉如丧魂魄一般，因忙拦住，问道："那里去？"周瑞家的等皆知宝玉素昔行为，又恐唠叨悮事，因笑道："不干你事，快念书去罢。"宝玉笑道："好姐姐们，且站一站，我有道理。"周瑞家的便道："太太吩咐不许少挨一刻，又有什么道理。我们只知遵太太的话，管不得许多。"司棋见了宝玉，因拉住哭道："他们作不得主，你好歹求求太太去！"宝玉不禁也伤心，含泪说道："我不知你作了什么大事，晴雯也气病了，如今你又去，都要去了，这却怎么的好！”〔庚双〕宝玉之语全作图图〔囫囵〕意，最是极无未〔味〕之（语），是极浓极有情之语也。只合如此写，方字〔是〕宝玉，稍有真功〔切〕，则不是宝玉了。周瑞家的发燥向司棋道：“你如今不是副小姐了，若不听话，我就打得你了。别想着往日有姑娘护着，任你们作耗。越说着，还不好好走！如今又和小爷们拉拉扯扯的，成个什么体统！”那几个媳妇不由分说，拉着司棋便出去了。宝玉又恐他们去告舌，恨的只瞪着他们，看已去远，方指着恨道：“奇怪，奇怪！怎么这些人只一嫁了汉子，染了男人的气味，就这样混账起来，比男人更可杀了！”守园门的婆子听了，也不禁好笑起来：“这个宝二爷，说的也不知是些什么，也不知从那里学来的这些话，叫人听了，又可气又可笑。”因问道：“这样说，但凡女儿个个都是好的了，女人各各是坏的了。”宝玉点头道：“不错，不错！”婆子们笑道：“还有一句话我们糊涂不解，到要请问。”方欲说时，只见几个老婆子走来，忙说道：“你们小心，传齐了伺候着，此时太太亲自来园里，在那里查人呢，只怕还查到这里来呢！”又吩咐：“快叫怡红院的晴雯姑娘的哥嫂来在这里等着，领出他妹妹去。”因又笑道：“阿弥陀佛！今日天睁了眼，把这一个祸害妖精退送了，大家清净些。”宝玉一闻得王夫人进来亲查，便料定晴雯也保不住了，早飞也似的赶了去，所以，这后来趁愿之语，竟未得听见。宝玉及到了怡红院，只见一群人在那里，王夫人在屋里坐着，一脸怒色，见宝玉也不理。晴雯四五日水米不下，恹恹弱息，如今现从炕上拉了下来，蓬头垢面，两个女人搀架起来去了。王夫人吩咐：“只许把他贴身衣服撂出去，余者好衣服留下，给好丫头们穿。”又命把这里所有的丫头们都叫来，一一过目。

原来王夫人自那日着恼之后，王善保家的去趁势告倒了晴雯，本处有人和园中不睦的，随也就随机趁便下了些话。王夫人皆记在心。是节间有碍，故忍了两日，今日特来亲自阅人。一则为晴雯犹可，二则因竟有人指宝玉为由，说他大了，已解人事，都由屋里的丫头们不长进，教习坏了。因这事更比晴雯一人较盛，［庚双］暗伏一段“更比”，觉烟迷雾罩之中更有无限溪山矣。乃从袭人起，已至极小的粗活小丫头们，个个亲自看了一遍。因问：“谁是合宝玉一日生日的？”本人不敢答，老嬷嬷指道：“这一个蕙香，又叫作四儿的，是同宝玉一日生日。”王夫人细看了一看，虽比不上晴雯一半，却也有几分水色。视其行止，聪明皆露于外面，且也打扮的不同。王夫人冷笑道：“这也是个不怕燥的。他背地里说的，同日生日就是夫妻，这可是你说的。打谅我隔的远，都不知道呢！可知我身子虽不大来，我的心耳神意，时时都在这里。难道我通共一个宝玉，就白放心凭你们勾引坏了不成！”这个四儿见王夫人说着他素日和宝玉的私语，不禁红了脸，低头垂泪。王夫人即命：“也快把他家的人叫来，领出去配人。”又问：“谁是什么耶律雄奴。”老嬷嬷们便将芳官指出。王夫人道：“唱戏的女孩子，自然是狐狸精了！上次放你们，你们又懒待去，可就该安分守己才是。你就成精鼓捣起来，调唆着宝玉无所不为！”芳官哭辩道：“并不敢调唆什么来。”王夫人冷笑道：“你还强嘴！我且问你，前年我们往皇陵上去，是谁调唆宝玉要柳家的丫头五儿了？幸而那丫头短命死了，不然进来了，你们又连伙聚党，遭害这园子呢。你连你干娘都欺倒了，岂止别人！”因喝命：“唤他干娘来领去，就赏他外头自寻个女婿去罢。把他的东西一概给他。”又吩咐：“上年凡有姑娘分的唱戏的女孩子们，一概不许留在园里，都令其各人干娘带出，自行聘嫁。”一语传出，这些干娘皆感恩趁愿不尽，都约齐与王夫人磕头回去。王夫人又满屋里搜拣宝玉之物。凡略有眼生之物，一并命人收的收，卷的卷，着人拿到自己房内去了。因说：“这才干净，省得傍人口舌。”因又吩咐袭人、麝月等人：“你们小心！往后再有一点分外之事，我一概不饶。

因教人查看了，今年不宜迁挪，暂且挨过今年，明年一并给我仍旧搬出去心净。”［庚双］一段神奇鬼讶之文，不知从何想来。王夫人从来未理家务，岂不一木偶哉！且前文隐隐约约已有无限口舌，漫阔〔浸润〕之潜〔谮〕，原非一日矣。若无此一番更变，不独终无散场之局，且亦太不近乎情理。况此亦此〔是〕余旧日目睹亲问〔闻〕，作者身历之现成文字，非捜造而成者，故迥不与小说之离合悲欢窠旧〔臼〕相对。想遭冷落之大族〔儿〕子见此，谁〔虽〕事有各殊，然其情理似亦有点〔默〕契于心者焉。此一段不独批此，真从抄脸〔抄捡〕大观园及贾母对月兴尽生悲，皆可附者也。说毕，茶也不吃，遂带领众人又往别处去阅人。

暂且说不到后文。如今且说宝玉，只当王夫人不过来搜捡搜捡，无甚大事，谁知竟这样雷嗔电怒的来了。所责之事，皆系平日私语，一字不爽，料必不能挽回的。虽心下恨不能一死，但王夫人盛怒之际，自不敢多言一句，多动一步，［周按］此与黛玉入府“不肯轻易多说一句话，多行一步路”照应。一直跟送王夫人到沁芳亭。王夫人命：“回去好生念念那书。仔细明儿问你，才已发下恨了。”宝玉听如此说，方回来，一路打算：“谁这样犯舌？况这里事也无人知道，如何就都说着了？”

一面想，一面进来，只见袭人在那里垂泪，且去了心上第一等人，岂不伤心。便倒在床上也哭起来。袭人知他心内别的还犹可，独有晴雯是第一件大事，乃推他劝道：“哭也不中用了。你起来，我告诉你，晴雯今日已经好了，他这一家去，到心净养几天。你果然舍不得他，等太太气消了，你再求老太太，慢慢的叫进来也不难。不过太太偶然信了人的诽言，一时气头上如此罢了。”宝玉哭道：“我究竟不知晴雯犯了何等滔天大罪！”［庚双］余亦不知，盖此等冤，实非晴雯一人也。袭人道：“太太只嫌他生的太好了，未免轻佻些。在太太是深知这样美人似的人必不安静，所以狠嫌他，像我们这粗粗笨笨的到好。”宝玉道:“这也罢了。咱们私自顽话怎么也知道了？又没外人走风，这可奇怪！”袭人道：“你有甚忌讳的，一时高兴了，你就不管有人无人了。我也曾使过眼色，也曾递过暗号，被那人已知道了，你反不觉。”宝玉道：“怎么人人的不是，太太都知道，单不挑出你和麝月、秋纹来？”袭人听了这话，心内一动，低头半日，无可回答，因便笑道：“正是呢，若论我们，也有顽笑不留心的孟浪去处，怎么太太竟忘了？想是还有别事，等完了，再发放我们，也未可知。”宝玉哭道：“你是头一个出了名的至善至贤之人，他两个又是你陶冶教育的，焉得还有孟浪该罚之处！只是芳官尚小，过于伶俐些，未免倚强压倒了人，惹人厌。四儿是我误了他，还是那年我和你办嘴的那日起，叫上来作些细活，未免夺占了地位，故有今日。只是晴雯也是和你一样，从小儿在老太太屋里过来的，虽然他生得比人强些，也没甚妨碍去处，就只是他的情性爽利，口角锋芒些，究竟也不曾得罪你们。想是他过于生得好了，反被这好所误。”说毕，复又哭起来。袭人细揣此话，好似宝玉有疑他之意，竟不好再往前劝，因叹道：“天知道罢了。此时也查不出人来了，白哭一会子也无益了。到是养着精神，等老太太喜欢时，回明白了，再要来是正理。”宝玉冷笑道：“你不必虚宽我的心，等到太太平服了，再瞧势头去要时，知他这病等得等不得。他自幼上来娇生惯养，何尝受过一日委屈。连我知道他的性格，还时常冲撞了他。他这一下去，就如同一盆才抽出嫩箭来的兰花送到猪窝里去一般。况又是一身重病，里头一肚子的闷气。他又没有亲爹娘，只有一个醉泥鳅姑舅哥哥。他这一去，一时也不惯的，那里还等得几日？知道还能见他一面两面不能了！”说着，又越发伤心起来。袭人笑道：“可是你自许州官放火，不许百姓点灯。我们偶然说一句略妨碍些的话，就说不利之谈，你如今好好的咒他是该的了？他便比别人姣些，也不至这样起来。”宝玉道：“不是我妄口咒他，今年春天已有兆头的。”袭人忙问：“何兆？”宝玉道：“这阶下好好的一棵海棠花，竟无故死了半边，我就知有异事，果然应在他身上。”袭人听了，又笑起来，因说道：“我待不说，又掌不住，你太也婆婆妈妈的了。这样的话，岂是你读书的男人说的。草木怎又关系起人来？若不婆婆妈妈的，真也成了个呆子了。”宝玉叹道：“你们那里知道，不但草木，凡天下之物，皆是有情有理的，也和人一样，得了知己，便极有灵验的。若用大题目比，就有孔子庙前之桧，坟前之蓍，诸葛祠前之柏，岳武穆坟前之松。这都是堂堂正大随人之正气，千古不磨之物。世乱则萎，世治则荣，几千百年了，枯而复生者几次。这岂不是兆应？就是小题目比，也有杨太真沉香亭之木芍药，端正楼之相思树，王昭君冢上之草，岂不也有灵验？所以这海棠亦应其人欲亡，故先就死了半边。”

袭人听了这篇痴话，又可笑，又可叹，因笑道：“真真的这话越发说上我的气来了。那晴雯是个什么东西，就费这样心思，比出这些正紧人来。还有一说，他总好，也灭不过我的次序去。便是这海棠，也该先来比我，也还轮不到他。想我是要死了。”宝玉听说，忙握他的嘴，劝道：“这是何苦！一个未清，你又这样起来。罢了，再别提这事，别弄的去了三个，又饶上一个。”袭人听说，心下暗喜道：“若不如此，你也不能了局。”宝玉乃道：“从此休提起，全当他们三个死了，也不过如此。况且死了的也曾有了，也没见我怎样，此一理也。［庚双］宝玉至终一着全作如是想，所以此〔始〕于情终于语〔悟〕者，既能络〔终〕于悟而止，则情不得滥漫，而涉于淫佚之事矣。一人前事，一人了法，皆非弃竹而复悯笋之意。如今且说现在的，到是把他的东西，瞒上不瞒下，悄悄的打发人送出去与了他。再或有咱们常日积攒下的钱，拿几吊出去给他养病，也是你姊妹好了一场。”袭人听了，笑道：“你太把我们看的又小器又没人心了，这话还等你说！我才已将他素日所有的衣裳已至各什各物，总打点下了，都放在那里。如今白日里人多眼杂，又恐生事，且等到晚上，悄悄的叫宋妈给他拿出去。我还有攒下的几吊钱，也给他去罢。”宝玉听了，感谢不尽。袭人笑道：“我原是早已出了名的贤人，连这一点子现成的好名儿还不会买来不成？”宝玉听他点方才的话，忙陪笑抚慰一回。晚间果密遣宋妈送去。宝玉将一切人稳住，便独自得便出了后角门，央一个老婆子带他到晴雯家去瞧瞧。先这婆子百般不肯，只说怕人知道，回了太太，我还吃饭不吃饭。无奈宝玉死活央告，又许他些钱，那婆子方带了他来。

这晴雯当日系赖大家用银子买的，那时晴雯才得十岁，尚未留头。因常跟赖嬷嬷进来，贾母见他生得伶俐标致，十分喜爱。故此赖嬷嬷就孝敬了贾母使唤，后来所以到了宝玉房里。这晴雯进来时，也不记得家乡父母，只知有个姑舅哥哥，专能庖宰，也沦落在外，故又求了赖家的收买进来吃工食。赖家的见晴雯虽到贾母跟前，千伶百俐，嘴尖性大，却到还不忘旧，［庚双］口〔只〕此一句便是晴雯正传，可知〈无〉晴雯为聪明风流可〔所〕害也。一篇为晴雯写传，是哭晴雯也，非哭晴雯，乃哭风流也。故又将他姑舅哥哥收买进来，把家里的一个女孩子配了他。成了房后，谁知他姑舅哥哥一朝身安泰，就忘却当年流落时，任意吃死酒，家小也不顾。偏又娶了个多情美色之妻，见他不顾身命，不知风月，一味死吃酒，便不免有蒹葭倚玉之叹，红颜寂寞之悲。又见他器量宽宏，［庚双］趣极，量器宽红〔宏〕如此用，真扫地矣。并无嫉衾妒枕之意，这媳妇遂恣情重欲，满宅内便延揽英雄，收纳材俊，上上下下竟有一半是他考试过的。若问他夫妻姓甚名谁，便是上面贾琏所接见的多浑虫，灯姑娘儿的便是了。［周按］灯姑娘之名新出，前文只称多姑娘，盖随“多浑虫”之“多”字而衍称之，今曰“灯姑娘”应是其人另有之专称，不必划一。［庚双］奇奇怪怪，左盘右旋，千丝万缘，皆自一体也。目今晴雯只有这一门亲戚，所以出来就在他家。

此时，多浑虫外头去了，那灯姑娘吃了饭去串门子，只剩下晴雯一人［庚双］芦席土坑。［周按］此则文与批为庚辰本衍文。在外间房内爬着。［庚双］总哭晴雯。宝玉命那婆子在院门外了哨，他独自掀起草帘［庚双］草帘。进来，一眼就看见晴雯睡在芦席土炕上，［庚双］芦席土坑。幸而衾褥还是他旧日铺的，见了心里不知自己怎么着才好，因上来含泪伸手轻轻拉他，悄唤两声。当下晴雯又因着了风，又受了哥嫂的一夕话，病上加病，嗽了一日，才朦胧睡了。忽闻有人唤他，强展星眸，一见是宝玉，又惊又喜，又悲又痛，忙一把死攥住他的手，哽咽了半日，方说出半句话来：“我只当今生不得见你了。”接着，便嗽个不住。宝玉也只有哽咽之分。晴雯道：“阿弥陀佛！你来的好，且把那茶到半碗我喝。渴了这半日，叫半个人也叫不着。”宝玉听说，忙拭泪问：“茶在那里？”晴雯道：“那炉台上就是。”宝玉看时，虽有个黑砂銱子，［周按］銱子，今写作铫子。却不像个茶壶。只得桌上去拿一个碗，也甚大甚粗，不像个茶碗，未到手内，先就闻得油羶之气。［庚双］不独为晴雯一哭，且为宝玉一哭亦可。宝玉只得拿了来，先拿些水洗了两次，复又用水汕过，方提砂壶斟了半碗。看时，绛红的，也太不成茶。晴雯扶枕道：“快给我喝一口罢，这就是茶了。那里比得咱们的茶！宝玉听说，先自己尝了一尝，且无茶味，只一味苦涩，略有茶意而已。尝毕，方递与晴雯。只见晴雯如得了甘露一般，一气都灌下去了。宝玉心下暗道：“往常那样好茶，他尚有不如意之处，今日这样看来，可知古人说的饱饫烹宰，饥餍糟糠。又道是饭饱弄粥，可见都不错了。”［庚双］妙！通篇宝玉最要书者，每因女子之所历始信其可，此谓触类傍通之妙快〔诀〕矣。

一面想，一面流泪问道：“你有什么说的，趁着没人，告诉我。”晴雯呜咽道：“有什么可说的！不过挨一刻是一刻，挨一日是一日。我已知道横竖不过三五日的光景，我就好回去了。只是一件，我死了不甘心的，我虽生的比别人略好些，并没有私情密意，勾引你怎样，如何一口死咬定了我是个狐狸精。我大不服。今日既已耽了虚名，而且临死，不是我说一句后悔的话，［周按］我说一句四字千斤力量，一字不可少。早知如此，我当日也另有个道理。不料痴心傻意，只说大家横竖在一处。不想平空里生出这一节话来，有冤无处诉。”说毕，又哭。宝玉拉着他的手，只觉瘦如枯柴，腕上犹带着四个银镯。因泣道："且卸下这个来，等好了再带上罢。"因与他卸下来，[illegible]在枕下。又说："可惜这两个指甲，好容易长了二寸长，这一病好了，又损好些。"晴雯拭泪，就伸手取了剪刀，将左指上两根葱管一般的指甲齐根铰下，又伸手向被内，将贴身穿着一件旧红绫袄脱下，并指甲都与宝玉道："这个你收了，已后就如见我一般。快把你袄儿脱下来我穿。我将来在棺材内独自淌着，也就在怡红院一样了。论理不敢如此，只是耽了虚名，我可也是无可如何了。"宝玉听说，忙宽衣换上，藏了指甲。晴雯又哭道："回去他们看见了要问，不必撒谎，就说是我的。既耽了虚名，越性如此，也不过这样了。"［苏双］晴雯此举胜袭人多矣，真一字一哭也，又何必鱼水相得，而为情哉。一语未了，只见他嫂嫂笑嘻嘻掀帘进来，说道："好呀！你两个的话，我都听见了。"又向宝玉道："你一个作主子的，跑到下人房里作什么。看我年轻又俊，敢是来调戏我么？"宝玉听说，唬的忙陪笑央道："好姐姐，快别大声！他扶侍我一场，我私自来瞧瞧他。"灯姑娘便一手拉了宝玉进里间来，笑道："你不叫我嚷也容易，只是依我一件事。"说着，便坐在炕沿上，却紧紧的将宝玉搂入怀中。宝玉如何见过这个，心内早突突的跳起来了，急的满面红涨，又羞又怕，只说："好姐姐，别闹。"［庚双］如问〔闻〕如见，别闹二字活跳。灯姑娘乜斜醉眼，笑道："呸！成日家听见你风月场中惯作工夫的，怎么今日就反讪起来？"宝玉红了脸，笑道："姐姐放手，有话咱们好说，外头有老妈妈，听见什么意思！"灯姑娘笑道："我早进来了，已叫那婆子去园门等着呢！我等什么似的，今儿等着了你。虽然闻名不如见面，空长了一个好模样儿，竟是没药性炮�章，只好粧幌子罢了，到比我还发讪怕羞。可知人的嘴一概听不得的。就比如方才我们姑娘下来，我也料定你们素日偷鸡摸狗的。我进来一会，在窗下细听，屋内只你二人，若有偷鸡摸狗的事，岂有不谈及于此，谁知你两个竟还是各不相扰。可知天下委屈事也不少。如今我反后悔错怪了你们。既然如此，你但放心，已后你只管来，我也不啰唣你。”宝玉听说，才放下心来，方起身整衣，央道：“好姐姐，你千万照看他两天！我如今去了。”说毕，出来又告诉晴雯。二人自是依依不舍，也少不得一别。晴雯知宝玉难行，遂用被蒙头，总不理他，宝玉方出来。意欲到芳官、四儿处去，无奈天黑，出来了半日，恐里面人找他不见，又恐生事，遂且进园来，明日再作计较。因乃至后角门看时，看角门的小厮正抱铺盖，里边嬷嬷们正查人，若再迟一步，也就关了。

宝玉进入园中，且喜无人知道。到了自己房内，告诉袭人，只说在薛姨妈家去的，也就罢了。一时铺床，袭人不得不问：“今日怎么睡？”宝玉道：“不管怎么睡罢了。”原来这一二年间，袭人因王夫人看重了他了，越发自要尊重。凡背人之处，或夜晚之间，总不与宝玉狎昵，较先幼时反到疏远了。况虽无大事办理，然一应针线并宝玉及诸小丫头们凡出入银钱、衣履、什物等事，也甚烦琐，且有吐血旧症虽愈，然每因劳碌，风寒所感，即嗽中带血。故迩来夜间总不与宝玉同房。宝玉夜间常醒，又极胆小，每醒必唤人。因晴雯睡卧性警，且举动轻便，故夜晚一应茶水，起坐呼唤之任，皆悉委他一人。所以宝玉外床只是他睡。今他去了，袭人只得要问，因思此任比日间紧要之意。宝玉既答不管怎样，袭人只得还依旧年之例，遂仍将自己铺盖搬来，设于床外。宝玉发了一晚上呆。［庚双］一句是〔足〕矣。及催他睡下，袭人等也都睡后，听着宝玉在枕上长吁短叹，复去翻来，直至三更以后，方渐渐的安顿了。略有鼾声，袭人方放心，也就朦胧睡着。没半盏茶时，只听宝玉叫晴雯。袭人忙睁开眼连声答应，问作什么。宝玉因要吃茶，袭人忙下去，向盆内蘸过手，从壶内倒了半盏茶来吃过。宝玉乃笑道：[庚双]笑字好极，有文章，盖恐冷落袭人也。“我近来叫惯了他，却忘了是你。”袭人笑道：“他一乍来时，你也曾睡梦中直叫我，半年后才改了。我知道这晴雯人虽去了，这两个字只怕是不能去的。”说着，大家又睡下。

宝玉又翻转了一个更次，至五更方睡去时，只见晴雯从外头走来，仍是往日形景，进来笑向宝玉道：“你们好生过罢，我从此就别过了。”说毕，反身便走。宝玉忙叫时，又将袭人叫醒。袭人还只当他惯了口乱叫，却见宝玉哭了，说道：“晴雯死了！”袭人笑道：“这是那里话！你就知道胡闹，被人听着，什么意思！”宝玉那里肯听，恨不得一时亮了，就遣人去问信。及至亮时，就有王夫人房里小丫头立等，叫开前角门，传王夫人的话：“即时叫起宝玉，快洗脸，换了衣裳快来，因今儿有人请老爷寻秋赏桂花，老爷因喜欢他前儿作的诗好，故此要带他们去。这都是太太的话，一句别错了。你们快飞告诉去，立逼他快来，老爷在上房里还等他们吃面茶呢！环哥儿已来了，快飞，快飞！再着一个人去叫蘭哥儿，也要这等说。”里面的婆子听一句，应一句，一面扣钮子，一面开门。一面早有两三个人一行扣衣，一行分头去了。袭人听得叩院门，便知有事，忙一面命人问时，自己已起来了。听得这话，忙促人来舀水洗面，促宝玉起来盥漱，他自去取衣。因思跟贾政出门，便不肯拿出十分出色的新鲜衣履来，只拣那二等成色的来。宝玉此时亦无法，只得忙忙的前来。果然贾政在那里吃茶，十分喜悦。宝玉忙行了省晨之礼。贾环、贾蘭二人也都见过宝玉。贾政命坐吃茶，向环、蘭二人道：“宝玉读书不如你两个，论题联和诗这种聪明你们皆不及他。今日此去，未免强你们作诗，宝玉须听便助他们两个。”王夫人等自来不曾听见这等考语，真是意外之喜。

一时，候他父子二人等去了。方欲过贾母这边来时，就有芳官等三个的干娘走来，回说："芳官自前日蒙太太的恩典赏了出去，他就疯了似的，茶也不吃，饭也不用，勾引上藕官、蕊官三个人寻觅死活，只要剪了头发作尼姑。我只当是小孩子家一时出去不惯也是有的，不过隔两日就好了。谁知越闹越凶，打骂着也不怕。实在没法，所以来求太太，或是就依他们作尼姑去，或教导他们一顿，赏给别人作女儿去罢。我们也没这福。"王夫人听了道："胡说！那里由得他们起来，佛门也是轻易人进去的。每人打一顿给他们，看还闹不闹了！"当下因八月十五日，各庙内上供去，皆有各庙内的尼姑来送供尖之例。王夫人曾于十五日就留下水月庵的智通，与地藏庵的圆信住两日，至今未回，听得此信，爬不得又拐两个女孩子去作活使唤，因都向王夫人道："咱们府上到底是善人家，因太太好善，所以感应得这些小姑娘们皆如此。虽说佛门容易难入，[周按] 容易是原笔，盖雪芹当时用此词者即今日之"轻易"义。如叙宝钗体丰，"麝串容易退不下来"，正与此例同。也要知道佛法平等，我佛立愿，原是连一切众生，无论鸡犬皆要度他。无奈迷人不醒，若果有善根，能醒悟，即可以超脱轮回。所以经上现有虎狼蛇虫得道者不少。如今这两三个姑娘，既然无父无母，家乡又远。他们既经了这富贵，又想从小儿命苦，入了这风流行次，将来知道终身怎样？所以苦海回头，立意出家，修修来世，也是他们的高意。太太到不要阻了善念。"王夫人原是个好善的，先听彼等之语，不肯听其自由者，因思芳官等不过皆系小儿女一时不遂之谈，恐将来熬不得清净，反致获罪。今听了这两个拐子的话，大近情理，且近日家中多故，又有邢夫人遣人来知会，明日接迎春家去住两日，以备人家相看，且又有官媒婆来求说探春等事，心绪甚繁，那里着意在这些小事上。既听此言，便笑答道："你两个既这等说，你们就带了作徒弟去，如何？”两个姑子听了，念一声佛道：“善哉，善哉！若如此，可是你老人家的阴德不小。”说毕，便稽首拜谢。王夫人道：“既这样，你们问他们去。若果真心，即上来当着我拜了师父去罢。”这三个女人听了出去，果然将他三人带来。王夫人问之再三，他三人已是立定主意。遂与两个姑子叩了头，又拜辞了王夫人。王夫人见他们意皆决断，知不可强了，反到伤心可怜，忙命人取了些东西来赍赏了他们，又送了两个姑子些礼物。从此，芳官跟了水月庵的智通，蕊官、藕官二人跟了地藏庵的圆信，各自出家去了。再听下回分解。

［蒙回后］看晴雯与宝玉永绝一段，的是消魂文字。看宝玉几番呆论，真是至诚种子。看宝玉给晴雯斟茶，又真是阿公子。前文叙袭人奔丧时，宝玉夜来吃茶先呼袭人，此又夜来吃茶先呼晴雯。字字龙跳天门，虎卧凤阙。语语婴儿恋母，稚鸟寻巢。

［回后评］从风格判断本回已夹入另笔增饰文字。如柳五儿前文重笔叙写实一大冤案，却轻轻一语将此重要人物结束，皆与雪芹本旨不符。种种蛛丝马迹足供寻讨。

全书至此已到九九之数即七十三至八十一回。今传世钞本皆至八十回为止，而七十九、八十两回在古钞本中原为一回未及分割。故知在九九数中全书大局已到关键时刻，此大局者即开卷所云，以情节而言，乃是历尽一番离合悲欢，炎凉世态的一段故事。以内涵而论，则是大旨谈情，而离合悲欢又即家亡人散各奔腾之大悲剧结局。试看书至本回以情节论，以内涵论皆已显示明白，展开头绪。本回自人散一端而观之，入画先去之后，事由司棋、晴雯二人为始，而以芳官、四儿副之，是则迎春处先散去司棋一人，而宝玉处先散去三人，可知人散一端始终以怡红院为重点，此后更有藕官、蕊官矢志与芳官同生，同死，同命运。

再看司棋离去时，作者写众人皆含泪以表依依不舍之情，至晴雯之离去，始以大笔重彩浓墨写生离死别之至情，而所以至此离别者无它，只是一个无情而已。是故人间万事，有情则真善美俱在，无情则毁坏真善美，假恶丑则随之生焉，以此大纲领而观照全书，处处可以了悟贯通矣。

第七十八回
老学士闲征姽婳词　痴公子杜撰芙蓉诔

［蒙戚回前］文有宾主不可误。此文以《芙蓉诔》为主，以《姽婳词》为宾，以宝玉古歌为主，以贾蘭、贾环诗绝为宾。文有宾中宾不可误。以清客作序为宾，以宝玉出游作诗为宾中宾。由虚入实，可歌可咏。

话说两个尼姑领了芳官等去后，王夫人便往贾母处来省晨，见贾母喜欢，便趁便回道："宝玉屋里有个晴雯，那丫头也大了，而且一年之间病不离身。我常见他比别人分外淘气，也懒。前日又病倒了十几天，叫大夫瞧，说是女儿痨。所以我就赶着叫他下去了。若养好了，也不用叫他进来，就赏他家配人去也罢了。再那几个学戏的女孩子，我也作主放出去了。一则他们都会戏，口里没轻没重，只会混说，女孩儿们听了，如何使得？二则他们既唱了会子戏，白放了他们，也是应该的。况丫头们也太多，若说不彀使，再挑上几个来也是一样。"［周按］王夫人她素常不言不语，无才无能老实稳重，然今番看她言词颇有口才，一席话竟将老太太说服。可见此老实人并不老实。处置抄检大观园诸事威风凛凛。古云"君子可欺以其方"，众人实受小人之欺也。贾母听了，点头道："这到是正理，我也正想着如此呢。但晴雯那丫头，我看他甚好，怎么就这样起来。我的意思，这些丫头的模样、爽利、言谈、针线，多不及他，将来只他还可以给宝玉使唤得，［周按］老太太一段话语不多而得简要，可作晴雯之定评。晴雯虽抱屈而夭，得此一评亦可无大憾矣。谁知变了。"王夫人笑道："老太太挑中的人原不错，只怕他命里没造化，所以得了这个病。俗语又说，女大十八变。况且有了本事的人，未免就有些调歪。老太太还有什么不曾经验过的。三年前我就留心这件事，先只取中了他。我便留心，冷眼看去，色色比人强，只是不大沉重。若说沉重知大礼，莫若袭人第一。虽说贤妻美妾，然也要性情和顺，举止沉重的更好些，就是袭人模样虽比晴雯略次一等，然放在房里，也算是一二等的了。况且行事大方，心地老实，这几年来，从未随着宝玉淘气。［周按］随着宝玉，意为由着宝玉不加劝阻，此日常北语。凡宝玉十分胡闹的事，他只有死劝的。因此品择了二年，一点不错了，我就悄悄的把他丫头的月分钱止住，我的月分银子里批出二两银子来给他。不过使他自己知道，越发小心效好之意。且不明说者，一则宝玉年纪尚小，老爷知道了，又恐说耽误了书。二则宝玉再自为已是跟前的人，不敢劝他说他，反到纵性起来。所以直到今日，才回明老太太。”贾母听了，笑道：“原来这样，如此更好了。袭人本来从小儿不言不语，我只说他是没嘴的葫芦。既是你深知，岂有大错误的！而且你这不明说与宝玉的主意更好，［周按］与上文且不明说者，互为照应。且大家别提这事，只是心里知道罢了。我深知宝玉将来也是个不听妻妾劝的。我也解不过来，也从未有见过这样的孩子。别的淘气都是应该的，只是这种待丫头们，却是难得。我为此也耽心，每冷眼察看他和丫头们闹，必是人大心大，知道男女的事了，所以爱亲近他们。即细细的察试，究竟不是为此，岂不奇怪！想必他原是个丫头，错投了胎不成？”说的大家笑了。王夫人又回今日贾政如何夸奖，又如何带他们瞒去。贾母听见更加喜悦。［周按］宝玉素日为众人所喜爱又为众人所诟病，所诟病者即他不喜读书，终日在闺帏中厮混，厮混者又误以为男女之欲念也。殊不知老太太观察已久，今日发言确证宝玉一片天真纯洁了无私念，又可作为宝玉终身之定评。在在表明老太太最能知人，其明智在全家男女众人之上。盖亦其自青春时也是脂粉英雄之辈，其品格又胜于凤姐诸人也。

只一时，只见迎春妆扮了前来告辞过去。凤姐也来省晨，伺候过早饭，又说笑了一回。贾母歇晌后，王夫人便唤了凤姐，问他丸药可曾配来。凤姐道：“还不曾呢，如今还是吃汤药。太太只管放心，我已大好了。”［庚双］总是勉强。王夫人见他精神复初，也就信了。［庚双］只用此一句，便又（入）后文。因告诉撵逐晴雯等事，又说：“怎么宝丫头私自回家睡了，你们都不知道？我前儿顺路都查了一查，谁知蘭小子这一个新进来的奶子也十分妖乔，［周按］奶子，盖泛指产妇可以供奶者，并非婴幼儿之真奶母。我也不喜欢他。我也说与你嫂子了，好不好叫他各自去罢。况且蘭小子又大了，用不着这些奶子了。我因问你大嫂子，宝丫头出去，难道你不知道不成？他说是告诉了他的，不过两三日，等你姨妈好了就进来。你姨妈究竟无甚大病，不过还是咳嗽腰疼，年年是如此的。他这去必有原故，敢是有人得罪了他不成？那孩子心重，亲戚们住一场，别得罪了人，反不好了。”凤姐笑道：“谁可好好的得罪他们？他们天天在园子里，左不过是他们一群人。”王夫人道：“别是宝玉有嘴无心，傻子似的从没个忌讳，高兴了，信嘴胡说也是有的。”凤姐笑道：“这可是太太过于操心了。若说他出去干正紧事，说正紧话去，却像个傻子。若只叫他进来在这些姊妹跟前，以至于大小丫头的跟前，他最有尽让，又怕得罪了人，可是再不得有人恼他的。我想薛妹妹出去，想必为着前日搜检众丫头的东西的原故。他自然为信不及园里的人才搜检，他又是亲戚，现也有丫头、老婆在内，我们又不好去搜检了，恐我们疑他，所以多了这个心，自己回避了，也是应该避嫌疑的。”王夫人听了这话不错，自己遂低头想了一想，便命人请了宝钗来，分晰前日的事，以解他的疑心，又仍命他进来照旧居住。宝钗陪笑道：“我原要早出去的，只是姨娘有许多大事，所以不便来说。可巧前日妈又不好了，家里两个靠得的女人也病着，我所以趁便出去了。姨娘今日既已知道了，我正好明讲出情理来，就从今日辞了，好搬东西的。”王夫人、凤姐都笑道：“你太固执了，正经再搬进来为是，休为没要紧的事反疏远了亲戚。”宝钗笑道：“这话说的太不解了，并没为什么事我出去。我为的是妈近来神思比先大减，而且夜间晚上没有得靠的人，通共只我一个。二则，如今我哥哥眼看娶嫂子，多少针线活计并家里一切动用器皿，尚有未齐备的，我也须得总着妈去料理料理。姨妈和凤姐姐都知道我们家的事，不是我撒谎。三则，自我在园里，东南上小角门子就常开着，原是为我走的，保不住出入的人就图省路，也从那里走，又没人盘查，倘或从那里出一件事来，岂不两碍脸面！而且我进园里来睡，原不是什么大事，因前几年年纪皆小，且家里没事，有在外头的，不如进来姊妹相共，或作针线，或相顽笑，皆比在外头闷坐着好。如今彼此都大了，也彼此皆有事。况姨娘这边历年皆遇不遂心的事故，那园子也太大，一时照顾不到，皆有关系，惟有少几个人，就可以少操些心。所以今日不但我致意辞去之外，还要劝姨娘，如今该减些的就减些，也不为失了大家子体统。据我看，园里这一向费用，也竟可以免的，说不得当日的话。姨娘深知我们家的，难道我们家当日也是这等零落不成。"凤姐听了这篇话，便向王夫人笑道："这话依我说，竟是不必强他了。"王夫人点头道："我也无可回答，只好随你罢了。"

说话之间，只见宝玉等已回来，因说他父亲还未散，恐天黑了，所以先叫我们回来了。王夫人忙问："今日可有丢了丑。"宝玉笑道："不但不丢丑，到拐了许多东西来。"接着，就有老婆子们从二门上小厮手内接了东西来。王夫人一看时，只见扇子三把，扇坠三个，笔墨共六匣，香珠三串，玉绦环三个。宝玉说道："这是梅翰林送的，那是杨侍郎送的，这是李员外送的，每人一分。"说着，又向怀中取出一个旃檀香小护身佛来，说："这是庆国公单给我的。"［周按］按庆国公何人，书中并无交待。又所赠给宝玉者竟是一个旃檀香小护身佛，尤为书中所仅见，此皆特笔，定有深意。王夫人又问在席何人，作何诗词等。语毕，只将宝玉一分令人拿着，同宝玉、蘭、环前来见过贾母。贾母看了，喜欢不尽，不免又问些话。无奈宝玉一心记着晴雯，答应完了话时，便说："骑马颠了，骨头疼。"贾母便说："快回房去，换了衣服，疏散疏散就好了，不许睡倒。”宝玉听了，便忙入园来。

当下麝月、秋纹带了两个小丫头来等候，见宝玉辞了贾母出来，秋纹便将笔墨拿起来，一同随宝玉进园来。宝玉满口里说好热，一壁走，一壁便摘冠解带，将外面的大衣服都脱下来麝月拿着，［庚双］看他用智之处。只穿着一件松花绫子夹袄，袄内露出血点般大红裤子来。秋纹见这条红裤是晴雯手内针线，因叹道：“这条裤子已后收了罢，真是物在人不在了！”［周按］秋纹偏于此刻出此一语，定能引起宝玉之伤情痛感，然于宝玉尚未还言之际，秋纹复忙以杂言遮掩岔开，而宝玉只装听不见，文心细极。麝月忙道：“这是晴雯的针线。”又叹道：“真真物在人亡了！”秋纹将麝月拉了一把，［周按］各本发语人物调换，所谓“抽撤”之术，出于有意，非脱漏也。笑道：“这裤子配着松花色袄儿，石青靴子，越显出这靛青的头，雪白的脸来了。”宝玉在前，只粧听不见，又走了两步，便止住步道：“我要走一走，这怎么好？”麝月道：“大白日里还怕什么？还怕丢了你不成？”因命两个小丫头跟着，“我们送了这些东西去再来。”宝玉道：“好姐姐，等一等我再去。”麝月道：“我们去了就来。两个人手里都有东西，到像摆执事的，一个捧着文房四宝，一个捧着冠袍带履，成个什么样子。”宝玉听见，正中心怀，便让他两个去了。

他便带了两个小丫头到一石后，也不怎么样，只问他二人道：“自我去了，你袭人姐姐打发人瞧晴雯姐姐去了不曾？”这一个答道：“打发宋妈瞧去了。”宝玉道：“回来说什么？”小丫头道：“回来说，晴雯姐姐直着脖子叫了一夜，今日早起就闭了眼，住了口，世事不知，也出不得一声儿，只有倒气的分儿了。”宝玉忙道：“一夜叫的是谁？”小丫头子道：“一夜是叫娘。”宝玉拭泪道：“还叫谁？”小丫头子道：“没有听见叫别人了。”宝玉道：“你糊涂！想必没有听真。”傍边那个小丫头最伶俐，听宝玉如此说，便上来说：“真个他糊涂。”又向宝玉道：“不但我听得真切，我还亲自偷着看去的。”宝玉听说，忙问：

"你怎么又亲自看去了？"小丫头道："我因想晴雯姐姐素日与别人不同，待我们极好。如今他虽受了委屈出去，我们不能别的法子救他，只亲去瞧瞧，也不枉素日疼我们一场。就是人知道了，回了太太，打我们一顿，也是愿受的。所以我拚着挨一顿打，偷着下去瞧了一瞧。谁知他平生为人聪明，至死不变。他想着那起俗人不可说话，所以只闭眼养神。见我去了，便睁开眼，拉我的手问，宝玉那去了？我告诉他实情，他叹了一口气说，不能见了。我就说，姐姐何不等一等他回来见一面，岂不两完心愿？他就笑道，'你们还不知道，我不是死，如今天上少了一位花神，玉皇敕命我去司主。我如今在未正二刻到任司花，那宝玉须待未正三刻才到家，只少得一刻的工夫，不能见面。世上凡该死之人，阎王勾取了过去，是差些小鬼来捉人魂。若要迟延一时半刻，不过烧些纸钱，浇些浆饭，那鬼只顾抢钱去了，该死的人可就多待些工夫。〔庚双〕好，奇之至！又捉〔从〕来皆说闫〔阎〕王注定三便〔更〕死，谁人留至五更之语，今忽借此小女儿一篇无稽之谈，反成无人敢翻之案，且又寓意调侃，骂尽世熊〔态〕，岂非之至文章耶。寄语观者至此一浮一大白者，已后不必看书也。我这如今是有天上的神仙来召，岂可挨得时刻？'我听了这话，竟不大信，及进来到房里，留神看时辰表时，果然是未时正二刻，他咽了气。正三刻上就有人来叫我们，说你来了。这时候到都对合。"宝玉忙道："你不识字看书，所以不知道，这原是有的。不但花有一个神，一样花有一位神之外，还有总花神。但他不知还是作总花神去了，还是单管一样花的神。"这丫头听了，一时诌不出来。恰好这是八月时节，园中池上芙蓉正开。这丫头便见景生情，忙答道："我也曾问他是管什么花的神，告诉我们，日后也好供养的。他说，'天机不可泄漏。你既这样虔诚，我只告诉你，你只可告诉宝玉一人。除他之外，若泄了天机，五雷就来轰顶的。'他就告诉我说，他就是専管这芙蓉花的。"〔周按〕这小丫头一段言词，不禁令我想起刘姥姥对宝玉讲述若玉小姐之事，此二者谁与谁皆风马牛不相及，但实有异曲同工之妙。宝玉当日听刘姥姥所说是又悲又喜，虽明知是她迎合编造却又深喜愿听这样编词。即如我此刻读“红”之时，为晴雯之抱屈而悲慨不已，绝无可伸冤致慰之计，故也愿听这小丫头所编一段故事，聊以慰人自慰，此种心情不知尚有与我暗通者否？宝玉听了这话不但不为怪，亦且去悲而生喜，乃指芙蓉花笑道：“此花也须得此人去司掌。我就料定他那样人必有一番事业作的。”［周按］大凡读《石头记》者必以为宝玉平生只知安富尊荣诗文享乐，而决不知事业为何物，此又大错也。在宝玉心中，凡天地生人有过人之才者必有一番事业可成，只是此所谓事业者非世俗之功名利禄耳。虽然超出苦海，从此不能相见，也免不得伤感思念。因又想：“虽然临终未见，如今且去灵前一拜，也算这五六年的情常。”

想毕，忙至房中，又另穿带了，只说去看黛玉，遂一人出园来，往前次之处来，意为停柩在内。谁知他哥嫂见他一咽气，便回了进去，希图早些得几两发送例银。王夫人闻知，便命赏了十两烧埋银子，又命：“即刻送到外头焚化了罢。女儿痨死的，断不可留！”他哥嫂听了这话，一面得银，一面雇了人来入殓，抬往城外化人场上去了。剩的衣履簪环，还有三四百金之数，他兄嫂自收了，为后日之计。二人将门锁上，一同送殡去未回。

宝玉走来，扑了个空。［庚双］收拾晴雯，故为红颜一哭，然亦大令人不堪。○上云王夫人怕女儿痨不详〔祥〕，今则忽从宝玉心中其苦。○又模拟出非，是已悒郁（其）词，其母子至心中体贴眷爱之情，曲委已尽。宝玉自立了半天，别无法术，只得复回身进园中。回至房中，甚觉无味，［周按］此所谓无味，即今之精神惶惶，无所寄托之意。因乃顺路来找黛玉。偏黛玉不在房中，问其何往，丫嬛们回说：“往宝姑娘那里去了。”宝玉又至蘅芜苑中，只见寂静无人，房内搬的空空落落，不觉吃一大惊。忽见个老婆子走来，宝玉忙问：“这是什么原故？”老婆子道：“宝姑娘出去了，这里交给我们看着，还没有搬清楚。我们緫着送了些东西去，这也就完了。你老人家请出去罢，让我们扫扫灰尘也好，从此你老人家也省跑这一处的腿子了。”宝玉听了，怔了半晌，因看着那院中的香藤异蔓，仍是翠翠青青，忽比昨日好似改作凄凉了一般，更又添了伤感。默默出来，又见门外的一条翠樾埭上，也半日无人来往，不是当日各处房中丫嬛，不约而来者络绎不绝。又俯身看那埭下之水，仍是溶溶脉脉的流将过去，心下因想："天地间竟有这样无情的事！"［周按］宝玉平生所抱恨者即人世间之无情，全书至此方首次点破此意。悲感一番，忽又想到："去了司棋、入画、芳官等五个，死了晴雯，今又去了宝钗等一处，迎春虽无去，然连日也不见回来，且接连有媒人来求亲。大约园中之人，不久都要散的了。纵生烦恼，也无济于事。不如还是找黛玉去相伴一日，回来家，还是和袭人厮混，只这两三个人，只怕还是同死同归的。"［周按］宝玉所料所计，自以为最后一招尚可勉慰痛伤，岂知他所计定的黛玉、袭人也不能厮守至终，此即作书者之更有情痴抱恨长也。想毕，仍往潇湘馆来，偏黛玉尚未回。宝玉想，亦当出去候送才是，无奈不忍悲感，还是不去的好，遂又垂头丧气的回来。

正在不知所以之际，忽见王夫人的丫头进来找他说："老爷回来了，找你呢。又得了好题目来了。快走，快走！"宝玉听了，只得跟了出来。到王夫人房中，他父亲已出去了。王夫人命人送宝玉至书房中。彼时，贾政正与众幕友谈论寻秋之胜，又说："临散时，忽然谈及一事，最是千古佳谈，'风流俊逸，忠义感慨'八字皆备，到是个好题目，大家都要作一首挽词。"众幕宾听了，都忙请教系何等妙事。贾政乃道："当日曾有一位王，封曰恒王，出镇青州。这恒王最喜女色，且公余好武，因选了许多美女，日习武事。每公余辄开筵宴，连日令众美女习战斗攻拔之事。其姬中有姓林行四者，姿色既冠，且武艺更精，皆呼为林四娘。恒王最得意，遂超拔林四娘统辖诸姬，又呼为姽婳将军。"众清客都称："妙极，神奇！竟以姽婳下加将军二字，反更觉妩媚风流，真绝世奇文。想这恒王也是千古第一风流人物了。"贾政笑道："这话自然是如此，但更有可奇可叹之事。"众清客都愕然惊问道："不知底下有何奇事？"贾政道："谁知次年便有黄巾、赤眉一干流贼余党，复又乌合，抢掠山左一带。”［庚双］妙！赤眉、黄巾两时之时〔事〕，今合而为一，盖云一〔不〕过是此等众类，非特历历指名某赤某黄，若云不合两用便呆矣。此书全是如此，为混人也。恒王意为犬羊之恶，不足大举，因轻骑前剿，不意贼众颇有诡谲智术，两战不胜，恒王遂为众贼所戮。于是青州城内文武官员各各皆谓，王尚不胜，你我何为？遂将有献城之举。林四娘得闻凶报，遂集聚众女将，发令说道，‘你我皆向蒙王恩，戴天履地，不能报其万一。今王既殒身国患，我意亦当殒身殉王。尔等有愿随者，即时同我前往，同一死战。有不愿者，亦早各散。’众女将听他这样，都一齐说，愿意！于是林四娘带领众人，连夜出城，直杀至贼营。里头众贼不防，也被斩戮了几员首贼。然后大家见是不过几个女人，料不能济事，遂回戈倒兵，奋力一阵，把林四娘等一个不曾留下，到作成了这林四娘的一片忠义之志。后来报至都中，自天子以至百官，无不惊骇道奇。想其朝中自然又有人去剿灭，天兵一到，化为乌有，不必深论。只就林四娘一节，众位听了，可羡不可羡？”众幕友都叹道：“实在可羡可奇！实是个妙题，原该大家挽一挽才是。”说着早有人取了笔砚来，按贾政口中之言，稍加改易了几个字，便成了一篇短序，递与贾政观了。贾政道：“不过如此，他们那里已有原序。昨日因又奉恩旨，着察核前代以来，［周按］着，乃谕旨中皇帝命令语气，即要你如何办理之意。应加褒奖而遗落未经请奏各项人等，无论僧尼、乞丐、女妇人等，有一事可嘉，即行汇送履历至礼部，备请恩奖。所以他这原序也送往礼部去了。大家听见这新闻，所以都要作一首《姽婳词》，以志其忠义。”众人听了，都又笑道：“这原该如此。只是更可羡者，本朝皆系千古未有之旷典隆恩，实历代所不及处，可谓圣朝无阙事，唐朝人预先竟说了，竟应在本朝。如今年代，方不虚此一句。”贾政点头道：“正是。”

说话之间，贾环叔侄亦到，贾政命他们看了题目。他两个虽能诗，较腹中之虚实，虽也去宝玉不远，但第一件，他两个终是别路，若论举业一道，似高过宝玉，若论杂学，［周按］请注意作者时代所用杂学一词兼有二义，一是特指八股时艺以外的一切学问都谓之杂学。二是泛指杂览群书兼及各种技艺。此处之杂学正是兼此二义之用法。则远不能及。第二件，他二人才思滞钝，不及宝玉空灵涓逸，每作诗亦如八股之法，未免拘板庸涩。那宝玉虽不算是个读书人，然亏他天性聪敏，且素习好些杂书。他自为古人中也有杜撰的，［周按］自为，原笔，即自谓。前文屡见，此皆雪芹习惯用法。也有失误之处，拘较不得许多。若只管怕前怕后起来，总堆砌成一篇，也觉得甚无趣味。［周按］以今日之文词表达之，即宝玉于文学特具自主创新，不落古人窠臼之精神。因心里怀着这个念头，每见一题，不拘难易，他便毫无费力之处，就如世上流嘴滑舌之人，无风作有，信着伶口俐舌，长篇大论，胡扳乱扯，敷演出一篇话来。虽无稽考，却都说得四座春风。虽有正言厉语之人，亦不得压倒这一种风流去的。近日贾政年迈，名利大灰，然起初天性也是个诗酒放诞之人，因在子侄辈中少不得规以正路。近见宝玉虽不读书，竟颇能解此，细评起来，也还不算十分玷辱了祖宗。就思及祖宗们的各各亦皆如此。亦贾门之数，虽皆深精学业的，也不曾发迹过一个，看来宝玉亦不过如此，［周按］按此一段落至关重要，大致包含三点：一，正式透露贾政之为人并非迂腐古板之卫道者。二，其家世本为满洲包衣旗籍，故其祖辈渴盼子孙中出有功名中举之人方可改换门庭。三，明确表示此时已放弃逼迫宝玉求取功名之奢望，遂其本色，任其自由拓展文采风流之天姿高致。况母亲溺爱，遂也不强以举业逼他了，所以近日是这等待他。又要环蘭二人举业之余，怎得亦同宝玉才好，所以每欲作诗，［庚双］妙！世事皆不可无足厌，只又〔有〕读书二字，是万不可足厌的，父母之心可不甚哉。近只〔之〕父母只怕儿子不能名利，岂不可叹乎！必将三人一齐唤来对作。

闲言少述。且说贾政又命他三人各吊一首，谁先成者赏，佳者额外加赏。贾环、贾蘭二人，近日当着多人皆作过几首了，胆量愈壮，今看了题目，遂自去思索。一时，贾蘭先有了。贾环生恐落后，也就有了。二人皆已录出，宝玉尚出神。［庚双］妙！篇〔偏〕写出钝態〔态〕来。贾政与众人且看他二人的二首。贾蘭的是一首七言绝句，写道是：

姽婳将军林四娘，玉为肌骨铁为肠。

捐躯自报恒王后，此日青州土亦香。

众幕宾看了，便皆大赞："小哥儿十三岁的人就如此，可知家学渊源，真不诬矣。"贾政笑道："稚子口角，也还难为他。"又看贾环的，是首五言律，写道是：

红粉不知愁，将军意未休。

掩啼离绣幕，抱恨出青州。

自谓酬王德，讵能复寇仇。

谁题忠义墓，千古独风流。

众人道："更佳。到是大几岁年纪，立意又自不同。"贾政道："到还不甚大错，终不恳切。"众人道："这就罢了。三爷才大不多两岁，俱在未冠之时，如此用了工去，再过几年，怕不是大阮、小阮了。"贾政笑道："过奖了。只是不肯读书的过失。"因又问宝玉怎么。众人道："二爷细心镂刻，定又是风流悲感，不同此等了。"宝玉笑道："这个题目似不称近体，须得古体，或歌或行，长篇一首，方能恳切。"众人听了，都立身点头拍手道："我说他立意不同！每一题到手，必先度其体格宜与不宜，这便是老手妙法。就如裁衣一般，未下剪时，须度其身量。这题目名曰《姽婳词》，且既有了序，此必是长篇歌行，方合体势。或拟温八叉《击瓯歌》，或拟李长吉《会稽歌》，或拟白乐天《长恨歌》，或拟古词半叙半咏，流利飘逸，始能尽妙。"贾政听说，也合了主意，遂自提笔向纸上要写，又向宝玉笑道："如此，你念我写上，不好了，我捶你那肉。谁许你先大言不惭了！"宝玉只得念了一句，道是：

恒王好武兼好色，

贾政写了看时，摇头道："粗鄙。"一幕宾道："要这样方古，究竟不粗。

且看他底下的。”贾政道：“姑存之。”宝玉又念道：

遂教美女习骑射。

秾歌艳舞不成欢，列阵挽戈为自得。

贾政写出，众人都道：“只这第三句便古朴老健，极妙！这四句平叙出也最得体。”贾政道：“休谬加奖誉，且看转的如何。”宝玉念道：

眼前不见尘沙起，将军俏影红灯里。

众人听了这两句，便都叫妙：“好个不见尘沙起！又承了一句俏影红灯里，用字用句皆入神化了。”宝玉道：

叱咤时闻口舌香，霜矛雪剑娇难举。

众人更拍手叫妙，道：“亦发画出来了。当日敢是宝公也在座，见其娇而且闻其香否，不然，何体贴至此。”宝玉笑道：“闺阁习武，纵任其勇悍，怎如男子。”［庚双］贾老在坐，故不便出浊物二字。妙甚，细甚！不待见而可知娇怯之形的了。贾政道：“还不快续！这又有你说嘴的了。”宝玉只得又想了一想，念道：

丁香结子芙蓉绦，［周按］丁香结子，如蝴蝶结子之类，谓女红之丝绦打结子。

众人都道：“转绦，萧韵，更妙！这才流利飘荡。而且这一句也绮靡秀媚的妙。”贾政写了，看道：“这一句不好。已写过‘口舌香’、‘娇难举’，何必又如此。这是力量不加，故又用这些堆砌货来搪塞。”宝玉笑道：“长歌也须得要些词藻点缀点缀，不然便觉萧索。”贾政道：“你只顾用那些，这一句底下如何能转至武事？若再多说两句，岂不蛇足了？”宝玉道：“如此，底下一句转煞住，想亦可矣。”贾政冷笑道：“你有多大本领。上头说了一句大开门的散话，如今又要一句连转带煞，岂不心有余而力不足些？”［周按］贾政于宝玉之诗句句紧跟，表面予以批评，实际却是启发导引，为他铺平展现才华之路径。宝玉听了，垂头想了一想，说了一句道：

不系明珠系宝刀。

忙问："这一句可还使得？" 众人拍案叫绝。贾政写了，看着笑道："且放着，再续。" 宝玉道："若使得，我便要一气下去了。若使不得，越性涂了，我再想别的意思出来，再另措词。" 贾政听了，便喝道："多话！不好了再作，便作十篇百篇，还怕辛苦了你不成？" 宝玉听说，只得想了一会，便念道：

战罢夜阑心力怯，脂痕粉渍污鲛鮹。

贾政道："又一段，底下怎么？" 宝玉道：

明年流寇走山东，强吞虎豹势如蜂。

众人道："好个走字！便见得高低了，且通句转的也不板。" 宝玉又念道：

王率天兵思剿灭，一战再战不成功。
腥风吹折陇头麦，日照旌旗虎帐空。
青山寂寂水澌澌，正是恒王战死时。
雨淋白骨血染草，月冷黄沙魂守尸。［周按］苏本误黄沙为黄河，正是原稿草书之明证。

众人都道："妙极，妙极。布置、叙事、词藻，无不尽美。且看如何至四娘，必另有妙转奇句。" 宝玉复又念道：

纷纷将士只保身，青州眼见皆灰尘。
不期忠义明闺阁，愤起恒王得意人。

众人都道："铺叙得委婉。" 贾政道："太多了，底下只怕累赘呢！" 宝玉乃又念道：

恒王得意数谁行，就死将军林四娘。［周按］就死，犹言就义而视死如归。
号令秦姬驱赵女，艳李秾桃临战场。
绣鞍有泪春愁重，铁甲无声夜气凉。
胜负自然难预定，誓盟生死报前王。
贼势猖獗不可敌，柳折花残实可伤。

魂依城郭家乡近，马践胭脂骨髓香。

星驰时报入京师，谁家儿女不伤悲。［周按］盖此种歌行与古体不同，句法又讲对仗，又讲平仄，故定字时不能违失格律。他句类推可明。

天子惊慌恨失守，此时文武皆垂首。

何事文武立朝纲，不及闺中林四娘。

我为四娘长太息，歌成余意尚彷徨。

念毕，众人都大赞不止，又都从头看了一遍。贾政笑道："虽然说了几句，到底不大恳切。"［周按］按恳切一词似非文学评论中常用语，然他却指出了许多作品中之大病。盖不恳切即浮文泛墨多于真情实感，虽然可以塞责充篇，终无可读之真味。须知恳即诚与信，切即真与深，有此四者则文不求善而自善矣。◎贾政此语似总不满足，然善读书者当知，作严父者能出此语已是很高的评价矣，其内心之喜悦皆在言外。不善读书者犹以为贾政总是吹求，可厌之人也。若如此，则雪芹之用笔尚有几分可观者乎？因说："去罢！"三人如得了赦的一般，一齐出来，各自回房。

众人皆无别话，不过至晚安歇而已。独有宝玉一心凄楚，回至园中，猛见池上芙蓉，想起小丫嬛说晴雯作了芙蓉之神，不觉又喜欢起来，乃看着芙蓉，嗟叹了一回。忽又想起死后并未至灵前一祭，如今何不在芙蓉前一祭，岂不尽了礼？比俗人去灵前祭吊又更觉别致。想毕，便欲行礼，忽又止住，道："虽如此，亦不可太草率，须得衣冠齐整，奠仪周备，方为诚敬。"想了一想："如今若学那世俗之奠礼，断然不可，竟也还别开生面，另立排场，风流奇异，于世无涉，方不负我二人之为人，况且古人有云，潢污行潦，苹蘩蕰藻之贱，可以羞王公荐鬼神。原不在物之贵贱，全在心之诚敬而已。此其一也。二则诔文挽词，也须另出己见，自放手眼，亦不可蹈袭前人的套头，略填几字搪塞耳目之文，亦必须洒泪泣血，一字一咽，一句一啼。宁使文不足，悲有余，万不可尚文藻，而反失悲切。［周按］宝玉此言，可见雪芹著书之最大原则不能离开：宁使文不足悲有余，万不可尚文藻而反失悲切。三复斯言，"红楼"之高妙思过半矣。况且古人多有微词，非自我今作俑也。奈今人全惑于功名二字，故尚古之风一洗皆尽，恐不合时宜，于功名有碍之故。我又不希罕那功名，我又不为世人观阅称赞，何必不远师楚人之大言，《招魂》《离骚》《九辩》《枯树》《问难》《秋水》《大人先生传》等法，或杂参单句，或偶成短联，或用实典，或设譬寓，随意所之，信笔而去。喜则以文为戏，悲则以言志痛，辞达意尽为止，何必若世俗之拘拘于方寸之间哉！”宝玉本是个不读书之人，再心中有了这篇歪意，怎得有好诗好文作出来。他自己却任意纂著，并不为人知慕，所以大肆妄诞，竟杜撰成一篇长文，用晴雯素日所喜之冰鲛縠一幅，楷字写成，名曰《芙蓉女儿诔》，前序后歌。又备了四样晴雯所喜之物。于是夜月下，命那小丫头捧至芙蓉花前，先行礼毕，将那诔文即挂于芙蓉枝上，乃泣涕念曰：“诸君阅至此，只当一笑话看去，［周按］当笑话看云云，是雪芹原笔，自谦戏笔。前文亦有痕迹。便可醒倦。”

维

太平不易之元，［庚双］年便奇。蓉桂竞芳之月，［庚双］是八月。无可奈何之日，［庚双］日更奇。细思月〔日〕何难于说真某某，今偏用如此说，可则〔则可〕知矣。怡红院浊玉，［庚双］自谦的更奇。盖常以浊字许〔评〕天下之男子，竟自谓。所谓以责人之心，责己矣。谨以群花之蕊，［庚双］奇香。冰鲛之縠，［庚双］奇帛。沁芳之泉，［庚双］奇奠。枫露之茗，［庚双］奇名〔茗〕。四者虽微，聊以达诚申信，乃致祭于白帝宫中抚司秋艳芙蓉女儿之前［庚双］奇称。曰：窃思女儿自临浊世，［庚双］世不浊，内〔因〕物所混而浊也，前后便有照应。○女儿称妙！盖思普天下之称断不能有如此二字之清洁者，亦是宝玉之真心。迄今凡十有六载。［庚双］方十六而夭，亦伤矣。其先之乡籍姓氏，湮沦而莫能考者久矣。［庚双］忽又有此文不可，后来亦可伤矣。而玉得于衾枕栉沐之间，栖息宴游之夕，亲昵狎亵，相与共处者，仅五年八月有奇。［庚双］相共不足六载，一旦夭别，岂不可伤？女儿曩生之昔，其为质则金玉不足喻其贵，其为性则冰雪不足喻其洁，其为神则星日不足喻其精，其为貌则花月不足喻其色。姊娣悉慕媖娴，妪媪咸仰惠德，孰料鸠鸩恶其高，鹰鸷翻遭罦罳。［庚双］《离骚》：鸷鸟之不群兮。又：语〔吾〕令鸩为媒兮，鸩告余以不好。雄〔雄〕鸠之鸣逝兮，余（犹）恶直〔其〕轻佻。㊟鸷特立不群，故不群，故不于。鸩羽毒杀人。鸩多声，有如人之多言不实。罦罳，音孚拙，翻毕纲〔车网〕。《诗经》：雉罹〔离〕于罦。《尔雅》：罬〔罳〕谓之罦。薋葹妒其臭，茝兰竟被芟锄。［庚双］《离骚》：薋葹皆恶草，以便〔辨〕邪接〔佞〕。茝〔茝〕兰芳草，以别君子。花原自怯，岂奈狂飚。柳本多愁，何禁骤雨。偶遭蛊虿之谗，遂抱膏肓之疚。故尔樱唇红褪，韵吐呻吟。杏脸香枯，色陈顑颔。［庚双］《离骚》：长顑颔亦何伤，面黄色。诼谣謑诟，出自屏帏。荆棘蓬榛，蔓延户牖。岂招尤见替，实攘诟而终。［庚双］《离骚》：朝许〔谇〕夕替〔惕〕，废也。恐〔忍〕尤而相〔攘〕询，詬〔诟〕同，攘，取也。既忳幽沉于不尽，复含罔屈于无穷。高标见嫉，闺帏恨比长沙。［庚双］汲黯辈嫉贾谊之才，谪〔谪〕贬长沙。直烈遭危，巾帼惨于羽野。［庚双］鲧刚真〔直〕自命，舜殛于羽山。《离骚》曰：鲧悻真〔婞直〕以（亡）身〈之〉兮，终然大〔殀〕乎羽之野。自蓄辛酸，谁怜夭折？仙云既散，芳趾难寻。洲迷聚窟，何来却死之香？海失灵槎，不获回生之药。眉黛烟青，昨犹我画。指环玉冷，今倩谁温？鼎炉之剩药犹存，襟泪之馀痕尚渍。镜分鸾别，愁开麝月之奁。梳化龙飞，哀折檀云之齿。委金钿于草莽，拾翠盒于尘埃。楼空鳷鹊，徒悬七夕之针。带断鸳鸯，谁续五丝之缕？况乃金天属节，白帝司时。孤衾有梦，空室无人。桐阶月暗，芳魂与倩影同销。蓉帐香残，娇喘共细言皆绝。连天衰草，岂独蒹葭。匝地悲声，无非蟋蟀。露苔晚砌，穿帘不度寒砧。雨荔秋垣，隔院希闻怨笛。芳名未泯，檐前鹦鹉犹呼。艳质将亡，槛外海棠预老。［庚双］恰极。捉迷屏后，莲瓣无声。［庚双］元微之诗，小楼深迷藏。斗草庭前，兰芽枉待。抛残绣线，银笺彩缕谁裁。褶断冰丝，金斗御香未熨。昨承严命，既驱车而远涉芳园。今犯慈威，复泣杖而忍抛孤柩。［庚双］柩本字。及闻槥棺被燹，惭违共穴之盟。石椁成灰，愧迨同灰之诮。［庚双］唐诗云：先开石棺，木可为棺。晋杨公回诗云：生回〔为〕并身杨〔物〕，死作同棺灰。尔乃西风古寺，淹滞青磷。落日荒坵，零星白骨。楸榆飒飒，蓬艾萧萧。隔雾圹以啼猿，绕烟塍而泣鬼。自为红绡帐里，公子情深。始信黄土陇中，女儿命薄。汝南泪血，斑斑洒向西风。梓泽馀衷，默默诉凭冷月。呜呼！固鬼蜮之为灾，岂神灵而亦妒？箝诐奴之口，罚岂从宽？剖悍妇之心，忿犹未释。[庚双]《庄子》：箝杨墨之口。孟子谓诐辞知其所蔽。在君之尘缘虽浅，然玉之鄙意岂终。因蓄此惓惓之思，不禁谆谆之问。始知上帝垂旌，花宫待诏。生侪兰蕙，死辖芙蓉。听小婢之言，似涉无稽。据浊玉之思，则深为有据。何也？昔叶法善摄魂以撰碑，李长吉被诏而为记。事虽殊，其理则一也。故相物以配才，苟非其人，恶乃滥乎其位，始信上帝委托权衡，可谓至洽至协，庶不负所秉赋也。因希其不昧之灵，或陟降于花。特不揣鄙俗之词，有污慧听。乃歌而招之曰：

天何如是之苍苍兮，乘玉虬以游乎穹窿耶？[庚双]《楚词》：驷玉虬以乘翳兮。

地何如是之茫茫兮，驾瑶象以降乎泉壤耶？[庚双]《楚词》：杂瑶象以为车。

望伞盖之陆离兮，抑箕尾之光耶？

列羽葆而为前导兮，卫危虚于傍耶？

驱丰隆以为比从兮，望舒月以临耶？[庚双]危虚二星为卫护星。丰隆，电〔雷〕师。(望)舒，月御也。

听车轨而伊轧兮，御鸾鹥以征耶？

闻馥郁而薆然兮，纫蘅杜以为纕耶？

昡裙裾之烁烁兮，镂明月以为珰耶？

籍葳蕤而成坛畤兮，檠莲焰以烛银膏耶？

文爮匏以为觯斝兮，漉醽醁以浮桂醑耶？

瞻云气而凝盻兮，仿佛有所觇耶？

俯窈窕而属耳兮，恍惚有所闻耶？

期汗漫而无夭阏兮，忍捐弃余于尘埃耶？[庚双]《逍遥游》，天〔夭〕阏上〔止〕也。

倩风廉之为余驱车兮，冀联辔而携归耶？

余中心为之慨然兮，〔庚双〕《庄子·至乐篇》：我独何能无概〔慨〕然。徒嗷嗷而何为耶？〔庚双〕《庄子》：嗷嗷善〔嗷嗷然〕随而哭子〔之〕。

君偃然而长寝兮，岂天运之变于斯耶？〔庚双〕《庄子》：偃善〔然〕寝于巨室，谓人死也。〇又变而气，气变而有形，形变之有生，今又变之死，是相与为春秋冬夏，四时行也。〇《天道变〔篇〕》：其死也物化。

既窀穸且安稳兮，反其真而复奚化耶？〔庚双〕窀穸肫。《左传》：窀穸之事，墓穴幽堂也。左贵嫔杨石诔：早即窀穸。《庄子太〔大〕宗归〔师〕》：而以反真〔已其〕。㊟以死为真。

余犹桎梏而悬附兮，灵格余以嗟来耶？〔庚双〕《庄子太〔大〕宗归〔师〕》：桎桔〔梏〕之名。〇被〔彼〕以生为县〔悬〕疣附赘，以死为快〔决〕疾渍〔溃〕痈。〇嗟来桑户乎，嗟来桑户乎。㊟桑户，人名，孟〔反〕子琴张二人，招其魂而语之也。〇方将不化，恶如意〔知已化〕哉。言人死犹如化去。《法华经》云：法华道师多朱〔殊〕方便，于险道中化一诚〔城〕，疲极之众，人〔入〕城皆生已度想，安稳想。

来兮止兮，君其来耶！

若夫鸿蒙而居，寂静以处，虽临于兹，余亦莫睹。搴烟萝而为步障，列苍蒲而森行伍。警柳眼之贪眠，释莲心之味苦。素女约于桂岩，宓妃迎于兰渚。弄玉吹笙，寒簧击敔。征嵩岳之妃，启骊山之姥。龟呈洛浦之灵，兽作咸池之舞。潜赤水兮龙吟，集珠林兮凤翥。爰格爰诚，匪簠匪筥。发轫乎霞城，返旌乎玄圃。既显微而若通，复氤氲而倏阻。离合兮烟云，空蒙兮雾雨，尘霾敛兮星高，溪山丽兮月午。何心意之怦怦，若寤寐之栩栩。余乃欷歔怅望，泣涕徬徨。人语兮寂历，天籁兮篔筜。鸟惊散而飞，鱼唼喋以乡。志哀兮是祷，成礼兮期祥。呜呼哀哉。尚飨。〔周按〕雪芹原稿止于此。此以下，蒙府、戚序、南图三本皆无任何文字。又，杨本中此处独有朱笔过录，“兰墅阅过”等字样，即此可知高鹗所据之某本也是自《芙蓉诔》以下并无文字。可证本回诔后至下回分解一小段文字为后人所加。直至次回即七十九、八十回这一长回为同一另手所后加。◎诵词奇文佳制，真有空前绝后之感，然其要害却只在达诚申信四个大字。若不识此，则必成买椟还珠矣。◎宝玉自称怡红院浊玉，好极，好极！他自云以四样微末之物致祭于晴雯者，即为群芳之蕊、冰鲛之縠、沁芳之泉、枫露之茗。试问君能解此何意否？如曰未能，我可为君道破，四者共为一物，即为千红一窟〔哭〕之血泪也。

读毕遂焚帛奠茗，犹依依不舍。小嬛催至再四方才回身，忽听山石之后，有一人笑道：“且请留步。”二人听了不免一惊。那小嬛回头一看，却是个人影从芙蓉花中走出来，他便大叫："不好，有鬼，晴雯真来显魂了！"唬得宝玉也忙看时，且听下回分解。

［戚回后］前文入一院，必叙一番养竹种花，为诸婆争利煊染。此文入一院，必叙一番树枯香老，为亲眷凋零凄楚。字字实境，字字奇情，令我把玩不释。《姽婳词》一段与前后文似断似连，如罗浮二山烟雨为连合，时有精气来往。

第七十九回
薛文龙悔娶河东狮　贾迎春误嫁中山狼

［蒙回前］静含天地，自宽动荡，吉凶难定。一喙一饮系生成，何必梦中说醒。

话说宝玉才祭完了晴雯，只听花影中有人声，到唬了一跳。走出来细看不是别人，却是林黛玉满面含笑，口内说道："好新奇的祭文，可与《曹娥碑》并传的了。"宝玉不觉红了脸，笑道："我想着世上这些祭文都过于熟滥了，所以改个新样，原不过是我一时顽意，谁知又被你听见了，有什么大使不得的，何不改削改削。"黛玉道："原稿在那里？倒要细细一读，长篇大论不知说的是些什么，只听见中间两句什么'红绡帐里，公子多情。黄土陇中，女儿薄命'，这一联意思却好，只是'红绡帐里'未免熟滥些，放着现成的真事为什么不用。咱们如今都是霞影纱糊的窗隔，何不就说'茜纱窗下，公子多情'呢。"宝玉听了不觉跌足笑道："好是极！到底是你想的出说的出，可知天下古人现成的好景妙事，尽多只是愚人蠢才说不出想不出罢了。但只一件，虽然这一改新妙之极，但你居此则可，在我实不敢当。"说着，又接连一二百句不敢当。黛玉笑道："何妨，我的窗即可为你之窗，何必分晰得如此生疏。古人异姓陌路尚然同肥马，衣轻裘，敝之而无憾，何况咱们。"宝玉笑道："论交之道，不在肥马轻裘，即黄金白璧亦不当锱珠较量，倒是这唐突闺阁万万使不得的，如今我索性将'公子''女儿'改去，竟算你诔他的倒妙。况且素日你又待他甚厚，今宁可弃此一篇大文，万不可弃此茜纱新句，竟莫若政作‘茜纱窗下，小姐多情。黄土陇中，丫环薄命。’如今一改虽于我无涉，我也是惬怀的。”黛玉笑道：“他又不是我的丫头，何用作此语，况且‘小姐’‘丫环’亦不典雅，等我的紫鹃死了，我再如此说还不算迟呢。”[庚双]明是为与阿颦作谶，却先偏说紫鹃，总用此狡猾之法。宝玉忙笑道：“这是何苦来，又咒他。”[庚双]又画出宝玉来。究竟不知是咒谁？使人一笑，一叹！黛玉笑道：“是你要咒他，并不是我说的。”宝玉道：“我又有了，这一改可极妥当，莫若说‘茜纱窗下，我本无缘。[庚双]双关句，意〔亦〕妥极！黄土陇中，卿何薄命！’”[庚双]如此，我亦为妥极。但试问，当面用“尔”“我”是〔字〕样，究竟不知是为谁之谶！一笑，一叹！○一篇诔问〔文〕，总因此二句而有。又当知：虽来〔诔〕晴雯，而又实诔黛玉也。奇纫〔幻〕，至此，若云必因请〔晴〕雯来〔诔〕，则呆之至矣！黛玉听了忡然变色，[庚双]慧心人可为一哭！○观此句，便知诔文实不为晴雯而作也。心中虽有无限的狐乱想，[庚双]用此事〔字〕更妙！盖又欲瞒观者。外面都不肯露出，反连忙含笑点头称妙，说：“果然改的好，再不必改了，快去干正经事罢。才刚太太打发人叫你明儿一早快过大舅母那边去，你二姐姐已有人家求准了，想是明儿那人家来拜允，所以叫你们过去呢。”宝玉拍手道：“何必如此忙，我身上也不大好，明儿还未必能去呢。”黛玉道：“又来了，我劝你把脾气改改罢，一年大二年小。”一面说话，一面咳嗽起来，[庚双]总为后文伏线。阿颦之问〔文〕，可见不是一笔两笔所写。宝玉忙道：“这里风凉，咱们只顾站着，快回去罢。”黛玉道：“我也家去歇息了，明儿再见罢。”说着便自取路去了。宝玉只得闷闷的，转步又忽想起黛玉无人随伴，忙命小丫环跟送回去，自己到了怡红院中，果然有王夫人打发老嬷嬷来吩咐他，明日一早过贾赦这边来，与适才黛玉之言相对。

原来贾赦已将迎春许与孙家了，这孙家乃是大同府人氏，[庚双]设云“大概相同”也。若必云真大同府，则呆。祖上系军官出身，乃当日宁荣府中之门生，算来亦系世交。如今孙家只有一人在京，现袭指挥之职，此人名唤孙绍祖，生得相貌魁伟，身体健壮，弓马娴熟，应酬权变，[庚双]画出一个俗物来。年纪未满三十，且又家资饶富，[庚双]此句断不可少。现在兵部候缺提升。因未有室，贾赦见其世交子侄，且人品家当都相称合，遂情愿择为东床娇婿。亦曾回明贾母，贾母心中都不十分趁意，但想来拦阻亦未必听，儿女之事自有天意前因，况且是他父母主张，何必出头多事，因此只说“知道了”三字，余不多及。贾政又深恶孙家，虽是世交，当年不过是彼祖希慕宁荣之势，有不能了结之事才拜在门下的，并非诗礼名族之裔，因此到劝过两次，无奈贾赦不听，也只得罢了。

宝玉却未会过这孙绍祖一面的，次日只得过去，聊一塞责。只听见说娶的日子甚急，不过今年就要过门的。又见邢夫人等回了贾母，将迎春接出大观园去等事，越发扫兴了，每日痴呆呆的不知作何消遣，又且听说赔四个丫头去，更又跌足自叹道：“从今后这世上又少了五个清洁人了。”因此天天到紫菱洲一带地方徘徊瞻顾，见其轩窗寂寞，屏帐翛然，不过只有几个该班上夜的老妪。［庚双］先为“对竟〔景〕悼颦儿”作引。再看那岸上的蓼花苇叶，池内的翠荇香菱，也都觉摇摇落落，似有追忆故人之态，迥非素常逞妍斗色之可比。既领略得如此寥落凄惨之景，是以情不自禁，乃信口吟成一歌曰：［庚双］此回题上半截是“灰聚向秉〔悔娶河东〕狮”，今却偏连“中山狠〔狼〕”倒装，业下情上，细腻写来。可见迎春是书中正传，阿呆夫凄〔妻〕是副。殡〔宾〕主次序，严肃之至。其婚聚〔娶〕俗礼一概不及，只用宝玉一人过去，正是书中之大吉〔旨〕。

池塘一夜秋风冷，吹散芰荷红玉影。

蓼花菱叶不胜愁，重露繁霜压纤梗。［庚双］此句遗失。

不闻永昼敲棋声，燕泥点点污棋枰〔秤〕。

古人惜别怜朋友，况我今当手足情。

宝玉方才吟罢，忽闻背后有人笑道：“你又发什么呆呢？”宝玉回头忙看是谁，原来是香菱，宝玉忙转身笑问道：“我的姐姐，你这会子跑到这里来做什么？多日不进来瞧瞧。”香菱拍手笑嘻嘻的说道：“我何曾不要来，如今你哥哥回来了，那里比先时自由自在的了。才纲我们奶奶使人找你凤姐姐，竟没有找着，说往园子里来了。我听见了，我就讨了这件差进来找他，遇见他的丫头，说在稻香村呢。如今我往稻香村去，就遇见了你。我且问你，袭人姐姐这几日可好。怎么忽然把个晴雯姐姐也没了，到底是什么病？二姑娘搬出去的好快，你瞧瞧这地方好空落落的。”宝玉应之不迭，又让他同到怡红院去吃茶。〔庚双〕断不可少。香菱道：“此刻竟不能，等找着琏二奶奶说完了正经事再来。”宝玉道：“什么正紧事，这么忙？”香菱道：“为你哥哥娶嫂子，所以要紧。”〔庚双〕出题。去〔却〕闲闲引出。宝玉道：“正是说的，倒是那一家的，只听见吵嚷了这半年，今儿又说张家的好，明儿又说李家，后儿又议论王家的。这些人家的女儿，他岂不知道犯了什么罪，叫人好好的议论。”香菱道：“因你哥哥上次出门贸易时，在顺路到了个亲戚家去。这门亲原是老亲，且又合我们是同在户部挂名行商，也是数一数二大门户，前日说起来时你们两府也都知道的。合长安城中上至王侯下至买卖人，都称他是桂花夏家。”〔庚双〕夏日何得有桂？又，桂花时即〔节〕焉有得〔得有〕〈又〉雪？三是原系风马牛，金〔今〕若强凑合，故终不相符。来此败运之事大都如此，当局者不解耳。宝玉忙笑问道：〔庚双〕听得“桂花”回〔为〕号，原觉新雅，故不〔必〕又一笑。余亦欲笑问。“如何又称桂花夏家？”香菱道：“他家本姓夏，非常的富贵，其余田地不用说，单有几十顷地种桂花，凡这长安城中桂花局都是他家的，连宫里一应陈设盆景亦是他家贡奉，因此才有这别个混号。如今太爷也没了，只有老奶奶带着一个亲生的姑娘过活，也并没有哥儿弟兄，可惜他一家竟绝了后。”宝玉忙道：“咱们也别管他绝后不绝后，只是这姑娘如何？你门大爷怎么就中意了？”〔庚双〕补出阿呆素日难得中意来。香菱笑道：“一则是天缘，二则是情人眼里出西施，当年时又是通家常来往的，从小儿都一处厮混，叙老亲又是姑舅兄妹，又没嫌疑。虽离了这几年，前儿一到他家，夏奶奶又是没儿子的，一见了你哥哥出落的这样，又是哭又是笑，竟比见了儿子的亲热。又令他兄妹相见，谁知这姑娘出跳得花朵儿似的了，在家里也读书写字，所以你哥哥当时就看准了，一心连当铺里的伙计们一群人，遭塌了人家三四日，他们还留多住着呢，好容易苦辞，才放回家。你哥哥一进门就咕咕唧唧求我们奶奶去求亲，我们奶奶原也是见过的，又且门当户对的，也依了，合这里姨太太、凤姑娘商量了几日，打发人去一说就成了。只是娶的日子太急，所以我们狠忙。〔庚双〕阿呆求妇一段文字，切〔却〕从香菱口中补明，省却许多闲文累笔。我也巴不得早些娶过来，又添一个做诗的人了。”〔庚双〕妙极！菱香〔香菱〕口声，段〔断〕不可少。看他下作〔此〕死语，知其心中略无忌讳疑庐〔虑〕等意，夏〔直〕是浑然天真之（人），余为一哭！宝玉冷笑道：〔庚双〕忽曰〔曰〕“冷笑”二字便有文章。“虽然如此说，到只我但替你耽心虑后呢。”〔庚双〕又为香菱之识〔谶〕，偏是此等事体等到。香菱听了不觉红了脸，正色道：“这是什么话说，素日咱们都是斯抬斯敬的，今日忽然提起这些事，是什么意思。怪道人人都说你是个亲近不得的人。”一面说，一面转身走了，宝玉见这样，便怅然如有所失，呆呆的站了半天，思前想后，不觉泪下来了，只得没精打彩回入怡红院来。一夜不曾安稳，睡梦之中犹唤晴雯，或魇魇惊悸，种种不宁。次日便懒进饮食，身体作热，此皆近日抄拣大观园、逐司棋、别迎春、悲晴雯等羞辱惊悸悲凄之所致，兼以风寒外感，故酿成一疾，卧床不起。贾母听得如此，天天亲来看视。王夫人心中自悔，不该因晴雯过于逼责了他。心中虽如此，脸上却不露出，只吩咐众奶娘等好生服侍看守，一日两次带进医生来诊脉下药，一月之后渐渐的痊愈，好生保养，过百日方动晕腥油面等物，方可出门行走，这百日内连院门也不许到，只见房中顽笑。至五六十日后就把他拘束的火星乱迸，那里忍奈得住，诸般设法，无奈贾母王夫人执意不从，也只得罢了。自此合那些丫头们无所不至，姿意耍笑作戏。又听得薛蟠摆酒唱戏，热闹非常，已娶亲入门。闻得这夏家小姐十分俊俏，也通文墨，宝玉恨不得就过去一见才好。再过些时又闻得迎春出了阁，宝玉思及当时姊妹们一处耳鬓丝磨，从今一别，纵得相逢也非似先前那等亲密了，眼前又不能走去一望，真令人凄惶迫切之至。少不得潜心忍奈，暂同这些丫环们斯闹释闷，幸免贾政责备逼迫读书之难。这百日内只不曾拆了怡红院，合这些丫头们无法无天，凡世上所无之事都顽要出来，如今且不消细说。

且说香菱自那日抢白了宝玉之后，心中自为宝玉有心唐突他，“怨不得我们宝姑娘不敢亲近他，可见我不如宝姑娘远矣。怨不得林姑娘时常合他角口，气的痛哭，自然唐突他也是有的了。从此到要远避他才好。”因此后，连大观园也不轻易进来了。日日忙乱着薛蟠娶过亲，自为得了护身符，自己身上分去责任，到底比这样安宁些。二则又闻得是个有才有貌的佳人，自然是典雅和平的，因此他心中盼过门的日子比薛蟠还急十倍。好容易盼得一日娶过了门，也便十分殷勤小心服侍。

原来这夏家小姐今年方才十七岁，生得亦颇有姿色，也识得几个字。看他论心中的邱壑泾渭，颇步熙凤之后尘。只吃亏了一件，从小儿父亲去世的早，又无同胞弟兄，寡母独守此女，娇养溺爱不啻珍宝，凡女儿一举一动彼母皆百依百随，因此未免娇养太过，竟酿成个盗跖的性气，爱自己尊若菩萨，窥他人秽如粪土。外具花柳之姿，内秉风雷之性。在家中时常就合丫头们使性弄气，轻骂重打的。今日出了阁，自为要作当家的奶奶，比不得做女儿时腼腆温柔，须要拿出这威风来才黔压得住人。况且见薛蟠气质刚硬，举止骄奢，若不趁热灶一气炮制热滥，将来必不能自立旗帜矣。又见有香菱这等才貌俱全的爱妾在室，越发添了宋太祖灭南唐之意、卧榻之侧岂容人酣睡之心。因他家多桂花，他小名就唤作金桂。他在家时不许人口中带出金桂二字来，凡有不留心误道二字者，他便定要苦打重罚才罢。他因想桂花二字是禁不住的，须得另换一名，因想桂花曾有广寒嫦娥之说，便将桂花改为嫦娥花，又寓自己身分如此。薛蟠本是个怜新弃旧的人，且是有酒胆无饭力的，如今得了这样一个妻子，正在新鲜兴头上，凡事未免尽让他些。那夏金桂见了这般形景，便也试着一步紧似一步。一月之中二人气概还都相平，至两月之后便觉薛蟠的气渐次低矮了些下去。

一日，薛蟠酒后不知要行何事，先与金桂商议，金桂执意不从，薛蟠忍不住便发了几句话，赌气走出去了。这金桂便气的哭如醉人一般，茶饭不进，粧起病来。请医疗治，医生又说气血相逆，当进宽胸顺气之剂。薛姨妈恨的骂了薛蟠一顿，说："今娶了亲，眼前抱儿子了，还是这样胡闹。人家凤凰蛋似的好容易养了一个女儿，比花朵还轻巧，原看你是个人物，才给你作老婆，你不说你一心安分守己，一心一计和和气气的过日子，还是这样胡闹，灌了黄汤折磨人家，这会子花钱吃药白操心。"一夕话说的薛蟠后悔不迭，反来安慰金桂。金桂见婆婆如此说丈夫，越发得了意，更粧出些张致来，总不理薛蟠。薛蟠没了主意，惟自怨恨。好容易十天半月之后，才渐渐的哄转过金桂来。自此便加一倍小心，不免气概又矮了半截下来。那金桂见丈夫旗纛渐倒，婆婆良善，也就渐渐的将戈试马起来。先不过挟制薛蟠，后来倚娇作媚将及薛姨妈，又将至宝钗。宝钗久察其不轨之心，每随机应变，暗以言语弹压金桂。金桂知其不可犯，每欲寻隙又无隙可乘，只得曲意俯就。

一日金桂无事，因合香菱闲谈，问香菱家乡父母。香菱皆答忘记，金桂便不悦，说有意欺瞒了他，因问他香菱二字是谁起的名字，香菱便答姑娘起的。金桂冷笑道："人人都说姑娘通，只这一个名字就不通。"香菱笑道："奶奶不知道，我们姑娘的学问连我们姨老爷时常还夸呢。"且听下回分解。

［蒙回后］作诔后，黛玉飘然而至，增一番感慨，及说至迎春事，遂飘然而去。作词后，香菱飘然而至。增一番感慨，及说至薛蟠事，遂飘然而去。一点一逗，为下文引线。且二段俱以正经事三字作眼，而正经里更有大不正经者。在文家固无一呆字死句。

从起名上设色，别有可玩。

第八十回
懦弱迎春肠回九曲　姣怯香菱病入膏肓

［蒙回前］叙桂花妒用实笔，叙孙家恶用虚笔，叙宝玉卧病是省笔，叙宝玉烧香是停笔。

话说香菱言还未尽，金桂将脖项一扭，嘴唇一撇，［庚双］画出一个悍妇来。鼻孔里哧哧两声，［庚双］真真追魂摄魄之笔。拍着手冷笑道：“菱角谁闻见香来者，若说菱角香了，正紧那冷香花放在那里。可是不通之极。”香菱道：“不独菱角，就连荷叶莲蓬都是有一股清香的。但他原不是花香可比，若静日静夜，或清早半夜，细领略了去，那一股清香，皆比是花儿都好闻呢。就莲菱角、鸡头、苇叶、芦根，得了风露，那一股清香就令人心神爽快的。”［庚双］说的出，便是慧心人，何况菱卿哉！金桂道：“依你说，兰花、桂花到香的不好了？”［庚双］又倍〔陪〕一个兰花，一则是自高声〔身〕价，二则是诱人犯法。香菱说到热闹上忘了忌讳，便接口道：“兰花、桂花的香又非别花之香可比。”一句未完，金桂的丫环名唤宝蟾者，忙指着香菱的脸说道：“要死要死，你怎直叫起姑娘的名字来。”香菱猛省了，反不好意思，忙赔笑赔罪说：“一时说顺了嘴，奶奶别计较。”金桂笑道：“这有什么，你也太小心了。但只是我想这个香字到底不妥，意思要换一个字，不知你服不服？”香菱忙笑道：“奶奶说那里话，此刻连我一身一体俱属奶奶，何得换一名字反问我服不服？叫我如何当得起。奶奶说那一字好就用那一个。”金桂冷笑道：“你虽说的是，只怕姑娘多心。说我起的名字反不如你的意，你能来了几日，就驳我的面了。”香菱笑道：“奶奶有所不知，当日我来了时，原是老太太使唤的，故此姑娘起得名字。

后来我自服侍了爷，就与姑娘无涉了。如今又有了奶奶，亦发不与姑娘相干。况且姑娘又是极明白的人，如何恼得这些呢？”金桂道：“既这样说来，香字竟不如秋字妥当。菱角菱花皆盛于秋，岂不比香字有来历些。”香菱笑道：“就依奶奶这样罢了。”自此以后遂改了秋字。宝钗亦不在意。

只因薛蟠天性是得陇望蜀的，如今得娶了金桂，又见金桂的丫环宝蟾有三分姿色，举止轻浮可爱，便常要茶要水的，故意撩逗他。宝蟾虽亦解事，只是怕金桂，不敢造次，且看金桂的眼色。金桂亦颇觉察其意，想意：“正要摆布香菱，无处寻隙。如今既看他上了宝蟾，如今且舍了宝蟾去与他，他一定就合香菱疏远了。我且乘他疏远之时摆布了香菱，那时宝蟾原是我的人，也就好处了。”打定了主意待机而发。

这日，薛蟠晚间微醺，又命宝蟾到茶来吃。薛蟠接碗故意捏他的手，宝蟾又假妆躲闪，连忙缩手。两下里失误，豁啷一声茶碗落地，泼了一身一地的茶，薛蟠不好意思，佯说宝蟾不好生拿着。宝蟾说：“姑爷不好生接着。”金桂冷笑道：“两个人的腔调都勾使了，别打谅谁是傻子。”薛蟠只低头微笑不语，宝蟾红了脸出去。一时安歇之时，金桂便故意的撵薛蟠别处去睡，“省得你馋痨饿眼。”薛蟠只是笑。金桂道：“要做什么合我说，别偷偷摸摸的，不中用。”薛蟠听了，仗着酒盖脸，便趁势就在被上拉着金桂笑道：“好姐姐，你若把宝蟾赏了我，你要怎样就怎样，你要活人脑子也弄来给你。”金桂笑道：“这话好不通，你爱谁收在房里，省得别人看着不雅，我可要什么呢？”薛蟠得了这话，喜的称谢不尽。是夜，曲尽丈夫之道奉承金桂。〔庚双〕“曲尽丈夫之道”，奇问〔闻〕奇语！次日也不出门，只在家中厮奈，越发放大胆子。

至午后，金桂故意出去，让个空儿与他二人。薛蟠便拉拉扯扯起来，宝蟾也知八九了，也就半推半就。正要入港，谁知金桂是有心等候的，在难分之际，便叫小丫头小舍儿过来。原来这小丫头也是金桂从小儿在家使唤的，因他自幼父母双亡，无人看管，便大家叫他作小舍儿，专做些粗笨的生活。［庚双］铺钗〔补叙〕小舍儿手〔首〕尾，亡〔忙〕中又点“薄命”二字，与痴丫头遥遥作对。金桂如今有意独唤他来吩咐道：“你去告诉香菱，到我屋里将手帕取来，不必说我说的。”［庚双］金桂坏极，所以独使小舍（儿）为此。小舍听了，一迳寻着香菱说：“菱姑娘，奶奶的手帕忘了在屋里了，你去取来送上去，岂不好？”香菱正因近日金桂每每的折挫他，不知何意，百般竭力挽回不暇。［庚双］总为痴心一人〔人一〕叹！听了这话，忙往房里来取，不防正遇见他二人推就之际，一头撞了进去，自己倒羞的耳面飞红，忙转身回避不迭。那薛蟠自为是过了明路的，除了金桂无人可怕，所以连门也不掩，今儿香菱撞来，也料有些惭愧，还不十分在意。无奈宝蟾素日最是说嘴要强的，今既遇见了香菱，便恨无地缝可入，忙推开薛蟠一迳跑了，口内还怨恨不迭，说他强着力逼着等语。薛蟠好容易圈哄的要上手，却被香菱打散，不免一腔兴头变作了一腔恶怒，都在香菱身上。不容分说赶出来，啐了一口骂道：“死娼妇！你这会子做什么来，撞了游魂？”香菱料事不好，三步两步早已跑了。薛蟠再来找宝蟾，已无踪迹了。于是恨的只骂香菱。至晚饭后已吃得醺醺然，洗澡时，不防水略热了些，烫了脚，便说香菱有意害他，赤条精光赶着香菱踢打了两下，香菱虽未受过这气苦，既到了此时也说不得了，只好自悲自怨，各自走开。

彼时金桂已暗合宝蟾说明，今夜令薛蟠在香菱房中去成亲，命香菱过来陪自己先睡。先是香菱不肯，金桂说他嫌臜了，再必是图安逸，怕夜里劳动服侍，又骂说：“你那没见世面的主子，见了一个爱一个，把我的人霸占了去，又不叫你来，到底是什么主意？想必是逼我死罢了。”薛蟠听了这话，又怕闹黄了宝蟾之事，忙又赶来骂香菱不识抬举，“再不去便要打了！”香菱无奈，只得抱了铺盖来，金桂命他在地下铺睡，香菱无奈只得依命。刚睡下，便叫到茶，一时又捶腿，如是者一夜七八次，总不使其安逸稳卧片时。

那薛蟠得了宝蟾，如获宝珍一般，一概都置不顾。恨的金桂暗暗的发恨的道：“且叫你乐这几天，等我慢慢的摆布了他，那时可别怨我。”一面隐忍，一面设计摆布香菱。半月光景忽又粧起病来，只说心疼难忍，四肢不能转动。［庚双］半月工夫，诸计安矣。请医疗治不效。众人都说是香菱气的。闹了两日，忽又从金桂枕头内抖出纸人来，上面写着金桂的年庚八字，有五根针钉在心窝内。于是众人乱起来，当作新文，先报与薛姨妈。薛姨妈忙手忙脚的，薛蟠自然更乱起来，立刻要拷打众人。金桂笑道：“何必冤枉众人，大约是宝蟾的镇压法儿。”［庚双］恶极，坏极！薛蟠道：“他这些时并没有空儿在你房里，何苦赖好人。”［庚双］正要老兄此句。金桂冷笑道：“除了他还有谁？莫不是我自己害我自己不成。虽有别人，谁可敢进我的房呢！”薛蟠道：“香菱如今是天天跟着你，他自然知道，先拷问他就知道了。”金桂道：“大家丢开罢了，横竖治死我也没什么要紧，乐得再娶好的。若摆良心上说，左不过是你三个嫌着我一个。”说着一面恸哭起来。薛蟠更被这一夕话激怒，顺手抓起一根门闩来，一迳抢步找着香菱，不容分诉，便劈头劈脸浑身打起来，［庚双］写〔与〕前要打死宝玉遥遥一对。一口咬定是香菱所施。香菱叫屈，薛姨妈跑来禁喝说：“不问明白就打起人来，这丫头服侍了这几年，那一点不周道，不尽心？他岂肯如今作这没良心的事？你且问个清浑皂白再动粗卤。”金桂听见他婆婆如此说，生怕薛蟠耳软心活了，便亦发嚎啕大哭起来，一面又哭喊道：“这半个多月把我的宝蟾霸占了去，不容进我的房，惟有香菱跟着我睡。我要拷问宝蟾你又护到头里，你这会子又赌气打他，去治死我，再拣富贵的缥致的娶来就是了，何苦作出这些把戏来。”薛蟠听了这些话，越发着了急。薛姨妈听见金桂句句挟制着儿子，百般恶赖的样子十分可恨，无奈儿子偏不硬气，已是被他挟制软惯了，如今又勾答上了丫头，说被他霸占了去，他自己反先占温柔让夫之礼。这压魔法究竟不知谁作实，是俗语说的清官难断家务事，此时正是公婆难断床帏事了。因此无法，只得赌气喝薛蟠说：“不争气的孽障，骚狗也比你体面些！谁知你三不知的把赔房丫头也摸娑上了，叫老婆说霸占了丫头，什么脸出去见人。也不知谁使的法子，也不问青红皂白，好歹就打人。我知道你是个得新弃旧的东西，白辜负了我当日的心。他说不好，你也不许打，我即刻叫人牙子来卖了他，你就心净了。”说着又命香菱，“收拾了东西跟我来。”一面叫人：“去，快叫个人来，找个人牙子，多少卖几两银子，拔出肉中刺眼中钉，大家过太平日子。”

薛蟠见母亲动了气，早也低了头。金桂听了话便隔窗子往外哭道：“你老人家只管卖人，不必说着一个拉着一个的。我们狠是那吃醋拈酸容不下人的不成？怎么拔出肉中刺眼中钉？是谁的钉？谁的刺？但凡多嫌着他，也不肯把我的丫头也收在房里了。”薛姨妈听说，气的身战气咽道：“这是谁家的规矩，婆婆这里说话，媳妇隔窗子拌嘴。亏你是旧家人家的儿女，满嘴里大叫小呼的，说的是什么？”薛蟠急的跺脚说：“罢哟，看听见笑话。”金桂意谓一不作二不休，越性发泼喊起来了：“我不怕人笑话，你的小老婆治我害我，我倒怕人笑话了。再不然就留下他卖了我，谁还不知道你薛家有钱，行动拿钱坐人，又有好亲戚挟制着别人，你不趁早儿施为还等什么？嫌我不好，谁叫你们瞎了眼，三求四告的，跑了我们家做什么去了？这会子也来了，金的银的也赔了，略有个眼睛鼻子的也霸占去了，该挤发我了。”

一面哭，一面滚揉，自己拍打，薛蟠急的说又不好，劝又不好，打又不好，央又不好，只是出入咳声打气，抱怨说自己运气不好。[庚双]果然不羞〔差〕。

当下薛姨妈早被宝钗劝进去了，只命人来卖香菱。宝钗笑道："咱们家从来只知买过人，并不知卖过人之说，妈可知气糊涂了，倘或叫人听见岂不笑话。哥哥嫂子嫌他不好，留着我使唤，我正也没人使呢。"薛姨妈道："留下他还是淘气，不如打发了他到干净。"宝钗笑道："他跟着我也是一样，横竖不叫他到前头去，从此断绝了他那里，也如卖了一样。"香菱早已跑到薛姨妈这边，也只得罢了。

自此以后香菱果跟随宝钗在园内去了，把前面路迳一心断绝。虽然如此，终不免对月伤悲，挑灯自叹。本来怯弱，虽在薛蟠房中几年，皆由血分中有病，是以并无胎孕。今复加以气怒伤感，内外折挫不堪，竟酿成干血劳之症，日渐羸瘦作烧，饮食懒进，请医诊视服药，亦不效验。

那时金桂又吵闹了数次，气的薛姨妈母女惟有暗中垂泪怨命而已。薛蟠虽曾仗着酒胆挺撞过三两次，持棍欲打，那金桂便递他身子叫要打。这里持刀欲杀时，便伸与他脖了，薛蟠也实不能下手，只得乱闹一阵罢了。如此习惯成自然，反使金桂越发长了威风，薛蟠越发软了气骨。虽是香菱犹在，却亦如不在的一般，虽不能十分畅意，也就不觉碍眼了，且姑置不究。如今又渐次寻趁宝蟾，宝蟾却不比香菱的情性，最是个烈火干柴，既合薛蟠情投意合，便把金桂忘在脑后。近见金桂又作践他，他便不肯低服容让半点。先是一冲一撞的拌嘴角口，后来金桂气急，甚至于骂，再至于厮打。他虽不敢还手，便大泼性拾头打滚，寻死觅活，昼则刀剪，夜则绳索，无所不至。薛蟠此时一身难以两顾，惟徘徊观望于二者之间，十分闹的没法，便出门躲在外头。金桂不发作性气，有时欢喜，便纠聚人来斗纸牌掷骰子作乐。又生平最喜骨头，每日务要杀鸡鸭，将肉偿人吃，只单以油炸焦骨头下酒。吃的不奈烦或动了气，便肆行海骂，说："有别的忘八粉头乐的，我为什么不乐！"薛家母女总不去理他。薛蟠此时亦无别法，惟日夜悔恨不该娶这绞家精罢了，都是一时无了主意。于是宁荣二府之人，上上下下无人不知，无有不叹者。

此时宝玉已过了百日，出门行走亦曾过来见过金桂：举止形容也不怪厉，一般是鲜花嫩柳，与众姊妹不差上下的，焉得这等样情性，可为奇之至！［庚双］别书中形容妒妇，必曰"黄发黧面"，岂不可笑！因此心下纳闷。这日与王夫人请安去，又正遇见迎春奶娘来家请安，说起话来："孙绍祖甚属不端，姑娘惟有背地淌眼抹泪的，只要接了来家，散诞两日。"王夫人因说："我正要这两日接他去，只因七事八事的都不遂心，［庚双］草蛇灰线，后文方不见突然。所以就忘了。前日宝玉去了，回来也曾说过的。［庚双］补明。明日是个好日子，就接他去。"

正说着，贾母打发人来找宝玉，说："明日一早往天齐庙遂愿去。"宝玉如今爬不得各处去旷旷，听见如此说，喜的一夜不曾睡着，盼明不明的。次日一早，梳洗穿带已毕，随了两三个老嬷嬷，坐车出西城门外天齐庙来烧香还愿。这庙里已是于昨日预备停妥，宝玉天生性怯，不敢近狰狞神鬼之像。这天齐庙本系前代所修，极其宏壮，如今年深岁久，又极其荒凉，泥胎塑像皆极其凶恶，是以忙忙的焚过纸马钱粮，便走至道院歇息。

一时吃过饭，众嬷嬷合李贵等人围随宝玉到各处散诞顽耍了一回，宝玉困倦，复回至静室安歇。众嬷嬷生恐他睡着了，便请了当家的老王道士来陪他说话。这王道士耑在江湖上卖药，弄些海上方治人射利。这庙外现挂着招牌，丸散膏丹，色色俱备。亦长在宁荣两府走动热惯，都与他起了混号，唤作王一贴，言他膏药最验，只一贴百病皆除之意。当下王一贴进来，宝玉正歪在炕上想睡，李贵等正说："哥儿，别睡着了，厮混着。"见王一贴进来，都笑道："来的好，来的好，王师傅能极会说古记的，说一个我们小爷听听。"王一贴道："正是呢，哥儿别睡，仔细肚子里面作怪。"说着满屋里人都笑了，〔庚双〕王一贴又与张道上〔士〕遥遥一对，特犯不犯。宝玉也笑着起身整衣。王一贴喝命徒弟们："快泡好茶来。"茗烟道："我们爷不吃你的茶，连在这屋里坐着还嫌膏药气息呢。"王一贴笑道："膏药从不拿进屋里来的，知道哥儿今日来，头一两天就拿香熏了又熏的。"宝玉道："可是呢，天天只听见你的膏药好，到底治什么病？"王一贴道："哥儿若问我的膏药，说来话长，其中细礼一言难尽，共药一百二十味，君臣相际宾客得宜，温凉兼用贵贱殊方。内则补元气，开胃口，养荣卫，宁神安志，去寒暑化食、化痰。外则和血脉，舒筋络，去死肌，生新肉，去风散毒，其效如神，贴过的便知。"宝玉道："我不信，一张膏药就治这些病？我且问你，到有一种病可也贴的好么？"王一贴道："百病千灾无不效验，若不见效，哥儿只管揪着胡子打我的老脸，拆我的庙何如？只说出病原。"宝玉笑道："你猜的着，便贴的好了。"王一贴寻思一会笑道："这倒难猜，只怕膏药有些不灵了。"宝玉命李贵等："你们出去散散，这屋里人多，越发热臭了。"李贵等听说，且都出去自便，只留茗烟手内点着一枝梦甜香。〔庚双〕与前文一照。宝玉命他坐在身傍，却依在身上。王一贴心有所动，〔庚双〕四字好！万生端〔端生〕于心。心邪则意射〔邪〕，则在于邪。便笑嘻嘻走进前来，悄悄的说道："我可猜着了，想是哥儿大了，如今有了房中事情，要滋补的药，可是不是？"说犹未了，茗烟先喝道："该死，打嘴。"宝玉犹未解，〔庚双〕未解妙！若解，则不成文矣。忙问："他说什么？"茗烟道："信他胡说。"唬的王一贴不敢再问，只说："哥儿明说了罢。"

宝玉道："我问你，可有贴女人们的妒病方子没有？"［庚双］千古奇文奇语！仍归结至上半回正文，细密如此。王一贴听说，拍手笑道："这可罢了，不但说没有方子，就是听也没听见过。"宝玉笑道："这样还算不得什么。"王一贴又忙道："这贴妒的膏药到没经过，到有一种汤药，或者可医，只是慢些儿，不能立竿见影的见效。"宝玉道："什么汤药？怎么吃法？"王一贴道："这叫作疗妒汤，用极好的秋梨一个，二钱冰糖，一钱陈皮，水三碗，梨熟为度。每日清早吃这么一个梨，吃来吃去就好了。"宝玉道："这也不值什么，只怕未必见效。"王一贴道："一剂不效吃十剂，今日不效明日再吃，明日不效吃到明年。横竖这三味药都是润肺开胃不伤人的，甜丝丝的，又止咳嗽又好吃。吃过一百岁，人横竖要死了，还妒什么。那时就见效了。"［庚双］（如）此科诨一收，方为奇趣之至。说着，宝玉、茗烟都大笑不止，骂："油嘴的牛头！"王一贴笑道："不过闲着解午盹罢了，有什么关系，说笑了你们就值钱。实告诉你们说，连膏药也是假的，我有真药我还吃了作神仙去呢，有真的跑到这里来混？"［庚双］寓意深远，在此数目〔语〕。正说着，已到吉时，请宝玉出去焚化钱粮散福，功课已毕，方进城回家。

那时迎春已来家好半日，孙家的婆娘媳妇等人已待过晚饭，打发回家去了。迎春方哭哭泣泣的告诉王夫人这些委屈："孙绍祖一味好色、好赌、酗酒，所有的媳妇丫头将及淫遍。略劝过三两次，便骂我醋汁子老婆拧出来的。［庚双］奇文奇骂！为迎春一哭！○恨薛蟠何等刚霸，偏不能以此语（及）金桂，使人忿忿〔忿忿〕。世〔此〕书中全是不平，又全是意外之料〔辞〕。又说老爷曾收着他五千两银子，不该使了他的，如今要了两三次不得，他便指着我的脸说道，'你别合我充夫人娘子！你老子使了我五千两银子，把你准折卖给我的。好不好，打一顿，撵到下房里睡去。当日有你爷爷在时，希图上我们的富贵，赶着相与的。论理我合你父亲是一辈，如今强压我的头晚了一辈，又不该作了这门亲。到没的叫人有着赶势利似的。’”一行说，一行哭的呜呜咽咽，连王夫人众姊妹无不落泪。［庚双］不通，可笑！遁词如开〔闻〕。王夫人只得用言语解劝说："已是遇见了这不晓事的人，可怎么样呢？想当日，你叔叔也曾劝过大老爷，不叫做这门亲的，大老爷执意不听，一心情愿，到底做不好了。我的儿，这也是你的命。"迎春哭道："我不信我的命就这么苦，从小儿没了娘，幸而遇婶娘，这边来过了几年心净日子，如今偏又是这么个结果！"

王夫人一面解劝，一面问他随意在那里安歇。迎春道："乍乍的离了姊妹们，只是眠思梦想。二则还记挂着我的屋子，还得在园子里住得三五天，死了也甘心了，不知下次还可能得住不得住了呢！"王夫人忙劝道："快休乱说，不过年轻的夫妻们斗牙斗齿，亦是万万人之常事，何必说这丧话？"仍命人忙忙的收什紫菱洲房屋，命姊妹们陪伴着解释。又吩咐宝玉："不许在老太大跟前走漏一些风声，倘或老太太知道了这些事，都是你说的。"宝玉唯唯的听命。迎春是夕仍在旧馆安歇，众姊妹丫环等更加亲热异常，一连住了三日，才往邢夫人那边去，先辞了贾母及王夫人，然后与众姊妹分别，更觉悲伤不舍，还是王夫人、薛姨妈等安慰劝释，方止住了，过那边去。［庚双］几〔凡〕迎春之文，皆从宝玉眼中写出。前"悔娶〔娶〕河东狮"是实写，"误家〔嫁〕中去〔山〕狼"出迎春口中，可为实〔虚〕写。以虚虚实实，变幼〔幻〕体格，各尽其法。又在邢夫人处住了两日，就有孙绍祖的人来接去，迎春虽然懒去，无奈惧孙绍祖之恶，只得勉强忍情作辞去了。邢夫人本不在意，也不问其夫妻和睦家务烦杂，只面情塞责而已。且听下回分解。

［蒙回后］此文一为择婿者说法，一为择妻者说法。择婿者必以得人物轩昂，家道丰厚，荫袭公子为快。择妻者必以得容貌艳丽，妆奁富厚，子女盈门为快。殊不知以貌取人，失之子羽试者。桂花夏家，指择孙家，

何等可羡可乐，卒至迎春含悲、薛蟠贻恨，可慨矣夫。

［回后评］此回本为一长回，稍后者又分为七十九、八十两回，观其分割处十分生硬，后割之痕迹显然。拙考以为此一长回并非雪芹原笔，乃另手所加。理由已见《芙蓉诔》后之批。即蒙序系列的钞本诔后已无文字，一也。二，杨本卷尾尚存高鹗题记，此题不在八十回回末而偏在七十八回回末，足证高氏所见之早期钞本犹存原貌，即书至七十八回已告终卷。此从版本考证而可知也。然再从叙事学，章法学而考察，便可悟知，此一长回脱离了主题贾氏与宝玉，全为香菱一人而单写薛家之事，此已大不合理。不仅如此，还又以夏金桂、宝蟾混充篇幅，喧宾夺主，实乖整体大局。此种病局颇与尤二姐尤三姐一段情节占去六回之多相近，其笔墨亦有相似之处，综合而观，此等皆非原稿痕迹，已甚显明。辨伪存真为本书主旨，一切取舍以此为根本，不容混杂而蒙蔽读者也。

书至第七十七回写王夫人盛怒遣发众女儿，悲剧气氛在全书中达一初步高潮。气氛之紧张，情景之惨痛已令人不忍卒读。故次回又以《姽婳词》《芙蓉诔》来变化协调之。当知诔文之后必然接续悲剧结局，层层推进，断无一闲散笔，谐笑笔，而大写庙中道士，疗妒方等小小取乐之文字。此等道理凡略明叙事学，章法学者定能晓悟，而不劳文词唇舌多辩也。

我谓写尤氏姊妹一大段与写夏金桂、宝蟾等一大段皆非原笔，而系另手所作。但此另手者与程高之辈又不可同日而语。盖程高伪续已在雪芹之后数十年。程高与雪芹了无关涉。而如今讨论八十回当中夹有之另手又为何人，或谓应是脂砚斋尚难定论，但其人与雪芹相离不远，或系亲友则颇为可能。兹举一例，末回后写及宝玉出西城门而到天齐庙，以致有专家谓天齐庙即东岳庙，本在朝阳门外，岂有出西城门之理，大笑话也。我则敬答，君于乾隆时老北京庙会所知不多而轻加评议，错不在他人，正在少见而多怪者也。盖出西城门至海淀上庄，正有一处天齐庙，庙中有石殿，阁罗王与地狱鬼卒等塑像。故其文中所叙宝玉天生性怯，不敢直面狰狞塑像，非指朝阳门外之东岳庙（俗称天齐庙），正其西城外之天齐庙也。即此可知，文虽后加，却也曲折反映了作者雪芹在西北城郊一带足迹之所到。

［全书总评注］全书开卷首出第一人即是甄士隐，甄士隐之名谐音真事隐，人人尽知。但甄士隐单名一个费字，士隐乃其表字也，此名与字之关系出于《中庸》：君子之道费而隐。读者容易记住士隐之字而多已忘却费字之名，此其一也。其二，在《脂砚斋重评石头记》中，于名费的费字下即大书一字废，能注意此一谐音者为数更少。紧随甄士隐同时出场者即贾雨村，雨村是号，本名贾化，亦出于《孟子·尽心》：君子所以教者五，有如时雨化之者。贾化谐音假话也。种种巧妙皆令人于不知不觉中自然流露，绝无生硬造作之态。作者雪芹巧用谐音之理明示读者，书中演说之故事背景全在一个真者废，假者化而成真也。犹恐读者不悟，复于太虚幻境之石牌坊上又大写一联曰：假作真时真亦假，无为有处有还无。上联所讲是一废字，下联所讲是一化字，前呼后应，一丝不走。惟读《石头记》而能触景生春，左右逢源，非细心人不可，又非文化造诣稍深者不可。

甄费贾化，真去假来是全书最重要的一大纲领，此纲领又与史湘云之酒令云“双悬日月照乾坤”密不可分。作者曹雪芹所经历之时代正值日月两皇帝同时并存，真者被指为假，假者却冒为真之际。作者一生经历皆在这一特定怪异的政治环境中，是故方有“满纸荒唐言，一把辛酸泪。都云作者痴，谁解其中味”之慨叹。是故读者欲解作者难言之味，必须从考知这一历史上少见的真假两皇帝并存的特异局面入手，若能破读此义，则一切都能迎刃而解了。尤为特异者，湘云在此酒令（凑成樱桃九点熟）中又云“御园却被鸟衔出”，黛玉之酒令亦云，“双瞻玉座引朝仪”。此皆何语，令人惊讶而不能解，或云湘黛二人皆曾入于另一皇帝之宫中。若依酒令之字面而解之，似乎不无道理。暂记于此，以待深考。

《红楼梦》本名《石头记》，所记即大石投胎入世，幻形为人即为贾宝玉。其诞生时口中犹含一枚小玉，玉上镌有通灵宝玉四字，背面又有三行小字，此三行小字总括宝玉一生重大经历，第一曰除邪祟，所指是第二十五回马道婆魇魔法至明至显，不再多言。然则第二之疗冤疾又何所指，此亦大关目。若知而不论，则所谓红学者又有何用，岂不枉费笔墨唇舌乎？吾意此冤疾之所指，正由晴雯之抱屈而夭所生，又须知此一冤疾大案不仅晴雯、宝玉二人，尚有多位女儿因此冤屈而痛遭不幸，由此可知《芙蓉诔》之后，书文情节已到展开疗冤疾之重大关目处。若明此理，则益觉天齐庙疗妒方极可笑矣。因此在红学探佚学中必应有考论疗冤疾一事之重要文章。惜乎至今尚未多见，甚愿早有快读之幸。

富察明义所著《绿烟琐窗集》中有题红楼梦绝句二十首，其最末两首所关至为重要。其诗云：

莫问金姻与玉缘，聚如春梦散如烟。
石归山下无灵气，纵使能言亦枉然。

馔玉炊金未几春，王孙瘦损骨嶙峋。
青娥红粉归何处，惭愧当年石季伦。

据此可知，明义曾见八十回后结尾之书稿。按雪芹挚友敦敏、敦诚有幼叔名额尔赫宜，别号墨香。墨香曾将《石头记》书稿借与永忠，永忠因题三绝句（永忠，即康熙帝废太子胤礽后，心中暗定之即位人胤禵之孙）。我已考明墨香实为明义之姊丈，故可推知明义所见之《石头记》书稿亦即永忠所见者，同为墨香所出示。如此则明义所咏题红楼梦结尾二绝句之重要无与伦比。第一，宝玉与众女儿纷纷失散，旧梦了如烟云。大石历尽悲欢离合之后复归大荒山下。第二，宝玉（或即兼指作者雪芹）日后贫困，衣食无着，瘦骨嶙峋，而他当年所最亲密之女儿如袭人、秋纹等俱已不在身边，为贵势者所夺去。晋代石崇（字季伦）因政局失败而爱妾绿珠被仇家谋夺，绿珠坚不肯从，坠楼以殉。而如今宝玉则连一绿珠也无有，其有愧于石崇者，令明义为之兴叹悲感不已。今八十回后原稿已佚。重读明义绝句诗，不禁叹恨无穷也。

娲皇弃于大荒山下之大石凡心偶动，央求二仙携之投胎入世，受享人间快乐。二仙勉从其愿，遂此石得以投胎诞生于贾氏荣国府。于此研红者有不同之理解，一，解者以为此石降生后即宝玉口中所衔之小玉而并非宝玉其人，人与玉虽相伴，非一也。二，持不同见解者以为，石化玉后降生即是贾宝玉本人，人玉合一，形迹虽二，本质实一，不可分也。观书中有七律一篇，中云：失去幽灵真境界，幻来亲就臭皮囊。可知即指通灵玉石已幻化为人形，所谓臭皮囊正指石化玉，玉化人也。按雪芹著书自叙所历却兼有两种立足点，一为主观感受，二为客观领悟，合而为一方是《石头记》全部整体之思想感情，才华意境。此为雪芹一生著书之最大特点，最新创造，而《石头记》之价值亦在于此。

我常与友人戏言：《石头记》应有姓名学。盖雪芹于每一人物角色之命名，谐音寓意皆有多层巧妙，至今尚待破解者仍居大多数。如第三回黛玉入府至贾政正堂屋，举目先见荣禧堂大匾，其下左右一联，匾是赤金联是凿银，此已暗隐皇帝太子之尊位等次，分明不爽。而此联之署名却是东平郡王穆莳，因此这一题名断非等闲无谓之笔。我尝以北音而读之，忽然发觉穆莳与木石全然谐音，因悟所谓木石前盟者并非仅指男女姻缘之事，其内涵丰富，尚待考究。

曹雪芹作《石头记》，先有大布局、大章法、大结构，非枝枝节节而为之者。试看《水浒传》《儒林外史》等书可以称之为以线穿珠之联缀法，而《石头记》则是千丝万缕交织法，玲珑剔透，四通八达，前文句句领起后文，后文字字回应前文，似是一幅巨大的五彩锦绣。不明此理者，仍以常见之单线穿珠法读之，便成枝枝节节之碎片凑成。正因此故，伪续者方能破坏此种大布局、大章法、大结构，破坏其前呼后应之整体艺术奇迹，使之沦为一种俗笔杂文，全无雪芹原著之精神气脉，而犹以《红楼梦》名之，岂不大可悲哉。

我谓雪芹之《石头记》，是一特大巨幅之云锦，不幸中间因故失去一片，遂成残缺破洞，然后以一块平常花布补之，全不协调，只成一片大补丁。试看由第六十四回以后，写尤氏二姊妹的几回书文，便是此种后来补缀的大补丁一般，文笔气味，感情境界全然不同了，能感受此种差异，便不为其劣笔所惑。

雪芹于全书开卷即交待明白：第一辨真假，第二要借闺友闺情而传奇，传她们的小才微善，然后又以百花而比拟群芳之质美品高，以现今之词语表之，正所谓真善美三者一体之谓也。然读至《芙蓉女儿诔》，亦已见雪芹笔调一改前音，力斥那些破坏真善美之恶人坏事，既不委婉，也不含蓄。雪芹之悲愤情怀，于此方见尽情流露，不复含浑。是故我谓一部《石头记》实乃表扬真善美，而鞭打破坏者之一道檄文也。

《石头记》一书中对两位历史人物之名讳，皆用特笔表示而又不欲示人轻易察觉。第一避曹寅之名讳。见第五十二回叙及自鸣钟已敲了四下处，有庚双脂批云：按四下乃寅正初刻。寅此样法，避讳也。又一例于第二十六回涉及明代书画家唐寅时，此寅字未书于明处，只在宝玉掌中暗观，又于薛蟠口中以糖银果银谐音字混之，非直接犯讳也。第二，全书中凡遇鼎字一律不书正规楷字，而以变形之异字鼒代之。此乃为避曹寅内兄李煦之子李鼎之名讳。此等避讳现象确切表明，所谓贾府与史侯家方是真正隐去的历史事实。两大关目合在一起，构成了《石头记》全书时代背景素材之因素要害，亦即真事隐去之实事也。

盖著书人曹雪芹为避其祖父曹寅之名讳，乃当时礼法之必然，故不足异，而又避鼎之讳，其原因何在。如不知脂砚即李煦家之后人便不可解。由此，则脂砚斋即湘云之论证又得一有利参证。

批点至此，文已甚繁，应小作收煞。以上无论散在诸回之随文批，抑或书于回后之概评，种种拙见杂论纷陈，是否皆有所当，岂敢自信，既有所思，亦不敢全归自匿。粗记于此，以俟考研。愚者一得，或邀采掇，倘能如此，何其幸甚。

批点余音

这一部书今日才得以出版问世，可谓姗姗来迟。我们有句老话叫做“笨鸟先飞”，这句话用来形容本书的著者（包括我和助我完成这一工程者）十分恰当。我们确实很笨，无有，亦不想捷足先登。其来之早晚，虽有种种主客观原由，但毕竟还是要归于“水到渠成，瓜熟蒂落”这个收缘结果。说到“先飞”，我的起步是在一九四八年之秋，不算太晚吧？那时我将“甲戌”“庚辰”“戚序”三真本聚齐而详细汇校——此前还无人认识到这三部古钞本才是最接近曹雪芹原著，未遭后人增删篡改的真本，亦即珍本。至于把这三部真本进行连一点一划之微小差异的详细互校、对勘，那更是无人做过的一种巨大而繁难的“傻功夫”。

聚三真本而详校之时，我是将小说正文和脂砚评语同等对待，在校勘异文的同时，就仔细地玩味其内容，因而悟到此书评点者与再早的《三国》《水浒》等书的评点家的身份不同，其评点的性质也是完全不同的，《石头记》的这位评点者竟是一位女性，而且她就是书中的一位重要的人物角色。仅从“甲戌”“庚辰”二本之正式书名为《脂砚斋重评石头记》这一点来看，表明这应是作者与评者共同商定的正式题名，其意义非同一般，亦史无前例。这一重要发现激发我立即将数以千计的脂评依据内容规整划分成诸多类别，做了全面的研讨。这些评语有透露作者身份的。有揭露书中笔法奥妙的。有感慨世路艰难人心险恶的。有悲叹女儿不幸遭际的。也有为前半部存稿与后半部佚稿之间的联系呼应做出说明的。有回忆她与作者共同经历过的前尘往事的。有因书中不幸女儿的命运而同情悲悯抒怀的。还有为作者曹雪芹被诬枉而深抱不平的。更有痛悼书未成而作者已逝的泪笔，等等。总之一句话，这些评语实在不是一种消闲取乐的书外附加物，而是作者十分珍惜的全书之重要组成部分。晓悟此意之后，我写了一篇较长的论文，题曰：《真本石头记之脂砚斋评》，发表于《燕京学报》一九四九年第三十七期。此文刊载后引发了很大的反响，获得了社会许多人士的热烈关注，也由此促进了《红楼梦新证》书稿的顺利完成，得以迅速地出版面世。从那年开始，以至后来将各种陆续出现的古钞本都一一加入续校，等到印行《石头记会真》十卷本时，已然是二零零四年的秋天了。我们这“笨鸟”虽然先飞，却终于“来迟”，经历了五十六年（一九四八——二零零四）之漫长岁月，那么这个“迟”字，谁还能说是用得不够恰切呢？！

先交待这一点是为了说明，《石头记会真》是一部供研究者使用的资料书而并非普及性读本，应读者需求，方又出版了一部《会真》“简本”，即将那些篇幅浩瀚的诸本异文、校勘记录和酌定理由等文字全部省去，以便于读者大众阅读。遗憾的是，这部简本却没有保留已经校订完毕的脂砚斋评语的全部文字。由于此故，我在长期研读《石头记》正文和评语时，所存于胸中的许多感受、理解、体悟和一些揣度、推测等等想法，也就不宜在简本中僭脂评之先而轻加拙批了。现在好了，在这部新书中，雪芹原文和脂砚斋评语俱已齐备一处，便可以趁此良机写出自己的一点读《红》心得了。

前面已说过，评点不是论文，不能长篇大套细讲详言，既偏于零碎，就难于综合概括，这使评点文字难以兼备。在此，容我试举一例，以供读者体会玩味评点文字的长处与缺点。例如作者雪芹开卷就宣告全书内容是“大旨谈情”，一提到这个“情”字，到底应当如何定义界说，这问题可就麻烦了。此处不想引经据典去寻求我们中华汉字中的这个“情”字的精确本义，我只想寻索一下雪芹本人使用这个“情”字的时候，他心中特定的本义到底是如何？也就大大有助于我们理解《石头记》的思想本旨了。尽人皆知，雪芹是位千古未有的奇才，他的表现手段与别人大有不同，如他擅用谐音字，这倒不足为奇，奇的是他的谐音字的运用却超出了寻常作品所能达到的高超妙处。比方说，贾府姊妹有四春之称，即元春、迎春、探春、惜春，当你看脂评之前对此四名大约不会有什么奇妙的理解，而一经脂评点醒：原来，元、迎、探、惜乃是谐音“原应叹息”四个字，这下子你才会大吃一惊！但问题还不在于你会惊奇，而是你会很快悟到这个“叹”字在《石头记》中的特殊重要地位。

在全部《石头记》中用“叹”字时，常和“怜”字相依相伴。如第五回的一支曲子开头说：可叹停机德，堪怜咏絮才。便知一个“可叹”，一个“堪怜”者，似属有别而实为互用，因其可怜，方才为之感叹。倒个次序来说，就是正因怜她，方才叹她。同回太虚幻境的一副对联，上句是：厚地高天，堪叹古今情不尽。下句为：痴男怨女，可怜风月债难偿。请看又是“叹”“怜”相依相伴。又如芦雪广争联即景诗，开头便说：一夜北风紧，开门雪尚飘。入泥怜洁白，匝地惜琼瑶。请看：一个是“怜”，一个是“惜”，仍然是怜悯与感叹相依相伴。若悟此理，则你再去读那首《枉凝眉》曲子，说的是：一个是枉自嗟呀，一个是空劳牵挂。你就会悟到：“嗟呀”者就是为之悲叹。“牵挂”者就是因她可怜。处处呼吸相通，玲珑四照，令你先后左右、相呼相应、联络贯通，自会晓然作者所擅长的独特笔法。

说到此处，“一怜一叹”，“怜”是主题，“叹”乃是因“怜”而生的情感，而这个“怜”便成为全部书的最最重要的主题宗旨。所以全书开卷出现的第一位女性主角便是甄英莲——“真应怜”！这个“怜”字便笼罩了全书所有女子的不幸遭逢，就是说，因她们的命运都隶属于薄命司，所以“堪怜”“可叹”，而这个“怜”“叹”方是“大旨谈情”的那个“情”字的具体内涵。

小说作者曹雪芹在《石头记》中运用通常而简洁的语言，把“情”字的基本定义告知于人：“情”是以怜惜与感叹为始，在小说的开端部分，这个怜惜与感叹也是由个别具体人物来表现的。但随着小说情节的发展，很快就会发现作者的怜惜、感叹并非停止在若干个别角色身上，而是逐步扩展、提升到更多、更广的层面和境界中去。例如在太虚幻境中所见的“千红一窟（哭）、万艳同杯（悲）”，就充分表明了这种扩展与提升的确切标记。这在我们中华汉字词语上讲，就是“悲天悯人”的悲悯。悲悯是一种最普通最沉痛的崇高博大的真情，这种崇高博大的真情在佛学上即所谓“大慈大悲”“普度众生”，当然这是一种比喻和比较，而不是说作者曹雪芹的“情”就是要把众生引向空门，绝无此意，不可误会。

再者，作者曹雪芹的悲悯原是对千红万艳而说的，是从以己待人的态度、心情而言的，但这悲悯对他自己来说却兼含着一种非常沉重的孤独伤怀的意味，因为他自己也很明白这种悲悯很难言说，不得已而用一个“情”字来表达，是无可奈何之事，就会招致世俗常人的种种误会和错解。这在书中也能找到证据，请看：第七回送宫花这段故事的一首标题诗，头两句便说：十二花容色最新，不知谁是惜花人。可见在作者感受上，花容纵美，而真能怜惜者为数并不甚多，甚至很少。同样，刚才引过的曲子：可叹停机德，堪怜咏絮才。你看，一说谁惜，一说谁怜，作者总是在十分惆怅伤怀中，感叹世上能用真情以悲悯广大不幸者的竟如此之稀少。他自己为此而写作小说，宣讲这种“情”的大旨，能解其味者能有几人？所以，在开卷那首五言诗中又说：都云作者痴，谁解其中味？这一连就举出了几个用“谁”的例子，然则作者的孤独悲伤的情怀不是已然十分清楚明白了吗？

我们对作者开宗明义就特笔提出的“大旨谈情”，初步读懂认清了怜惜和悲悯是他的“情”的基点和总纲，这样就不至于把这个重要的“情”字作出了错解误说。但紧跟着需要说明的，即是他的情与孔孟的仁、义、让、诚、敬等伦常社会道德标准并非是对立反抗的，那是一种错觉和误说。这些仁义道德等等常常被人当作空洞的教条的规则，有其名而无其实。而这么好的名词和实质却反被利用来做不仁义、不道德的事情。所以作者认为，若真正能懂能行，则仁、义、忠、孝等一定不会、也不能流于一个空名，空名就是假仁、假义、假忠、假孝，所因何故？就是因为空名之中缺少了真情、至情，因此作者的“情”不但不是反仁、反义、反忠、反孝，却正是为之充实了内涵，注入了生命灵魂。比方说，古来孝道子女们对于父母要遵守“晨昏定省”的礼节，这是有教养的大家庭必须实践的教条。但是假如人们都像书中的贾赦、邢夫人这对夫妇一样，每天早晚也会来到贾母老太太跟前侍立一会儿，说几句问安的常规言词，然后就算尽了孝道。你若在书中看到这种情况时，你自然会有所感受，能辨真假，有情无情差别判然。所以，要懂得曹雪芹的“大旨谈情”，必须首先懂得他为何同时又要十分强调一个“真”字。如果你还没有注意书中所有的明显和暗中的点睛之笔，那么让我举一个最为简明的例子帮你体认一下：第五十八回“杏子阴假凤泣虚凰，茜纱窗真情揆痴理”，请你注意，上句“假”与“虚”是对仗而同等的形容词，而下句“真”

显然也与那个“痴”对仗而相等。由此一例，即可证明曹雪芹常说的那个“情痴情种”，那个“痴”貌似疯疯癫癫、不循礼法，其实是又被作者瞒过了。原来他的所谓“情痴”，就是具有真情至情的“正邪两赋而来之人”。

然后，我想着重说明的是，曹雪芹的“情”与孔孟的“仁义”非常契合，可以说似一似二，可以说是分是合，你一下子很难分辨清白。但我可以这样试行分析比较一下：孔子的“仁”似乎有两个特点，一、以自身为立足基点，然后才念及他人，也就是那句人人可明的老话：推己及人。二、孔子的“仁”总带着一点消极性。有一个最好的例子：当门人问他是否有那么一个字而可以终身佩服奉行的吗？孔子答：“其恕乎——己所不欲，勿施于人。”你看，老师是如此的谦和而委婉，用商量的口吻来回答学生的问题。他是说：如果有这么一个字的话，那么就许是“恕”吧？！“恕”是何意呢？你自己不愿做的事，不要强加给别人，这就是了。这个例子最有其代表性，因此后世人也常说，孔子的教训就是“仁恕之道”。“恕”者是“仁”的伴词，也是补充词——正因如此，我才说，孔子的“仁恕”有其消极性意味，他不是说你要如何如何，而是说你不要如何如何，所以表明他不强调积极的一面。实际上，这也就是孔子的中庸之道。针对以上两点，我才敢说曹雪芹的“情”，第一，不是先为己、后及人，他没有把己放在第一位，即他以真情去怜惜别人、同情别人、安慰别人、体贴别人、救助别人，不是为了自己的利益，所以他的意志中并没有把己和人对立起来，分别等次起来。第二，曹雪芹的“情”不是消极的反应，而是积极地寻求，即化消极而为积极。我这样说，书里有明证吗？请看开卷不久，就用两首《西江月》来介绍宝玉之为人、性情、作为。其中有云：无故寻愁觅恨，有时似傻如狂。——

所谓“无故”，就是别人有了不幸、有了痛苦、有了灾难，并没有向他求乞同情、安慰、救助，相反，他是自动、自愿、甘心，不辞劳苦麻烦而自去寻愁觅恨的，这一大特点不但说明了我之所谓积极性，同时也说明了他不是为己，而去将“情”施予他人。一句话，他没有把己和人分别开来，对立起来。那种自我意识牢牢盘踞于自己胸中，一切意志行动都是为了一个“己”字的这种念头，你通读《石头记》全书时，在宝玉身上是绝对找不到的。

以上种种，我在做那些简短的零散的批点时，是无法用几句简单的言词就可以表明我对雪芹之“大旨谈情”的一些感受体会，特在此略加补充。虽然我的表达已觉力不从心，但总比知而不言，言而不尽要聊胜于无吧。

在此短短的后记里，我把雪芹“情”字的具体内容粗略地总结了一下，这是正面的意义价值所在。乘此机会我也正好从反面来对《石头记》的“情”字说上几句并非无关紧要的话。雪芹的真《石头记》一经问世，立即引发了当时知识界正统士大夫们的种种误会与歪曲，他们不但把曹雪芹的“情”和“欲”混为一谈，更有甚者，竟然认为这个“情”就是“淫”。因此从朝廷到地方官吏都曾把《石头记》列为淫书，或禁或毁，并且对作者曹雪芹本人百般谩骂，说他作“淫书”得了恶报。如说曹雪芹绝后、说曹雪芹并非无后而是三世聋哑……如此等等。那些人咬牙切齿，痛恨之声如闻。更有甚者，他们不但污蔑谩骂，干脆就用续假书的手段来歪曲曹雪芹，歪曲《石头记》，歪曲这个伟大的“情”字。例如一百二十回假全本的末后，就揭去一切面纱，露出本来面貌和用心，宣称你不但“淫”字不可犯，就连“情”字也犯不得，犯了“情”字的都没有好下场——这就是指所谓“宝黛爱情婚姻悲剧”的结局。这种居心叵测的歪曲却被不少人误认为“给曹雪芹补足了后半部,起码使之得以流传是一大功劳”,这样的形势自有清一代并无改变,直到民国时期特别是“五四”以后,有识者这才逐步地改换了不同的眼光、看法和评论。但是据我看来,二十世纪二十年代所出现的评论《红楼梦》的三位重要文学家兼学者,即胡适、俞平伯、鲁迅,在这三家之中,胡氏绝口不谈“情”字,他只说《红楼梦》是一部描写这个大家族“坐吃山空”的“自然趋势”,可见他不承认作者自己标明的“大旨谈情”这个总原则。俞氏则明白无误地提出,《红楼梦》是一部“情场忏悔”的书,宣扬的是“色空观念”。至此,我不能不强调指明,鲁迅的理解与评论则绝然不同。大家可以重新去温读一遍《中国小说史略》的第二十四篇。鲁迅给《红楼梦》的定位是什么?六个大字:清代人情小说。请看鲁迅的“人情”二字就和“情场”那类词语的含义有着霄壤相去的绝大差异。我个人的体会:鲁迅先生的笔下首先点出了“人情”二字,而他的具体评论却并不涉及什么“宝黛爱情”之类的文词,那就可知先生所说的“人情”乃是人的真情,人的对待自身以外的所有人的真实感情。

鲁迅读懂了曹雪芹的“情”,所以他才在讲演中说:“自从有了《红楼梦》出来以后,传统的思想和写法都打破了。”先生并未说明这种思想是什么?我的理解,是鲁迅第一个读懂了曹雪芹的思想,即以人的真情来对待所有不幸之人,而这种思想、作法却遭到了严重的误会与激烈的反对。如今人们都说《红楼梦》是一部伟大的悲剧著作,这是没有异议的。但这悲剧的实质,并不在于什么男女爱情、婚姻不幸等等,而正在于作者主张的“大旨谈情”的“人情”,即真情至情。

以上就是在零散简短的批点中无法多费言词的这番意思,在这后记中,略加申论,以明鄙怀,其实这才是我不揣简陋而要为《石头记》试作批点的本心实意。

《石头记·凡例》中的七律诗：浮生着甚苦奔忙，盛席华筵终散场。悲喜千般同幻渺，古今一梦尽荒唐。谩言红袖啼痕重，更有情痴报恨长。字字看来皆是血，十年辛苦不寻常。此诗见于“甲戌本”《石头记》卷首，胡适先生当年于书后题云：字字看来皆是血，十年辛苦不寻常。可见他对此诗的重视非比一般。我首次于胡先生论文中得见此诗后，很自然地顺着胡先生的思路而认为是雪芹自题，但那时我并未见到脂评全部的真相。从一首孤立的律诗八句来看文字表面，还体会不到其中的真正意味，及至将“三真本”（甲戌、庚辰、戚序）的所有脂评看过之后，感受就起了变化，觉得事情未必如此简单，今略述拙见于此，以供商量研讨，方可求得历史真相。首先，欲定此诗作者究竟是谁必须找到依据，以透露作者本人口吻和思想感情的句子做为基点，然后再看全篇，这才可望获得一个接近真实的理解。依此而言，此篇的基点又在哪里呢？很清楚就在腹联，即五、六两句。请看这两句说的是什么呢？译成白话其大意是：请你不要只说身着红袖人的伤心悲痛流泪最多。事实上还有一位情痴情种的作书人，他所抱恨无穷的更是难以语言表达形容。下接七、八两句，便是说这位情痴情种作书人了。写他耗去了十年辛苦，字字句句都是用血泪写成的。但十年心血耗尽之后，书未成而人已逝矣，他为此（其实就是为身着红袖之人的薄命和悲伤）而抱恨无穷。

只从这四句来看，诗意已觉十分明白：这就是那位题诗人（也就是喜欢身着红袖的批书人脂砚斋），在几次“重评”《石头记》之后，用此一诗来悼念抱恨而逝的作书人。她的诗句是在着重表明：你十年辛苦、血泪著书全是为了我们红袖者的悲伤而耗尽心血，但我要说的却是我们的“啼痕”（按，“啼痕”一词也是专用于女性的典故，可参看秦少游之《满庭芳》：此去何时见也，襟袖上空惹啼痕。），若和你的抱恨相比起来，那就远远不可等同而论了。

反过来看，若将此诗定为雪芹自题，那么他岂能说出我的抱恨比你们女儿的不幸还要长恨无穷？这是第一层文意难通，情理不合。第二层，雪芹平生为女儿著书，对她们尊敬赞美无所不备，他怎么又能在书的卷头，却说出你们女儿的悲伤不幸，比起我的抱恨来算不得什么呢？再者，尽管他费了十年血泪著书辛苦，他又怎能自表自赞说：我这种辛苦可不简单呀！不必再絮絮烦言，只这么一说诗的内容，彼此称呼的对比分量，诗人自己的身份位置以及题诗者和被题者双方的相互关系和非比寻常的感情跃然纸上，断非作书自题的性质可以论定。以上所论的这个基点若能成立，那么回过头来再与书中的各个相关的字句联络起来，便觉呼吸相通，更觉意味深厚，生趣盎然。试看第五回幻境中所演奏的曲文引子，开头就说："开辟鸿蒙，谁为情种？"这便与贾雨村论说"正邪两赋而来之人"时所说的"情痴情种"是前呼后应的，皆是指的作书人的自比自况。不但如此，就在那首人人尽知的"满纸荒唐言"一首诗中，也早就表明了"都云作者痴"五个大字，此"痴"字首先专属于作者，只有他才最有资格接受这一称呼。至于抱恨，那又可以从小说之外的历史文献中去求得佐证。如敦诚挽雪芹诗中有云：邺下才人应有恨，山阳残笛不堪闻。则雪芹的抱恨而逝是《石头记》的一个最大的不了之情。假如可以放宽一些细细参悟，那么你也会承认，连张宜泉挽吊雪芹诗句之"白雪歌残梦正长"的这个"梦正长"，其实说的也就是残梦难全、作者抱恨无穷正是同一语意，只是措词小有变化而已。至于"红袖"一词当作何解？是专辞还是泛辞？这个典故出自何处？我在多种拙著多处文字中已然讲得不知多少次了，恐怕已经使有些读者感到厌烦了，此刻我把它尽量简化一下，只说几句吧！

雪芹在书中首次用“红妆”一词，那是来自东坡“海棠诗”：只恐夜深花睡去，故烧高烛照红妆。所以他在题怡红院诗中就写出了“红妆夜未眠”的佳句。其后由于平仄格律的关系,他才逐步的有所变通，将“红妆”变通为“红袖”或“绛袖”，这个词意屡次出现于全书，先后痕迹分明。如香菱学诗咏月有“红袖楼头夜倚栏”之句。然后薛宝琴的梅花诗中又出现了“幽梦冷随红袖笛”之句，细心的读者稍加思索，就不难悟知，这个爱穿红裳的人实有所指——请你不要忘记书中有几处令人奇怪的话，说是贾宝玉一生有个“爱红”的毛病，这个“红”字意义所包不止一端，我们此刻不待烦言只说一例：有一回宝玉被茗烟引到袭人家里去过灯节，遇见了袭人的几个姨表姐正在聚会，事后宝玉便向袭人特意询问：你那个穿红衣裳的姨妹，怎么也得她到咱们家来才好。这种意味深长、内涵丰富的奇特之笔，他人不知，作者不言，连袭人也无明显的反映。那么这都是无谓的闲笔碎墨，无聊的点缀吗？慧心的读者自有自己的通灵之性，才必有所悟，不必全由别人加以说破，说破了就反而乏味了。

一句话，这位题诗者是位女性，正由于作者常用红袖来特指其人，她也就顺水推舟不再推辞避让，就用雪芹喜欢的“红袖”一词来自呼自应，其实这种微妙的关系，才真是题诗者与作书人之间的真正相投相契的、深厚微妙的感情交通，一般俗常人是不会如此“霁月光风耀玉堂”的。

末后，还请注意理解那个非同寻常的“十年”毕竟何指？是为了句法的整齐而写的泛词呢？还是一个精确的时间记录呢？这却要考索明白。我旧年也有过解说，今日看来不足为据，故不再述。如今的看法是，这“十年”二字非常重要，它正是表明了自从“乾隆甲戌脂砚斋钞阅再评”算起，直到“乾隆癸未除夕雪芹逝世”为止，整整齐齐恰为“十年”,这十年才正是雪芹经历千辛万苦的写作历程,而且由甲戌那年雪芹才主张正式将书稿定名为《脂砚斋重评石头记》八个大字，这才算首次立起了一座丰碑，永垂不朽。十年之后脂砚再题此诗时，全书未成，雪芹已逝，书即是泪，评即是血，血泪相参，二者本不可分矣。

如前所述,我为本书的构想和完成未尝放弃努力,而在此过程中,我对雪芹《石头记》的理解、认识、评价也有逐步的提高。大致说来，第一步，我正式提出《石头记》是我们中华文化的一部集大成的代表作。第二步,是把它定位于新国学(见 1999 年北京大学学报 2 期)。第三步,提出《石头记》应列为中华“十四经”的一个崭新命题（见北京与台湾的报纸)。

我提到这些，只是为了表明我对《石头记》的认识日益深化，并未由于年龄的衰老而有所退减。正由此故，对于这部批点本的质量，我才日益感到力不从心，未能作好。这一点惭愧心情无法自安，谨记于此，仁人君子定能鉴谅。

本书之得以完成问世，首先得力于全身心投入助理我完成校订批点的女儿丽苓、伦玲。我还要向以下诸位表示深深的感谢：策划人兼责任编辑刘文莉女士，她曾向我建议，希望能出版一部带脂评的《石头记》“评点本”,为“红楼”文化增添一些新的思维空间与启示。对本书提供了若干有益建议的于鹏先生以及慨然惠借图片的杜春耕先生，他们的热情使我永怀不忘。

九旬周汝昌戊子年大雪节前五日记于雪情轩

图书在版编目（CIP）数据

周汝昌校订批点本石头记 /（清）曹雪芹著；（清）脂砚斋评；周汝昌校批．—南京：译林出版社，2017.9（2025.11重印）

ISBN 978-7-5447-6988-4

Ⅰ. ①周 … Ⅱ. ①曹 … ②脂 … ③周 … Ⅲ. ①《红楼梦》研究 Ⅳ. ① I207.411

中国版本图书馆 CIP 数据核字（2017）第 158540 号

周汝昌校订批点本石头记　曹雪芹／著　脂砚斋／评　周汝昌／校批

责任编辑　陈绍敏
特约编辑　宗珊珊
装帧设计　Metis 灵动视线
校　　对　张兰坡
责任印制　贺　伟

出版发行　译林出版社
地　　址　南京市湖南路 1 号 A 楼
邮　　箱　yilin@yilin.com
网　　址　www.yilin.com
市场热线　010-85376701
排　　版　张立波
印　　刷　三河市中晟雅豪印务有限公司
开　　本　787 毫米 ×1092 毫米　1/16
印　　张　70
版　　次　2017 年 9 月第 1 版　2025 年 11 月第 14 次印刷
书　　号　ISBN 978-7-5447-6988-4
定　　价　139.00 元